7

GROSSES WÖRTERBUCH

DEUTSCH

SYNONYME

Compact Verlag

Text: Bernhard Iglhaut
Chefredaktion: Ilse Hell
Redaktion: Bianca Müller, Astrid Kaufmann
Redaktionsassistenz: Corina Glaser

Produktion: Henning Liebke
Umschlaggestaltung: Inga Koch
ISBN 3-8174-7483-0
7174831

Besuchen Sie uns im Internet: www.compactverlag.de

Vorbemerkung

Wie oft sind wir in Situationen, in denen wir nach treffenden Ausdrücken oder sprachlicher Abwechslung suchen. Wer kennt es nicht: da will man langweilige Wiederholungen vermeiden und sucht nach sinnverwandten Wörtern, Genauigkeit in der Ausdrucksweise und ein angemessener Sprachstil sind gefragt, kurz: Synonyme sind unumgänglich.

Es gibt viele Möglichkeiten, einen bestimmten Sachverhalt auszudrücken, ohne dass dabei der Inhalt verändert wird. Synonyme, Wörter mit gleicher oder ähnlicher Bedeutung, können helfen, häufig verwendete und ausdrucksschwache Wörter der Alltagssprache durch passendere Begriffe zu ersetzen.

Egal, ob in Schule, Studium und Beruf, bei Bewerbungen, der geschäftlichen oder privaten Korrespondenz, oder auch beim Rätsellösen – dieses Wörterbuch der Synonyme ist eine zuverlässige, schnelle Hilfe und ein nützlicher Begleiter in jeder Situation.

Mit dem Wörterbuch der Synonyme hat der Benutzer mit über 100.000 Stichwörtern und Angaben eine Vielzahl bedeutungsgleicher und bedeutungsähnlicher Wörter zur Auswahl. Dieses aktuelle Nachschlagewerk berücksichtigt selbstverständlich die neuen amtlichen Regeln der Rechtschreibreform und der Benutzer wird sich so immer richtig, modern und treffsicher auszudrücken wissen.

Hinweise für den Benutzer

Der schnellste Zugang für den Benutzer liegt in der Suche nach dem allgemeinsten bzw. einfachsten Begriff. Die „Anstecknadel" steht unter „Brosche", der „Spiritus" unter „Brennstoff", „farbenfroh" unter „bunt", „herbeischaffen" unter „bringen" usw.

Ist ein besonderer oder seltener Ausdruck bekannt, wird durch einen Verweispfeil auf das entsprechende Stichwort verwiesen.

Dieser Verweispfeil führt entweder als bloßer Verweis zum ausgeführten Stichwort oder von einem ausgeführten Stichwort selbst zu weiteren Stichwörtern mit ähnlichen Bedeutungen. Es ist möglich, dass auch das Verweiswort selbst ein Synonym ist; es ist dann aber nicht doppelt aufgeführt.

Unterschiedliche Bedeutungsrichtungen eines Stichwortes sind durch Ziffern gekennzeichnet. Diese Bedeutungsebenen können sich aber auch überschneiden. Ein Wort, das gleichzeitig in verschiedene Bedeutungsebenen passt, wird nur einmal ausgeführt; bei 1. kann also ein Begriff stehen, der auch als Synonym für die 2. Bedeutungsrichtung gültig ist.

Oft ist der sprachliche Inhalt von Substantiv, Adjektiv oder Verb eines Wortstammes nahezu gleich. Dann lassen sich z.B. aus einem Verb oder Adjektiv leicht die sinnverwandten Substantive bilden.

Alternative Schreibweisen, wie sie durch die Rechtschreibreform vor allem bei Fremdwörtern häufig vorkommen, sind nach dem Stichwort in Klammern gesetzt.

A

à je, per, zu, Stück, pro, pro Kopf, pro Person, pro Nase, jeder, ein jeder

aalen, sich sich sonnen, es sich bequem machen, es sich wohl gehen lassen, → räkeln, sich (*auch:* rekeln, sich)

aalglatt 1. glatt, schlüpfrig, glitschig, schmierig 2. falsch, gerissen, raffiniert, tückisch, listig, → heuchlerisch

Aas Kadaver, Luder, faulendes Fleisch, Tierleiche

ab 1. von … an, mit Wirkung vom 2. weg, fort, los, abgerissen 3. → abwärts

ab und zu → selten, → manchmal

abändern → ändern

Abänderung → Änderung

abarbeiten abdienen, ableisten, abzahlen, tilgen, begleichen, erfüllen

abarbeiten, sich sich abrackern, sich abplacken, sich abplagen, sich abquälen, sich abmühen, sich abschinden, schuften, sich überarbeiten, sich überlasten, sich verausgaben, malochen, ackern, sich abstrampeln, sich abschleppen, → anstrengen, sich

Abart Abweichung, Ausnahme, Spielart, Variante, Variation, Varietät, Sonderart

abartig 1. abnorm, abnormal, anomal, abweichend, krankhaft, pathologisch, → pervers 2. auffallend, sonderbar, seltsam

Abartigkeit Abnormität, Anomalie, Abirrung, Abweichung, → Perversität

Abbau 1. Förderung, Gewinnung, Nutzung 2. Abbruch, Zerlegung, Zerstörung, Zersetzung, Demontage 3. Reduzierung, Kürzung, Einsparung, Verringerung, → Entlassung

abbauen 1. fördern, gewinnen, nutzen, ausbeuten, schürfen 2. abmontieren, zerlegen, abtragen, abbrechen, abschlagen, demontieren 3. reduzieren, kürzen, verringern, → entlassen

abbeißen abnagen, abkauen, abknabbern, abtrennen, → kauen

abbekommen kriegen, abkriegen, getroffen werden, → bekommen

abberufen 1. abrufen, zurückberufen, absetzen, zurückbeordern, zurückpfeifen 2. → sterben

Abberufung 1. Abruf, Rückruf, Rückberufung, Kündigung, Abschied, Entlassung, Absetzung, Amtsenthebung, Suspendierung, Sturz 2. → Tod

abbestellen abmelden, kündigen, aufkündigen, zurücktreten von, rückgängig machen, widerrufen, zurückziehen, → annullieren

Abbestellung → Kündigung

abbezahlen abzahlen, abtragen, abstottern, ableisten, begleichen, tilgen, auf Raten bezahlen, ratenweise bezahlen, → abarbeiten, → bezahlen

abbiegen 1. abzweigen, abschwenken, einschwenken, einbiegen, abgehen, sich gabeln, den Weg verlassen, den Kurs ändern 2. biegen, beugen, abknicken, krümmen 3. → verhindern

Abbiegung Kurve, Abzweigung, Biegung, Gabelung, Seitenarm, Arm

Abbild 1. Ebenbild, Spiegelbild, Gegenbild, Gegenstück, Pendant, Doppelgänger 2. → Bild

abbilden 1. zeichnen, malen, abmalen, abzeichnen, abformen, abdrucken, konterfeien, porträtieren, → fotografieren 2. zeigen, wiedergeben, projizieren, → darstellen

Abbildung → Bild, → Darstellung

Abbildungstreue → Genauigkeit

abbinden abschnüren, abklemmen, abquetschen, abnabeln, → abtrennen

Abbitte → Entschuldigung, → Buße

abbitten Abbitte leisten, bedauern, widerrufen, zurücknehmen, zu Kreuze kriechen, → bereuen, → entschuldigen, sich

abblasen 1. abpusten, wegblasen, fortblasen, herunterblasen 2. → absagen

abblättern → abbröckeln, → lösen, sich

abbrechen 1. abreißen, abtragen, einreißen, schleifen, demontieren, abschlagen, abbauen 2. unterbrechen, einstellen, aufhören, niederlegen, → aufgeben, → beenden 3. abknicken, losbrechen, pflücken, herunterholen

abbremsen → anhalten, → bremsen

abbrennen → verbrennen

Abbreviatur → Abkürzung

abbringen 1. abraten, ausreden, abhalten, entmutigen, verleiden, vermiesen, vereiteln, → hindern 2. → ablenken, → abgewöhnen

abbröckeln abblättern, abbrechen, abspringen, mürbe werden, sich schälen, → lösen, sich

Abbruch 1. Beeinträchtigung, Nachteil, Einbuße, Eintrag, → Schaden 2. → Beendigung 3. → Abriss

abbrühen → blanchieren

abbürsten → abstauben, → bürsten

abbüßen 1. verbüßen, eine Strafe verbüßen, absitzen, einsitzen, im Gefängnis sitzen, hinter Gittern sitzen, abreißen, abbrummen, brummen, ausbaden 2. → büßen

Abc-Schütze Schulanfänger, Anfänger, Erstklässler, Abecedarius

Abdachung → Abhang

abdanken 1. abtreten, zurücktreten, seinen Abschied nehmen, gehen, den Dienst quittieren, sein Amt niederlegen, sein Amt zur Verfügung stellen, aus dem Amt scheiden, seinen Rücktritt erklären, demissionieren, kündigen, sich ins Privatleben zurückziehen, sich zur Ruhe setzen, sich pensionieren lassen, in Pension gehen, in Rente gehen, aufs Altenteil gehen, das Feld räumen, seinen Hut nehmen 2. → sterben
Abdankung Rücktritt, Abschied, Ausscheiden, Austritt, Abgang, Amtsabtretung, Amtsniederlegung, Demission, Kündigung
abdecken 1. abhäuten, Fell abziehen, → abziehen 2. Geschirr abräumen, abräumen, abtragen, abservieren, hinaustragen 3. zudecken, bedecken 4. aufdecken, herunterreißen, wegfegen 5. begleichen, bereinigen, → bezahlen
abdecken, sich sich bloßstrampeln, sich freistrampeln
Abdecker Schinder, Wasenmeister
Abdeckplane → Plane
Abdeckung → Bedeckung, → Plane
abdichten dichten, schließen, verstopfen, zustopfen, isolieren, abschotten, verfugen, kalfatern, → ausbessern
Abdichtung Dichtung, Isolierung, Isolierschicht, Isolation
abdrängen → verdrängen
abdrehen 1. abschwenken, wegschwenken, Kurs ändern, Richtung ändern 2. → abstellen
Abdrift → Abweichung, → Strömung
abdriften → abkommen
Abdruck 1. Abguss, Gipsabdruck, Nachbildung, Abklatsch 2. Fußabdruck, Spur, Stapfen, Eindruck 3. → Druck
abdunkeln → verdunkeln
abebben verebben, abnehmen, abfaulen, abklingen, sich beruhigen, → nachlassen
Abend 1. Einbruch der Nacht, Tagesende, Neige des Tages, vorgerückte Stunde, zwischen Tag und Nacht, Dämmerstunde, Schlummerstunde, Nacht, Sonnenuntergang, → Dämmerung 2. Westen, → Himmelsrichtung
Abend, Heiliger → Weihnachten
Abendbrot → Abendessen
Abendessen Abendbrot, Nachtessen, Abendmahlzeit, Abendmahl, Nachtmahl, Abendtisch, Souper
Abendkleid → Kleid, → Gala
Abendland Okzident, der Westen, westliche Welt, Alte Welt, Europa, Hesperien
Abendmahl → Abendessen, → Gottesdienst
abends am Abend, spätabends, zu später Stunde, → nachts
Abendstunde → Dämmerung
Abenteuer 1. Begegnung, Vorfall, Ereignis, → Erlebnis 2. Unternehmen, Coup, Handstreich, Husarenstück, Heldentat, Streich, Wagnis, Wagestück, Aventüre, Bravurstück, Kabinettstück, Kunststück 3. Liebesabenteuer, Liebesgeschichte, Liebeshändel, Affäre, Eskapade, Seitensprung
abenteuerlich 1. gefährlich, blindlings, halsbrecherisch, leichtfertig, leichtsinnig, auf gut Glück, aufs Geratewohl, gewagt, riskant 2. → ereignisreich
abenteuerlustig abenteuerdurstig, abenteuerhungrig, erlebnishungrig, unternehmenslustig, draufgängerisch
Abenteurer Glücksritter, Glücksjäger, Spieler, Hasardeur, Hochstapler, Bohemien
aber dagegen, hingegen, wogegen, wohingegen, andererseits, sondern, nur, vielmehr, im Gegenteil, doch, jedoch, dennoch, freilich, allerdings, allein, indes, indessen, dabei, immerhin, wiederum, zwar, jedenfalls, sogar, nichtsdestoweniger, gleichwohl, trotzdem
Aberglaube Irrglaube, Volksglaube, Wunderglaube, Hexenglaube, Dämonenglaube, Geisterglaube, Gespensterglaube, → Astrologie, → Magie, → Spiritismus
aberkennen absprechen, entziehen, einziehen, bestreiten, dementieren, negieren
Aberkennung Entziehung, Entzug, Einziehung, Absprechung
abermals → wieder
abfahren 1. fortfahren, wegfahren, fahren, aufbrechen, sich in Bewegung setzen, abreisen, aufbrechen, abrücken, abdampfen, abzischen, losfahren, davonfahren, abfliegen, auslaufen, in See stechen 2. begeistert sein, Feuer und Flamme sein
Abfahrt 1. Abreise, Fahrt, Abflug, Aufbruch, Abmarsch, Start, Aufbruch, Abschied 2. Abfahrtslauf, Skiabfahrt, Hangabfahrt, Schussfahrt, Abfahrtsstrecke
Abfall 1. Müll, Rest, Rückstand, Sperrmüll, Altpapier, Altmaterial, Alteisen, Schrott, Unrat, Mist, Kehricht, Dreck, Abhub, Abraum, Schutt, Bauschutt, Trümmer, Scherben, Ausschuss, Makulatur, → Abwasser, → Abgas 2. Lossagung, Entsagung, Absage, Widerruf, Bruch, Fahnenflucht, Sinneswechsel, Umkehr, Abkehr, Abwendung, Ketzerei, Verleugnung, Wankelmut, Preisgabe 3. → Abhang 4. → Gefälle
Abfallbehälter Müllcontainer, Mülltonne, Abfallkübel, Müllkübel, Mülleimer, Abfalleimer, Dreckeimer, Schmutzkübel, Papierkorb
Abfalleimer → Abfallbehälter

abfallen 1. sich lossagen, widerrufen, brechen mit, preisgeben, leugnen, im Stich lassen, die Treue brechen, überlaufen, abtrünnig werden, desertieren, aufgeben, sich abkehren, sich abwenden, umfallen, sich anders besinnen 2. absacken, wegsacken, fallen, an Höhe verlieren 3. → zurückbleiben 4. → lösen, sich
abfallend → schräg
Abfallhaufen → Mülldeponie
abfällig abschätzig, abwertend, verächtlich, verachtend, missgünstig, wegwerfend, geringschätzig, despektierlich, pejorativ
Abfallprodukt Nebenprodukt, Nebenerzeugnis
abfälschen → ablenken
abfassen → verfassen
Abfassung → Entwurf
abfeilen → glätten
abfertigen → abfinden, → erledigen
abfinden entschädigen, abspeisen, abfertigen, befriedigen, → ausgleichen
abfinden, sich hinnehmen, ertragen, sich schicken in, sich fügen in, sich ergeben in, sich begnügen, sich zufrieden geben, auf sich nehmen, sein Kreuz tragen
Abfindung Entschädigung, Abstandszahlung, Abstand, Belohnung, Nachzahlung, Ausgleich, Ersatz, Entgelt, Gegenleistung, → Bezahlung
abflauen → nachlassen
abfließen ablaufen, ausfließen, abrinnen, ausströmen, austreten, absickern, entwässern, rinnen, → fließen
Abfluss 1. Ausguss, Ablauf, Auslauf, Abflussloch, Auslass, Kloake 2. → Ebbe
Abfolge → Chronologie, → Reihenfolge
abfragen → prüfen
abfrottieren → abtrocknen
abführen → bezahlen, → verhaften
Abführmittel Purgativ, Purgans, Laxativ, Laxans
Abführung → Abgabe, → Steuer
abfüllen → füllen
Abgabe 1. Ablieferung, Ausgabe, Auslieferung, → Verkauf 2. Abführung, Gebühr, Tribut, Zoll, Steuer, Beitrag 3. → Ausscheidung
Abgas Emission, Gift, Giftgas, Auspuffgas, Schadstoff, → Abfall
abgasarm → schadstoffarm
abgeben 1. geben, übergeben, aushändigen, einhändigen, überstellen, übereignen, übertragen, abliefern, abtreten, verkaufen, überlassen, anvertrauen, zu treuen Händen überlassen 2. → ausscheiden 3. → darstellen 4. → zuwerfen
abgeben, sich → beschäftigen, sich
abgebrannt → bankrott
abgebraucht → abgenutzt
abgebrüht → gefühllos
abgedroschen abgegriffen, abgenutzt, abgeschmackt, altbekannt, veraltet, belanglos, fade, flach, nichts sagend, platt, schal, witzlos, langweilig, banal, phrasenhaft
abgefeimt → raffiniert
abgegriffen → abgenutzt, → abgedroschen
abgehackt → stockend, → ruckartig
abgehärtet → belastbar, → gefühllos
abgehen 1. abschreiten, ablaufen, patrouillieren, begehen 2. ausscheiden, Abschluss machen, verlassen 3. → fehlen 4. → abbiegen
abgehetzt → erschöpft
abgekartet → ausgemacht
abgeklärt → ruhig
abgelaufen → fällig, → verfallen
abgelegen → entlegen
abgelenkt → unaufmerksam
abgelohnt → arbeitslos, → gekündigt
abgelten → büßen, → tilgen
Abgeltung → Entschädigung
abgemagert → mager
abgeneigt ungern, widerwillig, sich sträubend, abhold, → ablehnend, → feindlich
abgenutzt 1. abgegriffen, verbraucht, verschlissen, zerschlissen, ausgedient, abgeschabt, abgewetzt, dünn, abgetragen, abgelaufen, schäbig, alt 2. abgedroschen, abgeschmackt, gewöhnlich, nichts sagend, → banal
Abgeordnetenhaus → Parlament
Abgeordnetensitz → Mandat
Abgeordneter Abgesandter, Delegierter, Deputierter, Parlamentarier, Volksvertreter, Politiker, Botschafter, Diplomat, Gesandter, Beauftragter, Bevollmächtigter, Mandatsträger, Funktionär, Repräsentant, Senator, Ratsherr, Gemeinderat, → Unterhändler
abgerissen → heruntergekommen, → ungepflegt, → unzusammenhängend
Abgesandter → Abgeordneter, → Bote
abgeschieden → entlegen
Abgeschiedenheit → Einsamkeit
abgeschlossen → geschlossen, → erledigt
abgeschmackt → geschmacklos, → banal
Abgeschmacktheit → Geschmacklosigkeit, → Gemeinplatz
abgeschnitten → einsam, → kurz
abgeschoben → heimatlos
abgeschossen → verblasst
abgesehen von → außer
abgespannt → erschöpft
abgesperrt → verschlossen
abgestanden fade, schal, flau, lasch, geschmacklos, ungewürzt, ungesalzen, → dumpf

abgestimmt → harmonisch
abgestorben → tot, → gefühllos
abgestumpft → gefühllos, → stumpf
abgetan → erledigt, → quitt
abgetragen → abgenutzt
abgewinnen → mögen
abgewirtschaftet → heruntergekommen
abgewogen → harmonisch
abgewöhnen entwöhnen, aberziehen, austreiben, abstellen, abbringen von, absetzen, abstillen
abgewöhnen, sich aufgeben, entsagen, sich versagen, einstellen, ablassen von, ablegen, abstreifen, mit einer Gewohnheit brechen
abgewrackt → heruntergekommen
Abglanz 1. Widerschein, Spiegelung, Reflex 2. Nachglanz, Nachklang, Nachruhm
abgleiten → abrutschen
Abgott 1. Götze, Götzenbild, Idol, Fetisch, Halbgott 2. Angebetete, Angebeteter, Geliebte, Geliebter, Schwarm, Schatz
Abgötterei → Götzenverehrung
abgöttisch fanatisch, besessen, leidenschaftlich, sehr innig, glühend, heiß, hitzig
abgrenzen 1. einfassen, einmauern, → begrenzen 2. → definieren
abgrenzen, sich → abrücken
Abgrenzung → Definition
Abgrund 1. Schlucht, Schlund, Kluft, Spalte, Tiefe, Steilabfall, → Tal, → Abhang 2. → Verderben
abgründig → hintergründig, → abgrundtief
abgrundtief abgründig, grundlos, bodenlos, unergründlich, klaftertief, tief
abgucken → abschreiben
Abgunst → Neid
Abguss → Abdruck, → Nachahmung
abhacken → abschlagen
abhaken 1. ablegen, verloren geben, beiseite legen, aufgeben, abschreiben 2. → anstreichen
abhalten 1. fern halten, abwehren, schützen vor, abschirmen, abschrecken, abbringen 2. → aufhalten 3. → veranstalten
abhandeln 1. abfeilschen, abschachern, erhandeln, abmarkten, abdingen 2. → erörtern 3. → behandeln
abhanden kommen → verloren gehen
Abhandlung → Artikel, → Erörterung
Abhang Hang, Böschung, Halde, Abfall, Bergabfall, Lehne, Leite, Rain, Prallhang, Schräge, Neigung, schiefe Ebene, Abdachung, → Berg, → Abgrund
abhängen 1. abkoppeln, abkuppeln, herunternehmen, abnehmen 2. ankommen auf, liegen bei, bedingt sein durch, basieren auf 3. angewiesen sein auf, abhängig sein, in der Hand sein 4. → auflegen
abhängig 1. unselbstständig, unfrei, leibeigen, versklavt, unterworfen, untergeordnet, → rechtlos 2. angewiesen, hörig, verfallen, → süchtig 3. begründet, motiviert, verursacht, bedingt
Abhängigkeit 1. Unselbstständigkeit, Unfreiheit, Rechtlosigkeit, Knechtschaft, Fron, Frondienst 2. Unmündigkeit, Hörigkeit, Hassliebe 3. → Sucht 4. → Bedingtheit
abhärmen, sich → sorgen, sich
abhärten stählen, widerstandsfähig machen, stärken, ertüchtigen, an Entbehrungen gewöhnen
Abhärtung Stählung, Kräftigung, Festigung, Stärkung, Widerstandsfähigkeit
abhauen → fliehen, → abschlagen
abhäuten → abziehen
abheben, darauf → hindeuten auf
abheben, sich → auffallen
abhelfen Abhilfe schaffen, beheben, abschaffen, aufheben, beseitigen, abändern, in Ordnung bringen, sanieren, auf die Beine helfen, → helfen
abhetzen, sich → beeilen, sich
Abhilfe Abschaffung, Aufhebung, Erleichterung, Befreiung
abhold → abgeneigt
abholen 1. forttragen, wegtragen, mitnehmen, → holen 2. → verhaften 3. → begleiten
abholzen → fällen
abhorchen → beobachten, → horchen
abhören → beobachten, → prüfen
abirren → abkommen, → verirren, sich
Abirrung → Abweichung, → Abartigkeit
Abitur Reifeprüfung, Reifezeugnis, Matura, Maturum, Matur, Hochschulreife, Schulentlassung, Schulabgang
Abiturient → Prüfling, → Schüler
abjagen → wegnehmen
abkanzeln → zurechtweisen
abkapseln, sich → absondern, sich
abkassieren → einnehmen
abkaufen → glauben, → kaufen
Abkehr → Abfall, → Entfremdung
abkehren, sich → abfallen, → abwenden, sich
Abklatsch Nachahmung, Nachbildung, Nachdruck, Kopie, Pause, Plagiat, Spiegelbild, Abguss
abklingen → nachlassen
abknallen → erschießen
abknapsen → erübrigen
abknicken → abbrechen, → abbiegen
abknöpfen → wegnehmen
abkochen → brühen, → desinfizieren

abkommandieren → abordnen
Abkomme → Nachkomme
abkommen 1. abschweifen, abschwenken, sich verlieren, ablenken 2. abirren, abweichen, abtreiben, gieren, abdriften, wegtreiben, vom Kurs geraten, → verirren, sich
Abkommen Abmachung, Absprache, Verabredung, Übereinkunft, Übereinkommen, Vereinbarung, Zustimmung, Schlichtung, Agreement, Abschluss, Konkordat, Kontrakt, Pakt, Vertrag, → Bündnis
abkömmlich → entbehrlich
Abkömmling → Nachkomme
abkratzen → abreiben, → ablösen, → sterben
abkriegen → bekommen, → abbekommen
abkühlen 1. erkalten, auskühlen, kalt werden, erstarren 2. dämpfen, ernüchtern, beruhigen, verrauschen, abklingen 3. → kühlen
abkühlen, sich → beruhigen, sich
Abkühlung Temperaturabnahme, Temperaturrückgang, Temperatursturz, Kältesturz, Kälteeinbruch, → Kühlung
Abkunft → Herkunft
Abkürzung 1. Abstecher, Seitenweg, Nebenweg, Abweg, Umweg 2. Kürzel, Abbreviatur, Sigel, Akronym, Kode 2. → Kürzung
abladen → entladen
Ablage → Archiv
Ablagerung 1. Satz, Bodensatz, Rückstand, Sediment, → Belag 2. → Lagerung
Ablass Sündenerlass, Lossprechung, Absolution, Vergebung, → Gnade, → Verzeihung
ablassen 1. ablaufen lassen, abfließen lassen, entweichen lassen 2. lassen, in Ruhe lassen, absehen von, einstellen, fallen lassen, abschreiben, → unterlassen, → aufhören
Ablauf 1. Verlauf, Durchführung, Abwicklung, Organisation, Prozess, Hergang, Fortgang, Geschehen, Gang, Lauf, Bahn, → Entwicklung, → Programm 2. → Abfluss
ablaufen 1. verlaufen, seinen Verlauf nehmen, hergehen, abrollen, sich abwickeln, über die Bühne gehen, sich vollziehen, sich abspielen, geschehen, zugehen, vonstatten gehen, stattfinden, statthaben, veranstaltet werden, → entwickeln, sich 2. → abfließen 3. → abnutzen 4. → verfallen
Ableben → Tod
ablecken → schlecken
ablegen 1. abheften, zu den Akten legen, einordnen, archivieren 2. absolvieren, bestehen, machen 3. deponieren, lagern, ablagern, beiseite legen, hinlegen, hinstellen 4. → ausziehen, sich 5. → abgewöhnen, sich
Ableger Setzling, Schoss, Schössling, Steckling, Reis, Spross
ablehnen abschlagen, abschlägig bescheiden, ausschlagen, zurückweisen, abweisen, abwiegeln, Nein sagen, verneinen, etwas verweigern, sich weigern, verwerfen, dagegen sein, missbilligen, protestieren, Einspruch erheben, sich verbitten, versagen, nicht einwilligen, nicht annehmen, verschmähen, verabscheuen, von sich weisen, abwinken, abwimmeln, abblitzen lassen, einen Korb geben, die kalte Schulter zeigen, eine Abfuhr erteilen, → beanstanden
ablehnend abschlägig, negativ, abweisend, barsch, → abfällig
Ablehnung Absage, Weigerung, Verweigerung, Nein, Abweisung, Abwehr, Zurückweisung, Missbilligung, Abfuhr
ableisten → abarbeiten, → abbezahlen
ableiten 1. herleiten, entwickeln aus, zurückführen auf, folgern, schließen, schlussfolgern, Schlussfolgerung ziehen, Schluss ziehen, deduzieren 2. → abstammen 3. → einleiten
Ableitung Schluss, Schlussfolgerung, Folgerung, Beweis, Herleitung, Deduktion, Konklusion
ablenken 1. abbringen, zerstreuen, unterbrechen, behelligen, auf andere Gedanken bringen, unterhalten, amüsieren, erheitern 2. abfälschen, abbiegen, brechen, beugen, ableiten
Ablenkung 1. Zerstreuung, Unterhaltung, Zeitvertreib, Abwechslung, Kurzweil 2. Abfälschung, Beugung, Brechung, Refraktion, Deklination, Ausschlag, Auslenkung 3. → Störung
ableugnen → leugnen
ablichten → fotografieren, → kopieren
abliefern → abgeben
ablösen 1. loslösen, abtrennen, abkratzen, abschaben, abbröckeln, abmachen, losmachen, entfernen, → abbrechen, → lösen, sich 2. → entlassen 3. → tilgen
ablösen, sich 1. wechseln, sich abwechseln, alternieren 2. → lösen, sich
Ablösung 1. Loslösung, Abtrennung, Abspaltung 2. Wechsel, Abwechslung, Alternation, Wachablösung, Schichtwechsel 3. → Entlassung 4. → Tilgung
abmachen 1. ausmachen, vereinbaren, übereinkommen, festhalten, festlegen, verabreden, klären, regeln, beschließen, festsetzen 2. → ablösen 3. → pflücken
Abmachung → Abkommen, → Einigung
abmagern → abnehmen
Abmagerungskur → Diät
abmahnen → mahnen

Abmarsch Abzug, Auszug, Ausmarsch, Abreise, Start, Marsch, Weggang, Aufbruch, Ausfahrt, Vormarsch
abmessen messen, ausmessen, bemessen, berechnen, eichen, dosieren, abschätzen, taxieren, überschlagen, veranlagen, veranschlagen, einen Überschlag machen, eine Rechnung aufstellen, abwiegen, wiegen, abwägen, wägen, abzirkeln
Abmessung → Ausmaß
abmildern → mildern
abmühen, sich → mühen, sich
abnabeln, sich → lösen, sich
Abnahme 1. Kontrolle, Prüfung, Schlussabnahme 2. Schmälerung, Schwund, Verlust, Wegfall, Verringerung, Verminderung, Verbrauch, Nachlassen, Verschlechterung, Verschlimmerung 3. Kauf, Erwerb, Bezug, Übernahme 4. → Amputation
abnehmen 1. prüfen, kontrollieren, durchgehen lassen 2. nachlassen, schwinden, abklingen, abflauen, fallen, sinken, absinken, sich legen, abebben, verebben, zurückgehen, sich vermindern, sich verringern, schwächer werden, weniger werden, sich verbrauchen, dahinschmelzen, schmelzen 3. abkaufen, ankaufen, aufkaufen, kaufen, erwerben, beziehen, übernehmen 4. abmagern, mager werden, abzehren, vom Fleisch fallen, einfallen, hinschwinden, dünner werden, Gewicht verlieren, schlank werden, Diät machen 5. herunternehmen, abhängen 6. → wegnehmen 7. → amputieren 8. → glauben 9. → entlasten
abnehmend → rückläufig
Abnehmer Bezieher, Empfänger, Kunde, Käufer
Abneigung Widerwille, Naserümpfen, Antipathie, Aversion, Feindseligkeit, Ressentiment, Voreingenommenheit, Abscheu, Ekel, → Verachtung, → Hass
abnorm → abartig
Abnormität → Abartigkeit
abnutzen abnützen, abbrauchen, verbrauchen, verschleißen, zerschleißen, strapazieren, abwetzen, abscheuern, abtragen, ablaufen, ablatschen
Abnutzung → Verschleiß
Abonnement Bestellung, Bezug, Subskription, Vorbestellung
abonnieren beziehen, bestellen, halten, abnehmen, subskribieren, sich zur Abnahme verpflichten, vorbestellen, Auftrag erteilen, ordern, anfordern
abordnen beauftragen, delegieren, deputieren, entsenden, schicken, beordern, abkommandieren, jemanden abstellen
Abordnung → Entsendung, → Gesandtschaft
Abort → Toilette, → Abtreibung
abpassen → auflauern
abpausen → durchpausen
abpellen → abziehen
abpflücken → pflücken
abplagen, sich → abarbeiten, sich
abputzen → abwischen
abquälen, sich → abarbeiten, sich
abqualifizieren → herabsetzen
Abqualifizierung → Kritik
abrackern, sich → abarbeiten, sich
abraten widerraten, abreden, abmahnen, ausreden, zu bedenken geben, → warnen, → abbringen von
Abraum → Abfall
abräumen 1. räumen, frei machen, wegräumen 2. → abdecken
abreagieren, sich → beruhigen, sich
abrechnen 1. Bilanz ziehen, Bilanz aufstellen, Rechnung legen, Kassensturz machen, Rechenschaft ablegen 2. vergelten, entgelten, revanchieren, rächen, ahnden, bestrafen, heimzahlen, quittieren, büßen lassen 3. → abziehen
Abrechnung 1. Bilanz, Rechnung, Kasse, Kassensturz, Rechnungslegung, Schlussrechnung, Rechenschaft, Rechenschaftsbericht 2. Vergeltung, Revanche, Rache, Ahndung, Bestrafung, Quittung
abreiben 1. abschaben, abrubbeln, abwischen, abtupfen, abfrottieren, abstreifen, abkratzen, → abtrocknen 2. → massieren 3. → säubern
Abreise → Abfahrt
abreisen → abfahren, → aufbrechen
abreißen 1. wegreißen, abbrechen, niederreißen, einreißen, demolieren 2. abzupfen, abrupfen, losreißen, → pflücken 3. → entwerten 4. → enden
abrichten → dressieren
Abrieb → Verschleiß
abriegeln absperren, sperren, blockieren, → abschließen
abrinnen → abfließen
Abriss 1. Abbruch, Abtragung, Abbau, Demontage, Demolierung 2. Überblick, Übersichtstafel, Zusammenfassung, Zusammenstellung, Auszug, Kurzfassung, Kompendium, Leitfaden, Lehrbuch
abrollen 1. abwickeln, abhaspeln, abspulen, herunterspulen, herunterleiern 2. → ablaufen
abrubbeln → abreiben
abrücken 1. sich abgrenzen, sich distanzieren, sich zurückziehen, nichts zu tun haben

wollen, sich entfernen, sich heraushalten, Abstand nehmen 2. → abfahren
abrunden 1. runden, rund machen, abkanten, Kanten brechen 2. verkleinern, verkürzen, vermindern, verringern, reduzieren 3. zusammenlegen, zusammenziehen, arrondieren, vereinheitlichen, kommassieren 4. → vervollkommnen 5. → glätten
abrupt → plötzlich, → ruckartig
abrutschen abgleiten, hinabgleiten, herabrutschen, gleiten, → ausrutschen
absacken → sinken, → senken, sich
Absage Absagebrief, Aufhebung, Widerruf, Zurücknahme, Weigerung, → Ablehnung
absagen 1. rückgängig machen, abblasen, abbestellen, abrücken von 2. abschreiben, abtelefonieren, abschlägig bescheiden
absägen → abtrennen, → sägen, → absetzen
Absatz 1. Hacke, Hacken, Stöckel 2. Abschnitt, Kapitel, Punkt, Klausel, Passus, Teil, Artikel, Paragraf, Nummer, Ziffer, Schriftstelle 3. Umsatz, Umschlag, Vertrieb, Erlös, Ausverkauf, Verkauf
Absatzforschung → Marktanalyse
Absatzmarkt → Markt
absaugen → pumpen
abschaben → ablösen, → abreiben
abschaffen aufheben, annullieren, liquidieren, auflösen, einstellen, löschen, beseitigen, → ausrotten
abschalten → abstellen
abschätzen → beurteilen, → schätzen
abschätzig → abfällig
Abschätzigkeit → Missachtung
abschauen → abschreiben
Abschaum 1. Bodensatz, Hefe, Auswurf, Abhub 2. Pöbel, Plebs, Pack, Lumpenpack, Gesindel, Lumpengesindel, Bagage, Bande, Sippschaft, Brut, Geschmeiß, Gesocks
abscheiden → ausscheiden, → destillieren
Abscheu → Ekel
Abscheu erregend → abscheulich
abscheulich 1. Abscheu erregend, scheußlich, gräulich, verabscheuenswert, verabscheuenswürdig, grässlich, widerwärtig, widerlich, ekelhaft 2. → niederträchtig
Abscheulichkeit → Hässlichkeit, → Niedertracht
abschicken → schicken
abschieben → aufbürden, → ausweisen
Abschiebung 1. Ausweisung, Verbringung 2. → Entlassung
Abschied 1. Trennung, Weggang, Scheiden, Lebewohl, Abreise, → Auszug 2. → Abdankung
abschießen → schießen, → verblassen
abschilfern → schälen, sich
Abschirmdienst → Geheimdienst
abschirmen → verdunkeln, → schützen
abschlachten → schlachten
Abschlachtung → Blutbad
Abschlag 1. Preisnachlass, Skonto, Prozente, Bonus, Rabatt, Mengenrabatt, Diskont, Preissenkung, Verbilligung, Ermäßigung, Herabsetzung, → Sonderangebot 2. Abzug, Disagio, Kursminderung
abschlagen 1. ausschlagen, abschlägig bescheiden, absagen, ablehnen 2. abhauen, abhacken, herunterhauen, herunterschlagen, abspalten, abmeißeln 3. → fällen 4. → abbrechen 5. → ermäßigen
abschlägig → ablehnend
Abschlagszahlung → Abzahlung
abschlecken → schlecken
abschleppen → schleppen
abschließen 1. zuschließen, verschließen, absperren, zusperren, zumachen, abriegeln, verriegeln, Riegel vorschieben, Schloss vorlegen, → schließen 2. → beenden 3. → vollenden 4. → vereinbaren
abschließend zum Schluss, definitiv, endlich, schließlich, schlussendlich, resümierend, zusammenfassend
Abschluss 1. Ausgang, Ausklang, Finale, Schluss, Kehraus, Krönung, Beendigung, → Vollendung, → Ende 2. Examen, Prüfung, Schulabschluss, → Abitur 3. → Vertrag 4. → Bilanz
Abschlusszeugnis → Zeugnis
abschmecken → kosten
abschmelzen → auftauen, → schmelzen
abschmieren → einfetten, → ohrfeigen
abschneiden → schneiden, → kürzen
Abschnitt 1. Teilstrecke, Teilstück, Etappe, Periode, Stadium, → Ausschnitt 2. Kupon, Talon, Schein, Gutschein, Schnitzel, Schnipsel, Zinsschein, Dividendenschein 3. → Absatz 4. → Zäsur
abschöpfen → gewinnen
abschotten → abdichten
abschrecken → abhalten, → kühlen
abschreckend 1. warnend, exemplarisch 2. → hässlich
Abschreckung → Warnung
abschreiben 1. kopieren, abtippen, ins Reine schreiben, übertragen 2. abschauen, abgucken, abluchsen, ablinsen, abpinnen, abspicken, spicken, → entlehnen 3. tilgen, abzahlen, abbezahlen, abtragen, amortisieren 4. fallen lassen, ablassen, fahren lassen, bleiben lassen, aufgeben, abtun, resignieren, absehen von, sich trennen von, aus dem

Kopf schlagen, verloren geben, in den Kamin schreiben, nicht mehr rechnen mit
abschreiten → abgehen
Abschrift Kopie, Doppel, Zweitschrift, Duplikat, Duplum, Durchschrift, Durchschlag, Vervielfältigung
abschüssig → steil
abschwächen → mildern
abschwächen, sich → nachlassen
Abschwächung → Umschreibung
abschweifen → abkommen
abschwören → lossagen, sich
Abschwung → Depression
absehbar → vorhersehbar
absehen → voraussehen
absehen auf → abzielen
absehen von → ablassen
abseits seitab, seitwärts, seitlich, daneben, entlegen, unzugänglich, unerreichbar, → fern
absenden senden, zukommen lassen, wegschicken, überweisen, übermitteln, verfrachten, spedieren, → schicken
Absender Briefschreiber, Adressant
abservieren → abdecken, → absetzen
absetzen 1. stürzen, des Amtes entheben, des Postens entheben, suspendieren, beurlauben, pensionieren, vom Dienst entbinden, der Ämter entkleiden, absägen, abservieren, entmachten, abberufen, → degradieren 2. → abgewöhnen 3. → amputieren 4. → verkaufen
absetzen, sich → desertieren, → fliehen
Absetzung 1. Amtsenthebung, Suspendierung, Entlassung, Entmachtung, Beurlaubung, Pensionierung, Abberufung 2. → Amputation
Absicht 1. Vorsatz, Bestreben, Bestrebung, Vorhaben, Sinnen, Trachten, Wunsch, Berechnung, Plan, Projekt, Entwurf, Gedanke, Hintergedanke, Intention, Beginnen, Ziel, Zielsetzung, → Zweck 2. böse Absicht, Absichtlichkeit, Arglist, Böswilligkeit
absichtlich beabsichtigt, vorsätzlich, absichtsvoll, willentlich, gewollt, wissentlich, geflissentlich, bewusst, mit Absicht, mit Bedacht, mit Fleiß, zum Trotz, extra, eigens, demonstrativ, mutwillig, böswillig, arglistig, intendiert
absichtslos → versehentlich
absinken → entarten, → sinken, → senken, sich
absitzen → abbüßen, → warten
absolut → unbedingt, → völlig
Absolution → Dispens, → Freispruch
Absolutismus → Alleinherrschaft
absolutistisch → totalitär
Absolvent → Prüfling
absolvieren → ablegen
absonderlich → seltsam, → ungewöhnlich
absondern 1. abschließen, ausschließen, isolieren, abtrennen, absperren, abteilen, separieren, → trennen 2. → ausscheiden
absondern, sich sich zurückziehen, sich entziehen, sich abkapseln, sich einpuppen, sich verkriechen, sich einigeln, sich mit einer Mauer umgeben, im Elfenbeinturm leben, → verschließen, sich
Absonderung 1. Ungeselligkeit, Abschließung, Isolierung, Isolation, Separation, Zurückgezogenheit, → Einsamkeit 2. → Ausscheidung
absorbieren → aufsaugen
abspalten absplittern, abtrennen, loslösen, → abschlagen
Abspaltung → Ablösung
Abspann → Nachspann
abspeisen → abfinden
abspenstig machen → abwerben
absperren → abschließen, → sperren
Absperrung Sperre, Barriere, Blockade, Blockierung, Abriegelung, Kordon, Einkreisung, Belagerung, → Schranke
abspielen, sich → ereignen, sich
absplittern → abspalten, → lösen, sich
Absprache → Vereinbarung
absprechen 1. in Abrede stellen, nicht zuerkennen, nicht zugestehen, → aberkennen 2. → vereinbaren
absprechen, sich → beraten, sich
abspringen 1. herunterspringen, hinunterspringen, aussteigen, sich abstoßen, hüpfen, → springen 2. → lossagen, sich 3. → lösen, sich
abspulen → abrollen, → aufsagen
abspülen → abwaschen
abstammen stammen von, entstammen, sich herleiten von, sich ableiten von, entsprießen, wurzeln
Abstammung → Herkunft
Abstand 1. Zwischenraum, Lücke, Zwischenzeit, Intervall, Spanne, Differenz 2. → Entfernung 3. → Abfindung
Abstandszahlung → Abfindung
abstatten → einlösen, → danken, → besuchen
abstauben 1. abwischen, abbürsten, ausbürsten, abstäuben, entstauben, Staub wischen, staubsaugen, → putzen 2. → stehlen
abstechen → schlachten, → abzeichnen, sich
Abstecher → Abkürzung, → Spritztour
abstecken → begrenzen, → festsetzen
abstehen → vorstehen, → sträuben, sich
Absteige → Hotel, → Unterkunft

absteigen 1. Quartier nehmen, einkehren, übernachten, bleiben 2. herabsteigen, heruntersteigen, hinuntersteigen, hinabsteigen, hinabklettern
abstellen 1. abschalten, ausschalten, abdrehen, ausmachen, ausknipsen, unterbrechen 2. hinstellen, niederstellen, absetzen, niedersetzen, deponieren, → ablegen 3. parken, einstellen, unterstellen 4. → abordnen 5. → abgewöhnen
Abstellraum 1. Abstellkammer, Besenkammer, Rumpelkammer, Einstellraum, Nebenraum, Kabuff, Schuppen, → Speicher 2. → Vorratskammer
abstempeln → brandmarken, → entwerten
absterben ersterben, sterben, erlöschen, einschlafen, taub werden, nachlassen, zurückgehen
Abstieg Talmarsch, → Verfall
abstillen → abgewöhnen
abstimmen → anpassen, → wählen
Abstimmung → Anpassung, → Wahl
abstinent → enthaltsam
abstoppen → aufhalten, → anhalten
abstoßen → ekeln, → verkaufen
abstoßend → ekelhaft, → hässlich
abstrakt gegenstandslos, begrifflich, begriffsmäßig, gedanklich, ideell, nicht dinggebunden, → theoretisch
Abstraktionsvermögen → Denkfähigkeit
abstreifen 1. Füße abtreten, abwischen 2. ablegen, auskleiden, entblößen, sich freimachen, sich ausziehen 3. → abgewöhnen, sich
abstreiten → leugnen
abstrus absonderlich, dunkel, finster, geheimnisvoll, sonderbar, unergründlich, undurchdringlich, verschleiert, unklar, undeutlich, verworren, → rätselhaft
abstufen abtönen, schattieren, staffeln, nuancieren
Abstufung Nuance, Nuancierung, Übergang, Abtönung, Zwischenton, Schattierung, Gradation, Staffelung, Terrassierung
abstumpfen 1. gefühllos werden, fühllos werden, gleichgültig werden, verhärten, hart werden 2. stumpf werden, sich abnützen
Abstumpfung → Gefühllosigkeit
Absturz → Fall, → Unfall
abstürzen herunterstürzen, herabstürzen, hinunterstürzen, stürzen, trudeln, herunterfallen, herabfallen, hinunterfallen, runterfallen, fallen, heruntersausen, herunterpurzeln, herunterfliegen, heruntersegeln, → abfallen
abstützen verstreben, absteifen, versteifen, verschalen, → stützen, → unterstützen
absuchen → durchsuchen
absurd abwegig, unsinnig, widersinnig, sinnwidrig, verrückt, unlogisch, ungereimt, folgewidrig, paradox, verkehrt, unzutreffend, unvernünftig, töricht, lächerlich, lachhaft, kindisch, gesponnen, närrisch, unerhört, unglaubhaft, → sinnlos
Absurdität → Sinnlosigkeit
Abszess → Geschwür
abtauen → auftauen
Abtei → Kloster
Abteil Eisenbahnabteil, Zugabteil, Kupee
abteilen → einteilen, → abtrennen
Abteilung 1. Bereich, Fakultät, Fach, Gattung, Kategorie, Klasse, Rubrik, Sektion, Sparte, Zweig, Gebiet 2. Kommando, Kolonne, Gruppe, Schar, Zug, Nachhut, Vorhut, Verband, → Heeresverband 3. Bezirk, Reservat, Departement, → Abtrennung 4. → Einteilung
Abteilungsleiter → Leiter
abtippen → abschreiben
abtönen → abstufen
Abtrag → Beeinträchtigung
abtragen → abbauen, → abnutzen, → tilgen
abträglich beeinträchtigend, ungünstig, nachteilig, unvorteilhaft, schädlich
Abtragung → Abriss, → Tilgung
Abtransport → Entfernung
abtransportieren → entfernen
abtreiben 1. Schwangerschaft unterbrechen, abortieren, Eingriff vornehmen, Frucht abtreiben 2. → abkommen
Abtreibung Schwangerschaftsabbruch, Abbruch, Eingriff, medizinische Indikation, soziale Indikation, eugenische Indikation, ethische Indikation, Abort, Abortus, Fehlgeburt
abtrennen 1. abschneiden, absägen, abspalten, ablösen, abbinden, abbeißen, abzwicken, abkneifen, abknipsen, abbrechen, abreißen, abschlagen, lostrennen, → trennen 2. absondern, abteilen, separieren 3. → amputieren
Abtrennung 1. Spaltung, Teilung, Lostrennung, Loslösung, Ablösung, Entfernung, → Trennung 2. Abteilung, Unterteilung, Trennwand, Sparte 3. → Amputation
abtreten → abgeben, → abdanken
Abtretung → Verzicht
Abtrift → Abweichung
Abtritt → Toilette
abtrocknen 1. abfrottieren, abreiben, trockenreiben, abrubbeln, abtupfen 2. → trocknen
abtrünnig verräterisch, wortbrüchig, häretisch, ketzerisch, irrgläubig, schismatisch, sektiererisch, treulos, → untreu

abtrünnig werden → abfallen
Abtrünniger Verräter, Wortbrüchiger, Häretiker, Ketzer, Schismatiker, Sektierer, Irrgläubiger, Abweichler, Renegat, Überläufer, → Deserteur
abtun 1. über Bord werfen, verächtlich machen, dreingeben, fallen lassen, → abschreiben 2. → erledigen
abtupfen → abreiben, → abtrocknen
aburteilen → verurteilen
Aburteilung → Kritik, → Verurteilung
abverlangen → fordern
abwägen 1. überlegen, beurteilen, einschätzen, ermessen, vergleichen 2. → abmessen
Abwägung → Berechnung
abwälzen auf → aufbürden
abwandeln → ändern
abwarten erwarten, sich gedulden, sich in Geduld üben, auf sich zukommen lassen, nichts erzwingen, sich Zeit lassen, → warten, → zögern
abwärts hinunter, hinab, herab, bergab, ab, in die Tiefe, talwärts, erdwärts, nieder, niederwärts, flussabwärts, stromab
Abwasch Geschirrspülen, Aufwasch, Spülen
abwaschen 1. abspülen, Geschirr spülen, spülen, aufwaschen, den Abwasch machen, → reinigen
Abwaschwasser → Spülwasser
Abwasser Schmutzwasser, Abwässer, Kloake, Lauge, Brühe, → Spülwasser, → Abfall
abwechseln alternieren, aufeinander folgen, wechseln, sich ablösen
abwechselnd alternierend, aufeinander folgend, turnusmäßig, im Turnus, beiderseits, beiderseitig, gegenseitig, wechselseitig, wechselweise, einander, untereinander, umschichtig
Abwechslung → Vielfalt, → Zeitvertreib, → Ablösung
abwechslungsreich → ereignisreich, → unterhaltsam, → vielfältig
Abweg → Irrweg, → Umweg
abwegig → ausgefallen, → absurd
Abwehr 1. Gegenwehr, Widerstand, Notwehr, Verteidigung, Defensive, Schutz 2. Zurückweisung, Auflehnung. → Ablehnung 3. → Geheimdienst
Abwehrdienst → Geheimdienst
abwehren 1. verteidigen, sich verteidigen gegen, sich wehren, sich zur Wehr setzen, schützen, abschlagen, zurückschlagen, abweisen, aufhalten, auffangen, abwenden, standhalten, parieren 2. vereiteln, verhüten, abhalten, verhindern 3. → ablehnen
Abwehrstoff Antikörper, Immunstoff
abweichen 1. divergieren, differieren, sich unterscheiden, abstechen, schwanken, aus dem Rahmen fallen, aus der Reihe tanzen 2. → abkommen
abweichend → abartig, → verschieden
Abweichler → Abtrünniger
Abweichung 1. Divergenz, Differenz, Unterschied, Unterschiedlichkeit, Schwankung, → Abart 2. Aberration, Deviation, Deklination, Abirrung, Abtrift, Abdrift
abweisen → ablehnen, → abwehren
abweisend → ablehnend
abwenden → verhindern
abwenden, sich 1. sich abkehren, den Rücken zukehren, sich wegwenden, sich umdrehen 2. → abfallen
abwerben weglocken, ausspannen, abspenstig machen, abziehen
abwerfen 1. niederwerfen, aus dem Sattel werfen, absetzen, abschmeißen, fallen lassen 2. → einbringen
abwerten vermindern, Wert herabsetzen, Geldabwertung vornehmen, erniedrigen, → entwerten
abwertend → abfällig
Abwertung → Entwertung, → Inflation
abwesend 1. fehlend, nicht anwesend, nicht zugegen, nicht da, absent, abhanden, anderwärts, anderweitig, auswärts, aushäusig, außer Haus, ekdemisch, ausgeflogen, vermisst, überfällig, von hinnen, von dannen, weg, → fort 2. → geistesabwesend
Abwesenheit 1. Fehlen, Absenz, Alibi, Leere 2. → Geistesabwesenheit
abwickeln → erledigen, → abrollen
Abwicklung → Ablauf, → Veranstaltung
abwiegeln → ablehnen, → verharmlosen
abwiegen → abmessen
abwimmeln → ablehnen
abwischen abputzen, wegwischen, auswischen, löschen, auslöschen, abstauben
abzahlen → abbezahlen
abzählen 1. durchzählen, durchrechnen, aufzählen, nummerieren, paginieren, mitzählen, zählen 2. → abziehen
Abzahlung 1. Teilzahlung, Rate, Teilzahlungsrate, Ratenzahlung, Akontozahlung, Abschlagszahlung, Abtragszahlung 2. → Tilgung
abzehren, sich → sorgen, sich
Abzeichen Emblem, Wappen, Plakette, Aufkleber, Wapperl, Anstecknadel, Button, Knopf, Ehrenzeichen, Signet, Etikett, Kokarde, Siegel, Stempel, Aufdruck, Prägung, Marke, Erkennungsmarke, Hundemarke, → Kennzeichen

abzeichnen → abbilden, → unterschreiben
abzeichnen, sich 1. sich abheben, abstechen, kontrastieren, deutlich werden 2. in Sicht kommen, sich ankündigen, sich anbahnen, aufziehen, heraufziehen, herannahen, bevorstehen, → drohen, → nahen
abziehen 1. abbalgen, abhäuten, enthäuten, abdecken, Fell abziehen, abschwarten, abstreifen, schinden, abpellen, schälen, abschälen 2. abrechnen, abzählen, abstreichen, in Abzug bringen, subtrahieren 3. abkommandieren, zurückziehen 4. → vervielfältigen 5. → abwerben 6. → aufbrechen 7. → davonmachen, sich 8. → schärfen
abzielen hinzielen auf, bezwecken, absehen auf, abgesehen haben auf, ausgehen auf, anlegen auf, vorhaben, anstreben, planen, beabsichtigen
abzirkeln → abmessen
Abzug 1. Entlüftung, Lüftung, Abzugsloch, Luftschacht 2. → Abschlag 3. → Abmarsch 4. → Kopie 5. → Fotografie
abzüglich minus, weniger, vermindert um, unter Abzug, ohne, ausgenommen, außer, exklusive, nicht inbegriffen, ungerechnet, abgerechnet, ausschließlich, mit Ausschluss von, bar, netto
abzupfen → abreißen
abzwacken → erübrigen
abzwicken → abtrennen
Accessoires → Zubehör
Achse 1. Zentrum, Mitte, Drehpunkt, Angelpunkt, Spiegelachse, Erdachse, → Mittelpunkt 2. Angel, Zapfen, Stift, Welle 3. → Bündnis
Acht → Bann
Acht geben 1. achten auf, Acht haben, beachten, aufpassen, wachen, Obacht geben, aufmerksam sein, aufmerken, aufhorchen, die Ohren spitzen, Augen und Ohren offen halten, ganz Ohr sein, behutsam sein, bedachtsam sein, → konzentrieren, sich 2. → gehorchen
achtbar → angesehen, → ehrenhaft
achten 1. hoch achten, wert achten, wertschätzen, schätzen, Achtung erweisen, Tribut zollen, respektieren, ehren, Ehrerbietung erweisen, verehren, bewundern, preisen, würdigen, → anerkennen 2. → Acht geben
ächten bannen, verbannen, mit dem Bann belegen, verfluchen, verwünschen, verdammen, exkommunizieren, für vogelfrei erklären, ausschließen, → anprangern, → ausweisen
achtern → hinten
achtlos 1. unachtsam, nachlässig, fahrlässig, sorglos, unbedacht, unbekümmert, unüberlegt, unvorsichtig, leichtsinnig 2. → gleichgültig
Achtlosigkeit → Leichtsinn, → Nachlässigkeit
achtsam → aufmerksam, → vorsichtig
Achtsamkeit → Aufmerksamkeit, → Vorsicht
Ächtung Acht, Reichsacht, Bann, Bannfluch, Fluch, Verfemung, Bannspruch, Bannstrahl, Verdammung, Exkommunikation, Verbannung, Interdikt
Achtung Hochachtung, Ehrerbietung, Ehrfurcht, Respekt, Hochschätzung, Wertschätzung, Schätzung, Verehrung, → Anerkennung
Achtung gebietend → bemerkenswert
achtungsvoll → ehrfürchtig, → respektvoll
ächzen → knarren, → seufzen
Acker Feld, Ackerland, Ackerboden, Boden, Erdscholle, Scholle, Ackerkrume, → Erde
Ackerbau Feldarbeit, Feldbau, Feldbestellung, Feldwirtschaft, Landbau, Anbau, Bodenkultur, → Landwirtschaft
ackern 1. anpflanzen, anbauen, bebauen, bepflanzen, säen, bestellen, bewirtschaften, kultivieren, roden, eggen, pflügen, wenden, düngen 2. → abarbeiten, sich, → arbeiten
Adamsapfel → Kehlkopf
adäquat → angemessen
addieren hinzuzählen, hinzurechnen, dazurechnen, hinzufügen, aufaddieren, aufrechnen, zusammenzählen, summieren, aufsummieren
Adel 1. Aristokratie, Adelsstand, Adelskaste, Nobilität, Hochadel, Hocharistokratie, hoher Adel, Patrizier, Oberschicht, Hofadel, Feudaladel, Feudalaristokratie, Geburtsadel, Landadel, Landaristokratie, Stadtadel, Beamtenadel, niederer Adel, Verdienstadel, Dienstadel 2. Hoheit, Noblesse, → Vornehmheit 3. → Dung
adelig → adlig
adeln → auszeichnen
Adelsherrschaft → Feudalismus
Adept Anhänger, Schüler, → Famulus
Ader 1. Blutgefäß, Blutbahn, Vene, Blutader, Schlagader, Aorta, Arterie 2. Erzader, Wasserader, Gewässer, Gang 3. → Linie
Äderung → Maserung
Adjutant → Gehilfe, → Assistent
Adler Aar, König der Lüfte, Wappentier
adlig 1. adelig, altadlig, aristokratisch, von Adel, hochgeboren, von hoher Abkunft,

blaublütig, fürstlich, feudal 2. nobel, edel, erlaucht, → vornehm
Administration → Herrschaft, → Regierung
administrativ → amtlich
Administrator → Verwalter
adoptieren annehmen, an Kindes statt annehmen, in Pflege nehmen
Adresse 1. Anschrift, Aufschrift, Anrede 2. → Denkschrift
adrett → ordentlich
Advertising → Werbung
Advokat → Rechtsanwalt
Affäre 1. Liebesabenteuer, Liebelei, Abenteuer, Romanze, → Verhältnis 2. Angelegenheit, Fall, Vorfall, Hergang, Ereignis, Skandal
Affekt → Erregung
affektiert → geziert
Affektiertheit → Geziere
Affentheater → Gehabe
affig → albern, → geziert
affin → ähnlich
Affinität → Ähnlichkeit, → Gemeinsamkeit
affirmativ bekräftigend, bestätigend, anerkennend
Affront → Beleidigung
After Anus, Rektum, Proktos, Darmausgang, → Gesäß
Aftershave → Rasierwasser
Agent 1. Geheimagent, Geheimpolizist, Spion, Saboteur, Detektiv, Kundschafter, Späher, Spitzel, Aushorcher, Auskundschafter, Lauscher, Schnüffler, Spürhund 2. → Vertreter 3. → Organisator
Agentur 1. Vermittlungsstelle, Vermittlungsbüro, Vermittlung, Nachrichtenbüro, Informationsbüro, Informationsdienst, Vertretung 2. → Zweigstelle
Aggregat → Motor
Aggression → Angriff
aggressiv → angriffslustig
Aggressivität → Angriffslust
agieren → handeln, → darstellen
agil → energisch, → lebhaft
Agio → Aufschlag
Agitation → Propaganda
Agitator → Anstifter
Agrikultur → Landwirtschaft
Ahle Pfriem, Dorn, Nadel, Spicknadel, Stift
ahnden → bestrafen, → abrechnen
Ahndung → Bestrafung, → Abrechnung
Ahne → Großmutter, → Großvater, → Vorfahr(en)
ähneln ähnlich sein, ähnlich sehen, anklingen an, erinnern an, geraten nach, schlagen nach, gleichen
ahnen 1. erahnen, vorausahnen, vorahnen, eine Ahnung haben, fühlen, schwanen, dämmern, annehmen, argwöhnen, befürchten, → erwarten, → vermuten 2. → voraussehen
Ahnentafel → Stammbaum
Ahnfrau → Vorfahr(en)
Ahnherr → Vorfahr(en)
ähnlich analog, artverwandt, affin, annähernd, vergleichbar, parallel, ebenbürtig, → gleich
Ähnlichkeit Analogie, Verwandtschaft, Affinität, Parallele, Entsprechung, → Abbild, → Gleichheit
Ahnung Vorausahnung, Vorahnung, Vorgefühl, Gefühl, Voraussicht, Vorgeschmack, Verdacht, Annahme, Argwohn, Befürchtung, → Erwartung, → Vermutung
ahnungslos 1. nichts ahnend, überrascht, überraschend, unversehens, unvermutet, mit einem Mal, auf einmal, überrumpelt 2. unaufgeklärt, überfragt, ohne einen Schimmer, ohne eine blasse Ahnung, → unwissend 3. → naiv
Ahnungslosigkeit → Naivität, → Unwissenheit
Akademie → Universität
Akademiker 1. Hochschulabsolvent, Studierter, Gelehrter, Wissenschaftler 2. → Intelligenz
akademisch → gebildet, → trocken
akklamieren → klatschen
akklimatisieren, sich → anpassen, sich
Akklimatisierung → Anpassung
Akkord 1. Zusammenklang, Wohlklang, Dreiklang, Arpeggio, → Harmonie 2. Akkordarbeit, Stücklohnarbeit, → Leistung
Akkordarbeit → Akkord
Akkordeon → Ziehharmonika
akkreditieren → beglaubigen
Akkreditierung Beglaubigung, Legitimierung, Legalisierung
Akkumulatur Akku, Batterie, Stromspeicher, Energiespeicher, Speicherelement, Speicherzelle
akkumulieren → ansammeln
akkurat → gewissenhaft, → genau
Akkuratesse → Genauigkeit
Akne → Pickel
Akontozahlung → Abzahlung
akquirieren → besorgen
Akquisiteur → Werber
Akribie → Genauigkeit
akribisch → genau
Akrobat → Artist
Akt 1. Aufzug, Auftritt, Bild, Szene 2. Aktbild, Aktstudie, Nacktbild, Bildnis 3. → Tat 4. → Koitus 5. → Zeremonie

Akte Aktenordner, Aktenbündel, Aktensammlung, Dokument, Dossier, Faszikel, Schriftstück, → Urkunde
Aktenmappe → Mappe
Aktenordner 1. Ordner, Leitzordner, Ringbuch, Ringhefter, Aktendeckel, Pultordner, Studienmappe, Sammelmappe, Mappe, Schnellhefter, Briefordner, Heftordner 2. → Akte
Aktentasche → Mappe
Akteur → Schauspieler, → Teilnehmer
Aktie → Anteil, → Wertpapier
Aktienhändler → Börsenmakler
Aktienkurs → Kurs
Aktion → Tat, → Kampagne, → Sonderangebot
Aktionsradius → Wirkungsbereich
aktiv → eifrig, → energisch
Aktiva → Bargeld, → Vermögen
aktivieren anregen, ankurbeln, aufmuntern, auffrischen, beleben, motivieren, mit Leben erfüllen, in Schwung bringen, in Bewegung versetzen, mobilisieren
Aktivität → Energie, → Anstrengung
Aktmodell → Modell
Aktstudie → Akt
aktuell 1. derzeitig, heutig, augenblicklich, jetzig, diesjährig, heurig, zeitgenössisch, spruchreif, akut, brisant, gegenwärtig 2. → modern
Akustik Klang, Klangwirkung, Klangverhältnisse, Schall, Schallwirkung, Resonanz
akut → aktuell, → wichtig
AKW Atomkraftwerk, → Kernreaktor
Akzent 1. Betonungszeichen, Tonzeichen, Akut, Accent aigu, Accent grave 2. → Betonung 3. → Aussprache
akzentuieren → betonen
akzeptabel → annehmbar
akzeptieren → billigen
Akzise → Steuer
Alarm Signal, Einsatzsignal, Sirenensignal, Signalton, Fanfare, Warnsignal, Warnung, Warnruf, Hilferuf, Notruf, → Fehlalarm, → Notsignal
alarmieren 1. Alarm geben, Alarm schlagen, Lärm schlagen, Signal geben, zu den Waffen rufen, → warnen 2. → beunruhigen
alarmierend → beunruhigend
Alb (*auch:* Alp) → Albtraum
Albdruck (*auch:* Alpdruck) → Albtraum, → Angst
Alberei → Albernheit
albern herumalbern, blödeln, herumblödeln, Dummheiten machen, herumkaspern, kalbern, → scherzen
albern 1. kindisch, närrisch, läppisch, einfältig, affig, hanswurstig, kälbern, kälberig, überdreht, → dumm 2. → unwichtig
Albernheit 1. Alberei, Gealbere, Herumgealbere, Herumalbern, Geblödel, Blödelei, Kinderei, Firlefanz, Quatsch, Kalberei, Kälberei, Eselei 2. Naivität, Blödigkeit, Dämlichkeit, → Dummheit 3. Blödsinn, Plattheit, Gemeinplatz, → Unsinn
Albtraum (*auch:* Alptraum) Angsttraum, Albdruck, Albdrücken, schwerer Traum, schlechter Traum, Traumbild, Alb, Nachtmahr
Album Sammelbuch, Sammelband, Gedenkbuch, Bilderbuch, Stammbuch, Ehrenbuch, Goldenes Buch, Gästebuch, Poesiealbum, Fotoalbum, Briefmarkenalbum, Erinnerungsalbum
Alibi → Abwesenheit, → Beweis
Alimente Unterhaltszahlung, Unterhaltsgeld, Unterhaltsbeitrag, Unterhalt, Ziehgeld, Pflichtbeitrag
alkalisch basisch, laugenhaft
Alkohol 1. Äthanol, Ethanol, Äthylalkohol, Spiritus, Methanol, Methylalkohol, Weingeist 2. → Spirituosen
alkoholhaltig → alkoholisch
Alkoholika → Spirituosen
Alkoholiker → Trinker
alkoholisch alkoholartig, geistig, hochprozentig, berauschend
alkoholisiert → betrunken
Alkoholismus → Trunksucht
Alkoholkranker → Trinker
Alkoholsucht → Trunksucht
Alkoven Bettnische, Schlafraum
All → Weltall
alle jeder, ein jeder, jedweder, jedermann, jeglicher, alle Welt, allesamt, sämtlich, samt und sonders, wer auch immer, ausnahmslos, ohne Ausnahme, Mann für Mann, alle Mann, Mann und Maus, alle miteinander, Groß und Klein, Alt und Jung, Kind und Kegel, Hinz und Kunz, Krethi und Plethi, Plenum, Gesamtheit
Allee Baumallee, Baumstraße, Chaussee, Boulevard, Promenade, Prunkstraße, Prachtstraße, → Straße, → Anlage
Allegorie → Bild
allegorisch → bildlich
allein 1. mutterseelenallein, solo, allein auf weiter Flur, verlassen, abgelegen, entlegen, abseitig, unbewohnt, unbelebt, gottverlassen, wie ausgestorben, menschenleer, → einzeln, → einsam 2. für sich, gesondert, getrennt, unzusammenhängend, geschieden,

abgeschieden, separat, vereinzelt 3. ausschließlich, nur, bloß, lediglich, einzig und allein 4. von allein, von selbst, von sich aus, → selbstständig 5. → aber
allein stehend ohne Familie, ohne Anhang, ungebunden, unverheiratet, ehelos, unbeweibt, → ledig
Alleinherrschaft Absolutismus, Autokratie, Monarchie, → Gewaltherrschaft
Alleinherrscher Souverän, Absolutist, Autokrat, Monarch, → Gewaltherrscher
Alleinunterhalter → Conférencier
allenfalls → bestenfalls
allenthalben → überall
allerdings 1. freilich, gewiss, immerhin, jawohl, ja, zugegeben, zwar, sicherlich, jedenfalls 2. → aber
Allergie allergische Reaktion, Hypersensibilität, Überempfindlichkeit, → Ausschlag
allergisch hypersensibel, überempfindlich, empfindlich, sensibel, → anfällig
allerhand → allerlei, → ungeheuerlich
allerlei allerhand, mancherlei, manches, alles Mögliche, vielerlei, vieles, verschiedenerlei, Verschiedenes, bunt, vielfältig, dies und das
allerorten → überall
Allerweltsgeschmack → Durchschnittsgeschmack, → Mode
Allerweltskerl → Tausendsassa
Allerwertester → Gesäß
alles gesamt, ganz, samt und sonders, alles in allem, insgesamt, restlos, ausnahmslos, summarisch, total, vollständig, vollzählig, Ganzes, Gesamtes, Haus und Hof, Sack und Pack
allesamt → alle
allezeit → ewig, → immer
allgegenwärtig → göttlich
allgemein 1. gemein, allumfassend, umfassend, universell, universal, allseitig, allgemein gültig, allgemein verbindlich, generell, im Großen und Ganzen, durchweg, durchgängig, global, international, interdisziplinär 2. anerkannt, landläufig, gebräuchlich, üblich, vorherrschend, gemeiniglich, gemeinhin, alltäglich, → gewöhnlich
allgemein gültig → allgemein
allgemein verständlich → verständlich
Allgemeinbefinden → Gesundheitszustand
Allgemeinbesitz → Gemeineigentum
Allgemeinbildung → Bildung
Allgemeingeschmack → Durchschnittsgeschmack
Allgemeingültigkeit Vorschrift, Richtschnur, Regel, Gesetzmäßigkeit, Regelmäßigkeit, Standard, Norm
Allgemeingut → Gemeineigentum
Allgemeinheit → Öffentlichkeit
Allgemeinwohl → Gemeinwohl
allgewaltig → allmächtig
Allheilmittel Universalmittel, Allerweltsmittel, Patentmedizin, Patentrezept, → Arznei
Allianz → Bündnis
Alligator → Krokodil
Alliierter → Verbündeter
Allmacht Allgewalt, Omnipotenz, Machtvollkommenheit, Allwissenheit, → Macht
allmächtig allgewaltig, omnipotent, allvermögend, allwissend, übermenschlich, → göttlich, → mächtig
Allmächtiger → Gott
allmählich allgemach, mählich, schrittweise, stufenweise, sukzessive, nach und nach, Schritt für Schritt, Schritt um Schritt, peu à peu, stückweise, brockenweise, etappenweise, in Etappen, mit der Zeit, unmerklich, zögernd, schleppend, langsam
Allmende → Gemeineigentum
Allotria → Unsinn
allseitig → allgemein
Alltag 1. Werktag, Wochentag, Arbeitstag 2. Einerlei, ewiges Einerlei, Tretmühle, grauer Alltag, Regelmäßigkeit, → Gewohnheit
alltäglich → allgemein, → banal
Alltäglichkeit Gleichförmigkeit, Eintönigkeit, Einförmigkeit, Gleichmaß, Ereignislosigkeit, Öde, Monotonie, Langeweile
Alltagssprache → Umgangssprache
allumfassend → allgemein
Allüren → Gehabe, → Laune
allwissend → allmächtig, → göttlich
allzu sehr → übertrieben
Alm Alp, Alpe, Bergweide, Bergwiese, Almwiese
Almanach → Jahrbuch, → Kalender
Almhütte → Hütte
Almosen Gabe, milde Gabe, Armengeld, Gnadenbrot, Gnadengeschenk, → Spende
Alpe → Alm
Alpen → Gebirge
Alphabet Abc, Buchstaben, Buchstabenfolge
Alpinist → Bergsteiger
Alptraum (*auch:* Albtraum) Angsttraum, Albdruck, Albdrücken, schwerer Traum, schlechter Traum, Traumbild, Alb, Nachtmahr
als 1. nachdem, wie, wenn, wo, da unterdessen, → während 2. als ob, wie wenn, etwa wie, sozusagen, nahezu, geradeso, → gleichsam 3. in der Eigenschaft als, in Gestalt von, in Form von

als ob → gewissermaßen
alsbaldig → sofortig
alsdann → hinterher
also folglich, infolgedessen, demzufolge, demnach, demgemäß, dementsprechend, ergo, daher, darum, mithin, somit, danach, nach Adam Riese, → deshalb
alt 1. bejahrt, betagt, hochbetagt, hoch an Jahren, in die Jahre gekommen, in vorgerücktem Alter, in gesegnetem Alter, uralt, steinalt, nicht mehr jung, ergraut, grau, grauhaarig, meliert, weißhaarig, weiß, schlohweiß, verblüht, abgeblüht, welk, abgelebt, verkalkt, greis, → greisenhaft 2. klapprig, baufällig, vorsintflutlich, oll, verbraucht, abgegriffen, ausgedient, morsch, verschlissen, → abgenutzt 3. gebraucht, getragen, nicht mehr neu, aus zweiter Hand, second hand, → antiquarisch 4. althergebracht, herkömmlich, überkommen, archaisch, altehrwürdig, konventionell, → gewohnt 5. → antik 6. → altbacken
altangesessen → ansässig
Altar Opfertisch, Gottestisch, Gnadentisch, Tisch des Herrn, Hochaltar, Mittelaltar, Hauptaltar, Frontaltar, Nebenaltar, Seitenaltar, Flügelaltar, Schnitzaltar, Hausaltar
Altardiener → Messdiener
altbacken 1. alt, vertrocknet, trocken, hart, nicht frisch 2. → altmodisch
Alte → Greisin
altehrwürdig → alt, erhaben
alteingesessen → angestammt, → ansässig
Alteisen → Schrott
Alteisenverwertung → Schrottplatz
Altenwohnheim → Altersheim
Alter 1. Lebensalter, Bejahrtheit, Betagtheit, Lebensabend, Lebensneige, Herbst des Lebens, hohe Jahre, Greisenalter, Greisentum, → Greisenhaftigkeit 2. → Greis
alterieren, sich → aufregen, sich
altern alt werden, alt und grau werden, ergrauen, in die Jahre kommen, welken, verfallen, vergreisen, verkalken, verknöchern
alternativ → wahlweise
Alternative → Entscheidung
Alternativer → Aussteiger
alternieren → wechseln
alternierend → abwechselnd
Altersheim Altenwohnheim, Altenheim, Seniorenheim, Pflegeheim
Altersklasse → Jahrgang
Altersrente → Rente
altersschwach → greisenhaft
Altersschwäche → Greisenhaftigkeit
Altersstufe → Generation, → Jahrgang
Altersversorgung → Rente
altertümlich → altmodisch
Altes Testament → Bibel
altgedient → bewährt
Altgedienter → Veteran
althergebracht → alt, → gewohnt
altjüngferlich → jüngferlich
altklug frühklug, unkindlich, frühreif, vorlaut, neunmalklug, vorwitzig, naseweis, lausbübisch
Altmaterial → Abfall
altmodisch 1. aus der Mode, unmodern, altväterisch, verstaubt, angestaubt, antiquiert, altertümlich, altbacken, veraltet, gestrig, archaisch, abgelebt, obsolet, vorsintflutlich, steinzeitlich, von anno dazumal, unzeitgemäß, überlebt, überholt, überkommen, nicht mehr aktuell, alt → konservativ, → rückschrittlich 2. → antik
Altpapier → Abfall
Altruismus → Selbstlosigkeit
altruistisch → selbstlos
Altstadt → Stadtmitte
altväterisch → altmodisch
Altvorderen → Vorfahr(en)
Altweibersommer → Herbst
Alufolie → Folie
Amateur → Laie, → Liebhaber, → Sportler
Ambition → Ehrgeiz
ambitioniert → ehrgeizig
ambivalent → zweideutig
Ambivalenz → Zweideutigkeit
ambrosisch → göttlich
ambulant → beweglich
Ambulanz → Krankenhaus, → Krankenwagen
Ambulanzwagen → Krankenwagen
Ammann → Bürgermeister
Amme Nährmutter, → Erzieherin
Ammenmärchen → Lüge
Amnesie → Gedächtnisverlust
Amnestie → Begnadigung, Freispruch, Generalpardon, Strafaufschub, Straferlass, Strafnachlass, Strafermäßigung, → Gnade
amnestieren → begnadigen
Amok laufen → durchdrehen
Amoklauf → Raserei
Amokläufer → Rasender
Amoralität → Unkeuschheit
Amortisation → Tilgung
amortisieren → abschreiben, → tilgen
amortisieren, sich → rentieren, sich
Amphitheater → Freilichttheater
Amphore → Kanne
Ampulle → Flasche
Amputation Abnahme, Abtrennung, Absetzung, Resektion, → Operation

amputieren abnehmen, abtrennen, absetzen, resezieren, operativ entfernen, → operieren
Amt 1. Funktion, Arbeitsgebiet, Fach, Posten, Dienst, Charge, Aufgabe, Arbeit 2. Dienststelle, Behörde, Ministerium, Magistrat, Verwaltung, Organ 3. → Gottesdienst
amtieren → fungieren
amtierend → jetzig
amtlich amtshalber, von Amts wegen, offiziell, halbamtlich, offiziös, dienstlich, behördlich, administrativ, ex officio, ex professo, → gesetzlich, → beglaubigt
Amtsdeutsch → Kanzleistil
Amtsenthebung → Absetzung, → Beurlaubung
Amtsgeheimnis → Geheimnis
Amtsgewalt → Befehlsgewalt
Amtsniederlegung → Abdankung
Amtsperson → Beamter
Amtsrichter → Richter
Amtsschimmel → Bürokratie
Amtsstil → Kanzleistil
Amtsstube → Büro
Amtstracht → Ornat
Amtsträger → Beamter
Amtsweg → Dienstweg
Amulett → Glücksbringer
amüsant → unterhaltsam, → lustig
Amüsement → Belustigung
amüsieren → belustigen
amüsieren, sich → vergnügen, sich
an 1. bei, dabei, neben, daneben, nahebei, dicht, dicht bei dicht, Seite an Seite, Kopf an Kopf 2. angeschaltet, in Betrieb
analog → ähnlich, → sinngemäß
Analogie → Ähnlichkeit
Analogieschluss → Folgerung
Analyse 1. Zerlegung, Zergliederung, Scheidung, Elektrolyse, Teilung, Auflösung 2. → Untersuchung
analysieren 1. zerlegen, zergliedern, scheiden, absondern, teilen, auflösen 2. → untersuchen
analytisch zerlegend, zergliedernd, auflösend
Anämie Blutarmut, Bleichsucht
anämisch blutarm, bleichsüchtig
Anamnese → Krankengeschichte
Anarchie Chaos, → Gesetzlosigkeit
anarchisch chaotisch, → gesetzlos
Anarchismus → Gesetzlosigkeit
Anarchist → Terrorist
Anästhesie → Betäubung
anatomisch → körperlich
anbahnen 1. einleiten, in die Wege leiten, vorbereiten, einfädeln, anknüpfen, → planen 2. → anmachen
anbahnen, sich → abzeichnen, sich
Anbahnung → Entstehung
anbändeln → anmachen
Anbau 1. Nebengebäude, Seitenbau, Neubau 2. → Ackerbau
anbauen 1. zubauen, dazubauen, erweitern 2. bebauen, pflanzen, → ackern
anbefehlen → anvertrauen
Anbeginn → Anfang
anbei → beiliegend
anbelangen → betreffen
anberaumen → festsetzen, → planen
anbeten huldigen, lobpreisen, anhimmeln, vergöttern, verehren, umschwärmen, schwärmen für, anschmachten, → bewundern, → beten
Anbetracht, in → hinsichtlich
anbetteln → betteln
anbiedern, sich sich heranmachen, sich anschmeicheln, sich lieb Kind machen, herumscharwenzeln, in den Hintern kriechen, arschkriechen, → einschmeicheln, sich
anbieten 1. hinhalten, darreichen, darbieten, kredenzen, reichen, aufwarten mit, bescheren, → aufdrängen 2. antragen, offerieren, andienen, sich anerbieten, sich anheischig machen, unterbreiten, → vorschlagen 3. Angebot machen, feilbieten, feilhalten, ausbieten, ausschreiben, zu verkaufen suchen, ausstellen, auf den Markt bringen, auf den Markt werfen, Reklame machen, Propaganda machen
anbieten, sich → erbieten, sich, → bieten, sich, → prostituieren, sich
anbinden festbinden, vertäuen, zusammenbinden, anknüpfen, anleinen, an die Leine legen, anketten, → fesseln, → befestigen
Anblick → Aussehen, → Bild
anblicken → anschauen
anbraten anbräunen, bräunen, anrösten, anschwitzen, → braten
anbrechen aufreißen, anreißen, öffnen, antasten, anschneiden, aufschneiden, anstechen, anzapfen, aufschrauben, anfangen
anbrennen → anzünden, → versengen
anbringen → befestigen, → äußern
Anbruch → Anfang
Andacht 1. Versunkenheit, Ergriffenheit, Inbrunst, Erhebung, Erbauung, Ernst, → Aufmerksamkeit 2. → Gottesdienst
andächtig andachtsvoll, versunken, hingebungsvoll, inbrünstig, ergriffen, ernst, feierlich, → fromm, → aufmerksam
andachtsvoll → andächtig
andauern dauern, fortdauern, fortwähren, währen, fortbestehen, anhalten, bestehen,

bestehen bleiben, bleiben, sich hinziehen, sich ziehen, → weiter bestehen
andauernd dauernd, fortwährend, fortgesetzt, fortlaufend, laufend, anhaltend, beständig, ständig, beharrlich, unaufhörlich, unausgesetzt, ununterbrochen, unverwandt, unablässig, pausenlos, endlos, kontinuierlich, konstant, permanent, stetig, → immer
Andenken 1. Erinnerungsstück, Reliquie, Reiseandenken, Souvenir 2. → Erinnerung
andererseits → aber
ändern abändern, umändern, verändern, umarbeiten, umgestalten, reformieren, modifizieren, abwandeln, modulieren, wandeln, → verwandeln, verbessern
ändern, sich → verändern, sich
andernfalls → ansonsten, → oder
anderorts → anderswo
anders → verschieden, → fremd
andersartig → verschieden
Andersartigkeit → Verschiedenheit
anderswo anderweitig, anderwärts, anderorts, woanders, → abwesend
Änderung Abänderung, Veränderung, Umgestaltung, Modifizierung, Reform, Abwandlung, Modulation, Umwandlung, → Verbesserung
anderweitig → abwesend, → anderswo
andeuten 1. Andeutungen machen, in Andeutungen reden, in Rätseln sprechen, durch die Blume sagen, anspielen auf, anklingen lassen, durchblicken lassen, zu verstehen geben, jemandem etwas bedeuten 2. → äußern 3. → hindeuten auf
andeutend → andeutungsweise
Andeutung Bemerkung, Anhaltspunkt, Anspielung, Doppelsinn, → Hinweis
andeutungsweise andeutend, in Andeutungen, anspielend, zwischen den Zeilen, verblümt, indirekt, versteckt
Andrang → Zustrom
andrehen → anschalten, → betrügen
androhen ankündigen, in Aussicht stellen, → drohen
Androhung → Drohung
anecken → anstoßen, → stoßen, sich
aneignen, sich 1. an sich nehmen, an sich bringen, an sich reißen, einstecken, entwenden, annektieren, in Besitz nehmen, Besitz ergreifen von, sich einer Sache bemächtigen, habhaft werden, nehmen, erwerben, kaufen, sich verschaffen, → stehlen 2. → lernen
aneinander → zusammen
aneinander geraten → kämpfen, → streiten
aneinander reihen → aufreihen
Anekdote → Erzählung
anekeln angeekelt sein, Ekel erregen, ekeln, abstoßen, anwidern, missfallen, widerstehen, zuwider sein
anempfehlen → anvertrauen, → raten
Anerbieten → Angebot
anerbieten, sich → erbieten, sich
anerkannt 1. erprobt, gebilligt, gewürdigt, gebräuchlich, vertraut, zugestanden, gültig, landläufig, marktläufig, eingeführt, bekannt, im Umlauf, gang und gäbe, → allgemein 2. → angesehen
anerkennen 1. Anerkennung zukommen lassen, Beifall zollen, gelten lassen, würdigen, billigen, zustimmen, beipflichten, bestätigen 2. → achten 3. → loben 4. → beglaubigen
anerkennenswert → bemerkenswert
Anerkennung 1. Beifall, Anklang, Beliebtheit, Wertschätzung, Würdigung, Billigung, Zustimmung, Bestätigung 2. → Achtung 3. → Lob 4. → Beglaubigung 5. → Dank
anfachen → anzünden, → anregen
anfahren 1. starten, sich in Bewegung setzen, anlaufen, anziehen, anrucken, anrollen, in Gang bringen 2. → schimpfen 3. → liefern 4. → überfahren
Anfahrt → Hinweg
Anfahrtsweg → Hinweg
Anfall 1. Kollaps, Attacke, Herzanfall, Herzinfarkt, Insult, Insultation, Paroxysmus, Schlaganfall, → Gehirnschlag, → Krampf 2. Anwandlung, Koller, Rappel, Raptus, Ausbruch, Wutausbruch, Wutanfall, Zornausbruch, Zornesausbruch, Jähzornsanfall, Tobsuchtsanfall, cholerischer Anfall, → Raserei
anfallen 1. sich ergeben, sich zeigen, → entstehen 2. → angreifen
anfällig nicht widerstandsfähig, nicht abgehärtet, schwach, schwächlich, labil, ohne Abwehrkräfte, nicht immun, allergisch, wetterfühlig, → empfindlich
Anfälligkeit Schwächlichkeit, Labilität, Wetterfühligkeit, → Empfindlichkeit
Anfang 1. Beginn, Anbeginn, Anbruch, Ausbruch, Auftakt, Antritt, Eintritt, Einstand, Eröffnung, Ouvertüre, Debüt, Start, Startschuss, Anpfiff 2. Entstehung, Ursprung, Aufkommen, Quelle, Geburt, Wiege, Gründung, Begründung
anfangen 1. beginnen, anheben, ansetzen, einsetzen, angehen, anlaufen, losgehen, anbrechen, seinen Anfang nehmen, in Gang kommen, sich entspinnen 2. in die Wege leiten, in Angriff nehmen, in Gang setzen, den Anfang machen, anpacken, etwas angehen, anspinnen, starten, loslegen, sich daranma-

chen, darangehen, eröffnen, aufmachen, gründen, begründen, ins Rollen bringen, sich anschicken, initiieren 3. entspringen, seinen Ursprung nehmen, ausgehen von, → entstehen 4. → bewerkstelligen

Anfänger Neuling, Debütant, Novize, Youngster, Grünschnabel, Greenhorn, → Abc-Schütze

anfangs anfänglich, am Anfang, zu Beginn, zuerst, zunächst, eingangs, einleitend, zuvor, zuvorderst, als Erstes

anfassen → berühren, → zugreifen

anfechtbar → strittig, fragwürdig, unerwiesen, unbegründet, zweifelhaft, unbestimmt, unsicher, unhaltbar, fehlerhaft

anfechten infrage stellen, angehen gegen, bezweifeln, bestreiten, Einspruch erheben

Anfechtung → Versuchung, → Einspruch

anfeinden befehden, bekämpfen, beleidigen, sticheln, beschimpfen, angiften, → hassen, → angreifen

Anfeindung → Angriff, → Feindschaft

anfertigen fertigen, verfertigen, ausfertigen, ausarbeiten, ausführen, errichten, basteln, kneten, modellieren, modeln, schmieden, schnitzen, machen, schaffen, → herstellen

anfeuchten → befeuchten

anfeuern → begeistern, → anregen

anflehen → beschwören, → bitten

Anflug → Nuance

anfordern ordern, kommen lassen, bestellen

Anforderung → Beanspruchung, → Bestellung

Anfrage → Frage, → Antrag

anfragen nachfragen, sondieren, nachsuchen, anklopfen, antippen, → fragen

anfreunden, sich → befreunden, sich, → gewöhnen, sich

anfügen 1. ansetzen, anflicken, anreihen, angliedern, anstückeln, anhängen, dranhängen, ergänzen 2. → bemerken

anführen 1. hinters Licht führen, an der Nase herumführen, nasführen, narren, anschmieren, ausschmieren, drankriegen, foppen, zum Besten haben, verkohlen, veräppeln, vergackeiern, verarschen, jemandem einen Bären aufbinden, in den April schicken, → täuschen 2. → erwähnen 3. → führen

Anführer Führer, Rädelsführer, Häuptling, Hauptmann, Bandenführer, Oberhaupt, Kopf, Wortführer, Boss, King, Chef

Anführung → Führung, → Erwähnung

anfüllen → füllen

Angabe 1. Angeberei, Prahlerei, Geprahle, Aufschneiderei, Wichtigtuerei, Effekthascherei, Schaumschlägerei, Großsprecherei, Großspurigkeit, Protzerei, Protzentum, Renommisterei, Aufgeblasenheit, Hochstapelei, Übertreibung 2. → Anzeige 3. → Bezeichnung

angängig → zulässig

angeben 1. prahlen, aufschneiden, sich großtun, sich wichtig tun, sich aufspielen, sich brüsten, sich in die Brust werfen, protzen, sich spreizen, sich dicktun, das Maul aufreißen, Sprüche klopfen, bramarbasieren, sich aufblasen, sich aufplustern, den Mund voll nehmen, hochstapeln, übertreiben 2. → anzeigen

Angeber 1. Aufschneider, Prahler, Prahlhans, Großsprecher, Großmaul, Großschnauze, Maulheld, Wortheld, Schaumschläger, Eisenfresser, Gernegroß, Möchtegern, Blender, Großkotz, Snob, Protz, Renommist, Bramarbas, Windbeutel, Lügenbaron, Münchhausen, Hochstapler, → Betrüger, → Rechthaber 2. → Verräter

angeberisch prahlerisch, prahlsüchtig, aufschneiderisch, wichtigtuerisch, renommiersüchtig, großsprecherisch, großtuerisch, großkotzig, großspurig, breitspurig, protzig, dünkelhaft

angeblich vorgeblich, so genannt, quasi, wie man behauptet, scheinbar, → anscheinend

angeboren ererbt, erblich, eingeboren, angestammt, von Geburt her, im Blute, mit der Muttermilch eingesogen, von Haus aus, durch Anlage, durch Erbanlage, kongenital

Angebot 1. Anerbieten, Antrag, Erbieten, Offerte, Aufforderung 2. Gebot, Kostenplan, Kostenvoranschlag, Ausschreibung, Anzeige, Inserat, Annonce, → Vorschlag 3. → Sortiment 4. → Sonderangebot

Angebotsliste → Katalog

angebracht → angemessen

angebracht sein → gehören, sich

Angedenken → Erinnerung

angegriffen → elend, → krank

angehaucht → tendenziös

angeheitert → betrunken

angehen → anfangen, → betreffen, → bekämpfen, → bitten, → hereinfallen

angehören → gehören

Angehöriger → Mitglied, → Verwandter

Angeklagter Beschuldigter, Verklagter, Beklagter, Delinquent, → Verbrecher

angekratzt → beschädigt, → krank

Angel 1. Türangel, Haken, Beschläge, Scharnier, Gelenk, → Achse 2. Angelrute, Rute

Angelegenheit Sache, Fall, Belange, Kasus, Affäre, Schose, Punkt, Frage, Geschichte, Umstand, → Ereignis

angelegentlich → ausführlich

angeln fischen, Fische fangen

Angelpunkt → Hauptsache, → Achse
angemessen 1. angebracht, entsprechend, gebührend, gebührlich, geeignet, geziemend, ziemlich, gehörig, passend, schicklich, schuldig, tunlich, füglich, zukommend, zustehend, recht und billig, gemäß, adäquat, → genug 2. → einschlägig
angemessen sein → gehören, sich
angenehm → bequem, → wohltuend
angenommen → hypothetisch, → imaginär
angepasst → spießbürgerlich
Angepasster → Opportunist
Anger → Wiese
angereichert → konzentriert
angeschlagen → beschädigt, → krank
angesehen geachtet, geschätzt, hoch geschätzt, schätzbar, achtbar, ehrbar, ehrenwert, geehrt, verehrt, verdient, respektiert, respektabel, wohlgelitten, renommiert, einen guten Namen haben, einen guten Ruf haben, gut angeschrieben sein, → anerkannt, → beliebt, → berühmt
angesessen → ansässig
Angesicht → Gesicht
angesichts 1. in Anbetracht, im Angesicht, mit Bedacht auf, im Hinblick auf, in Ansehung, → wegen 2. → gegenüber
angespannt → aufmerksam, → hektisch
angestammt 1. ansässig, bodenständig, eingesessen, alteingesessen, 2. → angeboren
angestaubt → staubig, → altmodisch
angestellt bedienstet, in Diensten, bestallt, beamtet
Angestellter → Arbeitnehmer
angetrunken → betrunken
angewidert → überdrüssig
angewiesen → abhängig
angewiesen sein → brauchen
Angewohnheit → Gewohnheit, → Marotte
angiften → anfeinden
Angina Halsentzündung, Halsweh, Halsschmerzen, Mandelentzündung, Tonsillitis
Angina pectoris Herzbeklemmung, Herzangst, Herzbräune, Herzenge, Brustbräune, Stenokardie, → Herzinfarkt
angleichen → anpassen
Angleichung → Anpassung, → Ausgleich
angliedern → anfügen, → einverleiben
Angliederung → Einverleibung
angreifen 1. anfallen, jemanden angehen, attackieren, vorgehen gegen, losgehen, losschlagen, dreinschlagen, dreinhauen, einschlagen auf, sich hermachen über, auf den Leib rücken, überfallen, herfallen über, packen, sich stürzen auf, anrennen gegen, überrennen, überrumpeln, einen Angriff unternehmen, zum Angriff übergehen, beschießen, bombardieren 2. anfeinden, bezichtigen, beschimpfen, begeifern, diskreditieren, herabsetzen, herabwürdigen, entehren, bekämpfen, hetzen, lästern, kränken, peinigen, verletzen, in die Enge treiben, in den Rücken fallen 3. in die Offensive gehen, offensiv werden, den Kampf aufnehmen, auf ein Ziel losgehen, etwas angehen, etwas anpacken, den Stier bei den Hörnern packen, deutlich werden 4. → zugreifen
Angreifer Aggressor, Eroberer, Intervent, → Feind
angrenzen grenzen an, anliegen, anstoßen, anschließen, anrainen, berühren, heranreichen an
angrenzend anliegend, anstoßend, benachbart, dabei, daneben, nebenan, berührend, → nahe
Angriff 1. Attacke, Sturmangriff, Sturm, Ansturm, Anlauf, Anprall, Offensive, Überfall, Einfall, Überrumpelung, Vorstoß 2. Aggression, Beleidigung, Kränkung, Verletzung, Herabsetzung, Anfeindung, → Feindseligkeit
angriffsbereit → gerüstet
Angriffslust Aggressivität, Streitlust, Streitbarkeit, Streitsucht, Zanksucht, Händelsucht, Kollisionskurs, Eroberungsdurst, Eroberungssucht
angriffslustig aggressiv, offensiv, streitsüchtig, streitbar, zanksüchtig, eroberungslustig, gewalttätig, → herausfordernd
Angst 1. Furcht, Bangen, Bangigkeit, Angstgefühl, Beklemmung, Beklommenheit, Grauen, Grausen, Entsetzen, Lähmung, Schrecken, Panik, Horror, Albdruck, Schiss, Bammel, Heidenangst 2. Befürchtung, Besorgnis, Sorge, Unruhe, Verzagtheit, Kleinmut, Scheu, Hemmungen, Phobie
Angst machen → einschüchtern
Angsthase → Feigling
ängstigen verängstigen, beängstigen, Angst einjagen, Furcht einjagen, in Angst versetzen, Angst einflößen, Bange machen, verschüchtern, → einschüchtern
ängstigen, sich → fürchten, sich
ängstlich furchtsam, schreckhaft, angstvoll, angsterfüllt, bang, bänglich, beklommen, befangen, verängstigt, verschüchtert, → schüchtern, → misstrauisch, → feige
Ängstlichkeit Furchtsamkeit, Bänglichkeit, Kleinmütigkeit, Kleingläubigkeit, Zaghaftigkeit, → Feigheit
angstvoll → ängstlich
anhaben → tragen

anhaften → innewohnen
anhalten 1. stoppen, abstoppen, Halt machen, halten, stehen bleiben, zum Stillstand kommen, abbremsen, → bremsen 2. → aufhalten 3. → dauern 4. → mahnen
anhalten um → umwerben
anhaltend → andauernd
Anhaltspunkt 1. Beleg, Basis, Anknüpfungspunkt, Ausgangspunkt, Wink, Zeichen, Anzeichen, Andeutung, Hinweis, → Vermutung 2. → Gedächtnisstütze
Anhang 1. Zusatz, Beilage, Annex, Adnex, Appendix, Ergänzung, Anfügung 2. → Familie 3. → Gefolgschaft
anhängen → anfügen, → aufdrängen, → belasten
Anhänger 1. Fan, Verehrer, Groupie, Schlachtenbummler, Bewunderer, Jünger, Begleiter, Schatten, Mitläufer, Nachläufer, Nachbeter, Trabant, Satellit, Vasall, Höriger, Werkzeug, Marionette, Strohpuppe 2. Gefolgsmann, Gewährsmann, Parteigänger, Parteigenosse, Sympathisant, Mitglied, Mitverschworener, Mitkämpfer, Mitstreiter, Kombattant, Gefährte, Kamerad, Getreuer, → Freund
Anhängerschaft → Gefolgschaft
anhängig → schwebend
anhänglich → treu
anhauen, sich → stoßen, sich
anhäufen → ansammeln
Anhäufung → Ansammlung
anheben 1. hochheben, heben, anlupfen, anlüpfen, aufheben 2. → aufbessern 3. → steigern 4. → anfangen
Anhebung → Aufbesserung
anheim fallen → zufallen
anheim geben → überlassen, → anvertrauen
anheim stellen → überlassen
anheimelnd → gemütlich
anheischig machen, sich → erbieten, sich
anherrschen → zurechtweisen
anheuern heuern, anwerben, anmustern, anstellen
anhimmeln → anbeten, → lieben
Anhöhe → Berg
anhören 1. Gehör schenken, sein Gehör leihen, sein Ohr leihen, sein Ohr neigen, zuhören, → hören 2. → verhören
anhören, sich → klingen
Anhörung → Verhör
animalisch → triebhaft
Animateur Betreuer, Reisebegleiter, Unterhalter
animieren → anregen
ankämpfen → bekämpfen
Ankauf → Kauf
ankaufen → abnehmen, → kaufen
Ankäufer → Händler
ankern Anker werfen, vor Anker gehen, vor Anker liegen, anlegen, festmachen
Ankerplatz → Hafen
anketten → anbinden
Anklage 1. Klage, Beschuldigung, Anschuldigung, Bezichtigung, Strafanzeige, Strafantrag 2. Anklagerede, Tirade, Scheltrede, Schimpfrede, Anprangerung
anklagen anschuldigen, bezichtigen, beschuldigen, klagen gegen, verklagen, → anzeigen
Ankläger → Staatsanwalt
Anklagevertreter → Staatsanwalt
Anklang → Anerkennung, → Gefallen
ankleben → befestigen
ankleiden → anziehen
Ankleideraum → Umkleideraum
anklingeln → anrufen
anklingen → ertönen, → ähneln
anklingen lassen → andeuten
anklopfen → anfragen, → besuchen
anknüpfen 1. überleiten, Verbindung aufnehmen, Verbindung herstellen, den Faden wieder aufnehmen, Beziehung aufnehmen, Kontakt herstellen, anschließen, fortsetzen 2. → anbahnen 3. → anbinden
Anknüpfungspunkt → Anhaltspunkt
ankommen kommen, eintreffen, sich einfinden, anlangen, angelangen, landen, einlaufen, vorfahren, anrücken, erscheinen, nahen, sich nähern, im Anzug sein
Ankömmling → Gast
ankratzen → beschädigen
ankreiden → verübeln
ankreuzen → anstreichen
ankündigen ankünden, ansagen, anmelden, signalisieren, avisieren, in Aussicht stellen, anzeigen, kundtun, → bekannt geben
ankündigen, sich → abzeichnen, sich
Ankündigung Anmeldung, Anzeige, Voranzeige, Avis, Ausruf, Ansage, → Bekanntgabe
Ankunft 1. Kommen, Eintreffen, Anreise, Einlaufen, Landung, Arrival, → Rückkehr 2. → Ziel
ankurbeln → anlassen, → aktivieren
ankuscheln, sich → schmiegen, sich
anlächeln → zulächeln
Anlage 1. Anordnung, Einrichtung, Apparat, Apparatur, Betrieb, Fabrik, Anstalt, Werk 2. Erbanlage, Art, Charakter, Neigung, Disposition, Talent, Begabung 3. Grünanlage, Grünfläche, Anpflanzung, Allee, Garten, Gartenanlage, Stadtpark, Stadtgarten, Kur-

garten, Park, Parkanlage, Rasen, Rasenplatz 4. Geldanlage, Einlage, Kapital, Investition 5. → Beilage

anlangen → ankommen, → berühren, → betreffen

Anlass 1. Veranlassung, Anstoß, Ursache, Motiv, Grund 2. → Gelegenheit

anlassen starten, anwerfen, ankurbeln, anmachen, Zündung betätigen, zünden, in Betrieb setzen, in Gang setzen

anlässlich aus Anlass, veranlasst durch, bedingt durch, dank, gemäß, infolge, kraft, laut, vermöge, aufgrund von, gelegentlich, bei Gelegenheit, → wegen

anlasten → belasten, → verübeln

Anlauf → Angriff, → Schwung

anlaufen 1. Anlauf nehmen, Schwung holen, loslaufen 2. → anfahren 3. → anfangen 4. → beschlagen

anlegen 1. investieren, festlegen, platzieren, ausgeben, aufwenden 2. → anziehen 3. → ankern 4. → abzielen 5. → zielen 6. → anordnen

anlegen, sich → streiten

anlehnen lehnen gegen, lehnen an, anstellen, stellen gegen, stellen an, anlegen

anlehnen, sich 1. sich zurücklehnen, sich lehnen gegen, sich lehnen an, → auflehnen, sich 2. sich stützen auf, sich richten nach, sich halten an, zum Vorbild nehmen, sich beziehen auf, sich orientieren an, → nacheifern 3. → schmiegen, sich

anlehnungsbedürftig liebebedürftig, anschmiegsam, Schutz suchend, → hilflos

Anleihe → Darlehen, → Wertpapier

anleiten Anleitung geben, einweisen, anweisen, unterweisen, einführen, anlernen, einarbeiten, an die Hand nehmen, → lehren

Anleitung 1. Gebrauchsanleitung, Gebrauchsanweisung, Bedienungsvorschrift, Benutzungsvorschrift, Beipackzettel, → Ratgeber 2. Einweisung, Anweisung, Unterweisung, Einführung, Unterricht, → Erziehung

anlernen → anleiten

anliefern → liefern

anliegen 1. eng anliegen, sich anschmiegen, umfließen, umschmeicheln 2. anstehen, an der Reihe sein 3. → angrenzen

Anliegen → Wunsch, → Bitte

anliegend 1. eng anliegend, gut sitzend, passend, wie angegossen, → eng 2. → benachbart 3. → beiliegend

Anlieger Anwohner, Anrainer, Einwohner, Bewohner, → Nachbar

anlocken → anziehen, → locken

anlügen → lügen

anlupfen → anheben

Anmache Zudringlichkeit, Aufdringlichkeit, Annäherungsversuch, Belästigung

anmachen 1. ein Gespräch anknüpfen, ein Gespräch anbahnen, anbändeln mit, schäkern, tändeln, flirten, sich jemanden anlachen, sich jemanden angeln, aufreißen 2. → anschalten 3. → ansetzen, → zubereiten 4. → reizen

anmahnen → mahnen

Anmahnung → Mahnung

anmalen → anstreichen

anmarschieren → kommen

anmaßen, sich sich erlauben, sich herausnehmen, sich unterstehen, sich erdreisten, sich vermessen, sich erkühnen, sich erfrechen, sich ein Urteil anmaßen, sich zum Richter aufwerfen, sich unbefugt aneignen, unberechtigt in Anspruch nehmen, sich nicht entblöden, es wagen

anmaßend vermessen, unbescheiden, dünkelhaft, dreist, → frech, → überheblich

Anmaßung Vermessenheit, Unbescheidenheit, Dünkel, Dreistigkeit, → Frechheit, → Überheblichkeit

anmelden → ankündigen

anmelden, sich sich einschreiben, sich eintragen, sich immatrikulieren

Anmeldung 1. Einschreibung, Eintragung, Immatrikulation, Meldung, Teilnahmeerklärung 2. → Ankündigung 3. → Vorzimmer

anmerken → äußern

Anmerkung 1. Fußnote, Vermerk, Notiz, Glosse, Randglosse, Randbemerkung, Randvermerk, Randbescheid, Marginale, Marginalie 2. → Äußerung 3. → Bemerkung

anmustern → anheuern

Anmut → Charme

anmuten → aussehen, → scheinen

anmutig → charmant, → hübsch

annähern, sich → näher kommen, sich

annähernd → ähnlich, → fast, → ungefähr

Annäherung → Anpassung, → Kontakt

Annäherungsversuch → Aufdringlichkeit

Annahme 1. Hypothese, Fiktion, Theorie, Unterstellung, Behauptung → Vermutung 2. Entgegennahme, Empfang, Erhalt, Aufnahme

Annalen → Chronik, → Jahrbuch

annehmbar akzeptabel, zusagend, zufrieden stellend, passabel, leidlich, erträglich, auskömmlich, brauchbar

annehmen 1. entgegennehmen, hinnehmen, übernehmen, aufnehmen, empfangen, in Empfang nehmen, → nehmen 2. akzeptieren, anerkennen, billigen, → zulassen 3. zu Grunde legen, ausgehen von, voraussetzen, unterstellen, vorgeben, für gewiss annehmen 4. → vermuten 5. → adoptieren

Annehmlichkeit → Bequemlichkeit
annektieren → einverleiben
Annexion → Okkupation, → Einverleibung
Annonce → Anzeige
annoncieren eine Annonce aufgeben, eine Anzeige aufgeben, inserieren, ein Inserat aufgeben, → werben
annullieren stornieren, streichen, tilgen, für ungültig erklären, für null und nichtig erklären, abschaffen, aufheben, ungeschehen machen, rückgängig machen, widerrufen, zurücknehmen, → abbestellen
anöden → langweilen
Anomalie → Abartigkeit
anonym → geheim, → namenlos
Anorak → Jacke
anordnen 1. verordnen, erlassen, anweisen, anschaffen, bestimmen, verfügen, veranlassen, dekretieren, vorschreiben, Vorschrift erlassen, Verfügungen treffen, reglementieren, administrieren, → befehlen, → auftragen 2. zusammenstellen, zusammensetzen, gruppieren, ordnen, arrangieren, anlegen, aufstellen, aufbauen, komponieren, disponieren, einteilen, → gliedern
Anordnung 1. Anweisung, Weisung, Direktive, Bestimmung, Verfügung, Auflage, Ausführungsbestimmung, Erlass, Dekret, Vorschrift, Order, Geheiß, Gebot, → Befehl, → Auftrag 2. Zusammenstellung, Gruppierung, Arrangement, Aufstellung, Komposition, Disposition, Plan, Bauplan, Anlage, Ordnung, → Gliederung
anpacken → anfangen, → angreifen
anpassen angleichen, abstimmen, harmonisieren, in Einklang bringen, annähern, nivellieren, uniformieren, gleichmachen, gleichschalten
anpassen, sich 1. sich assimilieren, sich akklimatisieren, → sich gewöhnen 2. sich einfügen, sich einordnen, → unterordnen, sich 3. verbürgerlichen, verspießern, sich arrangieren, sich etablieren, mit dem Strom schwimmen, das Fähnchen nach dem Wind hängen, das Mäntelchen nach dem Wind drehen, mit den Wölfen heulen
Anpassung 1. Angleichung, Abstimmung, Annäherung, Harmonisierung, Assimilation, Assimilierung, Akklimatisierung, Akklimatisation, → Gewöhnung 2. Verbürgerlichung, Spießertum, Opportunismus, Eingliederung, → Unterordnung
anpassungsfähig → flexibel
anpeilen → anstreben
anpflanzen → pflanzen
Anpflanzung → Anlage, → Baumschule
anpirschen, sich → anschleichen, sich
anprangern an den Pranger stellen, geißeln, brandmarken, verfemen, verpönen, tadeln, → kritisieren, → ächten
Anprangerung → Anklage
anpreisen → empfehlen, → werben
Anpreisung → Werbung
anrainen → angrenzen
Anrainer → Anlieger
anraten → raten
anrechnen 1. hoch anrechnen, zugute halten 2. gutschreiben, gutbringen, berücksichtigen, verrechnen, aufrechnen, berechnen, bewerten
Anrechnung → Berücksichtigung
Anrecht → Anspruch
Anrede Titulierung, Betitelung, → Titel, → Name
anreden 1. titulieren, betiteln, benennen, bezeichnen als 2. → ansprechen
anregen 1. anreizen, animieren, anspornen, einen Ansporn geben, anstoßen, inspirieren, beflügeln, initiieren, stimulieren, aufputschen, aufpeitschen, innervieren, dopen, aufpulvern, antörnen, anturnen, Auftrieb geben, anfachen, anfeuern, anstacheln, antreiben, anreizen, aufmuntern, aufrütteln, → aktivieren, → beleben, → begeistern 2. → vorschlagen
anregend 1. belebend, erfrischend, stimulierend, aufputschend, aufpeitschend, → erregend 2. ergötzlich, interessant, reizvoll, charmant, unterhaltsam, → geistreich
Anregung 1. Anstoß, Denkanstoß, Anreiz, Impuls, Antrieb, Ermunterung, Idee, Initiative, → Reiz 2. → Vorschlag
Anregungsmittel Aufputschmittel, Reizmittel, Stimulans, Analeptikum, Psychotonikum, Weckamin, Amphetamin, Exzitans, Aphrodisiakum, Liebestrank, Liebeselixier, Dopingmittel, → Rauschgift
anreichern bereichern, reicher machen, auffüllen, optimieren, steigern, erhöhen
Anreise → Ankunft
anreißen → ansprechen, → anbrechen
Anreiz Antrieb, Auftrieb, Ansporn, Anstoß, → Anregung, → Reiz
anrempeln → anstoßen
Anrichte Büffet, Kredenz, Geschirrschrank, Küchenschrank, Arbeitstisch, Serviertisch, Theke
anrichten → anstellen, → zubereiten
anrüchig verrufen, verschrien, anstößig, anstandswidrig, übel beleumundet, in üblem Ruf stehen, von zweifelhaftem Ruf, fragwürdig, dubios, zweifelhaft, → berüchtigt, → obszön
anrücken → ankommen, → kommen
Anruf → Telefongespräch, → Appell

anrufen 1. anläuten, anklingeln, antelefonieren, zurückrufen, → telefonieren 2. → appellieren

anrühren 1. zusammenrühren, mixen, einrühren, verquirlen 2. → berühren 3. → ansprechen 4. → betreffen

Ansage Moderation, Ankündigung, Bekanntgabe, Verlesung, Durchsage, Meldung, → Mitteilung

ansagen moderieren, ankündigen, bekannt geben, verlesen, durchsagen, verbreiten, melden, → mitteilen

Ansager → Conferencier, → Moderator

ansammeln anhäufen, aufhäufen, zusammentragen, zusammenscharen, akkumulieren, kumulieren, agglomerieren, aggregieren, → aufbewahren, → sammeln

ansammeln, sich zusammenkommen, sich summieren, sich anhäufen, sich anstauen, sich stauen, sich zusammenscharen, sich zusammenrotten, sich sammeln, → versammeln, sich

Ansammlung Anhäufung, Aufhäufung, Zusammenballung, Auflauf, Menschenauflauf, Menschenansammlung, Volksauflauf, Straßenauflauf, Zusammenrottung, Aufmarsch, Gedränge, Getümmel, → Aufruhr

ansässig ortsansässig, wohnhaft, beheimatet, heimisch, hiesig, von hier, eingesessen, alteingesessen, angesessen, altangesessen, einheimisch, eingeboren, ortsfest, sesshaft, → bodenständig, → angestammt

Ansässiger Ortsansässiger, Hiesiger, Einheimischer, → Einwohner, → Eingeborener

Ansatzpunkt → Grundlage

ansatzweise → rudimentär

anschaffen → kaufen, → anordnen

Anschaffung → Kauf

anschalten einschalten, anmachen, anstellen, einstellen, andrehen, aufdrehen, anknipsen, in Betrieb nehmen, in Gang setzen, → anlassen

anschauen 1. ansehen, anblicken, blicken auf, betrachten, beschauen, beäugen, begucken, angucken, bekieken, schauen, hinsehen, hinschauen, fixieren, nicht aus den Augen lassen, anpeilen, anstarren, anstieren, anglotzen, glotzen, gaffen, begaffen, → sehen 2. beobachten, besichtigen, besehen, mustern, prüfen, in Augenschein nehmen, studieren, den Blick heften auf, ins Auge fassen

anschaulich 1. verständlich, allgemein verständlich, veranschaulichend, einleuchtend, begreiflich, durchsichtig, sinnfällig, augenfällig, fasslich, greifbar, plastisch, ersichtlich, überzeugend, schlagend, klar, zwingend, einprägsam, plastisch, prägnant, drastisch, deutlich, → ausdrucksvoll 2. wirklichkeitsnah, lebensnah, lebensecht, praxisnah, konkret, gegenständlich, bildhaft, bilderreich, illustrativ, farbig, bunt, lebendig, lebhaft, frisch, → bildlich

Anschaulichkeit 1. Verständlichkeit, Allgemeinverständlichkeit, Deutlichkeit, Sinnfälligkeit, Augenfälligkeit, Einprägsamkeit, Prägnanz 2. Wirklichkeitsnähe, Lebensnähe, Praxisnähe, Bildhaftigkeit, Gegenständlichkeit

Anschauung → Gesinnung, → Meinung

Anschein Aussehen, Ausdruck, Erscheinungsbild, Augenschein, → Schein

anscheinend dem Anschein nach, allem Anschein nach, wie es scheint, angeblich, augenscheinlich, offenbar, offenkundig, möglicherweise, vielleicht, sicherlich, vermutlich, offensichtlich, → wahrscheinlich, → scheinbar

anschicken, sich → anfangen

anschirren → anspannen

Anschlag 1. Aushang, Affiche, Plakat, Bekanntmachung 2. Attentat, Mordanschlag, Fememord, Meuchelmord, Mord, Dolchstoß, Bluttat, Sprengstoffanschlag, Bombenanschlag, Überfall, Handstreich, Staatsstreich, Umsturz, Putsch

anschlagen → anstimmen, → beschädigen, → veranschlagen, → wirken, → zielen

Anschlagsäule Plakatsäule, Litfaßsäule

Anschlagtafel Anschlagbrett, schwarzes Brett, Pinnwand

anschleichen, sich beschleichen, sich anpirschen, sich heranstehlen, sich heranmachen, schleichen

anschließen 1. aufgreifen, aufnehmen, den Faden aufnehmen, anknüpfen, folgen lassen, hinzufügen 2. → angrenzen

anschließen, sich 1. beitreten, sich beigesellen, sich zugesellen, sich gesellen zu, sich einreihen, sich anhängen, begleiten, → folgen 2. → zustimmen

anschließend im Anschluss, im Folgenden, nachfolgend, von jetzt an, hinterher, hiernach, danach, → später

Anschluss 1. Beitritt, Eintritt, Aufnahme, Einreihung, Annäherung, → Kontakt 2. Anschlusszug, Verkehrsverbindung, Verbindung

anschmachten → anbeten

anschmiegen, sich → anliegen, → schmiegen, sich

anschmiegsam 1. anlehnungsbedürftig, hingebungsvoll, → zärtlich, → weich 2. zutraulich, → zahm
anschneiden → ansprechen, → anbrechen
Anschnitt → Brotanschnitt
anschreiben 1. Kredit geben, auf Kredit geben, auf Pump geben, ankreiden, → leihen 2. sich schriftlich wenden an, schriftlich herantreten an, → schreiben
Anschrift → Adresse, → Wohnsitz
anschuldigen → beschuldigen
Anschuldigung → Beschuldigung
anschüren → anzünden, → schüren
anschwärzen → verleumden
anschwellen 1. schwellen, verdicken, dick werden, üppig werden, aufquellen, quellen, auftreiben, aufschwemmen, wuchern, → zunehmen 2. ansteigen, über die Ufer treten 3. anwachsen, auffrischen, aufbrisen
ansehen → anschauen
Ansehen 1. Prestige, Ruf, Renommee, Reputation, Leumund, Image, Geltung, Gewicht, Bedeutung, Format, Profil, Einfluss, Autorität, → Macht, → Ruhm 2. → Aussehen
ansehnlich 1. beträchtlich, beachtlich, erheblich, respektabel, erklecklich, bemerkenswert, bedeutend, bedeutsam, enorm, reichlich, ziemlich, → groß 2. → stattlich
ansetzen 1. Anstalten treffen, einen Anlauf nehmen, sich anschicken, → anfangen 2. anberaumen, auf den Plan setzen, festsetzen, vorsehen, → planen 3. einlegen, aufgießen, anmachen 4. → veranschlagen 5. → zunehmen 6. → anfügen
Ansicht → Meinung, → Bild
ansichtig werden → erblicken
Ansichtskarte → Karte
Ansiedlung → Dorf, → Siedlung
Ansinnen → Wunsch
Ansitz → Hochstand
ansonsten sonst, andernfalls, widrigenfalls, gegebenenfalls, → oder, → außerdem
anspannen anschirren, einschirren, einspannen, vorspannen, vor den Wagen spannen, einjochen
anspannen, sich → konzentrieren, sich → anstrengen, sich
Anspannung → Aufmerksamkeit, → Anstrengung
anspielen auf → andeuten
Anspielung Andeutung, Anzüglichkeit, Spitze, Stichelei, Seitenhieb, Hieb, → Spott
Ansporn → Anreiz
anspornen → anregen
Ansprache → Rede
ansprechbar → aufgeschlossen
ansprechen 1. anreden, anhauen, anquasseln, anquatschen, anmachen, zur Rede stellen, sich vorknöpfen 2. anreißen, anschneiden, ein Thema berühren, anrühren, streifen, zu sprechen kommen auf, die Rede bringen auf, aufbringen, aufwerfen 3. → bitten 4. → gefallen 5. → reagieren
ansprechend → hübsch, → interessant
anspringen auf → reagieren
Anspruch 1. Anrecht, Recht, Berechtigung, Befugnis, Anwartschaft, Gewohnheitsrecht, Fug und Recht, Recht und Billigkeit 2. Anforderung, Forderung, Mindestanforderung 3. Ansprüche, Lebensstandard, Lebensanspruch, → Wunsch
anspruchslos bedürfnislos, genügsam, sparsam, → bescheiden
Anspruchslosigkeit Genügsamkeit, Sparsamkeit, → Bescheidenheit
anspruchsvoll 1. verwöhnt, wählerisch, heikel, unbescheiden, anmaßend, versnobt, prätentiös, elitär, preziös, geziert, stilisiert 2. verfeinert, luxuriös, raffiniert, geschmackvoll, von gutem Geschmack, von erlesenem Geschmack, kennerhaft
anstacheln → anregen
Anstalt → Institut, → Gefängnis
Anstand → Benehmen, → Hochstand
anständig 1. hochanständig, wohlanständig, wohlerzogen, schicklich, gebührend, züchtig, sittsam, gesittet, tugendhaft, unbescholten, manierlich, → brav 2. fair, lauter, ritterlich, solide, ehrenhaft, honorig, honett, rechtschaffen, edel, loyal, redlich, sauber, → ehrlich 3. → gehörig
Anständigkeit Fairness, Fairplay, Sportsgeist, Lauterkeit, Ritterlichkeit, Ehrenhaftigkeit, Loyalität, Rechtschaffenheit, Redlichkeit, Sauberkeit, → Ehrlichkeit
Anstandsdame → Begleiter
anstandslos bereitwillig, gern, mit Vergnügen, ohne weiteres, ohne Bedenken, bedenkenlos, ohne Umschweife, ungeprüft, unbesehen, selbstverständlich, selbstredend, kritiklos, kurzerhand, natürlich, blanko, → sofort
anstarren → anschauen
anstatt statt, anstelle, an der Stelle von, stellvertretend, für, dafür, als Ersatz für, ersatzweise, in Ermangelung von, pro loco
anstauen → aufstauen
anstauen, sich → ansammeln, sich
anstaunen → bewundern
anstecken 1. infizieren, erkranken, krank werden, sich etwas holen, sich etwas einfangen 2. → befestigen 3. → anzünden
anstecken, sich sich etwas einhandeln, sich etwas zuziehen, → erkranken

ansteckend übertragbar, infektiös, krankheitserregend, virulent, epidemisch
Anstecknadel → Abzeichen, → Brosche
Ansteckung Übertragung, Krankheitsübertragung, Infektion, Infizierung, Ansteckungsgefahr, → Seuche
anstehen 1. anliegen, an der Reihe sein, unerledigt sein, sich verzögern, sich hinziehen, dauern 2. Schlange stehen, sich anstellen, warten 3. → gehören, sich
ansteigen 1. aufsteigen, emporsteigen, sich heben, sich erheben 2. → steigen 3. → anschwellen
anstelle (*auch:* an Stelle) → anstatt
anstellen 1. etwas anrichten, bewerkstelligen 2. engagieren, verpflichten, in Arbeit nehmen, in Dienst nehmen, in Dienst stellen, beschäftigen, einstellen 3. → anschalten 4. → anlehnen
anstellen, sich → verhalten, sich, → zieren, sich
anstellig → gelehrig
Anstellung → Arbeit, → Beruf
Anstieg → Aufstieg, → Zunahme
anstiften verleiten, antreiben, anzetteln, aufbringen, aufwiegeln, aufhetzen, verhetzen, fanatisieren, aufstacheln, schüren, → verführen
Anstifter Aufwiegler, Antreiber, Unruhestifter, Aufhetzer, Hetzer, Demagoge, Volksverführer, Verführer, Agitator, Rädelsführer
anstimmen anschlagen, einstimmen, intonieren, → singen
Anstoß 1. Ärgernis, Ablehnung, Bemäkelung, Missbilligung, Tadel, → Kritik 2. Ursache, Anlass, Veranlassung, Grund, Motiv, Triebfeder, Beweggrund, Anreiz,→ Anregung
anstoßen 1. Anstoß erregen, Missfallen erregen, Unwillen hervorrufen, Ärgernis geben, anecken, ins Fettnäpfchen treten, auf den Schlips treten, kränken, → verletzen 2. zuprosten, zutrinken, die Gläser erklingen lassen 3. anrempeln, stoßen, zusammenstoßen, anschlagen, rammen, prellen gegen, prallen gegen, anprallen, ramponieren, → beschädigen 4. → angrenzen 5. → anregen
anstoßen, sich → stoßen, sich
anstößig → obszön
Anstößigkeit → Obszönität
anstrahlen → beleuchten, → zulächeln
anstreben erstreben, streben nach, zustreben, trachten nach, zu erreichen suchen, aus sein auf, anpeilen, anvisieren, dürsten nach, schmachten nach, haschen nach, → wollen
anstreichen 1. streichen, bemalen, übermalen, anmalen, bepinseln, beschmieren, lackieren, tünchen, beizen, färben, tönen 2. anzeichnen, ankreuzen, abhaken, anhaken, einkringeln, umkringeln, unterschlängeln, sich anmerken, kennzeichnen, markieren
anstrengen → ermüden
anstrengen, sich 1. sich bemühen, sich Mühe geben, keine Mühe scheuen, sich befleißigen, sich engagieren, sich einsetzen, sich anspannen, sein Bestes tun, Kraft aufbieten, sich etwas abverlangen, sich fordern, sich ins Zeug legen, sich dahinter klemmen, sich dahinter knien, nichts unversucht lassen, sich etwas angelegen sein lassen, alles aufbieten 2. sich abmühen, schuften, sich erschöpfen, sich verausgaben, sich schinden, sich aufreiben, sich quälen, → abarbeiten, sich
anstrengend ermüdend, erschöpfend, aufreibend, kräftezehrend, strapaziös, beschwerlich, schwer, → mühsam
Anstrengung 1. Anspannung, Bemühen, Bemühung, Engagement, Bestreben, Bestrebung, Einsatz, Aktivität, Aufwendung, Kraftaufwand, Arbeitsaufwand 2. Mühe, Mühsal, Mühseligkeit, Beschwerlichkeit, Strapaze, Schinderei, Schufterei, Knochenarbeit, Plackerei, Quälerei, Kampf, Strapaze, Stress, Belastung, Arbeit, Mordsarbeit, Überlastung, Überanstrengung
Anstrich → Farbe
anstückeln → anfügen
Ansturm → Angriff, → Zustrom
ansuchen → bewerben, sich
Ansuchen → Bitte, → Antrag
antagonistisch → gegensätzlich
Anteil 1. Gewinnanteil, Gewinnausschüttung, Ausschüttung, Dividende, Aktie, Anteilschein, Kupon, Zinsschein, → Abschnitt 2. Quote, Ration, Portion, Kontingent, Claim, Dosis, Beitrag, Part, Stück, → Teil 3. → Beteiligung
Anteil nehmend → interessiert
anteilig anteilsmäßig, prozentual
Anteilnahme → Interesse, → Mitleid
antelefonieren → anrufen
Anthologie → Auswahl
antiautoritär → liberal
Antibabybille Pille, Empfängnisverhütungsmittel
antidemokratisch → faschistisch
antik 1. alt, altertümlich, aus alter Zeit, altmodisch 2. klassisch, griechisch, römisch
Antikörper Abwehrstoff, Immunstoff
Antinomie → Gegensätzlichkeit
Antipathie → Abneigung
antippen → anfragen, → berühren
antiquarisch gebraucht, getragen, vom Trödel, aus zweiter Hand, second hand

antiquiert → altmodisch
Antithese → Gegenteil
antithetisch → gegensätzlich
antizipieren → vorwegnehmen
Antlitz → Gesicht
antörnen → anregen
Antrag → Gesuch, Ansuchen, Anfrage, Gegenantrag, Eingabe, Bewerbung, Heiratsantrag, Bittgesuch, Bittschrift, Bittschreiben, Bettelbrief, Petition, Vorlage, → Angebot
antragen → anbieten
Antragsteller Gesuchsteller, Bittgänger, Bittsteller, Petent, → Bewerber
antrauen → verheiraten
antreffen vorfinden, erreichen, begegnen, → finden
antreiben vorwärts treiben, drängen, in Bewegung bringen, in Schwung bringen, Beine machen, ermuntern, einheizen, → anregen, → anstiften
antreten 1. sich aufstellen, Aufstellung nehmen, zum Appell erscheinen 2.→ stellen, sich
Antrieb → Anregung, → Motor
Antriebsschwäche → Willensschwäche
Antritt → Anfang
antrocknen → trocknen
antun → zufügen
antun, sich etwas → umbringen, sich
anturnen → anregen
Antwort 1. Erwiderung, Entgegnung, Beantwortung, Bescheid, Auskunft, Gegenantwort, Gegenrede, Einrede, Replik, Retourkutsche, Quittung, → Reaktion, → Widerspruch 2. Rückantwort, Antwortschreiben 3. → Lösung
antworten erwidern, entgegnen, versetzen, beantworten, Bescheid geben, bescheiden, Auskunft geben, bestätigen, zusagen, absagen, entgegenhalten, dagegenhalten, entgegensetzen, Rede und Antwort stehen, Kontra geben, kontern, aufbegehren, zurückgeben, einwerfen, widerlegen, → einwenden, → reagieren.
Antwortschreiben → Antwort, → Schreiben
Anus → After
anvertrauen 1. übertragen, übergeben, überlassen, aushändigen, zu treuen Händen übergeben, in Verwahr geben, in Obhut geben, in die Hände legen, empfehlen, anempfehlen, anheim geben, anbefehlen, → abgeben 2. zuflüstern, einflüstern, zutragen, jemanden einweihen, ins Bild setzen, offenbaren, eröffnen
anvertrauen, sich sich offenbaren, sich öffnen, seine Karten auf den Tisch legen, sich eröffnen, sich entdecken, sein Herz ausschütten, beichten, sich mitteilen, sich aussprechen
anvisieren → zielen, → anstreben
anwachsen 1. festwachsen, einwachsen, anwurzeln, Wurzeln fassen 2. → zunehmen
Anwalt → Rechtsanwalt, → Fürsprecher
Anwaltskanzlei → Kanzlei
anwandeln → übermannen
Anwandlung → Laune, → Gefühlsäußerung, → Jähzorn
anwanzen, sich → heranmachen, sich
Anwärter Kandidat, Aspirant, Assessor, → Bewerber
Anwartschaft → Anspruch
anweisen 1. überweisen, zuweisen, überschreiben 2. → anleiten 3. → anordnen
Anweisung 1. Überweisung, Zuweisung 2. → Anleitung 3. → Anordnung
anwenden 1. verwenden, gebrauchen, brauchen, benutzen, benützen, nutzen, nützen, verwerten, nießbrauchen, nießnutzen, sich einer Sache bedienen, Gebrauch machen von, einsetzen, zum Einsatz bringen 2. handhaben, bedienen, betreiben, hantieren, verwerten
Anwendung 1. Verwendung, Gebrauch, Benutzung, Benützung, Nutzung, Indienstnahme, Nießbrauch, Nießnutz, Einsatz, Applikation 2. Handhabung, Bedienung, Verfahren
anwerben → anheuern
Anwesen Gut, Hof, Gehöft, Gutshof, Landsitz, Herrenhof, Rittergut, Domäne, Stammgut, Besitztum, Besitzung, → Bauernhof
anwesend zugegen, da, hier, gegenwärtig, präsent, vorhanden, existent, bei uns, am Platze, zur Hand, greifbar, → konkret
Anwesenheit 1. Zugegensein, Gegenwart, Präsenz, Vorhandensein, Existenz, Beisein, Dabeisein 2. Teilnahme, Beteiligung, Mitwirkung
anwidern → ekeln
Anwohner → Anlieger
Anzahl → Menge
Anzahlung Angeld, Abschlag, Abschlagszahlung, Einzahlung, Aufgeld, Handgeld, Vorauszahlung
Anzeichen Vorzeichen, Vorbote, Symptom, Syndrom, Erscheinung, Anhaltspunkt, Zeichen
anzeichnen → anstreichen
Anzeige 1. Zeitungsanzeige, Annonce, Inserat, Angebot, Ausschreibung, Bekanntmachung, Ankündigung 2. Strafanzeige, Angabe, Meldung, Denunziation 3. Anzeigetafel, Display

anzeigen 1. Anzeige erstatten, zur Anzeige bringen, melden, Meldung machen, angeben, denunzieren, verpetzen, verpfeifen, → verraten, → anklagen 2. ankündigen, annoncieren, inserieren, bekannt geben 3. → zeigen
Anzeiger Blatt, Organ, Wochenblatt, Extrablatt, → Journal
anzetteln → anstiften
anziehen 1. ankleiden, kleiden, bekleiden, anlegen, überziehen, überwerfen, in die Kleider fahren, sich in die Kleider werfen, → aufsetzen, → tragen 2. anschleppen, anschieben, abschleppen, ins Schlepptau nehmen 3. anlocken, verlocken, locken, gefangen nehmen, fesseln 4. → festziehen 5. → aufschlagen 6. → beschleunigen
anziehend 1. attraktiv, fesselnd, interessant, begehrenswert, bezaubernd, bestrickend, berückend, einnehmend, verlockend, sexy, unwiderstehlich, appetitlich, gewinnend, → sympathisch, → charmant 2. magnetisch, hygroskopisch
Anziehung 1. Zuneigung, Hinneigung, → Sympathie 2. Attraktion, Anziehungspunkt, Glanznummer, Glanzpunkt, Zugstück, Zugnummer, Galanummer, Sensationsnummer, Sensation, Kassenmagnet, Magnet, Schlager, Reißer, Knüller 3. → Reiz
Anziehungskraft 1. Attraktivität, Zugkraft, Zauber, Bann, Charme, Anreiz, → Reiz 2. Magnetismus, Gravitation, Schwerkraft, Erdanziehung, Sog, Adhäsion, Kohäsion, Hygroskopizität
Anziehungspunkt Blickfang, Köder, Sensation, → Anziehung
Anzug Kombination, Dress, Smoking, Kluft, Montur, Monteuranzug, blauer Anton, Arbeitsanzug, Schutzanzug, Overall, → Trikot, → Kleidung
anzüglich → spöttisch
Anzüglichkeit → Anspielung, → Spott
anzünden entzünden, anstecken, in Brand setzen, in Brand stecken, anbrennen, entfachen, anfachen, anschüren, Feuer legen, den roten Hahn aufs Dach setzen
anzweifeln → zweifeln
Aorta → Ader
apart 1. besonders, eigen, eigenartig, erlesen, reizvoll, reizend, originell, → geschmackvoll 2. → einzeln
Apartheid → Diskriminierung
Apartment → Wohnung
Apathie → Teilnahmslosigkeit
apathisch → teilnahmslos
Aperitif → Spirituosen
Apfelbutzen → Kernhaus
Apfelsine → Orange
Aphorismus → Sprichwort
aphoristisch → knapp
Aphrodisiakum → Anregungsmittel
apodiktisch → bestimmt
Apokalypse → Offenbarung
Apologie → Verteidigung
Aporie → Unlösbarkeit
apostolisch → päpstlich
Apotheker → Pharmazeut
Apparat → Gerät, → Automat, → Fotoapparat
Apparatur → Anlage
Appell 1. Weckruf, Parole, Antreten, Befehlsempfang, Besichtigung, Stubenappell, Fahnenappell 2. Anruf, Aufruf, Proklamation, Gewissensappell, Aufforderung, Geheiß, Ruf, Mahnung, Mahnruf, Ermahnung, Ermunterung
appellieren anrufen, aufrufen, proklamieren, auffordern, mahnen, ermahnen, ermuntern, sich wenden an, zusetzen, zureden, zur Vernunft bringen, → erinnern
Appetit 1. Esslust, Esssucht, → Hunger 2. → Gelüste
appetitlich 1. appetitanregend, aromatisch, delikat, fein, köstlich, lecker, pikant, schmackhaft, wohlschmeckend, würzig 2. → anziehend
applaudieren → klatschen
Applaus → Beifall
Applikation → Anwendung
Approbation → Genehmigung
apropos → übrigens
Äquivalent → Ersatz
Ära → Zeitraum
Arbeit 1. Schaffen, Wirken, Arbeitstätigkeit, Tätigkeit, Tun, Tat, Arbeitsleistung, Dienstleistung, Leistung, Verrichtung, Unternehmen, Besorgung 2. Anstrengung, Last, Belastung, Mühe, Mühsal, Fron, Fronarbeit, Maloche, Schufterei, Schinderei, Plackerei, Knochenarbeit 3. Hausarbeit, Heimarbeit, Halbtagsarbeit, Teilzeitarbeit, Akkordarbeit, Fabrikarbeit, Lohnarbeit, Schwarzarbeit, Kopfarbeit, Facharbeit 4. Anstellung, Stelle, Stellung, Arbeitsstelle, Beschäftigung, Arbeitsplatz, Arbeitsverhältnis, Job, Beruf, Dienst, Amt, Posten, Position, Broterwerb, Erwerb, Nebenerwerb, Erwerbsmöglichkeit, Existenz, → Lebensunterhalt 5. schriftliche Arbeit, Referat, Hausarbeit, Klassenarbeit, Diplomarbeit, Zulassungsarbeit, Dissertation, Doktorarbeit, Habilitation 6. → Arbeitsgebiet 7. → Werk
arbeiten 1. erwerbstätig sein, ein Amt ausüben, einen Beruf ausüben, etwas betreiben, umtreiben, einer Beschäftigung nachgehen,

in Dienst stehen, in Lohn stehen, angestellt sein 2. tätig sein, sich betätigen, sich beschäftigen mit, sich befassen mit, sich abgeben mit, sich rühren, wirken, schaffen, fleißig sein, produzieren, leisten, vollbringen, verrichten, erledigen, erfüllen, verwirklichen, bewerkstelligen, besorgen, anfangen, angreifen, anpacken, beginnen, ausführen, durchführen 3. schuften, malochen, rackern, asten, ackern 4. handarbeiten, hantieren, tüfteln, werkeln, sich zu schaffen machen, herumwirtschaften, → basteln 5. → funktionieren

arbeitend → erwerbstätig

Arbeiter 1. Lohnempfänger, Lohnarbeiter, Tagelöhner, Landarbeiter, Werktätiger, Fabrikarbeiter, Industriearbeiter, Schwerarbeiter, Facharbeiter, Hilfsarbeiter, Leiharbeiter, Saisonarbeiter 2. Proletarier

Arbeiterklasse → Proletariat

Arbeiterschaft → Arbeitnehmer

Arbeitgeber → Dienstherr, Brotherr, Lohnherr, Brötchengeber, Ernährer, Herr, Vorgesetzter, Leiter, Chef, Boss, Direktor, Generaldirektor, Betriebsleiter, → Unternehmer

Arbeitnehmer 1. Angestellter, Mitarbeiter, Arbeitskraft, Untergebener, Betriebsangehöriger, Beschäftigter, Bediensteter, → Beamter, → Arbeiter 2. Belegschaft, Personal, Betrieb, Angestellte, Arbeiterschaft, Arbeiterstand, Mitarbeiterstab, Tarifpartner, Sozialpartner, Berufsstand

arbeitsam → fleißig

Arbeitsanzug → Anzug

Arbeitsaufwand → Anstrengung

Arbeitsbereich → Beruf, → Arbeitsgebiet

Arbeitseifer Arbeitsfreude, Arbeitslust, Arbeitswut, Arbeitswille, Tatenlust, Tatendurst, Tatendrang, Schaffenslust, → Eifer

Arbeitsgebiet Arbeitsbereich, Arbeitsfeld, Tätigkeitsbereich, Sachbereich, Sachgebiet, Fach, Aufgabenbereich, Referat, Wirkungsbereich, Wirkungskreis, Arbeit, Amt

Arbeitsgemeinschaft → Arbeitsgruppe

Arbeitsgruppe Arbeitsgemeinschaft, Team, Arbeitskreis, Kreis, Zirkel, Fachgruppe, Projektgruppe, Workshop

Arbeitskampf → Streik

Arbeitskollege → Kollege

Arbeitskraft → Arbeitnehmer, → Leistungsfähigkeit

Arbeitskreis → Arbeitsgruppe

Arbeitslohn → Lohn

arbeitslos erwerbslos, beschäftigungslos, stellungslos, unbeschäftigt, nicht beschäftigt, nicht erwerbstätig, ohne Arbeit, ohne Erwerb, ohne Arbeitsplatz, ohne Anstellung, brotlos, auf der Straße stehend, freigestellt, → gekündigt

Arbeitslosenversicherung → Sozialversicherung

Arbeitsloser Erwerbsloser, Beschäftigungsloser, Stellungsloser, Stellung(s)suchender, Sozialhilfeempfänger

Arbeitsmarktlage → Beschäftigungslage

Arbeitsniederlegung → Streik

Arbeitsplatz → Arbeit

arbeitsscheu → faul

Arbeitsstelle → Arbeit

Arbeitstisch → Anrichte, → Schreibtisch

arbeitsunfähig dienstunfähig, dienstuntauglich, untauglich, → krank, → invalide

Arbeitsunfähigkeit → Invalidität

Arbeitsverhältnis → Arbeit

Arbeitsweise → Methode

Arbeitswut → Arbeitseifer

Arbeitszeit Dienstzeit, Schicht, Gleitzeit, Arbeitsdauer

Architekt Baumeister, Erbauer

Architektur Baukunst, Bauwesen

Archiv Ablage, Urkundensammlung, Dokumentensammlung, Datenbank, Bildarchiv, Tonarchiv, Rundfunkarchiv, Filmarchiv, Cinemathek, Bücherei, → Bibliothek

archivieren → ablegen, → verbuchen

Areal → Gebiet, → Grundstück

Arena 1. Kampfbahn, Aschenbahn, Wettkampfstätte, Turnierplatz, Stadion, Sportstadion, Sportfeld, Sportplatz, Spielfeld, Feld, Fußballplatz, Tennisplatz, Centrecourt, → Rennbahn 2. Manege, Zirkusrund, Schauplatz, Korso, Reitbahn, Pferderennbahn, Trabrennbahn, Hippodrom, Rennplatz

arg → sehr, → schlimm

Ärger 1. Grimm, Groll, Verdruss, Missmut, Missbehagen, Missfallen, Verstimmung, Zorn, → Wut, → Unzufriedenheit 2. → Unannehmlichkeit

ärgerlich 1. verärgert, verstimmt, erbost, böse, erbittert, verbittert, gereizt, geladen, ungehalten, unwirsch, aufgebracht, entrüstet, empört, sauer, säuerlich, nicht erbaut, unmutig, grollend, schmollend, verdrossen, → wütend, → ungeduldig 2. → unangenehm

ärgern 1. verärgern, aufbringen, Ärger bereiten, Verdruss bereiten, erbosen, erzürnen, fuchsen, wurmen, stinken, aufregen, erregen, erbittern, wütend machen, rasend machen, in Harnisch bringen, zur Weißglut bringen 2. → schikanieren 3. → necken

ärgern, sich ärgerlich sein, sich giften, sich alterieren, sich fuchsen, zu viel kriegen, → wütend sein, → aufregen, sich

Ärgernis → Ereignis, → Unannehmlichkeit
Arglist Böswilligkeit, Bösartigkeit, Bosheit, böse Absicht, Falschheit, Unaufrichtigkeit, Schliche, Intrige, Ränke, Kabale, List, Tücke, Hinterlist, Hinterfotzigkeit, Heimtücke, Hinterhältigkeit, → Verrat
arglistig böswillig, übel wollend, bösartig, falsch, unaufrichtig, ränkevoll, intrigant, heimtückisch, hinterlistig, hinterfotzig, listig, verlogen, lügnerisch, tückisch, scheinheilig, hinterhältig
arglos leichtgläubig, einfältig, schlicht, simpel, harmlos, dumm, naiv, offen, treuherzig, nichts ahnend, gutgläubig, in gutem Glauben, vertrauensselig, unschuldig, blauäugig, zutraulich, sorglos, getrost, ohne Arg, ohne Argwohn, → kritiklos
Arglosigkeit Leichtgläubigkeit, Einfältigkeit, Einfalt, Schlichtheit, Harmlosigkeit, Dummheit, Naivität, Kinderglaube, Treuherzigkeit, Gutgläubigkeit, Gläubigkeit, Vertrauensseligkeit, Blauäugigkeit, Bedenkenlosigkeit, → Kritiklosigkeit
Argument Gesichtspunkt, Nachweis, Erklärung, Beweisgrund, → Begründung
Argumentation → Begründung
argumentieren → begründen
Argwohn Befürchtung, Ahnung, Vermutung, Eifersucht, Zweifel, Bedenken, Sorge, Verdacht, → Misstrauen
argwöhnen → befürchten, ahnen, vermuten, annehmen, sich einbilden, meinen, mutmaßen, wähnen, zweifeln, Bedenken tragen, Besorgnis hegen, beargwöhnen, argwöhnisch sein, Lunte riechen, den Braten riechen, Wind bekommen, verdächtigen, Verdacht hegen, → misstrauen, → glauben
argwöhnisch skeptisch, kritisch, ungläubig, stutzig, achtsam, vorsichtig, → misstrauisch, → ängstlich
Aristokratie → Adel
aristokratisch → adlig, → herrschaftlich
arkadisch → idyllisch
arm 1. mittellos, unbemittelt, minderbemittelt, vermögenslos, unvermögend, ohne Einkommen, einkommensschwach, finanzschwach, besitzlos, brotlos, bettelarm, arm wie eine Kirchenmaus, bedürftig, hilfsbedürftig, Not leidend, in Not, verarmt, verelendet, ruiniert, → bankrott 2. ärmlich, armselig, kärglich, schäbig, dürftig, kläglich, kümmerlich, elend, heruntergekommen, zerlumpt, lumpig, abgerissen, → bedauernswert
Arm 1. Seitenarm, Abzweigung, Abbiegung, Ausläufer 2. Ärmel
Armee → Aufgebot, → Militär, → Heer
Armenpflege → Fürsorge
Armer Mittelloser, Notleidender, Bedürftiger, Habenichts, armer Schlucker, Bettler, → Landstreicher
armieren bewehren, verstärken
ärmlich → arm, → armselig
armselig ärmlich, dürftig, kümmerlich, erbärmlich, elend, kärglich, karg, → arm
Armut Mittellosigkeit, Besitzlosigkeit, Geldmangel, Geldnot, Mangel, Elend, Verelendung, Verarmung, Bedürftigkeit, Dürftigkeit, Knappheit, Kargheit, Spärlichkeit, → Not, → Bankrott
Armutszeugnis → Blöße
Aroma Blume, Bukett, Duft, Wohlgeschmack, Wohlgeruch, Würze, → Geruch, → Geschmack
aromatisch würzig, blumig, duftig, duftend, wohlriechend, wohlduftend, → appetitlich
aromatisieren → würzen
Arrangement → Anordnung, → Komposition, → Veranstaltung
arrangieren 1. einrichten, disponieren, abmachen, deichseln, vorbereiten, einfädeln, in die Wege leiten 2. → anordnen
arrangieren, sich → anpassen, sich, → einigen, sich
Arrest 1. Hausarrest, Stubenarrest, Nachsitzen, Freiheitsentzug 2. Gewahrsam, → Haft
Arrestlokal → Gefängnis, → Zelle
arretieren → feststellen, → verhaften
Arrivierter → Emporkömmling
arrogant → überheblich
Arroganz → Überheblichkeit
Arsch → Gesäß
arschkriechen → anbiedern, sich
Arschkriecher → Schmeichler
Arschloch → Dummkopf
Arsenal → Lager
Art 1. Weise, Art und Weise, Modus, Modalität, Methode, Vorgehensweise, Manier, Verfahren, Technik, Weg 2. Beschaffenheit, Gepräge, Gefüge, Form, Ausformung, Erscheinungsform, Aufbau, Anordnung, Organisation, Wesen, Charakter, Aussehen, Gestalt, Gestaltung, Kontur, Marke 3. Sorte, Spezies, Kaliber, Geschlecht, Familie, Gattung, Genre, Kategorie, Klasse, Rasse, Stamm, Schlag, Menschenschlag, Couleur, Stil, Typus 4. Anlage, Eigenart, Wesensart, Denkart, Mentalität, Natur, Naturell, Temperament, Typ 5. → Benehmen
Artenschutz Tierschutz, Tierliebe
Arterhaltung → Fortpflanzung

Arterie → Ader
Arthritis → Rheuma
artifiziell → künstlich
artig → brav, → gehorsam
Artigkeit → Höflichkeit, → Schmeichelei
Artikel 1. Abhandlung, Aufsatz, Beitrag, Essay, Traktat, Studie, Untersuchung, Zusammenstellung, Miszellen, Vermischtes, Feuilleton, Elaborat, Niederschrift, Werk, → Zeitungsartikel 2. Kapitel, Abschnitt, Paragraf, → Absatz 3. Produkt, Ware, Warengattung, Präparat, Fabrikat, Erzeugnis
Artikulation → Aussprache
artikulieren → ausdrücken, → aussprechen
Artist 1. Akrobat, Zirkusakrobat, Zirkuskünstler, Varieteekünstler, Pantomime, Mimiker, Taschenspieler, Gaukler, Jahrmarktskünstler, Athlet, Schlangenmensch, → Clown, → Zauberer, → Künstler 2. Bodenakrobat, Kaskadeur, Geschicklichkeitskünstler, Jongleur, Messerwerfer, Seilkünstler, Seiltänzer, Hochseilakrobat, Trapezkünstler, Dompteur, Dresseur, Tierbändiger, Feuerschlucker, Feuerspucker, Fakir, Schwertschlucker, Todesfahrer, Steilwandfahrer, Kunstfahrer
artverwandt → ähnlich
Arznei 1. Arzneimittel, Medizin, Medikament, Heilmittel, Hausmittel, Mittel, Mittelchen, Gegenmittel, Gegengift, Allheilmittel, Remedium, Pharmakon, Pharmazeutikum, Therapeutikum, Präparat, Mixtur 2. Pulver, Pülverchen, Tablette, Pille, Pastille, Kapsel, Dragee, Placebo, Scheinmedikament, Elixier, Heiltrank, Absud, Extrakt, Essenz, Liniment, Tinktur, Balsam, Salbe, Paste, Unguentum, Pflaster, Tropfen, Liquor, Zäpfchen, Suppositorium, Spritze, Injektion 3. Schlafmittel, Schlaftablette, Beruhigungsmittel, Analgetikum, Betäubungsmittel, Narkotikum, Droge, Rauschmittel, Rauschgift, Sedativum, Schmerzmittel, schmerzstillendes Mittel, Anästhetikum, Mitigans, Antineuralgikum, Antiallergikum, Linderungsmittel, Palliativum, Palliativ, Abführmittel, Purgativum
Arzneimittel → Arznei
Arzneimittelhersteller → Pharmazeut
Arzneiverordnung → Rezept
Arzt 1. Heilkundiger, Hausarzt, Landarzt, praktischer Arzt, Doktor, Onkel Doktor, Kassenarzt, Mediziner, Humanmediziner, Therapeut, Facharzt, Spezialist, Chirurg, Anatom, Kliniker, Assistenzarzt, Famulus, Stationsarzt, Oberarzt, Chefarzt, Bereitschaftsarzt, Notarzt, Unfallarzt, Zahnarzt, Dentist, Schularzt, Sportarzt, Sportmediziner, Amtsarzt, Tierarzt, Veterinär 2. Modearzt, Wunderdoktor, Heilkünstler, Medikus, Knochenklempner, Medizinmann, Medikaster, Barfußarzt, Kurpfuscher, Viehdoktor, Quacksalber, Scharlatan, Physikus, Bader 3. → Heilpraktiker
Asche 1. Verbrennungsrückstand, Rückstand, Rest, Schlacke, Ruß, Schutt 2. → Geld
Aschenbahn → Arena
aschfahl → blass
aschgrau → blass, → grau
äsen → fressen
aseptisch → keimfrei
Askese → Enthaltsamkeit
Asket Säulenheiliger, Selbstgeißler, Geißelbruder, Flagellant, Märtyrer
asketisch → enthaltsam
asozial 1. unsozial, gemeinschaftsfeindlich, gemeinschaftsunfähig, gemeinschaftsschädigend 2. → kriminell
Asozialer → Außenseiter
Aspekt → Gesichtspunkt
Aspik → Gallert
Aspirant → Anwärter, → Bewerber
Assessor Studienassessor, Anwärter, Beamtenanwärter, → Lehrer
Assimiliation → Anpassung
assimilieren, sich → anpassen, sich
Assistent Hilfskraft, Helfer, Gehilfe, Famulus, Diener, Betreuer, Beistand, rechte Hand, Adjutant, Adjunkt, Sekundant
assistieren → helfen
Assortiment → Sortiment
Assoziation 1. Gedankenverbindung, Gedankenverknüpfung, Ideenverbindung, Gedankenreihe, Gedankenkette, Ideenkette 2. → Organisation
Ast Geäst, Ableger, → Zweig
Ästhet Schöngeist, feinsinniger Mensch, Kunstliebhaber, Kunstfreund, Mann von Geschmack
ästhetisch 1. geschmackvoll, abgestimmt, anmutig, anmutsvoll, wohlgebaut, wohlgestaltet, fein, feinsinnig, → schön 2. → dichterisch
Asthma → Atembeschwerden
astrein → einwandfrei
Astrologie Sterndeutung, Sterndeuterei, → Aberglaube
Astronaut → Raumfahrer
Astronomie Himmelskunde, Sternkunde
astronomisch → groß
Astwerk → Geäst
Asyl → Zuflucht, Zufluchtsort, Schlupfloch, Schlupfwinkel, Unterschlupf, Schutz-

dach, Obdach, Freistätte, Freistatt, → Heim, → Versteck
Asylant Schutz Suchender, Ausgewiesener, politischer Flüchtling, → Flüchtling, → Auswanderer
Asylantenwohnheim → Heim
asymmetrisch → ungleich
atavistisch → rückschrittlich
Atelier Studio, Filmatelier, Fotostudio, Fotoatelier, Künstlerwerkstatt, Werkstätte, → Werkstatt
Atem 1. Odem, Lebenshauch, Hauch, Atemhauch, Puste, Luft, Atemluft, Atemzug, Schnaufer 2. → Leben 3. → Geist
Atem schöpfen → atmen, → ausruhen
atemberaubend → berauschend, → spannend
Atembeschwerden Atemnot, Asthma, Beengung, Beklemmung, Beklommenheit, Atemlosigkeit, Kurzatmigkeit
atemlos 1. außer Atem, prustend, schnaufend, schnaubend, → erschöpfend 2. → gespannt
Atemlosigkeit → Atembeschwerden
Atemnot → Atembeschwerden
Atempause → Pause, → Aufschub
Atemzug → Atem
Atheismus Gottlosigkeit, Ungläubigkeit, Unglaube, Gottesleugnung, Heidentum, Religionslosigkeit, Irreligiosität, Freigeisterei, Materialismus, Rationalismus
Atheist Gottloser, Ungläubiger, Freidenker, Freigeist, Materialist, Heide
atheistisch gottlos, ungläubig, gottesleugnerisch, glaubenslos, heidnisch, religionslos, unreligiös, irreligiös, freidenkerisch, freigeistig, materialistisch, rationalistisch
Athlet Kraftmensch, Hüne, Ringer, Ringkämpfer, Gladiator, Preiskämpfer, Preisboxer, Schwerathlet, Leichtathlet, Stemmer, Gewichtheber, → Muskelprotz, → Olympiateilnehmer, → Sportler, → Artist
athletisch → kräftig
atmen 1. einatmen, ausatmen, durchatmen, hauchen, schnaufen, schnauben, schnieben, hecheln, japsen, Atem holen, Luft holen, Atem schöpfen, Luft schöpfen, Luft schnappen 2. am Leben sein, leben
Atmosphäre 1. Verdichtung, Druck, Hochdruck, Luftdruck, → Luft 2. Umgebung, → Stimmung, → Ausstrahlung
Atom Masseteilchen, Elementarteilchen, Grundelement, Urstoff, Urmasse, Urmaterial, Partikel, → Bauteil
atomar nuklear, kerntechnisch
Atombombe → Bombe
Atomenergie → Nukleartechnik
Atomkraft → Nukleartechnik
Atomkraftwerk → Kernreaktor
Atommeiler → Kernreaktor
Atomphysik → Nukleartechnik
Atomreaktor → Kernreaktor
Attaché → Diplomat
Attacke → Anfall, → Angriff
attackieren → angreifen
Attentat → Anschlag, → Sabotage
Attentäter → Terrorist
Attest → Bescheinigung, → Zeugnis
attestieren → bescheinigen
Attitüde → Haltung
Attraktion → Anziehung
attraktiv → anziehend
Attraktivität → Anziehungskraft, → Reiz
Attrappe Schaupackung, Blindpackung, Blindband, Nachahmung, → Kulisse
atypisch → ungewöhnlich
ätzen brennen, reizen, mit Säure behandeln, → gravieren
ätzend 1. beißend, brennend, scharf, → sauer 2. → spöttisch
auch ebenso, ebenfalls, genauso, gleichfalls, desgleichen, gleichermaßen, in gleicher Weise, dito, zugleich, ferner, fernerhin, fürderhin, weiter, des Weiteren, sowie, sowohl, sogar, selbst, dazu, überdies, zudem, → außerdem, → oder
Audienz → Empfang
Auditorium → Publikum
Aue → Sumpf, → Wiese
auf 1. darauf, drauf, darüber, oben, oben auf, → hinauf 2. → offen
auf Grund (*auch:* aufgrund) → anlässlich, → wegen
aufarbeiten 1. wegarbeiten, zu Ende arbeiten, durcharbeiten, verarbeiten, → aufholen 2. aufmöbeln, aufpolieren, aufpolstern, auffrischen, → erneuern
aufatmen aufschnaufen, erleichtert sein, befreit sein, von einer Last befreit sein, heilfroh sein, tief Luft holen, ein Stein vom Herzen fallen, drei Kreuze machen
aufbacken → aufwärmen
Aufbau 1. Entwicklung, Ausbau, Bau, Erbauung, Errichtung, Entstehung, Vermehrung, Wachstum, Aufstellung, Aufrichtung, Aufführung 2. Anordnung, Einrichtung, Gliederung, → Struktur, → Art 3. Karosserie, Oberteil, Aufsatz
aufbauen 1. entwickeln, ausbauen, bauen, erbauen, errichten, entstehen lassen, fördern, aufstellen, aufrichten, aufführen, → montieren 2. anrichten, gliedern, → anordnen 3. → trösten 4. → fördern

aufbäumen, sich 1. sich emporbäumen, sich aufrichten 2. → auflehnen, sich
aufbauschen hochspielen, in den Vordergrund spielen, aus einem Floh einen Elefanten machen, eine Staatsaktion aus etwas machen, viel Wind um nichts machen, eine Szene machen, Theater machen, dramatisieren, → übertreiben
aufbegehren → antworten, → auflehnen, sich
aufbereiten → auswerten, → bearbeiten
aufbessern Gehalt aufbessern, erhöhen, anheben, besser stellen, zulegen, → verbessern
Aufbesserung Gehaltsaufbesserung, Gehaltserhöhung, Lohnaufbesserung, Lohnerhöhung, Anhebung der Bezüge, Zuschlag, Steigerung, → Zulage
aufbewahren 1. aufheben, verwahren, bewahren, behalten, in Verwahrung nehmen, in Gewahrsam nehmen, sichern, einschließen, einstellen, unterstellen, speichern, aufspeichern, einlagern, → lagern 2. zurückbehalten, zurücklegen, beiseite legen, in der Hinterhand haben, in Reserve halten, sammeln, → ansammeln, → sparen
Aufbewahrung → Lagerung, → Verwahrung
aufbieten → aufwenden
Aufbietung → Einsatz
aufbinden 1. aufschnüren, aufknoten, aufknüpfen, aufnesteln, aufmachen, aufflechten, entknoten, auflösen, lösen 2. → aufbürden 3. → einreden
aufblähen, sich → blähen, sich
aufblasen aufpusten, aufpumpen, aufblähen, anschwellen lassen, mit Luft füllen
aufblasen, sich → aufspielen, sich
aufblättern → aufschlagen
aufblicken 1. aufsehen, hochblicken, hochschauen, emporsehen, den Blick erheben, die Augen aufschlagen, die Lider aufschlagen, aufgucken, hochgucken 2. aufsehen zu, aufschauen zu, → verehren
aufblühen erblühen, aufgehen, aufbrechen, sich entfalten, grünen, knospen, sprießen, → entwickeln, sich
aufbrauchen → verbrauchen
aufbrausen auffahren, hochfahren, hochgehen, heftig werden, sich ereifern, zornig werden, wild werden, aus der Haut fahren, in die Luft gehen, an die Decke gehen, explodieren, sich vergessen, rot sehen, in Harnisch geraten, sich erhitzen, kochen, schäumen, aufschäumen, die Beherrschung verlieren, → aufregen, sich
aufbrausend hitzköpfig, hitzig, unbeherrscht, cholerisch, reizbar, erregbar, auffahrend, hochfahrend, zornmütig, jähzornig, hysterisch, → heftig
aufbrechen 1. abreisen, abfahren, scheiden, sich aufmachen, sich in Bewegung setzen, sich auf den Weg machen, den Weg unter die Füße nehmen, eine Reise antreten, abmarschieren, abziehen, die Zelte abbrechen, das Feld räumen, nach Hause gehen, weggehen, losschieben, abschieben, sich auf die Socken machen, → fortgehen 2. einbrechen, erbrechen, gewaltsam öffnen, knacken, aufknacken, sprengen, aufsprengen, aufklopfen, aufstemmen, aufhauen, aufschlagen, → öffnen 3. → ausnehmen 4. → durchbrechen
aufbringen 1. beschaffen, erbringen, auftreiben, flüssig machen, → aufwenden 2. aufstöbern, kapern, entern, sich bemächtigen 3. erzürnen, entrüsten, reizen, → ärgern 4. → ansprechen 5. → auftragen 6. → anstiften
Aufbruch → Abfahrt, → Start, → Eingeweide
aufbrummen → aufbürden, → befehlen
aufbügeln auffrischen, aufdämpfen
aufbürden 1. aufladen, auflasten, beladen, belasten, auflegen, auferlegen, aufpacken, auf die Schultern laden, aufhalsen, auf den Hals laden, aufbinden, aufbrummen, zumuten 2. zuschieben, abschieben auf, abwälzen auf, unterbuttern, unterjubeln, andrehen
aufdecken 1. enthüllen, bloßlegen, entdecken, erhellen, Licht in eine Sache bringen, ans Licht bringen, an den Tag bringen, zu Tage fördern, hinter etwas kommen, kommen auf, aufrollen, offen legen, sichtbar machen, entschleiern, den Schleier lüften, entlarven, dekuvrieren, auffliegen lassen, demaskieren, → aufklären 2. freilegen, → abdecken 3. die Bedeckung abnehmen, öffnen
Aufdeckung → Aufklärung, → Enthüllung
aufdonnern, sich → herausputzen, sich
aufdrängen aufnötigen, aufzwingen, aufreden, aufschwätzen, andrehen, anhängen, abringen, durchdrücken
aufdrängen, sich aufdringlich sein, zudringlich sein, sich nicht abschütteln lassen, sich nicht abweisen lassen, lästig fallen, jemandem zu nahe treten, jemandem auf die Pelle rücken, sich jemandem an den Hals werfen, sich an jemanden hängen, jemanden bestürmen, jemandem das Haus einrennen, → anbiedern, sich
aufdringlich 1. zudringlich, penetrant, lästig, unverschämt, frech, indiskret 2. reißerisch, aufreizend, marktschreierisch, werbewirksam, knallig, dick auftragend, effekthaschend, laut, lautstark, indezent

aufdringlich sein → belästigen, → aufdrängen, sich
Aufdringlichkeit Penetranz, Zudringlichkeit, Belästigung, Anmache
aufdröseln auftrennen, aufdrehen, entflechten, entwirren, → lösen
Aufdruck → Etikett, → Abzeichen
aufeinander → nacheinander
aufeinander folgend → abwechselnd, → chronologisch
aufeinander prallen → zusammenstoßen
aufeinander stapeln → aufschichten
Aufeinanderfolge → Reihenfolge, → Folge
Aufenthalt → Verzögerung, → Halt
Aufenthaltsort Anschrift, Wohnsitz, Wohnort, Heimatort, Unterkunft, Zufluchtsort, Vaterhaus, Vaterland, → Heimat
auferlegen → aufbürden, → belasten
auferstehen → wieder erstehen
Auferstehung → Renaissance
auferwecken → erwecken, → wecken
aufessen verspeisen, verzehren, aufzehren, vertilgen, ausessen, verschmausen, verschlingen, verschlucken, konsumieren, verkonsumieren, auffuttern, schaffen, zwingen, packen, bewältigen, verdrücken, verputzen, wegputzen, verspachteln, auffressen, abweiden, abgrasen, kahl fressen, → essen
auffächern → gliedern
auffädeln → aufreihen
auffahren 1. hochfahren, hochschrecken, hochschnellen, aufschrecken, in die Höhe fahren, aufspringen, aufschnellen 2. → auftischen 3. → aufbrausen 4. → zusammenstoßen
Auffahrt 1. Zufahrt, Einfahrt, Zufahrtstraße, Zubringer, Zuleitung, Rampe 2. → Parade
auffallen 1. abstechen, sich abheben, hervorstechen, bemerkt werden, Beachtung finden, ins Auge springen, ins Auge fallen, nicht zu übersehen sein, von sich reden machen, Staub aufwirbeln, Schlagzeilen machen, Furore machen, Aufsehen erregen, Aufmerksamkeit erregen, Blicke auf sich ziehen 2. → bemerken
auffallend 1. auffällig, augenfällig, hervorstechend, deutlich, markant, frappant, frappierend, eklatant, verblüffend, Aufsehen erregend, sensationell, erstaunlich, außergewöhnlich, → ungewöhnlich 2. → abartig 3. → mondän
auffällig → auffallend
auffangen → fangen, → abwehren, → sammeln
auffassen → verstehen, → auslegen
Auffassung → Meinung, → Auslegung
Auffassungsgabe Auffassungsvermögen, Auffassungskraft, Denkvermögen, Beobachtungsgabe, → Begabung
auffinden → finden, → aufspüren
aufflackern → ausbrechen, → brennen
aufflammen → ausbrechen, → brennen
aufflattern → aufsteigen
aufflechten → aufbinden
auffliegen 1. hochfliegen, emporfliegen, aufschrecken, auffahren, hochfahren, → aufsteigen 2. → herauskommen
auffliegen lassen → aufdecken
auffordern 1. ermahnen, ermuntern, nahe legen, ersuchen, zureden, zuraten, appellieren, → bitten 2. um einen Tanz bitten, tanzen wollen
Aufforderung Ermahnung, Ermunterung, Appell, Auflage, Ersuchen, Ansuchen, → Bitte, → Gebot
auffrischen 1. anschwellen, stärker werden, Wind erhebt sich 2. aufbügeln, aufdämpfen 3. → erfrischen 4. → restaurieren 5. → aufarbeiten
Auffrischung → Erfrischung
aufführen 1. spielen, Theater spielen, vorführen, einstudieren, in Szene setzen, inszenieren, zur Aufführung bringen, auf die Bühne bringen, darbieten, geben, zeigen, herausbringen 2. → bauen
aufführen, sich → benehmen, sich
Aufführung 1. Vorführung, Vorstellung, Inszenierung, Darbietung, Stück, Spiel, Premiere, Erstaufführung, Uraufführung 2. → Bau
auffüllen nachfüllen, anfüllen, aufschütten, nachtanken, tanken, → füllen
auffüttern → aufziehen, → mästen
Aufgabe 1. Amt, Funktion, Mission, Angelegenheit, Bestimmung, Verpflichtung, Pflicht, → Auftrag 2. Pensum, Lektion, Lernstoff, Lehrstoff, Hausarbeit, Hausaufgabe, Schularbeit, Schulaufgabe, Arbeit 3. Problem, Schwierigkeit, Frage, Rätsel, Knackpunkt 4. Auflösung, Auflassung, Stilllegung, Niederlegung, Liquidation, Schließung, Einstellung 5. Preisgabe, Übergabe, Auslieferung, Herausgabe, → Niederlage
Aufgabenbereich Aufgabengebiet, Ressort, Aufgabenkreis, Aufgabenkomplex, → Arbeitsgebiet
Aufgabenstellung → Thema
Aufgang → Aufstieg, → Treppe
aufgebaut → geartet
aufgeben 1. auflösen, auflassen, stilllegen, außer Betrieb setzen, zum Erliegen bringen, schließen, zumachen, dichtmachen, einstellen, liquidieren, ausverkaufen 2. aufhören, ablassen von, absehen von, zurücktreten von, abspringen, kapitulieren, resignieren,

passen, aufstecken, abblasen, abbrechen, niederlegen, fahren lassen, fallen lassen, über Bord werfen, die Waffen strecken, an den Nagel hängen, die Flinte ins Korn werfen, etwas abschreiben, verloren geben, → annullieren 3. → stellen, sich 4. → beauftragen

aufgeblasen → dick, → eingebildet, → schwülstig

Aufgebot 1. Verlobung, Brautstand, Verkündung 2. Streitkraft, Truppenmacht, Heer, Armee, Polizei, Polizeikräfte 3. → Aufwand

aufgebracht → ärgerlich, → empört

aufgedreht → lebhaft

aufgedunsen → dick

aufgehen → aufblühen, → keimen

aufgehen in → hingeben, sich

aufgeklart aufgeklärt, unbewölkt, wolkenlos, klar, sternenklar, hell, heiter, licht, sonnig, strahlend

aufgeklärt 1. aufklärerisch, freigeistig, freisinnig, frei gesinnt, liberal, tolerant, vorurteilsfrei, vorurteilslos, unparteiisch, weltoffen, weltbürgerlich, kosmopolitisch, → selbstständig 2. wissend, klug, erfahren, verstehend, unterrichtet, vertraut, eingeweiht 3. → aufgeklart

Aufgeld → Aufschlag

aufgelegt → gelaunt

aufgelockert → locker, → zwanglos

aufgeräumt → gut gelaunt, → ordentlich

Aufgeräumtheit → Heiterkeit

aufgeregt → erregt

Aufgeregtheit → Erregung

aufgeschlossen offen, wach, interessiert, weltoffen, weltzugewandt, zugänglich, ansprechbar, aufnahmebereit, aufnahmewillig, aufnahmefähig, begeisterungsfähig, eindrucksfähig, → empfänglich

Aufgeschlossenheit → Empfänglichkeit

aufgeschmissen → erledigt, → ratlos

aufgeschoben verlängert, verzögert, ausstehend, vertagt, ad acta gelegt, auf Eis gelegt, verschoben bis auf weiteres

aufgeschürft → wund

aufgesprungen → rau

aufgeteilt → untergliedert

aufgeweckt → intelligent

aufgeweicht schlaff, schlapp, breiig, matschig, weich

aufgewühlt → bewegt

aufgießen ansetzen, aufsetzen, auffüllen, → brauen

aufgliedern → einteilen

Aufgliederung → Einteilung, → Gliederung

aufgreifen → anschließen, → ergreifen

Aufguss Absud, Brühe, Lösung, Lauge, Seim, Tinktur

aufhalsen → aufbürden

aufhalten 1. abhalten, zurückhalten, festhalten, festnageln, beeinträchtigen, behindern, anhalten, stoppen, abstoppen, eindämmen, in den Weg stellen, im Wege stehen, abfangen, unterbrechen, → verhindern, → abwehren 2. hinhalten, bremsen, verlangsamen, lahm legen, drosseln, aufschieben, auf die lange Bank schieben, → verzögern

aufhalten, sich verweilen, weilen, wohnen, sich befinden, sein, existieren, zubringen, verbringen, → bleiben

aufhängen 1. hängen an, anbringen, hinhängen, hochziehen → hissen 2. henken, richten, hängen, erhängen, lynchen, aufknüpfen, baumeln lassen, hinrichten

aufhaspeln haspeln, zwirnen, drillen → aufrollen

aufhäufen aufschütten, aufschichten, anhäufen, → ansammeln

aufheben 1. aufnehmen, aufgreifen, hochheben, anheben, aufsammeln, auflesen, zusammenlesen, aufklauben 2. abschaffen, beheben, außer Kraft setzen, zurückziehen, einstellen, für ungültig erklären, → annullieren, → beseitigen 3. wettmachen, aufwiegen, sich die Waage halten, kompensieren, gleichziehen, → ausgleichen 4. → aufbewahren 5. → reservieren

Aufheben → Aufsehen

Aufhebung → Beseitigung, → Auflösung

aufheitern 1. erheitern, aufrichten, aufmuntern, ermuntern 2. → klären, sich

aufheizen → heizen

Aufheizung → Erwärmung

aufhellen → aufklären, → klären, sich

aufhetzen → anstiften, → spalten

aufholen 1. einholen, ausgleichen, gleichkommen, gleichziehen, nachziehen, Boden gutmachen, aufarbeiten, nacharbeiten 2. → nachholen

aufhorchen → Acht geben

aufhören 1. beendigen, abbrechen, einstellen, aussetzen, ablassen, einhalten, ein Ende machen, zum Schluss kommen, Schluss machen, den Kram hinwerfen, Feierabend machen, → beenden 2. → enden

aufkaufen → kaufen

Aufkäufer → Händler

aufkeimen → entstehen, → keimen

aufklappen → aufschlagen

aufklaren → klären, sich

aufklären 1. aufhellen, erhellen, auflichten, aufzeigen, sichtbar machen, auflösen, Licht

in eine Sache bringen, klären 2. unterrichten, einweihen, einführen, eröffnen, vertraut machen, klarmachen, klarlegen, ins Bild setzen, orientieren, belehren, die Augen öffnen, Aufschluss geben, Bescheid geben, → mitteilen 3. → erkunden 4. → klären, sich
aufklären, sich → klären, sich
Aufklärer 1. Freidenker, Freigeist, Liberaler, Rationalist, → Atheist 2. Aufklärungsflugzeug, Aufklärungsmaschine, Beobachtungsflugzeug 3. → Kundschafter
aufklärerisch → aufgeklärt
Aufklärung 1. Erklärung, Aufschluss, Abklärung, Aufhellung, Aufdeckung, Auflösung, Auskunft, Einblick, Klärung, Lösung, → Bescheid 2. Rationalismus, Freidenkerei, Liberalismus 3. → Erkundung 4. → Werbung
Aufklärungsflugzeug → Aufklärer
aufklauben → aufheben, → sammeln
aufkleben aufleimen, aufziehen
Aufkleber → Abzeichen, → Etikett
aufknöpfen → öffnen
aufknoten → öffnen
aufknüpfen → aufhängen, → aufbinden
aufkommen 1. in Mode kommen, Mode werden, sich heranbilden, Verbreitung finden, auftauchen, → entstehen 2. aufziehen, heraufziehen, herankommen, sich zusammenziehen, sich zusammenballen, sich zusammenbrauen, im Anzug sein, im Verzug sein, nahen, sich nähern 3. aushalten, freihalten, bezahlen, → haften, → sorgen für 4. → herauskommen
aufkrempeln → umkrempeln
aufkreuzen → auftauchen, → besuchen
aufkündigen → abbestellen, → kündigen
aufladen → aufbürden, → laden
Auflage 1. Verpflichtung, Pflicht, Gebot, Zwang, Weisung, Vorschrift, Verfügung, Anordnung, Verordnung, Aufforderung, → Bedingung 2. Druck, Abdruck, → Ausgabe, → Veröffentlichung
auflassen → aufgeben
auflasten → aufbürden, → belasten
auflauern auf der Lauer liegen, abpassen, eine Falle stellen, einen Hinterhalt legen, → überfallen
Auflauf → Ansammlung
auflaufen → stranden, → scheitern
auflegen 1. verlegen, herausgeben, herausbringen, → veröffentlichen 2. einhängen, abhängen, den Hörer auf die Gabel legen 3. vorlegen, auffüllen, den Teller füllen, auftun, servieren 4. → aufbürden 5. → auflehnen, sich
auflehnen, sich 1. aufbegehren, sich erheben, sich empören, sich aufbäumen, aufmucken, aufmucksen, mucken, sich sträuben, sich wehren, sich widersetzen, sich weigern, sich entgegenstellen, entgegentreten, sich etwas nicht gefallen lassen, renitent werden, opponieren, protestieren, Protest erheben, murren, maulen, meutern, revoltieren, rebellieren, auf die Barrikaden steigen, Sturm laufen gegen, in Aufruhr geraten 2. sich anlehnen, sich aufstützen, sich stützen auf, sich auflegen, sich aufstemmen, belasten
Auflehnung → Aufruhr, → Abwehr
auflesen → aufheben, → finden
aufleuchten → blinken
auflisten → verbuchen
auflodern → ausbrechen
auflösen 1. zergehen lassen, zersetzen, auftauen, auslassen, zerlassen, verflüssigen, schmelzen, → lösen 2. liquidieren, dezentralisieren, desorganisieren, → aufgeben 3. → erraten 4. → analysieren
auflösen, sich 1. auseinander gehen, sich zerstreuen, auseinander laufen, sich verlaufen, sich verteilen, auseinander fallen 2. vergehen 3. → verdunsten
Auflösung 1. Zersetzung, Zerfall, Zerstückelung, Zerteilung, → Teilung 2. Geschäftsaufgabe, Liquidation, Schließung, Aufhebung, Aufgabe 3. Aufklärung, Lösung, Resultat, → Ergebnis 4. → Analyse
aufmachen → öffnen, → eröffnen, → ausstatten
aufmachen, sich → aufbrechen
Aufmachung → Ausstattung
Aufmarsch → Aufstellung, → Demonstration
aufmarschieren → demonstrieren, → paradieren
aufmerken → Acht geben
aufmerksam 1. achtsam, mit Bedacht, konzentriert, beflissen, wachsam, wach, hellhörig, stutzig, intensiv, interessiert, gespannt, angespannt, gesammelt, andächtig, dabei, bei der Sache 2. → höflich
aufmerksam machen → hindeuten auf
aufmerksam sein → konzentrieren, sich
aufmerksam werden → bemerken
Aufmerksamkeit 1. Achtsamkeit, Bedacht, Konzentration, Beflissenheit, Wachsamkeit, Hellhörigkeit, Wissbegierde, Hingabe, Anspannung, Sammlung, Umsicht, Andacht, Interesse, Augenmerk, Beachtung 2. → Höflichkeit 3. → Rücksicht 4. → Geschenk
Aufmerksamkeit erregen → auffallen

Aufmerksamkeit schenken → beachten
aufmöbeln → aufarbeiten, → ermuntern
aufmucken → auflehnen, sich
aufmuntern → ermuntern, → aktivieren
Aufmunterung → Ermunterung
Aufnahme 1. Lichtbild, Schnappschuss, Momentaufnahme, Bild, → Fotografie 2. Zulassung, Eintragung, Immatrikulation, Einreihung, Eingliederung, Einbürgerung, Verleihung der Staatsangehörigkeit, Eingemeindung 3. Empfang, Begrüßung, Willkomm, Gastlichkeit, Obdach, Herberge, Quartier, Unterkunft, Unterbringung, Nachtlager 4. Tonaufnahme, Bandaufnahme, Fonogramm, Aufzeichnung, Mitschnitt 5. → Rezeption 6. → Erfassung
aufnahmefähig → aufgeschlossen, → frisch
Aufnahmefähigkeit → Fassungsvermögen
Aufnahmeleitung → Regie
aufnehmen 1. annehmen, zulassen, einreihen, einschreiben, immatrikulieren, einschulen, als Mitglied annehmen, Rechte verleihen, einbeziehen, eingemeinden, eingliedern, einbürgern, beheimaten, integrieren, hinzuzählen, anschließen 2. Aufnahme gewähren, beherbergen, willkommen heißen, unterbringen, einquartieren, behausen, → empfangen 3. aufgreifen, aufwerfen, aufrollen, aufs Tapet bringen, zur Sprache bringen, weiterspinnen, → fortsetzen 4. niederschreiben, nachschreiben, notieren, festhalten, aufzeichnen, mitschneiden, → fotografieren, → filmen 5. hineingehen in, gehen in, passen, hineinpassen, fassen, Platz haben 6. → aufsaugen 7. → hören 8. → erfassen 9. → heben
Aufnehmer → Lappen
aufnötigen → aufzwingen
aufoktroyieren → aufzwingen
aufopfern, sich → hingeben, sich
aufopfernd → selbstlos
Aufopferung → Hingabe
Aufopferungsbereitschaft → Barmherzigkeit
aufopferungsvoll → hingebungsvoll, → selbstlos
aufpacken → beladen, → auspacken
aufpäppeln → aufziehen
aufpassen → Acht geben, → beaufsichtigen, → hüten, sich
Aufpasser → Begleiter
aufpeitschen → anregen
aufpflanzen → aufstellen
aufplatzen → platzen
aufpolstern → aufarbeiten
Aufprall → Aufschlag
aufprallen → aufschlagen
Aufpreis → Aufschlag
aufpumpen → aufblasen
aufputschen → anregen
Aufputschmittel → Anregungsmittel
Aufputz → Ausstattung
aufputzen → herausputzen
aufquellen → anschwellen
aufraffen, sich sich ermannen, sich hochrappeln, sich aufrappeln, sich einen Stoß geben, sich aufschwingen, sich ein Herz fassen, sich zusammenraffen, sich zusammenreißen, sich zusammennehmen, sich aufrichten, sich durchringen, zu einem Entschluss kommen, sich überwinden, → entscheiden, sich
aufragen → emporragen
aufragend → hoch, → steil
aufrappeln, sich → aufraffen, sich, → erholen, sich
aufräumen 1. Ordnung schaffen, ausmisten, entmisten, wegräumen, entrümpeln, ordnen 2. → beseitigen
aufrechnen → anrechnen, → addieren
aufrecht 1. aufgerichtet, gerade, kerzengerade, gerade stehend, senkrecht, lotrecht 2. → ehrlich, → standhaft, → ehrenhaft
aufrechterhalten → beibehalten, → bestehen auf
aufrecken, sich → aufrichten, sich
aufreden → aufdrängen
aufregen 1. aufbringen, hochbringen, aufwühlen, erhitzen, das Blut in Wallung bringen, in Fahrt bringen, aus dem Häuschen bringen, auf die Nerven gehen, alterieren, nerven, → ärgern, → erregen, → anregen 2. umtreiben, zu schaffen machen, an die Nieren gehen, mitnehmen, verunsichern, → beunruhigen
aufregen, sich in Erregung geraten, sich erregen, in Wallung geraten, sich empören, sich entrüsten, sich erhitzen, aufbrausen, sich ereifern, außer sich geraten, sich alterieren, sich echauffieren, aus dem Häuschen geraten, die Wände hochgehen, → ärgern, sich
aufregend → erregend, → spannend
Aufregung → Erregung, → Verwirrung
aufreiben → schwächen, → zerreiben
aufreiben, sich → anstrengen, sich
aufreibend → anstrengend
aufreihen auffädeln, reihen, aneinander reihen, auf einen Faden ziehen, aufziehen, hintereinander stellen, in einer Reihe aufstellen

aufreizen → erregen
aufreizend → aufdringlich, → berauschend, → herausfordernd
aufrichten 1. aufbauen, ermuntern, ermutigen, zusprechen, zureden, stärken, → trösten 2. aufschlagen, aufstellen, errichten, hochrichten, hochziehen, hochzerren, aufziehen
aufrichten, sich 1. sich aufsetzen, sich aufrecht setzen, sich emporrichten, sich aufrecken, sich aufbauen, → erheben, sich 2. → aufraffen, sich 3. → sträuben, sich
aufrichtig → ehrlich, → offen
Aufrichtigkeit → Ehrlichkeit, → Offenheit
Aufrichtung → Errichtung, → Trost
Aufriss → Bauplan, → Überblick
aufrollen 1. abrollen, entrollen, ausrollen, auseinander rollen 2. zusammenrollen, einrollen, aufwickeln, wickeln, aufdrehen, aufspulen, spulen, aufwinden, drillen, zwirnen, kurbeln, aufhaspeln, haspeln 3. → aufdecken 4. umkrempeln
aufrücken 1. zusammenrücken, nachrücken, aufschließen 2. → aufsteigen
Aufruf → Appell
aufrufen 1. drannehmen, das Wort erteilen 2. → appellieren
Aufruhr Unruhe, Unruhen, Wirren, Empörung, Erregung, Auflehnung, Tumult, Krawall, Revolte, Rebellion, Meuterei, → Aufstand, → Demonstration, → Verschwörung
Aufrührer Empörer, Rebell, Aufständischer, Meuterer, Rädelsführer, Revolutionär, Revoluzzer, Konterrevolutionär, Putschist, Umstürzler, Anarchist, Insurgent, → Partisan, → Verschwörer
aufrührerisch aufständisch, rebellisch, umstürzlerisch, subversiv, aufsässig, renitent, trotzig
aufrüsten → rüsten
aufrütteln 1. wachrütteln, aus dem Schlaf rütteln, wachrufen, zur Besinnung rufen, zur Vernunft bringen, zur Einsicht bringen, → mahnen 2. → erschüttern
aufsagen 1. hersagen, herunterbeten, abbeten, abspulen, herunterleiern, herleiern, vorleiern, herunterhaspeln, herunterrattern, herunterschnurren, → vortragen 2. → austreten
Aufsagung → Kündigung
aufsammeln → aufheben
aufsässig → aufrührerisch, → ungehorsam
Aufsässigkeit → Ungehorsam, → Widerspenstigkeit
Aufsatz → Artikel
aufsaugen einsaugen, einziehen, aufnehmen, einverleiben, zu Eigen machen, schlucken, absorbieren, resorbieren
aufschauen → aufblicken, → verehren
aufschaukeln, sich → eskalieren
aufscheinen → zeigen, sich
aufscheuchen 1. aufstöbern, aufstören, aufjagen, hochscheuchen, aufschrecken, → erschrecken 2. vorwärts treiben, auf Touren bringen, auf Trab bringen, unter Druck setzen, Beine machen, → drängen
aufschichten schichten, aufschlichten, aufhäufen, anhäufen, aufschütten, aufstapeln, aufeinander stapeln, auftürmen, türmen, stapeln, → ansammeln
aufschieben verschieben, hinausschieben, zurückstellen, vertagen, aussetzen, verlegen, prolongieren, stunden, hinhalten, hinausziehen, hinauszögern, verschleppen, anstehen lassen, in die Länge ziehen, auf die lange Bank schieben, → verzögern
Aufschlag 1. Zuschlag, Aufpreis, Aufzahlung, Aufgeld, Agio, → Gebühr 2. Aufprall, Anprall, Zusammenstoß, Zusammenprall, Stoß 3. Umschlag, Ärmelaufschlag, Krempe, Stulpe, Manschette, Revers, Kragenspiegel, Spiegel, → Besatz
aufschlagen 1. aufprallen, aufstoßen, aufklatschen, → fallen, → zusammenstoßen 2. aufklappen, aufblättern, durchblättern, nachschlagen, öffnen, → ausbreiten 3. aufbauen, aufrichten, aufstellen 4. hochschlagen, hochklappen, aufstellen, aufstülpen 5. erhöhen, draufschlagen, anziehen, verteuern, hochtreiben, hochschrauben, in die Höhe treiben 6. → aufbrechen 7. → steigen 8. → rühren
aufschließen 1. aufsperren, aufmachen, öffnen 2. aufrücken, nachrücken, dicht auffahren, aufholen 3. → erschließen
Aufschluss → Aufklärung, → Erklärung
aufschlüsseln → entschlüsseln
aufschlussreich → interessant, → lehrreich
aufschnappen → erfahren, → fangen
aufschneiden 1. abschneiden, in Scheiben schneiden, transchieren, zerlegen, → teilen 2. → anbrechen 3. → angeben
Aufschneider → Angeber
aufschnüren → aufbinden
aufschrecken → aufscheuchen, → auffahren, aufwachen
Aufschrei → Schrei
aufschreiben niederschreiben, zu Papier bringen, niederlegen, festhalten, Buch führen über, aufzeichnen, verzeichnen, aufnehmen, aufnotieren, notieren, → schreiben
Aufschrift → Etikett, → Adresse
Aufschub Verschiebung, Vertröstung, Vertagung, Bedenkzeit, Frist, Fristverlängerung, Stundung, Galgenfrist, Gnadenfrist, Hen-

kersfrist, Bewährungsfrist, Schonzeit, Schonfrist, Atempause, → Karenzzeit, → Verzögerung
aufschütteln → ausschütteln
aufschütten aufhäufen, aufschichten, → ansammeln, → auffüllen
aufschwätzen → aufdrängen
aufschwemmen → anschwellen
aufschwingen, sich → aufraffen, sich
Aufschwung Aufstieg, Auftrieb, Aufwärtsentwicklung, Aufwärtsbewegung, Blüte, Boom, Wirtschaftsaufschwung, Hochkonjunktur, Konjunktur, Höhenflug, Hoch, Hausse, → Fortschritt
aufsehen → aufblicken
Aufsehen Krach, Skandal, Eklat, Donnerwetter, Furore, Sensation, Stadtgespräch, Aufheben, → Ereignis
Aufsehen erregend → auffallend
Aufseher → Verwalter, → Wärter
aufsetzen 1. auf den Kopf setzen, aufstülpen, überstülpen, → anziehen 2. auf den Herd stellen, aufs Feuer stellen, aufstellen, → kochen 3. → entwerfen 4. → landen
aufsetzen sich → aufrichten, sich
Aufsicht 1. Beaufsichtigung, Bewachung, Beobachtung, Kontrolle, Zensur, Supervision, → Überwachung 2. Oberaufsicht, Verwaltung, Leitung
Aufsichtsbeamter → Kontrolleur
aufspeichern → aufstauen, → lagern
aufsperren → aufschließen
aufspielen, sich sich wichtig tun, sich wichtig machen, sich in den Vordergrund spielen, sich in den Mittelpunkt stellen, sich produzieren, sich aufblasen, sich aufblähen, sich aufplustern, sich aufpusten, große Töne spucken, das große Wort führen, große Worte schwingen, eine große Klappe riskieren, → angeben
aufspringen → auffahren, → platzen
aufspüren aufstöbern, ausfindig machen, ausspüren, ausmachen, ausforschen, auffinden, auftreiben, stoßen auf, auftun, → entdecken, → finden
aufstacheln → anstiften
Aufstand Erhebung, Massenerhebung, Volksaufstand, Auflehnung, Revolte, Rebellion, Putsch, Umsturz, Sturz, Staatsstreich, Palastrevolution, Meuterei, → Aufruhr, → Verschwörung
aufständisch → aufrührerisch
Aufständischer → Aufrührer
aufstapeln → aufschichten
aufstauen anstauen, stauen, aufspeichern, speichern, zurückhalten
aufstehen → emporragen, → erheben, sich
aufsteigen 1. hochsteigen, ansteigen, hinansteigen, emporsteigen, besteigen, erklettern, erklimmen, ersteigen, → steigen 2. auffliegen, aufflattern, hochfliegen 3. aufrücken, vorwärts kommen, vorankommen, avancieren, befördert werden, Karriere machen, Erfolg haben, sich verbessern, die Treppe hinauffallen,→ hocharbeiten, sich 4.→ erheben, sich
Aufsteiger → Emporkömmling
aufstellen 1. aufschlagen, aufrichten, aufbauen, hinstellen, aufreihen, aufpflanzen, platzieren, in Stellung bringen, postieren, positionieren, stationieren, → anordnen, → stellen 2. Aufstellung machen, Bilanz ziehen, Schlussabrechnung machen, zusammenstellen, aufzählen 3. nominieren, auf die Wahlliste setzen, als Kandidaten vorstellen 4. → montieren
aufstellen, sich → antreten
Aufstellung 1. Platzierung, Postierung, Positionierung, Stationierung, Aufbau, → Anordnung, → Stellung 2. Nominierung, Berufung, Einberufung 3. Schlachtordnung, Aufmarsch, Marschordnung 4. Zusammenstellung, Tabelle, Statistik, Rechnung, Schlussabrechnung, Bilanz, → Verzeichnis 5. → Bau
Aufstieg 1. Anstieg, Aufgang, Besteigung, Ersteigung, Bezwingung, Bergbesteigung, Bergwanderung, Hochtour, Bergfahrt, Gipfelfahrt 2. Aufschwung, Blüte 3. → Karriere
aufstöbern → aufspüren, → aufscheuchen
aufstoßen 1. rülpsen, Bäuerchen machen, eruktieren 2. → aufschlagen 3. → öffnen
Aufstrich Brotaufstrich, Belag
aufstülpen → aufsetzen, → aufschlagen
aufstützen, sich → auflehnen, sich
aufsuchen → besuchen
auftakeln, sich → herausputzen, sich
Auftakt Aufklang, → Anfang
auftauchen 1. emportauchen, an die Oberfläche kommen 2. aufkreuzen, in Sicht kommen, Gestalt annehmen, sich zeigen, nahen, sich nähern, aufkommen, → erscheinen
auftauen abtauen, tauen, wegtauen, zerschmelzen, abschmelzen, sich auflösen, → schmelzen
aufteilen 1. abteilen, aufgliedern, parzellieren, einteilen, → teilen 2. → verteilen
aufteilen, sich → gliedern, sich
Aufteilung 1. Abteilung, Aufgliederung, Einteilung, Teilung, → Gliederung 2. → Verteilung

auftischen auftragen, vorsetzen, vorlegen, anrichten, auftafeln, auffahren, servieren, → anbieten
Auftrag 1. Weisung, Anweisung, Anordnung, Order, → Befehl 2. Beauftragung, Mission, Mandat, Direktive, Entsendung, Sendung, Bestallung, Ruf, → Aufgabe 3. → Bestellung
auftragen 1. Auftrag erteilen, anordnen, beauftragen, → befehlen 2. aufbringen, aufstreichen, verstreichen, aufschmieren 3. → auftischen
Auftraggeber Kommittent, Käufer, Besteller, Mandant, Klient, → Kunde
Auftragslage → Konjunktur
auftreiben → beschaffen, → finden, → blähen, sich
auftrennen → aufdröseln, → trennen
auftreten 1. den Fuß aufsetzen, den Fuß belasten 2. Theater spielen, eine Rolle spielen, erscheinen als, auf der Bühne stehen, spielen, → darstellen 3. → vorkommen 4. → benehmen, sich 5. → fühlen, sich
Auftrieb → Aufschwung, → Anreiz
Auftritt → Streit, → Akt
auftun → aufspüren, → auflegen
auftun, sich → klaffen
auftürmen → aufschichten
auftürmen, sich → emporragen
aufwachen erwachen, wach werden, munter werden, die Augen aufschlagen, aus dem Schlaf auffahren, zu sich kommen, zur Besinnung kommen, das Bewusstsein wiedererlangen, aufstehen, das Bett verlassen, den Tag beginnen
aufwachsen → heranwachsen
aufwallen → brodeln, → kochen
Aufwallung → Ausbruch
Aufwand 1. Aufwendung, Aufbietung, Aufgebot, Unkosten, Werbungskosten, Auslagen, Ausgaben, → Spesen, → Kosten 2. Prunk, Gepränge, Pracht, Luxus, Staat, Tamtam, Zirkus, Umstand, Brimborium, Klimbim, → Verschwendung
aufwändig (*auch:* aufwendig) → prunkvoll, → teuer
Aufwandsentschädigung → Spesen
aufwärmen wärmen, aufbacken, aufbraten, warm machen, heiß machen, → erhitzen
aufwärmen, sich sich durchwärmen, sich wärmen, → einspielen, sich
Aufwartefrau → Putzfrau
aufwarten → bedienen, → anbieten
aufwärts bergauf, bergan, bergwärts, empor, hinan, hinauf, hoch, nach oben, stromauf, talauf, flussaufwärts
Aufwärtsentwicklung → Aufschwung
Aufwartung 1. Höflichkeitsbesuch, Ehrbezeugung, Reverenz, → Besuch 2. → Putzfrau 3. → Bedienung
Aufwartung machen → besuchen
Aufwasch → Abwasch
aufwecken → wecken
aufweichen 1. durchweichen, durchfeuchten, weich werden, matschig werden 2. → einweichen
aufweisen → bekunden, → zeigen
aufwenden aufbringen, aufbieten, einsetzen, hineinstecken, reinstecken, darauf verwenden, Kosten bestreiten, ausgeben, → bezahlen, → anlegen
Aufwendung → Aufwand, → Ausgabe(n)
aufwerfen → ansprechen
aufwickeln → aufrollen, → auspacken
aufwiegeln → anstiften
Aufwiegelung → Hetze
aufwiegen → aufheben
Aufwiegler → Anstifter
aufwühlen → erschüttern
aufzählen herzählen, durchzählen, → abzählen, → aufstellen
Aufzahlung → Aufschlag
aufzehren → verbrauchen, → schwächen
aufzeichnen → aufschreiben, → erfassen, → zeichnen
Aufzeichnung 1. Notiz, Mitschrift, Skript, Exzerpt, Konzept, Entwurf, Abfassung 2. → Aufnahme
aufzeigen → zeigen, → melden, sich
aufziehen 1. heraufziehen, aufkommen, sich zusammenziehen, sich zusammenballen, sich zusammenbrauen, im Anzug sein, sich abzeichnen, → nähern, sich 2. großziehen, hochpäppeln, aufpäppeln, auffüttern, aufzüchten, hochbringen, aufbringen, heranziehen, → erziehen, → züchten 3. aufkleben, aufleimen, → beziehen 4. → eröffnen 5. → aufreihen 6. → necken 7. → veranstalten 8. → putzen
Aufzucht → Zucht
Aufzug 1. Fahrstuhl, Lift, Personenaufzug, Paternoster, Hebewerk, Flaschenzug, → Winde 2. → Akt 3. → Kleidung
aufzwingen mit Gewalt aufdrängen, aufnötigen, aufoktroyieren, oktroyieren, diktieren, bestimmen, durchdrücken
Auge(n) 1. Augapfel, Sehorgan, Lichter, Seher, Fenster, Fassettenaugen, Gucker, Glotzer, Glotzaugen, Glubschaugen, Froschaugen, Schielaugen, Stielaugen, Kulleraugen, Kuhaugen, Schlitzaugen, Mandelaugen, Mongolenaugen, Adleraugen, Luchsaugen, Katzenaugen, Blick 2. → Öse 3. → Knospe

äugen → sehen
Augenblick 1. Moment, Sekunde, Minute, Weilchen, Nu, Länge eines Gedankens, → Weile 2. → Zeitpunkt 3. → Gegenwart
augenblicklich → aktuell,→ jeweilig,→ jetzt
augenfällig → anschaulich, → offensichtlich
Augenlicht → Sehkraft
Augenlid → Lid
Augenmerk → Aufmerksamkeit
Augenschein → Anschein
augenscheinlich → anscheinend, → offensichtlich
Augenweide → Genuss
Augenwischerei → Heuchelei, → Illusion
Augenzeuge → Zeuge, → Zuschauer
Auktion → Versteigerung
Aula → Saal
Aura → Ausstrahlung
Aureole Heiligenschein, Glorie, Glorienschein, Gloriole, Strahlenkranz, Mandorla, Nimbus, → Ausstrahlung
aus 1. vorbei, aus und vorbei, vorüber, vollbracht, beendet, abgeschlossen, ausgeführt, erledigt 2. → leer 3. → wegen
ausarbeiten bearbeiten, ergänzen, verbessern, aufsetzen, behandeln, darstellen, skizzieren, schreiben, ausführen, ausfertigen, → anfertigen, → entwerfen
Ausarbeitung 1. Elaborat, Abhandlung, Artikel, Skript 2. Bearbeitung, Ausführung, → Herstellung
ausarten → überhand nehmen, → entarten
ausbaden → abbüßen, → verantworten
ausbalancieren → ausgleichen, → balancieren
Ausbau 1. Ausdehnung, Vergrößerung, Erweiterung, Entfaltung, Entwicklung, Festigung, Vertiefung, → Aufbau 2. → Umbau
ausbauen 1. ausdehnen, vergrößern, erweitern, entwickeln, festigen, vertiefen, → aufbauen 2. ausgestalten, anbauen, → umbauen 3. abbauen, abmontieren, demontieren, ausschlachten
ausbedingen, sich → fordern
ausbessern stopfen, dichten, abdichten, füllen, kitten, leimen, flicken, schließen, besohlen, doppeln, sohlen, in Stand setzen, Schäden beheben, wieder herrichten, herrichten, renovieren, restaurieren, wiederherstellen, erneuern, aufpolieren, auffrischen, → reparieren
Ausbesserung → Reparatur
Ausbeute → Ertrag, → Beute
ausbeuten 1. ausplündern, ausnehmen, auspressen, aussaugen, ausnutzen, ausnützen, auspumpen, Raubbau treiben, überfordern, schröpfen, rupfen, melken, ausquetschen, das Fell über die Ohren ziehen, → bereichern, sich 2. → abbauen
Ausbeuter Blutsauger, Kapitalist, Profitmacher, Profiteur, → Wucherer
Ausbeutung Ausplünderung, Raubbau, Ausschöpfung, Überbeanspruchung, Ausnutzung, Ausnützung, → Eigennutz
ausbezahlen → bezahlen
ausbieten → anbieten
ausbilden 1. schulen, belehren, lehren, trainieren, unterweisen, unterrichten, abrichten, → dressieren, → erziehen, → drillen 2. → entwickeln
Ausbilder → Lehrmeister, → Trainer
Ausbildung 1. Berufsausbildung, Schulbildung, Schulung, Unterweisung, → Lehre, → Praktikum, → Erziehung, → Unterricht 2. → Entwicklung
ausbitten, sich sich etwas vorbehalten, sich etwas ausbedingen, etwas zur Bedingung machen, → fordern
ausbleiben → wegbleiben, → fehlen
ausbleichen → verblassen, → bleichen
Ausblick Blick, Sicht, Aussicht, Fernsicht, Panorama, Anblick
ausbooten → kaltstellen
ausborgen → leihen
ausborgen, sich → leihen, sich
ausbrechen 1. zum Ausbruch kommen, losbrechen, aufflammen, aufflackern, auflodern, → ausbreiten, sich 2. ausscheren, aussteigen, aus der Reihe tanzen, nicht mehr mitmachen, → lossagen, sich 3. ausrücken, ausreißen, entwischen, davonlaufen, weglaufen, entlaufen, entfliehen, auskneifen, türmen, sich aus dem Staube machen, abhauen, durchbrennen, ausbüxen, → desertieren,→ fliehen,→ davonmachen, sich 4. → wütend werden
ausbreiten 1. hinbreiten, aufschlagen, auslegen, auflegen, ausstrecken, verstreuen 2. → verbreiten 3. → darlegen
ausbreiten, sich 1. sich breit machen, sich dick machen 2. sich verbreiten, Verbreitung finden, um sich greifen, grassieren, sich ausdehnen, übergreifen, an Boden gewinnen, sich durchsetzen, → ausbrechen 3. → äußern 4. → erstrecken, sich
Ausbreitung → Verbreitung, → Ausmaß
Ausbruch 1. Entladung, Erguss, Aufwallung, Wutausbruch, Wutanfall, Zornausbruch, → Anfall 2. Vulkanausbruch, Eruption, Explosion 3. → Anfang 4. → Flucht
ausbügeln → bereinigen
Ausbund → Inbegriff

ausbürgern → ausweisen
ausbürsten → abstauben, → bürsten
Ausdauer Beharrungsvermögen → Beharrlichkeit, → Ehrgeiz
ausdauernd → beharrlich, → ehrgeizig
ausdehnen 1. ausweiten, erweitern, weiten, verbreitern, strecken, aufblähen, dehnen 2. in die Länge ziehen, hinziehen, auswalzen, ausrollen, breittreten, kein Ende finden, → dauern, → verlängern
ausdehnen, sich → zunehmen, → dehnen, sich → erstrecken, sich
Ausdehnung 1. Ausweitung, Erweiterung, Ausbreitung, Expansion, Verbreiterung, Verlängerung, Vergrößerung, → Zunahme 2. → Erstreckung
ausdenken, sich erdenken, ersinnen, aussinnen, austüfteln, ausklügeln, ausknobeln, ausbrüten, aushecken, erdichten, sich aus den Fingern saugen, erträumen, sich vorstellen, → erfinden, → entwerfen
ausdeuten → auslegen
ausdörren → dörren, → vertrocknen
Ausdruck → Begriff, → Wort, → Redewendung, → Miene
ausdrücken 1. ausquetschen, auspressen, herausdrücken, herauspressen, wringen, auswringen, ausringen, auswinden, entsaften, keltern 2. Ausdruck verleihen, zum Ausdruck bringen, sagen, in Worte fassen, artikulieren, aussagen, aussprechen, bezeigen, bekunden, → äußern, → formulieren 3. zeigen, offenbaren, verraten, erkennen lassen, fühlen lassen, an den Tag legen, besagen, → bedeuten 4. → drücken
ausdrücklich explizit, expressis verbis, namentlich, extra, eigens, speziell, → besonders, → nachdrücklich
Ausdrücklichkeit → Nachdruck
Ausdrucksart → Ausdrucksweise, → Stil
Ausdruckskraft Ausstrahlung, Wirkungsvermögen, Wirkungskraft, Wirkung
ausdruckslos ausdrucksleer, ohne Ausdruck, nichts sagend, ausdrucksschwach, farblos, blass, → bedeutungslos
ausdrucksschwach → ausdruckslos
ausdrucksstark → ausdrucksvoll
ausdrucksvoll 1. ausdrucksstark, expressiv, mit Ausdruck, farbig, blutvoll, lebendig, seelenvoll, dichterisch, poetisch, prall, saftig, pathetisch, hymnisch, rhetorisch, → anschaulich 2. → bedeutungsvoll
Ausdrucksweise Ausdrucksform, Ausdrucksart, Redeweise, Sprachstil, Schreibweise, Diktion, Darstellungsweise, → Stil
ausdünnen → beschneiden, → lichten
Ausdünstung → Schweiß
auseinander → getrennt
auseinander brechen → bersten, → brechen
auseinander bringen → entzweien
auseinander bröckeln → zerfallen
auseinander fallen → zerfallen
auseinander gehen → zunehmen, → trennen, sich, → gabeln, sich
auseinander halten → unterscheiden
auseinander klaffen → klaffen
auseinander laufen → auflösen, sich
auseinander leben, sich → entfremden, sich
auseinander legen → erklären
Auseinanderlegung → Darlegung,→ Erklärung
auseinander nehmen → zerlegen
auseinander reißen → zerhacken, → zerreißen
auseinander setzen 1. → erörtern, → erklären 2. sich befassen mit, sich abgeben mit, sich einlassen auf, eingehen auf, → beschäftigen, sich
Auseinandersetzung 1. Meinungsaustausch, Wortwechsel, Wortgefecht, Wortstreit, Debatte, Diskussion, Disput, Streitgespräch, Kontroverse, Wechselrede, Rede und Gegenrede, Streitigkeit, Konflikt, Meinungsverschiedenheit, → Erörterung 2. → Streit, → Kampf
auseinander stehen → klaffen
auseinander treiben → spalten
auserkoren → auserwählt, → bestimmt
auserlesen → auserwählt
ausersehen → erwählen, → bestimmen
auserwählen → erwählen, → bestimmen
auserwählt 1. auserlesen, erlesen, exquisit, auserkoren, ausersehen, ausgesucht, ausgewählt, erwählt, berufen, → kostbar, → selten, → geschmackvoll 2. → bestimmt
Ausfahrt → Ausflug
Ausfall 1. Wegfall, Ausbleiben, Fehlen, → Mangel 2. Defekt, Panne, → Unfall 3. → Beleidigung
ausfallen 1. wegfallen, fortfallen, nicht stattfinden, ins Wasser fallen, unterbleiben, entfallen, abgesagt werden 2. ausgehen, nicht zur Verfügung stehen, kaputtgehen, nicht mehr funktionieren 3. einen Ausfall machen, ausbrechen, Flucht nach vorn antreten 4. → geraten 5. → gerinnen
ausfällig → beleidigend
ausfällig werden → entgleisen, → beleidigen
ausfärben → ausgehen
ausfertigen → ausstellen, → ausarbeiten

Ausfertigung → Ausführung, → Exemplar
ausfindig machen → aufspüren, → finden
ausfliegen ausschwärmen, schwärmen, sich verteilen
ausfließen → abfließen, → auslaufen
Ausflucht → Ausrede
Ausflüchte suchen → ausweichen
Ausflug → Vergnügungsfahrt, Luftfahrt, Ausfahrt, Spazierfahrt, Partie, Landpartie, Schlittenpartie, Kahnpartie, Segelpartie, Fahrt ins Grüne, Fahrt ins Blaue, Picknick, Familienausflug, Sonntagsausflug, Wochenendausflug, Betriebsausflug, Klassenausflug, Schulausflug, Klassenfahrt, Exkursion, Kaffeefahrt, Butterfahrt, → Spaziergang, → Reise, → Spritztour
Ausfluss → Ausscheidung
Ausformung → Art, → Form
ausforschen → ausfragen, → erkunden
ausfragen aushorchen, ausforschen, ausquetschen, auf den Zahn fühlen, auf den Busch klopfen, → verhören, → fragen, → erkunden
ausfransen ausreißen, einreißen, → reißen
Ausfuhr → Export
ausführen 1. realisieren, in die Tat umsetzen, durchführen, zur Durchführung bringen, vollziehen, vollstrecken, vollbringen, vollführen, → verwirklichen, → erledigen 2. exportieren, ins Ausland verkaufen 3. zum Ausgehen einladen, mit jemandem ausgehen, spazieren führen, ins Freie führen, Gassi führen 4. → anfertigen 5. → erklären
Ausfuhrhandel → Export
ausführlich eingehend, weitschweifig, ausholend, breit, lang und breit, des Langen und des Breiten, in extenso, extensiv, langatmig, wortreich, angelegentlich, → gründlich
Ausfuhrsperre → Ausfuhrverbot
Ausführung 1. Realisierung, Durchführung, Vollzug, Vollziehung, Vollstreckung, → Verwirklichung, → Tat 2. Modell, Bauart, Baureihe, Ausfertigung, Ausstattungsvariante, → Exemplar 3. → Herstellung 4. → Darlegung
Ausführungsbestimmung Maßnahme, Richtschnur, Vorkehrung, Wegweiser, Merkblatt, Erläuterung, Aufschluss, Kommentar, → Anordnung
Ausfuhrverbot Ausfuhrsperre, Embargo, Handelsembargo
ausfüllen 1. einsetzen, eintragen, ausschreiben, ausfertigen, ausstellen 2. → füllen 3. → überbrücken
Ausgabe(n) 1. Auslagen, Aufwendung, Unkosten, Spesen, Extraausgaben, → Aufwand 2. Edition, Herausgabe, Auflage, Bearbeitung, Druck, → Veröffentlichung, → Buch 3. Vergabe, Aushändigung, Verabfolgung, → Verteilung
Ausgang 1. Tor, Portal, Pforte, Gatter, Drehgitter, Drehkreuz, → Tür 2. → Ende 3. → Ergebnis
Ausgangsbasis → Grundlage
Ausgangslage → Situation
Ausgangsmaterial → Grundstoff
Ausgangspunkt → Grundlage
Ausgangssperre → Notstand
ausgearbeitet → durchdacht
ausgeben 1. vergeben, aushändigen, austeilen, verteilen, verabfolgen, übergeben, herausrücken, → geben 2. vergeuden, verbrauchen, verausgaben, auswerfen, in Umlauf bringen, unter die Leute bringen, versaufen, verfressen, bezahlen, aufwenden, → verschwenden 3. → spendieren
ausgebleicht → verblasst
ausgebufft → raffiniert
Ausgeburt → Einbildung
ausgedehnt → weit, → geräumig
ausgedient → abgenutzt, → alt, → defekt
ausgedörrt → trocken
ausgefallen abwegig, abseitig, entlegen, verstiegen, → ungewöhnlich
Ausgeflippter → Freak, → Außenseiter
ausgefranst → fransig
ausgeführt → erledigt
ausgeglichen → ruhig, → quitt
Ausgeglichenheit → Gelassenheit
ausgehen 1. weggehen, essen gehen, tanzen gehen, → ausführen, → vergnügen, sich 2. zur Neige gehen, sich erschöpfen, abnehmen, schwinden, → mangeln 3. aussetzen, abbrechen, ausfallen, → enden 4. abfärben, die Farbe verlieren, ausfärben, → verblassen 5. → erlöschen
ausgehen auf → abzielen
ausgehen von → annehmen, → entstehen
ausgeklügelt → spitzfindig
ausgekocht → raffiniert
ausgelassen → übermütig
Ausgelassenheit → Übermut
ausgelaugt → erschöpft
ausgeliefert → rechtlos, → ungeschützt
ausgemacht abgemacht, beschlossen, abgekartet, → offensichtlich
ausgemergelt → mager, → verlebt
ausgenommen → abzüglich, → außer
ausgepowert → erschöpft
ausgereift → durchdacht, → reif
Ausgereiftheit → Ausgewogenheit, → Reife

ausgesaugt → erschöpft
ausgeschlossen 1. isoliert, vereinsamt, ausgestoßen, abgeschnitten, → einsam 2. → unmöglich
ausgesetzt → ungeschützt
ausgesprochen regelrecht, geradezu, nachgerade, direkt, förmlich, buchstäblich, → typisch, → eingefleischt
ausgestalten → gestalten, → ausschmücken
Ausgestaltung → Gestaltung, → Ausschmückung
ausgestorben → allein, → einsam
ausgestoßen → ausgeschlossen
Ausgestoßener Outsider, Outcast, Paria, → Außenseiter
ausgesucht → auserwählt
ausgetrocknet → trocken
ausgewachsen → erwachsen
ausgewählt → auserwählt
ausgewiesen → heimatlos
Ausgewiesener → Asylant, → Auswanderer
ausgewogen 1. ausgeglichen, ausgereift, überlegt, wohl überlegt, durchdacht, wohl durchdacht, ausgearbeitet, ausgefeilt, ausgeknobelt, ausgetüftelt, stimmig, rund, → harmonisch 2. → gerecht
Ausgewogenheit Ausgereiftheit, Überlegtheit, Gleichgewicht, Ausgeglichenheit, Stimmigkeit, Ebenmäßigkeit, → Harmonie
ausgezehrt → mager, → verlebt
ausgezeichnet → hervorragend
ausgiebig → ergiebig, → reichlich
Ausgleich 1. Angleichung, Ausgleichung, Nivellierung, Einebnung, Begradigung, → Gleichgewicht 2. → Entschädigung 3. → Kompromiss
ausgleichen 1. angleichen, einebnen, glätten, egalisieren, nivellieren, gleichmachen, ins Gleichgewicht bringen, ins Lot bringen, ausbalancieren, → aufholen 2. kompensieren, abfinden, wettmachen, → entschädigen 3. verrechnen, erstatten, decken, begleichen, bereinigen
ausgleiten → ausrutschen
ausgliedern → ausschließen, → aussondern
ausglitschen → ausrutschen
Ausgrabung → Fund
Ausguss 1. Schnabel, Schnauze, Tülle, Spundloch 2. → Abfluss
aushalten 1. freihalten, aufkommen für, → ernähren 2. → ertragen
aushandeln → vereinbaren
aushändigen → geben, → ausgeben
Aushang → Anschlag
aushängen anschlagen, plakatieren, → veröffentlichen
Aushängeschild → Glanzpunkt
ausharren → durchhalten, → gedulden, sich
ausheben 1. ausschaufeln, ausschachten, vertiefen, aushöhlen, ausstechen, ausbaggern, → graben 2. anwerben, einziehen, → einberufen
Aushebung → Einberufung
aushecken → ausdenken, sich
ausheilen → heilen
aushelfen → einspringen, → helfen, → leihen
Aushilfe Aushilfskraft, Vertretung, Ersatzmann, Ersatz, Lückenbüßer, → Hilfskraft, → Hilfe
aushilfsweise → stellvertretend
aushöhlen 1. untergraben, unterhöhlen, ausschwemmen, → ausheben 2. → sabotieren
ausholen 1. auslangen, Schwung holen, Anlauf nehmen 3. weit zurückgreifen, ansetzen, umständlich erzählen
aushorchen → ausfragen
aushungern → belagern
auskennen, sich Bescheid wissen, zu Hause sein in etwas, beschlagen sein, vertraut sein mit, beherrschen, → wissen, → kennen
ausklammern weglassen, übergehen, übersehen, beiseite lassen, → ausschließen
Ausklang → Abschluss, → Ende
auskleiden 1. auslegen, ausschlagen, auspolstern, bespannen, → beziehen 2. → ausziehen
auskleiden, sich → ausziehen, sich
ausklingen → enden, → verhallen
ausklopfen → ausschütteln
ausklügeln → ausdenken, sich
ausknipsen → abstellen
ausknobeln → ausdenken, sich
auskochen → desinfizieren
auskommen 1. langen, sein Auskommen haben, mit etwas hinkommen, sich nach der Decke strecken, zurechtkommen mit, → ausreichen 2. sich vertragen mit, klarkommen mit 3. → entkommen
Auskommen → Lebensunterhalt
auskömmlich → annehmbar
auskosten → genießen
auskragen → vorstehen
auskühlen → abkühlen, → kühlen
auskundschaften → erkunden
Auskunft Information, Bescheid, Nachricht, Antwort, Aufklärung, → Beratung

auskurieren → heilen
auslachen verlachen, belächeln, schadenfroh sein, Hohn lachen, sich lustig machen über, sich mokieren über, jemandem eine Nase drehen, → verspotten, → lachen
ausladen → entladen
Auslage(n) 1. Schaufenster, Fenster, Schaukasten, Vitrine 2. → Kosten
auslagern → evakuieren
Ausland → Fremde
Ausländer → Fremder
ausländerfeindlich fremdenfeindlich
ausländisch fremdländisch, auswärtig, von auswärts, → fremd
Auslandsgeschäft → Export, → Import
Auslandskorrespondent → Berichterstatter
Auslandsmarkt → Export
auslassen 1. zerlassen, zerfließen lassen, zum Schmelzen bringen, → schmelzen, → auflösen 2. weglassen, fortlassen, beiseite lassen, unter den Tisch fallen lassen, aussparen, überspringen, überschlagen, unterschlagen, übergehen 3. → freilassen
auslassen, sich → äußern
Auslassung 1. Weglassung, Fortfall, Lücke, Ersparung, Einsparung, Ellipse 2. → Darlegung
auslasten ausnutzen, ausnützen, ausschöpfen, nutzen
Auslastung Ausnutzung, Ausnützung, Ausschöpfung, Nutzung
Auslauf → Raum
auslaufen 1. rinnen, undicht sein, lecken, leck sein, ein Leck haben, tropfen, ausfließen, austreten, ausströmen, sich ergießen, ablaufen 2. → enden 3. → verfallen 4. → abfahren
ausleeren → entladen, → leeren
auslegen 1. interpretieren, deuten, ausdeuten, deuten, auffassen, Exegese betreiben, kommentieren, herauslesen, hineingeheimnissen, hineininterpretieren, hineinlegen, hineindeuten, verstehen als, → erklären 2. → ausbreiten 3. → auskleiden 4. → leihen
Auslegung Interpretation, Deutung, Ausdeutung, Sinndeutung, Auffassung, Lesart, Kommentar, Exegese, → Erklärung, → Meinung
ausleihen → leihen, → leihen, sich
Auslenkung Ausschlag, Ablenkung, Abfälschung
Auslese Elite, Crème, Digest, das Beste, die Besten, Nonplusultra, Spitze, Spitzenklasse, Kader, → Auswahl
auslesen → auswählen, → aussondern
auslichten → beschneiden, → lichten
ausliefern 1. preisgeben, opfern, übergeben, überantworten, ans Messer liefern 2. austeilen, aushändigen, überbringen, zustellen, liefern
ausliefern, sich → stellen, sich
Auslieferung 1. Preisgabe, Übergabe, Herausgabe, → Aufgabe 2. Aushändigung, Zustellung, Lieferung
auslöschen ausblasen, → abwischen
auslosen → losen
auslösen 1. herauslösen, herausschälen, herausschneiden, heraustrennen 2. loskaufen, freikaufen, zurückkaufen, befreien, → erlösen 3. → verursachen
ausmachen → betragen, → vereinbaren, → erblicken, → abstellen
ausmalen 1. kolorieren, ausfüllen, austuschen, anmalen, → malen 2. → schildern
ausmalen, sich → vorstellen, sich
Ausmaß Ausdehnung, Ausbreitung, Verbreitung, Abmessung, Dimension, Umfang, Größenordnung, Stärke, Volumen, Höhe, Tiefe, Weite, Spannweite, Breite, Länge, → Menge, → Größe
ausmerzen → ausrotten
ausmessen → abmessen
ausmustern → aussondern
Ausnahme 1. Ausnahmefall, Ausnahmeerscheinung, Sonderfall, Spezialfall, Einmaligkeit, Einzigartigkeit, Einzelerscheinung, Einzelfall, → Abart 2. Extrawurst, Sonderbehandlung, → Privileg
Ausnahmebewilligung → Dispens
Ausnahmezustand → Notstand
ausnahmslos → alle, → alles, → durchweg
ausnahmsweise nur gelegentlich, ab und zu, im Ausnahmefall, unüblich, ungebräuchlich, außergewöhnlich, → ungewöhnlich, → selten
ausnehmen 1. aufbrechen, ausweiden, ausschlachten, → schlachten 2. → ausbeuten 3. → ausschließen 4. → berauben
ausnehmen, sich → aussehen
ausnehmend → höchst, → sehr
ausnutzen 1. ausnützen, sich zu Nutze machen, gebrauchen, sich einer Sache bedienen, seinen Vorteil ziehen aus, seinen Nutzen ziehen aus, nutzen 2. auslasten, → beanspruchen 3. ausnehmen, auf der Tasche liegen, melken, ausbeuten, Gewinn ziehen aus
Ausnutzung → Auslastung, → Nutzung
auspacken 1. auswickeln, aufwickeln, aufpacken, enthüllen, ausladen, → entladen 2. → gestehen, → ausplaudern
auspeitschen → züchtigen

auspfeifen ausbuhen, buhen, auszischen, niederschreien, → ablehnen
ausplaudern plaudern, preisgeben, weitersagen, weitererzählen, austrompeten, ausposaunen, an die große Glocke hängen, ausplappern, sich verplappern, schwatzen, schwätzen, quatschen, herumerzählen, nicht dichthalten, singen, beichten, auspacken, → verraten
ausplündern → plündern, → berauben
auspolstern → auskleiden
ausposaunen → ausplaudern
auspreisen auszeichnen, Preis festsetzen, beschildern
auspressen → ausdrücken, → ausbeuten
ausprobieren → versuchen
Auspuffgas → Abgas
auspumpen → ausbeuten, → leeren
ausquetschen → ausdrücken, → ausfragen, → ausbeuten
ausrangieren → aussondern
ausrauben → berauben
ausraufen → ausreißen
ausräumen → beseitigen, → leeren
ausrechnen → berechnen
ausrechnen, sich → voraussehen
Ausrede Ausflucht, faule Ausrede, Notlüge, Finte, Irreführung, Scheingrund, Bluff, Entschuldigung, Vorwand, → Lüge, → List
ausreden → abraten, → abbringen von
ausreichen → genügen, → auskommen
ausreichend → einigermaßen, → genug
ausreisen → auswandern
ausreißen 1. herausreißen, ausraufen, ausrupfen, herausrupfen, auszupfen, herauszupfen, jäten 2. ausfransen, einreißen, → reißen 3. → ausbrechen, → fliehen
ausrichten 1. richten, formieren, justieren, einordnen, gerade richten, fluchten, ordnen 2. bestellen, übermitteln, überbringen, entbieten, wissen lassen, bescheiden, benachrichtigen, → mitteilen 3. → veranstalten 4. → erreichen
Ausrichtung → Tendenz
ausringen → auswringen
ausrollen 1. auswalzen, auswalken, auswallen, auswellen, austreiben 2. → ausdehnen 3. → aufrollen
ausrotten ausmerzen, tilgen, austilgen, vertilgen, auslöschen, aus der Welt schaffen, abschaffen, aufheben, → vernichten, → beseitigen
ausrücken 1. ausmarschieren, aufbrechen 2. → ausbrechen
Ausruf → Ankündigung, → Schrei
ausrufen → bekannt geben
ausruhen → verschnaufen, rasten, Rast halten, Atem schöpfen, einhalten, Halt machen, eine Pause einlegen, innehalten, → ruhen, → entspannen
ausruhen, sich → erholen, sich
ausrüsten → ausstatten
Ausrüstung → Ausstattung
ausrutschen ausgleiten, abrutschen, ausglitschen, → fallen
Ausrutscher → Fehler
Aussage Erklärung, Bekundung, Zeugenaussage, Zeugnis, → Eid, → Geständnis
aussagekräftig → inhaltsreich
aussagen 1. erklären, bekunden, zur Aussage bringen, berichten, bezeugen, Zeugnis ablegen, → gestehen, → mitteilen 2. aussagekräftig sein, ein Bild geben, einen Eindruck vermitteln 3. → bedeuten 4. → ausdrücken
aussagen gegen → belasten
ausschachten → ausheben
ausschalten → abstellen, → ausschließen
Ausschank → Theke
ausschauen → aussehen
ausschaufeln → ausheben
ausscheiden 1. absondern, sekretieren, abscheiden, abgeben 2. → abdanken, → austreten, → kündigen 3. → ausschließen
Ausscheidung 1. Absonderung, Sekretion, Sekret, Exkretion, Exkret, Eiter, Auswurf, Schleim, Rotz, Ausdünstung, Ausfluss, Abgabe, → Exkremente 2. → Wettkampf
Ausscheidungskampf → Wettkampf
ausscheren aus der Reihe tanzen, nicht mehr mitmachen, ausbrechen
ausschildern → beschildern
ausschimpfen → heruntermachen
ausschlachten → ausnehmen, → auswerten, → verwerten
Ausschlag 1. Hautausschlag, Allergie, Ekzem, Enanthem, Exanthem, Aphthe, Bläschen, Herpesbläschen, Eiterbläschen, → Pickel, → Flechte 2. Auslenkung, Ablenkung, Zeigerstellung
ausschlagen → auskleiden, → ablehnen, → sprießen
ausschlaggebend maßgebend, maßgeblich, bestimmend, tonangebend, federführend, autoritativ, richtunggebend, richtungweisend, normativ, → entscheidend
ausschließen 1. aussperren, ausschalten, isolieren, separieren, ausnehmen, nicht einbeziehen, ausgliedern, ausbooten, kaltstellen, ausstoßen, relegieren, exkommunizieren, ächten, → verstoßen, → disqualifizieren 2. vernachlässigen, absehen von, → leugnen

ausschließlich → allein, → nur
Ausschluss Ausschließung, Entfernung, Ausstoßung, Isolierung, Eliminierung, Elimination, Disqualifizierung, Relegation, Relegierung, Schulverweis, Exkommunikation, Exkommunizierung, Kirchenbann, Acht, → Verbannung, → Disqualifikation
ausschmieren → anführen
ausschmücken 1. verschönern, ausgestalten, ausstatten, → dekorieren 2. → beschönigen
Ausschmückung 1. Verschönerung, Ausgestaltung, Ausstattung, → Verzierung, → Dekoration 2. Redebild, Schnörkel, blühender Stil, → Umschreibung
ausschneiden wegschneiden, aussägen, herausschneiden, → beschneiden
Ausschnitt 1. Halsausschnitt, Kleiderausschnitt, Dekolletee 2. Sektor, Segment, Abschnitt, Kreisabschnitt, Kugelabschnitt, → Teil 3. Auszug, Detail, Bruchstück, Bruchteil, Stelle
ausschöpfen → auslasten, → auswerten
ausschreiben 1. Angebote einholen, ausbieten, veröffentlichen, → annoncieren 2. → ausfüllen 3. → anbieten
Ausschreibung → Angebot, → Anzeige
Ausschreitung Gewalttätigkeit, Gewaltanwendung, gewaltsame Auseinandersetzung, Straßenschlacht, Schlägerei, Gesetzesübertretung, Händel
Ausschuss 1. Untersuchungsausschuss, Prüfungsausschuss, Kommission, Gremium, Beirat, Rat, Komitee, Kuratorium, Jury, Preisgericht, Schiedsgericht, → Kreis 2. Ausschussware, Makulatur, Mängelware, Mängelexemplar, Montagsexemplar, Schleuderware, zweite Wahl, Ramsch, Plunder, Pfusch, Murks, Schund, → Abfall
ausschütteln ausschlagen, ausklopfen, abklopfen, ausbeuteln, aufschütteln, schütteln, → säubern
ausschütten → verschütten, → leeren
Ausschüttung → Anteil
ausschwärmen sich verteilen, sich ausbreiten, schwärmen, ausfliegen
ausschweifend → maßlos
Ausschweifung Exzess, Orgie, Unzucht, Zügellosigkeit, Schwelgerei, Völlerei, Unmäßigkeit, → Laster, → Übertreibung
ausschweigen, sich → schweigen
aussehen ausschauen, erscheinen, sich geben, sich gehaben, anmuten, sich zeigen, sich ausnehmen, wirken, Anblick bieten, anzusehen sein, den Anschein haben, den Eindruck erwecken, → scheinen
Aussehen Anblick, Ansehen, Äußeres, Erscheinungsbild, Habitus, Typ, Figur, Form, Prägung, Profil, Gestaltung, Gestalt, → Art, → Anschein
außen außerhalb, auf der Außenseite, an der Außenseite, äußerlich, auswendig, draußen
Außenbezirk → Vorort
Außenhandel → Export, → Import
Außenseite → Äußeres
Außenseiter Einzelgänger, Original, Kauz, Mauerblümchen, graue Maus, Outsider, Nonkonformist, Aussteiger, Freak, Ausgeflippter, Ausgestoßener, Outcast, Unterprivilegierter, Geächteter, Asozialer, Entrechteter, Rechtloser, Paria, → Individualist, → Eigenbrötler
Außenstände → Geldforderung
Außenstelle → Zweigstelle
außer 1. ausgenommen, exklusive, abgesehen von, bis auf, mit Ausnahme von, → ohne, → abzüglich 2. außer wenn, es sei denn, dass
außer sich → empört
außer sich geraten → aufregen, sich
außer Stande (*auch:* außerstande) → unfähig
außerdem dazu, zudem, zum andern, unter anderem, überdies, obendrein, daneben, desgleichen, ansonsten, sonst, sonst noch, noch, ferner, weiter, weiterhin, des Weiteren, ohnedies, zu allem Überfluss,→ auch,→ zusätzlich
außerdienstlich → inoffiziell, → privat
Äußeres 1. Außenseite, Oberfläche, Oberseite, Rinde, Kruste, Überzug, → Hülle, → Schale 2. → Aussehen
außergewöhnlich 1. außerordentlich, beispiellos, ohne Beispiel, exzeptionell, extraordinär, ansehnlich, enorm, eminent, ungewöhnlich, → eindrucksvoll, → sehr 2. auffallend 3. → ausnahmsweise
außerhalb → außen
äußerlich 1. von außen, nach außen, draußen, außerhalb, → außen 2. nebensächlich, oberflächlich, peripher, am Rande, → formal
Äußerlichkeit Nebensächlichkeit, Etikette, Oberflächlichkeit, Formalität, → Benehmen
äußern 1. aussprechen, ausdrücken, von sich geben, reden, sagen, in Worte fassen, zum Ausdruck bringen, zur Sprache bringen, das Wort ergreifen, artikulieren, benennen, sich auslassen über, sich ausbreiten über, formulieren, → sprechen 2. bemerken, anmerken, feststellen, Stellung nehmen, meinen, andeuten, mitteilen, wissen lassen, erklären, behaupten, kundtun, kundgeben, verbreiten, anbringen, bezeugen, zollen, dartun, hinweisen, → darlegen, → antworten

außerordentlich → außergewöhnlich, → ausnahmsweise, → hervorragend
äußerst → höchst, → sehr
Äußerung 1. Anmerkung, Zwischenruf, Einwurf, Randbemerkung, Bemerkung, → Feststellung 2. Ausspruch, Wort, Erklärung, Nachricht, Darlegung, Auslassung
aussetzen 1. ausschreiben, ausbieten, anbieten, bieten,→ versprechen 2. pausieren, ruhen lassen, innehalten, unterbrechen, → aufschieben 3. stocken, stillstehen, stehen bleiben, ausfallen, aufhören, ausgehen 4. → beanstanden
Aussicht 1. Fernblick, Fernsicht, Sicht, Rundblick, Überblick, Blick, → Ausblick 2. Chance, Gelegenheit, Möglichkeit, Lichtblick, Hoffnungsschimmer, Erwartung, Befürchtung, Perspektive, → Hoffnung
aussichtslos → hoffnungslos
aussichtsreich → Erfolg versprechend, → günstig
aussieben 1. aussortieren, sieben, auslesen, Auswahl treffen 2. → durchsieben
aussiedeln umsiedeln, → verpflanzen, → evakuieren, → ausweisen, → auswandern
Aussiedler → Auswanderer
aussinnen → ausdenken, sich
aussöhnen, sich → versöhnen, sich
Aussöhnung → Einigung, → Versöhnung
aussondern aussortieren, auslesen, ausmustern, ausrangieren, ausgliedern, verlesen, sichten, die Spreu vom Weizen trennen, ausscheiden, eliminieren
aussortieren → aussondern
ausspähen → erkunden
ausspannen → abwerben, → entspannen
aussparen → auslassen
aussperren → disqualifizieren
ausspionieren → erkunden
Aussprache 1. Meinungsaustausch, Gedankenaustausch, Unterredung, Klärung, Rücksprache, Diskussion, Debatte, Unterhaltung, Besprechung, Plauderei, → Gespräch, → Beichte 2. Artikulation, Artikulierung, Akzent, Tonfall, Ton, Sprechweise, Redeweise, → Betonung
aussprechen 1. etwas offen sagen, offen sprechen, beim Namen nennen, seine Meinung sagen, kein Blatt vor den Mund nehmen 2. artikulieren, betonen, formulieren, ausdrücken, → äußern
aussprechen, sich 1. sich ausreden, sich erleichtern, sich den Kummer von der Seele reden, sein Herz ausschütten, aus seinem Herzen keine Mördergrube machen, sich ausquatschen 2. miteinander sprechen, Unklarheiten beseitigen, sich austauschen, → klären
Ausspruch Sentenz, Wort, Bonmot, Satz, Bemerkung, Diktum, Zitat, Dichterwort, → Äußerung
ausspucken → spucken
ausspülen 1. auswaschen, aushöhlen, ausschwemmen 2. → spülen
ausstaffieren → ausstatten
Ausstand → Streik, → Rückstand
ausstatten 1. ausrüsten, versehen mit, versorgen mit, eindecken mit, equipieren mit, bestücken, → einrichten 2. bemannen, belegen, bewaffnen, wappnen 3. ausschmücken, aufmachen, dekorieren, → herausputzen 4. aussteuern, eine Mitgift geben, einkleiden, ausstaffieren
Ausstattung 1. Ausrüstung, Equipierung, Bestückung, Outfit, Rüstzeug, → Einrichtung 2. Ausschmückung, Aufmachung, Aufzug, Drum und Dran, Aufputz, Putz, Dekoration, Staffage 3. Brautausstattung, Mitgift, Morgengabe, Aussteuer, Ausstaffierung
Ausstattungsvariante → Ausführung
ausstechen → ausheben, → übertreffen
ausstehen → durchhalten, → fehlen
aussteigen 1. heraussteigen, herausklettern, absteigen 2. abspringen, nicht mehr mitmachen, sich entziehen, sich distanzieren, aufhören, → lossagen, sich 3. → ausbrechen
Aussteiger Zivilisationsflüchtling, Alternativer, Freak, → Außenseiter
ausstellen 1. ausfertigen, ausfüllen, ausschreiben 2. aufstellen, zur Schau stellen, → anbieten 3. → abstellen
Ausstellung 1. Schau, Exposition, Messe, Musterausstellung, Musterschau, Modenschau, Modenvorführung, Automobilsalon 2. → Museum
Ausstellungsstück Ausstellungsobjekt, Exponat, Museumsstück, Schaustück, Dekorationsstück, Messemuster, Vorführmodell
aussterben → untergehen
Aussteuer Eingebrachtes, Mitgift, Heiratsgut, Ausstattung
aussteuern → ausstatten, → regeln
ausstoßen → ausschließen, → bannen
ausstrahlen 1. emittieren, aussenden, strahlen 2. → senden, → funken
Ausstrahlung Ausstrahlungskraft, Charisma, Fluidum, Aura, Nimbus, Flair, Atmosphäre, → Stimmung
ausstrecken 1. vorstrecken, abstrecken, ausrecken, abspreizen 2. → ausbreiten
ausstrecken, sich 1. sich ausrecken, sich recken, sich dehnen, 2. → hinlegen, sich

ausstreichen → durchstreichen, → glätten
ausstreuen → säen, → streuen
ausströmen → abfließen
aussuchen → auswählen, → wählen
Austausch → Ersatz, → Wechsel
austauschen → auswechseln
austeilen → ausgeben, → verteilen
austoben, sich → umhertoben
austragen 1. zustellen, bestellen, verteilen, austeilen 2. ausfechten, durchfechten, durchkämpfen, abwickeln, → veranstalten 3. → gebären
austreiben → sprießen, → abgewöhnen, → bannen
austreten 1. urinieren, harnen, Wasser lassen, sein Wasser abschlagen, seine Notdurft verrichten, sich erleichtern, sein Geschäft verrichten, klein machen, brunzen, pissen, pinkeln, schiffen, seichen, strullen, Pipi machen, Rolli machen, mal müssen 2. ausfließen, abfließen, ausströmen, entströmen, durchsickern 3. ausscheiden, seine Mitgliedschaft aufkündigen, aufsagen, sich trennen von, verlassen, → kündigen
Austritt Verlassen, Abgang, Trennung, → Kündigung, → Abdankung
austrocknen → vertrocknen, → versiegen
austüfteln → ausdenken, sich
ausüben praktizieren, versehen, betreiben, nachgehen, ausführen, durchführen, erfüllen, nachkommen, verfolgen, vollführen, vollziehen
Ausverkauf Schlussverkauf, Winterschlussverkauf, Sommerschlussverkauf, Räumungsverkauf, Inventurverkauf, Totalausverkauf, Sonderaktion, Sonderverkauf, → Verkauf, → Sonderangebot
ausverkaufen räumen, verramschen, verschleudern, losschlagen, abstoßen, → aufgeben, → verkaufen
Auswahl 1. Selektion, Elektion, Auslese, Wahl, Beschau, Besichtigung, → Musterung 2. Assortiment, Sortiment, Kollektion, Mustersammlung, Zusammenstellung, Palette, Warenangebot 3. Auswahlband, Digest, das Beste aus, Sampler, Anthologie, Brevier, Chrestomathie 4. Auswahlmannschaft, Nationalmannschaft, Elite
auswählen 1. auslesen, verlesen, aussuchen, heraussuchen, ausklauben, herausklauben, aussieben, selektieren, bestimmen, wählen, → erwählen, → aussondern 2. → entscheiden, sich
auswalzen → ausrollen, → ausdehnen
Auswanderer Emigrant, Flüchtling, Vertriebener, Heimatvertriebener, Ausgebürgerter, Ausgewiesener, Verbannter, Heimatloser, Asylant, Aussiedler, Umsiedler, → Einwanderer
auswandern emigrieren, außer Landes gehen, ins Ausland gehen, in die Fremde ziehen, sich eine neue Bleibe suchen, ausreisen, übersiedeln, → fliehen
auswärtig ausländisch, fremdländisch, von auswärts, → fremd
auswärts 1. außerhalb, draußen, außer Haus, extern, → abwesend 2. nach außen
auswaschen → ausspülen, → säubern
auswechseln → austauschen, tauschen, erneuern, wechseln, ersetzen
Auswechselspieler → Ersatzmann
Ausweg Hintertür, Notausgang, Rettung, Hilfe, Notbehelf, Behelf, Eselsbrücke, Kniff, Kunstgriff, → Lösung
ausweglos → hoffnungslos
Ausweglosigkeit → Hoffnungslosigkeit
ausweichen 1. Platz machen, beiseite gehen, zur Seite gehen, zurückweichen, zurücktreten, → weichen 2. Ausflüchte suchen, sich entziehen, sich nicht stellen, sich drücken, sich herumdrücken, kneifen, unentschlossen sein, offen lassen, sich krümmen, sich winden, einen Ausweg suchen, hinhalten, → zögern, → meiden
Ausweis Ausweispapiere, Papiere, Ausweiskarte, Identifikationskarte, Kennkarte, Personalausweis, Reisepass, Pass, Passierschein, Legitimation, Mitgliedsausweis, Schülerausweis, Studentenausweis, → Führerschein, → Bescheinigung
ausweisen ausstoßen, hinauswerfen, fortjagen, vertreiben, des Landes verweisen, aus dem Land weisen, verweisen, abschieben, ausbürgern, expatriieren, aussiedeln, verbannen, → ächten
ausweisen, sich sich legitimieren, seine Papiere vorzeigen, seinen Pass vorzeigen, seine Identität nachweisen
Ausweispapiere → Ausweis
Ausweisung Abschiebung, Verbringung, Landesverweis
ausweiten weiten, dehnen, ausdehnen, austreten, auslatschen, ausleiern, ausbeulen
ausweiten, sich → überhand nehmen, → dehnen, sich
Ausweitung → Ausdehnung
auswendig 1. aus dem Gedächtnis, aus dem Kopf, im Schlaf, frei 2. → außen
auswerten 1. ausnutzen, ausnützen, ausschöpfen, ausbeuten, ausschlachten, aufbereiten, verwerten 2. beurteilen, nachbereiten, Bilanz ziehen, werten

auswickeln → auspacken
auswinden → auswringen
Auswirkung → Wirkung
auswischen → abwischen, → schaden
auswringen ausringen, auswinden, ausdrücken
Auswuchs 1. Unsitte, Entstellung, Vergrößerung, Verzerrung, Übersteigerung, → Schwulst, → Übertreibung 2. → Geschwulst 3. → Buckel
Auswurf 1. Sputum, Schleim, Rotz, Ausfluss, → Ausscheidung, → Spucke 2. → Abschaum 3. → Abfall
auszahlen → bezahlen
auszahlen, sich → rentieren, sich
Auszahlung → Bezahlung
Auszehrung → Magerkeit, → Lungentuberkulose
auszeichnen 1. eine Auszeichnung verleihen, einen Orden verleihen, mit Lorbeer kränzen, adeln, dekorieren, ehren, prämieren, preiskrönen, → loben 2. auspreisen, beschildern, Preis festsetzen
auszeichnen, sich sich hervortun, sich herausheben, hervortreten, hervorstechen, auffallen, von sich reden machen, sich einen Namen machen, sich bewähren, glänzen, Lorbeeren ernten
Auszeichnung 1. Dekorierung, Prämierung, Erkenntlichkeit, Anerkennung, → Lob 2. Dekoration, Orden, Ehrenzeichen, Medaille, Prämie, Lorbeer, Pokal, Preis, → Belohnung
ausziehen 1. umziehen, wegziehen, fortziehen, die Wohnung räumen, aussiedeln, → auswandern 2. herausziehen, extrahieren, reißen 3. auskleiden, entkleiden, → ausziehen, sich
ausziehen, sich sich auskleiden, sich entkleiden, ablegen, abstreifen, sich der Kleider entledigen, aus den Kleidern fahren, sich frei machen, sich entblättern, die Hüllen fallen lassen, sich entblößen, → umziehen, sich
Auszubildender → Lehrling
Auszug 1. Umzug, Wegzug, Exodus, Abschied, → Abmarsch 2. → Abriss 3. → Extrakt
autark → unabhängig
Autarkie → Unabhängigkeit
authentisch echt, zuverlässig, verbürgt, dokumentarisch, → beglaubigt
Auto → Kraftfahrzeug
Autobahn → Straße
Autobahnkreuz → Kreuzung
Autobiografie (*auch:* Autobiographie) Biografie, Selbstbiografie, Lebenserinnerungen, Lebensbeschreibung, Lebensrückblick, → Memoiren
Autobus → Omnibus
Autofahrer → Chauffeur
Autofriedhof → Schrottplatz
Autokennzeichen → Kennzeichen
Autokratie → Alleinherrschaft
autokratisch → totalitär
Automat Apparat, Geldautomat, Spielautomat, Zigarettenautomat, Rechenautomat, Rechenmaschine, Roboter, Maschinenmensch, → Computer, → Maschine
automatenhaft → seelenlos
automatisch 1. von allein, von selbst, selbsttätig, → mechanisch 2. → maschinell
automatisieren → rationalisieren
Automobil → Kraftfahrzeug
Automobilist → Chauffeur
Automobilsalon → Ausstellung
autonom frei, unabhängig, souverän, → selbstständig
Autonomie Selbstbestimmungsrecht, Selbstbestimmung, Selbstverwaltung, Eigengesetzlichkeit, Souveränität, → Unabhängigkeit, → Mitbestimmung
Autonomiestreben → Separatismus
Autophilie Selbstverliebtheit
Autopsie → Leichenöffnung
Autor → Schriftsteller
autorisieren → berechtigen
autorisiert → berechtigt
autoritär 1. einengend, einschränkend, beschränkend, restriktiv, hemmend, Zwang ausübend, unfreiheitlich, repressiv 2. → totalitär
Autorität → Persönlichkeit, → Fachmann, → Macht, → Ansehen
autoritativ → ausschlaggebend
autoritätsgläubig → kritiklos
Autoritätsgläubigkeit → Untertanengeist
Autoritätsverlust → Ohnmacht
Autoschlosser → Schlosser
Autoverwertung → Schrottplatz
Autowerkstatt → Werkstatt
Auwald → Sumpf
Avancement → Beförderung
avancieren → aufsteigen
Avantgardist → Pionier
avantgardistisch → bahnbrechend
Aversion → Abneigung
Avis → Ankündigung
avisieren → ankündigen
Axiom Behauptung, Lehrsatz, Lehrspruch, Prinzip, Doktrin, Postulat, Forderung, Glaubenssatz, Dogma, These, Grundgedanke, → Grundsatz
Azubi → Lehrling

B

Baalsdienst → Götzenverehrung
babbeln → reden
Baby → Säugling
babysitten → beaufsichtigen
Babysitter Kinderfräulein, Kindermädchen, Kinderwärterin, Kinderbetreuer, Kinderbetreuerin, Leihoma
Bach Bächlein, Rinnsal, Quell, Wasserlauf, Wildbach, Gießbach, Sturzbach, → Fluss
Bache Sau, → Schwein
backbord → links
Backe Bäckchen, Wange
backen ausbacken, überbacken, gratinieren, dünsten, dämpfen, garen, dörren, → braten
Bäcker Bäckermeister, Bäck, Feinbäcker, Konditor, Konfiseur, Zuckerbäcker
Backfisch → Teenager
Backform → Model
Background → Hintergrund
Backofen → Herd
Backpfeife → Ohrfeige
Backpulver → Triebmittel
Backstein → Ziegel
Bad 1. Badezimmer, Baderaum, Waschraum, Nasszelle, Duschraum, Dusche 2. Badeanstalt, Schwimmbad, Strandbad, Freibad, Hallenbad, Wellenbad 3. Badeort, Seebad, Kurbad, Kurort, Heilbad, Luftkurort 4. Moorbad, Lehmbad, Solebad, Schwefelbad, Mineralbad, Thermalbad, Kneippbad, Luftbad, Sonnenbad, Dampfbad, → Sauna 5. Baden, Vollbad, Wäsche, Waschung, Säuberung
Badeanstalt → Bad
Badeanzug Badekostüm, Schwimmanzug, Einteiler, Bikini, Badehose, Schwimmhose, Bermudashorts, Tanga
Badehose → Badeanzug
Badekappe → Bademütze
Badelaken → Handtuch
Bademantel → Morgenrock
Bademütze Badekappe, Schwimmkappe, Badehaube
baden ein Bad nehmen, baden gehen, in die Wanne steigen, → duschen, → waschen, sich
baden gehen → baden, → scheitern
Badeort → Bad
Bader → Arzt, → Frisör
Badestrand → Strand
Badetuch → Handtuch
Badewanne → Wanne
Badezimmer → Bad
baff → fassungslos, → überrascht
Bagage → Gesindel
Bagatelle → Kleinigkeit
bagatellisieren → verharmlosen
Bagger → Raupe
baggern → graben
Bahn 1. Piste, Sandbahn, → Weg, → Straße 2. → Straßenbahn, → Eisenbahn 3. → Bahnlinie 4. → Rennbahn
bahnbrechend umwälzend, vorbildlich, wegweisend, wegbereitend, richtungweisend, programmatisch, avantgardistisch, revolutionär, genial, → fortschrittlich
Bahnbrecher → Pionier
bahnen ausgleichen, räumen, wegräumen, aus dem Weg räumen, freimachen, freischaufeln, → beseitigen, → ebnen
Bahnhof Haltestelle, Haltepunkt, Station, Bahnsteig, Hauptbahnhof, Zentralbahnhof, Terminal, Rangierbahnhof, Verschiebebahnhof, Güterbahnhof, Verladebahnhof
Bahnlinie Eisenbahnlinie, Eisenbahnstrecke, Bahnstrecke, Straßenlinie, Linie, Strecke, Bahn, → Netzwerk
Bahnnetz → Netzwerk
Bahnsteig → Bahnhof
Bahre → Tragbahre, Trage, Sänfte
Baisse → Depression
Bajonett Seitengewehr, Stichwaffe
Bakschisch → Trinkgeld, → Bestechungsgeld
Bakterie → Erreger
Balance Gleichgewicht, Gegengewicht, balancieren, Balance halten, ausbalancieren, die Waage halten, im Gleichgewicht halten, seiltanzen, jonglieren
bald 1. in Bälde, baldig, in Kürze, in absehbarer Zeit, binnen kurzem, demnächst, nächstens, in nächster Zeit, früher oder später, → später 2. → fast
Balg → Fell, → Hülle, → Kind
balgen, sich → raufen
Balgerei → Handgemenge
Balken Kantholz, Riegel, Sparren, Gebälk, Unterzug, Träger, Stützbalken, Strebe, Holm, → Brett
Balkon Loggia, Terrasse, Veranda, Altan, Söller, Vorbau, Erker, → Empore
Ball 1. Fußball, Handball, Kugel, Blase, Leder, Pille, Ei 2. Festball, Abschlussball, Opernball, Redoute, Tanz, Tanzvergnügen, Tanzveranstaltung, Tanzabend, Soiree, → Kostümfest
Ballast 1. Beschwerung, Sandlast, Sandsack, Zusatzgewicht 2. überflüssiges Gepäck, unnütze Ladung 3. Belastung, Bürde, Erschwerung, Last
ballen → zusammenballen
Ballen Bund, Bündel, Packen

Ballerina → Balletttänzerin
Ballett 1. Balletttruppe, Tanzgruppe, Tanzensemble 2. Tanzspiel, Tanzoper, Ausdruckstanz, Tanz, Pantomime
Balletttänzerin (*auch:* Ballett-Tänzerin) Ballerina, Primaballerina, Balletteuse
Balletttruppe (*auch:* Ballett-Truppe) → Ballett
Ballon 1. Luftballon, Gasballon 2. Freiballon, Fesselballon, Heißluftballon, Montgolfiere, Luftschiff 3. → Flasche
Balsam → Arznei, → Salbe
Balustrade → Geländer
Bammel → Angst
banal abgenutzt, abgedroschen, abgeschmackt, platt, trivial, nichts sagend, inhaltslos, alltäglich, → gewöhnlich, → geistlos
Banalität → Geistlosigkeit, → Gemeinplatz
Banause → Kulturbanause, → Spießbürger
banausenhaft → ungebildet
Band 1. Spruchband, Zierband, Schleife, → Banderole, → Besatz 2. Bindung, Fessel, → Freundschaft 3. Rockband, Rockgruppe, Popgruppe, Gruppe, Musikgruppe, Musikensemble, Ensemble, Combo, Jazzband, Jazzkapelle, Tanzkapelle, Tanzorchester, Einmannkapelle, Blaskapelle, Militärkapelle, → Orchester 4. → Buch 5. → Tonband
Bandage → Verband
bandagieren → verbinden
Bande 1. Räuberbande, Gang, Horde, Rotte, Trupp, Schar, Meute, Rudel, Kamarilla, Sippschaft, Klüngel, Blase, Clique, → Gruppe 2. → Fessel 3. → Einfassung
Bändel → Schnur
Banderole 1. Verschlussband, Verschlussmarke, Verschlussstreifen, Steuerbanderole, Stempelbanderole, Zollverschluss, Siegel, Plombe 2. Spruchband, Schriftzug, Bandenwerbung, → Plakat
bändigen → zähmen
Bandit → Verbrecher, → Räuber
Bandleader → Dirigent
Bandmaß → Metermaß
bang → ängstlich
Bange machen (*auch:* Bangemachen) → einschüchtern
bangen bange sein, sich ängstigen, schaudern, beben, zagen, → fürchten, sich, → sorgen, sich
Bangen → Angst
Bank 1. Sitzbank, Eckbank, Gartenbank, Schulbank, Fußbank, Fußschemel, Fußstütze, Steinbank, Holzbank, Pritsche, Lager 2. Geldinstitut, Sparkasse, Ersparniskasse, Kreditanstalt, Darlehenskasse, Hypothekenbank, Girokasse, Kasse, Großbank, Privatbank, Bankhaus 3. → Pult
Bankeinlage → Ersparnis
Bänkelsänger Moritatensänger, Balladensänger, → Chansonier
Banker → Bankier
Bankett → Festessen
Bankfach → Tresor
Bankhaus → Bank
Bankier Banker, Finanzfachmann, Bankkaufmann, → Börsenmakler
Bankkaufmann → Bankier, → Kaufmann
Bankkonto Konto, Sparkonto, Girokonto, Gehaltskonto, → Guthaben
bankmäßig → bargeldlos
Banknote Geldschein, Papiergeld, Falschgeld, Blüte
Bankrott Pleite, Konkurs, Ruin, Zahlungsunfähigkeit, Illiquidität, Nonvalenz, Insolvenz, Überschuldung, Geldnot, Geldmangel, Geldsorgen, Geldschwierigkeiten, Zahlungsschwierigkeiten, Zahlungsverzug, → Armut
bankrott pleite, ruiniert, zahlungsunfähig, illiquide, insolvent, überschuldet, verschuldet, blank, klamm, abgebrannt, in Zahlungsschwierigkeiten, machulle, → arm
Bankschalter → Kasse
Bann 1. Bannfluch, Bannstrahl, Bannspruch, Bannbrief, Bannbulle, Bulle, Interdikt, Verdikt, Acht, Ächtung, Kirchenbann, Exkommunikation, Verbannung, Verweisung, Ausschließung, Ausstoßung 2. Anziehung, Verlockung, Versuchung, Zauber, Bezauberung, Magnet
bannen 1. ächten, verbannen, mit einem Bann belegen, verfluchen, verwünschen, verdammen, ausschließen, exkommunizieren, ausstoßen 2. beschwören, besprechen, behexen, hexen, austreiben, exorzieren, → zaubern 3. → faszinieren 4. → beseitigen
Banner → Fahne
Bannspruch → Bann, → Zauberspruch
Bar → Nachtlokal, → Gasthaus
bar 1. bloß, rein, ledig, → nackt, → ohne 2. in barer Münze, mit Bargeld, aus eigener Tasche
Baracke Baubude, Bude, Baubaracke, Pavillon, Hütte, Notunterkunft, → Haus
Barbar 1. Rohling, Gewaltmensch, Unmensch, Bestie, Tier, Vieh, Ungeheuer, Ungetüm, Unhold, Zerstörer, Verwüster, Vandale, Berserker, Bilderstürmer, Gottesgeißel 2. → Kulturbanause
Barbarei Rohheit, Unmenschlichkeit, Verwüstung, Zerstörung, Zerstörungswut, Vandalismus, → Brutalität

barbarisch bestialisch, viehisch, brutal, drakonisch, unmenschlich, inhuman, → gefühllos, → grausam
bärbeißig → barsch
Barbier → Frisör
Barbiturat → Schlafmittel, → Beruhigungsmittel
barbusig oben ohne, topless, nackt
Barde → Troubadour, → Chansonier
Barett → Mütze
barfuß barfüßig, mit nackten Füßen, mit bloßen Füßen
Bargeld Bares, Barschaft, Barvermögen, bares Geld, flüssiges Kapital, Aktiva, Kontanten, → Geld
bargeldlos unbar, bankmäßig, durch Überweisung, per Überweisung, per Giro, → schriftlich
barhäuptig entblößten Hauptes, unbedeckt, ohne Kopfbedeckung, hutlos
Barkasse → Boot
Barke → Boot
barmherzig erbarmend, hilfreich, hilfsbereit, mildtätig, aufopferungsvoll, teilnahmsvoll, mitfühlend, → mitleidig, → gütig
Barmherzigkeit Erbarmen, Hilfsbereitschaft, Mildtätigkeit, Aufopferungsbereitschaft, Wohlwollen, Mitgefühl, Mitempfinden, → Mitleid, → Nächstenliebe
barock verkünstelt, übermäßig, überladen, schwülstig, verschnörkelt
Barometer → Luftdruckmesser
Barras → Militärdienst
Barriere → Absperrung, → Schranke
Barrikade Befestigung, Bollwerk, Schanze, Drahtverhau, Stacheldraht, Sperre, → Hindernis
barsch unwirsch, grob, schroff, scharf, harsch, brüsk, kurz angebunden, rau, rüde, krude, ruppig, ungehobelt, raubeinig, bärbeißig, → unhöflich
Barschaft → Bargeld
Bart Backenbart, Vollbart, Rauschebart, Spitzbart, Kinnbart, Ziegenbart, Geißbart, Schnauzbart, Schnauzer, Schnäuzer, Schnurrbart, Zwirbelbart, Kaiser-Wilhelm-Bart, Oberlippenbart, Knebelbärtchen, Fliege, Stoppelbart, Bartstoppeln, Stoppeln, Flaum, Milchbart
bärtig behaart, borstig, buschig, mit Bart, schnauzbärtig, stoppelig, stachelig, unrasiert
Basar → Markt
Base 1. alkalische Lösung, basische Lösung, Lauge, Seifenlauge 2. → Kusine, → Tante
basieren auf → beruhen auf
Basilika → Kirche
Basis → Fundament, → Grundlage
basisch alkalisch, laugenhaft
Baskenmütze → Mütze
Bass 1. Bassstimme, Singstimme, Bassist, Brummbass, → Sänger 2. Bassgeige, Kontrabass, Generalbass
Bassin → Becken
Bastard → Mischling
bastardiert → hybrid
Bastei → Befestigung
basteln handarbeiten, heimwerken, selbst machen, tüfteln, fummeln, werkeln, pusseln, herumpusseln, → anfertigen, → herstellen
Bastille → Festung
Bastion → Befestigung
Bastler Handwerker, Tüftler, Alleskönner, Allroundmensch, Axt im Haus, Faktotum, Praktikus
Bataillon → Heeresverband
Batterie → Akkumulator, → Heeresverband
Batzen → Klumpen, → Menge
Bau 1. Erbauung, Bauvorhaben, Aufführung, Aufstellung, Errichtung, → Aufbau 2. Baustelle, Baugelände, Bauplatz, Baugrube 3. → Gefängnis 4. Tierbau, Höhle, Loch, Röhre, → Nest 5. → Gebäude, → Haus
Bauart → Ausführung
Bauch 1. Unterleib, Leib, Abdomen, → Magen 2. Wanst, Wamme, Wampe, Fettwanst, Dickwanst, Dickbauch, Schmerbauch, Ranzen, Plauze
Bauchgrimmen → Bauchschmerzen
bauchig gebaucht, gewölbt, → rund
Bauchschmerzen Bauchschmerz, Bauchgrimmen, Bauchweh, Leibschmerzen, Leibschneiden, Leibweh, Blähungen, Magenweh, Magendrücken, Kolik
Bauchweh → Bauchschmerzen
Bauelement → Bauteil
bauen 1. erbauen, errichten, erstellen, fertig stellen, hinstellen, hochziehen, mauern, aufführen, aufstellen, → aufbauen 2. anfertigen, → herstellen 3. → konstruieren
bauen auf → verlassen, sich
Bauer → Landwirt, → Grobian, → Käfig
bäuerlich 1. ländlich, landwirtschaftlich, agrarisch 2. bäurisch, → derb
Bauernfänger → Betrüger
Bauernfängerei → Betrug
Bauernhof Hof, Gehöft, Gut, Gutshof, Bauerngut, Pachtgut, landwirtschaftlicher Betrieb, Farm, Ranch, Hazienda, Plantage, Meierei, Meierhof, Einödhof, Aussiedlerhof, → Anwesen
bauernschlau → schlau

Bauernschläue → Schlauheit
baufällig verfallen, zerfallen, wacklig, → alt
Baugelände → Grundstück, → Bau
Baugrube → Bau
Baugrund → Grundstück
Bauherr Bauträger, Erbauer, Gründer
Baukunst Architektur, Bauwesen
Bauland → Grundstück
Baum Laubbaum, Nadelbaum, Obstbaum, Zierbaum, → Busch
Baumeister Architekt, Erbauer
baumeln → hängen
Baumkrone → Wipfel
baumlos → kahl
Baumschule Baumgarten, Anpflanzung, Pflanzschule, Schonung, Pflanzung, → Gärtnerei
Baumstumpf → Stumpf
Baumwipfel → Wipfel
Bauplan 1. Bauskizze, Skizze, Bauzeichnung, Entwurf, Plan, Aufriss, Grundriss 2. → Anordnung
Bauplatz → Bau, → Grundstück
Baureihe → Ausführung
bäurisch → derb, → ungebildet
bauschen, sich → blähen, sich
Bauskizze → Bauplan
Baustein → Bauteil, → Ziegel
Baustelle → Bau
Baustoff Baumaterial, → Mörtel, → Ziegel
Bauteil Baustein, Bauelement, Element, Teil, Komponente, Modul, Chip, → Atom
Bauträger → Bauherr
Bauvorhaben Bauprojekt, Bauplan, → Bau
Bauwerk → Gebäude
Bauzeichnung → Bauplan
Bazillus → Erreger
beabsichtigen die Absicht haben, vorhaben, erwägen, sich mit dem Gedanken tragen, zu tun gedenken, planen, intendieren, wollen, gewillt sein, erstreben, abzielen auf, zielen auf, bezwecken, hinsteuern, hinzielen, trachten nach, im Sinn haben, ins Auge fassen, im Schilde führen, hinauswollen auf, sich etwas in den Kopf setzen
beabsichtigt → absichtlich
beachten 1. achten auf, Acht geben auf, Acht haben auf, aufpassen auf, ernst nehmen, Aufmerksamkeit schenken, Beachtung schenken, → berücksichtigen 2. → befolgen
beachtenswert → beachtlich, → bedeutend
beachtlich beachtenswert, bemerkenswert, anerkennenswert, beträchtlich, erwähnenswert, → bedeutend, → ansehnlich, → sehr
Beachtung Berücksichtigung, → Aufmerksamkeit
Beachtung finden → auffallen
Beamter Staatsdiener, Staatsbediensteter, Angestellter im öffentlichen Dienst, Behördenangestellter, Amtsträger, Amtsperson, Ministerialer, → Arbeitnehmer, → Postbeamter, → Polizeibeamter
beamtet in Diensten, bedienstet, in Dauerstellung, auf Lebenszeit, im Beamtenverhältnis, angestellt
beängstigen → ängstigen, → beunruhigen
beängstigend beklemmend, Furcht erregend, bedrohlich, bedenklich, beunruhigend, → schrecklich, → gefährlich
beanspruchen 1. Anspruch erheben auf, Ansprüche geltend machen, Ansprüche anmelden, einfordern, einklagen, → fordern 2. in Anspruch nehmen, mit Beschlag belegen, überbeanspruchen, belasten, in Atem halten, einspannen, bemühen, → anstrengen
Beanspruchung Belastung, Inanspruchnahme, Anforderung, → Anstrengung
beanstanden etwas aussetzen, etwas einwenden, bemängeln, bemäkeln, bekritteln, monieren, reklamieren, ablehnen, sich beklagen, klagen, missbilligen, Anstoß nehmen an, nörgeln, rügen, tadeln, → kritisieren
Beanstandung Einwand, Bemängelung, Reklamation, Einspruch, Klage, Beschwerde, Missbilligung, → Kritik
beantragen einen Antrag stellen, vorbringen, einbringen, vorschlagen, einreichen, → fordern, → bewerben, sich
beantworten → antworten
Beantwortung → Antwort
bearbeiten 1. in Arbeit nehmen, verarbeiten, aufbereiten, ausformen, überarbeiten, verbessern, redigieren, ausarbeiten 2. zusetzen, unter Druck setzen, einwirken auf, umstimmen, → beeinflussen
Bearbeitung 1. Behandlung, Verarbeitung, Erledigung, Ausarbeitung 2. Fassung, Berichtigung, Durchsicht, Überarbeitung, → Ausgabe 3. → Beeinflussung
beargwöhnen → argwöhnen
beaufsichtigen bewachen, aufpassen auf, sehen nach, im Auge behalten, sich kümmern um, betreuen, babysitten, kontrollieren, → hüten
Beaufsichtigung Betreuung, Überwachung, Kontrolle, Bewachung, → Aufsicht
beauftragen 1. auftragen, aufgeben, einen Auftrag geben, anweisen, anschaffen, heißen, kommittieren, verpflichten, betrauen 2. → abordnen 3. → befehlen 4. → ermächtigen

Beauftragter → Abgeordneter, → Bevollmächtigter
beäugen → anschauen
bebauen → anbauen, → ackern
beben → pulsieren, → zittern
Beben → Erdbeben, → Erschütterung
bebildern → illustrieren
bebildert bilderreich, illustriert
Bebilderung → Illustration
Becher Trinkbecher, Becherglas, Trinkglas, Glas, → Gefäß
Becherglas → Becher, → Reagenzglas
Becken 1. Waschbecken, Spülbecken, Waschschüssel, Bassin, Wasserbecken, Schwimmbecken, Swimmingpool, Plantschbecken, → Schüssel 2. → Hüfte
Beckmesserei → Kritik
Bedacht → Besonnenheit
bedächtig → langsam, → besonnen
Bedächtigkeit → Besonnenheit
bedachtsam → besonnen
bedanken, sich → danken
Bedarf Bedürfnis, Nachfrage, Kaufinteresse, Kauflust, → Notwendigkeit
Bedarf haben → brauchen
Bedarfsgüter → Gebrauchsgegenstand
bedauerlich schade, jammerschade, unerfreulich, leider, → bedauernswert
bedauerlicherweise → leider
bedauern → bereuen, → bemitleiden
Bedauern → Entschuldigung, → Reue
bedauernswert → beklagenswert, bejammernswert, Mitleid erregend, bemitleidenswert, beweinenswert, deplorabel, bedauerlich, unglücklich, unglückselig, kläglich, erbärmlich, erbarmungswürdig, jämmerlich, jammervoll, elend, → arm
bedecken 1. zudecken, abdecken, verdecken, überdecken, decken, überziehen, einhüllen, umhüllen, verhüllen, verhängen, zuhängen 2. → verbergen 3. → schützen
bedecken, sich → bewölken, sich
bedeckt → bewölkt
Bedeckung 1. Abdeckung, Schutzdecke, Persenning, Abdeckplane, → Decke 2. → Geleit
bedenken 1. zukommen lassen, geben, beschenken 2. denken an, berücksichtigen 3. in Betracht ziehen, erwägen, durchdenken, überdenken, sich den Kopf zerbrechen, → denken
bedenken, sich Bedenkzeit nehmen, Bedenken tragen, → zögern, → besinnen, sich
Bedenken → Zweifel, Skrupel
bedenkenlos → skrupellos, → leichtfertig
Bedenkenlosigkeit → Skrupellosigkeit, → Leichtfertigkeit
bedenklich 1. fragwürdig, zweischneidig, kritisch, problematisch, heikel, prekär, mulmig, beunruhigend, brenzlig, nicht geheuer, auf Spitz und Knopf, → zweifelhaft 2. → gefährlich 3. → ernst
Bedenkzeit → Aufschub, → Probezeit
bedeuten 1. zu bedeuten haben, die Bedeutung haben, den Sinn haben, besagen, aussagen, meinen, heißen, vorstellen, auf sich haben, darstellen, ausmachen, ausdrücken 2. Gewicht haben, schwer wiegen, von Bedeutung sein, von Belang sein, von Wert sein 3. einen Hinweis geben, zu verstehen geben, einen Wink geben, nahe legen, → andeuten
bedeutend 1. bedeutsam, bedeutungsvoll, beachtlich, belangvoll, relevant, beachtenswert, bemerkenswert, gewichtig, → wichtig, → ansehnlich 2. hoch angesehen, hoch geachtet, hochrangig, von hohem Rang, einflussreich, prominent, → berühmt, bedeutsam → wesentlich, → bedeutend, → wichtig
Bedeutung 1. Sinn, Bewandtnis, Geist, Gehalt, Inhalt, Sinngehalt, Intention, Hintersinn, Nebensinn, Grundgedanke 2. Bedeutsamkeit, Gewichtigkeit, Gewicht, Belang, Relevanz, Tragweite, Ernst, Stellenwert, Wichtigkeit 3. Berühmtheit, Prominenz, Stellung, Rang, Geltung, → Ansehen
bedeutungsähnlich → synonym
bedeutungsgleich → synonym
bedeutungslos 1. belanglos, unmaßgeblich, unerheblich, nicht der Rede wert, ohne Bedeutung, nebensächlich, unbedeutend, → unwichtig, → gegenstandslos 2. nichts sagend, ausdruckslos, farblos
Bedeutungslosigkeit → Kleinigkeit, → Unwichtigkeit
bedeutungsverwandt → synonym
bedeutungsvoll viel sagend, belangvoll, inhaltsreich, inhaltsschwer, ausdrucksvoll, → bedeutend, → wichtig
bedienen 1. handhaben, hantieren, manipulieren, betätigen, schalten, steuern, führen, umgehen mit, benützen, betreiben 2. abfertigen, fertig machen 3. aufwarten, bewirten, servieren, auftischen 4. Dienst erweisen, Gefallen tun, behilflich sein
bedienen, sich 1. anwenden, benutzen, benützen, brauchen, gebrauchen, verwenden, Gebrauch machen von, sich zu Nutze machen 2. sich versorgen, sich nehmen, zugreifen, zulangen, zusprechen
bedienstet in Diensten, angestellt, bestallt, beamtet
Bediensteter → Beamter, → Diener

Bedienter → Diener
Bedienung 1. Handhabung, Manipulation, Betätigung, Steuerung, Führung, Anwendung, Gebrauch 2. Bewirtung, Aufwartung, Service, Dienstleistung 3. Kellner, Oberkellner, Ober, Zimmerkellner, Etagenkellner, Kellnerin, Serviererin, Servierfräulein, Serviertochter, Saaltochter, Steward, Stewardess
Bedienungsvorschrift → Anleitung
bedingen → verursachen, → voraussetzen
bedingt eingeschränkt, mit Vorbehalt, vorbehaltlich, nicht unbedingt, nicht in jedem Fall, je nachdem, → abhängig, → falls
Bedingtheit Relativität, Bezüglichkeit, Abhängigkeit, Einschränkung, bedingte Geltung, → Determination
Bedingung 1. Voraussetzung, Vorbedingung, Annahme, Prämisse 2. Klausel, Einschränkung, Vorbehalt, Maßgabe, Bestimmung, Auflage, Vereinbarung, Kondition, Conditio sine qua non 3. → Ursache
bedingungslos unbedingt, ohne Bedingung, ohne Vorbehalt, ohne Einschränkung, vorbehaltlos, uneingeschränkt, auf jeden Fall, unter allen Umständen, absolut
bedrängen 1. jemandem zusetzen, unter Druck setzen, bestürmen, einstürmen auf, eindringen auf, drängen, in die Enge treiben, das Haus einrennen, in den Ohren liegen, zu bewegen suchen, insistieren, verfolgen, → beschwören, → bitten 2. auf den Leib rücken, → belästigen
Bedrängnis → Not, → Beengung
bedrängt 1. Not leidend, in Not, in Bedrängnis, in der Bredouille, in einer bedrohlichen Situation, bedroht 2. → beengt
bedrohen → drohen, → gefährden
bedrohlich → ernst, → gefährlich
bedroht → gefährdet
Bedrohung → Drohung, → Gefahr
bedrücken drücken, niederdrücken, betrüben, traurig machen, deprimieren, Kummer machen, bekümmern, quälen, peinigen, belasten, beschweren, beengen, das Herz schwer machen, im Magen liegen
bedrückend → deprimierend
bedrückt niedergedrückt, niedergeschlagen, betrübt, deprimiert, → traurig, → schwermütig
Bedrückung → Niedergeschlagenheit, → Kummer, → Belastung
bedürfen → brauchen
Bedürfnis 1. Bedarf, Nachfrage, Kaufinteresse 2. → Notwendigkeit 3. → Verlangen
Bedürfnisanstalt → Toilette
bedürfnislos → bescheiden
Bedürfnislosigkeit → Bescheidenheit
bedürftig → arm
Bedürftigkeit → Armut
beehren → besuchen
beeiden → beschwören
beeilen, sich sich eilen, sich sputen, keine Zeit verlieren, schnell machen, rasch machen, sich tummeln, sich ranhalten, sich dranhalten, zumachen, hasten, sich abhetzen, zulegen, pressieren, → beschleunigen
Beeilung → Eile
beeindrucken Eindruck machen, imponieren, bestechen, Aufsehen erregen, Bewunderung hervorrufen, → wirken
beeindruckend eindrucksvoll, ergreifend, imponierend, bestechend, imposant, stattlich
beeindruckt → bewegt
beeinflussbar → empfänglich, labil
beeinflussen 1. Einfluss nehmen auf, Einfluss ausüben, einwirken auf, suggerieren, einflößen, infiltrieren, manipulieren, einnehmen gegen 2. → einreden
Beeinflussung Einflussnahme, Einwirkung, Suggestion, Manipulation, Seelenmassage, Willenslenkung, → Verführung, → Einfluss
beeinträchtigen schmälern, benachteiligen, behindern, Schaden zufügen, mindern, einengen, erschweren, abträglich sein, überschatten, vermiesen, trüben, Abbruch tun, → schaden
Beeinträchtigung Schmälerung, Benachteiligung, Behinderung, Schädigung, Minderung, Erschwerung, Abbruch, Abtrag, → Schaden
beenden abbrechen, abschließen, beschließen, beendigen, ein Ende bereiten, zum Abschluss bringen, zu Ende führen, einen Schlusspunkt setzen, Schluss machen, aufgeben, aufstecken, → aufhören, → vollenden, → enden
beendet → aus, → fertig
beendigen → beenden, → aufhören
Beendigung Abbruch, Bruch, Einstellung, Schließung, Abschluss, Schluss, → Vollendung, → Ende
beengen → einengen
beengt gedrängt, dicht gedrängt, bedrängt, überfüllt, beengend, eingeengt, zusammengepfercht, beschränkt, eingeschränkt, → eng
Beengung 1. Bedrängung, Bedrängnis, Beklemmung, → Atembeschwerden 2. Einengung, Platzmangel, Beengtheit, → Enge
beerdigen bestatten, begraben, beisetzen, zu Grabe tragen, zur letzten Ruhe betten, die letzte Ehre erweisen, das letzte Geleit geben,

Abschied nehmen, der Erde übergeben, unter die Erde bringen, verscharren, einscharren, vergraben, → einäschern
Beerdigung Bestattung, Begräbnis, Beisetzung, Grablegung, Leichenbegängnis, Leichenfeier, Totenfeier, Trauerfeier, Einsegnung, → Einäscherung
befähigen in die Lage versetzen, Gelegenheit bieten, möglich machen, ermöglichen, rüsten, vorbereiten
Befähigung → Begabung, → Eignung
befahrbar benutzbar, passierbar, schiffbar
befahren begehen, benutzen
befallen → heimsuchen, → widerfahren
befangen 1. parteiisch, einseitig, voreingenommen 2. → schüchtern
Befangenheit 1. Voreingenommenheit, Eingenommenheit, Parteinahme, Parteilichkeit, → Vorurteil 2. → Schüchternheit
befassen, sich → beschäftigen, sich
befehden → anfeinden, → bekämpfen
Befehl Anordnung, Order, Bestimmung, Verordnung, Anweisung, Vorschrift, Auftrag, Weisung, Geheiß, Gebot, Machtwort, Kommando, Diktat, Verfügung, Richtlinie, → Erlass
befehlen 1. anordnen, Order erteilen, gebieten, bestimmen, anweisen, Weisung erlassen, verordnen, veranlassen, anschaffen, beauftragen, auftragen, Auftrag erteilen, vorschreiben, diktieren, verfügen, kommandieren, aufbrummen, → erlassen 2. beordern, bescheiden, zitieren, kommen lassen, vorladen 3. → befehligen
befehligen Befehl führen, Oberbefehl führen, kommandieren, Befehlsgewalt haben, vorstehen, befehlen über, führen
Befehlsgewalt 1. Befehl, Oberbefehl, Kommando, Oberkommando 2. Regierungsgewalt, Amtsgewalt, Staatsgewalt, Herrschergewalt, Gewalt, → Herrschaft
Befehlshaber Feldherr, Heerführer, Kommandant, Kommandeur, Kapitän
befehlshaberisch → herrisch
befestigen 1. anmachen, anbringen, anmontieren, festmachen, fixieren, anheften, anstecken, annageln, verklammern, anschrauben, verschrauben, anschnallen, verankern, festzurren, anbinden, verknoten, zusammenknoten, ankleben, festkleben 2. Bollwerk errichten, panzern 3. → stärken
Befestigung 1. Bindung, Verbindung, Verknüpfung, Gelenk, Zapfen 2. → Befestigungsanlage
Befestigungsanlage 1. Befestigung, Befestigungswerk, Verteidigungsanlage, Bollwerk, Schanze, Verschanzung, Festungswall, Bastei, Bastion, Redoute, Barrikade, Schützengraben, Geschützgraben, Bunker, Kasematte, → Festung 2. Wall, Damm, Hafendamm, Deich, Mole, Reede
befeuchten anfeuchten, benetzen, benässen, nass machen, besprengen, einsprengen, einspritzen, besprühen, sprengen, → gießen
befinden, sich 1. sein, liegen, gelegen sein, stehen, zu finden sein, sich erstrecken, sich ausbreiten, sich erheben, sich ausdehnen, aufragen, daliegen, → aufhalten, sich 2. → fühlen, sich
Befinden 1. Gesundheitszustand, Zustand, Ergehen, Verfassung 2. → Meinung
beflaggen → hissen, → schmücken
beflecken → entehren, → verunreinigen
Befleckung → Entweihung
befleißigen, sich → anstrengen, sich
beflissen → aufmerksam, → eifrig
beflügeln → anregen, → beschleunigen
beflügelt beschwingt, schwungvoll
befolgen beherzigen, sich zu Herzen nehmen, beachten, nachkommen, sich halten an, einhalten, sich richten nach, sich unterwerfen, sich beugen, → gehorchen
Befolgung Beherzigung, Beachtung, Einhaltung, Erfüllung, → Gehorsam
befördern 1. höherstufen, erheben, erhöhen, aufrücken lassen, weiterhelfen 2. fahren, transportieren, spedieren, expedieren, frachten, verfrachten, überführen, bringen
befördert werden → aufsteigen
Beförderung 1. Erhöhung, Rangerhöhung, Aufstieg, Avancement, Ernennung 2. Personenbeförderung, Fahrt, → Transport
befragen eine Umfrage machen, umfragen, interviewen, sich erkundigen, ausfragen, nachfragen, ins Kreuzverhör nehmen, ins Gebet nehmen, → verhören, → fragen
Befragung 1. Umfrage, Meinungsumfrage, Rundfrage, Erhebung, Repräsentativerhebung, demoskopische Untersuchung, Interview 2. Ermittlung, → Verhör
befreien 1. losmachen, loslösen, erlösen, auslösen, loskaufen, erretten, freikämpfen, freibekommen, heraushauen, entsetzen, Fesseln lösen, entfesseln, losbinden 2. in die Freiheit entlassen, auf freien Fuß setzen, → freilassen 3. entbinden, freistellen, zurückstellen, dispensieren, beurlauben, erlassen, entheben, freigeben
befreien, sich 1. freikommen, sich entringen, sich entwinden, → entkommen 2. sich losmachen, sich loseisen, sich freimachen, sich entledigen 3. sich emanzipieren, selbst-

ständig werden, sich selbstständig machen, unabhängig werden, sich auf die eigenen Füße stellen, die Fesseln abstreifen, das Joch abschütteln
Befreier → Retter
befreit → frei
Befreiung 1. Beurlaubung, Entbindung, Dispens, Dispensierung, Suspension, Freistellung, Zurückstellung 2. Entsatz, Entsetzung, Errettung, Erlösung, Rettung 3. Emanzipation, Selbstbefreiung, Gleichstellung, Gleichberechtigung
befremden in Verwunderung setzen, in Erstaunen setzen, Staunen erregen, erstaunen, zu denken geben, stutzig machen, überraschen, bestürzen
Befremden Staunen, Erstaunen, Überraschung, → Verwunderung
befremdend befremdlich, merkwürdig, seltsam, eigenartig, fremdartig, sonderbar
befremdet erstaunt, perplex, baff, verwundert, seltsam berührt, bestürzt, → überrascht
befreunden, sich sich anfreunden, Freundschaft schließen, gut Freund werden mit, Freunde werden, sich kennen lernen, bekannt werden mit
befreundet freundschaftlich, ein Herz und eine Seele, in Freundschaft verbunden, → vertraut
befrieden Frieden stiften, eine Verständigung anbahnen, aussöhnen, versöhnen, schlichten, beschwichtigen, begütigen
befriedigen zufrieden stellen, genugtun, Genugtuung leisten, Genüge tun, Bedürfnis erfüllen, Bedürfnis stillen, entsprechen, beglücken, → abfinden
befriedigen, sich → masturbieren
befriedigend 1. ausreichend, annehmbar, angemessen, → genug 2. → erfreulich
Befriedigung 1. Zufriedenstellung, Erfüllung, Entsprechung, → Genugtuung 2. → Zufriedenheit
befristet datiert, terminiert, begrenzt, bis, fällig bis
befruchten besamen, bestäuben, inseminieren, schwängern
Befruchtung Besamung, Bestäubung, Insemination, Empfängnis, Konzeption, → Begattung
befugen → ermächtigen
Befugnis → Berechtigung
befugt → berechtigt
befühlen betasten, abtasten, anfühlen, fühlen, begreifen, befingern, befummeln, in die Hand nehmen → tasten
Befund → Diagnose
befürchten fürchten, Bedenken tragen, argwöhnen, Besorgnis hegen, besorgt sein, sich Sorgen machen, → ahnen
Befürchtung Besorgnis, Angst, Bedenken, Vorgefühl, ungutes Gefühl, Argwohn, → Ahnung, → Sorge
befürworten sich einsetzen für, sich verwenden für, sich bemühen um, eintreten für, dafür sein, dafür stimmen, → empfehlen
Befürwortung → Empfehlung
begabt talentiert, hoch begabt, reich begabt, begnadet, aufgeweckt, vielseitig, fähig, befähigt, musisch, musikbegabt, musikalisch, gescheit, etwas im Köpfchen haben, → intelligent, → genial
Begabung Talent, Vielseitigkeit, Gabe, Geistesgabe, Naturgabe, Befähigung, Eignung, Fähigkeit, Anlage, Veranlagung, Auffassungsgabe
begatten decken, bespringen, besamen, beschälen, beschlagen, → koitieren
begatten, sich sich paaren, kopulieren, rammeln
Begattung Deckung, Beschälung, Beschlag, Befruchtung, Paarung, Kopulation, → Koitus
begeben, sich 1. gehen nach, sich hinbegeben, sich wenden, sich verfügen nach, reisen, fliegen, laufen, schreiten, eilen, → fahren, → gehen 2. → ereignen, sich
Begebenheit → Ereignis
begegnen 1. treffen, antreffen, zusammentreffen, jemandem in die Arme laufen, über den Weg laufen, jemandes Weg kreuzen 2. → widerfahren
Begegnung 1. Treffen, Zusammentreffen, Zusammenkunft 2. → Wettkampf 3. → Erlebnis
begehen 1. tun, ausführen, vollziehen, verüben 2. benutzen, befahren, → abgehen
Begehr → Wunsch
Begehren → Lust, → Verlangen, → Wunsch
begehren 1. dürsten, lechzen, schmachten, gieren, drängen nach, sich verzehren nach, haben wollen, Lust haben, gelüsten, sich sehnen, versessen sein auf 2. → verlangen, → wünschen
begehrenswert anziehend
begehrlich → lüstern
begehrt gesucht, gefragt, oft verlangt, gängig, erwünscht, wünschenswert, ersehnenswert, begehrenswert, → beliebt
begeistern mitreißen, entflammen, befeuern, anfeuern, beflügeln, entzünden, entzücken, hinreißen, in Begeisterung versetzen, berauschen, trunken machen, von den Plätzen reißen, enthusiasmieren, → gewinnen

begeistern, sich begeistert sein, mitgerissen werden, in Begeisterung geraten, Feuer fangen, Feuer und Flamme sein, sich erwärmen, den Kopf verlieren, schwärmen, hingerissen sein
begeistert enthusiastisch, hingerissen, Feuer und Flamme, entflammt, berauscht, trunken, entzückt, verzückt, ekstatisch, schwärmerisch, überschwänglich, euphorisch, fanatisch, passioniert, eingeschworen, → leidenschaftlich, → rasend
Begeisterung Enthusiasmus, Entzückung, Entzücken, Verzückung, Verzücktheit, Ekstase, Rausch, Trunkenheit, Glut, Feuer, Elan, Hochgefühl, Hochstimmung, Schwärmerei, Überschwang, Überschwänglichkeit, Euphorie, Fanatismus, → Leidenschaft
begeisterungsfähig erregbar, entflammbar, empfänglich, aufgeschlossen
Begeisterungsfähigkeit Empfänglichkeit, Aufgeschlossenheit, Begeisterung, Enthusiasmus
Begierde → Verlangen, → Leidenschaft
begierig 1. wild, versessen, erpicht, verrückt auf, erwartungsvoll, → neugierig 2. → lüstern
begießen → gießen, → feiern
Beginn → Anfang, → Entstehung
beginnen → anfangen, → entstehen
Beginnen → Absicht, → Handlung
beglaubigen 1. bestätigen, bekräftigen, versichern, bezeugen 2. bescheinigen, als echt anerkennen, Richtigkeit anerkennen, für gültig erklären, identifizieren, attestieren, quittieren, 3. legitimieren, legalisieren, zulassen, akkreditieren
beglaubigt bestätigt, gültig, geltend, bezeugt, authentisch, verbürgt, zuverlässig, zutreffend, glaubwürdig, echt, offiziell, → amtlich
Beglaubigung 1. Bestätigung, Bescheinigung, Identitätsbescheinigung, Anerkennung, Nachweis, Erweis, Stempel, → Beweis 2. Legitimierung, Legalisierung, Akkreditierung
Beglaubigungsurkunde Beglaubigungsschreiben, Beglaubigung, Akkreditiv
begleichen → abbezahlen
Begleichung Ausgleich, Abtragen, Entrichtung, Entlohnung, → Bezahlung
begleiten 1. geleiten, Geleit geben, nach Hause bringen, heimbringen, heimgeleiten, abholen, einholen, sich anschließen, sich zugesellen 2. eskortieren, Bedeckung geben, Spalier stehen, die Straße säumen, flankieren 3. einstimmen, mitspielen, mitsingen, untermalen
Begleiter 1. Gefährte, Weggefährte, Weggenosse, Begleitung 2. Trabant, Satellit, → Anhänger 3. Anstandsdame, Ehrendame, Aufpasser 4. → Beschützer 5. → Ratgeber
Begleitpapiere Frachtbrief, Zollbrief, Lieferschein
Begleitung Geleit, Gefolge, Eskorte, Bedeckung, Geleitzug, Konvoi
beglücken → entzücken, → beschenken
beglückt → glücklich
Beglückung → Freude, → Glück
beglückwünschen → gratulieren
begnadet → begabt
begnadigen Strafe erlassen, freisprechen, die Freiheit schenken, amnestieren, → verzeihen
Begnadigung Amnestie, Amnestierung, Straffreiheit, Straferlass, Strafnachlass, Strafaussetzung, → Verzeihung
begnügen, sich → bescheiden, sich
begraben → beerdigen
Begräbnis → Beerdigung
begreifen → erkennen, → verstehen
begreiflich → verständlich, → anschaulich
begrenzen 1. abgrenzen, abstecken, einzäunen, umzäunen, einfrieden, umschließen, umgeben, → einfassen 2. → einschränken
begrenzt → eingeschränkt
Begrenzung → Einschränkung, → Grenze
Begriff 1. Ausdruck, Wort, Vokabel, Bezeichnung, Terminus, Term, Formulierung, Formel 2. → Vorstellung
begrifflich → abstrakt
Begriffsbestimmung → Definition
begriffsstutzig schwer von Begriff, schwerfällig, langsam, → dumm
begründen 1. argumentieren, Argumente vorbringen, motivieren, rechtfertigen, fundieren, untermauern, beweisen 2. → gründen
begründet gesichert, fundiert, durchdacht, reiflich, hieb- und stichfest, unangreifbar, → abhängig
Begründung 1. Argument, Grund, Beweisgrund, → Beweis 2. Argumentation, Beweisführung, Erklärung, Fundierung, Untermauerung 3. → Entschuldigung 4. → Gründung
begrüßen → grüßen, → empfangen, → billigen
Begrüßung 1. Verneigung, Verbeugung, Umarmung, Handschlag, Händedruck, Händeschütteln, Handkuss, → Gruß 2. → Willkomm
begünstigen → fördern, → vorziehen
begutachten → beurteilen
Begutachtung → Beurteilung, → Besichtigung
begütigen → beruhigen

Begütigung → Beruhigung
behaart haarig, struppig, → bärtig
behäbig → langsam
behagen → gefallen
Behagen → Zufriedenheit
behaglich → gemütlich, → geborgen
Behaglichkeit → Gemütlichkeit, → Geborgenheit
behalten 1. zurückbehalten, einbehalten, nicht hergeben, festhalten, nicht aus der Hand geben, → beibehalten 2. sich etwas merken, sich hinter die Ohren schreiben, beherzigen, nicht vergessen, sich einprägen, → erinnern, sich 3. → aufbewahren
Behälter Behältnis, Kästchen, Kiste, Container, Gefäß, Fass, Tonne, Tank, Kanister, Tube, Röhre, Röhrchen, Büchse, Dose, Urne, Vase, → Kanne, → Flasche, → Schachtel, → Hülle
Behältnis → Behälter
behände → flink, → geschickt
behandeln 1. umgehen mit, verfahren mit, handhaben 2. ärztlich versorgen, verarzten, Patienten betreuen 3. handeln von, gehen um, sich drehen um, zum Gegenstand haben, zum Inhalt haben, erzählen, berichten 4. abhandeln, durchnehmen, zum Thema nehmen, schreiben über, ausarbeiten, → erörtern
Behandlung 1. Anwendung, Handhabung, Umgang, → Bedienung 2. Therapie, Heilbehandlung, Heilung, ärztliche Versorgung, ärztliche Betreuung, Krankenbehandlung, Krankheitsbehandlung, Methode, Heilmethode, Behandlungsmethode, Bestrahlung, Chemotherapie, Massage, → Kur 3. → Bearbeitung 4. → Durchnahme
beharren → bestehen auf
beharrlich ausdauernd, beständig, hartnäckig, unverdrossen, unbeirrt, unbeirrbar, unerschütterlich, fest, stetig, unaufhörlich, unermüdlich, nimmermüde, konsequent, zäh, verbissen, erbittert, stur, → geduldig, → zielstrebig
Beharrlichkeit Ausdauer, Beständigkeit, Hartnäckigkeit, Zähigkeit, Durchhaltevermögen, Durchsetzungskraft, Stehvermögen, Unermüdlichkeit, Stetigkeit, Beharrung, Beharrungsvermögen, Unbeugsamkeit, Unerschütterlichkeit, Konsequenz, Sturheit, → Geduld, → Zielstrebigkeit
behaupten 1. sagen, Behauptung aufstellen, versichern, beteuern, nachdrücklich vertreten, aufrechterhalten, erklären, → äußern 2. unterstellen, hinstellen als, beschuldigen, vorwerfen, vorbringen, anbringen, ins Gesicht schleudern
behaupten, sich 1. standhaft bleiben, standhalten, festbleiben, nicht wanken, nicht lockerlassen, bestehen, → durchsetzen, sich 2. sich bewähren, sich als geeignet erweisen, Erfolg haben, Erwartungen erfüllen
Behauptung 1. Hypothese, These, Annahme, Unterstellung, → Axiom 2. → Lehre 3. → Meinung
Behausung → Haus
beheben → beseitigen, → reparieren
beheimatet → ansässig
Behelf Notlösung, Notbehelf, Provisorium, Übergangslösung, Ersatz, Hilfsmittel, → Ausweg
behelfen, sich sich zu helfen wissen, sich forthelfen, sich weiterhelfen, sich nach der Decke strecken, sich begnügen, sich abfinden
behelfsmäßig behelfsweise, notdürftig, fürs Erste, provisorisch, vorläufig, schlecht und recht, leidlich
behelligen → belästigen
Behelligung → Belästigung, → Störung
beherbergen 1. aufnehmen, unterbringen, Obdach gewähren, einquartieren, Quartier geben 2. untergebracht sein, Unterkunft finden, seinen Standort haben
beherrschen 1. Gewalt ausüben, Macht ausüben, gebieten über, regieren, die Zügel führen, → herrschen 2. in der Gewalt haben, in der Hand haben, unter dem Pantoffel haben, → unterdrücken 3. zügeln, bezwingen, bewältigen, im Griff haben 4. → können 5. → wissen 6. → dominieren
beherrschen, sich sich mäßigen, sich zügeln, sich zurückhalten, Maß halten, sich enthalten, an sich halten, sich bremsen, sich zusammenreißen, sich nicht gehen lassen, Haltung bewahren, sich Zwang antun, sich selbst besiegen, sich überwinden, sich nichts anmerken lassen, sich in der Gewalt haben, sich im Zaume halten, ruhig Blut bewahren, Fassung bewahren
beherrschend → führend, → dominant
beherrscht gelassen, gefasst, gemessen, besonnen, diszipliniert, maßvoll, → ruhig
Beherrschtheit → Beherrschung
Beherrschung 1. Beherrschtheit, Besonnenheit, Gelassenheit, Gefasstheit, Fassung, Haltung, Contenance, Selbstbeherrschung, Selbstüberwindung, Disziplin, → Ruhe 2. geschickter Umgang, Können
Beherrschung verlieren → aufbrausen
beherzigen → befolgen
Beherzigung Beachtung, Befolgung, Einhaltung, → Erfüllung
beherzt → mutig

behilflich hilfreich, dienlich, nützlich, dienstbereit, förderlich, zuträglich, bergend, schützend
behilflich sein → helfen
behindern 1. hinderlich sein, beeinträchtigen, einengen, aufhalten, hemmen, stören 2. Schwierigkeiten machen, Steine in den Weg legen, quer schießen, erschweren, → hindern
behindert → körperbehindert
Behinderter → Körperbehinderter
Behinderung → Körperbehinderung, → Erschwerung
Behörde → Amt, → Obrigkeit
Behördendeutsch → Kanzleistil
Behördenweg → Dienstweg
behüten → bewahren, → schützen
behutsam → pfleglich, → vorsichtig
Behutsamkeit → Vorsicht
bei 1. dabei, nahe, dicht, angrenzend, daneben, neben, in der Nähe von 2. → während
beibehalten erhalten, aufrechterhalten, bleiben bei, festhalten an, bewahren, nicht aufgeben, halten, behalten, bestehen lassen
beibringen → beschaffen, → lehren, → dressieren, → mitteilen, → zufügen
Beichte 1. Gewissenserleichterung, Schuldgeständnis, Schuldbekenntnis, Bekenntnis, Enthüllung, Eröffnung, Aussprache, → Geständnis 2. Beichtsakrament, Bußsakrament, Sakrament, Confessio
beichten 1. anvertrauen, eröffnen, sich schuldig bekennen, Gewissen erleichtern, → gestehen 2. Beichte ablegen, seine Sünden bekennen
Beichtsakrament → Beichte
beide alle beide, alle zwei, die beiden, die zwei, zwei zusammen, das Paar, → doppelt
beiderseitig beiderseits, auf beiden Seiten, hüben und drüben, → abwechselnd
beiderseits → beiderseitig, → abwechselnd
beieinander → beisammen
Beifahrer Copilot, Mitfahrer, Sozius, Fahrgast
Beifall 1. Applaus, Beifallklatschen, Händeklatschen, Klatschen, Beifallsbekundung, Beifallssturm, Ovation, Akklamation, Jubel 2. → Anerkennung
Beifall spenden → klatschen
beifällig → bejahend
beifügen 1. beischließen, anschließen, beilegen, beigeben, anfügen, anheften, beiordnen 2. → hinzufügen
Beifügung → Beilage, → Zusatz
Beigabe → Beilage
beige falb, gelblich, gelb, sandfarben, lehmfarben, cremefarben, eierschalenfarben, chamois, elfenbeinfarben, → braun
Beige → Stapel
beigeben → hinzufügen, → beifügen
Beigeordneter Stadtverordneter, Stadtrat, Beauftragter, → Abgeordneter
beigeschlossen → beiliegend
Beigeschmack Nebengeschmack, Nachgeschmack, Anflug von, Spur von, → Geschmack
beigesellen, sich → anschließen, sich
Beiheft → Beilage
Beihilfe → Unterstützung
Beilage 1. Beilagen, Zutat, Zutaten 2. Beigabe, Beischluss, Anlage 3. Beiblatt, Beiheft, Einlage, Beifügung, Zugabe
beiläufig → nebenbei
beilegen 1. ausgleichen, aussöhnen, begütigen, bereinigen, befrieden, auffangen, ausbügeln, beenden, → schlichten 2. → beifügen
Beilegung → Einigung, → Bereinigung
beileibe → wahrhaftig
Beileid Teilnahme, Anteilnahme, Kondolenz, Beileidsbezeugung, → Mitgefühl
Beileid aussprechen → kondolieren
beiliegend anbei, anliegend, inliegend, in der Anlage, als Anlage, beigeschlossen, beifolgend, mit gleicher Post, ergänzend, damit, ferner, sowie
beimessen zuerkennen, ableiten, herleiten, verantwortlich machen, → zuschreiben
beimischen → untermischen
Bein 1. Schenkel, Schienbein, Wade, Lauf, Glied, Gliedmaße, Extremität(en), Säbelbeine, X-Beine, O-Beine, Ständer, Stempel, Haxen, Schlegel 2. Stütze, Stützbein, Tischbein 3. → Knochen
beinahe → fast
Beiname Deckname, Künstlername, Kosename, → Pseudonym, → Spitzname
beinhalten → einschließen, → enthalten
beiordnen → beifügen
Beipackzettel → Anleitung
beipflichten → zustimmen, → billigen
Beirat → Ausschuss
beirren aus der Ruhe bringen, unsicher machen, irritieren, → verwirren
beisammen beieinander, nebeneinander, mitsammen, vereint, vereinigt, zusammen, → gemeinsam
Beisammensein Zusammenkunft, Geselligkeit, Einladung, Verkehr, Umgang, → Gesellschaft
beischaffen → bringen
Beischlaf → Koitus
beischließen → beifügen
Beischluss → Beilage

beiseite seitlich, seitab, abseits, seitwärts
beiseite drängen → verdrängen
beiseite gehen → ausweichen
beiseite lassen → auslassen
beiseite legen 1. weglegen, aus der Hand legen, hinlegen 2. → sparen
beisetzen → beerdigen
Beisetzung → Beerdigung, → Einäscherung
Beisitzer → Geschworener
Beispiel 1. Exempel, Paradigma, abschreckendes Beispiel, Paradebeispiel, Musterbeispiel, Schulbeispiel, Veranschaulichung, Illustration 2. Muster, Probe, Modell 3. → Vorbild
beispielhaft → vorbildlich
beispiellos 1. ohne Beispiel, ohnegleichen, sondergleichen, einmalig, einzig, einzigartig, → außergewöhnlich 2. → vorbildlich
beispielsweise zum Beispiel, um ein Beispiel zu nennen, etwa, gewissermaßen, sozusagen, wie wenn, als ob
beispringen → helfen
beißen 1. zubeißen, zuschnappen, zwicken, → kauen 2. → jucken
beißend → ätzend, → intensiv, → spöttisch
Beißzange → Zange, → Xanthippe
Beistand 1. Helfer, Begleiter, Fürsprecher, Stütze, Freund, Tröster, Priester, Berater, Anwalt, Rechtsberater, Rechtsbeistand, Syndikus, Justiziar 2. → Hilfe
beistehen → helfen
beisteuern → beitragen
Beitrag 1. Gebühr, Maut, Abgabe, Scherflein, Opfer, Spende, Gabe, Obolus, Kontingent, Umlage, Zuschuss, Alimente → Steuer 2. Förderung, Unterstützung, Beistand, Mitwirkung, → Hilfe 3. Zeitungsartikel, Aufsatz, Abhandlung, Veröffentlichung, → Artikel 4.→ Anteil
beitragen Beitrag leisten, beisteuern, zugeben, zuschießen, zulegen, zuschustern, hinzutun, dazutun, mitarbeiten, mitwirken, → beteiligen, sich
beitreten → eintreten
Beitritt → Eintritt
beiwohnen 1. dabei sein 2. → koitieren
beizeiten → früh, → rechtzeitig
bejahen → zustimmen
bejahend positiv, optimistisch, zustimmend, beifällig, anerkennend, bekräftigend, bestätigend, affirmativ
bejahrt → alt
bejammern → beklagen
bejammernswert → bedauernswert
bejubeln beklatschen, mit Beifall bedenken, hochleben lassen, feiern, verherrlichen
bejubelt gefeiert, verehrt, umschwärmt, beklatscht, mit Beifall überschüttet, verherrlicht
bekämpfen 1. kämpfen gegen, bekriegen, befehden, befeinden, anfeinden, zu Felde ziehen, → angreifen 2. ankämpfen gegen, angehen gegen, entgegenwirken, entgegentreten, vorgehen gegen, einschreiten, niederhalten, betäuben, → verhindern
Bekämpfung Abwehr, Gegenwehr, Behandlung, → Widerstand
bekannt 1. namhaft, berühmt, prominent, wohl bekannt, altbekannt, stadtbekannt, weltbekannt, populär, publik, öffentlich, offiziell, ruchbar, in aller Munde, geläufig, eingeführt, gang und gäbe, viel genannt, viel besprochen, weit verbreitet, nicht fremd, ein offenes Geheimnis, → berüchtigt 2. → vertraut 3. → bewusst
bekannt geben bekannt machen, kundtun, kundgeben, verkünden, verkündigen, verlautbaren, verlauten lassen, proklamieren, darauf aufmerksam machen, ausrufen, ansagen, melden, verbreiten, wissen lassen, in Umlauf setzen, publik machen, publizieren, veröffentlichen, Kenntnis geben, → ankündigen, → mitteilen
bekannt machen → bekannt geben
bekannt werden → herauskommen
Bekanntenkreis → Freundeskreis
bekanntermaßen bekanntlich, erfahrungsgemäß, wie man weiß, → nämlich
Bekanntgabe Bekanntmachung, Kundgabe, Verlautbarung, Verkündung, Verkündigung, Publikation, Publizierung, Veröffentlichung, Meldung, öffentliche Erklärung, Proklamation, → Anzeige, → Mitteilung
Bekanntheit 1. Bekanntsein, Publizität, Öffentlichkeit, Aufsehen 2. → Berühmtheit
bekanntlich → bekanntermaßen, → nämlich
Bekanntmachung → Bekanntgabe, → Rundschreiben
Bekanntschaft → Freund, → Freundin, → Beziehung, → Freundeskreis
Bekanntschaft schließen → näher kommen, sich
bekehren bewegen, gewinnen für, missionieren, Mission treiben, einsichtig machen, herumkriegen, überreden, → überzeugen
bekehren, sich → konvertieren, → läutern, sich
Bekehrung → Läuterung, → Konversion
bekennen 1. Bekenntnis ablegen, Zeugnis ablegen, zu seinem Glauben stehen 2. → gestehen, → offenbaren
bekennen, sich → zustimmen

Bekenntnis 1. Glaube, Glaubensrichtung, Glaubensbekenntnis, Konfession, Religion, Kirche 2. → Geständnis, → Beichte
Bekenntnis ablegen → bekennen
beklagen 1. bejammern, beweinen, klagen um, jammern um, betrauern, nachtrauern, nachweinen, nicht vergessen können, → bemitleiden 2. → bereuen
beklagen, sich → beschweren, sich
beklagenswert → bedauernswert
Beklagter → Angeklagter
beklatschen → bejubeln
bekleiden → kleiden, → innehaben
Bekleidung → Kleidung
beklemmend beunruhigend, bedrückend, belastend, quälend, peinigend, beängstigend, → unheimlich
Beklemmung 1. Beklommenheit, dumpfes Gefühl, bange Ahnung, Unbehagen, Platzangst, → Angst 2. Enge, Beengtheit, Klaustrophobie, → Atembeschwerden
beklommen → ängstlich
Beklommenheit → Beklemmung
bekommen erhalten, erlangen, empfangen, kriegen, zuteil werden, teilhaftig werden, geschenkt bekommen, zufließen, ergattern, abkriegen, abbekommen, sich holen, davontragen, sich einfangen, sich einhandeln, sich zuziehen, → erwerben
bekömmlich wohl bekömmlich, leicht verdaulich, verträglich, gesund, zuträglich, unschädlich, → wohltuend, → gesund
Beköstigung → Bewirtung, → Ernährung
bekräftigen bestätigen, beglaubigen, mit Nachdruck sagen, beteuern, → versichern
bekräftigend → affirmativ
Bekräftigung Bestätigung, Beglaubigung, Erhärtung, Nachdruck, Beteuerung, Bezeugung, → Versicherung
bekriegen → bekämpfen
bekritteln → beanstanden, → kritisieren
bekümmern Kummer machen, bedrücken, beunruhigen, betrüben, zu schaffen machen, Sorgen machen, Kopfzerbrechen machen, traurig machen
Bekümmernis → Sorge
bekümmert betrübt, bedrückt, sorgenvoll, besorgt, kummervoll, → traurig
bekunden bezeigen, bezeugen, erweisen, zollen, dartun, erkennen lassen, an den Tag legen, dokumentieren, aufweisen, zum Ausdruck bringen
Bekundung Ausdruck, Bezeigung, Bezeugung, Beteuerung, Demonstration, Erweis, Erweisung, Zeichen, Kundgabe
belächeln → auslachen
beladen aufladen, bepacken, aufpacken, voll laden, voll packen, befüllen, befrachten, belasten, aufbürden, → laden
Belag 1. Überzug, Kruste, Oberfläche, Schicht, Ablagerung, Rost, Patina, Grünspan 2. Brotbelag, Brotaufstrich
belagern blockieren, aushungern, einkreisen, umzingeln, umstellen, einschließen, einkesseln, abschneiden, absperren, hermetisch abriegeln
Belagerung Blockade, Einschließung, Einkesselung, Einkreisung, Umzingelung, Umklammerung, Absperrung, → Sperre
Belagerungszustand → Notstand
Belang → Bedeutung
Belange → Angelegenheit
belangen haftbar machen, zur Verantwortung ziehen, verantwortlich machen, zur Rede stellen, gerichtliche Untersuchung anordnen, vor Gericht ziehen, → verklagen
belanglos → bedeutungslos
Belanglosigkeit → Nebensächlichkeit
belangvoll → bedeutend, → bedeutungsvoll
belassen → lassen
belastbar leistungsfähig, abgehärtet, tragfähig, zäh, hart im Nehmen, → kräftig
Belastbarkeit Leistungsfähigkeit, Widerstandskraft, Zähigkeit, Tragfähigkeit
belasten 1. auflasten, aufladen, → beladen 2. auferlegen, beschweren, Sorgen bereiten, bedrücken, drücken, anstrengen, beeinträchtigen, mitnehmen, zumuten, → aufbürden, → beanspruchen 3. jemandem etwas anlasten, zur Last legen, anhängen, beschuldigen, aussagen gegen, die Schuld geben
belastend → beklemmend
belästigen 1. behelligen, lästig fallen, auf die Nerven gehen, den Nerv rauben, nerven, auf den Wecker fallen, auf den Geist gehen, schikanieren, drangsalieren, bedrängen, aufdringlich sein, inkommodieren, molestieren, plagen, quälen, → stören 2. → necken
Belästigung Behelligung, Plage, Landplage, Geißel, Last, → Störung, → Aufdringlichkeit
Belastung 1. Beanspruchung, Inanspruchnahme, Anforderung, Mühe, Überlastung, Stress, → Anstrengung 2. Bedrückung, Kreuz, → Sorge 3. Ballast, Gewicht, Druck, Last 4. Schuld, Schulden, Hypothek, Verbindlichkeit 5. → Beschuldigung
Belastungsmaterial → Beweismaterial
Belastungsprobe → Geduldsprobe
belauern → beobachten
belaufen, sich → betragen
belauschen → beobachten, → horchen

beleben 1. auffrischen, aktivieren, ankurbeln, in Schwung bringen, → anregen 2. bevölkern, füllen, erfüllen, anfüllen
belebend erfrischend, stärkend, kräftigend, stimulierend, → anregend
Belebung 1. Auffrischung, Anregung, Aktivierung, neuer Wind 2. → Erfrischung
Beleg → Quittung, → Quelle, → Beweis
belegen 1. nachweisen, dokumentieren, beglaubigen, untermauern, bestätigen, → beweisen 2. → ausstatten 3. → besetzen
Belegschaft → Arbeitnehmer
belegt → besetzt, → heiser, → wahr
belehren 1. schulmeistern, bevormunden, über den Mund fahren, berichten, dozieren, → lehren 2. → aufklären
belehrend 1. schulmeisterlich, magisterhaft, oberlehrerhaft, dozierend, mit erhobenem Zeigefinger, gouvernantenhaft 2. → lehrreich
Belehrung 1. Zurechtweisung, Verweis, Berichtigung 2. → Lehre
beleibt → dick
Beleibtheit → Dicke, → Fettleibigkeit
beleidigen insultieren, schmähen, anpöbeln, ausfallend werden, ausfällig werden, zu weit gehen, zu nahe treten, bloßstellen, → beschimpfen, → verletzen
beleidigend ausfallend, ausfällig, ehrenrührig, gehässig, verletzend, kränkend
beleidigt eingeschnappt, schmollend, verschnupft, pikiert, sauer, vergrätzt, → gekränkt
Beleidigung Kränkung, Affront, Verletzung, Ehrverletzung, Ausfall, Invektive, Anfeindung, Angriff, Insult, Insultation, Injurie, Verbalinjurie, → Beschimpfung
beleihen Geld aufnehmen, Anleihe aufnehmen, Hypothek aufnehmen, Pfand geben, → leihen, sich
belesen → gebildet
beleuchten 1. anleuchten, anstrahlen, bestrahlen, anscheinen, bescheinen, illuminieren 2. erhellen, Licht in eine Sache bringen, → erklären
Beleuchtung → Licht, → Erklärung
belieben → gefallen, → herbeilassen, sich
Belieben → Gutdünken
beliebig wie es beliebt, nach Belieben, nach Wunsch, nach Gutdünken, nach eigenem Ermessen, wahllos, irgendein, irgendetwas, irgend, x-beliebig, willkürlich, dehnbar, egal → zufällig
beliebt geschätzt, gern gesehen, wohlgelitten, gut angeschrieben, umschwärmt, populär, bejubelt, volkstümlich, in Mode, en vogue, in aller Munde, gut eingeführt, gesucht, begehrt, mit großem Zulauf, → angesehen, → bekannt
Beliebtheit Anklang, Popularität, Volkstümlichkeit, → Anerkennung
beliefern → liefern
bellen 1. anschlagen, Laut geben, kläffen, blaffen, belfern 2. → husten 3. → schimpfen
Belletristik → Literatur
belobigen → loben
Belobigung → Lob, → Prämierung
belohnen lohnen, danken, bezahlen, entschädigen, ersetzen, honorieren, anerkennen, auszeichnen, → vergelten
Belohnung Lohn, Erkenntlichkeit, Dank, Anerkennung, Auszeichnung, Entschädigung, Entgeltung
belüften → lüften
Belüftung → Lüftung
belügen → lügen, → täuschen
belustigen erheitern, Heiterkeit erregen, amüsieren, ergötzen, unterhalten, anregen, vergnügen
belustigend → lustig
Belustigung Erheiterung, Amüsement, Ergötzlichkeit, Lustbarkeit, Vergnügen, Vergnügung, Festlichkeit, Festivität, Unterhaltung
bemächtigen, sich → ergreifen, → aneignen, sich
bemäkeln → beanstanden, → kritisieren
bemalen anmalen, bestreichen, färben, einfärben, anstreichen, → malen
bemängeln → beanstanden
bemänteln → beschönigen, → vertuschen
bemerken 1. merken, gewahr werden, gewahren, wahrnehmen, aufmerksam werden auf, innewerden, feststellen, entdecken, erkennen, auffallen, registrieren, spüren, hören, sehen, Wind bekommen, den Braten riechen, Lunte riechen, spitzbekommen, spitzkriegen, dahinter kommen, etwas spannen 2. anmerken, einwerfen, einflechten, einfügen, anfügen, einfließen lassen, zwischenrufen, Bemerkung fallen lassen, äußern
bemerkenswert beachtenswert, beachtlich, anerkennenswert, Achtung gebietend, respektabel, denkwürdig, merkwürdig, → bedeutend, → ansehnlich, → sehr
Bemerkung Anmerkung, Randbemerkung, Feststellung, Kommentar, Meinungsäußerung, Ausspruch, Andeutung, Zwischenruf, Einwurf, Notiz, Äußerung
bemessen → abmessen
bemitleiden bedauern, dauern, beklagen, Leid tun, Mitleid empfinden, mitfühlen, mitempfinden, mitleiden, Mitgefühl zeigen, Anteil nehmen, ein Herz haben

bemitleidenswert → bedauernswert
Bemühen → Anstrengung, → Bestrebung
bemühen, sich 1. sich interessiert zeigen, Interesse zeigen, interessiert sein an, sich bewerben um, umwerben, buhlen um 2. → anstrengen, sich
Bemühung → Anstrengung, → Bestrebung
bemuttern → sorgen für
benachbart nebenan, umwohnend, umliegend, ringsum, in nächster Umgebung, in derselben Straße, auf derselben Straßenseite, Haus an Haus, Tür an Tür, nächste Türe, anliegend, → angrenzend, → nahe
benachrichtigen Nachricht geben, Bescheid geben, in Kenntnis setzen, informieren, verständigen, unterrichten, ins Bild setzen, ausrichten, → mitteilen
Benachrichtigung Nachricht, Bescheid, Botschaft, Unterrichtung, → Mitteilung
benachteiligen zurücksetzen, hintansetzen, hintanstellen, übergehen, übervorteilen, diskriminieren, ungerecht behandeln, beeinträchtigen, missachten, vernachlässigen, übertölpeln, prellen, → schaden
Benachteiligung Zurücksetzung, Übervorteilung, Diskriminierung, Beeinträchtigung, Missachtung, Vernachlässigung, Übertölpelung, → Nachteil, → Betrug
benässen → befeuchten
benebeln → betäuben
benebelt → betrunken
benedeien → segnen
benehmen → wegnehmen
benehmen, sich sich verhalten, sich gebaren, sich gebärden, sich gehaben, sich geben, sich aufführen, sich gerieren, auftreten, höflich sein, den guten Ton wahren, gut erzogen sein, schlecht erzogen sein, sich danebenbenehmen, sich im Ton vergreifen, aus der Rolle fallen, sich gehen lassen
Benehmen 1. Verhalten, Gebaren, Betragen, Führung, Auftreten, Haltung, Habitus, Gehabe, Art, Allüren, Starallüren, Ton, Anstand, Benimm, Manieren, Sitten, Erziehung, Anstandsregeln, Umgangsformen, Kinderstube, Etikette, Äußerlichkeit, Protokoll, Zeremoniell, 2. → Reaktion
beneiden → neiden
beneidenswert → glücklich
benennen → bezeichnen
benetzen → befeuchten
Bengel → Stock, → Junge, → Spitzbub(e)
Benimm → Benehmen
benommen → schlaftrunken, betäubt, dumpf, umnebelt, wie im Nebel, rammdösig, im Tran, neben der Kappe, duselig, dumm, schwindelig, taumelig, schwummerig, → müde
Benommenheit → Betäubung, → Schwindel
benötigen → brauchen, → erfordern
Benotung → Note
benutzen 1. befahren, begehen 2. → anwenden
benützen → anwenden, → bedienen, sich
Benutzung → Anwendung
Benutzungsvorschrift → Anleitung
Benzin → Kraftstoff
beobachten 1. überwachen, bewachen, beschatten, bespitzeln, observieren, nachspionieren, beschnüffeln, nachschnüffeln, im Auge behalten, nicht aus den Augen verlieren, belauern, belauschen, abhören, abhorchen, → spionieren 2. erfahren, wahrnehmen, entdecken, die Beobachtung machen 3. → zuschauen
Beobachter 1. Beobachtungsposten, Vorposten, Späher, Spitzel, Schnüffler 2. → Zuschauer
Beobachtung 1. Wahrnehmung, Eindruck, Empfindung, Entdeckung 2. Bewachung, Beschattung, Bespitzelung, Observation, Überwachung, → Aufsicht 3. → Untersuchung
Beobachtungsgabe → Auffassungsgabe
beordern → vorladen, → befehlen
bepacken → beladen
bequem 1. angenehm, passend, tauglich, komfortabel, kommod, behaglich, kuschelig, mollig, → gemütlich 2. → zwanglos 3. → leicht 4. → handlich 5. → faul
bequemen, sich sich herbeilassen, bereit sein, sich bereit finden, geruhen, geneigt sein, sich herablassen, → entgegenkommen
Bequemlichkeit 1. Annehmlichkeit, Komfort, Behaglichkeit, → Gemütlichkeit 2. Faulheit
beraten 1. Rat geben, Ratschläge erteilen, mit Rat und Tat beistehen, unterstützen, empfehlen, Empfehlungen geben, Entscheidungshilfe geben, → raten 2. → beraten, sich 3. → erörtern
beraten, sich beratschlagen, sich besprechen, sich absprechen, Rat halten, sich unterreden, sich zusammensetzen, sich an einen Tisch setzen, durchsprechen
Berater 1. Ratgeber, Fachberater, Mentor, Tutor, Experte, Fachmann 2. Anwalt, Rechtsberater, Rechtsbeistand, → Beistand
beratschlagen → beraten, sich
Beratung 1. Auskunft, Beratungsgespräch, Kundenberatung, Empfehlung, → Rat 2. Auskunftsstelle, Beratungsstelle 3. Beratschlagung, Unterredung, Rat, → Tagung

Beratungsstelle → Beratung
berauben ausrauben, ausräubern, ausplündern, ausnehmen, bestehlen, beklauen, erleichtern, schröpfen, → stehlen
berauschen trunken machen, entrücken, bezaubern, → begeistern, → betäuben
berauschend 1. aufregend, atemberaubend, bezaubernd, betörend, sinnverwirrend, erregend, aufreizend 2. benebelnd, betäubend, alkoholhaltig, alkoholisch, hochprozentig, schwer
berauscht 1. trunken, wonnetrunken, entzückt, entrückt, schwärmerisch, begeistert, bezaubert 2. → betrunken
Berauschtheit → Rausch
berechenbar 1. zählbar, messbar, teilbar 2. → vorhersehbar
berechnen 1. Berechnungen anstellen, ausrechnen, errechnen, aufrechnen, rechnen, vorausberechnen, kalkulieren, fakturieren, überschlagen, Überschlag machen, Voranschlag machen, ermitteln 2. in Rechnung stellen, Rechnung stellen, in Anschlag bringen, in Anrechnung bringen, anrechnen, verrechnen
berechnend kaltschnäuzig, wohl bedacht, bewusst, auf seinen Vorteil bedacht, vorteilsüchtig, gewinnsüchtig, eigennützig
berechnet → durchdacht, → systematisch
Berechnung 1. Rechnung, Kalkulation, Veranschlagung, Überschlag, Vorausberechnung, Kostenvoranschlag, Voranschlag 2. Abwägung, Spekulation, Kalkül, Taktik, Kaltschnäuzigkeit, Eigennutz 3. → Vorhersicht
berechtigen befugen, Befugnis erteilen, autorisieren, ermächtigen, bestätigen, ernennen, bevollmächtigen, → erlauben
berechtigt 1. befugt, autorisiert, bevollmächtigt, ermächtigt 2. mit Fug und Recht, mit gutem Recht, angemessen, zulässig
Berechtigung 1. Befugnis, Genehmigung, Ermächtigung, Vollmacht, Bevollmächtigung, Prokura, Handlungsvollmacht, Verfügungsgewalt, Bestätigung, → Erlaubnis 2. → Recht, → Anspruch
bereden → erörtern, → umstimmen
Beredsamkeit → Wortgewandtheit
beredt → wortgewandt
beregnen → sprengen
Bereich 1. Raum, Sphäre, Feld, Zone, Sektor, Kreis, Wirkungskreis, Wirkungsbereich, Umkreis, Umfeld, Einflusssphäre, Einflussbereich, Domäne, Machtbereich, Einzugsbereich, → Bezirk 2. Ressort, Gebiet, Fachgebiet, Arbeitsfeld, Arbeitsbereich, Tätigkeitsfeld, → Abteilung
bereichern reicher machen, anreichern, auffüllen, optimieren, steigern, erhöhen
bereichern, sich Vorteil ziehen aus, sich schadlos halten, Nutzen ziehen aus, ausbeuten, sich gesundstoßen, in die eigene Tasche wirtschaften
bereinigen 1. klären, einrenken, reinen Tisch machen, ins Reine bringen, ins rechte Lot bringen, in Ordnung bringen, aus der Welt schaffen, abhelfen, schlichten, beilegen, zurechtrücken, wieder gutmachen, regeln, geradebiegen, zurechtbiegen, hinbiegen, ausbügeln, ausgleichen 2. → tilgen
Bereinigung 1. Schlichtung, Beilegung, Beseitigung, Ausgleich 2. → Tilgung
bereit 1. einsatzbereit, startbereit, gerichtet, reisefertig, parat, verfügbar, griffbereit, → fertig, → gar 2. bereitwillig, geneigt, gesonnen, erbötig
bereit sein → bequemen, sich
bereiten → zufügen, → vorbereiten, → zubereiten, → machen
bereithalten → bereitstellen
bereits → schon
Bereitschaft 1. Bereitwilligkeit, Willigkeit, Willfährigkeit, Erbötigkeit, Beflissenheit, → Entgegenkommen 2. → Tendenz 3. → Bereitschaftsdienst
Bereitschaftsarzt Notarzt, Unfallarzt, → Arzt
Bereitschaftsdienst Bereitschaft, Wochenendbereitschaft, Wochenenddienst, Sonntagsdienst, Notdienst, Nachtdienst, Nachtwache
bereitstellen bereithalten, zur Verfügung stellen, zur Verfügung halten, zurechtlegen, zurechtmachen, → vorbereiten
bereitwillig → bereit, → gern
Bereitwilligkeit → Bereitschaft
bereuen bedauern, beklagen, Reue empfinden, reuen, Leid tun, schmerzen, in sich gehen, Einkehr halten, sich schuldig bekennen, gereuen, untröstlich sein, sich schämen, sich Gewissensbisse machen, Gewissensbisse haben, verwünschen, verfluchen, abbitten, Abbitte leisten
Berg 1. Anhöhe, Erhöhung, Höhe, Erhebung, Hügel, Bühel, Buckel, Kuppe, Bergkuppe, Bergkegel, Kegel, Gipfel, Bergrücken, Bergmassiv, Massiv, → Gebirge, → Abhang 2. → Haufen
bergab → abwärts
bergauf → aufwärts
Bergbahn Gebirgsbahn, Zahnradbahn, Kabinenbahn, Schwebebahn, Seilbahn, Drahtseilbahn, Luftseilbahn, Gondelbahn, Gondel, → Skilift

bergen → retten, → verbergen, → enthalten
Bergfried → Turm
Bergmann Bergknappe, Knappe, Steiger, Kumpel, Grubenfahrer
Bergmassiv → Gebirge
Bergspitze Spitze, Horn, Kuppe, Joch, Grat, Zinne, Zacken, Kogel, Kofel, Monte, Mont, Mount, Piz, Pico, Pic, Peak, → Berg
bergsteigen → klettern
Bergsteiger Kletterer, Kraxler, Bergfex, Alpenfex, Alpinist, Hochtourist, Gipfelstürmer, Klettermaxe
Bergstock → Gebirge, → Gehstock
Bergung → Rettung
Bergwanderung → Aufstieg
Bergwerk → Zeche
Bergwiese → Alm
Bericht 1. Berichterstattung, Reportage, Report, Bulletin, Dokumentation, Referat, Darlegung, Beschreibung, Schilderung, Rapport, → Mitteilung 2. → Zeitungsartikel
berichten Bericht erstatten, Bericht abstatten, rapportieren, melden, erzählen, informieren, beschreiben, schildern, → aussagen, → mitteilen
Berichterstatter 1. Reporter, Korrespondent, Auslandskorrespondent, → Journalist 2. Erzähler, Augenzeuge, Kommentator, Informant, → Chronist
Berichterstattung → Bericht, → Reportage
berichtigen 1. richtig stellen, geraderücken, geradebiegen, klarstellen, belehren, korrigieren, emendieren, revidieren, dementieren, → klären 2. → verbessern
Berichtigung 1. Richtigstellung, Klarstellung, Klärung, Korrektur, Dementi 2. → Verbesserung
berieseln → sprengen
Berserker → Barbar, → Rasender
bersten zerbersten, platzen, zerplatzen, springen, zerspringen, auseinander brechen, entzweigehen, aus den Fugen geraten, aus dem Leim gehen
berüchtigt bekannt, stadtbekannt, notorisch, verrufen, verschrien, übel beleumundet, bescholten, von zweifelhaftem Ruf, → anrüchig
berücken → bezaubern
berücksichtigen bedenken, beachten, Rücksicht nehmen auf, einbeziehen, mitberücksichtigen, einkalkulieren, einplanen, Rechnung tragen, in Rechnung stellen, in Anschlag bringen, → anrechnen
Berücksichtigung 1. Beachtung, Einbeziehung, Würdigung, Anrechnung, → Erwähnung 2. → Rücksicht
Beruf 1. Anstellung, Stellung, Beschäftigung, Tätigkeit, Erwerbstätigkeit, Job, Handwerk, Gewerbe, Metier, Branche, Zunft, Stand, Sparte, Profession, Laufbahn, → Arbeit 2. → Bestimmung
berufen 1. eine Stellung anbieten, ein Amt übertragen, ein Amt verleihen, betrauen mit, ernennen, einsetzen, bestellen, bestallen, designieren, anstellen, beordern 2. beschreien, den Teufel an die Wand malen, herbeireden
berufen, sich Bezug nehmen auf, sich beziehen auf, verweisen auf, sich stützen auf, anführen
berufen → bestimmt, → auserwählt
beruflich gewerbsmäßig, berufsmäßig, professionell, professionsmäßig, kaufmännisch, geschäftsmäßig, geschäftlich, in Geschäften, dienstlich
Berufsausbildung → Ausbildung
berufstätig → erwerbstätig
Berufung 1. Ernennung, Einsetzung, Einstellung, Beauftragung, Lehrauftrag, Ruf, Bestellung, Bestallung, Designation 2. Einspruch, Revision 3. → Bestimmung
beruhen auf basieren auf, sich stützen auf, sich gründen auf, begründet sein in, fußen auf, wurzeln, herstammen von, herrühren von
beruhen lassen belassen, bewenden lassen, aufgeben, → aufhören
beruhigen besänftigen, zur Ruhe bringen, beschwichtigen, gut zureden, begütigen, zur Besinnung bringen, dämpfen, mäßigen, mildern, abschwächen, die Wogen glätten, vermitteln
beruhigen, sich 1. ruhig werden, sich abreagieren, sich abkühlen, sich besänftigen, zur Vernunft kommen, zur Ruhe kommen, sich entspannen, sich fassen, sich sammeln 2. ruhiger werden, stiller werden, schwächer werden, sich legen, abflauen, nachlassen, verstummen, aufhören, abnehmen
beruhigend → tröstlich
Beruhigung Besänftigung, Begütigung, Beschwichtigung, → Trost
Beruhigungsmittel Tranquilizer, Psychopharmakon, Barbiturat, Sedativum, Analgetikum, Temperans, Temperantium, Mitigans, Kalmativum, Quietivum, → Arznei
berühmt bedeutend, angesehen, anerkannt, populär, prominent, namhaft, illuster, von Weltruf, → bekannt
Berühmtheit 1. Ruf, Ruhm, Bekanntheit, → Bedeutung 2. Prominenz, Star, Filmstar, Starlet, Sternchen, Größe, Diva, Primadonna 3. Fachgröße, Könner, Meister, Kapazität, Koryphäe

berühren 1. anfassen, antasten, anrühren, in die Hand nehmen, anlangen, anfingern, befingern, antupfen, anstupsen, antippen 2. nahe gehen, nicht gleichgültig lassen, zu Herzen gehen, → erschüttern 3. streifen, tangieren, erwähnen, zu sprechen kommen auf, ansprechen 4. → betreffen 5. → ergreifen 6. → angrenzen
berührt → bewegt
Berührung → Kontakt
Berührungspunkt → Gemeinsamkeit
besagen → bedeuten
besagt → bewusst
besänftigen → beruhigen
Besänftigung → Beruhigung
Besatz Paspel, Borte, Band, Saum, Rand, Stoßkante, Blende, Bordüre, Einfassung, Rüsche, Volant, Tresse, Litze, Troddel, Bommel, Quaste, Franse, → Aufschlag
Besatzer → Besatzung
Besatzung 1. Mannschaft, Crew, Personal, Schiffsmannschaft, Schiffsbesatzung 2. Besatzungsmacht, Besatzungstruppen, Besatzer, Fremdherrschaft, Siegermacht
Besatzungsmacht → Besatzung
besaufen, sich → betrinken, sich
Besäufnis → Gelage
beschädigen anstoßen, anschlagen, ramponieren, lädieren, verletzen, ruinieren, demolieren, ankratzen, zerkratzen, verhunzen, verderben, verschandeln, verunzieren, in Mitleidenschaft ziehen
beschädigt angeschlagen, ramponiert, lädiert, demoliert, zu Schanden, verletzt, zerkratzt, angekratzt, schadhaft, → defekt
Beschädigung 1. Sachbeschädigung, Lädierung 2. → Schaden
beschaffen besorgen, heranschaffen, herbeischaffen, akquirieren, heranholen, holen, organisieren, auftreiben, aufbringen
beschaffen → geartet
Beschaffenheit Zustand, Form, Aussehen, Qualität, Eigenschaft, → Art
beschäftigen 1. zu tun geben, Arbeit geben, → einstellen 2. zu denken geben, beanspruchen, bewegen, nachgehen
beschäftigen, sich sich abgeben mit, sich befassen mit, sich widmen, sich zuwenden, sich verlegen auf, sich auseinander setzen mit, sich einlassen auf, sich hineinknien, arbeiten an, umgehen mit, schwanger gehen mit
beschäftigt → erwerbstätig
Beschäftigter → Arbeitnehmer
Beschäftigung 1. Betätigung, Tätigkeit, Tätigsein 2. → Arbeit, → Beruf
Beschäftigungslage Arbeitsmarktlage, Wirtschaftslage, Konjunktur
beschäftigungslos → arbeitslos
beschämen → bloßstellen
beschämend blamabel, kläglich, schimpflich, demütigend, erniedrigend, schmählich, schmachvoll, schändlich, schandbar
beschämt → verlegen, → reuig
beschatten → beobachten
Beschattung → Beobachtung
beschaulich friedlich, besinnlich, erbauend, kontemplativ, → ruhig
Beschaulichkeit Versonnenheit, Besinnlichkeit, Besinnung, Seelenruhe, Seelenfriede, Muße, → Ruhe
Bescheid → Benachrichtigung, → Mitteilung, → Nachricht, → Aufklärung, → Antwort
Bescheid wissen → auskennen, sich
bescheiden → befehlen, → ausrichten
bescheiden, sich sich begnügen, sich zufrieden geben, keine Ansprüche stellen, fürlieb nehmen, vorlieb nehmen, sich einschränken, sich zurückhalten, → abfinden, sich
bescheiden 1. genügsam, anspruchslos, bedürfnislos, zurückhaltend, sparsam, → zufrieden 2. einfach, schlicht, ärmlich, karg 3. → mittelmäßig
Bescheidenheit Genügsamkeit, Anspruchslosigkeit, Bedürfnislosigkeit, Zurückhaltung, → Zufriedenheit
Bescheidung → Verzicht
bescheinigen bestätigen, beglaubigen, belegen, attestieren, testieren, quittieren, beurkunden
Bescheinigung Beleg, Bestätigung, Beglaubigung, Attest, Testat, Schein, Quittung, Nachweis, Zeugnis, Zertifikat, Versicherungsschein, Police
beschenken bedenken, bescheren, beglücken, → schenken
bescheren → anbieten, → schenken
beschießen befeuern, bestreichen, unter Beschuss nehmen, unter Feuer nehmen, ins Kreuzfeuer nehmen, torpedieren, bombardieren, mit Granaten belegen, → angreifen, → schießen
beschildern ausschildern, beschriften, etikettieren, plakatieren, auszeichnen
beschimpfen schmähen, insultieren, verunglimpfen, lästern, anfeinden, angreifen, begeifern, → beleidigen, → schimpfen
Beschimpfung Schmähung, Schmährede, Schimpfrede, → Beleidigung
beschirmen → schützen
Beschläge Armierung, → Angel

beschlagen 1. mit einem Beschlag versehen, mit Hufeisen versehen 2. anlaufen, sich niederschlagen, schwitzen, betauen, → rosten 3. → begatten
beschlagen → erfahren, → gebildet
Beschlagnahme Pfändung, Sperrung, Embargo, Einziehung, Konfiszierung, Konfiskation, Sicherstellung
beschlagnahmen pfänden, sperren, einziehen, konfiszieren, mit Beschlag belegen, requirieren, sicherstellen
beschleichen → übermannen, → anschleichen, sich
beschleunigen vorantreiben, beflügeln, Dampf machen, Gas geben, Geschwindigkeit steigern, einen Schritt zulegen, anziehen, sprinten, spurten
Beschleunigung Akzeleration, Geschwindigkeitssteigerung, Spurt
beschließen 1. einen Beschluss fassen, zu einem Beschluss kommen, entschließen, eine Entschließung treffen, festlegen, festsetzen, abstimmen, abmachen, ausmachen, besiegeln, → vereinbaren 2. → beenden
beschlossen ausgemacht, abgemacht, fest, festgesetzt, festgelegt, entschieden, besiegelt
Beschluss 1. Entscheidung, Entschließung, Ratschluss, Resolution, Dekret, → Vereinbarung 2. → Ende
beschmieren → bestreichen, → verunreinigen
beschmutzen → verunreinigen, → entehren
beschmutzt → schmutzig
Beschmutzung → Entweihung
beschneiden 1. abschneiden, ausschneiden, zurückschneiden, stutzen, zurechtstutzen, kappen, kupieren, kürzen, verkürzen, lichten, auslichten, ausdünnen, scheren, abscheren, rasieren, trimmen, → schneiden 2. → einschränken
beschnüffeln 1. beschnuppern, riechen an, schnüffeln an, Witterung aufnehmen 2. → beobachten
beschönigen bemänteln, schönfärben, frisieren, schminken, verbrämen, verblümen, ausschmücken, verfälschen, → fälschen, → verharmlosen
Beschönigung → Umschreibung, → Verfälschung
beschränken → einschränken
beschränkt → borniert, → eingeschränkt
Beschränktheit → Borniertheit
Beschränkung → Einschränkung
beschreiben 1. schildern, darstellen, eine Beschreibung geben, ein Bild entwerfen, charakterisieren, ausmalen, berichten 2. → beschriften
Beschreibung Schilderung, Darstellung, Deskription, Charakterisierung, Charakteristik, Personenbeschreibung, Suchmeldung, Steckbrief, → Bericht
beschreien berufen, den Teufel an die Wand malen, herbeireden
beschriften beschreiben, bekritzeln, beschildern, etikettieren, signieren, adressieren, datieren
beschuldigen anschuldigen, bezichtigen, ziehen, belasten, zur Last legen, etwas am Zeug flicken, die Schuld in die Schuhe schieben, → verdächtigen, → anklagen
Beschuldigter Angeklagter
Beschuldigung Anschuldigung, Bezichtigung, Belastung, Inkriminierung, Verdächtigung, → Anklage
beschummeln → betrügen
beschützen → schützen
Beschützer 1. Begleiter, Leibwache, Leibwächter, Protektor, Bewacher, Garde, → Wache 2. Schutzengel, Schutzheiliger, Schutzpatron, guter Hirt 3. → Schirmherr
beschwatzen → erörtern, → umstimmen
Beschwerde → Beanstandung, → Einspruch, → Mühe, → Krankheit
beschweren → bedrücken, → belasten
beschweren, sich Beschwerde vorbringen, Klage führen, sich beklagen, maulen, unzufrieden sein, → beanstanden
beschwerlich → mühsam
Beschwerlichkeit → Mühe
Beschwerung → Ballast
beschwichtigen → beruhigen
Beschwichtigung → Beruhigung
beschwingt beflügelt, voller Schwung, schwungvoll, in gehobener Stimmung, aufgeräumt, → freudig
beschwipst → betrunken
beschwören 1. beeiden, durch einen Eid bekräftigen, unter Eid aussagen, sein Wort geben, schwören 2. besprechen, bannen, behexen, hexen 3. anflehen, bedrängen, jemandem zu Füßen fallen, eindringlich bitten, → bitten
beschwörend eindringlich, kniefällig, flehentlich, flehend, inbrünstig, innig
Beschwörung 1. Geisterbeschwörung, Séance, Tischrücken, Zauberei, Zauber, Hexerei, → Magie, → Spiritismus 2. → Bitte
beseelt → erfüllt
beseitigen 1. abschaffen, aufheben, beheben, abhelfen, aufräumen mit, ausräumen, eliminieren, ausrotten, ausmerzen, bannen, beiseite räumen, → bahnen, → entfernen 2. → töten

Beseitigung Abschaffung, Aufhebung, Behebung, Bereinigung, Eliminierung, Ausrottung, Räumung, Leerung, → Entfernung
beseligen → erfreuen
Besen 1. Kehrbesen, Reisigbesen, Straßenbesen, Feger, Handfeger, Kehrwisch 2. → Xanthippe
Besenkammer → Abstellraum
besessen beherrscht von, erfüllt von, monoman, leidenschaftlich, → fanatisch
Besessenheit Begeisterung, Monomanie, Verbissenheit, Leidenschaft, → Fanatismus
besetzen 1. freihalten, belegen, reservieren 2. einnehmen, okkupieren, annektieren, → erobern
besetzt reserviert, belegt, nicht frei, ausverkauft, voll besetzt, → voll
Besetzung 1. Rollenverteilung, Starring 2. → Okkupation
besichtigen → anschauen, → überprüfen
Besichtigung Betrachtung, Begutachtung, Inspektion, Überprüfung, Musterung
besiegelt → endgültig
besiegen bezwingen, bewältigen, überwältigen, in seine Gewalt bringen, überwinden, schlagen, niederringen, unterwerfen, unterjochen, unter das Joch zwingen, seinen Willen aufzwingen, in die Knie zwingen, Herr werden, außer Gefecht setzen, matt setzen, in die Pfanne hauen, siegen, → gewinnen, → übertreffen
besiegt unterlegen, geschlagen, bezwungen, k. o., knock-out, ausgezählt, schachmatt, erledigt
besingen → feiern
besinnen, sich 1. sich bedenken, erwägen, überlegen, nachdenken, mit sich zu Rate gehen, in Betracht ziehen, sich Zeit nehmen, → zögern 2. sich sammeln, in sich gehen, zu sich kommen, zur Besinnung kommen 3. → erinnern, sich
besinnlich → beschaulich
Besinnung → Einkehr, → Bewusstsein
besinnungslos 1. ohne Besinnung, wie von Sinnen, außer sich, seiner selbst nicht mehr mächtig 2. → bewusstlos
Besinnungslosigkeit → Bewusstlosigkeit
Besitz 1. Eigentum, Besitztum, Habe, Hab und Gut, Geld und Gut, Habschaft, Habseligkeiten, Siebensachen, → Vermögen 2. Besitzung, Grundbesitz, Landbesitz, Liegenschaft, → Anwesen, → Immobilien
Besitz ergreifen → aneignen, sich
besitzen haben, innehaben, eignen, sein Eigen nennen, zu Eigen haben, in Händen haben, verfügen über, aufzuweisen haben, gesegnet sein mit, sich in jemandes Besitz befinden, → gehören
Besitzer Eigentümer, Eigner, Inhaber, Halter, Herr, → Hauswirt
Besitzergreifung Inbesitznahme, Besitznahme, → Einverleibung
Besitzgier → Habgier
besitzlos → arm
Besitztum → Besitz
Besitzung → Besitz, → Anwesen
besoffen → betrunken
besohlen sohlen, doppeln, Absätze erneuern, → ausbessern
besolden → entlohnen
Besoldung → Lohn
Besonderheit → Eigenart, → Merkmal
besonders 1. eigens, extra, speziell, sonderlich, gesondert, separat, für sich, ausdrücklich 2. insbesondere, in Sonderheit, im Besonderen, in erster Linie, vor allem, hauptsächlich, in der Hauptsache, vorwiegend, überwiegend, vornehmlich, zumal, namentlich 3. → selten
besonnen umsichtig, bedachtsam, bedächtig, überlegt, beherrscht, → ruhig
Besonnenheit Umsicht, Bedacht, Bedächtigkeit, Beherrschung, → Ruhe
besorgen 1. akquirieren, aufbringen, auftreiben, beibringen, beschaffen, bringen, flüssig machen, heranschaffen, herbeischaffen, organisieren, verhelfen zu, vermitteln, verschaffen, zusammenkratzen, zuschanzen, zuschieben, zuspielen 2. ausführen, ausüben, betreuen, erledigen, machen, tun, umtreiben, versorgen 3. bestellen, Haus halten, Haushalt führen, wirtschaften, Wirtschaft führen, verwalten 4. anschaffen, Besorgungen machen, einholen, einkaufen, holen, kaufen, mitbringen
Besorgnis → Sorge, → Befürchtung
Besorgnis erregend → beunruhigend
besorgt 1. bedrückt, beklommen, sorgenvoll, ängstlich, unruhig, → bekümmert 2. → fürsorglich
besorgt sein → befürchten, → sorgen, sich
besorgt stimmen → beunruhigen
Besorgung → Einkauf, → Erledigung
bespitzeln → beobachten
besprechen 1. beurteilen, würdigen, rezensieren, Kritik schreiben über, kritisieren, sich auslassen über 2. → erörtern 3. → bannen
besprechen, sich → beraten, sich
Besprechung 1. Beurteilung, Würdigung, Rezension, Kritik, Verriss 2. → Tagung 3. → Erörterung
besprengen → befeuchten

besprühen → befeuchten
bessern, sich 1. besser werden, sich verbessern, wieder gut werden 2. → läutern, sich
Besserung → Genesung, → Läuterung, → Fortschritt
Besserungsanstalt → Erziehungsanstalt
Besserwisser → Rechthaber
bestallen → berufen
Bestallung → Auftrag, → Berufung
Bestand 1. Lagerbestand, Inventar, Fundus, Iststärke, Bestandsmasse, Güter, → Vorrat 2. → Dauer
beständig → immer, → beharrlich, → stetig, → dauerhaft
Beständigkeit → Beharrlichkeit, → Stetigkeit
Bestandsaufnahme → Inventur
Bestandsgeld → Miete
Bestandsmasse → Bestand
Bestandteil Bruchstück, Bruchteil, Element, Komponente, Seite, Ingrediens, Zutaten, Zubehör, → Teil
bestärken → ermutigen
bestätigen 1. bescheinigen, attestieren, quittieren, beglaubigen 2. bekräftigen, erhärten, festigen, sanktionieren, anerkennen 3. ratifizieren, paraphieren, gegenzeichnen, abzeichnen, unterzeichnen
bestätigen, sich → bewahrheiten, sich
Bestätigung 1. Bescheinigung, Quittung, Empfangsbestätigung, Beglaubigung 2. Bekräftigung, Erhärtung, Sanktion, Anerkennung 3. Ratifizierung, Stempel, Paraphe, Unterschrift
bestatten → beerdigen
Bestattung → Beerdigung
bestaunen → bewundern
beste(r) allerbeste(r), erste(r), führend, allererste Sahne, → vollkommen
bestechen 1. korrumpieren, kaufen, schmieren, gefügig machen, verführen 2. → beeindrucken 3. → gefallen
bestechend → beeindruckend, → überzeugend
bestechlich käuflich, korrupt, feil, verführbar
Bestechung Korruption, Korrumpierung, Vergünstigung
Bestechungsgeld Schmiergeld, Schweigegeld, Handgeld, Bakschisch
Besteck 1. Essbesteck, Messer und Gabel, Tafelbesteck, Tafelsilber, Silber, Fischbesteck, Kinderbesteck, → Löffel, → Messer, → Gabel 2. Sezierbesteck, Operationsbesteck, → Instrument
bestehen 1. abschließen, erfolgreich abschneiden, ablegen, durchkommen 2. durchstehen, durchhalten, sich halten, überstehen, → bewältigen 3. existieren, sein, vorhanden sein, da sein, vorkommen, herrschen, walten, geben 4. → weiter bestehen
bestehen auf pochen auf, beharren auf, bleiben bei, festhalten an, insistieren, nachdrücklich vertreten, aufrechterhalten, nicht lockerlassen, sich nicht abbringen lassen, hart bleiben, nicht nachgeben, Ansprüche stellen
bestehen aus → zusammensetzen, sich
bestehlen → berauben
besteigen → ersteigen, → einsteigen
Besteigung Ersteigung, Bezwingung, → Aufstieg
bestellen 1. anfordern, ordern, machen lassen, in Auftrag geben, einen Auftrag erteilen, eine Bestellung aufgeben 2. vorbestellen, subskribieren, abonnieren 3. bewirtschaften, bebauen, kultivieren, ackern, beackern 4. → vorladen 5. → ausrichten 6. → berufen
Besteller → Auftraggeber, → Kunde
Bestellung 1. Anforderung, Auftrag, Order 2. Vorbestellung, Subskription, Abonnement 3. Feldbestellung, Ackerbau 4. → Berufung
bestenfalls allenfalls, im günstigsten Falle, günstigstenfalls, höchstens, wenn es hoch kommt, längstens, spätestens
bestens → hervorragend, → optimal
bestialisch → brutal
Bestie 1. Biest, Raubtier, wildes Tier, Bluthund 2. → Ungeheuer 3. → Barbar
bestimmen 1. das Sagen haben, die Hosen anhaben, den Ton angeben, das Regiment führen, die Zügel in der Hand halten, dominieren, anordnen, befehlen 2. ausersehen, auserwählen, designieren, auswählen, vorsehen, zudenken 3. kategorisieren, einordnen, diagnostizieren, → definieren
bestimmend → ausschlaggebend, → dominant
bestimmt 1. entschieden, betont, energisch, kategorisch, dezidiert, apodiktisch, ultimativ, → nachdrücklich 2. berufen, erwählt, auserwählt, erkoren, auserkoren, ausersehen, gesegnet, begnadet 3. → gewiss 4. → wahrhaftig
Bestimmtheit → Entschlossenheit, → Gewissheit
Bestimmung 1. Einordnung, Zuordnung, Determination, Diagnose, → Definition 2. Berufung, Beruf, Erwähltsein, Sendung, Mission, Destination, Eingebung, Aufgabe, → Schicksal 3. → Zweck 4. → Verordnung, → Vorschrift
Bestimmungsort → Ziel

Bestleistung → Höchstleistung
bestrafen strafen, eine Strafe auferlegen, eine Strafe verhängen, maßregeln, züchtigen, ahnden, zur Verantwortung ziehen, zur Rechenschaft ziehen, → vergelten
Bestrafung Ahndung, Maßregelung, Züchtigung, → Strafe, → Vergeltung
Bestreben → Bestrebung, → Eifer
Bestrebung 1. Bestreben, Bemühung, Bemühen, Anliegen, Vorsatz, → Absicht 2. → Anstrengung
bestreichen 1. beschmieren, schmieren auf, streichen auf, anmalen 2. → beschießen
bestreiken → streiken
bestreiten → leugnen, → anfechten
bestrickend → bezaubernd
Bestseller → Verkaufsschlager, → Buch
Bestsellerliste → Hitparade
bestücken → ausstatten
bestürmen → bedrängen, → bitten
bestürzt → entsetzt
Bestürzung → Betroffenheit, → Entsetzen
Besuch 1. Kommen, Einkehr, Aufwartung, Höflichkeitsbesuch, Anstandsbesuch, Antrittsbesuch, Visite, Stippvisite 2. → Gast
besuchen 1. Besuch machen, Besuch abstatten, zu Besuch kommen, seine Aufwartung machen, aufsuchen, vorsprechen, beehren, einkehren, absteigen, vorbeischauen, hereinschauen, hereinschneien, aufkreuzen, Guten Tag sagen, anklopfen, sich zeigen, sich blicken lassen 2. → teilnehmen
Besucher → Gast, → Publikum
besudeln → verunreinigen
Besudelung → Entweihung
betagt → alt
betätigen → bedienen
betätigen, sich → arbeiten
Betätigung Beschäftigung, Tätigsein, Tätigkeit, Verrichtung, Arbeit, Geschäft, Funktion
betäuben 1. einschläfern, narkotisieren, anästhetisieren, chloroformieren, schmerzunempfindlich machen, empfindungslos machen, abtöten 2. benommen machen, berauschen, benebeln 3. → lähmen
betäubt → benommen
Betäubung 1. Narkose, Anästhesie, Einschläferung, örtliche Betäubung, lokale Betäubung, Lokalanästhesie 2. Benommenheit, Apathie, Tran, → Lähmung 3. → Rausch
Betäubungsmittel Rauschmittel, Narkotikum, → Rauschgift, → Arznei
beteiligen teilhaben lassen, teilnehmen lassen, zum Teilhaber nehmen, am Gewinn beteiligen, gemeinsame Sache machen, zusammenarbeiten
beteiligen, sich 1. beteiligt sein, Anteile erwerben, mitmischen, mitmachen, mitspielen, mittun, mitwirken, mitarbeiten, seinen Teil beisteuern, beitragen, einsteigen, → teilnehmen, → engagieren, sich 2. → einmischen, sich
Beteiligter → Teilnehmer
Beteiligung 1. Anteil, Gewinnbeteiligung, Teilhabe 2. Mitwirkung, Mitarbeit, Beitrag, Zusammenspiel, → Engagement, → Teilnahme
beten Gott anrufen, sich ins Gebet versenken, anbeten, lobpreisen
beteuern → versichern
Beteuerung → Versicherung
betiteln → bezeichnen
Beton → Mörtel
betonen 1. hervorheben, herausstreichen, herausstellen, herausheben, unterstreichen, pointieren, prononcieren, deutlich machen, verstärken 2. akzentuieren, → aussprechen
betont akzentuiert, pointiert, prononciert, demonstrativ, ostentativ, → nachdrücklich
Betonung 1. Akzent, Ton, Tonfall, → Aussprache 2. Hervorhebung, Unterstreichung, Akzentuierung, → Nachdruck
Betonungszeichen → Akzent
betören → bezaubern, → verführen
betörend → bezaubernd
Betörung → Verführung
Betracht → Hinsicht
betrachten → anschauen
Betrachter → Zuschauer
beträchtlich → ansehnlich, → viel
Betrachtung 1. Besichtigung, Anblick, Beschauung, Begutachtung, Beobachtung 2. Nachsinnen, Bedenken, Kontemplation, Versenkung, Beschaulichkeit 3. → Darlegung
Betrachtungsweise 1. Anschauungsweise, Sichtweise, Denkweise, Weltanschauung, → Ideologie 2. → Gesichtspunkt
Betrag Summe, Endbetrag, Geldsumme, → Preis
betragen ausmachen, machen, ergeben, sich belaufen auf, kosten
betragen, sich → benehmen, sich
Betragen → Benehmen, → Reaktion
betrauen → beauftragen
betrauern → beklagen
betreff(s) → hinsichtlich
betreffen 1. angehen, anbelangen, anlangen, mitbetroffen sein, zu tun haben mit, sich beziehen auf, berühren 2. anrühren, betroffen machen, ergreifen

betreffend was angeht, was betrifft, zu, dazu, darüber, davon, angehend, anlangend, bezüglich, in Bezug auf, diesbezüglich, → hinsichtlich
betreiben → ausüben, → anwenden
betreten treten in, treten auf, beschreiten, begehen, eintreten, → einsteigen
betreten peinlich berührt, verschämt, betroffen, verlegen
Betretenheit → Verlegenheit
betreuen → beaufsichtigen, → pflegen
Betreuer Begleiter, Trainer, Coach, Reiseleiter, Animateur, Manager, Impressario, Bewährungshelfer, Sozialarbeiter, Gemeindehelfer
Betreuung → Beaufsichtigung, → Pflege
Betrieb 1. Geschäft, Firma, Unternehmen, Anlage, Institution, Organisation, → Fabrik 2. → Trubel
betriebsam → eifrig, → hektisch
Betriebsamkeit → Eifer, → Hektik
betriebsbereit → einsatzbereit
Betriebsferien → Ferien
Betriebsleiter → Arbeitgeber, → Leiter
betrinken, sich sich einen Rausch antrinken, sich berauschen, einen über den Durst trinken, sich bezechen, zu tief ins Glas schauen, sich besaufen, sich einen ansaufen, sich voll saufen, sich voll laufen lassen, sich einen hinter die Binde gießen, → trinken, → saufen
betroffen 1. bestürzt, befremdet, betreten, fassungslos, → entsetzt 2. angesprochen, leidtragend, geschlagen, heimgesucht
betroffen machen → betreffen
Betroffener → Opfer
Betroffenheit Bestürzung, Befremden, Betretenheit, Fassungslosigkeit, → Überraschung
betrüben → bekümmern
betrüblich → schmerzlich
Betrübnis → Trauer
betrübt → bedrückt, → traurig
Betrug Schwindel, Betrügerei, Gaunerei, Bauernfängerei, Nepp, Mogelei, Schummelei, Schmu, Beschiss, Schiebung, Hinterziehung, Hintergehung, Unregelmäßigkeit, Unterschlagung, Steuerhinterziehung, Steuerflucht, krumme Tour, fauler Zauber, Machenschaft, Hochstapelei, Fälschung, → Täuschung, → Benachteiligung
betrügen 1. hereinlegen, hintergehen, prellen, übervorteilen, defraudieren, neppen, hochnehmen, hochstapeln, überfahren, begaunern, beschummeln, schummeln, mogeln, bescheißen, andrehen, unterschieben, übers Ohr hauen, die Zeche prellen, übertölpeln, einwickeln, einseifen, anschmieren, leimen, lackieren, lackmeiern, → täuschen, → lügen 2. → ehebrechen
Betrüger Schwindler, Gauner, Preller, Zechpreller, Defraudant, Hochstapler, Heiratsschwindler, Erbschleicher, Spitzbube, Scharlatan, Filou, Bauernfänger, Rosstäuscher, Falschmünzer, Falschspieler, Fälscher, → Hehler
betrunken angeheitert, angetrunken, berauscht, trunken, unter Alkohol, alkoholisiert, angesäuselt, beduselt, beschwipst, benebelt, in Weinlaune, besoffen, zu, dicht, volltrunken, voll, voll wie eine Haubitze, sternhagelvoll, sternhagelblau, blau, stockbetrunken
Betrunkener → Trinker
Bett 1. Schlafstelle, Schlafstatt, Schlafstätte, Liegestatt, Bettstatt, Bettstelle, Ruhebett, Lager, Lagerstatt, Klappe, Koje, Falle, Nest, Liebesinsel, Körbchen, Heia 2. Bettgestell, Klappbett, Wandbett, Bettlade, Doppelbett, Ehebett, französisches Bett, Wasserbett, Paradebett, Himmelbett, Prunkbett, Etagenbett, Stockbett, Kinderbett, Gitterbett, Stubenwagen, Wiege, Babykorb, → Alkoven, → Pritsche
Bettdecke → Deckbett, → Decke
betteln 1. anbetteln, schnorren, Klinken putzen, Almosen begehren, von Tür zu Tür gehen, erbetteln 2. → bitten
betten → legen
Betthupferl Süßigkeit, Nachtisch, Schlaftrunk
bettlägerig → krank
Bettlägriger → Patient
Bettlaken Laken, Betttuch, Leintuch, Linnen
Bettler Besitzloser, Chlochard, Bettelbruder, Klinkenputzer, Schnorrer, Almosenempfänger, → Armer
Bettnische → Alkoven
Bettpfanne → Nachttopf
bettreif → müde
Bettschwere → Müdigkeit
Betttuch (*auch:* Bett-Tuch) → Bettlaken
Bettvorleger → Teppich
betucht → reich
betulich → eifrig, → fürsorglich
Betulichkeit → Eifer
beugen 1. abwinkeln, krümmen, neigen, nach unten drücken, biegen 2. → ablenken 3. → flektieren 4. → unterwerfen
beugen, sich 1. sich krümmen, sich neigen, sich lehnen über, sich überneigen, sich bücken, sich niederbücken, sich klein ma-

chen, einen krummen Rücken machen, sich biegen 2. → nachgeben
Beugung 1. Krümmung, Biegung, → Ablenkung 2. → Flexion
Beule Schwellung, Verdickung, Wulst, Auswuchs, Horn, Knoten, Delle, → Geschwulst
beunruhigen unruhig stimmen, besorgt stimmen, bekümmern, umtreiben, alarmieren, beängstigen, → aufregen
beunruhigend alarmierend, Besorgnis erregend, bedenklich, beängstigend, → beklemmend
beurlauben 1. Urlaub geben, in Urlaub schicken, freigeben, dienstfrei geben, → befreien 2. suspendieren, absetzen, → entlassen
Beurlaubung 1. Suspendierung, Amtsenthebung, Absetzung, → Entlassung 2. → Urlaub, → Befreiung
beurteilen befinden über, begutachten, erachten für, bewerten, werten, ermessen, denken über, einschätzen, abschätzen, würdigen, ein Urteil abgeben, ein Urteil fällen, urteilen, → besprechen, → prüfen
Beurteilung 1. Begutachtung, Bewertung, Wertung, Stellungnahme, Einschätzung, Urteil, Würdigung, → Besprechung 2. → Diagnose 3. → Zeugnis 4. → Note
Beute 1. Fang, Diebesgut, Diebesbeute, Raub, Raubgut, heiße Ware, → Schmuggelware 2. Trophäe, Jagdbeute, Ausbeute, → Ertrag
Beutel Säckel, Plastikbeutel, Plastiktüte, Sack, → Tasche, → Geldbeutel
beuteln → schütteln
bevölkern beleben, füllen, erfüllen, anfüllen
Bevölkerung 1. Einwohner, Einwohnerschaft, Bewohner, Bewohnerschaft, Bürger, Landeskinder, Population, Volk 2 → Öffentlichkeit
Bevölkerungsschicht → Gesellschaftsschicht
bevollmächtigen → ermächtigen
Bevollmächtigter Beauftragter, Kommissar, Prokurator, Prokurist, → Abgeordneter, → Stellvertreter, → Verwalter
Bevollmächtigung → Vollmacht
bevor ehe, noch vor
bevormunden gängeln, bestimmen, das Heft aus der Hand nehmen, vorgreifen, → entmündigen, → belehren
Bevormundung Gängelei, Gängelband, Entmündigung, → Vormundschaft
bevorrechtigt → privilegiert
bevorschussen → vorstrecken
bevorstehen herannahen, zu erwarten sein, in der Luft liegen, im Anzug sein, im Verzug sein, seine Schatten vorauswerfen, drohen, dräuen, sich abzeichnen
bevorzugen 1. begünstigen, favorisieren, protegieren, → fördern 2. → vorziehen
bevorzugt → privilegiert, → vorrangig
Bevorzugung → Privileg
bewachen → beaufsichtigen, → beobachten
Bewacher → Beschützer, → Wache
Bewachung → Überwachung, → Beaufsichtigung
bewaffnen, sich → rüsten
bewahren 1. jemanden abhalten von, jemandem etwas ersparen, jemanden verschonen mit, verhüten, behüten, → schützen 2. wahren, beibehalten, erhalten 3. → aufbewahren
bewähren, sich sich durchsetzen, sich als geeignet erweisen, durchhalten, seinen Mann stehen, sich behaupten
bewahrheiten, sich sich bestätigen, sich als richtig herausstellen, zutreffen, eintreffen, eintreten, sich zeigen
bewährt altbewährt, altgedient, erprobt, probat, geeignet, verlässlich, → zuverlässig, → treu
Bewahrung → Instandhaltung
Bewährungsfrist → Aufschub, → Probezeit
Bewährungshelfer → Betreuer
Bewährungsprobe Prüfstein, Feuertaufe, Feuerprobe, Nagelprobe, Test, Prüfung
Bewährungszeit → Probezeit
bewältigen 1. meistern, schaffen, erreichen, bezwingen, bestehen, fertig bringen, packen, lösen, vollbringen, klarkommen, zurechtkommen, in den Griff bekommen, Herr der Lage werden, → beherrschen, → bewerkstelligen 2. → aufessen
Bewältigung → Erfolg
bewandert → erfahren
Bewandtnis → Bedeutung
bewegen 1. rühren, regen, Lage verändern 2. → beschäftigen 3. → ergreifen 4. → veranlassen
bewegen, sich 1. sich rühren, sich regen, Stellung wechseln, Lage verändern 2. → spazieren gehen
bewegend → ergreifend
Beweggrund → Anstoß, → Grund
beweglich 1. transportabel, transportierbar, tragbar, fahrbar, mobil, ambulant, versetzbar, verrückbar, verstellbar, nicht festgelegt 2. → gelenkig 3. → flexibel
bewegt 1. aufgewühlt, gerührt, berührt, beeindruckt, ergriffen, gepackt, überwältigt, erschüttert, erregt, bestürzt 2. → ereignisreich

Bewegung 1. Regung, Schwung, Wellenbewegung, Pendelbewegung, Schwingen, Schwingung, Fortbewegung, Ortsveränderung, Transport 2. → Geste 3. → Ergriffenheit 4. → Trend
Bewegungsfreiheit Spielraum, Raum, Ellbogenfreiheit, Freizügigkeit, → Freiheit
bewegungslos → regunglos
Bewegungslosigkeit → Regungslosigkeit
bewegungsunfähig → gelähmt
bewehren 1. verstärken, armieren 2. bewaffnen, ausrüsten, ausstatten
beweinen → beklagen
Beweis 1. Erweis, Nachweis, Alibi, Wahrheitsnachweis, Beleg, Dokumentation, Zeugnis, Beglaubigung, Identifizierung, Verifizierung, Bekräftigung, Erhärtung, Zeichen, Unterpfand, Kostprobe, Probe, Rechtfertigung, → Begründung 2. → Ableitung
beweisbar → nachweislich
beweisen erweisen, nachweisen, aufzeigen, zeigen, belegen, dokumentieren, Nachweis erbringen, Beweismaterial vorlegen, Beweis antreten, verifizieren, schwarz auf weiß liefern, erhärten, bekräftigen, bestätigen, beglaubigen, → begründen
Beweisführung → Begründung
Beweisgrund → Begründung
beweiskräftig → dokumentarisch
Beweismaterial Beweismittel, Belastungsmaterial, Beweisstück, Corpus Delicti, Indiz, Verdachtsgrund, Verdachtsmoment
Beweisstück → Beweismaterial
bewenden lassen beruhen lassen, belassen, aufgeben, → aufhören
bewerben, sich 1. sich bemühen um, eine Stellung suchen, ansuchen, einkommen um, kandidieren, vorsprechen, → beantragen 2. → umwerben
Bewerber Anwärter, Aspirant, Kandidat, → Antragsteller
Bewerbung Anfrage, Gesuch, Stellengesuch, Bewerbungsschreiben, → Antrag
bewerkstelligen bewirken, ermöglichen, zu Stande bringen, zu Wege bringen, hinkriegen, hinbiegen, schmeißen, drehen, deichseln, managen, schaukeln, ins Werk setzen, in die Tat umsetzen, anstellen, anpacken, anfangen, → bewältigen
bewerten → beurteilen
Bewertung → Beurteilung, → Note
bewiesenermaßen → nachweislich
bewilligen → genehmigen
Bewilligung → Genehmigung
bewillkommnen → empfangen
bewirken → erreichen, → verursachen
bewirten verköstigen, beköstigen, → bedienen
bewirtschaften → bestellen
Bewirtung Verköstigung, Beköstigung, → Bedienung
bewohnen → wohnen
Bewohner → Anlieger, → Einwohner
bewölken, sich sich bedecken, sich eintrüben, sich beziehen, wolkig werden, sich verdüstern, sich verfinstern
bewölkt bedeckt, trübe, bezogen, wolkig, verhangen, grau
Bewunderer → Anhänger
bewundern 1. bestaunen, anstaunen, → staunen 2. aufschauen zu, aufblicken zu, aufsehen zu, → anbeten, → verehren
bewundernswert → erstaunlich
Bewunderung → Verehrung
bewunderungswürdig → erstaunlich
bewusst 1. wissentlich, wissend, mit Wissen, mit vollem Bewusstsein, wohlweislich, mit Vorbedacht, → absichtlich, → berechnend 2. bekannt, besagt, erwähnt, fraglich, betreffend, → oben genannt 3. → vernünftig, im Einklang
bewusstlos besinnungslos, ohnmächtig, ohne Bewusstsein, ohne Besinnung, nicht bei sich, weg
Bewusstlosigkeit Besinnungslosigkeit, Ohnmacht, Koma, Tiefschlaf
Bewusstsein 1. Besinnung, Wachzustand 2. → Einsicht, → Geist
Bewusstseinstrübung → Bewusstseinsstörung
Bewusstseinslücke → Gedächtnisverlust
Bewusstseinsspaltung Schizophrenie, → Geisteskrankheit
Bewusstseinsstörung 1. Bewusstseinstrübung, Bewusstseinseinengung, Umnebelung, Umnachtung, Verwirrtheit, Delirium, Mattscheibe, Black-out, Wahnvorstellung, Wahnidee, Paranoismus, Verfolgungswahn 2. → Geisteskrankheit
bezahlen 1. zahlen, begleichen, entrichten, abführen, aufkommen für, hinblättern, berappen, blechen, bluten, ausgeben, → aufwenden, → tilgen, → abbezahlen 2. auszahlen, ausbezahlen, erstatten, abfinden 3. → entlohnen
Bezahlung 1. Zahlung, Begleichung, Entrichtung, → Tilgung, → Abzahlung 2. Auszahlung, Erstattung, Abfindung 3. Vergütung, Honorierung, Honorar, → Lohn
bezaubern verzaubern, betören, berauschen, bestricken, berücken, hinreißen, entzücken

bezaubernd betörend, berauschend, bestrickend, berückend, hinreißend, verführerisch, entzückend, → charmant
bezeichnen 1. nennen, benennen, benamsen, betiteln, charakterisieren, hinstellen als 2. → kennzeichnen
bezeichnend → charakteristisch
Bezeichnung 1. Nennung, Benennung, Angabe, Betitelung, Kennzeichnung, → Begriff, → Name 2. → Kennzeichen
bezeigen → bekunden
bezeugen 1. Zeugnis ablegen für, zeugen für, Zeuge sein, bekunden, → beglaubigen, → aussagen 2. → äußern
Bezeugung → Bekräftigung
bezichtigen → beschuldigen
Bezichtigung → Beschuldigung
beziehen 1. überziehen, bespannen, bekleiden, aufziehen, aufspannen, → auskleiden 2. → kaufen, → abonnieren 3. → einziehen
beziehen, sich → betreffen, → berufen, sich, → bewölken, sich
Bezieher → Abnehmer, → Käufer
Beziehung 1. Verbindung, Verhältnis, Kontakt, Zusammenhang 2. Bekanntschaft, Umgang, Zweierbeziehung, Liebesverhältnis, Lebensgemeinschaft, Partnerschaft, Beziehungskiste, Zweierkiste, → Ehe, → Freundschaft 3. → Hinsicht
Beziehungsknatsch → Liebeskummer
beziehungslos → unzusammenhängend
Beziehungslosigkeit → Entfremdung
beziehungsweise respektive, anders gesagt, um genau zu sein, → oder
Bezirk Verwaltungsbezirk, Verwaltungsbereich, Bereich, Landkreis, Kreis, Distrikt, Departement, Reservat, Kanton, Diözese, → Gebiet, → Stadtteil
bezirzen → verführen
Bezug 1. Bettbezug, Kissenbezug, Überzug, Schutzbezug, → Hülle 2. Bezugnahme, Berufung, Rückgriff, Rekurs, Beziehung, → Zusammenhang 3. → Abonnement, → Kauf
Bezug nehmen → berufen, sich
Bezüge → Einkünfte, → Lohn
bezüglich → betreffend, → hinsichtlich
Bezugsperson → Eltern
Bezugsquelle → Quelle
bezwecken → beabsichtigen
bezweifeln → zweifeln
bezwingen → besiegen, → beherrschen
Bezwingung → Aufstieg
bibbern → frieren, → zittern
Bibel Heilige Schrift, Schrift, Wort Gottes, Altes Testament, Neues Testament, Buch der Bücher
Bibliothek Bücherei, Büchersammlung, Stadtbibliothek, Stadtbücherei, Universitätsbibliothek, UB, Handbibliothek, Präsenzbibliothek, Leihbücherei, Leihbibliothek
bieder → rechtschaffen, → spießbürgerlich, → brav
Biederkeit → Rechtschaffenheit
Biedermann → Ehrenmann, → Spießbürger
biegen → verbiegen, beugen, krümmen, krumm machen, kröpfen, abbiegen
biegen, sich sich verbiegen, sich durchbiegen, durchhängen, sich krümmen, → nachgehen, → beugen, sich
biegsam → elastisch
Biegsamkeit → Elastizität
Biegung Krümmung, Kröpfung, → Bogen, → Kurve, → Abbiegung
Bier Gerstensaft, kühles Blondes, eine Maß, Hopfentee, flüssiges Brot, Pils, Pilsener, Export, Märzen, Starkbier, Bock, Doppelbock, Weißbier, Weizenbier, Weizen, Lager, Lagerbier, Gingerale, Altbier, Alt
bierernst → humorlos
Bierhalle → Gasthaus
Bierkrug → Krug
Bierruhe → Gelassenheit
Biest → Bestie, → Ekel
bieten 1. Angebot machen, → handeln 2. aussetzen, in Aussicht stellen, darbieten, → anbieten 3. → geben
bieten, sich sich darbieten, sich anbieten, sich eröffnen, sich zeigen, sich ergeben
Bigamie Doppelehe, → Polygamie, → Ehe
bigott frömmlerisch, frömmelnd, scheinheilig, scheinfromm, pharisäerhaft, heuchlerisch, → fromm
Bigotterie Frömmelei, Scheinheiligkeit, Pharisäertum, Heuchelei, → Frömmigkeit
Bikini → Badeanzug
Bilanz 1. Schlussabrechnung, Schlussrechnung, Aufrechnung, Abschluss, Jahresabschluss, Rechenschaftsbericht, Handelsbilanz, → Abrechnung 2. → Ergebnis
Bild 1. Gemälde, Ölgemälde, Aquarell, Bildnis, Studie, Skizze, → Zeichnung, → Porträt, → Akt 2. Abbild, Abbildung, Wiedergabe, Darstellung 3. Ansicht, Aussicht, Anblick, Panorama 4. Sinnbild, Allegorie, Metapher, Parabel, Trope, Gleichnis, Symbol, Vergleich 5. → Fotografie 6. → Veranschaulichung
bilden → formen, → erziehen, → darstellen
bilden, sich 1. sich Bildung aneignen, sich qualifizieren, sich weiterbilden, sich fortbilden, → lernen 2. → entstehen
Bilderanbetung → Götzenverehrung

Bilderbuch → Album
Bildergalerie → Museum
bilderreich → anschaulich, → bunt
bildhaft → anschaulich
Bildhaftigkeit → Anschaulichkeit
bildhübsch → hübsch
Bildkunst → Malerei
bildlich 1. bildhaft, eidetisch, ikonisch 2. zeichenhaft, im Bild, im Gleichnis, gleichnishaft, metaphorisch, allegorisch, parabolisch, symbolisch, sinnbildlich, übertragen, verhüllt 3. sozusagen, gewissermaßen, beispielsweise, vergleichsweise
Bildnis → Bild, → Porträt, → Akt
Bildröhre → Bildschirm
Bildschirm Bildröhre, Mattscheibe, Monitor, → Fernsehgerät
bildschön → schön
Bildung 1. Allgemeinbildung, Horizont, Niveau, Bildungsgrad, Bildungsstand, Kultur, Belesenheit, Gelehrtheit, Gelehrsamkeit, → Wissen, → Ausbildung 2. → Erziehung 3.→ Entstehung
Bildungsanstalt → Institut, → Schule
Bildungsbürgertum → Intelligenz
Bildungsgrad → Bildung
Bildungslücke → Unwissenheit
Bildungsminister → Kultusminister
Bildungsreise → Expedition
Bildungsstand → Bildung
Billett → Eintrittskarte, → Ticket, → Schreiben
billig → preiswert, → minderwertig, → geistlos, → gerecht
billigen gutheißen, für gut befinden, akzeptieren, einverstanden sein, hinnehmen, annehmen, begrüßen, beipflichten, zustimmen, anerkennen
Billigpreis → Sonderangebot
Billigung → Anerkennung, → Zustimmung
Billigware → Schund
Binde → Verband
binden 1. schnüren, zusammenschnüren, zusammenbinden, winden, flechten, knoten 2. andicken, eindicken, sämig machen, abbinden 3. broschieren, heften, aufbinden 4. → fesseln
binden, sich → heiraten, → festlegen, sich
bindend → verbindlich
Bindfaden → Schnur
Bindung 1. Sicherheitsbindung, Skibindung 2. → Verpflichtung 3. → Freundschaft 4. → Verbindung
binnen → innerhalb
Binsen → Schilf
Binsenweisheit → Gemeinplatz
Biografie (*auch:* Biographie) Lebensbeschreibung, Lebensgeschichte, Lebensbild, Lebenslauf, → Autobiografie
biologisch → umweltfreundlich
Birne → Glühbirne, → Kopf
bis auf → außer
Bischof → Geistlicher
bisher bis jetzt, bis heute, bislang, bis dato, → seither
bisherig → ehemalig
bislang → bisher
Biss 1. Bisswunde, Fleischwunde, Kratzer 2. → Schwung
bisschen ein kleines bisschen, einiges, ein klein wenig, etwas, etliches, → wenig
Bissen Happen, Brocken, Mund voll
bissig 1. scharf, scharf gemacht, gefährlich 2. → gehässig, → spöttisch
Bissigkeit → Gehässigkeit
bisweilen → manchmal
Bitte 1. Anliegen, Ansuchen, Ersuchen, Wunsch, → Aufforderung 2. Beschwörung, Flehen, → Gebet
bitte 1. bitte schön, bitte sehr, freundlichst, gütigst, möglichst, gefälligst, tunlichst, liebenswürdigerweise, freundlicherweise 2. wie bitte?, wie meinen?, wie belieben?, Pardon?, wie?, was?
bitten 1. angehen um, ansprechen auf, ersuchen, erbitten, nachsuchen um, einkommen um, nahe legen, fragen, → auffordern, → wünschen 2. flehen, anflehen, erflehen, bedrängen, dringen in, bestürmen, beschwören, anrufen, kniefällig bitten, betteln, winseln um
bitter 1. gallig, herb, übel schmeckend 2. → verbittert 3. → schmerzlich
Bitterkeit 1. Herbheit, Galle, Wermut 2. → Verbitterung
Bittschrift → Antrag
Bittsteller → Antragsteller
Biwak → Lager
biwakieren → zelten
bizarr seltsam, merkwürdig
Black-out (*auch:* Blackout) → Gedächtnisverlust
blaffen → bellen
blähen, sich sich aufblähen, sich bauschen, anschwellen, auftreiben, bauchig werden, sich wölben
Blähungen → Bauchschmerzen, → Darmwind
blamabel → beschämend
Blamage → Bloßstellung, → Schande, → Misserfolg
blamieren → bloßstellen

blamieren, sich → bloßstellen, sich
blanchieren abbrühen, überbrühen, brühen
blank → glänzend, → sauber, → bankrott, → nackt
blanko → anstandslos
Blase 1. Luftblase, Seifenblase, Ballon, → Ball 2. Blutblase, Wasserblase, → Eiterblase 3. Harnblase 4. → Gruppe
blasen 1. pusten, hauchen 2. trompeten, posaunen, schmettern, tuten 3. → stürmen, → wehen
blasiert → eingebildet
Blasinstrument → Horn, → Trompete
Blaskapelle → Band
Blasphemie → Gotteslästerung
blass 1. bleich, fahl, aschfahl, aschgrau, grau, bleichgesichtig, farblos, blutleer, kreidebleich, kreideweiß, kalkbleich, kalkweiß, kalkig, weiß, weiß wie die Wand, käsebleich, käseweiß, käsig, wachsbleich, totenblass, totenbleich, leichenblass 2. → verblasst 3. → ausdruckslos
Blässe Bleichheit, Fahlheit, Durchsichtigkeit, Bleichgesichtigkeit, Totenblässe, Leichenblässe
Blatt 1. Zettel, Bogen, Papierbogen, Briefbogen, Seite, Pagina, Wisch 2. Blattwerk, Laub, Blütenblatt 3. → Journal, → Zeitung
Blattern → Pocken
blättern Seiten umschlagen, Seiten wenden, durchblättern, durchgehen, flüchtig durchsehen, → lesen
Blattwerk → Laub
blau 1. dunkelblau, azur, indigo, kobaltblau, marineblau, ultramarinblau, tintenblau, königsblau, schwarzblau, tiefblau, stahlblau, nachtblau, enzianblau, veilchenblau, kornblumenblau, bleu, hellblau, blassblau, himmelblau, lichtblau 2. → betrunken
blauäugig → arglos
blaublütig → adlig
blauer Fleck → Bluterguss
Blaulicht → Warnlicht
Blaupause → Durchschlag
Blaustrumpf → Mauerblümchen
Blazer → Jacke
Blechbüchse → Dose
blechen → bezahlen
Blechner → Installateur
Blei → Schreibstift
Bleibe → Unterkunft
bleiben 1. weilen, verweilen, verharren, hier bleiben, dableiben, → aufhalten, sich, → niederlassen, sich 2. erhalten, übrig bleiben, übrig sein, verbleiben, zurückbleiben 3. → andauern
bleiben bei → beibehalten
bleiben lassen → unterlassen
bleibend → dauerhaft, → unvergänglich
bleich → blass
bleichen ausbleichen, entfärben, auslaugen, aufhellen, blondieren
Bleichgesichtigkeit → Blässe
Bleichsucht → Blutarmut
bleiern → grau, → schwer, → müde
Bleistift → Schreibstift
Blende 1. Verblendung, Klappe, Leiste, → Besatz 2. Schirm, Lampenschirm, Blendschutz, Sonnenblende, Verdunkelung, Abdunkelung, Abschirmung
blenden 1. die Sicht nehmen, blind machen 2. Augen ausstechen, des Augenlichts berauben 3. → vortäuschen
blendend → glänzend, → hell, → schön
Blender → Angeber
Blendschutz → Blende, → Jalousie
Blendwerk → Schein, → Täuschung
blessieren → verletzen
Blick 1. Augenausdruck, → Auge 2. → Aussicht
blicken 1. schauen, dreinschauen, dreinblicken, dreinsehen 2. → anschauen, ansehen, → sehen
Blickfang → Anziehungspunkt
Blickfeld → Gesichtsfeld
Blickpunkt → Gesichtspunkt, → Standpunkt
Blickrichtung → Gesichtspunkt
Blickwinkel → Gesichtspunkt, → Standpunkt
blind 1. erblindet, geblendet, in ewiger Nacht, augenlos, stockblind, sehbehindert, nachtblind 2. beschlagen, trübe, undurchsichtig, matt 3. → fanatisch
Blinddarm Wurmfortsatz, Appendix
blinder Passagier → Passagier
Blindgänger → Versager
blindgläubig → kritiklos
Blindgläubigkeit → Kritiklosigkeit
blindlings → kritiklos, → unvorbereitet
blinken 1. flackern, aufleuchten, leuchten, blitzen 2. → glänzen
Blinklicht → Warnlicht
blinzeln zwinkern, zwinken, blinkern
Blitz 1. Blitzstrahl, Blitzschlag, Wetterstrahl, Wetterleuchten, Lichtblitz, → Gewitter 2. Blitzgerät, Blitzlicht, Fotolampe, Studiobeleuchtung
blitzartig → plötzlich, → schnell
blitzblank → glänzend, → sauber
blitzen 1. aufblitzen, aufscheinen, wetterleuchten 2. → glänzen

Blitzgerät → Blitz
Blitzschlag → Blitz
Block 1. Klotz, Quader, Quaderstein, Steinblock, Brocken 2. Häuserblock, Wohnblock, Wohnviertel 3. Skizzenblock, Zeichenblock, Schreibblock, Notizblock, Stenoblock, Diktatblock 4. → Partei
Blockade Absperrung, → Belagerung
Blockdiagramm → Schaubild
blockieren 1. arretieren, absperren, sperren, abriegeln, → feststellen 2. drosseln, hemmen, abblocken, blocken, unterbinden, → hindern
Blockierung → Absperrung, → Hindernis
Blockschrift → Schrift
blöde → dumm, → schwachsinnig, → unangenehm
Blödelei → Albernheit
blödeln → albern
Blödheit → Dummheit, → Schwachsinn
Blödsinn → Unsinn, → Albernheit
blödsinnig → unsinnig, → dumm, → schwachsinnig
blöken bähen, mähen, meckern
blond strohblond, dunkelblond, hellblond, rotblond, semmelblond, flachsblond, goldblond, wasserstoffblond, blondhaarig
blondieren bleichen, färben
bloß → allein, → nur, → nackt
Blöße 1. Schwachpunkt, schwache Stelle, Schwäche, Armutszeugnis 2. → Nacktheit
bloßlegen → aufdecken
bloßstellen blamieren, eine Blamage bereiten, beschämen, lächerlich machen, zum Gespött machen, desavouieren, kompromittieren, → demütigen
bloßstellen, sich sich blamieren, sich lächerlich machen, sich zum Gespött der Leute machen, sich unmöglich machen, das Gesicht verlieren, sich eine Blöße geben, keine gute Figur machen
Bloßstellung Blamage, Beschämung, Desavouierung, Kompromittierung, Peinlichkeit, → Schande, → Demütigung
blubbern → brodeln
Bluejeans (*auch:* Blue Jeans) → Hose
Bluff → Täuschung, → Ausrede
bluffen → täuschen
blühen 1. aufbrechen, in Blüte stehen, Blüte tragen, prangen 2. → gedeihen
blühend → frisch, → gesund, → schön
Blume 1. Gewächs, Blüte, Pflanze 2. Bukett, Duft, Geschmack, → Aroma 3. → Schwanz
Blumenschale → Blumentopf
Blumenstrauß → Strauß
Blumentopf Blumenschale, Blumenkübel, Blumenampel
Blumenvase → Vase
blumig → aromatisch, → schwülstig
Bluse → Hemd
Blut Lebenssaft, roter Saft, Schweiß
blutarm anämisch, bleichsüchtig
Blutarmut Anämie, Bleichsucht
Blutbad Massaker, Massenmord, Massenvernichtung, Vernichtung, Holocaust, Gemetzel, Metzelei, Blutvergießen, Hinschlachten, Abschlachtung, Schlächterei, Schlacht, → Mord
Blutbahn → Ader
blutbefleckt → blutig
Blutdurst → Mordgier
blutdurstig → mordgierig
Blüte 1. Blütenkelch, Blume 2. Blütenpracht, Blust → Blumenstrauß 3. Blütezeit, Hochblüte, Glanzzeit, → Aufschwung 4. Falschgeld, Geldschein
bluten 1. Blut verlieren, ausbluten, verbluten 2. → bezahlen
Blütenpracht → Blüte
Bluterguss Hämatom, Erguss, blauer Fleck
Blütezeit → Frühjahr, → Blüte
Blutgefäß → Ader
Blutgerinnsel Gerinnsel, Blutpfropf, Pfropf, Thrombus, Koagulum
Blutgerüst → Schafott
blutgierig → mordgierig
blutig blutend, bluttriefend, blutüberströmt, blutverschmiert, blutbefleckt, blutbesudelt
Blutkreislauf → Kreislauf
blutleer → blass
Blutpfropf → Blutgerinnsel
Blutrausch → Mordgier, → Raserei
blutrünstig → mordgierig
Blutsauger → Ausbeuter, → Wucherer
Blutsbrüderschaft → Freundschaft
Blutschande Inzest, Inzucht, Geschwisterliebe
blutsverwandt → verwandt
Bluttat → Anschlag
Bluttransfusion → Blutübertragung
blutüberströmt → blutig
Blutübertragung Bluttransfusion, Transfusion
Blutung 1. Blutsturz, Blutverlust 2. → Menstruation
Blutvergießen → Blutbad, → Krieg
Blutvergiftung Sepsis
blutverschmiert → blutig
blutvoll → ausdrucksvoll, → lebhaft
Bö Fallbö, Windstoß, Sturmbö, → Sturm
Bobschlitten → Schlitten

Bock 1. Widder, Hammel, Ziegenbock, Geißbock, Schafbock, Rehbock, Hippe, Schöps 2. Holzbock, Sägebock, Stütze, Gestell, Unterlage, Schragen, Schemel, Kutschbock 3. → Fehler 4. → Bier
Bockbeinigkeit → Eigensinn
bocken störrisch sein, bockig sein, widerspenstig sein, trotzen
bockig → eigensinnig
Bockigkeit → Eigensinn
Bockmist → Fehler, → Unsinn
Boden → Acker, → Erde, → Speicher, → Fußboden, → Grundlage
Boden gewinnen → ausbreiten, sich
Boden gutmachen → aufholen
Bodenerhebung Schwelle, Bodenwelle, Erhebung, Erhöhung, → Berg
Bodenkammer → Dachkammer
Bodenkultur → Ackerbau
bodenlos 1. maßlos, äußerst, unerhört, empörend, frech 2. → tief
Bodenlosigkeit → Frechheit
Bodenraum → Dachkammer
Bodensatz → Abschaum, → Ablagerung
Bodensenke → Mulde
bodenständig 1. ortsfest, erdverbunden, erdgebunden, sesshaft, ansässig 2. ursprünglich, irrtümlich, urwüchsig, urig, naturverbunden, naturhaft, natürlich, erdhaft
Bodenvertiefung → Mulde
Bodenwelle → Bodenerhebung
Bodybuilder → Muskelprotz
Bodyguard → Leibwächter
Bodystocking → Trikot
Bogen 1. Biegung, Krümmung, Rundung, Rundbogen, Arkade, Wölbung 2. → Kurve 3.→ Blatt
Bohle → Brett
bohnern blocken, blockern, wachsen, wichsen, wienern → polieren
bohren 1. ausbohren, durchbohren, aushöhlen, durchlöchern 2. stechen, reißen, nagen, → schmerzen 3. → fragen 4. → grübeln
bohrend → heftig
Bohrung → Kaliber
böig → windig
Boiler Warmwasserbereiter, Heißwasserbereiter, Warmwasserspeicher, Durchlauferhitzer, Gastherme
Bolide → Rennwagen
Böller Feuerwerkskörper
bollern → dröhnen
Bollerwagen → Leiterwagen
Bollwerk → Befestigungsanlage
Bolzen → Zapfen, → Nagel, → Geschoss
bombardieren → angreifen, → beschießen
Bombast → Schwulst
bombastisch → prunkvoll, → schwülstig
Bombe Sprengkörper, Sprengbombe, Brandbombe, Atombombe, Wasserstoffbombe, H-Bombe
Bombenanschlag → Anschlag
Bombenerfolg → Erfolg
Bombenleger → Terrorist
Bomber → Flugzeug
Bommel Quaste, Troddel, Franse, → Besatz
Bon → Gutschein
Bonbon Gutsel, Klümpchen, Zuckerl, Drops, Sahnebonbon, Toffee, → Konfekt
Bonität → Solvenz
Bonmot → Ausspruch, → Witz
Bonus → Abschlag
Bonvivant → Frauenheld, → Lebenskünstler
Bonze → Funktionär, → Kapitalist
Boom Aufschwung
Boot Kahn, Nachen, Barke, Barkasse, Gondel, Schaluppe, Schute, Nussschale, Einbaum, Kanu, Kajak, Paddelboot, Beiboot, Dingi, Rettungsboot, Ruderboot, Motorboot, → Segelboot, → Schiff
Boots → Stiefel
Bootsmann → Matrose
Bord → Brett, → Regal
Bordell Freudenhaus, Etablissement, Puff, Dirnenhaus, Eroscenter
Bordkarte → Ticket
Bordstein Bordsteinkante, Bordkante, Bordschwelle, Rinnstein
Bordüre → Besatz
borgen leihen, → leihen, sich
borgen, sich → leihen, sich
Borke → Rinde
Born → Quelle
borniert beschränkt, engstirnig, eng, kurzsichtig, philisterhaft, philiströs, verbohrt, vernagelt, Brett vor dem Kopf, → dumm
Borniertheit Beschränktheit, Engstirnigkeit, Kurzsichtigkeit, Verbohrtheit, Ignoranz, → Dummheit
Börse 1. Handelsplatz, Umschlagplatz, → Markt 2. → Geldbeutel
Börsenkrach → Depression
Börsenmakler Aktienhändler, Broker, Börsianer, Börsenjobber, Jobber, Börsenspekulant, Haussier, → Bankier
Börsenspekulant → Börsenmakler
Borste → Haar, → Stachel
borstig → stachelig, → bärtig
Borte → Besatz
bösartig → böse
Bösartigkeit → Bosheit

Böschung → Abhang
böse 1. boshaft, böswillig, übel wollend, übel gesinnt, argwillig, maliziös, schikanös, infam, niederträchtig, lieblos, garstig, → arglistig 2. erbost, unmutig, ärgerlich, → wütend 3. bösartig, nicht gutartig, maligne, → schlimm, → gefährlich
Bösewicht → Gauner
boshaft → böse
Boshaftigkeit → Bosheit
Bosheit 1. Böswilligkeit, Boshaftigkeit, Bösartigkeit, Übelwollen, Gemeinheit, Niederträchtigkeit, Arglist 2. Schikane, Infamie, Lieblosigkeit, Niedertracht
Boss → Anführer, → Vorgesetzter
böswillig → absichtlich, → böse
Böswilligkeit → Bosheit
Bote Kurier, Sendbote, Überbringer, Abgesandter, Herold, Melder, Laufbursche, Botenjunge, Bürobote
botmäßig → gehorsam
Botmäßigkeit → Herrschaft
Botschaft 1. Vertretung, Landesvertretung, Konsulat, Handelsmission 2. → Nachricht
Botschafter Nachrichtenübermittler, Bote → Abgeordneter, → Diplomat
Bottich → Eimer, → Wanne
Bouillon → Brühe
Boulevard → Allee
Boulevardblatt → Journal
Boulevardkomödie → Komödie
Boulevardpresse → Presse
Bourgeois → Bürger
Bourgeoisie → Bürgertum
Boutique → Geschäft
Box → Schachtel
Boxer Faustkämpfer, Preisboxer, Fighter, Athlet
Boxkampf Boxen, Faustkampf, Fight
Boy → Diener
Boykott → Ächtung
boykottieren → ächten
brach unbebaut, unbestellt, ungenutzt
Brachialgewalt → Gewalt
Brachland → Öde
brachliegen → ruhen
brachliegend → öde
brackig → faulig
Branche → Beruf, → Fach
Branchenverzeichnis → Telefonbuch
Brand 1. Feuer, Feuersbrunst, Feuermeer, Großbrand, Schwelbrand 2. → Durst
brandaktuell → brisant
branden tosen, gischten, schlagen, brodeln, wogen, sich brechen, fluten
Brandmal → Kennzeichen
brandmarken abstempeln, verfemen, verpönen, geißeln, verurteilen, anprangern, → kennzeichnen
Brandmeister → Feuerwehrmann
brandschatzen verheeren, niederbrennen, sengen und brennen, morden und brennen, dem Erdboden gleichmachen, → plündern, → zerstören
Brandschatzung → Plünderung
Brandstifter Feuerleger, Brandleger, Pyromane
Brandung Gischt, Wellenschlag, → Welle
Brandwache → Feuerwehr
Branntwein → Spirituosen
Brät → Brei
braten anbraten, schmoren, schmurgeln, brutzeln, brägeln, toasten, rösten, grillen, → kochen
Bratensoße → Soße
Brathähnchen → Huhn
Bratrost → Grill
Bratsche → Geige
Brauch Sitte, Landessitte, Gebrauch, Regel, Konvention, Praxis, Usus, Mode, Ritus, Ritual, Gebräuche, → Tradition, → Zeremonie
brauchbar → annehmbar, → geeignet
Brauchbarkeit → Eignung
brauchen 1. nötig haben, benötigen, bedürfen, Bedarf haben, angewiesen sein auf, nicht entbehren können, haben müssen, gebrauchen können, gebrauchen, nicht auskommen können ohne 2. → anwenden
Brauchtum → Tradition
brauen aufgießen, → kochen
braun 1. dunkelbraun, kaffeebraun, schokoladenbraun, nussbraun, schwarzbraun, erdfarben, erdbraun, rehbraun, rotbraun, rostbraun, cognacfarben, ocker, umbra, siena, hellbraun, kaki, → beige 2. gebräunt, sonnengebräunt, sonnenverbrannt, bronzefarben 3. → dunkelhaarig
bräunen, sich → sonnen, sich
braunhaarig → dunkelhaarig
Brause → Dusche, → Sprudel
brausen 1. wüten, tosen, toben, sausen, rauschen, → stürmen 2. → laufen, → fahren 3. → duschen
Braut Verlobte, Zukünftige, Hochzeiterin
Brautausstattung → Ausstattung
Bräutigam Verlobter, Zukünftiger
Brautstand → Aufgebot
brav 1. artig, lieb, lammfromm, nicht frech, nett, → gehorsam, → anständig 2. kreuzbrav, hausbacken, bieder
bravourös (*auch:* bravurös) → glänzend, → virtuos

brechen 1. durchbrechen, auseinander brechen, zerbrechen, entzweibrechen, bersten, springen, zerspringen, zersplittern, zerschellen, in die Brüche gehen, zu Bruch gehen, krachen 2. → abbrechen 3. → übergeben, sich 4. → abfallen 5. → ablenken 6. → falten
brechen, sich → branden
Brecher → Welle
Brechreiz → Unwohlsein
Brechung → Ablenkung
Bredouille → Verlegenheit
Brei 1. Püree, Mus, Pamp, Papp, Schleim, Masse, Teig, Brät 2. → Schlamm
breiig musig, lehmig, schlammig, pampig, teigig, matschig, labberig, dickflüssig, zähflüssig, sämig, seimig, → gallertartig
breit 1. ausgedehnt, ausgestreckt, weit gestreckt, lang gestreckt, → plump → weit 2. → ausführlich
Breite → Erstreckung
Breiten → Gegend
breitmachen, sich → ausbreiten, sich, → einnisten, sich
breitschlagen → umstimmen
breittreten → ausdehnen, → verbreiten
Bremse 1. Hemmschuh, Hemmklotz, Radschuh, Radsperre, → Hindernis 2. → Stechmücke
bremsen 1. abbremsen, verlangsamen, Bremse anziehen, Bremse treten, Tempo vermindern, → anhalten 2. → mäßigen
bremsen, sich → beherrschen, sich
Bremslicht → Rücklicht
brennbar → feuergefährlich
brennen 1. in Flammen stehen, lodern, lohen, flammen, flackern, → glühen 2. aufflammen, aufflackern, Feuer fangen, anbrennen, sich entzünden, ausbrechen, → verbrennen 3. destillieren, Schnaps brennen, Branntwein herstellen 4. → schmerzen
brennend → heiß, → dringend
Brennglas → Lupe
Brennholz → Brennstoff
Brennpunkt → Mittelpunkt
Brennstoff Brennholz, Feuerholz, Brennmaterial, Heizmaterial, Heizstoff, Öl, Gas, Erdgas, Kohle, Brikett, Spiritus, Petroleum, Esbit
brenzlig → bedenklich, → gefährlich
Bresche → Durchgang, → Lücke
Brett 1. Bohle, Diele, Planke, Latte, Leiste, Riemen, Daube, Bord, → Balken 2. → Regal
Bretterverschlag → Hütte
Brevier → Auswahl, → Gebetbuch
Brief → Post, → Schreiben
Briefbogen → Blatt
Briefeinwurf → Briefkasten
Brieffreundschaft → Korrespondenz
Briefkasten Postkasten, Briefeinwurf
Briefkuvert → Briefumschlag
brieflich → schriftlich
Briefmarke → Wertmarke
Briefmarkenalbum → Album
Briefmarkensammler Philatelist, Markensammler
Briefpapier → Papier
Briefsendung → Post
Brieftasche → Geldbeutel
Briefträger → Postbote
Briefumschlag Umschlag, Kuvert, Briefkuvert, Briefhülle
Briefverkehr → Korrespondenz
Briefwechsel → Korrespondenz
Brigade → Heeresverband
Brikett → Brennstoff
brillant → glänzend
Brillant → Edelstein
Brille Augengläser, Gläser, Kneifer, Zwicker, Lorgnette, Lorgnon, Monokel
brillieren → glänzen
bringen herbeibringen, herbringen, heranbringen, verbringen, herbeischaffen, herbeitragen, anschleppen, anschleifen, beischaffen, beschaffen, → liefern, → schicken, → befördern
brisant brennend, drängend, hochaktuell, brandaktuell, heiß, explosiv, hochexplosiv, → aktuell, → gefährlich
Brise → Wind
bröckelig → mürbe
brocken → zerbröseln
Brocken 1. Batzen, Klumpen, Bruchstück, Fetzen, Stück, → Teil 2. → Block 3. → Bissen
brodeln kochen, wallen, aufwallen, blubbern, Blasen werfen, gurgeln, strudeln, → dampfen
Brodem → Dampf
Broker → Börsenmakler
Bronn → Quelle
Brosamen Krümel, Brotkrumen, Brösel, Körnchen, Bröckchen
Brosche Anstecknadel, Spange, Fibel, Nadel, Schmuckspange, Busennadel, Agraffe, Vorstecknadel, Ziernadel, Krawattennadel → Abzeichen
broschieren → heften
Broschur → Buch
Broschüre Informationsbroschüre, Heftchen, Druckschrift, → Prospekt, → Flugblatt
Brösel → Brosamen
bröselig → mürbe

bröseln → zerbröseln
Brot 1. Laib, Laib Brot, Brotlaib, Brotwecken, Wecken, Fladen 2. Scheibe, Brotscheibe, Brotschnitte, Stück Brot, Kanten, Ranken, → Butterbrot
Brotanschnitt Brotkanten, Kanten, Brotende, Anschnitt, Knaus, Knäusle, Knust, Knörzel, Scherzel, Ranft
Brotaufstrich Aufstrich, Belag
Brötchen Semmel, Wecken, Schrippe, Laibchen
Brotende → Brotanschnitt
Broterwerb → Arbeit
Brotherr → Arbeitgeber
Brotkanten → Brotanschnitt
Brotkrumen → Brosamen
Brotkruste → Brotrinde
Brotlaib → Brot
brotlos ertragsarm, nichts einbringend, arbeitslos, → arm
Brotrinde → Rinde, Brotkruste, Kruste
Brotscheibe → Brot
Brotzeit → Vesper
Bruch 1. Brechen, Zerbrechen, Auseinanderbrechen 2. Knochenbruch, Knochenfraktur, Fraktur 3. Bruchstelle, Bruchkante, Bruchfläche, Riss 4. Bruchzahl, Quotient 5. → Trennung 6. → Sumpf 7. → Zäsur
brüchig → spröde, → locker
Bruchstelle → Bruch
Bruchstück → Teil, → Bestandteil, → Fragment
bruchstückhaft → unvollständig
Bruchteil → Bestandteil, → Teil
Brücke 1. Viadukt, Steg, Überführung, Übergang, Gangway, 2. Kommandobrücke, Cockpit 3. → Teppich 4. → Gebiss
Bruder 1. Geschwister, Bruderherz 2. → Freund, → Kamerad 3. → Mönch
brüderlich → einig, → freundschaftlich
Brüderlichkeit → Einigkeit, → Übereinstimmung, → Freundschaft
Bruderschaft → Orden, → Vereinigung
Brüderschaft 1. Freundschaftsbande, Freundschaft, Kumpanei 2. → Orden
Brühe 1. Fleischbrühe, Kraftbrühe, Suppenbrühe, Suppe, Bouillon 2. Dreckbrühe, trübe Flüssigkeit, → Abwasser 2. → Soße
brühen kochen, abkochen, abbrühen, blanchieren
brühwarm → sofort
brüllen → schreien, → dröhnen
brummeln → murmeln
brummen 1. summen, surren, schnarren, brummeln, → murmeln 2. → abbüßen, → einsitzen 3. → murren
Brummi → Lastkraftwagen
brummig → mürrisch
Brummschädel → Kater
brünett → dunkelhaarig
Brunft → Brunst
brünftig → brünstig
Brunnen Zisterne, Wasserreservoir, Wasserstelle, Ziehbrunnen, Springbrunnen, Fontäne, → Quelle, → Tränke
Brunnenwasser → Wasser
Brunst 1. Brunstzeit, Brunft, Brunftzeit, Paarungszeit, Ranzzeit, Rauschzeit, Läufigkeit 2. → Lüsternheit
brünstig 1. brünftig, brunftig, läufig, stierig 2. → lüstern
Brunstzeit → Brunst
brunzen → austreten
brüsk → barsch
brüskieren → herausfordern, → verletzen
Brüskierung → Herausforderung
Brust 1. Brustkasten, Brustkorb, Thorax, Oberkörper 2. → Busen
Brustbild → Porträt
Brüste → Busen
brüsten, sich → angeben
Brustkasten → Brust
Brustkorb → Brust
Brustpanzer → Panzer
Brüstung → Geländer
Brut 1. Nachwuchs, Nachkommenschaft, Gelege, Gezücht 2. → Gesindel
brutal hart, unmenschlich, barbarisch, roh, rabiat, gewalttätig, bestialisch, viehisch, → grausam
Brutalität Unmenschlichkeit, Barbarei, Rohheit, Verrohung, Gewalttätigkeit, → Grausamkeit
brüten → grübeln
brütend → heiß
Bruttopreis → Pauschalpreis
brutzeln → braten
Bub → Junge
Bube → Gauner
Bubenstück → Streich
Buch 1. Band, Foliant, Titel, Werk, Wälzer, Schwarte, Schinken, Schmöker, Schrift, Druckschrift, Broschüre, Broschur, Taschenbuch, Paperback, Bestseller, → Ausgabe 2. → Literatur 3. → Veröffentlichung
Buch führen → aufschreiben, → buchen
Buchausgabe → Edition
Buchdecke → Einband
buchen → verbuchen, → vorbestellen
Bücherbord → Regal
Bücherei → Archiv, Bibliothek
Bücherfreund → Bücherliebhaber

Bücherladen → Buchhandlung

Bücherliebhaber Bücherfreund, Büchernarr, Bücherwurm, Bibliophiler, Bibliomane, → Leser

Bücherverbrennung → Zensur

Bücherwurm → Bücherliebhaber, → Leser

Buchführer → Buchhalter

Buchhalter Rechnungsführer, Buchführer

Buchhandlung Buchladen, Bücherladen, Sortiment, Antiquariat

Buchhülle → Einband

Buchladen → Buchhandlung

Buchse → Stecker

Büchse → Dose, → Behälter, → Gewehr

Buchstabe Schriftzeichen, Letter, Type, Minuskel, Majuskel, Versal, Rune, → Schrift

buchstabieren → lesen

buchstäblich tatsächlich, → wörtlich, → ausgesprochen

Bucht Einbuchtung, Golf, Bai, Förde, Fjord, Busen, Meerbusen

Buchung → Eintrag

Buckel 1. Höcker, Wölbung, Auswuchs, Verkrümmung, krummer Rücken, → Rücken 2. → Berg

bücken, sich → beugen, sich

bucklig 1. verwachsen, krumm, gekrümmt 2. → hügelig

Bude 1. Stand, Marktstand, Schaubude, Marktbude, Verkaufsstand, Kiosk, Verschlag, → Baracke, → Hütte 2. → Zimmer 3. → Haus

Budget → Etat

Büfett (*auch:* Buffet) → Anrichte, → Theke

Bug → Vorderseite

Bügel → Griff

bügeln dämpfen, glätten, plätten, heißmangeln, mangeln

bugsieren → lenken

Bühel → Berg

buhen → auspfeifen

Buhle → Liebhaber, → Geliebte

buhlen → umwerben

buhlerisch → unterwürfig, → lüstern

Buhmann → Kinderschreck

Buhne → Wehr

Bühne 1. Podium, Bretterboden, Plattform, Rampe, Szenerie, → Theater 2. → Schauplatz 3. → Speicher

Bühnenautor → Dramatiker

Bühnenbild → Kulisse

Bühnendekoration → Kulisse

Bühnendichtung → Drama

Bühnensprache → Schriftsprache

Bühnenstück → Schauspiel

Bukett → Aroma, → Strauß

bukolisch → idyllisch

Bulette → Fleischkloß

Bullauge → Fenster

Bulldozer → Raupe

Bulle 1. Stier, Farre 2. → Erlass

bullern → dröhnen

Bulletin → Bericht, → Denkschrift

bullig → kräftig

Bummel Vergnügungstour, Streifzug, Stadtbummel, Schaufensterbummel, Einkaufsbummel, → Spaziergang

Bummelei → Faulheit

bummeln → faulenzen, → trödeln, → spazieren gehen

Bummler → Faulenzer

Bund 1. Büschel, Bündel, Garbe, Garbenbündel, Strohbündel 2. Verbindung, Zusammenschluss, Föderation, Konföderation, Staatenbund, Vereinigung, Organisation 3. → Bündnis 4. → Ehe 5. → Militärdienst 6. → Militär 7. → Einfassung

Bündchen → Einfassung

Bündel Bund, Büschel, Ballen, Packen, Paket, Päckchen, Konvolut, Ränzlein, → Ranzen, → Knäuel

bündeln zusammenbinden, zusammenwinden, zusammenschnüren, zusammenpacken, einen Strauß binden

Bundesanwalt → Staatsanwalt

Bundesbahn → Eisenbahn

Bundesbruder → Kommilitone

Bundesgenosse → Verbündeter

Bundesheer → Militär

Bundesland → Land

Bundespräsident → Staatsoberhaupt

Bundesrat → Parlament

Bundesregierung → Regierung

Bundesschatzbrief → Wertpapier

Bundesstaat → Land

Bundestag → Parlament

Bundesversammlung → Parlament

Bundeswehr → Militär

bündig 1. angrenzend, dicht anschließend 2. → kurz

Bündnis 1. Bund, Zusammenschluss, Allianz, Entente, Liga, Koalition, Achse, Vereinigung, Union, → Organisation 2. → Vertrag

Bündnispartner → Verbündeter

Bungalow → Haus

Bunker 1. Unterstand, Kasematte, Schutzraum, Luftschutzraum, Luftschutzkeller, Luftschutzbunker, → Befestigungsanlage 2. → Laderaum 3. → Gefängnis 4. → Haus

bunt 1. farbenfroh, farbenfreudig, farbig, vielfarbig, mehrfarbig, polychrom, farben-

reich, farbenprächtig, buntscheckig, schillernd, kräftig, leuchtend, bunt, knallbunt, knallig, schreiend, grell, satt → scheckig 2. fassettenreich, bilderreich, illustrativ, → anschaulich 3. → vielfältig 4. → ereignisreich, erlebnisreich
Buntheit → Farbenpracht
buntscheckig → bunt, → scheckig
Buntstift → Schreibstift
Bürde → Last
Burg Kastell, Feste, Festung, Stadtfeste, Burgfeste, Bergfeste, Zitadelle, Klosterburg, Ordensburg, Fluchtburg, Zwingburg, Ritterburg, → Befestigungsanlage, → Schloss
Bürge Gewährsmann, Pate, Garant, Geisel, → Zeuge
bürgen gewährleisten, garantieren, Garantie leisten, haften für, einstehen für, gutstehen für, geradestehen für, dafürstehen, gutsagen, sich verbürgen für, die Bürgschaft übernehmen, Bürgschaft leisten, eine Bürgschaft stellen, die Hand ins Feuer legen, → verantworten, → hinterlegen
Bürger 1. Staatsbürger, Mitbürger, → Bevölkerung, → Einwohner 2. Patrizier, Bürgersmann, Großbürger, Bourgeois, → Spießbürger 3. → Städter
Bürgerinitiative → Selbsthilfegruppe
bürgerlich 1. solide, ordentlich, gutbürgerlich, schlicht, zivil 2. mittelständisch, patrizisch, großbürgerlich, bourgeois, → konservativ 3. → spießbürgerlich
Bürgermeister Gemeindevorsteher, Gemeindeoberhaupt, Ortsvorsteher, Stadtoberhaupt, Ammann, Gemeindeammann, Schultheiß, Schulze, Dorfschulze
Bürgersteig → Gehweg
Bürgertum Großbürgertum, Bourgeoisie, bürgerliche Gesellschaft, Mittelstand, Mittelschicht, Kleinbürgertum
Bürgerwehr → Militär
Bürgschaft 1. Sicherheit, Garantie, Gewähr, Gewährleistung, Haftung, Obligo, Delkredere, Gutsagung, Hinterlegung, Kaution, Unterpfand, → Pfand, Verpfändung 2. → Patenschaft
burlesk → komisch
Burleske → Komödie
Büro Amtsstube, Amtszimmer, Dienstzimmer, Schreibstube, Kontor, Kanzlei, Geschäftszimmer, Geschäftsstelle, → Zweigstelle
Bürokraft → Sekretärin
Bürokrat Aktenkrämer, Paragrafenreiter, Umstandskrämer, Schreiberseele, Schreiberling, → Pedant
Bürokratie Bürokratismus, Amtsschimmel, Beamtenherrschaft, Papierkrieg, → Pedanterie
bürokratisch beamtenhaft, unpersönlich, umständlich, → pedantisch, → formell
Büroschluss → Feierabend
Bursche 1. Jüngling, junger Kerl, → Junge, → Jugendlicher 2. → Diener, → Knecht
Burschenschaft → Verbindung
burschikos ungeniert, jungenhaft, keck
bürsten abbürsten, ausbürsten, abschrubben, wienern, säubern, striegeln, → kämmen
Bürzel → Schwanz
Busch 1. Strauch, Staude, Buschwerk, Gebüsch, → Gestrüpp, → Baum 2. → Strauß 3. → Dschungel
Büschel → Bund
buschig → dicht
Buschwerk → Busch, → Gestrüpp
Busen 1. Brust, Büste, Brüste 2. Meerbusen, → Bucht
Businessman → Geschäftsmann
Buße Sühne, Sühnung, Sühneleistung, Ersatzleistung, Wiedergutmachung, Genugtuung, Abbitte, → Reue, → Strafe
busseln → küssen
büßen sühnen, Abbitte leisten, Buße tun, wieder gutmachen, Schadenersatz leisten, entschädigen, abgelten, ersetzen, einstehen für, geradestehen für, den Kopf hinhalten, herhalten für, ausbaden, die Suppe auslöffeln müssen, → abbüßen
Busserl → Kuss
bußfertig → reuig
Bußfertigkeit → Reue
Bußsakrament → Beichte
Büste → Busen, → Skulptur, → Porträt
Butler → Diener
Bütte → Eimer, → Wanne, → Pult
Büttel Gerichtsdiener, Gerichtsbote, Häscher
Bütten → Papier
Butter → Fett
Butterbrot Schnitte, Butterschnitte, Stulle, Butterstulle, Knifte, belegtes Brot, Schmalzbrot, Wurstbrot, Käsebrot, Marmeladebrot, → Sandwich
Butterbrotpapier → Einschlagpapier
Butterfahrt → Ausflug
Buttermilch → Milch
Butterstulle → Butterbrot
Button → Abzeichen
Butzemann → Kobold
Butzen → Kernhaus
Buxe → Hose
Byzantinismus → Unterwürfigkeit

C

ca. zirka, → ungefähr
Cafeteria → Café
Café Kaffeehaus, Kaffeestube, Konzertkaffee, Konditorei, Cafeteria, Espresso, Eiscafé, Eisdiele, Milchbar, Teestube
Callgirl → Prostituierte
Camp → Lager
campen → zelten
Camping Campingurlaub, Zelten, Zeltlager
Campinganhänger → Wohnwagen
Campingplatz → Zeltplatz
Campingurlaub → Camping
Campingwagen → Wohnwagen
Campingzelt → Zelt
Cañon → Schlucht
Cape → Umhang
Cappuccino → Kaffee
Caravan → Wohnwagen
Caritas → Nächstenliebe
Cartoon → Karikatur
Casanova → Frauenheld
Cellophan → Folie
Centrecourt (*auch:* Centre-Court) Tennisplatz, → Arena
Chaiselongue → Sofa
Chalet → Hütte, → Wochenendhaus
chamois → beige
Champagner → Schaumwein
Champion Meister, Großmeister, Welt-, Europa-, Landesmeister, Wettkampfgewinner, Spitzenreiter, Tabellenführer, Pokalsieger, → Sieger, → Favorit, → Sportler
Chance Glücksfall, günstige Gelegenheit, Sprungbrett, Möglichkeit, → Aussicht
Chanson → Lied
Chansonette → Sängerin
Chansonier (*auch:* Chansonnier) Liedermacher, Barde, Balladensänger, Moritatensänger, Bänkelsänger, → Sänger, → Troubadour
Chaos → Unordnung
Chaot → Randalierer
chaotisch anarchisch, drunter und drüber, → durcheinander
Charakter 1. Wesen, Wesensart, Wesenheit, Natur, Veranlagung, Anlage, Disposition, Eigentümlichkeit, Eigenart, Gemütsart, Gemütsrichtung, Sinnesart, Art, → Eigenschaft 2. → Persönlichkeit 3. → Charakterfestigkeit
charakterfest charakterstark, charaktervoll, fest, unbeirrbar, unbestechlich, unerschütterlich, → standhaft, → zuverlässig
Charakterfestigkeit Charakterstärke, Charakter, Festigkeit, Unbeirrbarkeit, Unbestechlichkeit, Rückgrat, Haltung, → Standhaftigkeit
Charakterfigur → Persönlichkeit
charakterisieren → bezeichnen, → beschreiben
Charakterisierung Charakteristik
Charakteristik 1. Charakterisierung, Charakterbeschreibung, Personenbeschreibung, → Beschreibung 2. → Eigenart
Charakteristikum → Merkmal
charakteristisch bezeichnend, kennzeichnend, repräsentativ, symptomatisch, wesensgemäß, spezifisch, typisch, ausgesprochen, unverkennbar
charakterlos 1. charakterschwach, ohne Rückgrat, rückgratlos, haltlos, haltungslos, labil, willenlos, schwach 2. verkommen, schurkisch, skrupellos, gesinnungslos, → ehrlos 3. → niederträchtig
Charakterlosigkeit 1. Charakterschwäche, Haltlosigkeit, Rückgratlosigkeit, Skrupellosigkeit, Gesinnungslosigkeit, → Unzuverlässigkeit, → Untreue 2. → Niedertracht
charakterschwach → charakterlos
charakterstark → charakterfest
Charakterstärke → Charakterfestigkeit
Charakterzug → Eigenschaft
Charge → Amt, → Rang
Chargenrolle → Nebenrolle
Chargenspieler → Statist
Charisma Ausstrahlungskraft, Ausstrahlung, Fluidum, Aura
Charme (*auch:* Scharm) Anmut, Liebreiz, Liebenswürdigkeit, Zauber, Anziehungskraft
charmant (*auch:* scharmant) anmutig, reizend, bezaubernd, zauberhaft, liebreizend, liebenswürdig, einnehmend, gewinnend, unterhaltend, geistreich, → anregend
Charmeur → Schmeichler
chartern → mieten
Charts → Hitparade
Chassis Fahrgestell, Untergestell, Rahmen
Chauffeur Fahrer, Fahrzeugführer, Führer, Fahrzeuglenker, Autofahrer, Kraftfahrer, Automobilist, → Pilot
chauffieren → fahren
Chaussee → Allee
Chauvi → Chauvinist
Chauvinismus → Überheblichkeit, → Patriotismus
Chauvinist 1. Chauvi, Macho, Macker, Pascha, Scheich, → Mann 2. → Patriot
chauvinistisch → dominant, → patriotisch
checken → prüfen
Chef → Vorgesetzter
Chefetage → Leitung
chemisch → künstlich

chic (*auch:* schick) → elegant
Chic (*auch:* Schick) → Eleganz
Chiffre → Geheimzeichen, → Zahl
chiffrieren → verschlüsseln
Chip → Münze, → Bauteil
Chirurg Wundarzt, Operateur, → Arzt
Choleriker → Hitzkopf
cholerisch → aufbrausend
Chor 1. Chorgemeinschaft, Singgemeinschaft, Singschar, Singkreis, Gesangverein, Sängerkreis, Sängervereinigung, Gesangsgruppe, Liedertafel, Männerchor, Frauenchor, gemischter Chor, Knabenchor, Kinderchor, Schülerchor, Kirchenchor 2. Chorgesang, Gruppengesang, Gemeinschaftsgesang, Sprechchor
Choral → Lied
Choreograf (*auch:* Choreograph) → Regisseur
Chorgesang → Chor
Chorleiter → Dirigent
Chose (*auch:* Schose) → Angelegenheit
Christkind Christuskind, Christkindl, Jesuskind, Jesulein, Heiland, → Christus
christlich → fromm
Christmette → Gottesdienst
Christus Jesus, Jesus Christus, Heiland, Erlöser, Messias, Gottessohn, Sohn Gottes, Menschensohn, Gekreuzigter, der Gute Hirte, Gotteslamm, Friedensfürst, → Christkind, → Gott
Christuskind → Christkind
Chronik Annalen, Aufzeichnung, Bericht, Jahrbuch
chronisch dauerhaft, dauernd, unaufhörlich, unablässig, langwierig, lang
Chronist Berichterstatter, Geschichtsschreiber, Historiker
Chronologie Zeitfolge, Abfolge, zeitlicher Ablauf, Reihenfolge
chronologisch aufeinander folgend, zeitlich geordnet, nach dem Zeitablauf, in der Zeitenfolge, im historischen Abstand
City 1. Hauptstadt, Metropole, Weltstadt, Kapitale, → Stadt 2. → Stadtmitte
Claim → Anteil
Clan (*auch:* Klan) → Gruppe, → Familie
clever → schlau
Cleverness → Schlauheit
Clinch 1. Umklammerung, Festhalten 2. → Kampf
Clique → Bande, → Gruppe
Clochard → Landstreicher
Clou → Glanzpunkt
Clown Hanswurst, Harlekin, dummer August, Geck, Jeck, Kasper, Kasperle, Spaßmacher, Possenreißer, Faxenmacher, Komiker, Humorist, Tausendsassa, Schalk, Schalksnarr, Schelm, Schäker, Narr, Hofnarr, Eulenspiegel, Witzbold, → Spaßvogel
Coach → Betreuer
Cockpit Pilotenkanzel, Fahrersitz, Fahrerkabine, Fahrerhaus, Führerkabine, Führerhaus, → Brücke
Cocktail Longdrink, Drink, Mischgetränk, Mixgetränk, Flip
Cognac (*auch:* Kognak) → Spirituosen
Coiffeur → Friseur (*auch:* Frisör)
Coiffeuse → Friseuse (*auch:* Frisöse)
Collage → Malerei
College → Schule
Collier (*auch:* Kollier) → Kette
Colt → Pistole
Combo → Band
Come-back (*auch:* Comeback) Wiederkehr, → Renaissance
Computer Homecomputer, Personalcomputer, PC, Workstation, Terminal, Rechenmaschine, Rechenautomat, Elektronenrechner, Rechner, Großrechner, Großrechenanlage, elektronische Datenverarbeitungsanlage, EDV, Hardware, Mikroprozessor, Prozessor, Elektronengehirn, Roboter, → Automat
Conférencier Ansager, Showmaster, Entertainer, Alleinunterhalter
Container → Behälter
Contenance → Beherrschung
cool → eiskalt, gelassen, → ruhig
Copilot (*auch:* Kopilot) → Beifahrer, Mitfahrer, → Pilot
Copyright Urheberrecht, Alleinveröffentlichungsrecht
Corps → Verbindung
Corpus Delicti → Beweismaterial
Couch → Sofa
Couleur Farbe, Prägung, Eigenart, Richtung, Gesinnung, → Art
Count-down (*auch:* Countdown) → Start
Coup Schlag, Streich, Husarenstück, Meisterstreich, geglückte Unternehmung
Courage → Mut
couragiert → mutig
Cousin → Vetter
Cousine (*auch:* Kusine) Base
Cover → Einband
Cowboy → Hirte
Crack → Sportler
Credo (*auch:* Kredo) → Glaubensbekenntnis
Creme (*auch:* Krem/Kreme) → Salbe
Creme → Oberschicht, → Auslese
Crème fraîche → Rahm
Crew → Besatzung, → Mannschaft
Crux (*auch:* Krux) → Leid, → Schwierigkeit
Cup → Pokal, → Wettkampf

D

da dort, ebendort, ebenda, dortselbst, daselbst, allda, → hier 2. anwesend, zugegen, vorhanden, zur Stelle, zur Hand, parat 3. → als 4. → weil
da sein 1. anwesend sein, vorhanden sein, zur Hand sein 2. → bestehen
dabei 1. daneben, nebenan, nahebei, daran, an, seitlich, seitwärts, zunächst, dicht dabei, bei, → nahe 2. hierbei, hiebei 3. → aufmerksam 4. → anwesend
Dach 1. Bedachung, Überdachung, Bedeckung, Überdeckung, Vordach 2. Dachstuhl, Dachgestühl, Dachgebälk, Dachkonstruktion 2. Schutzdach, Dach über dem Kopf, → Unterkunft
Dachboden → Speicher
Dachfenster Dachluke, Bodenluke, Bodenfenster, Dachgaube, Dachgaupe, Gaube, Gaupe
Dachgarten → Terrasse
Dachgaube → Dachfenster
Dachgaupe → Dachfenster
Dachgepäckträger → Träger
Dachgeschoss → Geschoss
Dachgeschosswohnung Dachwohnung, Mansarde
Dachkammer Dachzimmer, Dachstube, Mansardenzimmer, Mansarde, Bodenkammer, Bodenraum, Bodengelass, Dachjuchhe, → Speicher, → Zimmer
Dachluke → Dachfenster
Dachpfanne → Dachziegel
Dachrinne Regenrinne, Regentraufe, Dachtraufe, Traufe, Dachkandel, Kandel
Dachschiefer → Dachziegel
Dachschindel → Dachziegel
Dachstuhl → Dach
Dachtraufe → Dachrinne
Dachwohnung → Dachgeschosswohnung
Dachziegel Ziegel, Dachpfanne, Dachschiefer, Schiefer, Dachschindel, Schindel
Dachzimmer → Dachkammer
dadurch → deshalb
dafür → anstatt, → für
dafürhalten → meinen
dagegen 1. dawider, hiergegen, hierwider, kontra, contra 2. im Vergleich dazu, im Verhältnis dazu 3. dementgegen, wiederum, hinwiederum, ganz im Gegenteil, indes, indessen, freilich, → aber
dagegenhalten → antworten
dagegensprechen → widersprechen
dagegenstellen, sich → widersetzen, sich
daheim 1. zu Hause, im trauten Heim, in den eigenen vier Wänden, im Schoß der Familie, im Kreis der seinen, bei Muttern 2. in der Heimat, im eigenen Land, heimisch
daher 1. dorther, ebendaher, aus dieser Richtung, von da, von dort, → herbei 2. → also, → deshalb
daherreden → reden
dahin 1. dorthin, ebendahin, nach dort, nach da, in diese Richtung, an diese Stelle 2. verflossen, vergangen, verloren, aus, vorbei
dahindämmern → dahinvegetieren
dahingegangen → tot
dahingehen → vergehen, → sterben
dahingehend → so
dahingestellt → ungewiss
dahinleben → herumgammeln, → dahinvegetieren
dahinrinnen → vergehen
dahinscheiden → sterben
dahinschleichen → vergehen
dahinschmelzen → abnehmen
dahinschwinden → vergehen
dahinsiechen → krank sein
dahinter 1. im Rücken, auf der Rückseite, → hinten 2. → hinterher
dahinter klemmen, sich → anstrengen, sich
dahinter kommen → erraten, → entdecken, → erkennen
dahinter setzen, sich → einsetzen, sich
dahinter stehen → unterstützen
dahinvegetieren dahinleben, sein Dasein fristen, sein Leben fristen, vor sich hindämmern, dahindämmern, krebsen, sich über die Runden retten, darben
daliegen → liegen
damals einst, einstens, früher, seinerzeit, zu jener Zeit, vor Jahr und Tag, vor langem, einmal, ehemals, einstmals, vormals, vordem, ehedem, weiland, Anno dazumal
Dame → Frau
damit 1. dadurch, hiermit, hierdurch 2. dass, auf dass, um zu
dämlich → dumm
Dämlichkeit → Dummheit
Damm 1. Deich, Wall, Schutzwall, Erdwall, Aufschüttung, Aufwurf, Eindämmung, Abdämmung, Staudamm, → Wehr, → Befestigungsanlage 2. → Kai 3. → Trasse
dämmen → eindämmen
dämmerig schummerig, zwielichtig, diffus, zwischen Tag und Nacht, → dunkel
Dämmerlicht → Dämmerung
dämmern 1. dunkeln, dunkel werden, Nacht werden, grauen, schummern, hell werden, Tag werden, tagen 2. → ahnen

Dämmerstunde → Dämmerung
Dämmerung 1. Dämmerlicht, Dämmergrau, Halbdunkel, Halblicht, Zwielicht, Schummerlicht, → Dunkel 2. Dämmerungszeit, Dämmerstunde, blaue Stunde, Abenddämmerung, Abendstunde, Morgendämmerung, Morgengrauen, Morgenstunde, Tagesanbruch
Dämmerzustand → Halbschlaf
Dämon → Gespenst, → Teufel, → Genialität
Dämonenkult → Götzenverehrung
dämonisch → gespenstisch, → teuflisch
Dampf 1. Nebel, Wasserdampf, Dampfwolke, Wolke, Brodel, Schwade, Wrasen, Brodem, Hauch, Atem, Qualm, → Rauch 2. → Energie 3. → Hunger
Dampfbad → Bad, → Sauna
dampfen 1. verdunsten, verdampfen, nebeln, einnebeln, brodeln, qualmen, rauchen 2. → fahren
dämpfen 1. heißmangeln, bügeln 2. dünsten, schmoren, garen, abdämpfen, → backen 3. beruhigen, abkühlen, abschwächen, → mildern
Dampframme → Ramme
Dampfwolke → Dampf
danach → also, → anschließend
Dandy → Stutzer
dandyhaft → eitel, → stutzerhaft
daneben 1. neben, nebenan, dabei, bei, benachbart, angrenzend, seitlich, auf der Seite, daran, an 2. → außerdem
danebenbenehmen, sich → benehmen, sich
danebengehen → misslingen
danebengreifen → entgleisen, → irren, sich
danebenhauen → irren, sich
danebenliegen → irren, sich
danebentreffen → verfehlen
Dank 1. Danksagung, Dankeswort, Dankesschreiben, Dankadresse, Dankesschuld, Vergeltung, Erkenntlichkeit, Anerkennung, Lohn, Erwiderung, Gegenleistung, → Geschenk 2. → Dankbarkeit
dank kraft, in Folge, durch, auf Grund von, anlässlich, → wegen
dankbar 1. dankerfüllt, dankbeflissen, verpflichtet, verbunden, erkenntlich, zu Dank verpflichtet, in Verbundenheit 2. → nützlich
Dankbarkeit Dankempfindung, dankbare Empfindung, Dankbarkeitsgefühl, Dankgefühl, Verbundenheit, Gefühl der Verpflichtung, → Dank
dankbeflissen → dankbar
danke danke sehr, danke schön, danke vielmals, besten Dank, tausend Dank, herzlichen Dank, ich bin Ihnen sehr verbunden, vergelt's Gott
danken 1. sich bedanken, Dank abstatten, Dank sagen, Dank wissen, seinen Dank ausdrücken, seinem Dank Ausdruck verleihen, dankbar sein, sich dankbar erweisen, sich erkenntlich zeigen, anerkennen, belohnen 2. → vergelten 3. → verdanken
dankenswert → verdienstvoll
Dankesschreiben → Dank
Dankesschuld → Dank, → Dankeswort
Danksagung → Dank
dann → hinterher, → später
dann und wann → manchmal, vereinzelt, hin und wieder
daran → dabei
darangeben → opfern
darangehen → anfangen
daranmachen, sich → anfangen
darauf 1. oben, obenauf, drauf, → auf 2. daraufhin, hierauf, dann, hinterher, → später
daraufhin → darauf
daraus hieraus, draus, aus diesem
darben Mangel leiden, Not leiden, in Armut leben, sein Dasein fristen, dahinvegetieren, dahinleben, schmachten, → hungern, → dürsten, → entbehren
darbieten 1. bieten, zum Besten geben, präsentieren, aufführen, vorführen 2. → anbieten
darbieten, sich → bieten, sich
Darbietung Auftritt, Auftreten, Aufführung, Vorstellung, Vorführung, Gastspiel, Nummer, Schau, Show, Darstellung, Präsentation
darbringen, sich → hingeben, sich
darlegen dartun, darstellen, zeigen, entwickeln, aufrollen, entrollen, ausbreiten, entfalten, explizieren, erläutern, erklären, auseinander setzen, demonstrieren, abhandeln, behandeln, charakterisieren, skizzieren, schildern, ein Bild entwerfen, sichtbar machen, → erörtern
Darlegung Darstellung, Ausführung, Auslassung, Wiedergabe, Erläuterung, Erklärung, Auseinanderlegung, Demonstration, Abhandlung, Behandlung, Bericht, Aussage, Auskunft, Bemerkung, Überlegung, Betrachtung, Äußerung
Darlehen Anleihe, Leihgabe, Kredit, Hypothek, Beleihung, Belehnung, Verschreibung, Vorschuss, Vorleistung, Vorauszahlung, Pump
Darling → Liebling
Darmausgang → After

Darmentleerung → Stuhlgang
Darmspülung → Einlauf
Darmträgheit → Verstopfung
Darmwind Blähungen, Flatus, Wind, Windchen, Pup, Pups, Furz, Fist
darniederliegen → krank sein
darreichen → anbieten, → geben
darren → dörren
darstellen 1. abbilden, bilden, schildern, beschreiben, darlegen, erklären, wiedergeben, zeigen, anzeigen, → zeichnen, → porträtieren 2. verkörpern, vorstellen, bedeuten, abgeben, vertreten, repräsentieren, spielen, mimen, doubeln, agieren, figurieren, personifizieren, erscheinen als, auftreten als, Gestalt geben
Darsteller Mitwirkender, Akteur, Künstler, → Schauspieler
Darstellung 1. Abbildung, Schilderung, Beschreibung, Erzählung, Wiedergabe, Darlegung, → Version 2. → Bild 3. → Darbietung 4. → Rolle
Darstellungsweise → Ausdrucksweise
dartun → darlegen, → bekunden
darüber 1. dazu, über dieses, hierüber, hiervon, davon, → betreffend 2. über, überhalb, oberhalb, drüber
darum → also, → deshalb
darunter 1. dabei, dazu, zwischen, → dazwischen 2. unter, unterhalb, am Fuße
Dasein Sein, Bestehen, Existenz, Vorhandensein, Erdendasein, Erdentage, Gegenwart, → Anwesenheit, → Leben
Daseinsform → Eigenschaft, → Lebensform
Daseinsfreude → Lebensfreude
Daseinskampf Kampf ums Dasein, Existenzkampf, Kampf ums Überleben, Kampf ums tägliche Brot, Erwerbskampf, Konkurrenzkampf, Lebenskampf
dass 1. damit, auf dass, um zu 2. sodass, so dass, in der Weise
Datenbank Datei, → Archiv
Datentypistin Sekretärin
datieren 1. Termin festsetzen, bestimmen, Frist setzen 2. → stammen von
Datum → Tag, → Termin
Dauer 1. Weile, Zeitraum, Zeitdauer, Länge, Frist, → Zeit 2. Fortdauer, Fortbestehen, Fortbestand, Bestand, Weiterbestehen, Permanenz, Kontinuität, Unwandelbarkeit, Unzerstörbarkeit, Stetigkeit, → Unendlichkeit 3. → Dauerhaftigkeit
dauerhaft beständig, bleibend, dauernd, fest, unverbrüchlich, unverrückbar, unveränderlich, haltbar, stabil
Dauerhaftigkeit Beständigkeit, Haltbarkeit, Stabilität, Dauer
dauern 1. fortdauern, fortwähren, anhalten, bleiben, bestehen bleiben, andauern 2. → bemitleiden
dauernd 1. andauernd, unentwegt, beständig, unablässig, permanent, ununterbrochen, → chronisch, → immer 2. → dauerhaft
Daune → Feder
davon → betreffend, → darüber
davonjagen → entlassen, → vertreiben
davonkommen → entkommen, → herumkommen um
davonlaufen → weggehen, → fliehen
davonmachen, sich sich fortstehlen, sich wegstehlen, sich fortschleichen, sich wegschleichen, sich davonschleichen, sich verziehen, sich verdrücken, sich verkriechen, sich verkrümeln, sich trollen, sich fortscheren, sich packen, sich auf die Socken machen, sich aus dem Staub machen, sich in die Büsche schlagen, sich dünnmachen, sich verdünnisieren, verschwinden, verduften, abdampfen, abschieben, abziehen, → weggehen, → ausbrechen
davonschleichen, sich → davonmachen, sich
davontragen → bekommen
davor → vorher
dazu → auch, → außerdem, → darüber
dazugeben → hinzufügen
dazugehören → teilhaben
dazukommen 1. Zeit haben für, sich Zeit nehmen für 2. hinzukommen, dazutreten, hineingeraten
dazunehmen → einbeziehen
dazurechnen → addieren
dazutun → beitragen
dazuzählen → einbeziehen
dazwischen zwischendrin, mittendrin, inmitten, mittenmang, mitten hinein, mitten unter, → darunter
dazwischendrängen, sich → drängeln, → einmischen, sich
dazwischenfahren → eingreifen
dazwischenplatzen → stören
dazwischenreden → unterbrechen, → einmischen, sich
dazwischenrufen → einwerfen
dazwischenschieben → einschieben
dazwischensetzen → einfügen
dazwischentreten → eingreifen
dazwischenwerfen → einwerfen
Deal → Handel
Dealer Rauschgifthändler, → Händler
Debakel → Niederlage, → Unglück

Debatte → Gespräch, → Auseinandersetzung
debattieren → erörtern
debil → schwachsinnig
Debitor → Schuldner
Debüt → Anfang
Debütant → Anfänger
dechiffrieren → entschlüsseln
Deckbett Bettdecke, Zudecke, Decke, Oberbett, Überbett, Steppdecke, Federdeckbett, Federbett, Plumeau
Decke 1. Wolldecke, Bettdecke, Zudecke, Plaid, Reisedecke, Schlafsack, Teppich, Pferdedecke, Pferdewoilach, Woilach, → Plane 2. Tischdecke, Tischtuch, Tafeldecke, Zierdecke 3. Zimmerdecke, Plafond 4. → Bedeckung 5. → Einband 6. → Fell
Deckel Topfdeckel, → Verschluss, → Einband
decken → begatten, → schützen
decken, sich → übereinstimmen
Deckmantel → Tarnung, → Vorwand
Deckname → Pseudonym
Deckung → Begattung, → Schutz, → Versicherung, → Übereinstimmung
deckungsgleich → gleich
Deckungsgleichheit → Übereinstimmung
Dedikation → Widmung, → Geschenk
dedizieren → widmen
Deduktion → Folgerung
deduzieren → folgern
Defätismus → Pessimismus
Defekt → Beschädigung, Fehler, Schadhaftigkeit, Fehlerhaftigkeit, Mangel, Gebrechen, → Schaden, → Ausfall
defekt kaputt, entzwei, hin, hinüber, schadhaft, lädiert, ausgedient, unbrauchbar, funktionsuntüchtig, nicht in Ordnung, außer Betrieb, havariert, leck, schrottreif, baufällig, futsch, → beschädigt
Defensive → Verteidigung
Defilee → Parade
definieren bestimmen, abgrenzen, determinieren, festlegen, angeben, beschreiben, auseinander legen, erklären
Definition Abgrenzung, Bestimmung, Begriffsbestimmung, Begriffsbildung, Determination, Auseinanderlegung, Erklärung
definitiv → endgültig, → endlich
Defizit → Fehlbetrag
deflorieren → entjungfern
Deformation 1. Verformung, Formveränderung, Deformierung 2. Verunstaltung → Missbildung
deformieren 1. verformen, zerquetschen, zerbeulen 2. → verunstalten
deformiert verformt, zerquetscht, zerbeult, aus der Form geraten, → verunstaltet, → missgebildet
Deformierung → Deformation, → Missbildung
deftig → derb, → kräftig, → gehörig
Degeneration → Entartung
degenerieren → entarten
degoutant → ekelhaft
degradieren zurückstufen, Rang aberkennen, Dienstgrad aberkennen, → absetzen
degressiv → rückläufig
dehnbar → elastisch, → beliebig
Dehnbarkeit → Elastizität
dehnen weiten, ausweiten, weiter machen, ausdehnen, ausbreiten, in die Länge ziehen, längen
dehnen, sich sich weiten, sich ausweiten, sich ausdehnen, sich ziehen, sich hinziehen, sich in die Länge ziehen, → erstrecken, sich
Dehnung Ausweitung, Ausbreitung, Verbreitung, Verformung
Deich → Damm
deichseln → bewerkstelligen
dekadent → entartet
Dekadenz → Entartung
Deklamation → Vortrag
deklamieren → vortragen
Deklaration → Erklärung
deklarieren → erklären, → verzollen
Deklination → Ablenkung, → Flexion
deklinieren → flektieren
dekodieren (*auch:* decodieren) → entschlüsseln
Dekolletee (*auch:* Dekolleté) → Ausschnitt
Dekor → Verzierung
Dekoration 1. Dekorierung, Ausschmückung, Verschönerung, Schmuckwerk, Garnierung, → Verzierung, → Ausstattung 2. → Kulisse 3. → Auszeichnung
Dekorationsstück → Ausstellungsstück
dekorativ → wirkungsvoll
dekorieren 1. ausschmücken, verschönern, garnieren, schmücken, → ausstatten 2. → auszeichnen
Dekorierung → Dekoration, → Auszeichnung
Dekret → Beschluss, → Anordnung
Delegation → Gesandtschaft
delegieren → beauftragen, → abordnen
Delegierter → Abgeordneter
Delegierung → Entsendung
delikat → köstlich, → heikel
Delikatesse → Leckerbissen
Delikt → Verbrechen, → Vergehen
Delinquent → Angeklagter, → Verbrecher
Delirium → Bewusstseinsstörung, → Rausch

Delle → Beule
Demagoge Volksverführer, → Anstifter
Demagogie → Propaganda, → Volksverführung
Demarkationslinie → Grenze
demaskieren → entlarven
Demaskierung → Enthüllung
dementgegen → dagegen
Dementi Widerruf, Berichtigung, Richtigstellung, Ableugnung
dementieren abstreiten, bestreiten, widerrufen, berichtigen, richtig stellen, → leugnen
dementsprechend → also
demgemäß → also
Demission → Abdankung
demissionieren → abdanken
demnach → also
demnächst → bald
Demokratie Volksherrschaft, Volksdemokratie, Volksmacht, Basisdemokratie
demokratisch mehrheitlich, freiheitlich, liberal, nicht autoritär
demolieren → beschädigen, → zerstören
Demolierung → Zerstörung
Demonstrant Protestierer
Demonstration 1. Demonstrierung, Darlegung, Beweis, Erklärung, Ausführung, → Vorführung, → Veranschaulichung 2. Kundgebung, Massenversammlung, Massenkundgebung, Protestkundgebung, Protestaktion, Protestmarsch, Aufmarsch, Umzug, Ostermarsch, politische Versammlung, Fackelzug, Mahnwache, → Aufruhr, → Streik
demonstrativ → betont, → herausfordernd
demonstrieren 1. darlegen, beweisen, erklären, ausführen, zeigen, → veranschaulichen 2. auf die Straße gehen, aufmarschieren, protestieren
Demonstrierung → Demonstration
Demontage → Abbau
demoralisieren → entmutigen, → zermürben
demoralisiert → zermürbt
Demoskopie → Umfrage
Demut Opferbereitschaft, Opfermut, Ergebenheit, Ergebung, Hingabe, Unterwürfigkeit, → Gehorsam, → Ehrfurcht
demütig opferbereit, ergeben, unterwürfig, → gehorsam, → ehrfürchtig
demütigen beschämen, erniedrigen, bloßstellen, schmähen, ducken, beugen, den Stolz brechen, entwürdigen, fertig machen, → herabsetzen
demütigend beschämend, erniedrigend, schmählich, schmachvoll, entwürdigend, herabwürdigend, herabsetzend
Demütigung Beschämung, Bloßstellung, Erniedrigung, Entwürdigung, Entehrung, → Herabsetzung
demzufolge → also
dengeln → schärfen
Denkanstoß → Anregung
Denkarbeit → Denken
Denkart Denkweise, Denkungsart, Denkungsweise, Mentalität, Sinnesart, Geisteshaltung, Einstellung, → Gesinnung, → Betrachtungsweise, → Ideologie
denkbar → möglich, → vielleicht
denken 1. seinen Verstand einsetzen, seinen Verstand gebrauchen, seinen Geist anstrengen, sich etwas vorstellen, philosophieren 2. → nachdenken, → grübeln 3. → meinen
denken an → erinnern, sich
Denken Denkarbeit, Denkprozess, Gedankenarbeit, Kopfarbeit, geistige Arbeit, Geistesarbeit
Denker Grübler, Philosoph, Weiser, kluger Kopf, → Gelehrter
Denkfähigkeit Denkvermögen, Denkkraft, Geisteskraft, Unterscheidungsvermögen, Begriffsvermögen, Abstraktionsvermögen, Abstraktionsfähigkeit, → Auffassungsgabe, → Verstand
Denkmal Ehrenmal, Mahnmal, Monument, Standbild, Denkstein, Gedenkstein, Memorial, Gedenksäule, Ehrensäule, Siegessäule, Obelisk, → Skulptur
Denkmodell Gedankenexperiment, Gedankengebäude, Lehrgebäude, System
Denkprozess → Denken
Denkschrift Memorandum, Bulletin, Kommunikee, Adresse, Note
Denksportaufgabe → Rätsel
Denkspruch → Sinnspruch
Denkstein → Denkmal
Denkungsart → Denkart
Denkvermögen → Denkfähigkeit
Denkweise → Denkart
denkwürdig → bemerkenswert
Denkzettel Andenken, Erinnerung, Strafe
denn → nämlich
dennoch → aber, → trotzdem
Dentist Zahnarzt, → Arzt
Denunziant → Verräter
Denunziation → Anzeige
denunzieren → anzeigen, → verraten
Departement → Bezirk
Depesche → Telegramm
deplatziert (*auch:* deplaciert) → taktlos
deponieren → ablegen, → abstellen, → hinterlegen

Deportation Verschleppung, Zwangsverschleppung, Zwangsverschickung, zwangsweise Verbringung, Zwangsumsiedlung, → Verbannung
deportieren verschleppen, verbringen, wegbringen, rauben, zwingen, nötigen
Depot → Lager
Depp → Dummkopf
Depression 1. Wirtschaftskrise, Krise, Rezession, Stagnation, Rückgang, Senkung, Abschwung, Tiefstand, Tief, Baisse, Kurssturz, Börsenkrach, Krach, Flaute 2. → Niedergeschlagenheit
depressiv → niedergeschlagen
deprimieren → bedrücken, → entmutigen
deprimierend bedrückend, erdrückend, entmutigend, lähmend, niederschmetternd, → beklemmend
deprimiert → bedrückt, → niedergeschlagen, → gelähmt
Deputat → Quantum
deputieren → abordnen
Deputierter → Abgeordneter
derangiert → verwirrt
derartig → so, → solch
derb handfest, rau, grob, grobschlächtig, ungeschlacht, vierschrötig, primitiv, drastisch, bäurisch, deftig, saftig, → barsch, → plump
Derby → Pferderennen
dergestalt → so
dergleichen → auch → solch
derlei → solch
dermaßen → so
derweil → während, → zwischenzeitlich
derzeit → jetzt
derzeitig → aktuell, → gegenwärtig
Desaster → Unglück
desavouieren → bloßstellen
Deserteur Fahnenflüchtiger, Abtrünniger, Überläufer
desertieren entlaufen, entweichen, fahnenflüchtig werden, abtrünnig werden, abfallen, die Farbe wechseln, zum Feind übergehen, überlaufen, überwechseln, sich absetzen, → ausbrechen
Desertion Fahnenflucht, Entfernung von der Truppe, Untreue, Übertritt, Abfall
deshalb deswegen, demzufolge, dementsprechend, demnach, danach, daher, darum, dadurch, ebendeshalb, ebendaher, folglich, infolgedessen, mithin, somit, so, ergo, aus diesem Grunde, zu diesem Zweck, zu diesem Behufe, insofern, → also
Design → Form
Designation → Berufung, → Ernennung
designieren → berufen, → bestimmen
desillusionieren → enttäuschen
Desillusionierung → Enttäuschung
Desinfektion → Desinfizierung
Desinfektionsmittel → Putzmittel
desinfizieren entseuchen, entkeimen, keimfrei machen, abkochen, auskochen, sterilisieren, steril machen, pasteurisieren
desinfiziert → keimfrei
Desinfizierung Desinfektion, Entseuchung, Keimtötung, Entkeimung, Sterilisierung, Sterilisation, Pasteurisierung
Desinteresse → Gleichgültigkeit
desinteressiert → gleichgültig
desolat → schlecht, → trostlos
Desorganisation → Unordnung
desorientiert → verwirrt
Desorientierung → Verwirrung
despektierlich → abfällig
Despektierlichkeit → Missachtung
desperat → verzweifelt
Despot → Gewaltherrscher
despotisch → herrisch, → tyrannisch
Despotismus → Gewaltherrschaft
dessen ungeachtet → trotzdem
Dessert → Nachspeise
Dessin → Muster
Dessous Unterwäsche, Trikotagen, Wirkwaren, Leibwäsche, Reizwäsche
destillieren 1. klären, scheiden, abscheiden, sondern 2. brennen, Branntwein herstellen
Destination → Bestimmung
destruieren → zerstören
Destruktion → Zerstörung
destruktiv → zerstörerisch
deswegen → deshalb
Detail Einzelheit, Feinheit, Teilstück, Ausschnitt, Teil, Teilansicht
Detailhandel → Einzelhandel
detailliert bis ins Kleinste, mit allen Einzelheiten, Wort für Wort, Stück für Stück, → genau
Detektei Detektivbüro, Ermittlungsbüro, Auskunftei
Detektiv → Agent
Detektivbüro → Detektei
Determination 1. Determiniertheit, Abhängigkeit, Bedingtheit, Bestimmtsein, Festgelegtsein, → Bestimmung → Entschlossenheit 2. → Definition
determinieren → definieren, → festlegen
Detonation → Explosion, → Erschütterung
detonieren → explodieren, in die Luft gehen, hochgehen
deuteln → auslegen

deuten → auslegen, → zeigen
deutlich 1. merklich, nicht zu übersehen, einprägsam, prägnant, präzis, klipp und klar, klar, erkennbar, verständlich, unverblümt, ausdrücklich, scharf, krass, zugespitzt, überdeutlich, → anschaulich, → auffallend 2. → vernehmlich 3.→ offen
deutlich werden → zurechtweisen, → herauskristallisieren, sich
Deutlichkeit Einprägsamkeit, Prägnanz, Unverblümtheit, Klarheit, Schärfe, Verständlichkeit, → Anschaulichkeit, → Eindeutigkeit
Deutung → Auslegung, → Erklärung
Devise → Leitspruch
Devisen → Zahlungsmittel
devot → unterwürfig
Devotion → Unterwürfigkeit
dezent → unaufdringlich
dezentralisieren verteilen, aufteilen, aufgliedern, trennen
Dezernent → Referent
dezidiert → bestimmt
dezimieren → verringern
Dia → Fotografie
Diabetes Zuckerharnruhr, Harnruhr, Zuckerkrankheit, Zucker
diabolisch → teuflisch
Diagnose Befund, Beurteilung, Erkennung, Früherkennung, Krankheitsbestimmung, Fehlerbestimmung, Bestimmung, → Untersuchung
diagnostizieren Diagnose stellen, feststellen, bestimmen, → untersuchen
diagonal quer, schräg
Diagonale Eckverbindung, Übereckverbindung, → Linie
Diagramm → Schaubild
Diakonissin → Krankenschwester
Dialekt Mundart, Idiom, Idiolekt, → Umgangssprache
Dialog → Gespräch
diametral → gegensätzlich
Diapositiv → Fotografie
Diaprojektor → Projektor
Diarrhö (*auch:* Diarrhöe) → Durchfall
Diät 1. Fasten, Fastendiät, Heilfasten, Fastenkur, Hungerkur, Nulldiät, Schlankheitskur, Abmagerungskur 2. Krankenkost, Schonkost, leichte Kost, Heilkost, Essen nach Vorschrift, Reformkost
Diäten → Spesen
dicht 1. buschig, dicht belaubt, undurchdringlich, dick, fest gefügt, engmaschig 2. abgedichtet, undurchlässig, wasserdicht, wasserundurchlässig, regendicht, regensicher, luftdicht 3. verschlossen, zu, hermetisch 4. verdichtet, zusammengepresst, komprimiert, kompakt, massiv, massig 5. → betrunken 6. → nahe
Dichte 1. Dichtheit, Dichtigkeit, Undurchlässigkeit 2. Masse, Massigkeit, Festigkeit, Fülle, Ausmaß
dichten 1. reimen, Verse schmieden, in Verse bringen, fabulieren, schriftstellern, schreiben 2. → abdichten
Dichter → Schriftsteller
dichterisch 1. poetisch, literarisch, dramatisch, episch, lyrisch, verdichtet, gestaltet, geformt, formvollendet 2. künstlerisch, musisch, schöngeistig, feinsinnig, gefühlvoll, schwärmerisch, romantisch, ästhetisch, → ausdrucksvoll
dichthalten → schweigen
Dichtigkeit → Dichte
Dichtkunst → Dichtung
dichtmachen → schließen, → verschließen, sich
Dichtung 1. Dichtkunst, Poesie, Dichtwerk, Wortkunstwerk, Sprachschöpfung, Sprachkunstwerk, Verdichtung, Prosadichtung, Lyrik, Epik, Dramatik, → Gedicht, → Literatur 2. Dichtungsring, Abdichtung, Gummidichtung
dick 1. fett, fettleibig, fest, speckig, beleibt, wohlbeleibt, wohlgenährt, dickleibig, korpulent, stark, stattlich, strotzend, umfänglich, umfangreich, gewaltig, massig, fleischig, füllig, üppig, voll, drall, prall, pummelig, mollig, rund, rundlich, vollschlank, pausbackig, gut im Futter, aus allen Nähten geplatzt, gemästet, schmerbäuchig, schwerfällig, unförmig, → untersetzt 2. aufgebläht, aufgeblasen, aufgedunsen, gedunsen, aufgeschwemmt, schwammig 3. → geschwollen 4. → dicht
dicken → eindicken
Dicke 1. Stärke, Umfang, Größe, Ausmaß 2. Beleibtheit, Wohlbeleibtheit, Korpulenz, Fülle, Körperfülle, Leibesfülle 3. → Dickerchen
Dicker → Dickerchen
Dickerchen Dicker, Dicke, Dickbauch, Pummelchen
dickfellig → dickhäutig, robust, unempfindlich
dickflüssig zähflüssig, zäh, schwerflüssig, sämig, seimig, harzig, schleimig, viskos, viskös, → breiig
dickhäutig → gefühllos
Dickicht → Gestrüpp
Dickkopf → Trotzkopf
dickköpfig → eigensinnig

Dickköpfigkeit → Eigensinn
dickleibig → dick
dicktun, sich → angeben
Dickung → Gestrüpp
didaktisch → lehrhaft
Dieb Diebesgeselle, Langfinger, Einbrecher, Eindringling, Bandit, Taschendieb, Ladendieb, Kaufhausdieb, Kleptomane, Spitzbube, → Gauner, → Räuber, → Verbrecher
Dieberei → Diebstahl, → Plünderung
Diebesbeute → Beute
Diebesgut → Beute
Diebesjargon → Gaunersprache
diebisch 1. beutegierig, raublustig, langfingrig, kleptomanisch 2. → sehr
Diebstahl Eigentumsdelikt, Eigentumsvergehen, Entwendung, widerrechtliche Aneignung, Einbruch, Raub, Beraubung, Mundraub, Dieberei, Klau, → Unterschlagung, → Plünderung
Diele 1. Fußbodenbrett, Planke, → Brett 2. → Flur
dienen für jemanden arbeiten, für jemanden da sein, zur Verfügung stehen, aufwarten, → helfen 2. in Diensten stehen, Dienst tun, Frondienst leisten, fronen, untergeben sein 3. Militärdienst leisten, Wehrdienst leisten, Soldat sein, als Soldat Dienst tun
Diener 1. Bedienter, Bediensteter, Kammerdiener, Lakai, dienstbarer Geist, Butler, Hausdiener, Leibdiener, Hausangestellter, Domestik, Page, Boy, Bursche, → Knecht, → Famulus 2. → Verbeugung
dienern → kriechen, → verbeugen, sich
Dienerschaft → Personal
dienlich → nützlich
Dienst 1. Gefälligkeit, Gefallen, Dienstbarkeit, Freundschaftsdienst, Liebesdienst, Dienstleistung, Leistung, Leistungen, Mühewaltung, → Hilfe 2. → Amt, → Arbeit
Dienstanweisung → Dienstordnung
dienstbar dienstbereit, dienstfertig, dienstbeflissen, → nützlich
Dienstbarkeit → Dienst
dienstbeflissen → dienstbar, → hilfsbereit 2. → unterwürfig
dienstbereit → behilflich, → dienstbar
Dienstbote → Hausangestellter
dienstfertig → dienstbar
dienstfrei geben → beurlauben
Dienstgrad → Rang
Dienstherr → Arbeitgeber
Dienstkleidung → Uniform
Dienstleistung Service, → Bedienung, → Dienst
dienstlich → beruflich
Dienstmädchen → Hausangestellte
Dienstmagd → Hausangestellte
Dienstmann → Träger
Dienstordnung Dienstanweisung, Dienstvorschrift
Dienstpersonal → Personal
Dienstplan → Programm
Dienstrang → Rang
Dienstschluss → Feierabend
Dienstsiegel → Siegel
Dienststelle → Amt
Dienststellenleiter → Leiter
dienstunfähig dienstuntauglich, arbeitsunfähig, nicht verwendungsfähig, unbrauchbar, → krank, → invalide
dienstuntauglich → dienstunfähig, → invalide
Dienstvorschrift → Dienstordnung
Dienstweg Instanzenweg, Behördenweg, Amtsweg, Rechtsweg, Geschäftsgang, Amtsschimmel
diesbezüglich → betreffend
Diesel → Kraftstoff
diesig → dunstig
diesjährig → jetzig, → gegenwärtig
diesseitig → irdisch
diesseits hier, herüber, hüben, auf dieser Seite
Diesseits → Welt
Dietrich Nachschlüssel, Diebshaken
dieweil → zwischenzeitlich
diffamieren → verleumden
Diffamierung → Verleumdung
Differenz 1. Unterschied, Abstand, Unterschiedsbetrag, Saldo, Soll-Haben-Bilanz, Fehlbetrag, → Abweichung 2. → Meinungsverschiedenheit
differenzieren → unterscheiden
differenziert → untergliedert
Differenzierung → Gliederung
differieren → abweichen, → unterscheiden, sich
diffizil → schwierig
diffus → dämmerig, → ungenau
Diktat 1. Nachschrift, Rechtschreibeübung 2. Diktieren, Ansage 3. → Befehl
Diktator → Gewaltherrscher
diktatorisch → totalitär, → tyrannisch
Diktatur → Gewaltherrschaft
diktieren 1. ansagen, vorsprechen 2. → befehlen, → aufzwingen
Dilemma → Verlegenheit, → Unlösbarkeit
Dilettant Stümper, Anfänger, Halbwisser, Halbgebildeter, → Laie
dilettantisch oberflächlich, laienhaft, ungenau, stümperhaft, unfachmännisch, halbgebildet

Dilettantismus Liebhaberei, Spielerei, Laienarbeit, → Stümperei
Dimension → Ausmaß, → Größe
Ding Sache, Gebilde, Körper, Objekt, Materie, Stoff, Substanz, Element, Etwas, Seiendes, → Gegenstand
dingen → einstellen
dingfest → gefangen
dingfest machen → verhaften
dinghaft dinglich, stofflich, körperhaft, gegenständlich, wesenhaft, gestalthaft, konkret, → wirklich
dinglich → dinghaft
Diözese → Bezirk
Diplom → Zeugnis
Diplomat 1. Botschafter, Attaché, Konsul, Ambassadeur, Gesandter, Abgesandter, Regierungsvertreter, Missionschef, Delegationschef, Nuntius, Legat, → Abgeordneter 2. Taktiker, Stratege, Filou, Menschenkenner, kluger Kopf
Diplomatie → Gewandtheit, → Taktik
diplomatisch → gewandt
direkt 1. geradewegs, geradeaus, geradlinig, durchgehend, schnurstracks, stracks, auf geradem Wege, ohne Umweg, aus erster Quelle, aus erster Hand, unmittelbar, → sofort 2. ohne Umschweife, ins Gesicht, schlankweg, unumwunden, geradeheraus, offen, → ehrlich 3. live, in Direktübertragung
Direktheit → Ehrlichkeit
Direktion → Leitung, → Richtung
Direktive → Auftrag, → Anordnung
Direktor 1. Schulleiter, Rektor, Konrektor 2. → Leiter
Direktorat → Leitung
Direktübertragung Direktsendung, Livesendung, Originalübertragung
Dirigent Kapellmeister, Orchesterleiter, Chorleiter, Musikdirektor, Generalmusikdirektor, Bandleader
dirigieren 1. den Takt angeben, den Takt schlagen, Orchester führen, leiten 2. → lenken
Dirndl → Mädchen, → Kleid
Dirne → Prostituierte
Disagio → Abschlag
Disharmonie → Missklang, → Meinungsverschiedenheit
disharmonisch → misstönend
Diskont → Abschlag
diskreditieren → herabsetzen, → verleumden
Diskreditierung → Herabsetzung
diskrepant → widersprüchlich
Diskrepanz Missverhältnis, Zwiespalt, Abweichung, Unterschied, → Widerspruch
diskret → taktvoll, → vertraulich
Diskretion → Taktgefühl, → Verschwiegenheit
diskriminieren → benachteiligen, → herabsetzen
diskriminierend ungerecht, übel wollend, verletzend, herabsetzend, sexistisch, rassistisch
Diskriminierung Ungerechtigkeit, Sexismus, Rassismus, Rassenwahn, Rassenkampf, Rassentrennung, Apartheid, → Benachteiligung, → Herabsetzung
Diskurs → Erörterung, → Gespräch
Diskussion → Gespräch, → Erörterung, → Auseinandersetzung
Diskussionsleiter → Wortführer
diskutabel überlegenswert, erwägenswert, denkbar, vertretbar, tragbar, gangbar, annehmbar, → möglich
diskutieren → erörtern
Dispens Ausnahmebewilligung, Aufhebung, Entbindung, Absolution, → Befreiung
dispensieren → befreien
Display → Anzeige
disponibel → verfügbar
disponieren → anordnen, → einteilen
Disposition → Anordnung, → Charakter, → Entwurf
Disput → Auseinandersetzung
disputieren → erörtern
Disqualifikation Disqualifizierung, Platzverweis, Verweis, Sperrung, Ausschluss
disqualifizieren aussperren, sperren, ausstoßen, verweisen, die rote Karte zeigen, vom Platz stellen, ausschließen
Disqualifizierung → Disqualifikation
Dissens → Meinungsverschiedenheit
Dissertation → Doktorarbeit
dissertieren → promovieren
Dissident → Freidenker, → Gegner
dissonant → misstönend
Dissonanz → Missklang
Distanz → Entfernung
distanzieren, sich → abrücken
distanziert kühl, unterkühlt, unzugänglich, verschlossen, zurückhaltend
Distanziertheit → Verschlossenheit
Distanzierung → Entfremdung
distinguiert → vornehm
Distribution → Verteilung
Distrikt → Bezirk
Disziplin 1. Straffheit, Ordnung, Zucht, Sitte, Anstand, Moral, Zügelung, Drill, → Beherrschung 2. → Fach

disziplinieren → zurechtweisen
diszipliniert ordentlich, gesittet, gezügelt, zuchtvoll, → beherrscht
disziplinlos undiszipliniert, zuchtlos, ohne Zucht und Ordnung, unbeherrscht, unkontrolliert, schlecht erzogen, → maßlos
dito → auch
Diva → Berühmtheit, → Sängerin
Divergenz → Verschiedenheit, → Meinungsverschiedenheit
divergieren → abweichen
divergierend → verschieden
diverse → einige
Dividende → Anteil
dividieren teilen, rechnen
Division 1. Teilung, Rechenoperation 2. → Heeresverband
Diwan → Sofa
doch → aber, → trotzdem, → ja
Dogma → Lehrsatz
dogmatisch → fanatisch
Dogmatismus → Fanatismus
Doktor → Arzt, → Gelehrter
Doktorand → Prüfling
Doktorarbeit Dissertation, Inauguraldissertation, Arbeit, → Promotion
Doktordiplom → Promotion
Doktortitel → Promotion
Doktrin → Lehre
doktrinär → fanatisch
Dokument → Akte, → Urkunde
Dokumentarbericht → Nachrichten, → Reportage
dokumentarisch authentisch, tatsächlich, echt, beweiskräftig, unzweifelhaft, offiziell, urkundlich, amtlich
Dokumentation → Nachrichten, → Sammlung, → Beweis
Dokumentensammlung → Archiv
dokumentieren → belegen
Dolch Stilett, Messer, Hirschfänger, Stichwaffe, → Schwert
dolmetschen → übersetzen
Dolmetscher → Übersetzer
Dom → Gewölbe, → Kirche
Domäne 1. Spezialgebiet, Interessengebiet, Lieblingsfach, Tätigkeitsfeld, Bereich 2. → Anwesen 3. → Hoheitsgebiet
Domestik → Diener
domestizieren → zähmen
dominant dominierend, bestimmend, chauvinistisch, autoritär, beherrschend, vorherrschend, hervorschmeckend
Dominanz → Vorherrschaft
dominieren bestimmen, beherrschen, vorherrschen, hervorschmecken, überwiegen
dominierend → dominant, → führend
Domizil → Wohnsitz
Dompteur Tierbändiger, Raubtierbändiger, Dresseur, Abrichter, → Artist
Donner 1. Donnerschlag, Donnerrollen, Schlag, Knall, Grollen, → Gewitter 2. → Explosion
donnern grollen, grummeln, krachen, rumpeln, wettern, gewittern
Donnerwetter → Gewitter, → Streit, → Moralpredigt
doof → dumm
dopen → anregen
Dopingmittel → Anregungsmittel
Doppel → Durchschlag, → Dublette
Doppelbett Ehebett, französisches Bett, → Bett
doppeldeutig → zweideutig
Doppeldeutigkeit → Zweideutigkeit
Doppelehe Bigamie, → Ehe
Doppelgänger Abbild, Gegenbild, Zwilling, Double, Stuntman
doppeln → besohlen, → verdoppeln
Doppelsinn → Zweideutigkeit
doppelsinnig → zweideutig
doppelt zweifach, zwiefach, zwiefältig, zweimal, noch einmal, verdoppelt, paarweise, paarig, gepaart, zu zweit, zu zweien, → zweiseitig
doppelzüngig falsch, unaufrichtig, → heuchlerisch
Doppelzüngigkeit Falschheit, Unaufrichtigkeit, → Heuchelei
Dorf Ansiedlung, Siedlung, Weiler, Flecken, Bauerndorf, Ort, Ortschaft, Nest, Kaff, Kuhdorf, Drecknest
dörflich → ländlich
Dorn 1. Stachel, Spitze 2. → Ahle
dornig → leidvoll, → schwierig
dörren austrocknen, trocknen, ausdörren, backen, rösten, darren
dort → da
dorther → daher
dorthin → dahin
Dose Büchse, Blechdose, Blechbüchse, Konservendose, Konservenbüchse, → Behälter
dösen → schlafen
dosieren → abmessen, → zuteilen
Dosierung → Zuteilung
Dosis → Quantum
Dossier → Akte
Dotter Eidotter, Eigelb
doubeln → darstellen
Double → Stuntman
down → niedergeschlagen

Dozent → Lehrer
dozieren → lehren
Drache(n) → Ungeheuer, → Viereck, → Xanthippe
Dragee (*auch:* Dragée) Pille, Pastille, Tablette, Kapsel, → Arznei
Draht Kabel, Leitung
drahten → telegrafieren, → funken
drahtig zäh, geschmeidig, sehnig, kräftig, durchtrainiert, → sportlich
Drahtstift → Nagel
Drahtverhau → Barrikade
Drahtzieher 1. Hintermann, Anstifter, Intrigant, graue Eminenz, → Rädelsführer 2. Initiator, Auftraggeber
drakonisch → barbarisch, → streng
drall → dick
Drall Effet, Drehung
Drama 1. dramatische Dichtung, episches Theater, Bühnendichtung, → Schauspiel 2. → Unglück
Dramatik → Dichtung, → Spannung
Dramatiker Dramendichter, Dramenautor, Theaterdichter, Theaterautor, Bühnendichter, Bühnenautor, Stückeschreiber, → Schriftsteller
dramatisch → dichterisch, → spannend
dramatisieren 1. in Dramenform darstellen, für die Bühne einrichten, auf die Bühne bringen, in Szene setzen, zu einem Stück verarbeiten, ein Drehbuch daraus machen, → verfilmen 2. → hochspielen
dran → fällig
Dränage Dränierung, Dränung, Trockenlegung, Entwässerung, Kanalisierung, → Kanalisation
Drang → Sehnsucht, → Verlangen
Drängelei → Gedränge
drängeln 1. sich vordrängen, sich dazwischendrängen, nachdrängen, die Ellbogen gebrauchen, drücken, schieben, zwängen, stoßen 2. → drängen
drängen 1. treiben, antreiben, auf Trab bringen, scheuchen, beschleunigen, jagen, unter Druck setzen, dringen 2. in den Ohren liegen, bedrängen, bohren, zu bewegen suchen, → bitten 3. → drängeln
drängend → dringend
Drangsal → Not, → Elend
drangsalieren → schikanieren
dranhalten, sich → beeilen, sich
dränieren dränen, entwässern, trockenlegen, → kanalisieren
Dränierung Dränage
drankommen aufgerufen werden, an der Reihe sein
drapieren → schmücken
drastisch → derb, → streng, → anschaulich
dräuen → drohen, → bevorstehen
drauf → darauf, → auf
Draufgänger Haudegen, Kämpfer, Abenteurer, Teufelskerl, Malefizkerl, toller Hecht, Tausendsassa
draufgängerisch → wagemutig
draußen im Freien, unter freiem Himmel, im Grünen, an der frischen Luft, in freier Natur, → außen
Dreck → Schmutz, → Abfall
Dreckeimer → Abfallbehälter
Dreckfink → Schmutzfink
Dreckfleck → Fleck
dreckig → schmutzig, → unanständig, → niederträchtig
dreckig machen → verunreinigen
Drecksau → Schmutzfink
Dreckschaufel → Kehrschaufel
Dreckspatz → Schmutzfink
Dreh → Trick
Drehbuch Filmmanuskript, Manuskript, Textbuch, Treatment, Storyboard, Szenarium
drehen 1. kurbeln, leiern, spulen, winden, drillen 2. → wenden 3. → bewerkstelligen 4. → filmen
drehen, sich 1. rotieren, kreisen, kreiseln, umkreisen, wirbeln, sich im Kreis bewegen, umlaufen, zirkulieren, rollen 2. → räkeln, sich
Drehpunkt → Mittelpunkt, → Achse
Drehung 1. Drall, Effet 2. Rotation, Umdrehung, Umlauf, Wirbel, Strudel, Windung 3. Pirouette, Standwirbel, Drehschwung
Dreieinigkeit → Dreifaltigkeit
Dreifaltigkeit Dreieinigkeit, Trinität, Vater und Sohn und Heiliger Geist
Dreikäsehoch → Knirps
Dreiklang → Akkord
dreinblicken → blicken
Dreingabe → Zugabe
dreinreden → einmischen, sich
dreinschauen → blicken
dreinschlagen → angreifen
dreinsehen → blicken
dreist → anmaßend, → frech
Dreistigkeit → Anmaßung, → Frechheit
Dresche → Prügel
dreschen → schlagen
Dress Gewand, Kleid, Kluft, → Anzug, → Trikot
Dresseur Abrichter, Zureiter, Dompteur, Tierbändiger, → Artist
dressieren abrichten, ausbilden, schulen, beibringen, → erziehen

Dressing → Soße
Dressur 1. Abrichtung, Schulung, → Erziehung 2. Dressurnummer, Dressurakt, Kunststück
Dressurakt → Dressur
Drift → Strömung
driften abtreiben, wegtreiben, → treiben
Drill Schliff, Disziplin, → Erziehung
drillen 1. ausbilden, schleifen, exerzieren, bimsen, → erziehen 2. → aufrollen 3. → drehen
drillmäßig → straff
dringen → drängen, → eindringen
dringen in → bitten
dringend dringlich, vordringlich, drängend, pressant, unaufschiebbar, brennend, schleunigst, so bald wie möglich, sofortig, schnellstens, höchste Eisenbahn, → eilig, → wichtig
dringlich → dringend
Dringlichkeit Bedeutung, Wichtigkeit, → Eile
Drink → Cocktail, → Getränk
drinnen darin, drin, herinnen, innendrin, → innen
drittklassig → schlecht
droben → oben
Droge → Rauschgift, → Arznei
dröge nüchtern, trocken, reizlos, langweilig, akademisch, humorlos
drogenabhängig → süchtig
Drohbrief → Drohung
drohen 1. androhen, bedrohen, Drohungen ausstoßen, die Faust zeigen, mit dem Säbel rasseln, Furcht einjagen, einschüchtern, dräuen, → warnen 2. → bevorstehen, anstehen
drohend → gefährlich
Drohgebärde → Drohung
dröhnen erdröhnen, brüllen, donnern, lärmen, widerhallen, klingen, krachen, tosen, hämmern, trommeln, pochen, bullern, bollern
dröhnend → laut
Drohung Androhung, Bedrohung, Drohgebärde, Drohbrief, Ankündigung, Einschüchterung, → Warnung
drollig → possierlich, → seltsam
Droschke Chaise, Mietkutsche, Mietwagen, Fiaker, → Kutsche, → Taxi
Drossel → Kehle, → Ventil, → Hahn
drosseln abschwächen, schwächen, hemmen, blockieren, herabsetzen, einschränken, Gas wegnehmen, → verringern
Drosselung → Einschränkung
drüben → jenseits
drüber → oberhalb
Druck 1. Schub, Schubkraft, Kraft, Gewicht, Atmosphäre, Tension 2. Abdruck, Erstdruck, Wiegendruck, Inkunabel, Nachdruck, Raubdruck, → Ausgabe 3. → Veröffentlichung 4. → Grafik 5. → Belastung 6. → Zwang
Druckanzeiger Manometer, Druckmesser, → Luftdruckmesser
Drückeberger → Faulenzer, → Feigling
drucken → veröffentlichen
drücken 1. pressen, quetschen, Druck ausüben, ausdrücken, auspressen, platt drücken, zusammendrücken, zwängen, stauchen, stoßen, → schieben, → drängeln 2. schwer wiegen, lasten, belasten, niederdrücken, beschweren 3. → bedrücken 4. → liebkosen 5. → handeln
drücken, sich → entziehen, sich
drückend → schwül
Druckfehler → Fehler
druckfertig machen → redigieren
Drucklegung → Veröffentlichung
Druckmesser → Druckanzeiger
Drucksache → Post
Druckschrift → Broschüre, → Schrift
drucksen → stottern, → zögern
Drucktype → Letter
Druckvorlage → Manuskript
Drum und Dran → Ausstattung
drunter und drüber → durcheinander
dry → herb
Dschungel Urwald, Regenwald, Monsunwald, tropischer Wald, Busch, → Gestrüpp
dubios → zweifelhaft
Dublette Doppel, Doppelstück, Duplikat, → Reproduktion
ducken → demütigen, → fügen, sich
ducken, sich in Deckung gehen, Deckung nehmen, sich klein machen, sich niederkauern, den Kopf einziehen
Duckmäuser Leisetreter, Schleicher, Kriecher, Radfahrer, Angsthase, Heuchler, → Feigling
duckmäuserisch → unterwürfig
duckmäusern → fügen, sich
Duell Genugtuung, Satisfaktion, Herausforderung, Ehrenhandel, Kugelwechsel, Mensur, Zweikampf
Duett Duo, Zweigesang, Wechselgesang, zweistimmiger Gesang
Duft → Geruch, → Aroma, → Parfüm
duften riechen, wohlriechen, Duft ausströmen, Duftwogen verbreiten, → stinken
duftig → zart, → aromatisch
Duftwasser → Parfüm

Duftwolke → Geruch
Duktus 1. Linienführung, Schriftzug, → Handschrift 2. Sprachstil, → Stil
dulden → hinnehmen, → erlauben
duldsam → tolerant
Duldsamkeit → Toleranz
dumm 1. unbegabt, unbedarft, unverständig, unintelligent, untalentiert, talentlos, unwissend, beschränkt, begriffsstutzig, töricht, dämlich, doof, einfältig, simpel, dümmlich, stupide, stockdumm, strohdumm, saudumm, hohl, bescheuert, behämmert, deppert, auf den Kopf gefallen, geistig minderbemittelt, schwachköpfig, unterbelichtet, blödsinnig, blöde, → schwachsinnig, → borniert 2. → sinnlos 3. → unangenehm
dummdreist → frech
Dummheit 1. Unbegabtheit, Unbedarftheit, Unverstand, Unverständigkeit, Blödheit, Stupidität, Dämlichkeit, Einfalt, Einfältigkeit, Beschränktheit, → Borniertheit, → Schwachsinn 2. Torheit, Gedankenlosigkeit, Idiotie, → Fehler 3. → Sinnlosigkeit 4. → Streich
Dummkopf Idiot, Vollidiot, Tor, Tropf, Kretin, Blödian, Dummbartel, Dummian, Dummerjan, Quatschkopf, Schwachkopf, Hohlkopf, Strohkopf, Holzkopf, Schafskopf, Kalbskopf, Grützkopf, Spatzenhirn, Depp, Dussel, Tölpel, Trottel, Dorftrottel, Dämel, Armleuchter, Arschloch, Dämlack, Simpel, Einfaltspinsel, Kindskopf, Hanswurst, Hansnarr, Schaf, Hammel, Affe, Kamel, Esel, Ross, Rindvieh, Hornochse, Mondkalb, → Narr
Dummy → Puppe
dumpf 1. dumpfig, feucht, modrig, muffig, stockig, schimmlig, stickig, erstickend, abgestanden, ungelüftet, → schwül 2. gedämpft, hohl, dunkel, → matt 3. → benommen 4. → stumpfsinnig
Dumpfheit → Stumpfsinn
Dumpingpreis → Sonderangebot
Dung 1. Dünger, Düngung, Nährlösung, Düngemittel 2. Kunstdünger, Mineraldünger, Kali, Kalk, Phosphat, Thomasmehl, Blaukorn 3. Naturdünger, Guano, Mist, Mistbrühe, Jauche, Gülle, Pfuhl, Pudel, Odel, Adel, Stalldung, Kot, Gründünger, Kompost
Düngemittel → Dung
düngen → ackern
Dünger → Dung
dunkel 1. finster, düster, duster, schwarz, rabenschwarz, kohlschwarz, pechschwarz, stockdunkel, stockfinster, zappenduster, schattig, beschattet, sonnenlos, lichtlos, → bedeckt, → dämmrig 2. → abstrus 3. → geheimnisvoll
dunkel werden → dämmern, → verfinstern, sich
Dunkel → Dunkelheit, → Geheimnis, → Vergessenheit
Dünkel → Anmaßung, → Überheblichkeit
dunkelhaarig braun, braunhaarig, kastanienbraun, rotbraun, brünett, schwarz, schwarzhaarig
dünkelhaft → anmaßend, → überheblich
Dunkelheit Dunkel, Finsternis, Schwärze, Düsterkeit, Düsternis, Nacht, Grabesdunkel, Schatten, → Dämmerung
dunkeln → dämmern
dünken → scheinen
dünken, sich → einbilden, sich etwas
dünn 1. schmal, fein, haardünn, hauchdünn, haarfein, fadendünn 2. verdünnt, wässrig, schwach, ausgedünnt, spärlich, schütter 3. → abgenutzt 4. → mager 5. → schlank
dünnmachen, sich → davonmachen, sich
Dunst Diesigkeit, Dunstschleier, Schleier, Trübung, schlechte Sicht, Schwaden, Dunstschicht, Dunstglocke, Smog, → Nebel, → Dampf
Dunstabzugshaube Luftfilterhaube
dünsten → dämpfen, → backen
Dunstglocke → Dunst
dunstig diesig, trübe, nebelig, verschleiert, verhangen, verhüllt, → bewölkt, → verräuchert
Dunstschicht Dunst
Dünung Seegang, Wellengang
Duo → Paar, → Duett
düpieren → täuschen
Duplikat → Durchschlag, → Dublette
durch 1. hindurch, mittendurch, querdurch, querfeldein 2. → wegen 3. → mittels 4. → gar, weich
durcharbeiten 1. aufarbeiten, durchstudieren, gründlich studieren, durchlesen, durchackern, → lernen 2. → kneten
durchatmen → atmen
durchaus → unbedingt
durchbeißen, sich → durchschlagen, sich, durchsetzen, sich
durchbekommen → durchsetzen
durchbiegen, sich → biegen, sich
durchbilden → formen
durchblättern → durchschauen, → blättern, → lesen
durchbläuen → verprügeln
durchblicken → verstehen
durchblicken lassen → andeuten

durchbohren 1. durchstoßen, durchstechen, → durchlöchern 2. → erstechen
durchboxen → durchsetzen
durchboxen, sich → durchschlagen, sich
durchbrechen 1. aufbrechen, hervorbrechen, durchkommen, hervorkommen, aufgehen 2. durchdringen, durchschimmern, durchscheinen, durchleuchten, durchschauen 3. → brechen 4. → einbrechen
durchbrennen 1. durchschmelzen, schmelzen, durchschmoren, durchglühen, verglühen 2. → ausbrechen
durchbringen → verschwenden, → durchsetzen, → sorgen für
durchbrochen → durchlöchert
Durchbruch → Durchgang, → Erfolg
durchchecken → prüfen
durchdacht 1. wohl durchdacht, wohl überlegt, überlegt, ausgearbeitet, ausgereift, berechnet, ausgewogen, vorbereitet, gut geplant, → begründet 2. → systematisch
durchdenken → bedenken
durchdiskutieren → erörtern
durchdrehen 1. durchmahlen, faschieren, durch den Fleischwolf drehen, → durchdrücken 2. die Fassung verlieren, außer sich geraten, die Beherrschung verlieren, überschnappen, den Verstand verlieren, verrückt werden, Amok laufen
durchdringen → erfüllen, → durchbrechen, → gelangen
durchdringend → intensiv, → laut
durchdrücken 1. durchquetschen, durchpressen, durch ein Sieb streichen, durchpassieren, passieren, → durchdrehen 2. → durchsetzen
durchdrungen → erfüllt
durcheinander 1. drunter und drüber, chaotisch, ungeordnet, wirr, vermischt, vermengt, kunterbunt, wie Kraut und Rüben, → unordentlich 2. → verwirrt
durcheinander bringen → verwechseln, → verwirren
Durcheinander 1. Chaos, Wirrnis, Wirrwarr, Tohuwabohu, Mischmasch, Kuddelmuddel, Wust, → Unordnung 2. Hin und Her, Getümmel, Gewimmel 3. → Verwirrung
durchessen, sich → schmarotzen
durchfahren → durchqueren
Durchfahrt 1. Meerenge, Straße, Kanal, Durchlass, Passage, Furt, → Durchgang 2. Durchreise, Durchzug, Durchquerung
Durchfall 1. Diarrhö, Ruhr, Darmkatarr, Dysenterie, Durchmarsch 2. → Misserfolg
durchfallen nicht bestehen, Misserfolg haben, durch die Prüfung fallen, durchfliegen, durchsausen, durchrasseln, → versagen
durchfeiern → durchmachen
durchfinden, sich → orientieren, sich
durchfliegen → durchfallen
durchfluten → erfüllen
durchforschen → durchsuchen, → erforschen
durchführbar → möglich
durchführen → ausführen, → veranstalten
Durchführung → Ausführung, → Veranstaltung
durchfüttern → sorgen für
Durchgang 1. Durchlass, Passage, Gasse, → Durchfahrt 2. Durchstich, Enge, Wegenge, Engpass, Hohlweg, Gang, Stollen, Tunnel, Bresche
durchgängig → durchweg
durchgeben → funken
durchgehen 1. durchschreiten, durcheilen, durchrauschen, durchrennen, durchlaufen, durchmarschieren, → passieren 2. genehmigt werden, bewilligt werden, angenommen werden, durchkommen 3. → kontrollieren
durchgehen lassen → hinwegsehen über, gestatten
durchgehend → direkt, → durchweg
durchgeistigt → vergeistigt
durchgeschwitzt → feucht
durchgreifen energisch werden, energisch auftreten, aufräumen, zupacken, zuschlagen, Nägel mit Köpfen machen, kurzen Prozess machen, → eingreifen
durchgreifend → einschneidend, → wirksam, umsetzend
durchhalten durchstehen, aushalten, ausharren, ausstehen, standhalten, standhaft bleiben, nicht wanken, nicht aufgeben, sich nicht unterkriegen lassen, sich gedulden, hart bleiben, das Feld behaupten, die Ohren steif halten, → bestehen, → ertragen, → überstehen
Durchhaltevermögen → Beharrlichkeit
durchhecheln → tratschen, → durchnehmen
durchkämmen 1. durchsuchen, absuchen, filzen 2. → kämmen
durchkämpfen → austragen
durchkämpfen, sich → durchringen, sich, → durchschlagen, sich
durchkauen → erörtern
durchkneten → kneten, → massieren
durchkommen → bestehen, → durchbrechen, → eindringen, → durchgehen

durchkreuzen → durchqueren, → durchstreichen, → stören
Durchkreuzung → Hintertreibung
Durchlass → Durchgang
durchlassen → erlauben
durchlässig → undicht, → porös
durchlaufen 1. absolvieren, abschließen, hinter sich bringen, erfüllen 2. → durchgehen
Durchlauferhitzer → Boiler
durchlavieren, sich → durchschlängeln, sich
durchlesen auslesen, fertig lesen, zu Ende lesen, lesen, überfliegen, durcharbeiten
durchleuchten → röntgen, → ergründen
Durchleuchtung → Röntgenuntersuchung
durchlöchern durchbohren, durchstoßen, durchlochen, perforieren, lochen, → bohren
durchlöchert durchbohrt, durchbrochen, perforiert, → porös
durchlüften → lüften
durchmachen 1. durchfeiern, durchzechen, sich die Nacht um die Ohren schlagen 2. ausstehen, mitmachen, ertragen, → erleben
durchmanövrieren, sich → durchschlängeln, sich
Durchmarsch → Durchfall, → Durchzug
durchmarschieren → durchgehen
durchmessen → durchqueren
Durchmesser → Kaliber, → Linie
durchmischen → mischen
Durchnahme Stoffdurchnahme, Behandlung
durchnässen → nässen
durchnässt → nass
durchnehmen behandeln, abhandeln, durchhecheln, durchpauken, sich vornehmen, → lehren
durchpassieren → durchdrücken
durchpausen abpausen, pausen, durchschreiben, durchzeichnen, einen Durchschlag anfertigen, → vervielfältigen
durchpflügen → durchqueren
durchpressen → durchdrücken
durchprügeln → verprügeln
durchqueren 1. durchkreuzen, durchschreiten, durchfahren, durchmessen, durchpflügen, durchschiffen 2. → queren
durchrechnen → abzählen
Durchreiche → Öffnung
Durchreise Durchfahrt, Durchzug
durchreißen → reißen
durchrennen → durchgehen
durchringen, sich sich durchkämpfen, sich einen Ruck geben, sich überwinden, sich bezwingen, → aufraffen, sich
durchrosten → rosten
durchrühren → rühren
Durchsage → Ansage
durchsagen → ansagen
durchschaubar durchsichtig, vordergründig, fadenscheinig, leicht erkennbar, offensichtlich, → verständlich
Durchschaubarkeit Durchsichtigkeit, Transparenz, Vordergründigkeit, Fadenscheinigkeit, → Verständlichkeit
durchschauen 1. durchsehen, durchblättern, durchgehen, durchmustern, prüfen 2. → durchbrechen 3. → erkennen 4. → erraten
durchscheinen → durchbrechen
durchscheinend → durchsichtig
durchschimmern → durchbrechen
Durchschlag Durchschrift, Doppel, Duplikat, Pause, Blaupause, Kopie, Abschrift
durchschlagen durchhauen, kappen, → trennen
durchschlagen, sich sich durchbeißen, sich durchkämpfen, sich durchboxen, sich durchwursteln, sich durchs Leben schlagen, durchkommen, überleben, sich behaupten, sich durchschleppen
durchschlagend → wirksam
Durchschlagpapier Pauspapier, Kohlepapier, Blaupapier
Durchschlagskraft → Wirksamkeit
durchschlängeln, sich 1. sich durchwinden, sich hindurchwinden, sich durchstehlen, sich durchschleichen, sich durchlavieren, sich durchmanövrieren, durchkommen 2. → passieren
durchschlüpfen → passieren
durchschmelzen → durchbrennen
durchschneiden → zerschneiden, → durchqueren
Durchschnitt 1. Durchschnittswert, Querschnitt, Schnitt, Mittelwert, Mittel 2. → Mittelmaß
durchschnittlich 1. im Durchschnitt, im Schnitt, im Mittel 2. → mittelmäßig
Durchschnittlichkeit → Mittelmaß
Durchschnittsgeschmack Allgemeingeschmack, Jedermannsgeschmack, Dutzendgeschmack, Allerweltsgeschmack, Massengeschmack, Publikumsgeschmack
Durchschnittswert → Durchschnitt
durchschreiten → durchqueren, → durchgehen
Durchschrift → Durchschlag
durchsehen → kontrollieren, → blättern
durchseihen → durchsieben
durchsetzen 1. durchbringen, durchdrücken, durchbekommen, durchfechten, durch-

boxen, durchpeitschen, durchkriegen, genehmigt bekommen, ertrotzen, erzwingen, → erreichen 2. → durchziehen
durchsetzen, sich 1. sich behaupten, Beachtung finden, sein Ziel erreichen, Schwierigkeiten überwinden 2. → bewähren, sich
durchsetzt → durchzogen
Durchsetzungsvermögen → Energie, → Macht
Durchsicht → Inspektion, → Kontrolle
durchsichtig 1. durchscheinend, transparent, dünn, gläsern, glasklar, klar, lichtdurchlässig 2. → durchschaubar 3. → verständlich
Durchsichtigkeit 1. Lichtdurchlässigkeit, Transparenz 2. → Durchschaubarkeit 3. → Verständlichkeit
durchsickern → austreten, → eindringen, → herauskommen
durchsieben sieben, aussieben, durchseihen, abseihen, ausseihen, → filtern
durchsprechen → erörtern, → beraten, sich
durchstechen → durchbohren
durchstecken → einfädeln
durchstehen → durchhalten, → überstehen
durchstehlen, sich → durchschlängeln, sich
Durchstich → Durchgang, → Kanal
durchstöbern → durchsuchen
durchstoßen → durchbohren, → durchlöchern
durchstreichen 1. ausstreichen, streichen, durchkreuzen, ausixen, durchixen, tilgen, ausradieren 2. → durchstreifen
durchstreifen durchwandern, durchschweifen, durchstreichen, durchwandeln, ziehen durch
durchstrukturiert → übersichtlich
durchsuchen durchwühlen, durchforschen, durchforsten, durchstöbern, durchmustern, durchkämmen, absuchen, filzen, abtasten, das Unterste zuoberst kehren, alles auf den Kopf stellen
durchtrainiert → drahtig, → sportlich
durchtränken → tränken
durchtrennen → zerschneiden
durchtrieben → schlau, → hinterhältig
Durchtriebenheit → Schlauheit, → Hinterhältigkeit
durchwachsen → durchzogen, → mittelmäßig
durchwalken → kneten, → verprügeln
durchwandeln → durchstreifen
durchwandern → durchstreifen
durchweg durchgängig, durchgehend, ausnahmslos, ohne Ausnahme, samt und sonders, → allgemein
durchweicht → nass
durchwinden, sich → durchschlängeln, sich
durchwirken → einwirken
durchwirkt → durchzogen
durchwoben → durchzogen
durchwühlen → durchsuchen
durchwursteln, sich → durchschlagen, sich
durchzählen → abzählen
durchzechen → durchmachen
durchziehen 1. durchdringen, durchdrungen werden, durchsetzen, durchwirkt sein, eingewoben sein 2. → einziehen 3. → einfädeln 4. → erfüllen
durchzogen durchsetzt, durchwirkt, durchwoben, durchwachsen
Durchzug 1. Zugluft, Zug, Luftzug 2. Durchreise, Durchfahrt, Durchmarsch
dürfen freistehen, offen stehen, befugt sein, können, gestattet sein, erlaubt sein, freie Hand haben, überlassen sein, freigestellt sein, genehmigt sein, unbenommen sein, anheim gestellt sein
dürftig → karg
Dürftigkeit → Kargheit
dürr → trocken, → mager, → schlank
Dürre → Trockenheit, → Magerkeit
Durst Brand, trockene Kehle, Riesendurst, Mordsdurst
dürsten durstig sein, dursten, Durst haben, lechzen, schmachten
dürstend → durstig
durstig dürstend, lechzend, verlangend nach, begierig nach
Durststrecke → Karenzzeit
Dusche Brause, → Bad
duschen brausen, eine Dusche nehmen, → baden
Dusel → Glück, → Rausch
düster → dunkel
Düsterkeit → Dunkelheit
Düsternis → Dunkelheit
Dutt Haarknoten, Knoten, Zwiebel
dutzendfach → oft
Dutzendgeschmack → Durchschnittsgeschmack
dutzendmal → oft
dutzendweise zuhauf
Dynamik Tatkraft, Schwung, Energie, Elan, Aktivität
dynamisch tatkräftig, schwungvoll, voller Schwung, energisch, lebhaft
Dynamo Generator, Stromerzeuger
Dynastie Herrschergeschlecht, Herrscherhaus, Herrscherfamilie, Linie, Adelsgeschlecht

E

Eau de Cologne → Parfüm
Ebbe 1. Niedrigwasser, Rückstrom, Ebbestrom, Abfluss, Abstrom 2. Tiefstand, Mangel, Erschöpfung, Schwund
Ebbestrom → Ebbe
eben 1. plan, flach, platt, tellereben, glatt, faltenlos 2. → jetzt, → gerade
Ebenbild → Abbild
ebenbürtig → vergleichbar, → kongenial
Ebene 1. Flachland, Tiefland, Tiefebene, Niederung, Unterland, plattes Land, flaches Land, Tafelland, Plateau, Platte, Hochebene, Hochplateau 2. → Niveau 3. → Fläche
ebenerdig zu ebener Erde, im Erdgeschoss, parterre, im Parterre
ebenfalls → auch
Ebenmaß Ebenmäßigkeit, Gleichmaß, Gleichgewicht, Ausgewogenheit, Ausgeglichenheit, Regelmäßigkeit, Wohlproportioniertheit, Wohlgeformtheit, Harmonie
ebenmäßig gleichmäßig, ausgewogen, ausgeglichen, regelmäßig, wohlproportioniert, wohlgeformt, harmonisch
Ebenmäßigkeit → Ebenmaß
ebenso → auch, → genauso
ebnen bahnen, glätten, glatt streichen, ausgleichen, → einebnen
echauffieren, sich → ereifern, sich
Echo 1. Widerhall, Widerklang, Resonanz, Nachhall, Rückschall 2. → Gefallen
echt 1. unverfälscht, ungekünstelt, unvermischt, rein, eigentlich, natürlich, original, ursprünglich, urwüchsig, waschecht 2. authentisch, wirklich, beglaubigt, → wahr
Echtheit → Natürlichkeit
Ecke 1. Winkel, Zacke, Zipfel, Spitze, Eck, Kante, Rand 2. → Nische 3. → Stück 4. → Falte
eckig 1. gezackt, zackig, kantig, winklig 2. → steif
Eckpfeiler → Säule
edel 1. edelmütig, edelsinnig, edelherzig, hochherzig, großherzig, ritterlich, nobel, adlig, anständig, → selbstlos 2. → kostbar
Edelmut Edelsinn, Hochherzigkeit, Großmut, Großmütigkeit, Ritterlichkeit, → Selbstlosigkeit
edelmütig → edel
Edelsinn → Edelmut
edelsinnig → edel
Edelstein Juwel, Brillant, Karfunkel, Schmuckstein, Gemme, Halbedelstein, → Schmuck
edieren herausgeben, herausbringen, verlegen → veröffentlichen
Edikt → Erlass
Edition Buchausgabe, Herausgabe, Neuherausgabe, Bearbeitung, → Ausgabe
Editor Herausgeber, Buchherausgeber
Editorial → Einleitung
EDV → Computer
Effekt → Ergebnis, → Wirkung
Effekt haschend → aufdringlich
Effekten → Wertpapier
Effekthascherei → Eitelkeit, → Angabe
effektiv → wirksam
Effektivität → Wirksamkeit
effektvoll → wirkungsvoll
Effet Drall, Drehung
Effizienz → Wirtschaftlichkeit
egal → gleichgültig
egalisieren → ausgleichen, → einebnen
eggen → ackern
Egghead → Intellektueller
Egoismus → Selbstsucht
Egoist Ichmensch, Egozentriker, Narziss, Selbstverliebter, Selbstbesessener
egoistisch → selbstsüchtig
Egozentrik → Selbstsucht
Egozentriker → Egoist
egozentrisch ichbezogen, ichzentriert, → selbstsüchtig
eh → sowieso
ehe → bevor, noch vor
Ehe Bund, Ehebund, Ehebande, Ehesakrament, ewiger Bund, Bund fürs Leben, Verbindung, Heirat, Ehestand, Lebensgemeinschaft, Monogamie, Einehe, → Bigamie, → Polygamie, → Beziehung, → Konkubinat
Ehe eingehen → heiraten
Eheanbahnung → Partnervermittlung
Ehebande → Ehe
ehebrechen die Ehe brechen, Ehebruch begehen, betrügen, untreu sein, fremdgehen, Hörner aufsetzen, Geweih aufsetzen, zum Hahnrei machen
Ehebrecher → Liebhaber
ehebrecherisch → untreu
Ehebruch Untreue, Treulosigkeit, Treuebruch, Seitensprung
Ehebund → Ehe
ehedem → ehemalig, → vorher
Ehefrau Ehepartner, Frau, Gattin, Ehegattin, Gemahlin, Weib, Eheweib, Angetraute, Ehehälfte, bessere Hälfte, Lebensgefährtin, Weggefährtin
Ehegatte → Ehemann
Eheleute → Ehepaar
ehelichen → heiraten

ehelos → ledig
Ehelosigkeit Zölibat, Singledasein, Junggesellenstand, Ledigenstand
ehemalig bisherig, vormalig, gewesen, vergangen, verflossen, früher, einstig, einstmals, ehedem
ehemals → früher
Ehemann Ehepartner, Mann, Gatte, Ehegatte, Gemahl, Ehegemahl, Lebensgefährte, Weggefährte, Angetrauter, Ehegespons, Göttergatte
Ehepaar Paar, Eheleute, Mann und Frau, Vermählte, Verheiratete, Ehegespann
Ehepartner → Ehefrau, → Ehemann
eher → früher
ehern → eisern, → hart
Ehescheidung → Scheidung
Eheschließung → Hochzeit
Ehesegen → Kind
Ehestand → Ehe
ehestens → frühestens
Ehestifterin → Kupplerin
Ehestiftung → Kuppelei
Ehevermittlung → Partnervermittlung
Eheweib → Ehefrau
Ehrabschneider → Verleumder
Ehrabschneidung → Verleumdung
ehrbar → angesehen, → ehrenhaft
Ehrbarkeit → Ehrenhaftigkeit
Ehrbezeugung → Aufwartung
Ehre 1. Ehrgefühl, Wertgefühl, Selbstgefühl, Würde, Stolz, Ansehen 2. → Jungfräulichkeit
ehren 1. erhöhen, adeln, feiern, würdigen, loben, preisen, anerkennen, in Ehren halten, hochleben lassen, achten, → auszeichnen 2. zur Ehre gereichen, Ehre machen, Anerkennung verdienen
ehrenamtlich ehrenhalber, unbezahlt, unentgeltlich, ohne Entgelt, freiwillig
Ehrenbezeigung → Ehrung
ehrend → ehrenvoll
Ehrendienst → Militärdienst
Ehrenerklärung → Rehabilitierung
ehrenhaft achtbar, ehrenwert, ehrbar, ehrsam, rühmenswert, reputierlich, reputabel, rechtschaffen, loyal, redlich, honorig, honett, untadelig, tadellos, einwandfrei, aufrecht, charakterfest, → anständig
Ehrenhaftigkeit Achtbarkeit, Ehrbarkeit, Ehrsamkeit, Redlichkeit, → Rechtschaffenheit, → Anständigkeit
ehrenhalber → ehrenamtlich
Ehrenhandel → Duell
Ehrenmahl → Festessen
Ehrenmal → Denkmal
Ehrenmann Herr, Gentleman, Biedermann, unbescholtener Bürger, Mann von Ehre
Ehrenplatz → Vorzug
Ehrenrettung → Rehabilitierung
ehrenrührig → beleidigend
Ehrensache → Pflicht
Ehrentag → Festtag, → Geburtstag
ehrenvoll ehrend, schmeichelhaft, anerkennenswert, rühmlich, verdienstvoll, → verantwortungsvoll
Ehrenvorsitz → Schirmherrschaft
ehrenwert → angesehen, → ehrenhaft
Ehrenwort → Versprechen, → Eid
ehrenwörtlich eidlich, hoch und heilig, feierlich, unwiderruflich
Ehrenzeichen → Auszeichnung
ehrerbietig → respektvoll
Ehrerbietung → Achtung
Ehrfurcht Pietät, Hochachtung, Scheu, Gottesfurcht, Demut, → Achtung
ehrfürchtig ehrfurchtsvoll, scheu, pietätvoll, achtungsvoll, untertänig, demütig, → respektvoll
ehrfurchtsvoll → ehrfürchtig
Ehrgefühl → Ehre
Ehrgeiz Streben, Strebsamkeit, Ambition, Leistungswillen, Siegeswille, Ausdauer, Eifer, Ruhmsucht, Ehrsucht, → Geltungsdrang, → Fleiß
ehrgeizig strebsam, ambitioniert, leistungswillig, ausdauernd, eifrig, hochfliegend, streberhaft, ruhmbegierig, karrieresüchtig, geltungsbedürftig, geltungssüchtig, machtbesessen, → fleißig
ehrlich aufrichtig, aufrecht, redlich, grundehrlich, wahrheitsliebend, wahrhaftig, gerade, geradlinig, direkt, treuherzig, freimütig, frank und frei, unverhohlen, → offen, → anständig
Ehrlichkeit Aufrichtigkeit, Redlichkeit, Lauterkeit, Wahrheitsliebe, Wahrhaftigkeit, Rückhaltlosigkeit, Geradlinigkeit, Direktheit, Unverblümtheit, → Anständigkeit, → Offenheit
ehrlos 1. unehrenhaft, ehrvergessen, verächtlich, verabscheuungswürdig, nichtswürdig, unwürdig, würdelos, → charakterlos 2. → geächtet
Ehrsucht → Ehrgeiz
Ehrung 1. feierlicher Empfang, großer Bahnhof, Ehrenbezeigung, Ovation, Huldigung, → Feier 2. → Auszeichnung 3. → Prämierung
ehrvergessen → ehrlos
Ehrverletzung → Beleidigung
ehrwürdig 1. Achtung gebietend, verehrungswürdig, → erhaben 2. altehrwürdig, herkömmlich, alt, üblich

Ehrwürdigkeit → Erhabenheit
Ei 1. Eizelle, Geschlechtszelle, Ovum, Laich, → Keimzelle, 2. → Ball
eichen normen, einstellen, justieren
Eid Schwur, Gelübde, Ehrenwort, Manneswort, Wort, Versicherung, eidesstattliche Erklärung, Treueeid, Treueschwur, Fahneneid, Gelöbnis, → Versprechen
eidbrüchig → untreu
eidesstattlich → eidlich
eidlich offiziell, feierlich, an Eides statt, eidesstattlich, → ehrenwörtlich
Eidotter → Eigelb, Dotter
Eierpfannkuchen → Omelett
Eierspeise → Omelett
Eifer 1. Regsamkeit, Emsigkeit, Eifrigkeit, Tatendrang, Tatenlust, Rührigkeit, Geschäftigkeit, Beflissenheit, Umtriebigkeit, Betriebsamkeit, Betulichkeit, Feuereifer, Übereifer, Arbeitseifer, Bestreben, → Ehrgeiz, → Fleiß, → Begeisterung 2. → Erregung
Eiferer → Fanatiker
eifern → streben
Eifersucht Eifersüchtelei, Eifersüchtigkeit, Misstrauen, → Argwohn, → Neid
eifersüchtig argwöhnisch, misstrauisch, → neidisch
eiförmig → oval
eifrig regsam, emsig, rührig, geschäftig, beflissen, umtriebig, betriebsam, betulich, strebsam, motiviert, → fleißig, → ehrgeizig
Eifrigkeit → Eifer
Eigelb → Eidotter
eigen 1. zugehörig, angehörig, persönlich, privat, im Besitz von 2. → seltsam 3. → apart
Eigenart Eigentümlichkeit, Eigenheit, Besonderheit, Individualität, Charakter, Charakteristik, Wesen, Spezialität, Spezifikum, Merkmal, Kennzeichen, → Eigenschaft
eigenartig → seltsam
Eigenbrötelei Verschrobenheit, Schrulligkeit, Kauzigkeit, Wunderlichkeit, Eigenheit, → Seltsamkeit
Eigenbrötler Einzelgänger, Kauz, Sonderling, Krauter, Hagestolz, seltsamer Vogel, wunderlicher Geselle, Exzentriker, Stubenhocker, Stubengelehrter, Bücherwurm, → Außenseiter, → Individualist
eigenbrötlerisch schrullig, schrullenhaft, grillenhaft, kauzig, wunderlich, schnurrig, verschroben, spleenig, komisch, → seltsam, → menschenscheu
eigenhändig → persönlich, → handschriftlich
Eigenheit → Eigenart, → Eigenbrötelei
Eigenliebe → Selbstsucht
Eigenlob → Selbsteinschätzung
eigenmächtig unberechtigt, unstatthaft, unerlaubt, unbefugt, angemaßt, selbstherrlich, auf eigene Faust, ohne Auftrag, nach eigenem Ermessen, nach eigenem Gutdünken, → selbstständig, → willkürlich
Eigenmächtigkeit Übergriff, Selbstherrlichkeit, Rechtswidrigkeit, → Willkür
Eigenname → Nachname
Eigennutz → Selbstsucht, → Berechnung
eigennützig → selbstsüchtig, → berechnend
Eigennützigkeit → Selbstsucht
eigens → besonders, → extra
Eigenschaft Wesenszug, Zug, Seite, Kennzeichen, Beschaffenheit, Qualität, Note, Daseinsform, Erscheinungsform, Charakterzug, → Charakter
Eigensinn Eigensinnigkeit, Starrsinnigkeit, Starrsinn, Halsstarrigkeit, Starrköpfigkeit, Dickköpfigkeit, Sturheit, Verbohrtheit, Verstocktheit, Bockbeinigkeit, Bockigkeit, Störrischkeit, Trotz, Unnachgiebigkeit, Unbelehrbarkeit, Rechthaberei, → Widerspenstigkeit, → Ungehorsam
eigensinnig starrsinnig, halsstarrig, starrköpfig, dickköpfig, obstinat, stur, verbohrt, verstockt, bockig, störrisch, trotzig, unnachgiebig, unbelehrbar, rechthaberisch, → launisch, → widerspenstig, → ungehorsam
Eigensinnigkeit → Eigensinn
eigenständig → selbstständig
Eigenständigkeit → Selbstständigkeit
eigentlich an und für sich, an sich, genau genommen, streng genommen, im Grunde genommen, von Rechts wegen, grundsätzlich, bei Licht betrachtet, in Wirklichkeit, → gewissermaßen
Eigentum → Besitz
Eigentümer → Besitzer
eigentümlich → typisch, → seltsam
Eigentümlichkeit → Eigenart, → Seltsamkeit
Eigentumsdelikt → Diebstahl
eigenverantwortlich → selbstständig
eigenwillig → launisch
eignen → besitzen
eignen, sich geeignet sein, taugen, gewachsen sein, seinen Zweck erfüllen, seinen Platz ausfüllen, → passen
Eigner → Besitzer
Eignung Brauchbarkeit, Verwendbarkeit, Verwendungsmöglichkeit, Geeignetheit, Tauglichkeit, Befähigung, Qualifikation, Qualifizierung, → Begabung
Eiklar Eiweiß, Eierklar
Eiland → Insel

Eile Hast, Übereilung, Überstürzung, Eiligkeit, Dringlichkeit, Zeitnot, Hetze, Hetzerei, Gehetze, Hatz, Eiltempo, Beeilung
eilen 1. hasten, hetzen, jagen, huschen, fliegen, fegen, flitzen, spritzen, stürmen, sausen, brausen, preschen, → gehen, → laufen 2. eilig sein, Eile haben, pressieren, drängen, dringlich sein, keinen Aufschub dulden, auf den Nägeln brennen
eilen, sich → beeilen, sich
eilends flugs, geschwind, augenblicklich, postwendend, prompt, unverweilt, unverzüglich, hurtig, schnell, → sofort
eilfertig → gefällig
eilig 1. hastig, gehetzt, gejagt, gedrängt, fieberhaft, in Zeitnot, in Druck, in Eile, überstürzt, fluchtartig, in fliegender Hast, Hals über Kopf 2. → dringend
Eimer Kübel, Kufe, Bottich, Bütte, Pütz, Schaff, Scheffel
einander gegenseitig, sich, einer den anderen, einer für den andern, → abwechselnd
einarbeiten → anleiten, → einfügen, 2. → trainieren
einäschern kremieren, verbrennen, → beerdigen
Einäscherung Feuerbestattung, Leichenverbrennung, Verbrennung, Kremation, Kremierung, Beisetzung, Totenfeier, Trauerfeier, → Beerdigung
einatmen → atmen, → inhalieren
Einband Einbanddecke, Buchdecke, Decke, Deckel, Cover, Schutzumschlag, Umschlag, Buchhülle, → Hülle
Einbau Montage, Einrichtung, Einsetzung, Installation
einbegreifen → einschließen
einbehalten → zurückbehalten
einberufen ausheben, einziehen, zur Fahne rufen, rekrutieren, mobil machen, mobilisieren, anwerben
Einberufung 1. Aushebung, Einziehung, Rekrutierung, Mobilmachung, Mobilisierung 2. Einberufungsbescheid, Einberufungsbefehl, Gestellungsbefehl, Stellungsbefehl
Einberufungsbescheid → Einberufung
einbestellen → vorladen
Einbestellung → Vorladung
einbetten → einfügen
einbeulen → verbeulen
einbeziehen miteinbeziehen, einschließen, einrechnen, implizieren, einplanen, dazuzählen, dazunehmen, hinzunehmen, hinzuzählen, mitrechnen, mitzählen, einbegreifen, integrieren, → berücksichtigen
Einbeziehung → Berücksichtigung
einbilden, sich etwas 1. sich vorstellen, den Eindruck haben, sich etwas vorspiegeln, sich etwas einreden, irrtümlich meinen, sich vorgaukeln, sich betrügen, fantasieren, → argwöhnen 2. sich dünken, sich anmaßen, überheblich sein, sich überheben, sich erheben über, sich überschätzen, sich für unwiderstehlich halten, erhaben tun, arrogant sein, sich aufspielen
Einbildung 1. Fiktion, Illusion, Wahnvorstellung, Vorstellung, Fantasievorstellungen, Wahn, fixe Idee, Zwangsvorstellung, Wunschvorstellung, Halluzination, Imagination, Fiebertraum, Fieberwahn, Sinnestäuschung, Täuschung, Gaukelspiel, Vision, Erscheinung, Gesicht, Fata Morgana, Vexierbild, Luftspiegelung, Trugbild, Phantom, Hirngespinst, Phantasmagorie, Fantasiegebilde, Ausgeburt der Fantasie, Luftschloss 2. → Überheblichkeit
Einbildungskraft Einbildungsvermögen, Vorstellungsvermögen, Fantasie, Inspiration, Erfindungsgabe
einbinden 1. einschlagen, einpacken, umhüllen, umkleiden 2. einflechten, eingliedern, integrieren, einbeziehen
einbläuen → einprägen
einblenden → einfügen
Einblick Einsicht, Eindruck, Vorstellung, Bild, Kenntnis, Ahnung, Schimmer, → Aufklärung
einbrechen 1. Einbruch begehen, einsteigen, gewaltsam eindringen, → aufbrechen 2. durchbrechen, einsacken 3. hereinbrechen über, einstürzen auf
Einbrecher → Dieb
einbringen 1. eintragen, erzielen, erbringen, Gewinn bringen, abwerfen, fruchten, tragen, ertragen, ergeben, herausspringen, herausschauen, sich rentieren 2. → ernten 3. → beantragen
einbrocken anstellen, anrichten, → verursachen
Einbruch → Diebstahl, → Einsturz
Einbuchtung → Bucht
einbürgern → aufnehmen
Einbürgerung → Aufnahme
Einbuße → Verlust, → Fehlbetrag
einbüßen → verlieren
einchecken an Bord gehen, die Kontrolle passieren, sich einschiffen
eindämmen zurückdämmen, dämmen, abhalten, unterbinden, zügeln, bändigen, zähmen, dämpfen, → aufhalten
eindämmern → einschlafen
Eindämmung → Damm
eindecken decken, bedecken, zudecken

eindecken, sich → kaufen, → versorgen, sich
eindeutig unzweideutig, unmissverständlich, klipp und klar, ausgesprochen, → deutlich
Eindeutigkeit → Deutlichkeit
eindicken andicken, binden, einkochen, gelieren, verdicken, → konzentrieren
eindringen 1. sich Zutritt verschaffen, vordringen, einbrechen, → einmarschieren, → einschleichen, sich 2. einsickern, durchsickern, durchkommen, einziehen 3. dringen in, penetrieren, einführen, durchstecken
eindringen auf → bedrängen
eindringlich → nachdrücklich, → beschwörend, → bedrängend
Eindringlichkeit → Nachdruck
Eindringling → Störenfried, → Dieb
Eindruck 1. Empfindung, Impression, Gefühl, Wahrnehmung, Vorstellung, Einblick, → Wirkung 2. Einprägung, Spur, Abdruck
Eindruck machen → beeindrucken
eindrücken → prägen, → verbeulen
eindrücklich → eindrucksvoll
eindruckslos unbeeindruckt, empfindungslos, ungerührt
eindrucksvoll eindrücklich, einprägsam, imponierend, imposant, wirkungsvoll, → wirksam
einebnen 1. ebnen, eben machen, planieren, ausgleichen, glätten, glattmachen, egalisieren, nivellieren 2. einplanieren, abtragen, dem Erdboden gleichmachen, → abreißen
einen → vereinigen
einengen → beengen, beeinträchtigen, beschneiden, einschnüren, einschränken, behindern
Einengung Beengung, Beeinträchtigung, Behinderung, → Einschränkung
einer → jemand
Einerlei → Gleichförmigkeit, → Alltag
einerlei → egal, gleich, ein und dasselbe, alles eins, gleichgültig, Jacke wie Hose, gehüpft wie gesprungen, schnuppe, schnurz, piepegal, Wurst
einerseits → teilweise
einfach 1. elementar, ländlich, frugal, schlicht, bescheiden, schmucklos, unauffällig, unscheinbar, ohne großen Aufwand, primitiv, spartanisch 2. unkompliziert, simpel, unproblematisch, ohne Schwierigkeiten, leicht, mühelos 3. → naiv
Einfachheit → Schlichtheit, → Naivität
einfädeln 1. durchstecken, durchziehen, einziehen, einführen 2. → anbahnen
einfahren → ernten
Einfahrt Toreinfahrt, Torweg, Zufahrt, Einfahrtsweg, → Auffahrt
Einfall 1. Idee, Gedanke, Gedankenblitz, Geistesblitz, Eingebung, Inspiration, Intuition, Erleuchtung Laune, Aperçu, Gag, Schnapsidee, Kateridee, Flausen, Mucken, Spleen, verrückter Einfall, Verrücktheit 2. → Okkupation
einfallen 1. in den Sinn kommen, auf die Idee kommen, auf den Gedanken kommen, durch den Kopf schießen, → erinnern, sich 2. → einstürzen 3. → einmarschieren, → überfallen
einfallslos → fantasielos
Einfallslosigkeit → Fantasielosigkeit
einfallsreich → geistreich, → fantasiereich
Einfallsreichtum → Fantasie
Einfalt → Naivität, → Demut
einfältig → naiv, → dumm
Einfältigkeit → Naivität, → Dummheit
Einfaltspinsel → Dummkopf, → Narr
einfangen → fangen
einfarbig uni, monochrom, einheitlich, eintönig
einfassen → einsäumen, umsäumen, säumen, umranden, einrahmen, umrahmen, rahmen, umgurten, umschließen, einschließen, umfassen, fassen, umgeben, begrenzen, → umzäunen
Einfassung Umrandung, Umrahmung, Rahmung, Rahmen, Rand, Bande, Rain, Umsäumung, Saum, Bund, Bündchen, → Besatz
einfetten fetten, schmieren, abschmieren, ölen, einölen
einfinden, sich → ankommen
einflechten → bemerken
einfließen lassen → bemerken
einflößen 1. einträufeln, eintröpfeln, eingeben, einfüllen, infiltrieren 2. → beeinflussen
Einfluss Geltung, Gewicht, Macht, Bedeutung, Ansehen, Einwirkung, → Beeinflussung
Einflussbereich Einflusssphäre, Einflussgebiet, Wirkungsbereich, Kompetenzbereich, Zuständigkeitsbereich, Dienstbereich, Geltungsbereich, Machtbereich, Machtsphäre, Herrschaftsbereich, → Bereich
einflusslos → ohnmächtig
Einflusslosigkeit → Ohnmacht
Einflussnahme → Beeinflussung
einflussreich → mächtig, → bedeutend
Einflusssphäre (*auch:* Einfluss-Sphäre) → Einflussbereich
einflüstern → einreden, → vorsagen
Einflüsterung → Verdacht
einfordern → einziehen, → fordern
einförmig → gleichförmig
Einförmigkeit → Langeweile, → Gleichförmigkeit
einfrieden → umzäunen

Einfriedung → Zaun
einfrieren → tiefkühlen
einfügen 1. einpassen, einarbeiten, einbetten, einschieben, einschalten, einblenden, einspielen, einbauen, einsetzen, einlegen, dazwischensetzen, einreihen, einstreuen, einheften, einflicken 2. → bemerken
einfügen, sich → anpassen, sich, → unterordnen, sich
Einfügung → Einschub
einfühlen, sich → nachempfinden
einfühlsam → taktvoll
Einfühlungsvermögen → Verständnis, → Taktgefühl
Einfuhr → Import
einführen 1. auf den Markt bringen, verbreiten, vorstellen, bekannt machen, lancieren, propagieren, Reklame machen für 2. importieren 3. hineinstecken, durchstecken, penetrieren, → einfädeln 4. → anleiten 5. → aufklären 6. → einleiten
einführend → einleitend
Einführung → Einleitung, → Grundbegriffe, → Anleitung, → Vorstellung
einfüllen → füllen, → einschenken
Eingabe → Antrag
Eingang Zugang, Einlass, Eintritt, Zutritt, Pforte, Portal, Entree, → Tür
eingängig → verständlich
eingangs → anfangs
eingeben 1. verabreichen, verabfolgen, einspeisen, eintippen → einflößen, → füttern 2. → einreden
eingebildet 1. von sich eingenommen, dünkelhaft, blasiert, aufgeblasen, hochnäsig, snobistisch, → überheblich, → eitel 2. → trügerisch
eingeboren → angeboren, → ansässig
Eingeborener Ureinwohner, Urbewohner, Indianer, Aborigines, → Einwohner
Eingebung → Einfall
eingedenk sein → erinnern, sich
eingeengt → beengt
eingefahren → gewohnt
eingefleischt unbekehrbar, unverbesserlich, ausgesprochen, überzeugt, hartgesotten, abgebrüht, → gewohnheitsmäßig
eingeführt → anerkannt, → bekannt
eingehen 1. einlaufen, schrumpfen, kürzer werden, enger werden 2. → eintreffen 3. → sterben, → zu Grunde gehen
eingehen auf → auseinander setzen, sich
eingehend → gründlich
eingeklemmt eingezwängt, eingekeilt, eingeschlossen, eingeengt, verklemmt, → eng
Eingemachtes → Konserve
Eingemeindung → Aufnahme
eingenommen → zugetan
Eingenommenheit → Voreingenommenheit
eingerechnet → einschließlich
eingeschlossen → gefangen, → einschließlich
eingeschnappt → beleidigt
eingeschränkt 1. begrenzt, beschränkt, mit Einschränkungen, bedingt 2. → beengt
eingeschworen → begeistert
eingesessen → ansässig
Eingeständnis → Geständnis
eingestehen → gestehen, → zugeben
Eingeweide Gedärm, Geschlinge, Gekröse, Kaldaunen, Plauze, Gescheide, Aufbruch, → Innereien
eingeweiht unterrichtet, vertraut mit, esoterisch, → aufgeklärt
Eingewöhnung → Gewöhnung
eingezogen → zurückgezogen
eingezwängt → eingeklemmt
eingießen → einschenken
eingliedern → einordnen, → einverleiben
Eingliederung → Einverleibung, → Integration
eingraben → eingravieren, → vergraben
eingravieren eingraben, einprägen, aufprägen, einmeißeln, einhauen, einschlagen, einritzen, einschleifen, ziselieren
eingreifen einschreiten, dazwischentreten, sich einschalten, durchgreifen, ein Machtwort sprechen, dazwischenfahren, dazwischenfunken, etwas unternehmen, nicht lange fackeln, → einmischen, sich
eingrenzen → einschränken
Eingriff → Einmischung, → Operation, → Abtreibung
eingruppieren → einordnen
einhaken → einhängen
einhaken, sich → unterhaken, sich
Einhalt → Hindernis, → Pause
einhalten → befolgen, → aufhören, → halten, sich
Einhaltung Beachtung, Befolgung, Beherzigung, → Erfüllung
einhandeln → tauschen
einhandeln, sich → bekommen
einhändigen → geben
einhängen 1. einhaken, einklinken, festhaken, ankoppeln 2. → auflegen
einhängen, sich → unterhaken, sich
einheften → einfügen
einhegen → umzäunen
einheimisch → ansässg
Einheimischer → Ansässiger, → Einwohner
einheimsen → einnehmen, → gewinnen

Einheit 1. Ganzes, Ganzheit, Einheitlichkeit, Unität, Unteilbarkeit, Geschlossenheit, Organismus 2. → Heeresverband
einheitlich 1. unteilbar, zusammenhängend, geschlossen, organisch, homogen, gleichförmig, gleichmäßig, → gleich, → einfarbig 2. → einmütig
Einheitlichkeit → Einheit
einheizen → heizen, → antreiben
einhellig → einmütig
Einhelligkeit → Einigkeit
einholen → einkaufen, → aufholen
einhüllen → verhüllen, → verpacken
einhüllen, sich sich einmummen, sich vermummen, sich einpacken, sich verpacken, sich zudecken, sich verhüllen
einig 1. einträchtig, brüderlich, geeint, vereint, harmonisch, friedlich, verbunden, → einmütig 2. handelseinig, handelseins, einverstanden, einer Meinung
einige etliche, manche, diverse, gewisse, einzelne, ein paar, mehrere, verschiedene, wenige, eine Reihe
einigeln, sich → absondern, sich
einigen → vereinigen
einigen, sich einig werden, sich verständigen, Verständigung erzielen, einen Vergleich schließen, sich vergleichen, sich wieder vertragen, sich arrangieren, sich zusammenraufen, einen Kompromiss schließen, Zugeständnisse machen, übereinkommen, handelseinig werden.
einigermaßen 1. ziemlich, halbwegs, annähernd, nahezu, ungefähr 2. leidlich, hinreichend, erträglich, ausreichend
einiges → bisschen
Einigkeit 1. Einhelligkeit, Einmütigkeit, Einvernehmen, Übereinstimmung, Einstimmigkeit, Brüderlichkeit, Eintracht, Einklang, Gleichklang, Gleichtakt, Harmonie 2. → Solidarität
Einigung Beilegung, Schlichtung, Vergleich, Aussöhnung, Versöhnung, Übereinkommen, Übereinkunft, Verständigung, Abmachung
einimpfen → einprägen
einkalkulieren → berücksichtigen
einkassieren → einnehmen
Einkauf Besorgung, Erledigung, Einholen, → Kauf
einkaufen Besorgungen machen, Einkäufe tätigen, einholen, → besorgen, → kaufen
Einkaufsbummel → Bummel
Einkaufspassage → Einkaufszentrum
Einkaufszentrum Ladenzentrum, Ladenstraße, Shoppingcenter, Einkaufspassage, Geschäftszentrum, Geschäftsviertel, Hauptgeschäftsstraße, → Geschäft
Einkehr 1. Insichgehen, Besinnung, Selbstbesinnung, Sammlung, Versenkung, Meditation 2. → Besuch
Einkehr halten → bereuen
einkehren → absteigen, → besuchen
einkerben einritzen, einschneiden, einschnitzen, → eingravieren
Einkerbung → Kerbe
einkesseln → umzingeln
einklagen → beanspruchen, fordern → prozessieren
Einklang → Einigkeit, → Harmonie
einkleiden → ausstatten
einklemmen einquetschen, einkeilen, einengen, festklemmen, dazwischenklemmen, einkneifen
einknicken → verstauchen
einkochen → eindicken, → einmachen
einkommen um → bewerben, sich
Einkommen → Lohn
einkommensschwach → arm
einkommensstark → reich
Einkommenssteuer → Steuer
einkreisen → umzingeln
einkremen (*auch:* eincremen) → einreiben, einmassieren
einkriegen, sich → fassen, sich
Einkünfte Einnahme(n), Rendite, Erträge, Ertrag, Bezüge, Revenue(n), Apanage, Leibrente, → Lohn, → Rente
einladen 1. laden, herbitten, zu Gast bitten, zu kommen bitten 2. → spendieren 3. → beladen
einladend → gastfreundlich, → verführerisch, ansprechend
Einladung 1. Besuch, Empfang, Festlichkeit, Geselligkeit 2. Einladungsschreiben, Einladungskarte, Ladung
Einladungsschreiben → Einladung
Einlage → Anlage, → Füllung, → Einschub
einlagern → lagern
Einlass Zutritt, Eintritt, Zulass, Öffnung, → Eingang
Einlass gewähren → einlassen
einlassen 1. hereinlassen, hereinkommen lassen, Einlass gewähren, jemandem öffnen 2. einlaufen lassen, voll laufen lassen, füllen 3. → wachsen
einlassen, sich → verkehren, → beschäftigen, sich
Einlauf 1. Darmspülung, Darmeinlauf, Klistier, Klysma 2. → Ziel
einlaufen → ankommen, → eingehen
einlaufen, sich → einspielen, sich

einleben, sich 1. heimisch werden, sich akklimatisieren, sich gewöhnen 2. → nachempfinden
einlegen einmachen, → einfügen
einleiten 1. einführen, einleitende Worte sprechen, eröffnen, den Anfang machen, beginnen, vorstellen, ankündigen 2. ableiten, ausleiten, abfließen lassen 3. → anbahnen
einleitend einführend, vorweg, zu Beginn, zur Einleitung, → anfangs
Einleitung Einführung, Vorbemerkung, Präliminarien, Eröffnung, Editorial, Vorwort, Geleitwort, Vorrede, Präambel, Vorspann, Vorspiel, Prolog, Exposition, Ouvertüre, Präludium, Introduktion
einlenken → nachgeben
einlernen auswendig lernen, einpauken, dem Gedächtnis einprägen, memorieren, einstudieren, → lernen
einleuchtend → verständlich, → überzeugend
einliefern 1. aufgeben, abliefern, abschicken 2. einweisen, unterbringen
einlogieren, sich → einmieten, sich
einlösen 1. entrichten, vergüten, abstatten, abtragen, zurückgeben 2. → erfüllen
einlullen → einschläfern
einmachen einkochen, einwecken, eindosen, konservieren, einlegen, einsalzen, pökeln, einpökeln, marinieren, einsäuern, → sterilisieren
einmal 1. ein einziges Mal 2. → damals, → früher
einmalig epochal, epochemachend, bahnbrechend, unvergleichlich, unverwechselbar, Aufsehen erregend, außergewöhnlich, bedeutend, einzigartig, → beispiellos
Einmaligkeit → Ausnahme
Einmarsch → Einzug, → Okkupation
einmarschieren eindringen, einfallen, besetzen, annektieren, → überfallen, → einziehen
einmengen, sich → einmischen, sich
einmieten, sich sich einquartieren, sich einlogieren, eine Wohnung nehmen, → mieten
einmischen, sich sich einmengen, sich einschalten, sich zwischenschalten, intervenieren, dreinreden, dazwischenreden, sich beteiligen, dazwischentreten, dazwischenfunken, sich dazwischendrängen, ins Handwerk pfuschen, → eingreifen
Einmischung Einmengung, Eingriff, Intervention, Bevormundung
einmummen, sich → einhüllen, sich
einmünden → münden
Einmündung → Mündung
einmütig einhellig, einstimmig, unisono, übereinstimmend, einheitlich, gleich gesinnt, einträchtig, einvernehmlich, im Einvernehmen, im gegenseitigen Einverständnis, → einig
Einmütigkeit → Einigkeit
Einnahme(n) → Einkünfte, → Ertrag
einnehmen 1. schlucken, nehmen, zu sich nehmen, trinken 2. kassieren, einkassieren, abkassieren, vereinnahmen, einstecken, einstreichen, einheimsen, → verdienen 3. → innehaben 4. → erobern 5. → gefallen
einnehmen gegen → beeinflussen
einnehmend → sympathisch
einnicken → einschlafen
einnisten, sich sich festsetzen, sich breitmachen, sich einquartieren, → niederlassen, sich, → einschleichen, sich
einnorden → ausrichten
Einöde → Öde, → Einsamkeit
einölen → einfetten
einordnen 1. eingliedern, einstufen, rubrizieren, einreihen, einrangieren, eingruppieren, zuordnen, klassifizieren, katalogisieren → bestimmen 2. einräumen, an seinen Platz legen, einstellen, einsortieren, → ablegen
einordnen, sich → unterordnen, sich
Einordnung Zuordnung, Einstufung, Eingruppierung, Eingliederung, Einreihung, Rubrizierung, Klassifikation, → Bestimmung
einpacken → verpacken, → packen
einpacken, sich → einhüllen, sich
einpassen → einfügen
einpauken → einlernen
einpferchen einsperren, einschließen, zusammensperren, zusammendrängen, zusammenpferchen
einpflanzen → pflanzen
einplanen → berücksichtigen, → planen
einpökeln → einmachen
einprägen 1. beibringen, einschärfen, einimpfen, einschleifen, einhämmern, eintrichtern, einbläuen, einprügeln, einpeitschen, eindrillen, eintrommeln, → lehren 2. aufprägen, einschlagen, eingravieren
einprägen, sich im Gedächtnis haften, leicht zu behalten sein, ins Ohr gehen
einprägsam → anschaulich, → deutlich
Einprägsamkeit → Anschaulichkeit, → Deutlichkeit
Einprägung → Eindruck
einprügeln → einprägen
einpuppen, sich → absondern, sich
einquartieren → unterbringen
einquartieren, sich → einmieten, sich, → einnisten, sich

einquetschen → einklemmen
einrahmen → einfassen
einrammen → einschlagen
einräuchern → rauchen
einräumen → einordnen, → erlauben, → zugeben
Einräumung → Zugeständnis
einrechnen → einbeziehen
einreden 1. aufbinden, weismachen, glauben machen, einflüstern, eingeben, insinuieren, suggerieren, → beeinflussen 2. einsprechen auf, bearbeiten, zureden, ein Loch in den Bauch reden, sich den Mund fusselig reden
einreden, sich → einbilden, sich
einreiben einschmieren, einsalben, einkremen, einmassieren
einreichen → beantragen
einreihen → einordnen, → einfügen
einreihen, sich → anschließen, sich
Einreihung → Einordnung, → Anschluss
einreisen → einwandern
einreißen → abreißen, → reißen, → einschleichen, sich
einrenken 1. einkugeln, einrichten 2. → bereinigen
einrichten 1. möblieren, Möbel aufstellen, Wohnung einräumen, ausgestalten, → ausstatten 2. einstellen, justieren 3. institutionalisieren → gründen
einrichten, sich 1. einen Hausstand gründen, sich installieren, es sich gemütlich machen, es sich behaglich machen 2. sich nach der Decke strecken, sich behelfen, sich anpassen, sich schicken, vorlieb nehmen 3. → vorbereiten, sich
Einrichtung 1. Wohnungseinrichtung, Inventar, Möblierung, Mobiliar, Möbel, Interieur, Hausrat, Hausgerät, Hauseinrichtung 2. Bestückung, Ausgestaltung, Ausstattung 3. → Institution 4. → Anlage 5. → Einbau
einritzen → eingravieren, → einkerben
einrollen → aufrollen, → verpacken
einrosten → altern, → rosten
einrücken 1. einziehen, einen Absatz machen, absetzen 2. → einmarschieren
einrühren → untermischen
einsacken → einbrechen, → verpacken
einsäen → säen
einsagen → vorsagen
einsalben → einreiben
einsalzen → einmachen
einsam 1. vereinsamt, verlassen, abgeschnitten, isoliert, ohne Kontakt, vereinzelt, heimwehkrank, → allein, → ausgeschlossen 2. → entlegen 3. → zurückgezogen
Einsamkeit 1. Vereinsamung, Alleinsein, Verlassenheit, Vereinzelung, Isolierung, Isolation, Kontaktarmut, 2. Abgeschiedenheit, Entlegenheit, Einöde, Verborgenheit, Erdenferne, Zurückgezogenheit
einsammeln → sammeln
Einsatz 1. Mobilisierung, Aufbietung, Aufgebot, Aufwendung, Aufwand, → Anstrengung 2. → Anwendung 3. → Engagement
einsatzbereit startklar, startbereit, einsatzfähig, einsatzfertig, betriebsfertig, betriebsfähig, betriebsbereit, benützbar, → gebrauchsfertig, → bereit
Einsatzbereitschaft → Hilfsbereitschaft
einsatzfähig → einsatzbereit
Einsatzwagen → Polizeiwagen
einsaugen → aufsaugen, → inhalieren
einschalten → anschalten, → einfügen
einschalten, sich → eingreifen
einschärfen → einprägen
einscharren → beerdigen, → vergraben
einschätzen → beurteilen
Einschätzung → Beurteilung, → Meinung
einschenken füllen, nachfüllen, einfüllen, eingießen, hineinschütten, einschütten, schütten, schöpfen
einschieben hineinschieben, dazwischenschieben, zwischenschieben, dazwischennehmen, → einfügen
Einschiebsel → Einschub
einschiffen → an Bord bringen, verladen, verschiffen
einschiffen, sich an Bord gehen, einchecken
einschirren → anspannen
einschlafen 1. einschlummern, entschlummern, einnicken, eindämmern, entschlafen, einduseln, wegduseln, eindösen, einpennen, in Schlaf fallen, vom Schlaf überwältigt werden, → schlafen 2. → absterben
einschläfern einwiegen, einsingen, zur Ruhe bringen, beruhigen, einlullen, hypnotisieren, in Schlaf singen, in Schlaf wiegen, → betäuben
einschläfernd → langweilig
Einschläferung Hypnose, → Betäubung
Einschlafstörungen → Schlaflosigkeit
Einschlag 1. Einschlagstelle, Einschlagloch, Krater, Trichter 2. → Neigung
einschlagen 1. hineinschlagen, hineintreiben, einrammen, hineinrammen, rammen in, einhauen, → eingravieren 2. → zerschlagen 3. → verpacken, → einbinden 4. → zustimmen 5. → wirken
einschlägig entsprechend, geeignet, sachgemäß, fachgemäß, zweckdienlich, ange-

messen, dazugehörend, dazugehörig, richtig, zutreffend
Einschlagpapier Einwickelpapier, Packpapier, Geschenkpapier, Weihnachtspapier, Seidenpapier, Wachspapier, Pergamentpapier, Butterbrotpapier
einschleichen, sich 1. eindringen, sich hineinstehlen, sich einschmuggeln 2. zur Gewohnheit werden, einreißen, sich einschleifen, sich einspielen, sich einnisten
einschleifen → eingravieren, → einprägen
einschleifen, sich → einschleichen, sich
einschließen 1. einsperren, wegschließen, wegsperren, versperren, verwahren, in Verwahr nehmen, sichern, unter Verschluss bringen 2. beinhalten, zum Inhalt haben, einbegreifen, enthalten, umfassen, einbeziehen 3. → umzingeln 4. → einfassen
einschließlich eingeschlossen, eingerechnet, einbegriffen, impliziert, implizit, inbegriffen, inklusive, mit, samt, mitsamt, nebst
einschlummern → einschlafen
einschmeicheln, sich herumscharwenzeln, sich lieb Kind machen, liebedienern, katzbuckeln, flattieren, hofieren, schöntun, um die Gunst buhlen, um den Bart streichen, → anbiedern, sich
einschmeichelnd → melodisch
einschmelzen → einstampfen, → schmelzen
einschmieren → einreiben
einschneidend fühlbar, spürbar, merklich, empfindlich, tief gehend, erheblich, sehr, nachhaltig, durchgreifend, scharf, → gravierend
Einschnitt → Kerbe, → Zäsur, → Schlucht
einschnüren → einengen
einschränken 1. beschränken, beschneiden, begrenzen, eingrenzen, Grenzen ziehen, Schranken setzen, restringieren, die Flügel stutzen, kurz halten, den Brotkorb höher hängen, an die Kandare nehmen, beengen, → einengen, → hindern 2. relativieren, zurücknehmen, Einschränkungen machen
einschränken, sich sich beschränken, sich arrangieren, sich bescheiden, sich verkleinern, zurückstecken, den Gürtel enger schnallen, Entbehrungen auf sich nehmen, → sparen
Einschränkung 1. Beschränkung, Begrenzung, Restriktion, Abbau, Einengung, Sparmaßnahme, Kürzung, Drosselung, → Einsparung 2. → Bedingung, → Vorbehalt
einschreiben, sich → anmelden, sich
Einschreibung → Anmeldung
einschreiten → eingreifen, → bekämpfen
einschrumpfen → schrumpfen
Einschub Einfügung, Einschiebung, Einschiebsel, Füllsel, Einschaltung, Parenthese, Einlage, Hinzufügung, Zwischenbemerkung, → Bemerkung, → Ergänzung
einschüchtern verschüchtern, Angst machen, verängstigen, Bange machen, ins Bockshorn jagen, unter Druck setzen, → drohen, → entmutigen
Einschüchterung → Drohung
einschulen → aufnehmen
einschwenken → abbiegen
einsegnen 1. konfirmieren, firmen 2. → weihen
Einsegnung 1. Konfirmation, Firmung 2. → Beerdigung, → Weihe
einsehen 1. in Augenschein nehmen, hineinsehen, hineinblicken, hineinschauen, Einblick nehmen 2. Vernunft annehmen, zur Einsicht kommen, zur Räson kommen, ein Einsehen haben, es sich gesagt sein lassen, → verstehen
Einsehen → Einsicht
Einsehen haben → einsehen
einseitig befangen, voreingenommen, parteiisch, eingleisig, unsachlich, tendenziös, → subjektiv
Einseitigkeit Befangenheit, Voreingenommenheit, Parteilichkeit, → Intoleranz
einsetzen 1. ernennen, mit einem Amt betrauen, auf einen Posten setzen, → berufen 2. → aufwenden 3. → anfangen 4. → ausfüllen 5. → pflanzen 6. → einfügen
einsetzen, sich 1. sich verwenden für, sich engagieren für, sich stark machen für, kämpfen für, sich dahinter setzen, eintreten für 2. → anstrengen, sich
Einsetzung → Berufung, → Einbau
Einsicht 1. Bewusstheit, Bewusstsein, Einsehen, Verständnis, Wissen, Vernunft, → Erkenntnis 2. → Einblick
einsichtig → überzeugend, → verständnisvoll, → reuig
einsickern → eindringen
Einsiedler → Eremit
einsilbig → schweigsam
Einsilbigkeit → Schweigsamkeit
einsinken → senken, sich
einsitzen gefangen sein, in Haft sitzen, inhaftiert sein, im Gefängnis sitzen, im Zuchthaus sitzen, hinter Gittern sitzen, brummen, Knast schieben, gesiebte Luft atmen, → abbüßen
einsortieren → einordnen
einspannen in Anspruch nehmen, beanspruchen, → anspannen
einsparen → sparen, → rationalisieren
Einsparung 1. Ersparung, Ersparnis, Einschränkung, Kürzung, Sparmaßnahme, Kos-

tendämpfung, Drosselung der Ausgaben, → Abbau, → Wirtschaftlichkeit 2. → Auslassung
einspeisen → eingeben
einsperren gefangen setzen, gefangen halten, festsetzen, inhaftieren, ins Gefängnis werfen, in den Kerker werfen, in Ketten legen, in Fesseln schlagen, hinter Schloss und Riegel bringen, in Gewahrsam nehmen, in Arrest setzen, internieren, einbuchten, einbunkern, einlochen, ins Loch stecken, → verhaften, → einschließen
einspielen → einfügen
einspielen, sich 1. sich einlaufen, sich warm laufen, sich warm machen, sich aufwärmen 2. → einschleichen, sich
einspringen aushelfen, in die Bresche springen, → helfen, → vertreten
einspritzen → befeuchten, → injizieren
Einspruch Widerspruch, Einwand, Einwurf, Veto, Einrede, Widerrede, Protest, Rekurs, Interpellation, Berufung, Anfechtung, Beschwerde, → Beanstandung
Einspruch erheben → protestieren
einst → früher
einstampfen makulieren, einschmelzen, vernichten, durch den Reißwolf schicken
Einstand → Anfang
einstapeln → sammeln
einstechen → stechen
einstecken 1. hinnehmen, wegstecken, dulden, erdulden, ertragen 2. einsacken, in die Tasche stecken 3. → stehlen 4. → einnehmen 5. → übertreffen
einstehen → bürgen, → verantworten, → büßen
einsteigen 1. zusteigen, hineinsteigen, hineinklettern, besteigen, betreten 2. → einbrechen 3. → beteiligen, sich
einstellen 1. anstellen, beschäftigen, engagieren, in Dienst nehmen, übernehmen, annehmen, dingen, anwerben, → anheuern 2. → abstellen 3. → aufhören 4. → einordnen 5. → anschalten 6. → justieren
einstellen, sich → eintreffen, → vorbereiten, sich
Einstellraum → Abstellraum, → Garage
Einstellung 1. Standpunkt, Stellung, Haltung, Gesinnung, Denkart, Denkweise, Weltanschauung 2. → Beendigung 3. → Justierung
Einstich → Stich
Einstieg → Tür
einstig → ehemalig
einstimmen → anstimmen, → begleiten
einstimmen, sich → vorbereiten, sich
einstimmig → einmütig
Einstimmigkeit → Einigkeit
einstippen → eintauchen
einstmalig → ehemalig
einstmals → früher
einstreichen → gewinnen
einstreuen → einfügen
einströmen → münden
einstudieren einüben, einexerzieren, durchexerzieren, proben, probieren, → einlernen, → lernen, → üben
einstufen → einordnen
Einstufung → Einordnung
einstürmen auf → bedrängen
Einsturz → Zusammensturz, Zusammenbruch, Einbruch, Einfallen
einstürzen zusammenstürzen, zusammenbrechen, einbrechen, einfallen, zusammenfallen, zusammenkrachen, umstürzen, → umfallen
einstweilen → zwischenzeitlich
einstweilig → vorläufig
eintauchen 1. eintunken, tunken, untertauchen, stippen, einstippen, → einweichen 2. → tauchen
eintauschen → tauschen
einteilen 1. unterteilen, abteilen, parzellieren, aufgliedern, gliedern, aufteilen, → teilen 2. austeilen, zuteilen, rationieren, disponieren, planen 3. bestimmen zu, betrauen mit, beauftragen mit 4. → Haus halten
Einteilung 1. Aufteilung, Abteilung, Aufgliederung, Gliederung 2. Disposition, Anordnung, → Plan
eintönig → einfarbig, → gleichförmig
Eintönigkeit → Gleichförmigkeit
Eintracht → Einigkeit, → Friede(n)
einträchtig → einig, → einmütig
Eintrag 1. Eintragung, Vermerk, Notiz, Buchung 2. Schadstoffeintrag, Einleitung, Ausstoß, Niederschlag, Fall-out
eintragen 1. aufschreiben, hineinschreiben, ausfüllen, notieren 2. → verbuchen 3. → einbringen
eintragen, sich → anmelden, sich
einträglich → lukrativ
Eintragung → Eintrag, → Anmeldung
einträufeln → einflößen
eintreffen 1. eintreten, sich bestätigen, sich bewahrheiten, sich einstellen, sich erfüllen 2. eingehen, auftauchen, einlaufen, eintrudeln, landen, → ankommen
Eintreffen → Ankunft
eintreiben → einziehen, fordern
eintreten 1. betreten, hineingehen, gehen in, hereintreten, hereinkommen, einsteigen, 2. beitreten, Mitglied werden, sich anschließen 3. → eintreffen 4. → zerschlagen

eintreten für → vertreten, einstehen für, sich einsetzen, sich bekennen, plädieren, Partei ergreifen, das Wort reden, in Schutz nehmen, → verteidigen
eintrichtern → einprägen
Eintritt 1. Eintrittsgeld, Eintrittspreis, Unkostenbeitrag 2. → Einlass 3. → Anfang 4. → Beitritt
Eintrittsgeld → Eintritt
Eintrittskarte Karte, Billett, Theaterkarte, Kinokarte, Freikarte, → Ticket
Eintrittspreis → Eintritt
eintrocknen → trocknen, → versiegen
eintrüben, sich → bewölken, sich
eintunken → eintauchen
einüben → einstudieren
einverleiben anschließen, inkorporieren, angliedern, eingliedern, annektieren, in Besitz nehmen, Besitz ergreifen, schlucken, → aufsaugen
einverleiben, sich → essen
Einverleibung Anschluss, Inkorporation, Angliederung, Eingliederung, Annexion, Annektierung, Inbesitznahme, Besitzergreifung, Okkupation
Einvernahme → Verhör
Einvernehmen → Einigkeit
einvernehmlich → einmütig
einverstanden 1. abgemacht, gemacht, okay, o. k., in Ordnung, ja 2. → einig
einverstanden sein → billigen
Einverständnis → Erlaubnis, → Zustimmung
Einwand Einwendung, Entgegnung, Einwurf, Gegenmeinung, Gegenargument, Bedenken, Zweifel, Einspruch, → Kritik
Einwanderer Immigrant, Siedler, Neusiedler, Zugezogener, Reingeschmeckter, → Auswanderer
einwandern immigrieren, zuziehen, einreisen, sich niederlassen, sich ansiedeln, → auswandern
einwandfrei 1. fehlerfrei, fehlerlos, korrekt, richtig, makellos, tadellos, untadelig, astrein, → vollkommen 2. → ehrenhaft
einwärts → hinein
einwechseln → wechseln
einwecken → einmachen
einweichen aufweichen, weichen, wässern, durchfeuchten, → eintauchen
einweihen 1. seiner Bestimmung übergeben, eröffnen, enthüllen, in Gebrauch nehmen, aus der Taufe heben 2. aufnehmen, initiieren, inaugurieren 3. ins Vertrauen ziehen, anvertrauen, → aufklären
Einweihung Eröffnung, Enthüllung, Inbetriebnahme, Indienstnahme
einweisen 1. einliefern, unterbringen 2. → anleiten
Einweisung 1. Einlieferung, Überweisung 2. → Anleitung
einwenden einwerfen, entgegnen, entgegenhalten, zu bedenken geben, Einwände vorbringen, Bedenken äußern, → beanstanden, → kritisieren
Einwendung → Einwand, → Kritik
einwerfen 1. in den Briefkasten werfen, einstecken, hineinstecken, hineinwerfen, aufgeben 2. einschmeißen, einschießen, einschlagen, zerschmeißen 3. dazwischenrufen, dazwischenwerfen, zwischenrufen, bemerken 4. → einwenden
einwickeln → verpacken, → schmeicheln
Einwickelpapier → Einschlagpapier
einwiegen → einschläfern
einwilligen → zustimmen
Einwilligung → Zustimmung, → Erlaubnis
einwintern → lagern
einwirken 1. einziehen, eindringen, wirken 2. einweben, hineinweben, einflechten, durchwirken 3. → beeinflussen
Einwirkung → Beeinflussung
Einwohner Bewohner, Bürger, Staatsbürger, Staatsangehöriger, Landeskind, Einheimischer, → Ansässiger, → Eingeborener, → Bevölkerung
Einwohnerschaft → Bevölkerung
Einwurf 1. Zwischenruf, Zwischenfrage, Zwischenbemerkung, Unterbrechung, Bemerkung 2. → Einspruch
Einzahlungsschein → Quittung
einzäunen → umzäunen
Einzäunung → Zaun
Einzelfall → Ausnahme
Einzelgänger → Individualist, → Außenseiter
Einzelhandel Kleinhandel, Detailhandel, Detailgeschäft, Ladenverkauf
Einzelhandelsunternehmen → Geschäft
Einzelhändler Einzelhandelsunternehmer, Kleinhändler, Detaillist, Wiederverkäufer, Kaufmann, Geschäftsmann
Einzelheit → Detail
einzeln gesondert, getrennt, für sich, separat, apart, isoliert, extra, vereinzelt
einzelne → einige
Einzelstück → Exemplar, → Prunkstück
Einzelunterricht → Nachhilfe
einziehen 1. beziehen, sich einrichten, Wohnung nehmen, → umziehen 2. durchziehen, durchstecken, einfädeln 3. einmarschieren, Einzug halten, einrücken 4. → einberufen 5. → einwirken 6. → inhalieren 7. → beschlagnahmen

Einziehung → Beschlagnahme, → Einberufung
einzig → allein, → nur, → beispiellos
einzigartig → beispiellos
Einzigartigkeit → Ausnahme
Einzug 1. Wohnungseinzug, Bezug 2. Einmarsch, Anmarsch, Aufmarsch, Landung, → Ankunft 3. → Entzug
Einzugsbereich → Bereich
Einzugsgebiet → Vorort
Eis 1. Eiskrem, Speiseeis, Gefrorenes, Halbgefrorenes, Softeis, Milcheis, Fruchteis, Eisbecher, Cassata, Eistorte, Eisbombe 2. → Eisbahn
Eisbahn Schlittschuhbahn, Kunsteis, Eis, Eishockeyarena, Schlitterbahn, Rutschbahn
Eiscafé → Café
Eisdiele → Café
Eisenbahn → Bahn, Bundesbahn, Staatsbahn, Privatbahn, → Zug
Eisenbahnabteil → Abteil
Eisenbahngleis → Gleis
Eisenbahnlinie → Bahnlinie
Eisenbahnnetz → Netzwerk
Eisenbahnschiene → Gleis
Eisenbahnstrecke → Bahnlinie
Eisenbahnwagen → Wagon
Eisenbahnzug → Zug
Eisenwerk → Hütte
eisern ehern, stählern, hart, beharrlich, standhaft, zäh, unverrückbar, unerbittlich, unerschütterlich
eisglatt → glatt
Eisglätte → Glätte
Eishockeyarena → Eisbahn
eisig → kalt, → schneidend
eiskalt → kalt, → gefühllos
Eiskunstlauf → Eislauf
Eiskunstläufer → Eisläufer
Eislauf Schlittschuhlauf, Schlittschuhlaufen, Eislaufen, Eisschnelllauf, Eiskunstlauf, Kunstlauf, Kür, Pflicht, Schaulaufen, Eistanz, Eisrevue
Eisläufer Schlittschuhläufer, Eisschnellläufer, Eiskunstläufer, Kunstläufer
Eisrevue → Eislauf
Eisschnellläufer → Eisläufer
Eisschrank → Kühlschrank
eitel 1. putzsüchtig, gefallsüchtig, geckenhaft, stutzerhaft, dandyhaft, kokett, neckisch, selbstgefällig, → narzisstisch, → eingebildet 2. → nichtig
Eitelkeit 1. Putzsucht, Gefallsucht, Geckenhaftigkeit, Stutzerhaftigkeit, Effekthascherei, Prunksucht, Koketterie, Selbstgefälligkeit, → Narzissmus 2. → Nichtigkeit
Eiter → Ausscheidung
Eiterblase Eiterbläschen, Eiterbeule, Eitergeschwür, Abszess, → Geschwür
Eitergeschwür → Eiterblase
eitrig eiternd, schwärend, brandig, purulent, → entzündet
Eiweiß Eiklar, Eierklar
Eizelle → Keimzelle, → Ei
Ekel 1. Abscheu, Widerwille, Degout, Überdruss, Abneigung 2. Biest, Scheusal, Widerling, Kotzbrocken
Ekel erregend → ekelhaft
ekelhaft 1. eklig, Ekel erregend, abstoßend, abscheulich, Abscheu erregend, scheußlich, grässlich, widerlich, widerwärtig, degoutant, unappetitlich, ungenießbar 2. → niederträchtig
ekeln anekeln, abstoßen, widerstreben, widerstehen, Übelkeit erregen, anwidern, jagen können mit
ekeln, sich geekelt sein, Ekel empfinden, sich schütteln, zurückschaudern, verabscheuen
Eklat Knall, Skandal, → Aufsehen
eklatant → auffallend
eklektisch → epigonenhaft
eklig → ekelhaft
Ekstase Verzückung, Wahn, Taumel, Rausch, → Begeisterung
ekstatisch verzückt, erregt, rauschhaft, → begeistert
Ekzem → Ausschlag
Elaborat 1. Ausarbeitung, Abhandlung, → Artikel 2. → Schundliteratur
Elan → Schwung
elastisch biegsam, dehnbar, federnd, flexibel, verformbar, → weich
Elastizität Biegsamkeit, Dehnbarkeit, Federkraft, Spannkraft, Nachgiebigkeit, Verformbarkeit
elegant chic, schick, smart, fein, piekfein, schnittig, schneidig, rassig, sportlich, fesch, flott, → geschmackvoll, → vornehm, → mondän
Elegant → Stutzer
Eleganz 1. Chic, Schick, Noblesse, → Geschmack 2. → Grazie
elegisch → traurig
elektrisieren → erregen
Elektrizität elektrischer Strom, Strom, → Energie
Elektrizitätswerk → Kraftwerk
Elektronengehirn → Computer
Elektronenrechner → Computer
Element → Bestandteil, → Bauteil, → Naturgewalt

elementar → einfach, → grundlegend, → triebhaft
Elementargewalt → Naturgewalt
Elementarkenntnisse → Grundbegriffe
Elementarteilchen → Atom
elend 1. schwach, schlecht, übel, angegriffen, kränklich, unwohl, → krank 2. → bedauernswert 3. → arm 4. → erbärmlich
Elend Verelendung, Leid, Unglück, Misere, Drangsal, → Armut, → Not
Elf → Mannschaft
Elfe → Fee
elfenbeinfarben → beige
Elfenbeinturm → Weltfremdheit
elfenhaft → zart
eliminieren → beseitigen, → ausschließen
Eliminierung → Beseitigung, → Ausschluss
elitär → anspruchsvoll
Elite → Oberschicht, → Intelligenz, → Auswahl
Elixier Absud, Essenz, Extrakt, Lebenselixier, Heiltrank, Zaubertrank, → Arznei
Ellbogenfreiheit → Bewegungsfreiheit
elliptisch → oval, → unvollständig
eloquent → wortgewandt
Eloquenz → Wortgewandtheit
Elter → Eltern, → Mutter, → Vater
Eltern Erziehungsberechtigte, Elternpaar, Vater und Mutter, Elter, Elternteil, Bezugsperson
Elternhaus Vaterhaus, Geburtshaus, Geburtsstätte, → Herkunft
elysisch → paradiesisch
Elysium → Paradies
Emanze → Feministin
Emanzipation 1. Emanzipierung, Befreiung, Selbstbefreiung, Gleichstellung, Gleichberechtigung, → Feminismus 2. → Selbstständigkeit
emanzipieren, sich sich gleichberechtigt stellen, selbstständig werden, sich selbstständig machen, sich befreien, unabhängig werden, sich auf eigene Füße stellen, die Fesseln abstreifen
emanzipiert → selbstständig
Emanzipierte → Feministin
Emanzipierung → Emanzipation
Embargo → Beschlagnahme, → Ausfuhrverbot
Emblem → Abzeichen
Embryo Fetus, Fötus, Leibesfrucht, Frucht, Ungeborenes, Keimzelle, Keim
emendieren → verbessern
emeritieren → pensionieren
Empfängnisverhütungsmittel → Verhütungsmittel, Pille, Präventivmittel
Emigrant → Auswanderer
Emigration → Exil
emigrieren → auswandern
eminent → außergewöhnlich
Emission → Abgas
emittieren ausstrahlen, aussenden
Emotion → Erregung, → Gefühl
emotional → gefühlsbetont
Empfang 1. Willkomm, Aufnahme, Begrüßung, großer Bahnhof, Audienz, Privataudienz, Staatsempfang, Neujahrsempfang, → Fest 2. → Annahme 3. → Rezeption
empfangen 1. erhalten, entgegennehmen, annehmen, in Empfang nehmen, → bekommen 2. willkommen heißen, bewillkommnen, begrüßen, mit offenen Armen aufnehmen, Empfang bereiten
Empfänger → Adressat, → Rundfunkgerät
empfänglich 1. zugänglich, ansprechbar, aufgeschlossen, begeisterungsfähig 2. gelehrig, beeinflussbar, überredbar, anfällig 3. → sensibel
Empfänglichkeit 1. Zugänglichkeit, Aufgeschlossenheit, Offenheit, Begeisterungsfähigkeit, → Aufmerksamkeit 2. Gespür
Empfängnis Befruchtung, Konzeption
Empfangsbestätigung → Quittung
Empfangsbüro → Rezeption
Empfangschef → Portier
Empfangsgerät → Rundfunkgerät, → Fernsehgerät
Empfangshalle → Rezeption, → Foyer
Empfangsschalter → Rezeption
Empfangsschein → Quittung
empfehlen befürworten, anpreisen, vorschlagen, raten, → loben
empfehlen, sich → verabschieden, sich
empfehlenswert 1. brauchbar, günstig, vorteilhaft, bewährt 2. → ratsam
Empfehlung 1. Befürwortung, Vorschlag, Tipp, Geheimtipp, → Rat 2. Empfehlungsschreiben, Empfehlungsbrief, Referenzen
empfinden → fühlen
Empfinden → Gefühl
empfindlich 1. anfällig, schwächlich, labil, sensibel, allergisch 2. verletzbar, verletzlich, zerbrechlich, mimosenhaft, dünnhäutig, überempfindlich, übersensibel, zart besaitet, empfindsam, → wehleidig, → verweichlicht 3. → einschneidend
Empfindlichkeit 1. Anfälligkeit, Schwächlichkeit, Überempfindlichkeit 2. Verletzbarkeit, Verletzlichkeit, Zerbrechlichkeit 3. → Empfindsamkeit
empfindsam 1. gefühlsbetont, sensitiv, sentimental, gefühlsduselig, überströmend, roman-

tisch, innerlich, verinnerlicht, seelenvoll, schwärmerisch, musisch 2. → empfindlich
Empfindsamkeit Gefühlstiefe, Gemütstiefe, Innerlichkeit, Sentimentalität, Gefühlsduselei, Gefühlsseligkeit, → Empfindlichkeit
Empfindung → Gefühl, → Eindruck
empfindungslos → unempfindlich
Emphase → Nachdruck
emphatisch → nachdrücklich
empirisch erfahrungsgemäß, durch Erfahrung, durch Experiment, experimentell, praktisch, in der Praxis
empor → aufwärts
emporarbeiten, sich → emporkommen
Empore Galerie, Rang, Balkon
empören, sich 1. sich entrüsten, sich aufregen, sich nicht beruhigen können, indigniert sein, Anstoß nehmen 2. → auflehnen, sich
empörend schockierend, shocking, skandalös, bodenlos, hanebüchen, unglaublich, unerhört, → ungeheuerlich
Empörer → Aufrührer, → Revolutionär
emporkommen hochkommen, avancieren, Erfolg haben, vorwärts kommen, sich hocharbeiten, sich emporarbeiten, es zu etwas bringen, sich emperdienen
Emporkömmling Parvenü, Aufsteiger, Arrivierter, Neuling, Neureicher, Yuppie, → Karrierist
emporragen 1. aufragen, sich erheben, sich auftürmen, sich aufrichten, aufstehen 2. hervorstehen, herausragen, ragen
emporragend → erhaben, → hoch
emporranken → winden, sich
emporsteigen → ansteigen, → ersteigen
empört entrüstet, schockiert, indigniert, aufgebracht, außer sich, → ärgerlich, → wütend
Empörung 1. Entrüstung, Erregung, Unwille, Unmut, Indignation, → Wut 2. → Aufruhr
emsig → eifrig, → fleißig
Emsigkeit → Eifer, → Fleiß
Emulsion → Mischung
Endausscheidung → Finale
Endbetrag → Betrag, → Summe
Ende 1. Abschluss, Schluss, Schlusspunkt, Endpunkt, Schlussakt, Ausgang, Ausklang, Beschluss, Neige, Endstadium, Exitus, Happyend, Kehraus, Torschluss, Endstation, → Beendigung, → Finale 2. Schlussteil, Hinterteil, Zipfel, Stummel, Schwanz, Stück, → Rest 3. → Tod 4. → Zweck
enden 1. aufhören, endigen, auslaufen, ablaufen, ausgehen, ausklingen, austönen, stehen bleiben, abreißen, ein Ende nehmen, zu Ende gehen 2. → beenden 3. → sterben 4. → münden
Endergebnis → Ergebnis
endgültig besiegelt, definitiv, ein für alle Mal, unumstößlich, unabänderlich, unwiderruflich
endigen → enden
Endkampf → Finale
endlich 1. im letzten Augenblick, in letzter Minute, zuletzt, zu guter Letzt, letztendlich, schließlich, am Ende, nun doch 2. → vergänglich
endlos → unendlich, → andauernd
Endlosigkeit → Ewigkeit, → Unendlichkeit
Endpreis → Preis
Endprodukt → Ergebnis
Endpunkt → Ende
Endrunde → Finale
Endspiel → Finale
Endspurt → Finale
Endstadium → Ende
Endstand → Ergebnis
Endstation → Haltestelle, → Ziel, → Ende
Endsumme → Ergebnis
Energie 1. Aktivität, Dampf, Dynamik, Durchsetzungsvermögen, Unternehmungsgeist, Unternehmungslust, Tatkraft, Power, → Eifer 2. Strom, Elektrizität, Atomenergie, Wasserkraft, Gas, Öl, Heizöl, → Kraftstoff
Energie sparend → sparsam
energiegeladen → energisch
energielos schlapp, schlaff, kraftlos, marklos, phlegmatisch, → träge, → faul
Energielosigkeit → Willensschwäche
energisch 1. energiegeladen, aktiv, dynamisch, eifrig, kraftvoll, agil, vital, zupackend 2. ausdrücklich, resolut, strikt, streng, scharf, vehement, → bestimmt
eng 1. schmal, beengt, zusammengedrängt, dicht, eingekeilt, winklig, verwinkelt 2. knapp, eng anliegend, hauteng, knalleng, beengend 3. → borniert
Engagement 1. Teilnahme, Anteilnahme, Interesse, Einsatz 2. → Anstrengung
engagieren → einstellen
engagieren, sich 1. sich beteiligen, sich einsetzen, sich interessieren für 2. → anstrengen, sich
Enge → Beengtheit, Begrenztheit, Einengung, Beengung, Platzmangel, Raumknappheit, Gedrängtheit
Engel Cherub, Seraph, Erzengel, Himmelsbote, Schutzengel, guter Engel
Engerling → Larve
engmaschig → dicht
Engpass → Durchgang, → Mangel

engstirnig → borniert, → spießbürgerlich
Engstirnigkeit → Borniertheit
Enkel Enkelsohn, Enkeltochter, Enkelin, Kindeskind, → Nachkomme
Enklave → Hoheitsgebiet
en masse → zuhauf
ennuyieren → langweilen
enorm → ansehnlich, → erstaunlich
en passant → nebenbei
Enquete → Umfrage
Ensemble → Band
entarten ausarten, degenerieren, verkommen, herunterkommen, verfallen, absinken, absteigen, aus der Art schlagen
entartet degeneriert, dekadent, verdorben, verderbt
Entartung Degeneration, Dekadenz, Verfall, Verkümmerung, Niedergang, Rückgang, Abstieg
entäußern, sich hergeben, fortgeben, abtreten, weggeben, verschenken, herschenken, abgeben → verzichten
Entäußerung → Verzicht
entbehren 1. ermangeln, entraten, missen, vermissen, nicht haben 2. → darben
entbehrlich abkömmlich, ersetzbar, unnütz, → überflüssig, → übrig
Entbehrung → Mangel, → Opfer
entbieten → ausrichten
entbinden → gebären, → befreien
Entbindung → Geburt, → Befreiung
entblöden, sich nicht → anmaßen, sich
entblößen frei machen, freilegen, enthüllen, entschleiern, → abstreifen
entblößen, sich → ausziehen, sich
entblößt → nackt
entbrannt entflammt, entzündet, bezaubert, gefesselt, gepackt, → verliebt, → erregt
entbrennen entflammen, erglühen, hingerissen sein, → begehren, → verlieben, sich
entdecken 1. aufdecken, aufspüren, stoßen auf, auftun, ausfindig machen, spitzkriegen, dahinter kommen, fündig werden, → finden, → bemerken, → erblicken 2. → erfinden
entdecken, sich → anvertrauen, sich
Entdecker → Erfinder, → Pionier
Entdeckung 1. Feststellung, Enthüllung, → Fund 2. → Erfindung
entehren 1. schänden, beflecken, beschmutzen, entwürdigen, entweihen, beschimpfen, → angreifen 2. → notzüchtigen
entehrend → entwürdigend
Entehrung → Schande, → Entweihung, → Notzucht
enteignen → verstaatlichen, → beschlagnahmen
Enteignung → Verstaatlichung, → Beschlagnahme
enteilen → weggehen
Entente → Bündnis
entern kapern, aufbringen, erobern, erbeuten, stürmen, erstürmen
Entertainer → Conférencier
entfachen → anzünden
entfahren → entschlüpfen
entfallen → herunterfallen, → vergessen, → ausfallen
entfallen auf → zufallen
entfalten 1. auseinander falten, ausbreiten, öffnen 2. → darlegen 3. → entwickeln, sich
entfalten, sich → aufblühen, → entwickeln, sich
Entfaltung → Entwicklung
Entfaltungsmöglichkeit → Raum
entfernen 1. abschütteln, ablösen, fortnehmen, fortschaffen, fortbringen, wegbringen, abtransportieren, eliminieren, abwischen, ausreißen, abmachen, abkneifen, Platz machen, zum Verschwinden bringen, → beseitigen 2. → entlassen
entfernen, sich → weggehen
Entfernung 1. Distanz, Abstand, Zwischenraum, Weite 2. Abtrennung, Wegnahme, Wegschaffen, Fortschaffen, Abtransport, → Beseitigung 3. → Desertion 4. → Entlassung
entfesseln freisetzen, freimachen, freilassen, befreien, loslassen, lösen, auslösen, → verursachen
entfesselt → hemmungslos
entflammbar → feuergefährlich
entflammen → entbrennen, → begeistern
entflechten → entwirren, aufdröseln
entfliehen → fliehen, → entkommen, → vergehen
entfremden → entzweien
entfremden, sich sich auseinander leben, sich entzweien, sich fremd werden, sich innerlich voneinander entfernen, sich nichts mehr zu sagen haben, sich abwenden, sich abkehren
entfremdet → fremd, → zweckentfremdet
Entfremdung Beziehungslosigkeit, Bezugslosigkeit, Loslösung, Abkehr, Distanzierung, Entzweiung
entführen verschleppen, wegschleppen, kidnappen, rauben
Entführer → Verbrecher
Entführung Verschleppung, Kidnapping, Kindesentführung, Kindesraub, Menschenraub, Freiheitsberaubung, Flugzeugentführung
entgegenblicken → erwarten
entgegengesetzt → gegensätzlich

entgegenhalten → einwenden
entgegenkommen 1. goldene Brücken bauen, mit sich reden lassen, sich bequemen, sich herbeilassen, konzessionsbereit sein, sich konziliant zeigen, sich überschlagen, → nachgeben, → helfen, → erbieten, sich 2. → entsprechen
Entgegenkommen Kulanz, Konzilianz, Freundlichkeit, Bereitwilligkeit, Gefälligkeit, Wohlwollen, → Zugeständnis, → Hilfsbereitschaft
entgegenkommend → freundlich
Entgegennahme → Annahme
entgegennehmen → annehmen
entgegensehen → erwarten
entgegensetzen → antworten
entgegenstellen, sich → widersetzen, sich
entgegenstrecken → hinstrecken
entgegentreten → bekämpfen, → stellen, sich
entgegenwirken → bekämpfen, → sabotieren
entgegnen → antworten, → einwenden
Entgegnung → Antwort
entgehen → versäumen, → entkommen
entgeistert → entsetzt, → verwirrt
Entgelt → Abfindung, → Lohn
entgelten → vergelten, → entlohnen
Entgeltung → Lohn, → Belohnung
entgleisen 1. aus den Schienen springen, aus dem Gleis springen 2. sich danebenbenehmen, taktlos sein, sich vergreifen, danebengreifen, ausfällig werden, sich vergessen
Entgleisung → Taktlosigkeit, → Verfehlung
entgleiten → entschlüpfen
enthalten beinhalten, einschließen, bergen, fassen, umfassen, umschließen, umspannen, sich zusammensetzen aus, bestehen aus
enthalten, sich → verzichten
enthaltsam abstinent, asketisch, entsagend, keusch, → platonisch, → maßvoll
Enthaltsamkeit Enthaltung, Abstinenz, Temperenz, Askese, Entsagung, Keuschheit, Fasten, → Diät, → Mäßigung
Enthaltung → Enthaltsamkeit
enthaupten guillotinieren, köpfen, den Kopf abschlagen, durch das Beil hinrichten, einen Kopf kürzer machen, hinrichten
enthäuten → abziehen
entheben → absetzen, → befreien
entheiligen → entweihen
enthemmt → hemmungslos
enthüllen → einweihen, → aufdecken, → auspacken
Enthüllung 1. Entschleierung, Demaskierung, Entlarvung, Aufdeckung, Entdeckung, Bloßlegung, Aufklärung 2. → Offenbarung
Enthusiasmus → Begeisterung, → Idealismus
Enthusiast → Fantast
enthusiastisch → begeistert, → idealistisch
entjungfern deflorieren, die Unschuld rauben, die Jungfräulichkeit rauben
entkeimen → desinfizieren
entkleiden → ausziehen
entkleiden, sich → ausziehen, sich
entkommen entrinnen, entschlüpfen, davonkommen, auskommen, entwischen, durch die Lappen gehen, entgehen, entfliehen, → befreien, sich
entkräften → schwächen, → widerlegen
entkräftet → erschöpft, → schwach
Entkräftung 1. Entkräftigung, Abspannung, Schwächung, Ermattung, → Erschöpfung 2. → Widerlegung
entladen ausladen, abladen, ausleeren, leeren, leer räumen, löschen
entladen, sich → explodieren
Entladung → Explosion, → Ausbruch
entlarven demaskieren, enttarnen, dekuvrieren, enthüllen, überführen, auffliegen lassen, die Maske vom Gesicht reißen, → aufdecken
entlarven, sich die Maske fallen lassen, sich zu erkennen geben, sein wahres Gesicht zeigen, sich zeigen
Entlarvung → Enthüllung
entlassen 1. kündigen, freistellen, abbauen, fortschicken, hinauswerfen, hinausschmeißen, rauswerfen, schassen, davonjagen, feuern, auf die Straße setzen, den Laufpass geben, den Stuhl vor die Tür setzen, suspendieren, beurlauben, verabschieden, ablösen, vom Dienst befreien, den Abschied geben, des Amts entheben, entfernen, kaltstellen, abschießen, absägen 2. → freilassen
entlassen → gekündigt, → arbeitslos
Entlassung Kündigung, Freistellung, Hinauswurf, Rausschmiss, Abbau, Abschiebung, Beurlaubung, Suspension, Zwangsbeurlaubung, Zwangspensionierung, Abschied, Ablösung, Entfernung, Amtsenthebung, → Abberufung
entlasten 1. Arbeit abnehmen, unter die Arme greifen, unterstützen, helfen 2. → rechtfertigen
Entlastung → Rechtfertigung, → Rehabilitierung, → Hilfe
entlaufen → ausbrechen
entledigen, sich → befreien, sich
entleeren → leeren

Entleerung → Leerung, → Stuhlgang
entlegen 1. einsam, abgelegen, abseitig, abseits, abgeschieden, verlassen, gottverlassen, menschenleer, → fern 2. ausgefallen, abwegig, → absurd
entlehnen 1. übernehmen, plagiieren, abkupfern, abschreiben, eine Anleihe machen, geistigen Diebstahl begehen, sich mit fremden Federn schmücken, stehlen 2. → leihen, → leihen, sich
entleiben, sich → umbringen, sich
entleihen → leihen
entleihen, sich → leihen, sich
entlocken herauslocken, hervorlocken, → ausfragen
entlohnen bezahlen, zahlen, besolden, vergüten, honorieren, entgelten
Entlohnung → Lohn
entlüften → lüften
Entlüftung → Abzug
entmachten entthronen, stürzen, → absetzen
Entmachtung Sturz, Putsch, Absetzung
entmannen → kastrieren
Entmannter → Kastrat
entmenscht → unbarmherzig
entmündigen → entrechten, für unmündig erklären, für unzurechnungsfähig erklären, unter Vormundschaft stellen, unter Kuratel stellen, → bevormunden
Entmündigung → Bevormundung, → Vormundschaft
entmutigen demoralisieren, deprimieren, den Mut nehmen, mutlos machen, einschüchtern, → abbringen
entmutigend → deprimierend
entmutigt → mutlos
entnehmen 1. herausnehmen, zapfen, abzapfen 2. → folgern
entnerven → zermürben
entpuppen, sich → herausstellen, sich
entraten → entbehren
enträtseln → erraten, → ergründen
entrechten → entmündigen
entrechtet → rechtlos
Entrechteter → Außenseiter
Entree → Foyer, → Eingang
entreißen aus der Hand reißen, wegreißen, entwinden, entringen, abnehmen, → wegnehmen
entrichten → bezahlen
Entrichtung → Bezahlung
entrinnen → entkommen
entrollen → darlegen, → aufrollen
entrückt → geistesabwesend, → weltfremd
Entrückung → Geistesabwesenheit
entrümpeln → aufräumen
entrüsten, sich → empören, sich
entrüstet → empört, → ärgerlich
Entrüstung → Empörung
entsaften auspressen, keltern, → ausdrücken
Entsafter → Kelter
entsagen → verzichten, → loslassen
entsagend → enthaltsam
Entsagung → Enthaltsamkeit, → Abfall
entsagungsvoll → selbstlos
Entsatz → Rettung, → Befreiung
entschädigen wieder gutmachen, ersetzen, Schadenersatz leisten, zurückgeben, wettmachen, abgelten, entgelten, zufrieden stellen, erstatten, wiedererstatten, rückerstatten, vergüten, rückvergüten, → abfinden, → belohnen
Entschädigung Wiedergutmachung, Schadenersatz, Ersatz, Schmerzensgeld, Trostpflaster, Trostpreis, Zufriedenstellung, Rückzahlung, Erstattung, Rückerstattung, Wiedererstattung, Aufwandsentschädigung, Reparationszahlung, Abgeltung, Entgeltung, Gegenwert, Gegenleistung, Ausgleich, Lastenausgleich, Vergütung, Rückvergütung, → Abfindung, → Belohnung
entschärfen entspannen, die Spitze nehmen, den Stachel nehmen, → beruhigen
Entscheid → Verordnung
entscheiden bestimmen, verfügen, eine Entscheidung treffen, → beschließen, → urteilen
entscheiden, sich sich entschließen, mit sich ins Reine kommen, sich schlüssig werden, einen Entschluss fassen, eine Wahl treffen, auswählen, wählen, → aufraffen, sich
entscheidend ausschlaggebend, maßgeblich, wesentlich, grundlegend, → wichtig
Entscheidung 1. Wahl, Urteil, Schiedsspruch, Ermessen, Alternative, Option 2. → Beschluss 3. → Entschluss
entschieden → beschlossen, → nachdrücklich
Entschiedenheit → Nachdruck
Entschlackung → Reinigung
entschlafen → einschlafen, → sterben
entschleiern → aufdecken
Entschleierung → Enthüllung
entschließen → beschließen
entschließen, sich → entscheiden, sich
Entschließung Resolution, Kommunikee, Willensäußerung, Willenserklärung, Beschluss, → Entschluss
entschlossen 1. entschieden, zielbewusst, forsch, energisch, resolut, unbeirrbar, → mutig, → bestimmt 2. → willens
Entschlossenheit Bestimmtheit, Unbeirrbarkeit, Zielstrebigkeit, Entschlusskraft, Entschlussfreude, Entschlussfähigkeit, Initiative

entschlüpfen entgleiten, entfahren, herausrutschen, herausfahren, → entkommen
Entschluss Entscheidung, Entschließung, Beschluss, Absicht, Vorsatz, Wille
entschlüsseln aufschlüsseln, entziffern, dechiffrieren, decodieren, auflösen
Entschlussfähigkeit → Entschlossenheit
Entschlussfreude → Entschlossenheit
entschlussfreudig spontan, schnell entschlossen, unternehmungslustig
Entschlusskraft → Entschlossenheit
entschlusslos → unschlüssig, → willensschwach
Entschlusslosigkeit → Willensschwäche
entschuldbar → verzeihlich
entschuldigen → verzeihen, → rechtfertigen
entschuldigen, sich abbitten, Abbitte leisten, um Entschuldigung bitten, Leid tun, bedauern
Entschuldigung Abbitte, Bedauern, Bitte um Vergebung, Bitte um Verzeihung, Erklärung, Begründung, Rechtfertigung, → Ausrede, → Vorwand
entschwefelt → schadstoffarm
entschwinden → vergehen, → verschwinden
entsenden → abordnen, → schicken
Entsendung Delegierung, Deputierung, Abordnung, → Auftrag
entsetzen, sich schaudern, grauen, sich gruseln, erzittern, erbleichen, die Haare stehen zu Berge, → erschrecken
Entsetzen Bestürzung, Schock, Schreck, Schrecken, Panik, Schauder, Erstarrung, Grausen, Grauen, Horror, → Angst
Entsetzen erregend → grauenhaft
entsetzlich → schrecklich, → grauenhaft
entsetzt bestürzt, betroffen, verstört, verwirrt, ganz durcheinander, erschrocken, schockiert, geschockt, konsterniert, entgeistert, fassungslos, wie vor den Kopf geschlagen, → überrascht
entseuchen → desinfizieren
entsinnen, sich → erinnern, sich
entspannen sich entspannen, ausspannen, abspannen, sich lockern, sich lösen, zur Ruhe kommen, alle viere von sich strecken, → ausruhen, → ruhen
entspannen, sich → entspannen, → beruhigen, sich
entspannt → gelockert, gelöst, locker, frei, → ruhig
Entspannung Lockerung, Lösung, Befreiung, → Erholung
entspinnen, sich → entstehen
entsprechen 1. gleichen, gleichkommen, gleichwertig sein, gleichartig sein, → übereinstimmen 2. entgegenkommen, nahe kommen, gelegen kommen, behagen, → gefallen, → passen 3. → befriedigen 4. → gewähren
entsprechend → einschlägig, → gemäß, → verhältnismäßig
Entsprechung → Ähnlichkeit, → Gegenstück
entsprießen → abstammen, → entstehen
entspringen → stammen, → anfangen, → fliehen
entstammen → abstammen, → stammen
entstehen sich bilden, werden, entsprießen, entspringen, aufkeimen, erwachsen, hervorgehen, hervorkommen, beginnen, sich entspinnen, anfallen, ausgehen von, sich entfalten, → aufkommen, → anfangen, → entwickeln, sich
Entstehung Bildung, Werden, Aufkommen, Beginn, Genese, Genesis, → Anfang, → Entwicklung
entstellen → verfälschen, → verunstalten
entstellt → hässlich, → verunstaltet
Entstellung → Verfälschung, → Verunstaltung
entströmen → austreten
enttarnen → entlarven
enttäuschen ernüchtern, entzaubern, desillusionieren, die Illusionen nehmen, frustrieren, Erwartungen nicht erfüllen
Enttäuschung 1. Ernüchterung, Desillusionierung, Frustration, Frust, kalte Dusche, Schlag, Hereinfall, Reinfall 2. → Misserfolg 3. → Liebeskummer
entwaffnen lahm legen, schwächen, zum Schweigen bringen, → widerlegen
Entwässerung → Dränage
entweichen 1. austreten, ausströmen, → entschlüpfen 2. → fliehen, → desertieren
entweihen entheiligen, schänden, → entehren
Entweihung Entheiligung, Entwürdigung, Schändung, Entehrung, Besudelung, Beschmutzung, Befleckung, → Sakrileg
entwenden → stehlen
entwerfen 1. aufsetzen, skizzieren, aufzeichnen, aufnotieren, ein Konzept verfassen, ins Unreine schreiben 2. umreißen, konzipieren, projektieren, planen, entwickeln, erarbeiten, erstellen, → ausarbeiten
entwerten 1. lochen, abstempeln, stempeln, knipsen, abreißen 2. → abwerten 3. → herabsetzen
Entwertung 1. Abwertung, Verminderung, Verschlechterung, Beeinträchtigung, → Herabsetzung 2. → Inflation
entwickeln 1. entrollen, aufrollen, entfalten, ausbilden, → ausbauen 2. bilden, heranbilden, qualifizieren 3. → entwerfen 4. → erfinden 5. → darlegen 6. → folgern

entwickeln, sich sich entfalten, aufblühen, erblühen, erwachsen, wachsen, sich heranbilden, gedeihen, geraten, reifen, heranreifen, sich mausern, sich machen, in Schwung kommen, → heranwachsen, → entstehen
Entwicklung 1. Entfaltung, Ausbildung, Bildung, Zunahme, → Aufbau 2. Fortentwicklung, Entwicklungsgang, Entwicklungsprozess, Sozialisation, Reifung, Wachstum, Werdegang, Evolution, Geschichte, → Entstehung 3. → Kultur 4. → Tendenz
entwinden → entreißen
entwirren entflechten, aufdröseln, ordnen, auflösen, → lösen
entwischen → entkommen, → ausbrechen
entwöhnen → abgewöhnen
Entwöhnung → Entziehung
entwürdigen → demütigen, → entehren
entwürdigend entehrend, schändlich, schmachvoll, verächtlich, verletzend, → demütigend
Entwürdigung → Demütigung, → Entweihung
Entwurf 1. Urform, vorläufige Fassung, Abfassung, Probe, Skizze, Konzept, → Aufzeichnung, → Manuskript 2. Konzeption, Konzipierung, Disposition, Studie, Exposee, Plan, Projekt, Projektierung, Lay-out
entwurzelt → heimatlos
entziehen nehmen, benehmen, sperren, versagen, aberkennen, → verweigern
entziehen, sich meiden, vermeiden, umgehen, nicht nachkommen, aus dem Weg gehen, sich drücken, kneifen, ausweichen, → absondern, sich
Entziehung Entwöhnung, Abgewöhnung, Entziehungskur, → Entzug
entziffern → entschlüsseln, → lesen
entzücken bezaubern, hinreißen, beseligen, beglücken, Freude bereiten, erfreuen, freuen, begeistern
Entzücken Entzückung, Beglückung, Hingerissensein, Ergötzen, Lust, → Begeisterung, → Freude
entzückend hinreißend, bezaubernd, charmant, köstlich, → reizend
entzückt hingerissen, ganz weg, außer sich, beglückt, erfreut, → begeistert, → berauscht
Entzückung → Entzücken
Entzug Wegnahme, Aberkennung, Einziehung, Einzug, Beschlagnahme, → Entziehung
entzünden → anzünden, → begeistern
entzünden, sich → brennen
entzündet 1. geschwollen, dick, eitrig, gerötet, rot, gereizt, → wund 2. entbrannt, ergriffen, gepackt, erhitzt
entzündlich → feuergefährlich
Entzündung Reizung, Rötung, Schwellung
entzwei → defekt
entzweien auseinander bringen, entfremden, einen Keil treiben zwischen, Zwietracht säen, gegeneinander aufbringen
entzweien, sich → überwerfen, sich, auseinandergehen
entzweigehen → bersten
entzweit → getrennt, → zerstritten
Entzweiung Streit, → Spaltung, → Entfremdung
Enzyklika → Rundschreiben
Enzyklopädie → Lexikon
ephemer → unwichtig, → vorübergehend
Epidemie Seuche, Verseuchung, Infektionskrankheit, → Krankheit, → Ansteckung
epidemisch → ansteckend
epigonal → epigonenhaft
Epigone Nachahmer, Eklektiker, Nachfolger, Nachläufer, Nachbeter, Schüler
epigonenhaft epigonal, nachgeahmt, nachgemacht, eklektisch, eklektizistisch, in der Nachfolge von, nachbetend, unschöpferisch, unproduktiv, reproduktiv, plagiatorisch, unfruchtbar, → fantasielos
Epigramm Sinngedicht, Xenie, Sinnspruch, Spruch, Spottgedicht
Epilog Nachspiel, → Nachwort
episch erzählerisch, in epischer Breite, des Langen und Breiten, → dichterisch
Episode → Ereignis, → Zwischenspiel
episodisch → vorübergehend
Epistel → Schreiben, → Moralpredigt
epochal → einmalig
Epoche → Zeitraum
Epoche machend → einmalig
Equipage → Kutsche
Equipe → Mannschaft
Equipierung → Ausstattung
erachten → beurteilen, → meinen
Erachten → Meinung
erahnen → ahnen
erarbeiten → entwerfen
Erbanlage → Anlage
Erbarmen → Barmherzigkeit, → Mitleid
erbärmlich elend, elendiglich, jämmerlich, ärmlich, armselig, mitgenommen, erbarmungswürdig, → bedauernswert, → kläglich
Erbarmung → Mitleid
erbarmungslos → unbarmherzig
Erbarmungslosigkeit → Unbarmherzigkeit
erbarmungsvoll → mitleidig
erbarmungswürdig → bedauernswert
erbauen 1. stärken, aufrichten, beglücken, → erfreuen 2. → bauen

Erbauer Baumeister, Architekt, Gründer, Bauherr
erbaulich → fromm, → kontemplativ
Erbauung → Andacht, → Errichtung
Erbe 1. Hauptterbe, Universalerbe, Alleinerbe, Miterbe, Erbberechtigter, Hinterbliebener, → Nachfolger, → Nachkomme 2. Erbschaft, Hinterlassenschaft, Nachlass, Vermächtnis, Legat, Erbteil, Pflichtteil, Schenkung, → Testament 3. → Tradition
erbeben → zittern
erben beerben, Erbschaft machen, Erbe antreten, Erbe übernehmen, Hinterlassenschaft antreten
erbetteln → betteln
erbeuten erjagen, ergattern, Beute machen, sich aneignen, sich nehmen, stehlen, erkämpfen, erobern, erringen, gewinnen
Erbfolge → Nachfolge
erbieten, sich sich anbieten, sich anerbieten, sich anheischig machen, erbötig sein, sich zur Verfügung stellen, bereit sein, willig sein, entgegenkommen
erbitten → bitten
erbittern → erzürnen, → verbittern
erbittert → beharrlich, → verbittert
Erbitterung → Verbitterung
erblassen → erbleichen, → sterben
erbleichen 1. erblassen, blass werden, bleich werden, sich entfärben, die Farbe verlieren, die Farbe wechseln, weiß werden 2. → entsetzen, sich
erblich → angeboren
erblicken sehen, sichten, ansichtig werden, zu Gesicht bekommen, entdecken, erspähen, ausmachen, in die Augen fallen, → wahrnehmen
erblühen → aufblühen, → entwickeln, sich
erbosen → erzürnen
erbost → böse
erbötig → bereit, → gefällig, → hilfsbereit
erbötig sein → erbieten, sich
erbrechen 1. zerbrechen, öffnen, aufmachen, aufbrechen, aufsperren 2. → übergeben, sich
Erbrechen Brechen, Kotzen, Übelkeit, Vomitus
erbringen 1. aufbringen, herbeibringen, beschaffen, vorlegen, vorweisen 2. → einbringen
Erbschaft → Erbe
Erdbeben Beben, Erdstoß, Erschütterung, Seebeben
Erdbevölkerung → Menschheit
Erdboden → Erde
Erde 1. Erdboden, Erdscholle, Scholle, Ackerkrume, Krume, Erdreich, Grund, Boden, Mutterboden, Muttererde, Humus, → Acker 2. Erdkugel, Erdball, Erdkreis, Globus, Mutter Erde, der Blaue Planet, Welt
Erdenbürger → Mensch
Erdendasein → Leben
Erdenferne → Einsamkeit
erdenken → ausdenken, sich
erdenklich → möglich
Erdgas → Brennstoff
erdgebunden → irdisch
Erdgeschoss → Parterre
erdhaft → bodenständig
erdichten → lügen, → erfinden
erdichtet → erfunden
Erdichtung → Erfindung
Erdkreis → Erde
Erdkugel → Erde
Erdöl Öl, Mineralöl, Rohöl, Naphta, Heizöl, Petroleum
erdolchen → erstechen
Erdreich → Erde
erdreisten, sich → anmaßen, sich
erdröhnen → dröhnen
erdrosseln → erwürgen, würgen, strangulieren, die Kehle zudrücken, die Gurgel zuschnüren, ersticken
erdrücken niederdrücken, zusammendrücken, zerdrücken, totdrücken, totquetschen
erdrückend → schwer, → überwältigend
Erdscholle → Acker, → Erde
Erdstoß → Erdbeben
Erdteil → Kontinent
Erdtrabant → Mond, → Satellit
erdulden → ertragen
erdverbunden → bodenständig
ereifern, sich sich erhitzen, sich echauffieren, in Rage geraten, zu viel kriegen, sich aufregen, sich entrüsten
ereignen, sich sich begeben, passieren, geschehen, vorfallen, vorkommen, vor sich gehen, sich zutragen, sich abspielen, stattfinden, erfolgen, eintreten, sich einstellen
Ereignis Begebenheit, Begebnis, Geschehen, Geschehnis, Vorgang, Vorkommnis, Vorfall, Phänomen, Affäre, Geschichte, Episode, Abenteuer, Zwischenfall, Ärgernis, Skandal, → Angelegenheit, → Aufsehen
ereignislos → gleichförmig, → langweilig
Ereignislosigkeit → Alltäglichkeit, → Langeweile
ereignisreich abenteuerlich, bewegt, aufregend, abwechslungsreich, bunt
ereilen → erreichen
Eremit Einsiedler, Klausner, Anachoret, Mönch
Eremitage Einsiedelei, Klause, Gehäuse, → Kloster

ererbt → angeboren, → traditionell
erfahren 1. in Erfahrung bringen, zu Ohren gelangen, hören, vernehmen, Wind bekommen von, Kenntnis erhalten von, aufschnappen, mitbekommen, mitkriegen 2. → erleben
erfahren 1. beschlagen, bewandert, versiert, gewitzt, kundig, geübt, firm, sicher, sattelfest, weit gereist, herumgekommen, mit allen Wassern gewaschen, → klug 2. lebenserfahren, lebensklug, welterfahren, weltläufig, souverän, gereift, → reif, → weise
Erfahrung 1. Beschlagenheit, Routine, Geübtheit, Übung, Training, Praxis, Gewieftheit, Gewitztheit, Kenntnis 2. Lebenserfahrung, Weltkenntnis, Weltläufigkeit, Menschenkenntnis, Verständnis, → Reife 2. Erkenntnis, Einsicht, Lehre, Lehrgeld, → Erlebnis, Erfahrung
erfahrungsgemäß → bekanntermaßen
erfassen 1. registrieren, aufnehmen, sammeln, verzeichnen, aufzeichnen, festhalten, verbuchen 2. → verstehen 3. → erkennen
Erfassung Registrierung, Aufnahme, Sammlung, Verzeichnung, Buchung
erfinden 1. entdecken, eine Erfindung machen, eine Entdeckung machen, entwickeln, weiterentwickeln, erforschen, schöpfen, erzeugen 2. ersinnen, erdichten, fingieren, fabulieren, → ausdenken, sich
Erfinder Entdecker, Forscher, Urheber, Schöpfer, Genie
erfinderisch → schöpferisch
Erfindung 1. Entdeckung, Neuheit, Errungenschaft, Einfall, Idee, Schöpfung 2. Fiktion, Erdichtung, Hirngespinst, Lügenmärchen, → Lüge
Erfindungsgabe → Fantasie
erfindungsreich → fantasiereich
Erfindungsschutz → Patent
erflehen → bitten
Erfolg 1. Gelingen, Erfüllung, Bewältigung, Durchstoß, Durchbruch, Verwirklichung, Realisierung, Bombenerfolg, Triumph, Gewinn, Sieg, → Aufstieg 2. → Ergebnis
Erfolg versprechend aussichtsreich, viel versprechend, verheißungsvoll, hoffnungsvoll, → günstig
erfolgen → folgen, → ereignen, sich
erfolglos ergebnislos, misslungen, fehlgeschlagen, negativ, unverrichteter Dinge, unverrichteter Sache, wirkungslos, resultatlos, → vergeblich
erfolgreich fruchtbar, Gewinn bringend, nutzbringend, gelungen, glücklich, Glück bringend, Segen bringend, segensreich, gedeihlich, siegreich, → wirksam
erforderlich → notwendig
erfordern gebieten, erheischen, bedürfen, brauchen, benötigen, verlangen, kosten, bedingen, voraussetzen, vorschreiben
Erfordernis → Notwendigkeit
erforschen durchforschen, nachforschen, ermitteln, durchsuchen, ergründen, → forschen
Erforschung Untersuchung, Ergründung, Erkundung, Ausforschung, Forschung
erfragen → erkunden, → erkundigen, sich
erfrechen, sich → anmaßen, sich
erfreuen freudig stimmen, Freude machen, Spaß machen, erheitern, ergötzen, beglücken, beseligen, erbauen, erheben, → entzücken
erfreuen, sich → freuen, sich
erfreulich wohltuend, angenehm, erquicklich, herzerfrischend, herzerfreuend, befriedigend, → günstig
erfreulicherweise → glücklicherweise
erfreut → entzückt, → freudig
erfrieren erstarren, Frost bekommen, den Kältetod sterben
erfrischen erquicken, laben, stärken, kräftigen, neu beleben, auffrischen
erfrischen, sich sich frisch machen, sich laben, sich stärken, sich erquicken
erfrischend erquickend, erquicklich, labend, belebend, wohltuend, köstlich, kühl, saftig, → anregend
Erfrischung Erquickung, Labung, Labsal, Auffrischung, Belebung, Imbiss, Stärkung, → Getränk
erfüllen 1. anfüllen, durchdringen, durchziehen, durchfluten, beseelen 2. halten, einlösen, erhören, genügen, Genüge leisten, wahr machen, → befriedigen 3. → erledigen 4. übermannen
erfüllen, sich → eintreffen
erfüllt 1. durchdrungen, angefüllt, beseelt, besessen 2. → erledigt
Erfüllung 1. Einhaltung, Einlösung, Beherzigung, Verwirklichung, Durchführung, Vollführung, → Befriedigung 2. → Erfolg 3. → Erledigung
erfunden fiktiv, unwahr, unecht, erdichtet, erlogen, gelogen, falsch
ergänzen vervollständigen, vervollkommnen, komplettieren, anfügen, hinzufügen, auffüllen, nachfüllen, einschieben, einfügen, abrunden, → ausarbeiten
ergänzen, sich zueinander passen, kongruieren, → übereinstimmen
Ergänzung Vervollständigung, Vervollkommnung, Komplettierung, Abrundung, Hinzufügung, Zusatz, Zugabe, Postskriptum,

Nachsatz, Nachschrift, Nachtragung, Nachtrag, Gesetzesnachtrag, Nachtragsgesetz, Novelle, → Einschub, → Anhang
ergeben → betragen, → einbringen
ergeben, sich 1. entstehen, anfallen, sich bieten, sich finden, sich erweisen 2. aufgeben, kapitulieren, übergeben die Waffen strecken, sich unterwerfen, sich schicken, den Nacken beugen, → abfinden, sich 3. → hingeben, sich
ergeben → treu, → gehorsam, → unterwürfig, → gelassen
Ergebenheit → Demut, → Treue
Ergebnis 1. Resultat, Summe, Bilanz, Endbetrag, Endsumme, Fazit, Resümee, Gesamtergebnis, Endergebnis, Endstand, Ausgang, Auflösung, Abschluss, → Note 2. Erfolg, Frucht, Ertrag, Produkt, Endprodukt, Effekt, → Wirkung
ergebnislos → erfolglos
Ergehen → Gesundheitszustand
ergehen, sich → spazieren gehen, → reden
ergiebig ausgiebig, lohnend, dankbar, empfehlenswert, einträglich, ertragreich, fruchtbar
Ergiebigkeit → Fruchtbarkeit
ergießen, sich → fließen, → auslaufen
ergonomisch → handlich
ergötzen → belustigen, → erfreuen
Ergötzen → Freude, → Lust
ergötzen, sich → freuen, sich
ergötzlich → anregend, lustig
Ergötzlichkeit → Belustigung
ergreifen 1 fassen, packen, sich bemächtigen, greifen, kriegen, erwischen, aufgreifen, habhaft werden, schnappen, kaschen, dingfest machen, am Kragen packen, am Schlafittchen packen, → verhaften 2. bewegen, berühren, rühren, nahe gehen, Eindruck machen, Eindruck hinterlassen, beeindrucken, ans Herz greifen, erschüttern 3. → übermannen
ergreifend bewegend, herzbewegend, zu Herzen gehend, erschütternd, rührend, → beeindruckend
Ergreifung → Verhaftung
ergriffen → andächtig, → bewegt
Ergriffenheit Bewegung, Rührung, Erschütterung, → Andacht
ergrimmen → erzürnen
ergrimmt → wütend
ergründen erforschen, ausfindig machen, durchleuchten, enträtseln, erschließen, nachspüren, eruieren, auf den Grund gehen, herausfinden, herausbekommen, herauskriegen, dahinter kommen, → forschen
Erguss → Bluterguss, → Ausbruch, → Wortschwall
erhaben 1. erhöht, hervorstehend, hervortretend, emporragend, abgehoben, reliefartig, plastisch, konvex 2. ehrwürdig, altehrwürdig, honorig, gesetzt, würdevoll, würdig, weihevoll, majestätisch, hoheitsvoll, gravitätisch, hehr, erlaucht, feierlich, festlich
Erhabenheit 1. Erhöhung, Erhebung, Relief 2. Ehrwürdigkeit, Würde, Weihe, Größe, Überlegenheit, Majestät, Hoheit, Gravität, Grandezza, Format, Haltung
Erhalt → Annahme, → Instandhaltung
erhalten → bekommen, → konservieren
erhältlich → lieferbar
Erhaltung → Instandhaltung
erhängen, sich sich aufhängen, sich aufknüpfen, den Strick nehmen, → umbringen, sich
erhärten → bestätigen, → festigen
Erhärtung → Bekräftigung, → Beweis
erheben → heben, → erfreuen
erheben, sich 1. aufstehen, aufsteigen, sich aufrichten, aufspringen, sich aufsetzen, sich auf die Füße stellen, sich hinstellen 2. → emporragen 3. → auflehnen, sich
erhebend → feierlich
erheblich → ansehnlich, → sehr
Erhebung 1. Erhöhung, Hügel, Höhe, erhöhter Platz, Erhabenheit, → Berg 2. → Andacht 3. → Aufstand 4. → Umfrage 5. → Ermittlung
erheischen → erfordern
erheitern aufheitern, aufmuntern, amüsieren, anregen, belustigen, → erfreuen
erheiternd → lustig
Erheiterung → Belustigung
erhellen 1. aufhellen, ausleuchten, erleuchten, beleuchten, anstrahlen 2. → aufklären
erhitzen → erwärmen
erhitzen, sich → ereifern, sich
erhitzt → heiß, → erregt
Erhitzung → Erwärmung, → Erregung
erhoffen → hoffen, → erwarten
erhöhen 1. anheben, aufstocken, vergrößern, zulegen, → aufbessern, → aufschlagen, → steigern 2. → ehren
erhöht → erhaben, → zunehmend
Erhöhung → Erhabenheit, → Podium, → Berg, → Beförderung
erholen, sich 1. sich regenerieren, zu Kräften kommen, erstarken, sich aufrappeln, sich hochrappeln, wieder auf die Beine kommen 2. ausruhen, ausspannen, auftanken, Ferien machen, abschalten, → ruhen
Erholung Regeneration, Ausspannung, Entspannung, Erquickung, Neubelebung, Kräftigung, Erfrischung, → Ruhe

erholungsbedürftig → erschöpft
Erholungsheim → Sanatorium
Erholungszeit → Freizeit, → Ferien
erhören → erfüllen, → gewähren
erinnern 1. wachrufen, ins Gedächtnis rufen, in Erinnerung rufen, aufmerksam machen, → appellieren, → mahnen 2. → ähneln
erinnern, sich sich entsinnen, sich besinnen auf, denken an, eingedenk sein, wieder einfallen, auswendig wissen, behalten, wieder erkennen 2. sich ins Gedächtnis rufen, sich in Erinnerung rufen, gedenken, sich zurückerinnern, zurückblicken, zurückdenken, Rückschau halten
Erinnerung 1. Gedächtnis, Gedenken, Andenken, Angedenken, Reminiszenz, Rückschau, Zurückschauen, Rückblick, Rückblende, Retrospektive 2. → Mahnung
Erinnerungslücke → Gedächtnisverlust
Erinnerungsstück → Andenken
erjagen → erbeuten, → gewinnen
erkalten → abkühlen, → erstarren
erkälten, sich sich verkühlen, sich eine Erkältung zuziehen, sich einen Schnupfen holen
erkältet → krank
Erkältung Verkühlung, Schnupfen, Erkältungskatarr, Katarr, Grippe, Influenza, Fieber, Husten
erkämpfen → gewinnen
erkennbar → sichtbar, → vorhersehbar
erkennen einsehen, durchschauen, klar sehen, feststellen, identifizieren, wieder erkennen, sehen, ersehen, erfassen, bewusst werden, zu Bewusstsein kommen, zu der Erkenntnis kommen, zu der Einsicht gelangen, dahinter kommen, herausbekommen, begreifen, → bemerken
erkennen lassen → zeigen, → bekunden
erkenntlich → dankbar, → gefällig
Erkenntlichkeit → Belohnung, → Dank
Erkenntnis Einsicht, Verständnis, Erleuchtung, Einblick, Eindruck, Erfahrung, Überzeugung
Erker → Vorbau, Balkon, Glasanbau
erklären 1. auseinander legen, auseinander setzen, erläutern, ausführen, explizieren, beleuchten, auslegen, interpretieren, kommentieren, exemplifizieren, verdeutlichen, verständlich machen, klarmachen, verdeutschen, verklaren, dolmetschen, → darlegen 2. eine Erklärung abgeben, verkünden, deklarieren, → aussagen, → äußern, → behaupten
Erklärung 1. Auseinanderlegung, Erläuterung, Explikation, Exemplifikation, Beleuchtung, Deutung, Kommentar, Verdeutlichung, Aufschluss, → Aufklärung, → Begründung, → Auslegung, → Darlegung 2. Verkündung, Deklaration, Manifest, Programm, Grundsatzerklärung, Regierungserklärung, Parteiprogramm, Denkschrift, → Aussage, → Äußerung 3. → Entschuldigung
erklecklich → ansehnlich
erklimmen → ersteigen
erklingen → ertönen
erkranken krank werden, etwas ausbrüten, eine Krankheit bekommen, → anstecken, sich
Erkrankung → Krankheit
erkühnen, sich → anmaßen, sich
erkunden auskundschaften, Erkundigungen einziehen, sondieren, kundschaften, rekognoszieren, aufklären, ausfragen, erfragen, ausforschen, ausspähen, ausspionieren, ausbaldowern, → ermitteln
erkundigen, sich erfragen, anfragen, nachfragen, wissen wollen, sich umhören, sich umtun, herumhorchen, Erkundigungen einziehen, sich vergewissern, → erkunden, → fragen
Erkundigung → Frage
Erkundung 1. Aufklärung, Auskundschaftung, Ermittlung, Sondierung, Erforschung 2. → Exkursion
erküren → erwählen
erlahmen → ermüden, → stocken
erlangen → erreichen, → bekommen
Erlass Dekret, Edikt, Bulle, Verordnung, Anordnung, Verfügung, Weisung, öffentliche Bekanntmachung, Bestimmung, → Gesetz, → Befehl
erlassen 1. Verfügungen treffen, verfügen, verhängen, → anordnen 2. nachlassen, schenken, → begnadigen, → befreien
erlauben 1. einräumen, durchlassen, gestatten, stattgeben, gewähren, zugeben, zulassen, lassen, dulden, genehmigen, freistellen, bewilligen, billigen, sich einverstanden erklären, → zugestehen 2. → berechtigen 3. → ermöglichen
erlauben, sich → anmaßen, sich
Erlaubnis Einwilligung, Zustimmung, Genehmigung, Einverständnis, Zusage, Jawort, Billigung, Zugeständnis, Plazet, → Privileg, → Berechtigung
erlaubt → zulässig
erlaubt sein → dürfen
erlaucht → adlig, → vornehm
erläutern → darlegen, → erklären
Erläuterung → Darlegung, → Erklärung
erleben erfahren, erleiden, erdulden, durchmachen, mit ansehen, mitmachen, kennen lernen, begegnen, zustoßen, → widerfahren

Erlebnis Erleben, Erfahrung, Begegnung, Begebenheit, Abenteuer, Ereignis, Geschehen
erlebnishungrig → lebenshungrig
erledigen 1. ausführen, durchführen, abwickeln, fertig machen, machen, abfertigen, aufarbeiten, abtun, verrichten, besorgen, erfüllen, abschließen, → arbeiten 2. → vernichten 3. → ruinieren
erledigt 1. abgeschlossen, ausgeführt, erfüllt, fertig, abgetan, → quitt 2. verloren, geliefert, aufgeschmissen, hoffnungslos, geschlagen, unrettbar, unten durch, → besiegt, → erschöpft
Erledigung → Bearbeitung, Abfertigung, Ausführung, Durchführung, Erfüllung, Besorgung, → Einkauf
erleichtern → mildern, → berauben
erleichtert → froh, → frei
Erleichterung → Hilfe, → Milderung
erleiden → ertragen, → erleben
erlernen einstudieren, studieren, sich anlernen, sich aneignen, erwerben, → lernen
erlesen → auserwählt, → exzellent
erleuchten → erhellen
Erleuchtung → Einfall, → Erkenntnis
erliegen → unterliegen, → sterben
Erlös → Ertrag, → Gewinnspanne
erlöschen ausgehen, verlöschen, verglimmen, verglühen, schwächer werden, nachlassen, vergehen, → absterben
erlösen → befreien, → retten
Erlösung → Befreiung, → Rettung
ermächtigen berechtigen, befugen, bevollmächtigen, Vollmacht erteilen, autorisieren, beauftragen, → erlauben
ermächtigt → berechtigt
Ermächtigung → Berechtigung
ermahnen → appellieren, → mahnen
Ermahnung → Appell, → Mahnung
ermangeln → entbehren
ermannen, sich sich zusammennehmen, sich zusammenreißen, sich ein Herz fassen, Mut fassen, der Gefahr ins Auge sehen, sich überwinden, → aufraffen, sich
ermäßigen herabsetzen, heruntersetzen, senken, nachlassen, abschlagen, verbilligen, heruntergehen mit, Rabatt geben, Prozente geben, → verringern
ermäßigt → reduziert
Ermäßigung → Abschlag
ermatten → ermüden
ermattet → erschöpft, → kraftlos
Ermattung → Erschöpfung, → Entkräftung
ermessen → beurteilen
Ermessen → Entscheidung, → Urteil
ermitteln 1. nachforschen, Nachforschungen anstellen, nachspüren, recherchieren, untersuchen, erkunden, feststellen, in Erfahrung bringen, Erkundigungen einziehen, Ermittlungen anstellen, einer Sache auf den Grund gehen 2. → berechnen
Ermittlung Nachforschung, Recherche, Untersuchung, Erkundung, Erhebung, Fahndung, Aufklärung
Ermittlungsbüro → Detektei
ermöglichen möglich machen, erlauben, gestatten, zulassen, helfen, verhelfen, in die Lage versetzen, befähigen, die Möglichkeit bieten, die Gelegenheit bieten, → bewerkstelligen
ermorden → morden, → töten
Ermordung → Mord
ermüden 1. müde machen, erschöpfen, anstrengen, überanstrengen, entkräften, schwächen, → langweilen 2. müde werden, ermatten, erlahmen, erschlaffen, schlappmachen, nachlassen
ermüdend → anstrengend, → langweilig
Ermüdung → Erschöpfung, → Müdigkeit
ermuntern 1. aufmuntern, aufrütteln, aufmöbeln, antreiben, anfeuern, anregen, → auffordern, → zuraten 2. → trösten
Ermunterung 1. Aufmunterung, Ansporn, Antrieb, Anreiz, Anregung, Anstoß, → Aufforderung 2. → Trost
ermutigen 1. aufrichten, bestärken, bekräftigen, den Rücken stärken, Mut machen, Mut zusprechen, Kraft verleihen, Hoffnung geben 2. → trösten
ermutigend 1. ermunternd, anspornend, aufrichtend, förderlich, nachahmenswert 2. → tröstlich
Ermutigung Ermunterung, Aufmunterung, Bestärkung, Zuspruch, → Trost
ernähren nähren, zu essen geben, verpflegen, verköstigen, speisen, Mäuler stopfen, füttern, stillen, versorgen, unterhalten, → sorgen für
ernähren, sich → essen
Ernährer 1. Verdiener, Erhalter, Versorger, → Vater 2. → Arbeitgeber
Ernährung Verpflegung, Verköstigung, Beköstigung, Atzung, → Nahrung
ernennen bestimmen, auswählen, nominieren, entsenden, beauftragen, betrauen, bestallen, einsetzen, → berufen
Ernennung Nominierung, Amtseinsetzung, Designation, Bestallung, → Berufung
erneuern auffrischen, ausbessern, aufarbeiten, überholen, regenerieren, verjüngen, neu beleben, wieder beleben, wieder auferstehen lassen, auswechseln, austauschen, moderni-

sieren, renovieren, restaurieren, → reparieren, → reformieren
Erneuerung Neubelebung, Verjüngung, Überholung, Austausch, Ersetzung, Regenerierung, Renovierung, Renovation, Restaurierung, → Reform
erneut → wieder
erniedrigen → demütigen, → herabsetzen
erniedrigend → beschämend
Erniedrigung → Demütigung, → Herabsetzung
ernst 1. ernsthaft, seriös, getragen, würdevoll, finster, trocken, todernst, bitterernst, tierisch ernst, → humorlos 2. ernstlich, kritisch, bedrohlich, bedenklich, → gefährlich
Ernst Ernsthaftigkeit, Seriosität, Würde, Bedeutung, → Humorlosigkeit
Ernstfall → Gefahr
ernsthaft → ernst, → ernstlich
Ernsthaftigkeit → Ernst
ernstlich ernsthaft, allen Ernstes, in vollem Ernst, → nachdrücklich, → ernst
ernst nehmen → beachten
Ernte 1. Heuernte, Heumahd, Grünmahd, Mahd, Heuet, Öhmt, Getreideernte, Getreideschnitt, Schnitt, Obsternte, Beerenernte, Traubenernte, Weinernte, Weinlese, Lese 2. Ernteergebnis, Erntesegen, Ernteertrag, Rekordernte, Missernte, → Ertrag
Erntedankfest → Kirmes
ernten einfahren, heimbringen, einbringen, schneiden, mähen, lesen, auflesen, sammeln, abernten, abpflücken, pflücken, Spargel stechen, Kartoffeln ausmachen
ernüchtern abkühlen, eine kalte Dusche geben, auf den Boden der Wirklichkeit zurückbringen, → enttäuschen
Ernüchterung → Enttäuschung
Eroberer → Angreifer
erobern stürmen, erstürmen, einnehmen, nehmen, in Besitz nehmen, erbeuten, okkupieren, kassieren, → besetzen
Eroberung Erstürmung, Einnahme, Okkupation, → Unterwerfung
eroberungslustig → angriffslustig
eröffnen 1. aufmachen, aufziehen, ins Leben rufen, anfangen, begründen, → gründen, → einweihen 2. → öffnen 3. → offenbaren 4. → mitteilen
eröffnen, sich → bieten, sich
Eröffnung 1. Neueröffnung, Gründung, Begründung, → Einweihung, → Anfang 2. → Offenbarung
erörtern abhandeln, verhandeln, behandeln, auseinander setzen, auseinander legen, bereden, besprechen, beschwatzen, zur Sprache bringen, beraten, abwägen, erwägen, debattieren, polemisieren, diskutieren, disputieren, durchdiskutieren, durchsprechen, durchkauen, → darlegen
Erörterung Verhandlung, Abhandlung, Beratung, Besprechung, Aussprache, Auseinandersetzung, Debatte, Disput, Diskussion, Diskurs, Darlegung, → Gespräch
Eroscenter → Bordell
Erotik → Sinnlichkeit
erotisch → lasziv, → sinnlich
erpicht → begierig
erpressen Druck ausüben, Zwang ausüben, nötigen, bedrohen, das Messer an die Kehle setzen, die Pistole auf die Brust setzen, → zwingen
Erpressung Bedrohung, Drohung, Nötigung, Druck, → Zwang
erprobt → anerkannt
erquicken → erfrischen
erquicklich → erfrischend, → erfreulich
Erquickung → Erfrischung
erraten enträtseln, herausbringen, herausfinden, dahinter kommen, durchschauen, voraussehen, raten, auflösen
errechnen → berechnen
erregbar → aufbrausend
Erregbarkeit → Unbeherrschtheit
erregen 1. elektrisieren, aufregen, entflammen, erhitzen, aufreizen, berauschen, reizen 2. herbeiführen, wecken, veranlassen, → verursachen
erregen, sich → aufregen, sich
erregend aufregend, packend, berauschend, aufreizend, sinnverwirrend, betörend
Erreger Krankheitserreger, Krankheitskeim, Keim, Bakterie, Bazillus, Virus
erregt aufgeregt, erhitzt, feurig, glühend, entbrannt, außer sich, in Fahrt, exaltiert, überspannt, überreizt, aufgewühlt, unruhig, zappelig, beunruhigt, → nervös
Erregung Erregtheit, Erregungszustand, Erhitzung, Aufregung, Aufgeregtheit, Hochspannung, Anspannung, Affekt, Gefühlsausbruch, Ausbruch, Emotion, Exaltation, Exaltiertheit, Überspannung, Überspanntheit, Hysterie, Wallung, Eifer, → Nervosität, → Begeisterung, → Empörung, → Wut
erreichbar → nahe, → möglich
erreichen 1. bewirken, erwirken, ausrichten, erzielen, erlangen, zu Wege bringen, zu Stande bringen, fertig bringen, fertig kriegen, fertig bekommen, durchsetzen, durchbringen, zum Durchbruch verhelfen, erringen, erzwingen, ertrotzen, schaffen, herausholen, herausschlagen, herausschinden, voll-

bringen, bewältigen 2. ereilen, gleichkommen, herankommen, einholen, nicht nachstehen, aufholen 3. → antreffen 4. → gelangen
erretten → befreien, → retten
Errettung → Befreiung, → Rettung
errichten 1. aufrichten, aufschlagen, aufstellen, erstellen, erbauen, aufbauen, bauen 2. → gründen
Errichtung Aufrichtung, Aufstellung, Erbauung, Aufbau, Bau
erringen → gewinnen, → erreichen
erröten rot werden, die Farbe wechseln, → schämen, sich
Errungenschaft → Erfindung, → Kauf
Ersatz 1. Ersatzstoff, Austauschstoff, Äquivalent, Surrogat, Behelf, Notbehelf, Ausweg, Aushilfe 2. Austausch, Ersetzung, Substitution, Erneuerung 3. → Entschädigung
Ersatzdienst Zivildienst, sozialer Dienst
Ersatzdienstleistender → Kriegsdienstverweigerer
Ersatzmann Auswechselspieler, Reservist, Reserve, → Aushilfe
Ersatzmannschaft → Reserve
Ersatzstoff → Ersatz
ersatzweise → stellvertretend, an Stelle von → anstatt,
ersaufen → ertrinken
ersäufen ertränken, → töten
erschaffen hervorbringen, schaffen, schöpfen, kreieren, bilden, erzeugen, entwickeln, aus dem Boden stampfen
erschallen → ertönen
erscheinen 1. in Erscheinung treten, sich einfinden, sich einstellen, auftauchen, aufgehen, auftreten, sich blicken lassen, aufkreuzen, anrücken, antanzen, hereingeschneit kommen, auf den Plan treten, → zeigen, sich 2. → aussehen 3. → scheinen
erscheinen als → darstellen
Erscheinung → Einbildung, → Aussehen
Erscheinungsbild → Aussehen
Erscheinungsform → Eigenschaft, → Art
erschießen niederschießen, niederstrecken, abknallen, totschießen, über den Haufen schießen, füsilieren, an die Wand stellen, hinrichten, → schießen, → töten
erschießen, sich → umbringen, sich
erschlaffen → ermüden
Erschlaffung → Erschöpfung
erschlagen den Schädel einschlagen, totschlagen, → töten
erschlagen → erschöpft
erschleichen erschwindeln, ergaunern, erlisten, hintergehen, betrügen
erschließen 1. aufschließen, aufbereiten, urbar machen, zugänglich machen, roden, kultivieren 2. → ergründen
Erschließung Bebauung, Kultivierung, Bewässerung, Kolonisation, Besiedelung
erschöpfen → ermüden
erschöpfen, sich → abarbeiten, sich
erschöpfend → anstrengend, → vollständig
erschöpft abgekämpft, angegriffen, mitgenommen, angeschlagen, erschlagen, erschossen, schlaff, schlapp, ermattet, entkräftet, abgespannt, abgehetzt, ausgelaugt, ausgesaugt, ausgesogen, ausgepumpt, verbraucht, erledigt, ausgepowert, marode, erholungsbedürftig, urlaubsreif, kaputt, groggy, fertig, am Ende, geschafft, k. o., → schwach, → müde
Erschöpfung Entkräftung, Ermattung, Ermüdung, Erschöpftheit, Erschöpfungszustand, Zerschlagenheit, Erschlaffung, Schlappheit, Abgespanntheit, Schwächeanfall, Schwächezustand, → Schwäche, → Müdigkeit
erschossen → erschöpft
erschrecken 1. einen Schreck einjagen, in Schrecken versetzen, Angst machen 2. sich erschrecken, zusammenschrecken, zusammenfahren, zusammenzucken, einen Schreck bekommen, zurückschrecken, zurückschaudern, zurückfahren, zurückprallen, zur Salzsäure erstarren, → entsetzen, sich 3. → aufscheuchen
erschrecken, sich → erschrecken
erschreckend → schrecklich
erschrocken erschreckt, starr, erstarrt, wie vom Donner gerührt, bestürzt, betroffen, → entsetzt
erschüttern 1. aufwühlen, aufrütteln, berühren, einen Schock versetzen, schocken, umwerfen, umhauen, treffen, ergreifen 2. erbeben lassen, erzittern lassen, einen Stoß versetzen
erschütternd → ergreifend
erschüttert → bewegt
Erschütterung 1. Beben, Vibration, Stoß, Aufprall, Schlag, Detonation 2. Schock, Trauma, Nervenschock, Nervenzusammenbruch, → Ergriffenheit
erschweren behindern, beeinträchtigen, komplizieren, bremsen, entgegenarbeiten, Steine in den Weg legen
erschwerend belastend, hindernd, verschärfend, verstärkend
Erschwernis → Erschwerung
Erschwerung Erschwernis, Komplizierung, Komplikation, Beeinträchtigung, Behinderung, Hindernis

erschwindeln → erschleichen
erschwinglich → preiswert
ersehen → erkennen, → folgen
ersehnen → erwarten, → hoffen
ersetzbar → entbehrlich
ersetzen 1. austauschen, auswechseln, wechseln, erneuern, substituieren 2. entschädigen 3. → vertreten
ersichtlich → offensichtlich, → verständlich
ersinnen → erfinden, → ausdenken, sich
erspähen → erblicken
ersparen → bewahren, → sparen
ersparen, sich → sparen, sich
Ersparnis 1. Erspartes, Rücklage, Bankeinlage, Sparguthaben, Spargeld, Spargroschen, Notgroschen, Sparpfennig, Notpfennig, eiserne Reserve, Altersvorsorge, Altersversorgung 2. → Einsparung
Ersparung → Auslassung, → Einsparung
ersprießlich → nützlich
erst → zuerst, → vorläufig, → frühestens
erstarken → wieder erstarken, → zu Kräften kommen, sich kräftigen, sich machen, stark werden, zunehmen, wachsen, → erholen, sich
erstarren 1. erkalten, abkühlen, zufrieren, gefrieren, versteinern, kristallisieren, starr werden, hart werden, steif werden, fest werden, sich verfestigen, gelieren 2. → erschrecken
erstarrt 1. hart, steif, fest, starr, versteinert, kristallisiert, kristallin 2. → regungslos 3. → erschrocken
Erstarrung → Entsetzen
erstatten → bezahlen, → entschädigen
Erstattung → Entschädigung, → Bezahlung
Erstaufführung Premiere, Uraufführung, → Aufführung
erstaunen 1. wundern, in Erstaunen versetzen, verwundern, wundernehmen, seltsam anmuten, befremden, spanisch vorkommen 2. → staunen
Erstaunen → Verwunderung
erstaunlich 1. staunenswert, bewundernswert, bewundernswürdig, bewunderungswürdig, verblüffend, enorm, phänomenal, außergewöhnlich, unbeschreiblich, unvergleichlich, Aufsehen erregend, → auffallend 2. → seltsam
erstaunt → befremdet, → überrascht
erste(r) → beste(r)
erstechen erdolchen, durchbohren, niederstechen, → töten
erstehen → kaufen
ersteigen besteigen, erklimmen, erklettern, emporsteigen, bezwingen
ersteigern → erwerben
erstellen → bauen, → herstellen
erstens zum Ersten, als Erstes, zuerst, zum einen
ersticken → erdrosseln, → sterben, → niederschlagen
erstickend → dumpf
erstickt → leise, → schwach
Erstklässler → Abc-Schütze
erstrahlen → leuchten
erstreben → anstreben
erstrebenswert → ratsam
erstrecken, sich sich ausbreiten, sich hinbreiten, sich ausdehnen, sich dehnen, sich ausspannen, sich spannen, sich hinziehen, sich ziehen, sich strecken, reichen, gehen
Erstreckung Ausdehnung, Extension, Spanne, Strecke, Weite, Breite, Länge
erstreiten → gewinnen
Erstürmung → Eroberung
ersuchen → auffordern, → bitten
Ersuchen → Aufforderung, → Bitte
ertappen → überführen
erteilen → geben
ertönen erklingen, anklingen, zu hören sein, hörbar werden, aufbranden, aufbrausen, erschallen, → schallen
Ertrag 1. Ausbeute, Erlös, Profit, Ernte, Gewinn, Einnahmen, Zinsertrag, Zins, → Einkünfte, → Gewinnspanne 2. → Ergebnis
ertragen 1. dulden, erdulden, erleiden, durchmachen, aushalten, vertragen, tragen, hinnehmen, verkraften, sich schicken in, sich ergeben in, sich fügen in, auf sich nehmen, in Kauf nehmen, tolerieren 2. → einbringen
erträglich → annehmbar, → einigermaßen
ertragreich → lukrativ
ertragsarm → karg
Ertragsarmut → Kargheit
ertränken ersäufen, → töten
erträumen → wünschen, → ausdenken, sich
ertrinken untergehen, versinken, in den Fluten umkommen, ersaufen, ein nasses Grab finden, auf See bleiben, → sterben
ertrotzen → durchsetzen
ertüchtigen, sich → turnen, → stärken, sich
erübrigen sparen, absparen, einsparen, abknapsen, abzwacken, beiseite legen, aufheben, zurücklegen
eruieren → ergründen
Eruption → Ausbruch
erwachen → aufwachen
erwachsen 1. → entstehen 2. ausgewachsen, herangewachsen, flügge, reif, → volljährig

erwachsen werden → heranwachsen
erwägen in Erwägung ziehen, in Betracht ziehen, hin und her wenden, durch den Kopf gehen lassen, mit dem Gedanken spielen, sich mit dem Gedanken tragen, liebäugeln, bedenken, überdenken, sich besinnen, nachdenken über, ins Auge fassen, planen, → beabsichtigen
erwägenswert → diskutabel
erwählen auserwählen, ausersehen, erküren, küren, erkiesen, auswählen, ernennen, bestimmen, → wählen
erwählt → auserwählt, → bestimmt
erwähnen anführen, berühren, anschneiden, ansprechen, zitieren, nennen, streifen, einfließen lassen, fallen lassen, andeuten
erwähnenswert nicht unwichtig, nennenswert, bemerkenswert, beachtenswert, erzählenswert, wissenswert, interessant
erwähnt → oben genannt, → bewusst
Erwähnung Anführung, Nennung, Berücksichtigung
erwärmen 1. wärmen, warm machen, temperieren, erhitzen, heiß machen, aufwärmen, → heizen 2. → begeistern
erwärmen, sich 1. warm werden, sich aufheizen, Temperatur steigt 2.→ begeistern, sich
Erwärmung Aufheizung, Erhitzung, Temperaturerhöhung, Temperaturanstieg
erwarten entgegensehen, entgegenblicken, gewärtigen, warten auf, rechnen mit, spekulieren auf, reflektieren auf, herbeiwünschen, erhoffen, ersehnen, → ahnen, annehmen → befürchten
Erwartung Berechnung, Kombination, Spekulation, Ahnung, Aussicht, → Hoffnung, → Gespanntheit
erwartungsvoll → gespannt, → interessiert
erwecken → wecken, → verursachen
erwehren, sich → wehren, sich
erweichen → umstimmen
Erweis → Bekundung, → Beweis
erweisen 1. erzeigen, entgegenbringen, zuteil werden lassen, leisten 2. → beweisen
erweisen, sich → zeigen, sich
Erweisung → Bekundung
erweitern expandieren, vergrößern, verbreitern, ausdehnen, ausweiten, anbauen, → ausbauen
Erweiterung Expansion, Vergrößerung, Verbreiterung, Ausdehnung, Ausweitung, Zuwachs, → Ausbau
Erwerb → Kauf, → Arbeit
erwerben sich verschaffen, erlangen, geraten an, gelangen zu, kommen zu, ergattern, sich aneignen, an sich bringen, sich zulegen, ersteigern, erhandeln, → kaufen
erwerbslos → arbeitslos
Erwerbsloser → Arbeitsloser
Erwerbsmöglichkeit → Arbeit
erwerbstätig arbeitend, berufstätig, beschäftigt, im Beruf, werktätig, tätig
Erwerbstätigkeit → Beruf, → Arbeit
Erwerbung → Kauf, → Erwerb
erwidern → antworten
Erwiderung → Antwort, → Dank
erwiesen → sicher
erwiesenermaßen → nachweislich
erwirken → erreichen
erwischen → ergreifen, → überführen
erwünscht → willkommen
erwürgen → erdrosseln
erzählen 1. berichten, schildern, darstellen, beschreiben, → mitteilen 2. fabulieren, ausspinnen, Seemannsgarn spinnen, zum Besten geben, plaudern, plauschen, schwatzen
Erzählung 1. Geschichte, Roman, Novelle, Kurzgeschichte, Verserzählung, Versroman, Epos, Legende, Anekdote, Sage, Märchen, Fabel 2. Schilderung, Darstellung, Beschreibung, Bericht
erzeugen → herstellen
Erzeuger → Hersteller, → Vater
Erzeugerland → Herkunftsort
Erzeugnis → Artikel, → Ware
Erzeugung → Herstellung
erziehen ziehen, heranbilden, heranziehen, leiten, anleiten, formen, bilden, ausbilden, befähigen, schulen, drillen, → aufziehen, → dressieren
Erzieher Präfekt, Pädagoge, → Lehrer
Erzieherin Kindergärtnerin, Kinderwärterin, Kindermädchen, Kinderfräulein, Gouvernante, Kindsmagd, Amme, → Babysitter
erzieherisch → lehrhaft
Erziehung 1. Zucht, Bildung, Ausbildung, Führung, Anweisung, Anleitung, Leitung, Edukation, Drill, Schliff, → Dressur 2. → Benehmen
Erziehungsanstalt Besserungsanstalt, Erziehungsheim, Fürsorgeheim, Anstalt, Heim, → Gefängnis
Erziehungsberechtigte(r) → Eltern, → Vormund
Erziehungsheim → Erziehungsanstalt
Erziehungsminister → Kultusminister
erzielen → einbringen, → erreichen
erzittern → zittern, → entsetzen, sich
erzürnen ergrimmen, erbitten, erbosen, zornig machen, wütend machen, aufbringen, in Rage bringen, aufregen, → ärgern

erzürnt → wütend
erzwingen → durchsetzen, → erreichen
Esel 1. Grautier, Grauer, Langohr, Maultier, Muli, Maulesel, → Tragetier 2. → Dummkopf
Eselsbrücke → Gedächtnisstütze
Eselsohr → Falte
Eskalation Eskalierung, Zuspitzung, Krise, → Steigerung
eskalieren sich zuspitzen, zum Ausbruch kommen, sich aufschaukeln, sich hochschaukeln, sich steigern
Eskapade → Abenteuer
Eskorte → Begleitung
esoterisch → eingeweiht, → geheimnisvoll, → weltfremd
Espresso → Kaffee, → Café
Esprit → Geist
Essay Traktat, Abhandlung, → Artikel
essbar → gar, → genießbar
Essbesteck → Besteck
Esse → Schornstein
essen verzehren, verspeisen, vertilgen, verschlingen, verputzen, zu sich nehmen, kosten, sich einverleiben, sich ernähren, sich stärken, den Hunger stillen, das Essen einnehmen, speisen, tafeln, soupieren, dinieren, schmausen, schwelgen, schlemmen, prassen, futtern, mampfen, schmatzen, schnalzen, schlabbern, spachteln, sich voll fressen, sich überfressen, sich den Bauch voll schlagen, fressen
Essen 1. Nahrungsaufnahme, Schmaus, Geschmause, Gelage, Essgelage, Festessen, Fressgelage, Fresserei, → Mahlzeit 2. → Lebensmittel
essenziell (*auch:* essentiell) → wesentlich
Essenz 1. Quintessenz, Substanz, Grundgedanke, Inbegriff, springender Punkt, Gehalt, Kern 2. → Elixier, → Extrakt
Essgelage → Essen
Essgeschirr → Geschirr
Esslust Appetit, → Esssucht, → Hunger
Esssucht (*auch:* Ess-Sucht) Esslust, Fresssucht, Esszwang, Fresszwang, Bulimie
Esswaren → Lebensmittel
Esszwang → Esssucht
etablieren → gründen
etablieren, sich → niederlassen, sich, → anpassen, sich
etabliert → spießbürgerlich
Etablierung → Gründung
Etablissement Nachtlokal → Bordell
Etage → Geschoss
Etappe Periode, Phase, Epoche, Stufe, Stadium, Strecke → Abschnitt
etappenweise → allmählich
Etat Budget, Haushalt, Haushaltsplan, Staatshaushalt, Finanzplan, Finanzen
etepetete → geziert
Ethik → Sittlichkeit
ethisch → sittlich
Ethos → Gesinnung, → Sittlichkeit
Etikett Aufschrift, Aufdruck, Aufkleber, Wapperl, Preisschild, Schild, Schildchen, Stempel
Etikette → Benehmen, → Äußerlichkeit
etikettieren → beschildern
etliche → einige
etliches → bisschen
Etui → Hülle, → Mäppchen
etwa → beispielsweise, → ungefähr
etwas → bisschen
Etwas → Ding
Eule 1. Kauz, Käuzchen, Uhu 2. → Handfeger
Eulenspiegel → Clown, → Narr
Eunuch → Kastrat
Euphemismus → Umschreibung
Euphorie → Begeisterung
euphorisch → begeistert
evakuieren verlegen, auslagern, räumen, aussiedeln, umsiedeln
eventuell → vielleicht
Evergreen → Schlager
evident → offensichtlich
Evolution → Entwicklung
evozieren → verursachen
ewig ewiglich, allezeit, allzeit, endlos, immerwährend, immerdar, dauernd, unbegrenzt, unvergänglich, bleibend, zeitlos, → immer, → unendlich
Ewigkeit 1. Dauer, Endlosigkeit, Unvergänglichkeit, Zeitlosigkeit, → Unendlichkeit 2. → Jenseits, → Himmel
exakt → genau
Exaktheit → Genauigkeit
exaltiert → erregt, → überdreht
Exaltiertheit → Erregung, → Überspanntheit
Examen → Prüfung, → Abschluss
Examenskandidat → Prüfling
Examinand → Prüfling
examinieren → prüfen
Exegese Bibelauslegung, Bibeldeutung, Schriftauslegung, → Auslegung
exekutieren → hinrichten
Exekution → Hinrichtung
Exekutive → Herrschaft, → Polizei
Exempel → Beispiel
Exemplar Ausfertigung, Ausführung, Muster, Stück, Einzelstück, Nummer, Probe
exemplarisch → vorbildlich

exemplifizieren → erklären
exerzieren → drillen
Exhibitionismus → Perversität
exhibitionistisch → pervers
Exil Emigration, Verbannung, Vertreibung, Ausweisung
existent → vorhanden, gegenwärtig, anwesend, da, zugegen
Existenz 1. Vorhandensein, Anwesenheit 2. → Lebensunterhalt, → Leben
existenzfähig → lebensfähig
Existenzkampf → Daseinskampf
Existenzniveau → Lebensform
existenznotwendig → lebenswichtig
existieren → bestehen, → leben
Exitus → Ende, → Tod
Exklave → Hoheitsgebiet
exklusiv → extra, → vornehm
exklusive → abzüglich, → außer
Exkommunikation → Ausschluss
exkommunizieren → ausschließen
Exkremente Exkret, Kot, Fäkalien, Fäzes, Stuhl, Stuhlgang, Kacke, Scheiße, Dreck, Fladen, Mist, → Ausscheidung
Exkret → Exkremente, → Ausscheidung
Exkurs Abschweifung, Abstecher, Einschub
Exkursion Erkundung, Studienfahrt, Forschungsreise, Expedition, → Ausflug
Exodus → Auszug
exorbitant → gewaltig
exorzieren austreiben, Teufel austreiben, → bannen
exotisch → fremd
expandieren → erweitern
Expansion → Ausdehnung, → Erweiterung
expedieren → befördern
Expedierung → Transport
Expedition 1. Exkursion, Unternehmung, Marsch, Wanderung, Tour, Safari, Forschungsreise, Bildungsreise, → Reise 2. → Versand, → Transport
Experiment → Versuch, → Wagnis
experimentell → empirisch
experimentieren → herumprobieren, ausprobieren, probieren, Versuche anstellen, untersuchen, versuchen
Experte → Fachmann
Expertise → Gutachten
explizieren → darlegen, → erklären
explizit → ausdrücklich, → namentlich
explodieren 1. detonieren, sich entladen, zerbersten, zerplatzen, zerspringen, hochgehen, losgehen, in die Luft gehen, implodieren 2. → wütend werden
Explosion → Detonation, Entladung, Knall, Schlag, Donner, Implosion, → Ausbruch
explosiv → brisant, → feuergefährlich
Exponat → Ausstellungsstück
exponieren, sich sich vorwagen, sich in den Vordergrund stellen, sich ins Rampenlicht stellen, die Blicke auf sich ziehen, sich wichtig machen
exponiert → gefährdet
Export 1. Ausfuhr, Ausfuhrhandel, Ausfuhrgeschäft, Auslandsgeschäft, Auslandsmarkt, Außenhandel, Überseehandel, Transithandel, → Handel 2. → Bier
Exporteur → Geschäftsmann
exportieren ausführen, ins Ausland verkaufen
Exposee (*auch:* Exposé) → Entwurf
Exposition → Ausstellung, → Einleitung
expressiv → ausdrucksvoll
exquisit → exzellent
extemporieren → improvisieren
Extension → Erstreckung
extensiv → lang, → ausführlich
extra besonders, eigens, speziell, exklusiv, → einzeln, → ausdrücklich, → absichtlich
Extra → Zubehör
Extraausgabe(n) → Spesen, → Zeitung
Extraeinlage → Zugabe
extrahieren ausziehen, ziehen, reißen
Extrakt Auszug, Essenz, Konzentrat, Seim, Sirup, Tinktur, → Elixier
extraordinär → außergewöhnlich
extravagant → überdreht
Extravaganz → Überspanntheit
Extrawurst → Ausnahme
extrem → radikal, → übertrieben
Extrem 1. Grenze, Endpunkt, Höchstes, Äußerstes, Letztes 2. → Übertreibung
Extremismus → Radikalismus, → Terrorismus
Extremist → Radikaler
extremistisch → radikal
Extremität(en) Gliedmaße, Arm(e), → Bein
extrovertiert → gesellig
Extrovertiertheit → Geselligkeit
exzellent exquisit, erlesen, ausgesucht, ausgewählt, edel, von bester Qualität, erste Wahl, Ia, erstklassig, prima, ausgezeichnet, vorzüglich, trefflich, → vortrefflich
Exzentriker → Eigenbrötler
exzentrisch → launisch, → überdreht
Exzentrizität → Überspanntheit
exzeptionell → außergewöhnlich
Exzerpt Auszug, Blütenlese, Florilegium, Notiz, → Aufzeichnung
Exzess → Ausschweifung, → Maßlosigkeit
exzessiv → maßlos, → übertrieben

F

Fabel → Erzählung
fabelhaft sagenhaft, märchenhaft, fantastisch, wunderbar, wundervoll, zauberhaft, unglaublich, → großartig
Fabelwesen Fabelgeschöpf, Fabeltier, Märchengestalt, Fantasiegestalt, Fantasiegeschöpf
Fabrik Werk, Betrieb, Industriebetrieb, Industrieanlage, → Anlage
Fabrikant → Hersteller, → Unternehmer
Fabrikarbeiter → Arbeiter
Fabrikat Fabrikmarke, Marke, Typ, Artikel, Produkt
Fabrikation → Herstellung
Fabrikationskosten → Fertigungskosten
Fabrikbesitzer → Unternehmer
fabrikmäßig → maschinell
fabrizieren → herstellen
fabulieren → dichten, → erzählen
Fach 1. Schublade, Schubfach, Schubkasten, Schieblade, Schiebfach, Schiebkasten, Lade, Kasten, Schrankfach, Fachbrett, Brett, Gefach 2. Unterrichtsfach, Gegenstand, Wissensgebiet, Disziplin, Gebiet, Sachgebiet, Fachgebiet, Zweig, Berufszweig, Branche, Sparte, → Arbeitsgebiet, → Abteilung
Facharbeiter → Arbeiter, → Fachmann
Facharzt → Arzt
Fachbegriff → Fachausdruck, Fachterminus, Terminus technicus
fächeln zufächeln, wedeln, wehen, kühlen
fächern → kühlen
Fachgebiet → Fach
fachgemäß → fachkundig, → einschlägig
fachgerecht → fachkundig
Fachgeschäft → Geschäft
Fachgespräch → Kolloquium
Fachgröße → Fachmann
Fachhochschule → Universität
Fachkollege → Kollege
Fachkraft → Fachmann
fachkundig fachmännisch, fachgerecht, fachgemäß, sachkundig, sachgemäß, sachgerecht, sachverständig, kunstgerecht, kundig, gekonnt, professionell, routiniert, qualifiziert, zünftig, zunftgemäß, richtig
Fachmann Experte, Fachgröße, Autorität, Kapazität, Koryphäe, Meister, Spezialist, Routinier, alter Fuchs, alter Hase, Kanone, Könner, Profi, Insider, Kenner, Sachverständiger, Sachkenner, Sachkundiger, Mann vom Fach, Fachkraft, Facharbeiter
fachmännisch kennerhaft, mit Sachverstand, mit Kennerblick, → fachkundig
Fachterminus → Fachbegriff
Fachzeitschrift → Journal
Fackel Kienspan, Kalklicht, → Lampion
Fackelzug → Demonstration
fade → abgestanden, → langweilig
Faden Zwirn, Garn, Faser, Fussel, Bindfaden
fadenscheinig → durchschaubar, → abgenutzt
Fadenscheinigkeit → Durchschaubarkeit
Fadheit → Gleichförmigkeit
fähig im Stande, in der Lage, qualifiziert, befähigt, geeignet, → begabt
Fähigkeit Können, Vermögen, Kraft, Macht, Tauglichkeit, Eignung, Begabung, Qualifikation, Kunstfertigkeit, Fertigkeit, Beherrschung
fahl falb, erdfarben, erdfahl, erdgrau, gelblich, → blass
fahnden → suchen
Fahndung → Ermittlung
Fahne 1. Flagge, Banner, Panier, Fähnlein, Wimpel, Standarte, Stander 2. → Geruch
Fahneneid → Eid
Fahnenflucht → Desertion
fahnenflüchtig werden → desertieren
Fahnenflüchtiger → Deserteur
Fahrausweis → Ticket
Fahrbahn → Straße, → Trasse
fahrbar → beweglich
Fahrdamm → Trasse
Fähre Fährschiff, Fährboot, Fährkahn, Autofähre, → Schiff
fahren 1. chauffieren, kutschieren, lenken, steuern, befördern 2. rollen, sausen, flitzen, dampfen, brausen, gondeln, herumkutschieren, spazieren fahren, schleichen, sich fortbewegen 3. → reisen
fahren lassen → aufgeben
Fahrer → Chauffeur
Fahrerhaus → Cockpit
Fahrerkabine → Cockpit
Fahrerlaubnis → Führerschein
Fahrersitz → Cockpit
Fahrgast → Passagier
Fahrgestell Chassis, Rahmen, Fahrwerk
fahrig → nervös, → zerstreut
Fahrigkeit → Nervosität, → Zerstreutheit
Fahrkarte → Ticket
fahrlässig → unvorsichtig, → leichtsinnig
Fahrlässigkeit → Leichtsinn
fahrplanmäßig → pünktlich
Fahrrad Rad, Velo, Veloziped, Damenrad, Damenfahrrad, Herrenrad, Herrenfahrrad, Kinderfahrrad, Dreigangrad, Zehngangrad, Rennrad, Rennmaschine, Sportrad, Touren-

rad, Mountainbike, Tandem, Mühle, Drahtesel, Stahlross
Fahrschein → Ticket
Fahrstuhl → Aufzug, → Rollstuhl
Fahrt → Reise, → Wanderung, → Abfahrt, → Transport
Fahrt ins Blaue → Ausflug
Fährte Spur, Tritt, Geläuf, Witterung
Fahrtrichtung → Richtung
Fahrtunterbrechung → Halt
Fahrzeug Verkehrsmittel, Gefährt, Vehikel, Karosse, Karre, Fuhrwerk, → Wagen, → Kraftfahrzeug
Fahrzeugführer → Chauffeur
Faible → Vorliebe
fair → anständig
Fairness → Anständigkeit
Fäkalien → Exkremente
Fakir 1. Feuerfresser, Feuerschlucker, Schwarzkünstler, Magier, Gaukler, → Zauberer, → Artist 2. Asket, Säulenheiliger, Mönch
Faksimile → Reproduktion
Fakt → Tatsache
faktisch → wirklich
Faktor 1. Multiplikator, Divisor, Potenz, Exponent, Größe, Zahl 2. → Tatsache
Faktotum → Hausangestellter, → Helfer
Faktum → Tatsache
Faktura → Rechnung
fakturieren → berechnen
Fakultät → Abteilung
fakultativ → freiwillig
falb → beige, → fahl
Fall 1. Sturz, Absturz, Ausrutschen, Ausgleiten, Hinfallen 2. Kasus, Umstand, Frage, Beispiel, → Angelegenheit 3. → Wasserfall
Fallbaum → Schranke
Fallbö Bö, Windstoß
Falle 1. Mausefalle, Mäusefalle, Rattenfalle, Wildfalle, Fallgrube, Falltüre, Fangeisen, Wolfseisen, Leimrute, Fallnetz, Fußangel, Fallstrick, Schlinge 2. → Hinterhalt 3. → Bett
Falle stellen → auflauern
fallen 1. hinfallen, hinstürzen, stürzen, niederfallen, zu Fall kommen, hinschlagen, zu Boden fallen, fliegen, plumpsen, purzeln, herunterpurzeln, herunterfallen, herabfallen, → abstürzen, → ausrutschen 2. sinken, sich senken, heruntergehen, schwinden, abnehmen, abflachen 3. im Feld bleiben, auf dem Feld der Ehre bleiben, im Krieg bleiben, → sterben
fallen an → zufallen
fallen lassen → aufgeben, → erwähnen
fällen schlagen, abschlagen, umfällen, umschlagen, umhauen, umsägen, umholzen, abholzen
fällig abgelaufen, zahlbar, spätestens, an der Zeit, dran, reif
Fall-out (*auch:* Fallout) → Niederschlag
Fallreep → Gangway, → Leiter
falls → wenn
Falltüre → Falle, → Tür
falsch 1. unrichtig, unzutreffend, inkorrekt, fehlerhaft, verkehrt, grundverkehrt, grundfalsch, irrig, verfehlt, unhaltbar, unwahr, aus der Luft gegriffen, → erfunden 2. → stümperhaft 3. → heuchlerisch 4. → unecht 5. → misstönend
Falsch → Hinterhältigkeit
fälschen nachmachen, nachahmen, kopieren, nachdrucken
Falschgeld → Blüte, Geldschein
Falschheit → Hinterhältigkeit
fälschlich → irrtümlich
Falschmünzer → Betrüger
Falschspieler → Betrüger
Fälschung 1. Nachahmung, Nachbildung, Falsifikat, Imitation 2. → Betrug
falsifizieren → widerlegen
Faltblatt → Flugblatt
Falte Knick, Kniff, Knitter, Falz, Ecke, Eselsohr, Furche, Runzel, Schrumpel, Krähenfuß
falten falzen, knicken, umknicken, umbiegen, brechen, kniffen, fälteln, plissieren, einschlagen, umschlagen, zusammenlegen, zusammenfalten
faltenlos → glatt
Falter Nachtfalter, Tagfalter, Motte, Schmetterling
faltig gefaltet, gefältelt, plissiert, gekräuselt, kraus, zerknittert, knittrig, zerknautscht, zerklüftet, zerfurcht, → verrunzelt
Falz → Falte
falzen → falten
familiär → vertraut
Familie 1. Familienkreis, Weib und Kind, Anhang, Verwandtschaft, Sippe, Sippschaft, Großfamilie, Geschlecht, Stamm, Klan 2. → Nachkommenschaft 3. → Art
Familienangehöriger → Verwandter
Familienkreis → Familie
Familienmitglied → Verwandter
Familienname → Nachname
Familienoberhaupt → Vater, → Hausherr
Familienvater → Vater, → Hausherr
famos → großartig
Famulus 1. Adlatus, Adept, Diener, Gehilfe, Adjunkt, Hilfskraft, Helfer, Assistent, Amtsgehilfe, Begleiter, Betreuer, Gefolgsmann 2. Schüler, Hörer 3. → Arzt
Fan → Anhänger

Fanal → Zeichen
Fanatiker Eiferer, Starrkopf, Rigorist, Besessener, Fex, Streiter, Kämpfer, Weltverbesserer, → Hitzkopf, → Rechthaber
fanatisch intolerant, unduldsam, dogmatisch, doktrinär, starr, einseitig, besessen, verrannt, verbohrt, vernagelt, blind, blindgläubig, verblendet, unbelehrbar, unbekehrbar, → begeistert
fanatisieren → anstiften
Fanatismus Intoleranz, Unduldsamkeit, Dogmatismus, Starrheit, Einseitigkeit, Unbelehrbarkeit, Verbohrtheit, Besessenheit, Blindheit, Verblendung, → Begeisterung
Fanfare 1. Trompetenstoß, Trompetengeschmetter, Fanfarenstoß, Zapfenstreich, Trommelwirbel, Hornsignal, → Alarm 2. → Hupe, → Trompete
Fang → Beute, → Maul
Fangemeinde → Gefolgschaft
fangen auffangen, einfangen, erhaschen, haschen, schnappen, aufschnappen, → ergreifen
fangen, sich → fassen, sich
Fangfrage → Frage
Fangnetz → Netz
Fangschiff → Kutter
Fangstoß → Todesstoß
Fantasie (*auch:* Phantasie) 1. Einfallsreichtum, Ideenreichtum, Erfindungsgabe, Originalität, Kreativität, schöpferischer Geist, → Improvisation, → Schöpferkraft 2. → Einbildungskraft
fantasiebegabt (*auch:* phantasiebegabt) → fantasiereich
Fantasiegebilde (*auch:* Phantasiegebilde) → Einbildung
Fantasiegestalt (*auch:* Phantasiegestalt) → Fabelwesen
fantasielos (*auch:* phantasielos) einfallslos, unoriginell, unschöpferisch, unproduktiv, unkreativ, unfruchtbar, ohne Fantasie, schematisch, nach Schema F, schablonenhaft, stur, → epigonenhaft, → geistlos
Fantasielosigkeit (*auch:* Phantasielosigkeit) Fantasiemangel, Einfallslosigkeit, Unoriginalität, → Geistlosigkeit
fantasiereich (*auch:* phantasiereich) fantasiebegabt, fantasievoll, einfallsreich, erfindungsreich, ideenreich, findig, originell, → schöpferisch
fantasieren (*auch:* phantasieren) → fiebern, → improvisieren
fantasievoll (*auch:* phantasievoll) → fantasiereich
Fantast (*auch:* Phantast) Traumtänzer, Träumer, Illusionist, Schwärmer, Schwarmgeist, Enthusiast, Romantiker, Wirrkopf, Spinner, → Idealist
fantastisch (*auch:* phantastisch) → großartig, → utopisch
Farbe 1. Färbung, Farbgebung, Schattierung, Couleur, Kolorierung, Kolorit, Schimmer, Ton, Tönung, Farbton, Farbstoff, Lebensmittelfarbe, Tünche, Anstrich 2. → Teint
farbecht lichtecht, waschecht, wetterfest, farbbeständig
färben tönen, blondieren, einfärben, → anstreichen, → bemalen
Farbenblindheit → Fehlsichtigkeit
farbenfroh → bunt
Farbenglanz → Glanz
Farbenpracht Buntheit, Farbigkeit, Farbenreichtum, Farbenspiel, Vielfarbigkeit
farbenprächtig → bunt
Farbenreichtum → Farbenpracht
Farbenspiel → Farbenpracht
Farbfernseher → Fernsehgerät
Farbgebung → Farbe
farbig → bunt, → anschaulich
Farbiger Schwarzer, Neger, Mohr, Mulatte, Indianer
Farbigkeit → Farbenpracht, → Vielfalt
farblos 1. ungefärbt, naturbelassen, entfärbt, fahl, matt, → blass 2. → ausdruckslos
Farbstift → Schreibstift
Farbstoff → Farbe
Farbton → Farbe
Färbung → Farbe, → Tendenz
Farce → Füllung, → Unsinn, → Komödie, → Bauerntheater
Farm → Bauernhof
Farmer → Landwirt
faschieren → durchdrehen
Faschiertes → Hackfleisch
Fasching Fastnacht, Karneval, närrische Zeit, Faschingszeit, die tollen Tage, schmutziger Donnerstag, Rosenmontag, Aschermittwoch
Faschingsball → Kostümfest
Faschismus totalitäres Regime, antidemokratisches System, Führerprinzip, Nationalsozialismus, Neofaschismus
Faschist Demokratiegegner, Rechtsradikaler, Rechtsextremer, Skinhead, Nationalsozialist, Nazi, Brauner, Neofaschist, Falangist
faschistisch faschistoid, neofaschistisch, rechtsradikal, rechtsextrem, nationalsozialistisch, antidemokratisch, totalitär
Faselei → Geschwätz
faseln Unsinn reden, schwätzen, spinnen, spintisieren, schwärmen, träumen
Faser Fiber, Haar, Faden, Sehne, → Fussel
Fass Tonne, Bottich, → Behälter

Fassade 1. Schauseite, Vorderseite, Vorderansicht, Vorderfront, Stirnseite, Straßenseite, Hauswand, → Kulisse 2. → Schein
fassbar → verständlich
fassen 1. packen, zupacken, zufassen, → ergreifen 2. → aufnehmen 3. → einfassen 4. → verstehen
fassen, sich sich fangen, sich einkriegen, die Fassung wiedererlangen, zu sich kommen, Abstand gewinnen, → beruhigen, sich
fassettenreich (*auch:* facettenreich) → bunt, → vielfältig
fasslich → verständlich, → anschaulich
Fasslichkeit → Verständlichkeit
Fasson → Form
Fassung → Beherrschung, → Version, → Rahmen
Fassung bewahren → beherrschen, sich
Fassungskraft → Fassungsvermögen
fassungslos erstarrt, betroffen, bestürzt, konsterniert, sprachlos, perplex, baff, bass erstaunt, überrascht, → entsetzt
Fassungslosigkeit Betroffenheit, Bestürzung, → Überraschung
Fassungsvermögen Fassungskraft, Kapazität, Volumen, Aufnahmefähigkeit, Inhalt
fast beinahe, nahezu, annähernd, bald, schier, praktisch, kaum, knapp, um ein Kleines, so gut wie, um Haaresbreite
fasten hungern, sich enthalten, sich bezwingen, eine Fastendiät machen
Fasten → Diät, → Enthaltsamkeit
Fastendiät → Diät
Fastnacht → Fasching
Faszikel → Akte
Faszination Bezauberung, Anziehungskraft, → Reiz
faszinieren fesseln, bezaubern, nicht mehr loslassen, in Bann schlagen, bannen
faszinierend fesselnd, packend, bezaubernd, mitreißend, unwiderstehlich
fatal → verhängnisvoll
Fatalismus → Pessimismus
Fatalist → Pessimist
fatalistisch → pessimistisch
Fata Morgana → Einbildung
Fatum → Schicksal
Fatzke → Stutzer
fauchen zischen, schnauben, schnoben
faul 1. faulig, angefault, verfault, verrottet, morsch, vermodert, verwest, aasig, schlecht, → verdorben 2. arbeitsscheu, bequem, müßig, müßiggängerisch, stinkfaul, energielos, lethargisch, lasch, → träge
faulen verfaulen, modern, vermodern, verrotten, verwesen, sich zersetzen, schimmeln, verschimmeln, vergammeln, verkommen, umkommen, verderben
faulenzen bummeln, lottern, herumlungern, gammeln, nichts tun, auf der faulen Haut liegen, auf der Bärenhaut liegen, sich einen faulen Lenz machen, blaumachen, krankfeiern, blauen Montag machen, dem lieben Gott den Tag stehlen
Faulenzer Bummelant, Bummler, Flaneur, Drückeberger, Bärenhäuter, Faulpelz, Nichtstuer, Müßiggänger, Tagedieb, fauler Strick, fauler Hund, fauler Sack, → Phlegmatiker, → Taugenichts
Faulheit Bequemlichkeit, Müßiggang, Lotterleben, Arbeitsscheu, Drückebergerei, Bummelei, → Untätigkeit, → Trägheit
faulig stinkig, brackig, abgestanden, muffig, modrig, aasig, → faul
Fäulnis Verwesung, Moder, Schimmel, Zerfall
Faulpelz → Faulenzer
Fauna Tierwelt, Tierreich
faustisch getrieben, rastlos, suchend, strebend, genial, wissbegierig
Faustkämpfer → Boxer
Fäustling → Handschuh
Faustpfand → Pfand
Faustrecht Recht des Stärkeren, Selbstjustiz, Lynchjustiz, Selbsthilfe
Faustregel → Regel
Fauxpas → Verfehlung, → Fehler
favorisieren → vorziehen, → fördern
Favorit 1. Titelaspirant, Titelanwärter, Siegeskandidat, aussichtsreichster Kandidat, → Champion 2. → Günstling
Faxen → Unsinn, → Scherz, → Gehabe
Faxenmacher → Clown, → Spaßvogel
Fazit → Ergebnis, → Zusammenfassung
Feature Dokumentarbericht, → Hörspiel
fechten → kämpfen
Feder 1. Vogelfeder, Schwungfeder, Flaumfeder, Flaum, Daune, Dune 2. Schreibfeder, Zeichenfeder, Federkiel, → Füller 3. Sprungfeder, Druckfeder, Federzug, Blattfeder, Federbein, Stoßdämpfer, Federung
Federdeckbett → Deckbett
Federfuchser → Pedant
federführend → ausschlaggebend, → verantwortlich
Federkleid Gefieder, Federn
Federkraft → Elastizität
Federkrieg → Meinungsverschiedenheit
Federmäppchen → Mäppchen
federn zurückspringen, zurückschnellen, zurückprallen, abprallen, schwingen, nachgeben
federnd → elastisch

Federung → Feder
Federvieh → Geflügel
Federweißer → Most
Fee Elfe, Sylphe, Sylphide, Märchenwesen
feenhaft märchenhaft, traumhaft, zauberhaft, unirdisch, → gespenstisch, → zart
Feenreich → Wunderland
fegen 1. kehren, auskehren, moppen, → putzen 2. → eilen 3. → stürmen
Feger → Besen, → Handfeger
Fehde → Streit
Fehdehandschuh → Herausforderung
Fehl → Fehler, → Makel
Fehlbetrag Defizit, Differenz, Minus, Manko, Soll, Verlustbetrag, Einbuße
fehlen 1. abgehen, nicht vorhanden sein, ausstehen, → mangeln 2. ausbleiben,wegbleiben, fernbleiben, schwänzen, verschwunden sein, verloren sein, vermisst werden 3. → verfehlen 4. → sündigen 5. → irren, sich
Fehlen → Ausfall, → Abwesenheit
Fehler 1. Inkorrektheit, Missgriff, Fehlgriff Fehlleistung, Versprecher, Lapsus, Schreibfehler, Druckfehler, Ausrutscher, Schnitzer, Patzer, Fauxpas, Entgleisung, Versagen, Dummheit, Bock, Bockmist, → Laster, → Irrtum 2. → Defekt 3. → Makel
Fehlerbestimmung → Diagnose
fehlerfrei → einwandfrei, → fließend
fehlerhaft → falsch, → mangelhaft
fehlerlos → einwandfrei, → fließend, → vollkommen
Fehlgeburt → Abtreibung, → Geburt
fehlgehen → misslingen, → irren, sich
Fehlgriff → Fehler, → Irrtum
Fehlleistung → Irrtum, → Fehler
Fehlschlag → Misserfolg
fehlschlagen → misslingen
Fehlschluss → Irrtum
Fehlsichtigkeit Kurzsichtigkeit, Weitsichtigkeit, Alterssichtigkeit, Farbenblindheit, Rotgrünblindheit, → Sehstörung
Fehltritt → Verfehlung
Fehlurteil → Irrtum
feien → schützen
Feier Feierlichkeit, Feierstunde, Festakt, Festveranstaltung, Gedenkstunde, Gedenkfeier, → Fest
Feierabend Dienstschluss, Arbeitsschluss, Büroschluss, Geschäftsschluss, Schluss, Ende, Dämmerstündchen, Abendstunde, Abendruhe, Muße, → Freizeit
feierlich festlich, festtäglich, sonntäglich, prächtig, galamäßig, stimmungsvoll, gehoben, erhaben, erhebend, solenn, würdevoll, weihevoll, → ehrenwörtlich
Feierlichkeit 1. Erhabenheit, Würde, Weihe, Pathos, Ergriffenheit 2. → Feier
feiern 1. festen, ein Fest geben, eine Gesellschaft geben, eine Fete veranstalten, eine Party geben, einen draufmachen 2. begehen, begießen, bejubeln, besingen, preisen, → ehren 3. → veranstalten
Feierstunde → Feier
Feiertag → Festtag, → Ruhetag
feige 1. ängstlich, kleinmütig, feigherzig, hasenherzig, hasenfüßig, memmenhaft 2. → niederträchtig
Feigheit Ängstlichkeit, Kleinmütigkeit, Verzagtheit, Hasenherzigkeit
Feigling Angsthase, Hasenfuß, Hasenherz, Memme, Drückeberger, Duckmäuser, Kneifer, Schisser, Hosenscheißer, → Schwächling
feil → bestechlich, → käuflich
feilbieten → anbieten
Feile Raspel, Reibahle
feilen 1. glätten, ausgleichen, schleifen, reiben 2. → überarbeiten
feilhalten → anbieten
feilhalten, sich → prostituieren, sich
feilschen → handeln
fein 1. delikat, köstlich, schmackhaft, wohlschmeckend, lecker, appetitlich, exquisit 2. duftig, dünn, zierlich, → zart 3. → elegant
Feind Widersacher, Gegner, Erzfeind, Todfeind, Landesfeind, Staatsfeind, innerer Feind, → Angreifer
Feindbild → Vorurteil
feindlich 1. gegnerisch, feindselig, feindschaftlich, übel wollend, animos, hasserfüllt, verfeindet, Spinnefeind 2. → gegensätzlich
Feindschaft Gegnerschaft, Feindseligkeit, Feindlichkeit, Anfeindung, Animosität, Fehde, → Streit
feindschaftlich → feindlich
feindselig → feindlich
Feindseligkeit → Feindschaft, → Hass
feinfühlend → sensibel, → taktvoll
feinfühlig → sensibel
Feinfühligkeit → Sensibilität
Feingefühl → Taktgefühl
feingliedrig → zart
Feinheit 1. Anmut, Zartheit, Subtilität 2. → Nuance
fein machen, sich → herausputzen, sich
feinnervig → sensibel
feinporig → porös
Feinschmecker → Genießer
feinschmeckerisch → genießerisch
feinsinnig empfindsam, kunstempfänglich, künstlerisch, musisch, poetisch, dichterisch
feist → dick

feixen → lachen
Feld 1. Gefilde, Flur, Feldflur, Feldmark, Gemarkung, Land, → Acker 2. → Arena 3. → Bereich, → Gebiet
Feld räumen → aufbrechen
Feldarbeit → Ackerbau
Feldarbeiter → Knecht
Feldbau → Ackerbau
Feldbestellung → Ackerbau
Feldbett → Pritsche
Feldforschung → Umfrage
Feldherr Heerführer, Imperator, Stratege, → Befehlshaber
Feldküche Behelfsküche, Gulaschkanone
Feldlager → Lager
Feldstecher → Fernglas
Feldübung → Gefechtsübung
Feldweg → Weg
Feldwirtschaft → Ackerbau
Feldzeichen → Wappen
Feldzug 1. Kriegszug, Heereszug, Kreuzzug, → Krieg 2. → Kampagne
Fell Balg, Decke, Haardecke, Haarkleid, Pelz, Vlies, Wolle, Zotteln, Haut
Fels Felsen, Felsbrocken, Felsblock, Felsgestein, Gestein, Felswand, Steilwand, Wand, Fluh, Felsklippe, Klippe, Felszacke, Zacke, Riff
Felsbrocken → Fels
Felsen → Fels
felsenfest → standhaft
Felsgestein → Fels
felsig steinig, öde, zerklüftet, karg, versteppt, verkarstet, karstig
Felsrutsch Erdrutsch
Felswand → Fels
Felszacke → Fels
Feme → Gericht, → Vergeltung
Fememord → Anschlag, → Mord
feminin → weiblich
Feminismus Frauenbewegung, Gleichberechtigungskampf, Kampf um Gleichberechtigung, → Emanzipation
Feministin Frauenrechtlerin, Verfechterin der Frauenrechte, Suffragette, Emanzipierte, Emanze
Femme fatale → Vamp
Fenn → Sumpf
Fenster Fensteröffnung, Fensterluke, Luke, Fensterloch, Lichtschacht, Oberlicht, Guckloch, Guckfenster, Bullauge, Fensterscheibe, Scheibe, Glas, → Auslage, → Dachfenster
Fensterbank Fensterbrett, Fenstersims, Sohlbank
Fensterbrett → Fensterbank
Fensterladen Klappladen, Laden, Schlagladen, → Jalousie
Fensterleder → Lappen
Fensteröffnung → Fenster
Fensterscheibe → Fenster
Fenstersims → Fensterbank
Ferien Schulferien, Werksferien, Betriebsferien, Ferienzeit, Urlaubszeit, Urlaub, Reisezeit, Erholungszeit, → Freizeit
Ferienaufenthalt → Ferienort
Feriengast → Tourist
Ferienhaus → Wochenendhaus
Ferienheim → Schullandheim
Ferienhütte → Wochenendhaus
Ferienlager → Lager
Ferienort Urlaubsort, Ferienparadies, Sommerfrische, Erholungsaufenthalt, Urlaubsaufenthalt, Ferienaufenthalt, Sommeraufenthalt
Ferienparadies → Ferienort
Ferientag → Ruhetag
Ferienzeit → Ferien
Ferkel → Schwein, → Schmutzfink
fern entfernt, entlegen, abseits, fern liegend, weit, weitab, fernab, in der Ferne, weit weg, weit draußen, unerreichbar
fern halten → abhalten
fern halten, sich → meiden
fernab → fern
fernbleiben → fehlen, → meiden
Fernblick → Aussicht
Ferne Entfernung, Entlegenheit, Weite, weite Welt, ferne Länder, → Fremde
ferner → auch, → weiter, → außerdem
fernerhin → auch, → weiter, → künftig
Ferngespräch → Telefongespräch
Fernglas Feldstecher, Prismenglas, Opernglas, Fernrohr, Teleskop, Refraktor, Sehrohr, Periskop
fernmündlich → telefonisch
Fernost → Orient
Fernrohr → Fernglas
Fernschreiben → Telegramm
Fernsehapparat → Fernsehgerät
fernsehen fernsehschauen, Fernsehen schauen, in die Röhre schauen, glotzen
Fernsehen → Rundfunk, → Fernsehgerät
Fernseher → Fernsehgerät
Fernsehgerät Fernsehapparat, Fernseher, Fernsehen, Fernsehempfänger, Empfangsgerät, TV-Gerät, TV, Schwarzweißgerät, Farbfernseher, Glotze, Flimmerkiste, Pantoffelkino, → Bildschirm
Fernsehkamera → Kamera
fernsehschauen → fernsehen
Fernsehsendung → Sendung
Fernsehspot → Spot
Fernsehsprecher → Moderator
Fernsehturm → Funkturm

Fernsicht → Aussicht
Fernsprechbuch → Telefonbuch
Fernsprecher → Telefon
Fernsprechnummer → Telefonnummer
Fernsprechverzeichnis → Telefonbuch
Fernsprechzelle → Telefonzelle
Fernweh → Reisefieber, → Sehnsucht
Ferse Hacke, Hacken
fertig 1. abgeschlossen, beendet, fix und fertig, erledigt, → bereit 2. → erschöpft 3. → reif
fertig bringen → bewältigen, → erreichen
fertig machen → erledigen, → vollenden, → heruntermachen
fertig machen, sich → vorbereiten, sich
fertig stellen → bauen, → vollenden
fertigen → herstellen
Fertigkeit → Fähigkeit, → Geschicklichkeit
Fertigstellung → Herstellung, → Vollendung
Fertigung → Herstellung
Fertigungskosten Herstellungskosten, Fabrikationskosten, Gestehungskosten, Produktionskosten, Selbstkosten, Unkosten, → Kosten, → Preis
fertil → fruchtbar
Fertilität → Fruchtbarkeit
fesch → elegant, → geschniegelt
Fessel 1. Handschelle, Fußfessel, Bande, Band 2. Fußgelenk, Fußknöchel 3. → Zwang
fesseln 1. binden, anbinden, festbinden, Fesseln anlegen, Ketten anlegen, in Ketten legen, knebeln 2. → faszinieren
fesselnd → spannend, → faszinierend
fest 1. unbeweglich, starr, statisch, stationär, unlösbar, unverrückbar, fixiert, fix, bombenfest, stramm, straff, hart, solide, stabil → haltbar 2. → charakterfest 3. → beschlossen
Fest Gesellschaft, Einladung, Festlichkeit, Geselligkeit, Empfang, Festivität, Freudenfeier, Freudenfest, Party, Cocktailparty, Fete, Budenzauber, Sause, Vergnügen, Vergnügung, Festveranstaltung, Veranstaltung, Straßenfest, Volksfest, → Feier, → Ball
Festakt → Feier
Festball → Ball
Festbankett → Festessen
festbeißen, sich → verkrampfen, sich
festbinden → anbinden, → fesseln
festbleiben → behaupten, sich
feste → gehörig
Feste → Festung, → Burg
festen → feiern
Festessen Festmahl, Festgelage, Festschmaus, Festbankett, Bankett, Essen, Galaessen, Galadinner, Tafel, Gastmahl, Ehrenmal, → Mahlzeit
festfahren → stranden
festfahren, sich → stocken
Festgelage → Festessen
festgelegt → beschlossen
festgesetzt → beschlossen, → gefangen
Festgewand → Gala
festhalten 1. halten, packen, zurückhalten, → aufhalten 2. fixieren, festbannen, aufs Papier bannen, aufs Foto bannen, erfassen, → aufschreiben
festhalten an → beibehalten, → bestehen auf
festhalten, sich → halten, sich
festigen stärken, konsolidieren, stabilisieren, zementieren, erhärten, stützen, vertiefen, verankern, → bestätigen
festigen, sich → setzen, sich
Festigkeit 1. Stabilität, Härte, Zähigkeit, Halt, Haltbarkeit, Belastbarkeit, Dichte 2. → Charakterfestigkeit
Festigung Stärkung, Konsolidierung, Stabilisierung, Zementierung, Sicherung, Verankerung, → Ausbau
Festival → Festspiel, → Veranstaltung
Festivität → Belustigung, → Fest
Festkleidung → Gala
festkrallen, sich → klammern, sich
Festland → Land
festlegen 1. determinieren, festnageln, beim Wort nehmen, verpflichten, einschränken, eingrenzen 2. → anlegen 3. → festsetzen
festlegen, sich sich binden, eine Bindung eingehen, Farbe bekennen, sich verpflichten, sein Wort geben, → versprechen
Festlegung → Vereinbarung, → Versprechen
festlich → feierlich
Festlichkeit → Belustigung, → Fest
festliegen → feststehen
festmachen → festschreiben, → befestigen, → ankern
Festmahl → Festessen
festnageln → festlegen, → aufhalten
Festnahme → Verhaftung
festnehmen → verhaften
Festpreis → Pauschalpreis
Festrede → Rede
Festredner → Redner
Festsaal → Saal
festschreiben festsetzen, festmachen, schriftlich festlegen, definitiv vereinbaren, fixieren, besiegeln, verankern
festsetzen 1. datieren, anberaumen, ansetzen, abmachen, abstecken, festlegen, → festschreiben, → beschließen 2. → einsperren

festsetzen, sich → einnisten, sich
Festspiel Festspiele, Festival, Festwoche, Festwochen, → Schauspiel
Festspielhaus → Theater
feststehen festliegen, sicher sein, gelten
feststehend → formelhaft
feststellen 1. arretieren, fixieren, blockieren 2. konstatieren, eine Feststellung treffen, aussagen, dartun, vermerken, äußern, → betonen 3. → erkennen, → bemerken 4. → ermitteln
Feststellung 1. Konstatierung, Aussage, Behauptung, Statement, Äußerung, Bemerkung 2. → Entdeckung
Festtag Feiertag, Ehrentag, Jubeltag, Fest, → Feier
festtäglich → feierlich
Festung Bastille, Fort, Festungsbau, Feste, Zitadelle, Kastell, → Burg, → Befestigungsanlage
Festungswall → Befestigungsanlage
Festveranstaltung → Feier, → Fest
festziehen anziehen, festzurren, nachziehen, befestigen
Festzug → Umzug
festzurren → festziehen
Fete → Fest
Fetisch → Abgott, → Glücksbringer
Fetischismus → Götzenverehrung, → Perversität
fett → dick, → fettig
Fett 1. Schmalz, Schmer, Talg, Speck, Tran, Butter, Margarine, Öl 2. Fettgewebe, Fettpolster, Pölsterchen, Kummerspeck, Babyspeck
fetten → einfetten
fetthaltig → fettig
fettig fett, fetthaltig, fetttriefend, ölig, tranig, schmierig, speckig, → glatt
fettleibig → dick
Fettleibigkeit Dickleibigkeit, Beleibtheit, Leibesfülle, Fülle, Übergewicht, Korpulenz
Fettpolster → Fett
Fettstift → Kreide
fetttriefend → fettig
Fettwanst → Bauch
Fetus → Embryo
Fetzen Schnipsel, Schnippel, Schnitzel, Flicken, Fleck, Stoffrest, Lappen, Stück
feucht klamm, durchnässt, durchgeschwitzt, benetzt, betaut, → nass, → regnerisch
Feuchtemesser Hygrometer
feuchten → nässen
feuchtheiß → schwül
Feuchtigkeit Feuchte, Nässe, Dampf, Benetzung, → Niederschlag
feuchtkalt → kalt, → regnerisch
feudal → adlig, → üppig
Feudalismus Feudalherrschaft, Adelsherrschaft, Ständegesellschaft, Lehenswesen
Feudel → Lappen
Feuer 1. Feuerschein, Scheiterhaufen, Lagerfeuer, Herdfeuer, offene Flamme, → Brand, → Flamme 2. → Feuerzeug, → Zündholz 3. → Begeisterung 4. → Leidenschaft
Feuer fangen → brennen
feuerbeständig → feuerfest, feuersicher, unentzündbar
Feuerbestattung → Einäscherung
Feuereifer → Eifer
feuerfest → feuerbeständig
feuergefährlich brennbar, leicht entzündlich, entflammbar, explosiv, hochexplosiv
Feuergefecht → Kampf
Feuerholz → Brennstoff
Feuerleiter → Notausgang
Feuerlinie → Front
Feuermal → Muttermal
feuern → entlassen, → heizen, → schießen
Feuerprobe → Bewährungsprobe
feuerrot → rot, → rothaarig
Feuersbrunst → Brand
Feuerschein → Feuer
Feuerschlucker Feuerspucker, Feuerfresser, Fakir, → Artist
feuersicher → feuerbeständig
Feuerspucker → Artist, → Feuerschlucker
Feuerstelle → Herd
Feuertaufe → Bewährungsprobe
Feuertreppe → Notausgang
Feuertür → Notausgang
Feuerung → Heizung
Feuerwaffe → Gewehr, → Pistole
Feuerwehr 1. Brandwache, Feuerschutzpolizei, Berufsfeuerwehr, freiwillige Feuerwehr, Werksfeuerwehr 2. → Feuerwehrauto
Feuerwehrauto Feuerwehr, Feuerlöschzug, Löschzug, Spritzenwagen, Einsatzwagen
Feuerwehrmann Brandmeister, Spritzenmeister, Feuerwehrhauptmann
Feuerwerkskörper Knallkörper, Knaller, Knallfrosch, Knallerbse, Knallbonbon, Kanonenschlag, Böller, Leuchtkugel, Rakete, Heuler, Schwärmer, Wunderkerze, bengalisches Feuer
Feuerzeug Gasfeuerzeug, Benzinfeuerzeug, Feuer, → Zündholz
Feuilleton 1. Kulturteil, Literaturteil, Unterhaltungsteil, Kulturbeilage 2. → Artikel
Feuilletonist → Schriftsteller
feurig → leidenschaftlich
Fex → Fanatiker
Fez → Scherz
Fiaker → Kutsche

Fiasko → Misserfolg
Fibel 1. Lesebuch, Abc-Buch, Schulbuch, → Lehrbuch 2. → Brosche
Fiber → Faser
fickerig → nervös
fidel → heiter, → lustig
Fieber erhöhte Temperatur, Temperatur, Fieberanfall, Fieberglut, Fieberhitze, Schüttelfrost, → Erkältung
Fieberbläschen → Herpes
fieberhaft → fiebrig, → eilig, → gespannt
fiebern fiebrig sein, Fieber haben, fantasieren, wirres Zeug reden, irrereden, → krank sein
Fiebertraum → Einbildung, → Traum
Fieberwahn → Einbildung
fiebrig fieberhaft, unruhig, erhitzt, krank
Fiedel → Geige
fiepen → pfeifen
fies → niederträchtig
Fiesheit → Niedertracht
Fighter → Boxer
Figur Gestalt, → Skulptur, → Person, → Rolle, → Redewendung
figurieren → darstellen
figürlich → konkret
Fiktion → Annahme, → Erfindung
fiktiv → erfunden, → imaginär
Filiale → Zweigstelle
Film 1. Filmmaterial, Filmstreifen, Filmrolle, Zelluloid, Negativ, Positiv, Diapositiv, → Fotografie 2. Spielfilm, Kinofilm, Streifen 3. Schmierfilm, Schicht, Schutzschicht, Schutzfilm, Überzug
Filmatelier → Atelier
filmen einen Film drehen, drehen, aufnehmen, → verfilmen
Filmkamera → Kamera
Filmmaterial → Film
Filmprojektor → Projektor
Filmrolle → Film
Filmschauspieler → Schauspieler
Filmstar → Berühmtheit
Filmstreifen → Film
Filmstudio → Atelier
Filmtheater → Kino
Filmvorführgerät → Projektor
Filou → Gauner, → Schlaukopf
Filter Filterpapier, Filtrierpapier, Kaffeepapier, Kaffeefilter, → Sieb
filtern filtrieren, sieben, durchsieben, seihen, durchseihen, scheiden, klären, trennen, reinigen
Filterpapier → Filter
Filz → Stoff, → Vetternwirtschaft
filzen → durchsuchen, → geizen
filzig → geizig
Filzokratie → Vetternwirtschaft
Filzpantoffeln → Pantoffeln
Filzstift → Schreibstift
Fimmel → Marotte
Finale Endkampf, Endausscheidung, Endspiel, Endrunde, Schlussrunde, letzte Runde, Endspurt, Finish, Schlussakt, Schlussteil, Coda, → Ende, → Abschluss
Finanzen → Etat, → Geld, → Vermögen
Finanzfachmann → Bankier
Finanzgröße → Kapitalist
finanziell geldlich, geldmäßig, pekuniär, geschäftlich, wirtschaftlich
Finanzier → Geldgeber
finanzieren → leihen, → zahlen
finanzkräftig → reich
Finanzlage → Vermögensverhältnisse
Finanzplan → Etat
finanzschwach → arm
finanzstark → reich
Findelkind → Waise
finden 1. auffinden, aufstöbern, auftreiben, aufgabeln, auflesen, in die Hände fallen, stoßen auf, einen Fund machen, wieder finden, → entdecken 2. ausfindig machen, fündig werden, ausmachen, lokalisieren, herausfinden, → erraten, → ergründen 3. → antreffen 4. → meinen
findig → fantasiereich, → schlau
Findling → Stein, → Waise
Finesse → Spitzfindigkeit, → Trick
Finger Fingerglied, Griffel
Fingeralphabet → Zeichensprache
fingerfertig → geschickt
Fingerfertigkeit → Geschicklichkeit
Fingerhandschuh → Handschuh
fingern → fummeln
Fingernagel → Nagel
Fingerring → Ring
Fingerspitzengefühl → Taktgefühl
Fingerzeig → Hinweis
fingieren → erfinden, → vortäuschen
Finish → Finale
Finne → Flosse, → Pickel
finster → dunkel, → ernst
Finsternis → Dunkelheit
Finte → Ausrede, → List
fintenreich → listig
Firlefanz → Albernheit, → Tand
firm → erfahren
Firma → Betrieb, → Unternehmen
Firmament → Himmel
firmen → einsegnen
Firn → Schnee, → Gletscher
Firnis → Politur

firnissen → polieren
First → Dachfirst, → Giebel
fischen 1. angeln, Fische fangen, die Netze auswerfen 2. haschen, danach greifen, danach langen, zu erwischen versuchen
Fischerei → Fischfang
Fischernetz → Netz
Fischfang Fischerei, Hochseefischerei, Küstenfischerei, Binnenfischerei, Flussfischerei
Fischkutter → Kutter
Fiskus → Staatskasse
fispeln → flüstern
fisseln → regnen
Fisselregen → Regen
Fist → Darmwind
Fistel → Geschwür
fit → leistungsfähig, → gesund
Fitness → Gesundheit
Fittich → Flügel
fix → fest, → schnell
Fixbetrag → Pauschale
fixen → injizieren
fixieren → anschauen, → befestigen, → festschreiben
fixiert → fest
Fixum → Pauschale, → Lohn
Fjord → Bucht
FKK → Nudismus
FKK-Anhänger → Nudist
FKK-Strand → Nacktbadestrand
flach 1. seicht, niedrig, untief, knöcheltief, knietief 2. → eben 3. → oberflächlich
Fläche 1. Ausdehnung, Ausbreitung, Raum, Platz, Tafel, Ebene 2. → Gebiet
Flachheit → Geistlosigkeit
Flachland → Ebene
flachsen → scherzen
flackern 1. züngeln, flammen, wabern, lodern, → brennen 2. → blinken 3. → zittern
Fladen → Klumpen, → Brot
Flagge → Fahne
Flagge setzen → hissen
flagrant → offensichtlich
Flair → Ausstrahlung, → Stimmung
Flakon → Flasche
Flamme 1. Flammensäule, Feuersäule, Feuerzunge, Zunge, Stichflamme, Lohe, Licht, Brand, → Feuer 2. → Geliebte
flammen → flackern, → brennen
flammend lodernd, lohend, lichterloh, brennend, → leidenschaftlich, → heiß
Flaneur → Faulenzer
flanieren → spazieren gehen
Flanke 1. Weiche, Seite, Hüfte 2. Flügel, Längsseite
flapsig → flegelhaft, → frech
Flasche 1. Bouteille, Pulle, Buddel, Korbflasche, Ballon, Flakon, Fläschchen, Ampulle 2. → Schwächling, → Versager
Flaschengeist → Kobold
Flaschenöffner Kapselheber, Korkenzieher, Pfropfenzieher
Flaschenpfand → Pfand
Flaschenzug → Aufzug, → Winde
Flaschner → Installateur
flatterhaft → unbeständig
Flatterie → Schmeichelei
flattern 1. wedeln, baumeln, wehen, sich im Wind bewegen, knattern, → zittern 2. → fliegen
flattieren → schmeicheln
Flatus → Darmwind
flau → abgestanden, → unwohl
Flaum → Feder, → Bart
flaumig → weich
flauschig → weich
Flausen → Laune, → Unsinn, → Gehabe
Flausenmacher → Spaßvogel
Flaute 1. Windstille, Kalme, Stille 2. → Depression
fläzen, sich → räkeln, sich
fläzig → flegelhaft
Flechte 1. Schuppenflechte, Grindflechte, Eiterflechte, → Ausschlag 2. → Moos
flechten ineinander flechten, verschlingen, verknoten, verweben, binden, umbinden, umwinden
Flechtwerk → Geflecht
Fleck 1. Schmutzfleck, Dreckfleck, Flecken, Kleckser, Klecks, Spritzer, → Makel 2. → Fetzen 3. → Ort
Flecken → Fleck, → Dorf
fleckenlos → sauber
fleckig → schmutzig, → scheckig
fleddern → plündern
Fleet → Kanal
Flegel Rüpel, Lümmel, Bengel, Schnösel, Lackel, Fläz, Rabauke, Rowdy, Grobian, Klotz, Kloben, Gassenjunge, Rotzlöffel, Rotznase, Rotzbengel, Frechdachs, → Spitzbub(e)
Flegelei Flegelhaftigkeit, Rüpelei, Rüpelhaftigkeit, Unart, Ungezogenheit, → Unhöflichkeit
flegelhaft rüpelhaft, lümmelhaft, pöbelhaft, fläzig, schnöselhaft, flapsig, schnodderig, ungezogen, → unhöflich
Flegelhaftigkeit → Flegelei
Flegeljahre → Jugend
flegeln, sich → räkeln, sich
flehen → bitten

flehend → beschwörend
flehentlich → beschwörend
Fleisch 1. Gewebe, Zellgewebe, Muskelfasern, Muskel 2. Geschlachtetes, Gehacktes, Hackfleisch, Braten, Bratenstück, Schnitzel, Steak, Geschnetzeltes 3. → Körper
Fleischbank → Metzgerei
Fleischbrühe → Brühe
Fleischer → Metzger
Fleischerladen → Metzgerei
Fleischeslust → Lüsternheit
Fleischhauer → Metzger
fleischig → dick
Fleischkloß Klops, Frikadelle, Bulette, Fleischküchle, Hackfleischbällchen
Fleischküchle → Fleischkloß
fleischlich → irdisch, → sinnlich
fleischlos → vegetarisch, → mager
Fleischwerdung → Inbegriff
Fleischwolf Wolf, Faschiermaschine
Fleiß Fleißigkeit, Strebsamkeit, Emsigkeit, Betriebsamkeit, Arbeitseifer, Arbeitsamkeit, Geschäftigkeit, Unermüdlichkeit, → Eifer, → Ehrgeiz
fleißig strebsam, emsig, tüchtig, arbeitsam, betriebsam, unermüdlich, bienenfleißig, schaffig, lerneifrig, → eifrig, → ehrgeizig
flektieren beugen, deklinieren, konjugieren, abwandeln
flennen → weinen
flexibel 1. beweglich, mobil, anpassungsfähig, wendig 2. biegsam, → elastisch
Flexion Beugung, Deklination, Konjugation, Abwandlung
flicken → stopfen, → ausbessern
Flicken → Fetzen
Flickwerk → Stümperei
Fliege → Insekt, → Krawatte, → Bart
fliegen 1. schweben, segeln, gleiten, getragen werden, sich tragen lassen, kreisen, streichen, schwirren, schießen, flattern 2. → reisen 3. → fallen 4. → laufen
Flieger → Flugzeug, → Pilot
Fliegerei → Luftfahrt
fliehen 1. flüchten, die Flucht ergreifen, davonlaufen, Reißaus nehmen, Fersengeld geben, das Hasenpanier ergreifen, sich aus dem Staub machen, türmen, verduften, entfliehen, entweichen, entspringen, sich absetzen, abhauen, → ausbrechen, → auswandern 2. → meiden
Fliese Plättchen, Platte, Klinker, Kachel, Ofenkachel
fließen rinnen, laufen, rieseln, spülen, sich ergießen, strömen, fluten, wogen, wallen, quellen, → abfließen, → münden
fließend 1. ohne zu stocken, ohne stecken zu bleiben, flüssig, ununterbrochen, perfekt, fehlerlos, fehlerfrei 2. weich, ineinander übergehend, gleitend, unbestimmt
flimmern → glänzen, zittern
flink behände, fix, leichtfüßig, leichten Fußes, gewandt, wendig, → schnell
Flinkheit → Geschwindigkeit
Flinte → Gewehr
flirren → glänzen
Flirt Anbändelei, Spielerei, Spiel, Tändelei, Getändel, Schäkerei, Geschäker, Liebelei, → Verhältnis
flirten schäkern, tändeln, liebeln, poussieren, kokettieren, schöntun, schöne Augen machen, liebäugeln, girren, gurren, turteln, balzen, spielen, plänkeln, → anmachen, → umwerben
Flitter → Tand
Flitterwochen Honigwochen, Honigmond, Honigmonat, goldene Zeit
flitzen → eilen, → laufen, → fahren
Flitzer → Kraftfahrzeug
Flocke → Schneeflocke, Kristall, → Fussel
flockig → locker
Flohmarkt Trödelmarkt, Ramschmarkt, Antiquitätenmarkt
Flop → Misserfolg
Flor Gewebe
Flora Pflanzenwelt, Pflanzenreich, Pflanzenwuchs, Bewuchs, Vegetation
Florett → Schwert
florieren → gedeihen
Florilegium Blütenlese, Auslese, Exzerpt
Floskel → Redensart
floskelhaft → phrasenhaft
Flosse Finne, Schwanzflosse, Fluke, → Hand
flöten → flüstern, → pfeifen, → zwitschern
flöten gehen → verloren gehen
flott → elegant, → schnell
Flott → Rahm
Flotte Schiffsverband, Geschwader, Kriegsflotte, Marine, Seemacht, Seestreitkräfte, Armada, Flottenverband, Flottille, Handelsflotte, Luftflotte, Luftgeschwader
flottmachen → renovieren
Fluch 1. Drohwort, Schimpfwort, Fluchwort, Kraftwort, Kraftausdruck, Schmährede, Gotteslästerung, Verwünschung, Verfluchung, → Ächtung 2. → Unheil
fluchen wettern, lästern, schimpfen, Verwünschungen ausstoßen, → verfluchen
Flucht 1. Ausbruch, Entweichen, Rückzug, Aufgabe 2. Reihe, Zeile, Kette
fluchtartig → eilig

fluchten → ausrichten
flüchten → fliehen
flüchtig 1. fliehend, auf der Flucht, entflohen, entwichen, ausgebrochen, gesucht 2. ätherisch, dampfförmig, sich verflüchtigend 3. → nachlässig 4. → kurz 5. → vergänglich
Flüchtigkeit → Nachlässigkeit, → Vergänglichkeit
Flüchtling Ausbrecher, Ausreißer, Deserteur, Flüchtiger, Vertriebener, → Auswanderer
Fluchtweg → Notausgang
Flug 1. Luftfahrt, Luftreise, Flugreise 2. Fliegen, Gleitflug, Gleiten, Sturzflug, Blindflug, Kunstflug
Flugblatt Flugschrift, Handzettel, Faltblatt, Broschüre, Wandzeitung, → Pamphlet
Flügel 1. Fittich, Schwinge, Tragfläche 2. Seitenflügel, Nebenflügel, Gebäudeteil, Anbau 3. Flanke, Längsseite, Seite 4. → Klavier
flügellahm → kraftlos
Flugfeld → Flugplatz
flügge → erwachsen
flügge werden → heranwachsen
Flughafen → Flugplatz
Flugkapitän → Pilot
Flugplatz Flughafen, Airport, Landeplatz, Landefeld, Flugfeld, → Rollfeld
Flugreise → Flug, → Reise
flugs → eilends
Flugschrift → Flugblatt
Flugzeug Luftfahrzeug, Maschine, Flieger, Düsenflugzeug, Jet, Düsenklipper, Propellermaschine, Turbopropflugzeug, Jumbojet, Verkehrsmaschine, Passagierflugzeug, Chartermaschine, Linienflugzeug, Transportmaschine, Sportflugzeug, Segelflugzeug, Segelflieger, Düsenjäger, Kampfflugzeug, Bomber
Flugzeugabsturz → Unfall
Flugzeugführer → Pilot
Flugzeugträger → Kriegsschiff
Fluh → Fels
Fluidum → Ausstrahlung
fluktuieren → pulsieren
flunkern → lügen
Flur 1. Gang, Korridor, Hausflur, Hausgang, Diele, Windfang, Vorraum, Vorhalle, Vestibül, Halle, → Foyer 2. → Feld 3. → Gebiet
Flurbuch → Kataster
Fluse → Fussel
Fluss Wasserlauf, Flusslauf, Strom, Wasserader, → Bach
flussabwärts → abwärts
flussaufwärts → aufwärts
Flussdelta → Mündung
Flussdiagramm → Schaubild
flüssig 1. geschmolzen, getaut, verflüssigt, zerflossen, dünnflüssig, wässrig, dickflüssig, zähflüssig, sämig, viskos, viskös 2. → fließend 3. → solvent
Flüssigkeit Flüssiges, Lösung, Lotion, Brühe, Sud, Saft, Lauge, Tinktur, Elixier, Suppe, Soße, Sirup, Seim, Schleim, Blut, Wasser, Getränk
Flussmündung → Mündung
flüstern leise sprechen, ins Ohr sagen, zischeln, zischen, tuscheln, wispern, hauchen, säuseln, piepsen, flöten, lispeln, raunen, murmeln, brummen, die Stimme dämpfen
Flüsterpropaganda → Gerücht
Flut 1. auflaufendes Wasser, Nipptide, Springflut, Sturmflut, Hochflut, Hochwasser, Überflutung, Flutwelle, Sintflut, Regenflut, Wasserflut, Strömung, Fließen, → Guss 2. → Fülle
fluten → fließen, → branden
flutschen → gleiten, → vorangehen
Flutwelle → Flut
Föderation → Bund
Föderierter → Verbündeter
Fohlen Füllen, → Pferd
Föhn 1. Fallwind, → Schwüle 2. Haartrockner, Heißlufttrockner, Trockenhaube, Onduliergerät, Lockenstab, Brennschere
föhnen → trocknen
föhnig → schwül
Föhre Kiefer, Krüppelkiefer, Latsche
Folge 1. Ergebnis, Resultat, Frucht, Erfolg, Auswirkung, Wirkung, Weiterung, Nachwirkung, Nachspiel, Nachklang, Nachwehen, Konsequenz, Reaktion Spätfolgen, Spätschäden, → Reaktion 2. Abfolge, Ablauf, Turnus, Aufeinanderfolge, → Reihenfolge
folgen 1. nachfolgen, nachkommen, nachlaufen, nachgehen, hinterhertrotten, hinterherlaufen, hinterdreinlaufen, sich anschließen, mitgehen, sich an jemandes Fersen heften, nachziehen, hinterherziehen 2. nachrücken, ablösen, übernehmen 3. hervorgehen, sich ergeben, erfolgen, sich auswirken, nach sich ziehen, im Gefolge haben, zur Folge haben, führen zu, resultieren aus 4. → gehorchen 5. → nacheifern 6. → zustimmen
folgend danach, nachfolgend, darauf folgend, hinterher, nächst, nacheinander
folgendermaßen → so
folgenreich weit reichend, ereignisreich, denkwürdig, von großer Tragweite, von großer Bedeutung, → wichtig
folgenschwer → verhängnisvoll
folgerichtig → konsequent
Folgerichtigkeit → Konsequenz

folgern schlussfolgern, ersehen, entnehmen, schließen, Schlüsse ziehen, zu dem Schluss kommen, ableiten, konkludieren, deduzieren, induzieren, entwickeln, herleiten, zurückführen auf, resümieren
Folgerung Schlussfolgerung, Schluss, Analogieschluss, Konklusion, Ableitung, Herleitung, Deduktion, Induktion, Syllogismus, Beweisführung
folgewidrig → inkonsequent, → unlogisch
Folgewidrigkeit → Inkonsequenz
Folgezeit → Zukunft
folglich demnach, sonach, demzufolge, infolgedessen, danach, ergo, logischerweise, logisch, erfahrungsgemäß, also, deshalb
folgsam → gehorsam
Folgsamkeit → Gehorsam
Folie Haut, Plastikhaut, Kunststoffhaut, Kunststofffolie, Plastikfolie, Cellophan, Zellophan, Klarsichtfolie, Frischhaltefolie, Silberpapier, Alufolie, Stanniolpapier
Follikel → Eizelle
Folter 1. Misshandlung, Folterung, Marterung, Marter, Tortur, Peinigung, Quälerei 2. Schmerz, Folterqual, → Qual 3. → Spannung 4. → Geduldsprobe
foltern martern, quälen, rädern, misshandeln, peinigen
Folterung → Folter
Fond 1. Wagenfond, Rücksitz, Hintersitz 2. → Hintergrund
Fonotypistin (*auch:* Phonotypistin) → Sekretärin
Fontäne → Brunnen
foppen → anführen, → necken
forcieren → verstärken, → steigern
Förde → Bucht
Förderer → Mäzen
förderlich → behilflich, → nützlich
fordern 1. beanspruchen, verlangen, begehren, wollen, einfordern, abverlangen, sich ausbitten, sich ausbedingen, heischen, abnötigen, eine Forderung geltend machen, Forderungen aufstellen, postulieren 2. → herausfordern
fördern 1. begünstigen, protegieren, lancieren, favorisieren, befürworten, aufbauen, ein gutes Wort einlegen, sich verwenden für, in den Sattel heben, den Weg ebnen, den Weg frei machen, auf die Sprünge helfen, vorwärts bringen, beistehen, beraten, unterstützen, nachhelfen, weiterhelfen, → bevorzugen 2. → abbauen
fordern, sich → anstrengen, sich
Förderstunden → Nachhilfe
Forderung 1. Anspruch, Verlangen, Postulat, Begehr, Appell, Wunsch 2. → Rechnung
Förderung 1. Begünstigung, Protektion, Fürsprache, Unterstützung, Gönnerschaft, Beihilfe, → Nachhilfe, → Hilfe 2. → Abbau
Forke → Gabel, → Harke
Form 1. Figur, Umriss, Äußeres, Zuschnitt, Schnitt, Formung, Prägung, Gepräge, Gestalt, Fasson, Machart, Ausprägung, Muster, Design 2. → Model 3. → Gesundheit
Form annehmen → herauskristallisieren, sich
formal der Form nach, dem Buchstaben nach, äußerlich, förmlich, → formell
Formalität Formsache, Förmlichkeit, Routineangelegenheit, Formalien, Äußerlichkeit
Format 1. Größe, Ausmaß, Dimension, Umfang, Art 2. → Ansehen
Formation → Heeresverband
formbar → plastisch
Formblatt → Formular
Formel → Redensart
formelhaft stehend, feststehend, stereotyp, redensartlich, sprichwörtlich, floskelhaft, immer wiederkehrend, gleich bleibend, sich wiederholend
formell förmlich, eidlich, steif, offiziell, amtlich, bürokratisch, unpersönlich, der Etikette folgend, protokollgemäß
formen bilden, durchbilden, gestalten, ausformen, durchformen, entwerfen, prägen, modellieren, modeln, kneten, meißeln, schnitzen, drechseln, behauen, bildhauern, Form geben
Formenreichtum → Vielfalt
Formgebung → Gestaltung
formieren → ausrichten
förmlich → formal, → formell
Förmlichkeit 1. Form, Etikette, Zeremoniell, Protokoll, Unpersönlichkeit, Steifheit 2. → Formalität
formlos 1. amorph, gestaltlos, ungeformt, unbehauen, roh, strukturlos, unstrukturiert, ungegliedert 2. → zwanglos
Formsache → Formalität
formschön → schön
Formular Formblatt, Vordruck, Fragebogen, Bogen, Schein
formulieren ausarbeiten, ausdrücken, artikulieren, aussprechen, in Worte fassen, verfassen
Formulierung → Redewendung, → Begriff
Formung → Form, → Gestaltung
Formveränderung → Deformation
formvollendet → schön, → kunstvoll
Formvollendung → Schönheit
forsch schneidig, zackig, flott, energisch, vehement, stramm, ohne viel Federlesens, resolut, → entschlossen

forschen Untersuchungen anstellen, aufmerksam beobachten, wissenschaftlich untersuchen, analysieren, studieren, experimentieren, erforschen
Forscher → Wissenschaftler
Forschertrieb → Neugier
Forschung Wissenschaft, wissenschaftliche Betätigung, Analyse, Studium, Untersuchung, Erforschung
Forschungsanstalt → Institut
Forschungsreise → Exkursion, → Expedition
Forschungsstätte → Labor
Forst → Wald
Förster → Jäger
fort abhanden, weg, auf und davon, von dannen, von hinnen, verschwunden, verschollen, über alle Berge, nicht auffindbar, → abwesend
Fort → Festung
fortan → künftig
fortbegeben, sich → weggehen
Fortbestand → Dauer
fortbestehen → weiter bestehen
fortbewegen, sich sich vorwärts bewegen, von der Stelle kommen, die Lage verändern, sich bewegen, → gehen, → fahren
Fortbewegung → Gang, → Bewegung
fortbilden, sich sich weiterbilden, sich höher qualifizieren, sich spezialisieren, sich auf dem Laufenden halten, → bilden, sich
Fortbildung Weiterbildung, Qualifizierung, Spezialisierung, Erwachsenenbildung
fortbringen → entfernen, → wegräumen
Fortdauer → Dauer
fortdauern → andauern
Fortentwicklung → Entwicklung, → Fortschritt
fortfahren → fortsetzen
fortfallen → ausfallen
fortführen → fortsetzen
Fortgang Weitergang, Ablauf, Verlauf, weitere Folge, Weiterentwicklung
fortgehen → weggehen, → aufbrechen
fortgesetzt → andauernd
forthin → künftig
fortjagen → ausweisen, → vertreiben
fortlassen → freilassen, → auslassen
fortlaufend → andauernd
fortnehmen → entfernen, → wegräumen
fortpflanzen, sich 1. sich vermehren, Nachkommen zeugen, eine Familie gründen, → paaren, sich 2. → wiederholen, sich
Fortpflanzung Vermehrung, Arterhaltung, Bestäubung, Paarung
Fortpflanzungstrieb → Geschlechtstrieb
fortschaffen → entfernen, → wegräumen
fortscheren, sich → davonmachen, sich
fortscheuchen → verscheuchen
fortschicken → entlassen, → wegschicken
fortschleichen, sich → davonmachen, sich
fortschreiben → verbuchen
fortschreiten Fortschritte machen, vorwärts gehen, vorankommen, vom Fleck kommen, gedeihen
Fortschritt Höherentwicklung, Aufwärtsentwicklung, Fortentwicklung, Fortschreiten, Fortgang, Progress, Progression, Besserung, Verbesserung, Aufstieg, Wachstum, Vorwärtskommen, Gelingen, Erfolg, → Aufschwung, → Kultur
Fortschrittler → Reformer
fortschrittlich progressiv, revolutionär, bahnbrechend, zukunftsweisend, umwälzend, zeitgemäß, modern, lebensnah
fortschrittsfeindlich → rückschrittlich
Fortschrittsfeindlichkeit → Rückschrittlichkeit
Fortschrittsgegner → Reaktionär
fortschrittsgläubig → optimistisch
Fortschrittsgläubigkeit → Optimismus
fortsetzen 1. fortfahren, fortführen, weiterführen, weitermachen, wieder aufnehmen, anknüpfen, am Ball bleiben, dabeibleiben, weiterverfolgen, weiterspinnen 2. → abfahren
fortstehlen, sich → davonmachen, sich
forttragen → abholen, → wegräumen
forttreiben → vertreiben
fortwähren → andauern
fortwährend → andauernd
fortwerfen → wegwerfen
fortziehen → ausziehen, → umziehen
Forum → Platz, → Kreis, → Gericht
Fossil → Relikt, → Versteinerung
Foto (*auch:* Photo) → Fotografie, → Fotoapparat
Fotoalbum (*auch:* Photoalbum) → Album
Fotoapparat (*auch:* Photoapparat), Foto, Apparat, Kamera, Sucherkamera, Spiegelreflexkamera, Pocketkamera, Kleinbildkamera, Großbildkamera, Plattenkamera
Fotoatelier (*auch:* Photoatelier) → Atelier
Fotografie (*auch:* Photographie) Foto, Aufnahme, Bild, Lichtbild, Dia, Diapositiv, Abzug, Vergrößerung, Schnappschuss, Passbild, Porträt, Konterfei, → Film
fotografieren (*auch:* photographieren) aufnehmen, eine Aufnahme machen, ein Bild machen, auf den Film bannen, ein Foto schießen, knipsen, ablichten, abbilden, porträtieren, konterfeien
Fotokopie (*auch:* Photokopie) → Kopie

fotokopieren (*auch:* photokopieren) → kopieren
Fotomodell → Modell, → Mannequin
Fotostudio → Atelier
Fötus → Embryo
Foul → Regelverstoß
Foyer Wandelhalle, Wandelgang, Lobby, Vorraum, Vorhalle, Halle, Entree, Empfangshalle, Hotelhalle, Lounge, Vestibül, → Flur
Fracht → Ladung, → Transport
Frachtbrief → Begleitpapiere
Frachter → Frachtschiff
Frachtgut → Ladung
Frachtraum → Laderaum
Frachtschiff Frachter, Containerschiff, Frachtdampfer, Bananendampfer, Äpfelkahn, Schlepper, Schleppschiff, Tankschiff, Tanker, Öltanker, → Schiff
Frack → Jacke
Frage 1. Anfrage, Erkundigung, Nachfrage, Zwischenfrage, Gegenfrage, Rückfrage, Ausfragerei, Fragerei, Befragung, Gretchenfrage, Fangfrage, Prüfungsfrage, Scherzfrage, Rätsel, rhetorische Frage, Scheinfrage, Entscheidungsfrage, → Umfrage 2. Streitfrage, Fragestellung, Schwierigkeit, Kernfrage, Kernproblem, strittiger Punkt, Problemstellung, Aufgabe, Thema, Problem
Fragebogen → Formular
fragen 1. anfragen, nachfragen, sich erkundigen, eine Frage stellen, eine Frage richten an, ein Loch in den Bauch fragen, bohren, nachbohren, ausquetschen, nachfassen, zur Rede stellen, anklopfen, auf den Busch klopfen, → verhören, → befragen 2. um Rat fragen, Rat einholen, zu Rate ziehen, konsultieren 3. → bitten
fragen, sich → überlegen
Fragestellung → Thema
fragil → zerbrechlich, → zart
fraglich 1. bewusst, in Frage kommend, betreffend 2. → ungewiss
fraglos → gewiss
Fragment Bruchstück, Torso, Stückwerk, unvollendetes Werk, Unvollendetes
fragmentarisch → unvollständig
fragwürdig → zweifelhaft, → bedenklich, → anfechtbar
Fraktion → Partei
Fraktur → Bruch
frank und frei → offen
frankieren freimachen, bezahlen, Briefmarken aufkleben
franko → kostenlos
Franse → Besatz
fransig ausgefranst, fusselig, zottelig, faserig
frappant → auffallend
frappieren → überraschen
frappierend → auffallend
Fraß → Mahlzeit
Frater → Mönch
fraternisieren → verbrüdern, sich
Fratz → Kind
Fratze → Gesicht, → Grimasse, → Zerrbild
fratzenhaft → hässlich, → verzerrt
Fratzenhaftigkeit → Hässlichkeit
Frau 1. weibliche Person, Weib, Frauenzimmer, Eva, Evastochter, Matrone, Dame, Frau von Welt, Lady, Krone der Schöpfung, Hausfrau, Karrierefrau, Jungfrau, Jungfer, Fräulein, → Mädchen 2. → Ehefrau, → Ehepartner
Frauenarzt Gynäkologe, Geburtshelfer, →Arzt
Frauenbewegung → Feminismus
Frauenchor → Chor
Frauenheilkunde Gynäkologe
Frauenheld Weiberheld, Gigolo, Casanova, Don Juan, Belami, Herzensbrecher, Bonvivant, Leichtfuß, Luftikus, Libertin, Schürzenjäger, Schwerenöter, Playboy, Salonlöwe, Verführer, Ladykiller, Windhund, → Wüstling, → Liebhaber
Frauenrechtlerin → Feministin
Frauenzimmer → Frau
Fräulein → Jungfrau, → Mädchen, → Frau
fraulich → weiblich
Freak Ausgeflippter, Hippie, Blumenkind, Aussteiger, Alternativer, → Außenseiter
frech vorlaut, vorwitzig, naseweis, ungezogen, unartig, keck, kess, übermütig, dreist, dummdreist, kaltschnäuzig, unverfroren, unverschämt, schamlos, respektlos, ausfallend, ausfällig, pampig, patzig, rotzfrech, flapsig, schnippisch, impertinent, → anmaßend
Frechdachs Schlingel, Bengel, Racker, Strick, Rotznase, → Flegel, → Spitzbub(e)
Frechheit → Vorwitz, Naseweisheit, Dreistigkeit, Kaltschnäuzigkeit, Bodenlosigkeit, Ungezogenheit, Impertinenz, Unverfrorenheit, Unverschämtheit, Chuzpe, Anmaßung
Fregatte → Kriegsschiff
frei 1. ungebunden, unabhängig, uneingeschränkt, uneingeengt, unbehindert, unbelastet, unbehelligt, fessellos, ledig, unkontrolliert, unbeaufsichtigt, souverän, autark, autonom 2. befreit, erlöst, entlastet, enthoben, entbunden, erleichtert 3. → improvisiert 4. → zwanglos 5. → vakant 6. → ungeschützt 7. → kostenlos
frei machen, sich → ausziehen, sich, → befreien, sich
Freibad → Bad
Freiballon → Luftschiff

Freibank → Metzgerei
freibekommen → befreien
Freibeuter → Pirat
freibleibend → vorbehaltlich
Freibrief → Privileg, → Vollmacht
Freidenker Freigeist, Zweifler, Dissident, Religionsverächter, → Aufklärer
freidenkerisch → freigeistig, frei gesinnt, aufklärerisch, skeptisch, zweiflerisch, kritisch, religionslos, → atheistisch
freien → heiraten
freien um → umwerben
freigeben → beurlauben, → befreien
freigebig → großzügig
Freigebigkeit → Großzügigkeit
Freigehege → Zoo
Freigeist → Aufklärer, → Freidenker
freigeistig → aufgeklärt, → freidenkerisch
freihalten 1. aushalten, aufkommen für, → spendieren 2. → besetzen
Freiheit 1. freier Wille, freie Entscheidung, Entscheidungsfreiheit, Handlungsfreiheit, Gedankenfreiheit, Pressefreiheit, Meinungsfreiheit, Glaubensfreiheit 2. Ungebundenheit, Unabhängigkeit, Ungezwungenheit, Selbstbestimmung, Souveränität, Autonomie, Autarkie, → Bewegungsfreiheit 3. → Privileg
freiheitlich → liberal, → demokratisch
Freiheitsberaubung → Entführung, → Gefangenschaft
Freiheitsentzug Arrest, Stubenarrest, Hausarrest, Zimmerarrest, Gewahrsam, Verwahrung, → Haft
Freiheitskampf → Partisanenkrieg
Freiheitskämpfer → Partisan
Freiheitsstrafe → Haft
Freikarte → Eintrittskarte
freikaufen loskaufen, zurückkaufen, auslösen, Lösegeld zahlen
freikommen → loskommen, → befreien, sich
Freikörperkultur → Nudismus
freilassen entlassen, freisetzen, auf freien Fuß setzen, die Freiheit schenken, freigeben, befreien, laufen lassen, fortlassen, auslassen, loslassen, → entfesseln
freilegen → aufdecken, → entblößen
freilich → allerdings, → ja
Freilichttheater Freilichtbühne, Naturtheater, Amphitheater
freimachen 1. frankieren, Briefmarken aufkleben 2. → bahnen
freimütig → ehrlich, → offen
Freimütigkeit → Offenheit
Freischärler → Partisan
freischaufeln → bahnen
freisetzen → freilassen, → entfesseln
freisinnig → aufgeklärt
freisprechen lossprechen, absolvieren, Absolution erteilen, vergeben, → begnadigen
Freispruch → Freisprechung, Lossprechung, Vergebung, Absolution, → Amnestie
Freistaat → Land
Freistätte → Asyl, → Heim
freistehen → dürfen
freistellen → befreien, → erlauben, → entlassen
Freistellung → Befreiung, → Entlassung
Freitod → Selbstmord
freiweg → offen
freiwillig von selbst, von sich aus, von allein, aus freien Stücken, unaufgefordert, ungeheißen, aus eigenem Antrieb, frei, fakultativ, optional, → ehrenamtlich
Freizeit Erholungszeit, Muße, Mußezeit, Feierabend, Zeit, Ruhe, Ruhepause, Entspannung, Nichtstun, Otium, → Ferien
Freizeitbeschäftigung → Hobby
freizügig → tolerant
Freizügigkeit → Toleranz, → Bewegungsfreiheit
fremd entfremdet, entlegen, fern, fremdartig, anders, ungewohnt, neu, nicht vertraut, fern stehend, wesensfremd, unbekannt, exotisch, fremdländisch, ortsfremd, zugereist, auswärtig, ausländisch, wildfremd
fremd werden, sich → entfremden, sich
Fremdarbeiter Gastarbeiter, ausländischer Arbeitnehmer
fremdartig → fremd
Fremde → Ausland, weite Welt, Weite, Ferne, ferne Länder
Fremdenführer → Reiseführer
Fremdenlegionär → Soldat
Fremdenverkehr → Tourismus
Fremder Fremdling, Unbekannter, Ausländer, Landfremder, Zugereister, → Gast
fremdgehen → ehebrechen
Fremdherrschaft → Besatzung
fremdländisch ausländisch, auswärtig, von auswärts, → fremd
Fremdling → Fremder
Fremdsprache → Sprache
Fremdwort → Wort
frenetisch → rasend
frequentieren häufig benutzen, häufig besuchen, aufsuchen
Fresko → Malerei
Fressalien → Lebensmittel
fressen 1. äsen, weiden, grasen, Nahrung aufnehmen, → essen 2. → verstehen
Fressen → Futter, → Mahlzeit
Fressgelage → Gelage

Fressgier → Gefräßigkeit
fressgierig → gefräßig
Fresslust → Gefräßigkeit
Fresssack (*auch:* Fress-Sack) → Nimmersatt
Fresszwang → Esssucht
Freude 1. Gefallen, Behagen, Ergötzen, Entzücken, Beglückung, Hochgefühl, Wonne, Wollust, Seligkeit, Glückseligkeit, → Glück 2. Freudenbezeigung, Freudenschrei, Freudengeheul, Freudentaumel, Jubel, Frohsinn, Spaß, Gaudi, Gaudium, Genuss, Hochgenuss, → Vergnügen
Freudenfeier → Fest
Freudengeheul → Jubel, → Freude
Freudengeschrei → Jubel
Freudenhaus → Bordell
freudenleer → trostlos
Freudenmädchen → Prostituierte
Freudenschrei → Freude
Freudentaumel → Jubel, → Freude
freudestrahlend → glücklich
freudevoll → freudig
freudig 1. erfreut, freudevoll, beseligt, heiter, munter, → beschwingt 2. → gern
freudlos → trostlos, → schwermütig
Freudlosigkeit → Schwermut
freuen → erfreuen
freuen, sich sich erfreuen, sich ergötzen, sich delektieren, sich weiden, genießen, Wohlgefallen haben, Freude empfinden, guter Dinge sein, strahlen, Luftsprünge machen, Freudensprünge machen, überschäumen, frohlocken, jauchzen, jubilieren, → jubeln
Freund 1. Gefährte, Kamerad, Getreuer, Bruder, Herzensbruder, Intimus, Vertrauter, Busenfreund, Kumpel, Kumpan, Spielfreund, Schulfreund, Jugendfreund, Geschäftsfreund, Parteifreund, → Anhänger, 2. Bekannter, Bekanntschaft, Verehrer, Bewunderer, → Geliebter
Freundeskreis Freunde, Bekanntenkreis, Bekanntschaft, Gruppe, Clique
Freundin Gefährtin, Kameradin, Vertraute, Gespielin, Herzensfreundin, Busenfreundin, Schulfreundin, Jugendfreundin, 2. Bekannte. Bekanntschaft, → Geliebte
freundlich liebenswürdig, herzlich, nett, entgegenkommend, zuvorkommend, konziliant, verbindlich, → höflich
freundlicherweise → bitte
Freundlichkeit Liebenswürdigkeit, Herzlichkeit, Wohlwollen, Verbindlichkeit, Entgegenkommen, Nettigkeit, → Höflichkeit
freundlichst → bitte
Freundschaft Freundschaftsbande, Bande, Band, Bund, Kameradschaft, Brüderschaft, Bruderschaft, Blutsbrüderschaft, Bindung, Vertrautheit, Verbundenheit, Sympathie, Kumpanei, Kameraderie, → Beziehung
Freundschaft schließen → befreunden, sich, → näher kommen, sich
freundschaftlich zugetan, wohlwollend, wohlmeinend, gewogen, gutnachbarlich, gut gesinnt, kordial, jovial, kameradschaftlich, kollegial, brüderlich, väterlich, verbunden, → befreundet
Freundschaftsdienst → Gefälligkeit
Frevel → Verbrechen
frevelhaft → verbrecherisch, → kriminell
freveln → sündigen
frevlerisch → gotteslästerlich, → kriminell
Friede(n) Harmonie, Ruhe, Eintracht, Verständigung, Aussöhnung, Ausgleich, Befriedung, Waffenruhe, Waffenstillstand, Friedenspfeife
Friedensbewegung → Pazifismus
Friedensliebe → Pazifismus
friedfertig → friedlich
Friedhof Kirchhof, Totenacker, Gottesacker, Begräbnisfeld, Begräbnisstätte, Ruhestätte, Gräberfeld, Nekropole, Totenstadt, Katakombe
friedlich 1. friedfertig, friedsam, friedliebend, friedvoll, verträglich, versöhnlich, einig, nachgiebig, sanft, → ruhig 2. → gütlich 3. → gutmütig, → harmlos
friedliebend → friedlich
friedvoll → friedlich
frieren 1. frösteln, schaudern, vor Kälte zittern, kalt sein, kalt haben, schlottern, bibbern 2. → gefrieren
Fries → Verzierung
frigide → gefühllos
Frigidität → Gefühllosigkeit
Frikadelle → Fleischkloß
Frikassee → Ragout
frisch 1. unverbraucht, aufnahmefähig, jung, jugendlich, lebhaft, kregel, rüstig, blühend, taufrisch, neugeboren, frisch gebacken, knusprig, → neu 2. unbenutzt, sauber, ungeöffnet, unbeschädigt, einwandfrei, unverdorben, erntefrisch, von heute 3. → kalt 4. → heiter 5. → gesund
frisch gebacken → frisch
Frische → Gesundheit, → Jugendlichkeit
Frischhaltefolie → Folie
Frischling → Schwein
Frischluft → Luft
frisieren 1. toupieren, ondulieren, einlegen, das Haar machen, eine Frisur machen, → kämmen 2. → beschönigen
Frisiercreme (*auch:* Frisierkrem) → Haarpflegemittel

Friseur (*auch:* Frisör), Coiffeur, Barbier, Bartscherer, Bader, Haarschneider, Friseuse, Friseurin, Coiffeuse
Friseurin (*auch:* Frisörin) → Friseur
Friseuse (*auch:* Frisöse) → Friseur
Frist Ultimatum, Bedenkzeit, Zeit, Termin, Zeitpunkt, Stichtag, Datum, Gnadenfrist, Galgenfrist
Frist setzen → stunden
fristen → zubringen
fristgemäß → pünktlich
fristlos sofort, unverzüglich, ohne Aufschub
Fristüberschreitung → Rückstand
Fristverlängerung → Aufschub
Frisur Haarschnitt, Haartracht, Haarfrisur, Schnitt, Haar
frivol → leichtfertig, → obszön
Frivolität → Leichtfertigkeit, → Obszönität
froh erleichtert, befreit, heilfroh, frohgemut, froh gestimmt, ausgeglichen, → fröhlich, → glücklich
froh gelaunt → gut gelaunt
frohgemut → froh, → fröhlich
fröhlich frohen Mutes, guter Dinge, guter Laune, frohgemut, froh gestimmt, heiter, sonnig, lebenslustig, aufgeräumt, vergnügt, vergnüglich, übermütig
frohlocken → jubeln, → freuen, sich
Frohlocken → Jubel, → Lust
Frohnatur → Optimist
Frohsinn → Freude, → Heiterkeit
fromm gläubig, religiös, gottesfürchtig, gottgläubig, gottergeben, gottgefällig, rein, christlich, kirchlich, strenggläubig, orthodox, erbaulich, andächtig, → bigott
Frömmelei → Bigotterie
frömmelnd → bigott
frommen → nutzen
Frömmigkeit Religiosität, Gläubigkeit, Glauben, Gottesglaube, Gottesfürchtigkeit, Gottesfurcht, → Bigotterie
Frömmler → Heuchler
frömmlerisch → bigott
Fron → Arbeit
fronen → dienen
frönen → hingeben, sich
Front 1. Frontlinie, Gefechtslinie, Kampflinie, Hauptkampflinie, Feuerlinie, vorderste Linie, → Kampfplatz 2. → Vorderseite
frontal von vorn, en face, stirnseitig, direkt
Frontalzusammenstoß → Zusammenstoß
Frontwechsel → Gesinnungslosigkeit
Frosch Kröte, Unke, Krott
Froschmann Taucher, Sporttaucher
Frost → Kälte
frösteln → frieren
frostig → kalt
frotzeln → necken
Frucht 1. Südfrucht, Zitrusfrucht, Obst, Feldfrucht, Gemüse, Getreide 2. → Embryo 3. → Ergebnis
fruchtbar 1. fertil, fruchtbringend, ertragreich, ergiebig, Gewinn bringend, lohnend 2. → erfolgreich 3. → schöpferisch
Fruchtbarkeit Fertilität, Ertragfähigkeit, Ergiebigkeit, Fülle
fruchtbringend → fruchtbar
Früchtchen → Spitzbub(e)
fruchten → nutzen, → einbringen
fruchtlos → nutzlos
Fruchtmus → Marmelade
Fruchtsaft → Saft
frugal → einfach
früh frühzeitig, zeitig, beizeiten, bald, in aller Frühe, im Morgengrauen, bei Tagesanbruch, → rechtzeitig
Frühbeet → Gewächshaus
Frühe → Morgen
früher 1. eher, zuvor, vorher, längst 2. einst, einstens, einstmals, ehemals, ehedem, vormals, vordem, vor alters, vorher, einmal, → damals
Früherkennung → Diagnose
frühestens ehestens, ehest, nicht vor, erst
Frühgeburt → Geburt
Frühjahr Frühling, Lenz, Blütezeit, Maienzeit, Wonnemonat, Vorsaison
Frühjahrsputz → Hausputz
Frühling → Frühjahr
frühreif → altklug
Frührentner → Invalide
Frühschoppen → Frühstück
Frühstück Kaffee, Morgenessen, Morgenimbiss, Frühschoppen, → Zwischenmahlzeit
Frühstückspause → Pause
Frühstückspension → Gästehaus
frühzeitig → früh, → rechtzeitig
Frustration → Enttäuschung
frustrieren → enttäuschen
Fuchs 1. Reineke, Rotrock, Rüde, Fähe, Hühnerdieb 2. → Schlaukopf 3. → Pferd 4. → Rothaariger
fuchsen → ärgern
fuchsig → wütend, → rothaarig
fuchsrot → rot, → rothaarig
fuchsteufelswild → wütend
Fuchtel → Herrschaft
fuchteln → gestikulieren
fuchtig → wütend
Fuder → Ladung
Fug und Recht → Anspruch
Fuge Einschnitt, Kerbe, Riss, Ritze, Rille, Schlitz, Falz

fügen → verbinden
fügen, sich duckmäusern, ducken, kuschen, den Schwanz einziehen, zu Kreuze kriechen, sich beugen, sich unterwerfen, sich unterordnen, nachgeben, → gehorchen, → abfinden, sich
füglich → angemessen
fügsam → gehorsam
Fügsamkeit → Gehorsam
Fügung → Schicksal
fühlbar → einschneidend
fühlen 1. empfinden, spüren, verspüren, erfühlen, merken, wahrnehmen, zu spüren bekommen, durchdrungen sein 2. → befühlen 3. → ahnen
fühlen lassen → ausdrücken
fühlen, sich 1. sich befinden, zu Mute sein, gehen 2. sich vorkommen, auftreten, sich etwas einbilden, von sich eingenommen sein, von sich überzeugt sein, sich etwas zugute halten, sich überschätzen
Fühlung → Kontakt
Fuhre → Ladung, → Transport
führen 1. lenken, navigieren, lotsen, bringen zu, steuern, → bedienen 2. anführen, führend sein, an der Spitze stehen, die Spitze halten, die erste Geige spielen, den Vorsitz innehaben, vorstehen, bevormunden, verwalten, gebieten über, herrschen über, befehligen, kommandieren, die Zügel in die Hand nehmen, den Ton angeben, die Fäden in der Hand halten
führen zu → folgen
führend tonangebend, überragend, überlegen, dominierend, beherrschend, → beste(r)
Führer → Anführer, → Chauffeur, → Ratgeber, → Reiseführer
Führerhaus → Cockpit
Führerprinzip → Faschismus
Führerschaft → Führung
Führerschein Fahrerlaubnis, Fahrausweis, → Ausweis
Fuhrknecht → Kutscher, → Grobian
Fuhrmann → Kutscher
Führung 1. Führerschaft, Anführung, Steuerung, Lenkung, Leitung, → Erziehung 2. → Bedienung 3. → Benehmen
Führungskraft Kader, Stab, Führungsstab, Spitzenkraft, leitender Angestellter, Manager, → Leiter
Führungsstab → Leitung, → Führungskraft
Fuhrunternehmen → Spedition
Fuhrwerk → Wagen
fuhrwerken → hantieren
Fülle 1. Überfülle, Überfluss, Flut, Masse, Menge, Opulenz, Üppigkeit, Reichhaltigkeit, Reichtum, Segen, Vielfalt, Fülligkeit, → Fettleibigkeit, → Dichte 2. → Füllung
füllen auffüllen, einfüllen, abfüllen, befüllen, beschicken, aufziehen, ausfüllen, wattieren, polstern, füttern, anfüllen, voll gießen, voll stopfen, → einschenken
Füllen Fohlen, → Pferd
Füller Füllfederhalter, Füllfeder, Füllhalter, Patronenfüller, → Feder, → Schreibstift
Füllfederhalter → Füller
füllig → dick
Fülligkeit → Fülle
Füllsel → Einschub
Füllung Einlage, Futter, Fütterung, Wattierung, Polsterung, Füllmasse, Fülle, Farce
fulminant → großartig
fummeln 1. herumfummeln, herumfingern, fingern, hantieren, werkeln, → basteln 2. → tasten
Fund Entdeckung, Enthüllung, Ausgrabung, Glücksfund, Fundsache
Fundament Basis, Sockel, Grundmauer, Fundamentmauer, Grundstein, Unterbau, → Grundlage
fundamental → grundlegend
fundieren untermauern, erhärten, begründen, sichern, festigen
fundiert → begründet
Fundierung → Begründung
fündig werden → finden, → entdecken
Fundort → Quelle
Fundus → Bestand
fungieren amtieren, seines Amtes walten, ein Amt bekleiden, eine Rolle spielen, wirken
Funk Sprechfunk, Radar, Ortung, Echolot, → Rundfunk
Funke → Blitz, → Feuer
funkeln → leuchten
funkelnagelneu → neu
funkelnd → glänzend
funken senden, ausstrahlen, übermitteln, durchgeben, morsen, drahten
Funkstreife → Polizeiwagen
Funktion → Amt, → Aufgabe, → Zweck
funktional → zweckmäßig
Funktionär Parteibonze, Bonze, Repräsentant, Beauftragter, → Abgeordneter, → Politiker
funktionell → zweckmäßig
funktionieren gehen, laufen, arbeiten, intakt sein, in Betrieb sein, klappen, hinhauen
funktionstüchtig → intakt
funktionsuntüchtig → defekt
Funkturm Sendeturm, Sendemast, Fernsehturm, Umsetzer, → Turm
Funzel → Lampe

für zu Gunsten, zuliebe, pro, dafür, an Stelle von, in Vertretung von, → anstatt
fürbass → vorwärts
Fürbitte Fürsprache, Bitte, → Gebet
Furche Graben, Riefe, Rille, Vertiefung, Spalte, → Falte
Furcht → Angst
Furcht erregend → beängstigend
furchtbar → schrecklich
fürchten → befürchten
fürchten, sich sich ängstigen, bangen, bange sein, Angst haben, Angst bekommen, sich grausen, sich gruseln, sich entsetzen
fürchterlich → schrecklich, → sehr
furchtlos → mutig, → gelassen
Furchtlosigkeit → Mut
furchtsam → ängstlich
Furchtsamkeit → Ängstlichkeit
Furie → Xanthippe
furios → wütend, → wild
Furor → Raserei
Furore → Aufsehen
Furore machen → auffallen
Fürsorge 1. Fürsorglichkeit, Sorge, Obhut, Betreuung, Pflege 2. Sozialfürsorge, Sozialhilfe, Wohlfahrt, Armenpflege, Diakonie
Fürsorgeheim → Erziehungsanstalt
Fürsorgezögling → Gefangener
Fürsorglichkeit → Fürsorge
fürsorglich besorgt, häuslich, mütterlich, betulich, liebevoll
Fürsprache → Fürbitte
Fürsprecher Anwalt, Advokat, Verteidiger, Beschützer, → Beistand, → Vermittler
Fürst → Herrscher
fürstlich → adlig, → großzügig, → prunkvoll, → herrschaftlich
Furt → Durchfahrt
Furunkel → Geschwür
fürwahr → wahrhaftig
Furz → Darmwind
Fusel → Spirituosen
füsilieren → erschießen
Fusion → Vereinigung
fusionieren → vereinigen, sich
Fuß 1. Quadratlatschen, Quanten, Schweißfuß, Käsfuß, Schweißmauken, Plattfuß, Senkfuß, Spreizfuß, Klumpfuß, → Gliedmaße 2. Huf, Klaue, → Pfote 3. Sockel, Stütze, Untergestell, Gestell
Fuß fassen → gewöhnen, sich
Fußabstreifer Fußabstreicher, Fußabtreter, Fußmatte, Türvorleger, Abstreichgitter
Fußangel → Falle
Fußball → Ball
Fußball spielen → kicken
Fußballer → Fußballspieler
Fußballplatz → Arena
Fußballschuh → Sportschuh
Fußballspieler Fußballer, Kicker, Torjäger, Stürmer, Sturmspitze, Verteidiger, Flügelspieler, Mittelfeldspieler, Libero, Vorstopper, → Torhüter
Fußboden Boden, Estrich, Unterboden, Blindboden
Fußbodenbrett Diele, Planke, → Brett
Fussel Fluse, Faser, Fädchen, Faden, Flocke, Flöckchen, Stäubchen
fusselig fransig, ausgefranst, faserig
fusseln abziehen, sich auflösen, haaren, Haare verlieren
fußen auf → beruhen auf
fußfällig → unterwürfig
Fußgänger Passant, Spaziergänger, → Wanderer
Fußgängerbrücke → Fußgängerüberweg
Fußgängerüberweg Fußgängerübergang, Zebrastreifen, Überführung, Unterführung, Fußgängerbrücke
Fußgängerweg → Gehweg
Fußgängerzone autofreie Zone, Einkaufszone, Innenstadtbereich, Hauptgeschäftsstraße, → Einkaufszentrum
fußhoch → niedrig
Fußmatte → Fußabstreifer
Fußnagel → Nagel
Fußnote → Anmerkung
Fußschemel → Schemel
Fußsohle → Sohle
Fußsoldat → Soldat
Fußspur → Spur
Fußstapfen → Spur
Fußstütze → Schemel
Fußtritt → Stoß
Fußweg → Gehweg, → Weg
Futon → Matratze
futsch → defekt, → verloren
Futter 1. Fressen, Atzung, Äsung, Nahrung, → Lebensmittel 2. → Füllung
Futteral → Hülle
Futterhaus → Vogelhaus
Futterkrippe → Krippe
futtern → essen
füttern 1. zu fressen geben, Futter geben, atzen, nudeln, schoppen, überfüttern, abfüttern, eingeben, → mästen, → ernähren 2. füllen
Futterneid → Neid
futterneidisch → neidisch
Futterraufe → Krippe
Futtertrog → Krippe
Fütterung 1. Atzung, Speisung, → Mästung 2. Füllung

G

Gabe 1. milde Gabe, Almosen, Liebesgabe, Opfergabe, Notopfer, Winterhilfe, Zuwendung, Unterstützung, → Spende, → Geschenk 2. → Begabung

Gabel 1. Essgerät, Besteck, Vorlegegabel, Kuchengabel, Forke, Zinke, Heugabel, Heuforke, Mistgabel, Mistforke 2. → Gabelung

gabeln, sich sich teilen, sich verzweigen, auseinander gehen, sich trennen, sich verästeln, abzweigen, abgehen, abbiegen

Gabelung Weggabel, Gabel, Wegscheide, Scheideweg, Verzweigung, Abzweigung, Weiche, → Kreuzung

gackern gacksen, schnattern, glucksen, kollern, girren, → lachen

gaffen glotzen, starren, stieren, sich vergucken, → anschauen

Gag Ulk, Fez, Jux, Witz, witziger Einfall, → Einfall

Gage → Lohn

gähnen 1. ermüden, erschlaffen, sich langweilen, den Mund aufreißen 2. offen stehen, aufstehen, → klaffen

gähnend → schlaftrunken, → steil

Gala Festkleidung, Festgewand, Abendkleid, Smoking, Robe, Putz, Wichs, Prunk, Pomp, Staat, Hofstaat, Aufmachung, Glanz

Galaessen → Festessen

Galan → Liebhaber

galant → höflich

Galanterie → Höflichkeit

Galanummer → Anziehung

Galeere → Kriegsschiff

Galerie 1. Sammlung, Bildergalerie, Gemäldeausstellung, Kunsthandlung, → Museum 2. Empore, Rang, Säulengang

Galgen Schwebebaum, Hebebaum, Balken, Gerüst, Hinrichtungsstätte, → Schafott

Galgenfrist → Aufschub, → Frist

Galgenhumor → Humor

Galgenstrick → Taugenichts

Galgenvogel → Gauner, → Taugenichts

Galle Erbitterung, Verbitterung, Zorn, Gift und Galle, Missmut, Rachsucht

Gallert Gallerte, Sülze, Sulz, Gelee, Aspik, Gelatine, Glibber, Wabbelmasse

gallertartig gallertig, gelatineartig, geleeartig, glibberig, schwabbelig, wabbelig, quabbelig, quallig, → breiig

gallig → bitter

Galopp → Gang

galoppieren → reiten

Galopprennen → Pferderennen

gammelig → verdorben

gammeln → faulenzen

Gammler Hippie, Faulenzer, Penner

gang und gäbe → gängig, → anerkannt, → üblich

Gang 1. Gangart, Gehen, Schritt, Trott, Trab, Galopp, Lauf, Bewegung, Fortbewegung 2. Hausgang, Hausflur, Treppenhaus, → Flur 3. → Durchgang 4. → Ablauf 5. → Bande

Gangart → Gang

gangbar → möglich

Gängelband → Bevormundung

gängeln → bevormunden

gängig → begehrt, → üblich

Gangster → Verbrecher

Gangstermilieu → Unterwelt

Gangway Landesteg, Laufsteg, Landetreppe, Fallreep, Landebrücken, → Brücke

Ganove → Gauner

Ganovensprache → Gaunersprache

Gans Ganter, Gänserich, Geflügel

Gänseklein → Ragout

ganz gesamt, insgesamt, sämtlich, total, in toto, in vollem Umfang, ganz und gar, gänzlich, zur Gänze, völlig, hundertprozentig, voll und ganz, vollkommen, lückenlos, komplett, samt und sonders, in jeder Hinsicht, weitaus, bei weitem, mit Haut und Haar, mit Stumpf und Stiel, pauschal, rundweg, in Bausch und Bogen

Ganzheit → Einheit, → Gesamtheit

gänzlich → gar

gar 1. durch, gekocht, durchgebacken, weich, essbar, genießbar, → bereit 2. → sehr

Garage 1. Abstellraum, Einstellraum, Tiefgarage, Parkhaus 2. → Werkstatt

Garant → Bürge

Garantie Gewähr, Gewährleistung, Deckung, Haftung, Sicherheit, Unterpfand, → Bürgschaft, → Gewissheit

garantieren → bürgen, → gewährleisten, → sicherstellen

garantiert → sicher

Garbe 1. Feuerstoß, Salve 2. → Bund

Garde → Leibwache

Garderobe 1. Kleiderabgabe, Kleideraufbewahrung, Kleiderablage, Kleiderhaken, Kleiderständer, Kleiderrechen 2. → Kleidung 3. → Umkleideraum

Garderobenfrau Garderobiere

Gardine → Vorhang

Gardinenpredigt → Moralpredigt

garen → backen, → kochen, → dämpfen

gären treiben, arbeiten, rumoren, brodeln, schäumen, vergären, säuern

Gärmittel → Triebmittel

Garn Strickgarn, Stickgarn, Häkelgarn, Nähgarn, Zwirn, Faden, Nähfaden, Zwirnsfaden, Wollfaden, Wolle
garnieren → verzieren
Garnierung → Verzierung
Garnitur → Salz
garstig → hässlich, → böse
Garten Nutzgarten, Obstgarten, Gemüsegarten, Kräutergarten, Hausgarten, Vorgarten, Schrebergarten, Ziergarten, Blumengarten, Steingarten, Stadtgarten, Lustgarten, Gartenanlage, Park, Parkanlage, → Baumschule
Garten Eden → Paradies
Gartenanlage → Anlage, → Garten
Gartenhaus → Pavillon
Gartenlaube → Pavillon
Gärtnerei → Baumschule
Gas → Energie, → Brennstoff
Gas geben → beschleunigen
Gasse Sträßchen, → Durchgang
Gassenhauer → Schlager
Gassenjunge → Flegel
Gast Besucher, Besuch, Ankömmling, Fremder, Reisender, Geladener, Kostgänger, Stammgast, Kunde
Gastarbeiter → Fremdarbeiter
Gästebuch → Album
Gästehaus Gästeheim, Hospiz, Herberge, Pension, Frühstückspension, Hotel garni, Unterkunft, → Hotel
gastfreundlich gastlich, wirtlich, einladend, umgänglich, freigiebig, großzügig
Gastfreundschaft Gastlichkeit, Gastfreundlichkeit, Herzlichkeit, Freigebigkeit, Großzügigkeit
Gastgeber Hausherr, Wirt, Bewirter
Gasthaus Gasthof, Gastwirtschaft, Gaststätte, Wirtshaus, Wirtschaft, Lokal, Restaurant, Speiserestaurant, Speisegaststätte, Restauration, Pizzeria, Schänke, Weinstube, Weinkeller, Bar, Kneipe, Pinte, Taverne, Destille, Kaschemme, Spelunke, Bierlokal, Schänkstube, Schänkwirtschaft, Bierhalle, Schwemme, Raststätte, Rasthaus, Jausenstation, Gartenwirtschaft, Biergarten, Besenwirtschaft, Straußwirtschaft, → Café, → Hotel, → Tanzlokal, → Schnellimbiss
Gastherme → Boiler
Gasthof → Gasthaus, → Hotel
gastlich → gastfreundlich
Gastlichkeit → Gastfreundschaft
Gastmahl → Festessen
Gastritis → Magenschleimhautentzündung
Gastronom → Wirt, → Koch
Gastronomie → Küche
Gaststätte → Gasthaus
Gaststube Wirtsstube, Stube, Saal, Gästesaal, Frühstückssaal, → Gasthaus
Gastwirt → Wirt
Gastwirtschaft → Gasthaus
Gatte → Ehemann
Gatter → Gitter, → Zaun
Gattin → Ehefrau
Gattung → Art, → Klasse
Gau → Gebiet
Gaube → Dachfenster
Gaudi → Freude
Gaudium → Freude
Gaukelspiel → Einbildung
Gaukelwerk → Zauberkunst
Gaukler Taschenspieler, Trickbetrüger, → Artist, → Zauberer
Gaul → Pferd
Gaumenfreude → Genuss, → Leckerbissen
Gaumenkitzel → Leckerbissen
Gauner Erzgauner, Ganove, Schuft, Schurke, Schlitzohr, Schelm, Filou, Bube, Malefizbube, Galgenvogel, Strolch, Bösewicht, Wicht, Lump, Strauchdieb, Halunke, Bandit, Kanaille, Hundsfott, Schweinehund, → Verbrecher, → Spitzbub(e), → Betrüger
Gaunerei → Betrug
Gaunersprache Ganovensprache, Diebesjargon, Diebessprache, Rotwelsch, Argot, Cant, Bettlerlatein
Gaupe → Dachfenster
gautschen → schaukeln
Gay → Homosexueller
Gazette → Journal, → Zeitung
geachtet → angesehen
geächtet vogelfrei, verfemt, ausgestoßen, ehrlos, → rechtlos
Geächteter Ausgestoßener, Rechtloser, → Außenseiter
Geächze → Seufzer
geartet beschaffen, geformt, gebaut, gewachsen, aufgebaut, veranlagt
Geäst Astwerk, Gezweig, Ast, Äste, Zweige, Baumkrone, Krone, → Dickicht, → Zweig
Gebäck Backwerk, Backwaren, Gebackenes, Knabberzeug, Kuchen, Torte, Teilchen, Hörnchen, Kipfel, Krapfen, Schnecken, Plätzchen, Zuckerwerk, Brezel, Lebkuchen, → Brötchen
Gebälk Balkenwerk, Dachstuhl, → Balken
Gebärde → Geste
gebärden → gestikulieren
gebärden, sich → benehmen, sich
Gebärdenspiel → Pantomime
Gebärdensprache → Zeichensprache
Gebaren → Benehmen

gebären 1. entbinden, niederkommen, kreißen, austragen, zur Welt bringen, ein Kind bekommen, Mutter werden, eines Kindes genesen 2. werfen, jungen, frischen, ferkeln, fohlen, kalben, schütten, hecken, Junge bekommen
gebaren, sich → benehmen, sich
gebaucht bauchig, konvex, → gewölbt
Gebäude Bauwerk, Baulichkeit, Bau, Gebäudekomplex, Trakt, → Haus
Gebäudekomplex → Gebäude, → Wohnblock
Gebäudeteil → Flügel
gebaut → geartet
gebefreudig → großzügig
Gebein → Skelett, → Knochen
Gebeine → Leiche
geben 1. reichen, darreichen, überreichen, darbieten, bieten, anbieten, aushändigen, einhändigen, hinreichen, langen, zustecken 2. hergeben, abgeben, teilen, ausgeben, herausrücken, verabfolgen, überlassen, → schenken 3. erteilen, verleihen, gewähren, bewilligen 4. → aufführen 5. → bestehen 6. → vorkommen
geben, sich → benehmen, sich
Gebet Anrufung, Fürbitte, Bitte, Bittgebet, Dankgebet, Tischgebet, Morgengebet, Abendgebet, Nachtgebet, Stoßgebet, Andacht, Paternoster, Litanei, Rosenkranz
Gebetbuch Brevier, Stundenbuch
Gebetshaus → Kirche
Gebiet 1. Landschaftsgebiet, Landschaft, Landstrich, Himmelsstrich, Landesteil, Region, Bezirk, Gau, Zone, Gelände, Feld, Fläche, Areal, Raum, Terrain, Territorium, Reservat, Sperrgebiet, Getto, Revier, Flur, Gefilde, → Hoheitsgebiet 2. → Fach
gebieten → befehlen, → erfordern
gebieten über → führen, → herrschen
Gebieter → Herrscher
gebieterisch → herrisch
Gebietsrepräsentant → Vertreter
gebietsweise → lokal
Gebilde Gestalt, Form, Etwas, Gegenstand, → Ding
gebildet akademisch, studiert, kultiviert, kulturvoll, niveauvoll, erzogen, gesittet, zivilisiert, urban, belesen, beschlagen, kenntnisreich, firm, sprachgewandt, → gelehrt
gebilligt → anerkannt
Gebinde → Strauß
Gebirge Gebirgsmassiv, Bergmassiv, Massiv, Bergstock, Gebirgsstock, Gebirgszug, Höhenzug, Bergkette, Gebirgskette, Vorgebirge, Mittelgebirge, Hochgebirge, Alpen, → Berg
Gebirgssattel → Pass
Gebirgszug → Gebirge
Gebiss 1. Zahnersatz, Zahnprothese, dritte Zähne, falsche Zähne, künstliche Zähne, Krone, Brücke 2. → Zahn
Gebläse → Ventilator
geblendet → blind
Geblödel → Albernheit
geblümt → gemustert
Geblüt → Geschlecht
gebogen gekrümmt, gekröpft, geschwungen, geschweift, gebaucht, bauchig, krumm, rund
geboren 1. gebürtig, von Geburt, von Herkunft, → ansässig 2. auf der Welt, neugeboren, zur Welt gekommen
geborgen heil, sicher, geschützt, gesichert, gut aufgehoben, in sicheren Händen, in guten Händen, ungefährdet, behaglich
Geborgenheit Geborgensein, Gesichertsein, Behütetsein, Beschütztsein, Sicherheit, Behaglichkeit, Wärme
Gebot → Gesetz, → Befehl, → Angebot
geboten → notwendig
Gebräu → Getränk
Gebrauch 1. Anwendung, Verwendung, Benutzung, Nutzanwendung, Handhabung, → Bedienung 2. → Brauch
Gebrauch machen → bedienen, sich
Gebräuche → Tradition
gebrauchen 1. anwenden, verwenden, verwerten, benutzen, benützen, handhaben, umgehen 2. → brauchen
gebräuchlich → allgemein, → üblich
Gebrauchsanleitung → Anleitung
gebrauchsfertig gebrauchsbereit, tischfertig, gerichtet, mundgerecht, bereitgestellt, vorbereitet, benützbar, → bereit, → einsatzbereit
Gebrauchsgegenstand Utensil, Bedarfsgegenstand, Bedarfsartikel, Bedarfsgüter, Gebrauchsgüter, Konsumgüter
gebraucht → alt, → antiquarisch
gebrechen → mangeln
Gebrechen Fehler, Schaden, Leiden, Schwäche, Gebresten, → Krankheit, → Defekt
gebrechlich altersschwach, alt, hinfällig, verfallen, zitterig, tatterig, klapprig, bresthaft, schwach, schwächlich, kränklich, → krank
Gebrechlichkeit Altersschwäche, Hinfälligkeit, Kränklichkeit, Siechtum, → Greisenhaftigkeit
Gebresten → Gebrechen
gebrochen 1. deprimiert, verzweifelt, am Boden zerstört, tief getroffen 2. bruchstück-

haft, unvollständig, mangelhaft, holperig 3. stumpf, matt, glanzlos
Gebrüll → Geschrei
Gebrumm → Geräusch
Gebühr → Beitrag, → Preis
gebühren → verdienen
gebühren, sich → gehören, sich
gebührend → angemessen, → anständig
gebührenfrei → kostenlos
gebührlich → angemessen
gebunden verpflichtet, im Wort, festgelegt, unfrei, abhängig
Geburt 1. freudiges Ereignis, Entbindung, Niederkunft, Partus, Hausgeburt, Kaiserschnitt, Zangengeburt, Frühgeburt, Fehlgeburt, → Abtreibung 2. → Anfang 3. → Herkunft
gebürtig → geboren
Geburtshaus → Elternhaus
Geburtshelfer → Arzt
Geburtshelferin → Hebamme
Geburtsjahr → Jahrgang
Geburtsname → Nachname
Geburtsort → Heimat
Geburtsstadt → Heimat
Geburtsstätte → Elternhaus
Geburtstag Wiegenfest, Ehrentag
Gebüsch → Busch, → Gestrüpp
Geck → Clown, → Stutzer
geckenhaft → eitel, → stutzerhaft
gedacht → imaginär, → theoretisch
Gedächtnis 1. Erinnerungsvermögen, Gedächtniskraft, Merkfähigkeit, Personengedächtnis, Zahlengedächtnis 2. → Erinnerung
Gedächtnishilfe → Gedächtnisstütze
Gedächtniskraft → Gedächtnis
Gedächtnislücke → Gedächtnisverlust
Gedächtnisschwäche → Gedächtnisverlust, → Vergesslichkeit
Gedächtnisschwund → Gedächtnisverlust
Gedächtnisstörung → Gedächtnisverlust
Gedächtnisstütze Gedächtnisbrücke, Eselsbrücke, Gedächtnishilfe, Denkhilfe, Lernhilfe, Merkhilfe, Merkvers, Merkspruch, Anhaltspunkt, Stichwort
Gedächtnisverlust Gedächtnisschwund, Amnesie, Gedächtnisstörung, Gedächtnisschwäche, Gedächtnislücke, Bewusstseinslücke, Erinnerungslücke, Mattscheibe, Blackout, → Vergesslichkeit
gedämpft → dumpf, → leise
Gedanke 1. Vorstellung, Begriff, Gedankenbild, Gedankengang, Idee, Einfall, Blitzgedanke 2. → Absicht
Gedankenaustausch → Gespräch
Gedankenblitz → Einfall
Gedankenexperiment → Denkmodell
Gedankenfolge → Zusammenhang
Gedankenfreiheit → Freiheit
Gedankengang → Gedanke
Gedankenkette → Assoziation
gedankenlos → leichtsinnig
Gedankenlosigkeit → Dummheit, → Leichtsinn
Gedankenreichtum Ideenreichtum, Einfallsreichtum, Gedankenfülle, Gedankentiefe, Tiefgang, Tiefe
Gedankenreihe → Assoziation
Gedankentiefe → Gedankenreichtum
Gedankenverbindung → Assoziation
gedankenverloren → geistesabwesend
gedankenversunken → nachdenklich
gedankenvoll → nachdenklich
gedanklich begrifflich, gedankenmäßig, abstrakt, in Gedanken, → geistig, → imaginär
Gedärm → Eingeweide
Gedeck → Geschirr
gedeihen wachsen, blühen, florieren, strotzen, gut gehen, sich machen, prosperieren, anwachsen, sich entfalten, → entwickeln, sich
Gedeihen → Wachstum
gedeihlich → erfolgreich, → nützlich
gedenken → beabsichtigen, → erinnern, sich
Gedenken → Erinnerung
Gedenkfeier → Feier
Gedenkrede → Nachruf
Gedenkstein → Denkmal, → Grabstein
Gedenkstunde → Feier
Gedenktag → Jubiläum
Gedicht Poem, Vers, Spruch, Ballade, Sonett, Ode, Elegie, Lied, Gesang, Heldengedicht, Epos, → Dichtung
gediegen solide, seriös, soigniert, reell, dauerhaft, wertbeständig, ordentlich, gepflegt, anständig, redlich, ehrbar, rechtschaffen, echt, → rein, → häuslich
Gediegenheit → Qualität, → Häuslichkeit
Gedöns → Gehabe
Gedränge Drängelei, Andrang, Gewühl, Gemenge, Geschiebe, Gewürge, Gedrücke, Drückerei, Bedrängnis, Enge, → Ansammlung
gedrängt → beengt, → knapp, → eilig
gedreht → lockig, → spiralförmig
gedrückt → niedergeschlagen
gedrungen → untersetzt
Geduld Langmut, Gleichmut, Ausdauer, Nachsicht, Nachsichtigkeit, Engelsgeduld, Eselsgeduld, → Beharrlichkeit
gedulden, sich ausharren, sich in Geduld fassen, sich dreinschicken, sich dreingeben, sich nicht aus der Ruhe bringen lassen, abwarten, → warten, → durchhalten

geduldig langmütig, voller Geduld, nachsichtig, gelassen, → beharrlich
Geduldsprobe Geduldsspiel, Nervenprobe, Nervenkrieg, Belastungsprobe, Folter, Prüfung
Geduldsspiel → Geduldsprobe
geehrt → angesehen
geeignet 1. tauglich, befähigt, fähig, wie geschaffen, berufen, prädestiniert, richtig, recht, goldrichtig, ideal 2. bewährt, brauchbar, verwendbar, passend, Erfolg versprechend, → einschlägig
geeint → einig
Gefahr Gefährlichkeit, Gefährdung, Bedrohung, Fährnis, Risiko, Ernstfall, Ernst, Damoklesschwert, → Krise
Gefahr bringend → gefährlich
gefährden in Gefahr bringen, bedrohen, aufs Spiel setzen, in Frage stellen
gefährden, sich sich in Gefahr begeben, Gefahr laufen, sich exponieren, sich aussetzen, waghalsig sein, → wagen
gefährdet in Gefahr, ungeschützt, bedroht, anfällig
Gefährdung → Gefahr
gefährlich 1. gefahrvoll, Gefahr bringend, bedrohlich, unheildrohend, drohend, Unheil verkündend, unheilvoll, beängstigend 2. bedenklich, riskant, kritisch, brenzlig, böse, ernst, brisant, heikel, zweischneidig, → schwierig 3. heimtückisch, tückisch, gemeingefährlich, abenteuerlich, halsbrecherisch, lebensgefährlich, selbstmörderisch, waghalsig, gewagt
Gefährlichkeit → Gefahr
gefahrlos → sicher, → ungefährlich
Gefahrlosigkeit → Sicherheit
Gefährt → Fahrzeug
Gefährte → Freund, → Begleiter
Gefährtin → Freundin
gefahrvoll → gefährlich
Gefälle Neigung, Neigungswinkel, Steigung, Steigungswinkel, Abfall, Abdachung, Schräge, schiefe Ebene
gefallen behagen, belieben, zusagen, entsprechen, passen, bestechen, ansprechen, für sich einnehmen, schmecken, recht sein, genehm sein, angenehm sein, gelegen kommen, zupass kommen, konvenieren, Geschmack finden an, Gefallen finden an, Anklang finden, Zuspruch finden, Beifall finden, es jemandem angetan haben, etwas übrig haben für, in die Augen stechen, jemandes Typ sein
gefallen im Krieg geblieben, auf dem Feld der Ehre geblieben, umgekommen, → tot
Gefallen 1. Anklang, Zuspruch, Echo, Resonanz, Anziehung, Freude, Lust, Geschmack 2. → Gefälligkeit
gefällig dienstbeflissen, dienstfertig, eilfertig, erbötig, erkenntlich, entgegenkommend, kulant, zuvorkommend, hilfsbereit 2. wohlgefällig, ansprechend, angenehm, zusagend, sympathisch, gewinnend, anmutig, → geschmackvoll, → hübsch
Gefälligkeit Gefallen, Entgegenkommen, Eilfertigkeit, Freundlichkeit, Aufmerksamkeit, Erkenntlichkeit, Freundschaftsdienst, Freundesdienst, Liebenswürdigkeit, Liebesdienst, Dienst
gefälligst gütigst, tunlichst, möglichst, nach Möglichkeit, wenn möglich, wenn es geht, → bitte
Gefallsucht → Eitelkeit
gefallsüchtig → eitel
gefälscht → unecht
gefangen unfrei, der Freiheit beraubt, inhaftiert, in Haft, eingesperrt, hinter Gittern, dingfest, festgesetzt, eingelocht, eingebuchtet, eingeschlossen
gefangen halten → einsperren
gefangen sein → einsitzen
gefangen setzen → einsperren
Gefangenenlager → Lager
Gefangener Häftling, Gefängnisinsasse, Insasse, Strafgefangener, Inhaftierter, Sträfling, Zuchthäusler, Knastbruder, Arrestant, Fürsorgezögling, Internierter, Lagerinsasse, Kriegsgefangener, Geisel
Gefangennahme → Verhaftung
Gefangenschaft Unfreiheit, Freiheitsberaubung, Freiheitsentzug, Arrest, Einkerkerung, Kriegsgefangenschaft, → Haft
Gefängnis Strafvollzugsanstalt, Strafanstalt, Vollzugsanstalt, Justizvollzugsanstalt, Haftanstalt, Anstalt, Zuchthaus, Bau, Bunker, Kittchen, Knast, Bagno, Karzer, Arrestlokal, Café Viereck, Loch, Kerker, Verlies, Hungerturm, → Haft, → Erziehungsanstalt
Gefängnisinsasse → Gefangener
Gefängniszelle → Zelle
gefärbt tendenziös, einseitig, subjektiv, angehaucht
Gefasel → Geschwätz
Gefäß Krug, Kanne, Pott, Hafen, Napf, Schüssel, Tasse, Topf, Tiegel, Kelch, Vase, Glas, → Flasche, → Becher, → Behälter
gefasst → gelassen, → vorbereitet
Gefasstheit → Gelassenheit
Gefecht → Kampf
Gefechtslinie → Front
Gefechtsübung Manöver, Militärübung, militärische Übung, Feldübung
gefeiert → bejubelt
gefeit geschützt, gewappnet, → sicher

gefesselt 1. gebunden, in Ketten 2. gefangen, gepackt, ergriffen, fasziniert
gefestigt → reif
Gefieder Federkleid, Federn
Gefilde → Feld, → Gebiet
Geflecht Flechtwerk, Netzwerk, Maschenwerk, → Gewebe
gefleckt → scheckig
Geflimmer → Glanz
geflissentlich → absichtlich
Geflügel → Federvieh
Geflüster Flüsterton, Getuschel, Gezischel, Gewisper, → Gerücht
Gefolge Dienerschaft, Tross, Hofstaat, Hof, → Begleitung
Gefolgschaft Gefolge, Anhängerschaft, Anhänger, Anhang, Fangemeinde, Gemeinde, Jüngerschaft
Gefolgsmann → Anhänger
geformt → dichterisch, → geartet
gefragt → begehrt
gefräßig fressgierig, unersättlich, verfressen, nimmersatt, heißhungrig, gierig
Gefräßigkeit Fressgier, Fresslust, Unersättlichkeit, Heißhunger, Esslust
gefrieren frieren, zufrieren, überfrieren, vereisen, → erstarren
Gefrierschrank → Kühlschrank
Gefriertruhe → Kühlschrank
Gefüge Aufbau, Gerüst, Struktur, Konstruktion, → Art
gefügig → gehorsam
Gefügigkeit → Gehorsam
Gefühl Empfindung, Empfinden, Gemüt, Emotion, Sinnesreiz, Sinneseindruck, Gespür, Eindruck, → Ahnung
gefühllos 1. gefühlsarm, abgebrüht, abgestumpft, stumpf, abgehärtet, verhärtet, hart, dickhäutig, unempfindlich, abgestorben, roh, seelenlos, herzlos, hartherzig, lieblos, mitleidslos, eiskalt, → gleichgültig 2. gefühlskalt, kalt, frigide
Gefühllosigkeit 1. Gefühlsarmut, Abstumpfung, Gefühlsmangel, Rohheit, Herzlosigkeit, Hartherzigkeit, Verhärtung, Lieblosigkeit, Mitleidslosigkeit, → Gleichgültigkeit 2. Gefühlskälte, Kälte, Frigidität
gefühlsarm → gefühllos
Gefühlsarmut → Gefühllosigkeit
Gefühlsausbruch → Erregung, → Gefühlsäußerung
Gefühlsäußerung Gefühlsregung, Gemütsbewegung, Herzenserguss, Regung, Anwandlung, Gefühlsausbruch, Gefühlswallung, Emotion
gefühlsbestimmt → gefühlsbetont
gefühlsbetont gefühlsbestimmt, emotional, emotionell, irrational, gefühlvoll, gemütvoll, → empfindsam
Gefühlsduselei → Tränenseligkeit
gefühlsduselig → tränenselig
gefühlskalt → gefühllos
Gefühlskälte → Gefühllosigkeit
gefühlsmäßig instinktiv, intuitiv, aus dem Gefühl heraus, unbewusst, → gefühlsbetont
Gefühlsregung → Gefühlsäußerung
Gefühlsseligkeit → Tränenseligkeit
Gefühlstiefe → Empfindsamkeit
Gefühlswallung → Gefühlsäußerung
gefühlvoll 1. mit Gefühl, mit Feingefühl, mit Fingerspitzengefühl 2. → gefühlsbetont
gefüllt → voll
gegebenenfalls → ansonsten, → vielleicht
Gegebenheit → Tatsache
gegen 1. wider, entgegen, kontra, contra, gegenüber 2. für, im Tausch für, als Gegenleistung, um, anstatt, statt 3. → ungefähr
Gegenargument → Einwand
Gegenbewegung → Reaktion
Gegenbeweis → Widerlegung
Gegenbild → Abbild, → Gegenteil
Gegend Landstrich, Himmelsstrich, Region, Breiten, Gelände, Landschaft, Land, Umgebung, Umgegend, Bereich, Raum, → Gebiet, → Stadtteil
Gegengewicht Balance, Gewichtsausgleich, Gegenpol, → Gleichgewicht
gegenläufig → gegensätzlich, → rückwärts
Gegenleistung → Dank, → Entschädigung
Gegenliebe → Zustimmung
Gegenmeinung → Einwand
Gegenmittel → Arznei
Gegenpartei → Gegner
Gegenpol → Gegengewicht, → Gegensatz
Gegenprobe → Kontrolle
Gegenrechnung → Kontrolle
Gegenrede → Antwort, → Widerspruch
Gegensatz Kontrast, Gegenpol, Gegenteil, Unterschied, Verschiedenheit, Kluft, Opposition, → Gegensätzlichkeit
gegensätzlich entgegengesetzt, gegenläufig, diametral, disjunktiv, gegenteilig, konträr, kontradiktorisch, kontrovers, feindlich, oppositionell, polarisiert, polar, einander ausschließend, unvereinbar, adversativ, antithetisch, antagonistisch, komplementär, → widersprüchlich
Gegensätzlichkeit Gegenteiligkeit, Polarität, Polarisierung, Dualismus, Antagonismus, Antinomie, Unvereinbarkeit, Widersprüchlichkeit, Widerspruch, → Gegensatz
Gegenschlag → Vergeltung

Gegenseite → Gegner
gegenseitig → abwechselnd, → einander
Gegenspieler → Gegner
Gegenstand 1. Gebilde, Ding, Körper, Objekt, Phänomen, Sache, Stoff 2. → Thema
gegenständlich → konkret, → anschaulich
Gegenständlichkeit → Anschaulichkeit
gegenstandslos 1. haltlos, hinfällig, null und nichtig, überholt, bedeutungslos, wesenlos 2. → abstrakt
gegensteuern → regeln
Gegenströmung → Strömung, → Reaktion
Gegenstück 1. Pendant, Entsprechung, Korrelat, Spiegelbild, → Abbild 2. → Gegenteil
Gegenteil Gegenstück, Gegenbild, Widerpart, Antithese, → Gegensatz
gegenteilig → gegensätzlich
gegenüber 1. gegenüberliegend, auf der anderen Seite, vis-a-vis, entgegengesetzt, jenseits 2. angesichts, verglichen mit, im Vergleich zu, neben, im Gegensatz zu
gegenüberstellen konfrontieren, vorführen, miteinander vergleichen, gegeneinander abwägen
Gegenüberstellung → Vergleich
Gegenwart 1. Heute, Jetztzeit, Jetzt, Augenblick, Hier und Jetzt, Neuzeit, Moderne 2. → Anwesenheit
gegenwärtig 1. aktuell, jetzig, jetzt, zur Jetztzeit, heute, heutzutage, heutigentags, gerade, zur Stunde, im Augenblick 2. präsent, parat, vorhanden, → anwesend
gegenwartsnah → modern
Gegenwehr → Abwehr
Gegenwert → Entschädigung, Preis
Gegenwirkung → Reaktion
gegenzeichnen → unterschreiben
gegliedert → untergliedert, → übersichtlich
Gegner 1. Gegenspieler, Kontrahent, Widersacher, Widerpart, Gegenpart, Antagonist, Opponent, Regimekritiker, Dissident, → Rivale, → Feind 2. Opposition, Gegenseite, Gegenpartei, Klägerpartei, beklagte Partei
gegnerisch → feindlich
Gegnerschaft → Feindschaft
Gegröle → Geschrei, → Gesang
Gehabe Getue, Gewese, Gedöns, Geschrei, Aufhebens, Zirkus, Theater, Affentheater, Affentanz, Trara, Tamtam, Mache, Flausen, Faxen, Mätzchen, Allüren, → Geziere, → Benehmen
gehaben, sich → benehmen, sich
Gehacktes → Hackfleisch
Gehalt 1. Sinn, Sinngehalt, Wesen, Wesentlichkeit, Beschaffenheit, Eigenart, Substanz, → Bedeutung, → Inhalt 2. → Lohn
gehalten → verpflichtet
gehaltlos 1. gehaltarm, saftlos, kraftlos, lasch, fade, ohne Saft und Kraft, weder Fisch noch Fleisch 2. → oberflächlich
Gehaltserhöhung → Aufbesserung
Gehaltskonto → Konto
gehaltvoll gehaltreich, inhaltsreich, üppig, kräftig, fett, reich, wohlschmeckend
gehässig bissig, polemisch, giftig, hasserfüllt, boshaft, spitzzüngig, beleidigend, → schadenfroh
Gehässigkeit Bissigkeit, Polemik, Boshaftigkeit, Bosheit, → Schadenfreude
Gehäuse → Kapsel, → Eremitage
gehbehindert → körperbehindert
Gehege → Stall, → Zoo
geheim verborgen, verdeckt, inkognito, anonym, pseudonym, hinter verschlossenen Türen, unter Ausschluss der Öffentlichkeit, nichtöffentlich, esoterisch, nur für Eingeweihte, → geheimnisvoll, → heimlich
geheim halten → verschweigen
Geheimagent → Agent
Geheimdienst Nachrichtendienst, Abwehrdienst, Abwehr, Spionageabwehr, Geheimpolizei, Militärischer Abschirmdienst, Staatssicherheitsdienst, Geheime Staatspolizei, → Polizei
Geheimfach → Tresor
Geheimhaltung → Verheimlichung
Geheimkode (*auch:* Geheimcode) → Geheimzeichen
Geheimlehre → Geheimwissenschaft
Geheimnis Mysterium, Nachtseite, Arkanum, Dunkel, Rätsel, Heimlichkeit, Dienstgeheimnis, Amtsgeheimnis, Beichtgeheimnis, Briefgeheimnis, Postgeheimnis
Geheimniskrämer → Heimlichtuer
Geheimnistuerei → Heimlichtuerei
geheimnisumwittert → geheimnisvoll
geheimnisvoll geheimnisumwittert, geheimnisreich, dunkel, okkult, orakelhaft, delphisch, sibyllinisch, unergründlich, unerforschlich, undurchdringlich, unverständlich, esoterisch, verhüllt, verschleiert, hintergründig, rätselhaft, → abstrus, → magisch
Geheimpolizei → Geheimdienst
Geheimrezept Patentrezept, Allheilmittel, Universalmittel, Allerweltsmittel, → Lösung
Geheimschrift → Geheimzeichen
Geheimtipp → Empfehlung
Geheimwissenschaft Geheimlehre, Okkultismus, Kabbala, Magie, → Spiritismus
Geheimzeichen → Chiffre, Kode, Geheimkode, Geheimschrift
Geheiß → Befehl, → Anordnung

gehemmt → schüchtern

gehen 1. sich bewegen, sich fortbewegen, schreiten, ausschreiten, ausgreifen, eilen, traben, wandeln, stolzieren, treten, laufen, marschieren, schleichen, schlurfen, trotten, zuckeln, zotteln, schlendern, stiefeln, stapfen, tappen, waten, staken, stelzen, trippeln, tippeln, tapsen, watscheln, → begeben, sich 2. → fühlen, sich 3. → funktionieren 4. → erstrecken, sich

gehen an → zufallen

gehen um → behandeln

gehen lassen, sich → benehmen, sich

gehetzt → eilig

Geheul → Klage

Gehilfe Assistent, rechte Hand, Famulus, Adjunkt, Adlatus, Kommis, Helfer, Aushilfe, Diener, → Komplize

Gehirn → Hirn

Gehirnschlag Hirnschlag, Schlag, Schlaganfall, Schlagfluss, Gehirnblutung, Apoplexie, → Anfall

gehoben → feierlich

Gehöft → Anwesen, → Bauernhof

Gehölz → Gestrüpp, → Wald

Gehör Gehörsinn, Hörvermögen, Ohr

gehorchen 1. folgen, befolgen, willfahren, zu Willen sein, hören auf, Acht geben, gehorsam sein, Folge leisten, Gehorsam leisten, sich richten nach, nachfolgen, nachkommen, sich fügen, sich unterordnen, parieren, spuren, kuschen, nach jemandes Pfeife tanzen 2. → reagieren

gehören 1. angehören, zugehören, zählen zu, zugeordnet werden, gerechnet werden zu 2. eignen, Eigentum sein, sich in Besitz befinden, → besitzen 3. → verdienen

gehören, sich → sich gebühren, sich geziemen, sich ziemen, sich schicken, anstehen, wohl anstehen, angebracht sein, angemessen sein

gehörig 1. gründlich, ordentlich, tüchtig, herzhaft, kräftig, anständig, zünftig, feste, schön, deftig, weidlich, nach Herzenslust 2. → angemessen

gehörlos → taub, stocktaub

Gehörn → Geweih

Gehörorgan → Ohr

gehorsam → folgsam, fügsam, gefügig, brav, artig, willig, willfährig, ergeben, demütig, botmäßig, → hörig

Gehorsam Gehorsamkeit, Folgsamkeit, Fügsamkeit, Willfährigkeit, Unterordnung, Subordination, Unterwerfung, Unterwürfigkeit, blinder Gehorsam, Kadavergehorsam, Demut, Befolgung, Hörigkeit

Gehorsamsverweigerung → Ungehorsam

Gehörsinn → Gehör

Gehsteig → Gehweg

Gehstock Stock, Spazierstock, Spazierstecken, spanisches Rohr, Wanderstab, Bergstock, Krückstock, Krücke

Gehweg Gehsteig, Bürgersteig, Fußgängerweg, Fußweg, Fußsteig, Trottoir, → Weg

Geifer → Spucke

geifern → spucken

Geige → Streichinstrument, Violine, Bratsche, Viola, Altgeige, Gambe, Fiedel

geigen Geige spielen, fiedeln, schaben, musizieren

Geiger Geigenspieler, Violinist, Fiedler, → Musiker

geil → lüstern, → toll

Geilheit → Lüsternheit

Geisel → Gefangener, → Bürge

Geiß → Ziege, → Reh

Geißbock → Bock

Geißel → Peitsche, → Belästigung

geißeln → anprangern, → schlagen

Geist 1. Bewusstsein, Intelligenz, Witz, Esprit, Scharfblick, Scharfsinn, Schlagfertigkeit, Köpfchen, Grips, → Verstand 2. Atem, Seele, Wesen, Sinn, Bedeutung 3. → Gespenst, → Kobold

Geisterbeschwörung → Beschwörung, → Magie

Geisterglaube → Spiritismus, → Aberglaube

geisterhaft → gespenstisch, → unheimlich

Geisterlehre → Spiritismus

geistesabwesend abwesend, gedankenverloren, vertieft, versunken, selbstvergessen, entrückt, verträumt, träumerisch, in Gedanken, im Tran, nicht ansprechbar, → unaufmerksam, → zerstreut

Geistesabwesenheit Abwesenheit, Versunkenheit, Vertieftheit, Verträumtheit, Entrückung, → Zerstreutheit

Geistesarbeit → Denken

Geistesarbeiter → Intellektueller

Geistesarmut → Geistlosigkeit

Geistesblitz → Einfall

Geistesgabe → Begabung

Geistesgegenwart Reaktionsvermögen, Reaktionsschnelligkeit, Aufmerksamkeit, Kaltblütigkeit

geistesgegenwärtig reaktionsschnell, blitzschnell, wach, hellwach, aufmerksam, kaltblütig

geistesgestört geisteskrank, geistig behindert, irr, irrsinnig, geistig umnachtet, wahnsinnig, paranoid, schizophren, toll, verrückt, unzurechnungsfähig, plemplem, → schwachsinnig

Geistesgestörtheit → Geisteskrankheit
Geistesgröße → Genie
Geisteshaltung → Gesinnung
Geisteskraft → Verstand, → Denkfähigkeit
geisteskrank → geistesgestört
Geisteskrankheit Geistesgestörtheit, Geistesstörung, geistige Behinderung, Umnachtung, Irrsinn, Wahnsinn, Paranoia, Schizophrenie, Bewusstseinsspaltung, Bewusstseinsstörung, Verrücktheit, → Schwachsinn
geistesschwach → schwachsinnig
Geistesschwäche → Schwachsinn
Geistesstörung → Geisteskrankheit
geistig 1. unkörperlich, stofflos, immateriell, psychisch, mental, intellektuell, verstandesmäßig, gedanklich, → platonisch 2. alkoholisch, hochprozentig
geistig behindert → geistesgestört
geistlich spiritual, sakral, theologisch, kirchlich, klerikal
Geistlicher Pfarrer, Pfaffe, Pastor, Priester, Prediger, Vikar, Diakon, Seelsorger, Seelenhirte, Hirte, Kaplan, Dekan, Präses, Diener Gottes, Gottesdiener, Gottesmann, Kirchenmann, Kleriker, Hochwürden, Pater, Prälat, Domherr, Bischof, Erzbischof, Weihbischof, Kardinal, Missionar, Pope, Rabbi, Rabbiner, → Mönch
Geistlichkeit → Klerus
geistlos geistesarm, witzlos, inhaltslos, inhaltsleer, leer, hohl, nichts sagend, stumpf, stumpfsinnig, fade, trivial, banal, billig, platt, flach, geisttötend, hausbacken, unoriginell, oberflächlich, → fantasielos
Geistlosigkeit Geistesarmut, Gedankenarmut, Gehaltlosigkeit, Inhaltslosigkeit, Fantasielosigkeit, Banalität, Trivialität, Plattheit, Flachheit, Stumpfsinn, → Gemeinplatz
geistreich geistvoll, einfallsreich, gescheit, anregend, witzig, spritzig, sprudelnd, sprühend, schlagfertig, mit Pep, mit Biss, charmant, unterhaltsam, launig
geisttötend → geistlos
geistvoll → geistreich
Geiz Schäbigkeit, Knauserei, Knickrigkeit, Pfennigfuchserei, Kleinlichkeit, → Sparsamkeit, → Habgier
geizen knausern, kargen, geizig sein, knapsen, knapp halten, den Daumen draufhalten, kurz halten, auf dem Geld sitzen, jeden Pfennig dreimal umdrehen, filzen, absparen, → sparen, → horten
Geizhals Geiziger, Geizkragen, Knauser, Knicker, Pfennigfuchser, Kümmelspalter, Filz, Nimmersatt
geizig schäbig, knauserig, knickerig, kniepig, filzig, mickerig, hartleibig, genau, kleinlich, schofel, lumpig, → sparsam, → habgierig
Geizkragen → Geizhals
Gejammer → Klage
Gejauchze → Jubel
Gejohle → Geschrei, → Jubel
Gekeife → Gezeter
Gekicher → Gelächter
Geklapper → Geräusch, → Lärm
Gekleckse → Geschmier
Geknatter → Geräusch, → Lärm
geknechtet → unterdrückt
geknickt → niedergeschlagen
gekocht → gar
gekonnt → fachkundig
Gekrächze → Gesang
Gekrakel → Geschmier
gekränkt verstimmt, verletzt, getroffen, verschnupft, auf den Schlips getreten, auf den Fuß getreten, eingeschnappt, sauer, säuerlich, → beleidigt
gekräuselt → faltig, → lockig
Gekreische → Geschrei
gekreuzt → hybrid
Gekritzel → Geschmier
gekröpft → gebogen
gekrümmt → gebogen
gekündigt abgesetzt, beurlaubt, freigestellt, entlassen, → arbeitslos
gekünstelt gesucht, theatralisch, manieriert, unecht, stilisiert, gewunden, → geziert
Gelaber → Geschwätz
Gelächter Lachen, Lache, Lachsalve, Heiterkeitsausbruch, Heiterkeit, Stimmung, Gekicher, Kichern, Gewieher, Gefeixe, Hohngelächter, Hohnlachen
geladen → ärgerlich, → gereizt
Gelage Fressgelage, Fresserei, Völlerei, Prasserei, Orgie, Zechgelage, Zecherei, Saufgelage, Sauferei, Besäufnis, Bacchanal, → Essen
gelähmt 1. erstarrt, starr, apathisch, bewegungsunfähig, handlungsunfähig, teilnahmslos 2. → lahm
Gelände → Land, → Grundstück, → Gebiet
Geländefahrzeug Geländewagen, geländegängiges Fahrzeug, Jeep, Unimog, Landrover, Offroadfahrzeug, 4-Wheel-Drive, → Kraftfahrzeug
Geländer Brüstung, Balustrade, Treppengeländer, Handlauf, Brückengeländer, Reling
Geländewagen → Geländefahrzeug
gelangen erreichen, kommen, hinkommen, ankommen, landen, vordringen, durchdringen, geraten

gelangweilt → überdrüssig
Gelass → Zimmer
gelassen gefasst, kaltblütig, kühl, cool, stoisch, trocken, überlegen, ausgeglichen, bedächtig, besonnen, geduldig, gleichmütig, unerschütterlich, furchtlos, ergeben, gottergeben, seelenruhig, → ruhig, → beherrscht
Gelassenheit Gefasstheit, Fassung, Haltung, Kaltblütigkeit, Unerschütterlichkeit, Überlegenheit, Ausgeglichenheit, inneres Gleichgewicht, Besonnenheit, Geduld, Gleichmut, Seelenruhe, Gemütsruhe, Bierruhe, → Ruhe, → Beherrschung
Gelatine Stärke, Sago, → Gallert
gelatineartig → gallertartig
geläufig → bekannt
gelaunt aufgelegt, gestimmt, disponiert, → schlecht gelaunt, → gut gelaunt
geläutert → rein
gelb ockergelb, safrangelb, schwefelgelb, bernsteingelb, honiggelb, goldgelb, maisgelb, postgelb, quittengelb, zitronengelb, kanariengelb, gelblich, cremefarben, → beige
Geld 1. Zahlungsmittel, Geldmittel, Finanzen, Kapital, Mammon, Taschengeld, Haushaltsgeld, Wirtschaftsgeld, → Kleingeld, → Papiergeld, → Bargeld, → Vermögen 2. Moneten, Rubel, Knete, Asche, Piepen, Pulver, Flocken, Lappen, Zaster, Schotter, Kies, Steine, Knöpfe, Pinkepinke, Moos, Kröten, Mäuse, Mücken, Heu, Zunder, Kohle, Eier, Penunzen, Peseten, Taler, Groschen, Zechinen
Geld und Gut → Besitz
Geldadel → Oberschicht
Geldanlage → Anlage
Geldaristokrat → Kapitalist
Geldbeutel Geldbörse, Börse, Brieftasche, Portmonee, Beutel, Säckel
Geldbörse → Geldbeutel
Geldbuße → Strafe, → Strafzettel
Geldentwertung → Inflation
Geldforderung Forderung, Außenstände, Ausstand, Mahnbescheid
Geldgeber Finanzier, Kreditgeber, Bankier, → Gläubiger, → Mäzen
geldgierig → habgierig
Geldinstitut → Bank
geldlich → finanziell
Geldmangel → Armut
geldmäßig → finanziell
Geldmittel → Geld
Geldnot → Armut, → Bankrott
Geldprämie → Zulage
Geldschein → Papiergeld
Geldschrank → Tresor
Geldschwierigkeiten → Bankrott
Geldsegen → Reichtum
Geldsorgen → Bankrott
Geldstrafe → Strafe
Geldstück → Münze
Geldsumme → Betrag
Geldwert → Kurs
Gelee → Gallert, → Marmelade
geleeartig → gallertartig
Gelege → Brut, → Nest
gelegen angenehm, zusagend, passend, geeignet, opportun, willkommen, günstig
gelegen sein → befinden, sich
Gelegenheit 1. Anlass, Aufhänger, Zufall, Möglichkeit, → Chance 2. Okkasion, Angebot, Sonderangebot
Gelegenheitsarbeiter → Jobber
Gelegenheitskauf Schnäppchen, Sonderangebot
gelegentlich → manchmal, → anlässlich
gelehrig anstellig, geschickt, praktisch, verständig, aufmerksam, fleißig, lernbegierig, → intelligent
Gelehrsamkeit → Bildung
gelehrt kenntnisreich, bewandert, erfahren, wissend, weise, akademisch, belesen, studiert, gebildet, aufgeklärt
Gelehrter Denker, Schriftkundiger, Schriftgelehrter, Weiser, Akademiker, Studierter, Magister, Doktor, Professor, Stubengelehrter, Privatgelehrter, → Wissenschaftler
Gelehrtheit → Bildung
Geleis → Gleis
Geleit Ehrengeleit, Schutzgeleit, Bedeckung, Gefolge, Schutz, Eskorte, Geleitzug, Konvoi, Begleitung
geleiten → begleiten
Geleitwort → Einleitung
Gelenk Scharnier, Gelenkstelle, Verbindungsstelle, Angel
gelenkig beweglich, gewandt, geschmeidig, flink, behände, artistisch
Gelenkrheumatismus → Rheuma
geliebt heiß geliebt, angebetet, vergöttert, geschätzt, hoch geschätzt, kostbar, beliebt
Geliebte Liebste, Liebchen, Liebling, Liebhaberin, Schatz, Abgott, Angebetete, Herzblatt, Herzallerliebste, Auserwählte, Flamme, Freundin, Gspusi, Poussage, Verhältnis, Buhle, Favoritin, Konkubine, Mätresse, Kurtisane
Geliebter Liebster, Liebling, Schatz, Herzensdieb, Galan, Kavalier, Verehrer, Lover, Freund, Auserwählter, Einziger, Verhältnis, Macker, Scheich, Kurschatten, → Liebhaber
geliehen → leihweise
gelieren → eindicken, → erstarren
geliftet → straff

gelinde → mild, → sanft
gelingen glücken, geraten, zu Stande kommen, gut gehen, gut ausfallen, glatt gehen, klappen, hinhauen, flutschen, von der Hand gehen, sich erfüllen, Glück haben, Erfolg haben, reüssieren
Gelingen → Erfolg, → Fortschritt
gellen → schallen
gellend → laut
geloben → schwören, → versprechen
Gelöbnis → Eid
gelockert → entspannt
gelogen → erfunden
gelöscht → quitt
gelöst → entspannt
gelten 1. in Geltung sein, gültig sein, wirksam sein, herrschen, in Kraft sein 2. Wert haben, zählen, ausmachen, bedeuten, wiegen, schwer wiegen, ins Gewicht fallen, Gewicht haben, Geltung haben, in Ansehen stehen, guten Ruf haben, Einfluss haben 3. darauf ankommen, um die Wurst gehen 4. im Ruf stehen, angesehen werden als, berühmt sein für, berüchtigt sein als
geltend → beglaubigt, → gültig
Geltung 1. Ansehen, Gewicht, Autorität, Bedeutung, Stellung, Stellenwert, → Einfluss 2. → Laufzeit
Geltungsbedürfnis → Geltungsdrang
geltungsbedürftig → ehrgeizig
Geltungsdauer → Laufzeit
Geltungsdrang Geltungsbedürfnis, Geltungssucht, Großmannssucht, Größenwahn, Profilierungssucht, Profilneurose, → Ehrgeiz, → Machtanspruch
Geltungssucht → Geltungsdrang
geltungssüchtig → ehrgeizig
Gelübde → Versprechen, → Eid
gelungen → erfolgreich, → komisch
Gelüste Gelüsten, Lust, Appetit, Begierde, Verlangen, Gier
gelüsten → verlangen
gelüstig → lüstern
gemach → langsam
Gemach → Zimmer
gemächlich → langsam
Gemächlichkeit → Langsamkeit
Gemächt → Penis
Gemahl → Ehemann
Gemahlin → Ehefrau
gemahnen erinnern, denken lassen an, anklingen, ähneln, Erinnerungen wachrufen
Gemälde → Bild
Gemarkung → Feld, → Grenze
gemäß 1. entsprechend, laut, nach, zufolge, bezüglich, → anlässlich 2. → angemessen
gemäßigt → maßvoll
gemein → niederträchtig, → gewöhnlich
Gemeinbesitz → Gemeineigentum
Gemeinde 1. Kommune, Landgemeinde, Stadtgemeinde, Ortschaft, Ort 2. Kirchengemeinde, Kirchensprengel, Sprengel, Pfarrei 3. → Gefolgschaft 4. → Gemeinschaft
Gemeindeoberhaupt → Bürgermeister
Gemeinderat 1. Gemeindevorstand, Gemeindevertretung, Stadtrat, Stadtväter, Stadtverordnetenversammlung, Senat 2. → Abgeordneter
Gemeindevertretung → Gemeinderat
Gemeindevorsteher → Bürgermeister
gemeineigen volkseigen, verstaatlicht, staatlich, in Gemeinbesitz, öffentlich zugänglich
Gemeineigentum Gemeinbesitz, Gemeingut, Allgemeingut, Allgemeinbesitz, Gemeindegrund, Gemeindeacker, Gemeindeanger, Gemeindewald, Allmende, Volkseigentum, Staatseigentum
gemeingefährlich → gefährlich
Gemeingeist → Solidarität
Gemeingut → Gemeineigentum
Gemeinheit → Niedertracht
gemeinhin → allgemein, → üblich, → meistens
Gemeinnutz → Gemeinwohl
gemeinnützig wohltätig, für das Gemeinwohl, sozial, karitativ
Gemeinnützigkeit → Gemeinwohl
Gemeinplatz Binsenwahrheit, Binsenweisheit, Selbstverständlichkeit, Worthülse, Phrase, Plattitüde, Plattheit, Abgeschmacktheit, Banalität, Trivialität, alter Hut, Klischee, → Redensart
gemeinsam gemeinschaftlich, zusammen, miteinander, kooperativ, kollektiv, geschlossen, Seite an Seite, Schulter an Schulter, Hand in Hand, Arm in Arm, verbunden, vereinigt, untrennbar, unzertrennlich, → beisammen
Gemeinsamkeit 1. Berührungspunkt, Verwandtschaft, Verbindung, Affinität, Ähnlichkeit 2. Gemeinschaftlichkeit, Gemeinsamkeitsgefühl, Verbundenheit, Zusammengehörigkeit, → Solidarität
Gemeinschaft Gemeinde, Miteinander, Verbundenheit, Bündnis, Verbindung, Zusammenschluss, Zweckgemeinschaft, Zweckverband, Interessensverband, → Vereinigung, → Organisation
gemeinschaftlich → gemeinsam
Gemeinschaftlichkeit → Gemeinsamkeit
Gemeinschaftsarbeit → Zusammenarbeit
Gemeinschaftsgeist → Solidarität

Gemeinschaftskunde → Geschichtsunterricht
Gemeinschaftssinn → Solidarität
Gemeinsprache → Umgangssprache
Gemeinwohl Allgemeinwohl, Gemeinnützigkeit, Gemeinnutz, Wohlfahrt, Wohltätigkeit
Gemenge → Gedränge, → Mischung
gemessen → beherrscht, → maßvoll
Gemetzel → Blutbad
Gemisch → Mischung
gemischt vermischt, bunt, kunterbunt, halb und halb, → hybrid
Gemunkel → Gerücht, → Tratsch
Gemurkse → Schlamperei
Gemüse Grünzeug, Grünfutter, Pflanzenkost, → Frucht
gemustert gewürfelt, kariert, getigert, gestreift, gepunktet, getupft, gesprenkelt, geblümt, meliert, → farbig, → scheckig
Gemüt Herz, Gefühl, Psyche, Seele, Innenwelt, Inneres, Innenleben
gemütlich 1. behaglich, heimelig, anheimelnd, heimlich, wohnlich, wohlig, mollig, traulich, traut, lauschig, urgemütlich, → bequem 2. → langsam 3. → gutmütig
Gemütlichkeit 1. Behaglichkeit, Wohnlichkeit, Heimeligkeit, Traulichkeit, Trautheit, Lauschigkeit, → Bequemlichkeit 2. → Gutmütigkeit
Gemütsart → Charakter
Gemütsbewegung → Gefühlsäußerung
gemütskrank → seelenkrank
Gemütskrankheit → Seelenkrankheit
Gemütsmensch → Phlegmatiker
Gemütsrichtung → Charakter
Gemütsruhe → Gelassenheit
Gemütsstimmung → Stimmung
Gemütstiefe → Empfindsamkeit
Gemütsverfassung → Stimmung
Gemütszustand → Stimmung
genannt 1. namens, mit Namen, so genannt, alias, geheißen 2. → oben genannt
genant → prüde, → schüchtern
genau akkurat, exakt, prazis, akribisch, minuziös, treffend, aufs Haar, auf den Millimeter, haargenau, haarklein, bis ins Kleinste, detailliert, streng, getreulich, → sorgfältig, → pedantisch, → geizig
genau genommen → eigentlich
Genauigkeit 1. Genauheit, Akkuratesse, Exaktheit, Präzision, Akribie, Abbildungstreue, Treue 2. → Sorgfalt
genauso ebenso, geradeso, gleichermaßen, gleicherweise, in gleicher Weise, im selben Maße, → auch
Gendarm → Polizeibeamter
Gendarmerie → Polizei
genehmigen bewilligen, zugestehen, Befugnis erteilen, Konzession erteilen, lizenzieren, → erlauben
Genehmigung Bewilligung, Befugnis, Konzession, Zulassung, Lizenz, Approbation, Stempel, amtlicher Segen, → Berechtigung, → Erlaubnis
geneigt → bereit, → zugetan
geneigt sein → bequemen, sich
Generalagent → Vertreter
Generaldirektor → Leiter
generalisieren → verallgemeinern
Generalstreik → Streik
Generalvertreter → Vertreter
Generation Altersstufe, Geschlechterfolge, Menschenalter
Generator Dynamo, Turbine, Stromerzeuger
generell im Allgemeinen, im Großen und Ganzen, durchweg, durchgängig, durch die Bank, gemeinhin, für gewöhnlich, → allgemein
generös → großzügig
Generosität → Großzügigkeit
genesen → gesund werden
Genesung Besserung, Gesundung, Rekonvaleszenz, Regeneration, Erholung, Wiederherstellung, Heilung
genial 1. genialisch, überragend, phänomenal, erfinderisch, begnadet, → begabt 2. → bahnbrechend
genialisch → genial
Genialität Genius, Genie, Ingenium, Begabung, Begnadung, Schöpfertum, Eigenständigkeit
Genick → Nacken
Genie Genius, Universalgenie, Phänomen, Geistesgröße, Schöpfer, Wunderkind, → Erfinder, → Pionier, → Genialität
genieren → stören
genieren, sich → schämen, sich
genießbar essbar, bekömmlich, zum Verzehr geeignet, einwandfrei, koscher, → gar
genießen 1. sich gütlich tun, schwelgen, schlemmen, kosten, auskosten, goutieren, auf der Zunge zergehen lassen, → freuen, sich 2. → zubringen
Genießen → Genuss
Genießer Feinschmecker, Leckermaul, Naschkatze, Schlemmer, Gourmet, Gourmand, Lukullus, Weinkenner, Schwelger, Kenner, Ästhet, Schöngeist, → Lebenskünstler, → Genussmensch
genießerisch genüsslich, genussvoll, schwelgerisch, kennerhaft, geschmäcklerisch, kulinarisch, lukullisch, wählerisch, → genussfreudig

Genital → Geschlechtsorgan
Genius → Genie, → Genialität
Genossenschaft → Organisation
genötigt → verpflichtet
Genre → Art
Gentleman → Ehrenmann, → Kavalier
gentlemanlike → höflich
genug 1. genügend, ausreichend, zureichend, hinreichend, hinlänglich, zur Genüge, vollauf, genugsam, sattsam, gut, befriedigend, zufrieden stellend, → angemessen 2. mehr als genug, Punktum, Schluss, aus, Amen, basta
Genüge tun → befriedigen
genügen 1. ausreichen, reichen, langen, hinreichen, hinkommen, zureichen, sein Auskommen haben 2. → erfüllen
genügend → genug
genügsam → bescheiden, → genug
Genügsamkeit → Bescheidenheit
Genugtuung → Befriedigung, → Buße, → Duell, → Rehabilitierung
Genugtuung leisten → befriedigen
Genuss 1. Genießen, Hochgenuss, Schwelgen, Labsal, Lust, Vergnügen, Behagen, Sinnenfreude, Augenweide, Ohrenschmaus, Gaumenfreude, → Freude, → Leckerbissen 2. → Nutznießung
genussfreudig → genusssüchtig, hedonistisch, epikureisch, sinnenfreudig, sinnenfroh, lustvoll, lustbetont, schwelgerisch, üppig, prasserisch, → genießerisch
genüsslich → genießerisch
Genussmensch Schwelger, Schlemmer, Epikureer, Hedonist, Phäake, → Genießer, → Lebenskünstler
Genussmittel → Lebensmittel
genusssüchtig → genussfreudig
genussvoll → genießerisch
geordnet → untergliedert, → ordentlich
Gepäck Ausrüstung, Siebensachen, Handgepäck, Reisegepäck, Koffer, Reisekoffer, Reisetasche, Seesack, Rucksack
Gepäckständer → Träger
Gepäckträger → Träger
gepeinigt → leidvoll
gepflegt → gediegen
Gepflogenheit → Gewohnheit
geplagt → leidvoll
Geplärr → Geschrei
geplättet → überrascht
Geplauder Plauderei, Plausch, Unterhaltung, Schwätzchen, Schwatz, Kaffeeklatsch, Smalltalk, Geklöne, → Gespräch
Gepolter → Lärm
Gepräge → Art
Gepränge → Aufwand, → Prunk
Geprassel → Geräusch
geprüft 1. überprüft, kontrolliert, erprobt, begutachtet 2. → leidvoll
gepunktet → gesprenkelt
gequält → mühsam, → leidvoll
Gequassel → Geschwätz
Gequengel → Quengelei
gerade 1. kerzengerade, schnurgerade, pfeilgerade, geradlinig, aufrecht, senkrecht, waagrecht, eben 2. gerade eben, soeben, kaum, vor einem Augenblick, gegenwärtig, → jetzt 3. → ehrlich
Gerade → Linie
geradeaus der Nase nach, → direkt
geradebiegen klären, schlichten, → bereinigen, → berichtigen
geradeheraus → direkt
geradeso → genauso
geradestehen → bürgen, → verantworten
geradewegs → direkt
geradezu → ausgesprochen
geradlinig → direkt, → gerade, → ehrlich
Geradlinigkeit → Ehrlichkeit
Geraschel → Geräusch
Gerassel → Geräusch, → Lärm
Gerät Apparat, Gerätschaft, Utensil, Hilfsmittel, Instrument, Werkzeug
geraten 1. ausfallen, entstehen, gedeihen, → entwickeln, sich 2. → gelingen 3. → gelangen
geraten nach → ähneln
geraten → ratsam
Gerätschaft → Gerät
Geratter → Lärm
geraum → lang
geräumig ausgedehnt, großräumig, großflächig, weiträumig, luftig, breit, weit, weitläufig, groß
Geräumigkeit → Größe
Geraune → Gerücht, → Tratsch
Geräusch Laut, Ton, Knistern, Summen, Gesumm, Brummen, Gebrumm, Rascheln, Geraschel, Rieseln, Gesäusel, Rauschen, Gerassel, Geprassel, Prasseln, Geklapper, Klappern, Geknatter, Gerumpel, Rumpeln, → Klang, → Schall
geräuschlos → leise
geräuschvoll → laut
gerecht 1. unparteiisch, überparteilich, unbeeinflusst, ausgewogen, neutral, vorurteilsfrei, unvoreingenommen, gleich, → sachlich 2. gerechtfertigt, verdient, verdientermaßen, billig, recht und billig, richtig, gebührend, zukommend
gerechtfertigt → gerecht
Gerechtigkeit Unparteilichkeit, Überparteilichkeit, Unbestechlichkeit, Vorurteils-

losigkeit, Unvoreingenommenheit, Neutralität, → Sachlichkeit
Gerede → Tratsch, → Geschwätz
gereift → erfahren, → reif
gereizt 1. geladen, unwirsch, unmutig, aufgebracht, unwillig, nervös, → ärgerlich 2. → entzündet
Gereiztheit → Nervosität
gereuen → bereuen
Gericht 1. Gerichtshof, Justizpalast, Gerichtsgebäude 2. Strafkammer, Zivilkammer, Kammer, Strafsenat, Senat, Schiedsgericht, Schwurgericht, Schöffengericht, Forum, Tribunal, Feme, Femegericht, Verwaltungsgericht, Amtsgericht, Landgericht, Finanzgericht, Arbeitsgericht, → Justiz 3. → Mahlzeit
gerichtet → bereit
Gerichtsbarkeit → Justiz
Gerichtsdiener Büttel, Gerichtsbote, Häscher
Gerichtsgebäude → Gericht
Gerichtshof → Gericht
Gerichtstermin → Vorladung
Gerichtsverfahren → Prozess
Gerichtsverhandlung → Prozess
Gerichtsvollzieher Vollziehungsbeamter, Vollstreckungsbeamter, Ammann
Gerichtswesen → Justiz
gerieben → raffiniert
gering → klein, → geringfügig, → nieder
gering achten → missachten, → verachten
gering schätzen → verachten
geringfügig gering, unbedeutend, unerheblich, unwesentlich, nebensächlich, verzeihlich, leicht, vernachlässigbar, → klein
Geringfügigkeit → Kleinigkeit
geringschätzig → abfällig
Geringschätzigkeit → Verachtung
Geringschätzung → Verachtung
gerinnen stocken, eindicken, koagulieren, ausflocken, ausfallen, flockig werden, sauer werden, → klumpen
Gerinnsel → Blutgerinnsel
Gerippe → Skelett
gerissen → raffiniert
Gerissenheit Raffinesse
gern 1. bereitwillig, willig, freudig, anstandslos 2. mit Vergnügen, mit dem größten Vergnügen, liebend gern, natürlich, selbstverständlich, versteht sich, selbstredend, gewiss doch, → ja
gern haben → lieben
Geröll Geschiebe, Schotter, Kies, Grus, Splitt, Sand, Verwitterungsschutt, Schutt
gerötet → entzündet
Gerte Rute, Haselgerte, Haselrute, Stock, Rohrstock, Rohr, → Peitsche
Geruch 1. Aroma, Ruch, Odeur 2. Wohlgeruch, Duftwolke, → Duft 3. Gestank, Fahne, Mundgeruch, Mief, Muff, Aasgeruch, Pesthauch 4. → Geruchssinn 5. → Ruf
Geruchsorgan → Nase
Geruchssinn Geruch, Geruchsempfindung, → Nase
Gerücht Gerede, Fama, Geflüster, Gemunkel, Geraune, Sage, Ondit, Flüsterpropaganda, Nachrede, → Verleumdung, → Tratsch
gerüchteweise wie man hört, dem Vernehmen nach, vom Hörensagen
geruhen → bequemen, sich
gerührt → bewegt
geruhsam → ruhig, → langsam
Gerümpel → Kram
Gerüst Leitergerüst, Gestell, Rüstung
gerüstet bereit, fertig, vorbereitet, klar zum, aufbruchbereit, gewappnet, kampfbereit, abwehrbereit, verteidigungsbereit, angriffsbereit, wehrhaft, bewaffnet
gesammelt → aufmerksam
gesamt → ganz, → alles, → insgesamt
Gesamtbetrag → Summe
Gesamtergebnis → Ergebnis
Gesamtheit Ganzheit, Ganzes, Totalität, Allgemeinheit, Gänze, Einheit, → alle
Gesandter → Abgeordneter, → Diplomat
Gesandtschaft Abordnung, Delegation, Deputation, Vertretung, → Botschaft
Gesang 1. Singen, Singerei, Singsang, Gekrächze, Gegröle, → Lied 2. → Gedicht
Gesangverein → Chor
Gesäß Steiß, Nates, Hintern, Hinterteil, Hinterseite, verlängerter Rücken, Kehrseite, vier Buchstaben, Allerwertester, Po, Popo, Podex, Arsch, → After
gesättigt → satt, → konzentriert
Geschädigter → Opfer
Geschäft 1. Einzelhandelsunternehmen, Handelsunternehmen, Ladengeschäft, Verkaufsstelle, Laden, Kaufladen, Kramladen, Krämerladen, Tante-Emma-Laden, Ramschladen, Kaufhaus, Warenhaus, Supermarkt, Einkaufszentrum, Boutique, Fachgeschäft, Selbstbedienungsladen, → Betrieb 2. → Handel 3. → Unternehmen 4. → Stuhlgang
Geschäft verrichten → austreten
Geschäftemacher Spekulant, Schieber, Schacherer, Jobber, Yuppie, Kriegsgewinnler, → Wucherer, → Geschäftsmann
geschäftig → eifrig, → hektisch
Geschäftigkeit → Eifer, → Hektik
geschäftlich → beruflich, → kommerziell
Geschäftsabschluss → Handel
Geschäftsaufgabe → Auflösung

Geschäftsbesitzer → Kaufmann
Geschäftsbücher → Kassenbuch
Geschäftsfreund → Freund
Geschäftsführer → Leiter
Geschäftsinhaber Inhaber, → Kaufmann
Geschäftsleben → Handel
Geschäftsmann Gewerbetreibender, Handelsmann, Businessman, Kaufmann, Großhändler, Importeur, Exporteur, Unternehmer, → Geschäftemacher
geschäftsmäßig → beruflich
Geschäftsordnung → Programm
Geschäftsschluss → Feierabend
Geschäftssinn → Geschäftstüchtigkeit
Geschäftsstelle → Büro, → Zweigstelle, → Redaktion
geschäftstüchtig → raffiniert
Geschäftstüchtigkeit Geschäftssinn, kaufmännisches Geschick, Nase, → Raffinesse
Geschäftsverkehr → Handel
Geschäftsviertel → Einkaufszentrum
Geschäftszimmer → Büro
Geschäker → Flirt
geschätzt → angesehen, → beliebt
gescheckt → scheckig
geschehen → widerfahren, → ereignen, sich
geschehen lassen → zulassen
Geschehnis → Ereignis
gescheit → klug, → geistreich
gescheitert gestrandet, aufgesessen, schachmatt, verkracht, verpfuscht, fertig
Gescheitheit → Klugheit
Geschenk Gabe, Präsent, Mitbringsel, Aufmerksamkeit, Liebesgabe, Dedikation, Zueignung, → Spende
Geschenkpapier → Einschlagpapier
geschenkt → kostenlos
Geschichte 1. Historie, Vergangenheit, Entwicklung, Historik, Geschichtswissenschaft 2. → Geschichtsunterricht 3. → Erzählung 4. → Angelegenheit
geschichtlich 1. historisch, entwicklungsgeschichtlich, diachronisch 2. überliefert, bezeugt, authentisch
Geschichtsschreiber → Chronist
Geschichtsunterricht Geschichte, Gemeinschaftskunde, Sozialkunde, Staatsbürgerkunde
Geschichtswissenschaft → Geschichte
Geschick → Geschicklichkeit, → Schicksal
Geschicklichkeit Geschick, Geschicktheit, Begabung, Fingerfertigkeit, Kunstfertigkeit, Fertigkeit, Wendigkeit, Anstelligkeit, Vielseitigkeit, → Gewandtheit
Geschicklichkeitskünstler Jongleur, Balancekünstler, → Artist
geschickt fingerfertig, kunstfertig, praktisch, behände, flink, wendig, anstellig, begabt, geübt, trainiert, → gewandt
Geschicktheit → Geschicklichkeit
Geschiebe → Gedränge, → Geröll
geschieden → allein, → getrennt
Geschimpfe → Gezeter
Geschirr 1. Kochgeschirr, Gefäß, Behälter, Essgeschirr, Service, Tafelgeschirr, Gedeck, Porzellangeschirr, Porzellan, Hausrat 2. Kummet, Joch, Zuggeschirr, Halfter, → Zügel
Geschirrschrank → Anrichte
Geschirrspülen → Abwasch
Geschirrtuch → Handtuch
geschlagen → besiegt, → betroffen
Geschlecht 1. Gattung, Sippe, Stamm, Ursprung, Abstammung, Dynastie, Familie, Geblüt, Generation 2. → Geschlechtsorgan
geschlechtlich sexuell, fleischlich, sinnlich
Geschlechtsakt → Koitus
Geschlechtsleben → Sexualität
Geschlechtsorgan Geschlecht, Geschlechtsteil, Genital, Schamteil, → Scham, → Penis
geschlechtsreif → reif
Geschlechtsteil → Geschlechtsorgan
Geschlechtstrieb Fortpflanzungstrieb, Zeugungstrieb, Trieb, Libido, → Lüsternheit
Geschlechtsverkehr → Koitus
Geschlechtszelle → Keimzelle, → Ei
geschliffen → glatt, → glänzend, → gewandt
Geschliffenheit → Gewandtheit
geschlossen 1. abgeschlossen, abgesperrt, zugeschlossen, versperrt, zugesperrt, verriegelt, verrammelt, vernagelt, verbarrikadiert 2. zu, nicht geöffnet, außer Betrieb 3. ungeöffnet, unangebrochen, versiegelt, verpackt, neu, frisch 4. einheitlich, gleichmäßig, rund, lückenlos 5. → gemeinsam, → solidarisch
Geschlossenheit → Einheit
Geschluchze → Weinen
Geschmack 1. Schönheitssinn, Stilgefühl, Kennerblick, sicherer Blick, Kunstverständnis, ästhetisches Empfinden, Sinn für das Schöne, Gout, Gusto, Stil, Kultur, Lebensart, Eleganz, Schick, Chic 2. Geschmackssinn, Zunge, Gaumen 3. → Aroma 4. → Gutdünken
geschmacklos 1. stillos, gewöhnlich, kitschig, scheußlich, abgeschmackt, überladen, unkultiviert, plump, grob, unfein, daneben, → taktlos 2. → abgestanden
Geschmacklosigkeit Geschmacksverirrung, Kitsch, Abgeschmacktheit, Stillosigkeit, Stilwidrigkeit, → Taktlosigkeit
Geschmacksrichtung → Stil
Geschmackssinn → Geschmack

Geschmacksverirrung → Geschmacklosigkeit
geschmackvoll gefällig, ästhetisch, auserlesen, ausgesucht, elegant, kultiviert, stilvoll, stilgerecht, schick, apart, reizvoll, kleidsam, → anspruchsvoll
Geschmeide → Schmuck
geschmeidig biegsam, elastisch, flexibel, schmiegsam, dehnbar, nachgiebig, weich
Geschmeiß → Gesindel
Geschmier Schmiererei, Schmierage, Gekrakel, Krakelei, Krähenfüße, Kritzelei, Gekritzel, Gesudel, Sudelei, Gekleckse, Kleckserei, → Handschrift
Geschnetzeltes → Ragout
geschniegelt blitzblank, wie aus dem Ei gepellt, wie geleckt, gepflegt, fesch, zurechtgemacht, herausgeputzt, aufgeputzt
geschockt → entsetzt
Geschöpf Kreatur, Wesen, Lebewesen, Individuum, Mensch, Tier
Geschoss 1. Stockwerk, Stock, Etage, Zwischengeschoss, Halbstock, Mezzanin, Erdgeschoss, Parterre, Untergeschoss, Kellergeschoss, Souterrain, Basement, Obergeschoss, Dachgeschoss, → Speicher 2. Munition, Wurfgeschoss, Pfeil, Harpune, Bolzen, Projektil, Kugel, Patrone, Schrot, Pistolenkugel, Gewehrkugel, Kanonenkugel, Granate, Schrapnell, Torpedo, Rakete
geschraubt → geziert
Geschrei 1. Schreien, Gegröle, Gejohle, Hallo, Gekreische, Geplärr, Gebrüll, → Lärm, → Gezeter 2. → Gehabe
Geschütz Kanone, Haubitze, Mörser, Granatwerfer, Raketenwerfer, Werfer
geschützt → geborgen, → sicher
geschwächt → kraftlos
Geschwader → Flotte
Geschwafel → Geschwätz
Geschwätz Gefasel, Faselei, Gelaber, Geschwafel, Schwafelei, Bafel, Blabla, Gerede, Palaver, Phrasendrescherei, leeres Stroh, heiße Luft, Gewäsch, Wischiwaschi, Schmus, Schmonzes, Geseire, Gequatsche, Gequassel, Schnickschnack, Schmarren, dummes Zeug, Unfug, Unsinn, → Tratsch
geschwätzig → redselig
Geschwätzigkeit → Redseligkeit
geschweift → gebogen
geschwind → eilends, → schnell
Geschwindigkeit Schnelligkeit, Raschheit, Flinkheit, Rasanz, Tempo, Karacho, Vollgas, Speed, Affenzahn
Geschwister Zwilling, Zwillingsgeschwister, Brüder, Schwestern, Bruder und Schwester
Geschwisterliebe → Inzest
geschwollen 1. angeschwollen, dick, entzündet, gerötet, gereizt, wund, aufgebläht 2. → schwülstig
Geschworener Schöffe, Laienrichter, Beisitzer
Geschwulst Schwellung, Ödem, Kropf, Wucherung, Zyste, Karzinom, Krebsgeschwulst, Krebs, Myom, Melanom, Malignom, Sarkom, Tumor, Beule, Entzündung, → Geschwür
geschwungen → gebogen
Geschwür Abszess, Fistel, Furunkel, Karbunkel, Ulkus, Eiterblase, Eitergeschwür, Eiterbeule, Schwäre, → Geschwulst
gesegnet → reich
gesellen, sich → anschließen, sich
gesellig aufgeschlossen, kontaktfreudig, kontaktfähig, umgänglich, leutselig, soziabel, extrovertiert, extravertiert
Geselligkeit 1. Aufgeschlossenheit, Kontaktfreudigkeit, Kontaktfreude, Zugänglichkeit, Menschenfreundlichkeit, Extrovertiertheit, Extravertiertheit 2. geselliges Beisammensein, Unterhaltung, Party, → Fest
Gesellschaft 1. Gesellschaftsabend, Zusammensein, Zusammenkunft, gesellige Runde, geselliges Beisammensein, Einladung, Empfang, Festempfang, → Fest 2. Allgemeinheit, Öffentlichkeit, Menschheit, Staat 3. → Oberschicht 4. → Unternehmen
Gesellschafter → Teilhaber
Gesellschaftsform → Kultur
Gesellschaftsordnung → Verfassung, Grundgesetz
Gesellschaftsschicht Bevölkerungsschicht, soziale Schicht, Klasse, Kaste, Gesellschaftsgruppe, Gruppe, Proletariat, Arbeiterklasse, Mittelstand, → Oberschicht
Gesetz 1. Erlass, Gebot, Recht, Rechtsnorm, Richtschnur, Verordnung, Vorschrift, Muss, → Regel 2. → Gesetzmäßigkeit
Gesetzesbrecher → Verbrecher
Gesetzeshüter → Polizeibeamter
Gesetzesnachtrag → Ergänzung
Gesetzesübertretung → Rechtsbruch
Gesetzgeber Legislative, Regierung, Parlament
gesetzlich gesetzmäßig, nach dem Gesetz, rechtlich, richterlich, rechtsgültig, gültig, rechtmäßig, legal, legitim, rechtskräftig, anerkannt, ordnungsgemäß, → amtlich
gesetzlos anarchisch, anarchistisch, chaotisch, destruktiv
Gesetzlosigkeit Anarchie, Anarchismus, Chaos

gesetzmäßig 1. planmäßig, erwartungsgemäß, unabänderlich, zwangsläufig 2. → gesetzlich
Gesetzmäßigkeit 1. Naturgesetz, Gesetz, Allgemeingültigkeit, Planmäßigkeit, Systematik, → Regel 2. → Legalität
gesetzt → rechtschaffen, → erhaben
gesetzwidrig → illegal
Gesetzwidrigkeit → Illegalität
Geseufze → Seufzer
gesichert → geborgen, → sicher
Gesicht 1. Angesicht, Antlitz, Visage, Fratze, Grimasse, → Miene 2. Vision, Erscheinung, Fata Morgana, Einbildung 3. Aussehen, Gestalt, Form, Erscheinungsform 4. → Vorderseite 5. → Sehkraft
Gesicht verlieren → bloßstellen, sich
Gesichtsausdruck → Miene
Gesichtsfeld Blickfeld, Gesichtskreis, Gesichtswinkel, Horizont, Fassungsvermögen, Intelligenz, Verständnis
Gesichtskreis → Gesichtsfeld
Gesichtspunkt Aspekt, Blickpunkt, Blickwinkel, Blickrichtung, Perspektive, Betrachtungsweise, Anschauungsweise, Standpunkt
Gesichtssinn → Sehkraft
Gesichtsverlust → Schande
Gesichtszüge → Miene
Gesinde → Personal
Gesindel Bagage, Brut, Gelichter, Gezücht, Plebs, Mob, Pöbel, Pack, Geschmeiß, Gelump, Lumpenpack, Satansbrut, Schlangenbrut, Otterngezücht, Kroppzeug, → Abschaum
Gesinnung Denkart, Geisteshaltung, Ethos, Sinnesart, Einstellung, Haltung, Grundhaltung, Anschauung, Mentalität
Gesinnungsgenosse Gleichgesinnter, Parteifreund, Sympathisant
gesinnungslos rückgratlos, prinzipienlos, charakterlos, korrupt, opportunistisch, → unzuverlässig
Gesinnungslosigkeit Rückgratlosigkeit, Prinzipienlosigkeit, Frontwechsel, Charakterlosigkeit, Opportunismus
gesittet → anständig, → diszipliniert
Gesocks → Abschaum
gesondert → besonders, → einzeln
gesonnen 1. eingestellt, aufgelegt, gestimmt 2. → bereit
gespalten hin- und hergerissen, zerrissen, entscheidungsunfähig, uneins mit sich, → zwiespältig
Gespaltenheit → Unausgeglichenheit
Gespann → Wagen, → Paar
gespannt 1. erwartungsvoll, interessiert, ungeduldig, fieberhaft, voller Spannung, auf glühenden Kohlen, atemlos, → aufmerksam, → neugierig 2. → straff
Gespanntheit Erwartung, Spannung, Ungeduld, Unruhe, Vorfreude, Interesse, → Neugier
Gespenst Geist, Spuk, Spukgestalt, Schemen, Erscheinung, Blendwerk, Schreckbild, Schreckgespenst, Schreckgestalt, Popanz, Nachtgespenst, Phantom, Alb, Nachtmahr, Dämon, → Kobold
Gespensterglaube → Aberglaube
gespenstern → umherirren
gespenstisch spukhaft, schattenhaft, schemenhaft, gespensterhaft, geisterhaft, dämonisch, unwirklich, → unheimlich
gesperrt → verboten
Gespielin → Freundin, → Geliebte, Maitresse
Gespinst → Gewebe
Gespräch Zwiegespräch, Vieraugengespräch, Dialog, Gedankenaustausch, Meinungsaustausch, Unterhaltung, Konversation, Unterredung, Rücksprache, Diskussion, Debatte, Auseinandersetzung, Aussprache, → Erörterung, → Geplauder, → Telefongespräch
gesprächig → redselig
Gesprächigkeit → Redseligkeit
Gesprächskreis → Kreis
gesprächsweise mündlich, im Gespräch, in der Unterhaltung, persönlich
gespreizt → geziert
gesprenkelt gepunktet, gepünktelt, getüpfelt, getupft, → gemustert
Gespür Empfänglichkeit, Empfindlichkeit, Spürsinn, Nase, Riecher, → Gefühl
Gestade → Ufer
gestaffelt → untergliedert
Gestalt Figur, Wuchs, Statur, Körperform, Körperbau, Körper, Konstitution, Erscheinung, Äußeres, → Form
Gestalt annehmen → herauskristallisieren, sich
gestalten ausgestalten, einrichten, ausarbeiten, ausführen, anfertigen, ausbauen, behauen, → formen
gestalterisch → schöpferisch
gestaltlos → formlos
Gestaltung 1. Ausgestaltung, Formung, Einrichtung, Ausarbeitung, Ausführung, Bearbeitung 2. Prägung, Ausprägung, Formgebung, Form, Ausformung, Durchbildung, Bau, Struktur
Gestaltungskraft → Schöpferkraft
geständig aussagewillig, einsichtig, reuig, freimütig
Geständnis Bekenntnis, Schuldbekenntnis, Eingeständnis, Aussage, → Beichte
Gestank → Geruch

gestatten → erlauben, → ermöglichen
gestattet → zulässig
Geste Handbewegung, Bewegung, Gebärde, Handzeichen, Wink, → Zeichen, → Zeichensprache
gestehen bekennen, eingestehen, zugeben, eröffnen, aussagen, auspacken, singen, beichten, eine Beichte ablegen, sein Gewissen erleichtern, geständig sein, ein Geständnis ablegen
Gestehungskosten → Fertigungskosten
gesteigert → zunehmend
Gestein Fels, Felsgestein, Stein, Urgestein
Gestell Untergestell, Unterteil, Untersatz, Bock, Ständer, Dreibein, Dreifuß, Stativ, Gerüst, Auflager, → Regal
Gestellungsbefehl → Einberufung
gestelzt → geziert
Gestensprache → Zeichensprache
gestikulieren fuchteln, herumfuchteln, herumfuhrwerken, wedeln, rudern, winken, zuwinken, Gesten machen, Handzeichen machen, gebärden, Zeichensprache sprechen
gestimmt → gelaunt
Gestirn → Stern
gestockt → sauer
Gestöhne → Seufzer
gestrafft → straff
gestraft → leidvoll
Gesträuch → Gestrüpp
gestreift streifig, gebändert, → gemustert
gestreng → herrisch, → streng
gestresst → nervös
gestrig → altmodisch
Gestrüpp Dickicht, Dickung, Unterholz, Niederwald, Gehölz, Gesträuch, Buschwerk, Gebüsch, Busch, Geäst, Gezweig, → Wald
Gesuch → Antrag, → Bewerbung
gesucht → begehrt, → gewollt
Gesudel → Geschmier
gesund 1. wohlauf, kerngesund, pumperlgesund, heil, rüstig, frisch, munter, blühend, kregel, kraftstrotzend, strotzend, unverwüstlich, auf dem Damm, bei Kräften, widerstandsfähig, abgehärtet, fit, in Form, → lebensfähig 2. bekömmlich, kräftigend, nahrhaft, zuträglich, gesundheitsfördernd, leicht verdaulich, schonend, heilkräftig, wohltuend, → heilend
gesund machen → heilen
gesund sein sich guter Gesundheit erfreuen, wohlauf sein, sich wohl fühlen, sich gut fühlen, in Form sein, auf dem Damm sein, auf dem Posten sein
gesund werden genesen, gesunden, sich bessern, auf dem Wege der Besserung sein, wieder auf die Beine kommen, wieder auf den Damm kommen, sich erholen, rekonvaleszieren, → heilen
gesunden → gesund werden
Gesundheit Wohlbefinden, Wohlergehen, Wohlsein, Wohl, Frische, Vollkraft, Rüstigkeit, Fitness, Form, → Gesundheitszustand
gesundheitsschädlich → schädlich
Gesundheitszustand Befinden, Allgemeinbefinden, Verfassung, Zustand, Ergehen, → Gesundheit
gesundstoßen, sich → bereichern, sich
Gesundung → Genesung
Getändel → Flirt
geteilt zweigeteilt, abgespalten, abgetrennt, zerteilt, zerschnitten, durchgetrennt
Getier → Tier
getilgt → quitt
Getöse → Lärm
getragen → antiquarisch, → leise, → ernst
Getränk Trank, Trunk, Erfrischungsgetränk, Gebräu, Gesöff, Nass, Flüssigkeit, Drink
Getratsche → Tratsch
getrauen, sich → wagen
Getreide Korn, Körnerfrucht, Halmfrucht, Frucht, Brotgetreide, Futtergetreide
getrennt 1. auseinander, geschieden, entzweit, → allein 2. → einzeln
getreu → treu
Getreuer → Anhänger, → Freund
getreulich → genau, → treu
Getriebe 1. Räderwerk, Laufwerk, Uhrwerk, Mechanik, Mechanismus, Maschinerie 2. Gedränge, Gewühl, Betrieb, Hast, Eile → Hektik
getrieben → hektisch
getrost → optimistisch, → sicher
Getto, Ghetto → Gebiet
Getue → Gehabe, → Geziere
Getümmel → Ansammlung, → Trubel
getupft → gesprenkelt
Getuschel → Geflüster, → Heimlichtuerei
geübt → erfahren
Geübtheit → Erfahrung
Gevatter → Pate
Geviert → Viereck
Gewächs → Pflanze
gewachsen 1. ebenbürtig, gleich stark, stark genug 2. → geartet
Gewächshaus Treibhaus, Frühbeet, Glashaus, Orangerie, Kakteenhaus, Palmenhaus, Wintergarten
gewagt → gefährlich, → riskant
gewahr werden → bemerken
Gewähr → Bürgschaft, → Garantie
gewahren → bemerken

gewähren bewilligen, stattgeben, geben, lassen, zugestehen, einräumen, entsprechen, erhören, vergönnen, angedeihen lassen, zukommen lassen, → erlauben
gewähren lassen → zulassen
gewährleisten garantieren, sich verbürgen, bürgen, Gewähr bieten, Garantie geben
Gewährleistung → Bürgschaft, → Garantie
Gewahrsam → Haft, → Verwahrung
Gewährsmann → Bürge, → Informant
Gewährung Bewilligung, Erlaubnis, Erhörung, Anerkennung
Gewalt 1. Gewaltsamkeit, Gewaltanwendung, rohe Gewalt, Brachialgewalt, Waffengewalt, Zwang, Nötigung, Terror 2. → Herrschaft, → Befehlsgewalt
Gewaltherrschaft Diktatur, Despotismus, Despotie, Schreckensherrschaft, Terror, Tyrannei, → Alleinherrschaft
Gewaltherrscher Gewaltherr, Diktator, Despot, Schreckensherrscher, Tyrann, Unterdrücker, → Alleinherrscher
gewaltig 1. unermesslich, außerordentlich, enorm, kolossal, gigantisch, monumental, monströs, wuchtig, mächtig, voluminös, exorbitant, bedeutend, riesig, → groß 2. → heftig
Gewaltlosigkeit → Pazifismus
Gewaltmensch → Barbar
gewaltsam mit Gewalt, unfreiwillig, gezwungen, zwangsweise
Gewaltsamkeit → Gewalt
Gewalttat → Verbrechen
Gewalttäter → Verbrecher
gewalttätig → brutal, → grausam
Gewalttätigkeit Ausschreitung, gewaltsame Auseinandersetzung, Straßenschlacht, → Brutalität, → Grausamkeit
Gewaltverbrechen → Verbrechen
Gewaltverzicht → Pazifismus
Gewand Kleidung, → Kleid
gewandt 1. wendig, behände, geschmeidig, katzenhaft, schlangenartig, beweglich, gelenkig, leichtfüßig, flink, → geschickt 2. weltgewandt, welterfahren, weltläufig, weltmännisch, sicher, elegant, sprachgewandt, redegewandt, schreibgewandt, geschliffen, taktisch, diplomatisch, → höflich
Gewandtheit 1. Wendigkeit, Geschmeidigkeit, Gelenkigkeit, Beweglichkeit, Leichtfüßigkeit, Flinkheit 2. Weltgewandtheit, Weltläufigkeit, sicheres Auftreten, Geschliffenheit, Eleganz, Sprachgewandtheit, Redegewandtheit, Schreibgewandtheit, Geschick, Diplomatie, → Geschicklichkeit, → Höflichkeit
gewappnet gerüstet, vorbereitet, auf alles gefasst
gewärtigen → erwarten
Gewässer Wasser, Binnengewässer, → Fluss, → Bach, → See
Gewebe 1. Gewirke, Gespinst, Flechtwerk, Geflecht, Stoff, Flor, Tuch, Leinwand 2. Gewebestoff, Zellgewebe, Muskelgewebe, Fleisch
Gewehr Schusswaffe, Feuerwaffe, Waffe, Büchse, Flinte, Doppelflinte, Drilling, Jagdgewehr, Stutzen, Karabiner, Muskete, Schießprügel, Knarre, Schießgewehr, → Pistole
Geweih Gehörn, Stangen, Krone, Schaufeln, Trophäe
geweiht → heilig
Gewerbe Arbeit, Handwerk, Geschäft, Beruf, Berufszweig, Erwerbszweig, Tätigkeit, → Handel
Gewerbetreibender → Geschäftsmann
gewerbsmäßig → beruflich
Gewerkschaft → Organisation
Gewese → Gehabe
Gewicht 1. Körpergewicht, Eigengewicht, Schwere, Last, Masse, Druck, Wucht 2. Bedeutung, Geltung, Einfluss, Ansehen 3. → Nachdruck
gewichtig → schwer, → bedeutend
Gewichtigkeit → Bedeutung
gewieft → raffiniert
Gewieftheit → Erfahrung
gewiegt → raffiniert
Gewiegtheit → Schlauheit
gewillt → willens
gewillt sein → beabsichtigen, wollen
Gewimmel → Durcheinander
Gewimmer → Seufzer
Gewinde Drehung, Schraube, Schraubgewinde
Gewinn 1. Profit, Ertrag, Ausbeute, Verdienst, Überschuss, Plus, Reibach, Gewinst, Anteil, → Gewinnspanne 2. Preis, erster Preis, Treffer, Haupttreffer, Volltreffer, das große Los, Lotteriegewinn, Lottogewinn
Gewinn bringend → lukrativ
Gewinnausschüttung → Anteil
Gewinnbeteiligung → Beteiligung
gewinnen 1. Gewinn erzielen, einnehmen, einstreichen, einheimsen, abschöpfen, herausholen, herausschlagen, herausbekommen, verdienen, zuteil werden, zufallen, → profitieren 2. ausbeuten, abbauen, schürfen 3. erwärmen, begeistern, einnehmen für, werben für, interessieren für, anziehen 4. erringen, ergattern, erkämpfen, erstreiten, erjagen, siegen, den Sieg davontragen, den Sieg erringen, obsiegen, das Rennen machen, für sich entscheiden, Oberwasser haben, → besiegen

gewinnend → charmant, → sympathisch
Gewinner → Sieger, → Glückspilz
gewinnorientiert → kommerziell
Gewinnspanne Verdienstspanne, Gewinn, Preisspanne, Handelsspanne, Marge, Schnitt, Erlös, Reingewinn, Nettogewinn, Nettoertrag, Reinertrag, Rendite
Gewinnsucht → Habgier
gewinnsüchtig → habgierig
Gewinnung → Abbau
Gewinsel → Seufzer
Gewinst → Gewinn
Gewirke → Gewebe
Gewisper → Geflüster
gewiss 1. gewisslich, bestimmt, sicherlich, sicher, fraglos, unweigerlich, unfehlbar, zweifelsohne, zweifellos, → allerdings, → ja 2. → sicher
Gewissen innere Stimme, Überich, moralische Instanz, Pflichtbewusstsein, Verantwortungsbewusstsein, gutes Gewissen, reines Gewissen, Schuldfreiheit, schlechtes Gewissen, Gewissensbisse, → Schuldbewusstsein, → Skrupel
Gewissen erleichtern → beichten
gewissenhaft akkurat, genau, akribisch, peinlich, pedantisch, penibel, gründlich, sorgfältig, zuverlässig, pflichtbewusst
Gewissenhaftigkeit Akkuratesse, Genauigkeit, Akribie, Peinlichkeit, Gründlichkeit, Sorgfalt, Pflichtbewusstsein
gewissenlos → skrupellos
Gewissenlosigkeit → Skrupellosigkeit
Gewissensbisse → Schuldbewusstsein, → Skrupel
Gewissensbisse haben → bereuen
Gewissenserleichterung → Beichte
Gewissenskonflikt → Skrupel
Gewissensnot → Schuldbewusstsein
gewissermaßen beispielsweise, eigentlich, an und für sich, sozusagen, gleichsam, mehr oder minder, quasi, als ob, wie wenn, wie, vergleichsweise, ungefähr, → bildlich
Gewissheit Sicherheit, Überzeugung, Garantie, Bestimmtheit, sicheres Wissen
Gewitter Unwetter, Donnerwetter, Blitz und Donner, Wetterleuchten
gewittern donnern und blitzen, sich entladen, → donnern, → regnen
Gewitterregen → Regen
Gewitterstimmung → Schwüle
gewittrig → schwül
gewitzt → erfahren, → schlau
Gewitztheit → Erfahrung, → Schlauheit
gewogen → freundschaftlich, → zugetan
Gewogenheit → Sympathie
gewöhnen, sich sich eingewöhnen, sich einleben, vertraut werden, sich anpassen, sich anfreunden, warm werden, Fuß fassen, heimisch werden, sich abfinden
Gewohnheit 1. Gepflogenheit, Brauch, Tradition, Sitte, Usus, Angewohnheit, → Marotte 2. Trott, Wiederholung, Routine, Alltagstrott, Alltag
gewohnheitsgemäß → gewohnheitsmäßig, → traditionell
gewohnheitsmäßig gewohnheitsgemäß, mechanisch, eingefleischt, unbewusst, aus Gewohnheit
Gewohnheitsrecht → Anspruch
gewöhnlich 1. alltäglich, landläufig, gebräuchlich, banal, abgenutzt, geschmacklos, normal, profan, unfein, nieder, ordinär, vulgär, popelig 2. gewohntermaßen, regelmäßig, vertraut, üblich, → gewohnt, → herkömmlich 3. meist, meistens, normalerweise, in der Regel
gewohnt gängig, geläufig, üblich, eingefahren, ausgetreten, ausgelatscht, althergebracht, alt, → gewöhnlich, → traditionell
gewohntermaßen → gewöhnlich
Gewöhnung Eingewöhnung, Einfügung, Anpassung
Gewölbe Kuppel, Kuppelgewölbe, Deckengewölbe, Kellergewölbe, Wölbung, Dom
gewölbt bebaucht, bauchig, konvex, gebogen, konkav, eingebogen
gewollt 1. gesucht, weit hergeholt, erzwungen, willkürlich 2. → absichtlich
Gewühl → Gedränge
gewunden → spiralförmig
Gewürz Würze, Würzmischung, Aroma
gezackt → eckig
Gezanke → Streit
Gezelt → Zelt
Gezeter → Gekeife, Zeter und Mordio, Gezanke, Gezänk, Weibergezänk, Schimpfen, Geschimpfe, → Geschrei
gezielt → systematisch
geziemen, sich → gehören, sich
geziemend → angemessen
Geziere Geziertheit, Ziererei, Gespreiztheit, Geschraubtheit, Gestelztheit, Affektiertheit, Manieriertheit, Vornehmtuerei, Gezwungenheit, Steifheit, Getue, Zimperlichkeit, → Gehabe
geziert gespreizt, geschraubt, affektiert, gestelzt, unnatürlich, preziös, affig, etepetete, gezwungen, erkünstelt, unecht, manieriert, → anspruchsvoll, → schwülstig
Geziertheit → Geziere
Gezischel → Geflüster, → Tratsch

Gezücht → Brut, → Gesindel
gezügelt → diszipliniert, → maßvoll
Gezweig → Geäst, → Dickicht
gezwungen → unfreiwillig, → verpflichtet, → gehemmt
gezwungen sein → müssen
gezwungenermaßen notgedrungen, nolens volens, zwangsweise, zwangsläufig, unfreiwillig, wohl oder übel
Gezwungenheit → Geziere
Gicht → Rheuma
Giebel Dachgiebel, Giebelseite, First, Dachfirst, Fassade
Gier Begierde, Verlangen, Sehnsucht, Sucht, Wunsch, Heißhunger, → Habgier, → Lüsternheit
gieren verlangen, schmachten, lechzen, hungern, dürsten, brennen, fiebern, sich sehnen
gierig begierig, begehrlich, verlangend, voller Gier, heißhungrig, versessen auf, süchtig, wild, unbeherrscht, unersättlich, → habgierig, → lüstern
gießen 1. schütten, füllen, einschenken, → verschütten 2. befeuchten, begießen, sprengen, wässern, Wasser geben 3. → regnen
Gift Giftstoff, Venenum, Toxikum, Toxin, Pflanzengift, Pflanzenschutzmittel, Insektengift, Schlangengift, Leichengift, Pfeilgift, Kurare, Arsen, Strychnin, Zyankali, Rattengift, Schädlingsgift, Schädlingsvernichter, Unkrautvertilger, , → Abgas
giften, sich → ärgern, sich
giftig 1. toxisch, gifthaltig, schädlich 2. → gehässig
Giftstoff → Gift
gigantisch → gewaltig
Gigantomanie → Größenwahn
Gigolo → Frauenheld
Gilde → Organisation
Gipfel 1. Berggipfel, Spitze, Spitz, Bergkuppe, Kuppe, → Bergspitze, → Berg 2. → Höhepunkt
Gipfelpunkt → Höhepunkt
Gipfelstürmer → Bergsteiger
Gipfeltreffen → Tagung
Gips → Mörtel, → Verband
Gipsverband → Verband
Girokonto → Konto
girren gurren, rucksen, kollern, balzen, → flirten
Gischt Schaum, → Brandung
gischten → branden
Gitter Gitterzaun, Gitterwerk, Gatter, Zaun
Gitterzaun → Gitter, → Zaun
Glanz 1. Schein, Schimmer, Lichtschein, Glast, Schmelz, Geflimmer, Gefunkel, Leuchten, Farbenglanz, Hochglanz 2. Glorie, Glorienschein, Pracht, Herrlichkeit, → Prunk 3. → Ruhm
glänzen 1. blinken, blinkern, blank sein, blitzen, funkeln, schimmern, flimmern, glitzern, flirren, gleißen, spiegeln 2. brillieren, sich hervortun, sich auszeichnen 3. → polieren
glänzend 1. blank, blitzblank, spiegelblank, spiegelnd, funkelnd, schimmernd, glitzernd, glitzerig, leuchtend, gleißend 2. brillant, geschliffen, blendend, eindrucksvoll, glanzvoll, hervorragend, splendid, bravourös, summa cum laude
Glanzleistung → Höchstleistung
glanzlos → matt, → unbeachtet
Glanzpunkt Glanznummer, Glanzstück, Kassenmagnet, Aushängeschild, Clou, Knalleffekt, Hauptattraktion, Höhepunkt, Krönung, → Anziehung
Glanzstück → Höchstleistung, → Prunkstück
glanzvoll → glänzend
Glanzzeit → Hochblüte
Glas 1. Kristallglas, Kristall, Bleikristall, Fensterglas, Glasscheibe, → Fenster 2. Trinkglas, Becher, Pokal, Römer, Weinglas, Saftglas, Wasserglas, Kelch, Humpen, Bierglas, Maßkrug, Gefäß 3. → Fernglas
Glashaus → Gewächshaus
glasig stier, starr, mit Fernblick, stumpfsinnig
glasklar → durchsichtig, → klar
Glasnost → Öffnung
Glasscheibe → Glas
Glasschrank → Vitrine
Glasur → Überzug
glatt 1. eisglatt, schneeglatt, spiegelglatt, rutschig, glitschig, schlüpfrig, fettig, seifig, ölig 2. eben, faltenlos, blank, geschliffen, poliert 3. → aalglatt 4. → komisch 5. → quitt 6. → reibungslos
glatt gehen → gelingen
glatt reiben → polieren
glatt streichen → glätten
glatt ziehen → glätten
Glätte 1. Schneeglätte, Eisglätte, Glatteis, Straßenglätte, überfrierende Nässe, Glättebildung 2. Ebenheit, Glanz, Politurglanz
Glatteis → Glätte
glätten 1. glatt streichen, ausstreichen, straffen, glatt ziehen, zurechtziehen, zurechtzupfen 2. ebnen, einebnen, begradigen, abrunden, glattmachen, feilen, abfeilen, schleifen, abschleifen, hobeln, glatt hobeln, schmirgeln, polieren 3. → bügeln
glatterdings → schlechthin

Glatze Glatzkopf, Kahlkopf, Platte, Tonsur, Mond
glatzköpfig kahlköpfig, kahl, haarlos, kahl geschoren
glauben 1. Glauben schenken, Vertrauen schenken, vertrauen, trauen, abkaufen, abnehmen, für bare Münze nehmen, für wahr halten 2. mutmaßen, denken, annehmen, meinen, der Meinung sein
glauben machen → einreden
Glaube(n) 1. Konfession, Glaubensrichtung, Religion, → Glaubensbekenntnis 2. Vermutung, Meinung, Anschauung, Überzeugung 3. Gläubigkeit, Zutrauen, Vertrauen, Gewissheit, Gottvertrauen, Zuversicht, → Frömmigkeit
Glaubensbekenntnis Bekenntnis, Glaubenszugehörigkeit, Credo, Glaubensstärke, Festigkeit, → Glaube(n)
Glaubensgemeinschaft Religionsgemeinschaft, Sekte, Kirche
Glaubenssatz → Lehrsatz
Glaubenswechsel → Konversion
glaubhaft → glaubwürdig
Glaubhaftigkeit → Glaubwürdigkeit
gläubig → fromm, → kritiklos
Gläubiger Geldgeber, Kreditgeber, Kreditor, Schuldforderer
Gläubigkeit → Frömmigkeit, → Arglosigkeit, → Kritiklosigkeit
glaublich → glaubwürdig
glaubwürdig glaubhaft, glaublich, probabel, zuverlässig, vertrauenswürdig, plausibel, einleuchtend, denkbar, → überzeugend
Glaubwürdigkeit Glaubhaftigkeit, Vertrauenswürdigkeit, Zuverlässigkeit, Überzeugungskraft, Plausibilität
gleich 1. gleichartig, identisch, gleichbedeutend, gleich lautend, unterschiedslos, dasselbe, deckungsgleich, kongruent, übereinstimmend, ununterscheidbar, zum Verwechseln, → einheitlich, → gleichförmig, → gleichmäßig 2. → sofort 3. → gleichgültig 4. → gerecht
gleich gesinnt → einmütig
gleich lautend → gleich
gleichartig → gleich
Gleichartigkeit → Gleichheit
gleichbedeutend → gleich, → synonym
gleichberechtigt gleichgestellt, partnerschaftlich, paritätisch, zu gleichen Teilen, gleichwertig, → unterschiedslos
Gleichberechtigung Gleichstellung, Gleichheit, Parität, Gleichgestelltheit, Emanzipation
gleichen → entsprechen, → ähneln
gleichen, sich sich decken, kongruieren, gleich sein, übereinstimmen
gleichermaßen → auch, → genauso
gleichfalls → auch
gleichförmig einförmig, eintönig, monoton, stereotyp, ermüdend, ereignislos, abwechslungslos, reizlos, fade, → langweilig, → einheitlich
Gleichförmigkeit Einförmigkeit, Einerlei, Eintönigkeit, Monotonie, Fadheit, → Alltag, → Langeweile
gleichgeschlechtlich → homosexuell
gleichgestellt → gleichberechtigt
Gleichgewicht Balance, Waage, Ausgleich, Ausgewogenheit, Ebenmaß, → Harmonie
gleichgültig 1. indifferent, unbeteiligt, teilnahmslos, interesselos, uninteressiert, desinteressiert, indolent, achtlos, leidenschaftslos, ungerührt, unberührt, unbewegt 2. gleich, gleichviel, egal, einerlei, alles eins, schnuppe, schnurz, schnurzegal, piepegal, Wurst 3. → unwichtig
Gleichgültigkeit Indifferenz, Indolenz, Achselzucken, Desinteresse, Uninteressiertheit, Interesselosigkeit, Teilnahmslosigkeit, Wurstigkeit, Ungerührtheit
Gleichheit Identität, Übereinstimmung, Kongruenz, Gleichartigkeit, → Gleichberechtigung
Gleichklang Übereinstimmung, → Einigkeit, → Harmonie
gleichkommen → entsprechen, → aufholen
gleichmachen nivellieren, egalisieren, ausgleichen, ebnen, → anpassen
Gleichmacherei Nivellierung, Gleichschaltung, Vermassung, Verwischung
Gleichmaß 1. Gleichmäßigkeit, Ausgeglichenheit, Proportion, Symmetrie, Ebenmäßigkeit, → Ebenmaß 2. → Alltäglichkeit, → Langeweile
gleichmäßig gleich, zu gleichen Teilen, prozentual, proportional, halb und halb, fifty-fifty, halbe-halbe, symmetrisch, einheitlich, → ebenmäßig, → regelmäßig
Gleichmäßigkeit → Gleichmaß
Gleichmut → Gelassenheit
gleichmütig → gelassen
Gleichnis → Bild
gleichnishaft → bildlich
gleichrangig → gleichwertig
gleichsam → gewissermaßen
gleichschalten → anpassen
Gleichschaltung → Gleichmacherei
gleichsetzen gleichstellen, zusammenwerfen, in einen Topf werfen, → vergleichen
gleichstellen → gleichsetzen

Gleichstellung → Emanzipation, → Gleichberechtigung
gleichtun → nacheifern
gleichviel → gleichgültig
gleichwertig 1. gleichrangig, gleichkommend, gleichstehend, ebenbürtig, ranggleich, vollwertig, auf gleicher Stufe, konkurrenzfähig, wettbewerbsfähig, → vergleichbar 2. → gleichberechtigt
gleichwohl → trotzdem
gleichzeitig zugleich, zeitgleich, zeitlich übereinstimmend, zur gleichen Zeit, im selben Augenblick, gleichlaufend, simultan, synchron, nebeneinander, zusammen, parallel
gleichziehen → aufholen
Gleis Geleis, Eisenbahngleis, Bahngleis, Schiene, Eisenbahnschiene, Schienenstrang, Schienenweg, Spur
Gleisnerei → Heuchelei
gleisnerisch → heuchlerisch
gleißen → glänzen
gleiten ausgleiten, ausrutschen, abrutschen, ausglitschen, glitschen, flutschen, schlittern, rutschen, dahingleiten, → fliegen
gleitend → fließend
Gletscher Firn, Firner, Ferner, Eisberg
glibberig → gallertartig, → schleimig
Glied 1. Bindeglied, Gelenk, Teil 2. → Gliedmaße 3. → Penis 4. → Mitglied
gliedern aufbauen, strukturieren, einteilen, unterteilen, abteilen, ordnen, anordnen, systematisieren, auffächern, differenzieren, staffeln
gliedern, sich sich verästeln, sich aufteilen, sich unterteilen, sich untergliedern, zerfallen in, sich staffeln
Gliederreißen → Rheuma
Gliederung Aufbau, Bau, Struktur, Einteilung, Unterteilung, Aufteilung, Aufgliederung, Untergliederung, Ordnung, Anordnung, Organisation, Systematik, Staffelung, Differenzierung, → Hierarchie
Gliedmaße Fuß, Bein, Arm, Hand, Finger, Fingerglied, Glieder, Extremität(en)
glimmen → glühen
glimpflich gnädig, ungeschoren, wenig, ziemlich
glitschen → gleiten
glitschig → glatt, → schleimig
glitzerig → glänzend
glitzern → leuchten
glitzernd → glänzend
global → allgemein
Globetrotter Weltenbummler, Weltreisender, Abenteurer
Globus Weltkugel, Kugel, → Erde
Glocke → Klingel
glockenklar → hell
Glockenturm → Turm
Glöckner → Küster
Glorie → Heiligenschein, → Ruhm
Glorienschein → Heiligenschein
glorifizieren → verherrlichen
Glorifizierung → Verherrlichung
Gloriole → Heiligenschein
glorios → ruhmvoll
glorreich → ruhmvoll
glosen → glühen
Glossar → Lexikon
Glosse → Anmerkung, → Zeitungsartikel
glotzen → anschauen, → fernsehen, → staunen
Glück 1. Glückseligkeit, Seligkeit, Wonne, Beglücktheit, Beglückung, Entzücken, → Freude 2. Glückssträhne, Sternstunde, Glücksfall, Glückssache, Glücksgriff, Wurf, Gelingen, Gedeihen, Erfolg, Massel, Dusel, Schwein 3. Glücksstern, guter Stern, Fortuna, Füllhorn 4. → Wohl
Glück bringend → erfolgreich
Glucke → Huhn
glücken → gelingen
gluckern → plätschern
glücklich 1. glückselig, selig, überglücklich, beglückt, hochbeglückt, glückstrahlend, freudestrahlend, wunschlos, freudig, froh, wonnetrunken 2. beneidenswert, sorgenlos, sorgenfrei, ungetrübt 3. begünstigt, erfolgreich, günstig, vorteilhaft
glücklicherweise erfreulicherweise, zum Glück, Gott sei Dank, gottlob
glücklos → unglücklich
Glücksbringer Maskottchen, Talisman, Amulett, Totem, Fetisch
glückselig → glücklich
Glückseligkeit → Freude, → Glück
glucksen → plätschern
Glücksfall → Chance, → Glück
Glücksgriff → Glück
Glücksgüter → Vermögen
Glückspilz Glückskind, Sonntagskind, Hans im Glück, Goldmarie, Fortunas Liebling, Gewinner
Glückssache → Glück
Glücksspiel Hasardspiel, Lottospiel, Lotto, Lotterie, Tombola, Wettspiel, Bingo, Roulette, Poker, Würfelspiel
Glücksspieler → Spieler
Glückssträhne → Glück
glückstrahlend → glücklich
Glückwunsch → Gratulation
Glühbirne Birne, Glühlampe, → Leuchtstoffröhre

glühen glimmen, schwelen, wabern, glosten, glosen, → brennen
glühend heiß, innig, abgöttisch, leidenschaftlich, feurig
Glühlampe → Glühbirne
Glut 1. Leidenschaft, Feuer, Heftigkeit, → Begeisterung 2. → Hitze
Gnade Erbarmen, Barmherzigkeit, Schonung, Pardon, Milde, Mitgefühl, Güte, Gunst, Segen, Himmelsgeschenk, Nachsicht, → Amnestie
Gnadenbild → Ikone
Gnadenbrot → Almosen
Gnadenfrist → Aufschub, → Frist
gnadenlos → unbarmherzig
Gnadenschuss → Todesstoß
gnädig 1. mild, barmherzig, großmütig, gütig, nachsichtig 2. → herablassend
gnitz → schlau
Gnom → Kobold, → Zwerg
Gockel → Hahn
golden gülden, aus Gold, goldig, goldfarben
goldig → golden, → hübsch, → possierlich
goldrichtig → geeignet
Goldschatz → Liebling
Golf → Bucht
Goliath → Muskelprotz, → Riese
Gondel → Boot, → Bergbahn
gondeln → fahren
gönnen zugestehen, nicht neiden, gewähren, zukommen lassen, genehmigen
Gönner → Mäzen
gönnerhaft → herablassend
Gönnerschaft → Patenschaft
Gör → Kind
Göre → Mädchen
Gosche → Mund
Gospel → Lied
Gosse Abflussrinne, Rinnstein, Kandel, Straßenrinne, Rinne, → Kloake
Gossensprache → Umgangssprache
Gott 1. Allmächtiger, Weltenlenker, lieber Gott, Höchster, Herrgott, Herr, Gottvater, Himmlischer Vater, Vater im Himmel, Allwissender, Allgütiger, Allerbarmer, Schöpfer, Herr Zebaoth, Jahwe, Jehova, → Christus 2. Gottheit, Göttin, Halbgott, göttliches Wesen, höchstes Wesen, Numen, Allah, Brahma, Buddha, Göttervater
Gott sei Dank → glücklicherweise
gottbegnadet begabt
Gotte → Pate
gottergeben → fromm
göttergleich → göttlich
Götterspeise → Pudding
gotterwählt → heilig
Gottesacker → Friedhof
Gottesdiener → Geistlicher
Gottesdienst Messe, Messopfer, Messfeier, liturgische Feier, Kirche, Amt, Hochamt, Pontifikalamt, Abendmahl, Abendmahlsfeier, Andacht, Vesper, Rosenkranz, Mitternachtsmette, Christmette, Mette, Totenmesse, Frühmesse
Gottesfurcht → Frömmigkeit
gottesfürchtig → fromm
Gottesfürchtigkeit → Frömmigkeit
Gottesglaube → Frömmigkeit
Gotteshaus → Kirche
gotteslästerlich blasphemisch, frevlerisch, frevelhaft
Gotteslästerung Blasphemie, Versündigung, Fluch, Verhöhnung, → Sakrileg
gottesleugnerisch → atheistisch
Gottesleugnung → Atheismus
Gottesmutter → Madonna
gottgefällig → fromm
gottgeweiht → heilig
gottgläubig → fromm
gottgleich → göttlich
Gottheit → Gott
Götti → Pate
Göttin → Gott
göttlich 1. himmlisch, ambrosisch, numinos, gotthaft, göttergleich, gottgleich, gottähnlich, vollkommen, unendlich, ewig, einzig, allmächtig, herrlich, allwissend, allgegenwärtig, gerecht, gnädig, barmherzig, → heilig 2. → köstlich 3. → komisch
gottlob → glücklicherweise
gottlos → atheistisch
Gottlosigkeit → Atheismus
gotterbärmlich → jammervoll
gottsjämmerlich → jammervoll
gottverlassen → allein, → einsam, → entlegen
Gottvertrauen → Glaube(n)
Götze Abgott, Idol, Fetisch, Götzenbild, Götterbild
Götzenbild → Götze
Götzendienst → Götzenverehrung
Götzenverehrung Götzendienerei, Götzendienst, Bilderanbetung, Abgötterei, Fetischismus, Fetischverehrung, Teufelsdienst, Dämonenkult, Baalsdienst, Molochdienst, Sonnenanbetung, → Heidentum
Gourmet → Genießer
Gout → Geschmack
goutieren → genießen
Gouvernante → Erzieherin
gouvernantenhaft → belehrend, → jüngferlich

Grab Grube, Grabstätte, Begräbnisstätte, Ruhestatt, Ruhestätte, Familiengrab, Grabhügel, Leichenhügel, Gruft, Totengruft, Krypta, Grabgewölbe, Grabkammer, Mausoleum, Grabmal
graben wühlen, buddeln, baggern, schaufeln, schippen, schürfen, schanzen, umgraben, umstechen, ausgraben, → ausheben
Graben 1. Rinne, Straßengraben, Wassergraben, Abzugsgraben, → Kanal 2. Vertiefung, Furche, Senke, Einschnitt, Grabenbruch, Spalte, Schlucht 3. → Hindernis
Grabgewölbe → Grab
Grabhügel → Grab
Grabkammer → Grab
Grablegung → Beerdigung
Grabmal → Grabstein, → Grab
Grabräuber → Räuber
Grabrede → Nachruf
Grabstätte → Grab
Grabstein Grabmal, Totenstein, Gedenkstein, Epitaph
Gracht → Kanal
Grad 1. Ausmaß, Stufe, Stärke, Reichweite, Ausbreitung, Umkreis 2. → Rang
Gradation → Abstufung
Gradmaß → Skala
graduell stufenweise, abgestuft, allmählich, Stück für Stück
Gram → Kummer, → Leid
grämen, sich → sorgen, sich
gramerfüllt → sorgenvoll
gramgebeugt → sorgenvoll
Grammatik → Sprachlehre
Gran Korn, Körnchen, Krümelchen, Quäntchen, Winzigkeit, Bisschen, Kleinigkeit
Granate → Geschoss, → Sprengkörper
Granatwerfer → Geschütz
Grandezza → Erhabenheit
grandios → großartig
Grand Prix → Wettkampf
granteln → murren
grantig → schlecht gelaunt
Grafik (*auch:* Graphik) 1. Zeichnung, Kunstdruck, Druck, Stich, Kupferstich, Stahlstich, Holzschnitt, Xylografie, Linolschnitt, Radierung, Schabkunst, Aquatinta, Lithografie, Steindruck 2. → Schaubild
grapschen → greifen
Gras → Wiese
grasen → fressen
grassieren → überhand nehmen
grässlich → grauenhaft, → ekelhaft
Grat → Bergspitze, → Vorsprung
Gratifikation → Zulage
grätig → quengelig
gratinieren → überbacken, → backen
gratis → kostenlos
grätschen → spreizen
Gratulation Beglückwünschung, Glückwunsch, Segenswunsch, → Hochruf
gratulieren → beglückwünschen, Glück wünschen, Glückwünsche überbringen, die Hand schütteln, hochleben lassen
grau 1. hellgrau, dunkelgrau, schwarzgrau, aschgrau, mattgrau, schiefergrau, graphitgrau, perlgrau, taubengrau, hechtgrau, mausgrau, maulwurfsgrau, eisgrau, blaugrau, bleifarben, bleiern, sepia, anthrazit 2. grauhaarig, ergraut, meliert, silberhaarig, weißhaarig 3. → bewölkt 4. → blass
Gräuel Abneigung, Abscheu, Unlust, Unwillen, Widerwillen
Gräueltat → Verbrechen
grauen → dämmern
Grauen → Entsetzen, → Angst
grauenhaft grauenvoll, Grauen erregend, Entsetzen erregend, entsetzlich, grausig, grässlich, gräulich, scheußlich, schrecklich
grauenvoll → grauenhaft
grauhaarig → grau
gräulich → grauenhaft, → abscheulich
graupeln → hageln
Graupelschauer → Unwetter
grausam unbarmherzig, kaltblütig, bestialisch, blutgierig, unmenschlich, entmenscht, brutal, gewalttätig, sadistisch
Grausamkeit Unbarmherzigkeit, Unmenschlichkeit, Kaltblütigkeit, Gefühllosigkeit, Brutalität, Gewalttätigkeit, Sadismus
grauseln, sich → gruseln, sich
grausen, sich → gruseln, sich
Grausen → Entsetzen, → Angst
grausig → grauenhaft
gravieren eingravieren, einkratzen, eingraben, einritzen, ritzen, ziselieren, einkerben, ätzen, → prägen
gravierend schwer wiegend, gewichtig, einschneidend, ernstlich, empfindlich, tief gehend
Gravität → Erhabenheit
Gravitation → Anziehungskraft
gravitätisch → erhaben
Grazie Eleganz, Anmut, Feenhaftigkeit, Leichtigkeit, → Schönheit
grazil → zierlich, → schlank
graziös elegant, anmutig, feenhaft, gazellenhaft, leichtfüßig, leicht, beweglich
greifbar → anwesend, → konkret
greifen 1. fassen, packen, zupacken, hinlangen, langen nach, grapschen, anfassen, betasten, betatschen, → ergreifen 2. → wirken

greifen, um sich → überhand nehmen
greinen → weinen
greis → alt, → greisenhaft
Greis Alter, alter Mann, Senior, Nestor, Methusalem, Opa, Großvater
Greisenalter → Alter
greisenhaft greis, senil, verkalkt, altersschwach, schwach, gebrechlich, → alt
Greisenhaftigkeit Vergreisung, Senilität, Verkalkung, Altersschwäche, Kräfteverfall, → Gebrechlichkeit
Greisentum → Alter
Greisin Alte, alte Frau, Oma, Großmutter
grell 1. bunt, schrill, schreiend, knallig, kräftig, aufdringlich 2. blendend, → hell 3. → laut
Gremium → Ausschuss
Grenze 1. Staatsgrenze, Landesgrenze, Bezirksgrenze, Begrenzung, Rand, Abgrenzung, Grenzlinie, Scheidelinie, Demarkationslinie, Grenzscheide, Scheide, Wasserscheide, Markscheide, Gemarkung, Schranke 2. → Limit
grenzen anrainen, sich anschließen, angrenzen, zusammenstoßen, sich berühren
grenzenlos → uneingeschränkt, → unendlich, → sehr
Grenzenlosigkeit → Unendlichkeit
Grenzpolizei → Polizei
Grenzposten → Zollbeamter
Grenzsoldat → Zollbeamter
grenzüberschreitend → international
Grenzwache → Grenzer, → Zollbeamter
Grenzwert → Limit
grienen → grinsen
Griesgram Sauertopf, Isegrim, Miesepeter, Bärbeißer, Brummbär, Muffel
griesgrämig → schlecht gelaunt, → mürrisch
Griff Handgriff, Handhabe, Halter, Henkel, Hebel, Bügel, Heft, Stiel, Knauf, Knopf, → Klinke
griffbereit zur Hand, → bereit
Griffbrett Tastatur
Griffelkasten → Mäppchen
griffgerecht → handlich
griffig → handlich
Grill Rost, Bratrost, Barbecue
Grille 1. Zikade, Heimchen 2. → Laune
grillen → braten
grillenhaft → launisch, → eigenbrötlerisch
Grimasse Fratze, Faxen, Zerrbild, → Gesicht
grimassenhaft → hässlich
Grimm → Ärger, → Zorn
grimmig → wütend, → schneidend
Grind → Schorf
grinsen grienen, das Gesicht verziehen, feixen, → lächeln
Grippe → Erkältung
grippig → krank
Grips → Verstand
grob 1. grobkörnig, großkörnig, geschrotet 2. schroff, roh, rau, ruppig, barsch, derb, unsanft, unfein, rüde, ungeschliffen, ungehobelt, → unhöflich 3. → plump
grobgliedrig → plump
Grobheit → Unhöflichkeit
Grobian grober Klotz, Raubein, Raubautz, Bauer, Fuhrknecht, Rohling, → Flegel
grobkörnig → grob
grobschlächtig → derb
groggy → erschöpft
grölen → schreien
Groll → Zorn, → Verbitterung
grollen → donnern, → zürnen
Gros → Mehrheit
Groschen → Geld, → Münze
Groschenroman → Schundliteratur
groß 1. ansehnlich, beträchtlich, erheblich, umfänglich, geräumig, mächtig, gewaltig, riesig, riesengroß, riesenhaft, gigantisch, immens, unendlich, unermesslich, astronomisch 2. hoch gewachsen, stattlich, lang, hünenhaft, reckenhaft, hoch aufgeschossen, baumgroß, baumlang, von hohem Wuchs 3. → erwachsen 4. → überlegen
groß werden → heranwachsen
großartig ausgezeichnet, blendend, famos, fulminant, hervorragend, überwältigend, grandios, fabelhaft, sagenhaft, märchenhaft, fantastisch, wunderbar, wundervoll, pfundig, prima, dufte, spitze, toll, knorke
großbürgerlich → bürgerlich
Großbürgertum → Bürgertum
Größe 1. Dimension, Ausmaß, Dicke, Format, Kaliber 2. Mächtigkeit, Geräumigkeit, Weiträumigkeit, Weite, Großflächigkeit, Unermesslichkeit 3. → Erhabenheit 4. → Berühmtheit
Größenordnung → Ausmaß
großenteils → meistens, → überwiegend
Größenwahn Gigantomanie, Cäsarenwahn, Hybris, Großmannssucht, Vermessenheit, Übertreibung, → Geltungsdrang, → Überheblichkeit
größenwahnsinnig hybrid, vermessen, → überheblich
großflächig → geräumig
Großflächigkeit → Größe
Großhändler → Grossist, Engrossist, Zwischenhändler

großherzig → edel
Großindustrieller → Kapitalist
Grossist → Großhändler
großjährig → volljährig
Großjährigkeit → Volljährigkeit
Großkapitalist → Kapitalist
großkörnig → grob
Großkotz → Angeber
Großmannssucht → Größenwahn, → Geltungsdrang
Großmaul → Angeber
Großmut Großmütigkeit, Güte, Großzügigkeit, Duldsamkeit, Nachsicht, Noblesse, → Edelmut
großmütig gütig, milde, nachsichtig, duldsam, großzügig, edel, edelmütig, → gnädig
Großmütigkeit → Edelmut, → Großmut
Großmutter Großmama, Oma, Omi, Ahne, → Greisin
großporig → porös
großräumig → geräumig
Großrechenanlage → Computer
Großreinemachen → Hausputz
Großschnauze → Angeber
Großsprecher → Angeber
großspurig → angeberisch
Großspurigkeit → Angabe
Großstadt → Stadt
Großstädter → Städter
Großtat → Heldentat
Großteil → Mehrheit
größtenteils → überwiegend
größtmöglich → höchst, → optimal
großtuerisch → angeberisch
großtun, sich → angeben
Großvater Großpapa, Opa, Opi, Ahne, → Greis
großziehen auferziehen, aufzüchten, heranziehen, → aufziehen, → erziehen
großzügig 1. freigebig, generös, hochherzig, nobel, fürstlich, gebefreudig, schenkfreudig, spendierfreudig, mildtätig, wohltätig, nicht kleinlich, splendid, spendabel, verschwenderisch 2. → großmütig
Großzügigkeit 1. Freigebigkeit, Generosität, Gebefreude, Spendierfreudigkeit, Spendenfreudigkeit, Splendidität, Mildtätigkeit, Wohltätigkeit 2. → Großmut
grotesk → lächerlich, → verzerrt
Grotte → Höhle
Groupie → Anhänger
Grube 1. Vertiefung, Mulde, Loch, Kuhle, Fallgrube, Falle, → Grab 2. → Zeche
grübeln brüten, sinnen, rätseln, sich den Kopf zerbrechen, sich das Hirn zermartern, Probleme wälzen, denken, → nachdenken
grübelnd → nachdenklich
Grübler → Denker
grüblerisch tiefsinnig, tief schürfend, → nachdenklich
Gruft → Grab
grummeln → donnern, → murmeln
grün 1. dunkelgrün, sattgrün, tannengrün, moosgrün, olivgrün, blaugrün, grasgrün, giftgrün, smaragdgrün, flaschengrün, hellgrün, blassgrün, lindgrün, apfelgrün, gelbgrün, grünlich, resedagrün, türkis, jadegrün 2. → unreif 3. → jung
Grünanlage → Anlage
Grund 1. Motiv, Anlass, Ursache, Hintergrund, Beweggrund, Triebfeder, Veranlassung, → Begründung 2. → Erde 3. → Grundlage 4. → Untergrund 5. → Grundstück
Grundbedingung → Grundlage
Grundbegriffe Allgemeinbegriffe, Elementarbegriffe, Elementarkenntnisse, Einführung, Anfangsgründe, Grundlagen, Universalien
Grundbesitz → Besitz, → Grundstück
Grundbuch → Kataster
Grundeigentum → Grundstück
Grundeinstellung → Ideologie
gründen begründen, einrichten, errichten, eröffnen, konstituieren, etablieren, stiften, den Grundstein legen, ins Leben rufen, aus der Taufe heben, → anfangen
gründen, sich → beruhen auf
Gründer Begründer, Mitbegründer, Erbauer, Stifter, geistiger Vater, Initiator
Grundgedanke Grundidee, Idee, Hauptgedanke, Leitgedanke, Grundvorstellung, Grundmotiv, Leitmotiv, roter Faden, → Essenz, → Bedeutung
Grundgesetz → Verfassung
Grundhaltung → Gesinnung
Grundidee → Grundgedanke
Grundierung → Untergrund
Grundlage Grund, Ausgangspunkt, Ansatzpunkt, Ausgangsbasis, Basis, Unterbau, Unterlage, Fundament, Boden, Voraussetzung, Grundbedingung
Grundlagen → Grundbegriffe
grundlegend 1. elementar, fundamental, konstitutiv, entscheidend, wesentlich 2. → völlig
Grundlegung → Gründung
gründlich 1. eingehend, intensiv, tief schürfend, profund, erschöpfend, umfassend, genau, sorgfältig, gewissenhaft 2. bis ins Kleinste, bis ins Letzte, von Grund auf, von Grund aus, bis auf den Grund, radikal, gänzlich, völlig, vollständig 3. → gehörig

Gründlichkeit Gewissenhaftigkeit, Sorgfalt, Genauigkeit, Ausführlichkeit, Präzision, Pedanterie
grundlos 1. unbegründet, ungerechtfertigt, unmotiviert, ohne Grund, aus der Luft gegriffen 2. → abgrundtief
Grundmauer → Fundament
Grundmotiv → Grundgedanke
Grundrecht → Recht
Grundriss Aufriss, Skizze, Entwurf, Plan, Schema, Bauplan
Grundsatz Prinzip, Regel, Maxime, Richtschnur, Überzeugung, → Axiom
Grundsatzerklärung → Erklärung
grundsätzlich prinzipiell, allgemein, im Allgemeinen, im Grunde genommen, fundamental, so betrachtet, theoretisch, in der Regel, eigentlich
Grundschule → Schule
Grundstock Bestand, Fundus, Kapital, Rücklage, Grundlage
Grundstoff Urstoff, Ausgangsstoff, Ausgangsmaterial, Grundmaterial, Rohmaterial, Einzelkomponenten
Grundstück 1. Grund, Stück Land, Gelände, Terrain, Areal, Parzelle, Platz, Bauplatz, Baugrund, Baugrundstück, Baugelände, Bauland 2. Liegenschaft, Grundbesitz, Grundeigentum, Grund und Boden, Landbesitz, Länderei, Immobilie
Grundstücksverzeichnis → Kataster
Gründung Begründung, Grundlegung, Etablierung, Stiftung, Eröffnung, Niederlassung, → Anfang
Gründungstag → Jubiläum
Grundvorstellung → Grundgedanke
Grundzug → Hauptmerkmal
grünen → sprießen
Grünfläche → Anlage
Grünschnabel → Anfänger, → Halbstarker
Gruppe 1. Schar, Menge, Kreis, Runde, Pulk, Traube, Haufen, Horde, Trupp, → Abteilung 2. Klan, Clique, Klüngel, Lager, Partei, Seite, Sippschaft, Mischpoke, Blase, → Bande 3. → Klasse 4. → Band
gruppieren → anordnen
Gruppierung → Anordnung, → Partei
Grus → Geröll
gruselig schaurig, schauerlich, Furcht einflößend, haarsträubend, grauenvoll, → unheimlich
gruseln, sich sich grausen, sich grauseln, sich grauen, schaudern, zurückschaudern, sich graulen, den Atem anhalten, eine Gänsehaut bekommen, einen Horror haben, sich entsetzen
Gruß Begrüßung, Grußformel, Willkommensgruß, Abschiedsgruß, Grußbotschaft, Empfehlung, Ehrenbezeigung, Salut
grüßen begrüßen, Guten Tag sagen, zuwinken, zunicken, die Hand schütteln, die Hand drücken, einen Gruß entbieten, salutieren, den Hut ziehen, Grüße übermitteln
grußlos → wortlos
Grütze → Pudding
gucken → sehen
Guckloch → Fenster
Guerilla → Partisan
Guerillakämpfer → Partisan
Guerillakrieg → Partisanenkrieg
Guerillero → Partisan
Guillotine → Schafott
guillotinieren → enthaupten
Gulasch → Ragout
Gulaschkanone Feldküche, Behelfsküche
gülden → golden
Gülle → Dung
gültig geltend, vollgültig, in Geltung, in Kraft, offiziell, amtlich, gesetzlich, gesetzmäßig, unanfechtbar, verbindlich, → beglaubigt
gültig sein → gelten
Gültigkeit Geltung, Wirksamkeit, Verbindlichkeit, → Laufzeit
Gunst Gnade, Huld, Gewogenheit, Wohlwollen, Sympathie
günstig 1. erfreulich, glücklich, gedeihlich, Erfolg versprechend, viel versprechend, hoffnungsvoll, verheißungsvoll, aussichtsreich 2. → lukrativ 3. → preiswert
günstigstenfalls → bestenfalls
Günstling Favorit, Liebling, Schoßkind, Protegé, Schützling
Gurgel → Kehle
gurgeln 1. spülen, den Mund spülen 2. → plätschern, → brodeln
gurren girren, rucksen, kollern, balzen, → flirten
Gurt Riemen, Band, Spanngurt, Spannriemen, Tragegurt, Befestigungsgurt, → Gürtel
Gürtel Koppel, Riemen, Hüftriemen, Leibriemen, Bauchriemen, → Gurt
Gürtelrose → Herpes
Guru → Meister
Guss 1. Erguss, Schwall, Flut, → Regen 2. → Überzug
Gussform → Model
gustieren → kosten
Gusto → Geschmack, → Gutdünken
gut 1. empfehlenswert, geglückt, gelungen, vortrefflich, trefflich, einwandfrei, erstklassig, nicht schlecht, nicht übel, nicht uneben, → nützlich 2. → gütig 3. → ja

gut gehen glatt gehen, reibungslos verlaufen, überstehen, ein gutes Ende nehmen
gut gelaunt aufgeräumt, froh gelaunt, gut aufgelegt, obenauf, guter Dinge, heiter, vergnügt, zufrieden, ausgeglichen
gut gesinnt → freundschaftlich
Gut → Anwesen, → Bauernhof
Gutachten Expertise, Bescheinigung, Attest, Untersuchung
Gutachter Sachverständiger, Referent, Berichterstatter
gutartig → harmlos
Gutartigkeit → Harmlosigkeit
gutbringen → anrechnen
gutbürgerlich → bürgerlich
Gutdünken Wunsch, Geschmack, Gusto, Lust und Liebe, Laune, Belieben
Güte 1. Gütigkeit, Herzensgüte, Herzenswärme, Warmherzigkeit, Weichherzigkeit 2. → Qualität
Güteklasse → Handelsklasse
Güter → Ware
Güterverkehr → Handel
gutgläubig → arglos
Gutgläubigkeit → Arglosigkeit
Guthaben Kapital, Haben, Besitz, Sparguthaben
gutheißen billigen
gütig gut, herzensgut, seelengut, selbstlos, warmherzig, liebevoll, wohltätig, → barmherzig, → gnädig
Gütigkeit → Güte
gütigst → bitte, → gefälligst
gütlich friedlich, ohne Streit, im Einvernehmen, einvernehmlich
gütlich tun, sich → genießen
gutmütig gemütlich, gutherzig, friedlich, ungefährlich, zahm, sanftmütig, sanft, weich, nachgiebig, geduldig
Gutmütigkeit Gemütlichkeit, Gutherzigkeit, Sanftmütigkeit, Sanftmut, Nachgiebigkeit, Engelsgüte, Geduld
gutnachbarlich → freundschaftlich
gutsagen → bürgen
Gutsagung → Bürgschaft
Gutschein Bon, Kupon, Wertmarke, Gutschrift
gutschreiben → anrechnen
Gutsel → Bonbon
Gutshof → Anwesen, → Bauernhof
gut situiert → reich
gutstehen → bürgen
gutwillig → willig, → bereit
Gymnasiast → Schüler
Gymnasium → Schule
Gynäkologe → Arzt

H

Haar Faser, Borste, Haare, Haupthaar, Kopfhaar, Haarschopf, Tolle, Wuschelkopf, Mähne, Zotteln, Wolle, Pelz, → Frisur, → Toupet
haaren → fusseln
Haarersatz → Toupet
haarfein → dünn
haargenau → genau
haarig → unangenehm
haarklein → genau
Haarknoten → Dutt
haarlos → glatzköpfig
Haarpflegemittel Haarwasser, Haarwuchsmittel, Haarspray, Gel, Wetgel, Frisiercreme, Pomade, Brillantine, → Schampon
Haarschampon (*auch:* Haarshampoo) → Schampon
Haarschleife Schleife, Masche, Mascherl
Haarschnitt → Frisur
Haarschopf → Haar
Haarspalter → Rechthaber
Haarspalterei → Spitzfindigkeit
haarspalterisch → spitzfindig
Haarspray → Haarpflegemittel
haarsträubend unglaublich, unerhört, empörend, furchtbar, schrecklich, grausig, schauerlich, schaurig, verheerend, → ungeheuerlich
Haarteil → Toupet
Haartracht → Frisur
Haartrockner → Föhn
Haarwaschmittel → Schampon
Haarwasser → Haarpflegemittel
Haarwuchsmittel → Haarpflegemittel
Hab und Gut → Besitz
Habe → Besitz
haben 1. innehaben, einnehmen, halten, festhalten, besitzen 2. aufweisen, verfügen über, eigentümlich sein, eigen sein, zu Eigen sein 3. aufwarten können, vorrätig haben, auf Lager haben, geben können
haben, sich → zieren, sich
Haben → Guthaben
Habenichts → Armer
Habgier Habsucht, Gewinnsucht, Geldgier, Raffgier, Besitzgier, Gier, Geiz, Unersättlichkeit
habgierig habsüchtig, gewinnsüchtig, geldgierig, raffgierig, besitzgierig, happig, gierig, geizig, unersättlich
habhaft werden → ergreifen
Habit → Ornat
Habitus → Aussehen, → Benehmen
Habschaft → Besitz
Habseligkeiten → Besitz

Habsucht → Habgier
habsüchtig → habgierig
Hacke 1. Spitzhacke, Pickel, Haue, Karst, → Harke 2. → Hacken
hacken → zerhacken, → kicken
Hacken Ferse, Hacke, Absatz
Hackfleisch Gehacktes, Hackepeter, Faschiertes, Haschee, Tatar
Hackfleischbällchen → Fleischkloß
Hackordnung → Hierarchie
Hader → Streit, → Lappen
Haderlump → Taugenichts
hadern → zürnen
hadersüchtig → streitsüchtig
Hafen 1. Hafenbecken, Port, Ankerplatz, Reede, → Kai, → Landeplatz 2. → Topf 3. → Nachttopf
Hafenbecken → Hafen
Hafenmauer → Kai
Haft Arrest, Gewahrsam, Sicherheitsverwahrung, Sicherungsverwahrung, Schutzhaft, Untersuchungshaft, Gefangenschaft, Freiheitsentzug, Freiheitsstrafe, Gefängnis, Zuchthaus, Knast, Lagerhaft
Haftanstalt → Gefängnis
haftbar haftpflichtig, schadenersatzpflichtig, schadenpflichtig, verantwortlich
haftbar machen → belangen
Haftbarkeit → Verantwortung
haften 1. festkleben, festhängen, ankleben, kleben 2. aufkommen, die Kosten tragen, einstehen für, verantwortlich sein, haftbar sein, → bürgen
Häftling → Gefangener
haftpflichtig → haftbar
Haftung 1. Haftwiderstand, Reibungswiderstand, Rollwiderstand 2. Einstandspflicht, Schadenersatzpflicht, Verbindlichkeit, Verantwortung, → Bürgschaft
Hag → Hecke
Hagel 1. Hagelkorn, Eiskorn, Schloße, Graupel, Eiskristall 2. → Unwetter
hageln graupeln, schloßen, prasseln, herunterprasseln
Hagelschlag → Unwetter
hager → mager
Hagerkeit → Magerkeit
Hagestolz → Eigenbrötler, → Junggeselle
Hahn 1. Gockel, Gockelhahn, Gickel, Kapaun, Puter, Truthahn, → Huhn 2. Absperrhahn, Wasserhahn, Kran, Wasserkran, Zapfhahn, Fasshahn, Drossel, Ventil, → Verschluss
Hähnchen → Huhn
Hain → Wald
Haken 1. Kleiderhaken, Wandhaken, Angelhaken 2. → Nagel 3. → Nachteil
halb zur Hälfte, halbseitig, halbiert, halbpart, halb und halb, hälftig, geteilt, unvollständig, teilweise, auf halber Strecke, auf halbem Wege, in der Mitte
halb gar halbbacken, halb gekocht, nicht durch, medium
halb tot → müde
halb wach → schlaftrunken
halbamtlich → amtlich, → inoffiziell
halbbacken → halb gar
Halbblut → Mischling
Halbdunkel → Dämmerung
halbgebildet → dilettantisch
halbherzig lustlos, lau, lasch, ohne Überzeugung, ohne Mut
halbieren zweiteilen, hälften, hälfteln, brüderlich teilen, → zerschneiden, → teilen
halbiert → halb
Halbierung → Teilung
Halbinsel → Landenge
Halbjahr → Semester
halbpart → halb
Halbschlaf Dämmerschlaf, Dämmerzustand, Dusel, Schlummer, Halbschlummer, → Schlaf
Halbschuh → Schuh
halbseiden → zweifelhaft
halbseitig → halb
Halbstarker Halbwüchsiger, halbes Hemd, Milchbart, Provo, Grünschnabel, Gelbschnabel, → Angeber, → Jugendlicher, → Störenfried
Halbtagsarbeit → Arbeit
Halbteil → Hälfte
halbwegs → einigermaßen
Halbwelt → Unterwelt
Halbwisser → Dilettant
halbwüchsig → jugendlich
Halbwüchsiger → Halbstarker, → Jugendlicher
Halbzeit Seitenwechsel, Spielunterbrechung, Halbzeitpause, Pause
Halde Hang, Berghang, Böschung, Abhang, Hügel, Schutthalde, Kohlenhalde
Hälfte Halbteil, Halbes, Teilstück, Teil, Anteil
hälften → halbieren
hälftig → halb
Halle Saal, Festhalle, Sporthalle, Veranstaltungsraum, Fabrikhalle, Werkhalle, Lagerhalle, → Foyer
hallen dröhnen, schallen, nachhallen, schwingen, klingen
Hallenbad → Bad
Hallo → Hochruf, → Geschrei
Hallodri → Taugenichts
Halluzination → Einbildung
Halm → Stiel

Hals Kragen, Gurgel, Nacken, Genick, → Rachen
Halsabschneider Wucherer, Beutelschneider, Blutsauger, Profithai, Finanzhyäne, Ausbeuter, → Geschäftemacher
Halsausschnitt → Ausschnitt
Halsbinde → Krawatte
halsbrecherisch → gefährlich
Halsentzündung Halsweh, Halsschmerzen, Angina, Mandelentzündung, Tonsilitis
Halskette → Kette
Halsschmerzen → Halsentzündung
halsstarrig → eigensinnig
Halsstarrigkeit → Eigensinn
Halstuch → Schal
Halsweh → Halsentzündung
Halt 1. Aufenthalt, Fahrtunterbrechung, Stopp, Zwischenstopp, Zwischenlandung, Pause, → Stillstand 2. Festigkeit, Belastbarkeit, Bindekraft, Saugkraft 3. → Stütze 4. → Haltestelle
Halt machen → anhalten, → ausruhen
haltbar 1. unverderblich, konserviert, eingemacht, langlebig, widerstandsfähig, strapazierfähig, stabil, robust, fest, unverwüstlich, unzerstörbar, beständig, → dauerhaft 2. → vertretbar
haltbar machen → konservieren
Haltbarkeit Langlebigkeit, Widerstandsfähigkeit, Strapazierfähigkeit, Stabilität, Festigkeit, Dauerhaftigkeit, Beständigkeit, Unverwüstlichkeit
halten 1. festhalten, fassen, heben, → stützen 2. haben, innehaben, einnehmen, besitzen, besetzt halten 3. anhalten, stoppen, Halt machen, stehen bleiben 4. → erfüllen 5. → abonnieren
halten, sich 1. sich einhalten, sich festhalten, sich heben, sich festheben, sich anhalten, sich anhängen, sich anklammern, sich festklammern, sich klammern, sich festkrallen 2. sich durchsetzen, sich bewähren, sich behaupten 3. → befolgen 4. → anlehnen, sich 5. → verhalten, sich
halten zu → zusammenhalten
Haltepunkt → Haltestelle, → Bahnhof
Halter → Griff, → Besitzer, → Hirte
Haltestelle Halt, Haltepunkt, Station, Endstation, Endhaltestelle, → Bahnhof
Haltezeichen Stoppzeichen, Stoppschild, Halteschild, Haltesignal, Stoppsignal, Signal, Stopplicht, Rotlicht, Rot, → Warnlicht
haltlos → charakterlos, → gegenstandslos
Haltung 1. Stellung, Pose, Körperhaltung, Attitüde, Habitus, Gang, Gebaren, → Benehmen 2. → Einstellung 3. → Beherrschung 4. → Charakterfestigkeit
haltungslos → charakterlos
Halunke → Gauner
Hämatom → Bluterguss
Hamburger → Sandwich
hämisch → schadenfroh
Hammel → Bock, → Dummkopf
Hammer Fäustel, Vorschlaghammer, Schlägel, Klöppel
hämmern → dröhnen, → klopfen
hamstern → horten
Hand Gliedmaße, Pranke, Pfote, Patsche, Patschhand, Pratze, Tatze, Klaue, Flosse
Hand in Hand → gemeinsam
Handarbeit 1. Heimarbeit, Bastelarbeit, Nadelarbeit, Strickarbeit, Häkelarbeit, Stickarbeit, Stickerei, Klöppelei, Webarbeit, Knüpfarbeit 2. → Maßarbeit
handarbeiten stricken, sticken, häkeln, weben, knüpfen, klöppeln, nähen, → basteln, → arbeiten
Handbesen → Handfeger
Handbewegung → Geste
Handbuch → Lexikon, → Lehrbuch
Händedruck Händeschütteln, Handschlag, Begrüßung, Gratulation
Handel 1. Einkauf und Verkauf, Güterverkehr, Güteraustausch, Warenaustausch, Warenverkehr, Handelsverkehr, Geschäftsverkehr, Geschäftsleben, Wirtschaftsleben, Wirtschaft, Handelsbeziehungen, Wirtschaftsbeziehungen, Gewerbe, → Import, → Export 2. Geschäft, Transaktion, Abschluss, Geschäftsabschluss, Unternehmung, Deal, Tauschgeschäft, Tauschhandel, Tausch
Händel → Streit
handeln 1. Handel treiben, hökern, schachern, schieben, verschieben, → verkaufen 2. feilschen, markten, herunterhandeln, den Preis herunterdrücken, drücken, verhandeln 3. tätig sein, wirken, agieren, in die Hand nehmen, zur Tat schreiten, vorgehen, durchgreifen, → machen
handeln von → behandeln
Handeln → Handlung
Handelsabkommen → Vertrag
Handelsbeziehungen → Handel
Handelsbilanz → Bilanz
handelseinig → einig
Handelsembargo → Ausfuhrverbot
Handelsflotte → Flotte
Handelsgesellschaft → Unternehmen
Handelsklasse Güteklasse, Qualität, Sorte
Handelsmarke → Marke
Handelsmission → Botschaft
Handelsplatz → Börse, → Markt
Handelsschule → Schule

Handelsspanne → Gewinnspanne
Händelsucht → Angriffslust
Handelsunternehmen → Geschäft
Handelsverkehr → Handel
Handelsvertreter → Vertreter
Händeschütteln → Händedruck
Handfeger Handbesen, Kehrwisch, Feger, Handeule, Eule
handfest → derb
handgearbeitet → manuell
handgemacht → manuell
handgemein → handgreiflich
handgemein werden → handgreiflich werden
Handgemenge Handgreiflichkeit, Tätlichkeit, Rauferei, Balgerei, Schlägerei, Keilerei, Prügelei, Messerstecherei, Streit
Handgepäck → Gepäck
handgerecht → handlich
handgeschrieben → handschriftlich
Handgranate → Sprengkörper
handgreiflich 1. tätlich, handgemein, gewalttätig 2. deutlich, greifbar, sichtbar, offensichtlich, → anschaulich
handgreiflich werden tätlich werden, handgemein werden, Schlägerei beginnen, zuschlagen, angreifen, → ohrfeigen
Handgreiflichkeit → Handgemenge
Handgriff → Griff
Handhabe → Griff, → Mittel
handhaben → anwenden, → bedienen
Handhabung → Anwendung, → Bedienung
Handikap (*auch:* Handicap) → Hemmnis
Handlanger → Komplize
Händler Trödler, Marketender, Höker, Ankäufer, Aufkäufer, Straßenhändler, Rauschgifthändler, Dealer, → Kaufmann
Handleser → Wahrsager
handlich griffig, griffgerecht, ergonomisch, handsam, bequem, praktisch, zweckmäßig
Handlung 1. Akt, Aktion, Operation, Beginnen, Unternehmung, Unternehmen, Verrichtung, Tun, Tat, Ausführung, Handlungsweise, Handeln, Vorgehen 2. Vorgang, Geschehen, Fabel, → Inhalt
handlungsbezogen → sachlich
Handlungsfreiheit → Freiheit
Handlungsort → Schauplatz
Handlungsreisender → Vertreter
handlungsunfähig → gelähmt
Handlungsvollmacht → Vollmacht
Handlungsweise → Maßnahme, → Handlung
Handreichung → Hilfe, → Lehrbuch
Handschelle → Fessel
Handschlag → Händedruck, → Begrüßung
Handschrift 1. Schrift, Duktus, Klaue, Sauklaue, Pfote, Saupfote, → Geschmier 2. Kodex, Codex, Pergamenthandschrift, Pergament, Papyrus, Schriftrolle 3. Manuskript, handschriftlicher Text 4. → Stil
handschriftlich handgeschrieben, eigenhändig, in Handschrift, als Manuskript, → schriftlich
Handschuh Fingerhandschuh, Fingerling, Fausthandschuh, Fäustling, Lederhandschuh, Glaceehandschuh
Handstreich → Anschlag
Handtuch Frottiertuch, Badetuch, Badelaken, Strandlaken, Geschirrhandtuch, Geschirrtuch, Gläsertuch, Abtrockentuch, Trockentuch
Handwagen → Leiterwagen
handwarm → lau
Handwerk → Gewerbe, → Beruf
Handwerker Facharbeiter, Fachmann, Arbeiter, Handwerksmeister, Meister, Geselle, Lehrling
handwerklich werkgerecht, kunstgerecht, fachgerecht, zunftmäßig, zunftgerecht, → manuell
Handwerksmeister → Handwerker
Handwerkszeug Hilfsmittel, Mittel, Grundausstattung, Grundausrüstung, Grundkenntnisse, Grundlage, → Werkzeug
Handzeichen → Geste
Handzettel → Flugblatt, → Prospekt
hanebüchen → empörend
Hang → Abhang, → Neigung
hangen → hängen
hängen 1. hangen, baumeln, bammeln, herunterhängen, schweben 2. → aufhängen 3. → stocken
hängen an → lieben
hängen bleiben → kleben, → versprechen, sich
Hansdampf → Tausendsassa
Hänselei → Spott
hänseln → necken
Hanswurst → Dummkopf, → Narr
hanswurstig → albern
hantieren herumfuhrwerken, fuhrwerken, herumwirtschaften, wirtschaften, herumfummeln, fummeln, herumdoktern, herumpfuschen, herummachen, → anwenden, → bedienen → funktionieren
hapern → mangeln
Happen → Bissen
happig → habgierig, → teuer, → riskant
Happyend (*auch:* Happy End) → Ende
Harakiri → Selbstmord
Hardware → Computer
Häresie → Ketzerei
Häretiker → Abtrünniger

Harke Egge, Forke, Rechen, Hacke
harken rechen, hacken, → jäten
Harlekin → Clown
Harm → Kummer
härmen, sich → sorgen, sich
harmlos 1. gutartig, gutmütig, ungefährlich, friedlich, unverfänglich, unschädlich, ohne Nachwirkung, ohne Folgen 2. → naiv
Harmlosigkeit 1. Gutartigkeit, Gutmütigkeit, Unschädlichkeit 2. → Naivität
Harmonie 1. Zusammenklang, Wohlklang, Gleichklang, Einklang, → Einigkeit, → Friede(n) 2. Ausgeglichenheit, Ausgewogenheit, Abgewogenheit, Abgestimmtheit, Stimmigkeit, Gleichgewicht, Gleichmaß, Ebenmaß 3. → Akkord
Harmonielehre → Notensystem
harmonieren → übereinstimmen
harmonisch wohllautend, wohlklingend, wohltönend, stimmig, aufeinander abgestimmt, zusammenstimmend, ausgeglichen, ausbalanciert, ausgewogen, abgewogen, gleichgewichtig, gleichmäßig, → einig
harmonisieren → anpassen
Harmonisierung → Anpassung
Harn Urin, Wasser
harnen → austreten
Harnisch → Panzer
Harpune → Geschoss
harren → warten, → hoffen
harsch → barsch
Harsch → Schnee
hart 1. steinhart, steinern, felsenhart, glashart, knochenhart, beinhart, stahlhart, stählern, eisenhart, ehern, erzen, knüppelhart, versteinert, verknöchert, → fest 2. mitleidlos, gefühllos, brutal, unbarmherzig, hartherzig, herzlos, unnachsichtig, drakonisch, → streng 3. → eisern 4. → altbacken
Härte 1. Festigkeit, Glashärte 2. Gefühllosigkeit, Unbarmherzigkeit, Hartherzigkeit, Herzlosigkeit, Unnachsichtigkeit, → Strenge
Hartgeld → Kleingeld
hartgesotten → eingefleischt
hartherzig → gefühllos, → hart
Hartherzigkeit → Gefühllosigkeit, → Härte
hartleibig → geizig
Hartleibigkeit → Verstopfung
hartnäckig → beharrlich
Hartnäckigkeit → Beharrlichkeit
Hasardspiel → Glücksspiel
Haschee → Hackfleisch
haschen → anstreben, → anfangen
Häscher Verfolger, Scherge, → Büttel
Hase Feldhase, Meister Lampe, Mümmelmann, Langohr, Schlappohr, Stallhase, Hauskaninchen, Wildkaninchen, Kaninchen, Karnickel
Haselrute → Gerte
Hasenfuß → Feigling
hasenfüßig → feige
Hasenpanier ergreifen → fliehen
Hasenpfeffer → Ragout
haspelig → nervös
haspeln aufhaspeln, zwirnen, drillen, → aufrollen
Hass Hassgefühl, Feindschaft, Groll, Ressentiment, Rachsucht, Missgunst, Verbitterung
hassen Hass empfinden, Aversionen hegen, anfeinden, verabscheuen, nicht ausstehen können, nicht riechen können, gefressen haben, ablehnen
hassenswert verabscheuenswert, abscheulich, böse
hasserfüllt → feindlich, → gehässig
Hassgefühl → Hass
hässlich unschön, unansehnlich, unästhetisch, entstellt, verunstaltet, missgestaltet, fratzenhaft, grimassenhaft, scheußlich, abstoßend, abschreckend, widerwärtig, wüst, garstig, potthässlich, schiech
Hässlichkeit Unschönheit, Unansehnlichkeit, Entstelltheit, Fratzenhaftigkeit, Scheußlichkeit, Abscheulichkeit, Widerwärtigkeit
Hassliebe → Abhängigkeit
Hast → Eile, → Hektik
hasten → eilen
hastig → eilig, → hektisch
hätscheln → liebkosen, → streicheln
Hatz → Eile, → Jagd
Haube → Mütze, → Helm
Hauch → Atem, → Dampf, → Nuance
hauchdünn → dünn
hauchen → blasen, → flüstern
Haudegen → Draufgänger, → Kämpfer
hauen → schlagen, → mähen
hauen, sich → schlagen, sich
Haufen 1. Stapel, Stoß, Packen, Berg, Anhäufung, Aufhäufung, Klacks, → Menge 2. Gruppe
häufen, sich → überhand nehmen
haufenweise → zuhauf
häufig → oft
Häufung → Menge, → Wiederholung
Haupt → Kopf
Hauptattraktion → Glanzpunkt
Hauptbuch → Kassenbuch
Hauptdarsteller → Protagonist
Haupteigenschaft → Hauptmerkmal
Hauptfigur → Protagonist
Hauptgedanke → Grundgedanke

Hauptgeschäftsstelle → Zentrale
Hauptgeschäftsstraße Fußgängerzone, Einkaufszone, Innenstadtbereich, → Einkaufszentrum
Hauptgeschäftszeit → Saison, → Stoßzeit
Hauptgewicht → Vorrang
Hauptgewinn → Gewinn
Haupthaar → Haar
Häuptling Stammesoberhaupt, Stammesfürst, Oberhaupt, → Anführer
Hauptmann → Anführer
Hauptmerkmal Haupteigenschaft, Charakteristikum, Grundzug, hervorstechende Eigenschaft
Hauptperson → Protagonist
Hauptreisezeit → Saison
Hauptrolle 1. Titelrolle, Titelpart, Titelpartie, tragende Rolle, → Rolle 2. → Protagonist 3. → Hauptsache
Hauptsache das Wichtigste, das Wesentliche, das Entscheidende, Kernpunkt, Angelpunkt, Kernstück, der springende Punkt, das A und O, Kardinalpunkt, Hauptrolle, → Vorrang
hauptsächlich → besonders, → vorrangig
Hauptsaison → Saison
Hauptschule → Schule
Hauptstadt → City, → Stadt
Hauptverkehrszeit → Stoßzeit
Haus Gebäude, Wohnhaus, Villa, Landhaus, Bungalow, Einfamilienhaus, Fertighaus, Reihenhaus, Mietshaus, Mietskaserne, Wohnsilo, Hochhaus, Wolkenkratzer, Blockhaus, Bude, Bruchbude, Hütte, Behausung, Bau, Bunker, Schuppen, → Wochenendhaus, → Pavillon
Haus halten 1. wirtschaften, einteilen, schonen, sparsam umgehen, haushälterisch umgehen, sich einschränken, kargen, sich nach der Decke strecken, → sparen 2. → besorgen
Hausangestellte Dienstmädchen, Dienstmagd, Mädchen, Hausmädchen, Stubenmädchen, Zimmermädchen, Haushaltshilfe, Hausgehilfin, Hilfe, Stütze, Perle, Haushälterin, Wirtschafterin, Hausdame, → Personal, → Köchin, → Putzfrau
Hausangestellter Dienstbote, Hausdiener, Hausgehilfe, Hausbursche, Faktotum, Butler, Diener, Mädchen für alles, → Personal
Hausanzug → Morgenrock
Hausarbeit → Aufgabe, → Arbeit
Hausarrest Arrest, Stubenarrest, Nachsitzen, Freiheitsentzug, → Haft
Hausarzt → Arzt
Hausaufgabe → Aufgabe
hausbacken → brav
Hausbesitzer → Hauswirt
Hausbesorger → Hausmeister
Hausbrand → Heizung
Häuschen → Toilette
Hausdame → Hausangestellte
Hausdiener → Hausangestellter, → Diener
Hausdrachen → Xanthippe
Hauseigentümer → Hauswirt
Hauseingang → Tür
hausen → wohnen, → wüten
Häuserblock → Wohnblock, → Block
Hausflur → Flur, → Gang
Hausfrau Hausmütterchen, Heimchen, Ehefrau, nicht berufstätige Frau
Hausfreund → Liebhaber
Hausgang → Flur, → Gang
Hausgehilfe → Hausangestellter
Hausgeist → Kobold
Hausgesinde → Personal
Haushalt 1. Hausstand, Hauswesen, Haushaltung, Hauswirtschaft, Haushaltsführung, Haus und Herd 2. → Etat
Haushalt führen → besorgen
Haushälterin → Hausangestellte
haushälterisch → sparsam
Haushaltsführung → Haushalt
Haushaltshilfe → Hausangestellte, → Putzfrau
Haushaltsplan → Etat
Haushaltsreiniger → Putzmittel
Haushaltung → Haushalt
Haushaltungskosten → Lebensunterhalt
Haushaltungsvorstand → Hausherr
Hausherr 1. Familienoberhaupt, Familienvater, Haushaltsvorstand, Haushaltungsvorstand, Herr des Hauses, → Gastgeber 2. → Hauswirt
haushoch → hoch
hausieren feilbieten, anbieten, trödeln, verkaufen, handeln, werben, Klinken putzen
Hausierer Trödler, Händler, Klinkenputzer, Kolporteur
Hauslatschen → Pantoffeln
Hauslehrer → Lehrer
häuslich 1. einfach, schlicht, prunklos, hausbacken, gediegen, gemütlich 2. privat, persönlich, zurückgezogen, eingezogen 3. → sparsam
Häuslichkeit 1. Einfachheit, Schlichtheit, Prunklosigkeit, Gediegenheit, Gemütlichkeit 2. → Sparsamkeit
Hausmädchen → Hausangestellte
Hausmeister Hausverwalter, Hauswart, Hausbesorger, Schließer, Abwart, Pedell, Schuldiener, → Portier
Hausmittel → Arznei
Hausputz Kehrwoche, Frühjahrsputz, Großreinemachen

Hausrat → Einrichtung
Hausschuhe → Pantoffeln
Hausse → Aufschwung
Haussier → Börsenmakler
Hausstand → Haushalt
Hausvater → Heimleiter
Hausverwalter → Hausmeister
Hauswand → Fassade
Hauswart → Hausmeister
Hauswesen → Haushalt
Hauswirt Hausbesitzer, Hauseigentümer, Hausherr, Patron, Vermieter, Wirt, Wirtsleute
Hauswirtschaft → Haushalt
Hauszins → Miete
Haut 1. Epidermis, Oberhaut, Lederhaut, Schwarte, Balg, → Fell, → Teint 2. Pelle, Schale, Rinde, Hülle, Schicht
Hautausschlag → Ausschlag
Hautbeschaffenheit → Teint
häuten abhäuten, abbalgen, abziehen, enthäuten, abstreifen, abpellen, schälen
häuten, sich sich schuppen, sich schälen, seine Haut abstreifen
hauteng → eng
Hautevolee → Oberschicht
Hautfarbe → Teint
hautnah lebendig, unmittelbar, live, mit Tuchfühlung, direkt am Geschehen
Havarie → Zusammenstoß
havariert → defekt
Haxen → Bein
Hebamme Geburtshelferin, Wehmutter, Wehfrau, Pflegerin
Hebebühne → Hebevorrichtung
Hebel 1. Hebelarm, Brechstange, Stange, Werkzeug 2. → Griff
heben 1. anheben, hochheben, erheben, lüpfen, lupfen, lüften, schürzen, hochbinden, raffen, reffen, hochnehmen, aufnehmen, schultern, hochstemmen, hochwuchten 2. → halten 3. → steigern
heben, sich → ansteigen
Hebevorrichtung Hebebühne, Wagenheber, Hebebock, Hebebalken, Hebewerk, Kran, Baukran, Schwerlastkran, → Aufzug
Hebewerk → Aufzug
Hebung → Steigerung
hecheln → atmen
hechten → springen
Hecke Hag, Busch, Buschwerk, Dornenhecke, Dickicht,→ Zaun
hecken → gebären
Heckenschütze → Partisan
hedonistisch → genussfreudig
Heer 1. Heerschar, Truppe, Rotte, Armee, Heeresmacht, Heerzug, Landheer, Landstreitkräfte, Bodentruppen, → Militär 2. → Aufgebot
Heeresverband Einheit, Truppeneinheit, Division, Truppenteil, Truppe, Formation, Verband, Regiment, Brigade, Bataillon, Kompanie, Korps, Batterie, Schwadron, Abteilung, Zug, Legion, Kohorte, Manipel, Fähnlein
Heereszug → Feldzug
Heerführer → Feldherr
Heerschar → Heer
Heerschau → Parade
Heerzug → Heer
Hefe → Treibmittel, → Abschaum
Heft 1. Schreibheft, Notizheft, Kladde, Kollegheft, Schulheft 2. Broschüre, Faszikel, Büchlein 3. → Griff
heften 1. zusammenheften, klammern, binden, broschieren, fassen 2. anheften, festzwicken, anpinnen, befestigen
heftig 1. intensiv, stark, gewaltig, wuchtig, massiv, stürmisch, kräftig, kraftvoll 2. stechend, bohrend, brennend, beißend, nagend, furchtbar, unerträglich, → quälend 3. impulsiv, vehement, angriffslustig, gewalttätig, ungestüm, unbändig, wild, hitzig, heißblütig, leidenschaftlich, in Fahrt, → aufbrausend
heftig werden → aufbrausen
Heftigkeit 1. Vehemenz, Wucht, Kraft, Ansturm 2. Ungestüm, Wildheit, Unbändigkeit, Hitzigkeit, Hitzköpfigkeit, → Leidenschaft, → Jähzorn
Heftordner → Aktenordner
Heftpflaster → Pflaster
Heftzwecke → Reißnagel
Hege Tierpflege, Tierschutz, Tierliebe, → Pflege
Hegemonie → Vorherrschaft
hegen → pflegen
Hehler Schieber, Schacherer, Schlepper, Schwindler, Hintermann, Schwarzhändler, Schwärzer, Schmuggler, → Betrüger
hehr → erhaben
Heide 1. Heidelandschaft, Heideland, Waldheide 2. Ungetaufter, Ungläubiger, Gottferner,→ Atheist
Heidenangst → Angst
Heidenspektakel → Lärm
Heidentum Heidenglaube, Unglaube, Irrglaube, Glaubensferne, Gottferne, Vielgötterei, Götzendienst, → Götzenverehrung,→ Atheismus
heidnisch ungetauft, ungläubig, andersgläubig, irrgläubig, unbekehrt, gottfern, gottlos, götzendienerisch, → atheistisch
heikel 1. delikat, kritisch, kitzlig, heiklig, schwierig, kompliziert, unangenehm, be-

denklich, → gefährlich 2. → wählerisch, → anspruchsvoll
Heil Rettung, Unversehrtheit, Wohlbefinden, Wohlergehen, Wohl, Glück
heil wohlbehalten, wohlauf, unverletzt, unversehrt, gesund, unbeschädigt, ganz
Heiland → Christkind, → Christus
Heilanstalt → Nervenheilanstalt, → Sanatorium
Heilaufenthalt → Kur
Heilbad → Bad
heilbar → reparabel
heilen 1. ausheilen, verheilen, abheilen, heil werden, vernarben, sich verwachsen, gesund werden 2. auskurieren, kurieren, wieder herstellen, gesund machen, beheben, besser gehen
heilend heilkräftig, heilsam, kräftigend, lindernd, wohltuend, nützlich, → gesund
heilfroh → froh
heilig geheiligt, geweiht, sakral, weihevoll, unantastbar, unberührbar, sakrosankt, göttlich, gotterwählt, gottgeweiht, gnadenreich
heilig sprechen → heiligen
Heiligabend → Weihnachten
heiligen heilig halten, in Ehren halten, vergotten, weihen, heilig sprechen, kanonisieren, zum Heiligen erklären, ehren
Heiligenbild → Ikone
Heiligenschein Glorienschein, Glorie, Gloriole, Aureole, Strahlenkranz, Mandorla, Nimbus, → Ausstrahlung
Heiliger Vater → Papst
Heilige Schrift → Bibel
Heiligtum 1. Kultstätte, Tempel, Weihestätte, Opferstätte, Gebetstätte, → Kirche 2. → Kostbarkeit
Heilkost → Diät
Heilkunde → Medizin
Heilkundiger → Arzt
heillos → wirr
Heilmethode → Behandlung
Heilmittel → Arznei
Heilpraktiker Homöopath, Allopath, Naturarzt, Naturheiler, Magnetiseur
heilsam → heilend, → nützlich
Heiltrank → Elixier, → Arznei
Heilung → Genesung, → Behandlung
Heilverfahren → Kur
Heim 1. Obdach, Hort, Herberge, Freistätte, Anstalt, Obdachlosenheim, Asylantenwohnheim, Asyl, Armenhaus, Blindenheim, Wohnheim, Studentenwohnheim, Frauenhaus 2. → Altersheim 3. → Kinderheim,→ Schullandheim 4. → Internat 5. → Erziehungsanstalt 6. → Zuhause
heim nach Hause, heimwärts, heimzu, zurück, in die Heimat, gen Heimat, Richtung Heimat
Heimat Heimatland, Vaterland, Geburtsort, Geburtsstadt, Heimatstadt, Heimatort, Ursprung
Heimatgefühl → Heimatverbundenheit
Heimatland → Heimat
Heimatliebe → Patriotismus, → Heimatverbundenheit
heimatliebend → heimatverbunden
heimatlos entwurzelt, wurzellos, ungeborgen, unbehaust, ohne Heimat, ohne Zuhause, heimatvertrieben, ausgewiesen, abgeschoben, verstoßen, vertrieben
Heimatloser → Auswanderer, → Landstreicher
Heimatort → Heimat, → Aufenthaltsort
Heimatstadt → Heimat
heimatverbunden heimatliebend, verwurzelt, verbunden, verwachsen
Heimatverbundenheit Heimatliebe, Heimatgefühl, Verbundenheit, Verwurzelung, → Patriotismus
heimatvertrieben → heimatlos
Heimatvertriebener → Auswanderer
heimbringen → begleiten, → ernten
Heimchen → Hausfrau, → Grille
heimelig → gemütlich
Heimeligkeit → Gemütlichkeit
Heimfahrt → Rückweg
heimfinden → zurückkehren
heimführen → heiraten
Heimgang → Tod
heimgehen → sterben
heimgeleiten → begleiten
heimgesucht → betroffen, → leidvoll
heimisch verwurzelt, einheimisch, vertraut, → ansässig
heimisch werden → gewöhnen, sich
Heimkehr → Rückkehr
heimkehren → zurückkehren
heimkommen → zurückkehren
Heimleiter Hausvater, Herbergsvater, Leiter
heimleuchten → zurechtweisen
heimlich 1. im Geheimen, insgeheim, im Verborgenen, klammheimlich, unbemerkt, unauffällig, verstohlen, still und leise, stillschweigend, verhüllt, verkappt, ohne Zeugen, ohne Aufsehen, hinter den Kulissen, hinter verschlossenen Türen, unter der Hand, bei Nacht und Nebel, auf Schleichwegen, hintenherum, hintenrum, schwarz, → geheim 2. → gemütlich
Heimlichkeit → Geheimnis, → Heimlichtuerei

Heimlichtuer Geheimniskrämer, Geheimtuer
Heimlichtuerei Geheimniskrämerei, Geheimnistuerei, Heimlichkeit, Versteckspiel, Getuschel, Geflüster, → Verheimlichung
Heimreise → Rückkehr
Heimschule → Internat
Heimstatt → Zuhause
heimsuchen befallen, überfallen, bedrängen, verfolgen, drangsalieren, quälen, Leid zufügen, treffen
Heimsuchung → Qual, → Unglück
Heimtücke → Hinterhältigkeit
heimtückisch → hinterhältig, → gefährlich
heimwärts → heim
Heimweg → Rückweg
Heimweh → Sehnsucht
heimwehkrank → einsam
Heimwerker → Bastler
heimzahlen → vergelten
heimzu → heim
Heinzelmännchen → Kobold
Heirat → Ehe, → Hochzeit
heiraten 1. sich trauen lassen, getraut werden, sich verheiraten, sich vermählen, sich verehelichen, sich verbinden, sich binden, die Ehe schließen, die Ehe eingehen, in den heiligen Stand der Ehe treten, vor den Traualtar treten, den Bund fürs Leben schließen, den Bund der Ehe eingehen, das Jawort geben, die Ringe wechseln, eine Familie gründen, unter die Haube kommen 2. ehelichen, heimführen, freien, zum Altar führen, zur Frau nehmen, zum Weibe nehmen, sich beweiben, zum Manne nehmen, sich einen Mann angeln, → verloben, sich
heiratsfähig → reif
Heiratsinstitut → Partnervermittlung
Heiratsschwindler → Betrüger
Heiratsvermittlung → Partnervermittlung
heischen → fordern
heiser rau, krächzend, kratzig, rauchig, quäkend, knarrend, belegt, stimmlos, tonlos
heiß 1. erhitzt, kochend heiß, siedend, siedend heiß, brühheiß, glühend, glühend heiß, brennend, flammend, brütend, sonnig, sommerlich, tropisch, brüllend heiß, bullig heiß, → warm 2. → leidenschaftlich 3. → brisant
heiß geliebt → geliebt
heißblütig → leidenschaftlich
Heißblütigkeit → Jähzorn
heißen 1. genannt werden, sich nennen, gerufen werden, lauten, sich schreiben, sich schimpfen 2. → nennen 3. → bedeuten 4.→ beauftragen 5. → hissen
Heißluftballon → Ballon
Heißlufttrockner → Föhn
heißmangeln → bügeln
Heißsporn → Hitzkopf
Heißwasserbereiter → Boiler
heiter 1. vergnügt, vergnüglich, stillvergnügt, munter, unbeschwert, frohgemut, wohlgemut, fidel, gut aufgelegt, gut gelaunt, sonnig, frisch, aufgeräumt, fröhlich, lustig 2. → aufgeklart
Heiterkeit Vergnügtheit, Fröhlichkeit, Aufgeräumtheit, Frohsinn, gute Laune, Lustigkeit, → Gelächter, → Humor
Heiterkeitsausbruch → Gelächter
heizen einheizen, aufheizen, beheizen, warm machen, anheizen, Feuer machen, Feuer entfachen, befeuern
Heizkessel → Heizung
Heizkörper → Heizofen
Heizlüfter → Heizofen
Heizmaterial → Brennstoff
Heizofen Heizlüfter, Radiator, Heißluftgebläse, Heizstrahler, Wärmestrahler, Heizsonne, Heizkörper, Konvektor,→ Ofen
Heizöl → Energie, → Erdöl
Heizstoff → Brennstoff
Heizstrahler → Heizofen
Heizung Hausbrand, Feuerung, Brenner, Heizkessel, Heizungsanlage, Heizanlage, Ölheizung, Gasheizung, Warmwasserheizung, Zentralheizung, Ofenheizung, Etagenheizung, Fernwärme, Fernheizung
Hektik Hast, Überstürzung, Betriebsamkeit, Geschäftigkeit, Getriebe, Trubel, Wirbel, Unrast, Rastlosigkeit
hektisch hastig, überstürzt, betriebsam, geschäftig, umtriebig, ruhelos, rastlos, getrieben, angespannt, überreizt, überspannt, → nervös
Held 1. Recke, Heros, Heroe, Volksheld, Nationalheld, Überwinder, Gewinner, Sieger 2. → Protagonist
heldenhaft → mutig
Heldenmut → Mut
heldenmütig → mutig
Heldentat Mannestat, Großtat, Mutprobe, Wagestück, Heldenstück
helfen 1. beistehen, beispringen, zur Seite stehen, unter die Arme greifen, behilflich sein, mithelfen, Beistand leisten, zur Seite stehen, Hilfe leisten, zu Hilfe kommen, zur Hand gehen, mit Hand anlegen, unterstützen, assistieren, sekundieren, einspringen, aushelfen, abnehmen, entlasten, mitarbeiten, → abhelfen 2. → nutzen
Helfer Beistand, Hilfe, Stütze, Faktotum, Nothelfer, Retter, Begleiter, → Gehilfe
Helfershelfer → Komplize

hell 1. licht, klar, luzid, taghell, helllicht, hell glänzend, strahlend hell, blendend, grell, lichtvoll, lichterfüllt, → sonnig 2. hell tönend, glockenklar, glockenhell, glockenrein, silberhell, hoch
hell werden → dämmern, → lichten, sich
helle → schlau
Helle → Helligkeit
hellhörig → aufmerksam
Hellhörigkeit → Aufmerksamkeit
helllicht → hell
Helligkeit Helle, Erhellung, Klarheit, Lichtstrom, Lichtfülle, Lichtflut, → Licht → Strahlung
hellsehen voraussehen, vorausahnen, unken, prophezeien, das zweite Gesicht haben, Gedanken lesen, in die Zukunft sehen, wahrsagen, weissagen
Hellseher → Wahrsager
hellseherisch → prophetisch
hellwach → wach
Helm Kopfschutz, Schutzhelm, Sturzhelm, Motorradhelm, Integralhelm, Stahlhelm, Polizeihelm, Pickelhaube, Haube, Kappe
Hemd Oberhemd, Bluse, Polohemd, T-Shirt, Sweatshirt, → Pullover
hemdsärmelig 1. nachlässig, lässig, salopp, leger, ungeniert, ungezwungen 2. derb, grob, rigoros
hemmen bremsen, abbremsen, drosseln, lähmen, erschweren, unterbrechen, zurückhalten, anhalten, abhalten, im Wege stehen, hindern, → behindern
hemmend → hinderlich, → autoritär
Hemmnis Erschwerung, Erschwernis, Beschwerung, Barriere, Hindernis, Behinderung, Handikap, Hemmklotz, Klotz am Bein
Hemmungen → Scheu, → Skrupel
hemmungslos 1. unbekümmert, unbedenklich, ungehemmt, ungeniert, enthemmt, entfesselt, zügellos, ohne jede Hemmung, → maßlos 2. → skrupellos
Hemmungslosigkeit → Skrupellosigkeit
Hengst → Pferd
Henkel → Griff
henken → aufhängen
Henker → Scharfrichter
Henkersfrist → Aufschub
Henkersmahlzeit Henkersmahl, letzte Mahlzeit, Abschiedsessen
Henne → Huhn
her → herbei
herab herunter, hernieder, von oben, aus der Höhe, → abwärts
herabfallen → fallen, → abstürzen
herabgesetzt → reduziert, → preiswert
herablassen, sich → herablassend, von oben herab, gönnerhaft, gnädig, jovial, arrogant, dünkelhaft, hochtrabend, hochnäsig, herbeilassen, sich
herabsehen → verachten
herabsetzen 1. entwerten, vermindern, erniedrigen, verkleinern, herabwürdigen, herabziehen, herunterziehen, abqualifizieren, diskreditieren, diskriminieren, verunglimpfen, verächtlich machen, schlecht machen, in den Schmutz ziehen, → demütigen, → verleumden 2.→ ermäßigen
herabsetzend → diskriminierend
Herabsetzung 1. Entwertung, Verminderung, Erniedrigung, Herabwürdigung, Diskriminierung, Diskreditierung, Verunglimpfung, Verächtlichmachung, Schmähung, → Demütigung, → Verleumdung 2. → Abschlag
herabspringen → hinunterspringen
herabsteigen → hinuntersteigen, → absteigen
herabstürzen → abstürzen
herabwürdigen → herabsetzen
Herabwürdigung → Herabsetzung
herabziehen → herabsetzen, → verderben
heran → herbei
heranbewegen, sich → kommen
heranbilden → erziehen
heranbilden, sich → entwickeln, sich
heranbringen → bringen
heranholen → beschaffen
herankommen → erreichen, → nähern, sich
heranmachen, sich Kontakt aufnehmen, Beziehungen anknüpfen, sich ranmachen, sich anwanzen, sich heranpirschen an, Fühlung nehmen, auf Tuchfühlung gehen, → näher kommen, sich, → heranschleichen, sich, → anbiedern, sich
herannahen → nahen, → bevorstehen
heranpfeifen → schicken nach
heranpirschen, sich → heranmachen, sich
heranreifen → heranwachsen, → reifen
heranrufen → schicken nach
heranschaffen → beschaffen
heranschleichen, sich sich anschleichen, sich anpirschen, sich heranstehlen, sich heranmachen
heranstürzen → herbeilaufen
herantasten, sich sich nähern, → versuchen
herantreten an sich wenden an, ansprechen, vorsprechen, vorstellig werden, mit etwas kommen, belästigen mit, behelligen mit, bitten
heranwachsen aufwachsen, seine Kindheit verbringen, groß werden, erwachsen werden,

den Kinderschuhen entwachsen, flügge werden, heranreifen, → reifen, → entwickeln, sich
Heranwachsender → Jugendlicher
heranziehen 1. hinzuziehen, zuziehen, herzuholen, hinzuholen, vergleichen, benutzen, benützen, auswerten, zitieren aus 2. → aufziehen
herauf aufwärts, hoch, von unten
heraufbeschwören → verursachen
heraufziehen → nahen, → aufkommen
herausbekommen → ergründen, → zurückbekommen
herausbringen → veröffentlichen, → erraten
herausfinden → finden, → erraten
herausfingern → herausholen
herausfischen → herausholen
herausfordern provozieren, reizen, brüskieren, Streit vom Zaun brechen, hetzen, den Fehdehandschuh hinwerfen, fordern
herausfordernd provozierend, provokativ, provokant, demonstrativ, ostentativ, aufreizend, angriffslustig, kämpferisch, streitbar
Herausforderung Provokation, Brüskierung, Kampfansage, Kriegserklärung, Fehdehandschuh, Zündstoff, Reizthema, Reizwort, Drachensaat, → Duell
Herausgabe → Auslieferung, → Edition
herausgeben → übergeben, → zurückgeben, → edieren
Herausgeber Editor, Buchherausgeber
herausgeputzt → geschniegelt
heraushalten, sich sich raushalten, nichts zu tun haben wollen mit, die Finger lassen von, sich die Finger nicht schmutzig machen, sich nicht die Finger verbrennen
herausheben → betonen
herausheben, sich → auszeichnen, sich
heraushelfen helfen, aus der Patsche helfen, aus der Klemme helfen, herausreißen, retten
herausholen 1. holen aus, nehmen aus, herausnehmen, herausfischen, herausangeln, herausfingern, herausspulen, herausklauben 2. → erreichen, → gewinnen
herausklauben → auswählen, → herausholen, → heraussuchen
herausklettern → aussteigen
herauskommen 1. heraustreten, ins Freie treten, sich zeigen, erscheinen 2. offenbar werden, bekannt werden, ruchbar werden, entdeckt werden, aufkommen, durchsickern, ans Licht kommen, an die Öffentlichkeit dringen, publik werden, platzen, hochgehen, auffliegen
herauskramen → heraussuchen
herauskriegen → ergründen, → zurückbekommen
herauskristallisieren, sich deutlich werden, sich entwickeln, sich ergeben, Konturen bekommen, Form annehmen, Gestalt annehmen, sich herausbilden, zu Stande kommen
herauslassen 1. hinauslassen, die Freiheit geben, in die Freiheit lassen, freilassen, ins Freie lassen 2. länger machen, auftrennen, verlängern
herauslocken → entlocken
herauslösen auslösen, herausschälen, herausschneiden, heraustrennen
herausmogeln, sich → herausreden, sich
herausnehmen → herausholen, → entnehmen
herausnehmen, sich → anmaßen, sich
herausplatzen → lachen
herausputzen aufputzen, aufdonnern, auftakeln, schönmachen, → schmücken
herausputzen, sich sich putzen, sich schönmachen, sich fein machen, sich zurechtmachen, sich in Schale werfen, sich in Gala werfen, sich auftakeln, sich aufdonnern, sich schniegeln, sich schmücken
herausquellen → hervortreten
herausragen hervorragen, hervorstehen, herausstehen, hervorstechen, auffallen, sich abheben, überragen, → vorstehen
herausreden, sich Ausflüchte suchen, irreführen, sich herausmogeln, sich herausschwindeln, sich herauslügen, sich herauswinden, sich rein waschen, sich weißwaschen, seine Hände in Unschuld waschen
herausrücken → übergeben, → zurückgeben, → offenbaren
herausrupfen → ausreißen
herausrutschen → entschlüpfen
herausschälen → herauslösen
herausschauen → einbringen
herausschinden → erreichen
herausschlagen → erreichen, → gewinnen
herausschneiden → auslösen
herausschwindeln, sich → herausreden, sich
herausspringen → einbringen
herausstehen → vorstehen
herausstellen → betonen
herausstellen, sich sich entpuppen als, sich zeigen, sich erweisen, sich ergeben, zu Tage treten, zu erkennen sein, offenbar werden, sichtbar werden
herausstreichen → betonen
heraussuchen herauskramen, herausklauben, herausfingern, wählen, → auswählen
heraustrennen → auslösen
heraustreten → herauskommen, → hervortreten
herauswinden, sich → herausreden, sich

herausziehen 1. herausreißen, herauswinden, extrahieren, ziehen 2. → zücken
herauszupfen → ausreißen
herb dry, trocken, würzig, streng, sauer, rass, rezent, → bitter
herbei hierher, hierhin, heran, ran, her, herzu, hinzu, daher
herbeibringen → bringen
herbeieilen → herbeilaufen
herbeiführen → verursachen
herbeikommen → kommen
herbeilassen, sich sich bequemen, bereit sein, sich bereit finden, sich einverstanden erklären, belieben, sich herablassen, so gnädig sein, geneigt sein, geruhen, → entgegenkommen, → nachgeben
herbeilaufen herbeieilen, herzueilen, herzulaufen, herbeistürmen, herbeistürzen, herbeirennen, heranstürzen, angestürmt kommen, angelaufen kommen
herbeilocken → locken
herbeirufen 1. um Hilfe rufen, zu Hilfe rufen 2. → schicken nach
herbeischaffen → beschaffen, → bringen
herbeisehnen → sehnen, sich
herbeistürzen → herbeilaufen
herbeiwünschen → sehnen, sich
herbemühen, sich → kommen
herbeordern → schicken nach
Herberge Hospiz, Pilgerherberge, Jugendherberge, Nachtquartier, Pension, Schlafstatt, Dach über dem Kopf, → Unterkunft
Herbergsvater → Heimleiter
herbestellen → schicken nach
Herbheit 1. Schlichtheit, Schmucklosigkeit, Natürlichkeit, Einfachheit, Sprödigkeit, Kernigkeit 2. → Bitterkeit
herbitten → einladen
herbringen → bringen
Herbst 1. Nachsommer, Altweibersommer, Erntezeit 2. → Alter
Herd 1. Brandstätte, Feuerherd, Kochstelle, Feuerstelle, Kochherd, Küchenherd, Kohleherd, Beistellherd, Gasherd, Elektroherd, Kochplatte, Kocher, Kochgelegenheit, Backofen, Mikrowellenherd, Mikrowelle 2. → Zuhause
Herde Viehherde, Rudel, Meute, Schwarm, Schar, Rotte, Zug, Menge, Haufen, Ansammlung
hereilen → kommen
hereinbekommen 1. nachgeliefert bekommen, erhalten, ins Sortiment bekommen, lieferbar sein 2. Unkosten decken, wettmachen, gewinnen
Hereinfall → Enttäuschung
hereinfallen aufsitzen, auflaufen, angehen, hereinfliegen, auf den Leim gehen, auf den Leim kriechen, in die Falle gehen, übers Ohr gehauen werden, getäuscht werden, sich täuschen lassen, sich einen Bären aufbinden lassen, der Dumme sein
hereinkommen → eintreten
hereinlassen → einlassen
hereinlegen hineinlegen, überlisten, übertölpeln, einen Bären aufbinden, in den April schicken, an der Nase herumführen, übers Ohr hauen, aufs Kreuz legen, → betrügen
hereinplatzen → stören
hereinschauen → besuchen
hereintreten → eintreten
herfallen über 1. sich hermachen über, sich stürzen auf, raffen 2. → überfallen
Hergang Ablauf, Abfolge, Verlauf, Lauf, Gang, Geschehen, Geschehnis, Vorkommnis
hergeben → schenken, → weggeben
hergehen → ablaufen
herinnen → drinnen
herkommen → kommen
Herkommen → Tradition, → Herkunft
herkömmlich hergebracht, althergebracht, konventionell, klassisch, gängig, gewöhnlich, altgewohnt, nicht modern, → traditionell, → alt, → üblich
Herkunft Herkommen, Abkunft, Abstammung, Elternhaus, Geburt, Ursprung, Stammbaum, Stamm, Deszendenz, Geschlecht, Provenienz
Herkunftsort Herkunftsland, Ursprungsort, Ursprungsland, Entstehungsort, Erzeugerland, Provenienz
herleiern → aufsagen
herleihen → leihen
herleiten → ableiten
herleiten, sich → abstammen
Herleitung → Ableitung
hermachen, sich → überfallen, → herfallen, über
hermetisch → dicht
hermetisch abriegeln → belagern
hernach → hinterher
hernieder → herab
heroben → oben
heroisch → mutig
Herold → Bote
Herpes Herpesbläschen, Fieberbläschen, Gürtelrose, Virusinfektion, → Ausschlag
Herr → Mann, → Ehrenmann, → Meister, → Herrscher, → Gott
Herr des Hauses → Hausherr
herräumen → holen
Herrenhaus → Schloss

Herrenhof → Anwesen
Herrensitz → Schloss
Herrgott → Gott
herrichten → renovieren, → restaurieren, → schmücken, → vorbereiten
herrisch gebieterisch, befehlshaberisch, gestreng, herrschsüchtig, autoritär, despotisch, tyrannisch, selbstherrlich, → überheblich
herrlich prächtig, wundervoll, wunderbar, himmlisch, göttlich, paradiesisch, köstlich, kostbar, glänzend, → prunkvoll
Herrlichkeit Pracht, Glanz, Schönheit, Köstlichkeit, Erlesenheit, → Prunk
Herrschaft Macht, Regierungsgewalt, Herrschaftsgewalt, Exekutive, Regentschaft, Regierung, Administration, Regime, Knute, Fuchtel, Gewalt, Botmäßigkeit, → Alleinherrschaft, → Gewaltherrschaft, → Befehlsgewalt
herrschaftlich fürstlich, freiherrlich, gräflich, königlich, päpstlich, hochherrschaftlich, aristokratisch, feudal, → vornehm
Herrschaftsanspruch → Machtanspruch
Herrschaftsbereich → Einflussbereich, → Hoheitsgebiet
Herrschaftsbezirk → Hoheitsgebiet
Herrschaftsform → Regime
Herrschaftsgewalt → Herrschaft
herrschen 1. gebieten über, regieren, Macht ausüben, Herrschaft ausüben, das Ruder führen, das Regiment führen, schalten, walten, verwalten, beherrschen, die Hosen anhaben, das Sagen haben, befehlen, befehligen, → führen 2. → gelten
Herrscher Gebieter, Oberhaupt, Herr, Souverän, Regent, Machthaber, Potentat, Landesherr, Landesvater, Imperator, Kaiser, König, Monarch, Dynast, Fürst, Zar, Sultan, Scheich, Emir, Mogul, Großmogul, Tenno, Negus, Cäsar, → Gewaltherrscher, → Alleinherrscher, → Staatsoberhaupt
Herrschergeschlecht → Dynastie
Herrschergewalt → Befehlsgewalt
Herrscherhaus → Dynastie
herrschsüchtig → herrisch
herrufen → schicken nach
herrühren beruhen auf, sich herleiten, herstammen, herkommen von, erwachsen aus, resultieren aus, zurückgehen auf, zu Grunde liegen, basieren auf, → stammen
hersagen → aufsagen
herschenken → schenken
herstammen → herrühren
herstellen anfertigen, fertigen, verfertigen, erzeugen, produzieren, fabrizieren, erstellen, bauen, ausführen, basteln, zimmern, machen, hervorbringen, zubereiten, vorbereiten
Hersteller Erzeuger, Produzent, Fabrikant, → Unternehmer
Herstellung Erzeugung, Fertigung, Anfertigung, Fertigstellung, Ausführung, Fabrikation, Produktion, Bau, Hervorbringung
Herstellungskosten → Fertigungskosten
herüben → diesseits
herum umher, ringsum, ringsherum
herumalbern → albern
herumbekommen → umstimmen
herumblödeln → albern
herumdoktern → hantieren
herumdrücken, sich → herumstreifen, → ausweichen
herumdrucksen → zögern
herumfaulenzen → herumgammeln
herumfingern → fummeln
herumfuchteln → gestikulieren
herumfuhrwerken → hantieren
herumfummeln → hantieren, → fummeln
herumgammeln in den Tag hinein leben, faulenzen, dahinleben, dahinwursteln, → herumstreifen
Herumgealbere → Albernheit
herumgeistern herumspuken, herumstreunen, herumschleichen, umherschleichen, unterwegs sein, auf den Beinen sein
herumgekommen → erfahren
herumhorchen → erkundigen, sich
herumirren → umherirren
herumkaspern → albern
herumkommen, um davonkommen, auskommen, so wegkommen, sich drücken, ungeschoren bleiben
herumkriegen → umstimmen
herumkritteln → kritisieren, nörgeln
herumkutschieren → fahren
herumlaufen → herumstreifen
herumlungern → herumstreifen, → faulenzen
herummachen → hantieren
herummäkeln → nörgeln
herummeckern → nörgeln
herummurksen herumbasteln, herumpfuschen, herumdoktern, herumfummeln
herumnörgeln → kritisieren
herumpfuschen → hantieren
herumprobieren → experimentieren
herumpusseln → basteln
herumraten → raten
herumreisen → reisen
herumscharwenzeln → anbiedern, sich
herumschleichen → herumgeistern
herumschnüffeln → spionieren
herumspazieren → spazieren gehen
herumsprechen, sich → kursieren
herumstänkern → kritisieren

herumstreifen umherstreifen, umherschweifen, herumziehen, umherziehen, umherstreichen, herumlaufen, sich herumtreiben, umherstreunen, umherstrolchen, umherstromern, herumstromern, sich herumdrücken, herumlungern, lungern, herumgammeln, gammeln, bummeln, zigeunern, streunen, stromern, vagabundieren, herumvagabundieren, auf der Walz sein, ein Nomadenleben führen
herumstromern → herumstreifen
herumsuchen → tasten
herumtoben → umhertoben
herumtollen → umhertoben
herumtreiben, sich → herumstreifen
Herumtreiber → Taugenichts
herumvagabundieren → herumstreifen
herumzanken, sich → streiten
herumziehen → herumstreifen
herunter → herab
herunterbeten → aufsagen
herunterbringen → herunterwirtschaften
herunterdrücken → handeln
herunterfallen entfallen, entgleiten, aus den Händen fallen, herunterfliegen, → fallen, → abstürzen
herunterfliegen → abstürzen
heruntergehen → hinuntersteigen, → fallen
heruntergekommen verkommen, verwahrlost, verwildert, verlottert, heruntergewirtschaftet, ruiniert, verdorben, abgewirtschaftet, abgerissen, abgewrackt, am Ende, verfallen, zerfallen, baufällig, → arm
heruntergesetzt → reduziert
heruntergewirtschaftet → heruntergekommen
herunterhandeln → handeln
herunterhängen → hängen
herunterhaspeln → aufsagen
herunterhauen → abschlagen, → ohrfeigen
herunterklettern → hinuntersteigen
herunterkommen verkommen, verlottern, verwahrlosen, zerfallen, verfallen, vermodern, baufällig werden, → entarten
herunterleiern → aufsagen
heruntermachen herunterputzen, herunterreißen, herunterlassen, beschimpfen, ausschimpfen, die Leviten lesen, abkanzeln, herunterkanzeln, zusammenstauchen, herumhacken auf, zur Schnecke machen, eins reinwürgen, fertig machen, anschnauzen, anfahren, → schimpfen
herunterpurzeln → abstürzen, → fallen
herunterputzen → heruntermachen
herunterrattern → aufsagen
heruntersausen → hinunterfallen, → abstürzen
herunterschlagen → abschlagen
heruntersegeln → hinunterfallen, → abstürzen
heruntersehen → verachten
heruntersetzen → ermäßigen
herunterspielen → verharmlosen
herunterspringen → hinunterspringen, → abspringen
heruntersteigen → absteigen
herunterstürzen → abstürzen
herunterwirtschaften herunterbringen, abwirtschaften, zu Grunde richten, ruinieren, zerrütten, verderben, verkommen lassen
herunterwürgen → schlucken
hervorbrechen → durchbrechen
hervorbringen → erschaffen
hervorgehen → entstehen, → folgen
hervorheben → betonen
Hervorhebung → Betonung
hervorkommen → entstehen, → durchbrechen
hervorlocken → entlocken
hervorragen → herausragen, → vorstehen
hervorragend ausgezeichnet, außerordentlich, einmalig, vortrefflich, trefflich, vorzüglich, erstklassig, bestens, meisterhaft, meisterlich, mustergültig, exzellent, glänzend, → großartig, → unübertroffen
hervorrufen → verursachen
hervorschmecken → dominieren
hervorstechen → herausragen, → auffallen
hervorstechend → auffallend
hervorstehen → herausragen
hervorstehend → erhaben
hervortreten 1. zum Vorschein kommen, zu Tage treten, sichtbar werden, sich zeigen, ins Licht treten 2. sich wölben, anschwellen, heraustreten, herausquellen, sich einen Weg suchen 3. → vorstehen 4. → auszeichnen, sich
hervortun, sich → auszeichnen, sich
hervorziehen → zücken
Herz 1. Herzmuskel, Herzkammer, Eingeweide, Organ, Pumpe 2. Wesen, Inneres, Gehalt, Herzstück, Hauptsache, Kern, Mittelpunkt 3. Gemüt, Seele, Seelensitz 4. Verständnis, Sinn für, Mitgefühl 5. → Mut
Herzanfall → Anfall
herzbewegend → ergreifend, → Mitleid erregend
Herzeleid → Liebeskummer
herzen → liebkosen
Herzensbrecher → Frauenheld
Herzensbruder → Freund
Herzensdieb → Geliebter
Herzenserguss → Gefühlsäußerung
herzensgut → gütig

Herzensgüte → Güte
Herzenswunsch → Wunsch
herzerfrischend → erfreulich
herzhaft → würzig, → gehörig
herziehen über → tratschen
herzig → hübsch
Herzinfarkt Herzversagen, Herzschlag, Angina pectoris, Schlag, → Anfall
Herzklopfen → Nervosität
herzlich innig, warm, liebevoll, zärtlich, wohlwollend, einnehmend, gastfreundlich, → freundlich
Herzlichkeit Innigkeit, Wärme, Herzenswärme, Wohlwollen, → Freundlichkeit
herzlos → unbarmherzig
Herzlosigkeit → Unbarmherzigkeit
Herzmuskel → Herz
Herzschlag → Herzinfarkt, → Puls
Herzstück → Herz
herzu → herbei
herzueilen → herbeilaufen
herzuholen → heranziehen
herzurufen → schicken nach
Herzversagen → Herzinfarkt
Herzweh → Liebeskummer
herzzerreißend → Mitleid erregend
Hetäre → Prostituierte
heterogen → verschieden
Heterogenität → Verschiedenheit
Hetze 1. Hetzerei, Aufwiegelung, Aufwiegelei, Unruhestiftung, Verhetzung, Hetzpropaganda, Scharfmacherei, → Propaganda 2. → Jagd 3. → Eile
hetzen 1. schüren, aufwiegeln, wühlen, stänkern, sticheln, Stimmung machen, quer treiben, aufhetzen, → anstiften 2. → jagen 3. → eilen
Hetzer Provokateur, Scharfmacher, Querulant, Quertreiber, Brunnenvergifter, Unruhestifter, → Anstifter
Hetzerei → Hetze, → Eile
Hetzjagd → Jagd
Hetzpropaganda → Hetze
Heuboden → Scheune
Heuchelei Doppelzüngigkeit, Gleisnerei, Augenwischerei, Augendienerei, Verlogenheit, Unredlichkeit, Verstellung, Falschheit, Theater, Getue, Cant, Scheinheiligkeit, → Bigotterie, → Schmeichelei, → Unehrlichkeit
heucheln vorgeben, vortäuschen, so tun als ob, erheucheln, sich verstellen, Theater spielen, vorspielen, Krokodilstränen vergießen, → schmeicheln
Heuchler Scheinheiliger, Frömmler, Pharisäer, Gleisner, Mucker, Leisetreter, Simulant, Hypokrit, Lügner, Erbschleicher, falscher Fünfziger, Wolf im Schafspelz, → Schmeichler
heuchlerisch scheinheilig, doppelzüngig, falsch, gleisnerisch, verstellt, glatt, aalglatt, katzenfreundlich, schmeichlerisch, honigsüß, → bigott, → unehrlich
heuer dieses Jahr, in diesem Jahr, diesjährig, gegenwärtig
Heuer → Lohn
heuern → anheuern, → mieten
heulen → weinen, → jaulen
heurig → aktuell, → gegenwärtig
Heuriger → Most
Heustadel → Scheune
heute → gegenwärtig, → jetzt
heutig → aktuell, → gegenwärtig
heutzutage → gegenwärtig
Hexe Zauberin, Drude, böse Fee, Circe, Kirke
hexen → beschwören, → zaubern
Hexeneinmaleins → Zauberspruch
Hexenglaube → Aberglaube
Hexenmeister → Zauberer
Hexenreich → Wunderland
Hexenwerk → Magie
Hexer → Zauberer
Hexerei → Beschwörung, → Magie
Hieb → Schlag, → Anspielung
hieb- und stichfest → begründet
Hiebe → Prügel
Hiebwaffe → Schwert
hier da, hieselbst, daselbst, an diesem Ort, allhier, → diesseits
hier bleiben → bleiben
Hierarchie Rangordnung, Rangfolge, Stufenordnung, Stufung, Hackordnung, Ordnung, → Gliederung, → Reihenfolge
hierauf → darauf, → später
hieraus → daraus
hierbei hiebei, dabei, bei dieser Gelegenheit, an dieser Stelle, jetzt
hiergegen → dagegen
hierher → herbei
hierhin → herbei
hiernach → anschließend, → hinterher
hierüber → darüber
hiervon → darüber
hiesig → ansässig
Hiesiger → Ansässiger
Highsociety (*auch:* High Society) → Schickeria, → Oberschicht
Hilfe 1. Beistand, Entlastung, Erleichterung, Beihilfe, Mithilfe, Unterstützung, Zutun, Dazutun, Handreichung, Hilfestellung, Hilfeleistung, Beitrag, → Dienst 2. → Helfer, → Hausangestellte, → Aushilfe 3. → Ausweg
hilfebedürftig → hilflos
Hilferuf → Alarm, → Notsignal

Hilfestellung → Hilfe
hilflos 1. hilfsbedürftig, hilfebedürftig, wehrlos, schutzlos, anlehnungsbedürftig, pflegebedürftig, schwach, ohnmächtig, → ungeschützt 2. → ratlos
Hilflosigkeit → Ohnmacht, → Ratlosigkeit
hilfreich → nützlich
Hilfsarbeiter → Hilfskraft, → Arbeiter
hilfsbedürftig → arm, → hilflos
hilfsbereit aufmerksam, freundlich, gefällig, selbstlos, uneigennützig, entgegenkommend, einsatzbereit, erbötig, dienstbeflissen
Hilfsbereitschaft Aufmerksamkeit, Freundlichkeit, Gefälligkeit, Selbstlosigkeit, Uneigennützigkeit, Entgegenkommen, Einsatzbereitschaft, Erbötigkeit, → Barmherzigkeit
Hilfskraft Hilfsarbeiter, Handlanger, Handreicher, Zuarbeiter, Helfer, Tagelöhner, Aushilfe, → Jobber, → Assistent
Hilfsmittel Behelf, Utensil, Hilfe, Hilfsquelle, Handwerkszeug, Rüstzeug, → Gerät
Hilfstruppe → Reserve
Himmel 1. Firmament, Sternenhimmel, Himmelsgewölbe, Himmelszelt, Sternenzelt, → Weltall 2. Himmelreich, Reich Gottes, Jenseits, Ewigkeit, → Paradies
himmelan → hinauf
Himmelbett Paradebett, Prunkbett, → Bett
himmelschreiend → ungeheuerlich
Himmelskörper → Stern
Himmelskunde Astronomie, Sternkunde
Himmelslicht → Licht
Himmelsrichtung Himmelsgegend, Richtung, Osten, Morgen, Süden, Mittag, Westen, Abend, Norden
Himmelsstrich → Gebiet
Himmelsstürmer → Idealist
himmelwärts → hinauf
himmlisch → göttlich, → köstlich
hin → defekt
hin und wieder → manchmal
hinab → abwärts
hinabblicken → verachten
hinabfallen → hinunterfallen
hinabklettern → absteigen
hinabsinken → sinken
hinabsteigen → hinuntersteigen, → absteigen
hinabziehen → verderben
hinan → hinauf
hinansteigen → aufsteigen
hinarbeiten auf → hinauswollen auf
hinauf auf, aufwärts, empor, hinan, himmelan, himmelwärts, hoch, in die Höhe
hinaufgehen 1. hochgehen, hinaufsteigen, aufsteigen, raufgehen, aufwärts gehen 2. → steigen
hinaufklettern hinaufsteigen, hinaufkraxeln, steigen, hochklettern, emporklettern, erklettern, ersteigen
hinausekeln → kaltstellen
hinausfeuern → hinausweisen
hinausgehen den Raum verlassen, nach draußen gehen, ins Freie treten, hinaustreten
hinausgehen über → überschreiten
hinausjagen → hinausweisen
hinauslassen → herauslassen
hinauslaufen auf zum Ziel haben, endigen, enden mit, zum Ergebnis haben
hinausscheuchen → hinausweisen
hinausschieben → aufschieben, → verzögern
hinausschmeißen → entlassen, → hinausweisen
hinaussetzen → hinausweisen
hinaustreten → hinausgehen
hinausweisen die Tür weisen, hinausscheuchen, hinausjagen, aus dem Haus jagen, fortjagen, vor die Tür setzen, hinaussetzen, hinauswerfen, hinausschmeißen, rausschmeißen, hinauskatapultieren, hinausfeuern, → vertreiben
hinauswerfen → hinausweisen, → entlassen
hinauswollen auf ausgehen auf, es anlegen auf, hinarbeiten auf, hinsteuern auf, es abgesehen haben auf, abzielen auf, anstreben, beabsichtigen
Hinauswurf → Entlassung
hinausziehen → aufschieben, → hinhalten
hinauszögern → aufschieben, → verzögern
hinbiegen → bereinigen, → bewerkstelligen
hinblättern → bezahlen
hinbreiten → ausbreiten
hinbreiten, sich → erstrecken, sich
hinbringen → zubringen
hinderlich ungünstig, nachteilig, lästig, hemmend, hindernd, erschwerend, unbequem, zuwider
hinderlich sein → behindern
hindern abhalten, abbringen, unmöglich machen, zurückhalten, entgegentreten, hemmen, in den Arm fallen, in den Weg treten, im Wege stehen, einen Strich durch die Rechnung machen, einengen, behindern, beeinträchtigen, → verhindern
Hindernis 1. Behinderung, Beeinträchtigung, Beschwernis, Erschwerung, Einengung, Hemmnis, Hemmschuh, Handikap, Fessel, Bremse, Schwelle, Einhalt 2. Hürde, Barriere, Blockade, Sperre, Schranke, Verhau, Wall, Mauer, Gatter, Zaun, Wehr, Graben
Hindernisrennen → Pferderennen
Hinderung → Verhinderung

Hinderungsgrund Gegengrund, Einwand, Entschuldigung, Ausrede
hindeuten auf hinweisen auf, hinzeigen auf, verweisen auf, aufmerksam machen auf, mit dem Finger weisen auf, einen Hinweis geben, ins Blickfeld rücken, andeuten, bemerken, erwähnen, hervorheben, darauf abheben, → zeigen
hindrehen, sich → zuwenden, sich
hindurch → durch
hindurchschauen → missachten
hindurchwinden, sich → durchschlängeln, sich
hinein mitten hinein, in, nach drinnen, einwärts, nach innen
hineinblicken → einsehen
hineindenken, sich → nachempfinden
hineindeuten → auslegen
hineingeheimnissen → auslegen
hineingehen → eintreten
hineingeraten geraten in, hineinschlittern, verwickelt werden, hineingezogen werden, hineintreiben, hineinstürzen, → dazukommen, → verstricken, sich
hineininterpretieren → auslegen
hineinklettern → einsteigen
hineinknien, sich → beschäftigen, sich
hineinlegen → auslegen, → hereinlegen
hineinmanövrieren → verwickeln
hineinpassen → aufnehmen
hineinpressen → hineinstopfen
hineinschauen → einsehen
hineinschlagen → einschlagen
hineinschlittern → hineingeraten
hineinschlüpfen hineinkriechen, schlüpfen in, schlupfen in, anziehen, sich überziehen
hineinschütten → einschenken
hineinsehen → einsehen
hineinstecken → aufwenden, → einwerfen
hineinstehlen, sich → einschleichen, sich
hineinsteigen → einsteigen
hineinstopfen hineinpressen, hineinzwängen, stopfen, zwängen
hineintreiben → einschlagen, → hineingeraten
hineinversetzen, sich → nachempfinden
hineinwerfen → einwerfen
hineinziehen → verwickeln
hineinzwängen → hineinstopfen
hinfallen → fallen
hinfällig → gegenstandslos, → gebrechlich
Hinfälligkeit → Gebrechlichkeit
hinfort → künftig
Hingabe Eifer, Liebe, Begeisterung, Aufopferung, Opferfreudigkeit, Opferwille, Einsatz, Einsatzbereitschaft, → Aufmerksamkeit, → Demut
Hingang → Tod
hingeben → opfern
hingeben, sich 1. frönen, sich widmen, sich ergeben, sich überlassen, sich verschreiben, huldigen, aufgehen in 2. sich aufopfern, sich opfern, sich darbringen, sich aufgeben
hingebungsvoll voller Hingabe, eifrig, opferbereit, opferwillig, märtyrerhaft, aufopferungsvoll, liebevoll, mit vollem Einsatz, → andächtig
hingerissen → begeistert, → entzückt
hinhalten 1. warten lassen, vertrösten, zappeln lassen, ausdehnen, hinausziehen, Zeit herausschinden, → ausweichen, → aufschieben 2. → anbieten
hinhauen → funktionieren, → gelingen
hinhocken, sich → setzen, sich
hinhören → horchen, → zuhören
hinken humpeln, lahmen, das Bein nachziehen, den Fuß nachziehen, am Stock gehen, an Krücken gehen
hinknien, sich niederknien, sich bücken, auf die Knie fallen, sich auf die Knie werfen, niederfallen, sich niederwerfen, sich zu Füßen werfen
hinkommen → gelangen, → genügen, → passen, → zutreffen
hinkriegen → bewerkstelligen
hinlangen → greifen
hinlänglich → genug
hinlegen → ablegen
hinlegen, sich sich schlafen legen, zu Bett gehen, sich aufs Ohr hauen, sich hinhauen, sich ausstrecken, sich niederlegen, → schlafen
hinnehmen 1. dulden, leiden, schlucken, hinunterschlucken, verschmerzen, annehmen, über sich ergehen lassen, ertragen, sich gefallen lassen, sich bieten lassen, tolerieren, → einstecken 2. → abfinden, sich
hinneigen → tendieren
Hinneigung → Neigung
hinreichen → geben, → genügen
hinreichend → genug, → einigermaßen
hinreißen → begeistern, → entzücken
hinrichten 1. exekutieren, vollstrecken, die Todesstrafe vollstrecken, richten, → enthaupten, → aufhängen, → erschießen 2. → vorbereiten
Hinrichtung Exekution, Vollstreckung, Urteilsvollstreckung, Todesstrafe, Enthauptung, standrechtliche Erschießung
Hinrichtungsstätte → Schafott
hinschauen → anschauen
hinscheiden → sterben
Hinschlachten → Blutbad

hinschlagen → fallen
hinschleppen → verzögern
hinschmeißen aufhören, aufgeben, kündigen, an den Nagel hängen
hinsehen → anschauen
hinsetzen, sich → setzen, sich
Hinsicht Betracht, Beziehung, Hinblick, Anbetracht, Richtung, Zusammenhang, Verhältnis, Berücksichtigung, → Gesichtspunkt
hinsichtlich angesichts, betreffs, betreffend, in Betreff, bezüglich, in Bezug auf, unter Bezugnahme auf, in Anbetracht, im Hinblick auf, mit Rücksicht auf, rücksichtlich, in puncto, was angeht, was anbelangt, → wegen
hinsitzen → setzen, sich
hinstellen → abstellen, → bauen
hinstellen als → bezeichnen
hinsteuern auf → hinauswollen auf
hinstrecken 1. hinhalten, darreichen, reichen, geben, entgegenstrecken, entgegenhalten 2. niederstrecken, niederschlagen, zu Boden strecken, → töten
hinstürzen → fallen
hintansetzen → benachteiligen, → zurückstellen
Hintansetzung → Missachtung
hintanstellen → benachteiligen, → zurückstellen
Hintanstellung → Missachtung
hinten dahinter, hinter, im Hintergrund, auf der Rückseite, im Rücken, rückseitig, achtern, zuhinterst, am Ende, am Schluss
hintenherum → heimlich, → hinterhältig
hintenrum → heimlich
hinter → hinten
Hinterbliebener → Erbe
hinterbringen zutragen, zubringen, zuflüstern, benachrichtigen, einweihen, jemandem etwas stecken, mitteilen, weitererzählen, kolportieren, → tratschen, → verraten
hinterdreinlaufen → folgen
hinterdreinsehen → hinterhersehen
hintereinander nacheinander, in Reih und Glied
hintereinander stellen → aufreihen
hinterfotzig → hinterhältig
Hintergedanke → Absicht
hintergehen → täuschen, → erschleichen
Hintergehung → Unterschlagung
Hintergrund 1. Fond, Raumtiefe, Tiefe, Prospekt, Kulisse, Grund, → Untergrund 2. Hintergrundwissen, Kenntnis, Wissen, Background, Mittel, Machtmittel, Geld 3. → Grund
hintergründig tiefsinnig, tief schürfend, tiefgründig, abgründig, undurchschaubar, undurchsichtig, vieldeutig, viel sagend, geheimnisvoll, tief, dunkel
Hintergrundwissen → Hintergrund
Hinterhalt Lauer, Versteck, Falle, Täuschung, Tücke
Hinterhalt legen → auflauern
hinterhältig hinterlistig, hinterfotzig, heimtückisch, gemein, falsch, verschlagen, hinterrücks, hintenherum, link, durchtrieben, intrigant, ränkevoll, → arglistig
Hinterhältigkeit Hinterlist, Hinterlistigkeit, Hinterfotzigkeit, Heimtücke, Tücke, Dolchstoß, Ränke, Falsch, Falschheit, Verschlagenheit, Durchtriebenheit, → Arglist
hinterher dahinter, danach, hintennach, hiernach, hernach, nachher, darauf, sodann, alsdann, später, anschließend, im Anschluss, schließlich, endlich, → folgend
hinterherhinken → zurückbleiben
hinterherjagen → verfolgen
hinterherlaufen → folgen
hinterherrennen → nachlaufen
hinterherschauen → hinterhersehen
hinterhersehen hinterdreinsehen, hinterherschauen, hinterhergaffen, nachsehen, nachschauen, nachgaffen, nachglotzen, jemanden mit Blicken verfolgen, jemandem mit Blicken folgen, sich den Hals verrenken, sich vergaffen
Hinterhof → Hof
Hinterland → Vorort
hinterlassen → vererben, → zurücklassen
Hinterlassenschaft → Erbe
hinterlegen 1. Kaution stellen, als Pfand geben, Sicherheit bieten, verpfänden, sicherstellen, sichern, decken, abdecken, → bürgen 2. in Verwahrung geben, deponieren
Hinterlegung → Bürgschaft
hinterlistig → hinterhältig
Hinterlistigkeit → Hinterhältigkeit
Hintermann → Drahtzieher, → Nachbar
Hintern → Gesäß
hinterrücks meuchlings, tückisch, von hinten, aus dem Hinterhalt, → hinterhältig
Hinterseite → Rückseite
Hintersinn → Bedeutung
hinterst → letzt
Hinterteil → Ende, → Gesäß
hintertreiben bekämpfen, durchkreuzen, vereiteln, torpedieren, zunichte machen, einen Strich durch die Rechnung machen, Gegenmaßnahmen ergreifen, blockieren, → verhindern, → sabotieren
Hintertreibung Bekämpfung, Durchkreuzung, Vereitelung, Hinderung, Quertreiberei, → Verhinderung

Hintertür → Ausweg
hinterwäldlerisch → rückschrittlich
hinterziehen → unterschlagen
Hinterziehung → Unterschlagung
hintüber → rückwärts
hinüber 1. nach drüben, auf die andere Seite, rüber 2. hin, kaputt, entzwei, beim Teufel, im Eimer, → defekt
hinüberhelfen → überbrücken
hinüberwechseln → queren
hinunter → abwärts
hinunterfallen 1. runterfallen, herunterfallen, hinfallen, hinabfallen, hinabsausen, hinsausen, heruntersausen, hinunterfliegen, runterfliegen, heruntersegeln, runtersegeln 2. → abstürzen
hinunterfliegen → hinunterfallen
hinuntergehen → hinuntersteigen
hinunterhüpfen → hinunterspringen
hinunterklettern → hinuntersteigen
hinunterschauen auf → verachten
hinunterschlingen → schlucken
hinunterschlucken → schlucken, → hinnehmen
hinunterspringen herunterspringen, runterspringen, herabspringen, hinunterhüpfen, abspringen, sich hinunterstürzen
hinuntersteigen runtersteigen, hinabsteigen, herabsteigen, absteigen, hinunterklettern, herunterklettern, den Abstieg machen, hinuntergehen, heruntergehen, runtergehen, bergab gehen
hinunterstürzen → abstürzen, → trinken
hinunterstürzen, sich → hinunterspringen
hinunterwürgen → schlucken
Hinweg Anmarsch, Anfahrt, Anfahrtsweg, Anfahrtsstrecke, einfache Wegstrecke
hinweggehen über → hinwegsehen über
hinwegkommen über → überwinden
hinwegsehen über hinweggehen über, ignorieren, die Augen verschließen, ein Auge zudrücken, übersehen, übergehen, beiseite lassen, blind sein für, durchgehen lassen, es bewenden lassen
hinwegsetzen, sich → missachten
Hinweis Andeutung, Fingerzeig, Wink, Wink mit dem Zaunpfahl, Tipp, Zeichen, Anzeichen, Anhaltspunkt, Auskunft
Hinweis geben → bedeuten
hinweisen auf → hindeuten auf
Hinweistafel → Wegweiser
hinwenden, sich → zuwenden, sich
hinwiederum → dagegen
hinzeigen auf → hindeuten auf
hinziehen → ausdehnen, → verzögern
hinziehen, sich → andauern, → erstrecken, sich
hinzielen auf → abzielen
hinzu dazu, hierzu, hinein, → herbei
hinzufügen hinzutun, beifügen, hinzugeben, dazugeben, beigeben, addieren, zufügen, hinzusetzen, zusetzen, beimischen, untermischen, versetzen mit, ergänzen
Hinzufügung → Einschub
hinzugeben → hinzufügen
hinzuholen → heranziehen
hinzukommen → dazukommen
hinzunehmen → einbeziehen
hinzurechnen → addieren
hinzurufen → schicken nach
hinzutun → hinzufügen
hinzuzählen → addieren, → einbeziehen
hinzuziehen → heranziehen
Hiobsbotschaft Schreckensbotschaft, Schreckensnachricht, Unglücksmeldung, Katastrophenmeldung
Hippe → Bock, → Ziege, → Sense
Hippodrom Pferderennbahn, Trabrennbahn, → Arena
Hirn 1. Gehirn, Großhirn, Kleinhirn, Gehirnrinde, kleine graue Zellen, Bregen 2. → Verstand
Hirngespinst → Einbildung, → Erfindung
Hirnhautentzündung Gehirnhautentzündung, Meningitis
hirnverbrannt → sinnlos, → verrückt
Hirte 1. Schafhirte, Schäfer, Schweinehirte, Senn, Senner, Halter, Halterbub, Hüter, Kuhhirte, Cowboy, Gaucho, Bewacher, Wächter 2. → Geistlicher
Hirtenbrief → Rundschreiben
hissen aufhissen, aufheißen, heißen, hochziehen, flaggen, Flagge setzen, beflaggen, aufhängen
Historie → Geschichte
Historiker Geschichtswissenschaftler, Geschichtsforscher
historisch → geschichtlich
Hit → Schlager, → Verkaufsschlager
Hitparade Schlagerparade, Hitliste, Charts, Bestsellerliste, Topten
Hitze Wärme, Glut, Gluthitze, Bullenhitze, Affenhitze, Bruthitze, Siedehitze, drückende Hitze, Schwüle
hitzig → aufbrausend
Hitzkopf Heißsporn, Choleriker, Jähzornspinkel, Zornbinkel, Brausekopf, Feuerkopf, Enthusiast, → Fanatiker
hitzköpfig → aufbrausend
Hitzköpfigkeit → Jähzorn
Hitzschlag → Sonnenstich
Hobby Liebhaberei, Steckenpferd, Freizeitbeschäftigung, Freizeitgestaltung, Lieblingsbeschäftigung

hoch 1. emporragend, aufragend, erhaben, haushoch, turmhoch, himmelhoch, alles überragend, groß 2. → hinauf
hoch achten → achten
hoch aufgeschossen → groß
hoch geschätzt → angesehen
hoch gestellt hoch stehend, höher gestellt, in leitender Stellung, hochrangig, von hohem Rang
hoch gewachsen → groß, → schlank
hoch stehend → hochgestellt
hoch und heilig → ehrenwörtlich
Hoch → Hochruf, → Hochdruck
Hochachtung → Achtung
hochaktuell → brisant
hocharbeiten, sich sich emporarbeiten, sich heraufarbeiten, sich hochdienen, sich nach oben buckeln, seinen Weg machen, → aufsteigen
hochbeglückt → glücklich
hochbetagt → alt
hochblicken → aufblicken
Hochblüte Blütezeit, Blüte, Glanzzeit, Hochzeit, Hochkonjunktur
Hochdeutsch → Schriftsprache
Hochdruck 1. Hoch, Hochdruckgebiet, Hochdruckzone, Schönwetterzone, Antizyklone, Sonnenschein, Sonne, → Wetter 2. Spannung, Anspannung, Druck, Schnelligkeit, Eifer, Hast
Hochdruckzone → Hochdruck
Hochebene → Ebene
hochexplosiv → feuergefährlich, → brisant
hochfahren → aufbrausen, → auffahren
hochfahrend → aufbrausend
hochfliegen → aufsteigen
hochfliegend → ehrgeizig
Hochform Höchstform, Bestform, gute Verfassung
Hochgebirge → Gebirge
hochgeboren → adlig
Hochgefühl → Begeisterung, → Freude
hochgehen → hinaufgehen, → explodieren, → aufbrausen, → herauskommen
Hochgenuss → Genuss, → Freude
hochgestochen geschraubt, gewollt, geschwollen, schwülstig, blasiert, übersteigert
hochgradig → höchst, → stark
Hochhaus → Haus
hochheben anheben, hochstemmen, aufheben, heben, anlupfen
hochherzig → edel, → großzügig
Hochherzigkeit → Edelmut
hochklappen → aufschlagen
hochklettern → hinaufklettern
hochkommen → emporkommen
Hochkonjunktur → Aufschwung, → Saison
hochkrempeln → umkrempeln
hochmodern → modern
Hochmut → Überheblichkeit
hochmütig → überheblich
Hochmütigkeit → Überheblichkeit
hochnäsig → eingebildet
hochnehmen 1. aufziehen, veräppeln, auf den Arm nehmen, → betrügen 2. → heben
hochpäppeln → aufziehen
Hochplateau → Ebene
hochpreisen → loben
hochprozentig → berauschend, → konzentriert
hochrangig → hochgestellt, → bedeutend
hochrappeln, sich → aufraffen, sich, → erholen, sich
hochrollen → umkrempeln
Hochruf Hoch, Vivat, Salut, Hurra, Hallo, Trinkspruch, Toast, Prost, Tusch, Ständchen, → Jubel
hochschauen → aufblicken
hochschaukeln, sich → eskalieren
hochscheuchen → aufscheuchen
hochschlagen → aufschlagen
hochschnellen → auffahren, → springen
hochschrauben → aufschlagen, → steigern
hochschrecken → auffahren
Hochschulabsolvent → Akademiker
Hochschule → Universität
Hochschüler → Student
Hochschullehrer → Lehrer
Hochschulreife → Abitur
Hochschulstudium → Studium
Hochsitz → Hochstand
Hochspannung → Erregung, → Spannung
hochspielen aufbauschen, in den Vordergrund spielen, aus einer Mücke einen Elefanten machen, eine Staatsaktion aus etwas machen, Wind machen, viel Wind um nichts machen, eine Szene machen, Theater machen, tragisch nehmen, dramatisieren, → übertreiben
Hochsprache → Schriftsprache
höchst ausnehmend, größtmöglich, äußerst, überaus, in höchstem Grade, hochgradig, maximal, → sehr, → letzt
Hochstand Hochsitz, Jagdkanzel, Wildkanzel, Kanzel, Ansitz, Anstand
hochstapeln → angeben, → betrügen
Hochstapler → Angeber, → Betrüger
hochstecken aufstecken, aufbinden, hochbinden
hochstehen → sträuben, sich
hochsteigen → aufsteigen
hochstemmen → hochheben

höchstens → bestenfalls, → schlimmstenfalls
Hochstimmung → Begeisterung
Höchstleistung Spitzenleistung, Leistung, Spitze, Rekord, Bestleistung, Gipfelleistung, Glanzleistung, Glanzstück, Kunststück, Meisterleistung, Pionierleistung
Höchstmaß Maximum, Gipfel, Spitze, Höchstwert, Höchststand, → Limit, → Höhepunkt
höchstpersönlich → persönlich
hochstreifen → umkrempeln
höchstselbst → persönlich
Höchststand → Höchstmaß
höchstwahrscheinlich → wahrscheinlich
Höchstwert → Höhepunkt, → Höchstmaß
Hochtour → Aufstieg
Hochtourist → Bergsteiger
hochtrabend → schwülstig
hochtreiben → aufschlagen, → steigern
Hochverrat → Verrat
Hochwasser → Flut, → Überschwemmung
hochwertig → wertvoll
hochwillkommen → willkommen
hochwuchten → heben
Hochwürden → Geistlicher, → Titel
Hochzeit Heirat, Verheiratung, Vermählung, Trauung, kirchliche Trauung, standesamtliche Trauung, Eheschließung, Verehelichung, → Ehe
hochziehen → aufhängen, → hissen, → bauen
Hocke Hockstellung, Kauerstellung
hocken kauern, knien, → sitzen
Hocker Schemel, Sitz, Sitzschemel, Taburett, Klavierstuhl, → Stuhl
Höcker → Buckel
Hockstellung → Hocke
Hof 1. Hinterhof, Schulhof, Atrium 2. Hofstaat, Gefolge, Cour, Stab 3. → Bauernhof, → Anwesen 4. → Umgebung
Hoffart → Überheblichkeit
hoffärtig → überheblich
hoffen erhoffen, harren, die Hoffnung hegen, sich Hoffnungen machen, die Erwartung hegen, sich klammern an, erträumen, träumen, wünschen, ersehnen, sich versprechen
Hoffnung Erwartung, Wunschtraum, Zuversicht, Zutrauen, Vertrauen, Glaube, Hoffnungsschimmer, Hoffnungsstrahl, Lichtblick, → Trost
hoffnungsfroh → optimistisch
hoffnungslos aussichtslos, ausweglos, rettungslos, unrettbar, unlösbar, unheilbar, unverbesserlich, ohne Aussicht auf Erfolg, schwarz, dunkel, düster, verschlossen, verstellt, → verzweifelt
Hoffnungslosigkeit Aussichtslosigkeit, Ausweglosigkeit, Unlösbarkeit, Sackgasse, → Verzweiflung
Hoffnungsschimmer → Hoffnung, → Aussicht
hoffnungsvoll zuversichtlich, vertrauensvoll, optimistisch, → Erfolg versprechend
hofieren → schmeicheln
Hofknicks → Verbeugung
höflich aufmerksam, artig, wohlerzogen, nett, brav, freundlich, gewandt, galant, gentlemanlike, ritterlich, zuvorkommend, anständig, verbindlich, kavaliersmäßig, manierlich
Höflichkeit Aufmerksamkeit, Artigkeit, Wohlerzogenheit, Freundlichkeit, Galanterie, Ritterlichkeit, Anstand, Gewandtheit, Verbindlichkeit, Manierlichkeit, gepflegte Umgangsform, → Schmeichelei
Höflichkeitsbesuch → Aufwartung, → Besuch
Hofnarr → Narr
Hofsänger → Troubadour
Hofschranze → Schmeichler
Hofstaat → Hof
Höhe → Ausmaß, → Niveau, → Berg
Hoheit → Adel, → Erhabenheit
Hoheitsgebiet Staatsgebiet, Staatsterritorium, Territorium, Gemarkung, Domäne, Machtbereich, Herrschaftsbezirk, Herrschaftsbereich, Enklave, Exklave
hoheitsvoll → erhaben
Hoheitszeichen → Kennzeichen, → Wappen
Höhenflug → Aufschwung
Höhenstraße → Pass
Höhenzug → Gebirge
Höhepunkt Gipfel, Gipfelpunkt, Glanzpunkt, Optimum, Höchstwert, Zenit, Kulmination, Orgasmus, Spitze, Scheitelpunkt, Wendepunkt, Umkehrpunkt, Schlusspunkt, → Höchstmaß
höher gestellt → hochgestellt
höher stufen → befördern
hohl 1. ausgehöhlt, leer, ohne Inhalt 2. → dumpf 3. → geistlos
Höhle Höhlung, Hohlraum, Grotte, Kaverne, Bau, Tierbau, Loch
Hohlraum → Höhle
Höhlung → Höhle
Hohlweg → Durchgang
Hohn → Spott
Hohn lachen → auslachen
höhnen → spotten
Hohngelächter → Gelächter
höhnisch → spöttisch, → schadenfroh
hökern → handeln

Hokuspokus → Zauberkunst
hold 1. holdselig, lieblich, liebreizend, anmutig, bezaubernd, süß 2. → zugetan 3. → verliebt
holdselig → hold
Holdseligkeit → Schönheit
holen abholen, wegholen, nehmen, bringen, herholen, herbeiholen, herräumen, hervorkramen, → beschaffen
holen, sich → bekommen
Hölle Höllenreich, Höllenpfuhl, Inferno, Ort der Verdammnis, Ort der Finsternis, ewige Verdammnis, ewige Finsternis, Reich des Höllenfürsten, → Unterwelt
Höllenfürst → Teufel
Höllenkunst → Magie
Höllenlärm → Lärm
Höllenqual → Qual
Höllenreich → Hölle
höllisch → sehr, → quälend
Holocaust → Blutbad
holperig → stockend, → uneben
holpern → rumpeln
Holz → Wald
Holzbock → Bock
holzen 1. abholzen, fällen, Holz schlagen, einschlagen 2. → kicken
hölzern → steif, → trocken
Holzpantoffeln → Pantoffeln
Holzsplitter → Span
Holzweg → Irrtum
Homecomputer → Computer
Homo → Homosexueller
Homo sapiens → Mensch
Homoerotik → Homosexualität
homoerotisch → homosexuell
homogen → einheitlich
homonym gleichlautend, gleichklingend
Homöopath → Heilpraktiker
homophil → homosexuell
Homophile → Homosexuelle
Homophiler → Homosexueller
Homosexualität Homoerotik, Homophilie, Schwulsein, Lesbischsein, Tribadie, Inversion
homosexuell gleichgeschlechtlich, homoerotisch, homophil, invertiert, schwul, lesbisch, sapphisch
Homosexuelle Lesbierin, Lesbe, Homophile, Tribade
Homosexueller Homo, Homophiler, Schwuler, Gay
honett → anständig, → ehrenhaft
Honigmond → Flitterwochen
honigsüß → süß
Honorar → Lohn
Honoratioren Ortsgrößen, Größen, Notabeln
honorieren → entlohnen, → belohnen
Honorierung → Bezahlung
honorig → ehrenhaft, → anständig
hoppeln → springen
hopsen → springen
Hopser → Sprung
hopsgehen → sterben
hörbar → vernehmlich
horchen lauschen, belauschen, hinhören, hinhorchen, die Ohren spitzen, die Lauscher aufstellen, abhören, abhorchen, mithören, → zuhören, → hören
Horde 1. Meute, Trupp, Rotte, Rudel, Schar, → Gruppe 2. → Steige
hören 1. vernehmen, aufnehmen, wahrnehmen, verstehen 2. → horchen 3. → erfahren 4. → gehorchen
Hörer → Student
Hörerschaft → Publikum
Hörerumfrage → Umfrage
Hörfunk → Rundfunk
hörig verfallen, willenlos, wehrlos, abhängig, unterwürfig, → gehorsam
Hörigkeit → Abhängigkeit, → Gehorsam
Horizont 1. Sichtgrenze, Erdrundung, Erdkimmung, Kimmung 2. → Gesichtsfeld
horizontal → waagerecht
Horn 1. Jagdhorn, Flügelhorn, Kornett, Alphorn, Blasinstrument, Blechblasinstrument, → Trompete, → Hupe 2. → Geweih 3. → Bergspitze 4. → Panzer
Hörner aufsetzen → ehebrechen
Hornhaut Schwiele, Hautschwiele, Hühnerauge, Krähenauge, Warze
Hornsignal → Fanfare
Hörorgan → Ohr
horrend enorm, beträchtlich, gewaltig, riesig, → sehr, → schrecklich
Horror → Angst, → Entsetzen
Horrortrip → Rausch
Hörsaal → Saal
Hörspiel Hörbild, Funkerzählung, Feature, Rundfunksendung
Horst → Nest, → Wald
horsten → nisten
Hort → Schatz, → Kindergarten, → Heim, → Schutz
horten hamstern, raffen, zusammenraffen, anhäufen, aufhäufen, ansammeln, scheffeln, speichern, → geizen, → sparen
Hose Hosen, Beinkleid, Buxe, Büx, die Unaussprechlichen, Bundhose, Kniebundhose, Kniehose, Knickerbocker, Krach-ederne, Lederhose, Seppelhose, Pumphose, Pluderhose,

Skihose, Reithose, Breeches, Cordhose, Jeans, Blue Jeans, Hochwasserhose, kurze Hose, Shorts, Bermudas, → Turnhose, → Badeanzug
Hosenmatz → Knirps
Hosenscheißer → Feigling
Hospital → Krankenhaus
Hospitant Gasthörer, Gaststudent, Gast, → Praktikant
Hospiz → Herberge
Hotdog (*auch:* Hot Dog) → Sandwich
Hotel Gasthof, Hotel garni, Rasthaus, Motel, Absteige, Nobelherberge, Dependance, → Gasthaus, → Gästehaus, → Herberge
Hotelhalle → Foyer
Hotelier → Wirt
hüben → diesseits
hübsch bildhübsch, anmutig, ansprechend, attraktiv, gefällig, reizend, niedlich, goldig, schnuckelig, herzig, süß, → schön
Hucke 1. Trage, Rückentrage, Kiepe, Tragebehälter 2. → Rücken
hudeln → schlampen
Huf → Fuß
Hüfte Lende, Seite, Becken
Hüftgürtel → Korsett, → Strumpfhalter
Hüfthalter → Korsett
Hügel → Berg
hügelig bergig, bucklig, wellig, gewellt
Huhn Henne, Glucke, Hühnchen, Hinkel, Gickel, Poulet, Poularde, Suppenhuhn, Brathuhn, Brathähnchen, Backhähnchen, Hähnchen, Hendl, Broiler, Griller, → Hahn
Hühnerauge → Hornhaut
Huld → Liebe, → Sympathie
huldigen → verehren, → loben, → hingeben, sich
Huldigung → Ehrung, → Lob, → Lobrede
Hülle 1. Umhüllung, Schutzhülle, Verpackung, Einband, Bezug, Überzug, Schoner, Schonbezug, Haut, Äußeres, Schale, Mantel, Behang 2. Etui, Futteral, Scheide, Köcher, Hülse, Balg
hüllen → verhüllen
hüllenlos → nackt
Hülse → Hülle
human → menschlich
humanitär → menschlich
Humanität → Menschlichkeit
Humbug → Unsinn
Hummer → Krebs
Humor Heiterkeit, Lachlust, Witz, Mutterwitz, schwarzer Humor, Galgenhumor, Zynismus
humorig → humorvoll
Humorist → Komiker
humoristisch → humorvoll
humorlos trocken, dröge, ernst, todernst, bierernst, nüchtern, verbiestert, verkniffen, verbissen, → steif
Humorlosigkeit Ernst, Bierernst, tierischer Ernst, Nüchternheit, Verkniffenheit, Verbiesterung, Verbissenheit
humorvoll humorig, humoristisch, heiter, lustig, launig
humpeln → hinken
Humpen → Krug, → Glas
Humus → Erde
Hund Rüde, Hündin, Welpe, Vierbeiner, vierbeiniger Freund, Jagdhund, Vorstehhund, Hetzhund, Schweißhund, Bluthund, Spürhund, Polizeihund, Leithund, Blindenhund, Wachhund, Hofhund, Kettenhund, Haushund, Kläffer, Töle, Köter, Fiffi, Bello, Wauwau
hundeelend → unwohl
Hundemarke → Abzeichen
hundemüde → müde
hundertprozentig → ganz, → sicher
Hundewetter → Unwetter
hündisch → unterwürfig
Hundsfott → Gauner
hundsgemein → niederträchtig
hundsmiserabel → unwohl
Hüne → Athlet, → Riese
hünenhaft → groß
Hunger Appetit, Esslust, Heißhunger, Magenknurren, Kohldampf, Dampf, Riesenhunger, Mordshunger, Wolfshunger, Bärenhunger
Hungerkur → Diät
hungern schmachten, darben, gieren, hungrig sein, Hunger leiden, Hunger haben, nichts zu essen haben, nichts zu beißen haben, Kohldampf schieben, am Hungertuch nagen, → fasten
hungrig ausgehungert, heißhungrig, darbend, gierig
Hupe Horn, Fanfare, Nebelhorn, → Sirene
hupen tuten, Signal geben, ein Hupkonzert veranstalten, tönen, → lärmen
hüpfen → springen
Hüpfer → Sprung
Hürde → Hindernis, → Steige
Hure → Prostituierte
Hurra → Hochruf
Hurrikan → Sturm
hurtig → eilends, → schnell
Husar → Soldat
Husarenstück → Coup
huscheln → schlampen
huschen → eilen, → schleichen
hüsteln → husten
husten krächzen, bellen, hüsteln, sich räuspern

Husten → Erkältung
Hut 1. Kopfbedeckung, Filzhut, Strohhut, Kreissäge, Sonnenhut, Regenhut, Südwester, Damenhut, Florentiner, Wagenrad, Hütchen, Herrenhut, Melone, Homburg, Zylinder, Chapeau claque, Schlapphut, Panamahut, Cowboyhut, Sombrero, Deckel, → Mütze 2. → Schutz, → Pflege
hüten 1. weiden, zur Weide führen, grasen lassen, beaufsichtigen, betreuen, bewachen, aufpassen auf, Acht geben auf 2. → schützen
hüten, sich auf der Hut sein, sich in Acht nehmen, aufpassen, sich vorsehen, vorsichtig sein, wachsam sein, die Finger davon lassen, unterlassen
Hüter Aufseher, Beschützer, → Hirte, → Wächter
hutschen → schaukeln
Hütte 1. Bude, Baracke, Bretterverschlag, Schuppen, Kate, Berghütte, Schutzhütte, Almhütte, Jausenstation, Skihütte, Jagdhütte, Chalet, → Haus, → Wochenendhaus, → Pavillon 2. Hüttenwerk, Stahlwerk, Eisenhüttenwerk, Eisenhütte, Eisenwerk, → Zeche
hutzelig → verrunzelt
hybrid 1. gemischt, vermischt, gekreuzt, bastardiert 2. → größenwahnsinnig
Hybris → Größenwahn
Hygiene → Körperpflege
hygienisch → sauber
Hymne → Lied
hymnisch überschwänglich, schwärmerisch, in den höchsten Tönen, leidenschaftlich, überschäumend, → ausdrucksvoll
hyperkorrekt → pedantisch
hyperschlau → neunmalklug
hypersensibel → allergisch
Hypnose Einschläferung, Betäubung
hypnotisieren → einschläfern
hypochondrisch selbstquälerisch, → schwermütig
Hypochonder eingebildeter Kranker, Pessimist
Hypochondrie Krankheitswahn, Krankheitseinbildung, Krankheitsangst, → Schwermut
Hypothek Schuld, Grundschuld, Verschuldung, Belastung, Grundstücksbelastung, Erblast, → Darlehen
Hypothese Behauptung, Voraussetzung, Theorie, Erklärungsversuch, Erklärungsmodell, Vermutung, → Annahme
hypothetisch angenommen, theoretisch, gesetzt den Fall, fiktiv, gedacht, vorausgesetzt
Hysterie → Erregung
hysterisch → aufbrausend, → seelenkrank

I

IC → Zug
Ich → Person
ichbezogen ichzentriert, egozentrisch, → selbstsüchtig, → narzisstisch
Ichbezogenheit → Selbstsucht
Ichmensch → Egoist
Ichsucht → Selbstsucht
ichsüchtig → selbstsüchtig
ichzentriert → ichbezogen
ideal → geeignet
Ideal Wunschbild, Utopie, Idealbild, Vollkommenheit, → Vorbild
idealisieren verklären, überheben, überschätzen, vergotten, in den Himmel heben
Idealismus Hingabe, Begeisterung, Begeisterungsfähigkeit, Enthusiasmus, Schwärmerei, Weltfremdheit
Idealist Weltverbesserer, Himmelsstürmer, Utopist, Illusionist, Träumer, → Fantast
idealistisch begeistert, enthusiastisch, hochfliegend, voller Ideale, schwärmerisch, weltfremd
Idee Grundgedanke, Gedanke, Bild, Plan, Anregung, Vorstellung, Entwurf, → Einfall
ideell → abstrakt, → imaginär
Ideenkette → Assoziation
ideenreich → fantasiereich
Ideenreichtum → Fantasie
Identifikationsfigur → Vorbild
Identifikationskarte → Ausweis
identifizieren → erkennen
identifizieren, sich ganz aufgehen in, etwas zu seiner Sache machen, sich stellen hinter, sich vergleichen mit
identisch → gleich
Identität 1. Personendaten, Lebensdaten, Wesen, Selbst, Ich 2. → Gleichheit
Identitätsbescheinigung → Beglaubigung
Ideologie 1. Philosophie, Weltanschauung, Weltbild, Lebensanschauung, Lebensansicht, Grundeinstellung, Grundstimmung, Denkart, Betrachtungsweise 2. → Lehre
ideologisch dogmatisch, verblendet, verbohrt, weltfremd, wirklichkeitsfremd
Idiot → Dummkopf
Idiotie → Dummheit, → Schwachsinn
idiotisch → schwachsinnig, → unsinnig
Idol → Vorbild, → Abgott
idyllisch friedlich, beschaulich, still, malerisch, pittoresk, arkadisch, bukolisch, gemütlich, ländlich
Ignorant Dummkopf, Snob, Nichtswisser, Unwissender, Nichtskönner, → Kulturbanause

Ignoranz → Unwissenheit, → Borniertheit
ignorieren → missachten, → hinwegsehen über, übersehen
Ikone Heiligenbild, Andachtsbild, Gnadenbild
illegal illegitim, widerrechtlich, rechtswidrig, ungesetzlich, gesetzwidrig, unrechtmäßig, unzulässig, gegen die Vorschrift, strafbar, kriminell, → verboten
Illegalität Rechtswidrigkeit, Gesetzwidrigkeit, Ungesetzlichkeit, Unrechtmäßigkeit, → Rechtsbruch
illegitim → illegal
illiquide → bankrott
Illiquidität → Bankrott
illoyal → untreu
Illoyalität → Untreue
illuminieren → beleuchten
Illusion Selbsttäuschung, Selbstbetrug, frommer Betrug, Augenwischerei, → Einbildung
Illusionist → Fantast
illusorisch → utopisch
illuster → berühmt
Illustration Illustrierung, Bildbeigabe, Bildausstattung, Bebilderung, Abbildung, Bild, → Veranschaulichung
illustrativ → anschaulich, → bunt
illustrieren bebildern, mit Bildern versehen, Bilder beigeben, auflockern, ausstatten, → veranschaulichen
illustriert bebildert, bilderreich
Illustrierte → Journal
Illustrierung → Illustration, → Veranschaulichung
Image Persönlichkeitsbild, Profil, Prestige, → Ansehen
imaginär gedacht, angenommen, fiktiv, spekulativ, unwirklich, vorgestellt, gedanklich, ideell
Imagination → Einbildung
Imbiss → Zwischenmahlzeit
Imitat → Nachahmung
Imitation → Nachahmung, → Fälschung
imitieren → nachahmen
imitiert → unecht
immanent inhärent, innewohnend, enthalten, anhaftend, → einschließlich
immateriell körperlos, unkörperlich, wesenlos, gedacht, ideell
Immatrikulation → Anmeldung
immatrikulieren, sich → anmelden, sich
immens → groß
immer immerzu, immerdar, immerfort, stets, allezeit, alleweil, dauernd, fortwährend, fortgesetzt, fortlaufend, laufend, anhaltend, beständig, ständig, beharrlich, unaufhörlich, unausgesetzt, ununterbrochen, unablässig, pausenlos, jederzeit, jedes Mal, kontinuierlich, konstant, permanent, stetig, früh und spät, tagaus tagein, Tag für Tag, alle Tage, jahraus jahrein, zeitlebens, ohne Unterlass, → ewig, ohne Ende
immerdar → ewig, → immer
immerfort → immer
immerhin → allerdings
immerwährend → ewig
immerzu → immer
Immigrant → Einwanderer
immigrieren → einwandern
Immobilie(n) Liegenschaft, Land, Grundstück, Grundbesitz, Grundeigentum, Grund und Boden, Hausbesitz, Haus und Hof
immun → widerstandsfähig
immunisieren → impfen
Immunität 1. Ausnahmerecht, Ausnahmestellung, Unangreifbarkeit, Sicherheit, Schutz 2. → Widerstandskraft
Immunstoff Abwehrstoff, Antikörper
Imperialist → Militarist
impertinent → frech
Impetus → Schwung
impfen eine Impfung vornehmen, immunisieren, schutzimpfen, vorbeugen
Impfstoff → Serum
Impfung Immunisierung, Immunisation, Schutzimpfung, Schluckimpfung
implantieren → verpflanzen
implizieren → einbeziehen
implizit → einschließlich
implodieren → explodieren
imponderabel → unberechenbar
Imponderabilien → Unwägbarkeit
imponieren beeindrucken, Eindruck machen, gefallen, Bewunderung hervorrufen, Aufsehen erregen, → wirken
imponierend beeindruckend, eindrucksvoll, imposant, stattlich, umwerfend, überwältigend
Import Einfuhr, Außenhandel, Auslandsgeschäft
Importeur → Geschäftsmann
importieren → einführen
imposant → imponierend
impotent kraftlos, unvermögend, zeugungsunfähig, → unfruchtbar
Impotenz Versagen, Mannesschwäche, Zeugungsunfähigkeit, → Unfruchtbarkeit
Impressario → Betreuer
Impression → Eindruck
Improvisation Impromptu, Fantasie, Stegreifschöpfung, Stegreiferfindung, Behelf, Notbehelf

improvisieren extemporieren, fantasieren, frei spielen, aus dem Stegreif schöpfen, unvorbereitet sein
improvisiert, frei ohne Vorlage, ohne Noten, unvorbereitet, aus dem Stegreif, aus dem Handgelenk, ins Blaue, ex tempore, freihändig
Impuls → Anregung, → Schwung
impulsiv → heftig, → lebhaft
im Stande (*auch:* imstande) → fähig
in 1. inmitten, mittendrin, drinnen, innen drin 2. → modern
in Sonderheit (*auch:* insonderheit) → besonders
in spe → künftig
in Stand halten (*auch:* instand halten) → pflegen
in Stand setzen (*auch:* instand setzen) → ausbessern, → restaurieren, → reparieren
inadäquat → unangemessen
inaktiv → untätig
Inanspruchnahme Beanspruchung, Anforderung, Belastung, → Anstrengung
Inauguraldissertation → Doktorarbeit
Inaugurieren → einweihen
Inbegriff Inbild, Verkörperung, Inkarnation, Fleischwerdung, Personifikation, Personifizierung, Prototyp, Ausbund, Essenz
inbegriffen → einschließlich
Inbesitznahme → Einverleibung
Inbild → Inbegriff
Inbrunst → Andacht, → Leidenschaft
inbrünstig → andächtig, → leidenschaftlich
indem 1. dadurch, dass, weil 2. → während
indes → aber
indessen → zwischenzeitlich
Index → Verzeichnis
indezent → aufdringlich, → ungebührlich
Indianer → Eingeborener, → Farbiger
Indienstnahme → Anwendung
indifferent → gleichgültig
Indifferenz → Gleichgültigkeit
indigniert → empört
Indikator Anzeiger, Nachweis
indirekt mittelbar, andeutungsweise, auf Umwegen, hintenherum, aus zweiter Hand, zwischen den Zeilen
indiskret → taktlos
Indiskretion → Taktlosigkeit
indiskutabel → unmöglich
indisponiert → krank
Individualist Nonkonformist, Einzelgänger, Persönlichkeit, Charakter, → Eigenbrötler
Individualität → Eigenart
individuell persönlich, subjektiv, personenbezogen, wesenseigen, einzig, eigenbrötlerisch, verschieden
Individuum Einzelwesen, Einzelperson, Person, → Mensch
Indiz → Beweismaterial, → Zeichen
indizieren → verbieten
Indizierung → Zensur
indolent → gleichgültig, schmerzunempfindlich
Induktion → Folgerung
indulgent → nachsichtig
Industrie → Wirtschaft
Industrieanlage → Fabrik
Industrieausstellung → Messe
industriell → maschinell
Industrieller → Unternehmer
Industriemagnat → Kapitalist
induzieren → folgern
ineinander flechten → flechten
ineinander fließen → übergehen
infam → niederträchtig
Infamie → Bosheit, → Niedertracht
infantil → kindisch
Infekt → Krankheit
Infektion → Ansteckung, → Krankheit
Infektionskrankheit Seuche, Epidemie, → Krankheit, → Ansteckung
infektiös → ansteckend
infernalisch → teuflisch
Inferno → Hölle
infiltrieren → einflößen, → beeinflussen
infizieren → anstecken
Infizierung → Ansteckung
Inflation Geldentwertung, Entwertung, Abwertung, Preissteigerung, → Teuerung
Influenza → Erkältung
infolge → anlässlich, → wegen
infolgedessen → also, → deshalb
Informant Gewährsmann, Verbindungsmann, V-Mann, Kontaktmann, Hintermann
Information → Auskunft
Informationsbüro → Agentur
Informationsdienst → Agentur
informativ → lehrreich
informieren unterrichten, in Kenntnis setzen, aufklären, Auskunft geben, belehren, → berichten
ingeniös → schöpferisch
Ingenium → Genialität
Ingrediens → Bestandteil
Ingredienzien → Zutaten
Ingrimm → Wut
ingrimmig → wütend
Inhaber Geschäftsinhaber, → Besitzer
inhaftieren → einsperren, → verhaften
inhaftiert sein → einsitzen
Inhaftierter → Gefangener
Inhaftierung → Verhaftung

inhalieren einatmen, einsaugen, Luft einziehen, über die Lunge rauchen
Inhalt 1. Inneres, Zusammensetzung, Fülle, Füllung, Ladung 2. Gehalt, Kern, Wesen, Wortlaut, → Thema 3. → Verzeichnis
inhaltsleer → geistlos
inhaltslos → geistlos, → leer
Inhaltslosigkeit → Geistlosigkeit, → Leere
inhaltsreich → bedeutungsvoll
inhaltsschwer → bedeutungsvoll
Inhaltsverzeichnis → Verzeichnis
inhärent → immanent
inhuman unmenschlich, entmenscht, gefühllos, kalt, grausam
Initiative → Anregung, → Schwung
Initiativgruppe → Selbsthilfegruppe
Initiator → Gründer
initiieren → anregen, → einweihen
Injektion Injizierung, Einspritzung, Spritze, Schuss, goldener Schuss, Fix, Junk
injizieren einspritzen, spritzen, eine Spritze geben, eine Injektion geben, fixen, schießen, einen Schuss setzen
Injurie → Beleidigung
Inkarnation → Inbegriff
inklusive → einschließlich
Inklusivpreis → Pauschalpreis
inkognito → geheim, → namenlos
inkommodieren → belästigen
inkompatibel → unvereinbar
inkompetent nicht zuständig, sachunkundig, unbefugt
inkonsequent widersprüchlich, folgewidrig, denkwidrig, unlogisch, sprunghaft, wankelmütig
Inkonsequenz Widersprüchlichkeit, Folgewidrigkeit, Denkwidrigkeit, unlogisches Verhalten, Unbeständigkeit, Wankelmütigkeit
Inkorporation → Einverleibung
inkorporieren → einverleiben
inkorrekt → falsch
Inkorrektheit → Fehler
Inkriminierung → Beschuldigung
Inkubationszeit → Karenzzeit
inliegend → beiliegend
inmitten → dazwischen
innehaben einnehmen, bekleiden, haben, halten, → besitzen
innehalten → ausruhen, → aussetzen
innen inwendig, innerhalb, innerlich, im Innern, an der Innenseite, zuinnerst, → drinnen
Innenstadt → Stadtmitte
innerhalb 1. binnen, innert, in, im Verlauf von, in der Zeit von 2. → innen
innerlich → innen, → empfindsam
Innerlichkeit → Empfindsamkeit
innert → innerhalb
innewerden → bemerken
innewohnen enthalten sein, in sich tragen, anhaften, anhängen, zugehören, gehören, einschließen
innewohnend → immanent
innig 1. inständig, beschwörend, flehentlich, kniefällig, fußfällig, 2. eng, fest, vertraulich, herzlich, zärtlich, liebend 3. → leidenschaftlich 4. → nachdrücklich
Innigkeit → Leidenschaft
Innovation → Neuheit
Innung → Organisation
inoffiziell nichtoffiziell, halboffiziell, halbamtlich, nichtamtlich, außerdienstlich, nicht öffentlich, unter Vorbehalt, im Vertrauen, vertraulich
Inquisition → Verhör
Insasse → Passagier, → Gefangener
insbesondere → besonders
Inschrift Aufschrift, Grabinschrift, Epitaph, Rune, Text
Insekt Kerbtier, Kerfe, Gliedertier, Hautflügler, Netzflügler, Käfer, Mücke, Fliege, Schnake, Krabbeltier, → Ungeziefer, → Stechmücke
Insektengift → Gift
Insel Eiland, Atoll, Schäre
Inserat → Anzeige
inserieren → annoncieren
insgeheim → heimlich
insgesamt alles zusammen, alles in allem, komplett, gesamt, im Ganzen, unterm Strich, summa summarum, pauschal, → ganz, vollkommen
Insider → Fachmann
insinuieren → einreden
insistieren → bedrängen, → bestehen auf
insofern → deshalb
insolvent → bankrott
Insolvenz → Bankrott
Inspekteur → Kontrolleur
Inspektion Durchsicht, Regeluntersuchung, Untersuchung, Überprüfung, Check, Kundendienst, → Überwachung, → Kontrolle
Inspektor → Verwalter
Inspiration → Einbildungskraft, Eingebung → Einfall
inspirieren → anregen
inspizieren → kontrollieren
instabil → labil
Installateur Klempner, Flaschner, Blechner, Blechschmied, Spengler, Sanitätsfachmann, → Schlosser
Installation → Einbau
installieren → montieren

Instandhaltung Erhaltung, Erhalt, Bewahrung, Konservierung, Unterhaltung, Unterhalt, Pflege, Wartung
inständig → innig, → sehnsüchtig
Inständigkeit → Nachdruck
Instandsetzung → Reparatur
Instanz Behördenstelle, Gerichtsstelle, Rechtsstufe, Gerichtshof, Senat, → Obrigkeit
Instanzenweg → Dienstweg
Instinkt → Spürsinn, → Trieb
instinktiv → gefühlsmäßig
instinktlos → taktlos
Instinktlosigkeit → Taktlosigkeit
Institut → Anstalt, Bildungsstätte, Bildungsanstalt, Forschungsanstalt, Forschungsabteilung, Studienanstalt, Seminar, → Schule, → Universität
Institution Einrichtung, Anstalt, → Institut
instruieren → lehren
Instruktion → Lehre
instruktiv → lehrreich
Instrument 1. Gerät, Besteck, Werkzeug, Utensil 2. → Musikinstrument
insuffizient → unfähig
Insuffizienz → Unfähigkeit
Insult → Anfall, → Beleidigung
insultieren → beleidigen, → beschimpfen
inszenieren in Szene setzen, → aufführen, → veranstalten
Inszenierung → Aufführung, → Veranstaltung
intakt funktionstüchtig, einwandfrei, in Ordnung, ganz, → unbeschädigt
intakt sein → funktionieren
integer → rechtschaffen
Integration Eingliederung, Einbindung, Aufnahme, Zusammenführung, Zusammenschluss, Vereinigung
integrieren → einbeziehen, → vereinigen
Integrität → Rechtschaffenheit
Intellekt → Verstand
intellektuell verstandesmäßig, geistig, rational, kopflastig
Intellektueller Verstandesmensch, Kopfarbeiter, Geistesarbeiter, Intelligenzbestie, Eierkopf, Egghead, → Wissenschaftler
intelligent aufgeweckt, gescheit, blitzgescheit, hell, scharfsinnig, → begabt, → klug
Intelligenz 1. Oberschicht, geistige Elite, Geistesadel, Bildungsschicht, Bildungsbürgertum, die Gebildeten, Akademiker 2. → Klugheit, → Verstand
Intelligenzbestie → Intellektueller
Intendant → Leiter
Intendanz → Leitung
intendieren → beabsichtigen
Intensität → Stärke
intensiv 1. durchdringend, penetrant, stechend, beißend, streng, scharf, stark, → heftig 2. → gründlich 3. → nachdrücklich
intensivieren → verstärken
Intensivierung → Verstärkung
Intention → Absicht
Intercity → Zug
Interdependenz → Verhältnis
interdisziplinär → allgemein
interessant hochinteressant, ansprechend, aufschlussreich, erwähnenswert, bemerkenswert, beachtenswert, wissenswert, mitreißend, fesselnd, → anziehend
Interesse Anteilnahme, Anteil, Wissbegierde, Wissensdurst, Forschungstrieb, Augenmerk, Aufmerksamkeit, → Gespanntheit
interesselos → gleichgültig
Interesselosigkeit → Gleichgültigkeit
Interessengemeinschaft → Organisation
Interessensgebiet → Spezialgebiet
Interessent → Kunde
interessieren fesseln, gefangen nehmen, Interesse wecken, den Blick richten auf, gewinnen für, → begeistern, → reizen
interessieren, sich interessiert sein, Interesse haben, Anteil nehmen, neugierig werden, seinen Blick richten auf, Lust bekommen auf
interessiert aufgeschlossen, wissbegierig, wissensdurstig, lernbegierig, erwartungsvoll, Anteil nehmend, teilnehmend, → gespannt, → neugierig
Interieur → Einrichtung
Intermezzo → Zwischenspiel
intern → vertraulich
Internat Heimschule, Pensionat, Alumnat, Klosterschule, Konvikt, Heim, Schülerwohnheim, Wohnheim, → Schule
international allgemein, zwischenstaatlich, überstaatlich, grenzüberschreitend, völkerübergreifend, weltweit, weltumspannend, weltumfassend
internieren → einsperren
Internierter → Gefangener
Internierungslager → Lager
Interpret 1. Deuter, Erklärer, Auslegender, → Übersetzer 2. Vortragender, Musizierender, Musiker
Interpretation → Auslegung
interpretieren → auslegen
Intervall → Abstand
intervenieren → einmischen, sich
Intervention → Einmischung
Interview Befragung, Fragegespräch, Talkshow, → Gespräch

interviewen befragen, ausfragen, umfragen, eine Umfrage machen, → fragen
intim → vertraut
intim werden → koitieren
Intimität → Vertraulichkeit
Intimverkehr → Koitus
intolerant → fanatisch
Intoleranz → Fanatismus
Intrigant Ränkeschmied, Giftmischer, Unheilstifter, Zuträger, Ohrenbläser, Zwischenträger, Ehrabschneider, → Drahtzieher
intrigant ränkevoll, ränkesüchtig, arglistig, hintenherum
Intrige Ränke, Kabale, Intrigenspiel, Ränkespiel, Schliche, dunkle Machenschaften, Arglist
intrigieren Ränke schmieden, hintergehen, zutragen, gegeneinander ausspielen, hintertreiben
Introduktion → Einleitung
introvertiert → unzugänglich
Intuition → Einfall
intuitiv → gefühlsmäßig
invalide arbeitsunfähig, dienstunfähig, schwer beschädigt, versehrt, → körperbehindert
Invalide Schwerbeschädigter, Versehrter, Kriegsversehrter, Frührentner, → Körperbehinderter
Invalidität Arbeitsunfähigkeit, Kriegsverletzung
Invasion → Okkupation, → Überfall
Invektive → Beleidigung
Inventar → Einrichtung, → Bestand, → Verzeichnis
Inventur Bestandsaufnahme, Inventarisation, Lageraufnahme, Jahresabschluss
investieren → anlegen
Investition → Anlage
Investmentpapier → Wertpapier
inwendig → innen
Inzest Inzucht, Blutschande, Geschwisterliebe
Inzucht → Inzest
irdisch erdgebunden, dem Irdischen verhaftet, vergänglich, diesseitig, fleischlich, weltlich
irgendein → beliebig
irgendeiner → jemand
irgendeinmal → irgendwann
irgendwann einmal, irgendeinmal, eines Tages, eines schönen Tages, zu einem beliebigen Zeitpunkt, einerlei wann, egal wann, bei Gelegenheit
irgendwer → jemand
irgendwie so oder so, beliebig, gleichgültig wie, auf die eine oder andere Weise, unbestimmt, fraglich wie, → zufällig
irisieren → schillern
Ironie → Spott
ironisch → spöttisch
irr → geistesgestört
irrational → gefühlsbetont
irreal → unwirklich
irreführen → täuschen
Irreführung → Täuschung
irregehen → irren, sich, → verirren, sich
irreleiten → täuschen
irreligiös → atheistisch
irremachen → verunsichern, → verwirren
irren → irren, sich
irren, sich irren, sich täuschen, fehlen, fehlgehen, irregehen, missdeuten, sich versehen, sich vertun, sich verhauen, danebenhauen, danebengreifen, danebenliegen, sich verrechnen, sich vergaloppieren, im Irrtum sein, auf dem Holzweg sein, schief gewickelt sein, schief liegen, → missverstehen, → verwechseln
Irrenanstalt → Nervenheilanstalt
irrereden → fiebern
Irrfahrt Odyssee, ziellose Fahrt
Irrglaube → Heidentum, → Ketzerei
irrgläubig → abtrünnig
Irrgläubiger → Abtrünniger
irrig → falsch
irrigerweise → irrtümlich
irritieren → verunsichern, → verwirren
irritiert → verwirrt
Irrlehre → Ketzerei
Irrlicht → Trugbild
irrlichtern → umherirren
Irrsinn → Geisteskrankheit, → Unsinn
irrsinnig → geistesgestört
Irrtum Fehler, Fehlleistung, Versehen, Fehlurteil, Justizirrtum, Verwechslung, Täuschung, Selbsttäuschung, Holzweg, Fehlgriff, Fehlschluss, Trugschluss, Sophismus, Zirkelschluss, Circulus vitiosus, Teufelskreis, → Missverständnis
irrtümlich fälschlich, fälschlicherweise, irrigerweise, in der irrigen Annahme, versehentlich, aus Versehen
Irrweg Abweg, Irrgang, falscher Weg, Holzweg, Umweg
Irrwisch → Zappelphilipp
Ischias → Rheuma
Isolation → Absonderung, → Einsamkeit
isolieren 1. vereinzeln, trennen, abtrennen, absondern 2. → abdichten
isoliert → einsam, → einzeln
Isolierung → Ausschluss, → Einsamkeit, → Abdichtung
Isthmus → Landenge
Iststärke (*auch:* Ist-Stärke) → Bestand
itzt → jetzt

J

ja jawohl, sehr wohl, in der Tat, allerdings, einverstanden, o ja, aber ja, doch, gewiss, sicher, freilich, natürlich, selbstredend, selbstverständlich, schön, gut, versteht sich, gern, mit Freuden, meinetwegen, genehmigt, okay, klar, zweifellos
Jacht → Segelboot
Jacke Jackett, Sakko, Blazer, Rock, Gehrock, Bratenrock, Frack, Cut, Cutaway, Überrock, Lumberjack, Janker, Trachtenjanker, Strickveste, Schlutte, Joppe, Weste, Wams, Kittel, Anorak
Jackett → Jacke
Jagd Weidwerk, Jägerei, Pirsch, Lockjagd, Suchjagd, Treibjagd, Hetzjagd, Hetze, Hatz, → Verfolgung
Jagdaufseher → Jäger
Jagdbeute Strecke, Trophäe, → Beute
Jagdfrevler → Wilderer
jagdgerecht → weidmännisch
jagen 1. auf die Jagd gehen, Jagd machen auf, auf die Pirsch gehen, pirschen, hetzen, beizen, Fallen stellen, wildern, wilddieben, Wildfrevel begehen 2. → verfolgen 3. → eilen
Jäger Weidmann, Jägersmann, Förster, Forstmann, Wildschütz, Wildhüter, Jagdaufseher, Grünrock, Pelzjäger, Trapper, Fallensteller, → Wilderer
Jägerei → Jagd
Jägerlatein → Lüge
jäh → plötzlich, → steil
jählings → plötzlich, → steil
Jahr Kalenderjahr, Jahreskreis, Jahrgang, Geschäftsjahr, Kirchenjahr, Lenz, → Lebensjahr
jahraus, jahrein → immer, → jährlich
Jahrbuch Annalen, Jahrchronik, Chronik, Aufzeichnungen, Kalender, Almanach
jahrelang Jahr für Jahr, all die Jahre, seit Jahren, andauernd
Jahresabschluss → Bilanz, → Inventur
Jahresprämie → Zulage
Jahrestag → Jubiläum
Jahrgang Geburtsjahr, Altersklasse, Altersgruppe, Altersstufe, Generation
jährlich alljährlich, im Jahreswechsel, im jährlichen Wechsel, alle Jahre wieder, jedes Jahr, Jahr für Jahr, jahraus, jahrein, von Jahr zu Jahr
Jahrmarkt → Kirmes
Jähzorn Heißblütigkeit, Hitzköpfigkeit, Reizbarkeit, cholerisches Temperament, Anwandlung
jähzornig → aufbrausend
Jähzornspinkel → Hitzkopf
Jalousie Jalousette, Rollo, Rollladen, Rouleau, Markise, Sonnenschutz, Blendschutz, Sonnenblende, Sonnenschirm
Jammer → Leid, → Klage
Jammerlappen → Schwächling
jämmerlich → bedauernswert
jammern → klagen
jammerschade → bedauerlich
jammervoll jämmerlich, elend, elendiglich, erbärmlich, gottserbärmlich, gottsjämmerlich, dass Gott erbarm, zum Gotterbarmen, → bedauernswert
Janker → Jacke
japsen → atmen, → keuchen
Jargon → Umgangssprache
Jasager → Opportunist
jäten ausjäten, ausreißen, herausrupfen, ausrupfen, auszupfen, Unkraut rupfen, harken, roden
Jauche → Dung
Jauchegrube → Kloake
jauchzen → jubeln
Jauchzer → Jubel
jaulen aufjaulen, heulen, winseln, → bellen
Jausenstation → Hütte, → Gasthaus
jawohl → allerdings, → ja
Jawort → Zustimmung, → Erlaubnis
Jazzkapelle → Band
je 1. pro, per, pro Kopf, pro Person, pro Nase, jeweils, jedes, jeder 2. → jemals
je nachdem → bedingt, → vielleicht
Jeans → Hose
Jeck → Clown
jedenfalls immerhin, in jedem Falle, wenigstens, zumindest, meinerseits, meinesteils, → allerdings
jeder → alle, → je
jedermann → alle
Jedermannsgeschmack → Durchschnittsgeschmack
jederzeit → immer
jedes Mal → immer
jedoch → aber
jedweder → alle
Jeep → Geländefahrzeug
jeglicher → alle
jemals je, irgendwann, einmal
jemand irgendjemand, irgendeiner, irgendwer, einer, ein Mensch, eine Person, ein Unbekannter
Jemand → Person
jenseitig → transzendent
jenseits gegenüber, auf der anderen Seite, drüben

Jenseits Ewigkeit, die jenseitige Welt, die bessere Welt, die ewigen Jagdgründe, die himmlischen Gefilde, Gefilde der Seligen, Elysium, → Himmel, → Paradies
Jesus → Christus
Jesuskind → Christkind
Jet → Flugzeug
Jetset → Schickeria
jetzig derzeitig, nunmehrig, augenblicklich, heutig, diesjährig, amtierend, → aktuell, → gegenwärtig
jetzt gerade, im Augenblick, augenblicklich, derzeit, zur Stunde, zurzeit, heute, am heutigen Tage, im Moment, momentan, just, justament, soeben, eben, itzt, nun, nunmehr, → gegenwärtig
Jetzt → Gegenwart
Jetztzeit → Gegenwart
jeweilig zeitweilig, augenblicklich, aktuell, betreffend, entsprechend
jeweils → je
Jingle → Spot
Job → Arbeit, → Beruf
Jobber 1. Gelegenheitsarbeiter, Aushilfe, Tagelöhner, → Hilfskraft 2. → Börsenmakler, → Geschäftemacher
Joch → Bergspitze, → Geschirr, → Last
Jockei, Jockey → Reiter
jodeln → jubeln
Jogger → Läufer
Jogginganzug → Trikot
Jogurt (*auch:* Joghurt) → Milchprodukt
johlen → schreien
Jongleur Geschicklichkeitskünstler, Balancekünstler, → Artist
jonglieren ausbalancieren, balancieren, Geschicklichkeitsübungen ausführen, geschickt umgehen mit
Joppe → Jacke
Journal 1. Zeitschrift, Magazin, Gazette, Blatt, Blättchen, Boulevardblatt, Regenbogenpresse, Revue, Illustrierte, illustrierte Wochenschrift, Wochenzeitschrift, Monatsschrift, Periodikum, Fachzeitschrift, Fachorgan 2. → Tagebuch
Journalismus → Presse
Journalist Reporter, Zeitungsmann, Zeitungsmensch, Publizist, Kolumnist, Zeitungsschreiber, Zeitungsschmierer, Schmierfink, Zeitungsredakteur, Redakteur, Pressevertreter
jovial leutselig, gönnerhaft, verbindlich, konziliant, wohlwollend, → freundschaftlich
Jubel Jubelgeschrei, Jubelruf, Frohlocken, Jauchzen, Jauchzer, Gejauchze, Juchzer, Freudentaumel, Freudengeschrei, Freudengeheul, Gejohle, Gejodel, Triumphgeheul, → Beifall, → Freude
jubeln jauchzen, juchzen, frohlocken, jubilieren, jodeln, Freudenrufe ausstoßen, triumphieren, Luftsprünge machen, aus dem Häuschen geraten, → freuen, sich
Jubeltag → Festtag, → Jubiläum
Jubiläum Jubeltag, Jubelfest, Jahrestag, Gedenktag, Erinnerungstag, Gründungstag
jubilieren → jubeln, → zwitschern
juchzen → jubeln
Juchzer → Jubel
jucken beißen, kitzeln, kribbeln, krabbeln, prickeln, kratzen
Jugend 1. Jugendalter, Jugendzeit, Jugendjahre, Frühlingsjahre, Frühling des Lebens, Lebensfrühling, Entwicklungsjahre, Flegeljahre, Wachstumsjahre, Reifezeit, Adoleszenz, Pubertät, Sturm-und-Drang-Zeit 2. → Jugendlichkeit
Jugendalter → Jugend
Jugendherberge → Herberge
Jugendjahre → Jugend
Jugendkraft → Jugendlichkeit
Jugendlager → Lager
jugendlich jung, frisch, knackig, unverbraucht, juvenil, knabenhaft, mädchenhaft, teenyhaft, heranwachsend, halbwüchsig
Jugendlicher Heranwachsender, Halbwüchsiger, Halbstarker, Kid, Teenager, Teen, Teeny, Twen, junge Leute, junges Gemüse, Jungspund, Junior, Jüngling, junger Mann, junger Bursche, junger Dachs, Milchbart, Milchgesicht, Füllen, Grünschnabel, → Junge, → Mädchen
Jugendlichkeit Jugend, Jugendfeuer, Frische, Unverbrauchtheit, Spannkraft, Jugendkraft
Jugendsünde → Streich
Jugendzeit → Jugend
Jumbojet → Flugzeug
jumpen → springen
Jumper → Pullover
jung 1. blutjung, jung an Jahren, klein, frisch, unerfahren, unfertig, unreif, grün 2. → jugendlich
Junge Knabe, Bursche, Bub, Bengel, Jüngelchen, Jungchen, Kerlchen, Kerl, Sohn, → Jugendlicher, → Spitzbub(e), → Knirps
Junge bekommen → gebären
jungen → gebären
jungenhaft → burschikos
Jungenstreich → Streich
Jünger → Anhänger
Jüngerschaft → Gefolgschaft
Jungfer → Jungfrau, → Mädchen

jüngferlich altjüngferlich, gouvernantenhaft, tantenhaft
Jungfernschaft → Jungfräulichkeit
Jungfrau 1. Jungfer, Fräulein, Mamsell, altes Mädchen, → Mädchen 2. → Madonna
jungfräulich unberührt, unbefleckt, unschuldig, unverdorben, keusch, züchtig, unerschlossen, unerforscht
Jungfräulichkeit Jungfernschaft, Mädchenehre, Ehre, Reinheit, Keuschheit, Unberührtheit, Virginität, Unbeflecktheit, Unschuld, Unverdorbenheit
Junggeselle Hagestolz, Single, Einspänner, Einzelgänger, Zölibatär
Junggesellenstand → Ehelosigkeit
Jüngling → Jugendlicher
jüngst → neulich
Junior → Jugendlicher
Juniorchef → Nachfolger
Junk → Injektion
Junkie Drogenabhängiger, Rauschgiftsüchtiger, Rauschmittelsüchtiger
Junktur → Verbindung
Junta → Regierung
Jura Jus, Jurisprudenz, Recht, Rechtswissenschaft, Rechtskunde, Rechtslehre, Juristerei
Jurisdiktion → Justiz
Jurisprudenz → Jura
Jurist Rechtskundiger, Rechtsgelehrter, Rechtsverdreher, → Rechtsanwalt, → Rechtsberater, → Richter
Juristerei → Jura
juristisch → rechtlich
Jury Preisgericht, Schiedsgericht, Kampfgericht, → Ausschuss
Jus → Jura
just → jetzt
Justage → Justierung
justament → jetzt
justieren einstellen, nachstellen, regulieren, einrichten, ausrichten, eichen
Justierung Einstellung, Ausrichtung, Eichung
Justiziar (*auch:* Justitiar) Rechtsberater
Justiz Rechtspflege, Rechtswesen, Rechtsprechung, Jurisdiktion, Gerichtsbarkeit, Gerichtswesen, → Gericht
Justizirrtum → Irrtum
Justizpalast → Gericht
Justizvollzugsanstalt → Gefängnis
juvenil → jugendlich
Juwel(en) → Schmuck, → Edelstein, → Kostbarkeit
Jux → Scherz
juxen → scherzen

K

Kabale → Intrige
Kabarettist Komiker, Satiriker, Humorist, Spaßmacher, → Spötter
kabarettistisch → spöttisch
Kabel Draht, Leitung, Verbindung, → Seil
Kabine Telefonkabine, Telefonzelle, Umkleidekabine, Umkleide, Kajüte, Schiffskabine, Schlafkabine
Kabinett → Zimmer, → Regierung
Kabinettsmitglied → Minister
Kabinettstück → Prunkstück, → Abenteuer
Kabriolett → Kraftfahrzeug
Kabuff → Abstellraum
Kachel → Fliese, → Topf
Kacke → Exkremente
Kadaver → Aas
Kadavergehorsam → Gehorsam
Kader → Auslese, → Führungskraft
Kadi → Richter
Käfer → Insekt, → Mädchen
Kaff → Dorf, → Kleinstadt
Kaffee 1. Bohnenkaffee, Espresso, Mokka, Cappuccino, Milchkaffee, Malzkaffee, Muckefuck, Ersatzkaffee, Zichorie 2. → Frühstück, → Zwischenmahlzeit
Kaffeefahrt → Ausflug
Kaffeefilter → Filter
Kaffeehaus → Café
Kaffeeklatsch → Geplauder
Käfig Bauer, Vogelbauer, Vogelkäfig, Voliere, Raubtierkäfig, Zwinger, → Stall
kahl nackt, leer, entlaubt, entblättert, baumlos, vegetationslos, → glatzköpfig
kahlköpfig → glatzköpfig
Kahlschlag → Lichtung
Kahn → Boot, → Schiff
Kai Kaimauer, Hafendamm, Damm, Hafenmauer, Mole, Pier, Landeplatz
Kaimauer → Kai
Kaiser → Herrscher
Kaiserschnitt → Geburt
Kajak → Boot
Kajüte → Kabine
Kakao Kakaogetränk, Milchkakao, Schokolade, heiße Schokolade
Kakteenhaus → Gewächshaus
Kalamität → Verlegenheit
Kalauer → Witz
Kalb → Rind
kalbern → albern
Kaldaunen → Eingeweide
Kalender Kalendarium, Almanach, Jahrbuch, Jahrweiser, Jahresweiser, Jahreskalen-

der, Abreißkalender, Notizkalender, Schreibtischkalender, Taschenkalender, Wochenkalender, → Terminkalender
Kalenderjahr → Jahr
Kalendertag → Tag
kalfatern → abdichten
Kaliber Größe, Stärke, Abmessung, Art, Durchmesser, Bohrung, Geschützweite, Kugeldurchmesser, Geschossdurchmesser
Kalk → Dung, → Mörtel
kalkbleich → blass
Kalkül → Berechnung
Kalkulation → Berechnung
kalkulieren → berechnen
kalkweiß → blass
kalorienreich → nahrhaft
kalt 1. frisch, feuchtkalt, frostig, eiskalt, eisig, bitterkalt, abgekühlt, ausgekühlt, unterkühlt, hundekalt, lausig kalt, klirrend kalt, herbstlich, winterlich 2. → ungemütlich 3. → gefühllos
kalt haben → frieren
kaltblütig → gelassen, → grausam
Kaltblütigkeit → Gelassenheit, → Grausamkeit
Kälte 1. Frost, Eiseskälte, Hundekälte, Lausekälte, bittere Kälte 2. → Gefühllosigkeit
Kälteeinbruch → Abkühlung
Kältesturz → Abkühlung
kaltmachen → töten
kaltschnäuzig → berechnend, → frech
Kaltschnäuzigkeit → Berechnung, → Frechheit
kaltstellen → abservieren, ins Abseits stellen, abschieben, ausbooten, hinausekeln, hinaustreiben, → ausschließen, → entlassen
Kamel 1. Wüstenschiff, Dromedar, Trampeltier 2. → Dummkopf
Kamera Filmkamera, Filmapparat, Schmalfilmkamera, Super-8-Kamera, Videokamera, Fernsehkamera, → Fotoapparat
Kamerad Gefährte, Bruder, Kumpel, Mitstreiter, Kampfgenosse, Kampfgefährte, Schicksalsgenosse, Schicksalsgefährte, Leidensgenosse, → Freund, → Anhänger
Kameraderie Kumpelhaftigkeit, Kumpanei, Korpsgeist, → Freundschaft
Kameradin → Freundin
Kameradschaft → Freundschaft
kameradschaftlich → freundschaftlich
Kamin Heizkamin, Kaminfeuer, Cheminée, → Schornstein
Kaminfeger → Schornsteinfeger
Kaminkehrer → Schornsteinfeger
Kamm 1. Haarkamm, Lausrechen, Läuserechen, Bürste 2. Grat
kämmen frisieren, durchkämmen, strählen, striegeln, bürsten
Kammer → Zimmer, → Gericht
Kammerdiener → Diener
Kampagne Feldzug, Unternehmung, Vorstoß, Aktion, Propagandafeldzug, Werbekampagne
Kämpe → Kämpfer
Kampf 1. Kampfhandlung, Kampfgetümmel, bewaffnete Auseinandersetzung, kriegerische Handlungen, Gefecht, Feuergefecht, Schießerei, Treffen, Scharmützel, Waffengang, Schlacht, Feldschlacht, → Duell, → Krieg 2. Clinch, Ringen, Anstrengung, Mühe, Qual
Kampfansage → Herausforderung
Kampfbahn → Arena
kampfbereit → gerüstet
kämpfen 1. aneinander geraten, fechten, die Klingen kreuzen, ins Feld ziehen gegen, sich schlagen, sich bekriegen, sich bekämpfen, → streiten, → ringen 2. → messen, sich 3. → einsetzen, sich
Kämpfer 1. Krieger, Streiter, Fechter, Recke, Kämpe, Mitkämpfer, Kombattant, Haudegen, Draufgänger, → Soldat 2. → Fanatiker
kämpferisch kriegerisch, martialisch, militant, streitbar, streithaft, kampflustig, angriffslustig, → herausfordernd
Kampfgericht → Jury
Kampfgetümmel → Kampf
Kampfhandlung → Kampf
Kampflinie → Front
kampflustig → kämpferisch
Kampfmaßnahme → Streik
Kampfplatz Kampfzone, Kriegsschauplatz, Kriegsgebiet, Schlachtfeld, Walstatt, Feld der Ehre, → Front, → Schauplatz
Kampfrichter → Schiedsrichter
kampieren → zelten
Kanaille → Gauner
Kanal Wassergraben, Abzugsgraben, Entwässerungskanal, Durchstich, Durchfahrt, Wasserstraße, Wasserweg, Schifffahrtsstraße, Fleet, Gracht
Kanalisation Abwasserführung, Kanalisierung, Regulierung, Begradigung, → Dränage
kanalisieren 1. begradigen, regulieren, schiffbar machen, → dränieren 2. → regeln
Kanalisierung → Dränage, → Kanalisation
Kanapee → Sofa
Kandare → Zügel
Kandel → Dachrinne, → Gosse
Kandelaber → Leuchter
Kandidat → Anwärter, → Bewerber, → Prüfling

kandidieren → bewerben, sich
kandieren → zuckern
kandiert → süß
Kaninchen → Hase
Kanister Benzinkanister, Reservekanister, Tank, → Behälter
Kanne Krug, Bembelkrug, Kruke, Kolben, Karaffe, Amphore, Amphora, Gefäß, → Behälter
Kannibale → Menschenfresser
Kanon 1. Wechselgesang, Rundgesang, Gesang, → Lied 2. → Regel
Kanone → Geschütz, → Fachmann
Kanonenkugel → Geschoss
kanonisieren → vereinheitlichen, → heiligen
Kante Rand, Einfassung, Abschluss, Ecke
Kanten → Brot, → Brotanschnitt
Kantholz Balken, Riegel, Sparren, Gebälk, Unterzug
kantig scharfkantig, → eckig
Kantine Messe, Offiziersmesse, Kasino, Werkküche, Mensa, Speisesaal, Speiseraum, Refektorium
Kanton → Bezirk
Kanu → Boot
Kanzel Predigtstuhl, Lehrkanzel, → Hochstand
Kanzlei Dienststelle, Amtsstube, Anwaltskanzlei, Rechtsanwaltsbüro, → Büro
Kanzleischreiber → Sekretär
Kanzleistil Amtsdeutsch, Amtsstil, Behördendeutsch, Behördenstil, Behördenkauderwelsch, Papierdeutsch, Verwaltungssprache
Kanzler → Staatsoberhaupt
Kapaun → Hahn
Kapazität → Fassungsvermögen, → Fachmann
Kapelle → Kirche, → Band, → Orchester
Kapellmeister → Dirigent
kapern → entern
kapieren → verstehen
Kapital → Geld, → Vermögen
Kapitalismus Monopolkapitalismus, Plutokratie
Kapitalist Großkapitalist, Bonze, Geldaristokrat, Plutokrat, Finanzgröße, Finanzmagnat, Großindustrieller, Industriemagnat, Industriekapitän, Aktionär, Großaktionär, → Ausbeuter, → Reicher
kapitalkräftig → reich
Kapitalverbrechen → Verbrechen
Kapitel → Absatz, → Artikel
Kapitulation → Unterwerfung
kapitulieren → aufgeben, → ergeben, sich
Kaplan → Geistlicher
Kapo → Leiter
Kappe → Mütze
kappen durchtrennen, durchhauen, durchschlagen, durchschneiden, abhacken, abzwicken, stutzen, kupieren, → beschneiden, → zerschneiden
Kappenabend → Kostümfest
Kapriole → Laune, → Sprung
kapriziös → launisch
Kapsel 1. Pille, Pastille, Dragee, Tablette, → Arznei 2. Hülse, Büchse, Dose, Gehäuse
kaputt → defekt, → erschöpft
kaputtgehen → ausfallen, → zu Grunde gehen, → reißen
kaputtlachen, sich → lachen
kaputtmachen → zerstören
Kapuze → Kopfbedeckung
Karabiner → Gewehr
Karaffe → Kanne
Karambolage → Zusammenstoß
Karawane → Zug
Karbonade → Schnitzel
Karbunkel → Geschwür
Kardinal → Geistlicher
Karenzzeit Karenz, Wartezeit, Inkubationszeit, Sperrfrist, Durststrecke, Überbrückungszeit, Übergangszeit, → Probezeit, → Aufschub
Karfunkel → Edelstein
karg 1. dürftig, ertragsarm, unergiebig, kärglich, kümmerlich, mager, gering, wenig, ärmlich, armselig, spärlich, knapp, bescheiden 2. → felsig
kargen → geizen
Kargheit Ertragsarmut, Unergiebigkeit, Unfruchtbarkeit, Dürftigkeit, Mangel, → Armut
kärglich → arm, → karg
kariert gewürfelt, schachbrettartig, → gemustert
Karikatur Spottbild, Zerrbild, Parodie, Verunstaltung, Cartoon
karikieren übertrieben darstellen, verspotten, ins Lächerliche ziehen, verzerren, parodieren
Karitas → Nächstenliebe
Karneval → Fasching
Karnickel → Hase
Karo → Viereck
Karosse → Fahrzeug, → Kraftfahrzeug, → Kutsche
Karosserie Aufbau, Wagenaufbau, Blechkleid
Karotte → Mohrrübe
Karre → Fahrzeug, → Kraftfahrzeug, → Schubkarre
Karree → Viereck

karren → transportieren
Karren → Wagen
Karriere Aufstieg, Laufbahn, Vorwärtskommen, beruflicher Erfolg, Werdegang
Karriere machen → aufsteigen
karrieresüchtig → ehrgeizig
Karrierist Karrieremacher, Erfolgsmensch, Streber, Emporkömmling, Yuppie
karstig → felsig, → öde
Karte 1. Landkarte, Straßenkarte, Straßenplan, Generalkarte, Wanderkarte, topografische Karte, Kartenblatt, Messtischblatt, Erdkarte, Weltkarte, Übersichtskarte 2. Speisekarte, Menükarte, Speisezettel, Küchenzettel, Getränkekarte, Weinkarte 3. Postkarte, Ansichtskarte, Grußkarte 4. → Ticket, → Eintrittskarte 5. → Spielkarte
Kartei Zettelkasten, Karteikasten, Kartothek, Zettelkatalog, Katalog, → Verzeichnis
Kartell → Organisation
Kartenleger → Wahrsager
Kartoffel 1. Erdapfel, Grundbirne, Krumbire, Knolle 2. Salzkartoffeln, Pellkartoffeln, Dampfkartoffeln, Ofenkartoffel, Bratkartoffeln, Röstkartoffeln, Rösti, Pommes frites, Pommes, → Kartoffelbrei, → Kartoffelpuffer
Kartoffelbrei Kartoffelpüree, Kartoffelmus, Kartoffelstock, Erdäpfelstock, Quetschkartoffeln, Stampfkartoffeln, → Kartoffel
Kartoffelpuffer Reibekuchen, Reibeplätzchen, Kartoffellinse, Linse, Plinse
Kartoffelpüree → Kartoffelbrei
Kartoffelstock → Kartoffelbrei
Karton → Pappe, → Schachtel
Karzer → Gefängnis
Karzinom → Geschwulst
Kaschemme → Gasthaus
kaschen → ergreifen
kaschieren → verbergen, → vertuschen
Käse → Milchprodukt
käsebleich → blass
Käsebrot → Butterbrot
Kasematte → Befestigungsanlage
käseweiß → blass
Kasino 1. Spielkasino, Spielbank, Spielhölle 2. → Kantine
Kaskade → Wasserfall
Kasper → Clown, → Spaßvogel
Kasperltheater → Puppentheater
Kasse 1. Ladenkasse, Registrierkasse, Geldkiste, Geldlade, Kassette 2. Kassenschalter, Bankschalter, Auszahlungsschalter, Schalter 3. → Bank 4. Abrechnung 5. Sozialversicherung
Kassenbuch Kontobuch, Hauptbuch, Geschäftsbücher, Bücher, Ein- und Ausgänge
Kassenmagnet → Anziehung, → Glanzpunkt
Kassenschalter → Kasse
Kassenschrank → Tresor
Kassenstand → Vermögensverhältnisse
Kassensturz → Abrechnung
Kassenverwalter → Schatzmeister
Kassenwart → Schatzmeister
Kassenzettel → Quittung
Kasserolle → Topf
Kassette 1. Kästchen, Schatulle, Schmuckschatulle 2. Musikkassette, Audiokassette, Tonbandkassette, Videokassette 3. → Kasse, → Tresor
Kassettendeck → Tonband
Kassettenrekorder → Tonband
Kassiber → Schreiben
Kassier → Schatzmeister
kassieren → einnehmen, → erobern
Kassierer → Schatzmeister
Kästchen → Kassette
Kaste → Gesellschaftsschicht
Kastell → Festung, → Burg
Kasten → Kiste, → Schrank, → Fach
Kastrat Entmannter, Verschnittener, Eunuch, Haremswächter
kastrieren entmannen, verschneiden, der Manneskraft berauben, zeugungsunfähig machen, → sterilisieren
Kasus → Fall, → Angelegenheit
Katakombe → Friedhof
Katalog 1. Warenkatalog, Musterkatalog, Versandhauskatalog, Versandkatalog, Angebotsliste, Preisliste, Zusammenstellung, → Prospekt 2. → Verzeichnis
katalogisieren → einordnen
Katapult → Schleuder
katapultieren → werfen
Katarakt → Wasserfall
Katarrh (*auch:* Katarr) → Erkältung
Kataster Grundbuch, Grundstücksverzeichnis, Flurbuch
katastrophal → schlimm
Katastrophe → Unglück
Katastrophenmeldung → Hiobsbotschaft
Kate → Hütte
Kategorie → Art, → Klasse
kategorisch → bestimmt
kategorisieren → bestimmen
Kater 1. Katzenjammer, Nachwehen, Nachwirkung, Brummschädel, → Kopfweh 2. → Katze
Kateridee → Einfall
Katheder → Pult, → Leitung
Kathedrale → Kirche
katzbuckeln → einschmeicheln, sich

Katze Kater, Miez, Miezekatze, Mutzikatze, Muschi, Dachhase
Katzenauge → Rücklicht
Katzenjammer → Kater
Kauderwelsch → Unsinn
kauderwelschen → radebrechen
kauen beißen, mahlen, malmen, mümmeln, mampfen, manschen, kiefeln, nagen, knabbern, → abbeißen
kauern hocken, knien, → sitzen
Kauerstellung Hockstellung, Hocke
Kauf Erwerb, Erwerbung, Erstehung, Abnahme, Übernahme, Ankauf, Bezug, Kaufabschluss, Anschaffung, Errungenschaft, → Einkauf, → Sonderangebot
kaufen 1. käuflich erwerben, erstehen, anschaffen, sich eindecken, abnehmen, beziehen, übernehmen, ankaufen, aufkaufen, abkaufen, einen Kauf tätigen, → einkaufen 2. → bestechen
Käufer Abnehmer, Konsument, Verbraucher, Endverbraucher, Bezieher, Abonnent, → Kunde
Kaufhaus → Geschäft
Kaufinteresse → Bedarf
Kaufladen → Geschäft
käuflich feil, wohlfeil, für Geld zu haben, → lieferbar, → bestechlich
Kaufmann 1. Volkswirt, Prokurist, Bankkaufmann, Einzelhandelskaufmann 2. Geschäftsmann, Geschäftsbesitzer, Geschäftsinhaber, Ladenbesitzer, Ladeninhaber, Einzelhändler, Krämer, Krauter, Greißler, → Händler, → Einzelhändler
kaufmännisch → beruflich, → kommerziell
Kaufpreis → Preis
kaum 1. schwerlich, knapp, nur mit Mühe, fast nicht, so gut wie gar nicht, unerheblich, in geringem Maße, mit Müh und Not, mit Hängen und Würgen, mehr schlecht als recht 2. → gerade
kausal → ursächlich
Kausalzusammenhang → Ursächlichkeit
Kaution → Bürgschaft
Kaution stellen → hinterlegen
Kauz → Eule, → Eigenbrötler
kauzig → eigenbrötlerisch
Kavalier Gentleman, Grandseigneur, Weltmann, Mann von Welt, Gesellschaftslöwe, Salonlöwe, Ritter, Grandseigneur, Ehrenmann, → Geliebter
Kavaliersdelikt → Streich
kavaliersmäßig → höflich
Kavallerie Reiterei, Reitertruppe, berittene Truppe
keck → burschikos, → frech
Keeper → Torhüter
Kegel → Berg
Kehle Gurgel, Drossel, Hals, Rachen
Kehlkopf Adamsapfel, Griebs, Sprechorgan, Stimmbänder
Kehraus → Abschluss, → Ende
Kehrbesen → Besen
Kehrblech → Kehrschaufel
Kehre → Kurve
kehren 1. zukehren, wenden, zuwenden, abwenden, drehen, zudrehen, wegdrehen 2. → fegen, → putzen
Kehricht → Schmutz, → Abfall
Kehrschaufel Kehrblech, Dreckschaufel, Kutterschaufel, Müllschippe, Müllschaufel
Kehrseite → Gesäß, → Rücken, → Nachteil
kehrtmachen → umkehren
Kehrtwende → Wende
Kehrwisch → Besen, → Handfeger
Kehrwoche → Hausputz
keifen → schimpfen
Kelle → Prügel
keilen, sich → schlagen, sich
Keiler → Schwein
Keilerei → Handgemenge
Keim 1. Pflanzenkeim, Keimling, Sprössling, Trieb, Reis 2. → Erreger
keimen aufkeimen, wachsen, entstehen, sprießen, ausbrechen, aufbrechen, aufgehen
keimfrei steril, desinfiziert, aseptisch
Keimling Keim
Keimzelle Zelle, Geschlechtszelle, Gamet, Eizelle, Follikel, Samenzelle, Samen, Samenkorn, Samenfädchen, Spermium, → Ei
keiner → niemand
keinesfalls keineswegs, auf keinen Fall, ganz und gar nicht, nicht im Geringsten, nicht im Entferntesten, unmöglich, durchaus nicht, kein Gedanke daran, unter keinen Umständen, → nie, → nein
keineswegs → keinesfalls
Kelch Messkelch, Altargerät, Weinkelch, Römer, Pokal, Schale, Glas
Kelle → Löffel
Keller Kellergewölbe, Kellerraum, Vorratskeller, Weinkeller, Kohlenkeller, Kellerloch, → Kellergeschoss
Kellergeschoss Souterrain, Basement, Untergeschoss
Kellergewölbe → Gewölbe, → Keller
Kellner(in) → Bedienung
Kelter Entsafter, Entmoster, Mostpresse, Obstpresse, Saftpresse, Presse
keltern auspressen, entsaften, → ausdrücken
Kemenate → Zimmer

kennen bekannt vorkommen, Bekanntschaft gemacht haben mit, kennen gelernt haben, ein Lied singen können, überblicken, Bescheid wissen, → wissen, → auskennen, sich
kennen lernen bekannt werden mit, treffen auf, zusammentreffen mit, Bekanntschaft machen, aufgabeln, auffischen, aufreißen, → erleben
kennen lernen, sich → näher kommen, sich
Kenner → Fachmann, → Genießer
Kennerblick → Geschmack
kennerhaft → fachmännisch, → genießerisch
kenntlich → sichtbar
Kenntnis → Einblick, → Wissen, → Erfahrung
kenntnisreich → gebildet, → gelehrt
Kenntnisse → Wissen
Kennwort Losung, Losungswort, Parole, Stichwort, Erkennungszeichen
Kennzeichen Bezeichnung, Zeichen, Hoheitszeichen, Nummernschild, Autokennzeichen, Kennzahl, Namenszug, Stempel, Prägung, Brandmal, Stigma, → Eigenart, → Merkmal
kennzeichnen bezeichnen, charakterisieren, stempeln, abstempeln, stigmatisieren, brandmarken, → markieren
kennzeichnend → charakteristisch
Kennzeichnung → Bezeichnung
kentern 1. umkippen, umschlagen, havarieren, untergehen, auf Grund laufen 2. → scheitern
Kerbe Einkerbung, Einschnitt, Scharte, Riefe
Kerker → Gefängnis
Kerl → Junge, → Mann
Kern 1. Stein, Obststein, Obstkern, Nuss 2. Innerstes, Wesen, Herzstück, Herz, Zentrum, → Mittelpunkt
Kernenergie → Nukleartechnik
Kernfrage → Frage
Kernfusion → Nukleartechnik
Kerngehäuse → Kernhaus
kerngesund → gesund
Kernhaus Kerngehäuse, Griebs, Butzen, Apfelbutzen
kernig markig, deftig, herzhaft, derb, zupackend, → kräftig
Kernkraft → Nukleartechnik
Kernkraftwerk → Kernreaktor
Kernphysik → Nukleartechnik
Kernproblem → Frage
Kernpunkt → Hauptsache
Kernreaktor Reaktor, Kernkraftwerk, KKW, Atomkraftwerk, AKW, Atomreaktor, Atommeiler, schneller Brüter
Kernstück → Hauptsache
Kerntechnik → Nukleartechnik
Kerosin → Petroleum
Kerze Wachskerze, Bienenwachskerze, Stearinkerze, Talglicht, Licht
kerzengerade → aufrecht, → gerade
Kerzenleuchter → Leuchter
Kerzenständer → Leuchter
kess → frech, → unbefangen
Kessel 1. Zuber, Waschzuber, Waschkessel, Einmachkessel, Becken, Tank, Topf, Kochtopf 2. → Tal
Kesseltreiben → Verfolgung
Kette 1. Halskette, Collier, Kettchen, Armkettchen, Uhrkette, Absperrkette, Gliederkette 2. → Reihe 3. → Raupe
Kettenfahrzeug → Panzer, → Raupe
Ketzer Häretiker, → Abtrünniger
Ketzerei Häresie, Irrglaube, Irrlehre, Abweichung, Abspaltung, Abfall, Freigeisterei, → Götzenverehrung
ketzerisch → abtrünnig
keuchen schnaufen, schnauben, pusten, prusten, japsen, röcheln, pumpen, schwer atmen, → atmen
keusch → enthaltsam, → jungfräulich
Keuschheit → Enthaltsamkeit
Keyboard → Tastatur
Keyboards → Tasteninstrument
Kfz → Kraftfahrzeug
kichern → lachen
Kick → Schwung, → Rausch
kicken Fußball spielen, bolzen, holzen, hacken, treten
Kicker → Fußballspieler
Kid → Jugendlicher
kidnappen → entführen
Kidnapping → Entführung
kiebitzen → zuschauen
kiefeln → kauen
Kiefer Föhre, Krüppelkiefer, Latsche
Kienspan → Fackel
Kiepe → Hucke, Trage, Tragkorb, Korb
Kies → Geröll, → Geld
Kieselstein → Stein
Kiez → Stadtteil
killen → töten
Killer → Mörder
Kimmung → Horizont
Kind Zuwachs, Kleines, Ehesegen, Frucht der Liebe, Balg, Fratz, Gör, Racker, Range, Nachwuchs, Schulkind, Pflegekind, Ziehkind, Adoptivkind, leibliches Kind, uneheliches Kind, Stiefkind, Sohn, Tochter, → Säugling, → Nachkomme
Kinderbetreuer(in) → Babysitter
Kinderbett Gitterbett, → Bett

Kinderei → Albernheit
Kinderfräulein → Erzieherin, → Babysitter
Kinderfürsorge → Kinderheim
Kindergarten Kinderhort, Hort, Kindertagesstätte, Tagesheim, Kinderkrippe, Krippe, Krabbelstube, Vorschule
Kindergärtnerin → Erzieherin
Kinderheim Heim, Kinderhort, Findelhaus, Waisenhaus, Kinderfürsorge, Säuglingsheim, → Schullandheim
Kinderhort → Kindergarten, → Kinderheim
Kinderjahre → Kindheit
Kinderkram → Kleinigkeit
Kinderkrippe → Kindergarten
Kinderladen → Kindergarten
kinderleicht → leicht
kinderlos → unfruchtbar
Kindermädchen Amme, Bonne, Kinderfrau, Kinderpflegerin, → Erzieherin, → Babysitter
Kinderschreck schwarzer Mann, böser Mann, Buhmann, Knecht Ruprecht, Schreckgestalt, Schreckgespenst, Nachtmahr, → Gespenst
Kinderspielplatz Spielplatz, Spielwiese, Tummelplatz, Sandkasten, Buddelkasten
Kinderspielzeug Spielzeug, Spielsachen, Spielwaren
Kinderstube → Benehmen
Kindertagesstätte → Kindergarten
Kinderwärterin → Erzieherin, → Babysitter
Kinderzeit → Kindheit
Kindesentführung → Entführung
Kindeskind → Enkel
kindhaft → kindlich, → naiv
Kindheit → Kinderzeit, Kinderjahre, Kindesalter, → Jugend
Kindheit verbringen → heranwachsen
kindisch infantil, albern, absurd, töricht, läppisch, pueril, simpel, ahnungslos, → lächerlich
kindlich kindhaft, mädchenhaft, knabenhaft, verspielt, → naiv
Kindskopf → Dummkopf, → Narr
Kindsmagd → Erzieherin
King → Anführer
Kinkerlitzchen → Kleinigkeit, → Tand
Kinnhaken → Schlag
Kino Lichtspieltheater, Lichtspielhaus, Lichtspiele, Filmtheater, Filmbühne, Kintopp
Kiosk → Bude
Kippe → Zigarette
kippen → umfallen, → trinken
Kirche 1. Gotteshaus, Gebetshaus, Bethaus, Dom, Münster, Kathedrale, Basilika, Kapelle, Synagoge, Moschee, Tempel, → Heiligtum 2. → Gotteshaus 3. → Klerus 4. → Glaubensgemeinschaft
Kirchenbann Exkommunikation, Exkommunizierung, Ausschluss
Kirchenchor → Chor
Kirchendiener → Küster
Kirchengemeinde → Gemeinde
Kirchenraub → Sakrileg
Kirchenschändung → Sakrileg
Kirchhof → Friedhof
kirchlich → geistlich, → fromm
Kirchturm → Turm
Kirchweih → Kirmes
Kirmes 1. Kirchweih, Dorfkirchweih, Erntetag, Erntedank, Erntedankfest, Erntedanktag, Erntetanz 2. Kerwe, Kilbi, Volksfest, Rummel, Wasen, Messe, Jahrmarkt, Oktoberfest
kirre → zahm
Kismet → Schicksal
Kissen Kopfkissen, Sofakissen, Federkissen, Sitzkissen, Polster, Pfühl
Kiste 1. Container, Kasten, Truhe, Schrein, Lade, → Schachtel 2. → Kraftfahrzeug
Kitsch → Geschmacklosigkeit, → Schmachtfetzen
kitschig → geschmacklos, → tränenselig
Kittchen → Gefängnis
Kittel → Jacke
kitten → ausbessern, → restaurieren
Kitz → Reh
Kitzel → Reiz
kitzeln 1. krabbeln, killern, piesacken, zum Lachen bringen, → jucken 2. → reizen
Kitzler Klitoris, Geschlechtsteil, Genital
kitzlig → heikel
KKW Kernkraftwerk, → Kernreaktor
Klabautermann → Kobold
Klacks → Kleinigkeit, → Haufen
Kladde → Heft
klaffen auseinander klaffen, offen stehen, auseinander stehen, gähnen, sich auftun
kläffen → bellen
Kläffer → Hund
klaftertief → abgrundtief
Klage 1. Jammer, Gejammer, Lamento, Lamentation, Lamentieren, Jammergeschrei, Jeremiade, Wehgeschrei, Geheul, Schmerzensschrei, Wehklage, Klagelied, Klagegesang, Elegie, Totenklage, Händeringen, → Seufzer 2. → Anklage 3. → Beanstandung
Klagelaut → Seufzer
Klagelied → Klage
klagen 1. jammern, lamentieren, bejammern, beklagen, beweinen, wehklagen, seufzen, winseln, wimmern, etwas vorjammern,

die Ohren voll jammern 2. → anklagen 3. → beanstanden
Klägerpartei → Gegner
Klageruf → Seufzer
Klagesache → Prozess
Klageweg → Prozess
kläglich erbärmlich, jämmerlich, sang- und klanglos, schändlich, schmerzlich, unrühmlich, erbarmungswürdig, elend, → bedauernswert, → arm, → beschämend
Klamauk → Lärm
klamm → bankrott, → steif, → feucht
Klamm → Schlucht
Klammer → Spange
klammern → heften
klammern, sich 1. sich festhalten, sich anklammern, sich festkrallen, sich krallen an, umklammern 2. → hoffen
klammheimlich → heimlich
Klamotte → Komödie
Klamotten → Kleidung
Klan (*auch:* Clan) → Gruppe, → Familie
Klang 1. Schall, Ton, Geräusch, Klangart, Klangfarbe, Tonfarbe, Tonfolge, Laut, Melodie, Kolorit, Timbre, Sound 2. → Akustik
Klangverhältnisse → Akustik
klangvoll → melodisch
Klangwirkung → Akustik
Klappe 1. Umschlagklappe, Verschlussklappe, Ventilklappe, Drosselklappe, Deckel, Verschluss 2. → Bett 3. → Mund
klappen → funktionieren, → gelingen
klappern scheppern, rasseln, rappeln, rumpeln, dröhnen, schnattern
klapprig → alt, → gebrechlich
Klaps → Schlag
Klapsmühle → Nervenheilanstalt
klar 1. hell, luzid, licht, rein, lauter, kristallklar, kristallen, glasklar, ungetrübt, → durchsichtig 2. → deutlich, → anschaulich 3. → vernehmlich 4. → aufgeklart
klar sehen → erkennen
klar zum → gerüstet
klären 1. reinigen, filtern, filtrieren, läutern 2. klarlegen, klarstellen, klarmachen, regeln, ordnen, einrenken, reinen Tisch machen, berichtigen, → aufklären
klären, sich sich aufklären, aufheitern, aufklaren, aufreißen, sich entwölken, klar werden, sich lichten, aufhellen
Klarer → Spirituosen
Klarheit → Deutlichkeit
klarkommen → bewältigen
klarlegen → klären
klarmachen → klären, → erklären
Klarsichtfolie → Folie
klarstellen → berichtigen, → klären
Klarstellung → Berichtigung
Klärung → Berichtigung, → Aufklärung
Klasse 1. Kategorie, Rubrik, Sektion, Sparte, Ordnung, Gruppe, Abteilung, Gattung 2. Klassenraum, Klassenzimmer, Schulzimmer 3. Schulklasse, Klassenverband, Abschlussklasse, Abiturklasse 4. Gesellschaftsschicht
Klassenarbeit Arbeit, Klausur, Extemporale, Schularbeit
Klassenfahrt → Ausflug
Klassenkasper → Spaßvogel
Klassenprimus → Streber
Klassenverband → Klasse
Klassenzimmer → Klasse
Klassifikation → Einordnung
klassifizieren → einordnen
klassifiziert → untergliedert
klassisch → antik, → herkömmlich
Klatsch → Tratsch
Klatschbase → Klatschmaul
klatschen 1. applaudieren, Beifall klatschen, Beifall spenden, akklamieren 2. tratschen
Klatschen → Beifall
Klatschhaftigkeit → Redseligkeit
Klatschmaul Klatschtante, Klatsche, Klatschbase, Klatschtrine, Klatschweib, Kaffeetante, Plaudertasche, Schnattermaul, Schnatterliese, Schwatzbase, Quasselstrippe, Plappermaul, Plapperliese, Waschweib, Schwätzer, Schwätzerin, → Lästermaul
klatschmäulig → redselig
klatschnass → nass
Klatschspalte → Zeitungsartikel
Klatschsucht → Neugier, → Redseligkeit
klatschsüchtig → neugierig, → redselig
Klatschweib → Klatschmaul
Klaue → Kralle, → Hand, → Handschrift
klauen → stehlen
Klause → Eremitage, → Zelle, → Schlucht
Klausel → Absatz, → Bedingung
Klausur 1. Abgeschiedenheit, Abgeschlossenheit, Isolierung, Zurückgezogenheit, Klosterzwang, Klosterleben 2. → Prüfung
Klaviatur → Tastatur
Klavier Piano, Pianoforte, Flügel, Konzertflügel, Hammerklavier, Klavichord, Drahtkommode, → Tasteninstrument
kleben 1. leimen, kleistern, zusammenkleistern, festpappen, verbinden 2. haften, pappen, festhängen, festsitzen, hängen bleiben, backen
Kleber → Klebstoff
klebrig pappig, harzig, schleimig, zäh, haftend, → süß

Klebstoff Kleber, Alleskleber, Uhu, Kleister, Tapetenkleister, Bindemittel, Leim, Knochenleim, Papp, Gummilösung, Vulkanisierlösung
kleckern herumkleckern, klecksen, patzen, schmieren, verschmieren, versauen, beflecken
Klecks → Fleck
klecksen → kleckern, → malen
Kleckserei → Geschmier
Kleid Gewand, Kostüm, Dress, Zweiteiler, Abendkleid, Fummel, Trachtenkleid, Dirndl, → Kleidung
kleiden 1. bekleiden, ankleiden, einkleiden, anziehen 2. stehen, gut stehen, passen, vorteilhaft sein
kleiden, sich anziehen, sich ankleiden, sich herrichten, sich geben
Kleider → Kleidung
Kleiderablage → Garderobe
Kleideraufbewahrung → Garderobe
Kleiderkasten → Schrank
Kleidermode → Modeschöpfung
Kleiderrechen → Garderobe
Kleiderschrank → Schrank
Kleiderständer → Garderobe
kleidsam → geschmackvoll
Kleidung Bekleidung, Kleider, Garderobe, Gewand, Kluft, Klamotten, Sachen, Zeug, Montur, Anzug, Aufzug, Tracht, Robe, Abendrobe, Staat, → Kleid, → Ornat
klein 1. winzig, kurz, klitzeklein, lütt, zwergenhaft, zu kurz geraten, gering, geringfügig 2. → jung
klein machen → zerkleinern
klein schneiden → zerkleinern
Kleinbürger → Spießbürger
kleinbürgerlich → spießbürgerlich
Kleinbürgertum → Bürgertum
Kleines → Kind, → Säugling
Kleingeist → Spießbürger
Kleingeld Münzgeld, Münzen, Silbergeld, Hartgeld
Kleingläubigkeit → Ängstlichkeit
Kleinigkeit 1. Bröselchen, Stäubchen, Körnchen, Gran, Bagatelle, Bedeutungslosigkeit, Lappalie, Geringfügigkeit, Spielerei, Lächerlichkeit, Pappenstiel, kleiner Fisch, Kinkerlitzchen, Kleinkram, Kinderkram, olle Kamelle, Klacks, Dreck 2. → Nuance
kleinkariert → pedantisch
Kleinkind → Säugling
Kleinkram → Kleinigkeit
kleinkrämerisch → pedantisch
kleinkriegen → überwinden
kleinlaut → mutlos
kleinlich → pedantisch, → geizig
Kleinlichkeit → Pedanterie, → Geiz
Kleinmut → Angst
kleinmütig → feige, → mutlos
Kleinmütigkeit → Feigheit, → Ängstlichkeit
Kleinod → Schmuck, → Kostbarkeit
Kleinstaaterei → Separatismus
Kleinstadt Städtchen, Marktflecken, Nest, Kaff, Krähwinkel, → Stadt
kleinstädtisch → ländlich
Kleinwüchsiger → Zwerg
Kleister → Klebstoff
kleistern → kleben
Klemme → Verlegenheit
klemmen → stehlen
Klempner → Installateur
Kleptomane → Dieb
kleptomanisch → diebisch
klerikal → geistlich
Kleriker → Geistlicher, → Klerus
Klerus → Geistlichkeit, Priesterschaft, Priesterstand, geistlicher Stand, Kleriker, Klerisei, Kirche
Kletterer → Bergsteiger
klettern 1. kraxeln, bergsteigen, Klettersport betreiben, klimmen, steigen, aufsteigen, hinaufgehen, ranken, avancieren 2. → winden, sich
Klicker → Murmel
Klient Klientel, Mandant, Schutzbefohlener, → Auftraggeber, → Kunde
Klima 1. Luft, Witterungslage, Wetterlage, Wetterbedingungen, Wetter 2. → Stimmung
Klimaanlage → Lüftung
Klimakterium → Wechseljahre
Klimawechsel → Luftveränderung
Klimbim → Kram, → Aufwand
Klinge → Messer
Klingel Bimmel, Glocke, Türglocke, Fahrradglocke, Schelle, Gong
klingeln 1. läuten, schellen, bimmeln, anklopfen 2. → klirren
klingen sich anhören, tönen, schallen, läuten, hallen, dröhnen
Klinik → Krankenhaus
Klinke Türklinke, Türdrücker, Drücker, Drückergarnitur, Türgriff, Türschnalle, Türfalle, Türknopf, → Griff
Klinkenputzer → Vertreter, → Hausierer, → Bettler
Klinker → Fliese
Klippe → Fels, → Schwierigkeit
klirren klingeln, scheppern, klappern, rasseln
Klischee → Gemeinplatz
klischieren → vervielfältigen

Klistier → Einlauf
Klitoris → Kitzler
Klitsche Ansiedlung, Haus, Bauernhof
klitschnass → nass
klittern zusammentragen, zusammenstoppeln → verfälschen
Klitterung → Verfälschung
klitzeklein → klein
Klo → Toilette
Kloake Abwasserkanal, Abwasserloch, Senkgrube, Sickergrube, Jauchegrube, → Abwasser, → Toilette, → Abfluss
Kloben → Klotz, → Flegel
klobig → plump
Klon → Nachahmung, → Reproduktion
klonen → nachahmen, → reproduzieren
klönen → unterhalten, sich
klopfen pochen, schlagen, hämmern, poltern, trommeln, bummern, bumsen
Klöppel → Hammer
Klops → Fleischkloß
Klosett → Toilette
Kloß Knödel, Klops, Kartoffelknödel, Semmelknödel, Leberknödel, → Fleischkloß, → Klumpen
Kloster Abtei, Stift, Konvent, Mönchskloster, Nonnenkloster, → Eremitage
klösterlich keusch, enthaltsam, abgeschieden, einsam
Klotz 1. Block, Kloben, Knorren, Stumpf, → Klumpen 2. → Flegel
klotzig → plump
Klub → Organisation, → Vereinsheim
Kluft → Abgrund, → Kleidung
klug aufgeweckt, wach, gewitzt, gelehrig, geschickt, verständig, intelligent, gescheit, helle, hellsichtig, scharfsinnig, klar denkend, vernünftig, umsichtig, überlegt, → schlau
Klugheit Aufgewecktheit, Gewitztheit, Intelligenz, Gescheitheit, Hellsichtigkeit, Scharfblick, Scharfsinn, Kombinationsgabe, Umsicht, → Schlauheit
Klugscheißer → Rechthaber
Klumpen Batzen, Fladen, Kloß, Knollen, Konglomerat, Koagulum, Brocken, Trumm, → Klotz
klumpen Klumpen bilden, zusammenklumpen, sich zusammenballen, verkleben, verklumpen, koagulieren, → gerinnen
Klüngel → Bande, → Gruppe
Kluse → Schlucht
knabbern → kauen
Knabe → Junge
knabenhaft → jugendlich
knacken 1. aufknacken, aufbrechen, aufhauen, zerdrücken, zerquetschen 2. auflösen, erraten, herausbekommen, herauskriegen 3. → knistern
knackig → knusprig, → jugendlich
Knacks → Riss
Knall Schall, Krach, Kracher, Schlag, Detonation, Schuss, Donner, Peitschenschlag, Bums, → Explosion
knallbunt → bunt
Knalleffekt → Glanzpunkt
knallen 1. krachen, schlagen, einen Schlag tun, schallen, donnern, bumsen, rumsen, → schnalzen, → knattern 2. → schießen 3. → ohrfeigen
Knaller → Feuerwerkskörper
Knallfrosch → Feuerwerkskörper
knallhart rücksichtslos, brutal
knallig → aufdringlich, → bunt, → grell
knapp 1. spärlich, rar, beschränkt, rationiert 2. kurz, kurz und bündig, gedrängt, konzis, aphoristisch, sentenzenhaft, zusammenfassend, komprimiert, lakonisch, lapidar, kursorisch, summarisch, umrisshaft, mit wenigen Worten 3. → eng
Knappe → Bergmann, → Ritter
Knappheit → Armut, → Mangel
Knarre → Ratsche, → Gewehr
knarren ächzen, schnarren, knarzen, stöhnen, quietschen
knarrend → heiser
Knast → Gefängnis, → Haft
Knastbruder → Gefangener
Knatsch → Streit
knatschig unleidig → quengelig, → schlecht gelaunt
knattern rattern, knallen, lärmen, flattern, knarren, krachen
Knäuel Wollknäuel, Kugel, Bündel, Gewirr, Durcheinander
Knauf → Griff
Knauser → Geizhals
knauserig → geizig
knausern → geizen
Knäusle → Brotanschnitt
knautschen → zerknüllen
Knautschzone → Puffer
Knebel → Riegel, → Schalter
knebeln → fesseln, → unterdrücken
Knecht Stallknecht, Stallbursche, Bursche, Feldarbeiter, → Diener
knechten → unterdrücken
Knechtschaft → Unterdrückung
kneifen → zwicken, → entziehen, sich
Kneifzange → Zange, → Xanthippe
Kneipe → Gasthaus
Knete 1. Knetgummi, Knetmasse, Plastilin 2. → Geld

kneten 1. walken, durchwalken, durcharbeiten, durchkneten, → massieren 2. → formen, → herstellen
Knetgummi → Knete
Knick → Falte, → Knie, → Kurve
knicken → falten
Knickerbocker → Hose
knickerig → geizig
Knickrigkeit → Geiz
Knicks → Verbeugung
knicksen → verbeugen, sich
Knie 1. Kniegelenk, Gelenk 2. Biegung, Knick, → Kurve
Kniebundhose → Hose
Kniefall → Verbeugung
kniefällig → beschwörend, → innig
kniehoch → niedrig
knien 1. auf den Knien liegen, kauern, hocken 2. → hinknien, sich
kniepig → geizig
Kniff → Falte, → Trick, → Ausweg
kniffen → falten
knifflig → schwierig
Knifte → Butterbrot
Knilch → Spitzbub(e), → Knirps
knipsen → schnalzen, → entwerten, → fotografieren
Knirps 1. Hosenmatz, Hemdenmatz, Matz, Pimpf, Dreikäsehoch, Wicht, Knilch, halbe Portion, Steppke, Bengel, → Junge, → Spitzbub(e) 2. → Zwerg 3. → Schirm
knirschen reiben, knacken, mahlen, knistern, quietschen
knistern knacken, rascheln, zischen, rauschen, → knirschen
Knistern → Geräusch
Knitter → Falte
knittern → zerknüllen
knittrig → faltig
knobeln → losen, → raten
knöcheltief → flach
Knochen Bein, Gebein, Rippe, Gräte, → Skelett
Knochenarbeit → Arbeit, → Anstrengung
Knochenbruch → Bruch
Knochengerüst → Skelett
knochenhart → hart
knochentrocken → trocken
knochig → mager
knock-out (*auch:* knockout) → besiegt
Knödel → Kloß
Knolle → Wurzel
Knollen → Klumpen
Knopf 1. Kragenknopf, Hosenknopf, Manschettenknopf, Clip, Druckknopf 2. → Griff, → Schalter 3. → Knoten 4. → Abzeichen
knorke → großartig
Knörzel → Brotanschnitt
Knospe → Auge, Trieb, Spross
knospen → sprießen
Knoten 1. Knopf, Schlinge, Verknüpfung 2. → Beule 3. → Dutt
knoten verknoten, knüpfen, zusammenknüpfen, binden, verschlingen, ineinander schlingen
Knotenpunkt → Schnittpunkt, → Mittelpunkt
Knuff → Stoß
knuffen → stoßen
knüllen → zerknüllen
Knüller → Anziehung, → Sonderangebot
knüpfen → knoten
Knüppel → Stock
knüppeldick → reichlich
knüppeln → schlagen
knurren schnurren, brummen, brummeln, brutteln, grollen, fauchen
knurrig → mürrisch
knusprig rösch, kross, hart, röstfrisch, ofenfrisch, frisch, knackig
Knust → Brotanschnitt
Knute → Herrschaft, → Peitsche
knutschen → küssen
Knüttel → Stock
k. o. → besiegt, → erschöpft
koagulieren → klumpen, → gerinnen
Koagulum → Klumpen, → Blutgerinnsel
koalieren → verbünden, sich
Koalition → Bündnis
Koalitionspartner → Verbündeter
Koben → Stall
Kobold Geist, Erdgeist, Flaschengeist, Poltergeist, Hausgeist, Heinzelmännchen, Wichtelmännchen, Wichtel, Butzemann, Klabautermann, Gnom, Schrat, Waldschrat, Troll, Puck, Nöck, → Gespenst, → Zwerg
Koch Chefkoch, Küchenchef, Beikoch, Küchenjunge, Schiffskoch, Smutje, Gastronom, Küchenbulle
kochen 1. Essen zubereiten, Essen machen, Mahlzeit anrichten 2. brodeln, sieden, aufwallen, aufwellen, wellen, schäumen, dampfen 3. brauen, aufgießen, brühen, überbrühen, blanchieren, gar kochen, weich kochen, ziehen lassen, simmern, garen 4. → braten, → backen 5. → wütend sein
kochend heiß → heiß
Köcher → Hülle
Kochgelegenheit → Küche
Kochgeschirr → Geschirr
Köchin Küchenfrau, Küchenfee, kalte Mamsell, Kaltmamsell, Beiköchin, → Hausangestellte

Kochkunst → Küche
Kochnische → Küche
Kochplatte → Herd
Kochrezept → Rezept
Kochstelle → Herd
Kochtopf → Topf
Koda (*auch:* Coda) → Finale
kodderig → unwohl
Kode (*auch:* Code) → Geheimzeichen
Köder → Lockmittel
ködern → locken
Kodex (*auch:* Codex) → Handschrift, → Regel
kodieren (*auch:* codieren) → verschlüsseln
kodifizieren → verbuchen
Kogel → Bergspitze
Koffer → Gepäck
Kofferradio → Rundfunkgerät
Kofferraum → Laderaum
Kofferträger → Träger
Kogel → Bergspitze
Kognak (*auch:* Cognac) → Spirituosen
Kohl 1. Kraut, Kappes, Kohlgemüse, Weißkohl, Weißkraut, Sauerkraut, Rotkohl, Blaukraut, Grünkohl, Wirsing, Blumenkohl, Rosenkohl 2. → Unsinn
Kohldampf → Hunger
Kohle → Brennstoff, → Geld
Kohlepapier → Durchschlagpapier
kohlrabenschwarz → schwarz
Kohorte → Heeresverband
Koinzidenz → Übereinstimmung
koitieren Geschlechtsverkehr ausüben, Verkehr haben, Beischlaf vollziehen, sich vereinigen, beiwohnen, beiliegen, sich lieben, Liebe machen, intim werden, ins Bett gehen mit, miteinander schlafen, kopulieren, → begatten
Koitus Geschlechtsverkehr, Intimverkehr, Verkehr, Geschlechtsakt, Akt, Sex, Beischlaf, Beilager, Beiwohnung, Kohabitation, Kopulation, körperliche Liebe, Liebesvereinigung, Vereinigung, → Begattung
Koje → Bett
kokett → eitel
Koketterie → Eitelkeit
kokettieren → flirten
Kokolores → Unsinn
Kokotte → Prostituierte
Kolben → Kanne, → Reagenzglas
Kolik → Bauchschmerzen, → Krampf
Kollaborateur → Verräter
Kollaboration → Zusammenarbeit
Kollaps → Anfall
Kollege Arbeitskollege, Arbeitskamerad, Berufskollege, Fachkollege, Mitarbeiter, → Kommilitone
kollegial → freundschaftlich
Kollegialität → Solidarität
Kollegmappe → Schulranzen
Kollekte → Sammlung
Kollektion → Auswahl, → Modeschöpfung
kollektiv → gemeinsam
Kollektiv → Team
kollektivieren → verstaatlichen
Kollektivstrafe → Strafe
Koller → Anfall
kollern → gurren
kollidieren → zusammenstoßen
Kollier (*auch:* Collier) → Kette
Kollision → Zusammenstoß
Kollisionskurs → Angriffslust
Kolloquium Fachgespräch, Prüfungsgespräch, Seminar
Kölnischwasser (*auch:* Kölnisch Wasser) → Parfüm
Kolonie → Siedlung
Kolonisation → Erschließung, → Unterwerfung
kolonisieren → kultivieren, → unterwerfen
Kolonne → Reihe, → Spalte, → Säule
kolorieren → ausmalen
Kolorierung → Farbe
Kolorit → Farbe, → Klang
Koloss → Riese
kolossal → gewaltig
Kolporteur → Hausierer
kolportieren → hinterbringen
Kolumne → Spalte, → Zeitungsartikel
Kolumnist → Journalist
Koma → Bewusstlosigkeit
Kombi → Lastkraftwagen
Kombination → Verbindung, → Anzug, → Satz
Kombinationsgabe → Klugheit
kombinieren → verbinden, → nachdenken
kombiniert → zusammengesetzt
Kombüse → Küche
Komet → Sternschnuppe
Komfort → Bequemlichkeit
komfortabel → bequem
Komik Spaßigkeit, Drolligkeit, Possierlichkeit, Possenhaftigkeit, → Lächerlichkeit
Komiker Spaßmacher, Spaßvogel, Witzbold, Kauz, Satiriker, Humorist, Kabarettist, → Clown
komisch 1. spaßig, lustig, ulkig, drollig, possierlich, putzig, skurril, schnurrig, grotesk, burlesk, possenhaft, gelungen, glatt, sauglatt, göttlich, köstlich, urkomisch, zum Schießen, zum Piepen, zum Brüllen, → lächerlich 2. → seltsam
Komitee → Ausschuss

Kommandant Kommandeur, Kapitän, Erster Offizier, General, Admiral,→ Befehlshaber
Kommandeur → Kommandant, → Befehlshaber
kommandieren → befehligen, → befehlen
Kommanditist → Teilhaber
Kommando → Befehlsgewalt, → Befehl, → Abteilung
Kommandobrücke → Brücke
kommen herkommen, herbeikommen, hinkommen, näher kommen, sich nähern, sich herbemühen, sich heranbewegen, hereilen, herbeieilen, antanzen, angerollt kommen, angelaufen kommen, angewackelt kommen, näher rücken, anrücken, anmarschieren, → ankommen
kommen auf → aufdecken, → einfallen
kommen lassen → vorladen
kommen sehen → voraussehen
kommen um → verlieren
Kommen → Ankunft
Kommentar → Erklärung, → Bemerkung, → Zeitungsartikel
Kommentator → Berichterstatter
kommentieren → auslegen, → erklären
kommerziell gewinnorientiert, profitorientiert, merkantil, geschäftlich, zu Geschäftszwecken, kaufmännisch, ökonomisch
Kommilitone Studienkollege, Studiengenosse, Studienfreund, Bundesbruder, Korpsbruder, → Student
Kommis → Gehilfe
Kommiss → Militär, → Militärdienst
Kommissar → Bevollmächtigter, Polizeibeamter
Kommissariat → Polizeiwache
kommissarisch → stellvertretend
Kommission → Ausschuss
Kommittent → Auftraggeber
kommittieren → beauftragen
kommod → bequem
Kommune 1. Wohngemeinschaft, WG, Lebensgemeinschaft, Großfamilie 2. → Gemeinde
Kommunikation → Verständigung
Kommunikationsmittel → Medien
Kommunikee (*auch:* Kommuniqué) → Denkschrift
kommunistisch → sozialistisch
kommunizieren → verständigen, sich
Komödiant → Schauspieler
Komödie Lustspiel, Schwank, Boulevardkomödie, Klamotte, Schnurre, Burleske, Posse, Vaudeville, Sketch, Possenspiel, Farce, Travestie, Tragikomödie, komische Oper, → Schauspiel
Kompagnon → Komplize, → Teilhaber
kompakt → dicht
Kompanie → Heeresverband
Komparse → Statist
Kompendium → Lexikon, → Lehrbuch, → Abriss
kompensieren → aufheben, → verdrängen
kompetent → sachkundig, → zuständig
Kompetenz → Zuständigkeit
Kompetenzbereich → Einflussbereich
kompilieren → sammeln
komplementär → gegensätzlich
komplett → ganz
Komplettangebot → Pauschalpreis
komplettieren → ergänzen
Komplettpreis → Pauschalpreis
komplex → schwierig, → zusammengesetzt
Komplex → Minderwertigkeitskomplex, → Wohnblock
Komplikation → Schwierigkeit
Kompliment → Schmeichelei
Komplize Gehilfe, Verbündeter, Partner, Mitschuldiger, Mitbeteiligter, Mittäter, Mitwisser, Spießgeselle, Helfershelfer, Kumpan, Kompagnon, Konsorte, Handlanger
komplizieren → erschweren
kompliziert → schwierig, → umständlich
Kompliziertheit → Schwierigkeit
Komplizierung → Erschwerung
Komplott → Verschwörung
komplottieren → verschwören, sich
Komponente → Bauteil, → Bestandteil
komponieren → anordnen
Komponist Tondichter, Tonschöpfer, Musiker, Arrangeur
Komposition 1. Tondichtung, Tonschöpfung, Musikstück, Musikwerk, Werk, Arrangement 2. → Anordnung 3. → Mischung
Kompost → Dung
Kompott → Nachspeise
Kompresse → Umschlag
komprimieren → konzentrieren
komprimiert → dicht, → knapp
Kompromiss Schlichtung, Vermittlung, Ausgleich, Vergleich, Mittelweg, Zwischenlösung, Übereinkunft, Entgegenkommen, Zugeständnis
kompromissbereit → versöhnlich
kompromisslos → radikal, → streng
Kompromisslosigkeit → Radikalismus, → Strenge
kompromittieren → bloßstellen
Kompromittierung → Bloßstellung
Kondition 1. Form, körperliche Verfassung, Fitness, Leistungsfähigkeit 2. → Bedingung
Konditor → Bäcker

Konditorei → Café
kondolieren Beileid aussprechen, Mitgefühl ausdrücken, bedauern
Kondukteur → Schaffner
Konfekt Nascherei, Naschwerk, Zuckerwerk, Süßigkeit, Süßes, Schleckerei, Betthupferl, Fondant, Praline, Teegebäck → Bonbon
Konferenz → Tagung
konferieren → tagen
Konfession → Glaube(n)
Konfessionswechsel → Konversion
Konfirmation → Einsegnung
konfirmieren → einsegnen
konfiszieren → beschlagnahmen
Konfiszierung → Beschlagnahme
Konfitüre → Marmelade
Konflikt → Streit, → Zwiespalt
Konföderation → Bund
konföderieren → verbünden, sich
konform → übereinstimmend, → spießbürgerlich
konform gehen → übereinstimmen
konformieren, sich → anpassen, sich
Konfrontation → Gegenüberstellung, Meinungsverschiedenheit
konfrontieren → gegenüberstellen
Konfrontierung → Vergleich
konfus → verwirrt
Konfusion → Verwirrung
kongenial geistesverwandt, ebenbürtig, geistig gleichrangig, wesensverwandt, wesensgleich, gleich gesinnt
kongenital → angeboren
Konglomerat → Mischung, → Klumpen
Kongregation → Orden
Kongress → Tagung, → Parlament
kongruent → gleich
Kongruenz → Gleichheit
kongruieren → übereinstimmen
König → Herrscher
Konjektur → Vermutung
konjizieren → vermuten
Konjugation → Flexion
konjugieren → flektieren
Konjunktur Wirtschaftslage, Auftragslage, Beschäftigungslage, Lage am Arbeitsmarkt, → Aufschwung
konkav → gewölbt
Konklusion → Folgerung
Konkordat → Abkommen
konkret figürlich, gegenständlich, dinghaft, darstellend, greifbar, vorhanden, → anschaulich
konkretisieren → veranschaulichen, → verdeutlichen
Konkubinat wilde Ehe, Ehe ohne Trauschein, Ehe auf Probe, Lebensgemeinschaft, → Beziehung, → Ehe
Konkubine → Geliebte
Konkurrent → Rivale
Konkurrenz → Wettbewerb
konkurrenzfähig → gleichwertig
Konkurrenzkampf Kampf um Wettbewerbsfähigkeit, Kampf um Konkurrenzfähigkeit, → Daseinskampf, → Wettbewerb
konkurrieren → wetteifern
konkurs → bankrott
Konkurs → Bankrott
Können → Fähigkeit, → Virtuosität
können vermögen, im Stande sein, in der Lage sein, fähig sein, beherrschen, draufhaben, sich verstehen auf, gewachsen sein, bewältigen
Könner → Fachmann
Könnerschaft → Virtuosität
Konnex → Kontakt, → Zusammenhang
Konsens → Übereinstimmung
konsentieren → zustimmen
konsequent folgerichtig, folgegerecht, denkgerecht, logisch, schlüssig, stringent, zwingend, glaubhaft, glaubwürdig, → beharrlich, → zielstrebig, → systematisch
Konsequenz Folgerichtigkeit, Logik, Schlüssigkeit, Stringenz, Glaubhaftigkeit, Glaubwürdigkeit, → Beharrlichkeit, → Zielstrebigkeit
konservativ traditionsgebunden, bewahrend, bürgerlich, rechts, schwarz, altmodisch, → rückschrittlich
Konservativer → Reaktionär
Konservativismus → Rückschrittlichkeit
Konserve Dauerkonserve, Dauerware, Eingemachtes, Büchse, → Dose
Konservendose → Dose
konservieren haltbar machen, erhalten, einbalsamieren, → einmachen
konserviert → haltbar
Konservierung → Instandhaltung
Konsole → Regal
konsolidieren → festigen
Konsorte → Komplize
Konspiration → Verschwörung
konspirativ → verschwörerisch
konspirieren → verschwören, sich
konstant → immer, → andauernd
konstatieren → feststellen
Konstellation → Stellung, → Situation
konsterniert → entsetzt, → fassungslos
konstituieren → gründen
Konstitution → Verfassung, → Gestalt
konstitutiv → grundlegend

konstruieren entwerfen, zusammensetzen, ausarbeiten, ausführen, bauen, aufbauen, errichten
Konstruktion Entwurf, Gestaltung, Anfertigung, Struktur, Bau, Bauwerk
Konsul → Diplomat
Konsulat → Botschaft
Konsultation Beratung, Ratsuche, Befragung, Frage
konsultieren aufsuchen, heranziehen, um Rat fragen, anfragen, befragen, → fragen
Konsum → Verbrauch
Konsument → Käufer
Konsumgüter → Gebrauchsgegenstand
konsumieren → verbrauchen
Konsumrausch → Nachfrage
Konsumtion → Verbrauch
Kontakt Annäherung, Anschluss, Konnex, Verbindung, Berührung, Fühlung, Nähe, zwischenmenschliche Beziehung, → Beziehung
kontaktarm → unzugänglich
Kontaktarmut → Einsamkeit
kontaktfreudig → gesellig
Kontaktfreudigkeit → Geselligkeit
Kontaktmann → Informant
Kontanten → Bargeld
Kontemplation → Versenkung
kontemplativ versunken, vertieft, versonnen, besinnlich, beschaulich, erbauend, erbaulich, klösterlich, innerlich
Konterbande → Schmuggelware
Konterfei → Porträt
konterfeien → porträtieren
kontern → antworten
Konterrevolution → Sabotage
Konterrevolutionär → Aufrührer
Kontext → Zusammenhang
Kontinent Erdteil, Weltteil, Festland
Kontingent → Quantum, → Anteil
kontingentieren → zuteilen
Kontingentierung → Zuteilung
kontinuierlich → andauernd, → immer
Kontinuität → Stetigkeit, → Dauer
Konto Bankkonto, Sparkonto, Girokonto, Gehaltskonto, laufendes Konto, → Guthaben
Kontobuch → Kassenbuch
Kontor → Büro
kontra (*auch:* contra) → dagegen, → gegen
Kontradiktion → Widerspruch
kontradiktorisch → widersprüchlich
Kontrahent → Gegner
Kontrakt → Vertrag
konträr → gegensätzlich
Kontrast → Gegensatz
kontrastieren → abzeichnen, sich, → unterscheiden, sich
Kontribution → Steuer
Kontrolle 1. Durchsicht, Prüfung, Inspektion, Check, Überprüfung, Stichprobe, Schlussprüfung, Endkontrolle, Schlussuntersuchung, Abnahme, Gegenrechnung, Gegenprobe, Zensur 2. → Beaufsichtigung
Kontrolleur 1. Inspektor, Inspizient, Prüfer, Aufsichtsbeamter, Steuerprüfer, Wirtschaftsprüfer, Revisor 2. → Schaffner
kontrollieren 1. durchsehen, prüfen, durchgehen, inspizieren, checken, durchchecken, überprüfen, nachprüfen, nachzählen, durchsuchen, zensieren 2. → beaufsichtigen
kontrovers → gegensätzlich
Kontroverse → Auseinandersetzung, → Streit
Kontur → Umriss, → Art
Konvektor → Heizofen
konvenieren → gefallen
Konvent → Kloster, → Versammlung
Konvention → Brauch, → Übereinkunft
konventionell → herkömmlich, → alt
konvergent → übereinstimmend
konvergieren → übereinstimmen
Konversation → Gespräch
Konversationslexikon → Lexikon
Konversion Übertritt, Bekehrung, Glaubenswechsel, Konfessionswechsel
konvertieren übertreten, sich bekehren, den Glauben wechseln
konvex → erhaben
Konvikt → Internat
Konvoi Bedeckung, Geleitzug, Schiffsverband, → Begleitung
Konvolut → Bündel
Konzentrat → Extrakt
Konzentration 1. Konzentrierung, Zusammenziehung, Zentralisierung, Zentralisation, Sammlung, Anhäufung, Zusammenfassung 2. → Aufmerksamkeit
Konzentrationslager → Lager
Konzentrationsmangel → Unaufmerksamkeit
konzentrieren 1. zusammenziehen, massieren, zentralisieren, zusammenfassen, zusammenlegen, arrondieren, sammeln, versammeln, scharen, zusammenrufen, zusammentrommeln 2. anreichern, verdichten, komprimieren, sättigen, → eindicken
konzentrieren, sich aufmerksam sein, sich anspannen, seinen Verstand richten auf, sich sammeln, sich versenken, sich vertiefen, sich nicht ablenken lassen, meditieren
konzentriert 1. hochkonzentriert, hochprozentig, angereichert, gesättigt, dick, stark 2. → aufmerksam

Konzentrierung → Konzentration
Konzept → Entwurf, → Manuskript
Konzeption 1. Empfängnis, Befruchtung 2. → Entwurf
Konzern → Organisation
Konzert → Veranstaltung
Konzession → Genehmigung, → Zugeständnis
Konzil → Tagung
konziliant → versöhnlich, → freundlich
Konzilianz → Entgegenkommen
konzipieren → entwerfen
konzis → knapp
Koog → Marsch
Kooperation → Zusammenarbeit
kooperativ → gemeinsam
kooperieren → zusammenarbeiten
Koordinator → Organisator
koordinieren → organisieren
Kopf 1. Haupt, Schädel, Dez, Rübe, Birne, Kürbis, Melone, Ballon, Hirnkasten, Gehirnkasten, Oberstübchen 2. → Anführer 3. → Organisator 4. → Verstand
Kopf stehend → verkehrt
Kopfarbeiter → Intellektueller
Kopfbedeckung Turban, Fes, Kopftuch, Kapuze, Regenhaube, Kappe, → Hut, → Mütze
Köpfchen → Verstand
köpfen → enthaupten
Kopfjäger → Menschenfresser
Kopfkissen → Kissen
kopflos → zerstreut
Kopflosigkeit → Zerstreutheit
Kopfnuss → Schlag
Kopfschmerzen → Kopfweh
Kopfschütteln → Unverständnis
Kopfschutz → Helm
Kopfsprung → Sprung
Kopftuch → Kopfbedeckung
Kopfweh Kopfschmerzen, Kopfschmerz, Migräne, Brummschädel, → Kater
Kopfzerbrechen machen → bekümmern
Kopie 1. Fotokopie, Xerokopie, Lichtpause, Abzug, → Durchschlag 2. → Nachahmung
kopieren 1. fotokopieren, lichtpausen, ablichten, einen Abzug machen 2. → nachahmen
Kopilot (*auch:* Copilot) → Beifahrer, Mitfahrer, → Pilot
Kopist → Nachahmer
Koppel 1. Pferch, Einzäunung, → Weide 2. → Gürtel
koppeln → verbinden
Koppelschloss → Schnalle
Kopulation → Koitus, → Begattung
kopulieren sich begatten, rammeln, sich paaren, → koitieren, → fortpflanzen, sich
Korb Kiepe, Tragkorb, Henkelkorb, Weidenkorb, Spankorb, Körbchen
Kordel → Schnur
Kordon → Absperrung, → Sperre
Korinthe → Weinbeere
Korken → Stopfen
Korkenzieher → Flaschenöffner
Korn 1. Getreide, Getreidekorn, Samenkorn, Gran, Körnchen 2. → Spirituosen
Körnchen → Gran, → Kleinigkeit
körnig → locker
Körper 1. Leib, Rumpf, Fleisch, sterbliche Hülle, 2. → Gegenstand
Körperbau → Gestalt
körperbehindert behindert, schwer behindert, gehbehindert, gelähmt, an den Rollstuhl gefesselt, → invalide
Körperbehinderter Behinderter, Krüppel, → Invalide
Körperbehinderung Behinderung, Gebrechen, Handikap, Gehbehinderung
Körperertüchtigung → Sport
Körperform → Gestalt
Körperfülle → Dicke
Körpergewicht → Gewicht
körperhaft → dinghaft
Körperhaltung → Haltung
Körperkraft → Kraft
Körperkultur → Sport
körperlich physisch, leiblich, organisch, anatomisch, somatisch
körperlos → immateriell
Körperpflege Hygiene, Körperhygiene, Toilette, Sauberkeit, Reinlichkeit, Gesundheitspflege, Schönheitspflege, Kosmetik, → Schminke
Körperpflegemittel → Kosmetik
Körperschaft → Organisation
Körperstrafe → Züchtigung
Korporation → Organisation
Korps → Verbindung, → Heeresverband
Korpsbruder → Kommilitone
Korpsgeist → Kameraderie, → Solidarität
korpulent → dick
Korpulenz → Dicke, → Fettleibigkeit
korrekt → einwandfrei, → ordentlich
Korrektheit → Ordnungsliebe
Korrektur → Verbesserung
Korrelat → Gegenstück
Korrelation → Verhältnis
korrelativ → wechselseitig
Korrespondent → Berichterstatter
Korrespondenz Schriftverkehr, Schriftwechsel, Schriftkontakt, Briefwechsel, Briefaustausch, Briefverkehr, Briefverbindung, Brieffreundschaft

korrespondieren 1. Briefe austauschen, im Briefwechsel stehen, im Briefkontakt stehen, schriftlich verkehren mit, sich schreiben 2. → übereinstimmen
Korridor → Flur
korrigieren → verbessern
korrodieren → rosten
korrumpieren → bestechen
Korrumpierung → Bestechung
korrupt → bestechlich, → gesinnungslos
Korruption → Bestechung
Korsar → Pirat
Korsett Korselett, Korsage, Mieder, Schnürleib, Hüftgürtel, Hüfthalter, → Strumpfhalter
Korso → Arena, → Parade
Koryphäe → Berühmtheit, → Fachmann
koscher → rein
kosen → liebkosen
Kosmetik 1. Kosmetika, Körperpflegemittel, Toilettenartikel, → Schminke 2. → Körperpflege
Kosmetika → Kosmetik
Kosmetikkoffer → Waschbeutel
Kosmonaut → Raumfahrer
kosmopolitisch → aufgeklärt
Kosmos → Weltall
Kost → Nahrung, → Lebensmittel
kostbar wertvoll, edel, teuer, rar, unersetzlich, unschätzbar, unbezahlbar, von hohem Wert, → auserwählt, → herrlich
Kostbarkeit Kleinod, Schatz, Juwel, Perle, Wertgegenstand, Augapfel, Heiligtum, → Prunkstück
kosten 1. versuchen, probieren, durchprobieren, verkosten, schmecken, eine Kostprobe nehmen, abschmecken, degustieren, gustieren, naschen, nippen 2. erfordern, verlangen, betragen, ausmachen, zu stehen kommen, sich belaufen auf, Kaufwert haben, machen
Kosten Kostenpunkt, Unkosten, Auslagen, Ausgaben, Werbungskosten, Nebenausgaben, Lebenshaltungskosten, Belastung, → Fertigungskosten, → Preis
Kostendämpfung → Einsparung
Kostenexplosion → Teuerung
Kostenforderung → Rechnung
kostenfrei → kostenlos
kostengünstig → preiswert
kostenlos kostenfrei, frei, gratis, gebührenfrei, portofrei, franko, unentgeltlich, umsonst, geschenkt, um Gotteslohn, ehrenamtlich
Kostenplan → Angebot
Kostenpunkt → Kosten
Kostenvoranschlag → Angebot, → Berechnung
Kostgänger → Gast
köstlich 1. göttlich, himmlisch, herrlich, delikat, deliziös, fein, appetitlich, lecker, pikant, würzig, zart, schmackhaft, wohlschmeckend 2. → komisch
Köstlichkeit → Leckerbissen
Kostprobe → Beweis, → Probe, → Muster
kostspielig → teuer
Kostüm → Kleid
Kostümfest Kostümball, Maskenball, Maskenfest, Maskerade, Faschingsball, Kappenabend, Mummenschanz, Redoute, → Ball
kostümieren, sich → verkleiden, sich
Kostümierung → Verkleidung
Kot → Exkremente, → Schmutz
Kotelett → Schnitzel
Köter → Hund
kotig → schmutzig
Kotzbrocken → Ekel
Kotze → Umhang
kotzen → übergeben, sich
Kotzen → Erbrechen
kotzübel → unwohl
Krabbe → Krebs, → Mädchen
krabbeln → kriechen, → jucken
Krabbelstube → Kindergarten
Krach → Knall, → Lärm, → Streit
krachen 1. knallen, donnern, dröhnen, knattern, knacken, → lärmen 2. → brechen, → reißen
Kracher → Knall
Kracherl → Sprudel
Krachlederne → Hose
krächzen krähen, kratzen, quaken, gackern, schnarren
krächzend → heiser
Krad → Motorrad
kraft → anlässlich, → wegen, → mittels
Kraft 1. Körperkraft, Muskelkraft, Mumm, Stärke, Bärenkraft, Hünenkraft 2. → Fähigkeit 3. → Druck, → Heftigkeit → Überlegenheit
Kraftaufwand → Anstrengung
Kraftausdruck → Fluch
Kraftbrühe → Brühe
kräftezehrend → anstrengend
Kraftfahrer → Chauffeur
Kraftfahrzeug Kfz, Kraftwagen, Fahrzeug, Auto, Automobil, Wagen, Personenkraftwagen, Pkw, Limousine, Straßenkreuzer, Sportwagen, Kupee, Spider, Roadster, Kabriolett, Kabrio, Schlitten, Flitzer, fahrbarer Untersatz, Benzinkutsche, Vehikel, Karosse, Karre, Kiste, Rostlaube, Töfftöff, → Geländefahrzeug, → Rennwagen, → Lastkraftwagen, → Omnibus

kräftig 1. kraftvoll, kraftstrotzend, stark, athletisch, muskulös, nervig, sehnig, drahtig, markig, bullig, → untersetzt, → belastbar 2. deftig, derb, kernig, herzhaft, würzig, gehaltvoll 3. → gehörig
kräftigen stärken, festigen, abhärten, ertüchtigen, stählen
kräftigen, sich → erstarken
kräftigend → gesund
kraftlos geschwächt, schwach, lasch, matt, ermattet, schlapp, entkräftet, flügellahm, → energielos
Kraftprotz → Muskelprotz
Kraftrad → Motorrad
Kraftstoff Treibstoff, Benzin, Sprit, Diesel
kraftstrotzend → gesund, → kräftig
kraftvoll → energisch, → kräftig
Kraftwagen → Kraftfahrzeug
Kraftwerk Elektrizitätswerk, E-Werk, Wasserkraftwerk, Kohlekraftwerk, Kernkraftwerk, → Kernreaktor
Kragen → Hals
krähen → krächzen, → schreien
Krakeel → Lärm
krakeelen → lärmen
Krakeeler → Randalierer
Krakelei → Geschmier
krakeln → schmieren
Kralle Klaue, Sporn, Fänge, → Nagel
krallen, sich → klammern, sich
Kram Trödelkram, Trödel, Krimskrams, Klimbim, Krempel, Kruscht, Ramsch, Plunder, Mist, Gerümpel, Graffel, Zeug, Schrott, → Schund
Krämer → Kaufmann
Krämerladen → Geschäft
Krämerseele → Pedant, → Spießbürger
Krampe → Nagel
Krampf 1. Muskelkrampf, Spasmus, Wehen, Zuckung, Konvulsion, Kolik, Weinkrampf, Heulkrampf, Schreikrampf, → Anfall 2. → Unsinn
krampfhaft → verbissen
Kran → Hebevorrichtung, → Hahn
krank schwer krank, todkrank, sterbenskrank, unheilbar, todgeweiht, leidend, elend, kränklich, kränkelnd, angeschlagen, angegriffen, angekratzt, fiebrig, erkältet, verschnupft, grippig, vergrippt, erkrankt, indisponiert, unpässlich, morbid, malade, siech, bettlägerig, krankgeschrieben, arbeitsunfähig, dienstunfähig, dienstuntauglich, → gebrechlich
krank sein kränkeln, leiden, siechen, dahinsiechen, fiebern, darniederliegen, bettlägerig sein, das Bett hüten, ans Bett gefesselt sein, nicht auf der Höhe sein, nicht auf dem Damm sein, nicht in Ordnung sein, sich nicht wohl fühlen, unpässlich sein
krank werden → erkranken
kränkeln → krank sein
kränkelnd → krank
kränken → verletzen
Krankenbehandlung → Behandlung
kränkend → verletzend
Krankengeschichte Anamnese, Vorgeschichte, Krankheitsverlauf
Krankenhaus Hospital, Spital, Klinik, Klinikum, Siechenhaus, Krankenanstalt, Heilanstalt, Poliklinik, Ambulanz, Lazarett, → Nervenheilanstalt, → Sanatorium
Krankenkasse → Sozialversicherung
Krankenkost → Diät
Krankenpfleger Pfleger, Krankenwärter, Wärter, → Sanitäter
Krankenschwester Schwester, Schwesternhelferin, Stationsschwester, Oberschwester, Operationsschwester, Lernschwester, Vollschwester, Oberin, Nachtschwester, Rotkreuzschwester, Diakonissin, Krankenpflegerin, Karbolmäuschen
Krankenversicherung → Sozialversicherung
Krankenwagen Rettungswagen, Unfallwagen, Unfallrettung, Notarztwagen, Sanitätswagen, Sanka, Rotkreuzwagen, Ambulanzwagen, Ambulanz
Krankenwärter → Krankenpfleger
Kranker → Patient
krankhaft → abartig
Krankheit Siechtum, Bettlägerigkeit, Erkrankung, Infektion, Infekt, Übel, Leiden, Gebrechen, Beschwerde, → Anfall, → Krampf, → Epidemie
Krankheitsangst → Hypochondrie
Krankheitsbehandlung → Behandlung
Krankheitsbestimmung → Diagnose
Krankheitseinbildung → Hypochondrie
krankheitserregend → ansteckend
Krankheitserreger → Erreger
Krankheitskeim → Erreger
Krankheitsverlauf → Krankengeschichte
Krankheitswahn → Hypochondrie
kränklich → gebrechlich, → krank
Kränklichkeit → Gebrechlichkeit
Kränkung → Beleidigung, → Verletzung
krass → deutlich
Krater → Einschlag
Kratzbürste → Trotzkopf, → Xanthippe
kratzbürstig → widerspenstig
kratzen schrammen, ritzen, schrappen, schaben, scharren, schürfen, krallen, → jucken, → stacheln

Kratzer Schramme, Ritz, Ritzer, Scharte, Macke, Riss, Schürfung, Schürfwunde, Kratzwunde, Biss, Schmiss, Schrunde
Kratzfuß → Verbeugung
kratzig → heiser, → rau
kraulen → streicheln, → schwimmen
kraus → faltig
kräuseln → locken
krausen → runzeln
kraus ziehen → runzeln
Kraut → Kohl, → Pflanze
Krauter → Kaufmann, → Eigenbrötler
Krawall → Aufruhr, → Lärm
Krawallmacher → Randalierer
Krawatte Halsbinde, Binder, Selbstbinder, Schlips, Plastron, Strick, Schleife, Fliege
Krawattennadel → Brosche
kraxeln → klettern
Kraxler → Bergsteiger
Kreation → Modeschöpfung
kreativ → schöpferisch
Kreativität → Fantasie, → Schöpferkraft
Kreatur → Geschöpf
Krebs 1. Krustentier, Schalentier, Hummer, Krabbe, Languste, Garnele 2. → Geschwulst
krebsen → dahinvegetieren
Kredo (*auch:* Credo) → Glaubensbekenntnis
Kredenz → Anrichte
kredenzen → anbieten
Kredit → Darlehen
Kreditgeber → Geldgeber, → Gläubiger
Kredithai → Wucherer
kreditieren → leihen
Kreditnehmer → Schuldner
Kreditor → Gläubiger
kreditwürdig → solvent
Kreditwürdigkeit → Solvenz
kregel → frisch, → munter
Kreide Tafelkreide, Kreidestift, Malkreide, Pastellkreide, Fettkreide, Ölkreide, Wachsmalstift, Wachskreide, Fettstift, → Schreibstift
kreideweiß → blass, → weiß
kreieren → erschaffen
Kreis 1. Zirkel, Ring, Forum, Gesprächskreis, Bibelkreis, Runde, Gesprächsrunde, Rahmen, → Gruppe, → Ausschuss 2. → Bezirk 3. → Ring, → Zyklus
kreischen → schreien, → quietschen
kreiseln → drehen, sich
kreisen → fliegen, → drehen, sich
kreisförmig → rund
Kreislauf Blutkreislauf, Zirkulation, Umlauf, → Zyklus
kreisrund → rund
kreißen → gebären
Krem (*auch:* Creme/Kreme) → Salbe
Kremation → Einäscherung
Kremierung → Einäscherung
Krempe Hutrand, Rand, Schirm, → Aufschlag
Krempel → Kram
krepieren → sterben
Kretin → Dummkopf
Kretinismus → Schwachsinn
kretinoid → schwachsinnig
Kreuz 1. Lattenkreuz, Balkenkreuz, Holzkreuz, Steinkreuz, Kreuzzeichen, Bekreuzigung, Kruzifix, der Gekreuzigte 2. → Rücken 3. → Leid
kreuzen 1. paaren, pfropfen, aufpfropfen, verbinden, vermischen, züchten 2. → queren
kreuzen, sich → überschneiden, sich
Kreuzer → Kriegsschiff
Kreuzfahrt → Reise
Kreuzschlüssel → Schlüssel
Kreuzung 1. Paarung, Mischung, Verbindung, Verschmelzung, Veredelung, → Mischling 2. Straßenkreuzung, Wegkreuzung, Straßenkreuz, Verkehrskreuz, Autobahnkreuz, Wegekreuz, Kreuzweg, Scheideweg, → Gabelung 3. → Schnittpunkt
Kreuzungspunkt → Schnittpunkt
Kreuzverhör → Verhör
Kreuzworträtsel → Rätsel
Kreuzzeichen → Kreuz
Kreuzzug → Feldzug
kribbelig → nervös
kribbeln → jucken
kriechen 1. krabbeln, krauchen, robben, gleiten, sich auf allen vieren fortbewegen, auf dem Bauch rutschen 2. buckeln, katzbuckeln, Rad fahren, leisetreten, dienern, liebedienern, antichambrieren
Kriecher → Duckmäuser, → Schmeichler
Kriecherei → Unterwürfigkeit
kriecherisch → unterwürfig
Krieg militärische Auseinandersetzung, bewaffneter Konflikt, Kriegshandlung, Orlog, Blutvergießen, → Kampf, → Feldzug, → Partisanenkrieg
kriegen → bekommen, → ergreifen, verdienen
Krieger → Kämpfer
kriegerisch → kämpferisch
Kriegsdienst → Militärdienst
Kriegsdienstverweigerer Wehrdienstverweigerer, Totalverweigerer, Verweigerer, Zivildienstleistender, Zivi, Ersatzdienstleistender, Bausoldat, → Pazifist
Kriegserklärung → Herausforderung
Kriegsflotte → Flotte

Kriegsgebiet → Kampfplatz
Kriegsgefangener → Gefangener
Kriegsgefangenschaft → Gefangenschaft
Kriegsgegner → Pazifist
Kriegsgewinnler → Geschäftemacher
Kriegsrecht → Notstand
Kriegsschauplatz → Kampfplatz
Kriegsschiff Kampfschiff, Schlachtschiff, Schlachtkreuzer, Panzerkreuzer, Kreuzer, Zerstörer, Flugzeugträger, Fregatte, Korvette, Galeere, Galeone, Kogge
Kriegsversehrter → Invalide
Kriegszug → Feldzug
Kriminalbeamter → Polizeibeamter
Kriminalpolizei → Polizei
kriminell 1. straffällig, verbrecherisch, frevlerisch, frevelhaft, auf die schiefe Bahn geraten, asozial, gesetzwidrig, → illegal 2. → ungeheuerlich
Krimineller → Verbrecher
Krimskrams → Kram
Kringel → Ring
Krippe 1. Futterkrippe, Futterraufe, Raufe, Futtertrog, Trog 2. → Kindergarten
Krise 1. Krisis, Entscheidung, Zuspitzung, Gefahr, Hoch, Hochpunkt, Tief, Tiefpunkt, Umschlag, Wendepunkt, Wendung, → Not 2. → Depression
kriseln ernst sein, sich zuspitzen, schlecht stehen um, kritisch werden, auf der Kippe stehen, auf Messers Schneide stehen
Kristallglas → Glas
kristallin → erstarrt
kristallisieren → erstarren
kristallisiert → erstarrt
kristallklar → klar
Kriterium → Merkmal
Kritik 1. Beurteilung, Urteil, Prüfung, Tadel, Rüffel, Verweis, Einwand, Einwendung, Bekrittelung, Krittelei, Beckmesserei, Aburteilung, Abqualifizierung, → Beanstandung 2. → Besprechung
Kritik schreiben → besprechen
Kritikaster → Kritiker
kritikastern → kritisieren
Kritiker Beurteiler, Schiedsrichter, Kunstrichter, Zensor, Literaturkritiker, Theaterkritiker, Rezensent, Tadler, Querdenker, Nörgler, Krittler, Kritikaster, Beckmesser, → Lästermaul
kritiklos unkritisch, urteilslos, autoritätsgläubig, gläubig, blindgläubig, blindlings, ohne Bedenken, bedenkenlos, → arglos
Kritiklosigkeit Urteilslosigkeit, Blindgläubigkeit, Gläubigkeit, Autoritätsgläubigkeit, Bedenkenlosigkeit, → Arglosigkeit
Kritikpunkt → Nachteil
kritisch → argwöhnisch, → gefährlich, → heikel
kritisieren 1. beurteilen, urteilen über, prüfen, tadeln, einwenden, bekritteln, herumkritteln an, herumnörgeln an, herumstänkern an, bemäkeln, kritikastern, zerpflücken, → beanstanden, → anprangern 2. → besprechen
Krittelei → Kritik
kritteln → nörgeln
Krittler → Kritiker
Kritzelei → Geschmier
kritzeln → schmieren
Krokodil Alligator, Kaiman, Riesenechse
Krokodilstränen vergießen → heucheln
Krone → Wipfel, → Geweih, → Gebiss
krönen → vollenden
Kronleuchter Lüster, Leuchter, Kristallleuchter → Lampe
Krönung → Glanzpunkt
Kronzeuge → Zeuge
Kropf Struma, Schilddrüsenvergrößerung, → Geschwulst
kröpfen → biegen, → mästen
Kröpfung → Biegung
kross → knusprig
Kröte → Frosch
Krücke → Gehstock
krude → barsch
Krug Maßkrug, Bierkrug, Bierseidel, Humpen, Gefäß, → Kanne
Krume → Erde
Krümel → Brosamen
krümelig → mürbe
krumm verbogen, verdreht, verzogen, schief, → gebogen
krumm nehmen → verübeln
krümmen → beugen, → biegen
krümmen, sich → ausweichen, → beugen, sich, → biegen, sich, → winden, sich
Krümmung → Biegung, → Bogen
Krüppel → Körperbehinderter
Kruscht → Kram
Kruste → Rinde, → Schorf, → Brotrinde
Krux (*auch:* Crux) → Leid, → Schwierigkeit
Kruzifix → Kreuz
Kübel → Eimer
Kubus → Würfel
Küche 1. Kochnische, Kochgelegenheit, Pantry, Kombüse 2. Kochkunst, Gastronomie, Zubereitung
Kuchen → Gebäck
Küchenchef → Koch
Küchenherd → Herd
Küchenjunge → Koch
Küchenquirl → Quirl

Küchenschrank → Anrichte
Küchenstuhl → Stuhl
Kuddelmuddel → Durcheinander
Kufe → Eimer
Küfer Büttner, Böttcher, Fassbinder, Schäffler
Kugel 1. Ball, Sphäre, Knäuel 2. Munition, → Geschoss
Kugeldurchmesser → Kaliber
kugeln → rollen
kugelrund → rund
Kugelschreiber → Schreibstift
kugelsicher → unverwundbar
Kuh → Rind
kühl 1. gekühlt, abgekühlt, ausgekühlt, frisch, erfrischend, → kalt 2. → gelassen 3. → realistisch
Kühlbox → Kühlschrank
Kuhle → Grube
kühlen abkühlen, auskühlen, kalt stellen, abschrecken, fächern, fächeln
Kühlschrank Eisschrank, Eiskasten, Frigidaire, Kühlbox, Tiefkühltruhe, Gefriertruhe, Gefrierschrank, Kühltruhe, Kompressionskühlschrank, Tiefkühlschrank
Kühltruhe → Kühlschrank
Kühlung Abkühlung, Wärmeentziehung, Wärmeentzug, Tiefkühlung, Vereisung
kühn → mutig, → wagemutig
Kühnheit → Mut, → Wagemut
kujonieren → schikanieren
kulant → gefällig
Kulanz → Entgegenkommen
Kuli → Träger, → Schreibstift
kulinarisch → genießerisch
Kulisse 1. Prospekt, Fassade, Attrappe 2. Szenerie, Bühnenbild, Bühnenausstattung, Dekoration, Bühnendekoration, → Hintergrund
kullern → rollen
Kulmination → Höhepunkt
Kult → Verehrung
Kultfigur → Vorbild
kultivieren 1. erschließen, roden, urbar machen, bewässern, kolonisieren, besiedeln, → bewirtschaften 2. → verfeinern
kultiviert → verfeinert, → gebildet
Kultivierung → Erschließung, → Verfeinerung
Kultstätte → Heiligtum
Kultur 1. Zivilisation, Lebensform, Lebensstil, Gesellschaftsform, Entwicklung, Fortschritt, → Bildung, → Geschmack 2. → Zucht
Kulturbanause Kunstbanause, Banause, Barbar, Ungebildeter, Ignorant, kulturloser Mensch, Prolet, Primitivling
Kulturbeutel → Waschbeutel
Kulturteil → Feuilleton
kulturvoll → gebildet
Kultusminister Bildungsminister, Erziehungsminister, Minister für Kultus und Sport
Kümmelspalter → Geizhals, → Pedant
Kummer Harm, Gram, Kümmernis, Sorgen, Sorgenlast, Bedrückung, Schmerz, Ärger, Ärgernis, Dorn, → Leid, → Sorge
Kummer machen → bekümmern
kümmerlich → karg, → mittelmäßig
Kümmerling → Schwächling
kümmern, sich → beaufsichtigen, → sorgen für
Kümmernis → Kummer
kummervoll → sorgenvoll
Kummet → Geschirr
Kumpan → Freund, → Komplize
Kumpanei → Freundschaft, → Kameraderie
Kumpel → Freund, → Kamerad, → Bergmann
Kumpelhaftigkeit → Kameraderie
kumulieren → ansammeln
Kunde 1. Auftraggeber, Besteller, Käufer, Abnehmer, Kundschaft, Kundenkreis, Interessent, Klient, Gast 2. → Nachricht
Kundenberatung → Beratung
Kundendienst 1. Service, Bedienung, Dienst am Kunden, Support, Entgegenkommen, Hilfsbereitschaft 2. → Inspektion
Kundenfang → Werbung
Kundenkreis → Kunde
Kundenwerbung → Werbung
Kundgabe → Bekanntgabe
kundgeben → bekannt geben
Kundgebung → Demonstration
kundig → erfahren, → fachkundig
kündigen 1. aufkündigen, den Dienst quittieren, ausscheiden, austreten, den Arbeitsplatz wechseln, die Firma verlassen, sich pensionieren lassen, → abdanken, → austreten 2. → abbestellen 3. → entlassen
Kündigung 1. Aufkündigung, Abbestellung, Aufsagung, Rücktritt, → Austritt 2. → Abberufung, → Abdankung 3. → Entlassung
Kundschaft → Kunde
kundschaften → erkunden
Kundschafter Aufklärer, Späher, Melder, Meldegänger, Scout, → Agent
kundtun → bekannt geben, → äußern
künftig zukünftig, in Zukunft, künftighin, fernerhin, fortan, forthin, hinfort, in spe, von nun an, von jetzt an, hierauf, anschließend, → später
Kunst 1. Künste, die schönen Künste, → Dichtung, → Malerei, → Musik 2. Kunstgegenstand, Kunstwerk, Gemälde, Plastik
Kunstausstellung → Museum

Kunstbanause → Kulturbanause
Kunstdruck → Grafik
Kunstdünger → Dung
kunstempfänglich → feinsinnig, → künstlerisch
kunstfertig → geschickt
Kunstfertigkeit → Geschicklichkeit
Kunstform → Stil
Kunstfreund → Liebhaber, → Mäzen
Kunstgalerie → Museum
kunstgerecht → fachkundig, → handwerklich
Kunstgriff → Ausweg, → Trick
Kunsthaar → Toupet
Kunsthandlung → Galerie
Künstler Kunstschaffender, Schöpfer, Meister, Maestro, Autodidakt, Maler, Bildhauer, Musiker, → Artist
künstlerisch 1. musisch, kunstsinnig, kunstverständig, kunstempfänglich, → schöpferisch, → dichterisch 2. → kunstvoll
Künstlername → Pseudonym
Künstlerwerkstatt → Atelier
künstlich unecht, synthetisch, chemisch, artifiziell, naturidentisch, unnatürlich
Kunstliebhaber → Liebhaber, → Ästhet, → Mäzen
Kunstmaler → Maler
kunstreich → kunstvoll
Kunstrichter → Kritiker
Kunstrichtung → Stil
Kunstsammlung → Museum
Kunstschaffender → Künstler
Kunstsinn → Geschmack
kunstsinnig → künstlerisch
Kunststoff Synthetik, Plastik, PVC, Nylon, Polyacryl, Plexiglas
Kunststofffolie (*auch:* Kunststoff-Folie) → Folie
Kunststück → Dressur, → Zauberkunst, → Höchstleistung
kunstverständig → künstlerisch
Kunstverständnis → Geschmack
kunstvoll künstlerisch, kunstreich, stilvoll, formvollendet, meisterhaft
kunterbunt → durcheinander, → scheckig
kupieren → beschneiden
Kupee (*auch:* Coupé) → Abteil, → Kraftfahrzeug
Kupon (*auch:* Coupon) → Abschnitt
Kuppe → Berg, → Gipfel
Kuppel → Gewölbe
Kuppelei Vermittlung, Ehestiftung, Eheanbahnung, Verkuppelung, Zuhälterei, Mädchenhandel
kuppeln → verbinden
Kuppler Vermittler, Schlepper, Gelegenheitsmacher, Zuhälter, Mädchenfänger, Mädchenhändler
Kupplerin Vermittlerin, Ehestifterin, Bordellmutter
Kur Aufenthalt, Sanatoriumsaufenthalt, Heilverfahren, Heilaufenthalt, Kurverschickung, Badekur, Entziehungskur, Radikalkur, Rosskur, → Behandlung, → Diät
Kür → Eislauf
Kuratel → Vormundschaft
Kurator → Vormund, → Verwalter
Kuratorium → Ausschuss
Kuraufenthalt → Kur
Kurbad → Bad
kurbeln → drehen
küren → erwählen
Kurgarten → Anlage
Kurgast → Tourist
Kurheim → Sanatorium
Kurier → Bote
kurieren → heilen
kurios → sehenswert, → seltsam
Kuriosität → Sehenswürdigkeit
Kuriosum → Sehenswürdigkeit
Kurorchester → Orchester
Kurort Luftkurort, Winterkurort, → Bad
Kurpfuscher Quacksalber, Scharlatan, Medikaster, Stümper, → Arzt
Kurs 1. Devisenkurs, Börsenkurs, Aktienkurs, Tauschwert, Geldwert 2. → Seminar 3. → Richtung
Kurschatten → Geliebter
kursieren sich verbreiten, sich wie ein Lauffeuer verbreiten, sich herumsprechen, die Runde machen, von Mund zu Mund gehen, Tagesgespräch sein, in aller Munde sein, in Umlauf sein, umlaufen, umgehen
kursiv → schräg
kursorisch → knapp
Kurssturz → Depression
Kursus → Seminar
Kurtisane → Prostituierte, → Geliebte
Kurve Biegung, Abbiegung, Wegbiegung, Straßenkrümmung, Bogen, Kehre, Knie, Richtungsänderung, Schwenkung, Knick, Serpentine, Haarnadelkurve, Schlangenlinie
kurz 1. abgeschnitten, verkürzt, gekürzt, klein, bündig, kurzum, → knapp 2. flüchtig, schnell, eilig, geschwind, kurzlebig, ephemer, transitorisch, → vergänglich 3. → kurzfristig 4. → kurzerhand
kurz halten knapp halten, den Daumen draufhalten, den Brotkorb höher hängen, bremsen, die Zügel eng nehmen, beschneiden, einschränken, → geizen

Kurzatmigkeit → Atembeschwerden
Kürze → Vergänglichkeit
Kürzel → Abkürzung, → Unterschrift
kürzen 1. abkürzen, abschneiden, verkürzen, verkleinern, beschneiden, zurückschneiden 2. wegstreichen, zusammenstreichen, einsparen, reduzieren, straffen, einschränken, beschränken
kurzerhand kurzweg, ohne weiteres, schlankweg, ohne Umschweife, kurz entschlossen, → anstandslos
kürzer treten → sparen
Kurzfassung → Abriss
kurzfristig 1. kurzzeitig, schnell, in kurzer Zeit, ohne lange Vorbereitung, Knall auf Fall 2. → vorübergehend
Kurzgeschichte → Erzählung
kurzlebig → kurz, → vergänglich
Kurzlebigkeit → Vergänglichkeit
kürzlich → neulich
Kurzschluss → Störung
Kurzschrift → Stenografie
kurzsichtig → borniert, → unvernünftig
Kurzsichtigkeit → Fehlsichtigkeit, → Borniertheit
kurzum → kurz
Kürzung 1. Abkürzung, Verkürzung, Verkleinerung, Beschneidung 2. → Einsparung
kurzweg → kurzerhand
Kurzweil → Ablenkung, → Zeitvertreib
kurzweilig → unterhaltsam
kurzzeitig → kurzfristig
kuschelig → bequem, → weich
kuschen → gehorchen, → fügen, sich
Kusine (*auch:* Cousine) → Base
Kuss Busserl, Bussi, Schmatz, Schmützchen, Bruderkuss, Handkuss
küssen einen Kuss geben, busseln, schnäbeln, abküssen, abknutschen, knutschen
Küste → Ufer
Küster Kirchendiener, Glöckner, Mesner, Sakristan, Kustos
Kustos → Küster, → Referent
Kutsche Equipage, Droschke, Pferdedroschke, Fiaker, Kalesche, Karosse, Kremser, Dogcart, Postkutsche
Kutscher Schwager, Postillion, Fuhrmann, Fuhrknecht, Pferdelenker, Wagenlenker
kutschieren → fahren
Kutte Sutane, Talar, Ordenskleid, Umhang
Kutter Fischkutter, Fangschiff, Fangboot, Trawler, Logger, → Segelboot
Kutterschaufel → Kehrschaufel
Kuvert → Briefumschlag
Kuvertüre → Überzug
KZ → Lager

L

labberig → breiig
laben erfrischen
laben, sich sich gütlich tun, sich erfrischen, sich weiden, genießen
labend → erfrischend
labern → reden
labil beeinflussbar, wandelbar, veränderlich, schwankend, instabil, → anfällig, → schwach
Labilität → Anfälligkeit, → Schwäche
Labor Laboratorium, Forschungsstätte, Forschungsbetrieb, Versuchsanstalt, Behandlungsraum
Labsal → Erfrischung
Lache → Gelächter, → Pfütze
lächeln schmunzeln, grinsen, grienen, den Mund verziehen, in sich hineinlachen
lachen auflachen, loslachen, losprusten, herausplatzen, sich schütteln vor Lachen, brüllen vor Lachen, in Gelächter ausbrechen, sich kaputtlachen, sich totlachen, sich schieflachen, sich kringeln vor Lachen, sich biegen vor Lachen, sich kugeln vor Lachen, sich ausschütten vor Lachen, quieken, gackern, wiehern, kichern, feixen, → auslachen
Lachen → Gelächter
lächerlich lachhaft, grotesk, albern, töricht, blödsinnig, ridikül, läppisch, kindisch, → absurd, → komisch
lächerlich machen → bloßstellen
Lächerlichkeit 1. Lachhaftigkeit, Vernunftlosigkeit, Gelächter, Gespött, → Komik 2. → Kleinigkeit
lachhaft → lächerlich, → absurd
Lachhaftigkeit → Lächerlichkeit
Lackaffe → Stutzer
Lacke → Pfütze
Lackel → Flegel
lackieren → anstreichen, → betrügen
Lackierer → Maler
lackmeiern → betrügen
Lade → Fach, → Kiste
laden 1. aufladen, nachladen, durchladen, scharf machen 2. verladen, verschiffen, verstauen, packen, befüllen, füllen, → beladen 3. → einladen 4. → vorladen
Laden → Geschäft, → Fensterladen
Ladenbesitzer → Kaufmann
Ladengeschäft → Geschäft
Ladenkasse → Kasse
Ladenpreis → Preis
Ladenstraße → Einkaufszentrum
Ladentisch → Theke
Ladenverkauf → Einzelhandel

Ladenzentrum → Einkaufszentrum
Laderaum Frachtraum, Bunker, Kofferraum, Ladepritsche
lädieren → beschädigen
Ladung 1. Frachtgut, Frachtstück, Stückgut, Versandgut, Fracht, Fuhre, Wagenladung, Fuder, Last 2. → Menge 3. → Vorladung
Laffe → Stutzer
Lage 1. Ort, Punkt, Position, Standort, Standpunkt, Stellung 2. → Schicht 3. → Situation
Lager 1. Jugendlager, Pfadfinderlager, Wochenendlager, Ferienlager, Zeltlager, Camp, Lagerstelle, Nachtlager, Feldlager, Biwak 2. Gefangenenlager, Straflager, Internierungslager, Konzentrationslager, KZ, Vernichtungslager 3. Depot, Magazin, Warenlager, Lagerraum, Hochlager, Lagerhaus, Vorratshaus, Niederlager, Speicher, Silo, Zeughaus, Arsenal, Waffenkammer, Waffenlager 4. → Bett 5. → Gruppe
Lagerbestand → Bestand
Lagerfeuer → Feuer
Lagerhaus → Lager
Lagerinsasse → Gefangener
lagern 1. einlagern, einkellern, einwintern, aufspeichern, einbunkern, magazinieren, ablagern, → aufbewahren 2. campieren, Halt machen, ruhen, → liegen
Lagerraum → Lager
Lagerstatt → Bett, → Pritsche
Lagerstelle → Lager
Lagerung Einlagerung, Ablagerung, Speicherung, Aufspeicherung, Magazinierung, Aufbewahrung
lahm 1. gelähmt, querschnitt(s)gelähmt, hüftlahm, lendenlahm, gehbehindert, paralysiert, paralytisch 2. → langsam
lahm legen → aufhalten, → lähmen
Lahmarsch → Phlegmatiker
lahmen → hinken
lähmen lahm legen, betäuben, bewegungsunfähig machen, paralysieren, unwirksam machen
lähmend → deprimierend
Lähmung Querschnitt(s)lähmung, Paralyse, Betäubung, Willenslähmung, → Angst
Laib → Brot
Laie Amateur, Nichtfachmann, Außenstehender, Exoteriker, Nichtgeweihter, Weltlicher, Dilettant, → Stümper
laienhaft → dilettantisch
Laienrichter → Geschworener
Lakai → Diener
Lake → Lauge
Laken Bettlaken, Betttuch, Leintuch, Linnen
lakonisch → knapp, → schweigsam
lallen → stottern
lamentieren → klagen
Lamm → Schaf
lammfromm → brav
Lampe Beleuchtungskörper, Lichtquelle, Leuchte, Scheinwerfer, Spot, Punktstrahler, Deckenleuchte, Neonleuchte, Hängelampe, Licht, Grubenlicht, Laterne, Funzel, Stehlampe, Nachttischlampe, Taschenlampe, → Kronleuchter, → Leuchtstoffröhre, → Glühbirne
Lampenfieber → Nervosität
lancieren → einführen, → fördern
Land 1. Erde, fester Boden, Grund, Festland, Ufer, Gelände, Landschaft 2. Staat, Nation, Bundesland, Bundesstaat, Freistaat, Republik, Volksrepublik, Reich 3. plattes Land, Provinz, hinter dem Mond 4. → Feld 5. → Grundstück
Landbau → Ackerbau
Landbesitz → Besitz, → Grundstück
Landebahn → Rollfeld
landen niedergehen, zur Erde gleiten, sich senken, einfliegen, einschweben, aufsetzen, wassern, → gelangen, → ankommen
Landenge Halbinsel, Landzunge, Landbrücke, Nehrung, Isthmus
Landeplatz Landungsbrücke, Lände, Bootslände, Anlegebrücke, Anlegestelle, Landungssteg, → Kai, → Hafen, → Flugplatz
Länderei → Grundstück
Landesgrenze → Grenze
Landesherr → Herrscher, → Staatsoberhaupt
Landeskind(er) → Einwohner, → Bevölkerung
Landessitte → Brauch
Landessprache → Sprache
Landesteg → Gangway
Landesteil → Gebiet
Landesvater → Herrscher
Landesverrat → Verrat
Landesvertretung → Botschaft
Landetreppe → Gangway
Landfahrer → Zigeuner
Landhaus → Haus, → Wochenendhaus
Landheim → Schullandheim
Landkarte → Karte
Landkreis → Bezirk
landläufig → allgemein, → üblich
ländlich 1. dörflich, provinziell, kleinstädtisch, hinterwäldlerisch, rustikal, → bäuerlich 2. → einfach
Landnahme → Okkupation
Landpartie → Ausflug
Landplage → Plagegeist
Landrover → Geländefahrzeug
Landschaft → Gegend
landschaftlich → lokal

Landschaftsgebiet → Gebiet
Landschulheim → Schullandheim
Landser → Soldat
Landsitz → Anwesen, → Wochenendhaus
Landsknecht → Soldat
Landsmannschaft → Verbindung
Landstraße → Straße
Landstreicher Vagabund, Tippelbruder, Walzbruder, Tramp, Heimatloser, Nichtsesshafter, Stadtstreicher, Obdachloser, Clochard, → Bettler, → Armer
Landstrich → Gebiet
Landung → Ankunft
Landvermesser Landmesser, Feldmesser, Geometer, Geodät, Vermessungsingenieur
Landwirt Agronom, Agrarier, Bauer, Bauersmann, Landmann, Ackersmann, Sämann, Farmer, Pflanzer, Rancher, Viehzüchter, → Siedler
Landwirtschaft Agrikultur, Bodenkultur, Viehwirtschaft, Viehzucht, Milchwirtschaft, → Ackerbau
landwirtschaftlich → bäuerlich
landwirtschaftlicher Betrieb → Bauernhof
Landzunge → Landenge
lang 1. länglich, ellenlang, lang gestreckt, ausgedehnt, in die Länge gezogen, → groß 2. lange, lang dauernd, lang während, chronisch, langwierig, geraum, zeitraubend, langfristig, auf lange Sicht, extensiv
lang dauernd → lang
lang gestreckt → lang, → weit
lang während → lang
langatmig → ausführlich, → umständlich
Länge → Erstreckung, → Dauer
lange → lang, → schon
langen → genügen, → geben, → ohrfeigen
Langeweile Gleichförmigkeit, Einerlei, Einförmigkeit, Eintönigkeit, Gleichmaß, Ereignislosigkeit, Öde, Monotonie, → Alltäglichkeit
Langfinger → Dieb
langfristig → lang
langlebig → haltbar
Langlebigkeit → Haltbarkeit
länglich rund → oval
Langmut → Geduld
Langohr → Esel, → Hase
langsam gemächlich, gemach, gemütlich, geruhsam, behäbig, zögernd, schleppend, lahm, sacht, im Schneckentempo, kriechend, etappenweise, säumig, saumselig, → allmählich, → stockend
Langsamkeit Gemächlichkeit, Behäbigkeit, Schneckentempo, Schneckengang, Saumseligkeit, Trödelei, Zeitlupe
Langspielplatte → Schallplatte
längst → schon
längstens → bestenfalls
langweilen anöden, ennuyieren, einschläfern, ermüden
langweilen, sich Langeweile haben, sich ennuyieren, vor Langeweile umkommen, Däumchen drehen, sich mopsen, angeödet sein, nichts anzufangen wissen, Zeit totschlagen
Langweiler → Phlegmatiker
langweilig fade, einschläfernd, ereignislos, ennuyant, öde, trostlos, trocken, dröge, uninteressant, stinklangweilig, sterbenslangweilig, ermüdend, monoton, → gleichförmig
langwierig → lang, → chronisch
lapidar knapp
Lappalie → Kleinigkeit
Lappen 1. Lumpen, Fetzen, Hader, Putzlappen, Scheuerlappen, Wischlappen, Aufnehmer, Feudel, Staubtuch, Fensterleder 2. → Geld
läppisch → albern, → lächerlich
Lapsus → Fehler
Lärm Gelärme, Getöse, Krach, Klamauk, Höllenlärm, Gepolter, Geknatter, Geratter, Gerassel, Gedröhn, Donner, Krawall, Radau, Randale, Spektakel, Heidenspektakel, Tumult, Trubel, Rabatz, Krakeel, Ruhestörung, Straßenlärm, Verkehrslärm, → Geschrei
lärmen krakeelen, randalieren, dröhnen, knattern, rattern, rasseln, krachen, poltern, rumpeln, rumoren, hupen, trommeln, hämmern, → schreien
larmoyant → weinerlich
Larmoyanz → Tränenseligkeit
Larve 1. Puppe, Engerling, Raupe, Made, Kaulquappe 2. Maske
lasch → abgestanden, → kraftlos, → faul
lassen 1. belassen, überlassen, beruhen lassen, in Ruhe lassen, ruhen lassen 2. ablassen 3. → erlauben 4. → unterlassen
lässig → nachlässig, → zwanglos
Lässigkeit → Nachlässigkeit, → Zwanglosigkeit
lässlich → verzeihlich
Last 1. Bürde, Joch, Kreuz, Krux, Zentnerlast, Beschwernis, Elend, Belastung, Plage, Mühe 2. → Gewicht
Lastauto → Lastkraftwagen
lasten → drücken
Lastenausgleich → Entschädigung
lastend → schwer
Lastenträger → Träger
Laster 1. Untugend, Unsitte, Unart, Schwäche, Fehler, Sünde 2. → Lastkraftwagen

Lästerer → Lästermaul
lasterhaft → verdorben
Lasterhaftigkeit → Verdorbenheit
Lästermaul Lästerzunge, Lästerer, Schandmaul, Schmäher, Schmähredner, böse Zunge, → Kritiker, → Klatschmaul
lästern → tratschen, → angreifen
Lästerzunge → Lästermaul
lästig hinderlich, beschwerlich, drückend, störend, unangenehm, aufdringlich, penetrant
lästig fallen → belästigen
Lästigkeit → Mühe
Lastkraftwagen Lkw, Lastwagen, Lastauto, Laster, Brummi, Nutzfahrzeug, Sattelschlepper, Sattelzug, Fernlastzug, Camion, Lieferwagen, Kleinlaster, Transporter, Kombiwagen, Kombi, → Kraftfahrzeug
Lasttier → Tragetier
Lastwagen → Lastkraftwagen
lasziv frivol, schwül, erotisch, wollüstig, lüstern, frei, pikant, anstößig, obszön, unsittlich, → sinnlich
Laszivität Frivolität, Schwüle, Wollüstigkeit, Lüsternheit, Anstößigkeit, Obszönität, Unsittlichkeit, → Sinnlichkeit
latent → verborgen
Laterne → Lampe
Latrine → Toilette
Latschen → Pantoffeln, → Schuh
Latte → Brett
Latz → Serviette
lau 1. lauwarm, handwarm, temperiert, überschlagen, verschlagen, abgeschreckt, → warm 2. → mild
Laub Blätter, Blatt, Blattwerk, Laubwerk
Laube → Pavillon
Laudatio → Lobrede, → Nachruf
Lauer → Hinterhalt
lauern → warten
Lauf → Wettlauf, → Bein
Laufbahn → Karriere, → Lebenslauf
Laufbursche → Bote
laufen 1. rennen, rasen, sprinten, spurten, fliegen, hasten, sausen, brausen, flitzen, wetzen, preschen, pesen, spritzen, stürmen, stieben, wieseln, traben, → eilen, → gehen 2. → funktionieren
laufend → andauernd
Läufer 1. Wettläufer, Sprinter, Kurzstreckenläufer, Langstreckenläufer, Marathonläufer, Waldläufer, Jogger, → Sportler 2. → Teppich
läufig → brünstig
Laufsohle → Sohle
Laufsteg → Gangway
Laufwerk → Getriebe
Laufzeit Geltungsdauer, Gültigkeit, Geltung
Lauge Base, alkalische Lösung, Salzlösung, Salzlake, Lake, → Aufguss
Laune 1. Anwandlung, Grille, Mucke, Schrulle, Allüren, Flausen, Zicke, Kapriole, Kaprice, → Einfall, → Marotte 2. → Stimmung
launenhaft → launisch, → unberechenbar
launig → humorvoll, → geistreich
launisch 1. launenhaft, exzentrisch, kapriziös, grillenhaft, eigenwillig, bizarr, → eigensinnig 2. → unberechenbar
Lausbub → Spitzbub(e)
Lausbüberei → Streich
lausbübisch → altklug
lauschen → horchen
lauschig → gemütlich
Lauschigkeit → Gemütlichkeit
Lausejunge → Spitzbub(e)
lausig → minderwertig
laut 1. lautstark, lauthals, durchdringend, vernehmlich, geräuschvoll, ohrenbetäubend, markerschütternd, fortissimo, grell, schrill, **gellend,** schallend, lärmend, dröhnend 2. → gemäß, → wegen
Laut → Ton
lauten → heißen, → klingen
läuten → klingeln
lauter → anständig, → klar, → rein
Lauterkeit → Anständigkeit
läutern → klären
läutern, sich sich bessern, sich wandeln, sich bekehren, umkehren, sich eines Besseren besinnen, ein anderer Mensch werden, ein neues Leben beginnen
Läuterung 1. Besserung, Wandlung, Bekehrung, Umkehr, Sinneswandel, Katharsis 2. → Reinigung
lauthals → laut
lautlos → leise
Lautlosigkeit → Stille
Lautschrift → Umschrift
lautstark → aufdringlich, → laut
lauwarm → lau
Lavabo → Waschbecken
Lavoir → Waschbecken
lax → nachlässig
Lay-out (*auch:* Layout) → Entwurf
Lazarett → Krankenhaus
Lebemann → Lebenskünstler
leben 1. am Leben sein, lebendig sein, atmen, existieren, bestehen, sein, vegetieren, sich durchschlagen, → darben 2. → wohnen
Leben 1. Existenz, Sein, Dasein, Erdendasein, Erdentage, Lebenszeit, Lebenslauf, Lebensweg, Lebensbahn, Lebenswandel, Lebensfaden, Lebensnerv, Lebenshauch, Lebensfunke,

Lebenslicht, Atem, Puls 2. → Lebensform 3. → Lebendigkeit 4. → Wohl
lebendig 1. lebend, am Leben, belebt, beseelt, atmend, wirklich, lebensecht, leibhaftig 2. → anschaulich 3. → lebhaft
lebendig sein → leben
Lebendigkeit Leben, Vitalität, Stärke, Energie, Dynamik, Lebenskraft, Lebenswille, Lebenstrieb, → Lebhaftigkeit
Lebensabend → Alter, → Ruhestand
Lebensalter → Alter
Lebensanschauung → Ideologie
Lebensart → Lebensform, → Geschmack
Lebensbedingungen → Lebensform
lebensbejahend → optimistisch
Lebensbejahung → Lebensfreude, → Optimismus
Lebensbereich → Umwelt
Lebensbeschreibung → Autobiografie, → Biografie, → Memoiren
Lebensbild → Biografie
lebensecht → realistisch, → lebendig
Lebenselixier → Elixier
lebenserfahren → erfahren
Lebenserfahrung → Erfahrung
Lebenserinnerung → Autobiografie, → Memoiren
Lebensfaden → Leben
lebensfähig lebenskräftig, lebenstüchtig, existenzfähig, überlebensfähig, beständig, gesund, überdauernd
lebensfern → weltfremd, → trocken
Lebensferne → Weltfremdheit
Lebensform → Daseinsform, Lebensstil, Stil, Leben, Lebenswandel, Lebensführung, Lebensart, Lebensgestaltung, Lebensweise, Lebensbedingungen, Lebensstandard, Existenzniveau, → Kultur
lebensfremd → weltfremd, → trocken
Lebensfremdheit → Weltfremdheit
Lebensfreude Daseinsfreude, Lebenslust, Lebensbejahung, Wohlgefühl, Urbehagen, → Lebendigkeit
Lebensführung → Lebensform
Lebensfunke → Leben
lebensgefährlich → gefährlich, → riskant
Lebensgefährte → Ehemann
Lebensgefährtin → Ehefrau
Lebensgefühl → Zeitgeist
Lebensgemeinschaft → Beziehung, → Ehe
Lebensgeschichte → Biografie
Lebensgestaltung → Lebensform
Lebenshaltungskosten → Lebensunterhalt
Lebenshilfe → Seelsorge
lebenshungrig lebensdurstig, abenteuerlustig, erlebnishungrig, unersättlich, unstillbar
Lebensjahr Jahrgang, Jahr, Lenz, Alter
lebensklug → erfahren
Lebenskraft → Lebendigkeit
lebenskräftig → lebensfähig
Lebenskünstler Lebemann, Bonvivant, → Genießer, → Genussmensch
Lebenslage → Situation
Lebenslauf Laufbahn, Werdegang, Curriculum vitae, → Biografie, → Leben
Lebenslicht → Leben
Lebenslust → Lebensfreude
lebenslustig sinnenfroh, → fröhlich, → leichtlebig
Lebensmittel Esswaren, Nahrungsmittel, Genussmittel, Naturalien, Viktualien, Fressalien, Futter, Essen, Kost, Versorgung, Mundvorrat, → Nahrung
lebensmüde lebensüberdrüssig, zerschmettert, gebrochen, mutlos, trübsinnig
Lebensmüder → Selbstmörder
Lebensmüdigkeit Lebensüberdruss, Lebensunlust, Mutlosigkeit, Trübsinn
lebensnah → anschaulich
Lebensnähe → Anschaulichkeit, → Realismus
Lebensnerv → Leben
lebensnotwendig → lebenswichtig
Lebensraum → Umwelt
Lebensrückblick → Autobiografie, → Memoiren
Lebenssphäre → Umwelt
Lebensstandard → Lebensform
Lebensstil → Kultur, → Lebensform
Lebenstrieb → Lebendigkeit
lebenstüchtig → lebensfähig
Lebensüberdruss → Lebensmüdigkeit
lebensüberdrüssig → lebensmüde
Lebensunterhalt Existenz, Auskommen, Arbeit, das tägliche Brot, Versorgung, Ernährung, Unterhalt, Unterhaltskosten, Lebenshaltungskosten, Haushaltungskosten
lebensverneinend → pessimistisch
Lebensverneinung → Pessimismus
Lebenswandel → Lebensform, → Leben
Lebensweg → Leben
Lebensweise → Lebensform
Lebensweisheit → Sprichwort
lebenswichtig lebensnotwendig, existenznotwendig, unabdingbar, entscheidend, → notwendig
Lebenswille → Lebendigkeit
Lebenszeichen → Nachricht
Lebenszeit → Leben
Leberfleck → Muttermal
Lebewesen → Geschöpf, → Mensch
Lebewohl → Abschied

lebhaft 1. lebendig, agil, vif, betriebsam, dynamisch, blutvoll, rege, quecksilbrig, quicklebendig, sprudelnd, überschäumend, temperamentvoll, impulsiv, aufgedreht, überdreht, → frisch 2. schwunghaft, rege, flott 3. → anschaulich
Lebhaftigkeit Beweglichkeit, Quecksilbrigkeit, Betriebsamkeit, Temperament, → Lebendigkeit
leblos → tot, → regungslos
Leblosigkeit → Regungslosigkeit
lechzen → dürsten, → begehren
leck → defekt, → undicht
Leck → Loch
lecken → schlecken, → auslaufen
lecker → fein
Leckerbissen Gaumenkitzel, Gaumenfreude, Leckerei, Schleckerei, Schmankerl, Delikatesse, Spezialität, Köstlichkeit, Hochgenuss, → Genuss
Leckerei → Leckerbissen
Leckermaul → Genießer
Lederhose → Hose
ledern → trocken
ledig 1. unverheiratet, unvermählt, ehelos, unbeweibt, allein, allein stehend, im Junggesellenstand, noch zu haben, einspännig 2. → frei
Ledigenstand → Ehelosigkeit
lediglich → allein, → nur
leer 1. ohne Inhalt, hohl, entleert, leer gefegt, → menschenleer 2. → kahl 3. → geistlos 4. → nichtig
leer gefegt → menschenleer, → leer
leer pumpen → leeren
leer stehend → menschenleer
Leere 1. Öde, Menschenleere, Gehaltlosigkeit, Nichts, Vakuum 2. → Sinnlosigkeit
leeren ausleeren, entleeren, ausschütten, leer machen, ausräumen, räumen, herausnehmen, leer pumpen, leer schöpfen, auspumpen, lenzen, → entladen
Leerlauf → Stillstand
Leerung Entleerung, Ausräumung, → Beseitigung
legal legitim, gesetzlich, gesetzmäßig, rechtmäßig, rechtlich, einwandfrei, zu Recht, regulär, ordentlich, verfassungsgemäß, verfassungskonform, → rechtskräftig
legalisieren legitimieren, Gesetzeskraft verleihen, rechtskräftig machen, rechtmäßig machen, amtlich bestätigen, → beglaubigen
Legalisierung Legitimierung, Legitimation, Verbotsaufhebung, Genehmigung, → Beglaubigung
Legalität Legitimität, Gesetzmäßigkeit, Rechtmäßigkeit, Berechtigung, Billigkeit
Legasthenie → Sprachstörung
Legat → Erbe, → Unterhändler
legen setzen, hinsetzen, hinlegen, betten, ablegen, niederlegen, weglegen, aus der Hand legen
legen, sich → beruhigen, sich
legendär sagenhaft, sagenumwoben, legendenumwoben, mythisch, fantastisch, märchenhaft
Legende → Erzählung, → Märchen
leger → zwanglos
Legion → Heeresverband
Legionär → Soldat
Legislative → Gesetzgeber
legitim → legal
Legitimation → Legalisierung, → Ausweis
legitimieren → legalisieren, → beglaubigen
legitimieren, sich → ausweisen, sich
Legitimierung → Beglaubigung
Legitimität → Legalität
Lehensmann → Vasall
Lehenswesen → Feudalismus
Lehm Ton, Tonerde, Mergel, Löss, Kaolin
Lehne 1. Rückenlehne, Rücken, Stuhllehne, Armlehne, Stütze 2. → Abhang
lehnen, sich → anlehnen, sich, → beugen, sich
Lehnstuhl → Sessel
Lehranstalt → Schule
Lehrauftrag → Berufung
Lehrbeauftragter → Lehrer
Lehrbub → Lehrling
Lehrbuch Handbuch, Kompendium, Abriss, Leitfaden, Handreichung, Unterrichtswerk, Schulbuch, Repetitorium, Übungsbuch, → Fibel, → Ratgeber
Lehre 1. Lehrsatz, Lehrmeinung, Schulmeinung, Schule, Lehrgebäude, Ideologie, Doktrin, Behauptung, These, Theorie, Theorem 2. Belehrung, Aufklärung, Schulung, Instruktion, → Unterricht 3. Lehrzeit, Lehrjahre, Ausbildung, Berufsausbildung, → Praktikum 4. → Erfahrung
lehren 1. dozieren, Vorlesungen halten, lesen, in Lehre und Forschung tätig sein 2. belehren, anleiten, unterweisen, instruieren, schulen, etwas beibringen, vermitteln, zeigen, erklären, → einprägen, → unterrichten
Lehrer Schullehrer, Schulmeister, Lehrkraft, Pädagoge, Magister, Assessor, Studienrat, Hauslehrer, Privatlehrer, Pauker, Lehrmeister, Hochschullehrer, Lehrbeauftragter, Dozent, Privatdozent, Professor, Universitätsprofessor, Lehrender, Mentor, → Erzieher, → Trainer
Lehrgang → Seminar
Lehrgebäude → Lehre

Lehrgeld → Erfahrung
lehrhaft didaktisch, erzieherisch, pädagogisch, belehrend, → lehrreich
Lehrherr → Lehrmeister
Lehrjahre → Lehre
Lehrkraft → Lehrer
Lehrling Lehrbuch, Lehrjunge, Lehrmädchen, Auszubildender, Azubi, Bursche, Stift, Anlernling, → Praktikant, → Schüler
Lehrmeinung → Lehre
Lehrmeister Meister, Lehrherr, Prinzipal, Ausbilder, → Lehrer
lehrreich aufschlussreich, belehrend, informativ, instruktiv, lehrhaft, wissenswert, interessant
Lehrsatz Lehrspruch, Satz, Glaubenssatz, Grundsatz, Dogma, Prinzip, Regel, → Axiom, → Lehre
Lehrstoff → Aufgabe
Lehrstuhlinhaber → Lehrer
Lehrveranstaltung → Seminar
Lehrzeit → Lehre
Leib → Körper, → Bauch
Leibchen → Unterhemd
Leibeigner → Sklave
Leibeserziehung → Sport
Leibesfrucht → Embryo
Leibesfülle → Dicke, → Fettleibigkeit
Leibesübungen → Sport
leibhaftig → lebendig, → persönlich
Leibhaftiger → Teufel
Leibrente → Einkünfte
Leibschmerzen → Bauchweh
Leibwache Garde, Schweizergarde, Beefeaters, → Beschützer
Leibwächter Bodyguard, Gorilla, → Beschützer
Leibwäsche → Unterwäsche
Leiche Leichnam, Toter, Verstorbener, Verblichener, sterbliche Hülle, die sterblichen Überreste, Gebeine, Mumie
Leichenbegängnis → Beerdigung
leichenblass → blass
Leichenblässe → Blässe
Leichenfeier → Beerdigung
Leichenfledderer → Räuber
Leichenhügel → Grab
Leichenöffnung Leichenschau, Totenschau, Obduktion, Autopsie, Sektion
Leichenrede → Leichenöffnung
Leichenschmaus → Totenfeier
Leichenverbrennung → Einäscherung
Leichnam → Leiche
leicht 1. federleicht, gewichtslos, schwerelos 2. unschwer, mühelos, bequem, kinderleicht, spielend, ein Kinderspiel, kein Kunststück, → einfach 3. → geringfügig
leicht nehmen → missachten
Leichtathlet → Athlet, → Sportler
leichtfertig leichthin, obenhin, bedenkenlos, frivol, unbesonnen, unbedacht, überstürzt, oberflächlich, liederlich, → leichtsinnig
Leichtfertigkeit Bedenkenlosigkeit, Frivolität, Unbesonnenheit, Flüchtigkeit, Oberflächlichkeit, → Leichtsinn
Leichtfuß → Frauenheld, → Taugenichts
leichtfüßig → flink
leichtgläubig → arglos
Leichtgläubigkeit → Arglosigkeit
leichthin → leichtfertig
leichtlebig liederlich, ausschweifend, lose, locker, sinnesfroh, genussfreudig, lebenslustig, haltlos, unsolide, unsittlich
Leichtsinn Sorglosigkeit, Unbesorgtheit, Unaufmerksamkeit, Unachtsamkeit, Achtlosigkeit, Fahrlässigkeit, Verantwortungslosigkeit, Unverantwortlichkeit, → Leichtfertigkeit
leichtsinnig sorglos, arglos, gedankenlos, unaufmerksam, unachtsam, fahrlässig, unverantwortlich, verantwortungslos, sträflich, → leichtfertig
leid → überdrüssig
Leid Jammer, Pein, Qual, Marter, Schmerz, Weh, Kreuz, Krux, Elend, Unglück, Gram, → Kummer
Leid tun → bereuen, → bemitleiden
leiden 1. Schmerzen haben, Schmerzen ertragen müssen, durchmachen, ausstehen, ertragen, schmachten, verschmachten, sich quälen, → krank sein 2. → hinnehmen
leiden können → lieben
Leiden → Krankheit
leidend → krank
Leidender → Patient
Leidenschaft Feuer, Glut, Inbrunst, Innigkeit, Pathos, Passion, Rausch, Begehrlichkeit, Begierde, Hassliebe, → Begeisterung, → Liebe, → Lust
leidenschaftlich feurig, glühend, heiß, heißblütig, flammend, brennend, stürmisch, wild, inbrünstig, innig, voller Pathos, begehrlich, → begeistert
leidenschaftslos 1. kühl, kalt, gefühlskalt, froschblütig, fischblütig, → gleichgültig 2. → nüchtern, → sachlich
Leidensgenosse → Kamerad
leider → bedauerlicherweise, zu meinem Bedauern, zu meinem Leidwesen, unglücklicherweise, schade, so leid es mir tut
leidig → unangenehm
leidlich → einigermaßen, → annehmbar
leidtragend → betroffen
Leidtragender → Opfer

leidvoll 1. gepeinigt, geprüft, gequält, geplagt, heimgesucht, gestraft 2. qualvoll, peinvoll, schmerzvoll, dornenvoll, dornenreich, dornig, beklagenswert, traurig
leiern → drehen
Leihbücherei → Bibliothek
leihen ausleihen, herleihen, verleihen, borgen, ausborgen, entleihen, entlehnen, pumpen, verauslagen, auslegen, aushelfen, anschreiben, finanzieren, kreditieren, vorschießen, vorstrecken, → vermieten
leihen, sich sich ausleihen, sich borgen, sich ausborgen, sich entleihen, entlehnen, sich pumpen, anschreiben lassen, Vorschuss nehmen, Schulden machen, → beleihen, → mieten
Leihgebühr → Miete, → Pfand
Leihwagen → Mietwagen
leihweise geborgt, geliehen, auf Borg, auf Pump, als Leihgabe
Leim → Klebstoff
leimen → kleben, → betrügen
Leine → Seil
Leinen → Stoff
Leintuch → Laken
leise gedämpft, schwach, halblaut, getragen, verhalten, erstickt, still, lautlos, geräuschlos, unhörbar, unvernehmbar
leisetreten → kriechen
Leisetreter → Duckmäuser
Leiste 1. Schenkelbeuge 2. → Brett
leisten verrichten, ausführen, machen, vollbringen, zu Stande bringen, erreichen, erfüllen, sich qualifizieren
leisten, sich sich gönnen, sich zugute tun, sich kaufen, Geld ausgeben, sich erlauben
Leistung 1. Ergebnis, Arbeit, Arbeitsleistung, Schöpfung, Vollendung, Tat 2. → Höchstleistung 3. → Leistungsfähigkeit 4. → Verdienst 5. → Dienst
leistungsfähig kräftig, belastbar, stark, fit, topfit, in Topform, in guter Kondition, gesund
Leistungsfähigkeit Leistungsvermögen, Leistung, Arbeitsvermögen, Kraft, Arbeitskraft, Belastbarkeit
leistungsschwach → unbegabt
Leistungsstufe → Niveau
Leistungsvermögen → Leistungsfähigkeit
Leistungswillen → Ehrgeiz
leistungswillig → ehrgeizig
Leitartikel → Zeitungsartikel
Leitbild → Vorbild
leiten vorstehen, verwalten, führen, lenken, dirigieren, die Leitung haben
Leiter 1. Direktor, Generaldirektor, Betriebsleiter, Geschäftsführer, Abteilungsleiter, Versammlungsleiter, Diskussionsleiter, Dienststellenleiter, Vorsteher, Polier, Kapo, Verantwortlicher, Ressortleiter, Intendant, → Vorgesetzter, → Führungskraft 2. Trittleiter, Stehleiter, Tritt, Staffel, Treppchen, Strickleiter, Fallreep
Leiterwagen Handwagen, Handkarren, Ziehwagen, Bollerwagen, → Wagen
Leitfaden → Lehrbuch, → Ratgeber
Leitfeuer → Warnlicht
Leitgedanke → Grundgedanke
Leitmotiv → Grundgedanke, → Melodie
Leitspruch Devise, Wahlspruch, Leitwort, Schlagwort, Slogan, Motto, Losung, Parole, goldene Regel, Richtschnur
Leitstelle → Zentrale
Leitstern → Vorbild
Leitung 1. Direktion, Direktorat, Vorstand, Spitze, Chefetage, Management, Vorsitz, Präsidium, Führungsstab, Stab, Zentrale, Oberaufsicht, Regie, Intendanz 2. Kabel, Draht, Hochspannungsleitung, Überlandleitung, Pipeline, Rohrleitung, Schlauchleitung
Leitwerk → Steuer
Leitwort → Leitspruch, → Stichwort
Leitzordner → Aktenordner
Lektion → Aufgabe, → Moralpredigt
Lektor → Redakteur
Lektüre → Literatur
Lemma → Stichwort
Lende → Hüfte
lendenlahm → lahm
lenken steuern, manövrieren, leiten, lotsen, dirigieren, bugsieren, → führen
Lenkrad → Steuer
Lenz → Frühjahr, → Lebensjahr
lenzen → leeren
leptosom → schlank
lernbegierig → interessiert
lerneifrig → fleißig
lernen 1. sich aneignen, erlernen, Kenntnisse erwerben, Schulaufgaben machen, stucken, pauken, büffeln, ochsen, sich auf den Hosenboden setzen, studieren, einstudieren, einüben, exerzieren, trainieren, → einlernen 2. in die Lehre gehen, von der Pike auf lernen, sich bilden, sich fortbilden 3. Erfahrungen machen, Lehrgeld zahlen, seine Lehre ziehen aus
Lernhilfe → Gedächtnisstütze
Lernstoff → Aufgabe
Lesart → Version, → Auslegung
Lesbierin → Homosexuelle
lesbisch → homosexuell
Lese → Ernte
Lesebuch → Fibel
lesen 1. entziffern, buchstabieren, blättern, durchblättern, überfliegen, anlesen, diagonal

lesen, quer lesen, durchschauen, durchlesen, sich vertiefen, studieren, schmökern, verschlingen 2. → lehren 3. → ernten
Leser Bezieher, Abonnent, Zeitungsleser, Vielleser, Leseratte, Bücherwurm, → Bücherliebhaber
Leserumfrage → Umfrage
Leseschwäche → Sprachstörung
Lesestoff → Literatur
letal → tödlich
Lethargie → Teilnahmslosigkeit, → Trägheit
lethargisch → teilnahmslos, → träge
Letter Drucktype, Type, → Buchstabe
letzt hinterst, spätest, höchst, niedrigst, äußerst, letztmöglich
letztendlich → schließlich
letztens → neulich
Letzter → Nachzügler
letzthin → neulich
letztmöglich → letzt
Leuchte → Lampe
leuchten erstrahlen, strahlen, scheinen, schimmern, flimmern, glänzen, blinken, blitzen, funkeln, glitzern
leuchtend → glänzend
Leuchter Kerzenleuchter, Kerzenhalter, Kerzenständer, Kandelaber, Armleuchter, Lüster
Leuchtfeuer → Warnlicht
Leuchtkugel → Feuerwerkskörper
Leuchtstoffröhre Neonröhre, Leuchtröhre, Tageslichtröhre, Quecksilberdampflampe, → Glühbirne
leugnen ableugnen, verleugnen, abstreiten, bestreiten, verneinen, widersprechen, anfechten, nicht anerkennen, in Abrede stellen, von sich weisen, nicht gelten lassen, → dementieren
Leumund → Ansehen, → Ruf
Leute Menschen, Menge, Volk, Öffentlichkeit, Zuschauer, Zuhörer
leutselig → jovial, → gesellig
Lexem → Stichwort
Lexikon Nachschlagewerk, Sammelwerk, Enzyklopädie, Konversationslexikon, Wörterbuch, Glossar, Vokabular, Thesaurus, Handbuch, Kompendium
Liaison → Verhältnis
liberal freiheitlich, frei gesinnt, freisinnig, duldsam, tolerant, antiautoritär, → aufgeklärt, → demokratisch
Liberaler → Aufklärer
Liberalismus → Aufklärung
Libido → Geschlechtstrieb, → Lüsternheit
licht → hell, → klar
Licht 1. Lichtschein, Lichtschimmer, Helligkeit, Lichtstrom, Lichtstreif, Lichtkegel, Strahlenkegel, Lichtstrahl, Tageslicht, Sonnenlicht, Himmelslicht 2. elektrisches Licht, Kunstlicht, Neonlicht, Beleuchtung, Lichtquelle, → Lampe 3. → Kerze
Lichtbild → Fotografie
Lichtblick → Hoffnung, → Aussicht
lichtdurchlässig → durchsichtig
lichtecht → farbecht
lichten 1. auslichten, ausdünnen, beschneiden, zurückschneiden 2. Anker einholen, aufholen, hochziehen
lichten, sich licht werden, hell werden, dünn werden, schütter werden, → klären, sich
lichterloh → flammend
Lichtfülle → Helligkeit
lichtlos → dunkel
Lichtpause → Kopie
lichtpausen → kopieren
Lichtquelle → Lampe
Lichtschacht → Fenster
Lichtschalter → Schalter
Lichtschein → Licht, → Glanz
lichtscheu → zwielichtig
Lichtspiele → Kino
Lichtstrahl → Licht
Lichtung Schlag, Kahlschlag, Blöße, Rodung, Waldlichtung
lichtvoll → hell
Lid Augenlid, Augendeckel
lieb 1. geliebt, wert, teuer, kostbar, ans Herz gewachsen, → willkommen 2. → brav 3. → liebevoll
lieb gewinnen, sich sich verlieben → näher kommen, sich
lieb haben → lieben
liebäugeln → erwägen, → flirten
Liebchen → Geliebte
Liebe Neigung, Zuneigung, Hingezogensein, Anziehung, Drang, Liebesbande, Hingabe, Gunst, Huld, Minne, Eros, Liebesverlangen, Verliebtheit, Liebesglut, Liebesleidenschaft, → Leidenschaft
liebesbedürftig anlehnungsbedürftig, Schutz suchend, anschmiegsam
liebedienern → einschmeicheln, sich
Liebelei → Affäre, → Flirt
lieben lieb haben, gern haben, mögen, leiden können, jemandem gut sein, zugetan sein, zugeneigt sein, ins Herz geschlossen haben, hängen an, verliebt sein in, vernarrt sein in, verrückt sein nach, anhimmeln, vergöttern, schmachten, minnen, entbrannt sein, → verlieben, sich
lieben, sich → koitieren
liebenswürdig → freundlich, → sympathisch
liebenswürdigerweise → bitte

Liebenswürdigkeit → Charme, → Freundlichkeit
Liebesabenteuer → Affäre
Liebesbande → Liebe
Liebesdienerin → Prostituierte
Liebesdienst → Dienst, → Gefälligkeit
Liebeselixier → Anregungsmittel
Liebesgeschichte → Verhältnis
Liebeskummer Liebesleid, Liebespein, Liebesschmerz, Herzweh, Herzeleid, Verlustangst, Verlassenheit, Beziehungsknatsch, Enttäuschung
Liebesleid → Liebeskummer
Liebesleidenschaft → Liebe
Liebespaar → Paar
Liebespein → Liebeskummer
Liebesschmerz → Liebeskummer
liebestoll → lüstern
Liebestrank → Anregungsmittel
Liebesvereinigung → Koitus
Liebesverhältnis → Verhältnis
Liebesverlangen → Liebe
liebevoll lieb, liebreich, herzlich, zärtlich, fürsorglich, rührend, hingebungsvoll, väterlich, mütterlich, brüderlich, schwesterlich
Liebhaber 1. Musikfreund, Tierfreund, Kunstfreund, Kunstliebhaber, Sammler, Amateur, Autodidakt, Laie, → Dilettant 2. Geliebter, Hausfreund, Ehebrecher, Buhle, Galan, Verehrer, Kavalier
Liebhaberei → Hobby, → Dilettantismus
liebkosen herzen, drücken, kosen, schmusen, küssen, zärteln, tätscheln, hätscheln, kraulen, umarmen, → streicheln
Liebkosung Gekose, Geschmuse, Kuss, Umarmung, Zärtlichkeit
lieblich → hold
Liebling 1. Augapfel, Augenstern, Herzblatt, Herzchen, Darling, Liebster, Liebste, Schatz, Goldschatz, Goldkind, → Geliebte(r) 2. → Günstling
Lieblingsbeschäftigung → Hobby
Lieblingsfach → Domäne
lieblos → gefühllos, → böse
Lieblosigkeit → Gefühllosigkeit, → Bosheit
liebreich → liebevoll
Liebreiz → Charme
liebreizend → charmant
Liebschaft → Verhältnis
Liebste(r) → Geliebte(r)
Lied Gesangsstück, Gesang, Weise, Melodie, Chanson, Song, Schlager, Couplet, Gospel, Volkslied, Volksweise, Kinderlied, Kanon, Kirchenlied, Choral, Kantate, Psalm, Madrigal, Vokalstück, Vokalmusik, Arie, Arioso, Hymne, → Gedicht
Liederjan → Taugenichts
liederlich → leichtlebig, → nachlässig
Liedermacher → Chansonier
Liedertafel → Chor
lieferbar vorrätig, erhältlich, am Lager, auf Lager, zu haben, disponibel, zur Disposition, käuflich
liefern anfahren, anliefern, ausliefern, beliefern, zustellen, ins Haus bringen, vorbeibringen, überführen, zuleiten
Lieferschein → Begleitpapiere
Lieferung 1. Anlieferung, Auslieferung, Zustellung, Sendung 2. → Ware
Lieferwagen → Lastkraftwagen
Liege Liegestuhl, Sonnenliege, Klappliege, Strandkorb, → Sofa
liegen 1. lagern, ruhen, daliegen, ausgestreckt sein, hingelagert sein, hingestreckt sein 2. → befinden, sich
liegen lassen → zurücklassen
Liegenschaft → Besitz, → Immobilie(n)
Liegestuhl → Liege
Lift → Aufzug, → Skilift
liften → straffen
Liga → Bündnis
liieren → verbinden
Likör → Spirituosen
lila → violett
Liliputaner → Zwerg
Limit Grenzwert, Grenze, Untergrenze, Mindestmaß, Minimum, Obergrenze, Höchstmaß, Maximum
Limonade → Sprudel
Limousine → Kraftfahrzeug
lind → mild
lindern → mildern
Linderung → Milderung, → Trost
Linderungsmittel Beruhigungsmittel, Mitigans, Balsam, Palliativum, Palliativ, → Arznei
Lindwurm → Ungeheuer
Lineal → Metermaß
Linguistik → Philologie
Linie 1. Strich, Ader, Zeile, Gerade, Verbindungslinie, Diagonale, Durchmesser, Radius, Kreismesser, Tangente 2. → Reihe 3. → Dynastie 4. → Bahnlinie
Linienführung → Duktus
Linientreuer → Opportunist
link → hinterhältig
linkisch → ungeschickt
links 1. zur Linken, linker Hand, linksseitig, backbord 2. → sozialistisch
linksradikal → sozialistisch
linksseitig → links
Linnen → Laken
Linse → Lupe

Lippenstift → Schminke
Liquidation → Aufgabe, → Rechnung
liquide → solvent
liquidieren → aufgeben
Liquidität → Solvenz
lispeln → flüstern
List 1. Finte, Schachzug, Winkelzug, Falle, Irreführung, Täuschung, Tücke, Ausrede, → Trick 2. → Schlauheit
Listenpreis → Preis
listig listenreich, fintenreich, pfiffig, verschmitzt, durchtrieben, gaunerhaft, ränkevoll, → schlau
Listigkeit → Schlauheit
Litanei → Gebet
literarisch → dichterisch
Literat → Schriftsteller
Literatur Lesestoff, Lektüre, Schrifttum, Schriftgut, Buch, Belletristik, Dichtung, Poesie
Literaturkritiker → Kritiker
Literaturteil → Feuilleton
Literaturwissenschaft → Philologie
Litfaßsäule Anschlagsäule, Plakatsäule
Liturgie → Zeremonie
Litze → Schnur, → Besatz
live → direkt
Livesendung (*auch:* Live-Sendung) → Direktübertragung
Livree → Uniform
lizenzieren → genehmigen
Lizenz → Genehmigung
Lkw → Lastkraftwagen
Lob Anerkennung, Beifall, Belobigung, Belobung, Auszeichnung, Preis, Lobpreisung, Lobpreis, Ehrung, Würdigung, Huldigung, Lorbeeren, Vorschusslorbeeren, → Lobrede
Lobby → Foyer, → Organisation
loben anerkennen, applaudieren, belobigen, auszeichnen, lobpreisen, hochpreisen, rühmen, huldigen, ehren, würdigen, Lob spenden, voll des Lobes sein, ein Loblied anstimmen, beweihräuchern, → empfehlen, → verherrlichen
lobenswert → verdienstvoll
Lobeshymne → Lobrede
Lobgesang → Lobrede
Lobhudelei → Schmeichelei
lobhudeln → schmeicheln
löblich → verdienstvoll
Loblied → Lobrede
Lobpreis → Lob
lobpreisen → anbeten, → beten, → loben
Lobpreisung → Lob, → Lobrede
Lobrede Laudatio, Huldigung, Lobpreisung, Lobgesang, Loblied, Lobeshymne, Preislied, Eloge, Panegyrikus, Dithyrambus, → Lob
Loch 1. Öffnung, Riss, Ritz, Schlitz, Leck, → Grube 2. → Gefängnis
lochen → durchlöchern, → entwerten
löchrig → porös
Locke Haarlocke, Schmachtlocke, Welle, Dauerwelle
locken 1. anlocken, rufen, verlocken, ködern, anziehen, herbeilocken, den Mund wässrig machen, → reizen 2. kräuseln, wellen, ondulieren
Lockenstab → Föhn
locker 1. flockig, körnig, aufgelockert, luftig, duftig, mürbe, porös, leicht 2. lose, wackelig, brüchig, schlaff 3. → entspannt 4. zwanglos 5. → leichtlebig
lockerlassen → nachgeben
lockern, sich → entspannen, → lösen, sich
Lockerung → Entspannung
lockig gelockt, gewellt, gekräuselt, wellig, gedreht, aufgewickelt, onduliert
Lockmittel Köder, Luder, Lockspeise, Reizmittel, Zugmittel, Lockvogel, Blickfang, Magnet, → Anziehung
Lockvogel → Lockmittel
lodern → brennen
Löffel 1. Besteck, Hausrat, Gerätschaft, Rührlöffel, Kaffeelöffel, Teelöffel, Esslöffel, Suppenlöffel, Suppenkelle, Schöpfkelle, Schöpflöffel, Schöpfer, Kelle 2. → Ohr
Loge → Organisation
Loggia → Balkon, → Terrasse
logieren → wohnen
Logik → Konsequenz
Logis → Unterkunft
logisch → konsequent
logischerweise → folglich
Lohe → Flamme
lohen → brennen
Lohn 1. Arbeitslohn, Stücklohn, Stundenlohn, Monatslohn, Monatseinkommen, Bruttolohn, Nettolohn, Tariflohn, Mindestlohn, Durchschnittslohn, Spitzenlohn, Einkommen, Gehalt, Verdienst, Bezüge, Besoldung, Salär, Entlohnung, Entgelt, Entgeltung, Heuer, Sold, Wehrsold, Löhnung, Fixum, Gage, Honorar, Honorierung, Bezahlung, Vergütung, → Einkünfte 2. → Dank 3. → Belohnung
lohnen → belohnen, → vergelten
lohnen, sich → rentieren, sich
lohnend → ergiebig, → nützlich
Lohnerhöhung → Aufbesserung
Lohnherr → Arbeitgeber
Lohnsteuer → Steuer
Löhnung → Lohn
Lok → Lokomotive

lokal regional, landschaftlich, gebietsweise, strichweise, örtlich, mundartlich, dialektal, idiomatisch
Lokal → Gasthaus
lokalisieren → finden
Lokalpatriotismus → Patriotismus
Lokalpresse → Presse
Lokomotive Lok, Zugwagen, Triebwagen, E-Lok, Diesellok, Dampflok, Dampfross
Lokus → Toilette
Longdrink → Cocktail
Look → Trend
Lorbeer → Pokal, → Auszeichnung
Los 1. Losschein, Gewinnlos, Lotterielos, Lottoschein, Niete 2. → Schicksal
losbinden → befreien
losbrechen → ausbrechen, → abbrechen
löschen 1. auslöschen, ersticken, austreten, ausblasen, ausmachen 2. auswischen, abwischen, wegradieren, ausradieren, tilgen 3. → entladen
Löschzug → Feuerwehrauto
lose 1. unverpackt, offen, nicht abgepackt, nach Gewicht, einzeln, stückweise 2. → locker 3. → leichtlebig
losen auslosen, verlosen, durch Los entscheiden, Lose ziehen, knobeln
lösen 1. loslösen, herauslösen, ablösen, losmachen, losbinden, aufbinden, lockern, abtrennen, aufschrauben, abschrauben, entfernen, → trennen 2. auflösen, entwirren, aufdröseln, entschlüsseln, enträtseln, herausfinden, herausbekommen, herausbringen, ausrechnen, die Lösung finden 3. → bewältigen
lösen, sich 1. abblättern, abbröckeln, abplatzen, abfallen, absplittern, abspringen, losgehen, sich ablösen, sich lockern 2. sich selbstständig machen, selbstständig werden, sich abnabeln, sich loslösen, eigene Wege gehen 3. → entspannen
losgehen → anfangen, → explodieren
loskaufen freikaufen, zurückkaufen, auslösen, befreien, → erlösen
loskommen → sich frei machen von, freikommen, sich entledigen, → entkommen
loslassen entfesseln, → freilassen
loslegen → anfangen
loslösen → abtrennen
loslösen, sich → lösen, sich
Loslösung → Ablösung, → Entfremdung
losmachen → befreien
losmachen, sich → befreien, sich
losprusten → lachen
lossagen, sich aussteigen, ausbrechen, abspringen, abschwören, absagen, entsagen, brechen mit, → abfallen
Losschein → Los
losschlagen → angreifen, → ausverkaufen
lossprechen → freisprechen, → rechtfertigen
Lossprechung → Freispruch, → Rechtfertigung
lostrennen → abtrennen
Losung → Kennwort, → Leitspruch
Lösung 1. Antwort, Schlüssel, Ausweg, Patentrezept, Geheimrezept, Ei des Kolumbus 2. Auflösung, Aufklärung, Ergebnis, Resultat 3. → Aufguss, → Flüssigkeit 4. → Entspannung
Losungswort → Kennwort
loswerden → verlieren
Lot Gewicht, Blei, Grundblei, Senkblei, Senklot
loten → messen
Lotion → Flüssigkeit
lotrecht senkrecht, vertikal, im Blei, im Wasser, im rechten Winkel, rechtwinklig, scheitelrecht, → aufrecht
lotsen → führen, → lenken
Lotterbube → Taugenichts
Lotterie → Glücksspiel
Lotteriegewinn → Gewinn
Lotterielos → Los
lotterig → ungepflegt
Lotterleben → Faulheit
lottern → faulenzen
Lotterwirtschaft → Misswirtschaft
Lotto → Glücksspiel
Lottogewinn → Gewinn
Lottospiel → Glücksspiel
Löwe Leu, König der Tiere, König der Wüste, Raubtier, Wappentier
loyal → ehrenhaft, → anständig, → treu
Loyalität → Anständigkeit, → Treue
Lücke 1. Bresche, Spalt, Riss, Zwischenraum, Hohlraum, Luft, → Abstand 2. → Auslassung
Lückenbüßer → Aushilfe
lückenhaft → unvollständig
Lückenhaftigkeit → Unvollständigkeit
lückenlos → vollständig
Luder → Lockmittel
Luft 1. Atmosphäre, Erdatmosphäre, Lufthülle, Äther, Lufthauch, Luftzug, frische Luft, Frischluft, Morgenluft, Nachtluft, Höhenluft, Landluft, Frühlingsluft 2. → Atem 3. → Spielraum
luftdicht → dicht
Luftdruck → Atmosphäre
Luftdruckmesser Barometer, Druckanzeiger, Aneroid, Barograph, Luftdruckschreiber, Wetterglas

lüften 1. entlüften, auslüften, durchlüften, belüften, durchziehen lassen, die Fenster aufreißen 2. → heben
Lüfter → Ventilator
Luftfahrt Flugwesen, Luftverkehr, Fliegerei, Aeronautik
Luftfahrzeug → Flugzeug, → Luftschiff
Luftgeschwader → Flotte
Lufthauch → Luft
luftig → windig, → locker
Luftikus → Frauenheld
Luftmatratze → Matratze
Luftpirat → Verbrecher
Luftschacht → Abzug
Luftschiff Zeppelin, Montgolfiere, Heißluftballon, Fesselballon, Freiballon, Luftfahrzeug
Luftschloss → Einbildung
Luftschutzkeller → Bunker
Luftseilbahn → Bergbahn
Luftspiegelung → Einbildung
Luftsprung → Sprung
Lüftung Ventilation, Klimaanlage, Belüftung, Luftzufuhr, → Abzug
Luftveränderung Umgebungswechsel, Klimawechsel, Wechsel, Tapetenwechsel
Luftzufuhr → Lüftung
Luftzug → Wind, → Durchzug
Lug → Täuschung
Lüge Lug und Trug, Unwahrheit, Schwindel, Geflunker, Flunkerei, Lügengeschichten, Lügenmärchen, Ammenmärchen, Seemannsgarn, Jägerlatein, → Ausrede, → Erfindung
lugen → sehen
lügen schwindeln, belügen, anlügen, betrügen, flunkern, die Unwahrheit sagen, unaufrichtig sein, verkohlen, kohlen, etwas vorschwindeln, Lügen auftischen, fabulieren, → erfinden
Lügenmärchen → Lüge
Lügenmaul → Lügner
Lügner Schwindler, Lügenmaul, Lügenbeutel, Verdunkler, Simulant, → Heuchler
lügnerisch → unehrlich
Luke → Fenster
lukrativ einträglich, ertragreich, Gewinn bringend, rentabel, Profit bringend, profitabel, günstig, vorteilhaft
Lulatsch → Riese
Lumberjack → Jacke
Lümmel → Flegel, → Spitzbub(e)
lümmelhaft → flegelhaft
lümmeln, sich → räkeln, sich
Lump → Gauner, → Taugenichts
Lumpen → Lappen
Lumpenpack → Gesindel
lumpig → geizig, → arm
Lunch → Mittagessen
Lunge Atmungsorgan, Plauze
lungenkrank tuberkulös, tuberkulosekrank, schwindsüchtig
Lungentuberkulose Tuberkulose, Tb, Tbc, Phthise, Lungenschwindsucht, Schwindsucht, Auszehrung
lungern → herumstreifen
Lunte → Schwanz
Lupe Vergrößerungsglas, Sammellinse, Linse, Brennglas
lupenrein → vollkommen
lupfen → heben
lüpfen → heben
Lust 1. Ergötzen, Wollust, Freude, Genuss, Entzücken, Frohlocken, Wonne, Taumel, Sinnestaumel 2. Begehren, Verlangen, Libido, Drang, Neigung, → Leidenschaft
Lust haben → begehren, → wollen
Lustbarkeit → Belustigung
lustbetont lustvoll, wonnevoll, sinnenfroh, orgiastisch
lüstern begehrlich, begierig, gierig, brünstig, buhlerisch, gelüstig, geil, scharf, liebestoll, erotoman, weibstoll, mannstoll, nymphoman, → sinnlich
Lüsternheit Begehrlichkeit, Gier, Brunst, Libido, Fleischeslust, Geschlechtstrieb, Geilheit, → Sinnlichkeit
lustig 1. heiter, fidel, aufgeräumt, vergnügt, quietschvergnügt, fröhlich, lebenslustig, lebensfroh, aufgekratzt, zum Scherzen aufgelegt, humorvoll, in gehobener Stimmung 2. erheiternd, ergötzlich, belustigend, amüsant, spaßig, witzig, → komisch
lustig machen, sich → auslachen, → spotten
Lüstling → Wüstling
lustlos → träge
Lustlosigkeit → Trägheit
Lustmolch → Wüstling
Lustschloss → Schloss
Lustspiel → Komödie
lustvoll → lustbetont
lustwandeln → spazieren gehen
lutschen → schlecken, → saugen
Lutscher Lolli, → Schnuller
luxuriös → prunkvoll, → verschwenderisch
Luxus → Überfluss, → Verschwendung
Luxusliner → Schiff
luzid → hell, → klar
Luzifer → Teufel
lynchen → aufhängen
Lynchjustiz → Faustrecht
Lyrik → Dichtung
Lyriker → Schriftsteller
lyrisch → dichterisch

M

Maat → Matrose
Machart → Form
machbar → möglich
Mache → Gehabe
machen 1. tun, tätigen, handeln, treiben, betreiben, leisten, wirken, schaffen, anfertigen, anrichten, verbrechen, sich verkünsteln, ausrichten, unternehmen, veranstalten, vollführen, erledigen, bereiten, erzeugen, → herstellen 2.→ verwirklichen 3. → zubereiten 4. → kosten
machen lassen → bestellen
machen, sich → gedeihen, → erstarken, → entwickeln, sich
Machenschaft(en) Machart → Intrige, → Betrug
Macher → Organisator
Macho → Chauvinist
Macht 1. Autorität, Stärke, Gewalt, Machtmittel, Mittel, Durchsetzungsvermögen, Wirkungsvermögen, starke Hand, starker Arm, → Allmacht, → Einfluss 2. → Herrschaft 3. → Fähigkeit
Machtanspruch Autoritätsanspruch, Herrschaftsanspruch, Machthunger, Machtbesessenheit, Machtgier, Machtwahn, → Geltungsdrang
Machtbereich → Einflussbereich, → Hoheitsgebiet
machtbesessen → ehrgeizig
Machtbesessenheit → Machtanspruch
Machthaber → Herrscher
Machthunger → Machtanspruch
mächtig 1. machtvoll, stark, vermögend, viel vermögend, potent, durchsetzungsfähig, gewichtig, einflussreich, → allmächtig 2. → gewaltig 3. → sehr
Mächtigkeit → Größe
Machtlosigkeit → Ohnmacht
machtvoll → mächtig
machtlos → ohnmächtig
Machtvollkommenheit → Allmacht
Machtwort → Befehl
machulle → bankrott
Machwerk → Schundliteratur
Macke → Kratzer, → Marotte
Macker → Chauvinist, → Geliebter
Madame Dame, → Frau
Mädchen 1. Tochter, Mädel, Maid, Mägdlein, Dirn, Dirndl, Kleine, Girl, Backfisch, Teeny, Küken, junges Ding, junge Frau, Fräulein, Jungfer, → Jungfrau, → Jugendliche, → Frau 2. → Hausangestellte
Mädchenehre → Jungfräulichkeit
mädchenhaft → jugendlich
Mädchenhändler → Kuppler
Mädchenname → Nachname
Made → Larve
Mädel → Mädchen
madig wurmig, wurmstichig, angestochen, faul, → schlecht
madig machen → verleiden
Madonna Maria, Jungfrau Maria, Mutter Gottes, Gottesmutter, Gnadenmutter, Himmelskönigin, Schmerzensmutter, Mater dolorosa
madonnenhaft → rein
Maestro → Meister, → Künstler
Magazin → Journal, → Nachrichten, → Lager
magazinieren → lagern
Magd Stallmagd, Hausmagd, Dirn, Gesinde
Mägdlein → Mädchen
Magen Pansen, Gaster, Ventrikulus, Bauch
Magenknurren → Hunger
Magenschleimhautentzündung Magen-Darm-Entzündung, Magenkatarrh, Gastritis
Magenweh → Bauchschmerzen
mager 1. dünn, dürr, zaundürr, spindeldürr, hager, abgemagert, ausgezehrt, ausgemergelt, unterernährt, schwindsüchtig, magersüchtig, schmal, knochig, fleischlos, → schmächtig, → schlank 2. karg
Magerkeit Dürre, Hagerkeit, Abmagerung, Auszehrung, Unterernährung, Schwindsüchtigkeit, Schmächtigkeit, Kargheit → Schlankheit
magersüchtig → mager
Magie Zauberei, Zauberwesen, Verzauberung, Hexerei, Hexenwerk, Teufelswerk, Teufelskunst, Teufelspakt, Höllenkunst, schwarze Kunst, Schwarzkunst, Geisterbeschwörung, → Aberglaube, → Spiritismus, → Zauberkunst
Magier → Zauberer
magisch mystisch, dunkel, okkult, okkultistisch, spiritistisch, übersinnlich, zauberisch, wunderbar, → geheimnisvoll
Magister → Gelehrter, → Lehrer
magisterhaft → belehrend
Magistrat → Amt
Magnet → Anziehung, → Lockmittel
Magnetismus → Anziehungskraft
mähen 1. abmähen, schneiden, sensen, sicheln, hauen, → ernten 2. → blöken
Mahl → Mahlzeit
mahlen 1. ausmahlen, zermahlen, zermalmen, malmen, schroten, zerstoßen, zerreiben, pulverisieren, zerkleinern 2. → kauen
mählich → allmählich

Mahlzeit Essen, Speise, Gericht, Mahl, Picknick, Menü, Schmaus, Fraß, Schlangenfraß, Fressen, → Festessen
Mähne → Haar
mahnen 1. ermahnen, vermahnen, verwarnen, vorhalten, rügen, zur Ordnung rufen, ins Gewissen reden, predigen, aufrütteln, anhalten, einschärfen 2. erinnern, auffordern, anmahnen, abmahnen
Mahnmal → Denkmal
Mahnruf → Appell
Mahnung 1. Ermahnung, Anmahnung, Verwarnung, Erinnerung, Vorwurf 2. Mahnbrief, Mahnschreiben, Zahlungsaufforderung, Zahlungsbefehl
Mahnwache → Demonstration
Mähre → Pferd
Maid → Mädchen
Maisonette → Wohnung
Majestät → Erhabenheit
majestätisch → erhaben
Majorität → Mehrheit
makaber → unheimlich
Make-up → Schminke
Makel Fehl, Fleck, Schandfleck, Verunzierung, Schönheitsfehler, Fehler, dunkler Punkt, Mangel, Schaden, Kainsmal, Kainszeichen, → Schuld
makellos → einwandfrei, → vollkommen
mäkeln → nörgeln
Mäkler → Querulant
Makler → Vermittler
mäklig → wählerisch
Makulatur → Ausschuss, → Abfall
makulieren → einstampfen
Mal → Merkmal, → Muttermal
malade → krank
Malaria Sumpffieber, kaltes Fieber, Wechselfieber, Tropenfieber, Schwarzwasserfieber, Paludismus
malen pinseln, klecksen, schmieren, aquarellieren, bemalen, ausmalen, den Pinsel schwingen, → porträtieren, → zeichnen
Maler 1. Kunstmaler, Designer, Porträtmaler, Künstler, Farbenkleckser 2. Malermeister, Anstreicher, Tüncher, Weißbinder, Lackierer, Tapezierer
Malerei 1. bildende Kunst, Bildkunst, Kunst 2. Collage, Wandmalerei, Wandgemälde, Deckengemälde, Fresko, Relief, Glasmalerei, Hinterglasmalerei, Stillleben, Genrebild, Landschaftsbild, Vedute, → Grafik
malerisch → idyllisch
Malheur → Unglück
maligne bösartig, nicht gutartig, böse
Malignom → Geschwulst
maliziös → böse
malmen → mahlen, → kauen
malnehmen → multiplizieren
Maloche → Arbeit
malochen → arbeiten
Malstift → Schreibstift
malträtieren → quälen, → schikanieren
Mama → Mutter
Mammon → Geld
mampfen → essen, kauen
Mamsell → Jungfrau
Management → Leitung
managen betreuen, → bewerkstelligen, → organisieren
Manager → Führungskraft, → Organisator, → Betreuer
Managerkrankheit → Nervosität
manche → einige
mancherlei → allerlei
manchmal gelegentlich, bisweilen, zuweilen, ab und zu, ab und an, hin und wieder, hie und da, dann und wann, von Zeit zu Zeit, mitunter, verschiedentlich, vereinzelt, sporadisch, unregelmäßig, punktuell, nicht immer, zeitweise, vorübergehend
Mandant Schutzbefohlener, Schützling, Klient, → Auftraggeber
Mandarine Klementine, Satsuma, → Orange
Mandat 1. Abgeordnetensitz, Sitz im Parlament, Sitz 2. → Auftrag
Mandatsträger → Abgeordneter
Mandelentzündung → Angina
Manege → Arena
Mangel 1. Engpass, Entbehrung, Knappheit, Verknappung, Beschränkung, Klarheit, Not, → Armut 2. Heißmangel, Bügelmaschine 3. → Makel, → Nachteil
Mangel leiden → darben
Mängelexemplar → Ausschuss
mangelhaft unzureichend, unzulänglich, ungenügend, dürftig, notdürftig, unbefriedigend, fehlerhaft, minderwertig, unvollkommen, → unvollständig
mangeln 1. hapern, gebrechen, knapp sein, ausgehen, entbehren, ermangeln, → fehlen 2. → durchdrehen, durchpressen, durch die Mangel drehen, → bügeln
Mängelware → Ausschuss
Manie → Sucht, → Seelenkrankheit
Manier → Art
Manieren → Benehmen
manieriert → geziert
Manieriertheit → Geziere
manierlich → anständig
manifest → offensichtlich

Manifest → Erklärung
Manipulation → Beeinflussung, → Bedienung, → Trick
manipulieren Kunstgriffe anwenden → beeinflussen, → bedienen
manisch → seelenkrank
manisch-depressiv → seelenkrank
Manko → Fehlbetrag, → Nachteil
Mann 1. männliche Person, Herr, Mannsbild, Mannsperson, Mann von Welt, Gentleman, Kerl, Prachtkerl, Bursche, Jugendlicher, Heranwachsender, → Chauvinist 2. → Ehemann, → Ehepartner
mannbar → reif
Mannequin Model, Modell, Fotomodell, Dressman
Manneskraft → Potenz
mannhaft → mutig
Mannhaftigkeit → Mut
mannigfach → vielfältig
mannigfaltig → vielfältig
Mannigfaltigkeit → Vielfalt
männlich 1. maskulin, viril, von männlichem Geschlecht 2. → mutig
Mannsbild → Mann
Mannschaft Team, Crew, Equipe, Elf, Staffel, Seilschaft, Riege, Kader, Besatzung, Bemannung
Mannschaftswagen → Polizeiwagen
mannstoll → lüstern
Mannweib Amazone, Walküre, Hünenweib, Riesenweib
Manöver → Gefechtsübung, → Taktik, → Trick
manövrieren → lenken
Mansarde → Dachgeschosswohnung
Mansardenzimmer → Dachkammer
manschen → kauen
Manschette → Aufschlag
Mantel 1. Überzieher, Überrock, Manteau, Paletot, Hänger, Ulster, Regenmantel, Trenchcoat, Ölzeug, Öljacke, Friesennerz, Parka, Dufflecoat, Lodenmantel, Wintermantel, Pelzmantel, Persianer, Nerz, → Umhang 2. → Hülle
Mantille Schleiertuch, → Umhang
Manual → Tastatur
manuell handgemacht, handgearbeitet, handgefertigt, von Hand, mit der Hand, hausgemacht, → handwerklich
Manuskript 1. handschriftlicher Text, Text, Textbuch, Niederschrift, Urfassung, Erstschrift, Konzept, Entwurf, Druckvorlage, Satzvorlage 2. → Drehbuch
Mäppchen Federmäppchen, Fülleretui, Etui, Griffelkasten
Mappe 1. Aktenmappe, Aktentasche, Tasche, Diplomatenköfferchen, Portefeuille, → Schulranzen 2. → Aktenordner
Mär → Märchen
Marathonläufer → Läufer
Märchen Mär, Fabel, Legende, Sage, → Erzählung
Märchengestalt → Fabelwesen
märchenhaft → feenhaft, → legendär, → großartig
Märchenland → Wunderland
Margarine → Fett
Marge → Spielraum, → Gewinnspanne
Marginalie → Anmerkung
Maria → Madonna
Marine → Seestreitkräfte, → Flotte
Marinesoldat → Matrose
marinieren → einmachen
Marionette → Puppe, → Anhänger
Marionettentheater → Puppentheater
Mark Knochenmark, Rückenmark, Inneres, Innerstes, Kern
markant → auffallend
Marke 1. Herkunftszeichen, Fabrikmarke, Fabrikat, Sorte, Markenzeichen, Schutzmarke, Warenzeichen, Handelsmarke 2. Markierung, Kennzeichnung, Zeichen, Strich, Linie, Haltelinie, Punkt 3. → Abzeichen 4. → Wertmarke 5. → Spaßvogel
Markenzeichen → Marke
markerschütternd → laut
Marketender → Händler
markieren 1. kenntlich machen, kennzeichnen, ritzen, lochen, knipsen, gravieren, bezeichnen, anzeichnen, anstreichen, unterstreichen, abhaken, abstecken, ausstecken 2. → simulieren
Markierung → Marke
markig → kernig, → kräftig
Markise → Jalousie
Markt 1. Handelsplatz, Umschlagplatz, Börse, Basar, Jahrmarkt, Wochenmarkt, Großmarkt, → Flohmarkt 2. → Absatzgebiet, Absatzmarkt, Weltmarkt, Binnenmarkt, Inlandsmarkt 3. Markplatz, Forum
Marktanalyse Marktforschung, Marktbeobachtung, Bedarfsforschung, Absatzforschung, Käuferbefragung, → Umfrage
Marktbude → Bude
markten → handeln
Marktforschung → Marktanalyse
marktläufig → anerkannt
Marktplatz → Markt, → Platz
Marktpreis → Preis
Marktschreier Ausschreier, Werber, Anreißer, Großschnauze, Schaumschläger

marktschreierisch → aufdringlich
Marktstand → Bude
Marktwirtschaft → Wirtschaft
Marmelade Konfitüre, Gelee, Fruchtmus, Mus, Gesälz
Marmeladenbrot → Butterbrot
marode → erschöpft
marodieren → plündern
Marotte Angewohnheit, Wunderlichkeit, Masche, Macke, Spleen, fixe Idee, Schrulle, Tick, Fimmel, → Laune
Marsch 1. Marschland, Schwemmland, Polder, Koog 2. → Expedition, → Wanderung
marschieren → gehen, → wandern
Marschordnung → Aufstellung
Marschroute → Richtung
Marter → Folter, → Leid
martialisch → kämpferisch
Martinshorn → Sirene
Märtyrer Blutzeuge, Bekenner, Schlachtopfer, Opfer, → Asket
märtyrerhaft → hingebungsvoll
Martyrium → Qual
Masche 1. Schlinge, Schleife 2. → Marotte 3. → Trick
Maschenwerk → Netz
Maschine 1. Maschinerie, Aggregat, Antrieb, Motor, Apparat 2. → Flugzeug 3. → Motorrad
maschinell fabrikmäßig, industriell, serienmäßig, in großer Serie, mit Maschinenkraft, automatisch, mechanisiert, mechanisch
Maschinenmensch → Automat
Maschinerie → Getriebe
Maser → Maserung
Masern Röteln, Scharlach, → Mumps
Maserung Maser, Äderung, Ader, Zeichnung, Textur, Struktur
Maske Larve, Fastnachtsmaske, → Verkleidung
Maskenball → Kostümfest
Maskerade → Kostümfest, → Verkleidung
maskieren, sich → verkleiden, sich
Maskierung → Verkleidung
Maskottchen → Glücksbringer
maskulin → männlich
Masochismus → Perversität
masochistisch → pervers
Maß → Mäßigung, → Maßstab
Maß halten → mäßigen, sich
Massage Körpermassage, Reibung, Abreibung, Friktion, Knetung, Walkung
Massaker → Blutbad
massakrieren → töten
Maßarbeit Handarbeit, Handanfertigung, Einzelanfertigung, Facharbeit
Maßband → Metermaß
Masse → Stoff, → Brei, → Fülle, → Gewicht, → Menge, → Mehrheit
Maßeinheit Maß, Einheit, Längenmaß, Flächenmaß, Hohlmaß
Maßeinteilung → Skala
Massel → Glück
Massenerhebung → Aufstand
Massengeschmack → Durchschnittsgeschmack, → Mode
massenhaft → zuhauf
Massenkundgebung → Demonstration
Massenmedien → Medien
Massenmord → Blutbad
Massenvernichtung → Blutbad
Massenversammlung → Demonstration
massenweise → zuhauf
Maßgabe → Bedingung
maßgebend → ausschlaggebend
maßgeblich → ausschlaggebend
massieren 1. kneten, durchkneten, durchwalken, treiben, abreiben, fit machen 2. → konzentrieren
massig → dicht, → dick
mäßig → maßvoll, → mittelmäßig
mäßigen bremsen, zügeln, zurückhalten, unterdrücken, beruhigen, → mildern
mäßigen, sich sich zügeln, sich bremsen, Maß halten, Maß und Ziel wahren, sich zurückhalten, sich enthalten, → beherrschen, sich
Massigkeit → Dichte
Mäßigkeit → Mäßigung
Mäßigung Maß, Maßhalten, Mäßigkeit, Zurückhaltung, Selbstbeherrschung, Disziplin, Selbstdisziplin, → Enthaltsamkeit
massiv → dicht, → heftig
Massiv → Berg, → Gebirge
maßlos 1. unmäßig, übermäßig, ohne Maß und Ziel, schrankenlos, zuchtlos, zügellos, ausschweifend, exzessiv, orgiastisch, → hemmungslos, → disziplinlos, → verschwenderisch 2. → sehr
Maßlosigkeit Unmäßigkeit, Übermaß, Missbrauch, Zuchtlosigkeit, Zügellosigkeit, Ungezügeltheit, Exzess, Ausschweifung, → Verschwendung
Maßnahme Vorgehen, Handlungsweise, Handlung, Tat, Schritt, Zugriff, Maßregel, Regelung, → Ausführungsbestimmung
Maßregel → Maßnahme
maßregeln → bestrafen, → zurechtweisen
Maßregelung → Bestrafung, → Zurechtweisung
Maßstab 1. Norm, Richtmaß, Richtschnur, Standard, Messlatte, Wertmaßstab, Maß 2. → Skala

maßvoll mäßig, nicht übermäßig, mit Maßen, beherrscht, gemäßigt, moderat, gezügelt, gemessen, zurückhaltend, harmonisch, → enthaltsam.
Mast 1. Mastbaum, Segelmast, Segelbaum, Baum, Stange 2. → Mästung
mästen nudeln, stopfen, voll stopfen, kröpfen, auffüttern, → füttern
Mästung Mast, Mastkur, Stopfung, Fütterung
Masturbation Selbstbefriedigung, Onanie, Ipsation, Selbstbefleckung
masturbieren sich selbst befriedigen, onanieren, sich selbst beflecken
Match → Wettkampf
Material → Stoff
Materialermüdung → Verschleiß
Materialismus → Atheismus, → Realismus
materialistisch → atheistisch
Materie → Thema, → Stoff, → Ding
Mathematik Arithmetik, Zahlenlehre, Zahlenrechnung, Zahlentheorie, Bruchrechnung, Statistik, Geometrie, Stereometrie, Trigonometrie
Matratze Federkernmatratze, Rosshaarmatratze, Luftmatratze, Liegematte, Matte, Futon
Mätresse → Geliebte
Matrikel → Verzeichnis
Matrone → Frau
Matrose Bootsmann, Maat, Schiffsjunge, Moses, Marinesoldat, Blaujacke, → Seemann
Matsch → Schlamm
matschig → aufgeweicht, → schlammig
matt 1. glanzlos, stumpf, gebrochen, blind, dumpf, trübe, blass 2. → kraftlos
Matte → Matratze, → Wiese
Mattscheibe → Bildschirm, → Gedächtnisverlust
Mätzchen → Gehabe
mau → unwohl
Mauer Mauerwerk, Wand, Steinwand, Wall
Mauerblümchen Gänseblümchen, Aschenbrödel, graue Maus, alte Jungfer, Blaustrumpf, → Außenseiter
mauern → bauen, → verschließen, sich
Mauerstein → Ziegel
Mauerwerk → Mauer
Maul Fang, Äser, Schmecker, Schnauze, Schnabel, Rachen, Fresswerkzeug, → Mund
maulen → murren, → beschweren, sich
Mauler → Querulant
Maulesel → Esel
maulfaul → schweigsam
maulfertig → schlagfertig
Maulheld → Angeber
Maulschelle → Ohrfeige
Maultier → Esel
mäuschenstill → still
mausen → stehlen
mausern, sich 1. in der Mauser sein, das Federkleid wechseln, die Federn verlieren 2. → entwickeln, sich
Mausoleum → Grab
maximal → optimal, → höchst
Maxime → Grundsatz
Maximum → Höchstmaß, → Limit
Mäzen Gönner, Förderer, Sponsor, Geldgeber, Spender, Wohltäter, Schirmherr, Kunstfreund, Kunstliebhaber, Sammler
Mechanik → Getriebe
Mechaniker → Schlosser
mechanisch 1. automatisch, gewohnheitsmäßig, maschinenhaft, unbewusst, unwillkürlich, gedankenlos 2. → maschinell
mechanisieren → rationalisieren
Mechanismus → Getriebe
Meckerer → Querulant
meckern → nörgeln
Medaille → Auszeichnung
Medien Massenmedien, Kommunikationsmittel, Rundfunk, Fernsehen, Presse, Printmedien, Zeitung
Medikament → Arznei
Medikamentenverordnung → Rezept
Medikus → Arzt
Meditation → Einkehr
meditieren → konzentrieren, sich
medium → halb gar
Medizin 1. Heilkunde, Heilkunst, ärztliche Wissenschaft, Humanmedizin, Veterinärmedizin, Zahnmedizin, → Naturheilkunde 2. → Arznei
Mediziner Gelehrter, Wissenschaftler, Akademiker, Doktor, Humanmediziner, → Arzt
Medizinmann → Zauberer
Meer Weltmeer, Ozean, die See, die hohe See, die offene See, großer Teich
Meerbusen → Bucht
Meerenge → Durchfahrt
Meerjungfrau Seejungfrau, Seejungfer, Wasserjungfrau, Nixe, Undine, Melusine, Nymphe, Najade, Nereide
Meeting → Versammlung
Mehl 1. Weißmehl, Vollkornmehl, Schrot 2. → Pulver
mehr immer mehr, höher, intensiviert, gesteigert, vermehrt, verstärkt
mehr oder minder → gewissermaßen
mehr und mehr → zunehmend
mehrdeutig → zweideutig
Mehrdeutigkeit → Zweideutigkeit

mehren → vermehren
mehrere → einige
mehrfach → oft
mehrfarbig → bunt
Mehrheit Großteil, Gros, Majorität, Mehrzahl, Überzahl, Übermacht, Masse, Hauptteil, die meisten
mehrheitlich → demokratisch, → überwiegend
mehrmals → oft
mehrteilig → zusammengesetzt
Mehrwertsteuer → Steuer
Mehrzahl → Mehrheit
meiden 1. fernbleiben, sich fern halten, ausweichen, umgehen, zurückweichen, zurückschrecken, fliehen, scheuen, → entziehen, sich 2. → missachten
Meierhof → Bauernhof
meineidig → untreu
meinen 1. glauben, finden, der Meinung sein, denken, dafürhalten, erachten, vermeinen, → vermuten 2. → äußern
meinerseits → jedenfalls
meinethalben → meinetwegen
meinetwegen 1. um meinetwillen, wegen mir, für mich, mir zuliebe 2. meinethalben, von mir aus, wenn es denn sein muss, in Gottes Namen, in drei Teufels Namen, nichts dagegen, wie du meinst, wie du willst
meinetwillen → meinetwegen
Meinung Ansicht, Auffassung, Behauptung, Dafürhalten, Einschätzung, Anschauung, Überzeugung, Stimme, Erachten, Befinden, Glaube, → Vermutung
Meinungsaustausch → Aussprache, → Gespräch
Meinungsforschung → Demoskopie, → Umfrage
Meinungsfreiheit → Freiheit
Meinungsumfrage → Umfrage
Meinungsverschiedenheit Unstimmigkeit, Uneinigkeit, Differenz, Dissens, Disharmonie, Divergenz, Federkrieg, Konfrontation, Wortwechsel, → Auseinandersetzung, → Streit
meist → meistens
meistens meist, zumeist, meistenteils, großenteils, fast immer, gemeinhin, für gewöhnlich, normalerweise, in der Regel, → überwiegend
Meister 1. Handwerksmeister, Handwerker, Lehrherr, Chef 2. Lehrmeister, Altmeister, Maestro, Guru, Herr 3. → Fachmann 4. → Champion
meisterhaft → hervorragend, → kunstvoll
Meisterleistung → Höchstleistung
meisterlich → hervorragend
meistern → bewältigen
Meisterschaft → Wettkampf
Melancholie → Schwermut
melancholisch → schwermütig
Melange → Mischung
Melanom → Geschwulst
melden → ansagen, → bekannt geben, → anzeigen
melden, sich 1. vortreten, sich bemerkbar machen, sich zu Wort melden, Handzeichen geben, die Hand heben, aufzeigen 2. → stellen, sich
Melder → Bote, → Kundschafter
Meldung → Ansage, → Bekanntgabe, → Nachricht
Meldungen → Nachrichten
meliert → grau, → gemustert
melken → ausbeuten
Melodie Weise, Tonfolge, Thema, Leitmotiv, Passage, → Lied
melodiös → melodisch
melodisch melodiös, wohltönend, wohlklingend, wohllautend, klangvoll, harmonisch, weich, zart, sonor, einschmeichelnd
melodramatisch → schwülstig
Memme → Feigling, → Schwächling
Memoiren Rückschau, Lebensrückblick, Lebensbeschreibung, Lebenserinnerungen, Denkwürdigkeiten, Aufzeichnungen, Tagebuch, Erlebnisse, Erfahrungen, → Autobiografie
Memorandum → Denkschrift
Memorial → Denkmal
memorieren → einlernen
Menetekel → Zeichen
Menge 1. Anzahl, Anteil, Ausmaß, Ration, Zahl, Posten, Quantum 2. Vielzahl, Vielheit, Masse, Unmasse, Unmenge, Unsumme, Quantität, Fülle, Haufen, Häufung, Berg, Batzen, Schwung, Ladung, Flut, Schwall 3. Leute, Menschen, breite Masse, Menschenmenge, Menschenlawine, Menschengewimmel, Volksmenge, Volk, Schar, Herde, Pulk, Plebs, Pöbel, Mob
mengen → mischen
Mengenrabatt → Abschlag
Mensa → Kantine
Mensch Erdenbürger, Erdengast, Erdenwurm, Individuum, Geschöpf, Krone der Schöpfung, Ebenbild Gottes, Sterblicher, Wesen, Lebewesen, Homo sapiens, → Person, Persönlichkeit
Menschenalter → Generation
Menschenauflauf → Menschenansammlung, Versammlung

Menschenfeind Menschenverächter, Menschenhasser, Misanthrop, Einsiedler, Hagestolz
Menschenfresser Kannibale, Anthropophage, Kopfjäger, Wilder
Menschenfreund Philanthrop, Wohltäter, Samariter
menschenfreundlich menschenliebend, philanthropisch, → menschlich
Menschenfreundlichkeit Menschenliebe, Philanthropie, Wohlwollen, → Menschlichkeit
Menschenfurcht → Menschenhass
Menschengeschlecht → Menschheit
Menschenhass Menschenverachtung, Menschenscheu, Menschenfurcht, Misanthropie
Menschenkenntnis → Erfahrung
menschenleer verlassen, leer, unbewohnt, leer stehend, leer gefegt, entvölkert, wie ausgestorben, öde, einsam, allein, abgelegen → entlegen
Menschenliebe → Menschenfreundlichkeit, → Nächstenliebe
Menschenmenge → Menge
Menschenraub → Entführung
Menschenrecht → Recht
menschenscheu kontaktarm, kontaktscheu, eigenbrötlerisch, menschenfeindlich, → unzugänglich
Menschenscheu Kontaktarmut, Weltflucht, Absonderung, Eigenbrötelei, → Menschenhass
Menschenschlag → Art
menschenunwürdig → würdelos
Menschenverächter → Menschenfeind
Menschenverachtung → Menschenhass
Menschenverstand → Realismus, → Vernunft
Menschenwürde → Menschlichkeit
menschenwürdig → menschlich
Menschheit Menschengeschlecht, Menschen, Gesellschaft, Welt, Erdbevölkerung, Weltbevölkerung, Nationen
menschlich 1. human, humanitär, menschenwürdig, sozial, mitmenschlich, zwischenmenschlich, philanthropisch, erträglich, → menschenfreundlich, → barmherzig 2. allzu menschlich, fleischlich, natürlich, irdisch, erdgeboren
Menschlichkeit Humanität, Humanitas, Menschenwürde, → Menschenfreundlichkeit, → Barmherzigkeit, → Nächstenliebe
Menstruation Monatsblutung, Blutung, Monatsfluss, Regelblutung, Regel, Zyklus, Periode, kritische Tage, Tage, Menorrhö(e), Katamenien, Geschichte, Sache
Mensur → Zweikampf
mental → geistig
Mentalität → Temperament, → Denkart
Mentor Tutor, Berater, Fachberater, → Lehrer
Menü → Mahlzeit
Menükarte → Karte
Mephistopheles → Teufel
Meriten → Verdienst
merkantil → kommerziell
Merkblatt → Ausführungsbestimmung
Merkbuch → Terminkalender
merken → bemerken, → fühlen
merken, sich → behalten
merklich → deutlich, → einschneidend
Merkmal Attribut, Charakteristikum, Eigenart, Wesenszug, Kriterium, Besonderheit, Mal, Anzeichen, Symptom, Zeichen, → Kennzeichen
Merktafel → Pinnwand
Merkvers → Gedächtnisstütze
merkwürdig → seltsam
Merkwürdigkeit → Seltsamkeit
meschugge → verrückt
Mesner → Küster
messbar → berechenbar
Messdiener Ministrant, Altardiener
Messe 1. Ausstellung, Industrieausstellung, Musterschau, Mustermesse, Verkaufsmesse, Fachmesse 2. → Kirmes 3. → Gottesdienst 4. → Kantine
Messemuster → Ausstellungsstück
messen ausmessen, abmessen, abzirkeln, bemessen, berechnen, vermessen, peilen, ausloten, loten, Maß nehmen, abschreiten, stoppen, die Zeit nehmen
messen, sich wettstreiten, einen Wettkampf austragen, sich vergleichen, → kämpfen
Messer 1. Klinge, Schneide, Brotmesser, Besteck, Klappmesser, Taschenmesser, → Dolch 2. Messgerät
Messerstecherei → Handgemenge
Messfeier → Gottesdienst
Messias → Christus
Messopfer → Gottesdienst, → Opfer
Mestize → Mischling
Metamorphose → Verwandlung
Metapher → Bild
metaphorisch → bildlich
metaphysisch → transzendent
Meteor → Sternschnuppe
Meteorit → Stern
Metermaß Meter, Zentimetermaß, Zollstock, Lineal, Bandmaß, Maßband
Methode Verfahren, Vorgehensweise, Prozedur, Weg, System, Arbeitsweise, Praktik, Technik, Strategie, → Trick

methodisch → systematisch
Methusalem → Greis
Metier → Beruf
Metropole → City
Metrum → Takt
Mette → Gottesdienst
Metzelei → Blutbad
metzeln → schlachten
Metzger Fleischer, Fleischhauer, Fleischhacker, Schlachter, Schlächter, Metzler, Selcher, Wurster
Metzgerei Metzgerladen, Fleischhauerei, Fleischerladen, Schlachterei, Schlächterei, Schlachterladen, Wursterei, Fleischbank, Freibank, → Schlachthof
Metzgerladen → Metzgerei
Meuchelmord → Anschlag, → Mord
Meuchelmörder → Mörder
meucheln → morden
meuchlings → hinterrücks
Meute → Herde, → Bande
Meuterei → Aufstand, → Putsch
Meuterer → Aufrührer
meutern → auflehnen, sich
mickerig → schmächtig, → geizig
Midlifecrisis (*auch:* Midlife-Crisis) → Wechseljahre
Mieder → Korsett
Mief → Geruch
miefen → stinken
Miene → Gesichtsausdruck, Ausdruck, Gesichtszüge, Züge, Physiognomie, Unschuldsmiene, Leidensmiene, Duldermiene, Mienenspiel, → Mimik
Mienenspiel → Mimik
mies → schlecht
mies machen → verleiden
Miesepeter → Griesgram
Miesmacher → Pessimist, → Querulant
Miete Mietzins, Hauszins, Zins, Pacht, Pachtzins, Pachtgeld, Pachtpreis, Mieteinnahme, Mietgeld, Bestand, Bestandsgeld, Leihgebühr
mieten pachten, heuern, chartern, sich leihen, sich einmieten
Mietshaus → Haus
Mietskaserne → Haus
Mietwagen Leihwagen, geleaster Wagen, Mietdroschke, Droschke, Mietkutsche, Fiaker, → Taxi
Mietzins → Miete
Migräne → Kopfweh
Mikrocomputer → Computer
Mikroprozessor → Computer
Mikrowellenherd → Herd
Milchgesicht → Jugendlicher, Grünschnabel
Milchkaffee → Kaffee
Milchkuh → Rind
Milchprodukt Käse, Jogurt, Buttermilch, Dickmilch, Sauermilch, Kefir, Quark, Topfen, Trockenmilch, Milchpulver, Kondensmilch
Milchwirtschaft → Landwirtschaft
mild 1. lau, lind, gelinde, sanft, weich, schonungsvoll 2. → gnädig
Milde → Gnade
mildern abmildern, abschwächen, dämpfen, lindern, erleichtern, erträglicher machen, stillen, mäßigen, den Stachel nehmen, → beruhigen, stillen
Milderung Abmilderung, Abschwächung, Linderung, Erleichterung, Balsam, → Beruhigung
mildtätig → großzügig
Mildtätigkeit → Großzügigkeit, → Nächstenliebe
Milieu → Umwelt, → Unterwelt
militant → kämpferisch
Militär 1. Streitkraft, Streitkräfte, Streitmacht, Armee, Heer, Truppe, Soldaten, Soldateska, Kommiss, Volksarmee, Reichswehr, Bundesheer, Bundeswehr, Bund, Wehrmacht, Miliz, Volksheer, Volkssturm, Bürgerwehr 2. → Militärdienst
Militärdienst Wehrdienst, Kriegsdienst, Dienst an der Waffe, Ehrendienst, Militär, Bund, Kommiss, Barras
Militärdienst leisten → dienen
militärisch soldatisch, militaristisch, paramilitärisch, halbmilitärisch
Militarismus Imperialismus, Militärherrschaft
Militarist Imperialist, Kraftmensch, Säbelrassler, Revanchist, Falke
Militärübung → Gefechtsübung
Miliz → Militär
Millionär → Reicher
Mime → Schauspieler
mimen vortäuschen, → darstellen, → simulieren
Mimik Miene, Mienenspiel, Ausdruck, Possenspiel
Mimikry → Nachahmung, → Tarnung
mimisch → pantomimisch
mimosenhaft → empfindlich
minderbemittelt → arm
Minderheit Minderzahl, Unterzahl, Minorität, der kleinere Teil
minderjährig unmündig, nicht volljährig
mindern → beeinträchtigen, → verringern
Minderung → Beeinträchtigung, → Verringerung

minderwertig schlecht, billig, wertlos, zweitklassig, inferior, miserabel, lausig, windig, schäbig, mangelhaft
Minderwertigkeit → Unvollkommenheit
Minderwertigkeitskomplex Komplex, Minderwertigkeitsgefühl, Unterlegenheitsgefühl, Unsicherheit, → Seelenkrankheit
Minderzahl → Minderheit
Mindestanforderung → Anspruch
mindestens wenigstens, zumindest, zum Mindesten, jedenfalls
Mindestmaß → Limit
Mine → Sprengkörper, → Zeche
Mineralöl → Erdöl
Mineralwasser → Sprudel
Minimum → Tiefpunkt, → Limit
Minister Kabinettsmitglied, Regierungsmitglied, Ressortchef, Senator
Ministerialer → Beamter
Ministerium → Amt, → Obrigkeit
Ministerpräsident → Staatsoberhaupt
Ministerrat → Regierung
Ministrant → Messdiener
Minnesänger → Troubadour
Minorität → Minderheit
minus → abzüglich
Minus → Fehlbetrag
Minute → Augenblick
minuziös → genau
Mirakel → Wunder
Misanthrop → Menschenfeind
Misanthropie → Menschenhass
mischen vermischen, vermengen, mengen, untermischen, untermengen, unterarbeiten, kneten, verkneten, unterheben, durchmischen, mixen, verrühren, unterrühren, zusammenschütten, zusammenmanschen, zusammenbrauen, panschen, verschneiden, versetzen mit, in einen Topf werfen, → verbinden
Mischling 1. Bastard, Halbblut, Mestize, Mulatte 2. → Kreuzung
Mischmasch → Mischung, → Durcheinander
Mischpoke → Gruppe
Mischung 1. Gemisch, Gemenge, Mixtur, Melange, Konglomerat, Komposition, Emulsion, Legierung, Mischmasch, Sammelsurium, buntes Allerlei, → Verbindung 2. Mittelding, Zwischending, → Kreuzung
miserabel → minderwertig
Misere → Elend
missachten 1. ignorieren, nicht beachten, keine Beachtung schenken, übergehen, übersehen, nicht sehen wollen, hindurchschauen, wie Luft behandeln, keines Blickes würdigen, nicht zur Kenntnis nehmen, mit Nichtachtung strafen, links liegen lassen, schneiden, meiden 2. gering achten, nicht ernst nehmen, keinen Wert legen auf, mit Füßen treten, sich hinwegsetzen über, auf die leichte Schulter nehmen, leicht nehmen, sich nicht scheren um, pfeifen auf 3. → verachten
Missachtung 1. Hintansetzung, Hintanstellung, Nichtbeachtung, Nichtachtung, Geringschätzung, Geringschätzigkeit, Respektlosigkeit, Despektierlichkeit, Abschätzigkeit 2. → Verachtung 3. → Verstoß
Missbehagen → Missfallen
Missbildung Verbildung, Deformation, Deformierung, Missgestalt, Missgebilde, Misswuchs, Ungestalt, Schreckgestalt, Monstrosität, → Missgeburt
missbilligen → ablehnen, → beanstanden
Missbilligung → Ablehnung, → Beanstandung
Missbrauch → Maßlosigkeit
missbrauchen 1. ausnutzen, ausbeuten, verschleißen, überfordern, übertreiben, entehren, entwürdigen, vergeuden, verschwenden, Missbrauch treiben, Schindluder treiben, → überfordern 2. → notzüchtigen
missdeuten → missverstehen, → irren, sich
Missdeutung → Missverständnis
missen → entbehren
Misserfolg Enttäuschung, Blamage, Fehlschlag, Rückschlag, Reinfall, Durchfall, Fiasko, Flop, Schlag ins Wasser, tote Hose, Misslingen, Pleite, Ruin, Bankrott, Niete, Schiffbruch, Korb, Abfuhr, → Niederlage
Missetat → Verbrechen
Missetäter Übeltäter, Bösewicht, Schuldiger, Sünder, → Verbrecher
Missfallen Missbehagen, Unbehagen, Missvergnügen, Unmut, Widerwille, → Unzufriedenheit
missfallen nicht behagen, nicht zusagen, nicht gefallen, verdrießen, Missfallen erregen, widerstreben, widerstehen, keine Zustimmung finden, gegen den Strich gehen, ein Dorn im Auge sein
Missgebilde → Missbildung, → Missgeburt
missgebildet verbildet, deformiert, missförmig, missgestalt, ungestalt, monströs, → verwachsen
Missgeburt Missgestalt, Missgebilde, Wechselbalg, Scheusal, Monstrum
missgelaunt → schlecht gelaunt
Missgeschick → Unglück
Missgestalt → Missbildung, → Missgeburt
missgestaltet → missgebildet, → hässlich
missglücken → misslingen
missgönnen → neiden
Missgriff → Fehler

Missgunst → Neid, → Hass
missgünstig → neidisch, → abfällig
misshandeln → quälen
Misshandlung Körperverletzung, Kindesmisshandlung, → Folter
Mission → Bestimmung, → Auftrag
Missionar → Geistlicher
missionieren → bekehren
Missionschef → Diplomat
Missklang 1. Misston, Dissonanz, Disharmonie, Kakophonie, Diskordanz 2. → Unausgeglichenheit
Misskredit → Verruf
misslich → unangenehm
missliebig → unbeliebt, → unsympathisch
misslingen missglücken, fehlschlagen, fehlgehen, schief gehen, missraten, danebengehen, verunglücken, ins Auge gehen, in die Hose gehen, in die Brüche gehen, schlecht ausgehen, → scheitern
misslungen missglückt, missraten, verunglückt, danebengegangen, fehlgeschlagen, → ergebnislos
Missmut → Unzufriedenheit
missmutig → schlecht gelaunt
missraten → misslingen
missraten 1. ungezogen, ungeraten, unartig, nichtsnutzig, frech 2. → misslungen
Missstand → Übel
Misston → Missklang
misstönend dissonant, disharmonisch, kakophonisch, unsauber, falsch, schräg
misstrauen argwöhnisch sein, beargwöhnen, skeptisch sein, nicht über den Weg trauen, dem Frieden nicht trauen, kein Vertrauen haben, → argwöhnen
Misstrauen Vorsicht, Skepsis, Hintergedanken, Eifersucht, → Argwohn
misstrauisch ängstlich, vorsichtig, eifersüchtig, kleingläubig, skeptisch, → argwöhnisch
Missvergnügen → Missfallen
missvergnügt ärgerlich, verärgert, erbittert, → schlecht gelaunt
Missverhältnis → Diskrepanz, → Widerspruch
missverständlich → zweideutig
Missverständlichkeit → Zweideutigkeit
Missverständnis Missdeutung, Verkennung, falsche Auslegung, Verwechslung, Versehen, Überschätzung, Unterschätzung, → Irrtum
missverstehen 1. missdeuten, falsch deuten, falsch verstehen, falsch beurteilen, verkennen, unterschätzen, überschätzen, nicht gerecht werden, verwechseln, sich verhören, → irren, sich 2. übel nehmen, in den falschen Hals bekommen
Misswirtschaft Lotterwirtschaft, Wurstelei, Schlamperei, Schluderei, Schlendrian, liederliche Wirtschaft, → Verschwendung
Misswuchs → Missbildung
Mist → Exkremente, → Dung, → Kram, → Abfall
Miszellen Verschiedenes, vermischte Schriften, → Artikel
mit → einschließlich
mit berücksichtigen → berücksichtigen
mit einbeziehen → einbeziehen
Mitarbeit → Beteiligung
mitarbeiten → beitragen, → beteiligen, sich
Mitarbeiter → Kollege
Mitarbeiterstab Team, Belegschaft, Angestellte, → Arbeitnehmer
mitbekommen → erfahren
Mitbestimmung Mitbestimmungsrecht, Mitspracherecht, Mitverwaltung, Parität, → Autonomie
Mitbewerber → Rivale
Mitbewohner → Nachbar
Mitbringsel → Geschenk
miteinander → zusammen, → gemeinsam
mitempfinden → bemitleiden
Mitempfinden → Mitleid, → Barmherzigkeit
Mitesser → Schmarotzer, → Pickel
mitfühlen mitempfinden, mitleiden, Mitgefühl zeigen, teilnehmen, → nachempfinden, → bemitleiden
mitfühlend → mitleidig, → barmherzig
mitführen → mitnehmen
Mitgefühl → Barmherzigkeit, → Mitleid
Mitgefühl zeigen → bemitleiden
mitgehen → folgen
Mitgift → Ausstattung
Mitglied Glied, Teilnehmer, Angehöriger, Mitspieler, → Anhänger
mithalten → mitkommen
mithelfen → helfen
Mithilfe → Hilfe
mithin → also
Mitinhaber → Teilhaber
mitkommen gewachsen sein, Schritt halten, mithalten, folgen können, auf dem Laufenden sein
mitkriegen → erfahren
Mitläufer → Opportunist, → Anhänger
Mitleid Mitgefühl, Mitempfinden, Teilnahme, Anteilnahme, Erbarmen, Erbarmung, → Barmherzigkeit
Mitleid empfinden → bemitleiden
mitleiden → bemitleiden

Mitleidenschaft → Nachteil
Mitleid erregend herzzerreißend, herzbewegend, zum Steinerweichen, kläglich, erbärmlich, → bedauernswert
mitleidig mitfühlend, teilnehmend, teilnahmsvoll, erbarmungsvoll, weichherzig, → barmherzig
mitleidslos → gefühllos, → unbarmherzig
mitmachen → erleben, → beteiligen, sich
mitnehmen 1. mitführen, bei sich haben, bei sich führen, mitschleppen, einpacken, mitschleifen, mitgehen lassen, → stehlen 2. → belasten
mitnichten → nein
mitrechnen → einbeziehen
mitreden sich einmischen, mitsprechen, seinen Senf dazugeben
mitreißen → begeistern
mitreißend → faszinierend
mitsamt → einschließlich
mitschleppen → mitnehmen
mitschneiden → aufnehmen
Mitschnitt → Aufnahme
mitschreiben → protokollieren
Mitschrift → Aufzeichnung
Mitschuld → Schuld
mitschuldig → schuldig
Mitschuldiger → Komplize
mitspielen → begleiten, → beteiligen, sich
Mitspracherecht → Mitbestimmung
mitstenografieren (*auch:* mitstenographieren) → protokollieren
Mitstreiter → Anhänger, → Kamerad
Mittag 1. Mittagsstunde, zwölf Uhr mittags, Stunde des Pan, Nachmittag 2. → Himmelsrichtung 3. → Mittagessen
Mittagessen Mittagsmahl, Mittagbrot, Mittag, Lunch, Diner
Mittagspause → Pause
Mittäter → Komplize
Mitte goldene Mitte, Mittelweg, Mittelmaß, → Mittelpunkt
mitteilen beibringen, eröffnen, bestellen, ausrichten, benachrichtigen, berichten, erzählen, informieren, übermitteln, hinterbringen, wissen lassen, sagen, melden, vermelden, äußern, verkünden, ankündigen, bekannt geben, ins Bild setzen, aufklären, vernehmen lassen
mitteilen, sich → anvertrauen, sich
mitteilsam → redselig
Mitteilung Benachrichtigung, Bescheid, Information, Berichterstattung, Übermittlung, Meldung, Bekanntgabe, Eröffnung, Aufklärung, Verlautbarung
mitteilungsbedürftig → redselig
Mittel 1. Handhabe, Machtmittel, Medium, Mittel zum Zweck, → Hilfsmittel 2. → Arznei 3. → Durchschnitt
mittelbar → indirekt
Mittelding → Mischung
mittellos → arm
Mittellosigkeit → Armut
Mittelmaß 1. Durchschnitt, Mittelmäßigkeit, Dutzendware 2. → Mitte
mittelmäßig durchschnittlich, durchwachsen, mäßig, bescheiden, hinlänglich, leidlich, mittelprächtig, kümmerlich, so lala, nicht berauschend, nicht besonders
Mittelmäßigkeit → Mittelmaß
mittelprächtig → mittelmäßig
Mittelpunkt Mitte, Kern, Herz, Herzstück, Zentrum, Nabel, Brennpunkt, Rampenlicht, Pol, Achse, Knotenpunkt, Schnittpunkt, Drehpunkt, Angelpunkt
mittels kraft, vermöge, vermittels, mit Hilfe von, durch, per
Mittelschicht → Bürgertum
Mittelsmann → Vermittler
Mittelstand → Bürgertum, → Gesellschaftsschicht
mittelständisch → bürgerlich
Mittelweg → Kompromiss, → Mitte
Mittelwert → Durchschnitt
mittendrin → dazwischen
mittendurch → durch
Mittler → Vermittler
Mittlerrolle → Vermittlung
mittlerweile → zwischenzeitlich
mitunter → manchmal
mitverantwortlich → schuldig
mitwirken → beteiligen, sich
Mitwirkender → Teilnehmer, → Darsteller
Mitwirkung → Beteiligung, → Teilnahme, → Unterstützung
Mitwisser → Komplize
mitzählen → abzählen, → einbeziehen
mixen → mischen
Mixer → Quirl
Mixtur → Arznei, → Mischung
Mob → Menge, → Gesindel
Möbel Möbelstück, Einrichtungsgegenstand, → Sofa, → Schrank, → Stuhl, → Einrichtung
mobil → beweglich, → flexibel
Mobiliar → Einrichtung
mobilisieren → aktivieren, → rüsten
Mobilisierung → Einsatz
mobilmachen → einberufen
Mobilmachung → Einberufung
möblieren → einrichten
Möblierung → Einrichtung

Möchtegern → Angeber
Modalität → Art
Modder → Schlamm
Mode Zeitgeschmack, Zeitgeist, Zeitströmung, Strömung, Welle, Tagesgeschmack, Zeiterscheinung, Zeitstil, Modeneuheit, der letzte Schrei, Allerweltsgeschmack, Massengeschmack, Usus, Sitte, Brauch, → Trend 2. → Modeschöpfung
Mode werden → aufkommen
modebewusst → modern
Model 1. Form, Gussform, Abdruckform, Backform, Hohlform, Druckplatte, Druckwalze, Holzstempel 2. → Mannequin
Modell 1. Fotomodell, Malermodell, Aktmodell, Nacktmodell, → Mannequin 2. Entwurf, Denkmodell, Anschauungsobjekt, Beispiel, → Muster
Modellfall → Präzedenzfall
modellieren → formen, → anfertigen
Modellkleid → Modeschöpfung
modeln → formen
Modeneuheit → Mode
Modenschau → Ausstellung
Moder → Fäulnis
moderat → maßvoll
Moderation → Ansage
Moderator Rundfunksprecher, Fernsehsprecher, Nachrichtensprecher, Sprecher, Ansager
moderieren → ansagen
modern → faulen
modern neuzeitlich, neuartig, neutönerisch, neu, modisch, modegerecht, neumodisch, hochmodern, hypermodern, supermodern, modernistisch, modebewusst, gegenwartsnah, zeitnah, zeitgemäß, nach dem Zeitgeschmack, im Schwang, der letzte Schrei, was man jetzt trägt, aktuell, à la mode, en vogue, in, up to date, fortschrittlich, auf der Höhe der Zeit
Moderne → Gegenwart
modernisieren → erneuern, → renovieren
Modeschöpfung Kreation, Création, Modellkleid, Haute Couture, Mode, Kleidermode, Kleidung, Kollektion
modifizieren → ändern, → umgestalten
Modifizierung → Änderung, → Umgestaltung
modisch → modern
modrig → dumpf, → faulig
Modul → Bauteil
Modulation → Änderung, → Variation
modulieren → ändern, → variieren
Modus → Art
Mofa → Motorrad
mogeln → betrügen
mögen 1. etwas abgewinnen, etwas übrig haben für, angetan sein, nicht abgeneigt sein, Gefallen finden, Geschmack finden, gern haben, leiden können, → lieben 2. → wollen
möglich durchführbar, ausführbar, gangbar, machbar, potenziell, virtuell, nicht ausgeschlossen, im Bereich des Möglichen, denkbar, vorstellbar, → diskutabel
möglicherweise → vielleicht, → wahrscheinlich
Möglichkeit Gelegenheit, Chance, Weg, Aussicht, Opportunität, Eventualität, Potenzialität
möglichst → bitte, → gefälligst
Mohr → Farbiger
Möhre → Mohrrübe
Mohrrübe Möhre, Rübe, Karotte, gelbe Rübe
mokant → spöttisch
mokieren, sich sich lustig machen über, → auslachen, → spotten
Mole → Kai
mollig → warm, → weich, → dick
Moloch → Ungeheuer
Moment → Augenblick, → Zeitpunkt
momentan → jetzt
Monarch → Herrscher
Monarchie → Alleinherrschaft
monatlich allmonatlich, vierwöchentlich, regelmäßig, immer wieder, im monatlichen Wechsel
Monatsblutung → Menstruation
Monatseinkommen → Lohn
Monatslohn → Lohn
Monatsschrift → Journal
Mönch Ordensbruder, Ordensgeistlicher, Ordensmann, Pater, Frater, Klosterbruder, Bruder, Novize, Abt, Kuttenträger, Bettelmönch, → Eremit, → Nonne
Mond Erdtrabant, Trabant, Luna, Mondsichel, Halbmond, Vollmond, Neumond
mondän elegant, von auffälliger Eleganz, auffallend, betont modern, weltläufig, vornehm
Mondsüchtiger → Schlafwandler
Mondsüchtigkeit → Schlafwandeln
Moneten → Geld
monieren → beanstanden
Monitor → Bildschirm
monoman → besessen
Monomanie → Besessenheit
Monopol → Privileg
monoton → gleichförmig, → langweilig
Monotonie → Alltäglichkeit, → Gleichförmigkeit, → Langeweile
Monster → Ungeheuer

monströs → missgebildet, → gewaltig
Monstrosität → Missbildung
Monstrum → Missgeburt, → Ungeheuer
Montage → Einbau
Montagsexemplar → Ausschuss
Monteuranzeug → Anzug
montieren einbauen, zusammenbauen, zusammensetzen, aufbauen, aufstellen, installieren, anmontieren, befestigen
Montur → Kluft, → Anzug, → Kleidung
Monument → Denkmal
monumental → gewaltig
Moor → Sumpf
moorig → sumpfig
Moos 1. Moospolster, Flechte, Sumpfpflanze 2. → Sumpf 3. → Geld
moosgrün → grün
Moped → Motorrad
moppen → fegen, → putzen
mopsen → stehlen
Moral → Sittlichkeit
moralisch → sittlich
Moralischer → Niedergeschlagenheit
Moralist Moralprediger, Sittenprediger, Sittenwächter, Sittenrichter, Tugendwächter, Tugendheld, Philister, → Pedant, → Spießbürger
Moralität → Sittlichkeit
Moralpredigt Gardinenpredigt, Strafpredigt, Predigt, Standpauke, Epistel, Lektion, Donnerwetter, → Zurechtweisung
Morast → Sumpf, → Schlamm
morastig → sumpfig, → schlammig
morbid → krank
Mord Ermordung, Mordtat, Tötung, Totschlag, Bluttat, Vatermord, Brudermord, Kindesmord, Raubmord, Meuchelmord, Fememord, Mordanschlag, → Anschlag, → Blutbad, → Verbrechen
Mordanschlag → Anschlag, → Mord
morden ermorden, meucheln, umbringen, umlegen, einen Mord begehen, seine Hände mit Blut besudeln, → töten
Mörder Meuchelmörder, Meuchler, Würger, Totschläger, Killer, Raubmörder, Schwerverbrecher, → Verbrecher
mörderisch → sehr
Mordgier Mordlust, Blutdurst, Blutrausch, Bestialität, → Grausamkeit
mordgierig mordlustig, blutrünstig, blutdürstig, blutgierig, bestialisch, → grausam
Mordsarbeit → Anstrengung
Mordskerl → Riese
mordsmäßig → sehr
Mordtat → Mord
Morgen Frühe, Morgenstunde, Morgengrauen, Sonnenaufgang, Tagesanbruch, Vormittag, morgens, erste Tageshälfte, → Dämmerung
Morgendämmerung → Dämmerung
Morgenessen → Frühstück
Morgengrauen → Dämmerung
Morgenland → Orient
Morgenrock Morgenkleid, Bademantel, Hausanzug, Negligee, → Schlafanzug
morgens frühmorgens, früh, zeitig, in aller Frühe, in aller Herrgottsfrühe, beim ersten Hahnenschrei, beim Morgengrauen, am Morgen, vormittags, am Vormittag
Morgenstunde → Morgen, → Dämmerung
Moritatensänger Bänkelsänger, Balladensänger, → Chansonier
morsch → faul
morsen → funken
Mörtel Zement, Gips, Speis, Kalk, Beton, Baustoff
Moschee → Kirche
mosern → nörgeln
Moskito → Stechmücke
Most Federweißer, Suser, Sauser, Rauscher, Reißer, junger Wein, neuer Wein, Neuer, Heuriger, → Wein, → Saft
Mostpresse → Kelter
Mostrich → Senf
Motel → Hotel
Motiv → Grund
Motivation → Triebkraft
Motivationsmangel → Trägheit
motivieren → begründen, → aktivieren
motiviert → eifrig
Motodrom → Rennbahn
Motor 1. Antrieb, Triebwerk, Aggregat, Maschine, Elektromotor, Verbrennungsmotor 2. → Triebkraft
Motorboot → Boot, → Schiff
Motorrad Kraftrad, Krad, Feuerstuhl, heißer Ofen, Moped, Leichtkraftrad, Mofa, Motorroller, Vespa
Motorroller → Motorrad
Motte → Falter
Motto → Leitspruch
moussieren → sprudeln
Mucke → Laune
Mücke → Insekt, → Stechmücke
mucken → auflehnen, sich
Mucken → Einfall
Mücken → Geld
Mückenstich → Stich
mucksmäuschenstill → still
muddig → schlammig
müde 1. ruhebedürftig, schlafbedürftig, bettreif, schläfrig, ermüdet, übermüdet, bleiern, hundemüde, todmüde, halb tot, unausge-

schlafen, übernächtigt, matt, schlapp, → erschöpft, → schlaftrunken 2. → überdrüssig
Müdigkeit Ruhebedürfnis, Schlafbedürfnis, Schläfrigkeit, Ermüdung, Bettschwere, Übermüdung, → Erschöpfung
Muff → Geruch
Muffel → Griesgram
muffeln → stinken
muffig → dumpf, → faulig
Mühe Beschwerde, Beschwerlichkeit, Beschwernis, Plage, Qual, Umstände, Lästigkeit, Schwierigkeit, Last, Not, Mühsal, Mühseligkeit, → Anstrengung
Mühseligkeit → Anstrengung
mühelos → leicht
mühen, sich sich abmühen, sich Mühe geben, sich abplagen, sich schwer tun, sich plagen, sich anstrengen, arbeiten, schaffen, → abarbeiten, sich
mühevoll → mühsam
Mühewaltung → Dienst
Mühle 1. Mühlrad, Windmühle, Mahlwerk, Getreidemühle, Kaffeemühle 2. → Fahrrad
Mühsal → Anstrengung, → Mühe
mühsam beschwerlich, mühselig, mühevoll, lästig, umständlich, schwierig, gequält, quälend, → anstrengend
mühselig → mühsam
Mühseligkeit → Anstrengung, → Mühe
Mulatte → Farbiger, → Mischling
Mulde 1. Senke, Bodensenke, Bodenvertiefung, Geländesenkung, Talsenke, → Tal 2. → Grube
Muli → Esel
Müll → Abfall
Müllabladeplatz → Mülldeponie
Müllcontainer → Abfallbehälter
Mülldeponie Deponie, Müllkippe, Müllabladeplatz, Schuttabladeplatz, Schutthalde, Müllhalde, Abraumhalde, Müllhaufen, Abfallhaufen, Abfallgrube, → Schrottplatz
Mülleimer → Abfallbehälter
Müllkippe → Mülldeponie
Mülltonne → Abfallbehälter
mulmig → bedenklich
multilateral → vielseitig
multiplizieren malnehmen, vervielfachen, potenzieren
Mumie → Leiche
mumifizieren einbalsamieren, konservieren
Mumm → Kraft, → Mut, → Schwung
mümmeln → kauen
Mummenschanz → Kostümfest
Mumpitz → Unsinn
Mumps Ziegenpeter, Bauernwetzel, Parotitis, Ohrspeicheldrüsenentzündung
Mund Gosche, Klappe, Mundwerk, Rand, Schnauze, Schnabel, Schnute, Maul, Fresse, Schlabbergosch, Flappe, Schnörre
Mundart → Dialekt, → Umgangssprache
mundartlich → dialektal, → lokal
Mündel Pflegebefohlener, Schutzbefohlener, Schützling, → Pate, → Waise
munden → schmecken
münden einmünden, einströmen, hineinfließen, fließen in, enden
mundfaul → schweigsam
mundgerecht → gebrauchsfertig
Mundgeruch → Geruch
mündig → volljährig, → selbstständig
Mündigkeit → Volljährigkeit, → Selbstständigkeit
mündlich → gesprächsweise
Mundpropaganda → Werbung
Mundraub → Diebstahl
Mundtuch → Serviette
Mündung Einmündung, Flussmündung, Flussdelta, Trichtermündung, Mund, Ende
Mundvorrat → Verpflegung
Mundwerk → Mund
Munition → Geschoss
munkeln → tratschen
Münster → Kirche
munter 1. kregel, rege, springlebendig, lebhaft, frisch, obenauf, → heiter, → gesund 2. → wach
Münze Geldstück, Goldstück, Nickel, Pfennig, Zehner, Groschen, Gedenkmünze, Medaille, Spielmünze, Chip
Münzgeld → Kleingeld
mürbe bröckelig, bröselig, krümelig, locker, weich, morsch, spröde
Murks → Ausschuss
Murkserei → Schlamperei
Murmel Klicker, Marmel, Schusser, Glaskugel
murmeln 1. brummen, brummeln, grummeln, in den Bart brummen, nuscheln, brabbeln, → flüstern 2. → plätschern
murren knurren, raunzen, granteln, schmollen, maulen, sich beklagen, → auflehnen, sich
mürrisch brummig, knurrig, unwillig, unwirsch, grantig, griesgrämig, sauertöpfisch, missmutig, → schlecht gelaunt
Mus → Brei, → Marmelade
Museum Sammlung, Kunstsammlung, Gemäldesammlung, Kunstgalerie, Bildergalerie, Galerie, Pinakothek, Glyptothek, Ausstellung, Kunstausstellung
Musical → Musikdrama
Musik Tonkunst, Kunst, Komposition, klassische Musik, ernste Musik, E-Musik, Unter-

haltungsmusik, U-Musik, Tanzmusik, Jazzmusik, Jazz, Popmusik, Instrumentalmusik, Vokalmusik, Streichmusik, Blasmusik
musikalisch → begabt
Musikant → Musiker
Musikdirektor → Dirigent
Musikdrama Oper, Operette, Opera buffa, Singspiel, Musical, Rockoper
Musikensemble → Band
Musiker Musikus, Künstler, Virtuose, Solist, Interpret, Orchestermusiker, Philharmoniker, Symphoniker, Sinfoniker, Musikant, Spieler, Klavierspieler, Pianist, Geiger, Violinist, Streicher, Cellist, Bassist, Klarinettist, Flötist, Posaunist, Trompeter, Schlagzeuger, Drummer, Trommler, Percussionist, Gitarrist, Keyboarder
Musikfreund → Liebhaber
Musikgruppe → Band
Musikinstrument Instrument, Blasinstrument, Streichinstrument, Tasteninstrument
Musikkassette → Kassette
Musikstück → Komposition
Musikus → Musiker
musisch → begabt, → feinsinnig
musizieren Musik machen, spielen, aufspielen, begleiten, klimpern, geigen, blasen, dudeln
Muskelkraft → Kraft
Muskelkrampf → Krampf
Muskelprotz Kraftprotz, Kraftmeier, Kraftmensch, Herkules, Samson, Goliath, Zyklop, Supermann, Mister Universum, Bodybuilder, → Athlet
Muskete → Gewehr
Musketier → Soldat
muskulös → kräftig
Muss → Gesetz, → Pflicht
Muße → Freizeit, → Feierabend
müssen gezwungen sein, gehalten sein, genötigt werden, sich genötigt sehen, nicht umhinkönnen, keine andere Wahl haben, nichts anderes übrig bleiben, sollen, verpflichtet sein, obliegen
müßig → faul, → überflüssig
Müßiggang → Faulheit
Müßiggänger → Faulenzer
Mustang → Pferd
Muster 1. Modell, Beispiel, Musterstück, Mustersendung, Warenprobe, Kostprobe, Versuchsstück, Vorführstück, Zeigestück 2. → Vorlage 3. Dessin, Musterung, Verzierung, Form
Musterbeispiel → Beispiel, → Präzedenzfall
Musterbild → Vorbild
Musterfall → Präzedenzfall
mustergültig → hervorragend, → vorbildlich
musterhaft → vorbildlich
Musterknabe → Streber
Mustermesse → Messe
mustern → anschauen, → prüfen
Mustersammlung → Auswahl
Musterung Tauglichkeitsprüfung, Einberufung, Sichtung, Begutachtung, Besichtigung, Visitation
Musterzeichnung → Vorlage
Mut Tapferkeit, Kühnheit, Heldenhaftigkeit, Heldenmut, Löwenmut, Mannhaftigkeit, Furchtlosigkeit, Beherztheit, Herz, Courage, Zivilcourage, Traute, Schneid, Mumm, → Wagemut
mutig tapfer, heldenhaft, heldenmütig, couragiert, heroisch, todesmutig, mannhaft, männlich, furchtlos, beherzt, schneidig, → entschlossen, → wagemutig
mutlos kleinlaut, kleinmütig, verzagt, verängstigt, entmutigt, → niedergeschlagen, → pessimistisch
Mutlosigkeit Kleinmütigkeit, Verzagtheit, Entmutigung, → Niedergeschlagenheit, → Pessimismus
mutmaßen → vermuten
mutmaßlich → wahrscheinlich
Mutmaßung → Vermutung
Mutprobe → Wagnis, Heldentat
Mutter Eltern, Elternteil, Mama, Mami, Mutti, Muttchen, Mütterlein
Mutter Gottes → Madonna
Mutter werden → gebären
Mutterboden → Erde
mütterlich → fürsorglich, → liebevoll
Muttermal Feuermal, Leberfleck, Mal, Geburtsmal, Altersfleck, Pigmentfleck, Lentigo, Naevus
mutterseelenallein → allein
Muttersöhnchen → Schwächling
Muttersprache → Sprache
Mutterwitz → Humor
mutual → wechselseitig
Mutwille → Übermut
mutwillig → absichtlich, → übermütig
Mütze Kopfbedeckung, Bommelmütze, Pudelmütze, Matrosenmütze, Skimütze, Stirnband, Haube, Kappe, Schirmmütze, Tellermütze, Schiebermütze, Schlägermütze, Baskenmütze, Barett, Schiffchen, → Hut
Myom → Geschwulst
Mysterium → Geheimnis
mystisch → magisch
mythisch → legendär

N

Nabel → Mittelpunkt
nach 1. im Anschluss an, danach, darauf, hinterdrein 2. → gemäß
nachäffen → nachahmen
nachahmen 1. nachbilden, nachformen, abklatschen, kopieren, klonen, reproduzieren, imitieren, nachmachen, nachäffen, → parodieren, → fälschen 2. → nacheifern
nachahmenswert → ermutigend, → vorbildlich
Nachahmer Imitator, Kopist, Abschreiber, Plagiator, Fälscher, → Epigone
Nachahmung Nachbildung, Abguss, Abklatsch, Kopie, Klon, Plagiat, Reproduktion, Replikation, Replik, Imitation, Mimikry, Emulation, Imitat, Attrappe, → Fälschung
Nachbar 1. Wohnungsnachbar, Zimmernachbar, Hausgenosse, Wohnungsgenosse, Mitbewohner, Untermieter, → Anlieger 2. Nebenmann, Banknachbar, Vordermann, Hintermann
Nachbarschaft → Nähe, → Umgebung
nachbereiten auswerten, aufbereiten, Manöverkritik üben, Rückschau halten
nachbessern → verbessern
nachbeten → nachsprechen
Nachbeter → Anhänger, → Epigone
nachbilden → nachahmen
Nachbildung → Nachahmung, → Abklatsch, → Fälschung
nachblättern → nachschlagen
nachbohren → fragen
nachdem → als
nachdenken denken, sich Gedanken machen, reflektieren, überlegen, Überlegungen anstellen, kombinieren, sich den Kopf zerbrechen, → grübeln
nachdenklich gedankenvoll, gedankenversunken, versunken, grübelnd, grüblerisch, still, in sich gekehrt
Nachdruck 1. Nachdrücklichkeit, Eindringlichkeit, Ausdrücklichkeit, Entschiedenheit, Bestimmtheit, Emphase, Inständigkeit, Pathos, Überzeugungskraft, Ernst, Gewicht, Betonung, → Bekräftigung, → Versicherung 2. → Druck
nachdrücklich mit Nachdruck, eindringlich, ausdrücklich, entschieden, bestimmt, emphatisch, innig, inständig, deutlich, unmissverständlich, betont, ernstlich, mit vollem Ernst, intensiv
Nachdrücklichkeit → Nachdruck
nacheifern nachstreben, nachahmen, nachtun, nachleben, folgen, gleichtun, sich anlehnen, zum Vorbild nehmen, in die Fußstapfen treten
nacheilen → verfolgen
nacheinander hintereinander, einer nach dem anderen, der Reihe nach, aufeinander
nachempfinden nachfühlen, mitfühlen, sich einfühlen, teilnehmen, Anteil nehmen, sich hineinversetzen, sich hineindenken, sich einleben in, etwas nachvollziehen
Nachen → Boot
Nachfahr → Nachkomme
nachfassen → fragen
Nachfolge Thronfolge, Erbfolge, Amtsnachfolge, Rechtsnachfolge, Sukzession
nachfolgen → folgen
Nachfolger Thronfolger, Amtsnachfolger, Erbe, Rechtsnachfolger, Sukzessor, Juniorchef
nachforschen → ermitteln
Nachforschung → Ermittlung
Nachfrage 1. Bedarf, Zuspruch, Kaufinteresse, Kauffreude, Kauflust, Konsumrausch 2. → Frage
nachfragen → fragen, → erkundigen, sich
nachfühlen → nachempfinden
nachfüllen → auffüllen, → einschenken
nachgeben 1. einlenken, entgegenkommen, sich beugen, sich fügen, willfahren, erhören, weich werden, sich erweichen lassen, weichen, sich herbeilassen, zurückstecken, zurückweichen, lockerlassen, klein beigeben 2. sich biegen, biegsam sein, federn, sich verformen, nicht standhalten, wegrutschen
nachgehen → folgen, → beschäftigen, → ausüben
nachgemacht → unecht
nachgeordnet → unwichtig
nachgerade → geradezu, → ausgesprochen
Nachgeschmack → Beigeschmack
nachgiebig 1. entgegenkommend, gutmütig, schwach, willensschwach, willenlos, willfährig, weichlich 2. nachgebend, geschmeidig, biegsam, elastisch, weich, verformbar, instabil, rutschig
Nachgiebigkeit 1. Entgegenkommen, Gutmütigkeit, Willfährigkeit, Beugsamkeit, Weichheit, Schwäche, Willensschwäche, Willenlosigkeit 2. Geschmeidigkeit, Elastizität
Nachhall → Echo
nachhaltig → einschneidend
Nachhauseweg → Rückweg
nachhelfen → fördern
nachher → hinterher
Nachhilfe Nachhilfeunterricht, Privatunterricht, Einzelunterricht, Einzelförderung, Förderung, Förderstunden
Nachhilfeunterricht → Nachhilfe

nachholen 1. nacharbeiten, nachlernen, aufarbeiten, aufholen 2. Nachholbedarf haben, Versäumnis ausgleichen
Nachhut → Abteilung, → Nachzügler
nachjagen → verfolgen
Nachkomme Abkomme, Abkömmling, Nachfahr, Deszendent, Spross, Stammhalter, Namenserbe, Erbe, Kind, Enkel
nachkommen → ausüben, → befolgen, → folgen
Nachkommenschaft Kindersegen, Kinderschar, Familie, Nachwuchs, Brut
Nachlass → Erbe
nachlassen 1. abklingen, abflauen, abebben, abschwellen, absinken, abnehmen, schwinden, sich abschwächen, verblassen, erlöschen, erlahmen, erschlaffen, ermatten, schlechter werden, bergab gehen mit 2. → ermäßigen 3. → erlassen 4. → vererben
nachlassend → rückläufig
nachlässig säumig, saumselig, lässig, lax, liederlich, schlampig, schludrig, oberflächlich, flüchtig, unordentlich, ungenau, fahrlässig, leichtsinnig, → achtlos
nachlässig sein → schlampen
Nachlässigkeit Säumigkeit, Saumseligkeit, Lässigkeit, Achtlosigkeit, Schlamperei, Schludrigkeit, Oberflächlichkeit, Flüchtigkeit, Leichtsinn, Unachtsamkeit, Unordentlichkeit, Ungenauigkeit, mangelnde Sorgfalt
nachlaufen 1. nachrennen, hinterherrennen, sich an die Fersen heften, sich an den Rockzipfel hängen, verfolgen, auf Schritt und Tritt folgen, → folgen 2. → umwerben
Nachläufer → Anhänger, → Epigone
nachleben → nacheifern
nachlesen → nachschlagen
nachmachen → nachahmen, → fälschen
Nachname Familienname, Zunahme, Eigenname, Personenname, Name, Geburtsname, Mädchenname
nachplappern → nachsprechen
nachprüfen → kontrollieren
nachrechnen → kontrollieren
Nachrede → Gerücht, → Verleumdung
nachrennen → nachlaufen
Nachricht Benachrichtigung, Botschaft, Kunde, Meldung, Neuigkeit, Information, Zeitungsmeldung, Pressenotiz, Lebenszeichen, Bescheid, → Telegramm, → Schreiben
Nachrichten Nachrichtensendung, Neues vom Tage, Meldungen, Dokumentarberichte, Dokumentation, Magazin
Nachrichtenbüro → Agentur
Nachrichtendienst → Geheimdienst
Nachrichtensendung → Nachrichten
Nachrichtensprecher → Moderator
Nachschrift → Ergänzung
nachrücken → folgen, → aufschließen
Nachruf Leichenrede, Grabrede, Totenrede, Nekrolog, Gedenkrede, Gedächtnisrede, Würdigung, Laudatio
Nachruhm → Abglanz
nachsagen → nachsprechen, → zuschreiben
Nachsatz → Ergänzung
nachschauen → hinterhersehen, → nachschlagen
Nachschlag → Extraportion, Zusatzportion
nachschlagen 1. nachschauen, nachsehen, nachblättern, nachlesen, suchen 2. ähnlich sehen, ähnlich werden, kommen nach, geraten nach
Nachschlagewerk → Lexikon
Nachschrift → Diktat
Nachschub → Versorgung
nachsehen → nachschlagen, → hinterhersehen, → verzeihen
nachsetzen → verfolgen
Nachsicht Indulgenz, Schonung, Gnade, Langmut, Duldsamkeit, Geduld
nachsichtig indulgent, gnädig, milde, geduldig, langmütig
Nachsitzen Arrest, Hausarrest, Stubenarrest, → Haft
Nachsommer → Herbst
Nachspann Abspann, Absage
Nachspeise → Nachtisch, Dessert, Süßspeise, Kompott, → Pudding
Nachspiel → Epilog, → Folge
nachspionieren → beobachten
nachsprechen nachsagen, nachbeten, nachplappern, echoen, → wiederholen
nachspüren → ergründen, → ermitteln
nächst → folgend, → neben
nachstehen nicht heranreichen, zurückstehen hinter, nicht mitkommen, unterliegen, unterlegen sein
nachsteigen → verfolgen, → umwerben
nachstellen → verfolgen, → umwerben, → justieren
Nachstellung → Verfolgung
Nächstenliebe soziales Engagement, Caritas, Wohltätigkeit, Mildtätigkeit, Barmherzigkeit, Menschenliebe, Menschlichkeit
nächstens → bald
nachstreben → nacheifern
nachsuchen → anfragen, → bitten
Nacht → Dunkelheit, → Abend
nachtanken → auffüllen, → tanken
Nachtdienst → Bereitschaftsdienst
Nachteil Makel, Mangel, Manko, Hindernis, Hemmnis, Pferdefuß, Haken, Kritikpunkt,

Schattenseite, Kehrseite, Einbuße, Mitleidenschaft, → Benachteiligung
nachteilig → hinderlich, → ungünstig, → schädlich
nächtens → nachts
Nachtessen → Abendessen
Nachteule → Nachtmensch
Nachtgeschirr → Nachttopf
Nachtgewand → Schlafanzug
Nachthafen → Nachttopf
Nachthemd → Schlafanzug
nächtigen → übernachten
Nachtisch → Nachspeise
Nachtlager → Lager
nächtlich → nachts
Nachtlokal Bar, Nachtclub, Nightclub, Stripteaselokal, → Tanzlokal
Nachtmahr → Albtraum
Nachtmensch Nachtschwärmer, Nachteule, Nachtbummler
Nachtquartier → Unterkunft
Nachtrag → Ergänzung
nachtragen → verübeln
nachtragend → unversöhnlich
nachträglich ergänzend, im Nachhinein, hintennach, a posteriori, rückwirkend, retrospektiv, rückblickend, → hinterher
Nachtragung → Ergänzung
nachtrauern → beklagen
Nachtruhe → Schlaf
nachts in der Nacht, bei Nacht, nächtens, nächtlich, nächterlicherweise, des Nachts, zur Nachtzeit, zu nachtschlafender Zeit, zu nächtlicher Stunde, → abends
Nachtschwärmer → Nachtmensch
Nachtseite → Rückseite, → Geheimnis
Nachttopf Nachtgeschirr, Topf, Töpfchen, Nachthafen, Hafen, Pisspott, Pott, Bettpfanne
nachtun → nacheifern
Nachtwache → Bereitschaftsdienst
Nachtwächter 1. Bewacher 2. → Phlegmatiker
Nachtwandler → Schlafwandler
nachvollziehen → nachempfinden
Nachwehen → Folge, → Kater
nachweinen → beklagen
Nachweis → Beweis, → Bescheinigung
nachweisbar → nachweislich
nachweisen → beweisen, → belegen
nachweislich nachweisbar, beweisbar, erweisbar, erweislich, verbürgt, bewiesenermaßen, erwiesenermaßen, stichhaltig, auf der Hand
Nachwelt → Zukunft
Nachwirkung → Folge, → Kater
Nachwort Schlusswort, Nachtrag, Epilog
Nachwuchs → Nachkommenschaft, → Brut
nachzählen → kontrollieren
Nachzahlung → Abfindung
nachziehen → aufholen, → folgen
Nachzügler Nachkömmling, Spätling, Verspäteter, Nachhut, Letzter, Schlusslicht, Trödler
Nacken Genick, Hals
nackt nackend, nackicht, bloß, entblößt, unbedeckt, blank, bar, barfuß, barfuß bis an den Hals, unbekleidet, ausgezogen, unangezogen, hüllenlos, textilfrei, pudelnackt, splitternackt, splitterfasernackt, im Adamskostüm, im Evakostüm, → kahl, → barbusig
Nacktbadestrand Nudistenstrand, Naturistenstrand, FKK-Strand, FKK-Gelände, textilfreier Strand
Nacktbild → Akt
Nackter Nacktfrosch, Nackedei, Akt, → Nudist
Nacktheit Blöße, Unbedecktheit, Nudität, Naturzustand
Nacktkultur → Nudismus
Nadel 1. Stecknadel, Nähnadel, Stopfnadel, Sticknadel, Stricknadel, Häkelnadel, → Ahle 2. → Brosche
Nadelöhr → Öse
Nagel 1. Drahtstift, Stahlstift, Stift, Haken, Bolzen, Krampe, → Reißnagel 2. Fingernagel, Fußnagel, Zehennagel, Kralle
nagelneu → neu
Nagelprobe → Bewährungsprobe
nagen → kauen
nahe nahebei, dicht, in der Nähe, in nächster Nähe, unweit, unfern, ganz nah dabei, zunächst, in Reichweite, erreichbar, nebenan, angrenzend, benachbart, nur einen Steinwurf weit
nahe gehen → ergreifen
nahe kommen → entsprechen
nahe kommen, sich → näher kommen, sich
nahe legen → auffordern, → raten
Nähe 1. Erreichbarkeit, Reichweite, Rufweite, Sichtweite, Nachbarschaft, Umkreis, Umgebung 2. → Kontakt
nahebei → dabei, → nahe
nahen aufziehen, aufkommen, auftauchen, heraufziehen, herannahen, sich zusammenbrauen, sich abzeichnen, → kommen, → nähern, sich
nähen → schneidern
näher kommen → kommen, → nähern, sich
näher kommen, sich sich nahe kommen, sich einander annähern, sich nähern, sich kennen lernen, bekannt werden, Bekanntschaft schließen, Beziehungen knüpfen, Fühlung nehmen, Kontakt aufnehmen, warm werden, sich anfreunden, zusammenfinden, sich ein-

lassen mit, sich lieb gewinnen, Freundschaft schließen, → heranmachen, sich
nähern, sich 1. herankommen, kommen, näher kommen, näher treten, herantreten, herangehen, heranschleichen, anschleichen, → nahen 2. → näher kommen, sich
nahezu → als, → fast, → einigermaßen
Nährboden → Ursache
nähren → ernähren
nahrhaft nährstoffreich, kalorienreich, sättigend, fett, kräftig, deftig, → gesund
nährstoffreich → nahrhaft
Nahrung Kost, Ernährung, Speise, Essen, Lebensmittel, Atzung, Verpflegung, Futter
Nahrungsaufnahme → Essen
Nahrungsmittel → Lebensmittel
Naht Absteppung, Nahtstelle, Fuge
naiv einfältig, simpel, einfach, schlicht, tölpelhaft, treuherzig, harmlos, ahnungslos, arglos, unbedarft, kindlich, kindhaft, → albern
Naivität Einfalt, Einfältigkeit, Simplizität, Einfachheit, Treuherzigkeit, Harmlosigkeit, Ahnungslosigkeit, Arglosigkeit, Unbedarftheit, Kinderglaube, → Dummheit
Name 1. Bezeichnung, Benennung, Wort 2. → Pseudonym, → Nachname, → Vorname, → Spitzname
namenlos anonym, ungenannt, ohne Namensnennung, inkognito, unter falschem Namen
Namenlosigkeit → Vergessenheit
namens → genannt
Namenserbe → Nachkomme
Namensgebung Benennung, Taufe
Namenszug → Unterschrift, → Kennzeichen
namentlich → besonders, → ausdrücklich
namhaft → bekannt, → berühmt
nämlich denn, bekanntermaßen, genau gesagt, und zwar, wie man weiß, ja, → weil
Napf → Schüssel
Napfkuchen Gugelhupf, Topfkuchen
Narbe Mal, Wundmal, Schmarre, Schmiss, Naht
Narkose → Betäubung
Narkotikum → Betäubungsmittel, → Arznei
narkotisieren → betäuben
Narr Tor, Einfaltspinsel, Hanswurst, Wurstel, Hofnarr, Hofzwerg, Eulenspiegel, Pickelhering, Hansnarr, Kindskopf, Tropf, Gimpel, Simpel, Tollpatsch, Tölpel, Trampel, Bauerntölpel, Bauerntrampel, → Dummkopf, → Clown
narren → anführen, → necken
Narrenhaus → Nervenheilanstalt
närrisch → albern, → kindisch
Narziss → Egoist
Narzissmus Selbstverliebtheit, Egozentrismus, Autophilie, Autoerotismus, → Eitelkeit
narzisstisch selbstverliebt, selbstbesessen, egozentrisch, ichbezogen, autoerotisch, → selbstsüchtig, → eitel
naschen schnabulieren, schlecken, lecken, nippen, knabbern, kosten
Nascherei → Konfekt
naschhaft genäschig, geschleckig, leckermäulig, vernascht, gefräßig
Naschkatze → Genießer
Naschwerk → Konfekt
Nase 1. Geruchssinn, Geruchsorgan, Riechorgan, Riecher, Rüssel, Nüster, Riechkolben, Stupsnase, Himmelfahrtsnase, Adlernase, Hakennase, Zinken, Gesichtserker, Knolle, Knollennase, Kartoffel, Triefnase, Rotznase 2. → Vorsprung 3. → Spürsinn
Naserümpfen → Abneigung
naseweis → frech
Naseweisheit → Frechheit
nasführen → anführen
nass durchnässt, durchweicht, klitschnass, klatschnass, patschnass, tropfnass, triefnass, triefend, tauig, betaut, saftig, sumpfig, → feucht, → regnerisch
Nass → Getränk, → Wasser
Nässe → Feuchtigkeit
nässen durchnässen, durchfeuchten, feuchten, durchweichen, auslaufen, rinnen
nasskalt → regnerisch
Nasszelle → Bad
Nastuch → Taschentuch
Nates → Gesäß
Nation → Land, → Volk
national staatlich, vaterländisch, → patriotisch
Nationalfeiertag → Ruhetag
Nationalgefühl → Patriotismus
nationalisieren → verstaatlichen
Nationalismus → Patriotismus
Nationalist → Patriot
nationalistisch → patriotisch
Nationalmannschaft Nationalelf, Auswahlmannschaft, Auswahl
Nationalsozialismus → Faschismus
Nationalsozialist → Faschist
nationalsozialistisch → faschistisch
Nationalstolz → Patriotismus
Natur 1. Schöpfung, Naturreich, Mutter Erde, Mutter Natur, Umwelt, Landschaft, das Freie, das Grüne 2. → Art, → Charakter
Naturalien → Lebensmittel
naturalistisch → realistisch
naturbelassen → natürlich
Naturbursche Naturfreund, harter Mann, Abenteurer

Naturell → Art, → Temperament
Naturgabe → Begabung
naturgemäß → natürlich
Naturgesetz → Gesetzmäßigkeit
naturgetreu → natürlich, → realistisch
Naturgewalt Element, Elementargewalt, Naturkraft, Feuer, Wasser
naturhaft → bodenständig
Naturheilkunde Naturheilverfahren, Physiotherapie, Akupunktur, Akupressur, → Medizin
naturidentisch → künstlich
Naturist → Nudist
Naturistenstrand → Nacktbadestrand
natürlich 1. echt, rein, naturrein, naturbelassen, unverfälscht, genuin, ursprünglich, ungekünstelt, ungeziert, unverbildet, naturgemäß, naturgetreu, naturnah, → bodenständig 2. → realistisch 3. → zwanglos 4. → selbstverständlich
Natürlichkeit 1. Ursprünglichkeit, Echtheit, Reinheit, Unverbrauchtheit, Frische, Ungekünsteltheit, → Zwanglosigkeit 2. → Schlichtheit
naturnah → natürlich
naturrein → natürlich
Naturschutzgebiet → Schutzgebiet
Naturtrieb → Trieb
naturverbunden → bodenständig
naturwidrig → pervers
navigieren → führen
Nazi → Faschist
Nebel Nebelschwaden, Nebelschleier, Nebelbank, Waschküche, Dampf, Dunst
Nebelbank → Nebel
nebelgrau → regnerisch
Nebelhorn → Hupe
neblig → dunstig
nebeln → dampfen
Nebelnässen → Regen
Nebelschleier → Nebel
Nebelschwaden → Nebel
neben bei, nächst, angrenzend, entlang, daneben
nebenan → angrenzend, → daneben
Nebenausgaben → Spesen, → Kosten
nebenbei 1. nebenher, beiläufig, en passant, obenhin, leicht, am Rande, parenthetisch, in Parenthese 2. → übrigens
Nebenbuhler → Rivale
nebeneinander → beisammen
nebeneinander halten → vergleichen
Nebeneinnahme → Zubrot
Nebenflügel → Nebengebäude
Nebengebäude Nebenhaus, Dependance, Nebenflügel, Flügel, Anbau
Nebengeschmack → Beigeschmack
nebenher → nebenbei
Nebenmann → Nachbar
Nebenprodukt → Abfallprodukt
Nebenrolle 1. Charge, Chargenrolle, Episodenrolle, Statistenrolle, Gastrolle, → Rolle 2. → Nebensächlichkeit
Nebensache → Nebensächlichkeit
nebensächlich → bedeutungslos, → unwichtig
Nebensächlichkeit Nebensache, Nebenrolle, Belanglosigkeit, Beiläufigkeit, Unwichtigkeit
Nebensinn → Bedeutung
Nebenstelle → Zweigstelle
Nebenverdienst → Zubrot
nebst → einschließlich
nebulös → unklar
necken foppen, aufziehen, verulken, veräppeln, zum Besten halten, hochnehmen, auf die Schippe nehmen, auf den Arm nehmen, einen Possen treiben, narren, vexieren, hänseln, frotzeln, ärgern
Neckerei → Spott
neckisch → eitel
negativ → erfolglos, → rückläufig
Negativ → Film
Neger → Farbiger
Negligee (*auch:* Negligé) → Morgenrock, → Schlafanzug
nehmen 1. annehmen, an sich nehmen, entgegennehmen, zulangen, schnappen, erwischen, ergreifen, greifen, abnehmen, → aneignen, sich 2. → erobern 3. → einnehmen
Nehrung → Landenge
Neid Missgunst, Abgunst, Scheelsucht, Eifersucht, Futterneid, Amtsneid, Konkurrenzneid, → Schadenfreude
neiden missgönnen, missgünstig sein, beneiden, eifersüchtig sein, vor Neid erblassen, vor Neid platzen, schielen nach
neiderfüllt → neidisch
neidisch missgünstig, abgünstig, neiderfüllt, scheelsüchtig, eifersüchtig, futterneidisch, → schadenfroh
Neige → Ende, → Rest
neigen → beugen, → tendieren
neigen, sich → beugen, sich
Neigung 1. Hinneigung, Hang, Vorliebe, Lust, Bereitschaft, Drang, Richtung, Einschlag, → Liebe 2. → Tendenz 3. → Gefälle
Neigungswinkel → Gefälle
nein nicht doch, nicht, nie und nimmer, nie, beileibe nicht, weit entfernt, weit gefehlt, das fehlte noch, das wäre ja noch schöner, Fehlanzeige, Pustekuchen, denkste, keine Spur, kein Gedanke daran, mitnichten, → keinesfalls

Nein → Ablehnung
nennen 1. benennen, bezeichnen, benamsen, heißen, rufen, taufen, den Namen geben 2. → erwähnen
nennen, sich → heißen
nennenswert → erwähnenswert
Nennung → Bezeichnung, → Erwähnung
Neofaschismus → Faschismus
Neonleuchte → Lampe
Neonröhre → Leuchtstoffröhre
Nepotismus → Vetternwirtschaft
Nepp → Überteuerung, → Betrug
neppen → betrügen
nerven → aufregen, → belästigen
Nervenheilanstalt Nervenklinik, psychosomatische Klinik, psychiatrische Klinik, Psychiatrie, Heilanstalt, geschlossene Anstalt, Irrenanstalt, Irrenhaus, Tollhaus, Narrenhaus, Klapsmühle, → Krankenhaus
Nervenkitzel → Spannung
Nervenklinik → Nervenheilanstalt
nervenkrank → seelenkrank
Nervenkrieg → Geduldsprobe
Nervenprobe → Geduldsprobe
Nervensäge → Plagegeist
Nervenzusammenbruch → Erschütterung
nervös fahrig, unstet, zappelig, zittrig, fickerig, haspelig, kribbelig, gereizt, überreizt, reizbar, überarbeitet, überlastet, gestresst, neurasthenisch, → hektisch, → erregt
Nervosität Fahrigkeit, Gereiztheit, Überreiztheit, Reizbarkeit, Stress, Managerkrankheit, Lampenfieber, Prüfungsangst, Herzklopfen, → Erregung
Nervtöter → Plagegeist
Nessessär (*auch:* Necessaire) → Waschbeutel
Nest 1. Vogelnest, Gelege, Horst, Nistplatz, Brutplatz, → Bau 2. → Bett 3. → Kleinstadt, → Dorf
Nesthäkchen → Schwächling
Nesthocker → Schwächling
nett → brav, → freundlich
Nettigkeit → Freundlichkeit
netto → abzüglich
Nettogewinn → Gewinnspanne
Nettopreis → Preis
Netz 1. Maschenwerk, Maschennetz, Geflecht, Gewebe, Fischernetz, Fangnetz 2. → Netzwerk
Netzwerk 1. Verbund, Verkehrsverbund, Verbundnetz, Bahnnetz, Straßenbahnnetz, Streckennetz, Schienennetz, Eisenbahnnetz 2. → Geflecht
neu 1. fabrikneu, nagelneu, funkelnagelneu, brandneu, frisch, taufrisch, ungebraucht, neuwertig, erneuert, runderneuert 2. neuartig, erstmalig, nie da gewesen, sensationell, ungewohnt, → fremd
neu beleben → erneuern
neu gestalten → reformieren, → renovieren
neu ordnen → reformieren
neu regeln → reformieren
Neuanfang Neubeginn, Stunde Null, → Renaissance
neuartig → neu, → modern
Neubeginn → Neuanfang
Neubelebung → Renaissance
Neubildung → Neuheit
Neuerer → Reformer
neuerlich → wieder
Neueröffnung → Eröffnung
Neuerrungenschaft → Neuheit
Neuerscheinung → Neuheit
Neuerung → Reform, → Neuheit
Neuerwerbung → Neuheit
Neues Testament → Bibel
neugeboren → geboren, → frisch
Neugeborenes → Säugling
Neugestaltung → Reform
Neugier Neugierde, Wissbegier, Wissbegierde, Wissensdurst, Wissensdrang, Erkenntnisdrang, Forschertrieb, Vorwitz, Fragelust, Klatschsucht, Taktlosigkeit, Spannung, → Gespanntheit
neugierig wissbegierig, wissensdurstig, begierig, interessant, gespannt, vorwitzig, fragelustig, klatschsüchtig, taktlos
neugierig machen → reizen
Neugieriger → Zuschauer
Neuheit Novum, Novität, Neuigkeit, Innovation, Neuerung, Neuschöpfung, Neubildung, Neuerscheinung, Neuerwerbung, Nouveauté, → Mode
Neuigkeit → Neuheit, → Nachricht
neulich kürzlich, jüngst, jüngstens, vorhin, eben erst, unlängst, vor kurzem, letztens, letzthin, damals
Neuling → Anfänger, → Emporkömmling
neumodisch → modern
neunmalklug obergescheit, oberschlau, überklug, superklug, superschlau, hyperschlau, siebengescheit, → altklug
Neunmalkluger → Rechthaber
Neuordnung → Reform
Neuregelung → Reform
Neureicher → Emporkömmling
Neurose → Seelenkrankheit
neurotisch → seelenkrank
Neuschöpfung → Neuheit
neutral → gerecht, → sachlich
Neutralität Nichteinmischung, → Gerechtigkeit, → Sachlichkeit

neuwertig → neu
Neuzeit → Gegenwart
neuzeitlich → modern
nicht → nein, → keinesfalls
Nichtachtung → Missachtung
Nichtbeachtung → Missachtung
Nichtfachmann → Laie
Nichtgeweihter → Laie
nichtig hinfällig, gering, wertlos, leer, eitel, vergänglich, ungültig, rechtsungültig, unwirksam, → unwichtig
Nichtigkeit Hinfälligkeit, Geringfügigkeit, Wertlosigkeit, Nichts, Eitelkeit, Vergänglichkeit, Ungültigkeit, Unwirksamkeit, → Unwichtigkeit
nichtöffentlich → geheim
nichts null, nicht das Mindeste, überhaupt nichts, gar nichts, rein gar nichts, nicht die Spur, nicht die Bohne, kein bisschen, nicht ein Deut, kein Funke
nichts ahnend → ahnungslos
nichts sagend → ausdruckslos, → banal
Nichts 1. Leere, Nirwana, Ende, Auflösung, → Nichtigkeit 2. → Vergessenheit
nichtsdestotrotz → trotzdem
nichtsdestoweniger → trotzdem
Nichtsesshafter → Landstreicher
Nichtskönner → Stümper
Nichtsnutz → Taugenichts
nichtsnutzig → missraten, → niederträchtig
Nichtsnutzigkeit → Niedertracht
Nichtstuer → Faulenzer
Nichtstun → Freizeit
Nichtswisser → Stümper
Nichtswürdigkeit → Niedertracht
Nichtwissen → Unwissenheit
nicken → zustimmen
Nickerchen → Schlaf
Nidel → Rahm
nie niemals, nie und nimmer, nimmer, nimmermehr, zu keiner Zeit, im Leben nicht, → keinesfalls, → nein
nieder 1. gering, einfach, niedrig stehend, tief stehend, gewöhnlich 2.→ niedrig 3.→ abwärts
niederbrennen → brandschatzen, → verbrennen
niederbücken, sich → beugen, sich
niederdrücken → bedrücken, → erdrücken
niederfallen → fallen
Niedergang → Verfall
niedergedrückt → bedrückt
niedergehen → landen, → untergehen
niedergeschlagen deprimiert, depressiv, gedrückt, bedrückt, geknickt, down, angeschlagen, enttäuscht, niedergeschmettert, verzweifelt, → mutlos, → traurig
Niedergeschlagenheit Depression, Bedrückung, Bedrücktheit, Gedrücktheit, Tief, Enttäuschung, Katzenjammer, Moralischer, heulendes Elend, Verzweiflung, → Mutlosigkeit, → Trauer
niedergeschmettert → niedergeschlagen
niederhalten → unterdrücken
niederkauern, sich → ducken, sich
niederknien, sich → hinknien, sich
niederkommen → gebären
Niederkunft → Geburt
Niederlage Debakel, Untergang, Zusammenbruch, Waterloo, Aufgabe, Schlappe, → Misserfolg
niederlassen, sich 1. bleiben, sich sesshaft machen, sich ansässig machen, sich ansiedeln, siedeln, sich einnisten, seinen Wohnsitz nehmen, seine Zelte aufschlagen, vor Anker gehen, Wurzeln schlagen, sich etablieren, sich selbstständig machen, Fuß fassen 2. → setzen, sich
Niederlassung → Siedlung, → Zweigstelle
niederlegen → aufschreiben, → aufgeben
niederlegen, sich → hinlegen, sich
niedermetzeln → töten
niederreißen → abreißen
niederschießen → erschießen
Niederschlag 1. Regenfälle, Regen, Tau, Nebel, Hagel, Schnee, Schneefall, Feuchtigkeit 2. → Eintrag 3. → Wirkung
niederschlagen 1. niederstrecken, zu Boden strecken, zusammenschlagen, k. o. schlagen, knock-out schlagen, ausknocken 2. ersticken, unterdrücken, lahm legen, veröden, zum Schweigen bringen, verhindern, abwenden
niederschlagen, sich → beschlagen
niederschmetternd → deprimierend
niederschreiben → aufschreiben
niederschreien → auspfeifen
Niederschrift Aufzeichnung, Mitschrift, Notizen, Manuskript, Protokoll, Nachbericht, Nachschrift, Sitzungsbericht
niedersetzen → abstellen
niedersetzen, sich → setzen, sich
niedersinken → sinken
niedersitzen → setzen, sich
niederstechen → erstechen
niederstellen → abstellen
niederstoßen → umstoßen
niederstrecken → niederschlagen, → erschießen, → töten
Niedertracht Niederträchtigkeit, Gemeinheit, Fiesheit, Infamie, Perfidie, Abscheulichkeit, niedere Gesinnung, Charakterlosigkeit, Niedrigkeit, Nichtswürdigkeit, Nichtsnutzigkeit, Gewissenlosigkeit, Schändlichkeit, Schlechtigkeit, Schäbigkeit, Ruchlosigkeit,

Schurkerei, Schweinerei, Sauerei, → Bosheit, → Hinterhältigkeit
niederträchtig gemein, hundsgemein, fies, infam, ekelhaft, abscheulich, verabscheuenswert, niedrig gesinnt, charakterlos, ehrlos, garstig, nichtswürdig, nichtsnutzig, gewissenlos, feige, schändlich, schimpflich, schmählich, schnöde, schurkisch, ruchlos, perfide, verrucht, dreckig, schmutzig, → böse, → hinterhältig
Niederträchtigkeit → Niedertracht
niedertreten → zertreten
Niederung → Ebene
niederwerfen → abwerfen
niedlich → possierlich, → hübsch
niedrig nieder, tief liegend, weit unten, fußhoch, kniehoch, → flach
niedrig gesinnt → niederträchtig
niedrig stehend → nieder
Niedrigkeit → Niedertracht
Niedrigwasser → Ebbe
niemand keiner, kein Einziger, nicht einer, kein Mensch, keine Menschenseele, überhaupt niemand
nieseln → regnen
Nieselregen → Regen
niesen prusten, herausplatzen, schnupfen
Nießbrauch → Anwendung, → Nutznießung
nießbrauchen → anwenden
Nießnutz → Anwendung, → Nutznießung
nießnutzen → anwenden
Niete → Los, → Misserfolg, → Versagen
Nihilismus → Pessimismus, → Realismus
Nihilist → Pessimist, → Realist
nihilistisch → pessimistisch
Nimbus → Heiligenschein, → Ausstrahlung, → Ruhm
nimmermüde → beharrlich
nimmersatt → gefräßig
Nimmersatt Gierschlund, Vielfraß, Fresser, Fresssack, Schlaraffe, Prasser, → Genießer
nippen → kosten, → trinken
Nippes → Tand
Nische Winkel, Ecke, Mauernische, Wandvertiefung, Einschnitt, Lücke, Vertiefung
nisten horsten, brüten, sich einnisten
Niveau Fläche, Ebene, Höhenlage, Höhe, Pegel, Pegelstand, Stand, Rang, Stufe, Leistungsstufe, Rangstufe, Qualität, Anspruch, Standard, → Bildung
niveaulos → ungebildet
niveauvoll → gebildet
nivellieren → anpassen, → einebnen
Nivellierung → Ausgleich, → Gleichmacherei
Nixe → Meerjungfrau
nobel → adlig, → vornehm, → edel, → großzügig
Nobilität → Adel
Noblesse → Adel, → Vornehmheit, → Eleganz
noch → außerdem, → wieder
nochmals → wieder
nölen → quengeln
nominieren → ernennen, → aufstellen
Nominierung → Ernennung, → Aufstellung
Nonchalance → Zwanglosigkeit
nonchalant → zwanglos
Nonkonformist → Individualist
Nonne Klosterfrau, Schwester, Ordensfrau, Braut Christi, Laienschwester, Novizin, Konventualin → Mönch
Nonplusultra → das Unübertreffbare
Nonsens → Unsinn
Nonvalenz → Bankrott
Nörgelei → Quengelei
nörgelig → quengelig
nörgeln mäkeln, herummäkeln, meckern, herummeckern, mosern, stänkern, maulen, herumkritteln, kritteln, räsonieren, → beanstanden, → quengeln
Nörgler → Kritiker, → Querulant
Norm Standard, Allgemeingültigkeit, Regel, Vorschrift, Schablone, Grundlage, → Maßstab
normal → üblich
normalerweise → gewöhnlich, → meistens
normativ → ausschlaggebend
normen → vereinheitlichen
normieren → vereinheitlichen
Normierung → Vereinheitlichung
Nostalgie → Sehnsucht
Not Notlage, Zwangslage, Notstand, Bedrängnis, Elend, Leid, Armut, Misere, Druck, Drangsal, → Krise
Not leiden → darben
Not leidend → arm, → bedrängt
Nota → Rechnung
Notar → Rechtsanwalt
Notarzt Unfallarzt, Bereitschaftsarzt, → Arzt
Notarztwagen → Krankenwagen
Notausgang Feuertür, Feuertreppe, Feuerleiter, Fluchtweg, Rettungsweg, → Ausweg
Notbehelf → Behelf, → Ausweg
Notbett → Pritsche
Notdienst → Bereitschaftsdienst
Notdurft verrichten → austreten
notdürftig → behelfsmäßig
Note 1. Zeugnisnote, Zensur, Prädikat, Benotung, Bewertung, Beurteilung, Ergebnis 2. Musiknote, Notenzeichen, → Notensystem, → Partitur 3. → Denkschrift 4. → Eigenschaft 5. → Papiergeld
Notenheft → Partitur
Notensystem Notenschrift, Notation, Tonleiter, Quintenzirkel, Harmonielehre

Notentext → Partitur
Notenzeichen → Note
notgedrungen → gezwungenermaßen
Notgroschen → Ersparnis
notieren → vermerken, → aufschreiben
nötig → notwendig
nötig haben → brauchen
nötigen → erpressen, → zwingen
Nötigung → Erpressung, → Zwang
Notiz → Anmerkung, → Aufzeichnung
Notizblock → Block
Notizbuch → Terminkalender
Notizkalender → Terminkalender
Notlage → Not, → Verlegenheit
Notleidender → Armer
Notlösung → Behelf
Notlüge → Ausrede
Notopfer → Gabe
notorisch → berüchtigt
Notsignal Notruf, SOS-Signal, Signal, Alarm, Alarmsignal, Sirene, Hilferuf, Angstruf, Notschrei
Notstand 1. Ausnahmezustand, Belagerungszustand, Ausgangssperre, Versammlungsverbot, Kriegsrecht 2. → Not
Notunterkunft → Baracke, → Unterkunft
Notwehr → Abwehr
notwendig nötig, vonnöten, dringend, dringlich, zwingend, erforderlich, geboten, unumgänglich, unerlässlich, unentbehrlich, unverzichtbar→ lebenswichtig, → zwangsläufig
Notwendigkeit Erfordernis, Unentbehrlichkeit, Unumgänglichkeit, Unerlässlichkeit, das notwendige Übel, das Gebotene, Bedürfnis, Bedarf
Notzucht Vergewaltigung, Schändung, Entehrung, Stuprum
notzüchtigen vergewaltigen, missbrauchen, schänden, entehren, sich vergreifen an, sich vergehen an, Gewalt antun, stuprieren
Novelle → Erzählung, → Ergänzung
novellieren → reformieren
Novellierung → Reform
Novität → Neuheit
Novize → Anfänger, → Mönch
Novizin → Nonne
Novum → Neuheit
Nu → Augenblick, → sofort
Nuance Spur, Hauch, Touch, Schimmer, Schatten, Anflug, Stich, Schuss, Feinheit, Kleinigkeit, → Abstufung
nuancieren → abstufen
Nuancierung → Abstufung
nüchtern 1. ungefrühstückt, ohne Frühstück, mit leerem Magen, hungrig, ungegessen 2. nicht betrunken, klar 3. → trocken 4. → sachlich
Nüchternheit → Humorlosigkeit, → Sachlichkeit
Nuckel → Schnuller
nuckeln → saugen
nudeln → füttern, → mästen
Nudismus → Freikörperkultur, FKK, Nacktkultur, Naturismus
Nudist FKK-Anhänger, FKKler, Naturist, Sonnenanbeter, → Nackter
Nudistenstrand → Nacktbadestrand
nuklear atomar, kerntechnisch
Nukleartechnik Kerntechnik, Kernphysik, Atomphysik, Kernenergie, Kernkraft, Atomkraft, Atomenergie, Kernfusion
null → nichts
Null → Versager
Null-Null → Toilette
Nulldiät → Diät
Nummer → Zahl, → Telefonnummer, → Darbietung, → Exemplar, → Spaßvogel
nummerieren → abzählen
Nummernschild → Kennzeichen
nun → jetzt
Nuntius → Unterhändler, → Diplomat
nur 1. lediglich, einzig, einzig und allein, allein, bloß, ausschließlich, nichts als 2. → aber
nuscheln → murmeln
Nuss Nusskern, Kern
Nüster → Nase
Nutte → Prostituierte
nutzbringend → nützlich
nützen → nutzen, → anwenden
nutzen 1. nützlich sein, nützen, frommen, fruchten, von Nutzen sein, Nutzen bringen, gute Dienste leisten, dienlich sein, zustatten kommen, helfen 2. → ausnutzen, → anwenden 3. → auslasten
Nutzen → Vorteil
nützlich nutzbringend, förderlich, hilfreich, heilsam, dienlich, sachdienlich, ersprießlich, gedeihlich, günstig, gut, passend, wertvoll, lohnend, vorteilhaft, → sinnvoll
nutzlos fruchtlos, unnütz, zwecklos, wertlos, sinnlos, unersprießlich, überflüssig, vergebens, wirkungslos
Nutznießung Nießbrauch, Nießnutz, Nutzungsrecht, Genuss
Nutzung Verwertung, Auswertung, Anwendung, Nießbrauch, Ausnutzung, Ausnützung, Auslastung, Benutzung, → Verwendung
Nutzungsrecht → Nutznießung
Nylon → Kunststoff
Nymphe → Meerjungfrau
nymphoman → lüstern

O

ob → wegen
Obacht geben → Acht geben
Obdach → Asyl, → Zuflucht, → Heim
obdachlos wohnungslos, ohne feste Bleibe, ohne Dach über dem Kopf, des Heimes beraubt, vertrieben
Obdachlosenheim → Heim
Obdachloser → Landstreicher
Obduktion → Leichenöffnung
obduzieren → sezieren
Obelisk → Denkmal
oben droben, heroben, drauf, darauf, obenauf, zuoberst, oberhalb, über
oben genannt oben erwähnt, erwähnt, obig, vorgenannt, genannt, vorstehend, → bewusst
oben ohne → barbusig
obenauf → gut gelaunt, → oben
obendrein → außerdem
obenhin → leichtfertig, → nebenbei
Ober → Bedienung
Oberarzt → Chefarzt, → Arzt
Oberaufsicht → Aufsicht, → Leitung
Oberbefehl Befehl, Befehlsgewalt, Kommando, Oberkommando, Kommandogewalt
Oberfläche Äußeres, Außenansicht, Belag, Überzug, Schale, Kleid, Decke
oberflächlich 1. äußerlich, vordergründig, flach, verflacht, seicht, ohne Tiefgang, gehaltlos, trivial, → leichtfertig 2. → nachlässig
Oberflächlichkeit 1. Äußerlichkeit, Vordergründigkeit, Flachheit, Seichtheit, Plattheit, Verflachung, Trivialität, Geistlosigkeit, → Leichtfertigkeit 2. → Nachlässigkeit
obergescheit → neunmalklug
Obergeschoss → Geschoss
Obergrenze → Limit
oberhalb überhalb, darüber, über, drüber
Oberhand → Übergewicht
Oberhaupt → Herrscher, → Häuptling, → Anführer, → Papst
Oberin → Krankenschwester
Oberkommando → Befehlsgewalt
Oberkörper → Brust
oberlehrerhaft → belehrend
Obers → Rahm
Oberschicht Elite, Crème, Gesellschaft, feine Gesellschaft, Hautevolee, Geldadel, die besitzende Klasse, die reichen Leute, Highsociety, die oberen zehntausend, Nomenklatura, die Spitzen der Gesellschaft, was Rang und Namen hat, Prominenz, → Gesellschaftsschicht, → Schickeria, → Intelligenz
oberschlau → neunmalklug
Oberschule → Schule
Oberschwester → Krankenschwester
Oberseite → Äußeres
obgleich → obwohl
Obhut → Fürsorge, → Pflege
obig → oben genannt
Objekt → Ding, → Gegenstand, → Thema
objektiv → sachlich
Objektivität → Sachlichkeit
obliegen → müssen
Obliegenheit → Pflicht
Obligationen → Schuld
obligatorisch → verbindlich
Obligo → Bürgschaft
Obulus → Beitrag
Obrigkeit Ministerium, Behörde, Verwaltung, Instanz, Staat, Staatsgewalt, Regierung, Leitung
obschon → obwohl
Observation → Beobachtung
Observatorium Wetterwarte, Wetterstation, Wetterdienst, Sternwarte, Planetarium
observieren → beobachten
Obsession → Seelenkrankheit
obsiegen → gewinnen
obskur → verdächtig
obsolet → altmodisch
Obst → Frucht
obstinat → eigensinnig
Obstpresse → Kelter
Obstruktion → Widerstand
Obstsaft → Saft
Obststeige → Steige
obszön schlüpfrig, schamlos, zotig, zotenhaft, vulgär, pornografisch, unanständig, unzüchtig, frivol, pikant, anstößig, zweideutig, schmutzig, schweinisch, unsittlich, sittenlos, unkeusch, unmoralisch, anrüchig
Obszönität Schlüpfrigkeit, Unanständigkeit, Zweideutigkeit, Frivolität, Sittenlosigkeit, Anstößigkeit, Pornografie, Pikanterie, Schweinerei
obwohl obzwar, obgleich, obschon, wennschon, wenngleich, wenn auch, selbst wenn, zumal, wiewohl, → trotzdem
obzwar → obwohl
Ochse → Rind
Ode → Gedicht
öde 1. verödet, brachliegend, verwildert, wüst, trist, trostlos, wild, unwirtlich, karg, dürr, verkarstet, karstig, steinig, felsig, trocken 2. → menschenleer 3. → langweilig
Öde 1. Einöde, Ödland, Brachland, Karstland, Wüste, Wüstenei, Steppe, Pampa, Tundra, Savanne, Wildnis 2. → Langeweile
Odel → Dung
Odem Atem, Lebenshauch, Hauch, Atemhauch

Ödem Geschwulst
oder beziehungsweise, respektive, besser gesagt, andernfalls, sonst, ansonsten, widrigenfalls, gegebenenfalls, → auch
Ödland → Öde
Œuvre → Werk
Ofen Wärmequelle, Kachelofen, Kanonenofen, Ölofen, → Heizung, → Herd
ofenfrisch → knusprig
offen 1. offen stehend, sperrangelweit, auf, geöffnet, unverschlossen, unversperrt, aufgesperrt, zugänglich 2. offenherzig, aufrichtig, frank und frei, freimütig, freiweg, rundheraus, geradeheraus, deutlich, direkt, unumwunden, ohne Umschweife, ohne Scheu, ungeschminkt, unverhüllt, unverblümt, unverhohlen, → ehrlich 3. → aufgeschlossen 4. → ungeschützt 5. → ungewiss 6. → vakant
offen halten → vorbehalten, sich
offen legen → aufdecken, → offenbaren
offen stehen → dürfen
offenbar → offensichtlich, → anscheinend
offenbar werden → herauskommen
offenbaren 1. offen legen, aufklären, bekennen, eröffnen, gestehen, verraten, herausrücken, ausplaudern, ausposaunen 2. → ausdrücklich
offenbaren, sich → anvertrauen, sich
Offenbarung 1. Enthüllung, Entdeckung, Eröffnung, Aufklärung, Bekanntgabe, → Öffnung 2. Voraussage, Weissagung, Apokalypse
Offenheit 1. Freimut, Freimütigkeit, Aufrichtigkeit, Offenherzigkeit, Durchschaubarkeit, → Ehrlichkeit 2. → Empfänglichkeit
offenherzig → offen
Offenherzigkeit → Offenheit
offenkundig → offensichtlich
offensichtlich 1. offenkundig, offenbar, augenscheinlich, augenfällig, evident, flagrant, eklatant, ersichtlich, sichtlich, sichtbar, ausgemacht, deutlich, manifest, handgreiflich, unverkennbar, sonnenklar, durchschaubar 2. → anscheinend
offensiv → angriffslustig
Offensive → Angriff
öffentlich 1. in aller Öffentlichkeit, vor aller Augen, coram publico, auf offener Straße, unverhohlen, unverborgen 2. → bekannt
Öffentlichkeit 1. Bevölkerung, Allgemeinheit, die Leute, Gesellschaft, Gemeinschaft, Welt, Publikum 2. → Bekanntheit
Öffentlichkeitsarbeit → Propaganda, → Werbung
offerieren → anbieten
Offerte → Angebot
offiziell → amtlich, → bekannt
Offizier → Soldat
Offiziersmesse → Kantine
öffnen eröffnen, aufmachen, aufschließen, aufsperren, entriegeln, aufschlagen, aufstechen, aufschneiden, aufreißen, aufknöpfen, aufknoten, aufbrechen, erbrechen, knacken, aufsprengen, aufstoßen, entkorken, entstöpseln, anbrechen, anstechen, anzapfen
öffnen, sich → anvertrauen, sich
Öffnung 1. Loch, Pore, Spalt, Schlitz, Luke, Durchreiche, Einlass, Durchlass, → Tür 2. Offenlegung, Erhellung, Entschleierung, Glasnost, → Offenbarung
oft oftmals, oftmalig, öfters, des Öfteren, häufig, mehrfach, mehrmals, wiederholt, immer wieder, noch und noch, vielfach, dutzendmal, dutzendfach, x-mal, zigmal, verschiedentlich
öfters → oft
oftmals → oft
Oheim → Onkel
ohne → abzüglich
ohne weiteres → anstandslos
ohnedies → außerdem, → sowieso
ohnegleichen → beispiellos
ohnehin → sowieso
Ohnmacht 1. Machtlosigkeit, Einflusslosigkeit, Autoritätslosigkeit, Autoritätsverlust, Schwäche, Hilflosigkeit 2. → Bewusstlosigkeit
ohnmächtig 1. machtlos, einflusslos, schwach, hilflos 2. → bewusstlos
Ohr Hörorgan, Gehörorgan, Löffel, Lauscher, Ohrwaschel, Segelohren, Segelfliegerohren, Schlappohren
ohrenbetäubend → laut
Ohrenschmaus → Genuss
Ohrfeige Backpfeife, Maulschelle, Watsche, Dachtel, Handschrift, → Schlag
ohrfeigen eine Ohrfeige verpassen, eine herunterhauen, eine watschen, abwatschen, eine langen, eine knallen, eine schmieren, abschmieren, eine wischen, eine pfeffern, eine brennen, → schlagen, → handgreiflich werden
o. k., O. K. → einverstanden
okay → einverstanden
Okkasion → Sonderangebot
okkult → geheimnisvoll, → magisch
Okkultismus → Spiritismus
okkultistisch → magisch
Okkupation Besetzung, Annexion, Landnahme, Einmarsch, Einfall, Invasion, → Eroberung
okkupieren → besetzen, → erobern
ökologisch → umweltfreundlich
Ökonomie → Wirtschaftlichkeit
ökonomisch → wirtschaftlich, → kommerziell
Oktoberfest → Kirmes
oktroyieren → aufzwingen
Öl → Fett, → Brennstoff, → Erdöl

ölig → fettig, → glatt
Öljacke → Mantel
Ölkreide → Kreide
oll → alt
Öltanker → Frachtschiff
Olympiade Olympische Spiele, Winterolympiade, Winterspiele, Sommerolympiade, Sommerspiele, Spartakiade, Sportfest
Olympiateilnehmer Olympionike, Olympiakämpfer, Athlet, → Sportler
Olympionike → Olympiateilnehmer
Ölzeug → Mantel
Oma → Großmutter, → Greisin
Ombudsmann → Schiedsrichter
Omelett Eierkuchen, Eierspeise, Rührei, Eierpfannkuchen, Eierspeise, Plinse, Pfannkuchen, Palatschinke
Omen → Vorzeichen, → Zeichen
ominös → seltsam, → verdächtig
Omnibus Autobus, Reisebus, Bus, Postbus, Bahnbus, Kleinbus
omnipotent → allmächtig
Omnipotenz → Allmacht
Onanie → Masturbation
onanieren → masturbieren
Ondit → Gerücht
ondulieren → locken, → frisieren
Onkel → Oheim, Ohm
Opa → Großvater, → Greis
Oper → Musikdrama, → Theater
Operateur Chirurg, Wundarzt, → Arzt
Operation 1. chirurgischer Eingriff, operativer Eingriff, Sektion, Schnitt, → Amputation 2. → Unternehmung
Operette → Musikdrama
operieren einen Eingriff vornehmen, schneiden, unters Messer nehmen, → amputieren
Opernball → Ball
Opernglas → Fernglas
Opernhaus → Theater
Opernsänger → Sänger
Opernsängerin → Sängerin
Opfer 1. Betroffener, Leidtragender, Geschädigter, → Märtyrer 2. Opfergabe, Opfergeld, Spende, Einbuße, Entbehrung, Verzicht, Verlust, Preis, → Beitrag 3. Opferung, Opferhandlung, Schlachtopfer, Brandopfer, Sühneopfer, Opferdienst, Messopfer
opferbereit → hingebungsvoll
Opferbereitschaft → Demut
Opferdienst → Opfer
Opferfreudigkeit → Hingabe
Opfergabe → Gabe, → Opfer
Opfergeld → Opfer
Opferhandlung → Opfer
Opfermut → Demut
opfern 1. Opfer bringen, hingeben, darangeben, drangeben, aufopfern, verheizen, ausliefern, aufgeben, preisgeben 2. → spenden
opfern, sich → hingeben, sich
Opferstätte → Heiligtum
Opfertisch → Altar
Opferung → Opfer
Opferwille → Hingabe
opferwillig → hingebungsvoll
Opponent → Gegner
opponieren → widersetzen, sich, → auflehnen, sich
opportun → zweckmäßig
Opportunismus → Anpassung, → Gesinnungslosigkeit
Opportunist Mitläufer, Linientreuer, Angepasster, Jasager, Gesinnungslump, Chamäleon, → Streber
opportunistisch → gesinnungslos
Opposition → Gegner, → Gegensatz
oppositionell → gegensätzlich
optieren → wählen
optimal bestmöglich, bestens, hervorragend, unübertrefflich, vollkommen, größtmöglich
optimieren → verbessern, → steigern
Optimierung → Steigerung
Optimismus Hoffnung, Zuversicht, Zuversichtlichkeit, Lebensbejahung, Lebensvertrauen, Zukunftsglaube, Fortschrittsglaube, Fortschrittsgläubigkeit
Optimist Frohnatur, Stehaufmännchen, Hoffnungsvoller
optimistisch hoffnungsvoll, hoffnungsfroh, zuversichtlich, getrost, bejahend, lebensbejahend, positiv, zukunftsgläubig, unverzagt, guten Mutes
Optimum → Höhepunkt
Option → Entscheidung
optional → wahlweise, → freiwillig
opulent → üppig
Opulenz → Fülle
Opus → Werk
Orakel → Weissagung
orakelhaft → geheimnisvoll
orange orangefarben, orangerot, orangegelb, kadmium-orange, mennige, lachsfarben
Orange Apfelsine, Pomeranze, Blutorange, Zitrusfrucht, → Mandarine
Orchester Klangkörper, Symphonieorchester, Sinfonieorchester, Philharmonie, die Philharmoniker, Streichorchester, Streicherensemble, Kammerorchester, Unterhaltungsorchester, Kapelle, Kurkapelle, Kurorchester, → Band
Orchesterleiter → Dirigent
Orden 1. Mönchsorden, Bruderschaft, Brüderschaft, Kongregation 2. Ehrenkreuz, Ehren-

nadel, Verdienstkreuz, Verdienstorden, Medaille, → Auszeichnung
Ordensbruder → Mönch
Ordensfrau → Nonne
Ordensgeistlicher → Mönch
Ordensschwester → Nonne
ordentlich 1. aufgeräumt, geordnet, übersichtlich, klar, proper, sauber, adrett, akkurat 2. ordnungsliebend, auf Ordnung bedacht, reinlich, sorgfältig, korrekt, pünktlich, penibel, → pedantisch 3. → legal 4. → gehörig 5. → vorschriftsmäßig
Ordentlichkeit → Ordnungsliebe
Order → Bestellung, → Auftrag, → Befehl
ordern → anfordern, → bestellen
ordinär → gewöhnlich, → unanständig
ordnen 1. regeln, in Ordnung bringen, organisieren, richten, zurechtlegen, klären 2. sortieren, gruppieren, zusammenstellen, reihen, rangieren, → anordnen, → ausrichten 3. → gliedern 4. → aufräumen
Ordner → Aktenordner
Ordnung 1. Kategorie, Klasse, Gruppe, Stufe, Rang, → Anordnung 2. → Gliederung 3. → Hierarchie 4. → Disziplin
ordnungsgemäß → vorschriftsmäßig
Ordnungshüter → Polizeibeamter
Ordnungsliebe Ordentlichkeit, Sauberkeit, Properkeit, Korrektheit, Genauigkeit, Pünktlichkeit, → Pedanterie
ordnungsliebend → ordentlich
Organ → Anzeiger, → Zeitung, → Amt, → Stimme
Organisation 1. Bund, Union, Verein, Verband, Vereinigung, Assoziation, Zusammenschluss, Zweckverband, Interessengemeinschaft, Lobby, Gemeinschaft, Klub, Körperschaft, Korporation, Genossenschaft, Gewerkschaft, Gilde, Innung, Zunft, Kartell, Trust, Konzern, Syndikat, Ring, Bruderschaft, Korps, Burschenschaft, Loge, → Bündnis, → Partei 2. → Veranstaltung 3. → Gliederung 4. → Betrieb
Organisator Planer, Koordinator, Veranstalter, Agent, Manager, Macher, Kopf, treibende Kraft, Spiritus Rector
organisch → einheitlich, → körperlich
organisieren 1. koordinieren, veranstalten, managen, ins Leben rufen, leiten, planen, anordnen, aufbauen 2. → beschaffen, → stehlen
organisieren, sich → vereinigen, sich
Organismus → Einheit
Orgasmus → Höhepunkt
orgiastisch → lustbetont, → maßlos
Orgie → Ausschweifung, → Gelage
Orient Morgenland, Osten, Naher Osten, Nahost, Ferner Osten, Fernost
orientieren, sich 1. sich einen Überblick verschaffen, sich zurechtfinden, sich herausfinden, sich durchfinden 2. → anlehnen, sich
orientierungslos → ziellos
Orientierungslosigkeit → Ziellosigkeit
Orientierungsvermögen Orientierungssinn, Ortssinn, Ortsgedächtnis
original → echt, → ursprünglich
Original 1. Grundtext, Ausgangstext, Urform, Urfassung, Urschrift, Urbild, → Quelle 2. → Spaßvogel
Originalität → Fantasie
Originalübertragung → Direktübertragung
originär → ursprünglich
originell → fantasiereich
Orkan → Sturm
Ornament → Verzierung
Ornat Amtstracht, Habit, Robe, Talar
Ort 1. Örtlichkeit, Platz, Stelle, Stätte, Punkt, Fleck, Winkel, Ecke 2. → Dorf
Örtchen → Toilette
orthodox → fromm
Orthografie (*auch:* Orthographie) Rechtschreibung, Schreibweise, Schreibung
örtlich lokal, regional, an bestimmten Punkten
Ortsansässiger → Ansässiger
Ortschaft → Dorf, → Stadt
ortsfest → ansässig, → bodenständig
ortsfremd → fremd
Ortsgedächtnis → Orientierungsvermögen
Ortskern → Stadtmitte
Ortssinn → Orientierungsvermögen
Ortsteil → Stadtteil
Ortsveränderung → Bewegung
Ortsvorsteher → Bürgermeister
Öse Auge, Nadelöhr, Öhr
Osten → Orient, → Himmelsrichtung
ostentativ → betont, → herausfordernd
Oszillation → Schwingung
oszillieren → schwingen
Otium → Freizeit
Ottomane → Sofa
Outcast Paria, Outsider, Ausgestoßener, Asozialer, Entrechteter, → Außenseiter
Outfit → Ausstattung
Outsider → Außenseiter
Ouvertüre → Anfang, → Einleitung
oval eiförmig, eirund, länglich rund, elliptisch, ellipsenförmig
Ovation → Beifall, → Ehrung
Overall → Anzug
Overkill → Rüstung
Ovum → Ei
oxidieren, oxydieren → rosten
Ozean → Meer
Ozeandampfer → Schiff

P

Paar Duo, Zweiheit, Gespann, Ehepaar, Liebespaar, Pärchen
paar → einige
paaren → kreuzen
paaren, sich sich begatten, kopulieren, rammeln, → fortpflanzen, sich
paarig → doppelt
Paarung 1. Kopulation, Begattung, → Fortpflanzung, → Kreuzung 2. → Wettkampf
paarweise → doppelt
Pacht → Miete
pachten → mieten
Pachtzins → Miete
Pack → Gesindel
Päckchen → Bündel, → Post
packen 1. einpacken, zusammenpacken, Koffer packen, reisefertig machen, verstauen, unterbringen, → laden 2. → ergreifen 3. → bewältigen
packen, sich → davonmachen, sich
Packen → Bündel, → Haufen
packend → spannend
Packesel → Tragetier
Packpapier → Einschlagpapier
Packung → Verpackung, → Umschlag
Pädagoge → Erzieher, → Lehrer
pädagogisch → lehrhaft
Paddel → Ruder
Paddelboot → Boot
paddeln → rudern
paffen → rauchen
Page → Diener
paginieren → abzählen
Paket → Bündel, → Post
Pakt → Vertrag
paktieren → verschwören, sich, → verbünden, sich
Palast → Schloss
Palastrevolution → Aufstand, → Putsch
Palaver → Geschwätz
palavern → reden
Palette 1. Farbkasten, Malkasten 2. → Sortiment
Palisadenzaun → Sperre
Palliativum → Linderungsmittel
Palmenhaus → Gewächshaus
Pamp → Brei
Pampa → Öde
Pamphlet Schmähschrift, Streitschrift, Spottschrift, Pasquill, → Flugblatt, → Schmährede
pampig → breiig, → frech
Panier → Fahne
Panik → Angst, → Entsetzen
Panikmache → Pessimismus
Panne → Ausfall, → Reifenpanne
Panorama Rundblick, Rundsicht, Rundumsicht, Umblick, Überblick, → Ausblick, → Bild
panschen, pantschen → mischen, → verdünnen
Pantinen → Pantoffeln
Pantoffelheld → Schwächling
Pantoffeln Filzpantoffeln, Filzlatschen, Pantoletten, Hausschuhe, Hauslatschen, Latschen, Schlappen, Schlapfen, Pantinen, Holzpantoffeln
Pantomime 1. Gebärdenspiel, Gestenspiel, stummes Spiel, → Ballett 2. → Artist
pantomimisch mimisch, ohne Worte, mit Gebärden, stumm
Panzer 1. Tierpanzer, Chitinpanzer, Hornpanzer, Horn, Schuppenpanzer, Schildkrötenpanzer 2. Panzerung, Eisenrüstung, Schutzpanzer, Schutz, Brustpanzer, Harnisch, Eisenpanzer, Rüstung, Kürass 3. Panzerwagen, Kampfpanzer, Schützenpanzer, Tank, Kettenfahrzeug
panzern → befestigen
Panzerschrank → Tresor
Panzerung → Panzer
Panzerwagen → Panzer
Papa → Vater
Paperback → Buch
Papier 1. Pergamentpapier, Pergament, Schreibpapier, Schreibblatt, Blatt Papier, Briefpapier, Leinenpapier, Bütten, Umweltpapier, Recyclingpapier, Reispapier, Japanpapier, Krepppapier → Einschlagpapier, → Pappe 2. → Thesenpapier
Papierbogen → Blatt
Papierdeutsch → Kanzleistil
Papiere → Ausweis
Papiergeld Geldschein, Banknote, Note, Schein, Lappen, Falschgeld, Blüte, → Geld
Papierkorb → Abfallbehälter
Papierkrieg → Bürokratie
Papp → Brei, → Klebstoff
Pappe Pappkarton, Pappendeckel, Wellpappe, Dachpappe, Teerpappe, → Papier
pappen → kleben
Pappendeckel → Pappe
Pappenstiel → Kleinigkeit
pappig → klebrig
Pappkarton → Pappe, → Schachtel
Pappschachtel → Schachtel
Papst Pontifex maximus, Oberhirte, Heiliger Vater, Stellvertreter Christi, Oberhaupt der Christenheit, Kirchenfürst

päpstlich apostolisch, unfehlbar, ex cathedra, → herrschaftlich
Parabel → Bild
parabolisch → bildlich
Parade Vorbeizug, Vorbeimarsch, Defilee, Korso, Heerschau, Truppenparade, Schaufahrt, große Auffahrt
Paradebeispiel → Beispiel
paradieren 1. defilieren, vorbeimarschieren, vorbeiziehen, aufmarschieren 2. → prunken
Paradies Eden, Garten Eden, Garten Gottes, Paradiesgarten, Elysium, Gefilde der Seligen, Eldorado, Dorado, → Himmel, → Jenseits, → Wunderland
Paradiesgarten → Paradies
paradiesisch elysisch, himmlisch, überirdisch, selig, beseligend, → herrlich
Paradigma → Beispiel
paradox → absurd
Paragraf (*auch:* Paragraph) → Absatz
Paragrafenreiter (*auch:* Paragraphenreiter) → Bürokrat
parallel → ähnlich, → gleichzeitig
Parallele → Ähnlichkeit
paralysieren → lähmen
paralytisch → lahm
Paranoia → Geisteskrankheit
paranoid → geistesgestört
Paraphe Namenszug, → Bestätigung, → Unterschrift
paraphieren → bestätigen, → unterschreiben
paraphiert → rechtskräftig
Paraphrase → Umschreibung
Parapsychologie → Spiritismus
Parasit → Schmarotzer
parat → bereit
Pärchen → Paar
Pardon → Gnade
Parenthese → Einschub
parenthetisch → nebenbei
Parfüm Parfum, Duftstoff, Duftwasser, Duft, Riechwasser, Kölnischwasser, Eau de Cologne, Toilettenwasser
Paria Outcast, Ausgestoßener, Entrechteter, Unterprivilegierter, → Außenseiter
parieren → abwehren, → gehorchen
Parität → Gleichberechtigung
paritätisch → gleichberechtigt
Park → Anlage, → Garten
Parka → Mantel
parken → abstellen
Parkhaus → Garage
Parlament Volksvertretung, Senat, Abgeordnetenhaus, Bundestag, Bundesrat, Bundesversammlung, Repräsentantenhaus, Oberhaus, Kongress, → Regierung
Parlamentär → Unterhändler
Parlamentarier → Abgeordneter
Parodie Persiflage, Karikatur, Verballhornung, Satire, Travestie, Spottgedicht, → Spott
parodieren nachahmen, nachäffen, karikieren, verballhornen, persiflieren, verspotten, veräppeln
parodistisch → spöttisch
Parole → Leitspruch, → Kennwort, → Appell
Part → Anteil, → Teil, → Rolle
Partei Parteiung, Vereinigung, Gruppe, Gruppierung, Fraktion, Block, Splittergruppe, → Organisation
Partei ergreifen → eintreten für
Parteibonze → Funktionär
Parteifreund → Gesinnungsgenosse
Parteigänger → Anhänger
parteigebunden → parteiisch
Parteigeist → Solidarität
Parteigenosse → Anhänger
parteiisch parteigebunden, einseitig, tendenziös, subjektiv, voreingenommen, vorbelastet, befangen, unsachlich, ungerecht
Parteilichkeit → Parteinahme
Parteinahme Parteilichkeit, Einseitigkeit, Voreingenommenheit
Parteiprogramm → Erklärung
Parteitag → Tagung
Parterre → Erdgeschoss
Partie → Ausflug, → Spiel, → Rolle
partiell → teilweise
Partikel 1. Konjunktion, Präposition, Adverb 2. Teilchen, Elementarteilchen, Element, Körper, → Atom
partikulär → vereinzelt
Partikularismus → Separatismus
Partisan Guerilla, Guerillakämpfer, Guerillero, Heckenschütze, Freischärler, Freiheitskämpfer, Franktireur, Maquisard, Untergrundkämpfer, Widerstandskämpfer, → Aufrührer, → Terrorist
Partisanenkrieg Guerillakrieg, Freiheitskampf, Untergrundkampf, Widerstandskampf, Widerstand, Résistance, → Krieg
Partitur Notentext, Noten, Notenheft, Textheft
partizipieren → teilhaben
Partner → Komplize, → Teilhaber
Partnerschaft → Beziehung, → Ehe
partnerschaftlich → gleichberechtigt
Partnervermittlung Eheanbahnung, Ehevermittlung, Heiratsvermittlung, Heiratsinstitut
partout → unbedingt
Party → Fest

Parvenü (*auch:* Parvenu) → Emporkömmling
Parzelle → Grundstück
parzellieren → aufteilen, → einteilen
Paspel → Besatz
Pass 1. Passhöhe, Passstraße, Höhenstraße, Bergübergang, Verbindungsweg, Gebirgssattel, Sattel, Col 2. → Ausweis
passabel → annehmbar
Passage → Durchfahrt, → Durchgang, → Melodie
Passagier Fahrgast, Insasse, Reisegast, Reisender, Mitreisender, Schwarzfahrer, blinder Passagier
Passant → Fußgänger
Passbild → Fotografie
passen 1. sich eignen, Platz haben, sitzen, stimmen, hinkommen, hinhauen, zusammenpassen, zusammenstimmen, entsprechen, → gefallen 2. → aufgeben
passend → angemessen, → anliegend, → geeignet
passee (*auch:* passé) → vorüber
Passhöhe → Pass
passieren 1. vorbeigehen, vorübergehen, durchgehen, sich durchschlängeln, sich vorbeidrücken, durchschlüpfen, vorbeifahren, durchfahren, durchreisen 2. → ereignen, sich 3. → durchdrücken
Passierschein → Ausweis
Passion → Leidenschaft
passioniert → begeistert
Passionsspiel → Schauspiel
passiv → untätig
Passiva → Schuld
Passivität → Untätigkeit
Passstraße (*auch:* Pass-Straße) → Pass
Passus → Absatz
Paste → Arznei, → Salbe
pasteurisieren abkochen, erhitzen, keimfrei machen, entkeimen
Pasteurisierung Pasteurisation, Ultrahocherhitzung, Entkeimung, Keimtötung, → Desinfizierung
Pastille Pille, Tablette, Medikament, Dragee, Kapsel, → Arznei
Pastor → Geistlicher
Pate 1. Taufpate, Taufzeuge, Firmpate, Patentante, Patenonkel, Gevatter, Gevattersmann, Gotte, Götti 2. Patenkind, Patin, → Mündel 3. → Bürge
Patenkind → Pate
Patenonkel → Pate
Patenschaft Bürgschaft, Pflegschaft, Schutz, Gönnerschaft, → Vormundschaft, → Schirmherrschaft
patent → tüchtig
Patent 1. Patentschutz, Erfindungsschutz, Schutzurkunde 2. Warenzeichen → Zeugnis, → Urkunde
Patentante → Pate
Patentrezept 1. Allheilmittel, Universalmittel, Allerweltsmittel, Geheimrezept, → Lösung 2. Patentschutz, → Patent
Pater → Geistlicher, → Mönch
Paternoster → Aufzug, → Gebet
pathetisch → ausdrucksvoll, → schwülstig
pathologisch krankhaft, → abartig
Pathos → Leidenschaft, → Nachdruck, → Schwulst
Patient Kranker, Siecher, Leidender, Schmerzgeplagter, Bettlägriger, Pflegebedürftiger, Pflegefall, → Verwundeter, → Proband
Patina → Belag
Patriarch Stammvater, Altvater, Erzvater, Oberhaupt
Patriot Vaterlandsfreund, Nationalist, Chauvinist
patriotisch vaterländisch, völkisch, volkstümelnd, national, heimatverbunden, nationalistisch, chauvinistisch
Patriotismus Heimatliebe, Vaterlandsliebe, Vaterlandssinn, Staatsbewusstsein, Staatsgesinnung, völkische Gesinnung, Volkstümelei, Nationalitätsgefühl, Nationalgefühl, Nationalstolz, Nationalismus, Nationalbewusstsein, Chauvinismus, Hurrapatriotismus, Lokalpatriotismus, → Heimatverbundenheit
Patron → Hauswirt, → Schirmherr
Patronat → Schirmherrschaft
Patrone → Geschoss
Patrouille → Wache
patrouillieren → abgehen
patt → unentschieden
patzen → kleckern
Patzer → Fehler
patzig → frech
Pauke → Trommel
pauken → lernen
Pauker → Lehrer
pausbackig, pausbäckig → dick
pauschal → ganz, → insgesamt
Pauschale Pauschalsumme, Pauschbetrag, Inklusivbetrag, Fixum, Fixbetrag, einmalige Abfindung
Pauschalpreis Inklusivpreis, Komplettpreis, Komplettangebot, Bruttopreis, Festpreis, → Preis
Pauschbetrag → Pauschale
Pause 1. Atempause, Verschnaufpause, Rast, Erholungspause, Einhalt, Ruhezeit, Ru-

hepause, Unterbrechung, Zigarettenpause, Vesperpause, Frühstückspause, Mittagspause, → Halt, → Halbzeit 2. → Durchschlag
pausen → durchpausen
Pausenbrot → Vesper
pausenlos → andauernd
pausieren → aussetzen
Pauspapier → Durchschlagpapier
Pavillon Musikpavillon, Gartenpavillon, Laube, Gartenlaube, Weinlaube, Pergola, Gartenhaus, Schreberhäuschen, → Hütte
Pazifismus Friedensliebe, Friedensbewegung, Gewaltverzicht, Gewaltlosigkeit
Pazifist Kriegsgegner, Rüstungsgegner, Friedensfreund, Ostermarschierer, Taube, → Kriegsdienstverweigerer
PC → Computer
Pech → Unglück, → Übel
pechschwarz → dunkel, → schwarz
Pechvogel → Unglücksrabe
Pedal Fußhebel, Tretkurbel
Pedant Haarspalter, Rechthaber, Schulmeister, Prinzipienreiter, Kleinigkeitskrämer, Umstandskrämer, Federfuchser, Kümmelspalter, Krämerseele, → Bürokrat, → Spießbürger, → Moralist
Pedanterie Kleinlichkeit, Haarspalterei, Federfuchserei, → Bürokratie, → Ordnungsliebe
pedantisch haarspalterisch, kleinlich, übergenau, kleinkrämerisch, kleinkariert, schulmeisterlich, bürokratisch, engherzig, pingelig, hyperkorrekt, → genau, → ordentlich, → spießbürgerlich
Pedell → Hausmeister
Pegel → Niveau
Pegelstand → Niveau
peilen → messen, → schätzen, → zielen
Pein → Leid
peinigen → quälen, → schikanieren
peinigend → beklemmend, → quälend
Peiniger → Unterdrücker, → Plagegeist
peinlich → unangenehm, → gewissenhaft
peinlich berührt → betreten
Peinlichkeit → Bloßstellung, → Gewissenhaftigkeit
peinvoll → leidvoll
Peitsche Geißel, Gerte, Zuchtrute, Rute, Knute, Kantschu, Karbatsche, Ochsenziemer, Ziemer, Reitpeitsche
peitschen → schlagen
pekuniär → finanziell
Pelerine → Umhang
Pelle → Haut
pellen → schälen
Pelz → Fell, → Haar
Pelzmantel → Mantel
Pendant → Gegenstück
Pendelbewegung → Schwingung
pendeln → schwingen
Pendeltür → Tür
penetrant durchdringend → aufdringlich, → lästig, → intensiv
Penetranz → Aufdringlichkeit
penetrieren → eindringen, → einführen
penibel → gewissenhaft, → ordentlich
Penis Glied, männliches Glied, Phallus, Lingam, Rute, Gemächt, Geschlechtsteil, Geschlecht
Pennäler → Schüler
Penne → Schule
pennen → schlafen
Pension → Gästehaus, → Rente, → Ruhestand
Pensionär → Rentner
Pensionat → Internat
pensionieren in den Ruhestand versetzen, emeritieren, auf Rente setzen, verabschieden, → absetzen
Pensionierung → Ruhestand, → Absetzung
Pensum → Quantum, → Aufgabe
Pentagramm Drudenfuß, Zaubermittel
Penthaus, Penthouse → Wohnung
Pep → Schwung
per → à, → mittels
Percussionist → Musiker
Perestroika → Reform
perfekt → fließend, → vollkommen, → virtuos
Perfektion → Vollkommenheit, → Virtuosität
perfektionieren → vervollkommnen
Perfektionierung → Vervollkommnung
perfide → niederträchtig, → untreu
Perfidie → Niedertracht, → Untreue
perforieren → durchlöchern
Pergament → Handschrift, → Papier
Pergamentpapier → Einschlagpapier, → Papier
Pergola → Pavillon
Periode → Zeitraum, → Zyklus, → Menstruation
Periodikum → Journal
periodisch → regelmäßig
peripher → nebensächlich
Peripherie → Vorort
Periskop → Fernglas
Perle → Kostbarkeit, → Hausangestellte
perlen → sprudeln
Perlwein → Schaumwein
permanent → andauernd
Permanenz → Dauer
perplex → fassungslos, → überrascht

Persenning → Plane
Persiflage → Parodie
persiflieren → parodieren
Person 1. Mensch, Individuum, Jemand, Kopf, Ich, Selbst, Wesen, Geschöpf, Kreatur, Subjekt, Figur, Gestalt, Gesicht, → Persönlichkeit 2. → Rolle
Personal 1. Dienerschaft, Dienstpersonal, Bedienstete, Dienstboten, Domestiken, Gesinde, Hausgesinde, → Hausangestellte(r), → Diener, → Köchin 2. → Arbeitnehmer 3. → Besatzung
Personalabteilung Personalbüro
Personalausweis → Ausweis
Personalcomputer → Computer
personaliter → persönlich
Personenbeförderung Beförderung, Fahrt
Personenbeschreibung → Beschreibung
personenbezogen → individuell
Personengedächtnis → Gedächtnis
Personenkraftwagen → Kraftfahrzeug
Personenname → Nachname
personifizieren → darstellen
Personifizierung → Inbegriff
persönlich 1. selbst, selber, in Person, in persona, personaliter, leibhaftig, in natura, höchstpersönlich, höchstselbst, eigenhändig, → individuell 2. → gesprächsweise
Persönlichkeit Charakterfigur, Charaktergestalt, Charakter, Respektsperson, Autorität, Person, wichtige Person, reifer Mensch
Perspektive → Gesichtspunkt, → Aussicht
Perücke → Toupet
pervers widernatürlich, naturwidrig, unnatürlich, sadistisch, masochistisch, sodomistisch, exhibitionistisch, → abartig
Perversion → Perversität
Perversität Perversion, Widernatürlichkeit, Naturwidrigkeit, Sodomie, Nekrophilie, Leichenschändung, Fetischismus, Sadismus, Masochismus, Sadomasochismus, Exhibitionismus, Voyeurismus, → Abartigkeit
Pervertierung → Verkehrung
pesen → laufen
Pessimismus Lebensverneinung, Schwarzseherei, Schwarzmalerei, Schwarzfärberei, Skeptizismus, Skepsis, Defätismus, Fatalismus, Nihilismus, Miesmacherei, Unkerei, Unkenrufe, Kassandrarufe, Panikmache, Angstmache, Zweckpessimismus, → Mutlosigkeit
Pessimist Schwarzseher, Schwarzmaler, Fatalist, Skeptiker, Defätist, Nihilist, Miesmacher, Spielverderber, Unke, Unheilsprophet
pessimistisch lebensverneinend, kopfhängerisch, schwarzseherisch, skeptisch, defätistisch, fatalistisch, nihilistisch, → mutlos
Pest Pestilenz, Pestseuche, Beulenpest, schwarzer Tod, Gottesgeißel
Pesthauch → Geruch
Pestseuche → Pest, → Pocken
Petent → Antragsteller
Petition → Antrag
Petroleum Kerosin, Steinöl, Schieferöl, Lampenöl, Brennstoff, → Erdöl
Petticoat → Unterrock
Petze → Verräter
petzen → verraten
Petzer → Verräter
peu à peu → allmählich
Pfad → Weg
Pfadfinder Scout, Boyscout, Pfadi
Pfaffe → Geistlicher
Pfahl Pfosten, Pflock, Pint, Poller, → Stock
Pfand Flaschenpfand, Leihgebühr, Einsatz, Einlage, Faustpfand, Unterpfand, Sicherheit, → Bürgschaft
Pfandbrief → Wertbrief
pfänden → beschlagnahmen
Pfandleihhaus Pfandleihanstalt, Pfandhaus, Pfandleihe, Leihhaus, Versatzamt
Pfändung → Beschlagnahme
Pfanne Bratpfanne, Schmorpfanne, Tiegel
Pfannkuchen → Omelett
Pfarrei → Gemeinde
Pfarrer → Geistlicher
pfeffern → ohrfeigen, → würzen, → werfen
Pfeife 1. Tabakspfeife, Meerschaumpfeife, Wasserpfeife, Rotzkocher 2. Trillerpfeife, Signalpfeife 3. → Versager
pfeifen 1. fiepen, piepsen, flöten, tuten, → zwitschern 2. → stürmen
pfeifen auf → missachten
Pfeil → Geschoss
Pfeiler → Säule
Pfennigfuchser → Geizhals
Pfennigfuchserei → Geiz
Pferch → Koppel
Pferd Ross, Hengst, Wallach, Mutterstute, Stute, Fohlen, Füllen, Wildpferd, Mustang, Gaul, Klepper, Mähre, Schindmähre, Schinder, Rosinante, Hottepferd, Zosse, Arbeitspferd, Ackergaul, Droschkengaul, Kutschengaul, Fuchs, Falbe, Schecke, Brauner, Rappe, Schimmel, Lipizzaner, Trakehner, Araber, Haflinger, Vollblüter, Warmblüter, Kaltblüter, Pony, → Reitpferd
Pferdedecke Pferdewoilach, Woilach, → Decke
Pferdedroschke → Kutsche
Pferdefuß → Nachteil
Pferderennbahn Trabrennbahn, Hippodrom, → Arena

Pferderennen Trabrennen, Galopprennen, Hindernisrennen, Springrennen, Rennen, Derby, Großer Preis, Grand Prix
Pferdeschwanz → Zopf
pfetzen → zwicken
pfiffig → schlau
Pfiffigkeit → Schlauheit
Pfiffikus → Schlaukopf
Pflanze Gewächs, Kraut, Blume, Baum, Strauch
pflanzen anpflanzen, anbauen, einpflanzen, einsetzen, setzen, stecken, → säen
Pflanzenkost pflanzliche Kost, vegetarische Kost, vegetarische Küche
Pflanzenschutzmittel → Gift
Pflanzenwelt → Flora
Pflanzenwuchs → Flora
Pflanzer → Landwirt
pflanzlich → vegetarisch
Pflänzling → Reis
Pflanzung → Baumschule, → Plantage
Pflaster 1. Straßenpflaster, Pflasterung, Steinpflaster, Kopfsteinpflaster 2. Heftpflaster, Schutzpflaster, Strip, → Verband, → Arznei
Pflaume 1. Zwetschge, Zwetsche, Mirabelle, Reineclaude, Ringlotte 2. → Versager
Pflege Hege, Betreuung, Fürsorge, Obhut, Hut, sorgfältige Behandlung, Sorgfalt, Schonung, → Instandhaltung
pflegebedürftig → hilflos
Pflegebedürftiger → Patient
Pflegebefohlener → Mündel
Pflegefall → Patient
Pflegeheim → Altersheim, → Sanatorium
Pflegekind → Kind
pflegen 1. hegen, umhegen, betreuen, umsorgen, sorgsam behandeln, schonend behandeln, pfleglich behandeln, sauber halten, in Ordnung halten, warten, in Stand halten 2. gewohnt sein, die Angewohnheit haben, etwas immer tun
pflegen, sich → schonen, sich
Pfleger → Krankenpfleger
pfleglich schonend, schonungsvoll, sorgsam, sorglich, sorgfältig, behutsam, sanft
Pflegschaft → Patenschaft, → Vormundschaft
Pflichtbewusstsein → Rechtschaffenheit
Pflicht 1. Schuldigkeit, Pflichtgebot, Obliegenheit, Aufgabe, Gebot, Auflage, Zwang, Verpflichtung, Muss, Notwendigkeit, Ehrensache 2. → Eislauf
Pflichtbeitrag → Alimente
pflichtbewusst → verantwortungsbewusst
Pflichtbewusstsein → Verantwortungsgefühl, Verantwortlichkeit, Verantwortung, Zuverlässigkeit, Arbeitsethos, Gewissenhaftigkeit, Werksittlichkeit
Pflichteifer → Verantwortungsgefühl
Pflichtgefühl → Verantwortungsgefühl
pflichtgemäß → der Pflicht entsprechend, verantwortungsbewusst
pflichtgetreu → verantwortungsbewusst
pflichtschuldig → verantwortungsbewusst
Pflichtteil → Erbe
Pflichttreue → Verantwortungsgefühl
pflichtvergessen → verantwortungslos
Pflichtvergessenheit → Verantwortungslosigkeit, Ehrenvergessenheit, Unzuverlässigkeit, Pflichtversäumnis, Pflichtverletzung, Unredlichkeit
Pflichtvernachlässigung → Verantwortungslosigkeit
Pflock → Pfahl
pflücken abpflücken, abbrechen, abreißen, abzupfen, zupfen, herabzupfen, herabpflücken, abmachen, abnehmen, abbeeren, abrebeln, rebeln, → ernten
pflügen umpflügen, umackern, ackern, wenden, umbrechen, umgraben
Pforte → Eingang
Pförtner → Portier
Pfosten → Pfahl
Pfote 1. Tatze, Pranke, Pratze, Fuß, → Hand 2. → Handschrift
Pfriem → Ahle
Pfropf → Blutgerinnsel, → Reis
pfropfen → kreuzen, → stopfen
Pfropfen → Stopfen
Pfropfreis → Reis
Pfuhl → Dung, → Pfütze, → See
Pfühl → Kissen
pfundig → großartig
Pfusch → Ausschuss, → Schlamperei
pfuschen → schlampen
Pfuscher → Stümper
Pfuscherei → Schlamperei
pfuscherhaft → stümperhaft
Pfütze Lache, Lacke, Pfuhl, Suhle, Schlammloch
Phallus → Penis
Phänomen → Ereignis, → Wunder, → Gegenstand
phänomenal → erstaunlich, → genial
Phantasmagorie → Einbildung
Phantom → Einbildung, → Gespenst
Pharisäer → Heuchler
pharisäerhaft → bigott
Pharmazeut Apotheker, Pillendreher, Arzneimittelhersteller
Pharmazeutikum → Arznei
Phase → Etappe

philanthropisch → menschenfreundlich
Philantrop → Menschenfreund
Philatelist Briefmarkensammler, Markensammler
Philharmonie → Orchester
Philharmoniker → Musiker, → Orchester
Philister → Moralist, → Spießbürger
philisterhaft → borniert, → spießbürgerlich
Philologe Literaturwissenschaftler, Sprachwissenschaftler, Sprachforscher, Linguist
Philologie Literaturwissenschaft, Sprachwissenschaft, Sprachforschung, Linguistik
Philosoph → Denker
Philosophie → Ideologie
Phlegma → Trägheit
Phlegmatiker Gemütsmensch, die Ruhe selbst, Stoiker, Langweiler, Lahmarsch, Schlafmütze, Nachtwächter, träger Mensch, Transuse, Trantüte, Tranfunzel, Schnecke, → Faulenzer
phlegmatisch → energielos, → träge
Phobie → Angst
photo.../Photo... → foto.../Foto
Phrase → Gemeinplatz, → Redensart
Phrasendrescher → Schwätzer
phrasenhaft floskelhaft, abgedroschen, schablonenhaft, stereotyp, leer, hohl, → banal
Physiognomie → Miene
Physiotherapie → Naturheilkunde
physisch → körperlich
Piano → Klavier
Pickel 1. Hautblüte, Akne, Pustel, Mitesser, Finne, Wimmerl 2. Hacke
Pickelhaube → Helm
Pickelhering → Clown, → Narr
Picknick → Ausflug, → Mahlzeit
picobello → sauber
piekfein → elegant
pieksauber → sauber
piepegal → einerlei, → gleichgültig
piepen → zwitschern
Piepen → Geld
piepsen → flüstern, → pfeifen, → zwitschern
Pier → Kai
piesacken → schikanieren
Pietät → Ehrfurcht
pietätlos → taktlos
pietätvoll → ehrfürchtig
Pigmentierung → Teint
pikant → köstlich, → obszön
Pikanterie → Obszönität
piken → stechen
pikiert → beleidigt
piksen → stechen
Pilaster → Säule
Pilger Wallfahrer, Pilgersmann, Pilgrim, Wandersmann
Pilgerfahrt Wallfahrt, Pilgerzug, Pilgerprozession, Bittgang, Bußgang, Wanderung
pilgern wallfahren, wallfahrten, wallen, wandern
Pilgerprozession → Pilgerfahrt
Pilgerzug → Pilgerfahrt
Pilgrim → Pilger
Pille 1. Pastille, Tablette, Kapsel, Dragee, → Arznei 2. Antibabypille, Empfängnisverhütungsmittel, Verhütungsmittel 3. → Ball
Pilot Flugkapitän, Verkehrspilot, Flugzeugführer, Flieger, Copilot, Testpilot, Testfahrer, → Rennfahrer, → Chauffeur
Pilotenkanzel Cockpit, Fahrersitz, → Brücke
Pils → Bier
Pimpf → Zwerg, → Knirps
Pin → Reißnagel
pingelig → pedantisch
pink → rosa
pinkeln → austreten
Pinkepinke → Geld
Pinne → Reißnagel
pinnen anheften, befestigen
Pinnwand Anschlagtafel, Anschlagbrett, Merktafel, schwarzes Brett
pinseln → malen
Pinselstrich → Stil
Pint → Pfahl
Pinte → Gasthaus
Pionier Vorläufer, Vorkämpfer, Vordenker, Vorreiter, Trendsetter, Schrittmacher, Avantgardist, Wegbereiter, Bahnbrecher, Entdecker, Genie, → Reformer
Pionierleistung → Höchstleistung
Pipeline → Leitung
Pirat Seeräuber, Freibeuter, Korsar, Bukanier, Flibustier, Likendeeler, → Räuber, → Seemann
Pirouette Drehung, Drehschwung, Standwirbel
Pirsch → Jagd
pirschen → jagen
pissen → austreten
Pisspott → Nachttopf
Piste Bahn, Buckelpiste, Skipiste, Skihang, Abfahrtsstrecke, → Rennbahn, → Rollfeld
Pistole Schusswaffe, Feuerwaffe, Handfeuerwaffe, Colt, Revolver, Magnum, Browning, Terzerol, Schießeisen, Ballermann, → Gewehr
Pistolenkugel → Geschoss
pittoresk → idyllisch
Pizzeria → Gasthaus
Pkw → Kraftfahrzeug

Placebo → Scheinmedikament, → Arznei
Plackerei → Arbeit
plädieren → rechtfertigen, → eintreten für
Plädoyer → Rechtfertigung
Plage → Mühe, → Belästigung
Plagegeist Quälgeist, Nervensäge, Nervtöter, Landplage, Peiniger, → Störenfried
plagen, sich → mühen, sich
Plagiat → Nachahmung
Plagiator → Nachahmer
plagiatorisch → epigonenhaft
plagiieren → entlehnen
Plaid → Decke, → Umhang
Plakat Anschlag, Affiche, Werbefläche, Schild, Poster, Spruchband, Transparent
plakatieren → werben
Plakatsäule Anschlagsäule, Litfaßsäule
Plakette → Abzeichen
plan → eben
Plan → Absicht, Anordnung, → Bauplan
Plane Plache, Wagenplane, Abdeckplane, Persenning, Segeltuch, Schutzdecke, Spritzdecke, Abdeckung, Verdeck, → Decke
planen 1. anbahnen, anberaumen, ansetzen, vorsehen, einplanen, organisieren, einteilen, in die Wege leiten, vorbereiten, → entwerfen 2. → erwägen, → beabsichtigen
Planer → Organisator
Planet → Stern
Planetarium → Observatorium
planieren → einebnen
Planierraupe → Raupe
Planke → Brett
plänkeln → flirten
planlos → ziellos, → unsystematisch
Planlosigkeit → Unordnung
planmäßig → systematisch
Plansoll → Vorgabe
Plantage Pflanzung, Anpflanzung, Feld
plantschen, planschen → schwimmen
planvoll → systematisch
Planvorgabe → Vorgabe
Plappermaul → Klatschmaul
plappern → reden
plärren → schreien, → weinen
Plastik → Kunststoff, → Skulptur
Plastikfolie → Folie
Plastiktüte → Beutel
plastisch 1. verformbar, formbar, knetbar, weich 2. → erhaben 3. → anschaulich
Plastizität → Realismus
Plateau → Ebene
Plattitüde (*auch:* Platitüde) → Albernheit, → Gemeinplatz
platonisch rein geistig, rein seelisch, unsinnlich, unkörperlich → enthaltsam
plätschern glucksen, gluckern, gurgeln, murmeln, rieseln, rauschen, fließen
platt → eben, → überrascht, → banal
platt drücken → drücken
Platte → Teller, → Scheibe, → Schallplatte, → Glatze
plätten → bügeln
platterdings → schlechthin
Plattform Perron, Bühne, Platte
Plattheit → Gemeinplatz, → Geistlosigkeit
Platz 1. Freifläche, Esplanade, Vorplatz, Forum, Marktplatz, Kirchplatz, Münsterplatz, Domplatz, Schloßplatz, → Grundstück 2. → Ort 3. → Spielraum, → Raum 4. → Rang 5. → Sitzplatz
Platz haben → aufnehmen, → passen
Platz machen → ausweichen
Platz nehmen → setzen, sich
Platzangst → Beklemmung
Plätzchen → Gebäck
platzen 1. aufbrechen, aufspringen, aufplatzen, → bersten 2. → herauskommen 3. → wütend werden
platzieren (*auch:* placieren) anlegen, → aufstellen
Platzierung → Aufstellung, → Rang
Platzmangel Raumnot, Raumknappheit, Raummangel, Gedrängtheit, Beengtheit, Beengung, Einengung, → Enge
Platzregen → Regen
Platzverweis → Disqualifikation
Plauderei → Aussprache, → Geplauder
plauderhaft → redselig
plaudern → erzählen, → ausplaudern
Plaudertasche → Klatschmaul
Plausch → Geplauder
plausibel → überzeugend
Plauze → Bauch, → Eingeweide
Playboy → Frauenheld
Plazet → Erlaubnis
Plebiszit Volksentscheid, Volksabstimmung, Referendum, → Wahl
Plebs → Gesindel, → Menge
pleite → bankrott
Pleite → Misserfolg, → Bankrott
plemplem → geistesgestört
Plenum → alle
plissieren → falten
Plombe → Banderole
plombieren → restaurieren, → versiegeln
plötzlich jäh, jählings, abrupt, unvermittelt, unbemerkt, unversehens, auf einmal, mit einem Mal, schlagartig, blitzartig, urplötzlich, aus heiterem Himmel, mir nichts, dir nichts, → überraschend
Pluderhose → Hose

Plumeau → Deckbett
plump unförmig, massig, klobig, klotzig, grob, grobgliedrig, ungefüge, ungraziös, unbeholfen, hölzern, unbeweglich, schwerfällig, schwer, → derb
plumpsen → fallen
Plunder → Ausschuss, → Kram
plündern ausplündern, ausrauben, marodieren, brandschatzen, fleddern, räubern, wegnehmen, stehlen
Plünderung Ausplünderung, Brandschatzung, Raubzug, Raub, Ausraubung, Diebstahl, Dieberei
Plus → Gewinn
Plutokratie → Kapitalismus
Po → Gesäß
Pöbel → Gesindel, → Menge
pöbelhaft → flegelhaft
pochen → dröhnen, → klopfen, → schmerzen
pochen auf → bestehen auf
Pocken Blattern, Variola, Pockenkrankheit, Pestseuche
Podest → Podium, → Pult
Podium Erhöhung, Estrade, Podest, Plattform, Rednerbühne, Bühne, → Pult
Poem → Gedicht
Poesie → Dichtung
Poesiealbum → Album
poesielos → trocken
Poet → Schriftsteller
poetisch → dichterisch
Pogrom → Verfolgung
Pointe → Witz
pointieren → betonen
pointiert → betont
Pokal 1. Siegespokal, Wanderpokal, Trophäe, Siegestrophäe, Cup, Preis, Siegerkranz, Siegespalme, Lorbeer, Siegeslorbeer, → Auszeichnung 2. → Kelch
Pokalsieger → Champion
pökeln → einmachen
Pol → Mittelpunkt
polar → gegensätzlich
polarisiert → gegensätzlich
Polarität → Gegensätzlichkeit
Polder → Marsch
Polemik → Gehässigkeit
polemisch → gehässig
polemisieren → erörtern
Police → Bescheinigung
Polier → Leiter
polieren wienern, blank reiben, glänzend machen, Glanz geben, firnissen, satinieren, bohnern, wachsen, wichsen, schwabbeln, glatt reiben, → glätten
poliert → glatt
Politik 1. Staatsführungslehre, Staatsführung, Staatskunst, Regierungsgeschäfte 2. → Taktik
Politiker Staatsmann, Funktionär, Regierender, → Abgeordneter
Politur Poliermittel, Möbelpolitur, Autopolitur, Glanzpaste, Schleifpaste, Wachs, Firnis
Polizei Polizeikräfte, Polizeibehörde, Exekutive, Gendarmerie, Auge des Gesetzes, Freund und Helfer, Schutzpolizei, Kriminalpolizei, Polente, Interpol, Scotland Yard, FBI, Verkehrspolizei, weiße Mäuse, Grenzpolizei, Bundesgrenzschutz, Bereitschaftspolizei, Feldpolizei, Militärpolizei, → Geheimdienst
Polizeibeamter Polizist, Beamter, Gendarm, Kriminalbeamter, Kommissar, Wachtmeister, Wachtmann, Wachmann, Schupo, Schutzmann, Verkehrspolizist, Gesetzeshüter, Ordnungshüter
Polizeibehörde → Polizei
Polizeibüro → Polizeiwache
Polizeidienststelle → Polizeiwache
Polizeieskorte → Geleit
Polizeigriff → Schwitzkasten
Polizeikräfte → Aufgebot, → Polizei
Polizeiposten → Polizeiwache
Polizeirevier → Polizeiwache
Polizeistation → Polizeiwache
Polizeistreife Streife, Fahndungsstreife, → Polizeiwagen
Polizeiwache Wache, Polizeirevier, Revier, Polizeidienststelle, Polizeistation, Polizeiposten, Polizeibüro, Kommissariat
Polizeiwagen Einsatzwagen, Streifenwagen, Polizeistreife, Funkstreife, Streife, grüne Minna, Mannschaftswagen
Polizist → Polizeibeamter
Poller → Pfahl
Polster Rückenpolster, Schaumgummi, Federung, Polsterung, → Kissen
polstern federn, bepolstern, aufpolstern, → füllen
Polstersessel → Sessel
Polsterung → Polster, → Füllung
Poltergeist → Kobold
poltern krachen, lärmen → rumpeln, → klopfen, → schimpfen
Polygamie Vielehe, Mehrehe, Vielweiberei, → Bigamie, → Ehe
Pomade → Haarpflegemittel
Pomadenhengst → Stutzer
Pomeranze → Orange
Pomp → Prunk, → Schwulst
pompös → prunkvoll, → schwülstig
Poncho → Umhang
Pontifikalamt → Gottesdienst

Pony → Pferd
Popanz → Gespenst, → Vogelscheuche
Popcorn → Puffmais
popelig → gewöhnlich
popeln → wühlen
Popgruppe → Band
Popo → Gesäß
Popsänger → Sänger
populär → bekannt, → beliebt
Popularität → Beliebtheit
Population → Bevölkerung
Pore → Öffnung
porig → porös
Pornografie (*auch:* Pornographie) → Obszönität
pornografisch (*auch:* pornographisch) → obszön
porös durchlöchert, löchrig, durchlässig, porig, feinporig, großporig, → locker
Portal → Eingang, → Tor
Portier Empfangschef, Pförtner, Schließer, Türhüter, Concierge, Portiersfrau, Pförtnerin, Hausbesorgerin, → Hausmeister
Portion → Quantum, → Anteil
Portmonee (*auch:* Portemonnaie) → Geldbeutel
portofrei → kostenlos
Porträt (*auch:* Portrait) Bildnis, Konterfei, Selbstbildnis, Selbstporträt, Porträtstudie, Kopfbild, Brustbild, Büste
porträtieren (*auch:* portraitieren), konterfeien, malen, in Öl malen, in Stein hauen, → fotografieren
Porzellan → Geschirr
Posaune → Trompete
posaunen → blasen
Pose → Haltung
Position → Arbeit, → Stellung, → Standpunkt
positionieren → aufstellen
Positionierung → Aufstellung
positiv bejahend, zustimmend, beifällig, anerkennend, zuversichtlich, → optimistisch
Posse → Komödie
Possen → Scherz
possenhaft → komisch
Possenhaftigkeit → Komik
Possenreißer → Clown, → Narr
Possenspiel → Komödie
possierlich putzig, goldig, niedlich, anmutig, schnuckelig, drollig, → komisch
Possierlichkeit → Komik
Post 1. Postamt, Postdienststelle, Poststelle 2. Postsendung, Postgut, Briefsendung, Brief, Drucksache, Einschreiben, Paketsendung, Paket, Päckchen, Nachnahmesendung, Warensendung, Sendung
Postament → Sockel
Postamt → Post
Postbeamter Postler, Schalterbeamter, Beamter, → Postbote
Postbote Briefträger, Briefbote, Paketzusteller, Zusteller, Telegrammbote, → Postbeamter
Posten → Amt, → Menge, → Wache
Poster → Plakat
Postgut → Post
postieren → aufstellen
Postierung → Aufstellung
Postillion → Kutscher
Postkarte → Karte
Postkasten Briefkasten, Briefeinwurf
Postkutsche → Kutsche
Postler → Postbeamter
Postschalter → Schalter
Postsendung → Post
Postskriptum → Ergänzung
Postulat → Forderung
postulieren → fordern
postwendend → eilends, → sofort
Postwertzeichen → Wertmarke
Postwurfsendung → Prospekt
potent zeugungsfähig, fortpflanzungsfähig, geschlechtsreif, leistungsfähig, → mächtig → reich
Potentat → Herrscher
Potenz 1. Manneskraft, Zeugungsfähigkeit, Zeugungskraft, Liebeskraft 2. → Faktor
Potenzial (*auch:* Potential) → Vorrat
potenziell (*auch:* potentiell) → möglich
potenzieren → steigern
Pott → Topf, → Nachttopf, → Schiff
potthässlich → hässlich
Poularde → Huhn
Poulet → Huhn
Poussage → Verhältnis, → Geliebte
poussieren → flirten
Power → Energie
PR → Werbung
Präambel → Einleitung
Pracht → Prunk, → Aufwand
Prachtentfaltung → Prunk
Prachtexemplar → Prunkstück
prächtig → feierlich, → prunkvoll
Prachtstück → Prunkstück
prachtvoll → prunkvoll
Prädestination → Schicksal
prädestiniert → geeignet, → unabwendbar
Prädikat → Note, → Titel
Präfekt → Erzieher
prägen eingraben, eindrücken, stempeln, schlagen, einschlagen, einhämmern, punzieren, punzen, stanzen, einen Stempel auf-

drücken, Spuren hinterlassen, → formen, → gravieren
Pragmatiker → Realist
pragmatisch → sachlich
Pragmatismus → Realismus
prägnant → anschaulich, → deutlich
Prägnanz → Anschaulichkeit, → Deutlichkeit
Prägung → Aussehen, → Kennzeichen
Prähistorie Urgeschichte, Vorgeschichte
prähistorisch urgeschichtlich, vorgeschichtlich, steinzeitlich
prahlen → angeben
Prahlerei → Angabe
prahlerisch → angeberisch
Prahlhans → Angeber
Praktik → Methode
praktikabel → möglich
Praktikant Volontär, Hospitant, Referendar, Trainee, → Lehrling, → Schüler
Praktikum praktische Übung, Volontariat, Hospitanz, Referendariat, Traineeprogramm, Ausbildung, → Lehre
praktisch → geschickt, → empirisch, → fast
praktizieren → ausüben
Prälat → Geistlicher
Präliminarien → Einteilung
Praline → Konfekt
prall → straff, → dick, → voll
prallen → anstoßen
prallvoll → voll
Präludium → Einleitung
Prämie → Auszeichnung, → Zulage
prämieren preiskrönen, einen Preis verleihen, eine Prämie vergeben, eine Belohnung vergeben, → auszeichnen
prämiert → siegreich
Prämierung Preisverleihung, Preisvergabe, Schlusswertung, Siegerehrung, Preiskrönung, Belobigung, Ehrung, → Auszeichnung
Prämisse → Bedingung
prangen → prunken, → blühen
Pranke → Hand, → Pfote
Präparat → Arznei, → Artikel
präparieren, sich → vorbereiten, sich
präsent → anwesend
Präsent → Geschenk
Präsentation → Darbietung
präsentieren → darbieten, → vorlegen
Präsenz → Anwesenheit
Präsident → Staatsoberhaupt
Präsidium → Leitung
prasseln → regnen, → trommeln
prassen → essen, → verschwenden
Prasserei → Gelage, → Verschwendung
prasserisch → genussfreudig
prätentiös → anspruchsvoll
Pratze → Hand, → Pfote
Prävalenz → Übergewicht
Praxis → Erfahrung, → Brauch
praxisfern → theoretisch
praxisnah → anschaulich
Praxisnähe → Anschaulichkeit
Präzedenzfall Musterfall, Musterbeispiel, Schulbeispiel, Modellfall, Vorbild
präzis → deutlich, → genau
präzisieren → verdeutlichen
Präzision → Genauigkeit
predigen verkünden, das Wort Gottes verkünden, Predigt halten, von der Kanzel sprechen, → mahnen
Predigt Kanzelrede, Erbauungsrede, Verkündigung, → Rede, → Moralpredigt
Preis 1. Betrag, Gegenwert, Gebühr, Tarif, Taxe, Kaufpreis, Ladenpreis, Endpreis, Verbraucherendpreis, Verkaufspreis, Selbstkostenpreis, Nettopreis, Listenpreis, Marktpreis, Richtpreis, unverbindliche Preisempfehlung, → Pauschalpreis, → Fertigungskosten, → Kosten, → Sonderangebot 2. → Auszeichnung, → Pokal 3. → Opfer 4. → Gewinn
Preisanstieg → Inflation, → Teuerung
Preisausschreiben → Preisrätsel
Preisempfehlung → Preis
preisen → ehren, → feiern
Preiserhöhung → Teuerung
Preisfrage → Preisrätsel
Preisgabe → Aufgabe, → Auslieferung
preisgeben → ausplaudern, → opfern, → ausliefern
preisgekrönt → siegreich
Preisgericht Jury, Schiedsgericht, → Ausschuss
preisgünstig → preiswert
preiskrönen → prämieren, → auszeichnen
Preiskrönung → Prämierung
Preisliste → Katalog
Preisnachlass → Abschlag
Preisrätsel Preisausschreiben, Preisfrage, Quiz, → Rätsel
preisreduziert → preiswert, → reduziert
Preisschild → Etikett
Preissenkung → Abschlag
Preisspanne → Gewinnspanne
Preissteigerung → Teuerung, → Inflation
Preistreiberei → Wucher
Preisverleihung → Prämierung
preiswert preiswürdig, preisgünstig, erschwinglich, reell, zivil, nicht teuer, kostengünstig, günstig, wohlfeil, billig, spottbillig, fast geschenkt, verbilligt, herabgesetzt, preisreduziert

preiswürdig → preiswert
prekär → bedenklich
Prellbock → Puffer, → Sündenbock
prellen → benachteiligen, → betrügen
Prellung → Verstauchung
Premiere Erstaufführung, Uraufführung, → Aufführung
Premierminister → Staatsoberhaupt
preschen → eilen, → laufen
pressant → dringend
Presse 1. Pressewesen, Zeitungswesen, Journalismus, Zeitungen, Medien, Blätterwald, Fachpresse, Boulevardpresse, Sensationspresse, Regenbogenpresse, Auslandspresse, Lokalpresse 2. → Kelter
Pressefreiheit → Freiheit
pressen → drücken
Pressenotiz → Nachricht
Pressestelle → Redaktion
Pressevertreter → Journalist
Pressewesen → Presse
pressieren → eilen
Presslufthammer → Ramme
Prestige → Ansehen
Preziosen (*auch:* Pretiosen) → Schmuck
preziös (*auch:* pretiös) → anspruchsvoll, → geziert
prickeln → jucken, → sprudeln
prickelnd → spannend
Priester → Geistlicher, → Beistand
Priesterschaft → Klerus
prima → exzellent, → großartig
Primaballerina Solotänzerin, Balletttänzerin, Ballerina, Balletteuse, → Tänzerin
Primadonna → Berühmtheit, → Sängerin
primär → ursprünglich
Primat → Übergewicht, → Vorrang
primitiv → einfach, → derb, → ungebildet
Primitivling → Kulturbanause
Primus → Streber
Prinzip → Grundsatz, → Regel
prinzipiell → grundsätzlich
prinzipienlos → gesinnungslos
Prinzipienlosigkeit → Gesinnungslosigkeit
Prinzipienreiter → Pedant, → Rechthaber
Priorität → Vorrang
Pritsche Holzpritsche, Lagerstatt, Lager, Feldbett, Notbett, Schlafstelle, Bank, → Bett
privat 1. außerdienstlich, persönlich, daheim, im Familienkreis, nicht öffentlich, → eigen 2. → vertraulich
Privatdozent → Lehrer
Privatier → Rentner
privatim → vertraulich
privatisieren 1. in Privateigentum überführen, in Privatvermögen umwandeln 2. in Rente gehen, sich pensionieren lassen, sich vom Geschäft zurückziehen, ein Rentnerdasein führen 3. ohne Berufsausübung gut leben
Privatleben → Zurückgezogenheit
Privatunterricht → Nachhilfe
Privileg Vorrecht, Vergünstigung, Bevorzugung, Freiheit, Freibrief, Sondergenehmigung, Sonderrecht, Alleinrecht, Monopol, Wirtschaftsmonopol, → Erlaubnis, → Ausnahme
privilegiert bevorrechtet, bevorrechtigt, begünstigt, bevorzugt
pro → à, → für
probabel → glaubwürdig
Proband Versuchsperson, Testperson, Versuchskaninchen, Versuchskarnickel, Medikamententester, Patient, Prüfling
probat → bewährt
Probe 1. Kostprobe, Muster, Materialprobe, Beispiel, Probedruck 2. → Beweis 3. Experiment → Versuch
proben → einstudieren
probeweise → vorläufig
Probezeit Bewährungszeit, Bewährungsfrist, Bedenkzeit, → Karenzzeit
probieren → einstudieren, → kosten, → versuchen
Problem → Schwierigkeit, → Thema
Problematik → Schwierigkeit
problematisch → schwierig, → bedenklich
Problemstellung → Thema
Produktionskosten → Fertigungskosten
Produkt → Artikel, → Ware, → Ergebnis
Produktanalyse → Marktanalyse
Produktion → Herstellung
produktiv → schöpferisch
Produktivität → Schöpferkraft
Produktpalette → Sortiment
Produzent → Hersteller
produzieren anfertigen, → arbeiten, → herstellen
produzieren, sich → aufspielen, sich
profan → weltlich
Profession → Beruf
professionell → beruflich, → fachkundig
Professor → Gelehrter, → Lehrer
Profi → Fachmann, → Sportler
Profil → Ansehen, → Aussehen, → Umriss
Profilierungssucht → Geltungsdrang
Profit → Ertrag, → Gewinn
profitabel → lukrativ
Profiteur → Ausbeuter
profitieren Nutzen haben, Nutzen ziehen, sich zu Nutze machen, seinen Vorteil wahrnehmen, genießen, verdienen, gut wegkommen, → gewinnen

profitorientiert profitsüchtig, gewinnsüchtig, → kommerziell
profund → gründlich
Prognose → Vorhersage
prognostizieren → vorhersagen
Programm 1. Spielplan, Kinoprogramm, Theaterprogramm, Spielfolge, Festordnung, Programmübersicht, Übersicht, Ablauf, Tagesordnung, Geschäftsordnung, Dienstplan 2. → Erklärung 3. → Rundfunksender
programmatisch → bahnbrechend
programmgemäß → systematisch
Programmübersicht → Programm
Progression → Fortschritt
progressiv → fortschrittlich, → zunehmend
Projekt → Entwurf, → Absicht
Projektgruppe → Arbeitsgruppe
projektieren → entwerfen
Projektierung → Entwurf
Projektil → Geschoss
Projektor Projektionsapparat, Diaprojektor, Overheadprojektor, Bildwerfer, Episkop, Epidiaskop, Filmprojektor, Filmvorführgerät
projizieren → abbilden, → übertragen
Proklamation → Appell, → Bekanntgabe
proklamieren verlautbaren → appellieren, → bekannt geben
Prokura → Vollmacht
Prokurator → Bevollmächtigter
Prokurist → Bevollmächtigter, → Kaufmann
Prolet → Kulturbanause
Proletariat Stadtproletariat, Unterschicht, besitzlose Klasse, Arbeiterklasse, arbeitende Klasse, die Arbeiter
Proletarier → Arbeiter
Prolog → Einleitung
prolongieren verlängern, hinausschieben, → stunden, → aufschieben
Promenade → Allee, → Spaziergang
promenieren → spazieren gehen
prominent → bedeutend, → berühmt
Prominenz → Berühmtheit, → Oberschicht
Promotion 1. Erlangung der Doktorwürde, Verleihung der Doktorwürde, Doktordiplom, Doktortitel, Doktorhut, → Doktorarbeit 2. → Werbung
promovieren dissertieren, an einer Dissertation arbeiten, an der Doktorarbeit schreiben, doktorieren, den Doktorgrad erwerben, den Doktor machen
prompt → eilends, → sofort
prononcieren → betonen
Propaganda Öffentlichkeitsarbeit, Aufklärungsarbeit, Agitation, Hetze, Massenbeeinflussung, Demagogie, → Werbung, → Volksverführung
Propagandafeldzug → Kampagne
Propagandist → Werber
propagieren anpreisen, verbreiten, verkünden, → werben
Propeller → Rotor, → Ventilator
proper → ordentlich
Properkeit → Ordnungsliebe
Prophet Seher, Weissager, → Wahrsager
prophetisch seherisch, hellseherisch, voraussehend, vorausahnend, vorahnend, divinatorisch, visionär
prophezeien → vorhersagen
Prophezeiung → Vorhersage
prophylaktisch → vorbeugend
Prophylaxe → Vorbeugung
Proportion → Gleichmaß
proportional → gleichmäßig
Proppen → Stopfen
Prosadichtung → Dichtung
prosaisch → trocken
Prospekt 1. Werbeschrift, Werbezettel, Broschüre, Reklameschrift, Waschzettel, Handzettel, Postwurfsendung, Wurfsendung, → Katalog 2. → Hintergrund, → Kulisse
prosperieren → gedeihen
Prosperität → Reichtum
Prost → Hochruf
prosten zutrinken
prostituieren, sich sich verkaufen, sich anbieten, sich feilhalten, käuflich sein, sich für Geld hingeben, auf den Strich gehen, anschaffen
Prostituierte Dirne, Hure, Nutte, Freudenmädchen, Liebesdienerin, Callgirl, Hetäre, Straßenmädchen, Strichmädchen, Dame vom horizontalen Gewerbe, Kokotte, Kurtisane
Prostitution Hurerei, käufliche Liebe, ältestes Gewerbe der Welt, Liebedienerei, horizontales Gewerbe
Protagonist Hauptdarsteller, Hauptperson, Hauptfigur, Titelfigur, Titelheld, Held, Hauptrolle
Protegé → Günstling
protegieren → bevorzugen, → fördern
Protektion → Förderung
Protektor → Beschützer, → Schirmherr
Protektorat → Schirmherrschaft
Protest → Einspruch
Protestaktion → Demonstration
protestieren Einspruch erheben, ablehnen, Protest einlegen, zurückweisen, von sich weisen, sich verwahren, → demonstrieren, → auflehnen, sich
Protestkundgebung → Demonstration
Protestmarsch → Demonstration
Protokoll → Niederschrift, → Förmlichkeit

Protokollant → Sekretär
Protokollführer → Sekretär
protokollieren mitschreiben, aufschreiben, niederschreiben, stenografieren, mitstenografieren, einen Bericht verfassen
Prototyp → Inbegriff
protzen → angeben, → prunken
Protzerei → Angabe
protzig → angeberisch
Provenienz → Herkunft, → Herkunftsort
Proviant → Verpflegung
Provinz → Land
provinziell → ländlich
provisorisch → behelfsmäßig, → vorläufig
Provisorium → Behelf
provokant → herausfordernd
Provokateur → Hetzer, → Störenfried
Provokation → Herausforderung
provokativ → herausfordernd
provozieren → herausfordern
provozierend → herausfordernd
Prozedur → Methode
Prozente → Abschlag
prozentual anteilig, anteilsmäßig, → gleichmäßig
Prozess 1. Gerichtsverfahren, Verfahren, Rechtsverfahren, Gerichtsverhandlung, Verhandlung, Rechtsangelegenheit, Rechtsfall, Rechtsstreit, Rechtshandel, Klagesache, Streitfall, Strafsache, Strafprozess, Strafverfahren, Rechtsweg, Klageweg 2. → Ablauf
prozessieren den Rechtsweg beschreiten, vor Gericht gehen, die Gerichte anrufen, einen Prozess anstrengen, einklagen, verklagen, Klage anstrengen, anhängig machen
Prozession → Umzug, → Zug
Prozessor → Computer
prüde schamhaft, spröde, steif, zimperlich, genant
Prüderie Schamhaftigkeit, Sprödigkeit, Steifheit, Zimperlichkeit
prüfen mustern, durchmustern, checken, durchchecken, kontrollieren, unter die Lupe nehmen, testen, auf die Probe stellen, auf Herz und Nieren prüfen, einer Prüfung unterziehen, examinieren, abfragen, abprüfen, abhören, → beurteilen
Prüfer → Kontrolleur
Prüfling 1. Examinand, Examenskandidat, Kandidat, Doktorand, Absolvent, Abiturient 2. → Proband
Prüfstein → Bewährungsprobe
Prüfung 1. Test, Examen, Klausur, → Arbeit, → Abitur 2. → Kontrolle 3. → Geduldsprobe, → Bewährungsprobe 4. → Versuchung
Prüfungsangst → Nervosität
Prüfungsausschuss → Ausschuss
Prüfungsfrage → Kolloquium
Prügel 1. Keile, Dresche, Schläge, Hiebe, Haue, Kloppe, Abreibung, Senge, Tracht Prügel, Züchtigung, Körperstrafe 2. → Stock
Prügelei → Handgemenge
Prügelknabe → Sündenbock
prügeln, sich → schlagen, sich
Prügelstrafe → Züchtigung
Prunk Pracht, Prachtentfaltung, Pomp, Gepränge, Staat, Glanz, Reichtum, Fülle, Blüte
prunken prangen, glänzen, strahlen, paradieren, zur Schau stellen, stolzieren, protzen, Staat machen
Prunkstück Prachtexemplar, Prachtstück, Glanzstück, Schaustück, Zierstück, Kabinettstück, Antiquität, Rarität, Einzelstück, Unikat, → Kostbarkeit, → Schatz
Prunksucht → Eitelkeit
prunkvoll prachtvoll, prächtig, glänzend, fürstlich, luxuriös, pompös, bombastisch
prusten → keuchen
Psalm → Lied
Pseudonym 1. Künstlername, Beiname, Deckname, falscher Name, Tarnname, Scheinname 2. → Spitzname
Psyche → Gemüt, → Seele
Psychiatrie → Nervenheilanstalt
psychisch → geistig, → seelisch
psychosomatisch → seelenkrank
Psychopharmakon → Beruhigungsmittel
Psychose → Seelenkrankheit
psychotisch → seelenkrank
Psychotonikum → Anregungsmittel
Pubertät → Jugend
Publicity → Werbung
Publicrelations (*auch:* Public Relations) → Werbung
publik → bekannt
publik machen → bekannt geben
publik werden → herauskommen
Publikation → Bekanntgabe, → Veröffentlichung
Publikum Zuhörerschaft, Auditorium, Zuhörer, Hörerschaft, Besucher, Fans → Zuschauer
Publikumsgeschmack → Durchschnittsgeschmack
Publikumsumfrage → Umfrage
publizieren → bekannt geben, → veröffentlichen
Publizierung → Bekanntgabe
Publizist → Journalist
Publizität → Bekanntheit
Pudding Götterspeise, Grütze, Wackelpeter
Puder → Pulver, → Schminke

pudern, sich → schminken, sich
pueril → kindisch
Puff → Bordell, → Stoß
puffen → stoßen
Puffer Pufferzone, Knautschzone, Stoßdämpfer, Prellbock, → Stoßstange
Pufferzone → Puffer
pulen → wühlen
Pulk → Gruppe, → Menge
Pulle → Flasche
pullen → rudern
Pulli → Pullover
Pullover Pulli, Jumper, Pullunder, Westover, Rollkragenpullover, Sweater, → Hemd
Puls Pulsschlag, Herzschlag, → Leben
pulsen → pulsieren
pulsieren pulsen, schlagen, beben, fluktuieren, sich auf- und abbewegen, ebben und fluten, wechseln, → schwingen
Pulsschlag → Puls
Pult Katheder, Schreibpult, Schulbank, Bank, Stehpult, Podest, Rednerpult, Bütte, Kanzel
Pulver 1. Mehl, Puder, Staub, Talkum 2. → Schießpulver, Schwarzpulver, Zündpulver, Dynamit 3. → Arznei 4. → Geld
pulverförmig pulverig, pulverisiert, staubfein, gerieben, zerrieben
pulverisieren → mahlen
pulverisiert → pulverförmig
pulvertrocken → trocken
pummelig → dick
Pump → Darlehen
Pumpe Tauchpumpe, Wasserpumpe, Tiefbrunnen
pumpen 1. hochpumpen, hochziehen, ansaugen, absaugen, saugen, → leeren 2. → keuchen 3. → leihen
pumpen, sich → leihen, sich
Pumphose → Hose
Pumps → Schuh
Punkt 1. Wertungspunkt, Wertungseinheit, Punktgewinn 2. Tupfen, Tupfer, Tüpfel, Sprenkel 3. → Thema 4. → Angelegenheit 5. → Absatz 6. → Ort
Punktgewinn → Punkt
punktgleich → unentschieden
punktieren 1. punkten, pünkteln, tüpfeln, sprenkeln 2. → stechen
pünktlich fahrplanmäßig, ohne Verspätung, auf die Minute genau, mit dem Glockenschlag, zur vereinbarten Zeit, fristgemäß, verlässlich, zuverlässig, gewissenhaft, ordentlich, → rechtzeitig
Pünktlichkeit → Ordnungsliebe
Punktrichter → Schiedsrichter
punktuell → manchmal
Punktum → genug
Pup(s) → Darmwind
Puppe Marionette, Gliederpuppe, Gelenkpuppe, Kasperlpuppe, Wachspuppe, Wachsfigur, Stoffpuppe, Sprechpuppe, Anziehpuppe, Schneiderpuppe, Schneiderbürste, Dummy
Puppenspiel → Puppentheater
Puppentheater Puppenspiel, Kasperltheater, Marionettentheater
pur → rein
Püree → Brei
Purgativ → Abführmittel
Purgierung → Reinigung
puritanisch → sittlich
Puritanismus → Sittlichkeit
purpurrot → rot
purulent → eitrig
Purzelbaum → Überschlag
purzeln → fallen
pusseln → basteln
Puste → Atem
Pustekuchen → nein
Pustel → Pickel
pusten → blasen, → keuchen
Puter → Hahn
Putsch Umsturz, Sturz, Staatsstreich, Palastrevolution, Meuterei, Anschlag, → Aufstand
Putschist → Aufrührer
Putz → Ausstattung, → Verputz
putzen 1. sauber machen, rein machen, Hausputz machen, gründlich sauber machen, wischen, aufwischen, aufziehen, scheuern, schrubben, die Zimmer machen, abstauben, moppen, kehren, → fegen, → säubern 2. → schmücken
putzen, sich → herausputzen, sich
Putzfrau Reinemachefrau, Raumpflegerin, Reinigungskraft, Aufwartung, Aufwärterin, Aufwartefrau, Zugehfrau, Stundenfrau, Haushaltshilfe, → Hausangestellte
putzig → komisch, → possierlich
Putzlappen → Lappen
Putzmittel Reinigungsmittel, Haushaltsreiniger, Scheuerpulver, Schmierseife, Neutralseife, Desinfektionsmittel
Putzsucht → Eitelkeit
putzsüchtig → eitel
Pygmäe → Zwerg
Pyjama → Schlafanzug
pyknisch → untersetzt
Pylon → Säule
Pyromane Feuerteufel, Zündler, Zündelfrieder, Zundelfrieder, → Brandstifter

Q

quabbelig → gallertartig
Quacksalber Kurpfuscher, Scharlatan, Barfußarzt, Medikaster, → Arzt, → Stümper
Quader → Block
Quadrat → Viereck
quäkend → heiser
Qual 1. Höllenqual, Höllenpein, Folter, Martyrium, Tortur, Heimsuchung, → Leid, → Schmerz 2. → Mühe
quälen 1. peinigen, foltern, misshandeln, malträtieren, plagen, schinden, Schmerz zufügen, wehtun, → schikanieren 2. → bedrücken, unterdrücken
quälen, sich → leiden, → anstrengen, sich → abarbeiten, sich
quälend 1. qualvoll, quälerisch, peinigend, höllisch, nagend, → heftig, → schmerzhaft 2. → beklemmend 3. → mühsam
Quälerei → Folter
Quälgeist → Plagegeist
Qualifikation → Eignung, → Wettkampf
qualifizieren, sich → leisten, → bilden, sich
qualifiziert → fachkundig, → fähig
Qualifizierung → Eignung
Qualität Wertarbeit, Gediegenheit, Güte, Wert, Niveau, Güteklasse, Handelsklasse, → Eigenschaft, → Beschaffenheit
Qualitätsarbeit → Qualität
quallig → gallertartig, → schleimig
Qualm → Dampf, → Rauch
qualmen → dampfen, → rauchen
qualvoll → leidvoll, → qualend
Quäntchen → Gran
Quantität → Menge
Quantum Menge, Pensum, Quote, Ration, Zuteilung, Portion, Anteil, Teil, Kontingent, Deputat, Rate, Dosis, Maß
Quark Weißkäse, Topfen, → Milchprodukt
Quartal Vierteljahr, Zeitraum von drei Monaten
quartalsweise vierteljährlich, alle drei Monate, im Wechsel von drei Monaten
Quartier → Unterkunft, → Stadtteil
quasi → angeblich, → gewissermaßen
quasseln → reden
Quasselstrippe → Klatschmaul
Quast → Pinsel
Quaste Bommel, Troddel, Franse, → Besatz
Quatsch → Albernheit, → Unsinn
quatschen → ausplaudern, → reden
Quatschkopf → Dummkopf
quecksilbrig → lebhaft
Quell → Bach, → Quelle
Quelle 1. Quell, Heilquelle, Bronn, Brunnen 2. Vorlage, Original, Fundort, Fundstelle, Bezugsquelle, Beleg, Zitat 3. → Ursprung
quellen → fließen, → anschwellen
Quengelei Gequengel, Nörgelei, Gejammere
quengelig knatschig, nörgelig, unleidlich, unausstehlich, grantig, grätig, → unausgeglichen, → schlecht gelaunt
Quengeligkeit Nörgellaune, Unleidlichkeit, Unausstehlichkeit
quengeln knatschen, nölen, jammern, quälen, maunzen, raunzen, → nörgeln
Quengler → Querulant
quer → schräg
quer legen, sich → widersetzen, sich
quer schießen → stören
quer treiben → hetzen
Querdenker → Kritiker
querdurch → durch
queren kreuzen, durchqueren, überqueren, überschreiten, hinüberwechseln, traversieren
querfeldein → durch
Querkopf → Trotzkopf
Querschnitt → Durchschnitt, → Überblick
querschnitt(s)gelähmt → lahm
Querschnitt(s)lähmung → Lähmung
Quertreiber → Querulant, Störenfried
Quertreiberei → Hintertreibung
Querulant Quertreiber, Widerspruchsgeist, Mäkler, Mauler, Meckerer, Quengler, Stänkerer, Miesmacher, → Streithahn
quetschen → drücken
quicklebendig → lebhaft
quieken → quietschen, → lachen
quieksen → quietschen
Quietivum → Beruhigungsmittel
quietschen quieksen, quieken, kreischen, schrillen, → schreien, → knarren
quietschvergnügt → lustig
quinkelieren → zwitschern
Quintenzirkel → Notensystem
Quintessenz → Essenz
Quirl 1. Küchenquirl, Mixer, Küchenmaschine, Rührmaschine, Rührbesen, Schaumschläger, Schneebesen 2. → Zappelphilipp
quirlen → rühren
quitt erledigt, abgetan, ausgeglichen, glatt, gleich, wettgemacht, getilgt, gelöscht
quittieren → bestätigen, → unterschreiben
Quittung 1. Empfangsbestätigung, Einzahlungsschein, Zahlungsnachweis, Kassenzettel, Beleg, Bescheinigung, Bestätigung, → Abrechnung 2. → Antwort
Quiz → Preisrätsel
Quote → Anteil, → Quantum
Quotient → Bruch

R

Rabatt → Abschlag
Rabatz → Lärm
Rabauke → Flegel, → Raufbold
rabenschwarz → schwarz, → dunkel
rabiat → brutal
Rache → Vergeltung
rächen → vergelten
Rachen Schlund, Rachenhöhle, Hals, → Maul
Rachsucht → Hass, → Unversöhnlichkeit
rachsüchtig → unversöhnlich
Racker → Kind
rackern → arbeiten
Rad → Fahrrad, → Wagenrad
Rad fahren Fahrrad fahren, → kriechen
Radar → Funk
Radau → Lärm
Radaubruder → Randalierer
radebrechen kauderwelschen, der Sprache nicht mächtig sein, sich nicht ausdrücken können, → stottern
Rädelsführer Drahtzieher, Führer, Anführer, → Anstifter
Radfahrer 1. Fahrradfahrer, Radler 2. → Duckmäuser, → Schmeichler
Radiator → Heizofen
Radierer Radiergummi, Ratzefummel, Tintentod, Tintenkiller
radikal 1. extrem, kompromisslos, rücksichtslos, auf Biegen und Brechen, auf Gedeih und Verderb, → fanatisch 2. → gründlich
Radikaler Extremist, Extremer, Radikalinski, → Fanatiker, → Faschist, → Terrorist
Radikalismus Extremismus, Kompromisslosigkeit, Radikalität, Alleingültigkeit, Rücksichtslosigkeit, → Fanatismus
Radikalität → Radikalismus
Radio → Rundfunkgerät, → Rundfunk
Radioapparat → Rundfunkgerät
Radiosender → Rundfunksender
Radiostation → Rundfunksender
Radius → Linie
Radrennfahrer → Rennfahrer
Raffel → Reibe
raffeln → reiben
raffen → horten, → heben
Raffgier → Habgier
raffgierig → habgierig
Raffinade → Zucker
Raffinesse Raffinement, Gerissenheit, Geschäftstüchtigkeit, Durchtriebenheit, → Schlauheit
raffinieren → veredeln
raffiniert 1. gerissen, gerieben, gewieft, gewiegt, abgefeimt, durchtrieben, trickreich, geschäftstüchtig, smart, taktisch, ausgekocht, ausgebufft, schlitzohrig, → schlau 2. gereinigt, aufbereitet, veredelt, verfeinert, → anspruchsvoll
Rage → Wut
ragen → emporragen
Ragout Geschnetzeltes, Gänseklein, Frikassee, Hasenpfeffer, Gulasch
Rahm Sahne, Schmant, Nidel, Obers, Crème fraîche, Schmetten, Flott, Schlagrahm, Schlagsahne, Schlagobers
rahmen → einfassen
Rahmen 1. Fassung, Einfassung, Einrahmung, Bilderrahmen 2. → Fahrgestell 3. → Kreis, → Umgebung
Rahmung → Einfassung
Rahne → Salatrübe
Rain → Abhang, → Einfassung
räkeln, rekeln sich sich strecken, sich ausstrecken, sich drehen, sich winden, sich lümmeln, sich flegeln, sich fläzen, → aalen, sich
Rakete → Feuerwerkskörper, → Geschoss, → Raumschiff
Raketenwerfer → Geschütz
Rallye → Wettkampf
Rallyefahrer → Rennfahrer
rammdösig → benommen
Ramme Rammbock, Dampframme, Rammhammer, Presslufthammer
rammeln → begatten, sich
rammen → anstoßen, → zusammenstoßen
Rampe → Auffahrt, → Bühne
Rampenlicht → Mittelpunkt
ramponieren → anstoßen, → beschädigen
Ramsch → Schund, → Ausschuss
Ramschladen → Geschäft
Ramschware → Schund
ran → herbei
Ranch → Bauernhof
Rancher → Landwirt
Rand 1. Ecke, Kante, Saum, → Einfassung 2. → Grenze 3. → Mund
Randale → Lärm
randalieren → lärmen
Randalierer Chaot, Straßenkämpfer, Krawallmacher, Krawallbruder, Krakeeler, Radaubruder, → Störenfried, → Raufbold
Randbemerkung → Anmerkung, → Bemerkung
Randerscheinung Nebenerscheinung
Randvermerk → Anmerkung
randvoll → voll
Rang 1. Dienstrang, Dienstgrad, Grad, Stellung, Dienststellung, Rangstufe, Charge, Rang-

bezeichnung, Stand 2. Platz, Platzierung, Wertung, Stelle 3. → Niveau 4. → Bedeutung 5. → Empore
Range → Kind
rangeln → ringen
Rangerhöhung → Beförderung
Rangfolge → Hierarchie
rangieren → ordnen
Rangordnung → Hierarchie
Rangstufe → Niveau, → Rang
ranhalten, sich → beeilen, sich
rank → schlank
Ranke → Zweig
Ränke → Arglist, → Intrige
ranken → winden
Ranken → Brot
Rankenwerk → Verzierung
Ränkespiel → Intrige
ränkevoll → intrigant
Ranküne → Unversöhnlichkeit
ranmachen, sich → heranmachen, sich
Ranzen → Schulranzen, → Rucksack, → Bauch
ranzig → verdorben
rapide → schnell
Rappe → Pferd
Rappel → Anfall
rappeln → klappern
Rapport → Bericht
rapportieren → berichten
rar → knapp, → kostbar
Rarität → Seltenheit, → Prunkstück
rasant → schnell
Rasanz → Geschwindigkeit
rasch → schnell
Rascheln → Geräusch
rasen → laufen, → wüten
Rasen → Anlage, → Wiese
rasend 1. frenetisch, außer Rand und Band, engagiert, stürmisch, ungestüm, unbändig, → begeistert 2. toll, tobsüchtig, → wild
Rasender Tobender, Tobsüchtiger, Berserker, Wüterich, Amokläufer
Raserei Tobsucht, Furor, Besessenheit, Amoklauf, Blutrausch, → Anfall
rasieren balbieren, barbieren, schaben, den Bart scheren, → beschneiden
Rasierwasser Aftershavelotion, Aftershave, Toilettenwasser
räsonieren → nörgeln
Räsonierer → Querulant
Raspel → Reibe, → Feile
raspeln → reiben
rass (*auch:* räss/raß/räß) → herb
Rasse → Art
Rassel → Ratsche
rasseln → klappern, → lärmen
Rassentrennung → Diskriminierung
rassig → elegant
Rassismus → Diskriminierung
rassistisch → diskriminierend
Rast → Pause
rasten → ausruhen
Rasthaus → Gasthaus, → Hotel
rastlos → hektisch
Raststätte → Gasthaus
Rat 1. Ratschlag, Unterweisung, Richtschnur, Hinweis, Tipp, Anregung, Empfehlung, → Beratung 2. → Ausschuss
Rate → Quantum, → Abzahlung
raten 1. anraten, zureden, anempfehlen, empfehlen, vorschlagen, nahe legen, auf die Seele binden, einen Rat erteilen, → beraten 2. rätseln, knobeln, herumraten, sich den Kopf zerbrechen, vor einem Rätsel stehen, im Dunkeln tappen, → erraten
Ratenzahlung → Abzahlung
Ratgeber 1. Leitfaden, Wegweiser, Anleitung, Begleiter, Vademecum, Führer, Reiseführer, Sprachführer, → Lehrbuch 2. → Berater
ratifizieren → bestätigen
Ratifizierung → Bestätigung
Ration → Anteil, → Quantum
rational → verstandesmäßig, → sachlich
rationalisieren einsparen, automatisieren, technisieren, mechanisieren, vereinfachen
Rationalismus → Aufklärung
Rationalist → Aufklärer
rationalistisch → verstandesmäßig
Rationalität → Sachlichkeit
rationell → wirtschaftlich, → zweckmäßig
rationieren → einteilen, → zuteilen
ratlos hilflos, am Ende mit der Weisheit, unschlüssig, unentschlossen, aufgeschmissen, festgefahren, in einer Sackgasse
Ratlosigkeit Hilflosigkeit, Unschlüssigkeit, Unentschlossenheit
ratsam empfehlenswert, wünschenswert, erstrebenswert, angesagt, geraten, notwendig, nützlich
Ratsche Rassel, Klapper, Kastagnetten, Knarre
ratschen → tratschen
Ratschlag → Rat
Ratschluss → Beschluss
Rätsel 1. Denksportaufgabe, Rätselfrage, Aufgabe, Rebus, Scharade, Kreuzworträtsel, Silbenrätsel, → Preisrätsel 2. → Geheimnis 3. → Frage
rätselhaft → geheimnisvoll, → unerklärlich
rätseln → raten, → grübeln
Ratsherr → Abgeordneter

rattern → knattern, → rumpeln, → lärmen
rau 1. kratzig, hart, uneben, rissig, schwielig, aufgesprungen, spröde, → räudig 2. → barsch 3. → heiser 4. → schneidend
Raub → Beute, → Diebstahl, → Plünderung
Raubbau → Ausbeutung
Raubdruck → Druck
Raubein → Grobian
raubeinig → barsch
rauben → entführen, → stehlen
Räuber Plünderer, Marodeur, Fledderer, Grabräuber, Raubritter, Strauchritter, Strauchdieb, Wegelagerer, Straßenräuber, Schnapphahn, Bandit, Brigant, Räuberhauptmann, Schinderhannes, → Dieb, → Pirat
Räuberbande → Bande
Räuberhauptmann → Räuber
räubern → plündern
Raubmord → Mord
Raubmörder → Mörder
Raubritter → Räuber
Raubtier → Bestie
Raubtierbändiger → Dompteur
Raubüberfall → Überfall
Raubzug → Plünderung, → Überfall
Rauch Rauchfahne, Qualm, Rauchschwaden, Rauchgas, Schmauch, → Dampf
rauchen 1. räuchern, verräuchern, einräuchern, schwelen 2. qualmen, schmauchen, paffen, schmöken, Raucher sein
raucherfüllt → verräuchert
räuchern 1. anräuchern, durchräuchern, selchen, würzen 2. → rauchen
Rauchfahne → Rauch
Rauchfang → Schornstein
Rauchfangkehrer → Schornsteinfeger
Rauchfleisch → Räucherfleisch, Selchfleisch, Geselchtes, Speck, Schinken, roher Schinken
rauchgeschwängert → verräuchert
rauchig → heiser, → verräuchert
Rauchschwaden → Rauch
Räude Krätze, Grind, Schorf, Hautkrankheit
räudig narbig, schuppig, schrundig, schorfig, verkommen, eklig, unrein, wüst, struppig, → rau
Raufbold Schläger, Schlägertyp, Rowdy, Rabauke, Kampfhahn, → Randalierer, → Störenfried
Raufe → Krippe
raufen sich balgen, sich katzbalgen, rangeln, sich kampeln, sich kabbeln, sich in die Haare bekommen, handgreiflich werden, → schlagen, sich
raufen, sich → schlagen, sich
Rauferei → Handgemenge
Raum 1. Platz, Spielraum, Entfaltungsmöglichkeit, Weite, Auslauf, Bewegungsfreiheit 2. → Gebiet 3. → Zimmer 4. → Weltall
räumen → ausverkaufen, → bahnen, → evakuieren, → leeren
Raumfähre → Raumschiff
Raumfahrer Weltraumfahrer, Astronaut, Kosmonaut
Raumfahrt Weltraumfahrt, Astronautik, Kosmonautik, Weltraumforschung
Räumfahrzeug → Raupe
Rauminhalt Volumen, Fassungsvermögen, Kapazität
Raumkapsel → Raumschiff
Raumknappheit → Platzmangel
Räumlichkeit → Zimmer
Raumnot → Platzmangel
Raumpflegerin → Putzfrau
Raumschiff Weltraumrakete, Raumfähre, Shuttle, Raumkapsel, Raumstation, Orbitalstation, Weltraumlaboratorium, Skylab, → Satellit
Raumsonde → Satellit
Raumstation → Raumschiff
Räumung → Beseitigung, → Rückzug
Räumungsverkauf → Ausverkauf
raunen → flüstern, → tratschen
raunzen → quengeln
Raupe 1. Planierraupe, Kettenfahrzeug, Bulldozer, Räumfahrzeug, Räumbagger, Bagger, Raupenschlepper, → Traktor 2. Raupenkette, Gleiskette, Kette 3. → Larve
Rausch 1. Berauschtheit, Trunkenheit, Schwips, Weinlaune, Dusel, Affen, Zacken, Vollrausch, Betäubung, Delirium, Drogenrausch, Trip, Kick, Run, Flash, Horrortrip, Freak-out 2. → Ekstase
rauschen tosen, sausen, säuseln, brausen
Rauschgift Rauschmittel, Droge, Suchtmittel, Stoff, Halluzinogen, Opiat, Heroin, Kokain, Amphetamin, → Betäubungsmittel, → Anregungsmittel
Rauschgifthändler → Dealer, → Händler
rauschgiftsüchtig → süchtig
rauschhaft → ekstatisch
Rauschmittel → Arznei, → Rauschgift
raushalten, sich → heraushalten, sich
rausschmeißen → hinausweisen
Rausschmiss → Entlassung
rauswerfen → entlassen
Raute → Viereck
Reader → Thesenpapier
Reagenzglas Retorte, Becherglas, Kolben, Standzylinder, Zylinder, Messzylinder
reagieren 1. Reaktion zeigen, Gegenwirkung zeigen, ansprechen, gehorchen, ansprin-

gen auf, antworten, Zeichen geben, zurückgeben, zurückschlagen 2. sich verhalten, sich gebärden, sich gebaren, sich anstellen, sich aufführen
Reaktion 1. Gegenbewegung, Gegenströmung, Gegenwirkung, Rückstoß, Rückwirkung, Antwort, Entwicklung, Folge, → Wirkung, → Reflex 2. Verhalten, Verhaltensweise, Handlungsweise, Benehmen, Betragen 3. → Rückschrittlichkeit
reaktionär → rückschrittlich
Reaktionär Gestriger, Konservativer, Fortschrittsgegner
reaktionsschnell → geistesgegenwärtig
Reaktionsvermögen → Geistesgegenwart
Reaktor → Kernreaktor
real → wirklich
realisieren → ausführen, → verwirklichen
Realisierung → Ausführung, → Verwirklichung
Realismus 1. Wirklichkeitssinn, Nüchternheit, gesunder Menschenverstand, Pragmatismus, Materialismus, Nihilismus 2. Lebensnähe, Wirklichkeitsnähe, Plastizität, → Anschaulichkeit
Realist Pragmatiker, Verstandesmensch, Materialist, Nihilist
realistisch 1. kühl, nüchtern, vernunftbestimmt, vernünftig 2. naturgetreu, natürlich, naturalistisch, lebensecht, wirklichkeitsnah, wirklichkeitsgetreu
Realität → Wirklichkeit
Realschule → Schule
Rebe Weinrebe, Wein, Weinstock, Rebstock
Rebell → Anführer
rebellieren → auflehnen, sich
Rebellion → Aufruhr, → Aufstand
rebellisch → aufrührerisch
Rebstock → Rebe
Receiver → Rundfunkgerät
rechen harken, hacken
Rechen → Harke, → Sieb
Rechenautomat → Automat, → Computer
Rechenmaschine → Computer
Rechenschaft → Abrechnung, → Rechtfertigung
Rechenschaft ablegen → rechtfertigen, sich
Rechenschaftsbericht Jahresbericht, Tätigkeitsbericht, Geschäftsbericht, Kassenbericht, Kassabericht, Gebarungsbericht, → Bilanz
Recherche → Ermittlung
recherchieren → ermitteln
rechnen → berechnen
rechnen mit → erwarten, → verlassen, sich
Rechner → Computer
Rechnung 1. Faktura, Nota, Liquidation, Kostenforderung, Forderung, Zeche, → Abrechnung 2. → Berechnung
Rechnung stellen → berechnen
Rechnung tragen → berücksichtigen
Rechnungsführer → Schatzmeister, → Buchhalter
Rechnungslegung → Abrechnung
recht → richtig, → geeignet, → sehr recht
recht und billig → angemessen, → gerecht
Recht 1. Völkerrecht, Naturrecht, positives Recht, Menschenrecht, Grundrecht, → Gesetz 2. Stimmrecht, Wahlrecht, Bürgerrecht, → Anspruch 3. Berechtigung, Befugnis, Erlaubnis, → Privileg 4. → Jura
Rechteck → Viereck
rechten → streiten
rechtens → richtig
rechtfertigen entlasten, entschuldigen, plädieren, eine Lanze brechen, verfechten, rehabilitieren, sich salvieren, rein waschen, lossprechen, → begründen
rechtfertigen, sich Rechenschaft ablegen, sich verantworten, Rede und Antwort stehen, sich rehabilitieren
Rechtfertigung Rechenschaft, Entlastung, Entschuldigung, Plädoyer, Lossprechung, Ehrenrettung, → Rehabilitierung
Rechthaber Besserwisser, Alleswisser, Neunmalkluger, Wortklauber, Haarspalter, Silbenstecher, Dickkopf, Oberlehrer, Rabulist, Kasuist, Sophist, Klugscheißer, Sprücheklopfer, → Angeber, → Pedant, → Fanatiker
Rechthaberei → Eigensinn
rechthaberisch → eigensinnig
rechtlich juristisch, de jure, von Rechts wegen, dem Gesetz nach, nach den Paragrafen, → gesetzlich
rechtlos entrechtet, unterprivilegiert, ausgeliefert, unterdrückt, → geächtet, → abhängig
Rechtloser → Außenseiter
Rechtlosigkeit → Abhängigkeit
rechtmäßig → legal
Rechtmäßigkeit → Legalität
rechts 1. zur Rechten, rechter Hand, rechtsseitig, steuerbord 2. → konservativ
Rechtsanwalt Anwalt, Jurist, Verteidiger, Strafverteidiger, Pflichtverteidiger, Winkeladvokat, Advokat, Sachwalter, Notar, → Rechtsberater, → Staatsanwalt, → Richter
Rechtsanwaltsbüro → Kanzlei
Rechtsbeistand → Rechtsberater
Rechtsberater Rechtsbeistand, juristischer Beistand, Syndikus, Justiziar, → Rechtsanwalt
Rechtsbeugung → Rechtsbruch
Rechtsbrecher → Verbrecher

Rechtsbruch Rechtsbeugung, Rechtsverletzung, Rechtsmissbrauch, Gesetzesübertretung, → Illegalität
rechtschaffen integer, unbescholten, redlich, bieder, gediegen, gesetzt, solide, wacker, anständig, vertrauenswürdig, unbestechlich, ehrenhaft, pflichtgetreu
Rechtschaffenheit Integrität, Unbescholtenheit, Redlichkeit, Biederkeit, Anständigkeit, Vertrauenswürdigkeit, Unbestechlichkeit, Ehrenhaftigkeit, Pflichtbewusstsein
Rechtschreibung → Orthografie
rechtsextrem → faschistisch
Rechtsextremer → Faschist
Rechtsextremismus → Faschismus
rechtsextremistisch → faschistisch
Rechtsfall → Prozess
Rechtsgelehrter → Jurist
rechtsgültig → rechtskräftig
Rechtshandel → Prozess
rechtskräftig rechtsgültig, rechtsverbindlich, verbindlich, verpflichtend, verabschiedet, paraphiert, gesetzlich anerkannt, → legal
Rechtskunde → Jura
Rechtskundiger → Jurist
Rechtslehre → Jura
Rechtsnorm → Gesetz
Rechtspflege → Justiz
Rechtsprechung → Justiz
rechtsradikal → faschistisch
Rechtsradikaler → Faschist
Rechtsspruch → Urteil
Rechtsstreit → Prozess
rechtsungültig → nichtig
rechtsverbindlich → rechtskräftig
Rechtsverdreher → Jurist
Rechtsverfahren → Prozess
Rechtsverletzung → Rechtsbruch
Rechtsweg → Dienstweg, → Prozess
Rechtswesen → Justiz
rechtswidrig → illegal
Rechtswidrigkeit → Illegalität
Rechtswissenschaft → Jura
rechtwinklig → lotrecht
rechtzeitig zeitig, beizeiten, früh, frühzeitig, → pünktlich
Recke → Held, → Kämpfer
recken, sich → ausstrecken, sich
recyceln → verwerten
Recycling → Verwertung
Redakteur Schriftleiter, Redaktor, Lektor, → Journalist
Redaktion Schriftleitung, Redaktionsstab, Pressestelle, Geschäftsstelle
Rede Ansprache, Festrede, Wahlrede, Vortrag, → Predigt, → Schmährede
Redebegabung → Rhetorik
Redebild → Ausschmückung
Rededrang → Redseligkeit
Redefigur → Redewendung
Redefluss → Wortschwall
redefreudig → redselig
Redegewalt → Wortgewandtheit
redegewaltig → wortgewandt
redegewandt → wortgewandt
Redegewandtheit → Wortgewandtheit
Redekunst → Rhetorik
Redekünstler → Rhetoriker
redelustig → redselig
reden vortragen, von sich geben, sich aufhalten bei, sich ergehen, loslegen, erzählen, plaudern, parlieren, palavern, salbadern, plappern, babbeln, labern, quasseln, quatschen, schwatzen, schwätzen, schwafeln, leeres Stroh dreschen, Phrasen dreschen, Stuss reden, faseln, → sprechen, → tratschen
reden machen, von sich → auszeichnen, sich
Redensart Phrase, Floskel, Idiom, Formel, Topos, Versatzstück, Schlagwort, geflügeltes Wort, → Gemeinplatz, → Sprichwort
redensartlich → formelhaft
Redeschwall → Wortschwall
Redeweise → Ausdrucksweise, → Aussprache
Redewendung Wendung, feste Wendung, Ausdruck, Formulierung, Topos, Figur, Redefigur, Stilmittel
redigieren bearbeiten, überarbeiten, druckfertig machen, satzfertig machen, → edieren
redlich → ehrlich, → rechtschaffen
Redlichkeit → Ehrlichkeit, → Rechtschaffenheit
Redner Festredner, Vortragender, Referent, → Rhetoriker
Rednerbühne → Podium
Rednerpult → Pult
Redoute → Ball, → Befestigungsanlage, Bastion
redselig redefreudig, redelustig, gesprächig, mitteilsam, mitteilungsbedürftig, weitschweifig, wortreich, plauderhaft, salbaderisch, geschwätzig, schwatzhaft, klatschmäulig, klatschsüchtig, tratschsüchtig
Redseligkeit Rededrang, Redefreudigkeit, Gesprächigkeit, Plauderhaftigkeit, Weitschweifigkeit, Wortreichtum, Mitteilsamkeit, Mitteilungsbedürfnis, Plauderhaftigkeit, Geschwätzigkeit, Schwatzhaftigkeit, Klatschsucht, Klatschhaftigkeit, Tratschsucht
Reduktion → Verringerung
Redundanz → Überfluss
reduzieren → verringern, → kürzen

reduziert preisreduziert, ermäßigt, herabgesetzt, heruntergesetzt, nachgelassen, im Angebot, im Sonderangebot
Reduzierung → Verringerung, → Abbau
Reede → Hafen
reell → gediegen, → preiswert
Referat → Arbeitsgebiet, → Arbeit, → Vortrag
Referendar → Praktikant
Referendariat → Praktikum
Referendum → Plebiszit
Referent 1. Sachbearbeiter, Dezernent, Kustos 2. → Redner 3. → Gutachter
Referenz → Verbeugung
Referenzen → Empfehlung
referieren → vortragen
reffen → heben
reflektieren 1. spiegeln, widerspiegeln, zurückwerfen, zurückstrahlen, Reflexe bilden 2. → nachdenken
reflektieren auf → erwarten
Reflex 1. Reflexion, Widerschein, Spiegelung, Rückstrahlung 2. Reflexbewegung, unwillkürliche Bewegung, Zucken, Reaktion
Reflexion → Reflex, → Überlegung
Reform Neuerung, Neugestaltung, Neuregelung, Novellierung, Reformierung, Erneuerung, Neuordnung, Reorganisation, Umformung, Umwälzung, Umbildung, Umgestaltung, Perestroika
Reformer Umgestalter, Verbesserer, Fortschrittler, Neuerer, Reformator, Religionsstifter, → Pionier
reformieren neu gestalten, neu regeln, novellieren, neu ordnen, reorganisieren, umformen, umgestalten, umbilden, → erneuern, → verbessern
Reformierung → Reform
Reformkost → Diät
Refugium → Zuflucht
Regal Stellage, Etagere, Büchergestell, Wandregal, Wandbrett, Wandbord, Konsole, Bücherbord, Bücherbrett, Brett, Bord
rege → lebhaft, → munter
Regel 1. Faustregel, Richtschnur, Richtlinie, Prinzip, Norm, Standard, Richtigkeit, Grundsatz, Kodex, Kanon, Regelung, Satzung, Statut, → Gesetz 2. Gesetzmäßigkeit, Regelmäßigkeit, Gleichförmigkeit, → Brauch 3. → Menstruation
Regelblutung → Menstruation
regellos → unsystematisch
regelmäßig 1. periodisch, gleichmäßig, in gleichen Abständen, rhythmisch, taktmäßig, im Takt, zyklisch 2. → ebenmäßig
Regelmäßigkeit → Allgemeingültigkeit, → Alltag, → Regel, → Ebenmaß
regeln 1. regulieren, kanalisieren, dirigieren, ausgleichen, steuern, gegensteuern, aussteuern, justieren 2. erledigen, bereinigen, aus der Welt schaffen, → ordnen
regelrecht → ausgesprochen
Regelung → Regel, → Maßnahme
Regeluntersuchung → Inspektion
Regelverstoß Regelwidrigkeit, Foul
regen, sich → bewegen, sich
Regen Niederschlag, Nieselregen, Fisselregen, Nebelnässen, Sprühregen, Regenguss, Regenschauer, Schauer, Wolkenbruch, Platzregen, Guss, Gewitterregen, Landregen, → Wetter, → Unwetter
Regenbogenpresse → Journal, → Presse
Regencape → Umhang
regendicht → dicht
Regeneration → Erholung, → Erneuerung
regenerieren → erneuern
regnerieren, sich → erholen, sich
Regenguss → Regen
Regenmantel → Mantel
Regenrinne → Dachrinne
Regenschauer → Regen
Regenschirm → Schirm
regensicher → dicht
Regent → Herrscher
Regentschaft → Herrschaft
Regenwald → Dschungel
Regenwetter → Tiefdruck
Regie Spielleitung, Aufnahmeleitung, → Leitung
regieren lenken, leiten, führen, an der Macht sein, das Zepter führen, → herrschen
Regierung Kabinett, Administration, Bundesregierung, Ministerrat, Staatsrat, Junta, → Parlament, → Herrschaft, → Obrigkeit
Regierungschef → Staatsoberhaupt
Regierungsform → Regime
Regierungsgeschäfte → Politik
Regierungsgewalt → Herrschaft
Regierungsmitglied → Minister
Regierungssystem → Regime
Regierungsvertreter → Diplomat
Regime Staatsform, Regierungsform, Herrschaftsform, Regierungssystem, System, → Herrschaft
Regimekritiker → Gegner
Regiment → Heeresverband
Region → Gebiet
regional → lokal, → örtlich
Regisseur Spielleiter, Choreograf
Register → Verzeichnis, → Tastatur
registrieren → bemerken, → verbuchen
Registrierkasse → Kasse
Registrierung → Erfassung

reglementieren → anordnen
reglos → regungslos
Reglosigkeit → Regungslosigkeit
regnen nieseln, fisseln, tröpfeln, gießen, schütten, schauern, pladdern, prasseln, Schusterjungen regnen, gewittern, schiffen, seichen
regnerisch → feucht, feuchtkalt, nasskalt, nass, verregnet, trist, trübe, wolkenverhangen, nebelgrau
regressiv → rückläufig
regsam → eifrig
Regsamkeit → Eifer
regulär → legal, → vorschriftsmäßig
regulieren → justieren, → regeln
Regung → Bewegung, → Gefühlsäußerung
regungslos reglos, bewegungslos, unbewegt, unbeweglich, erstarrt, starr, still, leblos, tot, wie angewurzelt, wie versteinert
Regungslosigkeit → Reglosigkeit, Unbewegtheit, Unbeweglichkeit, Starrheit, Starre, Leblosigkeit, Versteinerung
Reh Ricke, Geiß, Kitz, Bambi, → Bock
Rehabilitation → Rehabilitierung
rehabilitieren → rechtfertigen
rehabilitieren, sich → rechtfertigen, sich
Rehabilitierung Rehabilitation, Ehrenrettung, Ehrenerklärung, Entlastung, Genugtuung, Rechtfertigung
Reibach → Gewinn
Reibe Reibeisen, Raffel, Raspel
Reibeisen → Reibe
Reibekuchen → Kartoffelpuffer
reiben 1. wetzen, schaben, scheuern, rubbeln, kratzen, raffeln, raspeln, feilen 2. → massieren
reiben, sich → streiten
Reiberei → Streit
Reibung → Widerstand
reibungslos glatt, störungsfrei, ungehindert, angenehm, ohne Zwischenfall, ohne Schwierigkeiten, wie geschmiert
reich 1. wohlhabend, gut situiert, vermögend, begütert, bemittelt, betucht, steinreich, geldig, gesegnet, kapitalkräftig, finanzkräftig, finanzstark, einkommensstark, besser gestellt, → solvent 2. → üppig
Reich → Land
reichen → anbieten, → geben, → genügen, → erstrecken, sich
Reicher Millionär, Milliardär, Bonze, Krösus, → Kapitalist
reichhaltig → vielfältig
Reichhaltigkeit → Fülle
reichlich ausgiebig, dicke, knüppeldick, übergenug, mehr als genug, in Hülle und Fülle, jede Menge, umfangreich, tonnenweise, scheffelweise, → zuhauf, → ansehnlich, → viel, → üppig
Reichtum 1. Wohlhabenheit, Wohlstand, Prosperität, Geldsegen, Geldüberfluss, Überfluss, → Vermögen, → Solvenz 2. → Fülle
Reichweite → Nähe
reif 1. ausgereift, entwickelt, fertig, erntereif, überreif 2. geschlechtsreif, mannbar, zeugungsfähig, heiratsfähig, → erwachsen 3. gereift, gefestigt, ausgeglichen, überlegt, durchdacht, überlegen, → erfahren 4. → fällig
Reif → Ring
Reife 1. Reifung, Reifheit, Ausgereiftheit, innere Reife, sittliche Reife, → Erfahrung 2. Geschlechtsreife, Mannbarkeit, Zeugungsfähigkeit, Heiratsfähigkeit, Heiratsalter, → Volljährigkeit
reifen 1. reif werden, ausreifen, heranreifen, zur Reife gelangen, → entwickeln, sich 2. → heranwachsen
Reifen 1. Autoreifen, Pneu, → Wagenrad 2. → Ring
Reifenpanne Reifenschaden, Platter, Plattfuß, Panne
Reifeprüfung → Abitur
Reifezeit → Jugend
Reifezeugnis → Abitur
Reifheit → Reife
reiflich → begründet
Reifung → Entwicklung, → Reife
Reigen → Tanz
Reihe 1. Kolonne, Schlange, Linie, Zeile, Kette, Riege, → Zyklus 2. → Satz
reihen → ordnen, → aufreihen
Reihenfolge Aufeinanderfolge, Abfolge, Rhythmus, Folge, Turnus, Sequenz, Serie, Szenarium, Verkettung, nacheinander, hintereinander, Reihung, Aneinanderreihung, → Hierarchie, → Zyklus
reihenweise → zuhauf
reihum ringsum, ringsherum, rundherum, rundum, im Kreise, in der Runde, → überall
Reim → Vers
reimen → dichten
rein 1. pur, lauter, geläutert, gereinigt, gediegen, echt, schier, bar, unvermischt, klar, unverfälscht, ungetrübt, koscher 2. madonnenhaft, unberührt, keusch, tugendsam, tugendhaft, → fromm 3. → sauber
rein machen → putzen
rein waschen → waschen, → rechtfertigen
rein waschen, sich → herausreden, sich
Reinemachefrau → Putzfrau
Reinertrag → Gewinnspanne
Reinfall → Enttäuschung, → Misserfolg
Reingeschmeckter → Einwanderer

Reingewinn → Gewinnspanne
Reinheit 1. Lauterkeit, Gediegenheit, Echtheit, Unverfälschtheit, → Natürlichkeit 2. → Unschuld 3. → Sauberkeit
reinigen → säubern, → filtern
Reinigung 1. Wäscherei, Vollreinigung 2. Purgierung, Entschlackung, Säuberung, Läuterung
Reinigungskraft → Putzfrau
Reinigungsmittel → Putzmittel
reinlich → sauber, → ordentlich
Reinlichkeit → Sauberkeit, → Körperpflege
reinweg → völlig
Reis Schössling, Schoß, Keim, Keimling, Pflänzling, Setzling, Ableger, Steckling, Steckreis, Pfropfreis, Pfropf, Impfreis, Spross, Trieb
Reise Trip, Fahrt, Erholungsreise, Kreuzfahrt, Schiffsreise, Flugreise, Bahnreise, Fernreise, Weltreise, → Ausflug, → Expedition
Reiseandenken → Andenken
Reisebetreuer → Reiseführer
reisefertig → bereit
Reisefieber Fernweh, Wandertrieb, Wanderlust, Reiselust, Unrast, Erwartung, Vorfreude
Reiseführer 1. Reiseleiter, Fremdenführer, Betreuer, Begleiter 2. → Ratgeber
Reisegast → Passagier
Reisegepäck → Gepäck
Reisekoffer → Gepäck
Reiseleiter → Reiseführer
reisen → verreisen, auf Reisen gehen, fahren, sich auf große Fahrt begeben, umherreisen, umherziehen, herumreisen
Reisender → Passagier, → Tourist, → Vertreter
Reisenecessaire → Waschbeutel
Reisepass → Ausweis
Reiseproviant → Verpflegung
Reisetasche → Gepäck
Reisevertreter → Vertreter
Reisezeit → Ferien, → Saison
Reißaus nehmen → ausbrechen, → fliehen
Reißbrettstift → Reißnagel
reißen 1. nicht halten, krachen, platzen, ausfransen, einreißen, durchreißen, zerreißen, kaputtgehen 2. → ziehen 3. → extrahieren
Reißer → Schlager, → Most
reißerisch → aufdringlich
Reißnagel Reißbrettstift, Reißstift, Reißzwecke, Heftzwecke, Zwecke, Pin, Pinne, → Nagel
Reißzwecke → Reißnagel
reiten im Sattel sitzen, Reitsport treiben, traben, galoppieren, sprengen
Reiter 1. Reitersmann, Jockei, Rennreiter, Turnierreiter, Dressurreiter, Springreiter 2. → Sieb
Reiterei → Kavallerie
Reiterin Amazone, Kunstreiterin, Zirkusreiterin, → Reiter
Reitertruppe → Kavallerie
Reitpferd Rennpferd, Traber, Springpferd, Dressurpferd
Reiz 1. Sinnesreiz, Reizung, Stimulus 2. Anreiz, Anregung, Kitzel, Anziehung, Anziehungskraft, Attraktivität, Faszination, Sexappeal, Verlockung, Zauber
reizbar → nervös, → aufbrausend
Reizbarkeit → Nervosität, → Jähzorn
reizen 1. anreizen, Interesse wecken, interessieren, kitzeln, jucken, anmachen, neugierig machen, verführen, → locken 2. → erregen 3. → herausfordern
reizend → charmant
reizlos → dröge, → gleichförmig
Reizmittel → Anregungsmittel, → Lockmittel
Reizthema → Herausforderung
Reizung → Reiz, → Entzündung
reizvoll → anregend, → geschmackvoll
Reizwort → Herausforderung
Rekapitulation → Wiederholung
rekapitulieren → wiederholen
Reklamation → Beanstandung
Reklame → Werbung
Reklameschrift → Prospekt
reklamieren → beanstanden
rekognoszieren → erkunden
rekonstruieren → restaurieren, → wiederherstellen
Rekonstruktion → Wiederherstellung
Rekonvaleszenz → Genesung
rekonvaleszieren → gesund werden
Rekord → Höchstleistung
Rekrut → Soldat
rekrutieren → einberufen
Rekrutierung → Einberufung
Rektor Direktor, Schulleiter
Rektum → After
Rekurs → Bezug, → Einspruch
Relation → Verhältnis
relativ → verhältnismäßig
relativieren → einschränken
Relativität → Bedingtheit
relegieren von der Schule weisen, verweisen, → ausschließen
relevant → bedeutend
Relevanz → Bedeutung
Relief → Erhabenheit, → Skulptur, → Malerei
reliefartig → erhaben
Religion → Bekenntnis, → Überzeugung
Religionsfrevel → Sakrileg
Religionsgemeinschaft → Glaubensgemeinschaft

religionslos → atheistisch
religiös → fromm
Religiosität → Frömmigkeit
Relikt Überrest, Überbleibsel, Fossil, Rudiment, Restform, Spur, → Rest
Reling → Geländer
Reliquie → Andenken
Remedium → Arznei
Reminiszenz → Erinnerung
remis → unentschieden
Remise → Schuppen
Renaissance Neubelebung, Wiedererweckung, Wiederbelebung, Wiedergeburt, Palingenese, Auferstehung, Resurrektion, Revival, Come-back, Aufleben, Wiedererstarken, Wiedererstehen
Rendezvous → Verabredung
Rendite → Einkünfte, → Gewinnspanne
renitent → aufrührerisch, → ungehorsam
Renitenz → Widerspenstigkeit
Rennbahn Autorennbahn, Motodrom, Ring, Piste, Bahn, Rennstrecke, → Arena
rennen → laufen
Rennen → Wettkampf, → Pferderennen
Renner → Verkaufsschlager
Rennfahrer Rennwagenfahrer, Rennpilot, Formel-1-Pilot, Pilot, Autorennfahrer, Rallyefahrer, Radrennfahrer
Rennplatz → Arena
Rennstrecke → Rennbahn
Rennwagen Formel-1-Wagen, Bolide, Rallyewagen
Renommee → Ansehen, → Ruf
renommiersüchtig → angeberisch
renommiert → angesehen
renovieren modernisieren, herrichten, wieder herrichten, neu streichen, tapezieren, gipsen, neu gestalten, flottmachen, aufpolieren, → restaurieren, → ausbessern
Renovierung → Erneuerung
rentabel → lukrativ, → wirtschaftlich
Rentabilität → Wirtschaftlichkeit
Rente 1. Altersrente, Altersversorgung, Pension, Ruhegehalt, Ruhegeld, Witwenrente, Waisenrente, Unfallrente, Invaliditätsrente, Kriegsrente, Zehrgeld, → Einkünfte 2. → Ruhestand
Rentenempfänger → Rentner
Rentenversicherung → Sozialversicherung
rentieren, sich sich lohnen, sich auszahlen, sich amortisieren, sich verzinsen, einträglich sein, → einbringen
Rentner Rentenempfänger, Ruheständler, Pensionär, Privatier, → Veteran
Reorganisation → Reform
reorganisieren → reformieren
reparabel reparierbar, wieder gutzumachen, wiederherstellbar, heilbar
Reparationszahlung → Entschädigung
Reparatur Ausbesserung, Instandsetzung, Erneuerung, → Wiederherstellung
Reparaturwerkstatt → Werkstatt
reparieren ausbessern, in Stand setzen, richten, beheben, erneuern, heil machen, ganz machen, in Ordnung bringen, → wiederherstellen
Repertoire → Vorrat
repetieren → sitzen bleiben, → wiederholen
Repetition → Wiederholung
Repetitorium → Lehrbuch
Replik → Antwort, → Nachahmung
replizieren → antworten, entgegnen
Report → Bericht
Reportage Berichterstattung, Bericht, Tatsachenbericht, Dokumentarbericht, Augenzeugenbericht
Reporter → Berichterstatter, → Journalist
Repräsentant → Vertreter, → Abgeordneter
Repräsentantenhaus → Parlament
repräsentativ → charakteristisch
Repräsentativerhebung → Umfrage
repräsentieren → darstellen
Repressalie Druckmittel, Gegenmaßnahme, → Vergeltung
repressiv → autoritär
Reprise → Wiederholung
Reproduktion Faksimile, Nachdruck, Nachbildung, Nachahmung, Ablichtung, Vervielfältigung, Klon, Wiederherstellung, → Dublette, → Kopie
reproduktiv → epigonenhaft
reproduzieren nachdrucken, nachbilden, nachahmen, vervielfältigen, klonen, kopieren
Republik → Land
reputabel → ehrenhaft
Reputation → Ansehen, → Ruf
reputierlich → ehrenhaft
Requiem → Totenmesse
requirieren → beschlagnahmen
Requisit → Zubehör
Reservat → Gebiet, → Schutzgebiet
Reserve 1. Ersatztruppe, Reservistenheer, Reservemannschaft, Ersatzmannschaft, → Ersatzmann 2. → Vorrat
reservieren zurücklegen, vormerken, beiseite legen, aufheben, → besetzen, → vorbehalten, sich
reserviert → besetzt
Reserviertheit → Verschlossenheit
Reservistenheer → Reserve
Reservoir → Speicher
Residenz → Stadt

residieren → wohnen
resignieren → aufgeben, → abschreiben
Résistance → Partisanenkrieg
resistent → widerstandsfähig
Resistenz → Widerstandkraft
resolut → energisch, → entschlossen
Resolution → Entschließung
Resonanz → Gefallen, → Echo
Respekt → Achtung
respektabel → ansehnlich, → bemerkenswert
respektieren → achten
respektiert → angesehen
respektive → beziehungsweise, → oder
respektlos → frech
Respektlosigkeit → Missachtung
Respektsperson → Persönlichkeit
respektvoll ehrerbietig, achtungsvoll, voller Respekt, zurückhaltend, unaufdringlich, → ehrfürchtig
Ressentiment Vorurteil, → Abneigung, → Hass
Ressort → Aufgabenbereich
Ressortchef → Minister
Ressortleiter → Leiter
Rest Rückstand, Asche, Schlacke, Satz, Bodensatz, Neige, Schlückchen, Spur, Restbestand, Restposten, Überrest, Überbleibsel, Übriges, Ende, → Relikt
Restanten → Schuldner, Ladenhüter
Restaurant → Gasthaus
Restauration → Gasthaus, → Rückschrittlichkeit
restaurativ → rückschrittlich
restaurieren wiederherstellen, wieder herrichten, in Stand setzen, rekonstruieren, überholen, erneuern, auffrischen, aufpolieren, plombieren, kitten, leimen, → renovieren, → ausbessern
Restaurierung → Erneuerung, → Wiederherstellung
Restbestand → Rest
restlich → übrig
restlos → ganz, → alles
Restposten → Rest
Restriktion → Einschränkung
restriktiv → autoritär
restringieren → einschränken
Resultat → Auflösung, → Ergebnis
resultieren → herrühren
Resümee → Ergebnis, → Zusammenfassung
resümieren → folgern, → zusammenfassen
resümierend → zusammenfassend
retardieren → verzögern
retirieren → zurückziehen, sich
Retorte → Reagenzglas
retour → rückwärts
Retourkutsche → Antwort
retournieren → zurückgeben
retrospektiv → nachträglich
Retrospektive → Erinnerung
retten erretten, erlösen, der Gefahr entreißen, in Sicherheit bringen, bergen, → befreien, → schützen
Retter Erretter, Erlöser, rettender Engel, Befreier, Helfer in der Not, Nothelfer, → Helfer
Rettung Errettung, Erlösung, Heil, Hilfe, Bergung, Befreiung, Entsatz, → Ausweg
Rettungsboot → Boot
rettungslos → hoffnungslos
Rettungsring → Schwimmhilfe
Rettungssanitäter → Sanitäter
Rettungswagen → Krankenwagen
Rettungsweg → Notausgang
Rettungsweste → Schwimmhilfe
Reue Reumütigkeit, Reuegefühl, Einkehr, Selbsterkenntnis, Selbstanklage, Selbstvorwurf, Bedauern, Zerknirschtheit, Zerknirschung, Bußfertigkeit, → Buße, → Schuldbewusstsein, → Skrupel
Reue empfinden → bereuen
Reuegefühl → Reue
reuen → bereuen
reuig reumütig, reuevoll, einsichtig, beschämt, schuldbewusst, zerknirscht, bußfertig
reumütig → reuig
Reumütigkeit → Reue
reüssieren → gelingen
Revanche → Vergeltung
revanchieren, sich → vergelten
Reverenz → Aufwartung
Revers Rockaufschlag, Spiegel, → Aufschlag
revidieren → berichtigen, → überprüfen
Revier → Gebiet, → Polizeiwache
Revision → Überprüfung
Revival → Renaissance
Revolte → Aufruhr, → Aufstand
revoltieren → auflehnen, sich
Revolution 1. Umwälzung, Umschwung, Umbruch, Veränderung, Umkrempelung, Wandel, → Reform 2. → Aufstand, → Aufruhr
revolutionär → bahnbrechend, → fortschrittlich
Revolutionär 1. Bilderstürmer, Weltverbesserer, Vordenker, → Pionier 2. → Aufrührer
revolutionieren umwälzen, umkrempeln, umwandeln, verändern, neu gestalten, → reformieren
Revoluzzer → Aufrührer
Revolver → Pistole
Revue → Journal, → Show

Rezensent → Kritiker
rezensieren → besprechen
Rezension → Besprechung
rezent → herb
Rezept 1. Kochrezept, Kochanweisung, Anleitung 2. Arzneiverordnung, Medikamentenverordnung, Verordnung, Verschreibung
Rezeption Anmeldung, Empfang, Empfangsschalter, Empfangsbüro, Empfangshalle, Halle, Empfangsraum, Aufnahmeraum, Aufnahme
Rezession → Depression
rezessiv → rückläufig
rezipieren → übernehmen
reziprok → wechselseitig
Rezitation → Vortrag
rezitieren → vortragen
Rhetor → Rhetoriker
Rhetorik Redekunst, Sprechkunst, Redebegabung, Beredsamkeit, → Wortgewandtheit
Rhetoriker Rhetor, Redekünstler, begabter Redner, Demagoge, → Redner
rhetorisch → ausdrucksvoll
Rheuma Rheumatismus, Gliederreißen, Gliederschmerzen, Arthritis, Arthrose, Gicht, Gelenkrheumatismus, Ischias
Rheumatismus → Rheuma
rhythmisch → regelmäßig
Rhythmus → Takt, → Reihenfolge
richten → ordnen, → reparieren, → hinrichten, → zubereiten
richten, sich → befolgen, → anlehnen sich, → vorbereiten, sich
Richter Amtsrichter, Kadi, Jurist, → Rechtsanwalt
Richterspruch → Urteil
richtig 1. recht, in Ordnung, gerechtfertigt, goldrichtig, wohlgetan, rechtens, fehlerfrei, einwandfrei, korrekt, zutreffend, genau, → wahr 2. → geeignet, → einschlägig 3. → sinnvoll 4. → fachkundig
richtig sein → zutreffen
Richtigkeit → Regel
richtig stellen → berichtigen
Richtigstellung → Berichtigung
Richtlinie → Regel, → Befehl
Richtpreis → Preis
Richtschnur → Regel, → Maßstab, → Leitspruch
Richtstatt → Schafott
Richtung 1. Kurs, Marschroute, Route, Weg, Wegrichtung, Fahrtrichtung, Direktion, Himmelsrichtung 2. → Trend
richtunggebend → ausschlaggebend
Richtungsänderung → Kurve
richtungslos → ziellos
Richtungsschild → Wegweiser
richtungweisend → bahnbrechend, → ausschlaggebend
ridikül → lächerlich
riechen 1. schnuppern, schnüffeln, einschnaufen, wittern, Witterung aufnehmen, winden 2. → duften, → stinken
Riecher → Nase, → Spürsinn
Ried → Sumpf
Riefe → Kerbe
Riege → Mannschaft, → Reihe
Riegel 1. Türriegel, Schieber, Bolzen, Knebel, Sperre, → Schloss 2. → Balken
Riemen → Ruder, → Gürtel, → Gurt, → Brett
Riese Hüne, Lulatsch, Schrank, Mordskerl, langer Kerl, Recke, Gigant, Titan, Koloss, Zyklop, Goliath
rieseln → fließen, → plätschern
riesig → groß, → gewaltig
Riff → Fels
Rigorist → Fanatiker
rigoros → rücksichtslos, → streng
Rigorosität → Rücksichtslosigkeit, → Strenge
Rille → Fuge
Rind Rindvieh, Wiederkäuer, Paarhufer, Kuh, Milchkuh, Färse, Kalb, Ochse, → Stier
Rinde Borke, Kruste, Schale, → Brotrinde
Rindvieh → Rind
Ring 1. Reif, Reifen, Fingerring, Fingerreif, Ehering 2. Kringel, Kreis, Rund 3. → Organisation 4. → Rennbahn 5. → Straße
Ringbuch → Aktenordner
ringeln → wickeln
ringen kämpfen, rangeln, in ein Handgemenge geraten, Kraft aufwenden, sich anstrengen
ringförmig → rund
Ringrichter → Schiedsrichter
rings → reihum
ringsherum → reihum
ringsum → überall
ringsumher → überall
Rinne → Graben
rinnen → auslaufen, → fliehen
Rinnsal → Bach
Rinnstein → Gosse
Rippe 1. Strang, Stück, Blattrippe, Blattader 2. Rippenknochen, Rippenbogen, → Knochen
Risiko Umwägbarkeit, → Wagnis, → Gefahr
riskant risikoreich, gewagt, happig, bedenklich, halsbrecherisch, lebensgefährlich, abenteuerlich, Schwindel erregend, → gefährlich
riskieren → wagen
Riss Bruch, Sprung, Knacks, Spalt, Ritze, Ritz, Leck, Loch
rissig → rau

Rist Spann, Fußrücken
Ritter 1. Rittersmann, Reiter, Burgherr, Paladin, Kämpfer, Kreuzritter, Ordensritter, Malteser, Templer, Knappe, Schildknappe, Schildknecht 2. → Kavalier
Ritterburg → Burg
ritterlich → edel, → höflich
Ritterlichkeit → Edelmut, → Höflichkeit
Ritual → Brauch, → Zeremonie
Ritus → Brauch, → Zeremonie
Ritz → Kratzer, → Riss
Ritze → Riss
ritzen → gravieren, → kratzen
Ritzer → Kratzer
Rivale Konkurrent, Mitbeweber, Nebenbuhler, → Gegner
rivalisieren → wetteifern
Rivalität Konkurrenz, Existenzkampf, Gegnerschaft, Nebenbuhlerschaft, → Wettbewerb
robben → kriechen
Robe → Ornat, → Gala, → Kleidung
Roboter → Automat
robust haltbar, → dickfellig
röcheln → keuchen
Rock 1. Damenrock, Kleiderrock, Faltenrock, Glockenrock 2. → Jacke
Rockgruppe → Band
Rockoper → Musikdrama
Rocksänger → Sänger
rodeln Schlitten fahren, schlitteln
Rodelschlitten → Schlitten
roden → erschließen, → kultivieren
Rodung → Urbarmachung, → Lichtung
roh 1. ungekocht, ungegart 2. → gefühllos, → brutal
Rohheit → Grausamkeit, → Gefühllosigkeit
Rohling → Grobian, → Barbar
Rohmaterial → Grundstoff
Rohöl → Erdöl
Rohr 1. Röhre, Schlauch, Wasserrohr, Abflussrohr 2. → Sumpf 3. → Gerte 4. → Stiel
Röhre → Rohr, → Bau, → Stimme
Röhricht → Sumpf
Rohrleitung → Leitung
Rohrstock → Gerte
Rollbahn → Rollfeld
Rolle 1. Theaterrolle, Schauspielrolle, Part, Partie, Person, Figur, → Hauptrolle, → Nebenrolle 2. Walze, Röllchen, Trommel 3. → Überschlag
rollen 1. kugeln, kullern, kollern, trudeln, wälzen, drehen, → drehen, sich 2. → fahren 3. → schlingern
Rollfeld Rollbahn, Startbahn, Landebahn, Piste, → Flugplatz
Rollfuhrunternehmen → Spedition
Rollladen (*auch:* Roll-Laden) → Jalousie
Rollo → Jalousie
Rollstuhl Krankenstuhl, Fahrstuhl, Krankenfahrstuhl
Roma → Zigeuner
Roman → Erzählung
Romancier → Schriftsteller
Romantik Träumerei, Fantasie, Schwärmerei, Verträumtheit, Empfindsamkeit
Romantiker → Fantast
romantisch → empfindsam
Romanze → Verhältnis
röntgen durchleuchten, Röntgenaufnahmen machen
Röntgenuntersuchung Durchleuchtung, Schirmbilduntersuchung, Radioskopie
rosa rosafarben, rosig, rosarot, rosenrot, rosenfarben, fleischfarben, hautfarben, lachsfarben, pink, zartrosa, altrosa
rösch → knusprig
Rosenkranz → Gebet, → Gottesdienst
Rosenmontag → Fasching
Rosine → Weinbeere
Ross → Pferd, → Dummkopf
Rost → Belag, → Grill
rosten rostig werden, Rost ansetzen, korrodieren, oxidieren, anlaufen, beschlagen, einrosten, verrosten, durchrosten, durchfressen
rösten → braten, → dörren
röstfrisch → knusprig
rostig verrostet, rostzerfressen, zerfressen, eingerostet, mit Rost überzogen, angelaufen, beschlagen, korrodiert
rostzerfressen → rostig
rot 1. hellrot, blassrot, rötlich, orangerot, tomatenrot, feuerrot, fuchsrot, ziegelrot, zinnoberrot, kupferrot, rostrot, dunkelrot, purpurrot, purpurn, rubinrot, blutrot, weinrot, scharlachrot, knallrot, hochrot, krebsrot, rosenrot, kirschrot, himbeerrot, karmesinrot, karmin, karmoisin 2. → entzündet 3. → sozialistisch
Rot → Haltezeichen
Rotation → Drehung
rotblond → rothaarig
rotbraun → braun, dunkelhaarig
Röteln → Masern
roter Faden → Grundgedanke
rothaarig rotblond, fuchsrot, fuchsig, feuerrot, hennarot
Rothaariger Rotschopf, Fuchs, Feuermelder
rotieren → drehen, sich
Rotkreuzschwester → Krankenschwester
Rotkreuzwagen → Krankenwagen
Rotlicht → Haltezeichen
Rotor → Propeller, → Ventilator
rotsehen → aufbrausen

Rotte → Herde, → Bande
Rotz Auswurf, Schleim, Sputum, → Ausscheidung
Rotzbengel → Flegel
rotzen → spucken, → schnäuzen, sich
rotzfrech → frech
Rotzlöffel → Flegel, → Spitzbub(e)
Rotznase → Nase, → Flegel
Rouge → Schminke
Roulette → Glücksspiel
Route → Richtung
Routine → Erfahrung, → Gewohnheit
Routineangelegenheit → Formalität
Routinier → Fachmann
routiniert → fachkundig
Rowdy → Flegel, → Raufbold
rubbeln → reiben
Rübe 1. Dickrübe, Runkelrübe, Runkel, Futterrübe, Zuckerrübe, → Mohrrübe, → Salatrübe 2. → Kopf
rüber → hinüber
Rubrik → Spalte, → Klasse
rubrizieren → einordnen
Ruch → Geruch, → Ruf
ruchbar → bekannt
ruchbar werden → herauskommen
ruchlos → niederträchtig, → verbrecherisch
Ruchlosigkeit → Niedertracht
Ruck → Stoß
Rückantwort → Antwort, → Schreiben
ruckartig ruckweise, stoßweise, abgehackt, mit einem Ruck, abrupt
rückbilden, sich sich zurückbilden, zurückgehen, verkümmern, degenerieren, entarten
Rückbildung Verkümmerung, Entartung, Degeneration, Rückgang
Rückblende → Erinnerung
Rückblick → Erinnerung
rückblickend → nachträglich
rücken 1. rutschen, heranrücken, näher rücken, heranrutschen, näher rutschen, wegrücken, wegrutschen, → verrücken 2. → schieben
Rücken 1. Kreuz, Buckel, Hucke 2. → Rückseite 3. → Lehne
Rückendeckung → Unterstützung
Rückenstärkung → Unterstützung
Rückenteil → Rückseite
rückerstatten → entschädigen
Rückerstattung → Entschädigung
Rückfahrt → Rückweg
Rückfall Wiederholung, Wiederkehr, Verschlechterung, Verschlimmerung, → Rückschritt
rückfällig wiederkehrend, wiederholt, wieder, unverbesserlich
Rückfrage → Frage
Rückgang → Depression, → Rückschritt, → Rückbildung, → Stagnation
rückgängig machen → annullieren
rückgebildet → rudimentär
Rückgrat 1. Wirbelsäule, Rückenmark 2. → Charakterfestigkeit
rückgratlos → charakterlos, → gesinnungslos
Rückgratlosigkeit → Gesinnungslosigkeit
Rückgriff → Bezug
Rückhalt → Unterstützung
Rückhaltlosigkeit → Ehrlichkeit
Rückkehr Rückreise, Heimreise, Heimkehr, Wiederkehr, Wiederkunft, Rückkunft, Wiedersehen, → Ankunft
Rückkunft → Rückkehr
Rücklage → Ersparnis
rückläufig abnehmend, nachlassend, stagnierend, zurückgehend, schwindend, abflauend, sinkend, degressiv, regressiv, rezessiv, Verlust bringend, negativ, ungünstig
Rücklicht Rückleuchte, Rückstrahler, Katzenauge, Bremslicht, Bremsleuchte
Rücknahme → Umtausch
Rückreise → Rückkehr
Rückruf → Umtausch
Rucksack Ranzen, Felleisen, Tornister, → Gepäck
Rückschau → Erinnerung
Rückschlag → Misserfolg, → Rückschritt
Rückschritt Rückgang, Rückfall, Atavismus, Verschlechterung, Rückschlag, → Verringerung
rückschrittlich reaktionär, fortschrittsfeindlich, restaurativ, rückständig, zurückgeblieben, hinterwäldlerisch, rückwärts gerichtet, atavistisch, → altmodisch, → konservativ
Rückschrittlichkeit Reaktion, Restauration, Fortschrittsfeindlichkeit, Konservativismus, Rückständigkeit, Zurückgebliebenheit
Rückseite Rücken, Kehrseite, Hinterseite, Rückenteil, rückwärtiger Teil, Schattenseite, Nachtseite, Abseite
rückseitig → hinten
rucksen → gurren
Rücksicht Rücksichtnahme, Schonung, Achtsamkeit, Behutsamkeit, Vorsicht, Aufmerksamkeit, Berücksichtigung, → Taktgefühl
Rücksicht nehmen → berücksichtigen
rücksichtlich → hinsichtlich
Rücksichtnahme → Rücksicht
rücksichtslos 1. bedenkenlos, unbedenklich, kaltschnäuzig, grob, rigoros, radikal, brutal, hart, unbarmherzig, schonungslos, → skrupellos, → selbstsüchtig 2. → unfair 3. → taktlos

Rücksichtslosigkeit 1. Bedenkenlosigkeit, Kaltschnäuzigkeit, Rigorosität, Radikalismus, Brutalität, Rohheit, Unbarmherzigkeit, Schonungslosigkeit, → Skrupellosigkeit, → Selbstsucht 2. → Taktlosigkeit
rücksichtsvoll → taktvoll
Rücksitz Hintersitz, Wagenfond, Fond
Rücksprache → Gespräch, → Aussprache
Rückstand 1. Verzug, Verzögerung, Saumseligkeit, Ausstand, Fristüberschreitung, Hintertreffen 2. → Schuld 3. → Rest, → Abfall, → Ablagerung
rückständig → rückschrittlich, → schuldig
Rückständigkeit → Rückschrittlichkeit
Rückstau Stauung, Verkehrsstau, Stockung
Rückstrahler → Rücklicht
Rücktritt → Abdankung, → Verzicht
rückvergüten → entschädigen
Rückvergütung → Entschädigung
rückversichern → versichern
Rückversicherung → Versicherung
rückwärts nach hinten, hintüber, entgegengesetzt, gegenläufig, zurück, retour
rückwärts gehen → weichen
rückwärts gerichtet → rückschrittlich
Rückweg Rückfahrt, Heimweg, Heimfahrt, Nachhauseweg, → Rückkehr
Rückwendung → Wende
rückwirkend → nachträglich
Rückwirkung → Reaktion
Rückzahlung → Entschädigung
Rückzieher → Widerruf
Rückzug 1. Räumung, Abzug, Rückmarsch, Flucht, Aufgabe, Preisgabe, → Abmarsch 2. → Widerruf
rüde → grob, → barsch
Rüde → Hund, → Fuchs
Rudel → Herde
Ruder 1. Riemen, Paddel 2. → Steuer
Ruderboot → Boot
rudern 1. paddeln, pullen, sich in die Riemen legen, Boot fahren 2. → gestikulieren
Ruderpinne → Steuer
Rudiment → Relikt
rudimentär ansatzweise, unausgebildet, unentwickelt, unterentwickelt, zurückgeblieben, rückgebildet, verkümmert
Ruf 1. Renommee, Reputation Leumund, Ansehen, Geltung, Geruch, → Ruhm 2. → Berufung 3. → Appell 4. → Schrei
rufen → schreien, → zwitschern, → nennen, → schicken nach
Rüffel Verweis, Rüge, → Kritik, → Zurechtweisung
Rufmord → Verleumdung
Rufname → Vorname
Rufnummer → Telefonnummer
Rüge → Zurechtweisung
rügen → beanstanden
Ruhe 1. Beherrschung, Besonnenheit, Gelassenheit, Gesetztheit 2. Seelenruhe, Gemächlichkeit, Beschaulichkeit, Besinnlichkeit, Ausgeglichenheit, inneres Gleichgewicht 3. Freizeit, Müßiggang, Nichtstun, Friede, Schlaf, Erholung 4. → Stille
ruhebedürftig → müde
Ruhebett → Sofa, → Bett
Ruhegehalt → Rente
ruhelos → hektisch
Ruhelosigkeit → Unruhe
ruhen 1. sich Ruhe gönnen, still liegen, rasten, weilen, verweilen, abschalten, entspannen, → ausruhen, → erholen, sich 2. brachliegen, lahm liegen, pausieren, ungenutzt liegen, auf Eis liegen 3. → liegen
Ruhepause → Pause
Ruhestand Pensionierung, Pension, Rente, Lebensabend
Ruheständler → Rentner
Ruhestätte → Friedhof, → Grab
Ruhestörer → Störenfried
Ruhestörung → Lärm, → Störung
Ruhetag Sonntag, Feiertag, Festtag, Nationalfeiertag, arbeitsfreier Tag, Rasttag, Urlaubstag, Ferientag
Ruhezeit → Pause
ruhig 1. beherrscht, besonnen, bedächtig, bedachtsam, gelassen, gesetzt, gemessen, cool 2. seelenruhig, langsam, gemächlich, gemach, in Ruhe, ohne Hast, geruhsam, ruhevoll, gesetzt, abgeklärt, ausgeglichen, beschaulich, entspannt, friedlich 3. → still 4. → schweigsam
ruhig werden → beruhigen, sich
Ruhm Glanz, Nimbus, Glorie, Berühmtheit, Weltruhm, Weltruf, Ruf, Preis, Lob, → Ansehen
ruhmbegierig → ehrgeizig
rühmen → loben
rühmenswert → ehrenhaft
rühmlich → ehrenvoll, → verdienstvoll
ruhmlos → unbeachtet
ruhmreich → ruhmvoll
Ruhmsucht → Ehrgeiz
ruhmvoll ruhmreich, glorreich, glorios, glänzend, ehrenvoll, → verdienstvoll
Ruhr → Durchfall
Rührbesen → Quirl
Rührei → Omelett
rühren 1. umrühren, durchrühren, verrühren, verquirlen, quirlen, schlagen, aufschlagen, drehen, → bewegen 2. → ergreifen

rühren, sich → bewegen, sich
rührend → ergreifend, → liebevoll
rührig → eifrig
Rührigkeit → Eifer
rührselig → tränenselig
Rührseligkeit → Tränenseligkeit
Rührstück → Schmachtfetzen
Rührung → Ergriffenheit
Ruin → Bankrott, → Zerstörung
Ruine → Trümmer
ruinieren 1. zu Grunde richten, erledigen, brotlos machen, an den Bettelstab bringen, in die Pfanne hauen, das Genick brechen, ins Unglück bringen, zu Fall bringen, ins Verderben stürzen 2. vernichten, zerstören, destruieren, verwüsten, demolieren, → beschädigen 3. → herunterwirtschaften
ruinieren, sich → schaden, sich
ruiniert → bankrott
ruinös → verderblich
rülpsen → aufstoßen
Rum → Spirituosen
Rummel → Trubel, → Kirmes
rumoren → lärmen, → gären
Rumpelkammer → Abstellraum
rumpeln holpern, poltern, rattern, stoßen, stuckern, bumpern, dröhnen, krachen, → donnern
Rumpf → Körper
rümpfen → runzeln
rumsen → knallen
Run → Zustrom, → Rausch
rund 1. kreisförmig, kreisrund, kugelig, kugelrund, ringförmig, orbikular, gerundet, bauchig, → gebogen 2. → dick 3. → ausgewogen 4. → ungefähr
Rundblick → Panorama
Rundbogen → Bogen
Rundbrief → Rundschreiben
Runde → Gruppe, → Kreis
runden → aufrunden, → abrunden
runden, sich → wölben, sich
Rundfrage → Umfrage
Rundfunk Hörfunk, Radio, Funk, Fernsehen, Medien
Rundfunkarchiv → Archiv
Rundfunkempfänger → Rundfunkgerät
Rundfunkgerät Empfangsgerät, Empfänger, Rundfunkempfänger, Tuner, Receiver, Rundfunkapparat, Radioapparat, Radio, Transistorradio, Transistor, Kofferradio
Rundfunkprogramm → Rundfunksender
Rundfunksender Radiosender, Sender, Sendestation, Radiostation, Station, Rundfunkprogramm, Rundfunkstation, Programm, Welle
Rundfunksendung → Sendung
Rundfunksprecher → Moderator
Rundfunkübertragung → Sendung
rundheraus → offen
rundherum → reihum
rundlich → dick
Rundschreiben Zirkular, Umlauf, Bekanntmachung, Rundbrief, Sendschreiben, Sendbrief, Enzyklika, Hirtenbrief
Rundsicht → Panorama
rundum → reihum
Rundumsicht → Panorama
Rundung → Bogen, → Wölbung
rundweg → ganz, → schlechthin
Runkelrübe → Rübe
runterfallen → abstürzen, → hinunterfallen
runterfliegen → hinunterfallen
runtergehen → hinuntersteigen
runtersegeln → hinunterfallen
runterspringen → hinunterspringen
runtersteigen → hinuntersteigen
Runzel → Falte
runzelig → verrunzelt
runzeln krausen, kraus ziehen, in Falten legen, die Stirn runzeln, rümpfen, zusammenziehen, Furchen ziehen
Rüpel → Flegel, → Spitzbub(e)
Rüpelei → Flegelei
rüpelhaft → flegelhaft
Rüpelhaftigkeit → Flegelei
rupfen → ziehen, → ausbeuten
ruppig → grob, → barsch
Rüsche Besatz
Rushhour → Stoßzeit
Ruß → Asche
Rüssel → Nase
rußen → blaken, schwelen, kohlen
rußgeschwärzt → verräuchert
rußig → verräuchert
rüsten 1. aufrüsten, sich bewaffnen, Kriegsvorbereitungen treffen, mobilisieren, mobil machen 2. vorbereiten
rüsten, sich → vorbereiten, sich
rüstig → frisch, → gesund
Rüstigkeit → Gesundheit
rustikal → ländlich
Rüstung 1. Aufrüstung, Hochrüstung, Rüstungsspirale, Overkill 2. → Panzer
Rüstungsgegner → Pazifist
Rüstzeug → Hilfsmittel, → Ausrüstung
Rute → Gerte, → Peitsche, → Schwanz
Rutsch → Spritztour
Rutschbahn → Rutsche, → Eisbahn
rutschen → gleiten, → rücken
rutschig → glatt
rütteln → schütteln

S

Saal Halle, Raum, Festsaal, Kronsaal, Konzertsaal, Theatersaal, Wartesaal, Wartehalle, Hörsaal, Aula
Saat → Samen
sabbeln → spucken
Sabber → Spucke
sabbern → spucken
Säbel → Schwert
säbeln → schneiden
Sabotage Sabotageakt, Attentat, Diversion, Widerstand, Zersetzung, Staatszersetzung, Konterrevolution, → Spionage
Sabotageakt → Sabotage
Saboteur → Agent
sabotieren hintertreiben, untergraben, unterminieren, aushöhlen, zersetzen, aufhalten, hemmen, stören, entgegenarbeiten, entgegenwirken, Sand ins Getriebe streuen, → verhindern
Sachbearbeiter → Referent
Sachbereich → Arbeitsgebiet
Sachbeschädigung → Beschädigung
sachbezogen → sachlich
sachdienlich → nützlich
Sache → Gegenstand, → Angelegenheit
Sachen → Kleidung
sachfremd → unsachlich
Sachgebiet → Fach, → Arbeitsgebiet
sachgemäß → fachkundig, → einschlägig
sachgerecht → fachkundig
Sachkenner → Fachmann
sachkundig → fachkundig
Sachkundiger → Fachmann
Sachlage → Situation
sachlich 1. sachgemäß, sachbezogen, anwendungsbezogen, handlungsbezogen, auf Tatsachen beruhend, pragmatisch, in der Sache 2. objektiv, nüchtern, neutral, unbestechlich, rational, leidenschaftslos, frei von Emotionen, → gerecht
Sachlichkeit Objektivität, Nüchternheit, Neutralität, Unbestechlichkeit, Rationalität, → Gerechtigkeit
Sachschaden → Schaden
sacht → langsam, → vorsichtig
sachunkundig → inkompetent
Sachverhalt → Situation
sachverständig → fachkundig
Sachverständiger → Fachmann, → Gutachter
Sachwalter → Rechtsanwalt
Sack Beutel, Jutesack, Seesack, Matchsack
Säckel → Beutel, → Geldbeutel
sacken → sinken
Sackgasse → Hoffnungslosigkeit, → Straße
Sacktuch → Taschentuch
Sadismus → Grausamkeit, → Perversität
sadistisch → grausam, → pervers
Sadomasochismus → Perversität
säen aussäen, ausbringen, einsäen, legen, ausstreuen, ausschleudern, → pflanzen
Safari → Expedition
Safe → Tresor
Saft 1. Fruchtsaft, Obstsaft, Süßmost, → Most 2. → Flüssigkeit 3. → Soße
saften → tropfen
saftig 1. prall, voll, fruchtig, fleischig, dick 2. → ausdrucksvoll 3. → derb
Saftpresse → Kelter
Sage → Erzählung, → Gerücht
Sägebock → Bock
sagen → äußern, → sprechen, → behaupten
sägen absägen, schneiden, ablängen
sagenhaft → großartig, → legendär
Sahne → Rahm
Saison 1. Hauptgeschäftszeit, Hauptzeit, Hauptsaison, Hochkonjunktur, Stoßzeit, Hauptreisezeit, Reisezeit 2. Spielzeit, Theatersaison, Konzertsaison, Ballsaison
Saisonarbeiter → Arbeiter
Sakko → Jacke
sakral → geistlich, → heilig
Sakrament Gnadenmittel, heilige Handlung, Beichte, Firmung, Kommunion, Ehesakrament, Taufe, Sterbesakrament, Priesterweihe
Sakrileg Religionsfrevel, Religionsvergehen, Kirchenschändung, Kirchenraub, → Gotteslästerung, → Entweihung
Sakristan → Küster
sakrosankt → heilig
säkular → weltlich
Salär → Lohn
Salatrübe Rote Be(e)te, rote Rübe, Rahne
Salatsoße → Soße
Salbader → Schwätzer
salbaderisch → redselig
Salbe Krem, Creme, Balsam, Unguentum, Vaseline, Paste, Schmiere
salbungsvoll → schwülstig
Saldo → Differenz, → Überschuss
Salon → Wohnzimmer
salopp → zwanglos
Salto → Sprung, → Überschlag
Salut Ehrenschuss, Ehrensalut, Ehrensalve, Begrüßungsschuss, → Hochruf, → Gruß
salutieren → grüßen

Salve → Garbe
Salz Salzkristall, Natriumchlorid, Kochsalz, Speisesalz, Mineralsalz, Meersalz
salzen → würzen
Sämann → Landwirt
Samen 1. Saat, Saatgut, Sämerei, Einsaat 2. → Keimzelle 3. → Ursprung
Samenkorn → Keimzelle
Samenzelle → Keimzelle
Sämerei → Samen
sämig → breiig, → dickflüssig
Sammelband → Album
Sammelbecken Auffangbecken, Schmelztiegel, Sammelpunkt, → Treffpunkt, → Speicher
Sammelbehälter → Speicher
Sammelbuch → Album
Sammellinse → Lupe
Sammelmappe → Aktenordner
sammeln 1. auffangen, einfangen, aufsammeln, einsammeln, aufklauben, auflesen, zusammenlesen, zusammenklauben, → ernten, → horten, → ansammeln 2. zusammenbringen, zusammentragen, kompilieren, Sammlungen anlegen, aufbewahren, aufheben, einstapeln, einlagern 3. → konzentrieren
sammeln, sich → versammeln, sich, → konzentrieren, sich, → beruhigen, sich
Sammelplatz → Treffpunkt
Sammelpunkt → Sammelbecken, → Treffpunkt
Sammelsurium → Mischung
Sammler → Liebhaber, → Mäzen
Sammlung 1. Kollekte, Spendensammlung, Spendenaufruf 2. Dokumentation, Aufnahme, Erfassung, Registrierung 3. → Einkehr 4. → Aufmerksamkeit 5. → Konzentration 6. → Museum
Sampler → Auswahl
samt → einschließlich
samt und sonders → alle, → alles
Samt → Stoff
samtig → weich
sämtlich → alle, → ganz
Sanatorium Kurheim, Erholungsheim, Pflegeheim, Heilanstalt, → Krankenhaus
Sanatoriumsaufenthalt → Kur
Sand → Geröll
Sandale Sandalette, Opanke, Jesuslatschen
Sandbank → Untiefe
Sandkasten → Kinderspielplatz
Sandwich belegtes Brot, belegtes Brötchen, Schnittchen, Hamburger, Hotdog, → Butterbrot
sanft 1. zart, weich, mild, gelinde, behutsam, → pfleglich 2. → gutmütig
Sänfte Tragstuhl, Trage, Tragbahre, Bahre
Sanftmut → Gutmütigkeit
sanftmütig → gutmütig
sang- und klanglos → kläglich
Sänger Vokalist, Opernsänger, Tenor, Bariton, Bass, Konzertsänger, Diseur, Schlagersänger, Popsänger, Rocksänger, → Troubadour, → Chansonier
Sängerin Vokalistin, Opernsängerin, Diva, Primadonna, Konzertsängerin, Operettensängerin, Soubrette, Chansonette, Diseuse
Sängervereinigung → Chor
Sani → Sanitäter
sanieren → abhelfen, → wiederherstellen
Sanierung → Wiederherstellung
Sanitärfachmann → Installateur
Sanitäter Rettungssanitäter, Sani, Sanitätsoffizier, Sanitätssoldat, Lazarettgehilfe, Rotkreuzmann, → Krankenpfleger
Sanitätssoldat → Sanitäter
Sanitätswagen → Krankenwagen
Sanka → Krankenwagen
Sanktion → Bestätigung, → Strafe
sanktionieren → bestätigen
Sarg Totenschrein, Schrein, Kiste, Steinsarg, Sarkophag, Urne
Sarkasmus → Spott
sarkastisch → spöttisch
Sarkophag → Sarg
Satan → Teufel
satanisch → teuflisch
Satellit 1. Raumsonde, Sputnik, Erdsatellit, Erdtrabant, → Raumschiff 2. → Anhänger
Satellitenstadt → Vorort
Satire → Parodie
Satiriker → Kabarettist
satirisch → spöttisch
Satisfaktion → Duell
satt 1. gesättigt, voll, voll gefressen, voll gepropft, genudelt, pappsatt, überfressen 2. → zufrieden 3. → bunt
satt machen → sättigen
Sattel → Pass
sattelfest → erfahren
Sattelschlepper → Lastkraftwagen
sättigen satt machen, stopfen, nähren, anschlagen
sättigend → nahrhaft
Sättigung → Überdruss
sattsam → genug
Satz 1. Set, Garnitur, Service, Zusammenstellung, Kombination, Serie, Reihe 2. → Ausspruch 3. → Ablagerung 4. → Sprung
satzfertig machen → redigieren
Satzung → Regel
Satzvorlage → Manuskript

Sau → Schwein, → Schmutzfink
sauber 1. gereinigt, gesäubert, fleckenlos, makellos, schmutzfrei, rein, reinlich, blitzsauber, hygienisch, wie geleckt, pieksauber, picobello, proper, schmuck, blitzblank, blank, frisch gewaschen, → frisch 2. → ordentlich 3. → anständig
sauber halten → pflegen
sauber machen → putzen
Sauberkeit 1. Reinheit, Reinlichkeit, Fleckenlosigkeit, Makellosigkeit 2. → Körperpflege, → Ordnungsliebe 3. → Anständigkeit
säubern reinigen, polieren, abwaschen, waschen, abreiben, abseifen, ausspülen, auswaschen, ausklopfen, ausschütteln, → putzen, → abwischen
Säuberung → Reinigung, → Bad
Sauce → Soße
sauer 1. essigsauer, gesäuert, säuerlich, scharf, → herb, → ätzend 2. stichig, angesäuert, gestockt 3. → unreif 4. → beleidigt
Sauerei → Niedertracht, → Unanständigkeit
säuern → gären
Sauerteig → Triebmittel
Sauertopf → Griesgram
sauertöpfisch → mürrisch
saufen 1. bechern, kneipen, im Übermaß trinken, einen heben, ein Besäufnis veranstalten, sich einen hinter die Binde gießen, → betrinken, sich 2. trinken, zur Tränke geführt werden
Säufer → Trinker
Saufgelage → Gelage
saugen 1. ziehen, nuckeln, suckeln, lutschen, schnullen 2. → putzen
säugen → stillen
Sauger → Schnuller
Saugfähigkeit → Saugkraft
Saugkraft Saugfähigkeit, Aufnahmefähigkeit, Absorptionsfähigkeit
Säugling Neugeborenes, Baby, Wickelkind, Wiegenkind, Kleinkind, Kleines, → Kind
Säuglingsheim → Kinderheim
Sauklaue → Handschrift
Säule Pfeiler, Pilaster, Pylon, Kolonne, Brückenpfeiler, Rundpfeiler, Eckpfeiler, Pfosten, → Stütze
Saum → Einfassung, → Besatz, → Ufer
säumen → trödeln, → warten, → einfassen
säumig → langsam, → nachlässig
Säumigkeit → Nachlässigkeit
Saumpfad → Weg
saumselig → langsam, → nachlässig
Saumseligkeit → Langsamkeit, → Nachlässigkeit
Saumtier → Tragetier
Sauna Dampfbad, Heißluftbad, Schwitzbad, Sudatorium, irisches Bad, türkisches Bad, römisches Bad
Saupfote → Handschrift
Sause → Fest
säuseln → flüstern, → rauschen
sausen → eilen, → laufen, → fahren
Sauser → Most
Saustall → Unordnung
Savanne → Öde
schaben → kratzen, → rasieren
Schabernack → Scherz
schäbig → geizig, → abgenutzt, → minderwertig
Schäbigkeit → Geiz, → Niedertracht
Schablone → Vorlage, → Norm
schablonenhaft → fantasielos, → phrasenhaft
schablonisieren → verallgemeinern
Schacherer → Geschäftemacher, → Hehler
schachern → handeln
schachmatt → besiegt, → gescheitert
Schachtel Karton, Pappschachtel, Pappkarton, Box, Behälter, Kasten, Dose, Behältnis → Kiste
schächten → schlachten
Schachzug → List
schade → leider
Schädel → Kopf
schaden 1. schädigen, Schaden zufügen, Unheil anrichten, Böses zufügen, eins auswischen, zu Leide tun, einen bösen Streich spielen, ein Bein stellen, → beeinträchtigen, → benachteiligen 2. schädlich sein, sich nachteilig auswirken, sich negativ auswirken, von Schaden sein
schaden, sich sich schädigen, sich den Mund verbrennen, sich in die Nesseln setzen, sich ins eigene Fleisch schneiden, sich ruinieren, sich zu Grunde richten
Schaden Defekt, Panne, Knacks, Verletzung, Beschädigung, Sachschaden, Abbruch, → Beeinträchtigung, → Makel
Schaden zufügen → schaden
Schadenersatz → Entschädigung
Schadenersatzpflicht → Haftung
schadenersatzpflichtig → haftbar
Schadenfreude Gehässigkeit, Bosheit, Spott, Hohn, Verhöhnung, → Neid
schadenfroh gehässig, hämisch, höhnisch, boshaft, → neidisch
schadenfroh sein → auslachen
schadhaft → beschädigt, → defekt
schädigen → schaden
schädigen, sich → schaden, sich
Schädigung → Beeinträchtigung

schädlich schädigend, abträglich, unzuträglich, nachteilig, unvorteilhaft, unbekömmlich, ungesund, gesundheitsschädlich
schädlich sein → schaden
Schädlingsvernichter → Gift
schadlos halten, sich → bereichern, sich
schadstoffarm abgasarm, abgasgereinigt, schadstoffreduziert, schadstoffgereinigt, gefiltert, entschwefelt, entstickt, → umweltfreundlich
Schadstoffeintrag → Eintrag
Schaf 1. Lamm, Mufflon, Merinoschaf, Heidschnucke, → Bock 2. → Dummkopf
Schäfer → Hirte
Schaff → Eimer, → Schrank
schaffen → bewältigen, → erschaffen, → herstellen, → arbeiten
Schaffen → Werk, → Arbeit
schaffend → schöpferisch
Schaffenskraft → Schöpferkraft
Schaffenslust → Arbeitseifer
schaffig → fleißig
Schaffner Zugschaffner, Straßenbahnschaffner, Kontrolleur, Kondukteur
Schafott Blutgerüst, Hinrichtungsgerüst, Galgen, Richtstatt, Hinrichtungsstätte, Guillotine
Schafskopf → Dummkopf
Schaft → Stiel
Schäker → Clown, → Spaßvogel
Schäkerei → Flirt
schäkern → flirten, → scherzen
schal → abgestanden, → abgedroschen
Schal 1. Halstuch, Tuch 2. → Vorhang
Schale 1. Äußeres, Haut, Hülle, Rinde, Pelle, Schote, Hülse 2. Napf, Becken, Trinkschale, Kelch, → Schüssel
schälen abschälen, häuten, Haut abziehen, pellen
schälen, sich sich häuten, sich schuppen, seine Haut abstreifen, abschilfern, schilfern
Schalk → Clown, → Narr
Schalksnarr → Clown, → Narr
Schall Klang, Ton, Hall, Echo, Akustik, → Geräusch
schallen gellen, hallen, klingen, dröhnen, schellen, klingeln, tönen, → ertönen
schallend → laut
Schallplatte Platte, Langspielplatte, LP, Single, Maxisingle, Compactdisc, CD, Tonkonserve, Grammofonplatte, Schellackplatte
Schallwirkung → Akustik
schalten → herrschen, → verstehen, → bedienen
Schalter 1. Knebel, Knopf, Lichtschalter, Schalthebel, Taste, Taster 2. Abfertigungsstelle, Ausfertigungsstelle, Fahrkartenschalter, Postschalter, → Kasse
Schalterbeamter → Postbeamter
Schalthebel → Schalter
Schaltstelle → Zentrale
Schaluppe → Boot
Scham 1. Schamgefühl, Schamröte, Schamhaftigkeit, Sittsamkeit, → Schüchternheit, → Prüderie 2. Vulva, Schamhügel, Venushügel, Geschlechtsteil
Schamane → Zauberer
schämen, sich sich genieren, Scham empfinden, die Augen niederschlagen, rot werden, schamrot werden, erröten, im Erdboden versinken, → bereuen
Schamgefühl → Scham
schamhaft verschämt, zurückhaltend, züchtig, sittsam, keusch, → schüchtern, → prüde
Schamhaftigkeit → Scham
Schamhügel → Scham
schamlos → obszön, → frech
Schampon (*auch:* Shampoo) Haarshampon, Haarwaschmittel, Pflegespülung, → Haarpflegemittel
schamrot → verlegen
Schamteil → Geschlechtsorgan
schandbar → beschämend
Schande Schmach, Schimpf, Blamage, Gesichtsverlust, Unehre, Entehrung, Skandal, Schandfleck, Schandmal, → Bloßstellung
schänden → entehren, → notzüchtigen
Schandfleck → Schande, → Makel
schändlich abscheulich, anstößig, bedauerlich, → entwürdigend, → niederträchtig
Schändlichkeit → Niedertracht
Schandmal → Schande
Schandmaul → Lästermaul
Schandtat → Verbrechen
Schändung → Entweihung, → Notzucht
Schänke, Schenke → Gasthaus
Schankstube (*auch:* Schänkstube/Schenkstube) → Gasthaus
Schanktisch (*auch:* Schänktisch/Schenktisch) → Theke
Schankwirt (*auch:* Schänkwirt/Schenkwirt) → Wirt
Schanze → Befestigungsanlage
schanzen → befestigen, → graben
Schar → Gruppe, → Herde, → Menge
Schäre → Insel
scharen → konzentrieren
scharen, sich → versammeln, sich
scharenweise → zuhauf
scharf 1. geschliffen, scharfkantig, spitz 2. beißend, brennend, ätzend, gewürzt 3. → barsch 4. → bissig 5. → deutlich 6. → lüstern

Scharfblick → Klugheit
Schärfe → Deutlichkeit, → Strenge
schärfen wetzen, schleifen, abziehen, dengeln, spitzen, anspitzen, zuspitzen
scharfkantig kantig, eckig, → scharf
Scharfmacher → Hetzer
Scharfrichter Henker, Henkersknecht
Scharfsinn → Klugheit, → Spitzfindigkeit
scharfsinnig → klug, → spitzfindig
Scharlach → Masern
Scharlatan → Betrüger, → Arzt
Scharm (*auch:* Charme) Anmut, Liebreiz, Liebenswürdigkeit, Zauber, Anziehungskraft
scharmant (*auch:* charmant) anmutig, reizend, bezaubernd, zauberhaft, liebreizend, liebenswürdig, einnehmend, gewinnend, unterhaltend, geistreich, → anregend
Scharmützel → Kampf
Scharnier → Angel, → Gelenk
scharren → kratzen
Scharte → Kratzer, → Kerbe
schartig → stumpf
scharwenzeln → schmeicheln
schassen → entlassen
Schatten 1. Schlagschatten, Kernschatten, Beschattung, Halbdunkel, Dämmerlicht, → Dunkelheit 2. → Silhouette 3. → Anhänger
Schattendasein → Vergessenheit
schattenhaft → gespenstisch, → unklar
Schattenreich → Unterwelt
Schattenriss → Silhouette
Schattenseite → Nachteil, → Rückseite
schattieren → abstufen
Schattierung → Abstufung, → Farbe
schattig → dunkel
Schatulle → Kassette
Schatz 1. Hort, Gold, Vermögen, Schätze, → Kostbarkeit 2. → Geliebte(r)
schätzen 1. abschätzen, überschlagen, anschlagen, veranschlagen, taxieren, peilen, ungefähr sagen, vermuten 2. → achten
Schatzmeister Kassenwart, Kassenverwalter, Kassierer, Kassier, Rechnungsführer
Schätzung 1. Wertfeststellung, Einschätzung, Bewertung, Abschätzung, Taxierung 2. → Achtung
schätzungsweise → ungefähr
Schau → Darbietung, → Ausstellung
Schaubild Grafik, Graph, grafische Darstellung, Diagramm, Flussdiagramm, Blockdiagramm
Schaubude → Bude
Schaubühne → Theater
Schauder → Entsetzen
schaudern → frieren, → zittern, → gruseln, sich
schauen → sehen, → blicken
Schauer → Regen
schauerlich → gruselig
schauern → regnen
Schaufel → Schippe, Spaten
schaufeln → graben
Schaufenster → Auslage
Schaufensterbummel → Bummel
Schaukasten → Auslage
Schaukel Wippe, Schunkel, Hutsche
schaukeln 1. wippen, wiegen, schunkeln, gautschen, hutschen 2. → schlingern 3. → bewerkstelligen
Schaulustiger → Zuschauer
Schaum Bierschaum, Krone, Seifenschaum, Gischt
schäumen 1. aufschäumen, aufwallen, → kochen, → sprudeln 2. → aufbrausen, → wütend sein
Schaumgummi → Polster
Schaumschläger → Quirl, → Angeber, → Schwätzer
Schaumschlägerei → Angabe
Schaumwein Perlwein, Sekt, Champagner, Schampus, → Wein
Schaupackung → Attrappe
Schauplatz Ort des Geschehens, Handlungsort, Szene, Szenerie, Bühne, Tatort, → Kampfplatz
schaurig → gruselig
Schauseite → Fassade
Schauspiel Drama, Bühnenstück, Bühnenwerk, Spiel, Theaterstück, Stück, Lehrstück, Festspiel, Mysterienspiel, Passionsspiel, → Komödie, → Tragödie
Schauspieler Darsteller, Filmschauspieler, Theaterschauspieler, Akteur, Mime, Komödiant, Tragöde, → Statist
schauspielern → simulieren
Schauspielhaus → Theater
Schaustück → Ausstellungsstück, → Prunkstück
Scheck Barscheck, Blankoscheck, Verrechnungsscheck, Wechsel, Zahlungsanweisung
scheckig fleckig, gefleckt, bunt gefleckt, geschickt, buntscheckig, kunterbunt, → bunt, → gemustert
Scheelsucht → Neid
scheelsüchtig → neidisch
Scheffel → Eimer
scheffeln → horten
scheffelweise → reichlich
Scheibe 1. Platte, Diskus, Fläche 2. → Brot 3. → Fenster
Scheide 1. Vagina, Geschlechtsteil 2. → Hülle 3. → Grenze

scheiden → analysieren, → weggehen, → trennen, sich
Scheiden → Abschied, → Trennung
Scheideweg → Gabelung, → Kreuzung
Scheidung 1. Ehescheidung, Trennung, Auflösung 2. → Analyse
Schein 1. Lichtschein, Licht, Lichtschimmer, Schimmer, Glanz, Glast, Feuerschein 2. Anschein, Eindruck, Einbildung, Fassade, Tünche, Fiktion, Blendwerk 3. → Bescheinigung 4. → Papiergeld
scheinbar nur dem Schein nach, nicht wirklich, trügerisch, irreführend, vermeintlich, → angeblich, → anscheinend
scheinen 1. den Anschein haben, aussehen wie, vorkommen, anmuten, dünken, erscheinen, wirken 2. → leuchten
Scheinfrage → Frage
scheinfromm → bigott
Scheingrund → Ausrede, → Vorwand
scheinheilig heuchlerisch, gleisnerisch, unaufrichtig, unredlich, falsch, katzenfreundlich, → arglistig, → bigott
Scheinheiliger → Heuchler
Scheinheiligkeit → Heuchelei, → Bigotterie
Scheinmedikament → Placebo, → Arznei
Scheinwerfer → Lampe
Scheiße → Exkremente
Scheitelpunkt → Höhepunkt
Scheiterhaufen → Feuer
scheitern Pech haben, stranden, straucheln, baden gehen, kentern, Schiffbruch erleiden, stolpern, zu Fall kommen, zerbrechen an, sein Ziel verfehlen, aufsitzen, auflaufen, → misslingen
Schelle → Klingel
schellen → klingeln
Schellentrommel Tamburin, Handtrommel
Schelm → Spitzbub(e), → Spaßvogel
Schelmenstück → Streich
schelmisch → verschmitzt
Schelte → Zurechtweisung
schelten → schimpfen
Scheltrede → Anklage, → Schmährede
Schema → Vorlage
schematisieren → vereinheitlichen
Schematisierung → Vereinheitlichung
Schematismus → Verallgemeinerung
Schemel Fußschemel, Fußstütze, → Hocker
Schemen → Gespenst, → Silhouette
schemenhaft → gespenstisch, → unklar
Schenkel → Bein
Schenkelbeuge Leiste
schenken 1. bescheren, verehren, widmen, zuwenden, zukommen lassen, angedeihen lassen, verschenken, herschenken, weggeben, hergeben, vermachen, spendieren, stiften, zum Geschenk machen, → geben 2. → erlassen
schenken, sich → unterlassen
schenkfreudig → großzügig
Schenkung → Erbe, → Spende
Schenkwirt → Wirt, Schankwirt
scheppern → klappern
Scherben → Abfall, → Trümmer
scheren → beschneiden
Scherenschnitt → Silhouette
Scherereien → Umstand
Scherflein → Beitrag
Scherge → Häscher
Scherz Jux, Jokus, Ulk, Spaß, Witz, Spiel, Schabernack, Possen, Faxen, Schnurrpfeiferei, Fez, → Streich
Scherzbold → Spaßvogel
Scherzel → Brotanschnitt
scherzen → spaßen, Ulk machen, Possen treiben, Witze reißen, Faxen machen, schäkern, necken, juxen, flachsen, → albern
Scherzfrage → Frage
scheu 1. zaghaft, ängstlich, bänglich, zurückhaltend, → schüchtern 2. → ehrfürchtig
Scheu 1. Zaghaftigkeit, Angst, Ängstlichkeit, Zurückhaltung, Hemmungen, Misstrauen, → Schüchternheit 2. → Ehrfurcht
scheuchen → vertreiben
scheuen, sich → zurückscheuen
Scheuer → Scheune
Scheuerlappen → Lappen
scheuern → putzen, → reiben
Scheuerpulver → Putzmittel
Scheune Scheuer, Stadel, Heustadel, Heuboden, Schober, → Schuppen
Scheusal → Ekel, → Missgeburt
scheußlich → ekelhaft, → hässlich
Scheußlichkeit → Hässlichkeit
Schi → Ski
Schicht 1. Haut, Decke, Belag, Auflage, Film, Überzug 2. Lage, Reihe, Stapel, Stoß, Packen, Haufen 3. → Arbeitszeit 4. → Gesellschaftsschicht
schichten → aufschichten
Schichtwechsel → Ablösung
schick (*auch:* chic) → elegant, → geschmackvoll
Schick (*auch:* Chic) → Eleganz
schicken 1. senden, zuschicken, zusenden, absenden, abschicken, übersenden, zuleiten, zukommen lassen, verschicken, versenden, aufgeben, → bringen 2. → abordnen
schicken nach herbestellen, herbeordern, kommen lassen, herrufen, zu sich rufen, rufen, heranpfeifen, heranrufen, herbeirufen, herzurufen, hinzurufen

schicken, sich → abfinden, sich, → gehören, sich
Schickeria Highsociety, Highsnobiety, Jetset, Jeunesse dorée, Kaschmirkinder
schicklich → angemessen, → anständig
Schicksal Fügung, Schicksalsfügung, Geschick, Schickung, Los, Bestimmung, Vorsehung, höhere Gewalt, die Sterne, Vorherbestimmung, Prädestination, Kismet, Fatum, Verhängnis, → Zufall
schicksalhaft → unabwendbar, → verhängnisvoll
Schicksalsgenosse → Kamerad
Schicksalsschlag → Unglück
Schickung → Schicksal
schieben 1. drängen, drängeln, abdrängen, drücken, wegdrücken, wegschieben, schubsen, rücken, verrücken 2. → handeln, → schmuggeln
Schieber → Hehler, → Riegel
Schiebkarre → Schubkarre
Schieblade → Fach
Schiebung → Betrug
schiech → hässlich
Schiedsgericht → Ausschuss, → Gericht
Schiedsmann → Vermittler
Schiedsrichter 1. Schiedsmann, Ombudsmann, Prüfer, Begutachter, → Vermittler 2. Unparteiischer, Punktrichter, Preisrichter, Kampfrichter, Ringrichter, Linienrichter, Schiri, → Kritiker
Schiedsspruch → Urteil, → Entscheidung
schief krumm, geneigt, schräg, windschief
schief gehen → misslingen
schief liegen → irren, sich
Schiefer → Span, → Dachziegel
schielen über Kreuz schauen, schief schauen, den Silberblick haben, einen Knick in der Optik haben
schielen nach → neiden
Schienbein → Bein
Schiene → Gleis
Schienenbus → Zug
Schienennetz → Netzwerk
Schienenstrang → Gleis
schier → fast, → rein
Schießeisen → Pistole
schießen 1. einen Schuss abgeben, ballern, knallen, feuern, Feuer geben, pulvern, abdrücken, → beschießen 2. erschießen, erlegen, zur Strecke bringen, abschießen, herunterschießen 3. → fliegen 4. → sprießen
Schießerei → Kampf
Schießpulver → Schwarzpulver
Schiff Motorboot, Motorschiff, Dampfer, Dampfschiff, Passagierschiff, Ozeandampfer, Ozeanriese, Luxusliner, Pott, Kahn, Kasten, → Boot, → Segelboot, → Fähre, → Kriegsschiff, → Kutter
Schiffbruch → Misserfolg
schiffen → austreten, → regnen
Schiffer → Seemann
Schifferklavier → Ziehharmonika
Schifffahrtsstraße → Kanal
Schiffsjunge → Matrose
Schiffskoch → Koch
Schiffsreise → Reise
Schiffsverband → Flotte
Schikane → Bosheit
schikanieren drangsalieren, piesacken, plagen, schinden, quälen, peinigen, malträtieren, zwiebeln, triezen, tyrannisieren, kujonieren, seckieren, schurigeln, ärgern, belästigen, das Leben zur Hölle machen
schikanös → böse
Schild → Etikett, → Wappen
Schildbürger → Spießbürger
Schildbürgerstreich → Streich
schildern beschreiben, darstellen, ein Bild entwerfen, lebendig werden lassen, ausmachen, ausschmücken, erzählen, berichten
Schilderung Beschreibung, Darstellung, Erzählung, Bericht
Schilf 1. Schilfgras, Schilfrohr, Teichrohr, Binsen 2. → Sumpf
schilfern → schälen, sich
Schilfgras → Schilf
schillern irisieren, flimmern, glänzen
schillernd → bunt
Schimmel → Fäulnis, → Pferd
schimmeln → faulen
Schimmer → Glanz, → Nuance, → Einblick
schimmern → leuchten
schimmernd → glänzend
schimmlig → verdorben
Schimpf → Schande
schimpfen schelten, keifen, zetern, schnauzen, herumschnauzen, wettern, poltern, zanken, auszanken, fluchen, belfern, bellen, toben, anfahren, anschnauzen, abstäuben, vom Leder ziehen, Fraktur reden, ein deutliches Wort reden, unsachlich werden, grob kommen, aufs Dach steigen, → beschimpfen, → heruntermachen, → zurechtweisen
schimpfen, sich → heißen
schimpflich → beschämend, → niederträchtig
Schimpfname → Spitzname
Schimpfrede → Anklage, → Schmährede
Schimpfwort → Fluch
Schindel → Dachziegel
schinden → quälen, → schikanieren, → abziehen

schinden, sich → anstrengen, sich, → abarbeiten, sich
Schinder → Abdecker, → Unterdrücker
Schinderei → Arbeit
Schindmähre → Pferd
Schinken → Rauchfleisch, → Buch, → Bild
Schippe → Schaufel
schippen → graben
Schirm 1. Regenschirm, Stockschirm, Parapluie, Taschenschirm, Knirps, Gartenschirm, Sonnenschirm, Parasol 2. → Blende
Schirmbilduntersuchung → Röntgenuntersuchung
schirmen → schützen
Schirmherr Schutzherr, Patron, Schutzpatron, Protektor, → Mäzen
Schirmherrschaft Schutzherrschaft, Patronat, Protektorat, Ehrenvorsitz, Ehrenpräsidium, → Patenschaft
Schisma → Spaltung
Schismatiker → Abtrünniger
schismatisch → abtrünnig
Schiss → Angst
schizophren → geistesgestört
Schizophrenie → Geisteskrankheit
Schlacht → Kampf, → Blutbad
schlachten abstechen, metzgen, metzeln, Schlachttag halten, abschlachten, schächten, töten, → ausnehmen
Schlachtenbummler → Anhänger
Schlachter → Metzger
Schlachterei → Metzgerei
Schlachterladen → Metzgerei
Schlachtfeld → Kampfplatz
Schlachthof Schlachthaus
Schlachtopfer → Opfer
Schlachtordnung → Aufstellung
Schlachtplan → Taktik
Schlachtschiff → Kriegsschiff
Schlacke → Asche
schlackern → wackeln
Schlaf Schlummer, Nachtruhe, Nachtschlaf, Tiefschlaf, Schläfchen, Nickerchen, → Halbschlaf
Schlafanzug Nachtanzug, Pyjama, Nachtgewand, Nachthemd, Babydoll, Negligee, → Morgenrock
Schlafbedürfnis → Müdigkeit
Schlafcouch → Sofa
schlafen 1. schlummern, dösen, duseln, ruseln, schnarchen, vom Schlaf übermannt sein, an der Matratze horchen, pennen, pofen, → einschlafen 2. → unaufmerksam sein 3. → übernachten
schlafen legen, sich → hinlegen, sich
schlafen mit → koitieren
schlaff 1. schlapp, lappig, weich, aufgeweicht, welk, erschlafft 2. → erschöpft, → energielos
Schlafgemach → Schlafzimmer
schlaflos → unruhig
Schlaflosigkeit Schlafstörungen, Einschlafstörungen, → Unruhe
Schlafmittel Schlaftablette, Schlafpulver, Hypnagogum, Hypnotikum, Somnifikum, Barbiturat, → Arznei
Schlafmütze → Phlegmatiker
Schlafpulver → Schlafmittel
schläfrig → müde, → schlaftrunken
Schläfrigkeit → Müdigkeit
Schlafsack → Decke
Schlafstätte → Bett
Schlafstelle → Pritsche, → Bett
Schlafstörungen → Schlaflosigkeit
Schlaftrunk → Betthupferl
schlaftrunken schläfrig, verschlafen, halb wach, dösig, gähnend, unausgeschlafen, → müde, → benommen
Schlafwagen → Wagon
schlafwandeln nachtwandeln, umgehen, umhergeistern
Schlafwandeln Nachtwandeln, Noktambulismus, Somnambulismus, Lunatismus, Mondsüchtigkeit
Schlafwandler Nachtwandler, Mondsüchtiger, Somnambule
Schlafzimmer Schlafgemach, Schlafraum, Kammer, Schlafkammer, → Zimmer
Schlag 1. Hieb, Klaps, Katzenkopf, Kopfnuss, Kinnhaken, Boxhieb, Schwinger, Streich, → Ohrfeige, → Stoß 2. → Donner 3. → Lichtung 4. → Art 5. → Gehirnschlag 6. → Verschlag 7. → Unglück
Schlagader → Ader
Schlaganfall → Anfall, → Gehirnschlag
schlagartig → plötzlich
Schlagbaum → Schranke
Schläge → Prügel
Schlägel → Hammer
schlagen 1. hauen, zuschlagen, dreschen, boxen, prügeln, knüppeln, knütteln, einschlagen auf, eindreschen auf, eins verpassen, eins draufgeben, eins überziehen, geißeln, peitschen, auspeitschen, → verprügeln, → züchtigen, → ohrfeigen 2. → rühren 3. → pulsieren 4. → fällen 5. → übertreffen 6. → zwitschern
schlagen, nach → ähneln
schlagen, sich sich prügeln, sich raufen, balgen, herumbalgen, sich keilen, sich hauen, Schlägerei beginnen, → kämpfen
schlagend → anschaulich, → überzeugend

Schlager 1. Hit, Erfolgsstück, Gassenhauer, Evergreen, Schnulze, Schmachtfetzen, Reißer, → Anziehung 2. → Sonderangebot
Schläger → Raufbold
Schlägerei → Handgemenge
Schlagerparade → Hitparade
Schlagersänger → Sänger
Schlägertyp → Raufbold
schlagfertig zungenfertig, mundfertig, maulfertig, nicht aufs Maul gefallen, blitzschnell, → wortgewandt, → geistreich
Schlagfertigkeit → Geist
Schlaginstrument → Trommel
Schlagkraft → Wirksamkeit
schlagkräftig → wirksam
Schlagsahne → Rahm
Schlagseite → Schräge
Schlagstock → Stock
Schlagwort → Redensart, → Leitspruch, → Stichwort
Schlagzeile → Überschrift
Schlagzeilen machen → auffallen
Schlagzeug → Trommel
Schlagzeuger → Musiker
Schlamassel → Verlegenheit
Schlamm Matsch, Brei, Morast, Schlick, Modder, Mudd, Dreck, Brühe, → Sumpf
schlammig matschig, breiig, morastig, modderig, muddig, verschlammt, → sumpfig
Schlampe → Schmutzfink
schlampen pfuschen, hudeln, huscheln, schludern, wursteln, nachlässig sein, es nicht so genau nehmen, schleifen lassen
Schlamperei Pfusch, Pfuscherei, Pfuscharbeit, Hudelei, Huschelei, Schluderei, Murkserei, Gemurkse, Stümperei, → Misswirtschaft, → Nachlässigkeit
schlampig → nachlässig, → ungepflegt
Schlange 1. Giftschlange, Otter, Giftnatter, Natter, Viper, Klapperschlange, Brillenschlange, Riesenschlange, Boa, Python, Anakonda 2. → Ungeheuer 3. → Reihe
schlängeln, sich → winden, sich
schlangenartig → gewandt
Schlangenlinie → Kurve
Schlangenmensch → Artist
schlank rank, schmal, grazil, gertenschlank, dünn, dürr, storchenbeinig, hochgewachsen, leptosom, → mager
schlank werden → abnehmen
Schlankheit Schmalheit, schlanke Linie, → Magerkeit
Schlankheitskur → Diät
schlankweg → direkt, → kurzerhand
schlapfen → schlürfen
Schlapfen → Pantoffeln
schlapp → aufgeweicht, → erschöpft, → energielos
Schlappe → Niederlage
Schlappen → Pantoffeln
Schlappheit → Erschöpfung
schlappmachen → ermüden
Schlappschwanz → Schwächling
Schlaraffenland → Wunderland
schlau clever, findig, helle, pfiffig, klug, gewitzt, gnitz, bauernschlau, durchtrieben, verschlagen, → listig, → raffiniert
Schlauberger → Schlaukopf
Schlaufe → Schleife
Schlauheit Cleverness, Findigkeit, Listigkeit, Pfiffigkeit, Klugheit, Gewiegtheit, Gewitztheit, Bauernschläue, Durchtriebenheit, Verschlagenheit, → Raffinesse
Schlaukopf Schlauberger, schlauer Fuchs, Filou, Pfiffikus, Schlitzohr, Cleverle, Schlaule
Schlawiner → Spitzbub(e)
schlecht 1. desolat, mies, elend, erbärmlich, miserabel, minderwertig, drittklassig, unter aller Kritik, unter aller Kanone, unter aller Sau, saumäßig, beschissen 2. → ungünstig 3. → verdorben 4. → unwohl
schlecht gelaunt missgelaunt, übellaunig, missvergnügt, missmutig, unmutig, verdrossen, verdrießlich, verstimmt, missgestimmt, grantig, griesgrämig, in schlechter Stimmung, schlechter Dinge, → quengelig
schlecht machen → herabsetzen
schlechterdings → schlechthin
schlechthin schlechterdings, schlechtweg, par excellence, in Reinkultur, glatterdings, platterdings, rundweg, gänzlich, → völlig
Schlechtigkeit → Niedertracht, → Unkeuschheit
schlechtweg → schlechthin
Schlechtwetterzone → Tiefdruck
schlecken 1. lecken, abschlecken, ablecken, lutschen, auslutschen, schlotzen, → saugen 2. → naschen
Schleckerei → Konfekt, → Leckerbissen
schleckig → wählerisch
Schlegel → Bein
schleichen 1. sich anschleichen, sich heranstehlen, auf leisen Sohlen gehen, sachte tun, leise machen, huschen, schlüpfen, → gehen, → fahren 2. → vergehen
Schleichwerbung → Werbung
Schleier 1. Verschleierung, Verhüllung, Brautschleier, Witwenschleier, Tüllschleier, Tschador 2. → Dunst
schleierhaft → unerklärlich
Schleife Schlaufe, Schlinge, Masche, Haarschleife, → Krawatte

schleifen 1. schleppen, ziehen, zerren, nachschleifen, nachziehen 2. → abbrechen 3. → schärfen 4. → glätten 5. → drillen
Schleifstein Wetzstein, Abziehstein, Ölstein, Stahl, Wetzstahl
Schleim → Ausscheidung, → Brei
schleimig 1. glitschig, schmierig, schlüpfrig, quallig, quatschig, glibberig, → dickflüssig 2. → unterwürfig
schlemmen → essen, → genießen
Schlemmer → Genussmensch
schlendern → spazieren gehen, → trödeln
Schlendrian → Misswirtschaft
schlenkern → schwingen
schleppen 1. abschleppen, in Schlepp nehmen, ins Schlepptau nehmen, treideln, ziehen, hinterherziehen 2. → tragen
schleppend → langsam, → stockend
Schlepper → Kuppler, → Hehler, → Frachtschiff, → Traktor
Schleuder Katapult, Steinschleuder, Zwille
schleudern 1. ins Schleudern geraten, wegrutschen, aufschaukeln, ausbrechen, → schlingern 2. → werfen
Schleuderpreis → Sonderangebot
Schleuderware → Schund, → Ausschuss
schleunig → sofortig
schleunigst → dringend
Schleuse → Wehr
Schliche → Intrige
schlicht → einfach, → naiv
schlichten ausgleichen, ebnen, Wogen glätten, aussöhnen, befrieden, dazwischentreten, vermitteln, beilegen, → bereinigen
Schlichter → Vermittler
Schlichtheit 1. Einfachheit, Anspruchslosigkeit, Natürlichkeit, Bescheidenheit 2. → Arglosigkeit
Schlichtung → Einigung, → Kompromiss
Schlick → Schlamm
Schließe → Schnalle
schließen 1. zumachen, zudrücken, zudrehen, abdrehen, zuklappen, zuknallen, zuziehen, zuwerfen, zuschließen, ins Schloss werfen, den Schlüssel umdrehen, dichtmachen, Schluss machen, → verschließen 2. → aufgeben 3. → folgern
schließen, sich → zufallen
Schließer → Portier
Schließfach → Tresor
schließlich schlussendlich, letztendlich, letzten Endes, schließlich und endlich, zuletzt, zu guter Letzt, zum Schluss, → endlich, → abschließend
Schließung → Aufgabe
Schliff → Erziehung
schlimm arg, böse, katastrophal, übel, verhängnisvoll, unselig, furchtbar, schrecklich, bitter, tragisch, grausam, schwer, hart, → schmerzhaft, → schmerzlich
schlimmstenfalls höchstens, wenn es hoch kommt, im ungünstigsten Falle, wenn alles schief geht
Schlinge → Falle, → Schleife
Schlingel → Spitzbub(e)
schlingen → schlucken
schlingen, sich → winden, sich
schlingern schaukeln, rollen, stampfen, schleudern, dümpeln, wogen, sich wiegen
Schlips → Krawatte
Schlitten 1. Hornschlitten, Rodelschlitten, Bobschlitten, Skibob 2. → Kraftfahrzeug
Schlitten fahren → rodeln
Schlitterbahn → Eisbahn
schlittern → gleiten
Schlittschuhbahn → Eisbahn
Schlittschuhlaufen → Eislauf
Schlittschuhläufer → Eisläufer
Schlitz → Schnitt
Schlitzohr → Gauner, → Schlaukopf
schlitzohrig → raffiniert
Schloss 1. Türschloss, Vorhängeschloss, Sicherheitsschloss, Verschluss, Riegel 2. Palast, Palais, Palazzo, Chateau, Castle, Lustschloss, Prunkschloss, Herrensitz, Herrenhaus, Fürstenhaus, Traumschloss, Märchenschloss, → Burg
schloßen → hageln
Schlosser Mechaniker, Autoschlosser, Schmied, → Installateur
Schlot → Schornstein
schlottern → frieren, → zittern
schlotzen → schlecken
Schlucht Cañon, Einschnitt, Graben, Senkung, Klamm, Klause, Kluse, Tobel, Spalte, → Abgrund, → Tal
schluchzen → weinen
Schluchzer → Seufzer
Schluck Mund voll, Brocken, Biss
Schluckauf Schlucken, Schluckser, Hickser, Gluckser, Singultus
schlucken 1. hinunterschlucken, verschlucken, hinunteressen, hinunterwürgen, herunterwürgen, hinunterschlingen, schlingen, → einnehmen 2. → aufsaugen 3. → hinnehmen
Schluckimpfung → Impfung
Schluderei → Misswirtschaft, → Schlamperei
schludern → schlampen
schludrig → nachlässig
Schludrigkeit → Nachlässigkeit
Schlummer → Schlaf

schlummern → schlafen
Schlund → Abgrund, → Rachen
schlüpfen 1. ausschlüpfen, geboren werden 2. → schleichen
Schlüpfer → Unterhose
Schlupfloch → Asyl, → Versteck
schlüpfrig → obszön, → schleimig, → glatt
Schlüpfrigkeit → Obszönität
Schlupfwinkel → Asyl, → Versteck
schlurfen → gehen, → schlürfen
schlürfen 1. schlurfen, schlapfen, schlarpen, schlurpen, schleifen, nachziehen 2. → trinken
Schluss → Ende, → Feierabend, → Folgerung, → Zweck
Schluss machen → aufhören
Schlussabnahme → Abnahme
Schlussabrechnung → Bilanz
Schlussakt → Ende, → Finale
Schlüssel 1. Türschlüssel, Hausschlüssel, Wohnungsschlüssel, → Dietrich 2. Schraubenschlüssel, Ringschlüssel, Sechskantschlüssel, Inbusschlüssel, Kreuzschlüssel, Stiftschlüssel, Knochen, Nuss 3. → Lösung
schlussendlich → endlich
schlussfolgern → folgern
Schlussfolgerung → Folgerung
schlüssig → konsequent
Schlusslicht → Nachzügler
Schlusspunkt → Höhepunkt, → Ende
Schlusspunkt setzen → aufhören
Schlussrechnung → Bilanz
Schlussrichtigkeit → Konsequenz
Schlussrunde → Finale
Schlussteil → Finale, → Ende
Schlussverkauf → Ausverkauf
Schlusswertung → Prämierung
Schlusswort → Nachwort
Schmach → Schande
schmachten → leiden, → dürsten, → lieben, → sehnen, sich
Schmachtfetzen Rührstück, Schmalz, Kitsch, Schnulze, → Schlager
schmächtig mickerig, kümmerlich, schwächlich, schmalbrüstig, → mager
Schmächtigkeit → Magerkeit
schmachvoll → beschämend, → entwürdigend
schmackhaft → fein, → köstlich
schmähen → demütigen, → beschimpfen
schmählich → beschämend, → niederträchtig
Schmährede Scheltrede, Schimpfrede, Beschimpfung, Lästerrede, Philippika, Rede, → Pamphlet, → Fluch
Schmähschrift → Pamphlet
Schmähung → Beschimpfung, → Herabsetzung
schmal → eng, → dünn, → schlank
schmalbrüstig → schmächtig
schmälern → beeinträchtigen, → verringern
Schmälerung → Beeinträchtigung, → Verringerung
Schmalz → Fett, → Schmachtfetzen
schmalzig → tränenselig
Schmant → Rahm
schmarotzen schnorren, abbetteln, sich durchessen, nassauern, auf anderer Leute Kosten leben
Schmarotzer Schnorrer, Parasit, Mitesser, Nassauer, Trittbrettfahrer, Abstauber
Schmarren → Geschwätz, → Unsinn
Schmatz → Kuss
schmatzen → essen
Schmauch → Rauch
schmauchen → rauchen
Schmaus → Essen
schmausen → essen
schmecken 1. zusagen, munden, dem Gaumen schmeicheln, gern essen, → gefallen 2. → kosten
Schmecker → Maul
Schmeichelei Kompliment, Artigkeit, Höflichkeit, Lobhudelei, Geschmeichel, Flatterie, schöne Worte, Süßholz, liebenswürdige Übertreibung → Heuchelei
schmeichelhaft angenehm, ehrend, → ehrenvoll
schmeicheln Komplimente machen, lobhudeln, liebedienern, umschmeicheln, schöntun, schönreden, Süßholz raspeln, flattieren, karessieren, hofieren, scharwenzeln, schmusen, einwickeln, um den Bart streichen, → heucheln
Schmeichler Schmeichelkatze, Schönredner, Charmeur, Schöntuer, Speichellecker, Radfahrer, Liebediener, Lobredner, Hofschranze, Kriecher, Arschkriecher, → Heuchler
schmeichlerisch → heuchlerisch
schmeißen → bewerkstelligen, → werfen
Schmelz → Glanz
schmelzen 1. abschmelzen, aufschmelzen, zerschmelzen, auftauen, tauen, zerlaufen, zergehen, zerfließen, zerrinnen 2. einschmelzen, zerlassen, auslassen, verflüssigen, auflösen 3. → abnehmen
Schmelztiegel → Sammelbecken
Schmer → Fett
Schmerbauch → Bauch
schmerbäuchig → dick
Schmerz 1. Schmerzempfindung, Schmerzen, Qual, Leiden, Beschwerde, Pein, Tanta-

lusqualen, Höllenqualen, → Bauchschmerzen, → Kopfweh 2. → Kummer, → Leid
schmerzen 1. wehtun, Schmerz verursachen, quälen, martern, brennen, bohren, ziehen, schneiden, beißen, pochen, stechen 2. → bereuen
schmerzend → schmerzhaft
Schmerzensgeld → Entschädigung
Schmerzensschrei → Klage
Schmerzgeplagter → Patient
schmerzhaft schmerzend, schmerzlich, quälend, unerträglich, schlimm, → heftig
schmerzlich 1. betrüblich, betrübend, bitter, grausam, verletzend, schlimm, leidvoll, → traurig 2. → schmerzhaft
Schmerzmittel schmerzstillendes Mittel, Palliativum, Palliativ, Anästhetikum, Mitigans, → Arznei
schmerzvoll → leidvoll
Schmetterling → Falter
schmettern → werfen, → singen, → blasen
Schmied → Schlosser
schmieden → anfertigen
schmiegen, sich sich anschmiegen, sich ankuscheln, sich anlehnen, sich drücken an
schmiegsam → geschmeidig
Schmierage → Geschmier
Schmiere → Salbe, → Schmutz, → Theater
schmieren 1. kritzeln, krakeln, sudeln, unleserlich schreiben, kleckern, klecksen, → schreiben 2. → malen 3. → einfetten 4. → ohrfeigen 5. → bestechen
Schmiererei → Geschmier
Schmierfilm → Film
Schmierfink → Journalist, → Schmutzfink
Schmiergeld → Bestechungsgeld
schmierig → schleimig, → schmutzig
Schmierseife → Putzmittel
Schminke Rouge, Puder, Gesichtspuder, Make-up, Wimperntusche, Lidschatten, Lippenstift, Lippenglanz, Kosmetik, → Körperpflege
schminken → beschönigen
schminken, sich Rouge auflegen, Make-up auflegen, sich pudern, sich zurechtmachen, sich verschönern, sich anmalen, sich anschmieren
schmirgeln → glätten
Schmiss → Kratzer, → Narbe, → Schwung
schmissig → schwungvoll
Schmöker → Buch
schmökern → lesen
schmollen → trotzen
schmoren → braten, → dämpfen
Schmu → Betrug
schmuck → sauber
Schmuck 1. Geschmeide, Kleinod, Preziosen, Juwelen, Klunker, Putz, Schmucksachen, Bijouterie, → Edelstein 2. → Verzierung
schmücken dekorieren, drapieren, garnieren, schönmachen, verschönern, herrichten, zieren, verzieren, behängen, bekränzen, beflaggen, putzen, → herausputzen
schmücken, sich → herausputzen, sich
schmucklos → einfach
Schmuckspange → Brosche
Schmuckstein → Edelstein
schmuddelig → schmutzig, → ungepflegt
Schmuddeligkeit → Verschmutzung
Schmuggel Schmuggelei, Schleichhandel, Schwarzhandel, Schwarzmarkt, Pascherei
schmuggeln Schmuggel treiben, Schleichhandel treiben, paschen, schieben, schwärzen
Schmuggelware Schleichware, Konterbande, heiße Ware, → Beute
Schmuggler → Hehler
schmunzeln → lächeln
schmurgeln → braten
Schmus → Geschwätz
schmusen → liebkosen, → schmeicheln
Schmutz 1. Dreck, Unrat, Unflat, Kot, Schmuddel, Staub, Kehricht, Schmiere, Flecken 2. → Obszönität, → Unanständigkeit 3. → Schundliteratur
schmutzen Schmutz machen, Schmutz annehmen, stauben, Staub entwickeln
Schmutzfink Dreckfink, Dreckspatz, Schmierfink, Schmutzliese, Schlampe, Struwwelpeter, Dreckbartel, Ferkel, Schweinigel, Schwein, Sau, Saubär, Drecksau, Saunickel, Wutz
Schmutzfleck → Fleck
schmutzig 1. dreckig, verdreckt, verschmutzt, beschmutzt, unsauber, unrein, kotig, schmierig, fleckig, schmuddelig, speckig, staubig, schmutzstarrend 2. → unanständig 3. → niederträchtig
schmutzig machen → verunreinigen
Schmutzigkeit → Verschmutzung, → Unanständigkeit
Schmutzkübel → Abfallbehälter
Schmutzliese → Schmutzfink
Schmutzliteratur → Schundliteratur
schmutzstarrend → schmutzig
Schmutzwasser → Abwasser, → Spülwasser
Schnabel → Maul, → Mund, → Ausguss
schnäbeln → küssen
schnabulieren → naschen
Schnake → Insekt, → Stechmücke
Schnalle Schließe, Gürtelschnalle, Koppelschloss, → Verschluss
schnallen → verstehen

schnalzen schnippen, schnipsen, knallen, knipsen, klacken
schnappen → ergreifen, → fangen
Schnapphahn → Räuber
Schnappschuss → Fotografie
Schnaps → Spirituosen
Schnapsidee → Einfall
schnarchen ruseln, sägen
schnarren → knarren, → surren
Schnattermaul → Klatschmaul
schnattern → zittern
schnauben → keuchen, → atmen, → wütend sein
schnaufen → atmen, → keuchen
Schnauzbart → Bart
schnauzbärtig → bärtig
Schnauze → Maul, → Mund, → Gesicht, → Ausguss
schnauzen → schimpfen
schnäuzen, sich sich die Nase putzen, sich schnauben, ausschnauben, ausschnäuzen, rotzen, trompeten
Schnecke Schraube, → Gebäck, → Phlegmatiker
Schneckentempo → Langsamkeit
Schnee Schneekristall, Schneeflocken, Niederschlag, Firn, Harsch, Pulverschnee, Pappschnee, Neuschnee, Altschnee, → Schneefall
Schneebesen → Quirl
Schneebrett → Schneewechte
Schneefall Niederschlag, Schneetreiben, Schneegestöber, Flockentanz, → Schnee
Schneeflocken → Schnee
Schneegestöber → Schneefall
Schneeglätte → Glätte
Schneeschuh → Ski
Schneesturm → Sturm
Schneetreiben → Schneefall
Schneeverwehung → Schneewechte
Schneewechte Wechte, Schneewehe, Schneeverwehung, Schneebrett
Schneid → Mut
Schneide → Messer
schneiden 1. abschneiden, sägen, absägen, säbeln, schnitzen, schnitzeln, beschneiden, → zerschneiden 2. → operieren 3. → mähen, → ernten 4. → missachten 5. → schmerzen
schneiden, sich → überschneiden, sich
schneidend scharf, rau, eisig, kalt, grimmig
Schneider Maßschneider, Herrenschneider, Damenschneider, Änderungsschneider
Schneiderin Näherin, Damenschneiderin
schneidern nähen, anfertigen, versäubern
schneidig elegant, → forsch, → mutig
Schneise Durchhieb, Gasse, Bresche, → Weg
schnell 1. flink, flott, fix, hurtig, geschwind, zügig, rapide, rasch, rasant, wieselflink, beflügelt, im Fluge, im Nu, wie der Wind, blitzschnell, blitzartig, presto, mit Dampf, mit Tempo 2. → eilends 3. → kurzfristig 4. → sofortig
schnellen → springen, → werfen
schnellentschlossen → entschlussfreudig
Schnellhefter → Aktenordner
Schnelligkeit → Geschwindigkeit
Schnellimbiss Schnellgaststätte, Imbissstube, Imbissstand, Snackbar, Fastfood, → Gasthaus
schnellstens → dringend
Schnickschnack → Geschwätz
schnieben → atmen
schniefen → weinen
schniegeln, sich → herausputzen, sich
schnippen → schnalzen
schnippisch → frech
Schnipsel → Fetzen, → Abschnitt
schnipsen → schnalzen
Schnitt 1. Einschnitt, Kerbe, Schlitz, Schnittwunde, Schmiss 2. → Operation 3. → Form, → Frisur 4. → Durchschnitt 5. → Gewinnspanne 6. → Zäsur
Schnitte → Butterbrot
Schnitter → Tod
schnittig → elegant, → schwungvoll
Schnittmuster → Vorlage
Schnittpunkt Kreuzungspunkt, Knotenpunkt, Überschneidung, Kreuzung, Treffpunkt, → Mittelpunkt
Schnittwunde → Schnitt
Schnitzel 1. Kotelett, Karbonade, Cordon bleu, Steak, Rumpsteak 2. → Fetzen
schnitzeln → schneiden
schnitzen → formen, → schneiden
Schnitzer → Fehler
schnodderig → flegelhaft
schnöde → niederträchtig
Schnörkel → Ausschmückung, → Verzierung
schnorren → schmarotzen, → betteln
Schnorrer → Schmarotzer
Schnösel → Flegel
schnöselhaft → flegelhaft
schnuckelig → hübsch, → possierlich
schnüffeln → riechen, spionieren
Schnüffler → Agent, → Beobachter
schnullen → saugen
Schnuller Sauger, Gummisauger, Nuckel, Nucki, Nuppi, Lutscher, Luller
Schnulze → Schlager, → Schmachtfetzen
Schnupfen → Erkältung
Schnupftuch → Taschentuch

schnuppe → gleichgültig, → einerlei
schnuppern → riechen
Schnur Bindfaden, Faden, Kordel, Litze, Strippe, Bändel, → Seil
Schnürbändel → Schuhbändel
schnüren → binden
schnurgerade → gerade
Schnurleib → Korsett
Schnurrbart → Bart
Schnurre → Komödie
schnurren → knurren
Schnürriemen → Schuhbändel
schnurrig → eigenbrötlerisch, → komisch
Schnürsenkel → Schuhbändel
schnurstracks → direkt
schnurzegal → gleichgültig
Schnute → Mund
Schober → Scheune
Schock → Entsetzen, → Erschütterung
schocken → erschüttern
schockierend → empörend
schockiert → entsetzt, → empört
schofel → geizig
Schöffe → Geschworener
Schöffengericht → Gericht
Schokolade → Kakao
Schokoladenguss → Überzug
Scholle → Erde
schon bereits, längst, lange, seit langem, nicht erst seit, ohnedies
schön 1. wunderschön, bildschön, formschön, formvollendet, wohlgestaltet, blendend, blühend, wundervoll, → hübsch, → ästhetisch 2. → gehörig 3. → ja
Schonbezug → Hülle
schonen 1. Rücksicht nehmen, rücksichtsvoll umgehen, mit Samthandschuhen anfassen, wie ein rohes Ei behandeln, wenig beanspruchen, pfleglich behandeln 2. → verschonen
schonen, sich auf seine Gesundheit achten, Anstrengungen vermeiden, sich nicht überanstrengen, sich pflegen, sich zurückhalten
schonend → pfleglich, → taktvoll
Schoner → Hülle, → Segelboot
schönfärben → beschönigen
Schonfrist → Aufschub
Schöngeist → Ästhet
schöngeistig → dichterisch
Schönheit 1. Wohlgestalt, Liebreiz, Formvollendung, Herrlichkeit, Holdseligkeit, → Grazie 2. Schöne, Beauté, Schönheitskönigin, blendende Erscheinung, → Stutzer
Schönheitsfehler → Makel
Schönheitskönigin → Schönheit
Schönheitspflege → Körperpflege
Schönheitssinn → Geschmack
Schonkost → Diät
Schönling → Stutzer
schönmachen → herausputzen, → schmücken
schönmachen, sich → herausputzen, sich
schönreden → schmeicheln
Schönredner → Schmeichler
Schöntuer → Schmeichler
schöntun → flirten, → schmeicheln
Schonung → Baumschule, → Pflege, → Rücksicht
schonungslos → rücksichtslos, → unbarmherzig
Schonungslosigkeit → Rücksichtslosigkeit
schonungsvoll → pfleglich, → taktvoll
Schönwetterzone → Hochdruck
Schonzeit → Schonfrist, → Aufschub
Schopf Haarschopf, → Schuppen
schöpfen 1. füllen, einschöpfen, voll schöpfen, → einschenken 2. → erfinden 3. → erschaffen
Schöpfer → Gott, → Erfinder, → Löffel
schöpferisch produktiv, schaffend, gestaltend, gestalterisch, fruchtbar, kreativ, erfinderisch, ingeniös, → fantasiereich
Schöpferkraft Produktivität, Kreativität, Gestaltungskraft, Gestaltungstrieb, Schaffenskraft, → Fantasie
Schöpfertum → Genialität
Schöpfkelle → Löffel
Schöpfung → Natur, → Erfindung
schoppen → füttern
Schorf → Wundschorf, Hautschorf, Kruste, Schuppenkruste, Grind
schorfig → räudig
Schornstein Schlot, Kamin, Rauchfang, Esse
Schornsteinfeger Kaminfeger, Kaminkehrer, Rauchfangkehrer, Essenkehrer
Schose (*auch:* Chose) → Angelegenheit
Schoß 1. Mutterschoß, → Ursprung 2. → Reis
Schoßkind → Günstling, → Schwächling
Schößling → Reis
Schote → Schale
Schotter → Geröll, → Geld
schraffieren → zeichnen
schräg 1. schief, abfallend, aufsteigend, geneigt, quer, diagonal, kursiv 2. → misstönend
Schräge 1. Neigung, Schräglage, Seitenlage, Schlagseite, Schiefe 2. → Abhang
Schragen → Bock
Schräglage → Schräge
Schramme → Kratzer
schrammen → kratzen

Schrank 1. Kleiderschrank, Kleiderkasten, Kasten, Spind, Schaff, Möbel, Möbelstück 2. → Riese
Schranke Zollschranke, Schlagbaum, Fallbaum, Bahnschranke, Barriere, Hindernis, Absperrung, → Grenze
schrankenlos → uneingeschränkt
Schrankfach → Fach
Schrat → Kobold
Schraube → Spirale
schraubenförmig → spiralförmig
Schraubenlinie → Spirale
Schraubenschlüssel → Schlüssel
Schreberhäuschen → Pavillon
Schreck → Entsetzen
Schreckbild → Gespenst
Schrecken → Entsetzen
Schreckensbotschaft → Hiobsbotschaft
Schreckensherrschaft → Gewaltherrschaft
Schreckensherrscher → Gewaltherrscher
Schreckensnachricht → Hiobsbotschaft
Schreckgespenst → Gespenst, → Kinderschreck
Schreckgestalt → Gespenst, → Kinderschreck, → Missbildung
schreckhaft → ängstlich
schrecklich 1. entsetzlich, Entsetzen erregend, beängstigend, erschreckend, bestürzend, furchtbar, fürchterlich, grauenhaft, schauerlich, schauderhaft, scheußlich 2. → horrend 3. → sehr
Schrei Ruf, Ausruf, Aufschrei
Schreibblatt → Papier
Schreibblock → Block
schreiben 1. schriftlich niederlegen, dichten, zur Feder greifen, aufschreiben, pinseln, hinpinseln, malen, → schmieren 2. anschreiben, sich wenden an, einen Brief schicken 3. → ausarbeiten 4. → verfassen
Schreiben Brief, Epistel, Kassiber, Nachricht, Billett, Schrieb, Wisch, Zeilen, Schriftstück, Papier, Zuschrift, Rückantwort, Antwortschreiben, → Rundschreiben
schreiben, sich → heißen
Schreiber → Schriftsteller, → Schreibstift
Schreiberling → Schriftsteller, → Bürokrat
Schreibfeder → Feder
Schreibfehler → Fehler
Schreibkraft → Sekretärin
Schreibpapier → Papier
Schreibpult → Pult
Schreibschrift → Schrift
Schreibschwäche → Sprachstörung
Schreibstift Bleistift, Blei, Kopierstift, Buntstift, Farbstift, Malstift, Zeichenstift, Zeichenkohle, Filzstift, Filzschreiber, Kugelschreiber, Kuli, Tintenkuli, Stift, Schreiber, → Füller, → Kreide
Schreibstube → Büro
Schreibtisch Sekretär, Pult, Schreibpult, Arbeitstisch, → Tisch
Schreibung → Orthografie
Schreibweise → Ausdrucksweise, → Orthografie
schreien 1. rufen, brüllen, kreischen, krähen, grölen, johlen, plärren, lärmen, quietschen, Geschrei erheben, gellen 2. → weinen
schreiend → bunt, → grell
Schreihals → Störenfried
Schreikrampf → Krampf
Schrein → Kiste, → Sarg
schreiten → gehen
Schrieb → Schreiben
Schrift 1. Handschrift, Schreibschrift, Druckschrift, Blockschrift, Schriftzeichen, → Buchstabe 2. → Buch 3. → Bibel
Schriftauslegung → Exegese
Schriftdeutsch → Schriftsprache
Schriftführer → Sekretär
Schriftgelehrter → Gelehrter
Schriftkontakt → Korrespondenz
Schriftkundiger → Gelehrter
Schriftleiter → Redakteur
Schriftleitung → Redaktion
schriftlich brieflich, handschriftlich, schwarz auf weiß
Schriftsprache Hochsprache, Hochdeutsch, Schriftdeutsch, Standardsprache, Literatursprache, Bühnensprache, Hochlautung, → Umgangssprache
Schriftsteller Autor, Verfasser, Feuilletonist, Essayist, Erzähler, Literat, Dichter, Dichterling, Lyriker, Poet, Reimschmied, Verseschmied, Prosaist, Prosaschriftsteller, Romancier, Schreiber, Schreiberling, → Dramatiker
schriftstellern → dichten
Schriftstück → Akte, → Schreiben
Schrifttum → Literatur
Schriftverkehr → Korrespondenz
Schriftwechsel → Korrespondenz
Schriftzeichen → Buchstabe
Schriftzug → Duktus, → Banderole
schrill → grell, → laut
schrillen → quietschen
Schrippe → Brötchen
Schritt 1. Schrittlänge, Schrittweite, Riesenschritt, Trippelschritt, Tritt, → Gang 2. → Maßnahme
Schrittmacher → Pionier

schrittweise → allmählich
schroff → barsch, → steil
schröpfen 1. Blut abnehmen, Blut abzapfen, zur Ader lassen, einen Aderlass vornehmen 2. → ausbeuten, → berauben
Schrot → Geschoss
schroten → mahlen
Schrott 1. Alteisen, Altmetall, Schrottauto, Unfallwagen, → Abfall 2. → Kram
Schrottplatz Autofriedhof, Autoverwertung, Alteisenverwertung, Alteisendeponie, → Mülldeponie
schrottreif → defekt
schrubben → putzen
Schrulle → Marotte
schrullig → eigenbrötlerisch
Schrumpel → Falte
schrumpelig → verrunzelt
schrumpfen einschrumpfen, zusammenschrumpfen, zusammenschrumpeln, zusammenschnorren, sich zusammenziehen, verschrumpeln, vertrocknen, eintrocknen, eindorren, → eingehen
Schrunde → Kratzer
schrundig → räudig
Schub → Druck
Schubfach → Fach
Schubkarre Schubkarren, Schiebkarre, Karre, Mistkarre, Handkarre
Schubkraft → Druck
Schublade → Fach
Schubs → Stoß
schubsen → stoßen
schüchtern befangen, gehemmt, verklemmt, verkrampft, verschüchtert, ängstlich, schamhaft, genant, verschämt, scheu
Schüchternheit Befangenheit, Hemmungen, Verklemmtheit, Verkrampfung, Scheu, Scham, Verschämtheit, Verschüchterung, Ängstlichkeit
Schuft → Gauner
schuften → arbeiten, → anstrengen, sich
Schufterei → Arbeit
Schuh Schuhwerk, Halbschuh, Schnürschuh, Slipper, Pumps, Stöckelschuh, Hausschuh, Treter, Galoschen, Latschen, Quadratlatschen, → Stiefel, → Sandale, → Sportschuh, → Pantoffeln
Schuhbändel Schnürbändel, Schnürsenkel, Senkel, Schnürriemen, Schuhriemen
Schuhcreme (*auch:* Schuhkrem) Schuhwichse, Lederpflege, Lederfett, Schuhpflegemittel, Wachs
Schuhmacher Schuster, Flickschuster
Schuhriemen → Schuhbändel
Schuhsohle → Sohle
Schuhwerk → Schuh
Schuhwichse → Schuhcreme
Schulanfänger → Abc-Schütze
Schularbeit → Aufgabe, → Arbeit
Schulaufgabe → Aufgabe
Schulausflug → Ausflug
Schulbank → Bank, → Pult
Schulbeispiel → Beispiel, → Präzedenzfall
Schulbildung → Ausbildung
Schulbuch → Fibel, → Lehrbuch
schuld → schuldig, → verantwortlich
Schuld 1. Verschulden, Mitschuld, Sünde, Missetat, Makel, Fehler, → Verantwortung 2. Rückstand, Passiva, Obligationen, Schulden, Verpflichtung, Verbindlichkeit, Verschuldung, Belastung, Schuldenlast, → Bankrott
Schuldbekenntnis → Beichte, → Geständnis
schuldbeladen → schuldig
schuldbewusst → reuig
Schuldbewusstsein Schuldgefühl, Schuldkomplex, Gewissensbisse, Gewissensnot, Gewissenslast, Gewissenspein, Gewissensqual, schlechtes Gewissen, Zerknirschtheit, Zerknirschung, → Skrupel, → Reue
schulden 1. schuldig sein, im Rückstand sein, in der Kreide stehen 2. → verdanken
Schulden → Schuld
schuldenfrei → quitt
Schuldenlast → Schuld
Schuldforderer → Gläubiger
schuldfrei → unschuldig
Schuldgefühl → Schuldbewusstsein
Schuldgeständnis → Beichte
schuldhaft → schuldig
Schuldiener → Hausmeister
schuldig 1. schuldbeladen, schuldhaft, schuldvoll, schuld, mitverantwortlich, mitschuldig, belastet, straffällig, verurteilt 2. rückständig, in der Kreide, im Verzug, im Rückstand, zahlungspflichtig, → bankrott 3. → angemessen
Schuldiger → Missetäter
Schuldigkeit → Pflicht
Schuldkomplex → Schuldbewusstsein
schuldlos → unschuldig
Schuldlosigkeit → Unschuld
Schuldner Kreditnehmer, Debitor, Schuldenmacher, Restant
schuldvoll → schuldig
Schule 1. Lehranstalt, Bildungsanstalt, Penne, Quetsche, Grundschule, Hauptschule, Volksschule, Realschule, Handelsschule, Oberschule, höhere Schule, Gymnasium, Lyzeum, Ganztagsschule, Gesamtschule, College, → Internat, → Institut, → Universität 2. Schulhaus, Schulgebäude 3. → Lehre

schulen → ausbilden, → lehren
Schüler 1. Schulkind, Zögling, Eleve, Mitschüler, Gymnasiast, Oberschüler, Pennäler, Abiturient, Primaner, → Abc-Schütze, → Lehrling, → Praktikant, → Student 2. → Adept
Schülerausweis → Ausweis
Schülerheim → Schullandheim
Schulferien → Ferien
Schulfreund → Freund
Schulheft → Heft
Schulkind → Schüler, → Kind
Schulklasse → Klasse
Schullandheim Landschulheim, Schülerheim, Landheim, Ferienheim
Schulleiter Direktor, Rektor
Schulmappe → Schulranzen
Schulmeinung → Lehre
Schulmeister → Lehrer, → Pedant
schulmeisterlich → belehrend, → pedantisch
schulmeistern → belehren
Schulranzen Ranzen, Schultasche, Schulmappe, Kollegmappe, → Mappe
Schulter Achsel, Schulterblatt
Schulterklappe Schulterstück, Achselstück, Achselklappe, Epaulette, Rangabzeichen
schultern → heben
Schultheiß → Bürgermeister
Schulung Unterweisung, Instruktion, Anleitung, Einführung, → Ausbildung, → Lehre
Schulverweis → Ausschluss
Schulze → Bürgermeister
Schulzeugnis → Zeugnis
Schulzimmer → Klasse
schummeln → betrügen
schummerig → dämmerig
Schund 1. Ramsch, Plunder, Mist, Schleuderware, Billigware, zweite Wahl, Ramschware, wertloses Zeug, → Kram, → Tand 2. → Schundliteratur
Schundliteratur Schund, Machwerk, Elaborat, Trivialliteratur, Schmutzliteratur, Schmutz, Groschenheft, Groschenroman, Schundroman, billige Unterhaltung
Schundroman → Schundliteratur
schunkeln → schaukeln
Schupo → Polizeibeamter
Schuppen Schupfen, Schopf, Remise, Wagenschuppen, Verschlag, → Hütte, → Scheune
schuppen, sich → häuten, sich
Schuppenflechte → Flechte
Schuppenpanzer → Panzer
schuppig → räudig
schüren 1. anschüren, anfachen, anblasen, anheizen 2. → hetzen
schürfen → abbauen, → graben, → kratzen
Schürfwunde → Kratzer
schurigeln → schikanieren
Schurke → Gauner
Schurkerei → Niedertracht
schurkisch → charakterlos, → niederträchtig
schürzen → heben
Schürzenjäger → Frauenheld
Schürzenkind → Schwächling
Schuss 1. Gewehrschuss, Pistolenschuss, Salve, Knall 2. → Injektion 3. → Nuance 4. → Schwung
Schussel → Tölpel
Schüssel Terrine, Suppenschüssel, Rührschüssel, Kumme, Napf, Schale, Becken
schusslig → ungeschickt, → zerstreut
Schussligkeit → Zerstreutheit
Schusswaffe → Gewehr, → Pistole
Schuster → Schuhmacher
Schute → Boot
Schutt Bauschutt, Abbruchmaterial, Trümmer, → Geröll, → Asche
Schuttabladeplatz → Mülldeponie
Schüttelfrost → Fieber
schütteln rütteln, beuteln, durcheinander schütteln, durchschütteln, durchrütteln, ausschütteln
schütteln, sich → ekeln, sich
schütten → gießen, → regnen
schütter → dünn
schütter werden → lichten, sich
Schutthalde → Mülldeponie
Schutz 1. Deckung, Bedeckung, Hut, Obhut, Hort, Sicherung, Sicherheit, Abschirmung, Beschirmung, Beschützung 2. → Panzer
Schutz Suchender → Asylant
Schutzanzug → Anzug
Schutzbefohlener Mandant, Klient
Schutzbezug → Bezug
Schutzdach → Dach
Schutzdecke → Plane
schützen beschützen, bedecken, behüten, hüten, beschirmen, abschirmen, schirmen, feien, bewahren, sichern, decken, den Rücken decken, in Schutz nehmen, unter seine Fittiche nehmen, → retten
Schutzengel → Beschützer
Schützengraben → Befestigungsanlage
Schutzgebiet Reservat, Naturschutzgebiet, Naturpark, Nationalpark
Schutzhaft → Haft
Schutzhelm → Helm
Schutzherr → Schirmherr
Schutzherrschaft → Schirmherrschaft
Schutzhülle → Hülle
Schutzhütte → Hütte

schutzimpfen → impfen
Schutzimpfung → Impfung
Schützling → Günstling, → Mandant
schutzlos → hilflos
Schutzmann → Polizeibeamter
Schutzmarke → Marke
Schutzpanzer → Panzer
Schutzpatron → Beschützer
Schutzpolizei → Polizei
Schutzraum → Bunker
Schutzumschlag → Einband
Schutzurkunde → Patent
Schutzwall → Damm
schwabbelig → gallertartig
schwabbeln → polieren
schwach 1. kraftlos, saftlos, entkräftet, schwächlich, schlapp, matt, mau, erschöpft, angeschlagen, lendenlahm, gebrechlich, anfällig, labil 2. leise, erstickt, zart 3. nachgiebig, weich, charakterlos, willensschwach, rückgratlos, weibisch 4. → ohnmächtig
Schwäche 1. Entkräftung, Entkräftigung, Abspannung, Erschöpfung, Schwächlichkeit, Gebrechlichkeit, Labilität 2. Fehler, Mangel, Laster, schwache Seite, → Vorliebe 3. Nachgiebigkeit, Schwachheit, Charakterlosigkeit, Willenlosigkeit, Willensschwäche, Rückgratlosigkeit 4. → Ohnmacht
Schwächeanfall → Erschöpfung
schwächen ermüden, lähmen, hemmen, entkräften, mildern, drosseln, ersticken, lahm legen, untergraben, unterwühlen, beeinträchtigen, zehren, aufzehren, aufreiben, angreifen
schwächer werden → beruhigen, sich
Schwachheit → Schwäche
Schwachkopf → Dummkopf
schwächlich → schmächtig, → gebrechlich, → anfällig
Schwächlichkeit → Anfälligkeit
Schwächling 1. Memme, Waschlappen, Jammerlappen, Jammerbild, Flasche, Pantoffelheld, Pimpelhans, Muttersöhnchen, Nesthäkchen, Nesthocker, Schoßkind, Schürzenkind, → Feigling, → Versager 2. Schwachmatikus, Kümmerling, Krisperl, Hampelmann, Hampf, halbes Hemd
Schwachmatikus → Schwächling
Schwachpunkt → Blöße
Schwachsinn Geistesschwäche, Blödheit, Blödsinnigkeit, Verblödung, Idiotie, Kretinismus, Debilität, Imbezillität, Demenz, geistige Umnachtung, Geistesumnachtung, → Geisteskrankheit, → Dummheit
schwachsinnig geistesschwach, blöde, blödsinnig, verblödet, idiotisch, kretinhaft, kretinoid, debil, imbezill, dement, geistig umnachtet, → geistesgestört, → dumm
Schwächung → Entkräftung
Schwaden → Dampf
Schwadron → Heeresverband
Schwafelei → Geschwätz
schwafeln → reden
Schwafler → Schwätzer
Schwager → Kutscher
Schwall → Guss, → Menge
schwammig → dick, → weich
schwanen → ahnen
schwanger gravid, in anderen Umständen, guter Hoffnung, gesegneten Leibes, hochschwanger, trächtig
schwanger gehen → beschäftigen, sich
schwängern → befruchten
Schwangerschaft → Gravidität
Schwangerschaftsabbruch → Abtreibung
Schwank → Komödie
schwanken 1. wanken, taumeln, torkeln, schaukeln, wogen, tanzen, wackeln, → stolpern 2. → zögern
schwankend → unbeständig, → unschlüssig, → wackelig
Schwankung → Abweichung
Schwanz 1. Lunte, Rute, Bürzel, Schweif, Stoß, Sterz, Steiß, Wedel, Blume, Standarte 2. → Ende
schwänzen → fehlen
schwanzwedeln → wedeln
Schwäre → Geschwür
schwärend → eitrig
Schwarm → Herde, → Abgott
schwärmen 1. umschwärmen, anschmachten, erträumen, träumen, fantasieren 2. → begeistern, sich, berauschen, sich 3. → ausschwärmen
Schwärmer → Fantast, → Feuerwerkskörper, Knaller
Schwärmerei → Idealismus, → Begeisterung
schwärmerisch → idealistisch, → empfindsam, → begeistert
Schwarmgeist → Fantast
Schwarte → Haut, → Buch
schwarz 1. kohlrabenschwarz, rabenschwarz, pechschwarz, rußfarben, blauschwarz, nachtschwarz, → dunkel 2. → dunkelhaarig 3. → heimlich 4. → verboten 5. → konservativ
schwarz auf weiß → schriftlich
schwarze Kunst → Magie
Schwarzarbeit → Arbeit
Schwarzer → Farbiger

schwarzes Brett → Anschlagtafel, Anschlagbrett, Pinnwand
Schwarzfahrer → Passagier
schwarzhaarig → dunkelhaarig
Schwarzhändler → Hehler
Schwarzmaler → Pessimist
Schwarzmalerei → Pessimismus
Schwarzmarkt → Schmuggel
Schwarzseher → Pessimist
Schwarzseherei → Pessimismus
schwarzseherisch → pessimistisch
Schwarzweißgerät → Fernsehgerät
Schwatz → Geplauder
Schwatzbase → Klatschmaul
Schwätzchen → Geplauder
schwatzen → ausplaudern, → reden
schwätzen → ausplaudern, → reden
Schwätzer Schwafler, Salbader, Schwadroneur, Phrasendrescher, Schaumschläger, Langweiler, Faselhans, Quasselkopf, → Klatschmaul
schwatzhaft → redselig
Schwatzhaftigkeit → Redseligkeit
schweben → hängen, → fliegen
schwebend in der Schwebe, anhängig, ausstehend, unerledigt, unentschieden, → ungewiss
Schwefelhölzchen → Zündholz
Schweif → Schwanz
schweifwedeln → wedeln
Schweigegeld → Bestechungsgeld
schweigen 1. sich in Schweigen hüllen, stumm bleiben, verstummen, still werden, stillschweigen, nichts sagen, den Mund halten, die Luft anhalten, keinen Ton herausbringen 2. sich ausschweigen, schweigen wie ein Grab, keinen Ton über die Lippen bringen, kein Wort verlieren über, seine Zunge im Zaum halten, für sich behalten, nichts verraten, Stillschweigen bewahren, dichthalten, → verschweigen
Schweigen Stillschweigen, Verschweigen, Stille
schweigend → wortlos
schweigsam wortkarg, wortarm, redescheu, zugeknöpft, verschlossen, verschwiegen, einsilbig, still, ruhig, lakonisch, mundfaul, maulfaul
Schweigsamkeit Wortkargheit, Zugeknöpftheit, Verschlossenheit, Einsilbigkeit, Mundfaulheit
Schwein 1. Hausschwein, Borstenvieh, Sau, Wutz, Mutterschwein, Bache, Wildsau, Wildschwein, Keiler, Eber, Ferkel, Frischling 2. Saubär, → Schmutzfink 3. → Glück
Schweinehund → Gauner
Schweinerei → Obszönität, → Niedertracht
Schweinigel → Schmutzfink
Schweinigelei → Unanständigkeit
schweinisch → obszön, → unanständig
Schweiß 1. Ausdünstung, Schweißabsonderung, Transpiration, Sudation 2. → Blut
schwelen → glühen, → rauchen
schwelgen → essen, → genießen
Schwelger → Genießer
schwelgerisch → genießerisch
Schwelle 1. Bohle, Balken, Erhöhung, Türschwelle, Bahnschwelle 2. → Bodenerhebung 3. → Hindernis
schwellen → anschwellen
Schwellung → Geschwulst
Schwemme → Gasthaus, → Tränke
schwemmen → spülen
Schwemmland → Marsch
schwenken → schwingen, → waschen
schwer 1. bleiern, bleischwer, lastend, erdrückend, massig, gewichtig, wuchtig 2. → anstrengend 3. → schwierig 4. → verantwortungsvoll
schwer behindert → körperbehindert
schwer beschädigt → invalide
schwer fallen Mühe machen, viel abverlangen, sauer ankommen, sich schwer tun mit, nicht zurechtkommen
schwer krank → krank
schwer tun, sich → schwer fallen
schwer wiegend (*auch:* schwerwiegend) → bedeutsam, → wichtig
Schwerarbeiter → Arbeiter
Schwerbeschädigter → Invalide
Schwere → Gewicht
schwerelos → leicht
Schwerenöter → Frauenheld
schwerfällig → plump, → träge, → begriffsstutzig
Schwerfälligkeit → Trägheit
Schwergewicht → Vorrang
Schwerkraft → Anziehungskraft
schwerlich → kaum
Schwermut Melancholie, Weltschmerz, Trübsinn, Freudlosigkeit, Depression, Niedergeschlagenheit, Bedrücktheit, Hypochondrie, → Trauer
schwermütig melancholisch, trübsinnig, freudlos, deprimiert, niedergeschlagen, bedrückt, desolat, hypochondrisch, → traurig
Schwerpunkt → Vorrang
schwerpunktmäßig → vorrangig
Schwert Hiebwaffe, Stichwaffe, Säbel, Degen, Florett, → Dolch
Schwerverbrecher Gewalttäter, → Verbrecher, → Mörder

Schwerverletzter → Verwundeter
Schwester → Krankenschwester, → Nonne
Schwiele → Hornhaut
schwielig → rau
schwierig kompliziert, diffizil, schwer, knifflig, verzwickt, verteufelt, vertrackt, verwickelt, verflochten, weit verzweigt, komplex, problematisch, heikel, dornig, steinig, → gefährlich
Schwierigkeit 1. Kompliziertheit, Komplikation, Problem, Problematik, Verwicklung, Notlage, Klippe, Härte, Crux, Sackgasse, Haken, harte Nuss 2. → Verlegenheit 3. → Frage
Schwimmbad → Bad
Schwimmbecken Swimmingpool, Sprungbecken, Pool, Plantschbecken, Warmwasserbecken, Becken
schwimmen 1. baden, plantschen, kraulen 2. getragen werden, oben schwimmen, auftauchen
Schwimmflügel → Schwimmhilfe
Schwimmhilfe Schwimmring, Schwimmflügel, Schwimmgürtel, Schwimmweste, Rettungsweste, Rettungsring
Schwimmhose → Badeanzug
Schwimmkappe → Bademütze
Schwimmring → Schwimmhilfe
Schwimmweste → Schwimmhilfe
Schwindel 1. Schwindelanfall, Schwindelgefühl, Taumel, Schwindligkeit, Benommenheit 2. → Betrug 3. → Lüge
Schwindel erregend → riskant
Schwindelgefühl → Schwindel
schwindeln 1. schwindlig sein, unwohl sein, sich drehen, Drehwurm haben 2. → lügen
schwinden → abnehmen
schwindend → rückläufig
Schwindler → Betrüger, → Lügner
schwindlig → benommen
Schwindsucht → Lungentuberkulose
schwindsüchtig → lungenkrank, → mager
Schwindsüchtigkeit → Magerkeit
Schwinge → Flügel
schwingen 1. pendeln, schaukeln, schwenken, hin- und herbewegen, schlenkern 2. oszillieren, pulsieren, vibrieren, schwanken, sich hin- und herbewegen
Schwinger → Schlag
Schwingung Pendelbewegung, Schwingen, Oszillation, Wellenbewegung, Bewegung, Vibration
Schwips → Rausch
schwirren → surren, → fliegen
schwitzen 1. transpirieren, ausdünsten, in Schweiß geraten, ausschwitzen, braten, schmoren, feuchte Hände bekommen 2. → beschlagen
Schwitzkasten Würgegriff, Klammergriff, Polizeigriff
Schwof → Tanz
schwofen → tanzen
schwören → einen Schwur ablegen, einen Eid leisten, sein Ehrenwort geben, beeiden, beschwören, geloben, versichern, → versprechen
schwul → homosexuell
schwül 1. drückend, feuchtheiß, tropisch, föhnig, gewittrig, → dumpf 2. → lasziv
Schwüle 1. drückende Hitze, Brodem, tropisches Klima, Föhn, Gewitterstimmung 2. → Laszivität
Schwuler → Homosexueller
Schwulst Bombast, Schwülstigkeit, Pomp, Überladenheit, Auswuchs, Geschwollenheit, Pathos
schwülstig geschwollen, bombastisch, pompös, überladen, hochtrabend, hochgestochen, hochtönend, aufgeblasen, blumig, salbungsvoll, theatralisch, melodramatisch, pathetisch, → geziert
Schwülstigkeit → Schwulst
schwummerig → benommen
Schwund → Abnahme, → Verringerung
Schwung 1. Elan, Biss, Impetus, Kick, Verve, Temperament, Energie, Schmiss, Pep, Mumm, Feuer, Begeisterung, Initiative, Impuls 2. Anlauf, Wucht, Schub, Schuss, → Bewegung 3. → Menge
Schwungfeder → Feder
schwunghaft → lebhaft
schwungvoll voller Elan, temperamentvoll, flott, schneidig, schnittig, schmissig, lebhaft, kraftvoll
Schwur → Eid
Schwurgericht Geschworenengericht
Scout → Pfadfinder
Séance → Beschwörung
second hand → alt, → antiquarisch
Sedativum Beruhigungsmittel, schmerzstillendes Mittel, → Arznei
Sediment → Ablagerung
See 1. Gewässer, Wasserfläche, Binnensee, Teich, Weiher, Tümpel, Pfuhl 2. → Meer
Seebad → Bad
Seefahrer → Seemann
Seegang Wellengang, Gewoge, Dünung, unruhige See, hohe See, Sturmsee
Seejungfrau → Meerjungfrau
seekrank sein → übergeben, sich
Seele Psyche, Inneres, Innenwelt, Gemüt, Herz, Brust, Busen, Atem, Lebenssitz

Seelenamt → Totenmesse
seelengut → gütig
Seelenhirte → Geistlicher
seelenkrank gemütskrank, nervenkrank, psychotisch, neurotisch, psychopathisch, milieugeschädigt, melancholisch, depressiv, manisch, manisch-depressiv, zwangsneurotisch, hysterisch
Seelenkrankheit Gemütskrankheit, Nervenkrankheit, psychische Störung, Psychose, Neurose, Zwangsneurose, Manie, Obsession, Komplex, Melancholie, Depression, endogene Depression
seelenlos 1. unbeseelt, maschinenmäßig, automatenhaft 2. → gefühllos
Seelenmassage → Beeinflussung
Seelenmesse → Totenmesse
Seelenruhe → Gelassenheit, → Beschaulichkeit
seelenruhig → gelassen
Seelensitz → Herz
seelenvoll → ausdrucksvoll, → empfindsam
seelisch psychisch, innerlich, im Gemüt, nervlich, unkörperlich
Seelsorge Betreuung, seelischer Beistand, Hilfe, Rat, Lebenshilfe, Telefonseelsorge
Seelsorger → Geistlicher
Seemacht → Flotte
Seemann Seefahrer, Schiffer, Schiffsmann, Fahrensmann, Seebär, Wasserratte, → Matrose, → Pirat
Seemannsgarn → Lüge
Seeräuber → Pirat
Seesack → Gepäck, → Sack
Seeufer → Ufer
Segel Schiffssegel, Segeltuch, Sonnensegel
Segelboot Segelschiff, Jolle, Segeljacht, Jacht, Yacht, Katamaran, Yawl, Windjammer, Schoner, Brigg, Fregatte, Kutter, Dschunke, → Boot, → Schiff
segeln → fliegen
Segelpartie → Ausflug
Segelschiff → Segelboot
Segeltuch → Plane
Segen 1. Glück, Gelingen, Wohlergehen, Weihe, Gnade 2. → Fülle
segensreich → erfolgreich
Segenswunsch → Gratulation
Segment → Ausschnitt
segmentiert → untergliedert
segnen Segen erteilen, Segen spenden, Segen herabwünschen, benedeien, weihen
sehbehindert → blind
sehen 1. schauen, blicken, gucken, spähen, äugen, lugen, unterscheiden, wahrnehmen, → anschauen 2. → erblicken
sehen nach → beaufsichtigen
sehen, sich → verkehren
sehenswert sehenswürdig, kurios, interessant, beachtlich, bemerkenswert, einzig
sehenswürdig → sehenswert
Sehenswürdigkeit Kuriosum, Kuriosität, Sensation, Seltenheit, Einzigkeit
Seher → Prophet, → Auge
seherisch → prophetisch
Sehkraft Sehvermögen, Sehschärfe, Augenlicht, Gesichtssinn, Gesicht
Sehnen → Sehnsucht
sehnen, sich sich verzehren nach, streben nach, schmachten nach, vermissen, herbeiwünschen, herbeisehnen, Sehnsucht haben, vor Sehnsucht vergehen
sehnig → drahtig, → sportlich
sehnlich → sehnsüchtig
Sehnsucht Sehnen, Sehnlichkeit, Drang, Verlangen, Fernweh, Heimweh, Nostalgie
sehnsüchtig sehnlich, sehnsuchtsvoll, drängend, inständig, voller Sehnsucht, verlangend, dürstend
sehnsuchtsvoll → sehnsüchtig
sehr ganz arg, recht, gar, ungemein, ausnehmend, stark, überaus, ungeheuer, unsagbar, unsäglich, unaussprechlich, unbeschreiblich, über die Maßen, maßlos, unbändig, äußerst, enorm, horrend, erheblich, fürchterlich, grenzenlos, zutiefst, höchlich, höchst, mordsmäßig, mörderisch, diebisch, höllisch, verteufelt, teuflisch, verflucht, sündhaft, tierisch, wahnsinnig, schmerzlich, mächtig, schrecklich, → bemerkenswert, → einschneidend
Sehrohr → Fernglas
Sehschärfe → Sehkraft
Sehschwäche → Sehstörung
Sehstörung Sehschwäche, Schwachsichtigkeit, Nachtblindheit, Dämmerungsblindheit, Schielen, → Fehlsichtigkeit
Sehvermögen → Sehkraft
seichen → austreten, → regnen
seicht → flach, → oberflächlich
Seichtheit → Oberflächlichkeit
Selde → Stoff
Seidel Bierglas, Bierkrug
Seidenpapier → Einschlagpapier
seidenweich → weich
Seiendes → Ding
Seifenlauge → Base
seifig → glatt
seihen → filtern
Seiher → Sieb
Seil Leine, Strippe, Strang, Strick, Reep, Tau, Trosse, Stahltrosse, Stahlseil, Drahtseil, Kabel, → Schnur

Seilbahn → Bergbahn
seilspringen seilhüpfen
seiltanzen → balancieren
Seiltänzer → Artist
Seilwinde → Winde
Seim dicke Flüssigkeit, Honig, → Aufguss, → Extrakt
seimig → breiig, → dickflüssig
sein → leben, → bestehen, → befinden, sich
Sein → Leben
seinerzeit → damals
seit → seither
seitab → abseits, → fern
seitdem → seither
Seite 1. Seitenteil, Flanke, Flügel, Breitseite, Seitenansicht 2. → Blatt 3. → Gruppe 4. → Eigenschaft
Seite an Seite → gemeinsam
Seitenansicht → Seite, → Umriss
Seitenflügel → Flügel
Seitengewehr → Bajonett
Seitenhieb → Anspielung
Seitenlage → Schräge
Seitensprung → Ehebruch, → Abenteuer
Seitenteil → Seite
seitenverkehrt → verkehrt
Seitenwechsel → Halbzeit
seither seitdem, seit, seit damals, seit dem Zeitpunkt, seit jener Zeit, von da an, ab, → bisher
seitlich auf der Seite, längsseits, längs, entlang, → seitwärts
seitwärts zur Seite, auf die Seite, seitlich, abseits
Sekret → Ausscheidung
Sekretär 1. Stadtschreiber, Kanzleischreiber, Gerichtsschreiber, Protokollant, Protokollführer, Schriftführer 2. → Schreibtisch
Sekretariat → Vorzimmer
Sekretärin Vorzimmerdame, Schreibkraft, Bürokraft, Stenotypistin, Fonotypistin, Datentypistin
sekretieren → ausscheiden
Sekretion → Ausscheidung
Sekt → Schaumwein
Sektierer → Abtrünniger
sektiererisch → abtrünnig
Sektion → Operation, → Leichenöffnung, → Abteilung, → Klasse
Sektor → Ausschnitt, → Bereich
Sekundant → Assistent
sekundär → unwichtig
Sekunde → Augenblick
sekundieren → helfen
selber → persönlich
selbst → persönlich, → auch
Selbstachtung → Selbstbewusstsein
Selbstanklage → Reue
selbständig → selbstständig
Selbstaufopferung → Selbstlosigkeit
Selbstbedienungsladen → Geschäft
Selbstbefreiung → Emanzipation
Selbstbefriedigung → Masturbation
Selbstbeherrschung → Beherrschung, → Mäßigung
Selbstbescheidung → Zufriedenheit
selbstbesessen → narzisstisch
Selbstbesessener → Egoist
Selbstbesinnung → Einkehr
Selbstbestimmung → Autonomie
Selbstbestimmungsrecht → Autonomie
Selbstbetrug → Illusion
Selbstbeweihräucherung → Selbsteinschätzung
selbstbewusst selbstsicher, sicher, siegesgewiss, siegessicher, von sich überzeugt
Selbstbewusstsein Selbstsicherheit, Selbstvertrauen, Sicherheit, Selbstachtung, Selbstwertgefühl, Selbstgefühl, Stolz, → Selbsteinschätzung
Selbstbild → Selbsteinschätzung
Selbstbildnis → Porträt
Selbstbiografie → Autobiografie
Selbstdisziplin → Mäßigung
Selbsteinschätzung Selbstverständnis, Selbstbild, Selbstkritik, Selbsterkenntnis, Selbstbeweihräucherung, Eigenlob, Selbstlob, → Selbstbewusstsein
Selbstentleibung → Selbstmord
Selbsterkenntnis → Reue, → Selbsteinschätzung
selbstgefällig → eitel
Selbstgefälligkeit → Eitelkeit
Selbstgefühl Stolz, → Ehre, → Selbstbewusstsein
selbstgenügsam → zufrieden
Selbstgenügsamkeit → Zufriedenheit
selbstgerecht → überheblich
selbstherrlich → eigenmächtig, → überheblich
Selbstherrlichkeit → Eigenmächtigkeit, → Überheblichkeit
Selbsthilfe → Faustrecht
Selbsthilfegruppe Bürgerinitiative, Interessengemeinschaft, Aktionsgruppe, Initiativgruppe, Gruppe
selbstisch → selbstsüchtig
Selbstjustiz → Faustrecht
Selbstkosten → Fertigungskosten
Selbstkostenpreis → Preis
Selbstkritik → Selbsteinschätzung
Selbstlob → Selbsteinschätzung

selbstlos uneigennützig, unegoistisch, altruistisch, aufopfernd, aufopferungsvoll, entsagungsvoll, hilfsbereit, → edel
Selbstlosigkeit Uneigennützigkeit, Altruismus, Selbstaufgabe, Selbstverleugnung, Selbstaufopferung, Opferbereitschaft, Hilfsbereitschaft, → Edelmut
Selbstmord Selbsttötung, Selbstentleibung, Freitod, Suizid, Harakiri
Selbstmord begehen → umbringen, sich
Selbstmörder Lebensmüder
selbstmörderisch → gefährlich
Selbstporträt (*auch:* Selbstportrait) → Porträt
selbstquälerisch masochistisch, selbstzerstörerisch, ruinös
selbstredend → anstandslos, → gern, → ja
selbstsicher → selbstbewusst
Selbstsicherheit → Selbstbewusstsein
selbstständig (*auch:* selbständig) eigenständig, eigenverantwortlich, mündig, autonom, emanzipiert, aufgeklärt, frei, ungebunden, unabhängig, ohne fremde Hilfe, allein, → eigenmächtig
selbstständig werden (*auch:* selbständig werden) → lösen, sich
Selbstständigkeit (*auch:* Selbständigkeit) Eigenständigkeit, Eigenverantwortlichkeit, Mündigkeit, Emanzipation, Ungebundenheit, Unabhängigkeit
Selbstsucht Egoismus, Eigenliebe, Selbstliebe, Eigennutz, Eigennützigkeit, Ichsucht, Ichbezogenheit, Egozentrik, → Rücksichtslosigkeit
selbstsüchtig egoistisch, eigennützig, selbstisch, ichsüchtig, nur auf den eigenen Vorteil bedacht, → egozentrisch, → narzisstisch, → rücksichtslos
selbsttätig → automatisch
Selbsttäuschung → Illusion, → Irrtum
Selbsttötung → Selbstmord
Selbstüberschätzung → Überheblichkeit
Selbstüberwindung → Beherrschung
Selbstverantwortlichkeit → Unabhängigkeit
selbstverantwortlich → unabhängig
selbstvergessen → geistesabwesend
Selbstverleugnung → Selbstlosigkeit
selbstverliebt → narzisstisch
Selbstverliebter → Egoist
Selbstverliebtheit → Narzissmus
selbstverständlich 1. natürlich, klar, sicher, unfraglich, eindeutig, unbedingt, zwangsläufig, unausgesprochen, stillschweigend 2. → anstandslos, → gern, → ja 3. → zwanglos
Selbstverständlichkeit → Gemeinplatz, → Zwanglosigkeit
Selbstverständnis → Selbsteinschätzung
Selbstvertrauen → Selbstbewusstsein
Selbstverwaltung → Autonomie
Selbstvorwurf → Reue
Selbstwertgefühl → Selbstbewusstsein
selektieren → auswählen
Selektion → Auswahl
selig → glücklich, → paradiesisch, → tot
Seligkeit → Freude, → Glück
selten 1. kaum, ab und zu, fast nie, sporadisch, ausnahmsweise, nur manchmal, alle Jubeljahre 2. rar, besonders, auserwählt, ausgewählt, erlesen, kostbar, einmalig
Seltenheit Rarität, Kostbarkeit, Einzelstück, Besonderheit, Ausnahme, → Sehenswürdigkeit
Selterswasser → Sprudel
seltsam sonderbar, absonderlich, eigenartig, eigen, eigentümlich, ulkig, drollig, komisch, kurios, merkwürdig, erstaunlich, ominös, verdächtig, verwunderlich, wunderlich, wundersam, befremdend, befremdlich, → eigenbrötlerisch
Seltsamkeit Absonderlichkeit, Eigentümlichkeit, Eigenheit, Merkwürdigkeit, Kuriosität, Verwunderlichkeit, Befremdlichkeit, → Eigenbrötlerei
Semester Halbjahr, Studienhalbjahr, Trimester
Seminar 1. Kurs, Kursus, Lehrgang, Lehrveranstaltung, Übung, Kolloquium 2. → Institut
Semmel → Brötchen
Senat → Amt, → Gericht, → Parlament
Senator → Abgeordneter, → Minister
senden 1. ausstrahlen, rundstrahlen, aussenden, übertragen, über den Sender geben, über den Äther schicken, → funken 2. → schicken
Sender → Rundfunksender
Sendestation → Rundfunksender
Sendschreiben → Rundschreiben
Sendung 1. Rundfunksendung, Rundfunkübertragung, Übertragung, Fernsehsendung, Programm, Ausstrahlung, → Direktübertragung 2. → Bestimmung 3. → Post, → Lieferung
Senf 1. Mostrich, Mostert 2. → Unsinn
Senge → Prügel
sengen → brandschatzen
senil → greisenhaft
Senior → Greis
Seniorenheim → Altersheim
Senke → Mulde, → Graben

Senkel → Schuhbändel
senken 1. herabsenken, herablassen, niederlassen, neigen 2. → ermäßigen
senken, sich 1. sich setzen, sich absenken, zusammensacken, zusammensinken, absacken, absinken, einsinken 2. → fallen
Senkgrube → Kloake
senkrecht 1. lotrecht, vertikal, im Blei, im Wasser, im Lot, im rechten Winkel, scheitelrecht, gerade, → aufrecht 2. → steil
Senkung → Schlucht, → Depression
Senner → Hirte
Sensation → Aufsehen, → Sehenswürdigkeit
sensationell → auffallend, → neu
Sensationsjournalismus → Presse
Sensationsnummer → Anziehung
Sensationspresse → Presse
Sense Sichel, Hippe
sensen → mähen
Sensenmann → Tod
sensibel 1. feinfühlend, feinfühlig, feinnervig, empfänglich, empfindlich, empfindsam, leicht verletzbar 2. → allergisch
Sensibilität Feinfühligkeit, Empfänglichkeit, Empfindlichkeit, Empfindsamkeit, Verletzbarkeit
sensitiv → empfindsam
Sentenz → Ausspruch, → Sinnspruch
sentenzenhaft → knapp
sentimental → empfindsam, → tränenselig
Sentimentalität → Empfindsamkeit, → Tränenseligkeit
separat → einzeln, → getrennt
Separation → Absonderung, → Trennung
Separatismus Partikularismus, Autonomiestreben, Kleinstaaterei
Separee (*auch:* Séparée) → Abtrennung
separieren → trennen, → absondern
Sepsis → Blutvergiftung
Sequenz → Reihenfolge
Serie → Zyklus, → Satz
serienmäßig → maschinell
seriös → ernst, → gediegen
Seriosität → Ernst
Sermon → Wortschwall
Serpentine → Kurve
Serum Blutserum, Impfstoff
Service → Satz, → Geschirr, → Bedienung, → Kundendienst
servieren kredenzen, bringen, darreichen, aufwarten mit, vorsetzen, auftragen, anbieten, auftischen, auffahren, auflegen, vorlegen, bedienen
Servierfräulein → Bedienung
Serviertisch → Anrichte
Serviette Mundtuch, Lätzchen, Latz
servil → unterwürfig
Servilität → Unterwürfigkeit
Sessel Lehnstuhl, Ohrensessel, Armsessel, Polstersessel, Klubsessel, Ruhesessel, Fauteuil, Sorgenstuhl, Sitzmöbel, → Stuhl
Sessellift → Skilift
sesshaft → ansässig, → bodenständig
Set → Satz
setzen → wetten, → pflanzen
setzen, sich 1. sich hinsetzen, sich niederlassen, sich niedersetzen, niedersitzen, Platz nehmen, sich hinhocken, hinsetzen, sich pflanzen 2. sich festigen, sich verfestigen, zur Ruhe kommen, sich erhärten, sich verdichten, → senken, sich
Setzling → Reis
Seuche Infektionskrankheit, Epidemie, Massenerkrankung, → Pest, → Pocken, → Krankheit, → Ansteckung
seufzen einen Seufzer ausstoßen, aufstöhnen, ächzen, stöhnen, → klagen
Seufzer Stoßseufzer, Geseufze, Gestöhne, Stöhnen, Geächze, Schluchzer, Gewimmer, Gewinsel, Wehlaut, Klageruf, Klagelaut, → Klage
Sex → Sexualität, → Koitus
Sexappeal (*auch:* Sex-Appeal) → Reiz
Sexismus → Diskriminierung
sexistisch → diskriminierend
Sexualität Sex, Sexus, Geschlechtlichkeit, Geschlechtsleben, Triebleben
Sexualverbrechen → Verbrechen
sexuell → geschlechtlich
Sexus → Sexualität
sexy → anziehend
Sezession → Trennung
sezieren obduzieren, Sektion vornehmen, öffnen, schneiden, → zerlegen
Sherpa → Träger
shocking → empörend
Shoppingcenter → Einkaufszentrum
Shorts → Hose
Show Varietee, Revue, Tingeltangel, Unterhaltungsshow, → Theater, → Darbietung
Showmaster → Conférencier
sich → einander
Sichel → Sense
sicheln → mähen
sicher 1. gewiss, erwiesen, bezeugt, garantiert, unzweifelhaft, unbestreitbar, unbestritten, unstreitig, unleugbar, unwiderlegbar, hieb- und stichfest, unzweifelhaft, zweifelsfrei, todsicher, hundertprozentig, unzweideutig, unangefochten, unanfechtbar 2. unfehlbar, untrüglich, mit schlafwandlerischer Sicherheit, verlässlich 3. gefeit, gesichert, gefahrlos, ungefährdet, ge-

schützt, getrost, bombensicher 4. → erfahren 5. → gewandt 6.→ selbstbewusst 7. → ja
sichergehen → überzeugen, sich
Sicherheit 1. Gewissheit, Bestimmtheit, Überzeugung, Zutrauen 2. Sicherung, Gefahrlosigkeit, Unbezwingbarkeit, Uneinnehmbarkeit, → Geborgenheit, → Schutz 3. → Garantie, → Bürgschaft 4. → Selbstbewusstsein
Sicherheitsmaßnahme → Vorsorge
Sicherheitsverwahrung → Haft
Sicherheitsvorkehrung → Vorsorge
sicherlich → gewiss, → wahrscheinlich
sichern → schützen, → einschließen
sicherstellen → beschlagnahmen, sequestrieren → hinterlegen
Sicherstellung → Beschlagnahme
Sicherung → Festigung, → Schutz
Sicherungsverwahrung → Haft
Sicht Sichtverhältnisse, Sichtweite, Deutlichkeit, Fernsicht, → Aussicht
sichtbar 1. kenntlich, erkennbar, wahrnehmbar, unterscheidbar, offen, augenfällig 2. → offensichtlich
sichtbar machen → aufdecken, → zeigen
sichtbar werden → zeigen, sich
sichten → aussondern, → erblicken
sichtlich → offensichtlich
Sichtung → Musterung
Sichtverhältnisse → Sicht
Sichtweise → Betrachtungsweise
Sickergrube → Kloake
Sieb Filter, Seiher, Rechen, Reiter
sieben → durchsieben, → filtern
siebengescheit → neunmalklug
Siebensachen → Besitz
siech → krank
siechen → krank sein
Siechtum → Gebrechlichkeit, → Krankheit
siedeln → niederlassen, sich
sieden → kochen, → wütend sein
siedend → heiß
Siedler Kolonist, Ansiedler, Farmer, Auswanderer, → Einwanderer, → Landwirt
Siedlung Kolonie, Ansiedlung, Niederlassung, → Dorf, → Stadtteil
Sieg Erfolg, Triumph, Gewinn, Satzgewinn, Aufstieg, Lorbeer
Siegel Stempel, Dienstsiegel, Briefsiegel, Versiegelung, Verschluss, → Banderole
siegen → besiegen, → gewinnen
Sieger Gewinner, Überwinder, Triumphator, Olympiasieger, → Champion
Siegerehrung → Prämierung
Siegerkranz → Pokal
Siegermacht → Besatzung
siegesgewiss → selbstbewusst
Siegeskandidat → Favorit
Siegespokal → Pokal
Siegessäule → Denkmal
siegessicher → selbstbewusst
Siegestrophäe → Pokal
Siegeswille → Ehrgeiz
sieggewohnt → siegreich
siegreich sieggewohnt, erfolggekrönt, erfolgreich, glücklich, triumphierend, preisgekrönt, prämiert, ausgezeichnet
Sigel → Abkürzung
Signal → Alarm, → Notsignal, → Haltezeichen
signalisieren zu verstehen geben, jemandem etwas bedeuten, → ankündigen
Signallicht → Warnlicht
Signet → Abzeichen
signieren → unterschreiben
Silbenrätsel → Rätsel
Silbenstecher → Rechthaber
Silbenstecherei → Spitzfindigkeit
Silber → Besteck
Silbergeld → Kleingeld
silberhell → hell
silbern silberfarben, silberfarbig, silbrig
Silberpapier → Folie
silbrig → silbern
Silhouette Schattenriss, Schattenbild, Scherenschnitt, Schatten, Schemen, → Umriss
Silo → Lager, → Speicher
simpel → einfach, → dumm, → naiv
Simpel → Dummkopf, → Narr
Simplifikation → Verallgemeinerung
simplifizieren → verallgemeinern
Simplizität → Naivität
Sims → Vorsprung
Simulant → Heuchler, → Lügner
simulieren vorgeben, vortäuschen, vorschützen, vormachen, vorgaukeln, vorheucheln, schauspielern, Theater spielen, so tun als ob, fingieren, mimen, markieren, sich verstellen
simultan → gleichzeitig
Sinfonieorchester → Orchester
singen 1. trällern, schmettern, summen, grölen, plärren, psalmodieren, tremolieren, anstimmen, vortragen, erschallen lassen, → zwitschern 2. → ausplaudern
Singkreis → Chor
Single → Junggeselle
Singledasein → Ehelosigkeit
Singspiel → Musikdrama
Singstimme → Stimme
singulär → vereinzelt
sinken 1. absinken, absacken, sacken, an Höhe verlieren, niedersinken, hinabsinken, versinken, versacken, wegsacken, → untergehen 2. → abnehmen, → fallen

sinkend → rückläufig
Sinn → Bedeutung, → Gehalt, → Zweck, → Verständnis
sinnähnlich → synonym
Sinnbild → Inbegriff, → Symbol
sinnbildlich → symbolisch
Sinndeutung → Auslegung
sinnen → grübeln
Sinnen → Absicht, → Bestrebung
sinnenfreudig → genussfreudig, → sinnlich
sinnenfroh → genussfreudig, → lustbetont
sinnenhaft → sinnlich
Sinnenlust → Sinnlichkeit
sinnentleert → sinnlos
Sinnentleerung → Sinnlosigkeit
Sinnesart → Charakter, → Gesinnung
Sinnesreiz → Reiz
Sinnestaumel → Lust
Sinnestäuschung → Einbildung
Sinneswandel → Bekehrung, → Läuterung
sinnfällig → verständlich, → anschaulich
Sinnfälligkeit → Verständlichkeit, → Anschaulichkeit
Sinngedicht → Epigramm
Sinngehalt → Bedeutung, → Gehalt
sinngemäß sinnentsprechend, dem Sinne nach, entsprechend, analog, etwa, ungefähr
sinngleich → synonym
sinnieren → grübeln
sinnig → sinnvoll
sinnlich erotisch, fleischlich, wollüstig, genussfreudig, sinnenhaft, sinnenfreudig, lasziv, lüstern, triebhaft, leidenschaftlich, begehrlich
Sinnlichkeit Erotik, Fleischeslust, Fleischlichkeit, Wollust, Sinnenlust, Sinnenfreude, Triebhaftigkeit, Laszivität, Lüsternheit, Leidenschaft
sinnlos sinnentleert, ohne Sinn, ohne Sinn und Zweck, unsinnig, blödsinnig, schwachsinnig, idiotisch, ungereimt, dumm, töricht, hirnverbrannt, → absurd, → nutzlos
Sinnlosigkeit 1. Sinnleere, Sinnentleerung, Leere, Ziellosigkeit 2. Unsinnigkeit, Widersinn, Sinnwidrigkeit, Torheit, Dummheit, Absurdität, Unsinn
sinnreich → sinnvoll
Sinnspruch Denkspruch, Sentenz, Epigramm, Apophtegma, → Sprichwort
sinnverwandt → synonym
sinnverwirrend → berauschend
sinnvoll sinnig, sinnreich, vernünftig, wohl überlegt, durchdacht, richtig, überzeugend, → zweckmäßig, → nützlich
sinnwidrig → absurd
Sinnwidrigkeit → Sinnlosigkeit
Sintflut → Flut
Sinti → Zigeuner
Sippe → Familie
Sippschaft → Familie, → Gruppe, → Abschaum
Sirene Martinshorn, Folgetonhorn, Warnsirene, Alarmsirene, → Hupe, → Notsignal, → Fee
Sirenensignal → Alarm
sirren → surren
Sirup → Extrakt
Sitte → Mode, → Brauch, → Sittlichkeit
Sitten → Benehmen
sittenlos → obszön, → unkeusch
Sittenlosigkeit → Obszönität, → Unkeuschheit
Sittenprediger → Moralist
sittenstreng → sittlich
Sittenstrenge → Sittlichkeit
Sittenwächter → Moralist
sittlich moralisch, ethisch, sittsam, sittenstreng, puritanisch, tugendhaft, tugendsam, züchtig, anständig
Sittlichkeit Sitte, Ethos, Ethik, Moral, Moralität, Sittsamkeit, Sittenstrenge, Puritanismus, Tugend, Tugendhaftigkeit, Züchtigkeit, Anstand
Sittlichkeitsverbrechen → Verbrechen, → Schändung
sittsam → anständig, → sittlich
Sittsamkeit → Sittlichkeit
Situation Lage, Stand der Dinge, Sachlage, Sachverhalt, Tatbestand, Ausgangslage, Lebenslage, Verhältnisse, Gegebenheiten, Umstände, Bedingungen, Zustand, Status, Stadium, Stellung, Konstellation
Sitz → Hocker, → Sitzplatz, → Wohnsitz
Sitzbank → Bank
sitzen 1. hocken, dahocken, kauern, ruhen 2. → passen
sitzen bleiben nicht versetzt werden, das Klassenziel nicht erreichen, die Klasse wiederholen, wiederholen, repetieren, kleben bleiben, hocken bleiben
sitzen lassen → versetzen
Sitzgelegenheit → Sitzplatz
Sitzmöbel → Sessel, → Stuhl, → Sofa
Sitzplatz Sitz, Sitzgelegenheit, Platz
Sitzung → Tagung
Sitzungsbericht → Niederschrift
Skala 1. Maßeinteilung, Maßstab, Gradmaß, Gradeinstellung 2. → Theater
Skandal → Aufsehen, → Ereignis, → Affäre
skandalös → empörend
Skelett Gerippe, Knochengerüst, Gebein, Knochen
Skepsis → Misstrauen, → Pessimismus
Skeptiker → Pessimist

skeptisch → misstrauisch, → pessimistisch
Ski Schi, Bretter, Langlaufski, Abfahrtsski
Skiabfahrt → Abfahrt
Skibob → Schlitten
Skihütte → Hütte
Skilift Schlepplift, Bügellift, Lift, Sessellift, Sesselbahn, → Bergbahn
Skinhead → Faschist
Skipiste → Piste
Skiträger → Träger
Skizze → Entwurf, → Zeichnung
Skizzenblock → Block
skizzieren → entwerfen, → zeichnen, → darlegen
Sklave Unterworfener, Entrechteter, Leibeigener, Unfreier, Helot
Sklaverei → Unterdrückung
sklavisch → unterwürfig
Skonto → Abschlag
Skript → Aufzeichnung
Skrupel Bedenken, Hemmungen, Zweifel, Gewissenskonflikt, ungutes Gefühl, schlechtes Gewissen, Gewissensbisse, Gewissensskrupel, → Schuldbewusstsein, → Reue
skrupellos gewissenlos, ohne Gewissen, ohne Skrupel, ohne Hemmung, hemmungslos, bedenkenlos, unbedenklich, rücksichtslos, → niederträchtig
Skrupellosigkeit Gewissenlosigkeit, Hemmungslosigkeit, Unbedenklichkeit, Rücksichtslosigkeit, → Niedertracht
Skulptur Bildwerk, Plastik, Relief, Büste, Torso, Statue, Standbild, Denkmal, Figur, Figurine, Bildsäule
skurril → komisch
Slang → Umgangssprache
Slip → Unterhose
Slipper → Schuh
Slogan Werbeslogan, Werbespruch, Werbetext, Schlagwort, → Leitspruch, → Spot
Smalltalk (*auch:* Small Talk) → Geplauder
smart → elegant, → raffiniert
Smog → Dunst
Smoking → Anzug
Smutje → Koch
Snob → Angeber, → Stutzer
snobistisch → eingebildet, → stutzerhaft
so 1. derart, derartig, dergestalt, dermaßen, folgendermaßen, dahingehend, auf diese Weise, in dieser Art, solchermaßen, solcherweise, wie folgt, genau so 2. → deshalb
so oder so → irgendwie
sobald → wenn
Socke → Strumpf
Sockel Fuß, Postament, Standfuß, Piedestal, Fußgestell, → Fundament
Soda → Sprudel
sodann → hinterher
sodass → dass
Sodomie → Perversität
soeben → jetzt
Sofa Couch, Kanapee, Diwan, Liege, Ottomane, Chaiselongue, Ruhebett, Schlafcouch, Bettcouch, Möbel, Sitzmöbel
sofern → wenn
sofort gleich, sogleich, auf Anhieb, augenblicklich, im Nu, postwendend, umgehend, prompt, unverweilt, unverzüglich, direkt anschließend, unmittelbar, brühwarm, spornstreichs, eilends, stehenden Fußes, stante pede, auf der Stelle, hier und jetzt, hic et nunc, ohne Verzögerung, ohne Verzug, → direkt, → anstandslos
sofortig direkt, augenblicklich, unverzüglich, schleunig, schnell, alsbaldig
Sog Wirbel, Strudel, Strömung, Saugkraft, Abfluss, → Anziehungskraft
sogar → auch, → aber
so genannt → angeblich
sogleich → sofort
Sohle Schuhsohle, Laufsohle, Fußsohle, Bodenfläche, Standfläche
sohlen → besohlen
Sohn männlicher Nachkomme, Stammhalter, Sohnemann, Sprössling, Filius, Jüngster, Ältester, → Junge, → Kind
soigniert → gediegen
Soiree Abendvorstellung, Abendveranstaltung, Abendgesellschaft, → Ball
solange → während, → zwischenzeitlich
solch so geartet, derartig, dergleichen, derlei, solcherlei, dieserlei
solcherlei → solch
solchermaßen → so
Sold → Lohn
Soldat Wehrpflichtiger, Rekrut, Berufssoldat, Offizier, Kommisskopf, Söldner, Legionär, Fremdenlegionär, Landsknecht, Landser, Fußsoldat, Infanterist, Kavallerist, Waffenträger, Kürassier, Dragoner, Musketier, Husar, → Kämpfer
Soldateska → Militär
soldatisch → militärisch, → straff
Söldner → Soldat
solenn → feierlich
solidarisch geschlossen, gemeinsam, vereint, kollegial, verbündet, verbunden, verschworen, einig
solidarisieren, sich sich solidarisch erklären, Solidarität üben, zusammenhalten, zueinander halten, zusammenstehen, Schulter an Schulter kämpfen

Solidarität Zusammenhalt, Einigkeit, Verbundensein, Kollegialität, Zusammengehörigkeit, Zusammengehörigkeitsgefühl, Wir-Gefühl, Gemeinschaftssinn, Gemeinsinn, Gemeinschaftsgeist, Gemeingeist, Korpsgeist, Parteigeist
solide → fest, → gediegen, → rechtschaffen
Solist → Musiker
Soll → Fehlbetrag, → Vorgabe
sollen → müssen
Söller → Balkon
solo → allein
solvent liquide, flüssig, zahlungsfähig, gut bei Kasse, kreditwürdig, → reich
Solvenz Liquidität, Zahlungsfähigkeit, Bonität, Kreditwürdigkeit, → Reichtum
somatisch → körperlich
Sombrero → Hut
somit → also, → deshalb
Sommer Sommerzeit, warme Jahreszeit, Reisezeit, Frühsommer, Hochsommer
Sommerfrische → Ferienort
Sommerfrischler → Tourist
Sommerhaus → Wochenendhaus
sommerlich → heiß
Sommerschlussverkauf → Ausverkauf
Sommerzeit → Sommer
Somnambule → Schlafwandler
Sonderangebot Gelegenheit, Okkasion, Aktion, Angebot, reduzierte Ware, Knüller, Schlager, Sonderpreis, Schleuderpreis, Billigpreis, Sparpreis, Aktionspreis, Dumpingpreis, → Abschlag, → Preis, → Ausverkauf
sonderbar → seltsam
Sonderbehandlung → Ausnahme
Sonderfall → Ausnahme
Sondergenehmigung → Privileg
sondergleichen → beispiellos, → unübertroffen
sonderlich → besonders
Sonderling → Eigenbrötler
sondern → destillieren
sondern → aber
Sonderpreis → Sonderangebot
Sonderrecht → Privileg
Sonderung → Trennung
Sonderzulage → Zulage
sondieren → anfragen, → erkunden
Sondierung → Erkundung
Sonett → Gedicht
Song → Lied
Sonne 1. Tagesgestirn, Lebensspenderin, Fixstern 2. → Sonnenschein 3. → Hochdruck
sonnen, sich sich in die Sonne legen, sich bräunen, sonnenbaden, ein Sonnenbad nehmen, in der Sonne braten, sich aalen
Sonnenanbeter → Nudist
Sonnenaufgang → Morgen
sonnenbaden → sonnen, sich
Sonnenblende → Blende, → Jalousie
Sonnenbrand Gletscherbrand, Verbrennung, → Sonnenstich
sonnendurchflutet → sonnig
sonnengebräunt → braun
sonnenhell → sonnig
Sonnenhut → Hut
sonnenklar → offensichtlich
Sonnenlicht → Licht, → Sonnenschein
Sonnenliege → Liege
sonnenlos → dunkel
Sonnenschein 1. Sonnenlicht, Sonne, Sonnenglanz, Sonnenstrahlen, Morgensonne, Mittagssonne, Abendsonne 2. → Hochdruck
Sonnenschirm → Schirm
Sonnenstrahlen → Sonnenschein
Sonnenuntergang → Abend
Sonnenstich Überhitzung, Hitzschlag, Heliosis, Insolation, → Sonnenbrand
sonnig 1. sonnenhell, sonnendurchflutet, besonnt, strahlend, hell, heiter, → aufgeklärt 2. → fröhlich 3. → heiß
Sonntag → Ruhetag
sonntäglich → feierlich
Sonntagsdienst → Bereitschaftsdienst
Sonntagskind → Glückspilz
sonor → melodisch
sonst → ansonsten, → oder
Sophismus → Irrtum, → Spitzfindigkeit, Rechthaberei
Sophist → Rechthaber
sophistisch → spitzfindig
Sorge 1. Befürchtung, Besorgnis, Bekümmernis, Bedrücktheit, Belastung, Beunruhigung, Bedenken, Kummer, Kopfzerbrechen 2. → Sorgfalt 3. → Fürsorge
sorgen für 1. sich kümmern um, sich bekümmern um, sich sorgen um, umsorgen, betreuen, bemuttern, umhegen, nach dem Rechten sehen 2. aufkommen für, versorgen, ernähren, unterhalten, erhalten, für den Lebensunterhalt sorgen, durchbringen, durchfüttern 3. → vorsorgen
sorgen, sich 1. sich Sorgen machen, sich grämen, bangen, sich härmen, sich abhärmen, sich zermürben, in Sorge sein, besorgt sein um, beunruhigt sein, sich abzehren, zittern um, beben um, fürchten für, Ängste ausstehen um 2. → sorgen für
Sorgen machen, sich → sorgen, sich
sorgenfrei → unbeschwert
Sorgenlast → Kummer
sorgenschwer → sorgenvoll

sorgenvoll sorgenbeladen, sorgenschwer, gramerfüllt, gramgebeugt, bekümmert, bedrückt, kummervoll
Sorgerecht → Vormundschaft
Sorgfalt Sorgfältigkeit, Sorgsamkeit, Sorge, Gewissenhaftigkeit, Genauigkeit, Akkuratesse, Pünktlichkeit, Gründlichkeit, → Pflege
sorgfältig sorgsam, aufmerksam, gewissenhaft, genau, akkurat, pünktlich, → pfleglich
sorglos achtlos, unvorsichtig, unbesorgt, unbekümmert, arglos, getrost, furchtlos, ins Blaue hinein, blindlings, → leichtsinnig, → unbeschwert
Sorglosigkeit → Leichtsinn
sorgsam → pfleglich, → sorgfältig
Sorgsamkeit → Sorgfalt
Sorte → Art, → Marke
Sortiment 1. Assortiment, Kollektion, Mustersammlung, Produktpalette, Palette, Warenangebot, Warensortiment, Angebot, Auswahl 2. → Buchhandlung
SOS-Signal → Notsignal
Soße Sauce, Tunke, Stippe, Salatsoße, Dressing, Bratensoße, Bratensaft, Saft, Brühe
Souffleur → Vorsager
soufflieren → vorsagen
Sound → Klang
Souper → Abendessen
Souterrain Kellergeschoss, Basement, Untergeschoss
Souvenir → Andenken
souverän → erfahren, → autonom, → überlegen
Souverän → Herrscher, → Alleinherrscher
Souveränität → Autonomie, → Überlegenheit
sowie → auch, → und, → wenn
sowieso ohnedem, ohnedies, ohnehin, eh, auf jeden Fall, auf alle Fälle, unter allen Umständen
Sozialarbeiter → Betreuer
sozialdemokratisch → sozialistisch
Sozialfürsorge → Fürsorge
Sozialhilfe → Fürsorge
Sozialhilfeempfänger → Arbeitsloser
Sozialisation → Entwicklung
sozialistisch sozialdemokratisch, linksliberal, linksradikal, links, kommunistisch, maoistisch, rot
Sozialkunde → Geschichtsunterricht
Sozialpartner → Arbeitnehmer
Sozialversicherung Krankenversicherung, Krankenkasse, Kasse, Arbeitslosenversicherung, Rentenversicherung, → Versicherung
Sozius → Beifahrer, → Teilhaber
sozusagen → als, → bildlich, → gewissermaßen
spähen → sehen
Späher → Kundschafter, → Agent
Spalt Spalte, Schlitz, Riss, Ritze, Rille, Einschnitt, Kluft, Furche, Fuge, Lücke, Loch
Spalte 1. Kolonne, Kolumne, Rubrik 2. → Schlucht 3. → Spalt
spalten 1. durchspalten, durchhacken, zerhacken, entzweihacken, spleißen 2. auseinander treiben, einen Keil treiben zwischen, Zwietracht säen, gegeneinander aufhetzen
Spaltung Schisma, Teilung, Entzweiung, Trennung, Uneinigkeit
Span Holzsplitter, Splitter, Spleiß, Schiefer, Spreißel
Spange 1. Klammer, Haken, Schnalle, Verschluss 2. → Brosche
Spann Rist, Fußrücken
Spanne Erstreckung, → Spielraum, → Gewinnspanne
spannen → straffen
spannen, sich → erstrecken, sich
spannend packend, fesselnd, prickelnd, aufregend, erregend, dramatisch, atemberaubend, interessant
Spannkraft → Elastizität, → Jugendlichkeit
Spannung 1. Dramatik, Hochspannung, Nervenkitzel, Spannungsmoment 2. Anspannung, Druck, Unruhe, Beunruhigung, Gereiztheit 3. → Gespanntheit
Spannungen → Streit
Spannungsmoment → Spannung
Spannweite → Ausmaß
Sparbrief → Wertpapier
Sparbüchse Sparschwein, Sparstrumpf
sparen 1. ersparen, ansparen, zurücklegen, weglegen, beiseite legen, erübrigen, zusammensparen, zusammenscharren, auf die Seite bringen, auf die hohe Kante legen, Rücklagen machen, aufbewahren, → geizen, → horten 2. einsparen, kargen, abzwacken, sich absparen, das Geld zusammenhalten, kürzer treten, sich einschränken, auf etwas verzichten, den Gürtel enger schnallen, → Haus halten
sparen, sich sich ersparen, von sich fern halten, nicht machen, sein lassen, → unterlassen
Spargroschen → Ersparnis
Sparguthaben → Ersparnis
Sparkasse → Bank
Sparkonto → Konto
spärlich → dünn, → karg
Spärlichkeit → Armut
Sparmaßnahme → Einschränkung, → Einsparung
Sparpreis → Sonderangebot
Sparren Balken, Riegel, Kantholz, Gebälk, Unterzug

sparsam haushälterisch, wirtschaftlich, ökonomisch, verbrauchsgünstig, Energie sparend, genügsam, mäßig, häuslich, bescheiden, → geizig
Sparsamkeit Wirtschaftlichkeit, Ökonomie, Genügsamkeit, Mäßigkeit, Häuslichkeit, → Geiz
spartanisch → einfach
Sparte → Abteilung, → Klasse, → Beruf, → Fach
Spasmus → Krampf
Spaß → Scherz, → Witz, → Freude
spaßen → scherzen
spaßig → komisch
Spaßmacher → Clown, → Spaßvogel, → Narr
Spaßvogel Spaßmacher, Possenreißer, Flausenmacher, Faxenmacher, Witzbold, Scherzbold, Schelm, Schäker, Kasper, Klassenkasper, Kasperle, Clown, Unikum, Original, Ulknudel, Type, Nummer, Marke, fideles Haus, fideles Huhn
spät verspätet, endlich, zu guter Letzt, höchste Zeit, zu später Stunde, zu vorgerückter Stunde
Spaten → Schaufel
später ein andermal, jetzt noch nicht, nachher, danach, darauf, hierauf, anschließend, nachfolgend, demnächst, hinterher, späterhin, → künftig, → bald
späterhin → später
spätest → letzt
spätestens → bestenfalls
Spatz Sperling, Rohrspatz
spazieren → spazieren gehen
spazieren fahren → fahren
spazieren führen → ausführen
spazieren gehen spazieren, herumspazieren, flanieren, schlendern, sich ergehen, lustwandeln, wandeln, promenieren, bummeln, sich bewegen, sich Bewegung verschaffen, sich die Beine vertreten, an die Luft gehen, Luft schnappen
Spazierfahrt → Ausflug
Spaziergang Promenade, Gang, Lustwandel, Morgenspaziergang, Verdauungsspaziergang, → Wanderung, → Ausflug, → Bummel
Spazierstock → Gehstock
Speck → Rauchfleisch, → Fett
speckig → dick, → fettig, → schmutzig
spedieren → befördern
Spedition Transportunternehmen, Fuhrunternehmen, Rollfuhrunternehmen, Frachtunternehmen, Speditionsfirma
Speer Wurfspeer, Spieß, Ger, Stichwaffe
Speichel → Spucke
Speichellecker → Schmeichler
speichelleckerisch → unterwürfig
speicheln → spucken
Speicher 1. Boden, Estrich, Bühne, Dachboden, Dachkammer, Dachgeschoss, Abstellraum 2. Wasserbecken, Wasserspeicher, Wasserreservoir, Reservoir, Sammelbecken, Sammelbehälter, Silo, → Lager
Speicherelement → Batterie
speichern → aufbewahren, → aufstauen
Speicherung → Lagerung
Speicherzelle → Batterie
speien → spucken, → übergeben, sich
Speis → Mörtel, → Vorratskammer
Speise → Nahrung, → Mahlzeit
Speisegaststätte → Gasthaus
Speisekammer → Vorratskammer
Speisekarte → Karte
speisen → ernähren, → essen
Speiseraum → Kantine
Speiserestaurant → Gasthaus
Speisesaal → Kantine
Speisewagen → Wagon
Speisung → Fütterung
speiübel → unwohl
Spektakel → Lärm
Spekulant → Geschäftemacher
Spekulation → Berechnung, → Vermutung
spekulativ → theoretisch
spekulieren → vermuten
spekulieren auf → erwarten
Spelunke → Gasthaus
spendabel → großzügig
Spende Schenkung, Stiftung, Dotation, Gabe, Geschenk, Opfer, Beitrag, Almosen
spenden schenken, stiften, opfern, geben
Spendenfreudigkeit → Großzügigkeit
Spendensammlung → Sammlung
Spender → Mäzen
spendieren einladen, ausgeben, freihalten, springen lassen, eine Runde schmeißen, → schenken
spendierfreudig → großzügig
Spendierfreudigkeit → Großzügigkeit
Spengler → Installateur
Sperenzien → Umstand
Sperling → Spatz
Sperma Samenflüssigkeit, Ejakulat
Spermium → Keimzelle
sperrangelweit → offen
Sperre 1. Absperrung, Hindernis, Schranke, Barriere, Palisade, Palisadenzaun, Barrikade 2. Beschränkung, Blockierung, Nachrichtensperre, Einhalt, Embargo, → Verbot
sperren 1. unzugänglich machen, Zugang verwehren, absperren, abriegeln, versperren,

blockieren, zumachen, schließen 2. → beschlagnahmen 3. → disqualifizieren 4. → verbieten
sperren, sich → verschließen, sich, → widersetzen, sich
Sperrfrist → Karenzzeit
Sperrmüll → Abfall
Sperrung 1. Zugangsverweigerung, Absperrung, Abriegelung, Blockierung, Blockade 2. → Beschlagnahme 3. → Disqualifikation
Spesen Reisespesen, Tantiemen, Tagegeld, Diäten, Aufwandsentschädigung, Extraausgaben, Nebenausgaben, Unkosten, Auslagen, → Aufwand
Spezialfall → Ausnahme
Spezialgebiet Interessensgebiet, Domäne, Spezialität, Lieblingsfach, Tätigkeitsfeld, → Bereich
spezialisieren, sich → fortbilden, sich
Spezialist → Fachmann, → Arzt
Spezialität → Spezialgebiet, → Eigenart, → Leckerbissen
speziell → besonders, → extra
Spezies → Art
Spezifikum → Eigenart
spezifisch → charakteristisch
Sphäre → Bereich, → Umwelt, → Kugel
spicken → abschreiben, → verzieren, → anstacheln
Spiegelachse → Achse
Spiegelbild → Abbild
spiegelbildlich → symmetrisch
Spiegelbildlichkeit → Symmetrie
spiegelblank → glänzend
Spiegelei Setzei, Ochsenauge
spiegeln → glänzen, → reflektieren
spiegeln, sich in den Spiegel sehen, sich betrachten, sein Bild prüfen, zu sehen sein, wiedergeben
spiegelnd → glänzend
Spiegelreflexkamera → Fotoapparat
Spiegelung → Abglanz, → Reflex
spiegelverkehrt → verkehrt
Spiel 1. Partie, Begegnung, → Wettkampf 2. → Schauspiel 3. → Scherz
Spielart → Abart
Spielautomat → Automat
Spielbank → Kasino
spielen 1. ein Spiel machen, sich ein Spielchen gönnen, eine Partei austragen, sich zerstreuen, sich unterhalten 2. → darstellen 3. → musizieren 4. → flirten
spielend → leicht
Spieler 1. Glücksspieler, Hasardeur, Zocker 2. → Musiker
Spielerei Kleinigkeit, → Dilettantismus, → Flirt
spielerisch unernst, im Spiel, im Spaß, locker
Spielfeld → Arena
Spielfilm → Film
Spielhölle → Kasino
Spielkarte Karte, Blatt
Spielkasino → Kasino
Spielleiter → Regisseur
Spielleitung → Regie
Spielmann → Troubadour
Spielplan → Programm
Spielplatz → Kinderspielplatz
Spielraum Spanne, Marge, Luft, lichte Weite, Platz, Bewegungsfreiheit, → Raum
Spielsachen → Kinderspielzeug
Spielverderber → Pessimist
Spielwaren → Kinderspielzeug
Spielzeit → Saison
Spielzeug → Kinderspielzeug
Spieß → Speer
Spießbürger Spießer, Biedermann, Krämerseele, Philister, Pfahlbürger, Schildbürger, Banause, Kleingeist, Kleinbürger, → Pedant, → Moralist
spießbürgerlich spießig, bieder, bürgerlich, verbürgerlicht, etabliert, angepasst, konform, philisterhaft, philiströs, engstirnig, kleinbürgerlich, krähwinklig, → pedantisch
Spießertum → Anpassung
Spießgeselle → Komplize
spießig → spießbürgerlich
Spind → Schrank
Spindel → Winde
spindeldürr → mager
Spinnefeind → zerstritten
spinnen → verrückt sein
Spinner → Fantast
spintisieren → faseln
Spion → Agent
Spionage Agentendienst, Agententätigkeit, Aushorchertätigkeit, Spitzeldienst, → Sabotage
Spionageabwehr → Geheimdienst
spionieren schnüffeln, herumschnüffeln, kontrollieren, auskundschaften, seine Nase stecken in, → beobachten
Spirale Schnecke, Schraube, Schraubenlinie, Windung
spiralförmig spiralig, schneckenförmig, schraubenförmig, gewunden, gedreht
spiralig → spiralförmig
Spiritismus Geisterlehre, Geheimwissenschaft, Geisterglaube, Okkultismus, Xenologie, Parapsychologie, Geisterbeschwörung, Telekinese, Nekromantie, → Aberglaube, → Magie

spiritistisch → magisch
spiritual → geistlich, → transzendent
spirituell → transzendent
Spirituosen Alkoholika, alkoholische Getränke, Alkohol, harte Sachen, Aperitif, Digestif, Likör, Liqueur, Branntwein, Weinbrand, Kognak, Cognac, Obstler, Obstwasser, Klarer, Kurzer, Fusel, Korn, Rum, Whisky, Gin, Schnaps
Spiritus → Alkohol, → Brennstoff
Spital → Krankenhaus
spitz 1. spitzig, zugespitzt, angespitzt, nadelspitz, stachelig, zackig, scharf 2. → spöttisch
spitzbekommen → bemerken
Spitzbub(e) 1. Schlitzohr, Schelm, Schlawiner, Schlingel, Strolch, Strick, Lauser, Lausbub, Lausebengel, Lausejunge, Bengel, Frechdachs, frecher Fratz, Knilch, Pimpf, Bürschchen, Jüngelchen, Früchtchen, Tunichtgut, Lümmel, Rüpel, Gassenjunge, Rotzlöffel, Rotzbub, → Junge 2. → Gauner, → Betrüger
Spitzbubenstreich → Streich
spitze → großartig
Spitze 1. Kopf, Vorderteil, Anfang 2. Dorn, Stachel, Nadel, Zacke, Ecke 3. → Bergspitze 4. → Höhepunkt 5. → Leitung 6. → Anspielung 7. → Wipfel
Spitzel → Agent, → Beobachter
spitzen → schärfen
Spitzenklasse → Auslese
Spitzenleistung → Höchstleistung
Spitzenreiter → Champion
spitzfindig haarspalterisch, wortklauberisch, silbenstecherisch, kasuistisch, rabulistisch, sophistisch, jesuitisch, ausgeklügelt, scharfsinnig, subtil, raffiniert, findig, → pedantisch
Spitzfindigkeit Haarspalterei, Wortklauberei, Silbenstecherei, Kasuistik, Rabulistik, Sophistik, Sophismus, Scharfsinn, Raffinesse, Finesse, Pedanterie
Spitzhacke → Hacke
spitzig → spitz
spitzkriegen → entdecken
Spitzname Spottname, Scherzname, Neckname, Schimpfname, Übername, Beiname, Name
spitzzüngig → gehässig
Spleen → Einfall, → Marotte
spleenig → eigenbrötlerisch
Spleiß → Span
spleißen → spalten
splendid → glänzend, → großzügig
Splitt → Geröll
Splitter → Span, → Stück, → Trümmer
Splittergruppe → Partei
splitternackt → nackt
Sponsor → Mäzen
spontan → entschlussfreudig
sporadisch → manchmal
spornstreichs → sofort
Sport Körpererziehung, Körperkultur, Körperertüchtigung, Leibesertüchtigung, Leibeserziehung, Leibesübungen, Turnen, Leistungssport, Massensport
Sportdress → Trikot
Sportfeld → Arena
Sportfest → Olympiade
Sporthemd → Trikot
sportiv → sportlich
Sportler Sportsmann, Wettkämpfer, Turner, Leichtathlet, Schwerathlet, Athlet, Spitzensportler, Leistungssportler, Berufssportler, Sportprofi, Profi, Amateursportler, Amateur, Sportskanone, Crack, → Olympiateilnehmer, → Champion, → Läufer
sportlich 1. sportiv, durchtrainiert, trainiert, drahtig, sehnig, gewandt, wendig 2. → elegant
Sportplatz → Arena
Sportprofi → Sportler
Sportschuh Turnschuh, Laufschuh, Spikes, Fußballschuh, Fußballstiefel, Tennisschuh, → Schuh
Sportsgeist → Anständigkeit
Sportstadion Fußballstadion, Stadion, Wettkampfstätte, → Arena
Sportwagen → Kraftfahrzeug
Spot 1. Werbespot, Werbetext, Werbefilm, Werbefernsehen, TV-Spot, Fernsehspot, Werbung, Jingle, Videoclip, → Slogan 2. → Lampe
Spott Hohn, Verhöhnung, Verspottung, Anzüglichkeit, Stichelei, Spöttelei, Neckerei, Hänselei, Hieb, Schadenfreude, Ironie, Sarkasmus, Zynismus, → Parodie
Spottbild → Karikatur
spottbillig → preiswert
Spöttelei → Spott
spotten höhnen, sich mokieren, sich lustig machen, witzeln, aufziehen, necken, hänseln, ausspotten, verhöhnen, → verspotten
Spötter Zyniker, Lästerer, Lästermaul, Miesmacher, → Kabarettist
Spottgeburt → Missgeburt
Spottgedicht → Epigramm
spöttisch höhnisch, ironisch, ätzend, beißend, bissig, satirisch, anzüglich, spitz, mokant, sarkastisch, zynisch, schadenfroh, parodistisch, kabarettistisch
Spottname → Spitzname
Spottschrift → Pamphlet
Sprache Muttersprache, Landessprache, Fremdsprache, Rede, Zunge, Sprachschatz, → Umgangssprache, → Dialekt, → Schriftsprache

Sprachforschung → Philologie
Sprachführer → Ratgeber
Sprachgewalt → Wortgewandtheit
sprachgewaltig → wortgewandt
sprachgewandt → gebildet, → wortgewandt
Sprachgewandtheit → Wortgewandtheit
Sprachkunstwerk → Dichtung
Sprachlehre Grammatik, Regelwerk
sprachlos → fassungslos, → überrascht
sprachlos sein → staunen
Sprachlosigkeit → Überraschung
Sprachschatz → Sprache
Sprachstil → Ausdrucksweise
Sprachstörung Sprechstörung, Aphasie, Lesestörung, Leseschwäche, Schreibschwäche, Legasthenie
Sprachwissenschaft → Philologie
sprayen → verspritzen
sprechen 1. etwas äußern, etwas sagen, aussprechen, den Mund aufmachen, etwas herauslassen, von sich geben 2. → reden
Sprecher → Moderator, → Wortführer
Sprechfunk → Funk
Sprechkunst → Rhetorik
Sprechstörung → Sprachstörung
Sprechweise → Aussprache
Spreißel → Span
spreizen auseinander spannen, grätschen, dehnen, öffnen
spreizen, sich → angeben, → zieren, sich
Sprengel → Gemeinde
sprengen 1. aufsprengen, aufbrechen, hochgehen lassen, in die Luft jagen, zerstören 2. begießen, gießen, befeuchten, besprengen, einsprengen, einspritzen, spritzen, bespritzen, besprühen, berieseln, beregnen 3. → reiten
Sprengkopf → Sprengkörper
Sprengkörper Sprengkopf, Sprengsatz, Mine, Granate, Handgranate, → Bombe
Sprengstoffanschlag → Anschlag
Sprenkel → Punkt
sprenkeln → punktieren
Sprichwort Redensart, geflügeltes Wort, Volksmund, Volksweisheit, Lebensweisheit, Lebensregel, Sinnspruch, Aphorismus
sprichwörtlich → formelhaft
sprießen ausschlagen, austreiben, grünen, knospen, sprossen, aufblühen, treiben, schießen, keimen
Springbrunnen → Brunnen
springen 1. hüpfen, hupfen, hopsen, hoppeln, aufspringen, abspringen, hechten, einen Satz machen, jumpen, schnellen, hochschnellen 2. → brechen
springender Punkt → Hauptsache
springlebendig → munter
sprinten → beschleunigen, → laufen
Sprinter → Läufer
Sprit → Kraftstoff
Spritzdecke → Plane
Spritze 1. Wasserspritze, Düse, Schlauch 2. → Injektion
spritzen 1. sprühen, verspritzen, plantschen, anspritzen, → sprengen 2. → eilen 3. → injizieren
Spritzenmeister → Feuerwehrmann
Spritzenwagen → Feuerwehrauto
Spritzer → Fleck
spritzig → geistreich
Spritztour Spritzfahrt, Tour, Trip, Abstecher, Rutsch, Ausflug
spröde 1. brüchig, mürbe, trocken, fettarm, rissig, unelastisch, splitterig, gläsern, zerbrechlich 2. abweisend, süßsauer, herb, unzugänglich, → prüde
Sprödigkeit Sprödheit, Herbheit, Unzugänglichkeit, → Prüderie
Spross → Reis, → Nachkomme
Sprosse → Treppe
sprossen → sprießen
Spruch → Epigramm
Spruchband Transparent, Band, Banderole, → Plakat
Sprücheklopfer → Rechthaber
spruchreif → aktuell
Sprudel Sprudelwasser, Mineralwasser, Selterswasser, Selters, Wasser, Soda, Tonicwater, Sauerbrunnen, Tafelwasser, Heilwasser, Krabbelwasser, Prickelwasser, Zitronensprudel, Limonade, Brause, Fassbrause, Kracherl
sprudeln perlen, prickeln, bitzeln, moussieren, schäumen, strudeln, brodeln
sprudelnd → geistreich, → lebhaft
sprühen → spritzen, → verspritzen
sprühend → geistreich
Sprühregen → Regen
Sprung 1. Satz, Hüpfer, Hopser, Luftsprung, Kapriole, Absprung, Hechtsprung, Kopfsprung, Salto, Weitsprung 2. → Riss
sprunghaft → unbeständig
Sprunghaftigkeit → Unbeständigkeit
Spucke Speichel, Geifer, Sabber, → Auswurf
spucken 1. speien, ausspeien, ausspucken, rotzen, sabbern, sabbeln, geifern, speicheln 2. → übergeben, sich
Spuk → Gespenst
spukhaft → gespenstisch
Spülbecken Spüle, Spülstein, Wasserstein, Ausguss, Schüttstein, → Waschbecken, → Becken

Spule → Winde
Spüle → Spülbecken
spulen → drehen, → aufrollen
spülen 1. ausspülen, durchspülen, durchschwenken, ausschwenken, schwenken, schwemmen, → abwaschen 2. → fließen
Spülstein → Spülbecken
Spülwasser Abwaschwasser, Spülicht, Aufwaschwasser, Schmutzwasser, → Abwasser
Spund → Stopfen
Spur 1. Fußspur, Fußstapfen, Stapfen, Tapfen, Abdruck, Tritt, Reifenspur, Wagenspur, → Fährte 2. → Gleis 3. → Nuance 4. → Rest
spürbar → einschneidend
spuren 1. eine Spur legen, bahnen, vorausgehen, vorgehen 2. → gehorchen
spüren merken, im Gespür haben, im Gefühl haben, ahnen, voraussehen, wahrnehmen, bemerken, → fühlen
Spürhund → Hund, → Agent
spurlos → völlig
Spürsinn Gespür, Instinkt, Riecher, Nase, Spürnase, Witterung, Weitsicht, Voraussicht, Scharfsinn, Ahnung, → Taktgefühl
spurten → beschleunigen, → laufen
sputen, sich → beeilen, sich
Sputum → Auswurf, → Ausscheidung
Staat → Land, → Obrigkeit, → Aufwand
Staatenbund → Bund
staatlich → gemeineigen, → national
Staatsangehöriger → Einwohner
Staatsanwalt Ankläger, Anklagevertreter, Oberstaatsanwalt, Bundesanwalt, Generalstaatsanwalt, Generalbundesanwalt, → Rechtsanwalt
Staatsbediensteter → Beamter
Staatsbürger → Bürger, → Einwohner
Staatschef → Staatsoberhaupt
Staatsdiener → Beamter
Staatseigentum → Gemeineigentum
Staatsempfang → Empfang
Staatsfeind → Feind
Staatsfinanzen → Staatskasse
Staatsform → Regime
Staatsführung → Politik
Staatsgebiet → Hoheitsgebiet
Staatsgesinnung → Patriotismus
Staatsgewalt → Befehlsgewalt, → Obrigkeit
Staatsgrenze → Grenze
Staatshaushalt → Etat
Staatskasse Staatsfinanzen, Staatsvermögen, Volksvermögen, Staatsschatz, Staatssäckel, Ärar, Fiskus, öffentliche Mittel, öffentliche Hand
Staatskunst → Politik
Staatsmann → Politiker
Staatsoberhaupt Staatschef, Regierungschef, Landesherr, Premierminister, Ministerpräsident, Präsident, Staatspräsident, Bundespräsident, Kanzler, → Herrscher
Staatsobligation → Wertpapier
Staatsordnung → Verfassung
Staatspolizei → Geheimdienst
Staatspräsident → Staatsoberhaupt
Staatsrat → Regierung
Staatsschatz → Staatskasse
Staatsstreich → Anschlag, → Putsch
Staatsterritorium → Hoheitsgebiet
Staatsvermögen → Staatskasse
staatszersetzend → umstürzlerisch
Staatszersetzung → Sabotage
Stab → Leitung, → Führungskraft
stabil → haltbar, → fest
stabilisieren → festigen
Stabilisierung → Festigung
Stabilität → Haltbarkeit, → Festigkeit
Stachel Dorn, Spitze, Borste
Stacheldraht → Barrikade
stachelig dornig, borstig, kratzig, struppig, → bärtig
stacheln stupfen, anstacheln, picken, kratzen
Stadel → Scheune
Stadion → Arena
Stadium → Etappe, → Situation
Stadt Ortschaft, Ort, Großstadt, Hauptstadt, Landeshauptstadt, Residenzstadt, Residenz, Reichsstadt, Garnisonsstadt, Universitätsstadt, Hafenstadt, → City, → Kleinstadt, → Vorort
stadtbekannt → bekannt, → berüchtigt
Stadtbewohner → Städter
Stadtbezirk → Stadtteil
Stadtbibliothek → Bibliothek
Stadtbummel → Bummel
Städtchen → Kleinstadt
Städter Stadtbewohner, Stadtmensch, Großstädter, Großstadtmensch, Bürger
Stadtgarten → Anlage, → Garten
Stadtgespräch → Aufsehen, → Tratsch
Stadtguerillero → Terrorist
Stadtkern → Stadtmitte
Stadtklatsch → Tratsch
Stadtmensch → Städter
Stadtmitte Stadtzentrum, Zentrum, City, Innenstadt, Stadtkern, Ortskern, Altstadt
Stadtoberhaupt → Bürgermeister
Stadtpark → Anlage
Stadtrand → Vorort
Stadtrat → Beigeordneter, → Gemeinderat
Stadtstreicher → Landstreicher
Stadtteil Ortsteil, Wohnviertel, Stadtviertel, Viertel, Siedlung, Stadtbezirk, Bezirk, Gegend, Wohngegend, Kiez, Quartier, → Wohnblock

Stadtväter → Gemeinderat
Stadtverordneter → Beigeordneter
Stadtviertel → Stadtteil
Stadtzentrum → Stadtmitte
Staffage → Ausstattung
Staffel → Leiter, → Mannschaft
staffeln → abstufen, → gliedern
staffeln, sich → gliedern, sich
Staffelung → Abstufung, → Gliederung
Stagnation Stockung, Stau, Stauung, Rückstau, Nullwachstum, Rückgang, → Depression, → Stillstand
stagnieren stocken, ins Stocken geraten, sich stauen, zum Stillstand kommen, auf der Stelle treten, nicht vom Fleck kommen, stillstehen, stehen bleiben, zurückgehen
stagnierend → rückläufig
stählen → abhärten, → kräftigen
stählern → eisern, → hart
Stahlschrank → Tresor
Stahlseil → Seil
Stahlstift → Nagel
Stahlwerk → Hütte
staken → gehen
Stall Stallung, Viehstall, Koben, Verschlag, Gehege, → Käfig
Stallbursche → Knecht
Stallmagd → Magd
Stallung → Stall
Stamm 1. Baumstamm, Stumpf, Schaft, → Stiel 2. → Art 3. → Familie 4. → Herkunft 5. → Volk
Stammbaum Ahnentafel, Stammtafel, Abstammungstafel, Geschlechtsregister, Genealogie, → Herkunft
Stammbuch → Album
stammeln → stottern
stammelnd → stockend
stammen entspringen, entstammen, datieren, kommen von, herkommen von, seinen Ursprung haben, zurückgehen auf, → abstammen, → herrühren
Stammesoberhaupt → Häuptling
Stammgast → Gast
Stammhalter → Nachkomme, → Sohn
stämmig → untersetzt
Stammler → Stotterer
Stammtafel → Stammbaum
Stammmutter (*auch:* Stamm-Mutter) → Vorfahr(en)
Stammvater → Vorfahr(en)
stampfen 1. aufstampfen, trampeln, fest auftreten 2. → zerdrücken 3. → schlingern
Stand → Rang, → Situation, → Bude
Standard → Norm, → Maßstab, → Regel
standardisieren → vereinheitlichen
Standardisierung → Vereinheitlichung
Standardsprache → Schriftsprache
Standarte → Fahne, → Schwanz
Standbild → Skulptur, → Denkmal
Ständchen → Hochruf
Stander → Fahne
Ständer → Gestell
Standesbezeichnung → Titel
Standfuß → Sockel
standhaft felsenfest, aufrecht, unbeugsam, unerschütterlich, nicht nachgebend, ehern, stark, → charakterfest
Standhaftigkeit Unbeugsamkeit, Beharrlichkeit, Beständigkeit, Unerschütterlichkeit, Entschlossenheit, → Charakterfestigkeit
standhalten widerstehen, aushalten, nicht weichen, nicht wanken, sich behaupten, das Feld behaupten, abwehren, bestehen, durchhalten, → stellen, sich
ständig → andauernd
Standort → Stellung, → Standpunkt
Standpauke → Moralpredigt
Standpunkt Blickpunkt, Blickwinkel, Betrachtungsweise, Position, Standort, Warte, → Einstellung
Stange Hebel, Stab, Latte, Pfahl, Stake
Stänkerer → Querulant
stänkern → hetzen
Stanniolpapier → Folie
stanzen → prägen
Stapel Stoß, Turm, Beige, Haufen, Berg
stapeln → aufschichten
stapfen → gehen
Stapfen → Spur
Star → Berühmtheit
Starallüren → Benehmen
stark 1. hochgradig, konzentriert, heftig, intensiv, mächtig, schlimm, sehr 2. → kräftig 3. → dick 4. → untersetzt
stark machen, sich → einsetzen, sich
stark werden → erstarken
Stärke 1. Intensität, Ausmaß, Dicke, Grad, Kaliber 2. → Kraft 3. → Macht 4. → Gelatine
stärken 1. befestigen, festigen, ausbauen, verstärken, versteifen, härten 2. → kräftigen 3. → abhärten 4. → erfrischen
stärken, sich 1. sich kräftigen, sich ertüchtigen, sich stählen, sich trainieren 2. → essen
Stärkung → Festigung, → Abhärtung, → Erfrischung
Starlet → Berühmtheit
starr → regungslos, → steif, → fanatisch
Starre → Regungslosigkeit, → Steifheit
starren → gaffen
Starrheit → Regungslosigkeit, → Steifheit, → Fanatismus

Starrkopf → Fanatiker, → Trotzkopf
starrköpfig → eigensinnig
Starrsinn → Eigensinn
starrsinnig → eigensinnig
Start 1. Startschuss, Count-down, Aufbruch, Abmarsch, → Anfang 2. Startplatz, Ausgangspunkt, Start und Ziel
Startbahn → Rollfeld
startbereit → einsatzbereit
starten → anfangen, → anlassen
startklar → einsatzbereit
Startplatz → Start
Startschuss → Anfang, → Start
Statement → Feststellung
Station Krankenabteilung → Haltestelle, → Rundfunksender
stationär → fest
stationieren → aufstellen
Stationierung → Aufstellung
Stationsschwester → Krankenschwester
statisch → fest
Statist Komparse, Figurant, Chargenspieler
Statistenrolle → Nebenrolle
Statistik → Aufstellung
Stativ → Gestell
statt → anstatt
Stätte → Ort
stattfinden → ablaufen, → ereignen, sich
stattgeben → erlauben, → gewähren
statthaben → ablaufen
statthaft → zulässig
stattlich ansehnlich, beeindruckend, imposant, gewichtig, Achtung gebietend, prächtig, → groß, → dick
Statue → Skulptur
Statur → Gestalt
Status → Situation
Statut → Regel
Stau → Stagnation, → Verkehrsstau
Staub → Schmutz, → Pulver
Staub aufwirbeln → auffallen
stauben → schmutzen
staubfein → pulverförmig
staubig → verstaubt, angestaubt, → schmutzig
staubsaugen → abstauben
Staubtuch → Lappen
stauchen → drücken, → verstauchen
Stauchung → Verstauchung
Staudamm → Damm, → Wehr
Staude → Busch
stauen aufhalten, hemmen, zurückstauen, → aufstauen
stauen, sich → stagnieren, → ansammeln, sich
Staumauer → Wehr
staunen stutzen, sich wundern, sich verwundern, seinen Augen nicht trauen, erstaunen, in Erstaunen geraten, Mund und Nase aufsperren, glotzen, große Augen machen, sprachlos sein, nicht glauben können, überrascht sein, → bewundern
Staunen → Verwunderung
staunenswert → erstaunlich
Staustufe → Wehr
Stauung → Stagnation, → Verkehrsstau
Steak → Schnitzel
stechen 1. piken, piksen, stupfen, einstechen, punktieren, Abstrich machen 2. → schmerzen
stechend → heftig, → intensiv
Stechmücke Mücke, Schnake, Moskito, Bremse, → Insekt
Steckbrief → Beschreibung
Steckdose → Stecker
stecken 1. einführen, einstecken, hineinstecken, stopfen, hineinstopfen 2. → hinterbringen 3. → pflanzen
Stecken → Stock
stecken bleiben → stocken, → stottern
Steckenpferd → Hobby
Stecker Bananenstecker, Klinkenstecker, Steckkontakt, Steckdose, Buchse, Anschlussbuchse
Steckling → Reis
Steg → Brücke, → Weg
Stegreifschöpfung → Improvisation
Stehaufmännchen → Optimist
stehen 1. dastehen, aufrecht stehen, aufgerichtet sein, aufragen, hochragen 2. → befinden, sich
stehen zu → zusammenhalten
stehen bleiben → anhalten, → aussetzen, → stagnieren
stehend → formelhaft
stehlen entwenden, einstecken, mitnehmen, mitgehen lassen, abstauben, organisieren, klauen, mopsen, mausen, stibitzen, klemmen, wegnehmen, sich aneignen, lange Finger machen, sich an fremdem Eigentum vergreifen, ernten ohne zu säen, rauben, → berauben, → plündern
Stehvermögen → Beharrlichkeit
steif 1. versteift, starr, unbeweglich, ungelenkig, ungelenk, eckig, stocksteif, hart 2. hölzern, unnatürlich, formell, förmlich, langweilig, humorlos, prüde
Steifheit 1. Versteifung, Starre, Starrheit, Unbeweglichkeit, Ungelenkigkeit 2. Unnatürlichkeit, Förmlichkeit, Prüderie, → Geziere
Steig → Weg
Steige Obststeige, Stiege, Hürde, Horde
steigen 1. anziehen, hochgehen, sich erhöhen, hinaufgehen, hinaufschnellen, nach

oben klettern, zunehmen, anschwellen, sich verteuern, aufschlagen, teurer werden 2. ansteigen, aufsteigen, höher steigen, sich nach oben bewegen, hochsteigen, emporsteigen, emporklimmen, erklimmen, ersteigen
steigend → zunehmend
Steiger → Bergmann
steigern heben, anheben, vergrößern, verstärken, potenzieren, erhöhen, intensivieren, optimieren, forcieren, hochschrauben, hochtreiben, vermehren, → verbessern
steigern, sich sich zuspitzen, sich verschärfen, sich verschlimmern, sich verschlechtern, sich erhöhen, eskalieren
Steigerung Hebung, Anhebung, Vergrößerung, Verstärkung, Optimierung, Potenzierung, Progression, Klimax, Eskalierung, Eskalation, Intensivierung, → Verbesserung
Steigung → Gefälle
steil schroff, jäh, jählings, abschüssig, gähnend, senkrecht, stark ansteigend, aufsteigend, aufragend
Steilwand → Fels
Stein 1. Wackerstein, Kieselstein, Kiesel, Felsbrocken, Findling, Meteorit 2. → Kern
steinalt → alt
steinern → hart
Steinerweichen, zum → Mitleid erregend
steinhart → hart
steinig → felsig, → schwierig
steinreich → reich
Steinschleuder → Schleuder
steinzeitlich → altmodisch, prähistorisch
Steiß → Gesäß, → Schwanz
Stellage → Regal
Stelldichein → Verabredung
Stelle → Ort, → Arbeit, → Rang
stellen 1. setzen, hinsetzen, platzieren, abstellen, niederstellen, → aufstellen 2. → ansprechen 3. → überführen
stellen, sich 1. sich ausliefern, sich melden, sich bezichtigen, sich schuldig bekennen, aufgeben 2. antreten, eintreten, entgegentreten, sich wehren, sich verteidigen, parieren, standhalten
Stellengesuch → Bewerbung
stellenweise → vereinzelt
Stellenwert → Bedeutung, → Geltung
Stellung 1. Position, Standort, Standpunkt, Lage, Konstellation, Anordnung, Aufstellung 2. → Haltung 3. → Rang 4. → Beruf 5. → Arbeit
Stellungnahme → Beurteilung
Stellungsbefehl → Einberufung
stellungslos → arbeitslos
Stellung(s)suchender → Arbeitsloser
stellvertretend 1. vertretungsweise, in Vertretung, kommissarisch, aushilfsweise, ersatzweise, → anstatt 2. → symbolisch
Stellvertreter Vertreter, Bevollmächtigter, Substitut, Vize, zweiter Mann, rechte Hand, → Ersatzmann, → Verwalter
stelzen → gehen
stemmen stoßen, drücken, heben, wuchten
Stempel 1. Punze, Bolzen, Prägestempel 2. → Etikett 3. → Siegel
stempeln → entwerten, → kennzeichnen, → prägen
Stängel → Stiel
Stenografie (*auch:* Stenographie) Steno, Kurzschrift, Schnellschrift, Eilschrift
stenografieren (*auch:* stenographieren) → protokollieren
Stenotypistin → Sekretärin
Stenz → Stutzer
Steppdecke → Deckbett
Steppe → Öde
Steppke → Knirps
Sterbefall → Tod
sterben 1. dahinscheiden, hinscheiden, verscheiden, entschlafen, entschlummern, hinüberschlummern, heimgehen, dahingehen, abberufen werden, abdanken, ableben, versterben, die Augen für immer schließen, sein Leben aushauchen, erblassen, vom Tode ereilt werden, das Zeitliche segnen, zur ewigen Ruhe eingehen, den Weg alles Irdischen gehen, in die ewigen Jagdgründe eingehen, abkratzen, hopsgehen, draufgehen, den Löffel abgeben, verrecken, krepieren, ins Gras beißen, den Geist aufgeben, enden, verenden, eingehen, verlöschen, verbluten, seinen Verletzungen erliegen, umkommen, das Leben verlieren, verbrennen, ersticken, → ertrinken, → fallen 2. → absterben
Sterben → Tod
sterbenskrank → krank
sterbenslangweilig → langweilig
sterblich → vergänglich
Sterblicher → Mensch
Sterblichkeit → Vergänglichkeit
stereotyp → formelhaft, → gleichförmig
steril → keimfrei, → unfruchtbar
Sterilisation 1. Sterilisierung, Kastration 2. → Desinfizierung
sterilisieren 1. abkochen, einkochen, haltbar machen, konservieren, → einmachen 2. unfruchtbar machen, zeugungsunfähig machen, kastrieren 3. → desinfizieren
Sterilisierung → Desinfizierung, → Sterilisation
Stern Gestirn, Himmelskörper, Sternbild, Planet, Fixstern, Sternnebel, → Sternschnuppe

Sterndeutung → Sterndeuterei, Astrologie, → Aberglaube
Sternenhimmel → Himmel
sternenklar → aufgeklart
Sternenzelt → Himmel
sternhagelvoll → betrunken
Sternkunde Astronomie, Himmelskunde, → Astrologie
Sternschnuppe Meteor, Irrstern, Komet, Schweifstern, → Stern
Sternstunde → Glück
Sternwarte → Observatorium
stetig beständig, kontinuierlich, beharrlich, unbeirrt, gleichmäßig, → andauernd, → immer
Stetigkeit Beständigkeit, Kontinuität, Gleichmäßigkeit, Beharrlichkeit, → Dauer
stets → immer
Steuer 1. Steuerruder, Ruder, Ruderpinne, Leitwerk, Steuerknüppel, Steuerrad, Lenkrad, Volant, Lenker, Lenkstange 2. Abgabe, Kontribution, Taxe, Akzise, Mehrwertsteuer, Umsatzsteuer, Lohnsteuer, Einkommensteuer, Zehnt, Zoll, Abführung, → Beitrag
Steuerbanderole → Banderole
Steuerbetrug → Unterschlagung
steuerbord → rechts
Steuerhinterziehung → Unterschlagung
steuern → führen, → lenken, → bedienen, → regeln
Steuerprüfer → Kontrolleur
Steuerrad → Steuer
Steuerruder → Steuer
Steuerung → Bedienung
Steward Flugbegleiter, → Bedienung
Stewardess Flugbegleiterin, → Bedienung
stibitzen → stehlen
Stich 1. Einstich, Mückenstich, Stichwunde, Stichverletzung 2. → Grafik 3. → Nuance
Stichelei → Anspielung, → Spott
sticheln → anfeinden
stichhaltig → überzeugend
stichig → sauer
Stichprobe → Kontrolle
Stichtag → Frist
Stichwaffe → Schwert, → Dolch, → Speer
Stichwort Leitwort, Lemma, Lexem, Schlagwort, → Kennwort
stickig → dumpf, → verräuchert
stieben → laufen
Stiefel Schnürstiefel, Winterstiefel, Wanderstiefel, Skistiefel, Boots, Schaftstiefel, Knobelbecher, Gummistiefel, Schuh
stiefeln → gehen
Stiefkind → Kind
Stiege → Steige, → Treppe
Stiegenhaus → Treppenhaus
Stiel Stängel, Halm, Rohr, Schaft, Stamm, → Griff
stier → glasig
Stier Bulle, Farre
stieren → gaffen
stierig → brünstig
Stift → Schreibstift, → Nagel, → Zapfen, → Lehrling, → Kloster
stiften → gründen, → spenden
Stifter → Gründer
Stiftung → Gründung, → Spende
Stigma → Kennzeichen
stigmatisieren → kennzeichnen
Stil Ausdrucksart, Ausdrucksform, Art, Gepräge, Duktus, Pinselstrich, Handschrift, Ton, Geschmacksrichtung, Kunstrichtung, Kunstform, → Geschmack, → Lebensform, → Trend
Stilett → Dolch
Stilgefühl → Geschmack
stilgerecht → geschmackvoll
stilisiert → anspruchsvoll, → gekünstelt
still 1. ruhig, leise, geräuschlos, mäuschenstill, mucksmäuschenstill, totenstill, lautlos 2. → regungslos 3. → nachdenklich 4. → schweigsam
Stille Ruhe, Frieden, Schweigen, Lautlosigkeit, Totenstille, Grabesstille
Stillleben (*auch:* Still-Leben) → Malerei
stilllegen → aufgeben
Stilllegung (*auch:* Still-Legung) → Aufgabe
stillen 1. säugen, die Brust geben, an die Brust legen, trinken lassen, nähren 2. → mildern 3. → befriedigen
stillos → geschmacklos
Stillosigkeit → Geschmacklosigkeit
stillschweigen → schweigen
Stillschweigen → Schweigen
stillschweigend → selbstverständlich, → unaufdringlich, → heimlich, → wortlos
Stillstand Halt, Einhalt, Unterbrechung, Ruhe, Leerlauf, Nullpunkt, Tiefstand, → Stagnation
stillstehen → aussetzen, → stagnieren
stillvergnügt → heiter
Stilmittel → Redewendung
stilvoll → geschmackvoll, → kunstvoll
Stilwidrigkeit → Geschmacklosigkeit
Stimmabgabe → Wahl
Stimmbruch Stimmwechsel, Mutation,
Stimme 1. Stimmorgan, Organ, Singstimme, Röhre 2. → Meinung
stimmen → passen, → zutreffen, → wählen
stimmig → ausgewogen, → harmonisch
Stimmigkeit → Ausgewogenheit, → Harmonie

Stimmlage → Tonlage, Lage, Tonhöhe
stimmlos → heiser
Stimmorgan → Stimme
Stimmrecht → Recht
Stimmung 1. Laune, Gemütsstimmung, Gemütszustand, Gemütsverfassung, Verfassung, Stimmungslage 2. Klima, Flair, Atmosphäre, Ausstrahlung 3. → Gelächter
Stimmungslage → Stimmung
stimmungsvoll → feierlich
Stimulans → Anregungsmittel
stimulieren → anregen
stimulierend → anregend, → belebend
Stimulus → Reiz
stinken 1. riechen, schlecht riechen, muffeln, miefen, duften, die Nase beleidigen 2. → ärgern
stinkig → faulig
Stippe → Soße
stippen → eintauchen
Stippvisite → Besuch
Stirnseite → Fassade
stöbern → suchen
stochern → wühlen
Stock 1. Stecken, Bengel, Prügel, Knüppel, Knüttel, Schlagstock, Rute, → Gerte, → Pfahl, → Gehstock 2. → Stumpf 3. → Geschoss
Stockbett → Etagenbett, → Bett
Stöckel → Absatz
Stöckelschuh → Schuh
stocken ins Stocken geraten, stecken bleiben, den roten Faden verlieren, sich festfahren, hängen, erlahmen, versiegen, versanden, versickern, → stottern
stockend abgehackt, holperig, stammelnd, stotternd, langsam, schwerfällig, schleppend
stockig → dumpf
Stockung → Stagnation
Stockwerk → Geschoss
Stoff 1. Material, Masse, Materie, Substanz, Element, Ding 2. Tuch, Gewebe, Textil, Leinwand, Leinen, Seide, Samt, Tüll, Filz 3. → Thema 4. → Rauschgift
Stoffel → Tölpel
stoffelig → ungeschickt
Stoffgebiet → Thema
stofflich → dinghaft
stöhnen → seufzen, → knarren
stoisch → gelassen
Stollen → Durchgang
stolpern 1. straucheln, taumeln, den Halt verlieren, die Balance verlieren, schwanken, → ausrutschen 2. → scheitern
stolz → selbstbewusst, → überheblich
Stolz → Selbstbewusstsein, → Überheblichkeit
stolzieren → gehen
stopfen 1. pfropfen, hineinpfropfen, hineinstecken, voll stopfen 2. → sättigen 3. → mästen 4. → ausbessern
Stopfen Stöpsel, Spund, Pfropfen, Proppen, Korken, Zapfen, → Verschluss
Stopp → Halt
stoppelig → bärtig
Stoppeln → Bart
stoppen 1. abstoppen, bremsen, anhalten, stehen bleiben, Halt machen 2. → aufhalten 3. → messen
Stoppschild → Haltezeichen
Stoppsignal → Haltezeichen
Stöpsel → Stopfen
stören 1. ungelegen sein, unangenehm sein, in die Quere kommen, verquer laufen, quer schießen, zur Unzeit kommen, genieren, erschweren, behindern, beeinträchtigen, durchkreuzen, hereinplatzen, dazwischenplatzen, belästigen, hemmen → unterbrechen 2. → sabotieren
störend → lästig, → unangenehm
Störenfried Unruhestifter, Quertreiber, Eindringling, Ruhestörer, Schreier, Schreihals, Provokateur, Halbstarker, → Randalierer, → Raufbold, → Plagegeist
stornieren → annullieren
Storno Rückbuchung, Berichtigung
störrisch → eigensinnig
störrisch sein → bocken
Störrischkeit → Eigensinn
Störung 1. Behelligung, Belästigung, Ruhestörung, Ablenkung, Abhaltung, Erschwerung, Verzögerung 2. Panne, Schaden, Unterbrechung, Bildstörung, Tonstörung, Kurzschluss
störungsfrei → reibungslos
Stoß 1. Schubs, Stups, Stupfer, Stumper, Schlag, Hieb, Ruck, Rippenstoß, Knuff, Puff, Tritt, Fußtritt 2. → Erschütterung 3. → Stapel 4. → Schwanz
Stoßdämpfer → Puffer, → Feder
stoßen 1. schubsen, stupsen, stupfen, stumpen, schlagen, knuffen, puffen, treten, einen Stoß versetzen 2. → anstoßen 3. → rumpeln 4. → drücken
stoßen auf → entdecken, → finden
stoßen, sich sich anstoßen, sich anhauen, anecken, sich wehtun, sich blaue Flecken holen
Stoßkante → Besatz
Stoßkraft → Wirksamkeit
Stoßseufzer → Seufzer
Stoßverkehr → Stoßzeit
stoßweise → ruckartig
Stoßzeit Stoßverkehr, Rushhour, Hauptverkehrszeit, Hauptgeschäftszeit, → Saison
Stotterer Stammler, Sprachgestörter

stottern stammeln, lallen, abgehackt sprechen, stocken, drucksen, stecken bleiben, → radebrechen
stotternd → stockend
Stotzen → Stumpf
stracks → direkt
Strafanstalt → Gefängnis
Strafantrag → Anklage
Strafanzeige → Anklage, → Anzeige
Strafaussetzung → Begnadigung
strafbar → illegal
Strafe 1. Bestrafung, Sanktion, Zwangsmaßnahme, Kollektivstrafe, Buße, Geldbuße, Geldstrafe, Konventionalstrafe, Denkzettel, Lohn 2. → Züchtigung
Strafe erlassen → begnadigen
Strafe verhängen → bestrafen
strafen → bestrafen
Straferlass → Amnestie
Strafermäßigung → Amnestie
straff 1. stramm, prall, fest, gespannt, straff gezogen, stramm gezogen, gestrafft, geliftet 2. soldatisch, zackig, drillmäßig, → streng
straffällig → kriminell
straffen 1. straff ziehen, stramm ziehen, spannen, liften, → glätten 2. → kürzen
Straffheit → Disziplin
Straffreiheit → Begnadigung
straff ziehen → straffen
Strafgefangener → Gefangener
Strafkammer → Gericht
Straflager → Lager
sträflich strafbar, → leichtsinnig, → unverzeihlich
Sträfling → Gefangener
Strafmandat → Strafzettel
Strafnachlass → Amnestie
Strafpredigt → Moralpredigt
Strafprozess → Prozess
Strafsache → Prozess
Strafsenat → Gericht
Straftat → Verbrechen
Straftäter → Verbrecher
Strafverfahren → Prozess
Strafverteidiger → Rechtsanwalt
Strafvollzugsanstalt → Gefängnis
Strafzettel Strafmandat, gebührenpflichtige Verwarnung, Geldbuße
Strafzuerkennung → Verurteilung
strahlen → ausstrahlen, → leuchten, → freuen, sich
strählen → kämmen
strahlend → hell, → aufgeklärt
Strahlenkranz → Heiligenschein
strähnig → zerzaust
stramm → forsch, → fest, → straff
stramm ziehen → straffen
strampeln → zappeln
Strand Badestrand, Lido, → Ufer
stranden auflaufen, auf Grund laufen, festfahren, havarieren, angeschwemmt werden, ans Ufer gespült werden, → scheitern
Strandlaken → Handtuch
Strang → Seil
strangulieren → erdrosseln
Strapaze → Anstrengung
strapazieren → abnutzen
strapazierfähig → haltbar
Strapazierfähigkeit → Haltbarkeit
strapaziös → anstrengend
Straps → Strumpfhalter
Straße Fahrbahn, Bahn, Fahrstraße, Nebenstraße, Einbahnstraße, Sackgasse, Hauptstraße, Durchgangsstraße, Ring, Ringstraße, Umgehungsstraße, Landstraße, Fernstraße, Autobahn, Highway, → Allee, → Trasse
Straßenauflauf → Ansammlung
Straßenbahn Bahn, Elektrische, Trambahn, Tram, Stadtbahn
Straßenbahnlinie → Bahnlinie
Straßenbahnnetz → Netzwerk
Straßenbahnschaffner → Schaffner
Straßenfest → Fest
Straßenführung → Trasse
Straßenglätte → Glätte
Straßengraben → Graben
Straßenkämpfer → Randalierer
Straßenkarte → Karte
Straßenkreuzer → Kraftfahrzeug
Straßenkreuzung → Kreuzung
Straßenlärm → Lärm
Straßenmädchen → Prostituierte
Straßenpflaster → Pflaster
Straßenplan → Karte
Straßenräuber → Räuber
Straßenrennen → Wettkampf
Straßenschlacht → Gewalttätigkeit
Straßenseite → Vorderseite
Straßenverkehr → Verkehr
Straßenzug → Wohnblock
Stratege → Diplomat
Strategie → Methode, → Taktik
sträuben, sich 1. hochstehen, zu Berge stehen, abstehen, sich aufrichten 2. → auflehnen, sich → widersetzen, sich
Strauch → Busch
Strauchdieb → Gauner, → Räuber
straucheln → stolpern, → scheitern
Strauß 1. Blumenstrauß, Bukett, Busch, Buschen, Gebinde, Gesteck, Blumenarrangement 2. → Streit
Straußwirtschaft → Gasthaus

Strebe → Balken
streben 1. eifern, ehrgeizig sein, fleißig sein, sich plagen, ein Ziel verfolgen, zu erreichen suchen, → anstreben 2. → sehnen sich
Streben → Ehrgeiz
Streber Musterknabe, Ochser, Schaffer, Klassenprimus, Primus, Opportunist, → Karrierist
streberhaft → ehrgeizig
strebsam → ehrgeizig, → fleißig
Strebsamkeit → Ehrgeiz, → Fleiß
Strecke 1. Wegstrecke, Etappe, Entfernung, Abstand, Distanz 2. → Erstreckung 3. → Bahnlinie 4. → Trasse 5. → Stück
strecken → ausdehnen, → verdünnen
strecken, sich → räkeln, sich, → erstrecken, sich
Streckenführung → Trasse
Streckennetz → Netzwerk
streckenweise → vereinzelt
Streich 1. Dummheit, Scherz, Spaß, Spitzbubenstreich, Lausbüberei, Bubenstück, Jungenstreich, Dummejungenstreich, Jugendstreich, Jugendsünde, Kavaliersdelikt, Schelmenstück, Narrenstreich, Narretei, Eulenspiegelei, Schildbürgerstreich, → Coup, → Abenteuer 2. → Schlag
streicheln hätscheln, kraulen, liebkosen, streichen über
streichen 1. anstreichen, tünchen, übertünchen, weißeln, weißen, lackieren, spritzen, grundieren, → renovieren 2. → annullieren 3. durchstreichen 4. → fliegen
Streicher → Musiker
Streichholz → Zündholz
Streichinstrument Saiteninstrument, Musikinstrument, → Geige
Streichorchester → Orchester
Streife → Polizeiwagen, → Wache
streifen → erwähnen, → berühren
Streifen 1. Strich, Striemen, Linie, Band 2. → Film
Streifendienst → Wache
Streifenwagen → Polizeiwagen
Streifzug → Bummel
Streik Arbeitsniederlegung, Ausstand, Arbeitskampf, Kampfmaßnahme, Generalstreik, Warnstreik, Bummelstreik, Solidaritätsstreik, → Demonstration
streiken die Arbeit niederlegen, in den Streik treten, in den Ausstand treten, nicht zur Arbeit gehen, bestreiken, Dienst nach Vorschrift machen
Streit Zwietracht, Zerwürfnis, Entzweiung, Konflikt, Kontroverse, Zusammenstoß, Zwistigkeit, Zwist, Hader, Fehde, Strauß, Krach, Knatsch, Zoff, Stunk, Donnerwetter, Unfriede, Gezänk, Gezanke, Zank, Reiberei, Auftritt, Streiterei, Streitigkeit, Händel, Differenzen, Spannungen, kalter Krieg, Wortwechsel, Disput, Auseinandersetzung, → Meinungsverschiedenheit, → Feindschaft, → Handgemenge
streitbar → angriffslustig, → kämpferisch
Streitbarkeit → Angriffslust
streiten sich streiten, sich zanken, in Streit geraten, sich anlegen, rechten, disputieren, sich herumzanken, sich reiben, aneinander geraten, sich in die Wolle kriegen, sich in die Haare geraten, Krach haben, → kämpfen
streiten, sich → streiten
Streiter → Fanatiker, → Kämpfer
Streiterei → Streit
Streitfall → Prozess
Streitgespräch → Auseinandersetzung
Streithahn Streithammel, Streitsüchtiger, Zänker, Zankteufel, Kampfhahn, Eiferer, Fanatiker, Schandmaul, Unruhestifter, → Querulant
Streithammel → Streithahn
Streitigkeit → Auseinandersetzung, → Streit
Streitkraft → Aufgebot, → Militär
Streitkräfte → Militär
Streitlust → Angriffslust
Streitmacht → Militär
Streitschrift → Pamphlet
Streitsucht → Angriffslust
streitsüchtig hadersüchtig, zänkisch, zanksüchtig, unverträglich, böse, kratzig, kratzbürstig, → angriffslustig
Streitsüchtiger → Streithahn
streng 1. gestreng, rigoros, strikt, drakonisch, unnachgiebig, unnachsichtig, unerbittlich, kompromisslos, bestimmt, energisch, herrisch, eisern, hart, straff, → barsch 2. → herb 3. → intensiv 4. → genau
Strenge Rigorosität, Unnachgiebigkeit, Unnachsichtigkeit, Unerbittlichkeit, Kompromisslosigkeit, Bestimmtheit, Härte, Schärfe
streng genommen → eigentlich
strenggläubig → fromm
Stress → Belastung, → Nervosität
streuen ausstreuen, verstreuen, ausbreiten, säen, aussäen, verteilen
streunen → herumstreifen
Strich → Linie
stricheln → zeichnen
Strichjunge Stricher, Callboy, Lustknabe
Strichmädchen → Prostituierte
strichweise → lokal
Strick → Seil, → Krawatte, → Spitzbub(e)
striegeln → bürsten, → kämmen

Striemen → Streifen
strikt → energisch, → streng
stringent → konsequent, → überzeugend
Strip → Pflaster
Strippe → Schnur
Stripteaselokal → Nachtlokal
strittig → anfechtbar
strobelig → zerzaust
Strohkopf → Dummkopf
Strohpuppe → Anhänger, → Vogelscheuche
Strolch → Taugenichts, → Spitzbub(e)
Strom → Fluss, → Strömung, → Energie
stromab → abwärts
stromauf → aufwärts
strömen → fließen
stromern → herumstreifen
Stromspeicher → Batterie
Strömung 1. Drift, Trift, Abdrift, Gegenströmung, Strom, Sog, Wasserdruck, Flut 2. → Mode 3. → Trend
strotzen → gedeihen
strotzend → dick, → üppig, → gesund
strubbelig → zerzaust
Strudel → Drehung, → Wirbel
strudeln → brodeln, → sprudeln
Struktur 1. Aufbau, Anordnung, Bau, Gefüge, Raster, Gerippe, Konstruktion, Gerüst, → Gliederung 2. → Maserung
strukturieren → gliedern
strukturiert → übersichtlich, → untergliedert
strukturlos → formlos
Struma → Kropf
Strumpf Kniestrumpf, Wadenstrumpf, Socke, Strumpfhose, Stutzen, Legwarmer
Strumpfband → Strumpfhalter
Strumpfhalter Strumpfhaltergürtel, Hüftgürtel, Straps, Strumpfband, Sockenhalter, → Korsett
Strumpfhose → Strumpf
Strunk → Stumpf
struppig → stachelig, → zerzaust, → räudig
Struwwelpeter → Schmutzfink
Stubben → Stumpf
Stube → Zimmer
Stubenarrest Arrest, Hausarrest, Nachsitzen, → Freiheitsentzug, → Haft
Stubengelehrter → Eigenbrötler, → Gelehrter
Stubenhocker → Eigenbrötler
Stubenmädchen → Hausangestellte
Stubenwagen → Bett
Stück 1. Bruchstück, Brocken, Ecke, Splitter, Endchen, Ende, Zipfel, Schnitzel, Schnipsel, Fetzen, Abschnitt, Bissen, Happen, Schnitte, Scheibe, Teil, Teilstück, Strecke, Teilstrecke 2. → Exemplar 3. → Anteil 4. → Schauspiel
stückeln → teilen
Stückeschreiber → Dramatiker
Stückgut → Ladung
Stücklohnarbeit → Akkord
stückweise → allmählich
Stückwerk → Fragment
Student Studierender, Hochschüler, Studiosus, Hörer, Kommilitone, → Schüler
Studentenausweis → Ausweis
Studentenwohnheim → Heim
Studie 1. Untersuchung, Analyse, Beobachtung, Umfrage, Arbeit, → Artikel 2. → Entwurf 3. → Bild
Studienassessor Assessor, Anwärter, Beamtenanwärter, Lehrer
Studienfahrt → Exkursion
Studiengenosse → Kommilitone
Studienhalbjahr → Semester
Studienkollege → Kommilitone
Studienmappe → Aktenordner
Studienrat → Lehrer
studieren → lernen, → lesen, → anschauen
studiert → gelehrt
Studierter → Akademiker, → Gelehrter
Studio → Atelier
Studium 1. Hochschulstudium, akademische Ausbildung 2. → Forschung
Stufe → Treppe, → Grad, → Etappe
Stufenbau → Terrasse
Stufenordnung → Hierarchie
stufenweise → allmählich, graduell
Stufung → Hierarchie
Stuhl 1. Küchenstuhl, Gartenstuhl, Klappstuhl, Armstuhl, Drehstuhl, Schaukelstuhl, Sitz, Sitzmöbel, → Hocker, → Sessel 2. → Exkremente, → Stuhlgang
Stuhlgang Stuhl, Entleerung, Darmentleerung, Geschäft, → Exkremente
Stuhllehne → Lehne
Stuhlverstopfung → Verstopfung
Stulle → Butterbrot
Stulpe → Aufschlag
stülpen → wenden
stumm → wortlos, → pantomimisch
Stummel → Ende, → Stumpf
stumpen → stoßen
Stumpen → Stumpf, → Zigarre
Stümper Pfuscher, Nichtskönner, Nichtswisser, Anfänger, Dilettant, Kurpfuscher, Quacksalber, → Laie
Stümperei Pfusch, Pfuscherei, Murks, Murkserei, Dilettantismus, Gehudel, Schlamperei, Geschmier, Flickwerk
stümperhaft unfachmännisch, laienhaft, dilettantisch, pfuscherhaft, ungeschickt, falsch, erfahrungslos

stumpf 1. abgestumpft, abgenutzt, schartig 2. → geistlos 3. gefühllos 4. → matt
stumpf werden → abstumpfen
Stumpf Baumstumpf, Strunk, Stamm, Stummel, Stumpen, Stubben, Strotzen, Wurzelstock, Stock, Klotz
Stumpfsinn Dumpfheit, Stupidität, Blödigkeit, Betäubung, Langeweile, → Geistlosigkeit
stumpfsinnig dumpf, stupide, beschränkt, borniert, minderbemittelt, blöde, → geistlos
Stunde → Unterricht
stunden prolongieren, zurückstellen, verlängern, befristen, Frist gewähren, Frist setzen, Zeit geben, stillhalten, → aufschieben, verschieben
Stundenfrau → Putzfrau
Stundung → Aufschub
Stunk → Streit
Stuntman Double, Doppelgänger, Ersatzmann
stupfen → stechen, → stacheln, → stoßen
stupide → stumpfsinnig, → dumm
Stupidität → Stumpfsinn, → Dummheit
Stups → Stoß
stupsen → stoßen
stur → beharrlich, → eigensinnig, → systematisch
Sturheit → Beharrlichkeit, → Eigensinn
Sturm 1. Windsbraut, Orkan, Schneesturm, Blizzard, Sandsturm, Wirbelsturm, Zyklon, Tornado, Taifun, Hurrikan, Windhose, Trombe, → Bö, → Wind 2. → Angriff
Sturm-und-Drang-Zeit → Jugend
Sturmbö → Bö
stürmen 1. toben, tosen, fegen, fetzen, pfeifen, rauschen, blasen, brausen, → wehen 2. → erobern 3. → laufen
Sturmflut → Flut
stürmisch → leidenschaftlich, → windig
Sturz → Fall, → Entmachtung
Sturzbach → Bach
stürzen → fallen, → abstürzen, → entmachten, wenden
stürzen, sich auf → angreifen
Sturzhelm → Helm
Stuss → Unsinn
Stute → Pferd
Stütze 1. Halt, Fuß, Lehne, Pfeiler, Säule, Auflage, Bock 2. → Beistand 3. → Hausangestellte
stutzen → beschneiden, → staunen
Stutzen → Gewehr
stützen abstützen, festigen, Halt geben, verstreben, anlehnen, aufrecht halten, tragen, halten
stützen, sich auflehnen, sich, → berufen, sich, → verlassen, sich
Stutzer Geck, Dandy, Snob, Fant, Gent, Laffe, Lackaffe, eitler Affe, Fatzke, Stenz, Beau, Schönling, Modenarr, Zierbengel, Zieraffe,
stutzerhaft geckenhaft, geckig, dandyhaft, snobistisch, affig, → eitel
stutzig → aufmerksam
subaltern → untergeben
Subjekt → Person
subjektiv einseitig, parteiisch, verzerrt, schief, unsachlich, → tendenziös
sublim → verfeinert
sublimieren → verfeinern
Subordination → Gehorsam
Subskription Vorbestellung, Abonnement, Bestellung
Substanz → Stoff, → Ding, → Gehalt
substituieren → ersetzen
Substitut → Stellvertreter
Substitution → Ersatz
subsumieren → zusammenfassen
subtil → spitzfindig
subtrahieren → abziehen
Subvention → Unterstützung
Subversion → Verschwörung
subversiv → aufrührerisch, → umstürzlerisch
Suche Fahndung, Nachforschung, Ausforschen
suchen fahnden, nachforschen, stöbern, spüren nach, auf die Suche gehen, Ausschau halten, ausschauen, sich umschauen, sich umsehen, kramen, wühlen, schnüffeln
Sucht 1. Abhängigkeit, Gewöhnung, zwanghafte Handlung, Manie, Laster, → Trunksucht 2. → Gier
süchtig 1. abhängig, drogenabhängig, rauschgiftsüchtig, an der Nadel hängend 2. → gierig
Suchtmittel → Rauschgift
suckeln → saugen
Sudelei → Geschmier
sudeln → schmieren
Südfrucht → Frucht
süffeln → trinken
Süffisanz (*auch:* Süffisance) → Überheblichkeit
süffisant selbstgefällig, → überheblich
Suffragette → Feministin
suggerieren → einreden, → beeinflussen
Suggestion → Beeinflussung
Suhle → Pfütze
Sühne → Buße
sühnen → Buße tun, → büßen, → bereuen
Sühneopfer → Opfer

Suite → Wohnung
Suizid → Selbstmord
Sujet Thema
Sukzession → Nachfolge
sukzessive → allmählich
Sukzessor → Nachfolger
Sultanine → Weinbeere
Sülze → Gallert
summa summarum → insgesamt
summarisch → vollständig, → knapp
Summe Gesamtbetrag, Gesamtsumme, Gesamtzahl, Schlusssumme, Endbetrag, Betrag, Rechnungsbetrag, → Ergebnis
summen brummen, surren, → singen
summieren → addieren
summieren, sich → ansammeln, sich
Sumpf 1. Moor, Ried, Fenn, Hochmoor, Bruch, Luch, Moos, Rohr, Röhricht, Schilf, Auwald, Aue 2. Morast, → Schlamm
Sumpffieber → Malaria
sumpfig moorig, morastig, nass, feucht, weich, → schlammig
Sünde → Schuld, → Verfehlung
Sünden bekennen → beichten
Sündenbock Prügelknabe, Watschenmann, Zielscheibe, Blitzableiter, Prellbock, schwarzes Schaf, Enfant terrible
Sünder → Missetäter
sündigen fehlen, freveln, sich versündigen, sich vergehen, verstoßen, abirren, vom rechten Weg geraten, straucheln
Supermann → Muskelprotz
Supermarkt → Geschäft
superschlau → neunmalklug
Supervision → Überwachung
Suppe → Brühe
Suppenbrühe → Brühe
Suppenhuhn → Huhn
Suppenlöffel → Löffel
Support → Kundendienst
Suppositorium → Zäpfchen, → Arznei
surren sirren, schwirren, sausen, brummen, schnarren
Surrogat → Ersatz
suspekt → verdächtig
suspendieren → absetzen, → beurlauben
Suspendierung → Absetzung, → Beurlaubung
Suspension → Befreiung, → Entlassung
süß 1. gesüßt, zuckersüß, honigsüß, klebrig, zuckerig, kandiert, überzuckert 2. → hübsch
süßen → zuckern
Süßes → Konfekt
Süßholz raspeln → schmeicheln
Süßigkeit → Konfekt
süßlich → tränenselig
Süßmost → Saft
süßsauer → spröde
Süßspeise → Nachspeise
Süßstoff → Zucker
Sutane → Kutte
Sweatshirt → Hemd
Swimmingpool → Schwimmbecken
Syllogismus → Folgerung
Symbol Bild, Sinnbild, Zeichen, Emblem, Wahrzeichen
Symbolfigur → Vorbild
symbolisch bildlich, sinnbildlich, zeichenhaft, stellvertretend
Symmetrie Spiegelbildlichkeit, Gleichseitigkeit, → Gleichmaß
symmetrisch spiegelbildlich, gleichseitig, → gleichmäßig
Sympathie Zuneigung, Anziehung, Geneigtheit, Gewogenheit, Huld, Wohlwollen, Neigung, Freundschaft, Liebe, → Vorliebe
Sympathisant → Gesinnungsgenosse, → Anhänger
sympathisch anziehend, gewinnend, liebenswert, liebenswürdig, nett, freundlich, einnehmend, ansprechend
Symphoniker → Musiker
Symphonieorchester → Orchester
Symposium → Tagung
Symptom → Anzeichen
symptomatisch → charakteristisch
Synagoge → Kirche
synchron → gleichzeitig
Syndikat → Organisation
Syndikus → Rechtsberater
Syndrom → Anzeichen
Synode → Tagung
synonym bedeutungsgleich, sinngleich, bedeutungsverwandt, sinnverwandt, bedeutungsähnlich, sinnähnlich, gleichbedeutend
Synthese → Verbindung
Synthetik → Kunststoff
synthetisch → künstlich
System → Methode, → Denkmodell, → Regime
Systematik → Gliederung
systematisch planmäßig, planvoll, nach Plan, methodisch, gezielt, konsequent, stur, überlegt, absichtsvoll, berechnet, durchdacht, programmgemäß, → konsequent, → zielstrebig
systematisiert → untergliedert
Systemlosigkeit → Unordnung
Szenarium → Drehbuch, → Reihenfolge
Szene → Akt, → Schauplatz, → Unterwelt
Szenerie → Bühne, → Kulisse

T

Tabak Kraut, Pfeifentabak, Zigarettentabak, Feinschnitt, Grobschnitt, Shag
Tabelle → Aufstellung, → Verzeichnis
Tablette Pille, Pastille, Kapsel, Dragee, → Arznei
tabu → verboten
Tabu → Verbot
Tadel → Kritik, → Zurechtweisung
tadellos → ehrenhaft, → einwandfrei
tadeln → kritisieren, → zurechtweisen
Tafel Brett, → Fläche, → Festessen, Festmahl → Tisch
Tafelkreide → Kreide
Tafelland → Ebene
tafeln → essen
täfeln → verkleiden
Tafelsilber → Besteck
Täfelung → Verkleidung
Tafelwasser → Sprudel
Taft → Futterstoff, Seide
Tag 1. Datum, Wochentag, Kalendertag, Termin 2. Helle, Tageshelle, Tageslicht, helllichter Tag 3. → Alltag
Tag für Tag → immer
tagaus, tagein → immer
Tage → Menstruation
Tageblatt → Zeitung
Tagebuch 1. Diarium, Journal, Logbuch, Reisebuch 2. → Memoiren
Tagedieb → Faulenzer, → Taugenichts
Tagegeld → Spesen
Tagelöhner Landarbeiter, Knecht, → Arbeiter, → Hilfskraft
tagen 1. Sitzung abhalten, konferieren, zusammentreten, sich zusammensetzen, zusammenkommen 2. → dämmern
Tagesanbruch → Dämmerung, → Morgen
Tagesgeschmack → Mode
Tagesheim → Kindergarten
Tageslicht → Licht
Tageslichtröhre → Leuchtstoffröhre
Tagesordnung → Programm
Tageszeitung → Zeitung
taghell → hell
täglich tagaus, tagein, alle Tage, alltäglich, Tag für Tag
Tagtraum → Wunsch
Tagung Sitzung, Konferenz, Besprechung, Symposium, Symposion, Kongress, Zusammenkunft, Gipfeltreffen, Parteitag, Konzil, Synode
Takt 1. Metrum, Rhythmus, Gleichmaß, Taktschlag 2. → Taktgefühl
Taktgefühl Takt, Feingefühl, Zartgefühl, Einfühlungsvermögen, Fingerspitzengefühl, Diskretion, Rücksicht, → Spürsinn
Taktik Strategie, Politik, Diplomatie, Manöver, Vorgehen, Vorgehensweise, Kriegskunst, Feldherrenkunst, Schlachtplan
Taktiker → Diplomat
taktisch → raffiniert
taktlos geschmacklos, indiskret, instinktlos, unhöflich, aufdringlich, rücksichtslos, pietätlos, unangebracht, unpassend, deplatziert, → neugierig, → ungebührlich
Taktlosigkeit Geschmacklosigkeit, Indiskretion, Instinktlosigkeit, Unhöflichkeit, Aufdringlichkeit, Entgleisung, Deplatziertheit, → Neugier
taktvoll fein fühlend, zart fühlend, einfühlsam, schonungsvoll, schonend, diskret, behutsam, rücksichtsvoll
Tal Bergeinschnitt, Einschnitt, Mulde, Talkessel, Kessel, → Abgrund
Talar → Kutte, → Ornat
talauf → aufwärts
Talent → Anlage, → Begabung
talentiert → begabt
talentlos → dumm
Talg → Fett
Talglicht → Kerze
Talisman → Glücksbringer
Talkessel → Tal
Talon → Abschnitt
Talsenke → Mulde
Talsohle → Tiefpunkt
Talsperre → Wehr
talwärts → abwärts
Tamtam → Aufwand, → Gehabe
Tand Tandwerk, Talmi, Flitter, Flitterkram, Firlefanz, Kinkerlitzchen, Nippes
Tändelei → Flirt
tändeln → flirten
Tanga Slip, → Badeanzug
Tangente → Linie
tangieren → berühren
Tank → Behälter
tanken auftanken, nachtanken, den Tank füllen, auffüllen
Tanker → Frachtschiff
Tann → Wald
tannengrün → grün
Tante Muhme, Base
Tante-Emma-Laden → Geschäft
tantenhaft → jüngferlich
Tantiemen → Spesen
Tanz 1. Reigen, Springen, Schwof, Kontertanz, → Ballett 2. → Ball
Tanzabend → Ball

tanzen sich im Tanze drehen, einen Tanz hinlegen, das Tanzbein schwingen, ein Tänzchen wagen, hopsen, hüpfen, schwofen, scherbeln
Tänzerin → Balletttänzerin
Tanzgruppe Tanzensemble, Ensemble, Balletttruppe, Ballett
Tanzkapelle → Band
Tanzlokal Tanzdiele, Tanzbar, Bumslokal, Amüsierlokal, Beatschuppen, Diskothek, Disco, Bar, → Nachtlokal
Tanzoper → Ballett
Tanzorchester → Band
Tanzveranstaltung → Ball
Tapetenwechsel → Luftveränderung, → Umzug
tapezieren → renovieren
Tapezierer → Maler
Tapfen → Spur
tapfer → mutig
Tapferkeit → Mut
tappen → gehen, → tasten
tapsen → gehen, → tasten
Tarif → Preis
Tarifpartner → Arbeitnehmer
tarnen, sich → verkleiden, sich
Tarnname → Pseudonym
Tarnung Verhüllung, Tarnmantel, Deckmantel, Geheimhaltung, Camouflage, Mimikry, Verstellung, Verstellungskunst, → Täuschung
Tasche 1. Hosentasche, Jackentasche, Manteltasche, Brusttasche 2. Beutel, Handtasche, Täschchen, Pompadour, → Mappe
Taschenbuch → Buch
Taschendieb → Dieb
Taschengeld → Geld, → Zubrot
Taschenkalender → Terminkalender
Taschenlampe → Lampe
Taschenmesser → Messer
Taschenrechner → Computer
Taschenspieler Gaukler, → Artist
Taschenspielerei → Zauberkunst
Taschentuch Schnupftuch, Sacktuch, Nastuch, Papiertaschentuch, Zellstofftuch, Tempo
Tasse Schale, Trinkgefäß, Pott, Haferl
Tastatur Manual, Keyboard, Griffbrett, Tastenbrett, Klaviatur, Register
Taste → Schalter
tasten 1. fühlen, greifen, betasten, tappen, tapsen, fummeln, herumsuchen 2. → versuchen
Tasteninstrument Keyboard, E-Piano, Elektroorgel, Synthesizer, → Klavier, → Ziehharmonika
Taster → Schalter
Tat Akt, Aktion, Tun, Handlung, Ausführung, Leistung, Werk, Maßnahme, Unternehmen
Tatar → Hackfleisch
Tatbestand → Situation
Tatendrang → Eifer, → Arbeitseifer
tatenlos → untätig
Täter → Verbrecher
tätig → tatkräftig, → erwerbstätig
tätigen → machen
Tätigkeit → Beruf, → Betätigung, → Arbeit
Tätigkeitsbereich → Arbeitsgebiet
Tätigkeitswort → Verbum
Tatkraft Kraft, Energie, Aktivität, Entschlusskraft, Nachdruck, Schneid, Tüchtigkeit, Entschiedenheit
tatkräftig tätig, aktiv, einsatzbereit, dynamisch, voller Tatkraft, druckvoll, energisch
tätlich → handgreiflich
tätlich werden → handgreiflich werden
Tätlichkeit → Handgemenge
Tatort → Schauplatz
Tatsache Fakt, Faktum, Gegebenheit, Umstand, Faktor, Tatbestand, Fait accompli, Realität, → Wirklichkeit
Tatsachenbericht → Reportage
tatsächlich → wirklich
tätscheln → liebkosen
tatterig → gebrechlich
tattern → zittern
Tatze → Hand, → Pfote
Tatzeuge → Zeuge
Tau → Seil
taub stocktaub, gehörlos
tauchen eintauchen, untertauchen, hinuntertauchen, unter Wasser gehen, gründeln
Taucher Froschmann, Sporttaucher
Tauchsieder Warmwasserbereiter, Heißwasserbereiter, → Boiler
tauen → auftauen
Taufe 1. Kindstaufe, Tauffeier, Sakrament der Taufe 2. → Namensgebung
taufen 1. das Sakrament der Taufe spenden, in die christliche Kirche aufnehmen 2. → nennen
Taufpate → Pate
taufrisch → frisch, → neu
taugen → eignen, sich
Taugenichts Nichtsnutz, Haderlump, Galgenstrick, Leichtfuß, Hallodri, Windhund, Windbeutel, windiger Bursche, Tunichtgut, Herumtreiber, verkrachte Existenz, Tagedieb, Strolch, Lump, → Versager, → Faulenzer
tauglich → geeignet
Tauglichkeit → Eignung, → Fähigkeit
Tauglichkeitsprüfung → Musterung
Taumel → Ekstase, → Lust, → Schwindel
taumelig → benommen
taumeln → schwanken, → stolpern
Tausch Austausch, Auswechselung, Tauschhandel, Handel, → Umtausch

Tauschaktion → Umtausch
tauschen austauschen, vertauschen, auswechseln, umtauschen, eintauschen, einhandeln, → wechseln
täuschen belügen, düpieren, hintergehen, hinters Licht führen, Sand in die Augen streuen, irreführen, irreleiten, trügen, blenden, vorspiegeln, bluffen, → betrügen, → anführen
täuschen, sich → irren, sich
täuschend → trügerisch
Tauschgeschäft → Handel
Täuschung 1. Irreführung, Blendwerk, Spiegelfechterei, Tarnung, Lug, Trug, Überlistung, Vorspiegelung, Bluff, Gaunerei, → Betrug 2. → Irrtum 3. → Einbildung
Tauschwert → Kurs
Tausendsassa Hansdampf, Hansdampf in allen Gassen, Allerweltskerl, Aas, → Draufgänger, → Clown
Taverne → Gasthaus
Taxe → Preis, → Steuer, → Taxi
Taxi Taxe, Droschke, Autodroschke, Mietfahrzeug, → Mietwagen
taxieren → schätzen
Taxierung → Schätzung
Tbc → Lungentuberkulose
Team Stab, Mitarbeiterstab, Arbeitsgruppe, Gruppe, Kollegium, Kollektiv, → Mannschaft
Teamarbeit → Zusammenarbeit
Technik 1. Technologie, Hightech, Naturwissenschaft, Ingenieurwesen 2. → Methode
technisieren → rationalisieren
Technologie → Technik
Techtelmechtel → Verhältnis
Teenager → Jugendlicher
teenyhaft → jugendlich
Teerpappe → Pappe
Teestube → Café
Teich → See
Teig → Brei
teigig → breiig, → träge
Teil Bruchstück, Bruchteil, Ausschnitt, Detail, Abschnitt, Segment, Sektor, Anteil, Part, Bestandteil, Stück, Teilstück, Teilabschnitt, Teilstrecke, Strecke, Portion, Brocken, Batzen
Teilabschnitt → Teil
teilbar → berechenbar
Teilchen → Partikel, → Gebäck
teilen 1. aufteilen, einteilen, abteilen, aufschneiden, zerteilen, stückeln, durchschneiden, → halbieren 2. dividieren, berechnen 3. → geben
teilen, sich → gabeln, sich
Teilhabe → Beteiligung
teilhaben partizipieren, beteiligt sein, Anteil haben, mitbesitzen, dazugehören, → teilnehmen
teilhaben lassen → beteiligen
Teilhaber Mitinhaber, Kompagnon, Partner, Sozius, Gesellschafter, Kommanditist
teilhaftig werden → bekommen
Teilnahme 1. Anwesenheit, Beteiligung, Mitwirkung, Mitgliedschaft 2. → Mitleid
Teilnahmeerklärung, → Anmeldung
teilnahmslos dumpf, apathisch, lethargisch, wie weggetreten, uninteressiert, passiv, geistesabwesend, → gleichgültig
Teilnahmslosigkeit Dumpfheit, Apathie, Lethargie, Passivität, Geistesabwesenheit, → Gleichgültigkeit
teilnahmsvoll → barmherzig, → mitleidig
teilnehmen 1. besuchen, sich beteiligen, dabei sein, anwesend sein, beiwohnen, mitmachen, mittun, → beteiligen, sich, → teilhaben 2. → nachempfinden
Teilnehmer Beteiligter, Besucher, Mitwirkender, Akteur, → Mitglied
Teilnehmerverzeichnis → Telefonbuch
teils → teilweise
Teilstück → Abschnitt, → Teil
Teilung 1. Aufteilung, Einteilung, Abteilung, Abtrennung, Spaltung, Zerteilung, Auflösung, Halbierung 2. Division, Rechenoperation
teilweise teils, zum Teil, einesteils, einerseits, auf der einen Seite, in mancher Hinsicht
Teilzahlung → Abzahlung
Teilzahlungsrate → Abzahlung
Teilzeitarbeit → Arbeit
Teint Gesichtshaut, Hautbeschaffenheit, Gesichtsfarbe, Hautfarbe, Pigmentierung, Tönung, Farbe
Telefon Fernsprecher, Apparat
Telefonanruf → Telefongespräch
Telefonat → Telefongespräch
Telefonbuch Fernsprechverzeichnis, Fernsprechbuch, Teilnehmerverzeichnis, Branchenverzeichnis, Branchen-Telefonbuch, gelbe Seiten
Telefongespräch Anruf, Gespräch, Telefonat, Telefonanruf, Ferngespräch, Ortsgespräch
telefonieren ein Gespräch führen, anrufen, an der Strippe hängen
telefonisch fernmündlich, per Telefon
Telefonnummer Fernsprechnummer, Rufnummer, Nummer, Teilnehmernummer, Ruf
Telefonzelle Fernsprechzelle, Telefonhäuschen, öffentlicher Fernsprecher, Kabine, Telefonkabine
telegrafieren (*auch:* telegraphieren) Telegramm schicken, benachrichtigen, drahten, kabeln, depeschieren
Telegramm Fernschreiben, Funkspruch, Depesche, Nachricht

Teleskop → Fernglas
Teller Platte, flacher Teller, tiefer Teller, Suppenteller
Tempel → Heiligtum, → Kirche
Temperament 1. Naturell, Typ, Mentalität, Wesen 2. → Schwung 3. → Lebhaftigkeit
temperamentlos → träge
Temperamentlosigkeit → Trägheit
temperamentvoll → schwungvoll, → lebhaft
Temperatur → Fieber
Temperaturanstieg → Erwärmung
Temperaturrückgang → Abkühlung
Temperatursturz → Abkühlung
temperieren → erwärmen
temperiert → lau
Tempo → Geschwindigkeit, → Taschentuch
Tempolimit Geschwindigkeitsbegrenzung
temporär → vorübergehend
Tendenz Färbung, Einschlag, Tenor, Absicht, Ausrichtung, Neigung, Bereitschaft, Entwicklung, Zielrichtung, Verlauf, → Trend
tendenziös einseitig, subjektiv, angehaucht, gefärbt, voreingenommen, unsachlich, überzeichnet
tendieren neigen zu, streben, geneigt sein, willens sein, sich hingezogen fühlen
Tennisplatz Centrecourt, → Arena
Tenor → Sänger, → Tendenz
Teppich 1. Brücke, Läufer, Bodenbelag, Teppichboden, Bettvorleger, Bettumrandung 2. → Decke
Teppichboden → Teppich
Term → Begriff
Termin Datum, Tag, Zeitpunkt, → Frist
Terminal → Computer, → Bahnhof
Terminkalender Taschenkalender, Taschenterminer, Terminer, Terminplaner, Notizkalender, Notizbuch, Merkbuch, Vormerkbuch, Vormerkkalender
Terminplaner → Terminkalender
Terminus → Begriff
Terminus technicus → Fachbegriff
Terrain → Gebiet, → Grundstück
Terrasse 1. Veranda, Balkon, Loggia, Dachgarten, Wintergarten 2. Stufenbau, Stufe, Treppe, Abstufung
Terrassierung → Abstufung
Terrine → Schüssel
Territorium → Gebiet, → Hoheitsgebiet
Terror → Gewalt, → Unterdrückung
terrorisieren → unterdrücken
Terrorismus Extremismus, Untergrundkampf, subversiver Kampf, Gewaltakt, Gewalt
Terrorist Bombenwerfer, Bombenleger, Anarchist, Radikaler, Attentäter, Königsmörder, Stadtguerillero, Tupamaro, → Partisan
Test → Prüfung, → Bewährungsprobe
Testament Vermächtnis, letzter Wille, letztwillige Verfügung, → Erbe
Testat → Bescheinigung
testen → prüfen
testieren → bescheinigen
Testperson → Proband
Tete-a-tete (*auch:* Tête-à-tête) → Verabredung
teuer 1. kostspielig, aufwändig, unerschwinglich, unbezahlbar, gepfeffert, gesalzen, happig, hoch bemessen 2. → kostbar 3. → lieb
Teuerung Preisanstieg, Preissteigerung, Preiserhöhung, Verteuerung, Preislawine, Kostenexplosion, → Inflation
Teufel Satan, Satanas, Luzifer, Mephistopheles, Diabolus, Höllenfürst, Fürst der Finsternis, Antichrist, Leibhaftiger, Versucher, Widersacher, Beelzebub, böser Genius, Dämon, Inkubus, Sukkubus
Teufelsdienst → Götzenverehrung
Teufelskerl → Draufgänger
Teufelskreis → Irrtum
Teufelskunst → Magie
Teufelspakt → Magie
teuflisch 1. satanisch, diabolisch, dämonisch, mephistophelisch, infernalisch 2. → sehr
teurer werden → steigen
Text 1. Wortlaut, Wortgefüge, Korpus 2. → Manuskript
Textbuch → Drehbuch, → Manuskript
Textil → Stoff
textilfrei → nackt
Textur → Maserung
Textzusammenhang → Zusammenhang
Theater 1. Schaubühne, Bühne, Schmiere, Schmierentheater, Straßentheater, Theateraufführung, Vorstellung, Stück, → Show 2. Schauspielhaus, Musentempel, Großes Haus, Kleines Haus, Festspielhaus, Opernhaus, Oper, Skala 3. → Heuchelei 4. → Gehabe 5. → Unannehmlichkeit
Theater spielen → aufführen, → simulieren
Theaterautor → Dramatiker
Theaterkarte → Eintrittskarte
Theaterkritiker → Kritiker
Theaterprogramm → Programm
Theaterrolle → Rolle
Theatersaal → Saal
Theatersaison → Saison
Theaterschauspieler → Schauspieler
Theaterstück → Schauspiel
theatralisch → gekünstelt, → schwülstig
Theke Tresen, Schänktisch, Ausschank, Büfett, Ladentisch, Verkaufstisch, Wühltisch, Restetisch, → Anrichte

Thema 1. Thematik, Themenstellung, Aufgabenstellung, Problem, Problemstellung, Punkt, Frage, Fragestellung, Stoff, Stoffgebiet, Sujet, Inhalt, Objekt, Untersuchungsobjekt, Materie, Vorwurf 2. → Melodie
Thematik → Thema
Themenstellung → Thema
theologisch → geistlich
Theorem → Lehre
theoretisch 1. gedacht, hypothetisch, angenommen, spekulativ, nicht erwiesen, praxisfern 2. → grundsätzlich
Theorie Hypothese, Annahme, Erklärungsmodell, Modell, → Lehre
Therapeut → Arzt
Therapeutikum → Arznei
Therapie Heilbehandlung, Heilmethode, Heilverfahren, → Behandlung
Thermalbad → Bad
These → Behauptung, → Lehre
Thesenpapier Papier, Paper, Reader, Handreichung
Thorax → Brust
Thrombus → Blutgerinnsel
Thronfolger → Nachfolger
Tick → Marotte
Ticket Bordkarte, Flugkarte, Karte, Fahrkarte, Fahrschein, Fahrausweis, Billett, → Eintrittskarte
tief 1. tief liegend, weit unten, abgrundtief, unergründlich, klaftertief 2. → hintergründig
tief gehend → einschneidend, → gravierend
tief liegend → niedrig
tief schürfend → gründlich
Tief → Niedergeschlagenheit, → Depression, → Tiefdruck
Tiefdruck Tief, Tiefdruckgebiet, Tiefdruckzone, Schlechtwetterzone, Zyklone, Regenwetter, → Wetter
Tiefdruckzone → Tiefdruck
Tiefe → Ausmaß, → Hintergrund
Tiefebene → Ebene
Tiefgang → Gedankenreichtum
Tiefgarage → Garage
Tiefgeschoss → Untergeschoss
tiefgründig → hintergründig
tiefkühlen einfrieren, einfrosten, frosten
Tiefkühlschrank → Kühlschrank
Tiefland → Ebene
Tiefparterre → Untergeschoss
Tiefpunkt 1. Tiefstand, Tief, unterer Umkehrpunkt, Talsohle, Minimum, → Depression 2. → Krise
Tiefschlaf → Bewusstlosigkeit, → Schlaf
Tiefstand → Depression, → Tiefpunkt
Tiegel → Pfanne, → Topf
Tier Lebewesen, Getier, Vieh, Biest, Bestie
Tierarzt Veterinär, Viehdoktor, → Arzt
Tierbändiger → Dompteur
Tiergarten → Zoo
tierisch 1. tierhaft, animalisch 2. → sehr
Tierliebe → Tierschutz
Tierpark → Zoo
Tierreich → Tierwelt
Tierschutz Tierliebe, Artenschutz, → Hege
Tierwelt Fauna, Tierreich
tilgen 1. begleichen, bereinigen, abgelten, abtragen, amortisieren, abdecken, ablösen, bezahlen, → abbezahlen 2. auslöschen, ausrotten, verschwinden lassen, aus der Welt schaffen, entfernen, → löschen 3. → durchstreichen
Tilgung Abzahlung, Abbezahlung, Bezahlung, Begleichung, Ausgleich, Abtragung, Amortisation, Ablösung
Timbre → Klang
Tingeltangel → Show
Tinktur → Extrakt, → Arznei
Tintenstift → Schreibstift
Tintentod → Radierer
Tipi → Zelt
Tipp → Hinweis → Empfehlung
Tippelbruder → Landstreicher
tippeln → gehen
tippen → vermuten, → wetten
Tirade → Anklage
tirilieren → zwitschern
Tisch Tischplatte, Tafel, Esstisch, Küchentisch, → Schreibtisch
Tisch decken → aufdecken
Tisch des Herrn → Altar
Tischbein → Bein
Tischdecke Tischtuch, Tafeldecke, Zierdecke, Decke
tischfertig → gebrauchsfertig
Tischgebet → Gebet
Tischrücken → Beschwörung
Tischtuch → Tischdecke
Titel 1. Anrede, Ehrentitel, Dienstbezeichnung, Standesbezeichnung, Adelsdiplom, Prädikat, Rang 2. → Überschrift 3. → Buch
Titelanwärter → Favorit
Titelfigur → Protagonist
Titelheld → Protagonist
Titelpartie → Hauptrolle
Titelrolle → Hauptrolle
titulieren → anreden
Titulierung → Anrede
Toast → Hochruf
toasten → braten
Tobel → Schlucht
toben → brausen, → wüten, → umhertoben
Tobsucht → Raserei

tobsüchtig → rasend
Tobsüchtiger → Rasender
Tobsuchtsanfall → Anfall
Tochter weiblicher Nachkomme, Jüngste, Älteste, Filia, → Mädchen, → Kind
Tod 1. Sterben, Hinscheiden, Ableben, Ende, Lebensende, Exitus, Heimgang, Hingang, Abberufung 2. Todesfall, Sterbefall, Trauerfall 3. Sensenmann, Schnitter, Knochenmann, Freund Hein, Gevatter Tod
todbringend → tödlich
todernst → ernst, → humorlos
Todesfall → Tod
Todeskampf Agonie, letztes Ringen
todesmutig → mutig
Todesstoß Fang, Fangstoß, Fangschuss, Genickfang, Gnadenschuss
Todesstrafe → Hinrichtung
Todfeind → Feind
todgeweiht → krank
todkrank → krank
tödlich todbringend, letal, lebensgefährlich, verderblich
Toga → Umhang
Tohuwabohu → Durcheinander
Toilette 1. Klosett, Wasserklosett, WC, Klo, Abort, Abtritt, Örtchen, Lokus, Null-Null, Häuschen, Bedürfnisanstalt, Pissoir, Latrine, Kloake, Donnerbalken 2. → Körperpflege
Toilettenartikel → Kosmetik
Toilettentasche → Waschbeutel
Toilettenwasser → Parfüm, → Rasierwasser
tolerant duldsam, freizügig, liberal, vorurteilsfrei, nachsichtig, aufgeschlossen, verständnisvoll
Toleranz Duldsamkeit, Freizügigkeit, Nachsichtigkeit, Nachsicht, Aufgeschlossenheit, Verständnis
tolerieren → hinnehmen, → ertragen
toll → geistesgestört, → rasend, → großartig
Tolle → Haar
tollen → umhertoben
Tollhaus → Nervenheilanstalt
tollkühn → wagemutig
Tollkühnheit → Wagemut
Tollpatsch → Tölpel
tollpatschig → ungeschickt
Tölpel Tollpatsch, Trampel, Schussel, Stoffel, Linkshänder, → Narr, → Dummkopf
tölpelhaft → ungeschickt, → naiv
Tombola → Glücksspiel
Ton 1. Laut, Geräusch, Schall, → Klang 2. → Betonung 3. → Farbe 4. → Benehmen 5. → Lehm
tonangebend → ausschlaggebend, → führend
Tonaufnahme → Aufnahme
Tonband 1. Magnetband, Band 2. Tonbandgerät, Bandgerät, Bandmaschine, Magnettongerät, Kassettenrekorder, Kassettendeck
Tonbandgerät → Tonband
Tonbandkassette → Kassette
Tondichter → Komponist
Tondichtung → Komposition
tönen → anstreichen, → klingen
Tonfall → Aussprache
Tonfarbe → Klang
Tonfolge → Melodie
Tonhöhe → Stimmlage
Tonicwater → Sprudel
Tonkonserve → Schallplatte
Tonkunst → Musik
Tonlage → Stimmlage
Tonleiter → Notensystem
tonlos → heiser, → wortlos
Tonne 1. Fass, Tank, Regentonne, Behälter
tonnenweise → reichlich
Tonschöpfer → Komponist
Tonschöpfung → Komposition
Tonsillitis → Halsentzündung
Tonsur → Glatze
Tönung → Farbe, → Teint
Tonzeichen → Akzent
Topf 1. Kochtopf, Kessel, Tiegel, Kasserolle, Hafen, Kachel, Pott, Gefäß 2. → Nachttopf
Töpfchen → Nachttopf
Topfdeckel Deckel, → Verschluss
Topfen → Milchprodukt
Töpfer Hafner, Häfner, Keramiker
topless → barbusig
Topos → Redensart
Topten (*auch:* Top Ten) → Hitparade
Tor 1. Portal, Torbogen, Durchlass, Ausfahrt, Öffnung, → Tür 2. → Dummkopf
Torbogen → Tor
Toreinfahrt → Einfahrt
Torheit → Dummheit, → Sinnlosigkeit
Torhüter Tormann, Torwächter, Torwart, Torsteher, Keeper, Schlussmann, → Fußballspieler
töricht → dumm, → absurd
Torjäger → Fußballspieler
torkeln → schwanken
Tormann → Torhüter
Tornister → Rucksack
torpedieren → beschießen, → hintertreiben
Torpedo → Geschoss
Torschluss → Ende
Torso → Fragment, → Skulptur
Torte → Gebäck
Tortenguss → Überzug
Tortur → Folter, → Qual
Torwächter → Torhüter
Torwart → Torhüter

Torweg → Einfahrt
tosen → branden, → brausen, → dröhnen
tot 1. gestorben, dahingegangen, verschieden, abgeschieden, verstorben, selig, entseelt, leblos, unbelebt, hinüber, abgestorben, hin, → gefallen 2. → regungslos
total → alles, → vollständig
Totalausverkauf → Ausverkauf
totalitär autokratisch, diktatorisch, absolutistisch, unumschränkt, autoritär, → faschistisch
Totalität → Gesamtheit
Totem → Glücksbringer
töten 1. umbringen, ums Leben bringen, ermorden, abstechen, niederstechen, niedermetzeln, meucheln, abschlachten, niederstrecken, niedermachen, hinstrecken, erstechen, ersäufen, ertränken, beseitigen abmurksen, abservieren, um die Ecke bringen, über die Klinge springen lassen, kaltmachen, umlegen, killen, → morden, → erschießen, → erschlagen 2. schießen, erlegen, den Fangschuss geben, schlachten
töten, sich → umbringen, sich
Totenacker → Friedhof
Totenamt → Totenmesse
totenblass → blass
Totenblässe → Blässe
totenbleich → blass
Totenfeier Trauerfeier, Leichenschmaus, → Einäscherung, → Beerdigung
Totengruft → Grab
Totenklage → Klage
Totenmesse Seelenmesse, Seelenamt, Totenamt, Requiem, → Gottesdienst
Totenrede → Nachruf
Totenreich → Unterwelt
Totenschau → Leichenöffnung
Totenstille → Stille
Toter → Leiche
totschießen → erschießen
Totschlag → Mord
totschlagen → erschlagen
Totschläger → Mörder
totschweigen → verschweigen
Tötung → Mord
Touch → Nuance
Toupet Haarteil, Haarersatz, Perücke, Kunsthaar, Kunsthaarperücke, Langhaarperücke
toupieren → frisieren
Tour → Expedition, → Spritztour
Tourismus Fremdenverkehr, Reiseverkehr, Reisewesen, Touristik
Tourist Urlauber, Feriengast, Sommerfrischler, Sommergast, Kurgast, Reisender
toxisch → giftig
Trab → Gang
Trabant 1. Satellit, Begleiter, → Mond 2. Schatten, Mitläufer, Nachbeter, Trittbrettfahrer, Vasall, Anhänger
Trabantenstadt → Vorort
traben → gehen, → laufen, → reiten
Traber → Reitpferd
Trabrennen → Pferderennen
Tracht → Kleidung
Trachten → Absicht, → Bestrebung
trachten nach → beabsichtigen
trächtig → schwanger
Tradition 1. Erbe, Weitergabe, Überlieferung, Herkommen, Sitte, Brauchtum, Gebräuche, → Brauch 2. → Gewohnheit
traditionell ererbt, übernommen, überkommen, überliefert, alt, gewohnheitsgemäß, gewohnt, nach Urvätersitte, → herkömmlich
traditionsgebunden → konservativ
Tragbahre Bahre, Trage, Sänfte
tragbar → diskutabel, → beweglich
Trage → Tragbahre, → Hucke
träge behäbig, schwerfällig, langsam, phlegmatisch, lethargisch, passiv, unlustig, lustlos, unmotiviert, temperamentlos, teigig, tranig, schläfrig, energielos, → faul
tragen 1. schleppen, sich aufladen, buckeln, auf dem Rücken tragen, huckepack nehmen, mit sich führen, → transportieren 2. anhaben, aufhaben, umhaben, sich umhängen, sich kleiden mit, anziehen, am Leibe haben 3. → ertragen 4. → einbringen 5. → stützen
Träger 1. Gepäckträger, Kofferträger, Lastenträger, Sherpa, Kuli, Dienstmann 2. Dachgepäckträger, Gepäckständer, Skiträger 3. → Balken 4. → Untergrund
Trägermaterial → Untergrund
Tragetier Lasttier, Saumtier, Packesel, Tragesel, → Esel
tragfähig → belastbar
Tragfähigkeit → Belastbarkeit
Tragfläche → Flügel
Trägheit Behäbigkeit, Schwerfälligkeit, Phlegma, Lethargie, Unlust, Lustlosigkeit, Motivationsmangel, Temperamentlosigkeit, Schläfrigkeit, Energielosigkeit, → Faulheit
Tragik → Unglück
Tragikomödie → Komödie
tragisch → schlimm, → verhängnisvoll
Tragöde → Schauspieler
Tragödie 1. Trauerspiel, Drama, → Schauspiel 2. → Unglück
Tragweite → Bedeutung
Trainee → Praktikant
Traineeprogramm → Praktikum
Trainer Ausbilder, Instrukteur, Zuchtmeister, Lehrer, → Betreuer

trainieren 1. ausbilden, erziehen, schulen, führen, dressieren 2. sich fit halten, sich trimmen, sich in Form bringen, Sport treiben, zum Wettkampf rüsten, → üben, → lernen
trainiert → sportlich
Training 1. Fitnesstraining, Bodybuilding, Waldlauf, Jogging, Vorbereitung, Übung 2. → Erfahrung
Trainingsanzug → Trikot
Trakt → Gebäude
Traktat Abhandlung, Essay, → Artikel
traktieren → quälen
Traktor Trecker, Schlepper, Ackerschlepper, Zugmaschine, → Raupe
trällern → singen
Trambahn → Straßenbahn
Tramp → Landstreicher
Trampel → Tölpel, → Narr
trampeln → stampfen
Tran → Fett, → Betäubung
Träne 1. Zähre, Freudenträne, Wasser 2. → Versager
tränenselig rührselig, sentimental, gefühlsselig, gefühlsduselig, schmalzig, kitschig, verkitscht, süßlich
Tränenseligkeit Rührseligkeit, Sentimentalität, Gefühlsseligkeit, Gefühlsduselei, Weinerlichkeit, Larmoyanz
Tranfunzel → Phlegmatiker
tranig → fettig, → träge
Trank → Getränk
Tränke Wasserstelle, Viehtränke, Schwemme, Brunnen, Quelle
tränken 1. zu trinken geben, trinken lassen, einflößen 2. durchtränken, durchfeuchten, durchnässen, wässern
Tranquilizer → Beruhigungsmittel
Transaktion → Handel
transchieren (*auch:* tranchieren) → aufschneiden
Transfusion → Blutübertragung
Transistorradio → Rundfunkgerät
Transithandel → Export
transitorisch → kurz
Transkription → Umschrift
Translation → Übersetzung
Transliteration → Umschrift
transparent → durchsichtig
Transparent → Plakat
Transparenz → Durchschaubarkeit
Transpiration → Schweiß
transpirieren → schwitzen
transplantieren → verpflanzen
Transport Beförderung, Fracht, Fuhre, Fahrt, Bewegung, Überführung, Expedierung, Expedition, → Versand
transportabel → beweglich
Transporter → Lastkraftwagen
transportieren fahren, befördern, spedieren, expedieren, überführen, karren, heranharren, → tragen
Transportunternehmen → Spedition
Transsubstantiation Umwandlung
Transuse → Phlegmatiker
transzendent metaphysisch, übersinnlich, übernatürlich, überirdisch, jenseitig, spirituell
Trapez → Viereck
Trapezkünstler → Artist
Trapper → Jäger
Trasse Fahrbahn, Fahrdamm, Straßendamm, Damm, Straßenführung, Streckenführung, Strecke, → Straße
Tratsch Klatsch, Gerede, Getuschel, Geflüstere, Gezischel, Gemunkel, Munkelei, Geraune, Geklatsche, Geschwätz, Geschwatze, Geratsche, Getratsche, Stadtklatsch, Stadtgespräch, → Gerücht
tratschen klatschen, ratschen, schwatzen, reden, munkeln, raunen, zischeln, lästern, sich das Maul zerreißen, durchhecheln, herziehen über, sich aufhalten bei, → hinterbringen
Tratschsucht → Redseligkeit
tratschsüchtig → redselig
Traube → Weinbeere, → Gruppe
Traubenernte → Ernte
Traubensaft → Wein
trauen → vertrauen
trauen, sich → wagen
Trauer Traurigkeit, Trübsal, Betrübnis, Wehmut, Wehmütigkeit, Melancholie, Niedergeschlagenheit, Schwermut, Depression
Trauerfall → Tod
Trauerfeier → Totenfeier, → Beerdigung
trauern Trauer empfinden, traurig sein, leiden, sich abhärmen, sich grämen, nachtrauern, nachweinen
Trauerspiel → Tragödie
Traufe → Dachrinne
träufeln tropfen, gießen, ausfließen lassen
traulich → gemütlich, → vertraut
Traulichkeit → Gemütlichkeit, → Vertraulichkeit
Traum 1. Traumgesicht, Gesicht, Fiebertraum, Wachtraum, → Albtraum 2. → Wunsch
Trauma → Erschütterung, → Verletzung
Traumbild → Albtraum
träumen 1. einen Traum haben, Traumgesicht haben, fantasieren 2. → hoffen 3. → unaufmerksam sein
Träumer → Fantast
träumerisch → geistesabwesend
Traumgebilde → Utopie

Traumgesicht → Traum
traumhaft → feenhaft
Traumtänzer → Fantast
traurig betrübt, bedrückt, bekümmert, niedergeschlagen, untröstlich, schwermütig, wehmütig, elegisch, trübselig, → schmerzlich, → unglücklich
traurig machen → bedrücken
Traurigkeit → Trauer
traut → gemütlich, → vertraut
Traute → Mut
Trautheit → Gemütlichkeit
Trauung → Hochzeit
traversieren → queren
Travestie → Komödie, → Parodie
Trawler → Kutter
Treck → Zug
Trecker → Traktor
Trecking (*auch:* Trekking) → Wanderung
Treff → Treffpunkt, → Versammlung
treffen 1. sein Ziel erreichen, abschießen, einschlagen, gut gezielt haben, nicht fehlen 2. → begegnen 3. → erschüttern 4 → verletzen 5. → widerfahren
treffen, sich → verkehren, → überschneiden, sich
Treffen → Kampf, → Begegnung, → Verabredung, → Versammlung, → Wettkampf
treffend → genau
Treffer → Gewinn
trefflich → exzellent, → vortrefflich
Treffpunkt 1. Sammelpunkt, Sammelplatz, Sammelstelle, Sammelbecken, Treff, Jugendtreff, Versammlungsort 2. → Schnittpunkt
treiben 1. driften, segeln, auf den Wellen schaukeln, → abkommen 2. antreiben, vorwärts treiben, vorwärts drängen, drängen, Beine machen, beschleunigen, jagen 3. → machen 4. → sprießen
Treibhaus → Gewächshaus
Treibjagd → Jagd
Treibmittel → Triebmittel
Treibstoff → Kraftstoff
treideln → schleppen
Trenchcoat → Mantel
Trend Tendenz, Richtung, Strömung, Stil, Look, Zug, Zug der Zeit, Bewegung, → Mode
Trendsetter → Pionier
trennen scheiden, separieren, sondern, abtrennen, losmachen, lösen, abschneiden, absplittern, auftrennen, spalten, zerschneiden, zertrennen, auseinander trennen
trennen, sich 1. auseinander gehen, scheiden, verlassen, weggehen, die Ehe auflösen, sich scheiden lassen, die Freundschaft aufkündigen 2. → austreten
Trennung 1. Abtrennung, Abspaltung, Spaltung, Loslösung, Separation, Sonderung, Absonderung, Sezession, 2. Bruch, Zerwürfnis, Schlussstrich, → Scheidung
Trennwand → Abtrennung
Trense → Zügel
Treppe 1. Aufgang, Freitreppe, Stiege, Treppenabsatz, Hühnerleiter, Treppenstufe, Stufe, Sprosse 2. → Terrasse
Treppenabsatz → Treppe
Treppengeländer → Geländer
Treppenhaus Stiegenhaus, Treppengang, Gang, Hausflur
Treppenstufe → Treppe
Tresen → Theke
Tresor Geldschrank, Panzerschrank, Kassenschrank, Stahlschrank, Stahlfach, Schließfach, Bankfach, Geheimfach, Kassette, Safe, Tresorraum, Stahlkammer
Tresse → Besatz
treten 1. einen Tritt versetzen, einen Stoß versetzen, stoßen 2. betreten 3. → gehen
Tretmühle → Alltag
treu getreu, getreulich, anhänglich, ergeben, loyal, zuverlässig, beständig, echt, bewährt
Treubruch → Untreue, → Verrat
Treue 1. Anhänglichkeit, Ergebenheit, Loyalität, Zuverlässigkeit, Beständigkeit 2. → Genauigkeit
Treueeid → Eid
Treueprämie → Zulage
Treueschwur → Eid
Treuhänder → Verwalter
Treuhandverwalter → Verwalter
treuherzig → arglos, → naiv, → ehrlich
Treuherzigkeit → Arglosigkeit, → Naivität
treulos → abtrünnig, → untreu
Treulosigkeit → Untreue, → Ehebruch
Tribunal → Gericht
Tribut → Abgabe
Trick 1. Kniff, Kunstgriff, Dreh, Masche, Manöver, Manipulation, Finesse, Schleichweg, Hintertür, → List, → Methode 2. → Zauberkunst
Trickkünstler → Zauberer
trickreich → raffiniert
Trieb 1. Instinkt, Naturinstinkt, Naturtrieb, Stimme der Natur 2. → Verlangen 3. → Reis
Triebfeder → Anstoß, → Grund
triebhaft naturhaft, elementar, unbewusst, instinktiv, triebgeleitet, animalisch, hemmungslos, unbeherrscht, → sinnlich
Triebhaftigkeit → Sinnlichkeit
Triebkraft Motivation, Motor, Agens, Movens, Anstoß, Antrieb
Triebleben → Sexualität

Triebmittel Treibmittel, Hefe, Germ, Hefepilz, Spaltpilz, Bierhefe, Weinhefe, Backhefe, Backpulver, Sauerteig, Gärmittel, Ferment, Enzym, Pottasche, Hirschhornsalz
Triebtäter → Verbrecher
Triebwagen → Lokomotive, → Zug
Triebwerk → Motor
triefen → tropfen
triefend → nass
triezen → schikanieren
Trift → Strömung, → Weide
triftig → wichtig
Trikot Sporthemd, Sportanzug, Turntrikot, Turnzeug, Trainingsanzug, Jogginganzug, Bodystocking, Dress, Sportdress
Trikotagen → Unterwäsche
trillern → zwitschern
Trillerpfeife → Pfeife
trimmen → beschneiden
trimmen, sich → trainieren
Trinität → Dreifaltigkeit
Trinkbecher → Becher
trinken schlucken, schlürfen, einsaugen, den Durst stillen, ein Glas leeren, hinunterstürzen, hinuntergießen, kippen, nippen, zu sich nehmen, sich genehmigen, süffeln, bechern, zechen, picheln, tanken, kübeln, → saufen, → betrinken, sich, → einnehmen
Trinker Alkoholiker, Alkoholkranker, Süchtiger, Gewohnheitstrinker, Säufer, Zecher, Zechbruder, Saufbruder, Saufkumpan, Trunkenbold, Betrunkener, Schnapsdrossel, Schluckspecht
Trinkgeld Bedienungsgeld, Belohnung, Zuschlag, Douceur, Botenlohn, Bakschisch, → Zubrot
Trinkglas → Becher, → Glas
Trinkspruch → Hochruf
Trip → Rausch, → Reise
trippeln → gehen
trist → öde, → regnerisch
Tritt → Schritt, → Leiter, → Stoß
Trittbrettfahrer → Schmarotzer
Trittleiter → Leiter
Triumph → Erfolg
Triumphator → Sieger
triumphieren → jubeln
triumphierend → siegreich
trivial → banal, → oberflächlich
Trivialität → Geistlosigkeit, → Oberflächlichkeit
Trivialliteratur → Schundliteratur
trocken 1. getrocknet, ausgetrocknet, ausgedörrt, knochentrocken, pulvertrocken, dürr, vertrocknet, verdorrt, → altbacken, → öde 2. akademisch, lebensfern, lebensfremd, langweilig, prosaisch, poesielos, nüchtern, hölzern, ledern, dröge, → ernst 3. → spröde 4. → herb
Trockenhaube → Föhn
Trockenheit Dürre, Trockenperiode, Regenlosigkeit, Niederschlagsmangel, Wassermangel, Wassernot
trockenlegen → dränieren
Trockenlegung → Dränage
Trockenperiode → Trockenheit
trockenreiben → abtrocknen
Trockentuch → Handtuch
trocknen 1. trocken werden, eintrocknen, antrocknen, ausdorren, verdorren, vertrocknen, einschrumpfen 2. dörren, dorren, rösten, dehydrieren, Wasser entziehen, trockenblasen, föhnen 3. → abtrocknen
Troddel → Besatz
Trödel → Kram
Trödelmarkt → Flohmarkt
trödeln säumen, bummeln, verbummeln, vertrödeln, schlendern, zotteln, wursteln, langsam machen, sich Zeit lassen
Trödler → Hausierer, → Händler, → Nachzügler
Trog → Krippe
Troll → Kobold
trollen, sich → davonmachen, sich
Trommel 1. Pauke, Drum, Bongo, Tomtom, Schlaginstrument, Schlagzeug 2. → Rolle
trommeln prasseln, klopfen, hämmern, schlagen, → dröhnen
Trommelwirbel → Fanfare
Trommler → Musiker
Trompete Blasinstrument, Blechblasinstrument, Bachtrompete, Fanfare, Posaune, Trombone, → Horn
trompeten → blasen, → schnäuzen, sich
Trompetenstoß → Fanfare
Trope → Bild
Tropenfieber → Malaria
Tropf → Dummkopf, → Narr
tröpfeln → regnen, → tropfen
tropfen 1. tröpfeln, triefen, saften, → auslaufen 2. → träufeln
Tropfen 1. Wassertropfen, Perle 2. → Arznei
tropfnass → nass
Trophäe → Beute, → Jagdbeute, → Geweih, → Pokal
tropisch → heiß, → schwül
Tropus → Redewendung
Tross → Gefolge, → Zug
Trosse → Seil
Trost Ermunterung, Ermutigung, Aufrichtung, Hilfe, Linderung, Tröstung, Erquickung, Beistand, Zuspruch, Beruhigung, Lichtblick, → Hoffnung

trösten ermuntern, ermutigen, aufrichten, aufbauen, erquicken, helfen, zureden, zusprechen, Trost spenden
tröstend ↳ tröstlich
Tröster → Beistand
tröstlich tröstend, trostreich, ermutigend, beruhigend, erleichternd
trostlos 1. freudenleer, freudlos, desolat, trist, unselig, aussichtslos, ausweglos 2. → öde 3. → langweilig
Trostpflaster → Entschädigung
Trostpreis → Entschädigung
trostreich → tröstlich
Tröstung → Trost
Trott → Gang, → Gewohnheit
Trottel → Versager, → Dummkopf
trotten → gehen
Trottoir → Gehweg
trotz ungeachtet, unbeschadet, entgegen, erst recht
Trotz → Eigensinn
trotzdem dennoch, doch, nichtsdestoweniger, nichtsdestotrotz, dessen ungeachtet, trotz allem, gleichwohl, → aber, → obwohl
trotzen bocken, schmollen, sich weigern, sich stemmen gegen, sich sträuben, sich sperren, mucken, murren
trotzig → eigensinnig
Trotzkopf Querkopf, Starrkopf, Dickkopf, Dickschädel, Kratzbürste
Troubadour Minnesänger, Hofsänger, fahrender Sänger, Spielmann, Barde, Skalde, → Chansonier, → Sänger
trübe unklar, undurchsichtig, matt, fahl, angelaufen, beschlagen, → dunstig 2. → bewölkt
Trubel Betrieb, Rummel, Wirbel, Getümmel, Hektik, Unruhe, Hast, Rumor, → Lärm
trüben → beeinträchtigen, → verleiden
Trübsal → Trauer
trübselig → traurig
Trübsinn → Schwermut
trübsinnig → schwermütig
trudeln → abstürzen
Trug → Täuschung
Trugbild Chimäre, Irrwisch, Irrlicht, Sinnestäuschung, → Einbildung
trügen → täuschen
trügerisch täuschend, falsch, scheinbar, vorgetäuscht, eingebildet, unwirklich
Trugschluss → Irrtum
Truhe → Kiste
Trumm → Klumpen
Trümmer Schutt, Schutthaufen, Trümmerfeld, Ruine, Wrack, Reste, Überreste, Scherbenhaufen, Scherben, Splitter, → Schutt, → Abfall
Trunk → Getränk
trunken → begeistert, → berauscht, → betrunken
trunken machen → begeistern, → berauschen
Trunkenbold → Trinker
Trunkenheit → Begeisterung, → Rausch
Trunksucht Alkoholsucht, Alkoholismus, Sucht, alkoholischer Exzess
Trupp → Gruppe
Truppe → Heeresverband, → Militär, → Heer
Truppeneinheit → Heeresverband
Truppenparade → Parade
Truppenteil → Heeresverband
Trust → Organisation
Trustee → Verwalter
tschilpen → zwitschern
T-Shirt → Hemd
Tube → Behälter
Tuberkulose → Lungentuberkulose
tuberkulosekrank → lungenkrank
Tuch → Stoff
tüchtig 1. patent, fähig, brav, männlich, mannhaft, herzhaft, zünftig, pfundig, → fleißig 2. → gehörig
Tüchtigkeit → Tatkraft
Tücke → Arglist, → List
tückisch → arglistig, → gefährlich
tüfteln → arbeiten, → basteln
Tüftler → Bastler
Tugend → Sittlichkeit
Tugendbold → Moralist
tugendhaft → anständig, → sittlich
Tugendhaftigkeit → Sittlichkeit
tugendsam → sittlich
Tugendwächter → Moralist
Tüll → Stoff
Tülle → Ausguss
tummeln, sich → umhertoben, → beeilen, sich
Tumor → Geschwulst
Tümpel → See
Tumult → Aufruhr, → Lärm
Tun Handeln, Unternehmen, → Arbeit, → Tat, → Handlung
tun → machen
Tünche → Farbe, → Schein
tünchen → anstreichen
Tundra → Öde
Tuner → Rundfunkgerät
Tunichtgut → Spitzbube(n), → Taugenichts
Tunke → Soße
tunken → eintauchen
tunlich → angemessen
tunlichst → bitte, → gefälligst
Tunnel → Durchgang
Tupamaro → Terrorist

tüpfeln → punktieren
Tupfen → Punkt
Tür Eingang, Hauseingang, Öffnung, Pforte, Tor, Einstieg, Einlass, Zutritt, Falltüre, Ausgang, Ausstieg, Autotür, Wagenschlag
Türangel → Angel
Turban → Kopfbedeckung
Türdrücker → Klinke
Türhüter → Portier
türkis → grün
Türklinke → Klinke
Turm 1. Aussichtsturm, Wehrturm, Wachturm, Warte, Bergfried, Glockenturm, Campanile, Kirchturm, Minarett, → Funkturm 2. → Stapel 3. Schachfigur
türmen → aufschichten, → fliehen
turnen sich ertüchtigen, trainieren, Sport treiben, Gymnastik machen
Turnen → Sport
Turner → Sportler
Turnhose Sporthose, Trainingshose, Tennishose, → Hose
Turnier → Wettkampf
Turnierplatz → Arena
Turnschuh → Sportschuh
Turntrikot → Trikot
Turnus → Reihenfolge, → Wechsel
turnusmäßig → abwechselnd
Turnzeug → Trikot
Türriegel → Riegel
Türschloss → Schloss
Türschwelle → Schwelle
turteln → flirten
Türvorleger → Fußabstreifer
Tusch → Hochruf
tuscheln → flüstern
Tutel → Vormundschaft
tuten → hupen, → blasen
Tutor Mentor, Berater, → Vormund
TV-Gerät → Fernsehgerät
TV-Spot → Spot
Twen → Jugendlicher
Typ → Art, → Aussehen, → Temperament
Type → Buchstabe, → Spaßvogel
typisch eigentümlich, charakteristisch, bezeichnend, ausgesprochen, wesenseigen, arteigen, spezifisch, kennzeichnend
typisieren → vereinheitlichen
Typisierung → Vereinheitlichung
Typus → Art
Tyrann → Gewaltherrscher
Tyrannei → Gewaltherrschaft
tyrannisch despotisch, diktatorisch, anmaßend, selbstherrlich, grausam
tyrannisieren → schikanieren, → unterdrücken

U

UB → Bibliothek
übel → schlimm, → unwohl
übel gesinnt → böse
übel nehmen → verübeln
übel schmeckend → bitter
übel wollend → feindlich, → böse
Übel 1. Übelstand, Missstand, Pein, Plage, Prüfung, Unbill, Unannehmlichkeit, Ungemach, Verhängnis, Pech, Unstern, Heimsuchung, Elend, Not 2. → Krankheit
Übelkeit → Unwohlsein, → Erbrechen
übellaunig → schlecht gelaunt
Übeltäter → Missetäter, → Verbrecher
üben proben, durchproben, durchüben, Übungen machen, durchexerzieren, trainieren, lernen
über → darüber, → während, → übrig, → überdrüssig
überall ringsumher, ringsum, allenthalben, allerorten, allerwege, kreuz und quer, auf Schritt und Tritt, weit und breit, allüberall, an allen Enden, → reihum
Überangebot → Überfluss
überanstrengen, sich sich überarbeiten, sich übernehmen, sich zu viel zumuten, sich überheben, sich überfordern, seine Gesundheit ruinieren, mit seinen Kräften Raubbau treiben
Überanstrengung → Anstrengung
überantworten → ausliefern
überarbeiten ausarbeiten, bearbeiten, ändern, durchsehen, verbessern, korrigieren, feilen, den letzten Schliff geben, → redigieren
überarbeiten, sich → überanstrengen, sich
überarbeitet → nervös
Überarbeitung 1. Ausarbeitung, Bearbeitung, Änderung, Verbesserung, Durchsicht, letzter Schliff 2. Überanstrengung,→ Anstrengung
überaus → höchst, → sehr
überbeanspruchen → überfordern, → verschleißen
überbesetzt → überfüllt
überbetonen → übertreiben
überbevölkert → überfüllt
überbewerten → überschätzen
überbieten → übertreffen
Überbleibsel → Relikt, → Rest
Überblick 1. Übersicht, Zusammenfassung, Zusammenschau, Rückblick, Überschlag, Querschnitt, Aufriss, Synopse, → Abriss 2. → Aussicht

überblicken Überblick haben, überschauen, übersehen, ermessen können, kennen, → verstehen
überbringen → ausliefern, → ausrichten
Überbringer → Bote
Überbrückungszeit → Karenzzeit
überbrücken ausfüllen, hinüberhelfen, hinweghelfen über, aushelfen, ein Provisorium errichten
Überdachung → Dach
überdauern → überstehen
überdecken → bedecken
Überdehnung → Verstauchung
überdenken → bedenken
überdies → auch, → außerdem
überdrehen → übertreiben
überdreht überkandidelt, überspannt, extravagant, exzentrisch, exaltiert, → albern, → lebhaft
Überdruss Übersättigung, Sättigung, Langeweile, Unlust, Widerwille, → Ekel
überdrüssig übersättigt, satt, gelangweilt, müde, leid, über, verleidet, angewidert, angeekelt
überdurchschnittlich → ungewöhnlich
Übereifer → Eifer
übereignen → abgeben, → übertragen
Übereignung → Übertragung
übereilen überstürzen, überhasten, unüberlegt handeln, vorschnell sein, übers Knie brechen, nicht zu Ende denken
übereilt → leichtfertig
Übereilung → Eile
übereinkommen → vereinbaren, → einigen, sich
Übereinkommen → Einigung, → Übereinkunft
Übereinkunft Konvention, Vereinbarung, Absprache, Festlegung, Festsetzung, Fixierung, Übereinkommen, → Abkommen, → Einigung
übereinstimmen 1. sich einig sein, einer Meinung sein, konform gehen, sympathisieren, gleich gesinnt sein 2. sich ergänzen, entsprechen, korrespondieren, sich decken, kongruieren, konvergieren, zusammenfallen, zusammentreffen, zusammenstimmen, harmonieren
übereinstimmend 1. konform, einhellig, einig, einmütig, einheitlich 2. zusammenfallend, konvergierend, konvergent, korrespondierend, → gleich
Übereinstimmung 1. Konsens, Gleichgewicht, Harmonie, → Einigkeit 2. Kongruenz, Deckungsgleichheit, Deckung, Konvergenz, Zusammenfall, Zusammentreffen, Koinzidenz, → Gleichheit
überempfindlich → empfindlich, → allergisch
Überempfindlichkeit → Empfindlichkeit, → Allergie
überfahren 1. überrollen, umfahren, anfahren, über den Haufen fahren, zusammenfahren 2. → betrügen
Überfall Einfall, Invasion, Einmarsch, Handstreich, Gewaltstreich, Raubüberfall, Raubzug, → Angriff, → Anschlag
überfallen 1. einfallen, einmarschieren, einbrechen, eindringen, → angreifen 2. herfallen über, sich hermachen über, auflauern, heimsuchen, überrumpeln, anfallen, → übermannen
überfällig → verschollen
Überfluss Fülle, Hülle und Fülle, Überfülle, Redundanz, Saus und Braus, Flut, Üppigkeit, Überangebot, Luxus, → Reichtum
Überflutung → Flut
überflügeln → übertreffen
überflüssig 1. unnötig, nutzlos, unnütz, entbehrlich, redundant, zwecklos, fruchtlos, müßig 2. → überschüssig
überfordern überstrapazieren, überbeanspruchen, überlasten, überanstrengen, zu viel verlangen, übertreiben, überladen, missbrauchen
überfragt → unwissend, → ahnungslos
überfrieren → gefrieren
überführen 1. ertappen, erwischen, in flagranti erwischen, stellen, nachweisen, zum Geständnis bringen, in die Enge treiben, → entlarven 2. → befördern
Überführung → Brücke, → Transport
überfüllt übervoll, überbesetzt, überlaufen, zum Bersten voll, übervölkert, überbevölkert, → voll
Übergabe 1. Aushändigung, Überbringung, Überantwortung 2. → Aufgabe
Übergang → Brücke, → Abstufung
Übergangslösung → Behelf
Übergangszeit → Karenzzeit
übergeben 1. aushändigen, herausgeben, herausrücken, überantworten, abtreten, lassen, → anvertrauen 2. → ausliefern
übergeben, sich brechen, erbrechen, speien, spucken, kotzen, reihern, wieder von sich geben, vomieren, seekrank sein, die Fische füttern, den Ulrich rufen
übergehen 1. überspringen, übersehen, auslassen, ausklammern, verschweigen, verheimlichen, unterlassen 2. ineinander übergehen, ineinander fließen, verwischen, sich vermischen 3. → missachten 4. → überlaufen 5. → hinwegsehen über
übergenau → pedantisch

übergenug → reichlich
übergeschnappt → verrückt,
Übergewicht 1. Oberhand, Prävalenz, Primat, Macht, Überlegenheit, Vorrang, → Vorherrschaft 2. Schlagseite, Ungleichgewicht 3. → Fettleibigkeit
überglücklich → glücklich
übergreifen → ausbreiten, sich
Übergriff → Eigenmächtigkeit
überhand nehmen sich häufen, sich ausweiten, zu viel werden, überwuchern, wuchern, zur Landplage werden, um sich greifen, grassieren, wimmeln von, ausarten, Formen annehmen
Überhang → Überschuss
überhasten → übereilen
überheben → idealisieren
überheben, sich → einbilden, sich etwas, → überanstrengen, sich
überheblich hochmütig, stolz, eingebildet, arrogant, aufgeblasen, hoffärtig, selbstherrlich, selbstgerecht, hybrid, süffisant, herablassend, dünkelhaft, → größenwahnsinnig, → herrisch, → anmaßend
Überheblichkeit Hochmut, Hochmütigkeit, Stolz, Einbildung, Arroganz, Chauvinismus, Hoffart, Selbstherrlichkeit, Selbstüberhebung, Selbstüberschätzung, Süffisanz, Herablassung, Dünkel, → Anmaßung, → Größenwahn
Überhitzung → Sonnenstich
überholen 1. vorbeifahren, vorbeilaufen, vorfahren, jemanden zurücklassen, hinter sich lassen, überrunden, → übertreffen 2. → übersetzen 3. → erneuern, → restaurieren
überholt → gegenstandslos, → altmodisch
überirdisch → paradiesisch, → transzendent
überkandidelt → überdreht
überkommen → übermannen
überkommen → altmodisch, → traditionell
überladen → überfordern
überladen → geschmacklos, → schwülstig, → üppig
überlappen → überschneiden, sich
überlassen 1. anheim stellen, anheim geben, freistellen, freie Hand lassen, vorbehalten 2. → anvertrauen 3. → lassen, → verzichten
überlassen, sich → hingeben, sich
überlasten → überfordern
überlastet → nervös
Überlastung → Anstrengung, → Belastung
überlaufen 1. überfließen, überquellen, überschwappen, übersprudeln, überströmen, über die Ufer treten, überfluten, überschwemmen 2. überwechseln, übergehen, konvertieren, desertieren, abfallen, abtrünnig werden
überlaufen → überfüllt
Überläufer → Abtrünniger, → Deserteur
überleben → überstehen
überlebensfähig → lebensfähig
überlebt → altmodisch
überlegen sich fragen, sich besinnen, in sich gehen, nachdenken, sich durch den Kopf gehen lassen, erwägen, abwägen, ausklügeln, ermessen, überschlafen, beschlafen
überlegen 1. souverän, gelassen, ruhig, unangreifbar, überragend, groß, führend 2. → reif
Überlegenheit Souveränität, Gelassenheit, Ruhe, Größe, Erhabenheit, Führung
überlegenswert → diskutabel
überlegt → durchdacht, → besonnen
Überlegtheit → Ausgewogenheit
Überlegung 1. Erwägung, Reflexion, Kopfzerbrechen, Berücksichtigung, Betrachtung 2. → Darlegung
überliefert → traditionell
Überlieferung → Tradition
überlisten → hereinlegen
Überlistung → Täuschung
Übermacht → Mehrheit
übermächtig → überwältigend
übermannen überkommen, überfallen, befallen, packen, beschleichen, ergreifen, ankommen, anfassen, anwandeln, erfüllen, überwältigen
Übermaß → Maßlosigkeit, → Übertreibung
übermäßig → maßlos, → übertrieben
übermitteln → ausrichten, → funken
Übermittlung → Mitteilung
übermüdet → müde
Übermüdung → Müdigkeit
Übermut Ausgelassenheit, Mutwille, Leichtsinn, Waghalsigkeit
übermütig ausgelassen, ungestüm, stürmisch, mutwillig, leichtsinnig, waghalsig, → wild
übermütig sein über die Stränge schlagen, jemanden juckt das Fell, zu wohl gehen, jemanden sticht der Hafer, vom Teufel geritten werden
übernachten nächtigen, schlafen, die Nacht verbringen, logieren, absteigen, einkehren, Quartier nehmen
übernächtigt → müde
Übernahme → Kauf, → Abnahme
übernatürlich → transzendent
übernehmen 1. aufnehmen, rezipieren, annehmen, → entlehnen 2. → kaufen 3. → einstellen
übernehmen, sich → überanstrengen, sich
überneigen, sich → beugen, sich

überparteilich → gerecht, → unabhängig
Überparteilichkeit → Gerechtigkeit, → Unabhängigkeit
Überprüfung Revision, Visitation, Besichtigung, → Inspektion, → Kontrolle
überprüfen revidieren, einer Revision unterziehen, visitieren, besichtigen, → kontrollieren
überquellen → überlaufen
überqueren → queren
überragen → herausragen, → übertreffen
überragend → unübertroffen, → überlegen
überraschen 1. frappieren, verblüffen, bestürzen, befremden, überrumpeln, erstaunen, verwundern 2. ertappen, in flagranti erwischen
überraschend unerwartet, ungeahnt, unvermutet, unversehens, unverhofft, unvorhergesehen, unangemeldet, überstürzt, Knall auf Fall, über Nacht, jäh, → plötzlich
überrascht verblüfft, verdutzt, perplex, platt, geplättet, baff, sprachlos, erstaunt, befremdet, überrumpelt, → entsetzt
überrascht sein → staunen
Überraschung Verblüffung, Überrumpelung, Sprachlosigkeit, Fassungslosigkeit, Befremden, Verwunderung, → Betroffenheit
überreden → umstimmen
überreichen → geben, → vorlegen
überreizt → nervös
Überreiztheit → Nervosität
überrennen → angreifen
Überrest → Rest, → Relikt
Überrock → Jacke
überrumpeln → überraschen, → überfallen
überrumpelt → überrascht, → ahnungslos
Überrumpelung → Angriff, → Überraschung
überrunden → überholen
Übersättigung → Überdruss
überschatten → beeinträchtigen
überschätzen falsch einschätzen, überbewerten, zu hoch greifen, zu hoch anschlagen, sich verschätzen, → missverstehen, → idealisieren
Überschätzung → Missverständnis
überschaubar → übersichtlich
überschauen → überblicken
überschäumend → lebhaft, → hymnisch
Überschlag 1. Purzelbaum, Rolle, Handstandüberschlag, Flickflack, Salto 2. → Berechnung
überschlagen → berechnen, → schätzen, → auslassen
überschlagen, sich → entgegenkommen
überschlagen → lau
überschlagsmäßig → ungefähr
überschnappen → durchdrehen
überschneiden, sich 1. überlappen, zusammenfallen, zur gleichen Zeit stattfinden 2. sich kreuzen, sich schneiden, sich treffen, zusammentreffen
Überschneidung 1. Zusammenfall, Gleichzeitigkeit, Terminproblem 2. → Schnittpunkt
überschreiben → übertragen
überschreiten 1. übersteigen, den Rahmen sprengen, übertreffen, hinausgehen über 2. → queren
Überschrift Schlagzeile, Dachzeile, Headline, Titel, Titelbalken
Überschuldung → Bankrott
Überschuss Plus, Überhang, Saldo, Mehrbetrag, Dividende, → Gewinn
überschüssig überzählig, überflüssig, zu viel, → übrig
Überschwang → Begeisterung
überschwänglich → begeistert, → hymnisch
Überschwänglichkeit → Begeisterung
überschwappen → überlaufen
Überschwemmung Hochwasser, Überflutung
übersehen 1. nicht wahrnehmen, nicht bemerken, entgehen, versäumen 2. → hinwegsehen über 3. → überblicken
übersenden → schicken
übersensibel → empfindlich
übersetzen 1. übertragen, dolmetschen, verdeutschen 2. überholen, hinüberfahren
Übersetzer Dolmetscher, Dolmetsch, Interpret
Übersetzung 1. Translation, Übertragung, Verdolmetschung, Verdeutschung 2. → Version
Übersicht → Überblick, → Programm
übersichtlich überschaubar, fest umrissen, klar, durchsichtig, strukturiert, durchstrukturiert, gegliedert, ordentlich
Übersichtstafel → Abriss
übersiedeln → umziehen
Übersiedelung → Umzug
übersinnlich → magisch, → transzendent
überspannen → übertreiben
überspannt → überdreht
Überspanntheit Extravaganz, Exaltiertheit, Exzentrizität, Verrücktheit, Verstiegenheit, Spleen
überspitzen → übertreiben
überspringen → übergehen
überstaatlich → international
überstehen aushalten, ausstehen, bestehen, durchstehen, durchkommen, hinter sich brin-

gen, überdauern, überleben, überwintern, ausharren, → durchhalten, → bestehen
übersteigen → überschreiten
übersteigern → übertreiben
Übersteigerung → Übertreibung
überstellen → abgeben
überstimmen → überwinden
überstrapazieren → überfordern
überströmen → überlaufen
überströmend → empfindsam
überstülpen → aufsetzen
überstürzen → übereilen
überstürzt → eilig, → überraschend, → leichtfertig
Überstürzung → Eile
Überteuerung Nepp, → Betrug
übertölpeln → benachteiligen, → hereinlegen
übertragen 1. übereignen, überschreiben, zuschreiben, abgeben, überlassen, anvertrauen, überantworten 2. projizieren, transponieren, → übersetzen 3. → verallgemeinern 4. → verpflanzen 5. → senden
übertragen → bildlich
Übertragung 1. Übereignung, Überschreibung, Zuerkennung, Überantwortung 2. → Verallgemeinerung 3. → Übersetzung 4. → Sendung
übertreffen überbieten, überragen, überflügeln, übertrumpfen, schlagen, ausstechen, in den Schatten stellen, den Rang ablaufen, einstecken, den Vogel abschießen, hinter sich lassen, → besiegen, → überholen, → überschreiten
übertreiben 1. aufbauschen, aufplustern, aufblähen, hochspielen, dramatisieren, überbetonen, zu viel Gewicht beilegen, dick auftragen, aus einer Mücke einen Elefanten machen, viel Aufhebens machen, verfälschen, → angeben 2. überziehen, übersteigern, überspannen, überdrehen, zu weit gehen, das Maß überschreiten, über das Ziel hinausschießen, überspitzen, auf die Spitze treiben
Übertreibung 1. Windmacherei, Sensationsmache, Entstellung, Verzerrung, Verfälschung, → Angabe 2. Auswuchs, Ausschweifung, Übermaß, Übersteigerung, Unmäßigkeit, Extrem, → Größenwahn
übertreten → konvertieren, → verstoßen
Übertretung → Verfehlung, → Verstoß
übertrieben überzogen, übersteigert, übermäßig, unverhältnismäßig, über Gebühr, unnötig, exzessiv, allzu sehr, extrem, verstiegen, → unangemessen
Übertritt → Konversion
übertrumpfen → übertreffen
übervölkert → überfüllt
übervorteilen → benachteiligen, → betrügen
Übervorteilung → Benachteiligung
überwachen kontrollieren, inspizieren, im Auge behalten, → beobachten
Überwachung Aufsicht, Beaufsichtigung, Bewachung, Supervision, Inspektion, Kontrolle, → Beobachtung
überwältigen → besiegen, → übermannen
überwältigend 1. erdrückend, übermächtig, beunruhigend, umwerfend 2. → großartig
überwältigt → bewegt
überwechseln → überlaufen
überweisen anweisen, zuweisen, liefern, schicken
Überweisung Anweisung, Zuweisung, bargeldlose Zahlung, Lieferung
überwerfen, sich sich entzweien, sich zerstreiten, sich verfeinden, uneins werden, Streit anfangen, sich verkrachen, sich in die Wolle geraten
überwiegen vorherrschen, dominieren, vorwiegen, den Ton angeben, das Übergewicht haben
überwiegend vorwiegend, vornehmlich, großenteils, größtenteils, mehrheitlich, mit großem Abstand, hauptsächlich, in erster Linie, vorherrschend, weitgehend, → meistens
überwinden 1. verwinden, sich abfinden, hinwegkommen über, wegstecken, verdauen, verschmerzen 2. überstimmen, unterkriegen, kleinkriegen, schlagen, → besiegen
überwinden, sich → durchringen, sich
überwintern → überstehen
überwuchern → überhand nehmen
Überzahl → Mehrheit
überzählig → überschüssig
überzeichnen → verfälschen
Überzeichnung → Verfälschung
überzeugt → eingefleischt
überzeugen 1. bekehren, zur Einsicht bringen, eines Besseren belehren, für sich gewinnen, → umstimmen 2. glaubwürdig sein, überzeugend sein, Vertrauen genießen, Anklang finden, Glauben finden
überzeugen, sich sich versichern, sich vergewissern, sich Gewissheit verschaffen, auf Nummer sicher gehen, sichergehen, kontrollieren, prüfen
überzeugend plausibel, einsichtig, einleuchtend, stichhaltig, triftig, schlagend, stringent, zwingend, bestechend, erdrückend, unwiderlegbar, unangreifbar, → glaubwürdig
Überzeugung Glaube(n), Religion, Erkenntnis, Gewissheit, Grundsatz, Urteil, → Meinung

Überzeugungskraft → Glaubwürdigkeit, → Nachdruck
überziehen → bedecken, → beziehen, → übertreiben
überzogen → übertrieben
Überzug 1. Glasur, Guss, Tortenguss, Zuckerguss, Schokoladenguss, Kuvertüre 2. → Bezug 3. → Belag
üblich gebräuchlich, gängig, gang und gäbe, landläufig, normal, gewöhnlich, alltäglich, verbreitet, weit verbeitet, → herkömmlich
übrig überschüssig, restlich, verbleibend, verblieben, über, zurückbleibend, übrig geblieben, übrig gelassen, → entbehrlich
übrig bleiben → bleiben
übrig lassen → zurücklassen
übrigens im Übrigen, nebenbei gesagt, nebenbei bemerkt, apropos, notabene
Übung 1. Einübung, Schulung, Schliff, Drill, Denkübung, Fingerübung, → Training 2. → Erfahrung 3. → Seminar
Übungsbuch → Lehrbuch
Ufer Seeufer, Küste, Gestade, Strand, Meeresufer, Meeresküste, Land, Kante, Saum
uferlos → weit
Uhr Chronometer, Zeitanzeiger, Stundenanzeiger, Wecker, Weckuhr, Stoppuhr, Armbanduhr, Taschenuhr, Wanduhr, Standuhr, Kirchturmuhr
Uhu → Eule, → Klebstoff
Ukas → Verordnung
Ulk → Scherz
ulkig → komisch, → seltsam
Ulknudel → Spaßvogel
Ulkus → Geschwür
ultimativ → bestimmt
Ultimatum Bedingung, letzte Erklärung, Erpressung, Druckmittel, → Frist
Ultrahocherhitzung → Pasteurisierung
umändern → ändern
umarbeiten → ändern
umarmen umschlingen, umklammern, umfassen, umfangen, umhalsen, in die Arme schließen, ans Herz drücken, an sich drücken, → liebkosen
Umarmung Umschlingung, Umklammerung, Umfassung, Umschließung, → Liebkosung
Umbau Ausbau, Neugestaltung, Renovierung, bauliche Veränderung, Sanierung
umbauen ausbauen, neu gestalten, renovieren, verändern, erweitern, sanieren
Umbesetzung → Wechsel
umbiegen → falten
umbilden → reformieren
Umbildung → Reform
umbringen → morden, → töten
umbringen, sich Selbstmord begehen, Suizid verüben, sich töten, sich das Leben nehmen, Hand an sich legen, sich ein Leid antun, sich etwas antun, sich entleiben, von eigener Hand sterben, sich ins Schwert stürzen, freiwillig aus dem Leben scheiden, seinem Leben ein Ende bereiten, Schluss machen, ins Wasser gehen, sich erschießen, sich die Kugel geben, sich vergiften, Schlaftabletten nehmen, den Gashahn aufdrehen, → erhängen, sich
Umbruch → Revolution, → Wende
umdisponieren → verlegen
umdrehen → wenden
umdrehen, sich → umkehren, → abwenden, sich
Umdrehung → Drehung
umfallen 1. umkippen, kippen, umstürzen, umschlagen, kentern, umsinken, hinfallen, zusammenbrechen, zusammenfallen, → einstürzen 2. sich umstimmen lassen, weich werden, umschwenken, sich bekehren, sich bekehren lassen
Umfang → Ausmaß, → Dicke
umfangen → umarmen
umfangreich → reichlich, → dick
umfassen → einfassen, → umarmen
umfassend → allgemein
Umfeld → Bereich, → Umwelt
umformen → reformieren
Umfrage Meinungsumfrage, Befragung, Rundfrage, Urabstimmung, Volksbefragung, Wählerumfrage, Verbraucherumfrage, Publikumsumfrage, Zuschauerumfrage, Leserumfrage, Hörerumfrage, Erhebung, Repräsentativerhebung, demoskopische Untersuchung, Enquete, Feldforschung, → Marktanalyse
umfunktionieren → umgestalten
Umgang → Behandlung, → Beziehung
umgänglich → gesellig
Umgangsformen → Benehmen
Umgangssprache Alltagssprache, Gemeinsprache, Jargon, Slang, Soziolekt, Gossensprache, Vulgärsprache, → Dialekt, → Schriftsprache
umgarnen → verführen
umgeben → einfassen
Umgebung 1. Umkreis, Ring, Hof, Rand, Rahmen, Zusammenhang, Hintergrund, Milieu, Atmosphäre 2. Nähe, Nachbarschaft, Umgegend, Umland, → Gegend
Umgegend → Umgebung
umgehen → kursieren, → entziehen, sich
umgehen mit → bedienen, → beschäftigen, sich
umgehend → sofort

umgekehrt → verkehrt
umgestalten modifizieren, ummodeln, abändern, abwandeln, umwandeln, umbilden, umstellen, umfunktionieren, umprogrammieren, → reformieren
Umgestaltung Modifizierung, Abänderung, Abwandlung, Umwandlung, Umbildung, → Reform
umgraben → graben, → pflügen
umgürten → einfassen
umhaben → tragen
umhalsen → umarmen
Umhang Cape, Regencape, Pelerine, Kotze, Plaid, Mantille, Poncho, Burnus, Kaftan, Toga, → Mantel, → Kutte
umhängen überwerfen, umwerfen, umlegen, umtun, anziehen
umhauen → fällen, → erschüttern
umhegen → pflegen, → sorgen für
umherirren herumirren, irren durch, umhergeistern, gespenstern, irrlichtern, hin und her laufen, getrieben sein, ruhelos sein
umherschweifen → herumstreifen
umherspringen → umhertoben
umherstreichen → herumstreifen
umherstreunen → herumstreifen
umhertoben herumtoben, herumtollen, umhertollen, toben, tollen, umherspringen, sich austoben, sich tummeln
umherziehen → herumstreifen, → reisen
umhinkönnen, nicht → müssen
umholzen → fällen
umhören, sich → erkundigen, sich
umhüllen → verhüllen, → verpacken, → einbinden
Umhüllung → Hülle
Umkehr → Abfall, → Läuterung
umkehren 1. kehrtmachen, sich umdrehen, sich wenden, heimwärts gehen 2. → läutern, sich 3. → verfälschen
umkippen → umfallen, → kentern, → umstoßen
umklammern → umarmen, → klammern, sich
Umklammerung 1. Clinch, Klammergriff, → Schwitzkasten 2. → Umzingelung
umklappen → wenden
Umkleidekabine → Umkleideraum
umkleiden → einbinden
umkleiden, sich → umziehen, sich
Umkleideraum Ankleideraum, Ankleide, Umkleidekabine, Kabine, Garderobe
umknicken → falten, → verstauchen
umkommen → sterben, → faulen
Umkreis → Bereich, → Umgebung
umkreisen → drehen, sich
umkrempeln 1. aufkrempeln, hochkrempeln, umstülpen, umschlagen, aufrollen, hochrollen, hochstreifen 2. → revolutionieren
Umlage → Beitrag
Umland → Umgebung
Umlauf → Zyklus, → Rundschreiben
umlaufen → kursieren, → drehen, sich
Umlaufzeit → Zyklus
umlegen → verlegen, → umhängen, → verteilen, → morden
umliegend → benachbart
ummodeln → umgestalten
ummünzen → verfälschen
umnachtet → schwachsinnig
Umnachtung → Schwachsinn
umpflanzen → verpflanzen
umpflügen → pflügen
umplanen → verlegen
umprogrammieren → umgestalten
umrahmen → einfassen
Umrahmung → Einfassung
umranden → einfassen
Umrandung → Einfassung
umreißen → entwerfen, → umstoßen
umrennen → umstoßen
Umriss Profil, Seitenansicht, Schattenriss, Linie, Kontur, Silhouette, → Form
umrisshaft → knapp, → unklar
umrühren → rühren
umsägen → fällen
umsatteln → wechseln
Umsatz → Absatz, → Verkauf
umsäumen → einfassen
umschauen, sich → zurückblicken, → suchen
umschichtig → abwechselnd
Umschlag 1. Wickel, Kompresse, Packung, Wundpflaster, → Verband 2. → Briefumschlag 3. → Einband 4. → Krise 5. → Aufschlag 6. → Verkauf
umschlagen → falten, → umkrempeln, → umfallen, → fällen
Umschlagplatz → Börse, → Markt
umschließen → einfassen
umschlingen → umarmen
umschmeicheln → schmeicheln
umschmeißen → umstoßen
Umschreibung 1. Paraphrase, Periphrase, Euphemismus, Abschwächung, Verhüllung, Beschönigung, → Ausschmückung 2. → Umschrift
Umschrift Lautschrift, Transkription, Transliteration, Umschreibung
umschütten → verschütten
umschwärmen → anbeten, → schwärmen
umschwärmt → bejubelt, → beliebt

Umschweife → Umstand
Umschwung → Revolution, → Wende
umsehen, sich → zurückblicken, → suchen
Umsicht → Klugheit, → Besonnenheit
umsichtig → klug, → besonnen
umsiedeln → evakuieren, → umziehen
umsonst → vergeblich, → kostenlos
umsorgen → pflegen, → sorgen für
Umstand 1. Umstände, Umschweife, Schererereien, Sperenzien, Unbequemlichkeit, unnötige Arbeit, Aufwand, Last, Mühe 2. → Angelegenheit 3. → Tatsache
Umstände → Umstand, → Situation
umständlich 1. weitschweifig, des Langen und des Breiten, langatmig, kompliziert, zeitraubend, ausführlich 2. → ungeschickt
Umstandskrämer → Bürokrat, Pedant
umstechen → graben
umsteigen → wechseln
umstellen → verrücken, → umzingeln, → umgestalten
umstimmen überreden, erweichen, herumbekommen, herumkriegen, breitschlagen, bereden, beschwatzen, bearbeiten, bequatschen, überzeugen, einwickeln
umstoßen umwerfen, umkippen, umstürzen, umrennen, umreißen, niederstoßen, umschmeißen, zu Fall bringen, zu Boden werfen, rückgängig machen
umstricken → verführen
umstritten → ungewiss
umstülpen → umkrempeln, → wenden
Umsturz → Aufstand, → Putsch
umstürzen → umfallen, → umstoßen
Umstürzler → Aufrührer
umstürzlerisch subversiv, aufrührerisch, zersetzend, staatszersetzend
Umtausch Rücknahme, Zurücknahme, Rückruf, Zurückziehung, Tauschaktion, → Tausch
umtauschen → tauschen, → wechseln
umtopfen → verpflanzen
umtreiben → beunruhigen
umtriebig → eifrig, → hektisch
umtun, sich → erkundigen, sich
umwälzen → revolutionieren
umwälzend → bahnbrechend
Umwälzung → Reform, → Revolution
umwandeln → ändern, → verwandeln
Umwandlung → Änderung, → Verwandlung
umwechseln → wechseln
Umweg Abweg, Irrweg, Bogen
Umwelt 1. Umfeld, soziales Umfeld, Mitwelt, Milieu, Lebensbereich, Lebensraum, Lebenssphäre, Sphäre, Peristase, Klima, Rahmen 2. → Natur
umweltfreundlich umweltverträglich, biologisch, ökologisch, abbaubar, sparsam, Energie sparend, ökonomisch, schadstofffrei, → schadstoffarm
umweltverträglich → umweltfreundlich
umwerben werben um, buhlen, freien um, anhalten um, sich bemühen um, den Hof machen, die Cour schneiden, nachlaufen, nachsteigen, nachstellen, → flirten
umwerfen → umstoßen, → umhängen, → erschüttern
umwerfend → überwältigend
umzäunen einzäunen, einhegen, einfrieden, einfriedigen, begrenzen, umgeben, vergattern, vergittern, → einfassen
Umzäunung → Zaun
umziehen umsiedeln, übersiedeln, die Wohnung wechseln, den Wohnsitz verlegen, verziehen, fortziehen, sich verändern, Tapeten wechseln, eine neue Bleibe suchen, → einziehen, → ausziehen
umziehen, sich sich umkleiden, die Kleider wechseln, sich anders anziehen, → ausziehen, sich
umzingeln umstellen, einkreisen, einschließen, einkesseln, belagern
Umzingelung Einschließung, Einkesselung, Einkreisung, Umklammerung, Abschnürung, Belagerung
Umzug 1. Wohnungswechsel, Tapetenwechsel, Übersiedelung, Auszug, Einzug 2. Prozession, Aufmarsch, Festzug, Aufzug, → Demonstration
unabänderlich → endgültig, → unabwendbar
unabdingbar → unabwendbar, → lebenswichtig
unabgeschlossen → unvollständig
unabhängig frei, selbstständig, sein eigener Herr, ohne Bindung, ungebunden, autark, autonom, selbstverantwortlich, unbeaufsichtigt, unkontrolliert, überparteilich
Unabhängigkeit Freiheit, Selbstständigkeit, Autarkie, Autonomie, Selbstverantwortlichkeit, Entscheidungsfreiheit
unablässig → andauernd
unabsehbar → unendlich
unabsichtlich → versehentlich
unabwendbar unabdingbar, unausbleiblich, unabänderlich, vorbestimmt, vorherbestimmt, prädestiniert, schicksalhaft, schicksalmäßig, schicksalsbedingt, unentrinnbar
unachtsam → leichtsinnig, → achtlos
Unachtsamkeit → Leichtsinn, → Nachlässigkeit, → Unaufmerksamkeit
unanfechtbar → gültig, → sicher
unangebracht → taktlos, → unangemessen

unangefochten → sicher
unangemeldet → überraschend
unangemessen inadäquat, unpassend, unangebracht, verfehlt, übertrieben
unangenehm 1. unerfreulich, unerquicklich, ärgerlich, misslich, peinlich, lästig, heikel, haarig, leidig, störend, ungut, unerträglich, unbequem, unliebsam, ungelegen, unpassend, unlieb, unwillkommen, unerwünscht, dumm, blöde 2. → unsympathisch
unangreifbar → unschuldig, → begründet, → unverwundbar
unannehmbar → unmöglich
Unannehmlichkeit Ärgernis, Ärger, Verdruss, Schererei, Widrigkeit, Unbill, Unbilden, Plage, Last, Theater
unansehnlich → hässlich
Unansehnlichkeit → Hässlichkeit
unanständig schmutzig, dreckig, ordinär, gemein, unfein, unflätig, zotig, zotenhaft, schweinisch, → obszön
Unanständigkeit Schmutzigkeit, Schmutz, Gemeinheit, Sauerei, Zote, → Obszönität
unantastbar → heilig
unappetitlich → ekelhaft
Unart → Ungezogenheit, → Laster
unartig → frech, → missraten
unästhetisch → hässlich
unaufdringlich dezent, diskret, unauffällig, ohne Aufhebens, stillschweigend, im Hintergrund, bescheiden, zurückhaltend
unauffällig → unaufdringlich, → heimlich, → einfach
unauffindbar → verschollen
unaufgefordert → freiwillig
unaufhörlich → andauernd, → beharrlich
unaufmerksam unachtsam, unkonzentriert, nicht bei der Sache, abgelenkt, fahrig, → geistesabwesend, leichtsinnig
unaufmerksam sein träumen, schlafen, nicht bei der Sache sein, mit seinen Gedanken woanders sein, in Gedanken sein
Unaufmerksamkeit Unachtsamkeit, Unkonzentriertheit, Konzentrationsmangel, → Leichtsinn
unaufrichtig → unehrlich
unaufschiebbar → dringend
unausbleiblich → unabwendbar, → zwangsläufig
unausgeglichen ungefestigt, unharmonisch, uneins mit sich selber, unzufrieden, gespalten, innerlich zerrissen, → quengelig
Unausgeglichenheit Disharmonie, Missklang, innere Unruhe, Uneinigkeit, Gespaltenheit, Unzufriedenheit, Zerrissenheit, Zwiespältigkeit
unausgegoren → unreif
unausgereift → unreif
unausgeschlafen → müde, → quengelig
unausgesetzt → andauernd
unausgesprochen → selbstverständlich
unausgewogen → unreif
unauslöschlich → unvergänglich
unaussprechlich → sehr
unausstehlich → quengelig, → unsympathisch
Unausstehlichkeit → Quengeligkeit
unausweichlich → zwangsläufig
unbändig → heftig, → rasend, → sehr
Unbändigkeit → Heftigkeit
unbar → bargeldlos
unbarmherzig erbarmungslos, hartherzig, herzlos, mitleidslos, schonungslos, gnadenlos, hart, kaltblütig, roh, verroht, brutal, barbarisch, grausam, unmenschlich, entmenscht, → rücksichtslos
Unbarmherzigkeit Erbarmungslosigkeit, Hartherzigkeit, Herzlosigkeit, Härte, Rohheit, Strenge, Grausamkeit, → Rücksichtslosigkeit
unbeabsichtigt → versehentlich, → zufällig
unbeachtet ruhmlos, glanzlos, übersehen, verkannt, unverstanden, übergangen, unbekannt
unbeaufsichtigt → unabhängig
unbebaut → brach
unbedacht → achtlos, → unvorsichtig
unbedarft → dumm, → naiv, → unerfahren
Unbedarftheit → Dummheit, → Naivität
unbedeckt → nackt
unbedenklich → skrupellos, → ungefährlich
Unbedenklichkeit → Skrupellosigkeit
unbedeutend → unwichtig, → geringfügig
unbedingt 1. absolut, durchaus, partout, mit Gewalt, um jeden Preis, unter allen Umständen, auf Biegen und Brechen, koste es was es wolle 2. → bedingungslos
unbeeindruckt ungerührt, gelassen, cool
unbeeinflusst → gerecht
unbefahrbar → unwegsam
unbefangen kess, keck, frech, ungezwungen, unbeschwert, zwanglos, angstfrei, ungehemmt, ohne Scheu
unbefleckt → jungfräulich
Unbeflecktheit → Jungfräulichkeit
unbefriedigend → mangelhaft
unbefugt → eigenmächtig
unbegabt untalentiert, minderbegabt, schwach, leistungsschwach, → dumm
unbegreiflich → unerklärlich
unbegrenzt → ewig, → unendlich, → uneingeschränkt

Unbegrenztheit → Unendlichkeit
unbegründet → grundlos, → anfechtbar
Unbehagen → Missfallen
unbehaglich → ungemütlich
unbehaust → heimatlos
unbehelligt → frei, → ungestört
unbeherrscht → aufbrausend
Unbeherrschtheit Erregbarkeit, Hitzköpfigkeit, Heißblütigkeit, Reizbarkeit, cholerisches Temperament
unbehindert → frei
unbeholfen → plump, → ungeschickt
unbeirrbar → zielstrebig, → entschlossen
Unbeirrbarkeit → Entschlossenheit
unbeirrt → beharrlich, → zielstrebig
unbekannt 1. namenlos, anonym, fremd, ein unbeschriebenes Blatt, nie gehört, unbedeutend 2. → unbeachtet
Unbekannter → Fremder
unbekehrbar → eingefleischt, → fanatisch
unbekleidet → nackt
unbekömmlich → schädlich
unbekümmert → unvorsichtig, → unbeschwert
unbelastet → frei, → quitt
unbelebt → allein, → einsam, → tot
unbelehrbar → eigensinnig, → fanatisch
Unbelehrbarkeit → Eigensinn, → Fanatismus
unbeliebt missliebig, unpopulär, verhasst, schlecht angeschrieben, nicht gern gesehen
unbemerkt ungesehen, unbeachtet, unbeobachtet, sang- und klanglos, → heimlich
unbenutzt → frisch
unbeobachtet → unbemerkt
unbequem → hinderlich, → ungemütlich, → unangenehm
Unbequemlichkeit → Umstand
unberechenbar 1. launisch, launenhaft, flatterhaft, wetterwendisch, unstet, wankelmütig, unzuverlässig, → unbeständig 2. unwägbar, unvorhersehbar, imponderabel, nicht abschätzbar
Unberechenbarkeit → Unbeständigkeit, → Unwägbarkeit, → Unzuverlässigkeit
unberechtigt → eigenmächtig
unberührbar → heilig
unberührt → gleichgültig, → jungfräulich
Unberührtheit → Jungfräulichkeit
unbeschadet → trotz
unbeschädigt 1. intakt, ganz, heil, unversehrt 2. → frisch
unbeschäftigt → untätig, → arbeitslos
unbescheiden → anmaßend, → anspruchsvoll
unbescholten anständig, → rechtschaffen
Unbescholtenheit → Rechtschaffenheit
unbeschränkt → uneingeschränkt, → unendlich
unbeschreiblich → erstaunlich, → sehr, → ungeheuerlich
unbeschwert sorgenfrei, sorglos, leicht, unbekümmert, heiter, → unbefangen
unbesehen → anstandslos
unbesetzt → vakant
unbesiegbar → unschlagbar
unbesonnen → leichtfertig
Unbesonnenheit → Leichtfertigkeit
Unbesorgtheit → Leichtsinn
unbeständig veränderlich, wechselvoll, wandelbar, inkonsequent, schwankend, sprunghaft, flatterhaft, flatterig, → unberechenbar
Unbeständigkeit Wechselhaftigkeit, Wandelbarkeit, Inkonsequenz, Veränderlichkeit, Sprunghaftigkeit, Wankelmut, Wankelmütigkeit, Unberechenbarkeit
unbestechlich → rechtschaffen, → sachlich, → charakterfest
Unbestechlichkeit → Rechtschaffenheit, → Sachlichkeit, → Gerechtigkeit, → Charakterfestigkeit
unbestellt → brach
unbestimmt → anfechtbar, → unsicher, → fließend
Unbestimmtheit → Ungewissheit, → Unschlüssigkeit
unbestreitbar → sicher
unbeteiligt → gleichgültig
unbeugsam → standhaft
Unbeugsamkeit → Standhaftigkeit
unbeweglich → fest, → regungslos, → steif
Unbeweglichkeit → Regungslosigkeit, → Steifheit
unbewegt → gleichgültig, → regungslos
Unbewegtheit → Regungslosigkeit
unbeweibt → allein stehend, → ledig
unbewohnt → einsam, → menschenleer
unbewölkt → aufgeklart
unbewusst → gewohnheitsmäßig
unbezahlbar → kostbar
unbezahlt → ehrenamtlich
unbezähmbar → wild
unbezwingbar → unschlagbar
Unbill → Unannehmlichkeit
unbillig → ungerecht
unbotmäßig → ungehorsam
unbrauchbar → untauglich, → defekt
und sowie, wie, zugleich, auch, außerdem, nicht zuletzt
undankbar schnöde, dankvergessen
undenkbar → unmöglich
undeutlich → unklar

undicht durchlässig, leck, löchrig
undiplomatisch → ungeschickt
undiszipliniert → disziplinlos
unduldsam → fanatisch
Unduldsamkeit → Fanatismus
undurchdringlich → unerklärlich, → dicht, → unwegsam
undurchführbar → unmöglich
undurchlässig → dicht
undurchschaubar → hintergründig, → unklar
undurchsichtig → hintergründig, → unklar, → blind
uneben holperig, hubbelig, hügelig, zerklüftet, rissig, gefurcht, rau
unecht 1. gefälscht, falsch, imitiert, nachgemacht, apokryph, → künstlich 2. → erfunden
Unehre → Schande
unehrenhaft → ehrlos
unehrlich unaufrichtig, lügnerisch, verlogen, unlauter, unwahrhaftig, falsch, unredlich, → heuchlerisch
Unehrlichkeit Unaufrichtigkeit, Verlogenheit, Unlauterkeit, Falsch, Unredlichkeit, → Heuchelei
uneigennützig → selbstlos
Uneigennützigkeit → Selbstlosigkeit
uneingeschränkt 1. schrankenlos, unbeschränkt, unbegrenzt, grenzenlos, → bedingungslos 2. → frei
uneinholbar → unschlagbar
uneinig → zerstritten
Uneinigkeit → Spaltung, → Unausgeglichenheit
uneins → zerstritten, → unausgeglichen
uneinsichtig → verständnislos
unelastisch → spröde
unempfindlich 1. empfindungslos, gefühllos, fühllos, abgestorben, tot, taub, dumpf, stumpf, dickfellig, dickhäutig 2. → widerstandsfähig
Unempfindlichkeit 1. Empfindungslosigkeit, Gefühllosigkeit, Fühllosigkeit, Dumpfheit, Stumpfheit, Dickfelligkeit 2. → Widerstandskraft
unendlich endlos, ohne Ende, unbegrenzt, unbeschränkt, grenzenlos, unabsehbar, unermesslich, unerschöpflich, zahllos, unzählbar, ungezählt, → ewig
Unendlichkeit Endlosigkeit, Unbegrenztheit, Unbeschränktheit, Unermesslichkeit, Unerschöpflichkeit, Grenzenlosigkeit, → Ewigkeit, → Dauer
unentbehrlich → notwendig
unentgeltlich → ehrenamtlich, → kostenlos
unentrinnbar → unabwendbar
unentschieden 1. punktgleich, patt, remis, ausgeglichen 2. → unschlüssig 3. → ungewiss
Unentschiedenheit → Ungewissheit, → Unschlüssigkeit
unentschlossen → unschlüssig
unentschlossen sein → ausweichen
Unentschlossenheit → Unschlüssigkeit
unentschuldbar → unverzeihlich
unentwegt → dauernd
unentwickelt → rudimentär, → unreif
Unentwirrbarkeit → Verflechtung
unerbittlich → streng, → eisern
Unerbittlichkeit → Strenge
unerfahren unkundig, unwissend, unbewandert, ungeübt, unbedarft, → jung
Unerfahrenheit → Unwissenheit
unerfindlich → unerklärlich
unerforschlich → geheimnisvoll, → unerklärlich
unerforscht unerschlossen, jungfräulich, neu, unbeantwortet, dunkel, offen
unerfreulich → unangenehm
unergiebig → karg
Unergiebigkeit → Kargheit
unergründlich → geheimnisvoll, → unerklärlich
unerheblich → geringfügig
unerhört → empörend, → ungeheuerlich
unerklärlich unerklärbar, unbegreiflich, unbegreifbar, unerfindlich, unfassbar, unergründlich, unerforschlich, undurchschaubar, unverständlich, rätselhaft, schleierhaft, ein Buch mit sieben Siegeln
unerlässlich → notwendig
Unerlässlichkeit → Notwendigkeit
unerlaubt → verboten, → eigenmächtig
unermesslich → unendlich
Unermesslichkeit → Größe, → Unendlichkeit
unermüdlich → beharrlich
Unermüdlichkeit → Beharrlichkeit
unerquicklich → unangenehm
unerreichbar → fern, unmöglich, → unschlagbar
unersättlich → gefräßig, → habgierig, → lebenshungrig
Unersättlichkeit → Gefräßigkeit, → Habgier
unerschlossen → unerforscht
unerschöpflich → unendlich
unerschrocken → wagemutig
Unerschrockenheit → Wagemut
unerschütterlich → gelassen, → eisern
Unerschütterlichkeit → Gelassenheit, → Beharrlichkeit
unerschwinglich → teuer
unersetzlich → kostbar, → verloren

unersprießlich → nutzlos
unerträglich → schmerzhaft, → unangenehm
unerwartet → überraschend, → zufällig
unerwiesen → anfechtbar
unerwünscht → unangenehm, → ungebeten
unfachmännisch → dilettantisch
unfähig 1. unvermögend, nicht im Stande, außer Stande, nicht in der Lage, insuffizient, impotent, kraftlos, schwach, zu dumm, hilflos 2. → untauglich
Unfähigkeit Unvermögen, Untüchtigkeit, Versagen, Impotenz, Ohnmacht, Insuffizienz
unfair unsportlich, unkameradschaftlich, unritterlich, ungalant, unredlich, unfein, gemein, rücksichtslos
Unfall Unglücksfall, Verkehrsunfall, Verkehrsunglück, Unglück, Absturz, Flugzeugabsturz, → Ausfall, → Zusammenstoß
Unfallarzt Notarzt, Bereitschaftsarzt, → Arzt
Unfallopfer → Verwundeter
unfassbar → unerklärlich
unfehlbar → sicher, → päpstlich
unfein → grob, → unanständig, → unfair
unfern → nahe
unfertig → unreif, → unvollständig
Unflat → Schmutz
unflätig → unanständig
unfolgsam → ungehorsam
unförmig → plump, → dick
unförmlich → zwanglos
unfrei 1. gebunden, abhängig, verpflichtet, im Wort, festgelegt 2. → gefangen 3. → unsicher
Unfreier → Sklave
Unfreiheit → Gefangenschaft, → Abhängigkeit, → Unterdrückung
unfreiheitlich → autoritär
unfreiwillig gezwungen, wider Willen, notgedrungen, → gezwungenermaßen
unfreundlich → unhöflich
Unfreundlichkeit → Unhöflichkeit
Unfriede → Streit
unfrisiert → zerzaust
unfruchtbar 1. steril, infertil, kinderlos, → impotent 2. → fantasielos
Unfruchtbarkeit 1. Sterilität, Infertilität, Fortpflanzungsunfähigkeit, → Impotenz 2. → Kargheit
Unfug → Geschwätz, → Unsinn
unfügsam → ungehorsam
ungalant → unfair
ungastlich → unhöflich
ungeachtet → trotz
ungeahnt → überraschend
ungebeten ungefragt, unwillkommen, unerwünscht, unverlangt, ungewollt
ungebildet unbelesen, unwissend, banausisch, banausenhaft, niveaulos, dumm, plebejisch, proletenhaft, primitiv, bäurisch, → unkultiviert
Ungebildeter → Kulturbanause
Ungeborenes → Embryo
ungebräuchlich → unüblich
ungebraucht → neu
ungebührlich ungebührend, unschicklich, ungehörig, unziemlich, ungeziemend, indezent, unfein, unmöglich, untragbar, → taktlos
ungebunden → ledig, → unabhängig
Ungebundenheit → Freiheit, → Selbstständigkeit
Ungeduld Aufregung, Spannung, Unruhe, Nervosität, Reizbarkeit
ungeduldig 1. aufgeregt, wie auf Kohlen sitzend, nervös, zappelig, reizbar, ungehalten 2. → gespannt
ungeeignet → untauglich
ungefähr 1. zirka, ca., etwa, in etwa, schätzungsweise, rund, abgerundet, aufgerundet, annähernd, gegen, an die, überschlagsmäßig 2. → sinngemäß
ungefährdet → sicher
ungefährlich 1. gefahrlos, unbedenklich, unschädlich, unverfänglich, sicher 2. → gutmütig, → harmlos
ungefestigt → unausgeglichen
ungefragt → ungebeten
ungefüge → plump
ungehalten → ärgerlich, → ungeduldig
ungeheißen → freiwillig
ungehemmt → hemmungslos, → unbefangen
ungeheuer → sehr
Ungeheuer 1. Ungetüm, Ungetier, Untier, Bestie, Monstrum, Monster, Moloch, Drache, Lindwurm, Wurm, Schlange 2. → Barbar
ungeheuerlich unerhört, allerhand, bodenlos, himmelschreiend, unglaublich, unbeschreiblich, kriminell, haarsträubend, nicht mehr feierlich, ein dicker Hund, → empörend
ungehindert → reibungslos
ungehobelt → grob, → unkultiviert
ungehörig → ungebührlich
ungehorsam unfolgsam, aufsässig, renitent, widersetzlich, unbotmäßig, unfügsam, → eigensinnig
Ungehorsam Unfolgsamkeit, Unbotmäßigkeit, Aufsässigkeit, Gehorsamsverweigerung, → Eigensinn
ungekämmt → zerzaust
ungeklärt → ungewiss
ungekocht → roh

ungekünstelt → natürlich
ungelegen → unangenehm, → ungünstig
ungelenk → steif, → ungeschickt
ungelenkig → steif
ungelogen → wahrhaftig
Ungemach → Unglück
ungemein → sehr
ungemütlich unbehaglich, unbequem, unwohnlich, kalt, unwirtlich, abweisend
ungenannt → namenlos
ungenau 1. diffus, schwammig, verschwommen, verwaschen, unpräzise, ungefähr, allgemein, → unklar 2. nachlässig
Ungenauigkeit → Nachlässigkeit
ungeniert → hemmungslos, → zwanglos
ungenießbar 1. unverdaulich, unverträglich, nicht essbar, nicht zum Verzehr geeignet, schlecht, verdorben, → ekelhaft 2. → unsympathisch
Ungenügen → Unvollkommenheit
ungenügend → mangelhaft
ungenutzt → brach
ungeöffnet → frisch, → geschlossen
ungeordnet → durcheinander, → unsystematisch
ungepflegt schlampig, vernachlässigt, nachlässig, abgerissen, lotterig, zerlumpt, zerknautscht, zerknittert, schmuddelig, unsauber, unordentlich, → zerzaust
ungeprüft → anstandslos
ungerechnet → abzüglich, → zusätzlich
ungerecht unrecht, unbillig, parteiisch, diskriminierend, unsachlich, befangen
ungerecht behandeln → benachteiligen
ungerechtfertigt → grundlos
Ungerechtigkeit → Unrecht
ungereimt → unlogisch
ungern → abgeneigt
ungerührt → gleichgültig, → unbeeindruckt
Ungerührtheit → Gleichgültigkeit
ungeschickt 1. unbeholfen, linkisch, umständlich, tollpatschig, tölpelhaft, schusslig, stoffelig, unpraktisch, mit zwei linken Händen, plump, ungelenk, steif, → stümperhaft 2. undiplomatisch, unpolitisch, unklug, mit der Tür ins Haus, ungewandt 3. → ungünstig
ungeschlacht → derb
ungeschliffen → grob, → unkultiviert
ungeschminkt → offen
ungeschoren bleiben → herumkommen um
ungeschützt schutzlos, frei, offen, ausgesetzt, ausgeliefert, preisgegeben, ungeborgen, unbehütet, → hilflos
ungesehen → unbemerkt
ungesetzlich → illegal
Ungesetzlichkeit → Illegalität
ungesichert → ungewiss
ungesittet → unkultiviert
ungestalt → missgebildet
ungestört unbehelligt, geregelt, ruhig, ungetrübt, unbeeinträchtigt, in Ruhe
ungestüm → heftig, → rasend
Ungestüm → Heftigkeit
ungesund → schädlich
ungetauft → heidnisch
ungetrübt → klar, → rein, → ungestört
Ungetüm → Barbar, → Ungeheuer
ungeübt → unerfahren
ungewandt → ungeschickt
ungewiss umstritten, fraglich, dahingestellt, unentschieden, offen, schwebend, in der Schwebe, strittig, zweifelhaft, unsicher, ungesichert, ungeklärt
Ungewissheit Fraglichkeit, Zweifelhaftigkeit, Unsicherheit, Unentschiedenheit, Unbestimmtheit, → Unwägbarkeit
ungewöhnlich ausgefallen, außergewöhnlich, außerordentlich, ausnahmsweise, überdurchschnittlich, absonderlich, atypisch, ungewohnt, unüblich, neu
ungewohnt → fremd, → ungewöhnlich
ungewollt → ungebeten, → versehentlich
ungezählt → unendlich
ungezählte → viele
ungezähmt → wild
Ungeziefer Schädling, Geziefer, Wanze, Laus, Floh, Milbe, Schabe, Silberfischchen, → Insekt
ungeziemend → ungebührlich
ungeziert → natürlich
ungezogen → flegelhaft, → frech
Ungezogenheit Unart, Unfreundlichkeit, Beleidigung, Frechheit, → Flegelei
ungezügelt → wild, → zügellos
ungezwungen → zwanglos
Ungezwungenheit → Zwanglosigkeit
Unglaube → Zweifel, → Heidentum
unglaubhaft unglaublich, unglaubwürdig, kaum glaublich, unvorstellbar, absurd, nicht auszudenken, falsch, erlogen
ungläubig → atheistisch, → argwöhnisch
Ungläubiger Gottloser, Heide, → Atheist
Ungläubigkeit → Atheismus, → Zweifel
unglaublich → ungeheuerlich, → unglaubhaft
unglaubwürdig → unglaubhaft
ungleich ungleichmäßig, unegal, ungleichförmig, unregelmäßig, unebenmäßig, unsymmetrisch, asymmetrisch, → verschieden
ungleichartig → verschieden
Ungleichartigkeit → Verschiedenheit
ungleichförmig → ungleich
Ungleichgewicht → Übergewicht

Ungleichheit → Verschiedenheit
ungleichmäßig → ungleich
Unglück 1. Ungemach, Unheil, Verhängnis, Heimsuchung, Pech, Missgeschick, Malheur, Panne, Bescherung, Schicksalsschlag, Schlag, Katastrophe, Drama, Tragödie, Tragik, Debakel, Desaster, → Elend, → Leid 2. → Unfall
unglücklich 1. bedauernswert, traurig, verzweifelt, todunglücklich, kreuzunglücklich, mutlos, freudlos 2. unglückselig, glücklos, erfolglos 3. → verhängnisvoll
unglücklicherweise → leider
unglückselig → bedauernswert, → unglücklich, → verhängnisvoll
Unglücksfall → Unfall
Unglücksmeldung → Hiobsbotschaft
Unglücksrabe Pechvogel, Pechmarie, Unglücksmensch, Unglückswurm, armer Schlucker
Ungnade → Ungunst
ungültig → nichtig, → verfallen
Ungültigkeit → Nichtigkeit
Ungunst Ungnade, Missfallen, Feindschaft
ungünstig nachteilig, schlecht, unvorteilhaft, ungeschickt, widrig, ungelegen, unzeitig, zur Unzeit, außer der Zeit, → hinderlich, → rückläufig
ungut → unangenehm
unhaltbar → anfechtbar, → falsch
unharmonisch → unausgeglichen
Unheil Fluch, Not, Elend, Übel, Verderben, → Unglück
Unheil bringend → verhängnisvoll
Unheil verkündend → gefährlich
unheilbar → hoffnungslos, → krank
unheildrohend → gefährlich
Unheilsprophet → Pessimist
Unheilstifter → Intrigant
unheilvoll → gefährlich, → verderblich
unheimlich gespenstisch, gespenstig, gruselig, geisterhaft, nicht geheuer, beklemmend, makaber, böse
unhöflich unfreundlich, unwirsch, kurz angebunden, abweisend, ungastlich, pampig, lieblos, unverbindlich, schnippisch, barsch, → grob, → taktlos, → flegelhaft
Unhöflichkeit Ungezogenheit, Mangel an Erziehung, schlechte Kinderstube, Unfreundlichkeit, Grobheit, Derbheit, → Flegelei, → Taktlosigkeit
Unhold → Barbar, → Wüstling
unhörbar → leise
uni → einfarbig
Uni → Universität
Uniform Einheitskleidung, Livree, Dienstkleidung, Dienstanzug
uniformieren → vereinheitlichen
Unikat → Prunkstück
Unikum → Spaßvogel
Unimog → Geländefahrzeug
unintelligent → dumm
uninteressant → langweilig
uninteressiert → gleichgültig
Uninteressiertheit → Gleichgültigkeit
Union → Organisation
unisono → einmütig
universal → allgemein, → vielseitig
Universalgenie → Genie
universell → allgemein, → vielseitig
Universität Uni, Hochschule, Alma Mater, pädagogische Hochschule, PH, Fachhochschule, technische Universität, TU, Akademie, → Schule, → Institut
Universitätsbibliothek → Bibliothek
Universitätsprofessor → Lehrer
Universum → Weltall
unkameradschaftlich → unfair
Unke → Frosch, → Pessimist
unken → voraussehen
Unkenntnis → Unwissenheit
Unkerei → Pessimismus
unkeusch sittenlos, unsittlich, unzüchtig, schamlos, unmoralisch, lose, locker, leichtlebig, liederlich, verkommen
Unkeuschheit Sittenlosigkeit, Unsittlichkeit, Unzucht, Schamlosigkeit, Unmoral, Amoralität, Verkommenheit, Schlechtigkeit
unkindlich → altklug
unklar undeutlich, unscharf, nebulös, verschleiert, verschwommen, verwaschen, verworren, wirr, vage, schemenhaft, schattenhaft, umrisshaft, ungenau, undurchsichtig, undurchschaubar, → abstrus
Unklarheit → Verwirrung
unklug → unvernünftig, → ungeschickt
unkollegial → unsolidarisch
unkompliziert → einfach
unkontrolliert → disziplinlos, → unabhängig
unkonventionell → unüblich
unkonzentriert → unaufmerksam
Unkonzentriertheit → Unaufmerksamkeit
unkörperlich → platonisch
Unkosten → Kosten, → Spesen
Unkostenbeitrag → Eintritt
Unkraut rupfen → jäten
Unkrautvertilger → Gift
unkreativ → fantasielos
unkritisch → kritiklos
unkultiviert unzivilisiert, ungesittet, unmanierlich, ungehobelt, ungeschliffen, unhöflich, barbarisch, → ungebildet
unkundig → unerfahren

unlängst → neulich
unlauter → unehrlich
Unlauterkeit → Unehrlichkeit
unleidlich → quengelig, → unsympathisch
unleugbar → sicher
unliebsam → unangenehm
unlogisch folgewidrig, ungereimt, sinnwidrig, widersinnig, inkonsequent, abwegig, absurd, vernunftwidrig
unlösbar → fest, → unmöglich
Unlösbarkeit Unmöglichkeit, Aporie, Ausweglosigkeit, Dilemma, → Hoffnungslosigkeit
Unlust → Trägheit
unlustig → träge
unmanierlich → unkultiviert
Unmasse → Menge
unmaßgeblich → unwichtig
unmäßig → maßlos
Unmäßigkeit → Maßlosigkeit, → Übertreibung
Unmenge → Menge
Unmensch → Barbar
unmenschlich → grausam, → brutal
Unmenschlichkeit → Grausamkeit, → Brutalität
unmerklich unmerkbar, unhörbar, unsichtbar, verborgen, unauffällig, → allmählich
unmethodisch → unsystematisch
unmissverständlich → eindeutig, → nachdrücklich
unmittelbar → sofort, → direkt
unmodern → altmodisch
unmöglich 1. ausgeschlossen, undenkbar, indiskutabel, unannehmbar, keinesfalls, nicht daran zu denken 2. unausführbar, undurchführbar, unrealisierbar, nicht praktikabel, unerreichbar, unlösbar, unüberwindlich 3. → ungebührlich
unmöglich machen → hindern
Unmöglichkeit → Unlösbarkeit
Unmoral → Unkeuschheit
unmoralisch → unkeusch, → obszön
unmotiviert → grundlos, → träge
unmündig → minderjährig
Unmündigkeit → Abhängigkeit
Unmut → Empörung, Missfallen
unmutig → böse, → schlecht gelaunt
unnachahmlich → unübertroffen
unnachgiebig → eigensinnig, → streng
Unnachgiebigkeit → Eigensinn, → Strenge
unnachsichtig → streng
Unnachsichtigkeit → Strenge
unnatürlich → künstlich, → pervers, → geziert
unnormal → abartig
unnötig → überflüssig
unnütz → nutzlos
unordentlich 1. ungeordnet, unaufgeräumt, durcheinander, chaotisch, wirr, zerstreut 2. → unsystematisch 3. → ungepflegt, → zerzaust
Unordentlichkeit → Nachlässigkeit
Unordnung 1. Durcheinander, Saustall, Chaos, Wirrwarr 2. Desorganisation, Konfusion, Systemlosigkeit, Planlosigkeit, Ziellosigkeit
unorganisiert → improvisiert, → unsystematisch
unoriginell → geistlos, → fantasielos
unparteiisch → gerecht
Unparteiischer → Schiedsrichter
Unparteilichkeit → Gerechtigkeit
unpassend → taktlos, → unangemessen, → untauglich
unpassierbar → unwegsam
unpässlich → krank
unpersönlich → formell
unpopulär → unbeliebt
unpraktisch → untauglich, → ungeschickt
unpräzise → ungenau
unproblematisch → einfach
unproduktiv → fantasielos
unpünktlich verspätet, mit Verspätung, säumig, rückständig, im Rückstand
unqualifiziert → unsachlich
unrasiert borstig, stoppelig, stachelig, → bärtig
Unrast → Hektik, → Reisefieber
Unrat → Abfall, → Schmutz
unrealistisch → utopisch
unrecht → ungerecht
Unrecht Ungerechtigkeit, Schuld, Vergehen, Missetat, Sünde, Frevel, Freveltat
unrechtmäßig → illegal
unredlich → unehrlich, → unfair
Unredlichkeit → Unehrlichkeit
unregelmäßig → manchmal, → ungleich
Unregelmäßigkeit → Betrug, → Unterschlagung
unreif 1. sauer, grün, noch nicht gereift 2. unausgegoren, unausgereift, unfertig, unausgewogen 3. kindlich, kindhaft, infantil, unmündig, unausgewachsen, unentwickelt, → jung
Unreife Kindhaftigkeit, Infantilismus, Unmündigkeit, Unausgereiftheit
unrein → schmutzig
Unreinheit → Verschmutzung
unreligiös → atheistisch
unrettbar → hoffnungslos, → verloren
unrichtig → falsch
unritterlich → unfair

Unruhe 1. Ruhelosigkeit, Rastlosigkeit, Unstetigkeit, Unrast, Gezappel, Getriebensein, → Schlaflosigkeit 2. → Sorge 3. → Aufruhr
Unruhegeist → Zappelphilipp
Unruhestifter → Anstifter, → Störenfried
unruhig 1. ruhelos, rastlos, unstet, getrieben, schlaflos, aufgeregt, angespannt, nervös 2. → besorgt
unrühmlich → kläglich
unsachlich 1. unqualifiziert, unbegründet, sachfremd, nicht sachdienlich 2. → einseitig
unsagbar → sehr
unsanft → grob
unsauber → schmutzig, → ungepflegt, → misstönend
Unsauberkeit → Verschmutzung
unschädlich → ungefährlich, → harmlos
Unschädlichkeit → Harmlosigkeit
unscharf → unklar
unschätzbar → kostbar
unscheinbar unauffällig, schlicht, gering, farblos, → einfach
unschicklich → ungebührlich
unschlagbar unbesiegbar, unüberwindlich, unbezwingbar, uneinholbar, unerreichbar, unübertrefflich, unübertroffen
unschlüssig unentschieden, entschlusslos, unentschlossen, zaghaft, im Zweifel, zweifelnd, unsicher, wankelmütig, schwankend, → zögernd
Unschlüssigkeit Unentschiedenheit, Unentschlossenheit, Zaghaftigkeit, Entschlusslosigkeit, Unbestimmtheit, Zaudern, Bedenken, Schwanken
unschön → hässlich
Unschönheit → Hässlichkeit
unschöpferisch → fantasielos
Unschuld 1. Schuldlosigkeit, Unbeflecktheit, Makellosigkeit, saubere Weste 2. → Jungfräulichkeit
unschuldig 1. schuldlos, schuldfrei, ohne Schuld, unangreifbar, rein, untadelig, makellos 2. → jungfräulich 3. → arglos
Unschuldsmiene → Miene
unschwer → leicht
unselbstständig (*auch:* unselbständig) → abhängig
Unselbstständigkeit (*auch:* Unselbständigkeit) → Abhängigkeit
unselig → schlimm, → verhängnisvoll
unsicher 1. schüchtern, scheu, ohne Selbstbewusstsein, verunsichert, gehemmt, unfrei 2. schwach, haltlos, wackelig, gefährdet 3. unbestimmt, schwankend, auf der Kippe, unzuverlässig, trügerisch, → ungewiss 4. → unschlüssig
unsicher machen → verunsichern
Unsicherheit 1. Schüchternheit, Scheu, Hemmung, → Minderwertigkeitskomplex 2. → Ungewissheit
Unsicherheitsfaktor → Unwägbarkeit
unsichtbar → verborgen
Unsinn 1. Unfug, Blödsinn, Humbug, Kokolores, Krampf, Schmarren, Mumpitz, Farce, Nonsens, Irrsinn, Wahnsinn, Bockmist, Mist, Senf, Quatsch, Zinnober, dummes Zeug, Allotria, Kohl, Blech, Stuss, Faxen, Flausen Kauderwelsch 2. → Sinnlosigkeit 3. → Geschwätz
unsinnig 1. idiotisch, blödsinnig, verrückt, → sinnlos 2. → absurd 3. → widersinnig
Unsinnigkeit → Sinnlosigkeit
Unsitte → Laster
unsittlich → obszön, → unkeusch
Unsittlichkeit → Unkeuschheit
unsolidarisch egoistisch, eigennützig
unsolide → leichtlebig
unsozial → asozial
unsportlich → unfair
unstatthaft → eigenmächtig, → verboten
unsterblich → unvergänglich
Unsterblichkeit → Unvergänglichkeit
Unstern → Übel
unstet → nervös, → unberechenbar
Unstetigkeit → Unruhe, → Unzuverlässigkeit
unstillbar versessen, sehnsüchtig, unbezähmbar, unersättlich, → lebenshungrig
unstimmig → widersprüchlich
Unstimmigkeit → Meinungsverschiedenheit, → Widerspruch
unstreitig → sicher
Unsumme → Menge
unsymmetrisch → ungleich
unsympathisch unangenehm, unleidlich, unausstehlich, ungenießbar, zuwider, missliebig, verhasst
unsystematisch systemlos, unmethodisch, ungeordnet, unordentlich, unorganisiert, planlos, ziellos, regellos, auf gut Glück, aufs Geratewohl, ins Blaue hinein
untadelig → ehrenhaft, → einwandfrei
untalentiert → unbegabt, → dumm
untätig passiv, inaktiv, tatenlos, beschäftigungslos, unbeschäftigt, müßig, bequem, faul
Untätigkeit Passivität, Inaktivität, Tatenlosigkeit, Faulheit
untauglich ungeeignet, unpassend, unpraktisch, unzweckmäßig, unbrauchbar, unfähig
Unteilbarkeit → Einheit
unten drunten, in der Tiefe, unterhalb
unter → unterhalb
Unterbau → Fundament, → Grundlage

unterbewerten → unterschätzen
unterbinden → blockieren, → verhindern
unterbleiben → ausfallen
unterbrechen 1. dazwischenreden, zwischenrufen, stören, ins Wort fallen, nicht ausreden lassen, das Wort abschneiden, über den Mund fahren 2. → abbrechen 3. → aussetzen
Unterbrechung 1. Interruption, Abbruch, Halt, → Pause 2. → Zäsur 3. Störung
unterbreiten → anbieten, → vorschlagen, → vorlegen
unterbringen 1. einquartieren, aufnehmen, beherbergen, behausen, einlogieren 2. → packen
Unterbringung Einquartierung, Aufnahme, Beherbergung
unterdessen → als, → zwischenzeitlich
unterdrücken 1. knechten, versklaven, unterjochen, ducken, knebeln, niederhalten, tyrannisieren, terrorisieren, → beherrschen 2. → niederschlagen 3. → verdrängen
Unterdrücker Peiniger, Schinder, Marterer, → Gewaltherrscher
unterdrückt geknechtet, versklavt, geknebelt, unfrei, rechtlos
Unterdrückung Knechtschaft, Versklavung, Sklaverei, Joch, Unterjochung, Knebelung, Terror, Tyrannenherrschaft, Unfreiheit
untereinander miteinander, → einander, → abwechselnd
unterentwickelt → rudimentär
unterernährt → mager
Unterernährung → Magerkeit
Unterfangen → Wagnis
Untergang → Niederlage, → Verfall
Untergangsstimmung → Verzweiflung
untergeben unterstellt, untergeordnet, untertan, subaltern
Untergebener 1. Untertan, Landeskind, Staatsbürger, Tributpflichtiger, Abhängiger 2. → Arbeitnehmer
untergehen 1. niedergehen, vergehen, verfallen, absterben, aussterben, verschwinden, dahinschwinden 2. sinken, versinken, untertauchen, → ertrinken
untergeordnet → untergeben, → unwichtig
Untergeschoss Kellergeschoss, Souterrain, Basement, Tiefgeschoss, Tiefparterre, → Keller
untergliedern, sich → gliedern, sich
untergliedert gegliedert, aufgegliedert, unterteilt, aufgeteilt, klassifiziert, geordnet, angeordnet, gestaffelt, differenziert, aufgefächert, segmentiert, strukturiert, systematisiert
Untergliederung → Gliederung
untergraben → sabotieren
Untergrenze → Limit
Untergrund Grundierung, Grund, Basis, Träger, Trägermaterial, Hintergrund
Untergrundkampf → Partisanenkrieg
Untergrundkämpfer → Partisan
unterhaken, sich sich einhaken, sich einhängen, sich einhenkeln, Arm in Arm gehen, den Arm nehmen
unterhalb unter, darunter, am Fuße
Unterhalt → Lebensunterhalt, → Alimente, → Instandhaltung
unterhalten 1. ablenken, zerstreuen, belustigen, amüsieren, die Zeit vertreiben, Gesellschaft leisten 2. → sorgen für
unterhalten, sich 1. klönen, schwätzen, miteinander reden, miteinander sprechen, plaudern, Gedanken austauschen, sich austauschen, ein Gespräch führen, Worte wechseln, sich besprechen, Konversation betreiben 2. → vergnügen, sich
unterhaltend → unterhaltsam
unterhaltsam unterhaltend, kurzweilig, abwechslungsreich, interessant, anregend, amüsant, ergötzlich, angenehm, → geistreich
Unterhaltsgeld → Alimente
Unterhaltskosten → Lebensunterhalt
Unterhaltszahlung → Alimente
Unterhaltung → Gespräch, → Zeitvertreib, → Instandhaltung
Unterhaltungsshow → Show
Unterhaltungsteil → Feuilleton
unterhandeln → verhandeln
Unterhändler Legat, Nuntius, Vermittler, Parlamentär, Gesandter, Abgesandter, → Abgeordneter
Unterhandlung → Verhandlung
unterheben → untermischen
Unterhemd Leibchen, Sportjacke, Unterwäsche
Unterholz → Gestrüpp
Unterhose Slip, Schlüpfer, Höschen, Tanga, Unterwäsche
unterjochen → unterwerfen, → unterdrücken
Unterjochung → Unterwerfung, → Unterdrückung
unterjubeln → aufbürden
unterkommen 1. unterschlüpfen, Unterschlupf finden, unterkriechen, Unterkunft finden, aufgenommen werden, Anstellung finden, ankommen 2. → widerfahren
unterkriegen → überwinden
Unterkunft Quartier, Absteige, Bleibe, Logis, Dach über dem Kopf, Nachtquartier, Notunterkunft, Unterschlupf, Behausung, Obdach, → Herberge, → Wohnung

Unterlage → Grundlage
Unterland → Ebene
unterlassen lassen, sich hüten vor, sein lassen, verabsäumen, bleiben lassen, sich sparen, sich verkneifen, sich schenken, in den Wind schlagen, → ablassen
unterlaufen 1. umgehen, vermeiden, auslassen 2. sich einschleichen, durchrutschen, passieren, → widerfahren
unterlegen unterschieben, stützen, abstützen, eine Unterlage geben, grundieren
unterlegen nicht ebenbürtig, schwächer, geringer, ungleichrangig, zweitrangig, zweitklassig, → besiegt
Unterlegenheitsgefühl → Minderwertigkeitskomplex
Unterleib → Bauch
unterliegen erliegen, verlieren, den Kürzeren ziehen, nicht ankommen gegen, sich geschlagen geben, besiegt werden, klein beigeben, die Waffen strecken
untermalen → begleiten
untermauern → belegen, → fundieren
Untermauerung → Begründung
Untermieter → Nachbar
unterminieren → sabotieren
untermischen unterheben, beimengen, beimischen, einrühren, unterrühren, beigeben, → mischen
unternehmen tun, machen in Angriff nehmen, anpacken, angreifen, handeln, in die Hand nehmen, vorgehen, eingreifen, die Initiative ergreifen
Unternehmen 1. Geschäft, Firma, Handelsgesellschaft, Gesellschaft, Betrieb 2. → Unternehmung, → Handlung
Unternehmer Industrieller, Großindustrieller, Fabrikant, Fabrikbesitzer, Fabrikdirektor, Geschäftsinhaber, Arbeitgeber, → Geschäftsmann, → Hersteller
Unternehmung 1. Operation, Transaktion, Aktion, Vorhaben, Coup, Zugriff, Handlung 2. → Expedition 3. → Kampagne
Unternehmensgoist → Energie
Unternehmungslust → Energie
unternehmungslustig tatendurstig, abenteuerlustig, reiselustig, aktiv, rege
unterordnen → zusammenfassen
unterordnen, sich sich fügen, sich einfügen, sich einordnen, sich eingliedern, sich anpassen, sich beugen, befolgen, gehorchen, sich schicken
Unterordnung Eingliederung, Anpassung, Subordination, → Gehorsam
Unterpfand → Pfand, → Beweis
unterprivilegiert → rechtlos
Unterprivilegierter → Außenseiter
unterreden, sich → beraten, sich
Unterredung → Gespräch
Unterricht Unterweisung, Anweisung, Ausbildung, Schulung, Unterrichtung, Schule, Unterrichtsstunde, Stunde, Lektion, Kurs, → Lehre
unterrichten 1. Unterricht abhalten, Stunden geben, Wissen vermitteln, Schule halten, unterweisen, → lehren 2. → aufklären
Unterrichtsfach → Fach
Unterrichtsstunde → Unterricht
Unterrichtswerk → Lehrbuch
Unterrichtung → Benachrichtigung, → Unterricht
Unterrock Unterkleid, Petticoat, → Unterwäsche
unterrühren → untermischen
untersagen → verbieten
Untersagung → Verbot
Untersatz 1. Untersetzer, Bierdeckel, Bierfilz 2. → Gestell
unterschätzen unterbewerten, sich verschätzen, zu leicht nehmen, auf die leichte Schulter nehmen, falsch einschätzen, sich täuschen, → missverstehen
Unterschätzung → Missverständnis
unterscheiden 1. auseinander halten, differenzieren, sondern, auseinander kennen, erkennen 2. Unterschiede machen, beurteilen, trennen, diskriminieren
unterscheiden, sich abweichen. abstechen, differieren, verschieden sein, auseinander gehen, divergieren
Unterscheidung Differenzierung, Prüfung, Beurteilung, Wertung, Befund
Unterschicht → Proletariat
unterschieben → betrügen, → verdächtigen
Unterschied Abweichung, Differenz, Verschiedenheit, Divergenz, Abstand, Diskrepanz, Gegensatz
unterschiedlich → verschieden
Unterschiedlichkeit → Verschiedenheit
unterschiedslos → gleich, → gleichberechtigt
unterschlagen 1. hinterziehen, veruntreuen, betrügen, übervorteilen, stehlen, auf die Seite schaffen 2. → auslassen, → verschweigen
Unterschlagung Veruntreuung, Hinterziehung, Hintergehung, Unterschleif, Steuerhinterziehung, Steuerflucht, Steuerbetrug, Unregelmäßigkeit, Defraudation, → Betrug, → Diebstahl
Unterschlupf → Asyl, → Versteck
unterschlüpfen → unterkommen

unterschreiben unterzeichnen, signieren, unterfertigen, abzeichnen, gegenzeichnen, paraphieren, quittieren
Unterschrift Namenszug, Namenszeichen, Paraphe, Autogramm, Namenskürzel, Kürzel, Zeichen, → Bestätigung
unterschwellig → verborgen
Untersetzer → Untersatz
untersetzt gedrungen, stämmig, pyknisch, sthenisch, fest, robust, stark, kräftig, → dick
unterstehen unterstellt sein, untergeben sein, untergeordnet sein, abhängen
unterstehen, sich → anmaßen, sich
unterstellen → abstellen, → verdächtigen, → voraussetzen
unterstellt → untergeben
Unterstellung → Annahme, → Verdächtigung
unterstreichen → betonen, → markieren
Unterstreichung → Betonung
unterstützen halten zu, dahinter stehen, den Rücken stärken, Rückhalt geben, eintreten für, Vorschub leisten, eine Bresche schlagen, verstärken, fördern, → helfen
Unterstützung 1. Beihilfe, Beitrag, Zuschuss, Zubuße, Zuwendung, Subvention 2. Rückhalt, Rückenstärkung, Rückendeckung, Förderung, Mitwirkung, Vorschub, → Hilfe
untersuchen 1. analysieren, erforschen, diagnostizieren, durchleuchten, durchforschen, beobachten, auf den Grund gehen, prüfen, nachgehen, studieren 2. → ermitteln
Untersuchung 1. Analyse, Beobachtung, Erforschung, Diagnose, Prüfung, Überprüfung, Studium, → Ermittlung 2. Studie, Abhandlung, Arbeit, Forschungsarbeit, Artikel 3. → Umfrage
Untersuchungsausschuss → Ausschuss
Untertan → Untergebener
Untertanengeist Autoritätsgläubigkeit, untertänige Gesinnung, servile Ergebenheit, Hörigkeit
untertänig → ehrfürchtig, → unterwürfig
Untertänigkeit → Unterwürfigkeit
untertauchen → eintauchen, → tauchen, → verschwinden
Unterteil → Gestell
unterteilen → einteilen
unterteilen, sich → gliedern, sich
Unterteilung → Abteilung, → Gliederung
Unterwäsche Leibwäsche, Wirkwaren, Trikotagen, Dessous, → Unterhose, → Unterrock
unterwegs abwesend, außer Haus, weg, fort, verreist, auf Reisen, auf Achse, en route
unterweisen → anleiten, → lehren
Unterweisung → Anleitung, → Unterricht
Unterwelt 1. Totenreich, Schattenreich, Nebelreich, Hölle, Hades, Orkus, Tartarus, Erebos, Abyssus, Reich des Pluto 2. Verbrecherwelt, Gangstermilieu, Milieu, Szene, Halbwelt, Demimonde
unterwerfen 1. beugen, unterjochen, unters Joch zwingen, sich untertan machen, kirre machen, gefügig machen, erobern, kolonisieren, → besiegen 2. → unterziehen
unterwerfen, sich → ergeben, sich
Unterwerfung 1. Unterjochung, Eroberung, Niederwerfung, Besiegung, Kolonisierung, Kolonisation 2. Kniefall, Kapitulation, Übergabe, → Gehorsam
unterwürfig untertänig, devot, ergeben, demütig, fußfällig, hündisch, servil, sklavisch, duckmäuserisch, schleimig, speichelleckerisch, kriecherisch, buhlerisch
Unterwürfigkeit Untertänigkeit, Devotion, Demut, Servilität, Ergebenheit, Speichelleckerei, Kriecherei, → Gehorsam
Unterzahl → Minderheit
unterzeichnen → unterschreiben
unterziehen unterwerfen, ausliefern, aussetzen
untief → flach
Untiefe Sandbank, Bank, Barre, Furt
Untier → Ungeheuer
untragbar → ungebührlich
untrennbar → gemeinsam
untreu ungetreu, treulos, ehebrecherisch, illoyal, perfide, unredlich, eidbrüchig, wortbrüchig, meineidig, → abtrünnig
untreu sein → ehebrechen
Untreue Treulosigkeit, Illoyalität, Perfidie, Charakterlosigkeit, Unredlichkeit, Wortbruch, Treubruch, → Ehebruch, → Desertion
untröstlich → traurig
untröstlich sein → bereuen
untrüglich → sicher
Untugend → Laster
unüberbrückbar → unversöhnlich
unüberhörbar → vernehmlich
unüberlegt → leichtfertig
unübersichtlich → wirr
unübertroffen unübertrefflich, unübertreffbar, einzigartig, unnachahmlich, überragend, sondergleichen, beispiellos, → hervorragend, → unschlagbar
unüberwindlich → unmöglich, → unschlagbar
unüblich ungewöhnlich, ausgefallen, ungebräuchlich, unkonventionell, selten, nicht gängig
unumgänglich → notwendig, → zwangsläufig

Unumgänglichkeit → Notwendigkeit
unumschränkt → totalitär
unumstößlich → endgültig
unumwunden → offen
ununterbrochen → andauernd
ununterscheidbar → gleich
unveränderlich unverrückbar, starr, fest, → dauerhaft
unverantwortlich → leichtsinnig, → unverzeihlich
Unverantwortlichkeit → Leichtsinn
unveräußerlich → unverkäuflich
unverbesserlich → eingefleischt
unverbildet → natürlich
unverbindlich 1. nicht verpflichtend, nicht verpflichtet, ungebunden, ohne Verpflichtung, ohne Gewähr 2. → unhöflich
unverblümt → deutlich
Unverblümtheit → Deutlichkeit
unverborgen → öffentlich
unverbraucht → frisch, → jugendlich
unverbrüchlich → dauerhaft
unverdaulich → ungenießbar
unverderblich → haltbar
unverdorben → frisch, → jungfräulich
Unverdorbenheit → Jungfräulichkeit
unverdrossen → beharrlich
unvereinbar nicht zu vereinbaren, unverträglich, inkompatibel, verschieden, → gegensätzlich
Unvereinbarkeit → Gegensätzlichkeit
unverfälscht → rein, → natürlich, → echt
unverfänglich → ungefährlich
unverfroren → frech
Unverfrorenheit → Frechheit, → Unverschämtheit
unvergänglich unsterblich, unvergesslich, unvergessen, unauslöschlich, unverwischbar, bleibend, dauerhaft, → ewig
Unvergänglichkeit Unsterblichkeit, Dauerhaftigkeit, → Ewigkeit
unvergesslich → unvergänglich
unvergleichlich → einmalig
unverhältnismäßig → übertrieben
unverheiratet → ledig
unverhofft → überraschend
unverhohlen → ehrlich, → öffentlich
unverkäuflich 1. unveräußerlich, nicht zu verkaufen 2. unverkauft, übrig, restlich, ein Ladenhüter, nicht gefragt
unverkennbar → charakteristisch, → offensichtlich
unverkrampft → zwanglos
Unverkrampftheit → Zwanglosigkeit
unverlangt → ungebeten
unverlässlich → unzuverlässig
Unverlässlichkeit → Unzuverlässigkeit
unverletzlich → unverwundbar
unverletzt heil, unversehrt, wohlbehalten, wohl, gesund, ganz, intakt
unvermählt → ledig
unvermeidlich → zwangsläufig
unvermerkt → plötzlich
unvermischt → echt, → rein
unvermittelt → plötzlich
Unvermögen → Unfähigkeit
unvermögend → arm, → unfähig
unvermutet → überraschend
Unvernunft Vernunftlosigkeit, Unbedachtsamkeit, Leichtfertigkeit, Borniertheit, Unverstand, Unbesonnenheit, Dummheit, Blödheit
unvernünftig 1. vernunftlos, leichtfertig, unbedacht, unbesonnen, unklug, unüberlegt, kurzsichtig 2. → absurd
unverpackt → lose
unverrichteter Dinge → erfolglos
unverrückbar → fest, → unveränderlich
unverschämt → aufdringlich, → frech
Unverschämtheit Unverfrorenheit, Schamlosigkeit, Chuzpe, Anmaßung, → Frechheit
unverschlossen → offen
unverschuldet 1. absichtslos, ohne Absicht, ohne Zutun, ohne Schuld, schuldlos 2. schuldenfrei, unbelastet, lastenfrei, ohne Schulden
unversehens → überraschend, → plötzlich
unversehrt → unverletzt
unversöhnlich unversöhnbar, unüberbrückbar, nachtragend, rachsüchtig, hasserfüllt, verbittert, verbissen
Unversöhnlichkeit Rachsucht, Rachgier, Vergeltungsdrang, Rankünе, Feindschaft, Bitterkeit, Verbitterung
Unverstand → Dummheit, → Unvernunft
unverständig → dumm
unverständlich 1. verworren, unklar, sinnlos, nicht zu verstehen, undurchsichtig, schwierig, zu hoch, → geheimnisvoll 2. → unerklärlich
Unverständlichkeit Verworrenheit, Unklarheit, Undurchsichtigkeit, in Rätseln reden
Unverständnis Verständnislosigkeit, Nichtbegreifen, Kopfschütteln
unverträglich → ungenießbar, → streitsüchtig, → unvereinbar
unverwandt → andauernd
unverwechselbar → einmalig
unverweilt → eilends, → sofort
unverwundbar unverletzlich, unangreifbar, kugelsicher, kugelfest, sicher, geschützt
unverwüstlich → haltbar, → gesund
unverzagt → optimistisch

unverzeihlich unentschuldbar, unverantwortlich, nicht zu rechtfertigen, sträflich, unrecht
unverzüglich → eilends, → sofort
unvollendet → unvollständig
Unvollendetes → Fragment
unvollkommen 1. unzulänglich, ungenügend, schwach, sündhaft 2. → mangelhaft 3. → unvollständig
Unvollkommenheit 1. Unzulänglichkeit, Minderwertigkeit, Ungenügen, Gebrechen, Schwäche, Fehlerhaftigkeit, Mangelhaftigkeit 2. → Unvollständigkeit
unvollständig lückenhaft, unvollkommen, fragmentarisch, elliptisch, nur halb, unfertig, unabgeschlossen, unvollendet, → mangelhaft
Unvollständigkeit Lückenhaftigkeit, Unvollkommenheit, Fragment, Stückwerk, Halbheit, Unabgeschlossenheit
unvorbereitet blindlings, auf gut Glück, unausgerüstet, planlos, leichtsinnig, unvorsichtig, → improvisiert
unvoreingenommen → gerecht
Unvoreingenommenheit → Gerechtigkeit
unvorhergesehen → überraschend
unvorhersehbar → unberechenbar
unvorsichtig fahrlässig, leichtsinnig, unüberlegt, unbedacht, unbekümmert, unvernünftig, unvorbereitet, übermütig, wagemutig, waghalsig
unvorstellbar → unglaubhaft
unvorteilhaft → schädlich
unwägbar → unberechenbar
Unwägbarkeit Unsicherheitsfaktor, Ungewissheit, Unberechenbarkeit, Imponderabilien, Risiko
unwahr → erfunden, → falsch
unwahrhaftig → unehrlich
Unwahrheit → Lüge
unwahrscheinlich → zweifelhaft
Unwandelbarkeit → Dauer
unwegsam unzugänglich, unbefahrbar, unpassierbar, unbegehbar, ungangbar, weglos, pfadlos, undurchdringlich
unweigerlich → gewiss
unweit → nahe
unwesentlich → unwichtig, → geringfügig
Unwetter Sturm, Gewitter, Ungewitter, Hundewetter, Hagel, Hagelschlag, Hagelwetter, Graupelschauer, → Regen
unwichtig unbedeutend, unwesentlich, bedeutungslos, nebensächlich, unmaßgeblich, nichtig, trivial, albern, sekundär, untergeordnet, zweitrangig, peripher, nachgeordnet, ephemer, gleichgültig, nicht erwähnenswert, nicht der Rede wert
Unwichtigkeit Bedeutungslosigkeit, Belanglosigkeit, Nichtigkeit, Nebensächlichkeit, Geringfügigkeit, Kleinigkeit, Kleinkram, Beiwerk
unwiderlegbar → sicher, → überzeugend
unwiderruflich → ehrenwörtlich, → endgültig
unwiderstehlich → anziehend, → faszinierend
unwiederbringlich → verloren
Unwille → Empörung
unwillig → mürrisch
unwillkommen → unangenehm, → ungebeten
unwillkürlich → mechanisch
unwirklich irreal, trügerisch, traumhaft, täuschend, eingebildet, → imaginär
Unwirklichkeit Irrealität, Traumwelt, Dunstbild, Schein, Einbildung
unwirksam → nichtig, → wirkungslos
Unwirksamkeit → Nichtigkeit
unwirsch → gereizt, → barsch, → mürrisch
unwirtlich → öde, → ungemütlich
unwirtschaftlich → verschwenderisch
Unwirtschaftlichkeit → Verschwendung
unwissend unaufgeklärt, überfragt, uneingeweiht, ohne einen Schimmer, → ungebildet, → unerfahren, → dumm
Unwissender → Ignorant
Unwissenheit Unkenntnis, Ahnungslosigkeit, Nichtwissen, Wissensmangel, Bildungslücke, Ignoranz, Unerfahrenheit
unwohl schlecht, übel, mau, flau, elend, hundeelend, hundsmiserabel, speiübel, kotzübel, kodderig
Unwohlsein Übelkeit, Brechreiz, flaues Gefühl, Beschwerden
unwohnlich → ungemütlich
unwürdig → ehrlos
unzählbar → unendlich
unzählige → viele
unzeitgemäß → altmodisch
unzerstörbar → haltbar
unzertrennlich → gemeinsam
unziemlich → ungebührlich
unzivilisiert → unkultiviert
Unzucht → Unkeuschheit, → Ausschweifung
unzüchtig → obszön, → unkeusch
unzufrieden unbefriedigt, unausgefüllt, verbittert, erbittert, enttäuscht, missmutig, ärgerlich, widerwillig, verdrossen
Unzufriedenheit Missvergnügen, Missmut, Missbehagen, Unbehagen, Erbitterung, Ärger, Verdruss, Widerwille, Missfallen, Verdrießlichkeit

unzugänglich 1. introvertiert, kontaktarm, menschenscheu, reserviert, ungesellig, zugeknöpft, verschlossen, verstockt 2. → unwegsam
Unzugänglichkeit → Verschlossenheit
unzulänglich → mangelhaft, → unvollkommen
Unzulänglichkeit → Unvollkommenheit
unzulässig → illegal, → verboten
unzurechnungsfähig → geistesgestört, → verrückt
unzureichend → mangelhaft
unzusammenhängend zusammenhanglos, beziehungslos, zerrissen, abgerissen, zerstückelt
unzutreffend → falsch
unzuverlässig 1. unverlässlich, vergesslich, unsicher, pflichtvergessen, unkorrekt, ungenau, unpünktlich, → gesinnungslos 2. → unberechenbar
Unzuverlässigkeit Unstetigkeit, Wandelbarkeit, Flatterhaftigkeit, Unberechenbarkeit, Unpünktlichkeit, Charakterlosigkeit
unzweckmäßig → untauglich
unzweideutig → eindeutig, → sicher
unzweifelhaft → sicher
up to date → modern
üppig 1. reich, reichlich, überreichlich, opulent, feudal, strotzend, überladen, viel 2. → genussfreudig
Üppigkeit → Fülle, → Überfluss
Urabstimmung → Umfrage
Urahne → Vorfahr(en)
uralt → alt
Uraufführung Erstaufführung, Premiere, → Aufführung
urban städtisch, → gebildet
urbar machen → erschließen
Urbarmachung Rodung, Kultivierung, Bebauung, Bepflanzung
Urbehagen → Lebensfreude
Urbild → Original
Ureinwohner → Eingeborener
Urfassung → Manuskript, → Original
Urform → Entwurf, → Original
urgemütlich → gemütlich
urgeschichtlich → prähistorisch
Urheber Schöpfer, Erschaffer, Erfinder, Vater, Gründer
Urheberrecht → Copyright
Urin → Harn
urinieren → austreten
Urkunde Schreiben, Schriftstück, Akte, Dokument, Papier, Patent, → Zeugnis
Urkundensammlung → Archiv
urkundlich → dokumentarisch
Urlaub Beurlaubung, Jahresurlaub, Urlaubstag, Freistellung, dienstfreie Zeit, → Ferien
Urlauber → Tourist
Urlaubsaufenthalt → Ferienort
Urlaubsgeld → Zulage
Urlaubsort → Ferienort
urlaubsreif → erschöpft
Urlaubsreise → Reise
Urlaubstag → Ruhetag, → Urlaub
Urlaubszeit → Ferien
Urne → Sarg, → Behälter
urplötzlich → plötzlich
Ursache Hintergrund, Nährboden, Wurzel, Bedingung, Voraussetzung, Ausgangssituation, → Grund
ursächlich kausal, einander bedingend, bedingt, abhängig
Ursächlichkeit Kausalität, Kausalzusammenhang, Bedingungsgefüge, Zusammenhang, Abhängigkeit
Urschrift → Original
Ursprung Wiege, Quelle, Anfang, Entstehung, Schoß, Samen, Wurzel, Ausgangspunkt, → Heimat, → Herkunft
ursprünglich 1. genuin, primär, originär, original, anfangs, eigentlich, von Haus aus 2. → natürlich
Ursprünglichkeit → Natürlichkeit
Ursprungsort → Herkunftsort
Urstoff → Grundstoff
Urteil 1. Ermessen, Beurteilung, Entscheidung, Erkenntnis, Stimme, Votum 2. Rechtsspruch, Richterspruch, Urteilsspruch, Verurteilung, Verdikt, Schiedsspruch
Urteil fällen → beurteilen, → urteilen
urteilen Urteil fällen, befinden, entscheiden, sich ein Urteil bilden, zu einem Urteil gelangen, folgern, Schluss ziehen
Urteilskraft → Verstand
urteilslos → kritiklos
Urteilslosigkeit → Kritiklosigkeit
Urteilsspruch → Urteil
Urteilsvermögen → Verstand
Urteilsvollstreckung → Hinrichtung
urtümlich → bodenständig
Urwald → Dschungel
urwüchsig → echt
Usus → Mode, → Brauch
Utensil → Gebrauchsgegenstand, → Gerät
Utopie Ideal, Illusion, Zukunftsfantasie, Zukunftsmusik, Traumgebilde, Vision, Zukunftsvision, Wunschbild
utopisch ideal, illusorisch, visionär, erträumt, unrealistisch, fantastisch
Utopist → Idealist

V

Vabanquespiel → Wagnis
Vagabund → Landstreicher
vagabundieren → herumstreifen
vage → unklar
Vagina → Scheide
vakant unbesetzt, frei, offen, verfügbar, verlassen, fehlend
Vakuum luftleerer Raum, Leere, Hohlraum
Valuta → Zahlungsmittel
Vamp Femme fatale, Kokotte, Verführerin, Sirene, Circe
variabel veränderbar, veränderlich, wandelbar, beweglich
Variante → Abart, → Version
Variation Abänderung, Abwandlung, Modulation, Neufassung, Veränderung, Umarbeitung
Varietee (*auch:* Varieté) → Show
Varieteekünstler (*auch:* Varietékünstler) → Artist
variieren abändern, abwandeln, modulieren, verändern, umarbeiten
Vasall Lehensmann, Gefolgsmann, → Anhänger
Vase Blumenvase, Bodenvase, Behälter, Gefäß
Vaseline → Salbe
Vater 1. Papa, Papi, Paps, Daddy, Vati, Elter, Familienvater, Erzeuger, Ernährer, Familienoberhaupt, alter Herr, → Eltern 2. → Gründer 3. → Gott
Vaterhaus → Elternhaus
Vaterland → Heimat
vaterländisch → patriotisch
Vaterlandsfreund → Patriot
Vaterlandsliebe → Patriotismus
Vaterlandssinn → Patriotismus
Vaterlandsverräter → Verräter
väterlich → liebevoll
Vegetarier Rohköstler, Pflanzenköstler, Körnerfresser
vegetarisch fleischlos, pflanzlich, laktovegetarisch
Vegetation → Flora
vegetieren → leben
vehement → energisch, → heftig
Vehemenz → Heftigkeit
Vehikel → Fahrzeug, → Kraftfahrzeug
Velo → Fahrrad
Vene → Ader
Ventil Drossel, Klappe, Verschluss, Hahn, Sicherung, Drucksicherung
Ventilation → Lüftung
Ventilator Lüfter, Luftumwälzer, Gebläse, Propeller, Rotor
verabfolgen → ausgeben, → geben, → eingeben
Verabfolgung → Ausgabe
verabreden → abmachen
verabreden, sich sich treffen, ein Treffen vereinbaren, ein Rendezvous haben
Verabredung 1. Rendezvous, Stelldichein, Treff, Treffen, Tete-a-tete 2. → Abkommen
verabreichen → eingeben
verabsäumen → unterlassen
verabscheuen → ablehnen → verachten, → ekeln, sich
verabscheuenswert → abscheulich, niederträchtig
verabschieden → entlassen, → pensionieren
verabschieden, sich sich empfehlen, Abschied nehmen, Auf Wiedersehen sagen, scheiden, sich trennen
verabsolutieren → verallgemeinern
verachten gering schätzen, gering achten, heruntersehen auf, hinabblicken auf, herabsehen auf, hinunterschauen auf, verabscheuen, hassen, ablehnen, missachten, die Nase rümpfen
verächtlich → abfällig, → ehrlos
verächtlich machen → herabsetzen
Verachtung Geringschätzung, Geringschätzigkeit, Nichtachtung, Missachtung, Abneigung, Abscheu, Hass
verallgemeinern generalisieren, übertragen, abstrahieren, vereinfachen, simplifizieren, vergröbern, verabsolutieren, schablonisieren
Verallgemeinerung Generalisierung, Übertragung, Verabsolutierung, Vereinfachung, Simplifikation, Vergröberung, Schematismus
veraltet → altmodisch
Veranda → Terrasse, → Balkon
veränderlich → unbeständig, → variabel
Veränderlichkeit → Unbeständigkeit
verändern → ändern, → variieren
verändern, sich 1. sich ändern, sich wandeln, sich weiterentwickeln, anders werden, sich bessern 2. → umziehen
Veränderung Änderung, Wandel, Wandlung, Umänderung, Umgestaltung, Umbau, Neuerung, → Variation
verängstigen → einschüchtern
verängstigt → ängstlich, → mutlos
verankern → festschreiben, → befestigen
Verankerung → Festigung
veranlagt → geartet
Veranlagung → Charakter, → Begabung

veranlassen 1. auffordern, anregen, initiieren, einfädeln, einleiten, ins Rollen bringen, bewegen, Anstoß geben, ins Leben rufen 2. → anordnen
Veranlassung → Anlass, → Grund
veranschaulichen verbildlichen, illustrieren, lebendig machen, verlebendigen, vergegenständlichen, konkretisieren, deutlich machen, verdeutlichen, sichtbar machen, darstellen, ausmalen, vor Augen führen, demonstrieren
Veranschaulichung Verbildlichung, Verlebendigung, Bild, Illustrierung, Demonstration, Demonstrierung, Beispiel, Darstellung, Vergegenständlichung, Konkretisierung, Verdeutlichung
veranschlagen ansetzen, anschlagen, überschlagen, vorausberechnen, Voranschlag machen, schätzen, einschätzen
Veranschlagung → Berechnung
veranstalten durchführen, abhalten, feiern, inszenieren, arrangieren, halten, geben, ausrichten, austragen, aufziehen, → organisieren
Veranstalter → Organisator
Veranstaltung 1. Fest, Festival, Session, Konzert, Darbietung, Aufführung 2. Organisation, Organisierung, Arrangement, Arrangierung, Inszenierung, Bewerkstelligung, Durchführung, Abwicklung, Vorbereitung
verantworten die Verantwortung übernehmen, die Verantwortung tragen, verantwortlich sein, verantwortlich zeichnen, haften, einstehen für, geradestehen für, auf seine Kappe nehmen, ausbaden, aufkommen für, die Kastanien aus dem Feuer holen, die Suppe auslöffeln
verantwortlich federführend, zuständig, schuld, schuldig, → haftbar
verantwortlich machen → zuschreiben, → belangen
verantwortlich sein → verantworten
Verantwortlicher → Leiter
Verantwortlichkeit → Verantwortung
Verantwortung Verantwortlichkeit, Haftbarkeit, Zuständigkeit, Schuld, → Haftung, → Verantwortungsgefühl
verantwortungsbewusst verantwortungsvoll, pflichtbewusst, pflichtschuldig, pflichtgemäß, pflichtgetreu, gewissenhaft, zuverlässig
Verantwortungsbewusstsein → Verantwortungsgefühl
Verantwortungsgefühl Verantwortungsbewusstsein, Verantwortung, Pflichtbewusstsein, Pflichtgefühl, Pflichteifer, Pflichttreue, Gewissenhaftigkeit, Zuverlässigkeit
verantwortungslos 1. pflichtvergessen, unverantwortlich, unzuverlässig, unverzeihlich 2. → leichtsinnig
Verantwortungslosigkeit 1. Pflichtvergessenheit, Pflichtvernachlässigung, Unzuverlässigkeit 2. → Leichtsinn
verantwortungsvoll 1. verantwortungsschwer, schwer, belastend, ehrenvoll, wichtig 2. → verantwortungsbewusst
veräppeln → anführen
verarbeiten 1. verdauen, aufarbeiten, fertig werden mit, geistig bewältigen, wegkommen über, überwinden 2. → verwerten
Verarbeitung → Verwertung
verargen → verübeln
verärgern → ärgern
verärgert → ärgerlich
verarmen arm werden, in Armut geraten, verelenden, an den Bettelstab kommen
verarmt → arm
verarschen → anführen
verarzten → behandeln, → verbinden
verästeln, sich → gabeln, sich, → gliedern, sich
verausgaben → ausgeben
verausgaben, sich → anstrengen, sich
verauslagen → leihen
veräußern → verkaufen
Veräußerung → Verkauf
Verb → Verbum
Verbalinjurie → Beleidigung
verballhornen → parodieren, → verunstalten
Verband 1. Binde, Bandage, Einband, Druckverband, Wundverband, Gipsverband, Gips, → Umschlag, → Pflaster 2. → Organisation 3. → Heeresverband
verbannen ächten, bannen, ausweisen, ins Exil schicken, des Landes verweisen, vertreiben, ausstoßen, deportieren
Verbannter → Auswanderer
Verbannung 1. Ächtung, Acht, Bann, Ausweisung, Exilierung, Landesverweis, Vertreibung, Ausstoßung, Ausschluss, Deportation 2. → Exil
verbarrikadieren → versperren
verbarrikadieren, sich → verschanzen, sich
verbeißen, sich → verkrampfen, sich
verbergen verdecken, bedecken, verhüllen, bergen, kaschieren, verstecken, tarnen
verbessern 1. berichtigen, korrigieren, nachbessern, ausarbeiten, überarbeiten, richtig stellen, ergänzen, emendieren, meliorieren 2. aufbessern, veredeln, vervollkommnen, optimieren, verfeinern, ändern, reformieren, erleichtern, → steigern

verbessern, sich → aufsteigen, → bessern, sich
Verbesserung 1. Berichtigung, Korrektur, Nachbesserung, Bearbeitung, Überarbeitung, Durchsicht 2. Änderung, Reform, Erleichterung, Besserung, Fortschritt, Aufbau, Optimierung, Veredelung, Verfeinerung, Vervollkommnung, → Steigerung
verbeugen, sich sich verneigen, einen Diener machen, dienern, knicksen, einen Knicks machen, begrüßen, bewillkommnen
Verbeugung Verneigung, Diener, Bückling, Knicks, Hofknicks, Kratzfuß, Kotau, Kniefall, Referenz, Ehrerweisung, → Begrüßung
verbeulen zerbeulen, einbeulen, , ausbeulen, eindellen, eindrücken, ausweiten, überdehnen
verbiegen → biegen
verbiegen, sich → biegen, sich
verbiestern → verbittern
verbiestert → humorlos
verbieten untersagen, verwehren, versagen, verhindern, sperren, indizieren, mit Zensur belegen, auf den Index setzen, nicht billigen, einschränken
verbildlichen → veranschaulichen
Verbildung → Missbildung
verbilligen → ermäßigen
verbilligt → preiswert
Verbilligung → Abschlag
verbinden 1. fügen, zusammenfügen, koppeln, zusammenkoppeln, verknüpfen, verketten, verflechten, verquicken, vermischen, mischen, zusammensetzen, kombinieren, verzahnen, verkuppeln, kuppeln, ankuppeln, zusammenkuppeln, Kontakt herstellen, zusammenbringen, vereinigen, verschweißen, liieren 2. bandagieren, verarzten, Verband anlegen, einbinden, Pflaster auflegen, umwickeln
verbinden, sich → heiraten, → vereinigen, sich
verbindlich 1. obligatorisch, verpflichtend, bindend, fest, vorgeschrieben, rechtskräftig, → gültig 2. → freundlich
Verbindlichkeit → Schuld, → Freundlichkeit
Verbindung 1. Bindung, Junktur, Kombination, Mischung, Synthese, Verkettung, Verflechtung, Verknüpfung, Verquickung, Verzahnung, Koppelung, Beziehung, Kontakt 2. Burschenschaft, Korps, Corps, Landsmannschaft, Turnerbund, Sängerbund 3. → Vereinigung 4. → Ehe
Verbindungsmann → Informant
verbissen 1. krampfhaft, hartnäckig, unnachgiebig, erbittert, → beharrlich 2. → humorlos
Verbissenheit → Besessenheit, → Humorlosigkeit
verbitten, sich → ablehnen
verbittern erbittern, verbiestern, sich ärgern, Groll hegen
verbittert erbittert, bitter, grollend, verdrießlich, verdrossen, ärgerlich, enttäuscht, getroffen
Verbitterung Erbitterung, Bitterkeit, Groll, Verdrießlichkeit, Verdrossenheit, Enttäuschung, Hass
verblassen 1. ausbleichen, ausgehen, verbleichen, abblassen, verschießen, abschießen, ausschießen, vergilben, → welken 2. → nachlassen
verblasst blass, verblichen, ausgebleicht, ausgeblichen, abgeblasst, verschossen, abgeschossen, vergilbt, verwelkt, → welk
verbleiben → bleiben
verbläuen → verprügeln
verbleibend → übrig
verblendet → fanatisch
Verblendung → Fanatismus, → Blende
verblichen → verblasst
verblöden → verdummen
Verblödung → Schwachsinn
verblüffen → überraschen
verblüffend → erstaunlich, → auffallend
verblüfft → überrascht
Verblüffung → Überraschung
verblühen → vergehen, → welken
verblüht → alt, → welk
verblümen → beschönigen
verblümt → andeutungsweise
verbluten → bluten, → sterben
verbocken → verderben
verbohrt → borniert, → fanatisch
Verbohrtheit → Borniertheit, → Fanatismus
verborgen 1. unsichtbar, versteckt, verdeckt, latent, ruhend, schlummernd, unmerklich, unterschwellig, unter der Oberfläche 2. → geheim
Verbot Untersagung, Tabu, Interdikt, Sperre, Vorschrift, → Zensur
verboten unerlaubt, untersagt, unzulässig, unstatthaft, tabu, nicht genehmigt, schwarz, gesperrt, indiziert, → illegal
Verbotsübertretung → Verfehlung
verbrämen → beschönigen
Verbrauch 1. Verzehr, Konsum, Konsumtion, Bedarf 2. → Abnahme 3. → Verschleiß
verbrauchen 1. verzehren, aufzehren, aufbrauchen, konsumieren, verkonsumieren,

verbraten, verbuttern 2. → ausgeben 3. → verschleißen
Verbraucher → Käufer
verbrauchsgünstig → sparsam
verbraucht → abgenutzt, → erschöpft
Verbrechen Straftat, Delikt, Strafdelikt, .Übeltat, Missetat, Schandtat, Freveltat, Frevel, Gewalttat, Gewaltverbrechen, Kapitalverbrechen, Gräueltat, Sexualverbrechen, Sittlichkeitsverbrechen, Sittlichkeitsdelikt, → Mord
Verbrecher Straftäter, Gelegenheitstäter, Einzeltäter, Ersttäter, Krimineller, Delinquent, Frevler, Straffälliger, Täter, Übeltäter, Rechtsbrecher, Gesetzesbrecher, schwerer Junge, Gewalttäter, Gewaltverbrecher, Sittenstrolch, Schwerverbrecher, Sexualverbrecher, Sittlichkeitsverbrecher, Triebtäter, Erpresser, Entführer, Luftpirat, Bandit, Gangster, → Dieb, → Gauner, → Missetäter, → Mörder
verbrecherisch frevlerisch, frevelhaft, ruchlos, schändlich, → kriminell
verbreiten 1. ausbreiten, ausstreuen, weiterverbreiten, weitergeben, weiterleiten, unter die Leute bringen, ausstrahlen, herumtragen, ausposaunen, breittreten 2. → einführen 3. → kundgeben, → äußern, → ansagen, → bekannt geben
verbreiten, sich 1. sich ausbreiten, sich weiterverbreiten, um sich greifen, sich verzweigen 2. → kursieren
verbreitern → ausdehnen, → erweitern
Verbreiterung → Ausdehnung, → Erweiterung
verbreitet → üblich
Verbreitung 1. Ausbreitung, Weiterverbreitung, Bekanntmachung, Veröffentlichung 2. → Ausmaß
verbrennen 1. niederbrennen, abbrennen, verglimmen, verglühen, verkohlen, verschwelen, in Rauch aufgehen, ein Raub der Flammen werden, zu Asche werden, → brennen 2. dem Feuer übergeben, in Asche legen, einäschern
Verbrennung 1. Brandverletzung, Verletzung, Sonnenbrand 2. → Einäscherung
Verbrennungsrückstand → Asche
verbriefen → gewährleisten
verbringen bringen, durchbringen, → zubringen
Verbringung → Ausweisung, → Deportation
verbrüdern, sich Brüderschaft schließen, Freundschaft schließen, sich befreunden, fraternisieren, sich solidarisieren, encanaillieren, → verbünden, sich
Verbrüderung Fraternisierung, Solidarisierung, Bund, → Verbündung
verbuchen Buch führen über, buchen, registrieren, erfassen, aufnehmen, verzeichnen, auflisten, archivieren, fortschreiben, kodifizieren, eintragen, einschreiben, → aufschreiben
Verbum Verb, Zeitwort, Tätigkeitswort, Tunwort, Vorgangswort
verbummeln → trödeln, → versäumen
Verbund → Netzwerk
verbunden → dankbar, → einig
verbünden, sich sich zusammenschließen, sich zusammentun, sich verbrüdern, ein Bündnis schließen, konföderieren, paktieren, zusammengehen, koalieren, → vereinigen, sich, → verschwören, sich
Verbundenheit → Dankbarkeit, → Freundschaft
Verbündeter Bündnispartner, Koalitionspartner, Bundesgenosse, Alliierter, Föderierter, Konföderierter, → Komplize
Verbundnetz → Netzwerk
Verbündung Zusammenschluss, Verbrüderung, Bund, Bündnis
verbürgen → versichern
verbürgen, sich → bürgen
verbürgerlichen → anpassen, sich
verbürgerlicht → spießbürgerlich
verbürgt → beglaubigt
verbüßen → abbüßen
Verdacht Ahnung, Einflüsterung, Befürchtung, Argwohn, Zweifel, Misstrauen, Skepsis, Bedenken
verdächtig suspekt, obskur, ominös, zweifelhaft, nicht geheuer, zwielichtig, → seltsam
verdächtigen Verdacht hegen, in Verdacht haben, misstrauen, argwöhnen, unterstellen, unterschieben, verleumden, → beschuldigen
Verdächtigung Unterstellung, Verleumdung, → Beschuldigung
Verdachtsmoment → Beweismaterial
verdammen → ächten, → verfluchen, → verurteilen
verdammenswürdig → verwerflich
Verdammung → Ächtung, → Verurteilung
verdampfen → dämpfen, → verdunsten
verdanken danken, schulden, verpflichtet sein, sich verpflichtet fühlen, verbunden sein
verdaulich → bekömmlich
Verdauungsstörung → Verstopfung
Verdeck → Plane
verdecken → verbergen, → bedecken
verdeckt → geheim, → verborgen
verdenken → verübeln
Verderb Verderbnis, Verlust, Zerstörung

verderben 1. verpfuschen, vermasseln, verpatzen, verkorksen, vermurksen, verhunzen, versieben, verfuhrwerken, versauen, verbocken, die Zukunft verbauen, sich 2. vergiften, verseuchen, verpesten, beschädigen, ruinieren, herunterwirtschaften, herabziehen, hinabziehen, ins Verderben reißen 3. → verleiden 4. → faulen
Verderben Untergang, Abgrund, Unheil, Unglück, schlimmes Ende, Ruin, Zerstörung, Zerfall
Verderben bringend → verderblich
verderblich schädlich, ruinös, böse, schlecht, unheilvoll, Unheil bringend, Verderben bringend
Verderbnis → Verderb
verderbt → entartet, → verdorben
verdeutlichen konkretisieren, präzisieren, begründen, klarmachen, → erklären, → veranschaulichen
Verdeutlichung → Erklärung
verdichten → konzentrieren
verdichten, sich → zunehmen
verdichtet → dichterisch, → dicht
verdicken → anschwellen, → eindicken
Verdickung → Beule
verdienen 1. einnehmen, bekommen, beziehen, gewinnen, profitieren, kriegen, erhalten, Geld machen 2. zukommen, zustehen, gebühren, gehören
Verdienst 1. Leistung, Meriten, Werk, Tat, Großtat 2. → Gewinn 3. → Lohn
Verdienstkreuz → Orden
Verdienstspanne → Gewinnspanne
verdienstvoll lobenswert, löblich, rühmlich, ruhmvoll, dankenswert, anerkennenswert, ehrenvoll
verdient → angesehen, → gerecht
verdientermaßen → gerecht
Verdikt → Bann, → Urteil
verdingen, sich in Dienst gehen, Arbeit nehmen, einen Auftrag annehmen
verdoppeln verzweifachen, erhöhen, aufstocken, doppeln, duplizieren, dublieren, → vervielfachen
verdorben 1. schlecht, gammelig, ranzig, schimmlig, faul, verfault, stichig, angestochen, ungenießbar 2. verderbt, verkommen, entartet, verworfen, heruntergekommen, schmutzig, dreckig, anstößig, lasterhaft, schamlos
Verdorbenheit Verderbtheit, Verkommenheit, Verworfenheit, Entartung, Schlechtigkeit, Lasterhaftigkeit, Schamlosigkeit, Sittenlosigkeit
verdorren → vertrocknen
verdrängen 1. wegdrängen, abdrängen, zurückdrängen, wegschieben, beiseite drängen, zur Seite schieben, auf die Straße stoßen, in den Hintergrund drängen, an die Wand spielen, unterdrücken, ausstechen, aus dem Felde schlagen, vertreiben, überholen, ausbooten 2. kompensieren, ignorieren, unterdrücken, ersticken, wegsehen, nicht wahrhaben wollen, aus dem Bewusstsein verbannen
verdreckt → schmutzig
verdrehen → verfälschen
verdrehen, sich → winden, sich
verdreht → krumm, → verkehrt
Verdrehung → Verfälschung, → Verkehrung, → Verstauchung
verdreschen → verprügeln
verdrießen → missfallen
verdrießlich → schlecht gelaunt
Verdrießlichkeit → Unzufriedenheit
verdrossen → schlecht gelaunt
Verdrossenheit → Verbitterung
verdrücken, sich → davonmachen, sich
Verdruss → Unannehmlichkeit, → Unzufriedenheit
verduften → fliehen, → davonmachen, sich
verdummen 1. dumm machen, verderben, vernebeln, geistig unterfordern 2. dumm werden, verblöden, vertrotteln, geistig verwahrlosen, verbauern, versimpeln
verdunkeln 1. abschirmen, abdunkeln, abblenden, verfinstern, bedecken, zuhängen 2. → verschleiern
verdunkeln, sich → verfinstern, sich
Verdunkelung → Blende
verdünnen verwässern, verlängern, strecken, panschen, mischen, vermischen
verdunsten 1. sich verflüchtigen, verfliegen, verdampfen, vergasen, verrauchen, sich in Luft auflösen, schwinden 2. → dampfen
verdüstern, sich → bewölken, sich, → verfinstern, sich
verdutzt → überrascht
verebben → abebben
veredeln 1. raffinieren, verfeinern, heben, okulieren, pfropfen, impfen 2. → verbessern
Veredlung → Kreuzung, → Verbesserung
verehelichen, sich → heiraten
verehren 1. bewundern, achten, aufschauen, aufblicken, huldigen, lieben, hoch schätzen, anbeten, vergöttern, auf Händen tragen, zu Füßen liegen 2. → schenken
Verehrer → Anhänger, → Geliebter
verehrt → angesehen, → bejubelt
Verehrung Bewunderung, Achtung, Hochachtung, Hochschätzung, Liebe, Anbetung, Vergötterung, Kult

vereidigen vereiden, unter Eid nehmen, den Eid abnehmen, durch Eid verpflichten, in Pflicht nehmen, schwören lassen
Verein → Organisation
vereinbaren ausmachen, absprechen, abschließen, übereinkommen, verabreden, festlegen, aushandeln, handelseinig werden, abkarten, → beschließen
Vereinbarung Absprache, Übereinkunft, Verabredung, Festlegung, Abkommen, Bedingung, Vertrag, → Beschluss
vereinen → vereinigen
vereinfachen → verallgemeinern, → rationalisieren, → vereinheitlichen
Vereinfachung → Verallgemeinerung, → Vereinheitlichung
vereinheitlichen vereinfachen, gleichmachen, normen, normieren, standardisieren, typisieren, schematisieren, eichen, kanonisieren, uniformieren
Vereinheitlichung Vereinfachung, Normierung, Normung, Standardisierung, Typisierung, Schematisierung, Kanonisierung, Uniformierung
vereinigen 1. vereinen, einen, einigen, integrieren, zusammenschließen, zusammenführen, zusammenlegen, sammeln 2. → verbinden
vereinigen, sich 1. sich verbinden, fusionieren, verschmelzen, zusammenfließen, zusammenlaufen, ineinander fließen, sich zusammenschließen, sich organisieren, → verbünden, sich 2. → koitieren
vereinigt → beisammen, → vereint
Vereinigung 1. Fusion, Verschmelzung, Zusammenschluss, Zusammenführung, Verbindung, Integration, Einbeziehung 2. Bund, Gemeinschaft, Block, Ring, → Partei, → Organisation 3. → Koitus
vereinnahmen 1. besetzen, besetzt halten, mit Beschlag belegen, völlig beanspruchen 2. → einnehmen
vereinsamt → einsam
Vereinsamung → Einsamkeit
Vereinsheim Klubhaus, Klub, Club, Heim, Kasino, Schützenhaus
vereint 1. vereinigt, einig, im Verein, gemeinschaftlich, geschlossen, gemeinsam, solidarisch 2. → beisammen
vereinzelt 1. stellenweise, streckenweise, manchmal, partikulär partikular, singulär, gelegentlich, hier und da, da und dort, verstreut, selten, sporadisch 2. → einzeln 3. → einsam
Vereinzelung → Einsamkeit
vereisen → gefrieren
vereiteln → verhindern, → hintertreiben
Vereitelung → Verhinderung, → Hintertreibung
verelenden → verarmen
verelendet → arm
Verelendung → Armut, → Elend
verenden → sterben
verengen, sich sich verjüngen, konisch zulaufen, spitz zulaufen, sich zuspitzen, zusammenlaufen
vererben hinterlassen, nachlassen, vermachen, vermachen, überlassen, überschreiben
verfahren → vorgehen
verfahren mit → behandeln
verfahren, sich → verirren, sich
Verfahren → Methode, → Prozess
Verfall Niedergang, Untergang, Abstieg, Neige, Zerfall, Zersetzung, Auflösung, Fäulnis, Verwesung, → Entartung
verfallen 1. niedergehen, untergehen, absterben, zerfallen, sich auflösen, → entarten 2. ablaufen, auslaufen, enden, ungültig werden, außer Kraft treten, verjähren 3. → verwahrlosen 4. → altern
verfallen 1. ungültig, abgelaufen, ausgelaufen, verjährt, nichtig 2. → gebrechlich 3. → abhängig 4. → heruntergekommen
verfälschen entstellen, falsch darstellen, verzerren, verdrehen, entstellen, etwas auf den Kopf stellen, verzeichnen, überzeichnen, übertreiben, ummünzen, umkehren, klittern, → beschönigen
Verfälschung Einstellung, Verzerrung, Verdrehung, Verzeichnung, Überzeichnung, Übertreibung, Klitterung, Beschönigung, Lüge, Täuschung
verfangen → wirken
verfangen, sich 1. sich verheddern, sich verstricken, hängen bleiben 2. ins Netz geraten, nicht mehr ein noch aus wissen, sich in Widersprüche verwickeln
verfänglich → verführerisch
verfassen abfassen, anfertigen, verfertigen, schreiben, konzipieren, aufsetzen, formulieren, ausarbeiten
Verfasser → Schriftsteller
Verfassung 1. Staatsordnung, Gesellschaftsordnung, Grundgesetz, Konstitution 2. → Befinden 3. → Stimmung
verfassungsgemäß → legal
verfaulen → faulen
verfechten → rechtfertigen, → vertreten
verfehlen 1. verpassen, nicht begegnen, aneinander vorbeilaufen 2. fehlen, fehlschießen, vorbeischießen, danebenschießen, danebentreffen, danebenhauen

verfehlt → falsch, → unangemessen
Verfehlung Fehltritt, Sünde, Versündigung, Übertretung, Verbotsübertretung, Gebotsverletzung, Entgleisung, Fauxpas, → Vergehen
verfeinden, sich → überwerfen, sich
verfeindet → feindlich, → zerstritten
verfeinern veredeln, heben, erhöhen, kultivieren, sublimieren, → verbessern
verfeinert kultiviert, zivilisiert, gepflegt, gehoben, sublim, → anspruchsvoll, → raffiniert
Verfeinerung Veredelung, feiner Geschmack, Geschmacksverfeinerung, Kultivierung, Raffinesse, → Verbesserung
verfemen → brandmarken
Verfemung → Ächtung
verfertigen → anfertigen, → herstellen
verfestigen, sich → erstarren, → setzen, sich
verfilmen auf die Leinwand bringen, einen Film drehen, filmisch darstellen, filmisch umsetzen, filmisch gestalten, → dramatisieren, → filmen
Verfilzung → Verflechtung
verfinstern, sich sich verdunkeln, dunkel werden, sich verdüstern, → bewölken, sich
verflachen oberflächlich werden, verwässern, banalisieren, vereinfachen, seicht machen
Verflachung → Oberflächlichkeit
verflechten → verbinden
Verflechtung Verschlingung, Verkoppelung, Verfilzung, Verschachtelung, Unentwirrbarkeit, → Verbindung
verfliegen → verdunsten, → vergehen
verfließen → vergehen, → verschwimmen
verflossen → ehemalig
verfluchen 1. verwünschen, verdammen, fluchen, vermaledeien, zum Teufel schicken, etwas an den Hals wünschen, etwas herabwünschen 2. → bereuen
verflucht → sehr
verflüchtigen, sich → verdunsten
Verfluchung → Fluch
verflüssigen → auflösen, → schmelzen
verfolgen 1. nachstellen, nachsetzen, nachjagen, nacheilen, hinterherjagen, nachspüren, heimsuchen, jagen, sich an jemandes Sohlen heften, auf den Fersen bleiben, nachsteigen 2. → nachlaufen 3. → bedrängen 4. → ausüben
Verfolger → Häscher
Verfolgung Nachstellung, Pogrom, Hetze, Jagd, Verfolgungsjagd, Kesseltreiben
Verfolgungswahn → Bewusstseinsstörung
verformbar → elastisch, → plastisch
verformen → deformieren
verformen, sich → verziehen, sich
Verformung → Deformation, → Dehnung
verfranzen, sich → verirren, sich
verfressen → gefräßig
verfrüht → vorzeitig
verfügbar disponibel, parat, präsent, bereit, vorhanden
verfügen → anordnen, → entscheiden
verfügen über → haben, → besitzen
Verfügung → Anordnung, → Erlass
Verfügungsgewalt → Berechtigung
verführbar → bestechlich, → willensschwach
verführen 1. anstiften, verleiten, in Versuchung führen, versuchen, verlocken, bestechen, reizen 2. umgarnen, umstricken, bestricken, bezirzen, betören, ins Netz locken
Verführer → Wüstling → Frauenheld, → Anstifter
Verführerin → Vamp
verführerisch 1. verfänglich, verlockend, einladend 2. bestrickend, berückend, betörend, bezaubernd, sexy, unwiderstehlich
Verführung 1. Verlockung, Lockung, Reiz, Betörung, Bezauberung, Verleitung, Berückung, Bann 2. → Versuchung 3. → Beeinflussung
Vergabe → Ausgabe
vergällen → verleiden
vergammeln → faulen
vergangen → ehemalig
Vergangenheit Gestern, Verflossenes, Gewesenes, Geschichte, frühere Zeiten, Vorzeit, Frühzeit, Urzeit
vergänglich endlich, sterblich, irdisch, kurz, von kurzer Dauer, kurzlebig, zeitlich, flüchtig, begrenzt, vorübergehend
Vergänglichkeit Endlichkeit, Sterblichkeit, Kurzlebigkeit, Flüchtigkeit, Zeitlichkeit, Begrenztheit, Kürze
vergeben → ausgeben, → verzeihen
vergebens → vergeblich
vergeblich umsonst, vergebens, nutzlos, fruchtlos, zwecklos, für nichts und wieder nichts, für die Katz, → erfolglos
Vergebung → Verzeihung, → Freispruch, → Ablass
vergegenständlichen → veranschaulichen
vergegenwärtigen, sich → vorstellen, sich
vergehen 1. vorbeigehen, vorübergehen, verstreichen, verfließen, verrinnen, dahinrinnen, dahinschleichen, schleichen, verfliegen, ins Land gehen 2. dahingehen, dahinschwinden, verrauchen, verpuffen, verwehen, ver-

rauschen, entfliehen, entschwinden, verblühen, verwelken, zwischen den Fingern zerrinnen, zergehen, sich auflösen, erlöschen, verlöschen, versinken, aufhören, → untergehen
vergehen, sich 1. das Gesetz brechen, Schuld auf sich laden, sich etwas zu Schulden kommen lassen, unrecht tun, verstoßen gegen, sich strafbar machen, straffällig werden, → sündigen 2. → notzüchtigen
Vergehen Unrecht, Schuld, Fehler, Verstoß, Delikt, Straftat, Verbrechen, → Verfehlung
vergeistigen verinnerlichen, beseelen, veredeln, vertiefen, emporheben
vergeistigt 1. durchgeistigt, durchdrungen, beseelt, verinnerlicht 2. → zerstreut
vergelten 1. entgelten, lohnen, danken, sich revanchieren, ersetzen, sich erkenntlich zeigen, belohnen 2. heimzahlen, zurückzahlen, rächen, ahnden, wettmachen, abrechnen, Genugtuung fordern, → bestrafen
Vergeltung 1. Rache, Revanche, Feme, Heimzahlung, Gegenschlag, Befreiungsschlag, Vergeltungsschlag, Vergeltungsmaßnahme, Rache, Rachefeldzug, Repressalie, Abrechnung, Ahndung, → Bestrafung 2. → Dank
Vergeltungsdrang → Unversöhnlichkeit
Vergeltungsmaßnahme → Vergeltung
Vergeltungsschlag → Vergeltung
vergesellschaften → verstaatlichen
vergessen 1. entfallen, sich nicht mehr entsinnen, ein Black-out haben, nicht behalten, nicht denken an, einen Filmriss haben, aus dem Gedächtnis verlieren, verlernen 2. → versäumen
vergessen, sich → aufbrauen, → entgleisen
Vergessenheit Vergessen, Schattendasein, Leben im Verborgenen, Dunkel, Unbekanntheit, Namenlosigkeit, Nichts
vergesslich 1. gedächtnisschwach, erinnerungslos 2. gedankenlos, zerstreut, unzuverlässig, nachlässig
Vergesslichkeit 1. Gedächtnisschwäche, → Gedächtnisverlust 2. Gedankenlosigkeit, Zerstreutheit, Unzuverlässigkeit
vergeuden → verschwenden
Vergeudung → Verschwendung
vergewaltigen → notzüchtigen
Vergewaltigung → Notzucht
vergewissern, sich → überzeugen, sich
vergießen → verschütten
vergiften → verderben
vergiften, sich → umbringen, sich
vergilben → verblassen
vergittern → umzäunen
Vergleich 1. Gegenüberstellung, Konfrontierung, Konfrontation, Nebeneinanderstellung, Abwägung, Vergleichung 2. → Einigung, → Kompromiss 3. → Bild
vergleichbar ähnlich, analog, parallel, entsprechend, ebenbürtig, gleichwertig, gleichartig
vergleichen gegenüberstellen, nebeneinander stellen, nebeneinander halten, konfrontieren, Vergleich anstellen, Parallelen ziehen, vergleichsweise beurteilen, prüfen, kollationieren, → gleichsetzen
vergleichen, sich → einigen, sich, → messen, sich
vergleichsweise → verhältnismäßig
verglichen gegenüber, im Verhältnis, gemessen an, wenn man betrachtet
verglimmen → erlöschen
verglühen → durchbrennen, → erlöschen
vergnügen → belustigen
vergnügen, sich sich unterhalten, sich zerstreuen, sich die Zeit vertreiben, Spaß haben, sich amüsieren, ausgehen, sich verlustieren, sich ausleben
Vergnügen 1. Unterhaltung, Belustigung, Zeitvertreib, Amüsement, Pläsier, → Fest 2. Genuss, Freude, Lust, Spaß, Gaudi
vergnüglich → fröhlich, → heiter
vergnügt → fröhlich, → heiter, → lustig
Vergnügtheit → Heiterkeit
Vergnügung → Belustigung, → Fest
Vergnügungsfahrt → Ausflug
vergönnen → gewähren
vergotten → heiligen, → idealisieren
vergöttern → anbeten, → lieben
vergraben eingraben, einscharren, einbuddeln, verscharren, verbuddeln, in die Erde senken
vergrätzt → beleidigt
vergraulen → verscheuchen
vergreifen, sich → entgleisen, → notzüchtigen
vergreisen → altern
Vergreisung → Greisenhaftigkeit
vergröbern → verallgemeinern
Vergröberung → Verallgemeinerung
vergrößern erweitern, ausweiten, ausbauen, mehren, vermehren, vervielfachen, → steigern
vergrößern, sich → zunehmen
Vergrößerung 1. Erweiterung, Ausweitung, Ausbau, Anschwellung, Auswuchs, Zunahme, → Steigerung 2. → Fotografie
Vergrößerungsglas → Lupe
Vergünstigung → Privileg
vergüten → bezahlen, → entlohnen

Vergütung → Bezahlung, → Lohn, → Zulage
verhackstücken → zerhacken
verhaften festnehmen, gefangen nehmen, inhaftieren, abführen, abholen, holen, dingfest machen, in Gewahrsam nehmen, in Haft nehmen, in Verhaft nehmen, einsperren, sistieren, arretieren, in Arrest bringen, → ergreifen
Verhaftung Festnahme, Festsetzung, Inhaftierung, Inhaftnahme, Gefangennahme, Gewahrsam, Ergreifung, Sistierung, Arretierung
verhallen verklingen, ausklingen, ausschwingen, austönen, verrollen, verstummen, aufhören
verhalten → zurückhalten
verhalten, sich 1. sich halten, sich aufführen, auftreten, sich anstellen, verfahren, vorgehen, → benehmen, sich 2. → reagieren
verhalten → leise
Verhalten → Reaktion, → Benehmen
Verhältnis 1. Relation, Korrelation, Wechselbeziehung, Interdependenz, Interaktion, Bezug, Beziehung, Stellung, Stand 2. Liebesverhältnis, Liebschaft, Liebelei, Liebesgeschichte, Romanze, Flirt, Affäre, Techtelmechtel, Poussage, Poussade, Liaison, intime Beziehung, → Beziehung 3. → Geliebte(r)
verhältnismäßig relativ, vergleichsweise, entsprechend, im Verhältnis, ziemlich, leidlich
Verhältnisse → Situation
verhandeln 1. unterhandeln, in Verhandlungen eintreten, vermitteln, besprechen, beraten 2. → handeln 3. → erörtern
Verhandlung 1. Unterhandlung, Vermittlung, Besprechung, Beratung, klärendes Gespräch 2. → Erörterung 3. → Prozess
verhangen → bewölkt
verhängen → verhüllen, → erlassen
Verhängnis → Unglück, → Schicksal
verhängnisvoll folgenschwer, schicksalhaft, bedauerlich, fatal, tragisch, schlimm, unglücklich, unglückselig, unselig, Unheil bringend
verharmlosen bagatellisieren, verniedlichen, herunterspielen, abwiegeln, → beschönigen
verharren → bleiben
verhärten → abstumpfen
verhärten, sich → verkrampfen, sich
verhärtet → gefühllos
verhaspeln, sich → versprechen, sich
verhasst → unbeliebt, → unsympathisch
verhätscheln → verwöhnen
Verhau → Hindernis, → Verschlag
verhauen → verprügeln
verhauen, sich → irren, sich
verheddern, sich → verfangen, sich, → versprechen, sich
verheeren → brandschatzen, → zerstören
verhehlen → verschweigen
verheilen → heilen
verheimlichen → verschweigen
Verheimlichung Verschweigung, Geheimhaltung, Verdunkelung, Verbergung, → Heimlichtuerei
verheiraten antrauen, zur Ehe geben, zur Frau geben, zum Manne geben, an den Mann bringen, unter die Haube bringen, verkuppeln
verheiraten, sich → heiraten
verheißen → versprechen
Verheißung → Versprechung
verheißungsvoll → Erfolg versprechend
verheizen → opfern
verhelfen → ermöglichen, → verschaffen
verherrlichen glorifizieren, bejubeln, feiern, anbeten, vergöttern, in den Himmel heben, → loben
verherrlicht → bejubelt
Verherrlichung Glorifizierung, Verehrung, Anbetung, Lobpreis, Preis, Vergötterung, Apotheose
verhetzen → anstiften
Verhetzung → Hetze
verhexen behexen, verzaubern, verwandeln, verwünschen
verhindern abwenden, unterbinden, vereiteln, verhüten, abbiegen, aufhalten, bekämpfen, hintertreiben, niederschlagen, → sabotieren, → hindern
Verhinderung Abwendung, Unterbindung, Vereitelung, Hinderung, Hindernis, Hintertreibung, Niederschlagung, Abwendung, Abwehr
verhöhnen → verspotten, → spotten
verhohnepipeln → verspotten
Verhöhnung → Spott, → Gotteslästerung
verhökern → verkaufen
Verhör Befragung, Anhörung, Vernehmung, Einvernahme, Kreuzverhör, Ausfragung, Inquisition, Untersuchung
verhören befragen, anhören, vernehmen, einvernehmen, ins Kreuzverhör nehmen, ins Verhör nehmen, ausfragen, inquirieren, untersuchen, → fragen
verhüllen 1. einhüllen, umhüllen, hüllen in, vermummen, verhängen, zuhängen, verschleiern, → verbergen, → bedecken 2. → vertuschen

verhüllen, sich → einhüllen, sich
Verhüllung → Tarnung, → Umschreibung
verhunzen → verderben, → verunstalten
verhüten → verhindern, → abwehren, → vorbeugen
Verhütung → Vorbeugung
verhutzelt → verrunzelt
Verifizierung → Beweis
verinnerlicht → empfindsam, → vergeistigt
verirren, sich sich verlaufen, irregehen, in die Irre gehen, sich verfahren, sich verfranzen, die Orientierung verlieren, den Weg verlieren, vom Weg abkommen, abirren, sich verlieren
verjagen → vertreiben
verjubeln → verschwenden
verjüngen, sich → verengen, sich
Verjüngung → Erneuerung
verkalkt → alt, → greisenhaft
Verkalkung → Greisenhaftigkeit
verkannt → unbeachtet
verkappen, sich → verkleiden, sich
verkappt → heimlich
verkarstet → felsig, → öde
Verkauf Veräußerung, Abgabe, Absatz, Umschlag, Handel, Vertrieb, → Ausverkauf
verkaufen veräußern, abgeben, verhökern, anbringen, an den Mann bringen, feilbieten, feilhalten, verschieben, handeln, auf den Markt bringen, absetzen, vertreiben, versilbern, zu Geld machen, verscherbeln, verschachern, verscheuern, verkitschen, verklitschen, verkloppen, losschlagen, abstoßen, → ausverkaufen
verkaufen, sich → prostituieren, sich
Verkäufer Lieferant, Hausierer, Händler, Gehilfe, → Vertreter
verkäuflich zum Verkauf, zu verkaufen, feil
Verkaufsförderung → Werbung
Verkaufsmesse → Messe
Verkaufspreis → Preis
Verkaufsschlager Renner, Hit, Knüller, Kassenschlager, Kassenmagnet, Seller, Bestseller, Millionenseller
Verkaufsstelle → Geschäft
Verkaufstisch → Theke
Verkehr 1. Bewegung, Betrieb, Getriebe, Trubel, Straßenverkehr, Autoverkehr 2. Umgang, Begegnung, Korrespondenz 3. → Koitus
verkehren umgehen mit, Umgang haben mit, zusammenkommen mit, Kontakt haben mit, sich einlassen mit, sich treffen, sich sehen, besuchen, aufsuchen, korrespondieren, sich schreiben
Verkehrsmittel → Flugzeug, Kraftfahrzeug
Verkehrspolizei → Polizei
Verkehrsschild → Wegweiser
Verkehrsstau → Verkehrsverdichtung
Verkehrsunfall → Unfall
Verkehrsverbindung Verbindung, Anschluss, Anschlusszug
Verkehrsverbund → Netzwerk
verkehrt 1. verdreht, umgekehrt, verkehrt herum, seitenverkehrt, spiegelverkehrt, Kopf stehend 2. → falsch
verkehrt herum → verkehrt
Verkehrung Verdrehung, Umkehrung, Pervertierung
verkennen → missverstehen
Verkennung → Missverständnis
verketten → verbinden
Verkettung → Verbindung
verkitschen → verkaufen
verkitscht → tränenselig
verklagen → anklagen, → prozessieren
Verklagter → Angeklagter
verklammern → befestigen
verklären → idealisieren
verkleben → klumpen
verkleckern → verschütten
verkleiden täfeln, vertäfeln, verschalen, bespannen, bekleben, überziehen, auskleiden, ausschlagen
verkleiden, sich sich kostümieren, sich maskieren, sich verkappen, sich vermummen, sich tarnen, sich verbergen
Verkleidung 1. Kostümierung, Maskierung, Maskerade, Maske, Fastnachtskleid, Verhüllung, Hülle, Vermummung, Tarnung, Tarnanzug 2. Täfelung, Vertäfelung, Verschalung, Decke, Einband, Blende
verkleinern → verringern, → kürzen
verkleinern, sich → einschränken, sich
Verkleinerung → Verringerung
verklemmt → eingeklemmt, → schüchtern
Verklemmtheit → Schüchternheit
verklingen → verhallen
verkloppen → verprügeln, → verkaufen
verklumpen → klumpen
verknacksen → verstauchen
verknallen, sich → verlieben, sich
Verknappung → Mangel
verkneifen, sich → unterlassen
verkniffen → humorlos
verknöchern → altern
verknöchert → hart
verknoten verknüpfen, zusammenknoten, verschlingen, ineinander schlingen, verfilzen, verflechten, → flechten, → zubinden
verknüllen → zerknüllen
verknüpfen → verbinden, → verknoten
Verknüpfung → Verbindung

verkohlen → anführen, → lügen, → verbrennen
verkommen → faulen, → verwahrlosen
verkommen lassen → vernachlässigen
verkommen → heruntergekommen, → verdorben, → unkeusch
Verkommenheit → Verdorbenheit, → Unkeuschheit
verkonsumieren → aufessen, → verbrauchen
verkopft → intellektuell
Verkoppelung → Verflechtung
verkorken → verschließen
verkorksen → verderben
verkörpern → darstellen
Verkörperung → Inbegriff
verkosten → kosten
verköstigen → bewirten, → ernähren
Verköstigung → Ernährung, → Bewirtung
verkrachen, sich → überwerfen, sich
verkracht → gescheitert, → zerstritten
verkraften → ertragen
verkrampfen, sich 1. sich verhärten, hart werden, sich verspannen, steif werden 2. gehemmt werden, unfrei werden, befangen werden 3. sich versteifen, sich verrennen, nicht lockerlassen, nicht ablassen, sich verbeißen, sich festbeißen, sich verbohren
verkrampft → schüchtern
Verkrampfung → Schüchternheit
verkriechen, sich → absondern, sich
verkritzeln → verunreinigen
verkrümeln, sich → davonmachen, sich
verkrüppelt → verwachsen
verkühlen, sich → erkälten, sich
Verkühlung → Erkältung
verkümmern → rückbilden, sich
verkümmert → rudimentär
Verkümmerung → Rückbildung
verkünden → bekannt geben
verkündigen → bekannt geben
Verkündigung → Bekanntgabe
Verkündung → Bekanntgabe
verkünsteln, sich → machen
verkünstelt → barock
verkuppeln → verbinden, → verheiraten
Verkuppelung → Kuppelei
verkürzen → beschneiden, → kürzen
verlachen → auslachen
verladen → laden
verlangen 1. begehren, gelüsten, sich sehnen, wollen, wünschen, trachten, lechzen nach, dürsten nach 2. → fordern 3. → erfordern
Verlangen 1. Drang, Trieb, Lust, Sehnsucht, Begehren, Begierde, Bedürfnis, Wollen, Wünschen, Streben, Trachten 2. → Forderung
verlangend → sehnsüchtig
verlängern 1. ausdehnen, dehnen, verzögern, prolongieren 2. → stunden 3. → verdünnen
verlängert → aufgeschoben
Verlängerung Ausdehnung, Verzögerung, Prolongierung, Prolongation, Stundung
verlangsamen → aufhalten, → bremsen, → verzögern
Verlangsamung → Verzögerung
verlassen 1. hinausgehen, räumen, seine Sachen packen, aufgeben, sich trennen, abgehen, austreten 2. zurücklassen, allein lassen, im Stich lassen, → versetzen
verlassen, sich bauen auf, vertrauen auf, rechnen mit, zählen auf, sich stützen auf
verlassen → einsam, → menschenleer
verlässlich → bewährt, → zuverlässig
Verlässlichkeit → Zuverlässigkeit
Verlauf → Ablauf, → Tendenz
verlaufen → ablaufen
verlaufen, sich 1. sich auflösen, sich zerstreuen, auseinander laufen, auseinander gehen, abnehmen, weniger werden 2. → verirren, sich
verlautbaren → bekannt geben
Verlautbarung → Bekanntgabe
verlauten lassen → bekannt geben
verleben → zubringen
verlebendigen → veranschaulichen
verlebt verbraucht, ausgezehrt, ausgemergelt, abgetakelt, mitgenommen, alt
verlegen 1. umlegen, umplanen, umdisponieren, verschieben, aufschieben, vertagen 2. → evakuieren 3. → edieren 4. → verlieren
verlegen, sich → beschäftigen, sich
verlegen beschämt, schamrot, betreten, befangen, kleinlaut, verwirrt, hilflos
Verlegenheit 1. Notlage, Schwierigkeit, Dilemma, Zwangslage, Klemme, Schlamassel, Kalamität, Bredouille, Zwiespalt, Zwickmühle, Unschlüssigkeit 2. Betretenheit, Beschämtheit, Verschämtheit, Scheu, Hilflosigkeit
verleiden verderben, trüben, vermiesen, mies machen, madig machen, versalzen, vergällen, verekeln, die Lust nehmen
verleidet → überdrüssig
verleihen → leihen, → geben
verleiten → anstiften, → verführen
verlesen → aussondern, → vortragen, → ansagen
verletzbar → empfindlich
Verletzbarkeit → Empfindlichkeit

verletzen 1. verwunden, versehren, blessieren, eine Wunde beibringen, lädieren 2. kränken, vor den Kopf stoßen, treffen, einen Stich versetzen, zu nahe treten, angreifen, ärgern, beleidigen, → anstoßen 3. missfallen, schmerzen, wehtun 4. → verstoßen 5. → beschädigen
verletzend kränkend, beleidigend, arrogant, verächtlich, geringschätzig, zynisch
verletzlich → empfindlich
Verletzlichkeit → Empfindlichkeit
verletzt → gekränkt, → beschädigt
Verletzter → Verwundeter
Verletzung 1. Verwundung, Wunde, Trauma, Bruch, Biss, Stich, Quetschung, → Verstauchung 2. Kränkung, Beleidigung, Angriff 3. → Verstoß 4. → Schaden
verleugnen → leugnen, → widerrufen
verleumden → diffamieren, diskreditieren, in Verruf bringen, verlästern, verunglimpfen, anschwärzen, herabsetzen, herabwürdigen, schlecht machen, verdächtigen, schmähen, die Ehre abschneiden, in ein schlechtes Licht rücken, übel nachreden
Verleumder Ehrabschneider, Denunziant, Lästerer
Verleumdung Diffamierung, Diskreditierung, Ehrabschneidung, Herabsetzung, Verdächtigung, Verunglimpfung, üble Nachrede, Rufmord, → Gerücht
verlieben, sich sich vergucken, sich vergaffen, sich verknallen, sich verhauen, sein Herz verlieren, sich vernarren in, Feuer fangen, entbrennen, → lieben
verliebt zugetan, hold, verknallt, verschossen, entbrannt, vernarrt, schwärmerisch
verliebt sein → lieben
Verliebtheit → Liebe
verlieren 1. verlegen, verschlampen, wegkommen, fortkommen, abhanden kommen, kommen um, loswerden, einbüßen, verlustig gehen, vermissen, nicht mehr finden 2. → verwirken 3. → unterliegen
Verlies → Gefängnis
verloben, sich jemandem die Ehe versprechen, sich einander versprechen, sich die Treue schwören, heiraten wollen, das Aufgebot bestellen, sich binden, sich das Jawort geben, → heiraten
Verlobte → Braut
Verlobter → Bräutigam
Verlobung → Aufgebot
verlocken → anziehen, → locken
verlockend → anziehend, → verführerisch
Verlockung → Verführung, → Reiz, → Versuchung
verlogen → unehrlich
Verlogenheit → Unehrlichkeit
verloren 1. zerronnen, vorbei, dahin, abhanden, weg, unwiederbringlich, unersetzlich, unrettbar, futsch, flöten, → erledigt 2. → verschollen
verloren gehen abhanden kommen, flöten gehen, verschütt gehen, hopsgehen, verschwinden, in die Binsen gehen
verlöschen → erlöschen, → vergehen
verlosen → losen
verlottern → verwahrlosen
verlottert → heruntergekommen
Verlust Einbuße, Opfer, Abnahme, Wegfall, Ausfall, Schaden, Verderb, Schwund, Ruin
Verlust bringend → rückläufig
Verlustangst → Liebeskummer
verlustig gehen → verlieren
vermachen → schenken, → vererben
Vermächtnis → Erbe, → Testament
vermählen, sich → heiraten
Vermählung → Hochzeit
vermaledeien → verfluchen
vermasseln → verderben, → versäumen
Vermassung → Gleichmacherei
vermehren mehren, steigern, vervielfachen, häufen, vergrößern, hinzufügen
vermehren, sich → zunehmen, → fortpflanzen, sich
vermehrt → zunehmend
Vermehrung Ausdehnung, Anhäufung, → Zunahme, → Fortpflanzung
vermeiden 1. umgehen, ausweichen, meiden, unterlassen 2. → entziehen, sich
vermeinen → meinen
vermeintlich → scheinbar
vermelden → mitteilen
vermengen → mischen
Vermerk → Anmerkung, → Eintrag
vermerken 1. notieren, aufzeichnen, aufschreiben, anmerken, verzeichnen 2. Notiz nehmen, zur Kenntnis nehmen, bemerken, wahrnehmen
vermessen → messen
vermessen, sich → anmaßen, sich
vermessen → anmaßend, → größenwahnsinnig
Vermessenheit → Anmaßung, → Größenwahn
Vermessungsingenieur → Landvermesser
vermiesen → verleiden
vermieten abgeben, untervermieten, überlassen, verpachten, in Pacht geben, leihen
Vermieter → Hauswirt
vermindern → herabsetzen, → verringern

Verminderung → Verringerung, → Entwertung, → Herabsetzung
vermischen → mischen, → verbinden
vermischt → durcheinander, → hybrid
vermissen → entbehren, → sehnen, sich
vermisst → verschollen
vermisst werden → fehlen
vermitteln → schlichten
vermittels → mittels
Vermittler 1. Mittler, Mittelsmann, Makler, Zwischenhändler, Kuppler 2. Schiedsmann, Schlichter, Schiedsrichter, Fürsprecher, Unterhändler
Vermittlung 1. Fürsprache, Mittlerrolle, Intervention, Einsatz, Einschaltung, Handel, Kuppelei 2. → Kompromiss
Vermittlungsbüro → Agentur
vermodern → faulen
vermöge → anlässlich, → mittels
vermögen → können
Vermögen 1. Kapital, Finanzen, Geldwerte, Aktiva, Geld, Besitz, Vermögenswerte, Reichtümer, Glücksgüter, Schätze 2. → Fähigkeit
vermögend → reich, → mächtig
Vermögensstand → Vermögensverhältnisse
Vermögensverhältnisse Vermögensstand, Finanzlage, Kassenstand
Vermögensverwalter → Verwalter
Vermögenswerte → Vermögen
vermummen, sich → verkleiden, sich, → einhüllen, sich
Vermummung → Verkleidung
vermurksen → verderben
vermuten mutmaßen, wähnen, schätzen, spekulieren, tippen, annehmen, glauben, unterstellen, ahnen, erahnen, für möglich halten, voraussetzen, rechnen mit, erwarten, konjizieren
vermutlich → wahrscheinlich, → anscheinend
Vermutung Mutmaßung, Spekulation, Tipp, Anhaltspunkt, Annahme, Hypothese, Unterstellung, Ahnung, Verdacht, Erwartung, Konjektur, → Meinung
vernachlässigbar → geringfügig
vernachlässigen 1. nicht beachten, sich nicht kümmern um, verwahrlosen lassen, verkommen lassen, verfallen lassen, stiefmütterlich behandeln, → benachteiligen 2. beiseite lassen, übergehen, außer Acht lassen, unberücksichtigt lassen, hintansetzen, hintanstellen, → ausschließen
vernachlässigt → ungepflegt
Vernachlässigung → Benachteiligung
vernagelt → borniert, → geschlossen
vernarben → heilen
vernarrt → verliebt
vernehmbar → vernehmlich
vernehmen → erfahren, → hören, → verhören
vernehmlich vernehmbar, hörbar, unüberhörbar, gut zu hören, verständlich, deutlich, klar, → laut
Vernehmung → Verhör
verneigen, sich → verbeugen, sich
Verneigung → Verbeugung
verneinen → ablehnen, → leugnen
vernichten beseitigen, ausrotten, aufreiben, erledigen, auslöschen, töten, zu Grunde richten, ruinieren, verderben, zerstören, vertilgen, tilgen, einstampfen
Vernichtung Ausrottung, Austilgung, Vertilgung, Tilgung, Tötung, Blutbad, Zerstörung
Vernichtungslager → Lager
verniedlichen → verharmlosen
Vernissage Eröffnung, Kunstausstellung
Vernunft Einsicht, Erkenntnis, Klarsicht, gesunder Menschenverstand, Verständnis, Realismus, Besinnung, Logik, Klugheit, Weisheit, → Verstand
Vernunft annehmen → einsehen
vernunftbegabt → vernünftig
vernünftig einsichtig, vernunftbegabt, verständig, klug, weise, besonnen, realistisch, bewusst, bedächtig, überlegt
Vernunftlosigkeit → Unvernunft
vernunftmäßig → verstandesmäßig
vernunftwidrig → unlogisch
veröden → verwahrlosen
verödet → öde
veröffentlichen 1. öffentlich machen, ans Licht der Öffentlichkeit bringen, verbreiten, bekannt geben, aushändigen 2. publizieren, herausbringen, herausgeben, drucken, erscheinen lassen, verlegen
Veröffentlichung 1. Publikation, Herausgabe, Druck, Drucklegung, Abdruck, Ausgabe, Auflage, Buch, Zeitschrift, Artikel, Schrift, Druckschrift 2. → Bekanntgabe
verordnen 1. verschreiben, Rezept ausstellen, rezeptieren 2. → anordnen
Verordnung 1. Anordnung, Bestimmung, Anweisung, Weisung, Auflage, Verfügung, Erlass, Dekret, Ukas, Entscheid, Entscheidung 2. → Gesetz 3. → Rezept
verpachten → vermieten
verpacken einpacken, einwickeln, einrollen, einschlagen, einhüllen, umhüllen, wegpacken, verstauen, einsacken, transportfähig machen, versandfähig machen

verpacken, sich → einhüllen, sich
Verpackung Hülle, Umhüllung, Packung, Schachtel, Karton, Papier, Umschlag, Einschlag, Emballage
verpassen → verfehlen, → versäumen
verpatzen → verderben
verpesten → verderben
verpetzen → verraten
verpfänden versetzen, als Pfand geben, ins Leihhaus bringen, → hinterlegen
verpfeifen → verraten
verpflanzen 1. umpflanzen, umtopfen, versetzen 2. übertragen, überpflanzen, transplantieren, implantieren
verpflegen verköstigen, beköstigen, versorgen, zu essen geben, zu trinken geben, verproviantieren, → ernähren
Verpflegung 1. Mundvorrat, Vesper, Proviant, Reiseproviant, Zehrung, Wegzehrung 2. → Ernährung
verpflichten 1. bedingen, ausbedingen, befehlen, festlegen, auferlegen, binden, zwingen 2. → anstellen
verpflichten, sich → festlegen, sich
verpflichtend → rechtskräftig, → verbindlich
verpflichtet 1. gehalten, gezwungen, genötigt, schuldig, → gebunden 2. → dankbar
verpflichtet sein → müssen
Verpflichtung Auflage, Aufgabe, Schuld, Schuldigkeit, Bindung, Verbindlichkeit, → Pflicht
verpfuschen → verderben
verplappern, sich → ausplaudern
verplempern → verschwenden
verpönen → anprangern
verprassen → verschwenden
verprügeln verhauen, verdreschen, verschlagen, verkloppen, vermöbeln, versohlen, durchhauen, durchprügeln, durchwalken, das Fell gerben, verwamsen, verbimsen, vertrimmen, verkeilen, verbläuen, durchbläuen, Dresche geben, Senge geben, einen Satz heiße Ohren verpassen, eine Tracht Prügel verpassen, übers Knie legen, den Hintern versohlen, → schlagen
verpuffen → vergehen
verpulvern → verschwenden
Verputz Putz, Rauputz, Gips, Bewurf
verputzen 1. putzen, abputzen, bewerfen 2. → aufessen, → essen
verquicken → verbinden
verquirlen → rühren
verrammeln → versperren
verramschen → ausverkaufen
verrannt → fanatisch
Verrat Treubruch, Dolchstoß, Felonie, Hochverrat, Landesverrat, → Arglist
verraten 1. Verrat begehen, Verrat üben, in den Rücken fallen 2. angeben, preisgeben, anzeigen, denunzieren, petzen, verpetzen, verpfeifen, singen, verzinken, hochgehen lassen, hinterbringen, → ausplaudern 3. → ausdrücken
Verräter Petze, Petzer, Zuträger, Zwischenträger, Angeber, Denunziant, Judas, Landesverräter, Vaterlandsverräter, Hochverräter, Kollaborateur, → Abtrünniger
verräterisch → abtrünnig, → untreu
verrauchen → verdunsten, → vergehen
verräuchern → rauchen
verräuchert 1. rußig, verrußt, rußgeschwärzt 2. räucherig, raucherfüllt, rauchgeschwängert, dampfig, dunstig, qualmig, beißend, brennend, stickig, → dumpf
verräumen → wegräumen
verrechnen → anrechnen
verrechnen, sich → irren, sich
verrecken → sterben
verregnet → regnerisch
verreisen → reisen
verreist → unterwegs
verrenken → verstauchen
Verrenkung → Verstauchung
verrennen, sich → verkrampfen, sich
verrichten → erledigen
Verrichtung → Belästigung, → Handlung
verriegeln → abschließen
verringern vermindern, mindern, verkleinern, reduzieren, schmälern, dezimieren, abbauen, drosseln, verlangsamen, herunterschrauben, abrunden, verkürzen, kürzen, → ermäßigen
verringern, sich → abnehmen
Verringerung Verminderung, Minderung, Verkleinerung, Reduktion, Reduzierung, Schmälerung, Dämpfung, Drosselung, Kürzung, Schwund, Abnahme, Nachlassen, → Rückschritt
verrinnen → vergehen
Verriss → Besprechung
verrosten → rosten
verrostet → rostig
verrotten → faulen
verrucht → niederträchtig
verrücken bewegen, rücken, wegrücken, den Ort verändern, umstellen, verschieben
verrückt 1. übergeschnappt, unzurechnungsfähig, durchgedreht, meschugge, reif fürs Irrenhaus, bekloppt, bescheuert, behämmert, nicht ganz richtig im Oberstübchen, nicht ganz dicht, plemplem, → geistesgestört

2. hirnverbrannt, sinnlos, schwachsinnig, wahnsinnig, → absurd
verrückt auf → begierig
verrückt sein spinnen, einen Knall haben, eine Schraube locker haben, nicht alle Tassen im Schrank haben, seine fünf Sinne nicht beisammen haben, eine Meise haben, einen Dachschaden haben
verrückt werden → durchdrehen
Verrücktheit → Geisteskrankheit, → Einfall
Verruf Misskredit, Unehre, Schande
verrufen → anrüchig, → berüchtigt
verrühren → mischen, → rühren
verrunzelt runzelig, hutzelig, verhutzelt, schrumpelig, verschrumpelt, zusammengeschrumpelt, zerfurcht, zerknittert, → faltig
Vers Verszeile, Zeile, Reim, Reimspruch, Gedicht, Aphorismus, Spruch
versagen 1. enttäuschen, sich nicht bewähren, schlappmachen, zusammenbrechen, untergehen, unfähig sein, untauglich sein, nicht bestehen, durchfallen 2. → verbieten, → verweigern
versagen, sich → abgewöhnen, → verzichten
Versagen → Unfähigkeit, → Fehler
Versager Niete, Blindgänger, Flasche, Nulpe, Null, Pfeife, Träne, Pflaume, taube Nuss, Trottel, Nebbich, → Schwächling, → Taugenichts
versalzen → verleiden
versammeln, sich sich sammeln, sich scharen, sich zusammenfinden, zusammentreten, zusammenströmen, zusammenkommen, sich treffen
Versammlung Zusammenkunft, Zusammentreffen, Nationalversammlung, Konvent, Treffen, Treff, Meeting
Versammlungsleiter → Leiter
Versammlungsort → Treffpunkt
Versammlungsverbot → Notstand
Versand Versendung, Verschickung, Postversand, Expedition, Transport
versanden → stocken
Versandgut → Ladung
Versandhauskatalog → Katalog
Versatzamt → Pflandleihhaus
Versatzstück → Redensart
versauen → verderben, → verunreinigen
versäumen verpassen, entgehen, sich entgehen lassen, durch die Lappen gehen, vergessen, versieben, verbummeln, vermasseln, übersehen, verschwitzen, verschlafen
Versäumnis Vernachlässigung, Unterlassung, Nachlässigkeit
verschachern → verkaufen
Verschachtelung → Verflechtung
verschaffen verhelfen zu, zuschanzen, zuschreiben, zuspielen, → beschaffen
verschaffen, sich → erwerben, → aneignen, sich
verschalen → abstützen, → verkleiden
Verschalung → Verkleidung
verschämt → betreten, → schüchtern
Verschämtheit → Schüchternheit
verschandeln → beschädigen, → verunstalten
verschandelt → verunstaltet
Verschandelung → Verunstaltung
verschanzen, sich sich verbarrikadieren, sich abschirmen, sich einigeln, sich einmauern, sich einschanzen, Deckung suchen, sich schützen
Verschanzung → Befestigungsanlage
verschärfen, sich → steigern, sich
verscharren → beerdigen, → vergraben
verschätzen, sich → unterschätzen, → überschätzen
verscheiden → sterben
verschenken → schenken
verscherbeln → verkaufen
verscherzen → verwirken
verscheuchen → vergraulen, verschrecken, abschrecken, wegscheuchen, fortscheuchen, → vertreiben
verschicken → schicken
verschieben → aufschieben, → verrücken, → verkaufen
Verschiebung → Aufschub
verschieden 1. ungleich, ungleichartig, unterschiedlich, anders, andersartig, verschiedenartig, grundverschieden, heterogen, abweichend, divergent, divergierend, diskrepant 2. → tot
verschieden sein → unterscheiden, sich
Verschiedenartigkeit → Verschiedenheit
Verschiedenes → allerlei
Verschiedenheit Verschiedenartigkeit, Heterogenität, Ungleichheit, Ungleichartigkeit, Unterschiedlichkeit, Unterschied, Andersartigkeit, Divergenz, Diskrepanz
verschiedentlich → manchmal, → oft
verschießen → verblassen
verschiffen → laden
verschimmeln → faulen
verschlafen → versäumen
verschlafen → schlaftrunken
Verschlag Schuppen, Holzschuppen, Bretterverschlag, Schopf, Verhau, Stall, Koben, Käfig, Schlag, → Bude
verschlagen → hinterhältig, → schlau

Verschlagenheit → Hinterhältigkeit, → Schlauheit
verschlampen → verlieren, → verwahrlosen
verschlechtern → verschlimmern
verschlechtern, sich sich verschlimmern, zurückgehen, rückwärts gehen, an Wert verlieren, abnehmen
Verschlechterung → Entwertung, → Rückschritt
verschleiern → vertuschen, → verhüllen
Verschleierung → Schleier
Verschleiß Verbrauch, Abnutzung, Abnützung, Abrieb, Materialermüdung, Erschöpfung
verschleißen verbrauchen, aufbrauchen, aufzehren, abnutzen, abnützen, überbeanspruchen
verschleppen → deportieren, → entführen, → verzögern
Verschleppung → Deportation, → Entführung, → Verzögerung
verschleudern → ausverkaufen
Verschleuderung → Verschwendung
verschließen 1. wegschließen, wegsperren, unter Verschluss bringen, einschließen, verwahren 2. versiegeln, zukleben, verkorken, zustöpseln, verstöpseln, verkapseln, verschrauben, zuschrauben, zudrehen, verstopfen, zustopfen, stopfen, → schließen
verschließen, sich sich abschließen, mauern, dichtmachen, unzugänglich sein, sich sperren, → absondern, sich
verschlimmern schlimmer machen, Öl ins Feuer gießen, verschärfen, verschlechtern
verschlimmern, sich → verschlechtern, sich
verschlingen → essen, → lesen, → flechten, → verknoten
Verschlingung → Verflechtung
verschlossen 1. unzugänglich, reserviert, distanziert, introvertiert, schweigsam, zugeknöpft, abweisend 2. abgesperrt, zugeschlossen, zugesperrt, zu, dicht
Verschlossenheit Unzugänglichkeit, Reserviertheit, Distanziertheit, Introvertiertheit, Schweigsamkeit, Zugeknöpftheit
verschlucken → schlucken
Verschluss 1. Schnalle, Haken, Schließhaken, Reißverschluss, Riegel, Schloss, Siegel, Plombe, Klappe, Deckel, Zapfen, Pflock, Hahn, → Stopfen 2. → Verwahrung
verschlüsseln chiffrieren, kodieren, enkodieren, verklausulieren
Verschlussstreifen (*auch:* Verschluss-Streifen) → Banderole
verschmachten → leiden
verschmähen → ablehnen
verschmausen → aufessen
verschmelzen → vereinigen, sich
Verschmelzung → Vereinigung, → Kreuzung
verschmerzen → hinnehmen, → überwinden
verschmieren → verunreinigen
verschmitzt schelmisch, schalkhaft, spitzbübisch, schlau, listig, gewiegt, durchtrieben
verschmutzen → verunreinigen
Verschmutzung Unsauberkeit, Unreinheit, Schmutzigkeit, Ungepflegtheit, Schmuddeligkeit, Verdrecktheit
verschnaufen → ausruhen
Verschnaufpause Atempause, Einhalt, Rast, → Pause
verschneiden → kastrieren, → mischen
Verschnittener → Kastrat
verschnörkelt → verziert
Verschnörkelung → Verzierung
verschnupft → gekränkt, → krank
verschnüren → zubinden
verschollen vermisst, abhängig, überfällig, verschwunden, verloren, verschütt gegangen, weg, unauffindbar
verschonen 1. schonen, nachsehen, nicht belästigen, nichts antun, Pardon geben 2. → bewahren
verschönern → ausschmücken, → schmücken
Verschönerung → Ausschmückung
verschossen → verblasst, → verliebt
verschrauben → befestigen, → verschließen
verschrecken → verscheuchen
verschreiben → verordnen
verschreiben, sich → hingeben, sich
Verschreibung 1. Schuldschein, Schuldverschreibung, Obligo, Verbindlichkeit, Darlehen 2. → Rezept
verschrien → anrüchig, → berüchtigt
verschroben → eigenbrötlerisch
Verschrobenheit → Eigenbrötlerei
verschrumpeln → schrumpfen
verschrumpelt → verrunzelt
verschüchtern → einschüchtern
verschüchtert → schüchtern
verschulden → verursachen
Verschulden → Schuld
verschuldet → bankrott
Verschuldung → Schuld
verschütten 1. ausschütten, vergießen, verkleckern, verschlabbern, umschütten, → gießen 2. unter sich begraben, bedecken, zusammenbrechen über
verschütt gehen → verloren gehen
verschwägert → verwandt

verschweigen übergehen, verheimlichen, verhehlen, unterschlagen, geheim halten, unter den Teppich kehren, totschweigen, → schweigen
Verschweigung → Verheimlichung
verschweißen → verbinden, → versiegeln
verschwenden vergeuden, verplempern, verprassen, verschleudern, prassen, in Saus und Braus leben, durchbringen, vertun, verpulvern, verjubeln, Geld zum Fenster hinauswerfen, auf den Kopf hauen, auf den Kopf kloppen, verquasen, quasen, verquisten, aasen, → ausgeben
verschwenderisch üppig, reichlich, überreichlich, maßlos, luxuriös, prasserisch, schwelgerisch, prunksüchtig, unwirtschaftlich, → großzügig
Verschwendung Vergeudung, Prasserei, Geaase, Gequase, Luxus, Verschleuderung, Aufwand, Maßlosigkeit, Unwirtschaftlichkeit, Unmäßigkeit, Schlemmerei, Misswirtschaft
verschwiegen 1. diskret, dezent, taktvoll, zurückhaltend 2. → schweigsam
Verschwiegenheit Diskretion, Dezenz, Taktgefühl
verschwimmen unscharf werden, sich verwischen, verfließen, verblassen, sich verlieren, flimmern, verwackeln
verschwinden 1. untertauchen, sich absetzen, entweichen, weggehen, → davonmachen, sich 2. untergehen, verloren gehen, entschwinden, schwinden, sich verflüchtigen, vergehen
verschwistert → verwandt
verschwitzen → versäumen
verschwommen → unklar
verschwören, sich konspirieren, komplottieren, ein Komplott schmieden, paktieren, unter einer Decke stecken, sich verbünden, sich zusammenschließen, sich zusammenrotten
Verschwörer Konspirant, Wühler, Aufrührer, Empörer
verschwörerisch konspirativ, umstürzlerisch, aufrührerisch
Verschwörung Konspiration, Komplott, Subversion, Empörung, Umtriebe, Erhebung, Aufruhr, Aufstand
verschwunden → verschollen
versehen → ausüben
versehen mit → ausstatten
Versehen → Irrtum, → Missverständnis
versehentlich unabsichtlich, unbeabsichtigt, absichtslos, ungewollt, aus Versehen, → irrtümlich
versehren → verletzen
versehrt → invalide
Versehrter → Invalide
versenden → schicken
versengen 1. sengen, ansengen, anbrennen, ankohlen, anschmoren 2. → vertrocknen
versenken einsenken, vergraben, eingraben, hinunterlassen, untertauchen, den Fluten übergeben
versenken, sich → konzentrieren, sich
Versenkung Versunkenheit, Vertiefung, Konzentration, Kontemplation, Meditation, Einkehr, Betrachtung
versessen → begierig
versessen sein → begehren
versetzen 1. sitzen lassen, im Stich lassen, nicht kommen, eine Verabredung nicht einhalten, zurücklassen, verlassen 2. strafversetzen, verlegen, → verpflanzen 3. → verpfänden 4. → antworten 5. → schlagen
versetzen mit → mischen
verseuchen → verderben
versichern 1. bekräftigen, beteuern, beglaubigen, bestätigen, zusichern, behaupten, verbürgen, Brief und Siegel geben 2. absichern, decken, rückversichern, vorsorgen 3. → versprechen
versichern, sich 1. sich rückversichern, eine Versicherung abschließen, Vorsorge treffen 2. → überzeugen sich
Versicherung 1. Bekräftigung, Beteuerung, Bestätigung, Behauptung, Nachdruck 2. Rückversicherung, Assekuranz, Deckung, → Sozialversicherung 3. → Versprechen
versickern → abfließen, → stocken
versieben → verderben, → versäumen
versiegeln zusiegeln, plombieren, verschweißen, zuschweißen, → verschließen
versiegelt → geschlossen
Versiegelung → Siegel
versiegen 1. austrocknen, vertrocknen, eintrocknen, ausbleiben, zu fließen aufhören 2. → stocken
versiert → erfahren
versinken → ertrinken, → sinken
Version Lesart, Auffassung, Verständnis, Darstellung, Variante, Spielart, Nuance, Fassung, Auslegung, Übertragung, Übersetzung
versklaven → unterdrücken
Versklavung → Unterdrückung
versnobt → anspruchsvoll
versohlen → verprügeln
versöhnen aussöhnen, beruhigen, begütigen, schlichten, ausgleichen
versöhnen, sich sich aussöhnen, sich einigen, Frieden schließen, sich die Hände rei-

chen, sich wieder vertragen, Streit beilegen, einlenken
versöhnlich kompromissbereit, konziliant, nachgiebig, → friedlich
Versöhnung Aussöhnung, Beilegung, Verständigung, Ausgleich, Einung, → Einigung
versonnen → kontemplativ
Versonnenheit → Beschaulichkeit
versorgen ausstatten, aufkommen, unterhalten, verpflegen, → sorgen für
versorgen, sich sich eindecken, kaufen, sich beschaffen, sich versehen mit, aufsparen
Versorgung Nachschub, Lieferung, Verpflegung, Rente, → Lebensunterhalt
verspannen, sich → verkrampfen, sich
verspäten, sich zu spät kommen, unpünktlich sein, verschlafen, nachhinken, nachkommen
verspätet → spät, → unpünktlich
Verspäteter → Nachzügler
Verspätung → Verzögerung
verspeisen → aufessen, → essen
versperren 1. verbarrikadieren, vermauern, verrammeln, verschanzen, zunageln, zubauen, zustellen, verstellen 2. → einschließen 3. → sperren
versperrt → geschlossen
verspielen verwetten, aufs Spiel setzen, verlieren, verschwenden, → verwirken
verspielt → kindlich
verspießern → anpassen, sich
versponnen → weltfremd
verspotten verhöhnen, auslachen, spotten über, seinen Spott treiben, herziehen über, aufziehen, verhohnepipeln, → parodieren
Verspottung → Spott
versprechen verheißen, in Aussicht stellen, zusichern, zusagen, sein Wort geben, sich festlegen, sich verpflichten, geloben, versichern, schwören
versprechen, sich 1. sich verquatschen, sich verhaspeln, sich verheddern, sich vertun, hängen bleiben 2. → hoffen 3. → verloben, sich
Versprechen Verheißung, Versprechung, Zusicherung, Zusage, Festlegung, Versicherung, Ehrenwort, Wort, Gelübde
Versprecher → Fehler
Versprechung → Versprechen
versprengen → zerstreuen
verspritzen versprühen, zerstäuben, sprühen, sprayen
versprühen → verspritzen
verspüren → fühlen
verstaatlichen vergesellschaften, in Volkseigentum überführen, in Gemeineigentum überführen, nationalisieren, kollektivieren, enteignen, → beschlagnahmen
verstaatlicht → gemeineigen
Verstaatlichung Kollektivierung, Nationalisierung, Enteignung, → Beschlagnahme
Verstand Geist, Geisteskraft, Intellekt, Denkfähigkeit, Denkvermögen, Urteilskraft, Urteilsvermögen, Intelligenz, Grips, Kopf, Köpfchen, Hirn, → Vernunft
verstandesgemäß rational, rationalistisch, vernunftmäßig, vernunftgesteuert, vom Verstand her, intellektuell, geistig
Verstandesmensch → Intellektueller, → Realist
verständig → gelehrig, → klug
verständigen → benachrichtigen
verständigen, sich 1. sich verständlich machen, miteinander sprechen, miteinander kommunizieren 2. → einigen, sich
Verständigung 1. Gespräch, mündlicher Verkehr, Kommunikation 2. → Einigung
verständlich 1. verstehbar, anschaulich, durchsichtig, durchschaubar, ersichtlich, eingängig, allgemein verständlich, gut zu verstehen, klar, wohlartikuliert, fasslich, fassbar, greifbar, einleuchtend, begreiflich, sinnfällig, augenfällig, → deutlich 2. → vernehmlich
Verständlichkeit Verstehbarkeit, Anschaulichkeit, Durchsichtigkeit, Durchschaubarkeit, Fasslichkeit, Allgemeinverständlichkeit, Sinnfälligkeit, Augenfälligkeit, → Deutlichkeit
Verständnis 1. Einfühlungsvermögen, Einsehen, Verstand, Vernunft, Sinn, Überblick, Umsicht 2. → Toleranz 3. → Erfahrung 4. → Version
verständnislos uneinsichtig, unverständig, unzugänglich, rücksichtslos
Verständnislosigkeit → Unverständnis
verständnisvoll verstehend, einsichtig, einfühlsam, verständig, → tolerant
verstärken 1. forcieren, intensivieren, vertiefen, → steigern 2. → stärken
verstärkt → zunehmend
Verstärkung 1. Intensivierung, Steigerung, Erhöhung, Vertiefung 2. Nachschub, Hilfe, Unterstützung
verstaubt → staubig, → altmodisch
verstauchen stauchen, verknacksen, umknicken, einknicken, verrenken, sich den Fuß vertreten, sich den Fuß übertreten
Verstauchung Stauchung, Prellung, Verrenkung, Luxation, Verdrehung, Zerrung, Verzerrung, Überdehnung, → Verletzung
verstauen → laden, → packen

Versteck 1. Schlupfloch, Schlupfwinkel, Unterschlupf, Loch, Zuflucht 2. → Hinterhalt
verstecken → verbergen
verstecken, sich sich verbergen, sich verborgen halten, sich verkriechen, unterschlüpfen, das Licht scheuen, in den Untergrund gehen
Versteckspiel → Heimlichtuerei
versteckt → verborgen, → andeutungsweise
verstehen 1. begreifen, fassen, erfassen, kapieren, schnallen, schalten, durchblicken, dahinter kommen, nachvollziehen können, folgen können, durchsteigen, fressen, gefressen haben, beherrschen 2. auffassen, auslegen, verstanden haben, beurteilen 3. → einsehen 4. → hören
verstehen, sich → vertragen, sich
versteifen → stärken, → abstützen
versteifen, sich → verkrampfen, sich
versteigern verauktionieren, lizitieren, verganten, unter den Hammer bringen
Versteigerung Auktion, Lizitation, Gant, Auflösung
versteinern → erstarren
versteinert → erstarrt, → hart
Versteinerung 1. Fossil, Petrefakt 2. → Regungslosigkeit
verstellbar → beweglich
verstellen, sich → simulieren, → heucheln
Verstellung → Heuchelei, → Tarnung
versteppt → felsig
versterben → sterben
verstiegen → übertrieben
Verstiegenheit → Überspanntheit
verstimmt → ärgerlich, → schlecht gelaunt, → gekränkt
Verstimmung → Ärger
verstockt → eigensinnig
Verstocktheit → Eigensinn
verstohlen → heimlich
verstopfen → verschließen
Verstopfung Stuhlverstopfung, Stuhlverhaltung, Darmträgheit, Verdauungsstörung, Hartleibigkeit, Obstipation, Konstipation
verstöpseln → verschließen
verstorben → tot
verstört → entsetzt, → verwirrt
Verstoß Zuwiderhandlung, Vergehen, Übertretung, Gesetzesübertretung, Missachtung, Verletzung, Regelverletzung, Regelwidrigkeit, Entgleisung, Lapsus
verstoßen 1. zuwiderhandeln, entgegenhandeln, übertreten, sich hinwegsetzen, entgleisen, → sündigen 2. ausstoßen, ausweisen, ausschließen, verbannen, fortjagen 3. → zuwiderlaufen
verstreben → abstützen, → stützen
verstreichen → auftragen, → vergehen
verstreuen → ausbreiten, → zerstreuen
verstreut → vereinzelt
verstricken, sich 1. sich verwickeln, sich hineinmanövrieren, sich in eine unangenehme Lage bringen, sich etwas einbrocken, sich hineinziehen lassen, → hineingeraten 2. → verfangen, sich
verstrubbelt → zerzaust
verstümmeln → verunstalten
Verstümmelung → Verunstaltung
verstummen → schweigen, → verhallen, → beruhigen, sich
Versuch 1. Experiment, Probe, Test, Nachweisprobe, Nachweis, Analyse, Prüfung 2. Anstrengung, Verstoß, Unternehmung, Kampagne
versuchen 1. probieren, ausprobieren, experimentieren, testen, prüfen, nach einem Weg suchen, sich vortasten, sich herantasten, tasten 2. sich bemühen, sich anstrengen, sein Möglichstes tun 3. → verführen 4. → kosten 5. → wagen
Versuchsanstalt → Labor
Versuchskaninchen → Proband
Versuchsperson → Proband
versuchsweise → vorläufig
Versuchung Anfechtung, Verlockung, Verführung, Einflüsterung, Prüfung
versündigen, sich → sündigen
Versündigung → Gotteslästerung, → Verfehlung
versunken → andächtig, → geistesabwesend, → kontemplativ, → nachdenklich
Versunkenheit → Andacht, → Geistesabwesenheit, → Versenkung
vertäfeln → verkleiden
vertagen verschieben, verlegen, zurückstellen, Bedenkzeit geben, → aufschieben
vertagt → aufgeschoben
Vertagung → Aufschub
vertäuen → anbinden
vertauschen → tauschen, → verwechseln
verteidigen 1. eintreten für, vertreten, verfechten, eine Lanze brechen, beispringen, Partei ergreifen, ein gutes Wort einlegen, sich schützend stellen vor, in Schutz nehmen, schützen 2. → abwehren
verteidigen, sich → abwehren
Verteidiger → Rechtsanwalt, → Fürsprecher
Verteidigung 1. Defensive, Gegenwehr, Landesverteidigung, Selbstverteidigung, → Abwehr 2. Parteinahme, Fürsprache, Beistand, Rechtfertigung, Entlastung, Apologie, Apologetik

Verteidigungsanlage → Befestigungsanlage
verteidigungsbereit → gerüstet
verteilen 1. austeilen, verschenken, vergeben, distribuieren, zusprechen, zuerkennen, aufteilen, umlegen 2. → austragen
verteilen, sich → auflösen, sich
Verteilung Ausgabe, Vergabe, Distribution, Aufteilung, Zuerkennung
verteuern → aufschlagen
verteuern, sich → steigen
Verteuerung → Teuerung
verteufelt → schwierig, → sehr
vertiefen → ausbauen, → verstärken
vertiefen, sich → konzentrieren, sich
vertieft → geistesabwesend, → kontemplativ
Vertiefung → Grube, → Verstärkung, → Versenkung
vertikal → senkrecht
vertilgen → aufessen, → essen, → ausrotten
vertrackt → schwierig
Vertrag Kontrakt, Pakt, Abkommen, Handelsabkommen, Abmachung, schriftliche Vereinbarung, Abschluss, Bündnis
vertragen bekommen, verdauen, verkraften, → ertragen
vertragen, sich auskommen, zurechtkommen, Frieden halten, sich verstehen, harmonieren
verträglich → friedlich, → bekömmlich
vertrauen trauen, Vertrauen haben, Vertrauen schenken, Zutrauen haben, glauben
vertrauen auf → verlassen, sich
Vertrauen Zutrauen, Glauben, Zuversicht, → Hoffnung
Vertrauen erweckend → zuverlässig
vertrauensselig → arglos
Vertrauensseligkeit → Arglosigkeit
vertrauensvoll → vertrauend, zutraulich, voll Vertrauen, sicher, → hoffnungsvoll
vertrauenswürdig → glaubwürdig, → zuverlässig
Vertrauenswürdigkeit → Glaubwürdigkeit, → Zuverlässigkeit
vertraulich diskret, intern, persönlich, privat, privatim, im Vertrauen, unter vier Augen, unter uns, heimlich, von Mensch zu Mensch, inoffiziell
Vertraulichkeit Intimität, Privatatmosphäre, Vertrautheit, Traulichkeit, Privatsache, interne Angelegenheit
verträumt → geistesabwesend
vertraut 1. traulich, traut, familiär, intim, ans Herz gewachsen, befreundet, freundschaftlich 2. → anerkannt 3. → bekannt
vertraut machen → aufklären
vertraut sein → auskennen, sich
vertraut werden → gewöhnen, sich
Vertrautheit → Vertraulichkeit, → Freundschaft
vertreiben 1. verjagen, fortjagen, davonjagen, wegjagen, treiben, forttreiben, wegtreiben, austreiben, verscheuchen, scheuchen, in die Flucht schlagen, stampern, exterminieren, ausweisen, verbannen, hinausweisen, hinausekeln, verdrängen 2. → verkaufen
Vertreibung → Exil
vertretbar haltbar, annehmbar, akzeptabel, möglich
vertreten 1. verteidigen, verfechten, behaupten, das Wort ergreifen für, sich erwärmen für 2. einspringen, eintreten für, an die Stelle treten, ersetzen, die Vertretung übernehmen 3. → darstellen
Vertreter 1. Reisevertreter, Reisender, Handlungsreisender, Handlungsvertreter, Agent, Generalvertreter, Generalagent, Repräsentant, Gebietsrepräsentant, Werber, Klinkenputzer 2. → Stellvertreter
Vertretung 1. Agentur, Niederlassung, Geschäftsstelle, Generalagentur, Generalvertretung 2. → Aushilfe 3. → Botschaft
vertretungsweise → stellvertretend
Vertrieb → Absatz, → Verkauf
Vertriebener → Auswanderer
vertrocknen 1. verdorren, trocknen, versengen, austrocknen, ausdörren, ausdorren, → versiegen 2. → schrumpfen
vertrocknet → trocken, → altbacken
vertrödeln → trödeln, → verzögern
vertrösten → hinhalten
Vertröstung → Aufschub
vertun → verschwenden
vertun, sich → irren, sich, → versprechen, sich
vertuschen verwischen, verschleiern, verhüllen, vernebeln, unter den Tisch kehren, bemänteln, kaschieren, verbergen
verübeln übel nehmen, ankreiden, verargen, verdenken, anlasten, nachtragen, krumm nehmen
verüben begehen, ausführen, vollziehen, tun, verbrechen, sich zu Schulden kommen lassen
verunfallen → verunglücken
verunglimpfen → herabsetzen
Verunglimpfung → Herabsetzung
verunglücken 1. verunfallen, einen Unfall erleiden, zu Schaden kommen, Schaden nehmen 2. → misslingen
verunglückt → misslungen
Verunglückter → Verwundeter

verunreinigen beschmutzen, verschmutzen, schmutzig machen, besudeln, voll schmieren, bekritzeln, verkritzeln, beflecken, bekleck-sen, bekleckern, besabbern, versauen, einsauen
verunsichern unsicher machen, in Verlegenheit bringen, verlegen machen, aus der Fassung bringen, irremachen, irritieren
verunsichert → unsicher
verunstalten entstellen, verschandeln, verunzieren, verhunzen, verstümmeln, zurichten, deformieren, verballhornen, schimpfieren, verschimpfieren
verunstaltet entstellt, verschandelt, verhunzt, verstümmelt, deformiert, → hässlich
Verunstaltung Entstellung, Verschandelung, Verunzierung, Verstümmelung, Verballhornung, → Karikatur
veruntreuen → unterschlagen
Veruntreuung → Unterschlagung
verunzieren → verunstalten
Verunzierung → Makel, → Verunstaltung
verursachen veranlassen, hervorrufen, evozieren, verschulden, bewirken, zeitigen, bedingen, herbeiführen, heraufbeschwören, auslösen, erregen, erwecken, entfesseln, einbrocken, ins Rollen bringen, in Bewegung setzen
verurteilen 1. aburteilen, Strafe verhängen, Strafe auferlegen, verdonnern, verknacken, schuldig sprechen, den Stab brechen über, verdammen 2. → brandmarken
verurteilt → schuldig
Verurteilung Aburteilung, Verdammung, Schuldspruch, Strafzuerkennung, → Urteil
Verve → Schwung
vervielfachen vervielfältigen, vermehren, verdoppeln, multiplizieren
vervielfältigen 1. reproduzieren, kopieren, abziehen, klischieren, hektografieren, drucken, → durchpausen 2. → vervielfachen
vervielfältigen, sich → zunehmen
Vervielfältigung Reproduktion, Abschrift, Ablichtung, Kopie, Hektografie, Durchschlag
vervollkommnen perfektionieren, abrunden, den letzten Schliff geben, verfeinern, veredeln, verbessern, vervollständigen, → ergänzen
Vervollkommnung Perfektionierung, Verbesserung, Verfeinerung, Veredelung, Vervollständigung, → Ergänzung
vervollständigen → vervollkommnen, → ergänzen
Vervollständigung → Ergänzung
verwachsen, sich → heilen
verwachsen bucklig, verkrüppelt, missgebildet, krüppelig, schief, missgestaltet, krumm
verwackelt unscharf
verwahren → aufbewahren, → einschließen
verwahren, sich → protestieren
verwahrlosen verwildern, verkommen, herunterkommen, verfallen, veröden, vernachlässigt werden, verlottern, verlumpen, verschlampen
verwahrlosen lassen → vernachlässigen
verwahrlost → heruntergekommen
Verwahrung 1. Aufbewahrung, Gewahrsam, Verwahr, Verschluss, Obhut, Schutz, Sicherheit 2. → Freiheitsentzug
verwalten → herrschen, → leiten, → besorgen
Verwalter Verweser, Pfleger, Sachwalter, Sachverwalter, Administration, Administrator, Kommissionär, Aufseher, Inspektor, Treuhänder, Treuhandverwalter, Kurator, Anwalt, Vertreter, Bevollmächtigter, Vermögensverwalter, Trustee, → Stellvertreter
Verwaltung → Aufsicht, → Obrigkeit, → Amt
Verwaltungsbezirk → Bezirk
verwandeln umwandeln, wandeln, umkrempeln, umpolen, ändern, eine andere Gestalt geben
Verwandlung Umwandlung, Abwandlung, Wandlung, Umkehr, Änderung, Metamorphose
verwandt 1. blutsverwandt, versippt, verschwistert, verschwägert, angeheiratet, zur Familie gehörend 2. → ähnlich
Verwandter Blutsverwandter, Familienmitglied, Familienangehöriger, Angehöriger, Vorfahr, Nachkomme
Verwandtschaft → Familie, → Ähnlichkeit
verwarnen → mahnen
Verwarnung → Mahnung
verwaschen → unklar
verwässern → verdünnen, → verflachen
verweben → flechten
verwechseln vertauschen, durcheinander bringen, durcheinander werfen, sich irren, sich vertun, → missverstehen
Verwechslung Vertauschung, → Irrtum, → Missverständnis
verwegen → wagemutig
Verwegenheit → Wagemut
verwehren → ablehnen, → verbieten
Verwehrung → Abwehr, → Ablehnung
verweichlichen → verwöhnen
verweichlicht verzärtelt, weichlich, weich, verwöhnt, empfindlich, zimperlich
Verweigerer → Kriegsdienstverweigerer

verweigern versagen, vorenthalten, entziehen, nicht genehmigen, ablehnen
Verweigerung → Ablehnung
verweilen → bleiben, → aufhalten, sich
Verweis → Disqualifikation, → Zurechtweisung
verweisen → ausweisen
verweisen auf → hindeuten auf, → berufen, sich
verwelken → welken, → vergehen
verwelkt → welk, → verblasst
Verwendbarkeit → Eignung
verwenden 1. benutzen, benützen, gebrauchen, in Gebrauch nehmen, anwenden, einsetzen, sich bedienen 2. → verwerten
verwenden, sich → einsetzen, sich
Verwendung Benutzung, Benützung, Gebrauch, Anwendung, Nutzung, Einsatz
Verwendungsmöglichkeit → Eignung
verwerfen → ablehnen
verwerfen, sich → verziehen, sich
verwerflich verabscheuenswert, verabscheuenswürdig, abscheulich, schimpflich, verdammenswert, verdammenswürdig, niederträchtig, schandlich, schlecht
Verwerfung Falte, Auffaltung, Moräne
verwerten 1. hernehmen, auswerten, ausschlachten, ausbeuten, nutzen, zu Nutze machen, wieder verwenden, wieder verwerten, recyceln, verarbeiten, aufarbeiten, verwenden 2. → anwenden
Verwertung Auswertung, Ausbeutung, Nutzung, Wiederverwertung, Wiederverwendung, Recycling, Verwendung
verwesen → faulen
Verweser → Verwalter
Verwesung → Fäulnis
verwetten → verspielen
verwickeln 1. hineinziehen, reinreißen, hineinmanövrieren, reinreiten, zum Komplizen machen 2. → verwirren
verwickeln, sich → verstricken, sich
verwickelt → schwierig
verwickelt werden → hineingeraten
Verwicklung → Schwierigkeit
verwildern → verwahrlosen
verwildert → heruntergekommen, → öde
verwinden → überwinden
verwinkelt winklig, → eckig, → eng
verwirken verlieren, verspielen, verscherzen, das Nachsehen haben
verwirklichen realisieren, ausführen, wahr machen, Ernst machen, in die Tat umsetzen, machen, durchziehen, zu Wege bringen, fertig bringen, leisten, Wirklichkeit werden lassen, in Szene setzen
Verwirklichung Realisierung, Ausführung, Erfüllung, Bewerkstelligung, Tat, Leistung, → Erfolg
verwirren 1. durcheinander bringen, durcheinander machen, irritieren, beirren, irremachen, konfus machen, konsternieren, in Verwirrung stürzen, verstören, derangieren, desorientieren, aus dem Gleichgewicht bringen 2. durcheinander werfen, in Unordnung bringen, vermischen, verwickeln, verwursteln, stören
verwirrt durcheinander, konfus, verstört, entgeistert, konsterniert, irritiert, verlegen, derangiert, desorientiert, → zerstreut
Verwirrtheit → Bewusstseinsstörung
Verwirrung Durcheinander, Unklarheit, Verworrenheit, Wirrheit, Desorientierung, Konfusion, Chaos, Aufregung, Panik, Massenhysterie
verwischen → vertuschen
verwischen, sich → verschwimmen
verwöhnen auf Händen tragen, auf Rosen betten, verziehen, verhätscheln, verzärteln, verweichlichen
verwöhnt → wählerisch, → anspruchsvoll, → verweichlicht
verworfen → verdorben
verworren → unklar, → wirr
Verworrenheit → Verwirrung
verwunden → verletzen
verwunderlich → seltsam
verwundern → erstaunen, → überraschen
verwundern, sich → staunen
verwundert → befremdet
Verwunderung Befremden, Erstaunen, Staunen, Überraschung
Verwundeter Verletzter, Schwerverletzter, Unfallopfer, Verunglückter, → Patient
Verwundung → Verletzung
verwünschen → bannen, → verfluchen, → bereuen
verwurzelt → heimatverbunden
verwüsten → zerstören
Verwüstung → Barbarei, → Zerstörung
verzagen den Mut verlieren, kleinlaut werden, resignieren, bangen, die Flügel hängen lassen, verzweifeln
verzagt → mutlos
Verzagtheit → Feigheit, → Angst, → Mutlosigkeit
verzahnen → verbinden
verzärteln → verwöhnen
verzärtelt → verweichlicht
verzaubern → bezaubern, → verhexen
Verzauberung → Magie
Verzehr → Verbrauch

verzehren → aufessen, → essen, → verbrauchen
verzehren, sich → sehnen, sich
verzeichnen → verbuchen, → verfälschen
Verzeichnis Register, Sachweiser, Wortweiser, Nomenklatur, Liste, Tabelle, Aufstellung, Zusammenstellung, Matrikel, Index, Katalog, Kartei, Inventar, Inventarium, Inhalt, Inhaltsverzeichnis
Verzeichnung → Erfassung, → Verfälschung
verzeihen vergeben, nachsehen, entschuldigen, begnadigen
verzeihlich entschuldbar, lässlich, verständlich, → geringfügig
Verzeihung Vergebung, Nachsicht, Entschuldigung, Begnadigung, Pardon, → Ablass
verzerren → karikieren, → verfälschen
verzerrt entstellt, verdreht, fratzenhaft, grotesk, übertrieben
Verzerrung → Verfälschung
Verzicht 1. Verzichtleistung, Abtretung, Überlassung, Rücktritt, Aufgabe, Entäußerung, Bescheidung, → Opfer 2. → Enthaltsamkeit
verzichten 1. abtreten, überlassen, zurücktreten, aufgeben, sich entäußern, Abstand nehmen, fallen lassen 2. sich enthalten, sich versagen, entsagen, sich verkneifen
verziehen → verwöhnen, → umziehen
verziehen, sich 1. sich verformen, sich wellen, sich verwerfen, sich werfen, arbeiten 2. → davonmachen, sich
verzieren garnieren, spicken, verschnörkeln, verbrämen, ornamentieren, → schmücken
verziert garniert, geschmückt, verschnörkelt, geschweift, gedreht, gedrechselt
Verzierung Zier, Zierde, Zierrat, Garnierung, Verschönerung, Dekor, Dekoration, Schmuck, Ausschmückung, Schörkel, Verschnörkelung, Rankenwerk, Ornament, Arabeske, Fries
verzogen → krumm, → wählerisch
verzögern hinauszögern, hinausschieben, hinschleppen, verschleppen, hinziehen, strecken, in die Länge ziehen, retardieren, verlangsamen, aufhalten, vertrödeln, anstehen lassen, → aufschieben
verzögern, sich → anstehen
Verzögerung Hinauszögerung, Verschleppung, Verzug, Retardation, Verlangsamung, Zeitverlust, Aufschub, Aufenthalt, Verspätung
verzollen deklarieren, klarieren, angeben
verzückt → begeistert, → ekstatisch
Verzückung → Begeisterung, → Ekstase
Verzug → Rückstand, → Verzögerung
verzweifeln alle Hoffnung aufgeben, den Mut verlieren, in Verzweiflung geraten, sich verloren geben, verzagen, keinen Ausweg sehen
verzweifelt hoffnungslos, desparat, mutlos, niedergeschlagen, gebrochen, verzagt, traurig, resigniert, → unglücklich
Verzweiflung Hoffnungslosigkeit, Mutlosigkeit, Ausweglosigkeit, Verdüsterung, Untergangsstimmung, Niedergeschlagenheit, Verzagtheit, Trauer
verzweigen, sich → gabeln, sich
verzweigt verästelt, geästelt, vielarmig, vielfältig, weit verzweigt
Verzweigung → Gabelung
verzwickt → schwierig
Vesper 1. Brotzeit, Pausenbrot, Vesperbrot, → Verpflegung 2. → Gottesdienst
vespern Vesperpause machen, Brotzeit machen, Zwischenmahlzeit machen, essen
Vesperpause → Pause
Vestibül → Flur, → Foyer
Veteran Ausgedienter, Altgedienter, Invalide, Kriegsinvalide, ehemaliger Soldat, → Rentner
Veterinär Tierarzt, Viehdoktor, → Arzt
Veto → Einspruch
Vetter Cousin
Vetternwirtschaft Filz, Filzokratie, Nepotismus, Günstlingswirtschaft, Parteiklüngel
Viadukt → Brücke
Vibration → Erschütterung, → Schwingung
vibrieren → schwingen, → zittern
Videoclip → Spot
Vieh → Tier, → Barbar
viehisch → barbarisch, → brutal
Viehstall → Stall
Viehwirtschaft → Landwirtschaft
Viehzucht → Landwirtschaft
Viehzüchter → Landwirt
viel reichlich, beträchtlich, allerhand, ansehnlich, eine Fülle von, massenhaft, nicht weniger, mehr als genug
viel versprechend → Erfolg versprechend
vieldeutig → hintergründig, → zweideutig
Vieldeutigkeit → Zweideutigkeit
viele zahlreiche, zahllose, unzählige, ungezählte, eine große Zahl, nicht wenige, einige, Legionen, Heerscharen, dutzende, hunderte, tausende, Massen, Mengen
vielerlei → allerlei
vieles → allerlei
vielfach → oft
Vielfalt Vielfältigkeit, Vielförmigkeit, Vielgestaltigkeit, Mannigfaltigkeit, Fülle, Wech-

sel, Abwechslung, Reichtum, Formenreichtum, Farbigkeit
vielfältig mannigfaltig, mannigfach, vielgestaltig, vielförmig, abwechslungsreich, bunt, fassettenreich, reichhaltig, reich, bilderreich, formenreich
Vielfältigkeit → Vielfalt
vielfarbig → bunt
Vielfarbigkeit → Farbenpracht
vielförmig → vielfältig
Vielförmigkeit → Vielfalt
Vielfraß → Nimmersatt
vielgestaltig → vielfältig
vielleicht eventuell, gegebenenfalls, je nachdem, möglicherweise, wenn es geht, es kann sein, notfalls, unter Umständen, womöglich, nicht auszuschließen, denkbar, es besteht die Möglichkeit
vielmehr eher, lieber, oder, beziehungsweise, will sagen, will heißen
vielsagend → bedeutungsvoll, → hintergründig
vielseitig 1. multilateral, universal, universell, allseitig, vielfältig, allgemein 2.→ begabt
Vielseitigkeit → Begabung
vielsprachig mehrsprachig, polyglott
Vielweiberei → Polygamie
Vielzahl → Menge
Viereck Geviert, Karree, Karo, Rechteck, Quadrat, Raute, Trapez, Parallelogramm, Drachen, Rhombus
vierschrötig → derb
Viertel → Stadtteil
Vierteljahr → Quartal
vierteljährlich → quartalsweise
vif → lebhaft
Vikar → Geistlicher
Viktualien → Lebensmittel
Villa → Haus
violett lila, flieder, fliederfarben, rotblau, blaurot, malve, aubergine
Violine → Geige
viril → männlich
virtuell → möglich
virtuos meisterhaft, meisterlich, bravourös, kunstvoll, perfekt
Virtuose → Musiker
Virtuosität Meisterschaft, Kunst, Können, Könnerschaft, Perfektion
virulent → ansteckend
Virus → Erreger
Visage → Gesicht
vis-a-vis (*auch:* vis-à-vis) → gegenüber
Vision → Einbildung, → Utopie
visionär → prophetisch, → utopisch
Visitation → Musterung, → Überprüfung
Visite → Besuch
visitieren → überprüfen
viskos → dickflüssig
vital → energisch, → lebhaft
Vitalität → Lebendigkeit
Vitrine Schaukasten, Glaskasten, Glasschrank, Auslage, Schaufenster
Vize → Stellvertreter
Vlies → Fell
V-Mann → Informant
Vogel Piepmatz, gefiederter Freund, Singvogel, Zugvogel, Raubvogel, Greifvogel
Vogelbauer → Käfig
vogelfrei → geächtet
Vogelhaus Vogelhäuschen, Futterhaus
Vogelkäfig → Käfig
Vogelscheuche Feldscheuche, Strohpuppe, Popanz
Vogelsteller Vogelfänger, Vogler
Vokabel → Begriff, → Wort
Vokabular → Lexikon, → Wortschatz
Vokalist → Sänger
Vokalmusik → Lied
Volant → Besatz, → Steuer
Voliere → Käfig
Volk 1. Nation, Volksgemeinschaft, Völkerschaft, Volksstamm, Stamm 2. → Bevölkerung 3. → Menge
Völkerschaft → Volk
völkerübergreifend → international
völkisch → national, → patriotisch
Volksabstimmung → Plebiszit
Volksarmee → Militär
Volksauflauf → Ansammlung
Volksaufstand → Aufstand
Volksbefragung → Umfrage
volkseigen → gemeineigen
Volkseigentum → Gemeineigentum
Volksentscheid → Plebiszit
Volksfest → Fest, → Kirmes
Volksgemeinschaft → Volk
Volksglaube → Aberglaube
Volksherrschaft → Demokratie
Volkslied → Lied
Volksmacht → Demokratie
Volksmenge → Menge
Volksmund → Sprichwort
Volksrepublik → Land
Volksschule → Schule
Volksstamm → Volk
Volkstümelei → Patriotismus
volkstümelnd → patriotisch
volkstümlich → beliebt
Volkstümlichkeit → Beliebtheit
Volksverdummung → Volksverführung

Volksverführer → Demagoge, → Anstifter
Volksverführung Demagogie, Volksverhetzung, Volksverdummung, Propaganda
Volksverhetzung → Volksverführung
Volksvermögen → Staatskasse
Volksvertreter → Abgeordneter
Volksvertretung → Parlament
Volksweise → Lied
Volksweisheit → Sprichwort
Volkswirt → Kaufmann
voll 1. gefüllt, ausgefüllt, angefüllt, prall, prallvoll, proppenvoll, randvoll, brechend voll, gestopft voll, gerammelt voll, dicht gedrängt, dicht bei dicht, Kopf an Kopf, überfüllt, besetzt 2. → satt 3. → dick 4. → betrunken 5. → völlig
voll besetzt → besetzt
voll fressen, sich → essen
voll gießen → füllen
voll packen → beladen
voll saufen, sich → betrinken, sich
voll schmieren → verunreinigen
voll stopfen → füllen
vollauf → genug, → völlig
vollbracht → vollendet
vollbringen → erreichen, → ausführen, → bewältigen
vollbusig → dick
vollenden fertig machen, fertig stellen, abschließen, beenden, zu Ende führen, letzte Hand anlegen, den letzten Schliff geben, die Krone aufsetzen, krönen
vollendet 1. vollbracht, aus, vorbei, beendet, fertig gestellt, reif, ausgereift, abgeschlossen 2. → vollkommen
vollends → völlig
Vollendung 1. Abschluss, Schluss, Ende, Endergebnis, Fertigstellung, Beendigung 2. → Vollkommenheit
Völlerei → Gelage
vollführen → ausführen, → ausüben
vollgültig → gültig
völlig vollends, vollständig, vollkommen, vollauf, voll und ganz, voll, ganz und gar, spurlos, absolut, ausschließlich, durch und durch, durchweg, total, grundlegend, von Grund auf, glatt, rein, reinweg, → schlechthin
volljährig großjährig, erwachsen, mündig
Volljährigkeit Großjährigkeit, Mündigkeit, Erwachsenenstand, Erwachsenenalter, Reife
vollkommen 1. vollendet, perfekt, einwandfrei, unerreicht, unübertrefflich, ideal, mustergültig, fehlerlos, makellos, lupenrein, → beste(r) 2. → vollständig
Vollkommenheit Vollendung, Perfektion, Reife, Mustergültigkeit
Vollmacht Bevollmächtigung, Ermächtigung, Handlungsvollmacht, Prokura, Freibrief, Befugnis, Berechtigung
vollreif → reif
vollschlank → dick
vollständig erschöpfend, völlig, bis aufs Letzte, vollzählig, vollkommen, total, umfassend, komplett, ganz, gänzlich, summarisch, lückenlos, auf Heller und Pfennig, → alles
vollstrecken → ausführen, → hinrichten
Vollstreckung → Ausführung, → Hinrichtung
Vollstreckungsbeamter → Gerichtsvollzieher
Volltreffer → Gewinn
volltrunken → betrunken
vollwertig → gleichwertig
vollzählig → alles, → vollständig
vollziehen → ausführen, durchführen, → verüben
vollziehen, sich → ablaufen
Vollziehung → Ausführung
Vollziehungsbeamter → Gerichtsvollzieher
Vollzug → Ausführung
Vollzugsanstalt → Gefängnis
Volontär → Praktikant
Volontariat → Praktikum
Volumen Rauminhalt, Fassungsvermögen, Kapazität, → Ausmaß
voluminös → gewaltig
vonnöten → notwendig
vonstatten gehen → ablaufen
vor allem → besonders
vorahnen → ahnen
vorahnend → prophetisch
Vorahnung → Ahnung
voran → vorwärts
vorangehen 1. vorwärts gehen, flutschen, glatt vonstatten gehen, flott von der Hand gehen 2. vorgehen, vorausgehen, an der Spitze gehen, anführen, voranmaschieren, spuren, die Spur legen
vorankommen 1. vorwärts kommen, vom Fleck kommen, Fortschritte machen, voranschreiten, weiterkommen, fertig werden 2. → aufsteigen
voranmaschieren → vorangehen
Voranschlag → Berechnung
voranschreiten → vorankommen
Voranstellung → Vorzug
vorantreiben → beschleunigen
voraus → zuerst
vorausahnen → ahnen
vorausahnend → prophetisch
Vorausahnung → Ahnung

vorausberechenbar → vorhersehbar
vorausberechnen → berechnen
Vorausberechnung → Berechnung
vorausblickend → weit blickend
vorausgehen → vorangehen
Voraussage → Vorhersage
voraussagen → vorhersagen
vorausschauend → weit blickend
voraussehen vorhersehen, kommen sehen, absehen, sich ausrechnen, sich zusammenreimen, sich an den Fingern abzählen, unken, ahnen, → vorhersagen, → erraten
voraussehend → prophetisch
voraussetzen 1. ausgehen von, zu Grunde legen, den Fall setzen, unterstellen, darauf vertrauen, → annehmen 2. zur Voraussetzung machen, erfordern, bedingen
Voraussetzung Prämisse, Bedingung, Vorbedingung, Einschränkung, → Grundlage
Voraussicht 1. Wahrscheinlichkeit, Aussicht, Erwartung, Möglichkeit 2. → Ahnung 3. → Spürsinn
voraussichtlich → wahrscheinlich
vorauszahlen → vorstrecken
Vorauszahlung Vorkasse, Voreinsendung, → Darlehen, → Anzahlung
Vorbau → Balkon, → Vorsprung
Vorbedingung → Voraussetzung
Vorbehalt Bedenken, Einschränkung, Klausel, Auflage, Bedingung
vorbehalten, sich sich ausbedingen, sich ausbitten, Ansprüche stellen, offen halten, reservieren, → beanspruchen
vorbehaltlich 1. widerruflich, freibleibend, unter Vorbehalt, unverbindlich, ohne Obligo 2. → bedingt
vorbehaltlos → bedingungslos
vorbei → aus, → vorüber
vorbeidrücken, sich → passieren
vorbeifahren → passieren, → überholen
vorbeigehen → passieren, → vergehen
Vorbeimarsch → Parade
vorbeischauen → besuchen
vorbeischießen → verfehlen
vorbeiziehen → paradieren
Vorbeizug → Parade
Vorbemerkung → Einleitung
vorbereiten 1. bereitmachen, bereiten, zurechtlegen, hinrichten, herrichten, zurichten, rüsten, präparieren, bereitstellen, zurechtmachen 2. → planen
vorbereiten, sich sich einrichten, sich einstellen, sich einstimmen, sich richten, sich rüsten, sich anschicken, Vorsorge treffen, sich wappnen, sich bereitmachen, sich fertig machen, sich präparieren, sich zurechtmachen
vorbereitet 1. gefasst, gerüstet, gewappnet, bereit 2. → durchdacht 3. → gebrauchsfertig
Vorbereitung Vorarbeit, Vorlauf, Zurüstung, Planung, Training, Einstimmung
vorbestellen buchen, vormerken lassen, reservieren lassen, → bestellen
Vorbestellung → Bestellung
vorbestimmt → unabwendbar
vorbeugen vorsorgen, Vorkehrungen treffen, verhüten
vorbeugend prophylaktisch, im Voraus
Vorbeugung Prophylaxe, Verhütung
Vorbild 1. Ideal, Leitbild, Leitstern, Musterbild, leuchtendes Beispiel, Identifikationsfigur, Idol, Symbolfigur, Kultfigur 2. → Präzedenzfall 3. → Vorlage
vorbildlich exemplarisch, musterhaft, mustergültig, beispielhaft, beispielgebend, beispiellos, nachahmenswert, unnachahmlich, → bahnbrechend
Vorbote → Anzeichen, → Vorzeichen
vorbringen → beantragen
vordem → früher, → vorher
Vordenkor → Pionier
Vorderansicht → Vorderseite
vordergründig → durchschaubar, → oberflächlich
Vordergründigkeit → Durchschaubarkeit, → Oberflächlichkeit
vorderhand → vorläufig, → zuerst
Vorderseite Vorderansicht, Hauptansicht, Straßenseite, Front, Vorderfront, Gesicht, Stirnseite, Vorderteil, Bug, → Fassade
Vorderteil → Vorderseite
vordrängen, sich sich dazwischendrängen, drängeln, nachdrängen, die Ellbogen gebrauchen, drücken
vordringen → eindringen, → gelangen
vordringlich → dringend, → vorrangig
Vordruck → Formular
voreingenommen eingenommen, befangen, vorurteilsbehaftet, einseitig, parteiisch
Voreingenommenheit Eingenommenheit, Befangenheit, Vorliebe, → Vorurteil, → Abneigung
vorenthalten → verweigern
vorerst → vorläufig
Vorfahr(en) Ahne, Ahnherr, Ahnfrau, Urahne, Stammvater, Stammmutter, die Alten, die Altvorderen, die Voreltern, die Väter, die Vorväter
vorfahren → ankommen, → überholen
Vorfall → Ereignis
vorfallen → ereignen, sich
vorfinden → antreffen
vorfühlen → vortasten, sich

vorführen darbieten, demonstrieren, zeigen, aufführen, spielen
Vorführgerät → Projektor
Vorführmodell → Ausstellungsstück
Vorführstück → Muster
Vorführung Demonstration, Experiment, Aufführung, Ausstellung, Zurschaustellung, → Darbietung
Vorgabe Soll, Plansoll, Planvorgabe, Auflage, Arbeitsnorm, Richtschnur
Vorgang Prozess, Aktion, Verlauf, Ablauf, → Ereignis
vorgaukeln → simulieren
vorgeben → heucheln, → simulieren
vorgeblich → angeblich
Vorgefühl → Ahnung
vorgehen 1. verfahren, anpacken, anfassen, handeln, agieren, einen Weg einschlagen 2. → vorangehen
vorgehen gegen → bekämpfen, → angreifen
Vorgehen → Handlung, → Maßnahme, → Taktik
Vorgehensweise → Methode, → Taktik
vorgenannt → oben genannt
Vorgeschichte → Krankengeschichte, → Prähistorie
vorgeschichtlich → prähistorisch
Vorgeschmack → Ahnung
vorgeschrieben → verbindlich
Vorgesetzter Übergeordneter, Weisungsbefugter, Dienstherr, Brotherr, Arbeitgeber, Boss, Chef, → Leiter
vorgestellt → imaginär
vorgetäuscht → trügerisch
vorgreifen → bevormunden, → vorwegnehmen
Vorgriff → Vorwegnahme
vorhaben → beabsichtigen
Vorhaben → Absicht
Vorhalle → Flur, → Foyer
vorhalten → vorwerfen
Vorhaltung → Vorwurf
vorhanden → anwesend, → gegenwärtig
vorhanden sein → bestehen
Vorhandensein → Anwesenheit, → Dasein
Vorhang Gardine, Übergardine, Store, Schal, Schabracke
Vorhängeschloss → Schloss
vorher zuvor, bereits, früher, davor, vordem, ehedem
vorherbestimmt → unabwendbar
Vorherbestimmung → Schicksal
Vorherrschaft Vormachtstellung, Vorrangstellung, führende Rolle, Hegemonie, Dominanz, → Übergewicht
vorherrschen → dominieren
vorherrschend → überwiegend, → dominant
Vorhersage Voraussage, Prognose, Prophezeiung, Ankündigung, → Weissagung
vorhersagen voraussagen, prognostizieren, prophezeien, voraussehen, ankündigen, → weissagen
vorhersehbar vorausberechenbar, berechenbar, absehbar, vorauszusehen, vorherzusehen, erkennbar, vorhersagbar
vorhersehen → voraussehen
Vorhersicht Vorausberechnung, Berechnung, Weitblick
vorheucheln → simulieren
vorhin eben, gerade, → neulich
Vorhut → Abteilung
Vorkämpfer → Pionier
Vorkasse → Vorauszahlung
Vorkehrung → Vorsorge
vorknöpfen, sich → ansprechen
vorkommen 1. auftreten, bestehen, da sein, existieren, geben, sich finden, erscheinen, zu finden sein, auftauchen, sich einstellen, passieren 2. → scheinen
vorkommen, sich → fühlen, sich
Vorkommnis → Ereignis
vorladen laden, bestellen, einbestellen, kommen lassen, beordern, zitieren
Vorladung Ladung, Einbestellung, Gerichtstermin
Vorlage 1. Muster, Musterzeichnung, Schema, Schablone, Sample, Pattern, Schnittmuster, Schnittbogen, Vorbild, Modell, → Quelle 2. → Antrag
Vorläufer → Pionier
vorläufig provisorisch, interimistisch, einstweilig, versuchsweise, probeweise, auf Probe, unter Vorbehalt, zunächst, vorerst, erst, erst einmal, vorderhand, fürs Erste, bis auf weiteres
vorlaut altklug, vorwitzig, naseweis, unbeherrscht, → frech
vorlegen 1. präsentieren, unterbreiten, einbringen, einreichen, abgeben, überreichen 2. → auflegen 3. → auftischen
Vorleistung → Darlehen
Vorlesung → Vortrag
vorlieb nehmen → bescheiden, sich
Vorliebe Schwäche, Faible, Neigung, Hang, Sympathie, Interesse, Begeisterung
vormachen → simulieren
Vormachtstellung → Vorherrschaft
vormalig → ehemalig
vormals → früher
Vormarsch → Abmarsch
Vormerkbuch → Terminkalender
vormerken → reservieren

vormerken lassen → vorbestellen
Vormerkkalender → Terminkalender
Vormittag → Morgen
Vormund Tutor, Kurator, gesetzlicher Vertreter, Erziehungsberechtigte(r)
Vormundschaft Tutel, Kuratel, Pflegschaft, Sorgerecht, → Patenschaft, → Bevormundung
vorn vorne, an der Spitze, vorneweg, voraus, voran, im Vordergrund
Vorname Name, Rufname, Taufname
vornehm 1. nobel, fein, distinguiert, würdevoll, gewandt, erzogen, wohlerzogen, ritterlich, adlig, von Adel, → herrschaftlich 2. exklusiv, elegant, geschmackvoll, gewählt, ausgesucht, mondän
vornehmen, sich 1. Vorsätze fassen, sich vorsetzen, sich zum Ziel setzen, planen, sich entschließen, ins Auge fassen, beabsichtigen, vorhaben 2. → zurechtweisen
Vornehmheit Noblesse, Adel, Hoheit, Würde, Wohlerzogenheit
vornehmlich → besonders, → überwiegend
Vornehmtuerei → Geziere
Vorort Vorstadt, Suburb, Peripherie, Satellitenstadt, Trabantenstadt, Stadtrand, Außenbezirk, Hinterland, Einzugsgebiet, → Stadt
Vorrang Priorität, Primat, Schwergewicht, Schwerpunkt, Hauptgewicht, → Hauptsache
vorrangig hauptsächlich, schwerpunktmäßig, vordringlich, vor allem anderen, vorzugsweise, bevorzugt
Vorrangstellung → Vorherrschaft
Vorrat Reserve, Fonds, Topf, Potenzial, Rücklage, Lager, Reservoir, Bestand, Repertoire
vorrätig → lieferbar
Vorratskammer Vorratsraum, Speisekammer, Speiskammer, Speis, Abstellraum, Abstellkammer
Vorraum Rezeption, Empfang, Empfangshalle, Foyer, Anmeldung, Aufnahme, → Flur
Vorrecht → Privileg
Vorrede → Einleitung
Vorreiter → Pionier
vorsagen vorsprechen, einsagen, einflüstern, zuflüstern, soufflieren
Vorsager Souffleur, Souffleuse, Einsager
Vorsaison → Frühjahr
Vorsatz → Bestrebung, → Entschluss, → Absicht
vorsätzlich → absichtlich
vorschießen → leihen, → vorstrecken
Vorschlag Angebot, Empfehlung, Rat, Anregung, Plan, Gedanke, Meinung, Entwurf
vorschlagen anbieten, bieten, nennen, empfehlen, anregen, in Vorschlag bringen, beantragen, einen Vorschlag machen, einen Plan unterbreiten
vorschnell → leichtfertig
vorschreiben 1. Vorschriften machen, aufzwingen, auferlegen, diktieren, verlangen, fordern, anordnen, anweisen, → befehlen 2. → erfordern
Vorschrift Anweisung, Anordnung, Auflage, Bestimmung, Maßregel, Gebot, Verbot
vorschriftsmäßig vorschriftgemäß, ordnungsgemäß, ordentlich, regulär, korrekt
Vorschub → Unterstützung
Vorschule → Kindergarten
Vorschuss → Darlehen
Vorschusslorbeeren → Lob
vorschützen → simulieren
vorschweben → vorstellen, sich
vorsehen → ansetzen, → planen
vorsehen, sich → hüten, sich
Vorsehung → Schicksal
vorsetzen → auftischen
vorsetzen, sich → vornehmen, sich
Vorsicht 1. Behutsamkeit, Bedacht, Sorge, Rücksicht 2. Achtsamkeit, Wachsamkeit, Aufmerksamkeit, Argwohn, Umsicht
vorsichtig 1. behutsam, sacht, sorgsam, sorgfältig, schonend, rücksichtsvoll 2. achtsam, wachsam, aufmerksam, argwöhnisch, ängstlich, misstrauisch, umsichtig
vorsichtig sein → hüten, sich
Vorsichtsmaßnahme → Vorsorge
vorsintflutlich → altmodisch, → alt
Vorsitz → Leitung
Vorsorge Vorkehrung, Fürsorge, Anordnung, Vorbereitung, Rücklage, Versicherung, Vorsichtsmaßnahme, Sicherheitsmaßnahme, Sicherheitsvorkehrung
vorsorgen vorbauen, Vorsorge treffen, Vorkehrungen treffen, sorgen für, Acht geben, aufsparen, sich vorbereiten, sich versichern
Vorspann → Einleitung
vorspannen → anspannen
vorspiegeln → täuschen
Vorspiegelung → Täuschung
Vorspiel → Einleitung
vorspielen → heucheln
vorsprechen → diktieren, → vorsagen, → besuchen, → bewerben, sich
Vorsprung 1. Vorbau, Ausbauchung, Ausbuchtung, Nase, Sims, Grat, Mauerabsatz, Absatz 2. → Vorteil
Vorstand → Leitung
vorstehen 1. abstehen, vorspringen, hervorragen, herausragen, herausstechen, vortreten, hervortreten, auskragen, vorkragen, sich vorwölben 2. → führen, → leiten

vorstehend → oben genannt
Vorsteher → Leiter
vorstellbar → möglich
vorstellen 1. einführen, bekannt machen 2. → bedeuten
vorstellen, sich 1. sich bekannt machen, sich einführen, debütieren 2. sich ausmalen, sich ausdenken, sich vergegenwärtigen, sich vor Augen führen, sich ein Bild machen, sich ins Bewusstsein bringen, vorschweben, fantasieren, träumen
Vorstellung 1. Bekanntmachung, Einführung, Präsentation 2. Eindruck, Begriff, Anschauung, Bild 3. → Einbildung 4. Aufführung
Vorstellungsvermögen → Einbildungskraft
Vorstoß → Angriff, → Kampagne
vorstrecken 1. vorauszahlen, vorschießen, bevorschussen, Vorschuss geben, → leihen 2. → ausstrecken
vortasten, sich vorfühlen, seine Fühler ausstrecken, sondieren, → versuchen
vortäuschen fingieren, vorgeben, sich den Anstrich geben, so tun als ob, blenden, bluffen, → simulieren
Vorteil Vorsprung, Trumpf, Plus, Nutzen, Profit, Gewinn
vorteilhaft → lukrativ, → nützlich
vorteilsüchtig → berechnend
Vortrag 1. Referat, Rede, Vorlesung 2. Deklamation, Rezitation, Darbietung
vortragen referieren, verlesen, wiedergeben, deklamieren, rezitieren, zu Gehör bringen, zum Vortrage bringen, zum Besten geben, aufsagen, → reden
Vortragskünstlerin Chansonette, Diseuse
vortrefflich trefflich, vorzüglich, exzellent, hochwertig, prima, überragend, brillant, erlaucht, erlesen, → hervorragend
vortreten → vorstehen, → melden, sich
Vortritt → Vorzug
vorüber vorbei, aus, vergangen, verstrichen, passee, zu spät um
vorübergehen → vergehen
vorübergehend temporär, auf Zeit, zeitweise, zeitweilig, kurzfristig, ephemer, episodisch, saisonal
Vorurteil Voreingenommenheit, vorgefasste Meinung, Vorverurteilung, Feindbild
vorurteilsfrei vorurteilslos, aufgeklärt, sachlich, frei, → gerecht
vorurteilslos → aufgeklärt, → vorurteilsfrei
Vorurteilslosigkeit → Gerechtigkeit
Vorverurteilung → Vorurteil
vorwagen, sich → exponieren, sich
Vorwand Deckmantel, Scheingrund, Ausflucht, Ausrede, Entschuldigung, Aushängeschild
vorwärts voran, nach vorn, fürbass, weiter, drauflos
vorwärts bewegen, sich → fortbewegen, sich
vorwärts bringen fördern, unterstützen
vorwärts gehen → vorangehen
vorwärts kommen → aufsteigen, → vorankommen
vorwärts treiben → antreiben
Vorwärtskommen → Fortschritt, → Karriere
vorweg → einleitend
Vorwegnahme Vorgriff, Antizipation
vorwegnehmen vorgreifen, präjudizieren, antizipieren, zuvorkommen
vorweisen → zeigen
vorwerfen vorhalten, Vorhaltungen machen, Vorwürfe machen, unter die Nase reiben, aufs Brot schmieren, tadeln, in die Schuhe schieben, beschuldigen, ankreiden
vorwiegend → besonders, → überwiegend
Vorwitz → Frechheit, → Neugier
vorwitzig → altklug, → vorlaut, → frech, → neugierig
Vorwort → Einleitung
Vorwurf 1. Vorhaltung, Anwurf, Beanstandung, Tadel, Beschuldigung 2. → Thema
Vorzeichen 1. Mahnung, Omen, Zeichen, Vorbote, Auspizien, → Anzeichen, → Hinweis 2. Plus, Minus
vorzeigen → zeigen
Vorzeit → Vergangenheit
vorzeitig verfrüht, zu früh, vor der Zeit, unerwartet, unreif
vorziehen bevorzugen, begünstigen, favorisieren, den Vorzug geben, den Vorrang geben, lieber mögen, höher einschätzen, über anderes setzen
Vorzimmer Anmeldung, Anmelderaum, Sekretariat, Empfang
Vorzimmerdame → Sekretärin
Vorzug Vortritt, Voranstellung, Spitzenstellung, Ehrenplatz, Gunst
vorzüglich → exzellent, → vortrefflich, → hervorragend
vorzugsweise → vorrangig
votieren → wählen
Votum → Urteil, → Wahl
vulgär → gewöhnlich, → obszön
Vulgärsprache → Umgangssprache
Vulkanausbruch Eruption, Explosion, → Ausbruch
Vulva → Scham

W

Waage → Gleichgewicht
waagerecht horizontal, eben, gerade
wabbelig → gallertartig
wabern → flackern
wach 1. hellwach, munter, ausgeschlafen 2. → aufgeschlossen 3. → aufmerksam
wach machen → wecken
wach sein → wachen
wach werden → aufwachen
Wachablösung → Ablösung
Wache 1. Bewacher, Beschützer, Wachmann, Wachposten, Posten 2. Wachmannschaft, Garde, Leibgarde, Leibwache 3. Wachdienst, Wacht, Rundgang, Patrouille, Streifendienst, Streife 4. → Polizeiwache
wachen 1. wach sein, wach liegen, keinen Schlaf finden, kein Auge zutun 2. → Acht geben
Wachmann → Polizeibeamter, → Wache
Wachmannschaft → Wache
Wachposten → Wache
wachrufen → aufrütteln, → wecken, → erinnern
wachrütteln → aufrütteln, → wecken
wachsam → aufmerksam, → vorsichtig
Wachsamkeit → Aufmerksamkeit, → Vorsicht
wachsen 1. gedeihen, sich entwickeln, sprießen, in die Höhe schießen, aufgehen, treiben, heranwachsen, groß werden 2. einlassen, einwachsen, imprägnieren, → polieren 3. → zunehmen
wachsend → zunehmend
Wachsmalstift → Kreide
Wachstum 1. Gedeihen, Entwicklung, Wuchs, Entfaltung, Lebenstrieb 2. → Zunahme
Wachstumsjahre → Jugend
Wacht → Wache
Wächter Hüter, Hirte, Aufseher, Bewacher
Wachtmeister → Polizeibeamter
Wachzustand → Bewusstsein
wackelig kippelig, schwankend, labil, baufällig, → locker
wackeln schlackern, schlottern, kippeln, schwanken, schaukeln, sich bewegen, → zittern, → zappeln
wacker → rechtschaffen
Wackerstein → Stein
Wade → Bein
Waffe Schutzwaffe, Wehr, Hiebwaffe, Stichwaffe, Schusswaffe, → Gewehr
Waffengang → Kampf
Waffengewalt → Gewalt
Waffenstillstand → Friede(n)
Wagemut Waghalsigkeit, Tollkühnheit, Kühnheit, Verwegenheit, Unerschrockenheit, Draufgängertum, Wahnwitz, → Mut
wagemutig waghalsig, tollkühn, kühn, verwegen, unerschrocken, draufgängerisch, wahnwitzig, → mutig
wagen 1. riskieren, aufs Spiel setzen, alles daransetzen, es darauf ankommen lassen, versuchen, sich ein Herz nehmen, sich trauen, sich getrauen, sich gefährden 2. → anmaßen, sich
Wagen 1. Karren, Fuhrwerk, Fahrzeug, Gespann, → Leiterwagen 2. → Kraftfahrzeug
wägen → abmessen
Wagenheber → Hebevorrichtung
Wagenladung → Ladung
Wagenlenker → Kutscher
Wagenplane → Plane
Wagenschlag → Tür
waghalsig → wagemutig, → gefährlich
Waghalsigkeit → Wagemut
Wagnis Risiko, Vabanquespiel, Glücksspiel, Experiment, Mutprobe, Abenteuer, Unterfangen, Wagestück
Wagon (*auch:* Waggon) Eisenbahnwagen, Güterwagon, Güterwagen, Gepäckwagen, Personenzugwagen, Schlafwagen, Liegewagen, Speisewagen, Zugrestaurant, Salonwagen, Kurswagen
Wahl 1. Abstimmung, Stimmabgabe, Urnengang, Votum, Wahlgang, → Plebiszit 2. → Entscheidung 3. → Auswahl
wählen 1. abstimmen, seine Stimme abgeben, votieren, stimmen, eine Wahl treffen, erküren, erwählen 2. aussuchen, auswählen, optieren, → entscheiden, sich
wählerisch verwöhnt, verzogen, heikel, schleckig, mäklig, → genießerisch
Wählerumfrage Umfrage
wahllos → beliebig
Wahlrecht → Recht
Wahlspruch → Leitspruch
wahlweise alternativ, optional, zur freien Auswahl, abwechselnd, wechselweise
Wahn → Einbildung
wähnen → argwöhnen, → vermuten
Wahnidee → Bewusstseinsstörung
Wahnsinn → Geisteskrankheit, → Unsinn
wahnsinnig → geistesgestört, → sehr
Wahnvorstellung → Einbildung
Wahnwitz → Wagemut
wahnwitzig → wagemutig
wahr wahrhaftig, wirklich, echt, richtig, zutreffend, belegt, beglaubigt, sicher

wahr machen → verwirklichen
wahr sein → zutreffen
wahren → bewahren
währen → andauern
während als, indem, solange, derweil, inzwischen, im Verlauf von, wie, bei, über
währenddessen → zwischenzeitlich
wahrhaft → wahr
wahrhaftig 1. fürwahr, wahrlich, wirklich, beileibe, weiß Gott, in der Tat, bei meiner Ehre, bestimmt, mit Sicherheit, ungelogen, sage und schreibe 2. → ehrlich
Wahrhaftigkeit → Ehrlichkeit
Wahrheit Wirklichkeit, Richtigkeit, Tatsache
Wahrheitsliebe → Ehrlichkeit
wahrheitsliebend → ehrlich
Wahrheitsnachweis → Beweis
wahrlich → wahrhaftig
wahrnehmbar → sichtbar
wahrnehmen bemerken, gewahren, gewahr werden, innewerden, erblicken, sehen, beobachten, feststellen, entdecken, auffallen, fühlen, spüren, hören, vernehmen, riechen, wittern
Wahrnehmung Eindruck, Sinneseindruck, Empfindung, Gefühl, Erfassen, Perzeption, Apperzeption
wahrsagen hellsehen, weissagen, voraussagen, aus der Hand lesen, in die Zukunft blicken
Wahrsager Hellseher, Kartenleger, Handleser, Augur, Deuter, → Prophet
wahrscheinlich voraussichtlich, vermutlich, mutmaßlich, möglicherweise, höchstwahrscheinlich, aller Wahrscheinlichkeit nach, sicherlich, → anscheinend
Wahrscheinlichkeit → Voraussicht
Währung → Zahlungsmittel
Wahrzeichen → Symbol, → Wappen
Waise Waisenkind, Vollwaise, Halbwaise, Findelkind, Findling, → Mündel
Waisenhaus → Kinderheim
Waisenkind → Waise
Wald Forst, Gehölz, Holz, Horst, Hain, Wäldchen, Waldung, Tann, Laubwald, Mischwald, Nadelwald, → Gestrüpp
Waldläufer → Läufer
Waldschrat → Kobold
Waldung → Wald
walken → kneten
Wall → Damm, → Befestigungsanlage
wallen → brodeln, → fließen, → pilgern
wallfahren → pilgern
Wallfahrer → Pilger
Wallfahrt → Pilgerfahrt
wallfahrten → pilgern
Wallung → Erregung
walten → herrschen
Walz → Wanderung
Walzbruder → Landstreicher
Walze → Rolle
wälzen → rollen
Wamme → Bauch
Wampe → Bauch
Wams → Jacke
Wand → Mauer, → Fels
Wandel → Veränderung, → Revolution
wandelbar → unbeständig, → variabel
Wandelbarkeit → Unbeständigkeit, → Unzuverlässigkeit
Wandelhalle → Foyer
wandeln → spazieren gehen, → verwandeln
wandeln, sich → wechseln, → läutern, sich, → verändern, sich
Wanderer Wandersmann, Wandervogel, Bergsteiger, Pilger, → Fußgänger
Wanderkarte → Karte
Wanderlust → Reisefieber
wandern marschieren, laufen, bergsteigen, spazieren gehen, ziehen, walzen, pilgern, durchqueren, durchstreifen
Wanderpokal → Pokal
Wanderschaft → Wanderung
Wandersmann → Wanderer, → Pilger
Wanderstab → Gehstock
Wandertrieb → Reisefieber
Wanderung Fahrt, Wanderschaft, Walz, Marsch, Abflug, Expedition, Tour, → Spaziergang, → Pilgerfahrt
Wandlung → Läuterung, → Verwandlung, → Veränderung
Wandzeitung → Flugblatt
Wange Backe, Bäckchen
Wankelmut → Unbeständigkeit
wankelmütig → unberechenbar
Wankelmütigkeit → Unbeständigkeit
wanken → schwanken
Wanne Bottich, Bütte, Zuber, Badewanne, Duschwanne
Wanst → Bauch
Wappen Hoheitszeichen, Feldzeichen, Doppeladler, Wappenschild, Schild, Wahrzeichen, Emblem, Kokarde
Wapperl → Abzeichen, → Etikett
wappnen → ausstatten
wappnen, sich → vorbereiten, sich
Ware Erzeugnis, Produkt, Handelsobjekt, Güter, Material, Rohstoff, Artikel, Posten, Lieferung, Warensendung
Warenangebot → Auswahl, → Sortiment
Warengattung Fabrikat, → Artikel

Warenhaus → Geschäft
Warenkatalog → Katalog
Warenlager → Lager
Warenprobe → Muster
Warensendung → Ware, → Post
Warensortiment → Sortiment
Warenverkehr → Handel
Warenzeichen → Marke
warm 1. erwärmt, vorgewärmt, durchgewärmt, geheizt, mollig, sommerlich, schwül, heiß, → lau
warm laufen, sich → einspielen, sich
warm machen → wärmen
warm werden → gewöhnen, sich
Wärme 1. Erwärmung, Hitze, Schwüle, sommerliche Temperatur 2. → Geborgenheit
wärmen erwärmen, aufwärmen, vorwärmen, aufheizen, warm machen
wärmen, sich sich aufwärmen, sich durchwärmen, Wärme tanken
Warmherzigkeit → Güte
Warmwasserbereiter Tauchsieder, → Boiler
Warmwasserspeicher → Boiler
Warnblinklicht → Warnlicht
warnen alarmieren, abraten, Zeichen geben, die Trommel rühren, einen Warnschuss abgeben, ankündigen, drohen
warnend → abschreckend
Warnlicht Leuchtfeuer, Leitfeuer, Warnblinklicht, Signallicht, Blaulicht, Warnsignal
Warnruf → Alarm, → Warnung
Warnschuss → Warnung
Warnsignal → Alarm, → Warnlicht
Warnung Warnruf, Mahnruf, Warnzeichen, Warnschuss, Schreckschuss, Abschreckung, Drohung
Warnzeichen → Warnung, → Zeichen
Warte → Standpunkt, → Turm
warten 1. abwarten, zuwarten, sich gedulden, ausharren, harren, lauern, abpassen, ausschauen, Ausschau halten, absitzen, auf glühenden Kohlen sitzen, säumen 2. → pflegen
warten auf → erwarten
warten lassen → hinhalten
Wärter Aufeher, Wächter, Helfer, Heger, Pfleger, → Krankenpfleger
Wartesaal → Saal
Wartezeit → Karenzzeit
Wartung → Instandhaltung
warum weshalb, weswegen, wieso, wozu, wofür, aus welchem Grund, zu welchem Ende, zu welchem Zweck
Warze → Hornhaut
Waschbecken Waschschüssel, Lavoir, Lavabo, Wasserbecken, Bidet
Waschbeutel Kulturbeutel, Kulturtasche, Toilettentasche, Reisenessessär, Nessessär, Kosmetikkoffer, Beautycase
Wäsche 1. Leibwäsche, Unterwäsche, Tischwäsche, Weißzeug, Bettwäsche, Bettzeug, Linnen 2. Reinigung, Säuberung, Spülung, Katzenwäsche, → Bad
waschecht → echt, → farbecht
waschen rein waschen, einseifen, auswaschen, schwenken, ausspülen, spülen, schrubben, rubbeln, durchwaschen, durchziehen, durchdrücken, Wäsche waschen, → säubern
waschen, sich sich einseifen, sich abseifen, sich frisch machen, → baden
Waschlappen → Schwächling
Waschraum → Bad
Waschschüssel → Waschbecken
Waschung → Bad
Waschzettel → Prospekt
Wasen → Kirmes
Wasser 1. Nass, nasses Element, feuchtes Element, Flüssigkeit, Salzwasser, Meerwasser, Flut, Fluten, Gewässer, Süßwasser, Quellwasser, Brunnenwasser, Grundwasser, Leitungswasser, Waschwasser, Badewasser 2. → Sprudel 3. → Harn
Wasser lassen → austreten
Wasserader → Ader, → Fluss
Wasserbecken → Becken, → Speicher
Wasserdampf → Dampf
wasserdicht → dicht
Wasserfall Kaskade, Katarakt, Fall, Gießbach, Sturzbach, Stromschnelle, Strudel, Wirbel
Wasserfläche → See
Wasserflut → Flut
Wasserglas → Glas
Wassergraben → Graben
Wasserhahn → Hahn
Wasserklosett → Toilette
Wasserkraft → Energie
Wasserkraftwerk → Kraftwerk
Wasserlauf → Bach, → Fluss
Wassermangel → Trockenheit
Wassermann Neptun, Poseidon, Triton, Nöck, Wassergeist
wassern → landen
wässern → einweichen
Wassernot → Trockenheit
Wasserpumpe → Pumpe
Wasserreservoir → Brunnen, → Speicher
Wasserspeicher → Speicher
Wasserstelle → Brunnen, → Tränke
Wasserstoffbombe → Bombe
Wasserstraße → Kanal

wasserundurchlässig → dicht
Wasserweg → Kanal
wässrig → dünn, → flüssig
waten → gehen
Watsche → Ohrfeige
watscheln → gehen
watschen → ohrfeigen
Watschenmann → Sündenbock
wattieren → füllen
Wattierung → Füllung
WC → Toilette
Wechsel 1. Umschlag, Umschwung, Wende, Wandel, Übertritt, Neuheit, Abwechslung, Austausch, Umbesetzung, Ablösung, Turnus, Veränderung 2. → Vielfalt 3. → Scheck
Wechselbeziehung → Verhältnis
Wechselgesang → Duett, → Kanon
Wechselhaftigkeit → Unbeständigkeit
Wechseljahre Klimakterium, kritisches Alter, kritische Jahre, Midlifecrisis
wechseln 1. umschlagen, sich wenden, sich wandeln, sich ablösen, sich verändern, alternieren, sich abwechseln 2. ändern, verändern, übertreten, umsatteln, umsteigen, die Richtung ändern, verschieben 3. umtauschen, tauschen, umwechseln, einwechseln 4. → auswechseln
wechselseitig 1. korrelativ, in Korrelation, beiderseits, gegenseitig, reziprok, mutual, mutuell 2. → abwechselnd
wechselvoll → unbeständig
wechselweise → abwechselnd
Weckamin → Anregungsmittel
wecken 1. erwecken, wachrufen, aufwecken, wachrütteln, wach machen, aus dem Schlaf rütteln 2. → erregen
Wecken → Brötchen, → Brot
Wecker → Uhr
Weckruf → Appell
wedeln 1. schwanzwedeln, schweifwedeln, schwänzeln, wackeln, schlagen 2. → fächeln 3. → gestikulieren
weg → fort, → bewusstlos, → entzückt
Weg 1. Steig, Steg, Pfad, Saumpfad, Fußweg, Feldweg, Fahrweg, Waldweg, Wanderweg, Bahn, Schneise, → Gehweg 2. → Methode 3. → Möglichkeit
wegbegeben, sich → weggehen
wegbereitend → bahnbrechend
Wegbereiter → Pionier
Wegbiegung → Kurve
wegbleiben ausbleiben, fernbleiben, nicht erscheinen, nicht auftauchen, auf sich warten lassen, → fehlen
wegbringen → entfernen, → wegräumen
wegdrängen → verdrängen
Wegekreuz → Kreuzung
Wegelagerer → Räuber
wegen infolge, kraft, laut, auf Grund, anlässlich, angesichts, behufs, zwecks, durch, ob, aus, halber, → hinsichtlich
Wegenge → Durchgang
wegfahren → abfahren
Wegfall → Ausfall, → Verlust
wegfallen → ausfallen
Weggabel → Gabelung
Weggang → Abmarsch
weggeben hergeben, aus der Hand geben, in fremde Hände geben, übergeben, vermachen, schenken
Weggefährte → Begleiter, → Ehemann
Weggefährtin → Ehefrau
weggehen 1. fortgehen, scheiden, sich fortbegeben, sich wegbegeben, sich entfernen, sich empfehlen, davongehen, davonlaufen, weglaufen, enteilen, entschwinden, verschwinden, wegtreten, abziehen, → aufbrechen, → davonmachen, sich 2. → ausgehen
wegjagen → vertreiben
wegkommen → verlieren
Wegkreuzung → Kreuzung
weglassen 1. beiseite lassen, auslassen, ausklammern, ausschließen, ausscheiden, übergehen 2. fortlassen, gehen lassen, ziehen lassen, freilassen
weglaufen → ausbrechen, → weggehen
weglegen 1. hinlegen, fortlegen, aus der Hand legen, beiseite legen 2. → sparen
weglocken → abwerben
weglos → unwegsam
Wegnahme → Entfernung
wegnehmen benehmen, nehmen, wegschnappen, abstauben, abnehmen, abknöpfen, abjagen, → entreißen, → stehlen
wegpacken → verpacken, → wegräumen
wegräumen aus dem Weg räumen, beiseite räumen, wegschaffen, fortschaffen, forträumen, forttragen, verräumen, fortnehmen, fortbringen, wegbringen, wegtragen, abtragen, aus den Augen schaffen, wegstellen, wegtun, wegstecken, wegpacken, wegschleppen, → aufräumen, → bahnen
wegreißen → abreißen, → entreißen
wegrücken → verrücken
wegrutschen → nachgeben
wegsacken → sinken
wegschaffen → wegräumen
Wegscheide → Gabelung
wegscheuchen → verscheuchen
wegschicken 1. fortschicken, von sich weisen, fortweisen, abweisen, wegstoßen, zurückstoßen, verstoßen 2. → absenden

wegschieben → verdrängen
wegschleichen, sich → davonmachen, sich
wegschleppen → entführen, → wegräumen
wegschließen → einschließen
wegschmeißen → wegwerfen
wegsperren → einschließen
wegstecken → überwinden, → einstecken
wegstehlen, sich → davonmachen, sich
wegstellen → wegräumen
wegstoßen → kürzen
wegstreichen → kürzen
Wegtafel → Wegweiser
wegtragen → abholen, → wegräumen
wegtreiben → vertreiben
wegtreten → weggehen
wegtun → wegräumen, → wegwerfen
wegweisend → bahnbrechend
Wegweiser 1. Richtungsschild, Richtungszeiger, Verkehrsschild, Schild, Tafel, Wegtafel, Hinweistafel 2. → Ratgeber
wegwenden, sich → abwenden, sich
wegwerfen 1. fortwerfen, wegschmeißen, fallen lassen, ausrangieren, ausmerzen, wegtun, zum alten Eisen werfen, in den Müll werfen 2. → werfen
wegwischen → abwischen
Wegzehrung → Verpflegung
wegziehen → ausziehen
Wegzug → Auszug
Weh → Leid
wehen 1. blasen, fächeln, säuseln, winden, → stürmen 2. → flattern
Wehen → Krampf
Wehgeschrei → Klage
Wehklage → Klage
wehklagen → klagen
Wehlaut → Seufzer
wehleidig weinerlich, weichlich, zimperlich, empfindlich, feige
Wehmut → Trauer
wehmütig → traurig
Wehmütigkeit → Trauer
Wehr 1. Staustufe, Staudamm, Staumauer, Talsperre, Damm, Buhne, Schleuse 2. Hindernis 3. → Waffe
Wehrdienst → Militärdienst
Wehrdienst leisten → dienen
Wehrdienstverweigerer → Kriegsdienstverweigerer
wehren, sich sich verteidigen, sich erwehren, sich zur Wehr setzen, standhalten, kämpfen, abwehren, sich auflehnen, sich nichts gefallen lassen
wehrhaft → gerüstet
wehrlos → hilflos
Wehrmacht → Militär
Wehrpflichtiger → Soldat
Wehrsold → Lohn
Wehrturm → Turm
wehtun → quälen, → schmerzen
wehtun, sich → stoßen, sich
Weib → Ehefrau, → Frau
Weiberheld → Frauenheld
weiblich feminin, fraulich, frauenhaft, mädchenhaft
weibstoll → lüstern
weich 1. samtig, samten, seidig, seidenweich, flaumig, flaumweich, federweich, flauschig, kuschelig, mollig, anschmiegsam, fließend, geschmeidig, formbar, knetbar, butterweich 2. → gar 3. → nachgiebig 4. → verweichlicht
Weiche → Flanke, → Gabelung
weichen 1. zurückweichen, zurückgehen, sich zurückziehen, rückwärts gehen, zurücktreten, weggehen, das Feld räumen, den Rückzug antreten, Platz machen, ausweichen 2. → nachgeben
Weichheit → Nachgiebigkeit
Weichherzigkeit → Güte
weichlich → verweichlicht, → nachgiebig
Weide Viehweide, Weideland, Trift, Alm, Koppel, → Wiese
weiden → fressen, → hüten
weiden, sich → freuen, sich
weidgerecht → weidmännisch
weidlich → gehörig
Weidmann → Jäger
weidmännisch weidgerecht, jagdmäßig, jagdgemäß, jagdgerecht
Weidwerk → Jagd
weigern → ablehnen
weigern, sich → widersetzen, sich
Weigerung → Ablehnung
Weihe 1. Weihung, Einsegnung, Konsekration 2. → Erhabenheit
weihen 1. einsegnen, konsekrieren, salben, segnen, heiligen 2. → widmen
Weiher → See
weihevoll → erhaben, → heilig
Weihnachten Weihnachtsfest, Christfest, Christabend, Heiliger Abend, Heiligabend, Heilige Nacht
Weihnachtsgeld → Zulage
Weihnachtsmann Knecht Ruprecht, Nikolaus, Christkind
Weihung → Weihe
weil da, da nämlich, denn, indem
Weilchen → Augenblick
Weile → Dauer
weilen → bleiben, → aufhalten, sich
Weiler → Dorf

Wein 1. Traubensaft, Rebensaft, Sorgentröster, Tafelwein, Tischwein, Rotwein, Rosé, Weißwein, → Schaumwein, → Most 2. → Rebe
Weinbeere Weintraube, Traube, Rosine, Sultanine, Korinthe, Zibebe
Weinbrand → Spirituosen
weinen schluchzen, heulen, flennen, greinen, schniefen, plärren, schreien, Tränen vergießen, sich in Tränen auflösen
Weinen Geschluchze, Geheule, Geflenne, Tränen, Wehklagen
weinerlich larmoyant, wehmütig, wehleidig, tränenselig
Weinerlichkeit → Tränenseligkeit
Weinernte → Ernte
Weingeist → Alkohol
Weinkeller → Gasthaus, → Keller
Weinkrampf → Krampf
Weinlaube → Pavillon
Weinlaune → Rausch
Weinlese → Ernte
Weinstock → Rebe
Weinstube → Gasthaus
Weintraube → Weinbeere
weise einsichtig, klug, lebensklug, welterfahren, lebenserfahren, erfahren
Weise → Art, → Melodie
weisen → zeigen
Weiser → Denker
Weisheit Einsicht, Klugheit, Lebensklugheit, Lebenserfahrung, Erfahrung
weismachen → einreden
weiß 1. schneeweiß, schlohweiß, blütenweiß, lilienweiß, perlweiß, alabasterfarben, kreideweiß, silberweiß 2. → blass
weissagen prophezeien, orakeln, Zeichen deuten, verkünden, verheißen, offenbaren, → vorhersagen
Weissager → Prophet
Weissagung Prophezeiung, Prophetie, Orakel, Verheißung, Zeichen, Offenbarung, → Vorhersage
weißeln → streichen
weißhaarig → alt, → grau
weißwaschen, sich → herausreden, sich
Weisung → Anordnung, → Befehl, → Auftrag
Weisung erlassen → befehlen
weit 1. weit gestreckt, lang gestreckt, ausgedehnt, breit, uferlos, endlos 2. → fern 3. → geräumig
weit blickend vorausblickend, vorausschauend, weitsichtig, umsichtig, vorsorglich, vernünftig, planvoll
weit gereist → erfahren
weit reichend → folgenreich
weit verbeitet → üblich
weit verzweigt → schwierig
weitab → fern
weitaus → ganz
Weitblick Weitsicht, Umsicht, Vorsicht, Vorsorglichkeit, Vernunft, Kombinationsgabe
Weite → Erstreckung, → Raum, → Entfernung
weiten → ausweiten, → dehnen
weiten, sich → dehnen, sich
weiter 1. ferner, fernerhin, fürderhin, weiterhin, nach wie vor, wie bisher, noch immer, auch künftig 2. → außerdem
weiter bestehen fortbestehen, fortleben, fortdauern, fortwähren, bestehen, bestehen bleiben, Bestand haben, sich erhalten, von Dauer sein, → andauern
Weiterbestehen → Dauer
weiterbilden, sich → bilden, sich, → fortbilden, sich
Weiterbildung → Fortbildung
Weiterentwicklung → Fortgang
weitererzählen → ausplaudern, → hinterbringen
weiterführen → fortsetzen
Weitergabe → Tradition
Weitergang → Fortgang
weitergeben → verbreiten, → weiterleiten
weiterhelfen → fördern
weiterhin → außerdem
weiterkommen → vorankommen
weiterleiten weitergeben, weiterreichen, schicken, überbringen, zukommen lassen
weitermachen → fortsetzen
weiterreichen → weitergeben
weitersagen → ausplaudern
weiterspinnen → aufnehmen, → fortsetzen
weiterverbreiten → verbreiten
weiterverfolgen → fortsetzen
weitgehend → überwiegend
weitläufig → geräumig
weiträumig → geräumig
Weiträumigkeit → Größe
weitschweifig → ausführlich, → redselig
Weitschweifigkeit → Redseligkeit
Weitsicht → Weitblick, → Spürsinn
weitsichtig → weitblickend
Weitsichtigkeit → Fehlsichtigkeit
welk lasch, schlaff, verwelkt, verblüht, abgeblüht, alt, trocken, verdorrt, → verblasst
welken 1. verwelken, verblühen, abblühen, vergehen, eingehen, vertrocknen, verdorren, → verblassen 2. → altern
Welle 1. Woge, Wellenberg, Brecher, Brandung 2. → Mode 3. → Rundfunksender

wellen → kochen, → locken
wellen, sich → verziehen, sich
Wellenbewegung → Schwingung
Wellengang Seegang, Dünung
Wellenschlag → Brandung
wellig → lockig
Wellpappe → Pappe
Welpe → Hund
Welt 1. Erde, Erdkreis, Weltkreis, Erdenrund, Diesseits, Hier und Jetzt, Erdental, Schöpfung 2. → Öffentlichkeit 3. → Menschheit
Weltabgewandtheit → Zurückgezogenheit
Weltall All, Weltraum, Raum, Universum, Kosmos, Makrokosmos, Himmel
Weltanschauung → Ideologie
weltbekannt → bekannt
Weltbevölkerung → Menschheit
Weltbild → Ideologie
weltbürgerlich → aufgeklärt
Weltenbummler → Globetrotter
Weltenlenker → Gott
weltentrückt → weltfremd
welterfahren → erfahren, → gewandt
Weltferne → Weltfremdheit
Weltflucht → Weltfremdheit
weltflüchtig → zurückgezogen
weltfremd lebensfremd, lebensfern, entrückt, weltentrückt, weltfern, wirklichkeitsfern, esoterisch, schwärmerisch, versponnen, idealistisch
Weltfremdheit Lebensfremdheit, Lebensferne, Weltferne, Wirklichkeitsferne, Esoterik, Elfenbeinturm, Weltflucht, Spinnerei, Idealismus
weltgewandt → gewandt
Weltgewandtheit → Gewandtheit
Weltkenntnis → Erfahrung
Weltkugel Globus, → Erde
weltläufig → erfahren, → gewandt
weltlich 1. profan, säkular, nicht geweiht 2. → irdisch
Weltlicher → Laie
Weltmann → Kavalier
weltmännisch → gewandt
Weltmarkt → Markt
Weltmeer → Meer
Weltmeister → Champion
weltoffen → aufgeschlossen, → aufgeklärt
Weltraum → Weltall
Weltraumfahrer → Raumfahrer
Weltraumfahrt → Raumfahrt
Weltraumforschung → Raumfahrt
Weltraumlaboratorium → Raumschiff
Weltraumrakete → Raumschiff
Weltreise → Reise
Weltreisender → Globetrotter
Weltruf → Ruhm
Weltruhm → Ruhm
Weltschmerz → Schwermut
Weltstadt → City
Weltteil → Kontinent
weltumfassend → international
Weltverbesserer → Fanatiker, → Idealist
weltweit → international
weltzugewandt → aufgeschlossen
Wende Wendung, Rückwendung, Kehrtwende, Umschwung, Umbruch, Umschlag, Richtungsänderung, Wandel, Wechsel
wenden umdrehen, umklappen, umstülpen, stülpen, drehen, stürzen, umstürzen
wenden, sich → wechseln, → herantreten an
Wendepunkt → Höhepunkt
wendig → geschickt
Wendigkeit → Geschicklichkeit
Wendung → Wende, → Redewendung
wenig gering, unbeträchtlich, unerheblich, ein bisschen, karg, kärglich, nicht viel, knapp, ein Hauch von, eine Spur von, für den hohlen Zahn
wenige → einige
weniger → abzüglich
wenigstens → mindestens, → jedenfalls
wenn 1. falls, sofern, wofern, für den Fall, im Falle dass, vorausgesetzt dass 2. sowie, sobald, gerade als
wenngleich → obwohl
wennschon → obwohl
Werbefachmann → Werber
Werbefeldzug → Werbung
Werbefernsehen → Spot
Werbefilm → Spot
Werbefläche → Plakat
Werbekampagne → Werbung
werben 1. Reklame machen, Propaganda treiben, propagieren, die Werbetrommel rühren, anpreisen, beeinflussen, verleiten, ködern, hausieren, bekannt machen, publizieren, plakatieren, anschlagen, → annoncieren 2. → umwerben
werben um → umwerben
Werber Ausschreier, Marktschreier, Propagandist, Kundenwerber, Akquisiteur, Werbefachmann
Werbeschrift → Prospekt
Werbeslogan → Slogan
Werbespot → Spot
Werbespruch → Slogan
Werbetext → Slogan
werbewirksam → aufdringlich, → wirkungsvoll

Werbezettel → Prospekt
Werbung 1. Reklame, Anpreisung, Mundpropaganda, Propaganda, Publicity, Publicrelations, PR, Öffentlichkeitsarbeit, Aufklärung, Promotion, Advertising, Verkaufsförderung, Kundenwerbung, Kundenfang, Bedarfslenkung, Bedarfsweckung, Werbefeldzug, Werbekampagne, Schleichwerbung 2. → Spot
Werbungskosten → Aufwand, → Kosten
Werdegang → Entwicklung, → Karriere, → Lebenslauf
werden → entstehen
werfen 1. schmeißen, schmettern, schleudern, wegschleudern, katapultieren, schnellen, pfeffern, wegwerfen 2. → gebären
werfen, sich → verziehen, sich
Werk 1. Arbeit, Opus, Œuvre, Schaffen, Kunstwerk 2. → Buch 3. → Komposition 4. → Tat 5. → Fabrik
werkeln → arbeiten, → basteln
werkgerecht → handwerklich
Werkhalle → Halle
Werkküche → Kantine
Werksferien → Ferien
Werkstatt Werkstätte, Reparaturwerkstatt, Autowerkstatt, Kfz-Betrieb, Garage, → Atelier
Werkstätte → Atelier, → Werkstatt
Werktag → Alltag
werktätig → erwerbstätig
Werktätiger → Arbeiter
Werkzeug 1. Instrument, Gerät, Mittel, Arbeitsgerät, Handwerkszeug, Ausrüstung 2. → Anhänger
wert → lieb
Wert 1. Güte, Qualität, Gehalt, Bedeutung, Nutzen 2. Tauschwert, Kaufkraft, Gegenwert, Preis
wertachten → achten
Wertarbeit → Qualität
wertbeständig → gediegen
werten → beurteilen
Wertgefühl → Ehre
Wertgegenstand → Kostbarkeit
wertlos → minderwertig, → nutzlos
Wertlosigkeit → Nichtigkeit
Wertmarke Marke, Wertzeichen, Postwertzeichen, Briefmarke, → Gutschein
Wertmaßstab → Maßstab
Wertpapier Anleihe, Aktie, Effekten, Sparbrief, Pfandbrief, Bundesschatzbrief, Staatsobligation, Investmentpapier
wertschätzen → achten, → schätzen
Wertschätzung → Achtung, → Schätzung
Wertung → Beurteilung, → Rang
Wertungspunkt → Punkt
wertvoll 1. hochwertig, qualitätsvoll, gediegen, von bleibendem Wert, → kostbar 2. → nützlich
Wesen → Mensch, → Charakter, → Eigenart
wesenhaft → dinghaft
wesenlos → gegenstandslos, → immateriell
Wesensart → Art, → Charakter
wesenseigen → individuell
wesensfremd → fremd
wesensgemäß → charakteristisch
Wesenszug → Eigenschaft
wesentlich grundlegend, essenziell, wichtig, unerlässlich, erheblich, → bedeutsam, → entscheidend
weshalb → warum
Weste → Jacke
weswegen → warum
Wettbewerb 1. Konkurrenz, Konkurrenzkampf, Wetteifer, Wettstreit, Auseinandersetzung, → Rivalität 2. → Wettkampf
wettbewerbsfähig → gleichwertig
Wetteifer → Wettbewerb
wetteifern konkurrieren, rivalisieren, sich messen
wetten tippen, setzen, eine Wette abschließen, spielen, wagen
Wetter Witterung, Wetterlage, Klima, Luft, → Hochdruck, → Tiefdruck, → Regen
Wetterbericht Wettervorhersage, Wetterprognose, Wetterdienst, Wettermeldung
Wetterdienst → Observatorium, → Wetterbericht
Wetterfahne 1. Turmhahn, Wetterhahn, Windfahne 2. → Opportunist
wetterfest → farbecht
wetterfühlig → anfällig
Wetterhahn → Wetterfahne
Wetterlage → Wetter
wetterleuchten → blitzen
Wetterleuchten → Blitz
Wettermeldung → Wetterbericht
wettern → donnern, → schimpfen
Wetterprognose → Wetterbericht
Wetterstation → Observatorium
Wettersturz → Wetterwechsel
Wetterumschwung → Wetterwechsel
Wettervorhersage → Wetterbericht
Wetterwarte → Observatorium
Wetterwechsel Wetterumschwung, Wetterumschlag, Witterungsumschlag, Wettersturz, → Abkühlung
wetterwendisch → unberechenbar
Wettfahrt → Wettkampf
Wettkampf Wettbewerb, Wettstreit, Ausscheidungskampf, Ausscheidung, Qualifika-

tion, Begegnung, Treffen, Paarung, Spiel, Turnier, Cup, Match, Championat, Meisterschaft, Pokalspiel, Wettlauf, Wettrennen, Rennen, Wettfahrt, Straßenrennen, Grand Prix, Rallye
Wettkämpfer → Sportler
Wettkampfstätte → Arena
Wettlauf Lauf, Wettrennen, Kurzstreckenlauf, Langstreckenlauf, Hürdenlauf, Hindernislauf, Orientierungslauf, Marathon, → Wettkampf
Wettläufer → Läufer
wettmachen → aufheben, → ausgleichen
Wettrennen → Wettkampf
Wettspiel → Glücksspiel
Wettstreit → Wettbewerb, → Wettkampf
wettstreiten → messen, sich
wetzen → laufen, → reiben, → schärfen
Wetzstein → Schleifstein
Whisk(e)y → Spirituosen
wichsen → bohnern, → polieren
Wicht → Gauner, → Zwerg, → Knirps
Wichtelmännchen → Kobold
wichtig bedeutend, bedeutungsvoll, bedeutsam, belangvoll, relevant, triftig, schwer wiegend, folgenreich, gewichtig, von Gewicht, von Bedeutung, dringend, vordringlich, ernst, akut, → entscheidend
Wichtigkeit → Bedeutung
Wichtigtuerei → Angabe
wichtigtuerisch → angeberisch
wichtigtun, sich → aufspielen, sich
Wickel → Umschlag, → Winde
Wickelkind → Säugling
wickeln ringeln, aufringeln, aufrollen, drehen, spulen, rollen, einrollen, einwickeln, umwickeln, packen
Widder → Bock
wider → gegen
widerborstig → widerspenstig
Widerborstigkeit → Widerspenstigkeit
widerfahren zustoßen, begegnen, unterkommen, unterlaufen, passieren, geschehen, befallen, nicht erspart bleiben, → erleben
Widerhall → Echo
widerhallen → dröhnen
widerlegbar → widersprüchlich
widerlegen → entkräften, falsifizieren, ad absurdum führen, Lügen strafen, das Gegenteil beweisen, → entwaffnen
Widerlegung Entkräftigung, Gegenbeweis, Antwort, schlagendes Argument
widerlich → ekelhaft
widernatürlich → pervers
Widernatürlichkeit → Perversität
Widerpart → Gegenteil, → Gegner
widerrechtlich → illegal
Widerrede → Einspruch
widerreden → widersprechen
Widerruf Abfall, Umkehr, Abbitte, Ableugnung, Gegenerklärung, Revokation, Rückzieher, Rückzug, Absage, Zurücknahme, Dementi
widerrufen 1. abfallen, umkehren, abbitten, ableugnen, verleugnen, revozieren, zurücknehmen, dementieren, zurückziehen, einen Rückzieher machen 2. → annullieren
widerruflich → vorbehaltlich
Widersacher → Feind, → Gegner, → Teufel
Widerschein → Abglanz, → Reflex
widersetzen, sich → sich entgegenstellen, entgegentreten, sich dagegenstellen, sich weigern, nicht mitmachen, Paroli bieten, die Stirn bieten, gegen den Strom schwimmen, sich sträuben, sich sperren, widerstehen, widerstreiten, sich wehren, sich quer legen, opponieren, Widerstand leisten
widersetzlich → ungehorsam, → widerspenstig
Widersetzlichkeit → Widerspenstigkeit
Widersinn → Sinnlosigkeit
widersinnig → unlogisch, → absurd
widerspenstig widerborstig, widersetzlich, kratzbürstig, ungefällig, bockig, trotzig, renitent, aufsässig, aufmüpfig, unfolgsam, unverträglich, → eigensinnig
widerspenstig sein → bocken
Widerspenstigkeit → Widerborstigkeit, Widersetzlichkeit, Trotz, Bockbeinigkeit, Renitenz, Aufsässigkeit, Aufmüpfigkeit, → Eigensinn
widerspiegeln → reflektieren
widersprechen erwidern, widerreden, widerstreiten, dagegensprechen, entgegenhalten, protestieren, → leugnen
Widerspruch 1. Antwort, Gegenrede, Einrede, Protest 2. Widersprüchlichkeit, Missverhältnis, Diskrepanz, Widerstreit, Kontradiktion, Unstimmigkeit, → Gegensätzlichkeit
widersprüchlich widerspruchsvoll, widerstreitend, diskrepant, gegensätzlich, kontradiktorisch, unstimmig, unlogisch, inkonsequent, fehlerhaft, widerlegbar, unhaltbar
Widersprüchlichkeit → Widerspruch, → Inkonsequenz, → Gegensätzlichkeit
Widerstand 1. Reibung, Rollwiderstand, Haftreibung, Haftwiderstand, Haftung, Gegenwirkung, Gegendruck 2. Bekämpfung, Abwehr, Gegenwehr, Gegenbewegung, Obstruktion, Opposition, Auflehnung, Gehorsamsverweigerung, Ungehorsam 3. → Partisanenkrieg

widerstandsfähig immun, geschützt, gefeit, resistent, unempfindlich, abgehärtet, zäh, → haltbar
widerstandsfähig machen → abhärten
Widerstandsfähigkeit → Widerstandskraft, → Haltbarkeit
Widerstandskampf → Partisanenkrieg
Widerstandskämpfer → Partisan
Widerstandskraft Widerstandsfähigkeit, Immunität, Resistenz, Gesundheit, Unempfindlichkeit
widerstehen → ekeln, → standhalten, → widersetzen, sich
widerstreben → ekeln, → missfallen
widerstrebend → widerwillig
Widerstreit → Widerspruch
widerstreiten → widersprechen, → widersetzen, sich
widerstreitend → widersprüchlich
widerwärtig → ekelhaft, → abscheulich
Widerwärtigkeit → Hässlichkeit
Widerwille → Ekel, → Missfallen
widerwillig widerstrebend, ungern, unlustig, lustlos, abgeneigt, unfreiwillig, der Not gehorchend, gezwungenermaßen
widmen 1. zueignen, zudenken, weihen, dedizieren 2. → schenken
widmen, sich → beschäftigen, sich, → hingeben, sich
Widmung Zueignung, Dedikation
widrig → ungünstig
Widrigkeit → Unannehmlichkeit
wie → als, → gewissermaßen, → während
wieder wiederum, abermals, nochmals, nochmalig, noch einmal, neuerlich, erneut, wiederholt, wiederkehrend, von neuem, aufs Neue, von vorne, zum andern Mal, zum zweiten Mal, da capo
wieder aufbauen → wiederherstellen
wieder aufnehmen wieder aufgreifen, zurückkommen auf, nochmals aufrollen, zurückgreifen auf, wiederholen
wieder beleben → erneuern
wieder erkennen → erkennen, → erinnern, sich
wieder errichten → wiederherstellen
wieder erscheinen → wieder erstehen
wieder erstarken → erstarken
wieder erstehen auferstehen, zu neuem Leben erwachen, wieder erscheinen, aus der Versenkung auftauchen
wieder finden → finden
wieder gutmachen → büßen, → entschädigen
wieder gutzumachen → reparabel
wieder herrichten → wiederherstellen
wieder verwenden → verwerten
Wiederaufbau → Wiederherstellung
Wiederaufnahme → Wiederholung
wiederbekommen → zurückbekommen
Wiederbelebung → Renaissance
wiederbringen → zurückgeben
wiedererhalten → zurückbekommen
wiedererlangen → zurückbekommen
Wiedererrichtung → Wiederherstellung
Wiedererstarken → Renaissance
wiedererstatten → entschädigen
Wiedererstattung → Entschädigung
Wiedererstehen → Renaissance
Wiedererweckung → Renaissance
Wiedergabe → Bild, → Darstellung
wiedergeben → darstellen, → zurückgeben
Wiedergeburt → Renaissance
Wiedergutmachung → Buße, → Entschädigung
wiederherstellbar → reparabel
wiederherstellen rekonstruieren, wieder herrichten, wieder aufbauen, wieder errichten, erneuern, sanieren, → restaurieren, → reparieren
Wiederherstellung 1. Rekonstruktion, Wiederaufbau, Wiedererrichtung, Erneuerung, Sanierung, → Reparatur 2. → Genesung
wiederholen 1. repetieren, rekapitulieren, nachsprechen, wiederkäuen, noch mal anfangen, von vorn anfangen, nachmachen, noch mal machen, wieder beginnen 2. → sitzen bleiben
wiederholen, sich etwas erneut aussprechen, wiederkommen, wiederkehren, sich fortpflanzen, sich fortsetzen
wiederholt → oft, → wieder
Wiederholung Repetition, Rekapitulation, Wiederkehr, Wiederaufnahme, Reprise, Häufung, Rückfall, → Gewohnheit
wiederkäuen → wiederholen
Wiederkehr → Rückkehr, → Wiederholung
wiederkehren → zurückkehren, → wiederholen, sich
wiederkehrend → regelmäßig, → wieder
wiederkommen → zurückkehren, → wiederholen, sich
Wiederkunft → Rückkehr
Wiedersehen → Rückkehr
wiederum → dagegen, → wieder
Wiederverkäufer → Einzelhändler
Wiederverwertung → Verwertung
Wiege 1. Stubenwagen, Babykorb, → Bett 2. → Ursprung
wiegen → abmessen, → gelten, → schaukeln
Wiegenfest Geburtstag, Ehrentag

wienern → bohnern, → polieren, → bürsten
Wiese Gras, Grasland, Matte, Wiesenaue, Aue, Anger, Rain, Sommerwiese, Rasen, → Weide
wieso → warum
wiewohl → obwohl
Wigwam → Zelt
wild 1. unbezähmbar, ungezügelt, unbändig, ungestüm, furios, stürmisch, rasend, aufbrausend, → übermütig 2. wildwachsend, wildwüchsig, im Naturzustand, in freier Natur, frei, nicht domestiziert, ungezähmt 3. → leidenschaftlich 4. → wütend 5. → gierig 6. → öde
wild wachsend → wild
wild werden aufbrausen
Wilderei Wilddieberei, Jagdfrevel
Wilderer Wilddieb, Wildschütz, Raubschütz, Jagdfrevler, → Jäger
wildern → jagen
wildfremd → fremd
Wildheit → Heftigkeit
Wildhüter → Jäger
Wildnis → Öde
Wildpark → Zoo
Wildschütz → Jäger, → Wilderer
Wildschwein → Schwein
wildwüchsig → wild
Wille 1. Willenskraft, Willensstärke, Energie, Entschiedenheit, Tatkraft, Entschlusskraft, Festigkeit, Zähigkeit, Ausdauer 2. → Entschluss 3. → Wunsch
willenlos → willensschwach
Willenlosigkeit → Willensschwäche
willens gewillt, gesonnen, entschlossen, bereit, → willig
Willensäußerung → Entschließung
Willenserklärung → Entschließung
Willenskraft → Wille
Willenslenkung → Beeinflussung
willensschwach willenlos, entschlusslos, energielos, weich, schwach, verführbar, nachgiebig
Willensschwäche Willenlosigkeit, Nachgiebigkeit, schwacher Wille, Schwäche, Energielosigkeit, Antriebsschwäche, Entschlusslosigkeit, Entschlussschwäche
Willensstärke → Wille
willentlich → absichtlich
willfahren → gehorchen, → nachgeben
willfährig → gehorsam, → nachgiebig
Willfährigkeit → Gehorsam, → Nachgiebigkeit, → Bereitschaft
willig willens, bereitwillig, willfährig, gutwillig, → bereit
Willigkeit → Bereitschaft
Willkomm Begrüßung, Aufnahme, Empfang
willkommen erwünscht, hochwillkommen, wie gerufen, gelegen, lieb, erfreulich, angenehm, gern gesehen
willkommen heißen → empfangen
Willkommensgruß → Gruß
Willkür Willkürakt, Belieben, Gutdünken, Laune, Tyrannei, Gewalt, Subjektivität, → Eigenmächtigkeit
willkürlich beliebig, nach Belieben, nach Gutdünken, wahllos, zufällig, subjektiv, tyrannisch, gewaltsam, → eigenmächtig
wimmeln → überhand nehmen
Wimmerl → Pickel
wimmern → klagen
Wimpel → Fahne
Wimperntusche → Schminke
Wind 1. Windhauch, Hauch, Luft, Luftzug, Lüftchen, Brise, Fallwind, Aufwind, → Windstoß, → Sturm 2. → Darmwind
Windbeutel → Angeber, → Taugenichts
Winde Spule, Rolle, Wickel, Spindel, Seilwinde, Flaschenzug, Ankerwinde, Gangspill, Spiel, → Aufzug
winden → binden, → drehen, → wehren
winden, sich 1. sich drehen und wenden, sich schlängeln, sich krümmen, sich verdrehen 2. emporranken, ranken, klettern, sich emporschlängeln, sich schlingen, sich ringeln 3. → räkeln, sich 4. → ausweichen
Windfahne → Wetterfahne
Windfang → Flur
windgeschützt → windstill
Windhauch → Wind
Windhose → Sturm
Windhund → Frauenheld, → Taugenichts
windig 1. zugig, stürmisch, böig, luftig 2. → minderwertig
windstill windgeschützt, geschützt, im Windschatten
Windstille → Flaute
Windstoß Bö, Fallbö
Windung → Drehung, → Spirale
Wink → Anhaltspunkt, → Hinweis, → Geste
Winkel → Nische
Winkelzug → List
winken nachwinken, zuwinken, schwenken, Zeichen geben, sich bemerkbar machen, → gestikulieren
winklig verwinkelt, → eckig, → eng
winseln → jaulen, → klagen
winseln um → bitten
Winter Winterszeit, kalte Jahreszeit
Wintergarten → Terrasse, → Gewächshaus
winterlich → kalt
Winterschlussverkauf → Ausverkauf

winzig → klein
Winzigkeit → Gran
Wipfel Baumwipfel, Spitze, Baumkrone, Krone
Wippe → Schaukel
wippen → schaukeln
Wirbel 1. Sog, Strudel, Strömung 2. → Trubel 3. → Zapfen
wirbeln strudeln, wallen, rollen, drehen, quirlen, → drehen, sich
Wirbelsäule → Rückgrat
Wirbelsturm → Sturm
Wir-Gefühl → Solidarität
Wirbelwind → Zappelphilipp
wirken 1. arbeiten, fungieren, tätig sein, aktiv sein, agieren, machen, verrichten 2. Wirkung zeigen, fruchten, anschlagen, einschlagen, etwas bewirken, greifen, verfangen, nützen, helfen 3. → aussehen
Wirken → Arbeit
wirklich 1. real, faktisch, de facto, tatsächlich, realiter, leibhaftig, in Wirklichkeit, effektiv, existent, vorhanden, greifbar, → dinghaft 2. → echt 3. → wahrhaftig
Wirklichkeit Realität, Echtheit, Wahrheit, Vorhandensein, Existenz, → Tatsache
wirklichkeitsfern → weltfremd
Wirklichkeitsferne → Weltfremdheit
wirklichkeitsgetreu → realistisch
wirklichkeitsnah → anschaulich, → realistisch
Wirklichkeitsnähe → Anschaulichkeit, → Realismus
Wirklichkeitssinn → Realismus
wirksam effektiv, erfolgreich, durchschlagend, schlagkräftig, durchgreifend, tauglich, gut, dienen, nützlich, helfend, probat, nachhaltig, → eindrucksvoll
Wirksamkeit 1. Effektivität, Erfolg, Durchschlagskraft, Schlagkraft, Stoßkraft, Tauglichkeit, Nützlichkeit 2. → Wirkung
Wirkung 1. Effekt, Auswirkung, Wirksamkeit, Ergebnis, Erfolg, Folge, Niederschlag, Spur 2. → Reaktion 3. → Eindruck
Wirkungsbereich → Arbeitsgebiet, → Einflussbereich
Wirkungskreis → Arbeitsgebiet, → Amt
wirkungslos unwirksam, nutzlos, überflüssig, fruchtlos, ergebnislos
wirkungsvoll effektvoll, dekorativ, auffallend, plakativ, werbewirksam, zugkräftig, → eindrucksvoll
wirr 1. verworren, unübersichtlich, labyrinthisch, undurchschaubar, abstrus, heillos, durcheinander, ungeordnet, unsystematisch, → unklar 2. → zerzaust 3. → zerstreut
Wirren Aufruhr
Wirrkopf → Fantast
Wirrnis → Durcheinander
Wirrwarr → Durcheinander
Wirt 1. Gastwirt, Schänkwirt, Schenkwirt, Schenk, Kneipenwirt, Kneipier, Hotelier, Gastronom 2. → Gastgeber 3. → Hauswirt
wirtlich → gastfreundlich
Wirtschaft 1. Volkswirtschaft, Marktwirtschaft, Industrie, Handel, Handel und Gewerbe, Markt, Geschäftsleben 2. → Gasthaus
Wirtschaft führen → besorgen
wirtschaften → Haus halten, → hantieren
Wirtschafterin → Hausangestellte
wirtschaftlich 1. ökonomisch, sparsam, rentabel, rationell 2. → finanziell
Wirtschaftlichkeit Ökonomie, Sparsamkeit, Rentabilität, Effizienz, → Einsparung
Wirtschaftsaufschwung → Aufschwung
Wirtschaftsbeziehungen → Handel
Wirtschaftskrise → Depression
Wirtschaftslage Beschäftigungslage, Konjunktur
Wirtschaftsleben → Handel
Wirtschaftsprüfer → Kontrolleur
Wirtshaus → Gasthaus
Wirtsleute → Hauswirt
Wirtsstube → Gaststube
Wisch → Blatt, → Schreiben
wischen → putzen, → ohrfeigen
Wischiwaschi → Geschwätz
Wischlappen → Lappen
wispern → flüstern
Wissbegierde → Interesse, → Neugier
wissbegierig → interessiert, → neugierig
wissen kennen, Kenntnis haben, sich bewusst sein, informiert sein, unterrichtet sein, im Bilde sein, Einblick haben, sich auskennen, beherrschen, beschlagen sein
Wissen Kenntnis, Kenntnisse, Kunde, Einsicht, Bewusstsein, Gewissheit, Einblick, Vertrautheit, Erfahrung, → Bildung
wissend → bewusst, → gelehrt
Wissenschaft Forschung, Lehre, Naturwissenschaft, Geisteswissenschaft, Studium, Geistesarbeit
Wissenschaftler Forscher, Naturwissenschaftler, Geisteswissenschaftler, Geistesschaffender, Akademiker, Gelehrter, → Intellektueller
Wissensdurst → Interesse, → Neugier
wissensdurstig → interessiert, → neugierig
Wissensgebiet → Fach
wissenswert → erwähnenswert, → lehrreich
wissentlich → absichtlich, → bewusst

wittern → riechen
Witterung → Spürsinn, → Wetter
Witterungsumschlag → Wetterwechsel
Witz 1. Gag, Spaß, Kalauer, Wortspiel, geistreiche Bemerkung, Pointe, Aperçu, Bonmot, Zote, → Scherz 2. → Humor 3. → Geist
Witzbold → Clown, → Spaßvogel
witzeln → spotten
witzig → geistreich, → lustig
witzlos → geistlos
Witzlosigkeit → Geistlosigkeit
woanders → anderswo
Wochenenddienst → Bereitschaftsdienst
Wochenendhaus Ferienhaus, Ferienhütte, Hütte, Blockhaus, Chalet, Cottage, Sommerhaus, Sommersitz, Datscha, Landhaus, Landsitz
Wochentag → Alltag
Wochenzeitschrift → Journal
Wochenzeitung → Zeitung
wofern → wenn
wofür → warum
Woge → Welle
wogen → fließen, → branden
wohl gesund, in Form, pudelwohl, sauwohl, behaglich, gemütlich
wohl oder übel → gezwungenermaßen
Wohl Leben, Gesundheit, Wohlergehen, Wohlbefinden, Wohlfahrt, Glück, Heil, Rettung
wohlanständig → anständig
wohlauf → gesund
Wohlbefinden → Gesundheit, → Wohl
Wohlbehagen → Zufriedenheit
wohlbehalten → unverletzt
wohl anstehen → gehören, sich
wohl bedacht → berechnend
wohl bekannt → bekannt
wohl durchdacht → ausgewogen, → durchdacht
wohl riechen → duften
wohl überlegt → ausgewogen, → durchdacht
wohlbeleibt → dick
Wohlbeleibtheit → Dicke
Wohlergehen → Gesundheit, → Wohl
wohlerzogen → anständig, → höflich
Wohlerzogenheit → Höflichkeit
Wohlfahrt → Fürsorge, → Wohl
wohlfeil → preiswert
Wohlgefallen → Zufriedenheit
wohlgefällig → gefällig
wohlgeformt → ebenmäßig
Wohlgefühl → Lebensfreude
wohlgelitten → angesehen, → beliebt
wohlgemut → heiter
wohlgenährt → dick
Wohlgeruch → Aroma
Wohlgeschmack → Aroma
wohlgesinnt → zugetan
Wohlgestalt → Schönheit
wohlgestaltet → schön
wohlgetan → richtig
wohlhabend → reich
Wohlhabenheit → Reichtum
wohlig → gemütlich
Wohlklang → Harmonie, → Akkord
wohlklingend → harmonisch, → melodisch
wohlmeinend → freundschaftlich
wohlproportioniert → ebenmäßig
wohlriechend → aromatisch
wohlschmeckend → fein, → köstlich
Wohlsein → Gesundheit
Wohlstand → Reichtum
Wohltäter → Menschenfreund, → Mäzen
wohltätig → großzügig, → gemeinnützig
Wohltätigkeit → Großzügigkeit, → Nächstenliebe
wohltönend → harmonisch, → melodisch
wohltuend angenehm, ergötzlich, labend, erfrischend, bekömmlich, heilsam, zuträglich, gesund, → erfreulich
wohlweislich → bewusst
Wohlwollen → Entgegenkommen, → Sympathie
wohlwollend → freundschaftlich, → zugetan
Wohnblock Häuserblock, Block, Häuserviertel, Wohnviertel, Straßenzug, Gebäudekomplex, Komplex, → Stadtteil
wohnen bewohnen, leben, sich aufhalten, wohnhaft sein, daheim sein, beheimatet sein, seinen Wohnsitz haben, sitzen, weilen, hausen, logieren, residieren
Wohngegend → Stadtteil
Wohngemeinschaft → Kommune
wohnhaft → ansässig
Wohnhaus → Haus
Wohnheim → Heim, → Internat
wohnlich → gemütlich
Wohnlichkeit → Gemütlichkeit
Wohnsitz Wohnort, Anschrift, Aufenthaltsort, Heimatort, Domizil, Sitz, Standort
Wohnstube → Wohnzimmer
Wohnung Wohnstätte, Heim, Logis, Suite, Zimmerflucht, Penthaus, Dachwohnung, Mansardenwohnung, Mansarde, Maisonette, Appartement, Bude, → Unterkunft
Wohnungseinrichtung → Einrichtung
wohnungslos → obdachlos
Wohnungsnachbar → Nachbar
Wohnungswechsel → Umzug

Wohnviertel → Wohnblock, → Stadtteil
Wohnwagen Wohnanhänger, Campinganhänger, Campingwagen, Caravan, Camper, Wohnmobil
Wohnzimmer Wohnstube, gute Stube, Salon, Besucherzimmer, → Zimmer
wölben, sich sich bauchen, sich ausbauchen, sich runden, sich blähen, ausbuchten, auftreiben
Wölbung 1. Ausbuchtung, Rundung, Bauchung, Schwellung, Wulst, → Buckel 2. → Gewölbe
Wolke Regenwolke, Gewitterwolke, Schönwetterwolke, Bewölkung, Wolkendecke, → Dampf
Wolkenbruch → Regen
Wolkenkratzer → Haus
wolkenlos → aufgeklart
wolkenverhangen → regnerisch
wolkig → bewölkt
wolkig werden → bewölken, sich
Wolldecke → Decke
Wolle → Garn, → Fell, → Haar
wollen 1. bereit sein, gewillt sein, willens sein, geneigt sein, nicht abgeneigt sein, mögen, Lust haben 2. begehren, verlangen, fordern, wünschen, anstreben, → beabsichtigen
Wollen → Wunsch
Wollknäuel → Knäuel
Wollust → Lust, → Sinnlichkeit, → Freude
wollüstig → sinnlich
womöglich → vielleicht
Wonne → Freude, → Glück, → Lust
wonnetrunken → berauscht, → glücklich
wonnevoll → lustbetont
Workshop → Arbeitsgruppe
Wort 1. Ausdruck, Begriff, Bezeichnung, Name, Vokabel, → Fachbegriff 2. → Ausspruch 3. → Versprechen
Wort Gottes → Bibel
wortarm → schweigsam
Wortarmut → Schweigsamkeit
Wortbestand → Wortschatz
Wortbruch → Untreue
wortbrüchig → abtrünnig, → untreu
Wortbrüchiger → Abtrünniger, → Verräter
Wörterbuch → Lexikon
Wortführer 1. Sprecher, Vorsitzender, Leiter, Diskussionsleiter 2. → Anführer
Wortgefecht → Auseinandersetzung
wortgetreu → wörtlich
wortgewandt redegewandt, sprachgewandt, gewandt, sprachgewaltig, redegewaltig, beredt, beredsam, eloquent, deklamatorisch, → schlagfertig
Wortgewandtheit Redegewandtheit, Sprachgewandtheit, Redegewalt, Sprachgewalt, Beredsamkeit, Eloquenz, → Rhetorik
Worthülse → Gemeinplatz
wortkarg → schweigsam
Wortkargheit → Schweigsamkeit
Wortklauber → Rechthaber
Wortklauberei → Spitzfindigkeit
Wortkunstwerk → Dichtung
Wortlaut → Text, → Inhalt
wörtlich wortwörtlich, Wort für Wort, im Wortlaut, wortgetreu, buchstäblich, genau
wortlos stumm, stillschweigend, schweigend, tonlos, grußlos, ohne ein Wort
wortreich → ausführlich, → redselig
Wortschatz Vokabular, Wortbestand, Sprachschatz, Sprachgut
Wortschwall Redeschwall, Redefluss, Erguss, Sermon, Suada, Abschweifung
Wortspiel → Witz
Wortstreit → Auseinandersetzung, → Streit
Wortwechsel → Auseinandersetzung, → Streit
wozu → warum
Wrack → Trümmer
wringen → ausdrücken
Wucher Preistreiberei, Geldschneiderei, Beutelschneiderei, Nepp
Wucherer Geldverleiher, Beutelschneider, Halsabschneider, Kredithai, Raffke, Blutsauger, Ausbeuter, Geschäftemacher
wuchern 1. Wucher treiben, überhöhte Forderungen stellen, ausbeuten, das Fell über die Ohren ziehen 2. wild wachsen, ins Kraut schießen, üppig wachsen, → überhand nehmen
Wucherpreis → Preis
Wucherung → Geschwulst
Wuchs → Wachstum, → Gestalt
Wucht → Gewicht, → Heftigkeit
wuchten → stemmen
wuchtig → gewaltig
wühlen 1. pulen, stochern, popeln, bohren, aufwühlen, → graben 2. → hetzen
Wulst → Beule
wund wund gescheuert, aufgeschürft, aufgerissen, offen, blutig, nässend, → entzündet
wund gescheuert → wund
wund reiben aufreiben, aufscheuern, durchscheuern
Wundarzt Chirurg, Operateur, → Arzt
Wunde → Verletzung
Wunder Wunderzeichen, Wundererscheinung, Mirakel, Phänomen, Unding, Unwahrscheinlichkeit
wunderbar → herrlich, → magisch
Wunderdoktor → Arzt

Wunderglaube → Aberglaube
Wunderkerze → Feuerwerkskörper
Wunderkind → Genie
Wunderland Wunderwelt, Märchenland, Fabelland, Zauberland, Zauberreich, Hexenreich, Feenreich, Schlaraffenland, Arkadien, Wolkenkuckucksheim, Fantasien, Utopien, Orplid, → Paradies
wunderlich → eigenbrötlerisch, → seltsam
Wunderlichkeit Seltsamkeit, → Eigenbrötelei, → Marotte
wundern → erstaunen
wundern, sich → staunen
wundernehmen → erstaunen
wundersam → seltsam
wunderschön → schön
Wundertäter → Zauberer
wundervoll → großartig, → herrlich
Wunderwelt → Wunderland
Wunderzeichen → Wunder
Wundmal → Narbe
Wundschorf → Schorf
Wundstarrkrampf Tetanus, Starrkrampf
Wundverband → Verband
Wunsch 1. Anliegen, Ansinnen, Wille, Wollen, Begehren, Begehr, Anspruch, Herzenswunsch, Traum, Wunschtraum, Tagtraum, Sehnsucht, → Bitte 2. → Gutdünken 3. → Absicht
Wunschbild → Utopie
wünschen wollen, begehren, erträumen, ersehnen, den Wunsch hegen, → hoffen, → bitten
wünschenswert → ratsam
wunschlos → glücklich
Wunschtraum → Hoffnung, → Wunsch
Wunschvorstellung → Einbildung
Würde → Erhabenheit, → Vornehmheit
würdelos 1. menschenunwürdig, unwürdig, schmählich, erbärmlich 2. → ehrlos
würdevoll → erhaben, → vornehm
würdig → erhaben
würdigen → anerkennen, → ehren, → besprechen, → beurteilen
Würdigung → Anerkennung, → Besprechung, → Beurteilung, → Nachruf
Wurf 1. Schuss, Stoß 2. → Glück
Würfel Kubus, Hexaeder, Quader
Würfelspiel → Glücksspiel
Wurfgeschoss → Geschoss
Wurfsendung → Prospekt
Würgegriff → Schwitzkasten
würgen → erdrosseln
Wurm 1. Kriechtier, Regenwurm, Egel 2. → Ungeheuer
wurmen → ärgern
Wurmfortsatz Blinddarm, Appendix
wurmstichig → madig
Wurst → gleichgültig
Wurstbrot → Butterbrot
Wurstel → Clown, → Narr
Wurstelei → Misswirtschaft
wursteln → schlampen, → trödeln
Wurster → Metzger
Wursterei → Metzgerei
Wurstigkeit → Gleichgültigkeit
Würze 1. Würzmittel, Würzstoff, Streuwürze 2. → Aroma
Wurzel 1. Wurzelstock, Wurzelknolle, Knolle, Zwiebel 2. → Ursprung 3. → Ursache
wurzellos → heimatlos
wurzeln → abstammen, → beruhen auf
Wurzelstock → Stumpf, → Wurzel
würzen aromatisieren, pfeffern, salzen, schmackhaft machen, süßen, versüßen, → räuchern
würzig aromatisch, gut gewürzt, herzhaft, pikant, deftig, herb, kräftig, → köstlich
Wuschelkopf → Haar
Wust → Durcheinander
wüst → öde, → hässlich
Wüste → Öde
Wüstling Lüstling, Lustmolch, Lustgreis, Unhold, Verführer, Exhibitionist, Perverser
Wut Zorn, Ingrimm, Rage, Raserei, Aufgebrachtheit, Ärger, Erbitterung, → Erregung, → Empörung
Wutanfall → Anfall
Wutausbruch → Anfall
wüten 1. rasen, toben, hausen, berserkern, um sich schlagen, sich wie wild gebärden, → wütend sein 2. → brausen
wütend zornig, erzürnt, ingrimmig, grimmig, ergrimmt, erbost, aufgebracht, fuchsteufelswild, fuchsig, wild, fuchtig, furios, rasend, in Rage, wutentbrannt, zornentbrannt, wutschäumend, wutschnaubend, zähneknirschend, → empört, → böse
wütend sein kochen, sieden, schäumen, wutschnauben, schnauben, bersten vor Wut, eine Wut im Bauch haben, rot sehen, in Rage sein, → wüten, → ärgern, sich
wütend werden wild werden, heftig werden, platzen, hochgehen, explodieren, in die Luft gehen, aus der Haut fahren, aufbrausen, auffahren, ausbrechen, außer sich geraten, in Rage geraten
wutentbrannt → wütend
Wüterich → Rasender
wutschäumend → wütend
wutschnauben → wütend sein
wutschnaubend → wütend
Wutz → Schwein, → Schmutzfink

X

X-Beine → Bein
x-beliebig → beliebig
Xanthippe zänkisches Weib, Zankeisen, Zankteufel, Kratzbürste, Besen, Hyäne, Furie, Megäre, Drachen, Hausdrachen, Kneifzange, Beißzange
Xenie → Epigramm
Xenologie → Spiritismus
Xerokopie → Kopie
x-mal → oft
Xylographie (*auch:* Xylografie) → Grafik

Y

Yacht → Jacht → Segelboot
Yawl → Segelboot
Youngster → Anfänger
Ytong → Ziegel
Yuppie Aufsteiger, Karrieremacher, Karrierist, Emporkömmling, Neureicher, Jungunternehmer, Geschäftemacher, Jobber, Börsenjobber, Börsenspekulant, Spekulant, Konjunkturritter, Selfmademan

Z

Zacke → Fels, → Ecke
Zacken → Bergspitze, → Rausch
zackig → eckig, → forsch, → straff
zagen → bangen, → zögern
zaghaft → scheu
Zaghaftigkeit → Ängstlichkeit, → Scheu
zäh → drahtig, → beharrlich, → dickflüssig
zähflüssig → breiig, → dickflüssig
Zähigkeit → Beharrlichkeit, → Festigkeit, → Belastbarkeit
Zahl Chiffre, Zahlzeichen, Ziffer, Nummer, Bezifferung, Produkt, Faktor
zahlbar → fällig
zählbar → berechenbar
zahlen erstatten, rückerstatten, zurückerstatten, zurückzahlen, rückvergüten, vergüten, überweisen, Kosten tragen, finanzieren, abdecken, entrichten, aufwenden, ausgeben, → bezahlen, → entlohnen
zählen → abzählen, → gelten
zählen auf → verlassen, sich
zahllos → unendlich
zahllose → viele
zahlreiche → viele
Zahlung → Bezahlung
Zahlungsanweisung → Scheck
Zahlungsaufforderung → Mahnung
Zahlungsbefehl → Mahnung
zahlungsfähig → solvent
Zahlungsfähigkeit → Solvenz
Zahlungsmittel Währung, Valuta, Devisen, → Geld
Zahlungsnachweis → Quittung
zahlungspflichtig → schuldig
Zahlungsschwierigkeiten → Bankrott
zahlungsunfähig → bankrott
Zahlungsunfähigkeit → Bankrott
Zahlungsverzug → Bankrott
zahm 1. gezähmt, domestiziert, zutraulich, kirre 2. → gutmütig
zähmen domestizieren, bändigen, bezähmen, an die Hand gewöhnen
Zahn Beißer, Beißerchen, Milchzahn, Eckzahn, Schneidezahn, Backenzahn, Weisheitszahn, Reißzahn, Hauer, Kauwerkzeug, Gebiss
Zahnarzt Dentist, → Arzt
zähneknirschend → wütend
Zahnersatz → Gebiss
Zahnprothese → Gebiss
Zähre → Träne
Zange Kneifzange, Beißzange, Wasserpumpenzange
Zank → Streit
zanken → schimpfen
zanken, sich → streiten
Zänker → Streithahn
zänkisch → streitsüchtig
Zanksucht → Angriffslust
zanksüchtig → angriffslustig, → streitsüchtig
Zankteufel → Xanthippe
Zäpfchen Suppositorium, → Arznei
zapfen entnehmen, abzapfen, abziehen, ausschenken
Zapfen 1. Tannenzapfen, Hutzel, Eiszapfen 2. Bolzen, Wirbel, Stift, Spund, → Stopfen
Zapfenstreich → Fanfare
Zapfhahn → Hahn
zappelig → nervös
zappeln strampeln, wackeln, hampeln, nicht stillsitzen, schaukeln, gautschen
zappeln lassen → hinhalten
Zappelphilipp Unruhegeist, Quirl, Wirbelwind, Irrwisch

zart fein, feingliedrig, zerbrechlich, fragil, schwach, ätherisch, duftig, dünn, hauchdünn, leicht, elfenhaft, feenhaft, → sanft
zart besaitet → empfindlich
zart fühlend → taktvoll
zärteln → liebkosen
Zartgefühl → Taktgefühl
Zartheit → Feinheit
zärtlich anschmiegsam, innig, liebevoll, herzlich, warm
Zärtlichkeit Zartheit, Innigkeit, Wärme, Liebkosung
Zäsur Einschnitt, Schnitt, Bruch, Absatz, Abschnitt, Unterbrechung
Zauber 1. Bezauberung, Bann, Reiz, Anziehungskraft, Anmut, Charme 2. → Zauberkunst
Zauberei → Beschwörung, → Magie
Zauberer 1. Magier, Wundertäter, Medizinmann, Hexer, Hexenmeister, Fakir, Schamane, Druide 2. Zauberkünstler, Taschenspieler, Artist, Trickkünstler, Eskamoteur, Gaukler
Zauberformel → Zauberspruch
zauberhaft → charmant, → feenhaft
Zauberin → Hexe
zauberisch → magisch
Zauberkunst Zauber, Hokuspokus, Taschenspielerei, Gaukelei, Gaukelwerk, Magie, Verwandlungskunst, Kunststück, Kniff, Trick
Zauberkünstler → Zauberer
zaubern hexen, verhexen, Hokuspokus treiben, → bannen
Zauberreich → Wunderland
Zauberspruch Zauberformel, Bannspruch, Abrakadabra, Hexeneinmaleins
Zaubertrank → Elixier
Zauberwesen → Magie
zaudern → zögern
Zaum → Zügel
Zaumzeug → Zügel
Zaun Gatter, Gitter, Gitterzaun, Lattenzaun, Umzäunung, Einzäunung, Einfriedung, → Hindernis, → Hecke
Zaungast → Zuschauer
zausen → ziehen
Zebaoth → Gott
Zebrastreifen → Fußgängerüberweg
Zechbruder → Trinker
Zeche 1. Grube, Kohlengrube, Mine, Bergwerk, → Hütte 2. → Rechnung
Zecher → Trinker
Zecherei → Gelage
Zechgelage → Gelage
zechprellen → betrügen
Zechpreller → Betrüger
Zehennagel → Nagel
Zehnt → Steuer
zehren → schwächen
Zehrgeld → Rente
Zehrung → Verpflegung
Zeichen 1. Signal, Warnzeichen, Anzeichen, Vorzeichen, Indiz, Omen, Menetekel, Wink, → Hinweis 2. Geste, Symbol, Chiffre, → Kennzeichen 3. → Beweis 4. → Unterschrift
zeichenhaft → bildlich, → symbolisch
Zeichenkohle → Schreibstift
Zeichensprache Gebärdensprache, Körpersprache, Fingeralphabet, Gestensprache, → Geste
zeichnen aufzeichnen, abzeichnen, skizzieren, abbilden, darstellen, stricheln, schraffieren, → malen
Zeichnung 1. Bild, Skizze, Entwurf, Rohzeichnung, Handskizze, Faustskizze, → Grafik 2. → Maserung
zeigen 1. herzeigen, vorzeigen, vorweisen, vorführen, vor Augen führen, vorlegen, zur Schau tragen 2. demonstrieren, dokumentieren, aufzeigen, aufweisen, anzeigen, zeugen von, bekunden, bezeigen, offenbaren, sichtbar machen, erkennen lassen, → darlegen, → beweisen 3. hinzeigen, hindeuten auf, deuten, hinweisen, weisen
zeigen, sich 1. erscheinen, auftauchen, aufscheinen, sichtbar werden, sich sehen lassen, sich zu erkennen geben, Farbe bekennen 2. sich ergeben, sich finden, sich bieten, sich erweisen, sich herausstellen, → bewahrheiten, sich
zeihen → beschuldigen
Zeile → Linie, → Reihe
Zeilen → Schreiben
Zeit 1. Zeitraum, Zeitspanne, Zeitdauer, Dauer, Zeitabschnitt, Weile 2. → Frist 3. → Freizeit 4. → Zeitpunkt
Zeitabschnitt → Zeit
Zeitalter → Zeitraum
Zeitdauer → Dauer, → Zeit
Zeiterscheinung → Mode
Zeitfolge Chronologie, Abfolge
Zeitgeist Denkart, Denkweise, Lebensgefühl, Lebensart, → Mode
zeitgemäß → modern
zeitgenössisch → aktuell, → gegenwärtig
Zeitgeschmack → Mode
zeitgleich → gleichzeitig
zeitig → früh, → morgens, → rechtzeitig
zeitigen → verursachen
zeitlebens → immer
zeitlich → vergänglich
Zeitlichkeit → Vergänglichkeit

zeitlos → ewig
Zeitlosigkeit → Ewigkeit
Zeitlupe → Langsamkeit
zeitnah → modern
Zeitnot → Eile
Zeitpunkt Augenblick, Moment, Zeit, Datum, Tag, Stunde, Minute, → Frist
zeitraubend → umständlich, → lang
Zeitraum 1. Epoche, Zeitalter, Zeit, Ära, Phase, Periode, Etappe 2. → Zeit 3. → Dauer
Zeitschrift → Journal
Zeitspanne → Zeit
Zeitstil → Mode
Zeitströmung → Mode
Zeitung Tageszeitung, Tageblatt, Blatt, Blättchen, Gazette, Organ, Anzeiger, Morgenzeitung, Abendzeitung, Wochenzeitung, Nachtausgabe, Extraausgabe, → Journal
Zeitungen → Presse
Zeitungsanzeige → Anzeige
Zeitungsartikel Artikel, Beitrag, Bericht, Leitartikel, Kommentar, Kolumne, Glosse, Klatschspalte
Zeitungsmeldung → Nachricht
Zeitungsredakteur → Journalist
Zeitungsschreiber → Journalist
Zeitungswesen → Presse
Zeitvertreib Unterhaltung, Kurzweil, Zerstreuung, Abwechslung, Ablenkung, Spaß, Vergnügen
zeitweilig → jeweils, → vorübergehend
zeitweise → manchmal, → vorübergehend
Zeitwort → Verbum
Zelle 1. Raum, Klause, Klosterzelle, Gefängniszelle, Gefangenenzelle, Arrestlokal 2. → Keimzelle
Zellophan → Folie
Zelluloid → Film
Zelt Campingzelt, Kohte, Jurte, Wigwam, Tipi, Gezelt
zelten campen, kampieren, biwakieren
Zelten → Camping
Zeltlager → Lager, → Camping
Zeltplatz Campingplatz, → Lagerplatz
Zelturlaub → Camping
Zement → Mörtel
zementieren → festigen
Zenit → Höhepunkt
zensieren → kontrollieren
Zensor → Kritiker
Zensur 1. Verbot, Indizierung, Bücherverbrennung, Autodafé, → Kontrolle 2. → Note
Zentimetermaß → Metermaß
Zentrale Schaltstelle, Leitstelle, Hauptgeschäftsstelle, Sammelstelle, → Leitung
Zentralisation → Konzentration
zentralisieren → konzentrieren
Zentralisierung → Konzentration
Zentrum → Mittelpunkt, Stadtmitte
zerbeißen zerkauen, zermalmen, mit den Zähnen zerkleinern, aufbeißen
zerbersten → bersten, → explodieren
zerbrechen → brechen, → scheitern, → zerschlagen
Zerbrechen → Bruch
zerbrechlich fragil, bruchgefährdet, empfindlich, gläsern, spröde, → zart
Zerbrechlichkeit → Empfindlichkeit
zerbröckeln → zerbröseln, → zerfallen
zerbröseln bröseln, brocken, zerbröckeln, zerkrümeln, zerreiben, abbröckeln, → zerkleinern, → zerfallen
zerdrücken 1. zerquetschen, zermalmen, zermatschen, zu Brei drücken, stampfen 2. → erdrücken
Zeremonie Zeremoniell, Ritus, Ritual, Akt, Staatsakt, Liturgie, feierliche Handlung, Regel, Vorschrift, → Brauch
Zeremoniell → Zeremonie
zerfahren → zerstreut
Zerfahrenheit → Zerstreutheit
Zerfall → Verfall, → Auflösung, → Fäulnis
zerfallen zerbröckeln, auseinander bröckeln, zerbröseln, zusammenfallen, verfallen, sich zersetzen, sich auflösen, auseinander fallen, in seine Bestandteile zerfallen
zerfallen in → gliedern, sich
zerfetzen → zerreißen
zerfleddern → zerreißen
zerfleischen → zerreißen
zerfließen → schmelzen
zerfließen lassen → auslassen
zerfressen 1. → zersetzen, zerstören, beschädigen 2. → rostig
zerfurcht → verrunzelt
zergehen → schmelzen, → vergehen
zergehen lassen → auflösen
zergliedern → analysieren, → zerlegen
zergliedernd → analytisch
Zergliederung → Analyse
zergrübeln → grübeln
zerhacken 1. zerstückeln, auseinander reißen, zerreißen, verhackstücken, hacken 2. → spalten
zerkauen → zerbeißen
zerkleinern zerstückeln, schnitzeln, zerschnipseln, klein schneiden, klein machen, atomisieren, zerkrümeln, zerbrechen, auseinander brechen, zerstampfen, zerstoßen, zerfasern, → mahlen, → zerbröseln
zerklüftet → uneben, → felsig

zerknautscht → faltig, → ungepflegt
zerknirscht → reuig
Zerknirschtheit → Schuldbewusstsein, → Reue
Zerknirschung → Schuldbewusstsein, → Reue
zerknittern → zerknüllen
zerknittert → faltig, → verrunzelt, → ungepflegt
zerknüllen zusammendrücken, zusammenknüllen, verknüllen, knüllen, zerknittern, knittern, knautschen, zerknautschen
zerkratzen → beschädigen
zerkrümeln → zerbröseln, → zerkleinern
zerlassen → auflösen, → schmelzen
zerlaufen → schmelzen
zerlegen 1. zergliedern, zerteilen, sezieren, aufschneiden, zerwirken, ausbeinen, zerpflücken, trennen, zertrennen, auseinander nehmen, demontieren 2. → analysieren
Zerlegung → Abbau, → Analyse
zerlumpt lumpig, abgerissen, → ungepflegt, → arm
zermahlen → mahlen
zermalmen → mahlen, → zerbeißen, → zerdrücken
zermatschen → zerdrücken
zermürben entnerven, demoralisieren, mürbe machen, zerrütten, weich machen, kleinkriegen, kleinlaut machen
zermürben, sich → sorgen, sich
zermürbt entnervt, demoralisiert, mürbe, weich, kleinlaut, am Ende
zerpflücken → zerlegen, → kritisieren
zerplatzen → explodieren
zerquetschen → zerdrücken
Zerrbild Verfälschung, Verhöhnung, Fratze, Entstellung, → Karikatur
zerreiben aufreiben, verreiben, zermörsern, zerkleinern, → mahlen
zerreißen 1. auseinander reißen, entzweireißen, in Stücke reißen, zerfleischen, zerfetzen, zerfleddern, zerrupfen 2. → reißen 3. → zerhacken
zerren → ziehen
zerrieben → pulverförmig
zerrinnen → schmelzen
zerrissen → unzusammenhängend, → unausgeglichen
Zerrissenheit → Unausgeglichenheit
zerronnen → verloren
Zerrung → Verstauchung
zerrupfen → zerreißen
zerrütten → herunterwirtschaften, → zermürben
zerschellen → brechen
zerschlagen 1. einschlagen, eintreten, brechen, zerbrechen, zerschmeißen, zerteppern, zertrümmern, zerschmettern, entzweischlagen, kurz und klein schlagen, → zerstören 2. auseinander treiben, auseinander jagen, auflösen, zerstreuen, auffliegen lassen
zerschmeißen → einwerfen, → zerschlagen
zerschmelzen → auftauen, → schmelzen
zerschmettern → zerschlagen
zerschneiden durchschneiden, zerschnippeln, zerschnipseln, durchtrennen, trennen, kappen, zerteilen, halbieren, → schneiden
zerschnippeln → zerschneiden
zerschnipseln → zerkleinern, → zerschneiden
zersetzen 1. auflösen, lösen, zerfressen, ätzen 2. → sabotieren
zersetzen, sich → faulen, → zerfallen
zersetzend → umstürzlerisch
Zersetzung → Auflösung, → Sabotage
zersplittern → brechen
zersprengen → zerstreuen
zerspringen → bersten, → brechen
zerstäuben → verspritzen
zerstören 1. kaputtmachen, destruieren, demolieren, zertrümmern, zerreißen, verderben, ruinieren, zu Schanden machen, zu Schrott fahren, → zerschlagen 2. verheeren, verwüsten, brandschatzen, vernichten, zerbomben, sprengen, in die Luft jagen, in Schutt und Asche legen
Zerstörer 1. Verwüster, Vandale, Berserker, → Barbar 2. → Kriegsschiff
zerstörerisch destruktiv, anarchisch, zersetzend, vernichtend
Zerstörung Destruktion, Demolierung, Zertrümmerung, Verwüstung, Vertilgung, Austilgung, Vernichtung, Zusammensturz, Zusammenbruch, Ruin
Zerstörungswut → Barbarei
zerstoßen → mahlen, → zerkleinern
zerstreiten, sich → überwerfen, sich
zerstreuen 1. verstreuen, streuen, versprengen, zersprengen, zerschlagen 2. → ablenken, → unterhalten
zerstreuen, sich → vergnügen, sich, → verlaufen, sich
zerstreut 1. fahrig, zerfahren, schusslig, kopflos, wirr, verwirrt, unaufmerksam, abgelenkt, in den Wolken, in Gedanken, geistesabwesend, vergeistigt, vergesslich 2. → unordentlich
Zerstreutheit Fahrigkeit, Zerfahrenheit, Schussligkeit, Kopflosigkeit, Geistesabwesenheit, Vergeistigung, Unaufmerksamkeit, Vergesslichkeit
Zerstreuung → Ablenkung, → Zeitvertreib

zerstritten verfeindet, entzweit, verkracht, Spinnefeind, uneins, uneinig, überworfen, im Streit, wie Hund und Katze
zerstückeln → zerhacken, → zerkleinern
zerstückelt → unzusammenhängend
zerteilen → teilen, → zerschneiden, → zerlegen
Zerteilung → Teilung
zerteppern → zerschlagen
Zertifikat → Bescheinigung, → Zeugnis
zertrampeln → zertreten
zertrennen → trennen, → zerlegen
zertreten niedertreten, niedertrampeln, zertrampeln, hinwegtrampeln über, zerstören
zertrümmern → zerschlagen, → zerstören
zerwirken → zerlegen
Zerwürfnis → Streit, → Trennung
zerzaust strubbelig, verstrubbelt, wirr, strobelig, struppig, zottig, zottelig, strähnig, ungekämmt, unfrisiert, in Unordnung, unordentlich, → ungepflegt
zetern → schimpfen
Zettel → Blatt
Zettelkasten → Kartei
Zeug → Kram, → Kleidung
Zeuge Augenzeuge, Ohrenzeuge, Tatzeuge, Belastungszeuge, Kronzeuge, Beobachter, Anwesender, → Zuschauer, → Bürge
zeugen schwängern, befruchten
zeugen für → bezeugen
zeugen von → zeigen
Zeugenaussage → Aussage
Zeugnis 1. Schulzeugnis, Abschlusszeugnis, Abgangszeugnis, Beurteilung, Zertifikat, Attest, Patent, Diplom, Bescheinigung, → Urkunde 2. → Aussage 3. → Beweis
Zeugnis ablegen → aussagen, → bezeugen, → bekennen, → bekennen, sich
Zeugnisnote → Note
Zeugung Befruchtung, Begattung
zeugungsfähig → potent, → reif
Zeugungsfähigkeit → Potenz, → Reife
Zeugungskraft → Potenz
zeugungsunfähig → impotent
Zeugungsunfähigkeit → Impotenz
Zicke → Ziege, → Laune
Ziege Geiß, Hippe, Zicke, → Bock
Ziegel Ziegelstein, Backstein, Mauerstein, Mauerziegel, Baustein, Lehmziegel, Tuffstein, Ytong, Hohlblockstein, → Dachziegel
Ziegelstein → Ziegel
Ziegenbart → Bart
Ziegenbock → Bock
Ziegenpeter → Mumps
ziehen 1. zerren, reißen, rupfen, zausen, zupfen, ziepen 2. → zücken 3. → schleppen 4. → saugen 5. → schmerzen 6. → extrahieren 7. → züchten
ziehen, sich → andauern, → erstrecken, sich
Ziehgeld → Alimente
Ziehharmonika Akkordeon, Handharmonika, Schifferklavier, Bandoneon, Quetschkommode, Tasteninstrument
Ziehkind → Kind
Ziel 1. Bestimmungsort, Endstation, Zielpunkt, Zielort, Zielbahnhof, Richtung 2. Einlauf, Zieleinlauf, Ankunft, Start und Ziel, Zielgerade 3. → Zweck
Zielbahnhof → Ziel
zielbewusst → entschlossen
Zieleinlauf → Ziel
zielen peilen, anpeilen, anvisieren, ins Visier nehmen, aufs Korn nehmen, anlegen, anschlagen, in Anschlag gehen
zielen auf → beabsichtigen
Zielgerade → Ziel
ziellos planlos, ohne festes Ziel, kreuz und quer, richtungslos, orientierungslos, umherschweifend, → unsystematisch
Ziellosigkeit Planlosigkeit, Richtungslosigkeit, Orientierungslosigkeit, Desorientierung, → Unordnung
Zielort → Ziel
Zielpunkt → Ziel
Zielrichtung → Tendenz
Zielscheibe 1. Schießscheibe, Scheibe 2. → Sündenbock
Zielsetzung → Zweck, → Plan, → Absicht
zielstrebig zielbewusst, ehrgeizig, konsequent, unbeirrbar, unbeirrt, beharrlich, entschlossen, systematisch
Zielstrebigkeit Konsequenz, Unbeirrbarkeit, Beharrlichkeit, Entschlossenheit, Ehrgeiz
ziemen, sich → gehören, sich
Ziemer → Peitsche
ziemlich → ansehnlich, → einigermaßen, → angemessen
ziepen → ziehen
Zier → Verzierung
Zierde → Verzierung
zieren → schmücken
zieren, sich sich spreizen, sich haben, sich anstellen, zimperlich sein, vornehm tun, sich spröde geben
Ziererei → Geziere
zierlich grazil, graziös, klein, winzig, zerbrechlich, fein, feingliedrig, anmutig
Zierrat → Verzierung
Zierstück → Prunkstück
Ziffer → Zahl, → Absatz
zig → zuhauf
Zigan → Zigeuner

Zigarette Filterzigarette, Glimmstängel, Sargnagel, Fluppe, Lulle, Zigarettenstummel, Kippe, → Zigarre
Zigarettenstummel → Zigarette
Zigarillo → Zigarre
Zigarre Stumpen, Havanna, Brasil, Virginia, Zigarillo, → Zigarette
Zigeuner Zigan, Landfahrer, fahrendes Volk, Sinti, Roma
zigeunern → herumstreifen
zigmal → oft
Zimmer Raum, Räumlichkeit, Stube, Gelass, Gemach, Kabinett, Kemenate, Kammer, Nebengelass, Bude, → Wohnzimmer, → Schlafzimmer, → Dachkammer
Zimmerflucht → Wohnung
Zimmerkellner → Bedienung
Zimmermädchen → Hausangestellte
zimmern → herstellen
Zimmernachbar → Nachbar
zimperlich → prüde, → verweichlicht
Zimperlichkeit → Prüderie, → Geziere
Zinke → Gabel
Zinne 1. Zacke, Mauerkrone, Brustwehr 2. → Bergspitze
Zins → Miete, → Ertrag
Zinsertrag → Ertrag
Zinsschein → Abschnitt
Zipfel → Ecke, → Ende
zirka (*auch:* circa) ca., → ungefähr
Zirkel → Kreis, → Arbeitsgruppe
Zirkelschluss → Irrtum
Zirkular → Rundschreiben
Zirkulation → Kreislauf
zirkulieren → drehen, sich
Zirkus → Gehabe, → Aufwand
Zirkusakrobat → Artist
Zirkuskünstler → Artist
Zirkusrund → Arena
zirpen → zwitschern
zischeln → flüstern, → tratschen, → zischen
zischen 1. zischeln, fauchen, brutzeln, brausen 2. → flüstern
ziselieren → eingravieren, → gravieren
Zisterne → Brunnen
Zitadelle → Festung, → Burg
Zitat → Quelle, → Ausspruch
zitieren → vorladen, → erwähnen, → heranziehen
Zitrusfrucht Orange, Zitrone, Limone
zitterig → gebrechlich, → nervös
zittern beben, erbeben, erzittern, vibrieren, flimmern, flattern, wackeln, flackern, zucken, schlottern, schnattern, schaudern, bibbern, tattern
zittern um → sorgen, sich
zivil 1. nicht militärisch, bürgerlich, privat 2. → preiswert
Zivilcourage → Mut
Zivildienst Ersatzdienst, sozialer Dienst
Zivildienstleistender → Kriegsdienstverweigerer
Zivilisation → Kultur
zivilisiert → gebildet
Zivilkammer → Gericht
Zocker → Spieler
Zoff → Streit
zögern zaudern, schwanken, zagen, sich bedenken, Bedenken tragen, sich besinnen, mit sich kämpfen, unschlüssig sein, unentschlossen sein, herumdrucksen, drucksen, säumen, abwarten, warten, aufschieben, verschleppen, ausweichen
zögernd zaudernd, zagend, abwartend, saumselig, zurückhaltend, → unschlüssig, → langsam
Zögling → Schüler
Zölibat → Ehelosigkeit
Zölibatär → Junggeselle
Zoll → Abgabe, → Steuer
Zollbeamter Zöllner, Grenzer, Grenzposten, Grenzsoldat
Zollbrief → Begleitpapiere
zollen → bekunden
Zöllner → Zollbeamter
Zollschranke → Schranke
Zollstock → Metermaß
Zollverschluss → Banderole
Zone → Bereich, → Gebiet
Zoo Zoologischer Garten, Tierpark, Tiergarten, Gehege, Freigehege, Wildpark
Zopf Strang, Knoten, Haarzopf, Haarstrang, Pferdeschwanz
zopfig rückständig
Zorn Zornesröte, Grimm, Groll, Hass, Erbostheit, Erbitterung, Verdruss, Unwille, Erregung, → Wut
Zornausbruch → Anfall
Zornbinkel → Hitzkopf
zornentbrannt → wütend
Zornesröte → Zorn
zornig → wütend
zornig werden → aufbrausen
zornmütig → aufbrausend
Zote → Unanständigkeit, → Witz
zotenhaft → obszön, → unanständig
zotig → obszön, → unanständig
zottelig → zerzaust
zotteln → gehen, → trödeln
Zotteln → Fell, → Haar
zottig → zerzaust
zu → dicht, → geschlossen

zu Grunde gehen (*auch:* zugrunde gehen) eingehen, kaputtgehen, umkommen, niedergehen, verkommen, untergehen
zu Grunde legen (*auch:* zugrunde legen) → annehmen
zu Grunde liegen (*auch:* zugrunde liegen) → herrühren
zu Grunde richten (*auch:* zugrunde richten) → ruinieren, → herunterwirtschaften
zu Gunsten (*auch:* zugunsten) → für
zu Leide tun (*auch:* zuleide tun) → zufügen
zu Mute sein (*auch:* zumute sein) → fühlen, sich
zu Nutze machen, sich (*auch:* zunutze machen, sich) → ausnutzen
zu Schanden (*auch:* zuschanden) → beschädigt
zu Stande bringen (*auch:* zustande bringen) → bewerkstelligen
zu viel → überschüssig
zu Wege bringen (*auch:* zuwege bringen) → bewerkstelligen
zubauen → versperren
Zubehör Requisit, Ausstattung, Extra, Zusatzausstattung, Accessoires, Utensilien, Ausrüstung, Drum und Dran, Beiwerk, Staffage
zubeißen → beißen
Zuber → Wanne
zubereiten bereiten, herrichten, richten, machen, herstellen, anfertigen, anrichten, ansetzen, anmachen, kochen, braten
zubilligen → zugestehen
zubinden verschnüren, zuschnüren, zuknüpfen, zuknoten, verknoten, binden
zublinzeln → zulächeln
zubringen 1. verbringen, verleben, hinbringen, fristen, genießen, ausfüllen 2. → aufhalten, sich 3. → hinterbringen
Zubringer → Auffahrt
Zubrot Nebeneinnahme, Nebenverdienst, Nebeneinkünfte, Zusatzverdienst, Taschengeld, Taschengeldaufbesserung, → Trinkgeld
Zubuße → Unterstützung
Zucht 1. Aufzucht, Züchtung, Neuzüchtung, Kultur 2. → Erziehung 3. → Disziplin
züchten ziehen, aufziehen, heranziehen, pelzen, kreuzen, veredeln, okulieren
Zuchthaus → Gefängnis, → Haft
Zuchthäusler → Gefangener
züchtig → anständig, → schamhaft, → sittlich
züchtigen schlagen, verprügeln, auspeitschen, ohrfeigen, übers Knie legen, überlegen, den Hintern versohlen, → bestrafen
Züchtigkeit → Sittlichkeit
Züchtigung Bestrafung, Strafe, Körperstrafe, Prügelstrafe, Schläge, Prügel, Peitschenhiebe
zuchtlos → disziplinlos, → maßlos
Zuchtlosigkeit → Maßlosigkeit
Zuchtrute → Peitsche
Züchtung → Zucht
zuchtvoll → diszipliniert
zuckeln → gehen
zucken → zittern
zücken ziehen, hervorziehen, herausziehen, blankziehen, greifen nach
Zucker 1. Rohrzucker, Rübenzucker, Zuckerraffinade, Raffinade, Kandiszucker, Kandis, Würfelzucker, Staubzucker, Puderzucker, Traubenzucker, Fruchtzucker, Fructose, Glucose, Dextrose, Zuckeraustauschstoff, Süßstoff 2. → Diabetes
Zuckerguss → Überzug
zuckerig → süß
Zuckerkrankheit → Diabetes
zuckern süßen, versüßen, verzuckern, überzuckern, mit Zucker bestreuen, kandieren
Zuckerrübe → Rübe
zuckersüß → süß
Zuckerwerk → Gebäck, Zuckerwatte → Konfekt
Zuckung → Krampf
Zudecke → Deckbett, → Decke
zudecken → bedecken
zudecken, sich → einhüllen, sich
zudem → auch, → außerdem
zudenken → bestimmen, → widmen
zudrehen → verschließen, → schließen
zudringlich → aufdringlich
zudringlich sein → aufdrängen, sich
Zudringlichkeit → Aufdringlichkeit
zudrücken → schließen
zueignen → widmen
Zueignung → Geschenk, → Widmung
zueinander halten → zusammenhalten
zuerkennen → beimessen, → verteilen, → zuteilen
Zuerkennung → Verteilung, → Zuteilung
zuerst erst, erst einmal, als Erstes, zunächst, zuvor, voraus, vorab, vorderhand, zu Anfang, zu Beginn, → anfangs
Zufahrt → Auffahrt, → Einfahrt
Zufahrtsstraße → Auffahrt
Zufall Zufälligkeit, Umstand, Ereignis, Glücksfall, Glück, → Schicksal
zufallen 1. zuteil werden, zugute kommen, zufließen, anheim fallen, gehen an, fallen an, in den Schoß fallen, erhalten, abbekommen, entfallen auf 2. zuschlagen, zuklappen, zuschnappen, ins Schloss fallen, sich schließen
zufällig 1. durch Zufall, unerwartet, von ungefähr, irgendwie, blindlings, beiläufig, unbeabsichtigt 2. → willkürlich

Zufälligkeit → Zufall
zufassen → fassen, → zugreifen
zufliegen → zufallen
zufließen → zufallen
Zuflucht Zufluchtsort, Zufluchtsstätte, Obdach, Refugium, Versteck, Unterschlupf, Unterkommen, Schutz, → Asyl
Zufluchtsort → Asyl, → Zuflucht
Zufluchtsstätte → Zuflucht
zuflüstern → hinterbringen, → vorsagen
zufolge → gemäß
zufrieden befriedigt, zufrieden gestellt, satt, wunschlos glücklich, sorgenfrei, behaglich, selbstgenügsam, → bescheiden
zufrieden geben, sich → bescheiden, sich
zufrieden gestellt → zufrieden
zufrieden stellen → befriedigen, → entschädigen
zufrieden stellend → annehmbar, → genug
Zufriedenheit Befriedigung, Behagen, Wohlbehagen, Wohlgefallen, Selbstbescheidung, Selbstgenügsamkeit, → Bescheidenheit
Zufriedenstellung → Befriedigung, → Entschädigung
zufrieren → erstarren, → gefrieren
zufügen 1. antun, beibringen, zu Leide tun, bereiten 2. → hinzufügen
Zug 1. Eisenbahnzug, Triebwagen, Schienenbus, Personenzug, Bummelzug, Bimmelbahn, Nahverkehrszug, Vorortzug, Eilzug, Schnellzug, TEE, Expresszug, Intercity, ICE, Güterzug, Postzug, Sonderzug, Entlastungszug, → Eisenbahn 2. Treck, Tross, Karawane, Prozession 3. → Heeresverband 4. → Trend 5. → Eigenschaft 6. → Durchzug
Zugabe 1. Dreingabe, Draufgabe, Extra, Extraeinlage, Dakapo 2. → Ergänzung, Bestandteil
Zugabteil → Abteil
Zugang → Eingang
zugänglich → aufgeschlossen
Zugänglichkeit → Geselligkeit, → Empfänglichkeit
Zugangsverweigerung → Sperrung
zugeben 1. eingestehen, einräumen, bekennen, offen sein, freiheraus sagen, keinen Hehl machen, → gestehen 2. → erlauben
zugegeben → allerdings
zugegen → anwesend
Zugegensein → Anwesenheit
zugehen → ablaufen
Zugehfrau → Putzfrau
zugehören → gehören, → innewohnen, → zusammenhängen
zugehörig → eigen
zugeknöpft → schweigsam, → unzugänglich
Zugeknöpftheit → Verschlossenheit
Zügel Kandare, Zaumzeug, Zaum, Trense, → Geschirr
zügellos ungezügelt, fessellos, hemmungslos, unbändig, disziplinlos, ausschweifend, → maßlos
Zügellosigkeit → Maßlosigkeit
zügeln → mäßigen
zügeln, sich → mäßigen, sich
Zügelung → Disziplin
zugeneigt → zugetan
zugereist → fremd
Zugereister → Fremder
zugeschlossen → geschlossen, → verschlossen
zugesellen, sich → anschließen, sich, → begleiten
zugesperrt → geschlossen, → verschlossen
zugespitzt → spitz, → deutlich
Zugeständnis Entgegenkommen, Konzession, Kompromiss, Einräumung, Vergünstigung, → Erlaubnis
zugestehen zubilligen, einräumen, konzedieren, Zugeständnisse machen, gewähren, gönnen, → erlauben
zugetan 1. geneigt, zugeneigt, gewogen, hold, eingenommen, wohlwollend, wohl gesinnt, → freundschaftlich 2. → verliebt
Zugezogener → Einwanderer
Zuggeschirr → Geschirr
zugig → windig
zügig → schnell
Zugkraft → Anziehungskraft
zugkräftig → wirkungsvoll
zugleich → auch, → und, → gleichzeitig
Zugluft → Durchzug
Zugmaschine → Traktor
Zugmittel → Lockmittel
Zugnummer → Anziehung
zugreifen 1. zupacken, zufassen, zulangen, Hand anlegen, angreifen, anfassen, handeln, helfen, die Ärmel aufkrempeln 2. → bedienen, sich
Zugriff → Maßnahme
Zugschaffner → Schaffner
Zugstück → Anziehung
zugucken → zuschauen
zugute halten → anrechnen
zugute kommen → zufallen
Zuhälter → Kuppler
Zuhälterei → Kuppelei
zuhängen → verhüllen, → bedecken, → verdunkeln
zuhauf massenhaft, massenweise, en masse, in Massen, in rauen Mengen, haufenweise,

scharenweise, reihenweise, dutzendweise, zu hunderten, zu tausenden, zig, → reichlich
Zuhause Heim, Heimstätte, Heimstatt, Herd, Wohnsitz, Wohnung
zuhinterst → hinten
zuhorchen → zuhören
zuhören zuhorchen, anhören, hinhören, sein Ohr leihen, Gehör schenken, an den Lippen hängen, aufpassen, → horchen
Zuhörer → Publikum
Zuhörerschaft → Publikum
zuinnerst → innen
zukehren, sich → zuwenden, sich
zuklappen → zufallen, → schließen
zukleben → verschließen
zuknallen → schließen
zuknoten → zubinden
zuknüpfen → zubinden
zukommen → verdienen
zukommen lassen → absenden, → bedenken
zukommend → angemessen
Zukunft Folgezeit, Kommendes, Künftiges, künftige Zeiten, Nachwelt
zukünftig → künftig
zukunftsfreudig → optimistisch
Zukunftsglaube → Optimismus
Zukunftsmusik → Utopie
Zukunftsvision → Utopie
zukunftsweisend → fortschrittlich
zulächeln anlächeln, anlachen, anstrahlen, zunicken, zuzwinkern, zublinzeln
Zulage Sonderzulage, Zuwendung, Gratifikation, Weihnachtsgeld, Urlaubsgeld, Treueprämie, Geldprämie, Leistungsprämie, Jahresprämie, Prämie, Vergütung, → Aufbesserung
zulangen → zugreifen, → bedienen, sich
Zulass → Einlass
zulassen 1. hinnehmen, hingehen lassen, gewähren lassen, dulden, tolerieren, geschehen lassen, freien Lauf lassen, annehmen 2. → erlauben 3. → ermöglichen 4. → aufnehmen
zulässig 1. erlaubt, statthaft, gestattet, angängig, rechtmäßig 2. → berechtigt
Zulassung Erlaubnis, → Genehmigung, → Aufnahme
Zulauf → Zustrom
zulegen → aufbessern, → beitragen, → beeilen, sich
zuleiten → schicken
Zuleitung → Auffahrt
zuletzt 1. zuallerletzt, als Letzter, als Letztes, an letzter Stelle, am Schluss, am Ende, zuhinterst, als Schlusslicht 2. → endlich
zuliebe → für
zumachen → aufgeben, → schließen, → beeilen, sich
zumal → besonders, → obwohl
zumeist → meistens
zumessen → zuteilen
Zumessung → Zuteilung
zumindest → mindestens, → jedenfalls
Zumischung → Zusatz
zumuten → aufbürden, → belasten
Zumutung Überforderung, Überbelastung, ungebührliches Ansinnen, Anspruch, Anmaßung, Frechheit, Unverschämtheit
zunächst → anfangs, → zuerst, → vorläufig, → nahe
zunageln → versperren
Zunahme Vermehrung, Wachstum, Zuwachs, Anstieg, Steigerung, Ausdehnung, Erweiterung
Zuname → Nachname
Zündelfrieder → Pyromane
zünden → anlassen
Zünder → Zündholz
Zündholz Streichholz, Schwefelhölzchen, Feuer, Anzünder, Zünder, Fidibus, Kien
Zündler → Pyromane
Zündstoff → Herausforderung
zunehmen 1. anschwellen, anwachsen, wachsen, ansteigen, sich ausweiten, sich ausdehnen, sich vermehren, sich vervielfältigen, sich vergrößern, sich verdichten 2. dicker werden, Speck ansetzen, Gewichtsprobleme haben, auseinander gehen, in die Breite gehen
zunehmend steigend, wachsend, progressiv, vermehrt, gesteigert, erhöht, verstärkt, zusehends, merklich, deutlich, mehr und mehr, immer mehr, immer öfter
Zuneigung → Sympathie, → Liebe
Zunft → Beruf, → Organisation
zunftgemäß → fachkundig
zunftgerecht → handwerklich
zünftig → fachkundig, → gehörig
zunftmäßig → handwerklich
Zunge → Geschmack, → Sprache
züngeln → flackern
zungenfertig → schlagfertig
zunichte machen → hintertreiben
zunicken → grüßen, → zulächeln
zuoberst → oben
zuordnen → einordnen
Zuordnung → Bestimmung, → Einordnung
zupacken → durchgreifen, → zugreifen
zupackend → energisch
zupass kommen → gefallen
zupfen → ziehen, → pflücken
zuprosten → anstoßen
zuraten ermuntern, auffordern, zureden, befürworten, empfehlen
zurechtbiegen → bereinigen

zurechtfinden, sich → orientieren, sich
zurechtgemacht → geschniegelt
zurechtkommen → auskommen, → bewältigen, → vertragen, sich
zurechtlegen → bereitstellen, → vorbereiten
zurechtmachen → bereitstellen, → vorbereiten
zurechtmachen, sich → herausputzen, sich, → vorbereiten, sich
zurechtrücken → bereinigen
zurechtstutzen → beschneiden, → zurechtweisen
zurechtweisen maßregeln, disziplinieren, tadeln, anherrschen, zusammenstauchen, zurechtstutzen, abkanzeln, den Kopf zurechtsetzen, sich jemanden vornehmen, jemanden zur Rede stellen, heimleuchten, herunterlassen, in den Senkel stellen, deutlich werden
Zurechtweisung Maßregelung, Disziplinierung, Tadel, Belehrung, Verweis, Rüge, Rüffel, Schelte, → Moralpredigt
zureden → aufrichten, → trösten, → appellieren, → raten
zureichend → genug
zurichten → vorbereiten, → verunstalten
zürnen grollen, hadern, Groll hegen, schmollen, verübeln, übel nehmen, böse sein
Zurschaustellung → Vorführung
zurück → rückwärts, → heim
zurückbehalten behalten, einbehalten, zurückhalten, aufbewahren, in Verwahrung nehmen, aufsparen, nicht herausrücken
zurückbekommen wiederbekommen, zurückerhalten, wiedererhalten, wiedererlangen, herausbekommen, herauskriegen, zurückkriegen, zurückerstattet bekommen, vergütet bekommen
zurückbilden, sich → rückbilden, sich
zurückbleiben 1. abfallen, hinterherhinken, nicht mithalten können, nicht mitkommen, nachstehen, schlappmachen 2. → bleiben
zurückbleibend → übrig
zurückblicken 1. zurücksehen, zurückschauen, sich umschauen, sich umsehen, über die Schulter schauen 2. → erinnern, sich
zurückbringen → zurückgeben
zurückdämmen → eindämmen
zurückdenken → erinnern, sich
zurückdrängen → verdrängen
zurückerhalten → zurückbekommen
zurückerinnern, sich → erinnern, sich
zurückerstatten → zahlen
zurückfahren → erschrecken
zurückfallen → zurückbleiben
zurückfinden → zurückkehren
zurückführen auf → ableiten
zurückgeben 1. zurücksenden, zurückschicken, retournieren, zurückgehen lassen, wiederbringen, zurückbringen, wiedergeben, herausgeben, herausrücken 2. → reagieren 3. → antworten
zurückgeblieben → rudimentär, → rückschrittlich
zurückgehen 1. nachlassen, abnehmen, abklingen, abflauen, schwinden, verschwinden, rückwärts gehen, stagnieren, sinken, fallen 2. → rückbilden, sich 3. → weichen
zurückgehend → rückläufig
zurückgezogen eingezogen, einsam, für sich, ungesellig, menschenscheu, abgeschieden, abgeschlossen, weltabgewandt, weltflüchtig, einsiedlerisch
Zurückgezogenheit Eingezogenheit, Einsamkeit, Abgeschiedenheit, Abgeschlossenheit, Weltabgewandtheit, Stille, Privatleben
zurückgreifen auf → wieder aufnehmen
zurückhalten 1. abhalten, aufhalten, hindern, hemmen, bremsen, mäßigen 2. bei sich behalten, verhalten, unterdrücken 3. → aufstauen 4. → zurückbehalten
zurückhalten, sich Zurückhaltung wahren, sich Zurückhaltung auferlegen, Distanz wahren, sich im Hintergrund halten, sich in Grenzen halten, im Rahmen bleiben, nicht eingreifen, sich heraushalten, → beherrschen, sich, → bescheiden, sich
zurückhaltend 1. reserviert, distanziert, zugeknöpft, still, einsilbig, schweigsam, → bescheiden 2. diskret, taktvoll, maßvoll, respektvoll, unaufdringlich
Zurückhaltung 1. Reserve, Reserviertheit, Distanz, Distanziertheit, Scheu, Verschlossenheit, → Bescheidenheit 2. Diskretion, Taktgefühl, Mäßigung, Respekt, Unaufdringlichkeit
zurückkehren zurückkommen, heimkommen, heimkehren, wiederkehren, wiederkommen, heimfinden, zurückfinden, nach Hause kommen
zurückkommen → zurückkehren
zurückkommen auf → wieder aufnehmen
zurücklassen hinterlassen, übrig lassen, liegen lassen, einen Rest lassen
zurücklegen 1. hinter sich bringen, bewältigen, schaffen, fahren, gehen 2. → sparen 3. → reservieren
zurücklehnen, sich → anlehnen, sich
Zurücknahme → Widerruf, → Umtausch
zurücknehmen → widerrufen, → annullieren
zurückprallen → erschrecken, → federn
zurückschaudern → erschrecken, → ekeln, sich

zurückschauen → zurückblicken
zurückscheuen sich scheuen, zurückschrecken, nicht übers Herz bringen, Hemmungen haben, Angst haben
zurückschicken → zurückgeben
zurückschlagen → abwehren, → reagieren
zurückschneiden → beschneiden
zurückschnellen → federn
zurückschrecken → erschrecken
zurücksehen → zurückblicken
zurücksenden → zurückgeben
zurücksetzen → benachteiligen
Zurücksetzung → Benachteiligung
zurückspringen → federn
zurückstauen → stauen
zurückstecken → nachgeben, → einschränken, sich
zurückstehen → nachstehen
zurückstellen 1. hintanstellen, hintansetzen, aufheben, aufschieben, verschieben, auf Eis legen 2. → befreien
zurückstoßen → wegschicken
zurückstufen → degradieren
zurücktreten → abdanken, → verzichten, → weichen
zurückweichen → nachgeben, → weichen
zurückweisen → ablehnen, → protestieren
Zurückweisung → Ablehnung
zurückwerfen → reflektieren
zurückzahlen → vergelten, → zahlen
zurückziehen → widerrufen, → abziehen
zurückziehen, sich 1. zurückweichen, weichen, das Feld räumen, den Rückzug antreten, retirieren, den Rücken kehren, den Rücken zeigen, → fliehen 2. → absondern, sich 3. → abdanken 4. → abrücken
zurufen anrufen, rufen, verständigen, herbeirufen
Zusage → Erlaubnis, → Versprechen
zusagen → gefallen, → schmecken, → versprechen
zusagend → annehmbar, → gefällig
zusammen 1. miteinander, nebeneinander, gemeinsam, beieinander, beisammen, aneinander, aufeinander, dicht, nah, verschmolzen, vereint 2. → insgesamt 3. → gleichzeitig
Zusammenarbeit Kooperation, Teamarbeit, Teamwork, Gemeinschaftsarbeit, Kollaboration
zusammenarbeiten kooperieren, zusammenwirken, Hand in Hand arbeiten, am selben Strang ziehen, kollaborieren, → beteiligen, sich
zusammenballen ballen, zusammenknäueln, zusammenknüllen, zu einem Ball formen
zusammenballen, sich → aufkommen, → klumpen
Zusammenballung → Ansammlung
zusammenbauen → montieren
zusammenbinden → anbinden, → binden, → bündeln
zusammenbrauen → mischen
zusammenbrauen, sich → aufkommen
zusammenbrechen → einstürzen, → umfallen
zusammenbringen → sammeln, → verbinden
Zusammenbruch → Einsturz, → Niederlage
zusammendrängen → einpferchen
zusammendrücken → drücken, → erdrücken, → zerknüllen
zusammenfahren → erschrecken, → überfahren
Zusammenfall → Übereinstimmung
zusammenfallen → einstürzen, → übereinstimmen
zusammenfallend → übereinstimmend
zusammenfalten → falten
zusammenfassen 1. resümieren, ein Fazit ziehen, eine Übersicht geben 2. unterordnen, subsumieren, zusammennehmen, eingliedern, in einen Zusammenhang stellen 3. → konzentrieren
zusammenfassend resümierend, abschließend, im Überblick, → knapp
Zusammenfassung 1. Resümee, Fazit, Schlusswort, → Überblick 2. → Konzentration
zusammenfinden → näher kommen, sich
zusammenfinden, sich → versammeln, sich
zusammenfließen → vereinigen, sich, zusammenkommen
zusammenfügen → verbinden
zusammenführen → vereinigen
Zusammenführung → Vereinigung
zusammengehen → verbünden, sich
zusammengehören → zusammenhängen
Zusammengehörigkeitsgefühl → Solidarität
zusammengepresst → dicht
zusammengesetzt mehrteilig, vielteilig, kombiniert, zusammengefügt, komplex, vermischt, bunt
Zusammenhalt → Solidarität
zusammenhalten 1. stehen zu, halten zu, zueinander halten, zusammenstehen, treu bleiben, die Treue halten, an einem Strang ziehen, unterstützen, sich solidarisch zeigen, → solidarisieren, sich 2. → zusammenhängen
Zusammenhang Bezug, Beziehung, Verbindung, Konnex, Verwandtschaft, Einordnung, Gedankenfolge, Textzusammenhang, Kontext

zusammenhängen 1. im Zusammenhang stehen, abhängig sein von, sich aufeinander beziehen, Bezug haben, zusammengehören, zugehören, angehören, verbunden sein 2. aneinander haften, aneinander hängen, zusammenkleben, zusammenhalten, unzertrennlich sein
zusammenhängend → einheitlich
zusammenhanglos → unzusammenhängend
zusammenheften → heften
zusammenklauben → sammeln
zusammenkleben → zusammenhängen
zusammenklumpen → klumpen
zusammenknallen → zusammenstoßen
zusammenknoten → befestigen, → verknoten
zusammenknüllen → zerknüllen
zusammenkommen → tagen, → versammeln, sich, → ansammeln, sich
zusammenkoppeln → verbinden
zusammenkrachen → einstürzen, → zusammenstoßen
Zusammenkunft → Versammlung, → Tagung
zusammenkuppeln → verbinden
zusammenlaufen → zusammenstoßen, → verengen, sich
zusammenlegen → falten, → vereinigen, → verengen, sich
zusammenlesen → aufheben, → sammeln
zusammennehmen → zusammenfassen
zusammennehmen, sich → aufraffen, sich
zusammenpacken → bündeln, → packen
zusammenpassen → passen
zusammenpferchen → einpferchen
Zusammenprall → Aufschlag, → Zusammenstoß
zusammenprallen → zusammenstoßen
zusammenpressen → drücken
zusammenquetschen → drücken
zusammenraffen → horten
zusammenraffen, sich → aufraffen, sich
zusammenraufen, sich sich zusammenbeißen, sich aneinander gewöhnen, miteinander zurechtkommen, → einigen, sich
zusammenreimen, sich → voraussehen
zusammenreißen, sich sich zusammennehmen, sich am Riemen reißen, sich beherrschen, sich ermahnen, → aufraffen, sich
zusammenrotten, sich → verschwören, sich, → ansammeln, sich
Zusammenrottung → Ansammlung
zusammenrufen → konzentrieren
zusammenrumpeln → zusammenstoßen
zusammensacken → senken, sich
zusammenscharen, sich → ansammeln, sich
zusammenscharren → ansammeln, → sparen
Zusammenschau → Überblick
zusammenschlagen → niederschlagen
zusammenschließen → vereinigen
zusammenschließen, sich → verbünden, sich, → vereinigen, sich
Zusammenschluss → Bund, → Bündnis, → Organisation, → Vereinigung
zusammenschnorren → schrumpfen
zusammenschnüren → binden, → bündeln
zusammenschrecken → erschrecken
zusammenschrumpfen → schrumpfen
zusammenschütten → mischen
zusammensetzen → anordnen, → montieren, → verbinden
zusammensetzen, sich 1. bestehen aus, sich rekrutieren aus, zerfallen in, gebildet werden aus 2. → tagen 3. → beraten, sich
Zusammensetzung Bestandteile, Zutaten, Zusammenstellung, Aufbau, Beschaffenheit
zusammensinken → senken, sich
zusammensparen → sparen
zusammensperren → einpferchen
zusammenstauchen → zurechtweisen
zusammenstehen → zusammenhalten, → solidarisieren, sich
zusammenstellen → anordnen, → aufstellen
Zusammenstellung → Anordnung, → Verzeichnis, → Zusammenfassung, → Zusammensetzung
zusammenstimmen → passen, → übereinstimmen
zusammenstimmend → harmonisch
Zusammenstoß 1. Frontalzusammenstoß, Kollision, Zusammenprall, Karambolage, Unfall, Havarie 2. → Streit
zusammenstoßen kollidieren, zusammenprallen, zusammenkrachen, zusammenknallen, aufeinander prallen, gegeneinander prallen, gegeneinander laufen, zusammenlaufen, zusammenrasseln, zusammenrumpeln, dagegenrennen, rammen, auffahren, → aufschlagen
zusammenstreichen → kürzen
zusammenströmen → versammeln, sich
Zusammensturz → Einsturz, → Zerstörung
zusammenstürzen → einstürzen
zusammentragen → ansammeln, → sammeln
zusammentreffen → begegnen, → übereinstimmen, → überschneiden, sich

Zusammentreffen → Begegnung, → Versammlung, → Übereinstimmung
zusammentreten → tagen, → versammeln, sich
zusammentrommeln → versammeln, konzentrieren
zusammentun, sich → verbünden, sich
zusammenwirken → zusammenarbeiten
zusammenzählen → addieren
zusammenziehen → konzentrieren
zusammenziehen, sich → schrumpfen
Zusammenziehung → Konzentration
zusammenzucken → erschrecken
Zusatz Beigabe, Beifügung, Zitat, Beimischung, Beimengung, Zumischung, → Ergänzung
Zusatzausstattung → Zubehör
Zusatzgewicht → Ballast
zusätzlich ergänzend, außerdem, obendrein, daneben, plus, extra, außer der Reihe, ungerechnet, zuzüglich
Zusatzverdienst → Zubrot
zuschanzen → verschaffen
zuschauen zusehen, zugucken, beobachten, kiebitzen, gaffen
Zuschauer Augenzeuge, Zeuge, Betrachter, Beobachter, Kiebitz, Schaulustiger, Neugieriger, → Publikum
Zuschauerumfrage → Umfrage
zuschicken → schicken
zuschieben → aufbürden, → verschaffen, → zuschreiben
zuschießen → beitragen
Zuschlag → Aufschlag, → Aufbesserung
zuschlagen → durchgreifen, → zufallen
zuschließen → abschließen, → schließen
zuschnappen → zufallen, → beißen
Zuschnitt → Form
zuschnüren → zubinden
zuschrauben → verschließen
zuschreiben beimessen, nachsagen, zuschieben, verantwortlich machen, anschuldigen, beschuldigen
Zuschrift → Schreiben
Zuschuss → Unterstützung, → Beitrag
zuschustern → beitragen
zuschweißen → versiegeln
zusehen → zuschauen
zusehends → zunehmend
zusenden → schicken
zusetzen → appellieren, → hinzufügen
zusichern → versichern, → versprechen
Zusicherung → Versprechen
zusiegeln → versiegeln
zusperren → abschließen
zuspielen → verschaffen, → zuwerfen
zuspitzen, sich → eskalieren, → verengen, sich
Zuspitzung → Eskalation, → Krise
zusprechen → trösten, → zuteilen, → bedienen, sich
Zuspruch → Trost, → Nachfrage
Zustand → Beschaffenheit, → Situation, → Gesundheitszustand
zuständig kompetent, verantwortlich
Zuständigkeit Kompetenz, Verantwortlichkeit, Verantwortung
Zuständigkeitsbereich → Einflussbereich
zustecken → geben
zustehen → verdienen
zusteigen → einsteigen
zustellen → liefern, → versperren
Zusteller → Postbote
Zustellung → Lieferung
zustimmen bewilligen, einwilligen, beipflichten, bejahen, nicken, einschlagen, anerkennen, billigen, sich bekennen, bestätigen, sich anschließen, folgen, konsentieren, gleicher Meinung sein, dafür sein, einverstanden sein, seinen Segen geben
zustimmend → bejahend
Zustimmung Bewilligung, Einwilligung, Einverständnis, Bejahung, Jawort, Erlaubnis, Billigung, Anerkennung, Beifall, Gegenliebe
zustöpseln → verschließen
zustoßen 1. zustechen, zuschlagen, draufhauen, herabstoßen auf 2. → zuwerfen 3. → widerfahren
zustreben → anstreben
Zustrom Ansturm, Andrang, Zulauf, Run
Zutat → Zusatz, → Beilage
Zutaten Ingredienzen, Bestandteile, Beimischungen, Beimengungen, Zusammensetzung
zuteil werden → bekommen, → zufallen
zuteilen zumessen, zuerkennen, zusprechen, zuweisen, rationieren, kontingentieren, dosieren, → einteilen
Zuteilung 1. Zumessung, Zuerkennung, Zuweisung, Rationierung, Kontingentierung, Dosierung 2. → Quantum
zutiefst → sehr
zutragen → hinterbringen
zutragen, sich → ereignen, sich
zuträglich → behilflich, → bekömmlich
zutrauen Vertrauen haben in, glauben an, nicht zweifeln, ernst nehmen
Zutrauen → Vertrauen, → Hoffnung
zutraulich → zahm, → arglos
zutreffen stimmen, richtig sein, wahr sein, der Wahrheit entsprechen, der Fall sein, außer Frage stehen, → bewahrheiten, sich

zutreffend → beglaubigt, → richtig, → wahr
Zutritt → Eingang, → Einlass
Zutun → Hilfe
zuverlässig 1. verlässlich, bewährt, gewissenhaft, sorgfältig, verantwortungsbewusst, pflichtbewusst, pünktlich, vertrauenswürdig, Vertrauen erweckend, → charakterfest 2. → beglaubigt
Zuverlässigkeit 1. Verlässlichkeit, Gewissenhaftigkeit, Sorgfalt, Pflichtbewusstsein, Pünktlichkeit, Vertrauenswürdigkeit 2. → Glaubwürdigkeit
Zuversicht → Hoffnung, → Glaube(n), → Optimismus
zuversichtlich → optimistisch, → hoffnungsvoll
Zuversichtlichkeit → Optimismus
zuvor → zuerst, → vorher
zuvorkommen → vorwegnehmen
zuvorkommend → höflich, → gefällig
Zuwachs → Zunahme, → Kind
zuwarten → warten
zuweilen → manchmal
zuweisen → zuteilen
Zuweisung → Zuteilung
zuwenden → schenken
zuwenden, sich 1. sich hinwenden, sich hinkehren, sich zukehren, sich hindrehen, sich drehen zu 2. → beschäftigen, sich
Zuwendung → Unterstützung, → Zulage
zuwerfen 1. zustoßen, zuschlagen, zuschmettern, zuschleudern, zuknallen, ins Schloss werfen, → schließen 2. → zuspielen, hinwerfen, anspielen, abspielen, abgeben, passen zu
zuwider → unsympathisch, → hinderlich
zuwider sein → anekeln
zuwiderhandeln → verstoßen
Zuwiderhandlung → Verstoß
zuwiderlaufen verstoßen, abweichen von, entgegenlaufen, hindern, stören, durchkreuzen
zuwinken → grüßen, → winken
zuziehen → einwandern, → heranziehen, → schließen
zuziehen, sich → bekommen
zuzüglich → zusätzlich
zuzwinkern → zulächeln
Zwang Druck, Auflage, Fessel, Unvermeidlichkeit, Gebundenheit, Nötigung, Gewalt, → Erpressung
zwängen → drücken
zwanglos ungezwungen, ungeniert, unbefangen, frei, selbstverständlich, formlos, unförmlich, unzeremoniell, unverkrampft, aufgelockert, locker, bequem, natürlich, lässig, nonchalant, salopp, leger
Zwanglosigkeit Ungezwungenheit, Natürlichkeit, Lässigkeit, Selbstverständlichkeit, Nonchalance, Unverkrampftheit, lockere Atmosphäre
Zwangsbeurlaubung → Entlassung
Zwangslage → Not, → Verlegenheit
zwangsläufig 1. unumgänglich, unvermeidbar, unvermeidlich, unausweichlich, unabweisbar, unausbleiblich, automatisch, unwillkürlich, → notwendig 2. → gezwungenermaßen
Zwangsmaßnahme → Strafe
Zwangsneurose → Seelenkrankheit
Zwangsumsiedlung → Deportation
Zwangsverschickung → Deportation
Zwangsverschleppung → Deportation
Zwangsvorstellung → Einbildung
zwangsweise → gezwungenermaßen
zwar → allerdings, → aber
Zweck Bestimmung, Behuf, Sinn, Funktion, Ziel, Ende, Endziel, Endzweck, Schluss, Zielsetzung, → Absicht
zweckdienlich → einschlägig, → zweckmäßig
Zwecke → Reißnagel
zweckentfremdet zweckwidrig, zweckfremd, entfremdet
zweckfremd → zweckentfremdet, unangemessen
zwecklos → nutzlos
zweckmäßig funktional, funktionell, handlich, praktisch, rationell, sinnvoll, vernünftig, opportun, zweckdienlich, zweckentsprechend, tauglich
zwecks → wegen
Zweckverband → Organisation
zweckwidrig → zweckentfremdet
zweideutig 1. doppeldeutig, doppelsinnig, ambivalent, mehrdeutig, vieldeutig, missverständlich, unklar 2. → obszön
Zweideutigkeit 1. Doppeldeutigkeit, Doppelsinnigkeit, Doppelsinn, Ambivalenz, Ambiguität, Mehrdeutigkeit, Vieldeutigkeit, Missverständlichkeit, Unklarheit 2. → Obszönität
Zweierbeziehung → Beziehung
zweifach → doppelt
Zweifel Ungläubigkeit, Unglaube, Bedenken, Skepsis, Misstrauen, Verdacht, → Skrupel, → Zwiespalt
zweifelhaft 1. ungewiss, unwahrscheinlich, dubios, fragwürdig, anfechtbar, bedenklich, problematisch 2. halbseiden, anrüchig, verrufen, bohemehaft
Zweifelhaftigkeit → Ungewissheit
zweifellos → gewiss

zweifeln bezweifeln, anzweifeln, in Zweifel ziehen, Zweifel anmelden, seine Zweifel haben, unsicher sein, irrewerden, in Frage stellen, skeptisch sein, misstrauen
zweifelnd → unschlüssig
zweifelsfrei → sicher
zweifelsohne → gewiss
Zweig 1. Ast, Geäst, Gezweig, Stängel, Ranke, Spross, Reis, Rute, Gerte 2. → Fach, Branche
zweigeteilt → geteilt
Zweigniederlassung → Zweigstelle
Zweigstelle Zweigniederlassung, Niederlassung, Filiale, Geschäftsstelle, Agentur, Nebenstelle, Außenstelle, → Büro
Zweiheit → Paar
Zweikampf → Duell
zweimal → doppelt
zweischneidig → bedenklich, → gefährlich
zweiseitig bilateral, zwischenstaatlich, → doppelt
zweite Wahl → Ausschuss
zweiteilen → halbieren
zweitklassig → minderwertig, → unterlegen
zweitrangig → unwichtig, → unterlegen
Zweitschrift → Abschrift, → Durchschlag
Zwerg Liliputaner, Kleinwüchsiger, Pygmäe, Pimpf, Wicht, Wichtelmann, Däumling, Gnom, → Kobold
Zwetschge → Pflaume
zwicken kneifen, kneipen, zwacken, petzen, einklemmen
Zwickmühle → Verlegenheit
Zwiebel → Wurzel, → Dutt
zwiebeln → schikanieren
zwiefach → doppelt
zwiefältig → doppelt
Zwiegesang → Duett
Zwiegespräch → Gespräch
Zwielicht → Dämmerung
zwielichtig 1. lichtscheu, verdächtig, suspekt, dunkel, undurchsichtig, obskur 2. → dämmerig
Zwiespalt Konflikt, Gewissenskonflikt, Zweifel, Widerstreit, Uneinigkeit, Spaltung
zwiespältig gespalten, zerrissen, uneins, uneinig, unharmonisch, disharmonisch, diskrepant
Zwiespältigkeit → Unausgeglichenheit
Zwietracht → Streit
Zwilling → Doppelgänger, → Geschwister
zwingen 1. nötigen, Druck ausüben, Zwang ausüben, keine Wahl lassen, beugen, unterwerfen, den Willen aufzwingen, das Messer an die Kehle setzen, die Pistole auf die Brust setzen, → erpressen 2. → aufessen
zwingend → anschaulich, → überzeugend, → konsequent
Zwinger → Käfig
zwinkern zwinken, blinzeln, blinkern
Zwirn → Faden, → Garn
zwirnen drillen, haspeln, aufhaspeln, → aufrollen
zwischen → darunter
Zwischenbemerkung → Einschub, → Einwurf
Zwischending → Mischung, → Zwitter
zwischendrin → dazwischen
Zwischenfall → Ereignis
Zwischenfrage → Einwurf, → Frage
Zwischengeschoss → Geschoss
Zwischenhändler → Vermittler
Zwischenlandung → Halt
Zwischenlösung → Kompromiss
Zwischenmahlzeit Imbiss, Stärkung, Happen, Bissen, Kaffee, Kaffeekränzchen, Vesper, Brotzeit, Frühschoppen, Gabelfrühstück, → Frühstück
Zwischenraum → Abstand, → Entfernung
Zwischenruf → Einwurf, → Bemerkung
zwischenrufen → bemerken, → unterbrechen
zwischenschalten, sich → einmischen, sich
Zwischenspiel Intermezzo, Interludium, Zwischenhandlung, Episode, Einlage
zwischenstaatlich → international
Zwischenstopp → Halt
Zwischenton → Abstufung
Zwischenzeit → Abstand
zwischenzeitlich in der Zwischenzeit, indessen, unterdessen, währenddessen, währenddem, derweil, dieweil, mittlerweile, einstweilen, solange, bis dann, bis dahin
Zwist → Streit
Zwistigkeit → Streit
zwitschern pfeifen, singen, tirilieren, quinkelieren, jubilieren, tschilpen, flöten, schlagen, trillern, zirpen, piepsen, piepen, rufen
Zwitter Hermaphrodit, Mannweib, Doppelgeschlechtlicher, Zwischending
zyklisch → regelmäßig
Zyklop → Muskelprotz, → Riese
Zyklus 1. Serie, Reihe, Folge, Aufeinanderfolge, Reihenfolge, Zahlenfolge, Periode, Kreislauf, Kreis, Umlauf, Umlaufzeit 2. → Menstruation
Zylinder 1. Tubus, Walze, Rohr, Rolle 2. → Reagenzglas 3. → Hut
zynisch → spöttisch, → verletzend
Zynismus → Spott
Zyste → Geschwulst